Der Jahrhundertlauf von Tokio

Auf der großen Anzeigetafel des Nationalstadions von Tokio leuchtete 9,86 auf. Das war die Zeit, die Carl Lewis im Weltmeisterschaftsfinale über die 100-m-Strecke erreichte. Neuer Weltrekord! Den amerikanischen Triumph vervollständigten Leroy Burrell (9,88) und Dennis Mitchell (9,91). Bei dieser Sternstunde der Leichtathletik fielen aber noch zwei weitere Rekorde, der europäische durch den Briten Linford Christie (9,92) und der afrikanische durch den Namibia-Sprinter Franck Fredericks (9,95). Und noch ein sechster Läufer blieb unter der 10-Sek.-Grenze, Raymond Stewart aus Jamaika mit 9,963.

Die Entwicklung des 100-m-Weltrekords:

10,6 Donald F. Lippincott (USA)	Stockholm	06. 07. 1912
10,4 Charles W. Paddock (USA)	Redland	23. 04. 1921
10,2 Jesse Owens (USA)	Chikago	20. 06. 1936
10,0 Armin Hary (Deutschland)	Zürich	21. 06. 1960
9,95 Jim Hines (USA)	Mexico City	14. 10. 1968
9,90 Leroy Burrell	New York	14. 06. 1991
9,86 Carl Lewis (USA)	Tokio	25. 08. 1991

Der Top-Star der Leichtathletik: Carl Lewis. Mit 9,86 Sek. über 100 m lief er Weltrekord.

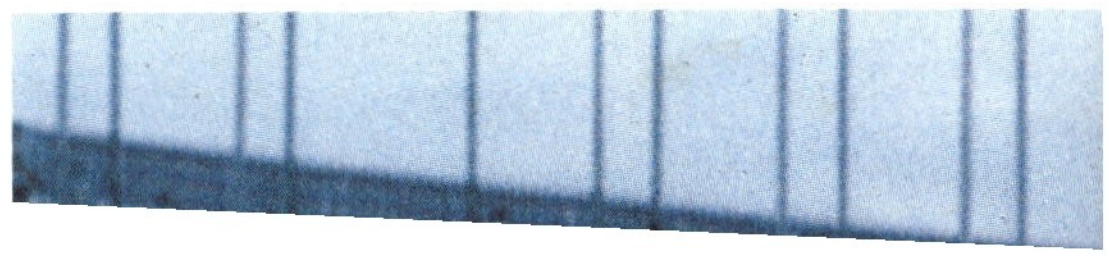

Leichtathletik-WM in Tokio: Drei phantastische Weltrekorde prägten die Titelkämpfe. Carl Lewis lief die 100 m in 9,86 Sek. und verhalf darüber hinaus dem amerikanischen Sprint-Quartett zu 37,50 Sek. Bob Beamons Weitsprung-Bestleistung aus dem Jahr 1968 wurde um fünf Zentimeter von Mike Powell übertroffen – 8,95 m! Der 27. August 1991 brachte für die Deutschen eine Sternstunde, Gold durch Katrin Krabbe über 100 m sowie für die Siebenkämpferin Sabine Braun und den Diskuswerfer Lars Riedel. Medaillenspiegel: USA (10–8–8) vor UdSSR (9–9–10) und Deutschland (5–4–8).

Ruder-WM in Wien: Auf der Neuen Donau gewannen die Deutschen in den 22 Wettbewerben siebenmal Gold, zweimal Silber und dreimal Bronze und waren mit Abstand die erfolgreichste Nation vor Kanada (4–1–0) sowie Italien (2–2–0). Überragend war einmal mehr der Achter, der zum vierten Mal in Serie ein internationales Großereignis gewann, 1988 bei den Oympischen Spielen, dann 1989 und 90 die Weltmeisterschaft. Nicht minder imponierend die Vorstellung des Skuller-Stars Thomas Lange, der zum dritten Mal bei einer WM König der Ruderer wurde.

Jahrhundertsprung: Mike Powell erreichte sagenhafte 8,95 m.

Kanu-WM in Paris: Die kühnsten Erwartungen übertraf die deutsche Mannschaft, schnitt so erfolgreich wie noch nie in der bisherigen Verbandsgeschichte ab. Das dokumentierte auch der Medaillenspiegel mit achtmal Gold sowie je viermal Silber und Bronze. Da kamen die anderen Nationen nicht mit. An zweiter Stelle folgte Ungarn (4–5–3) vor der UdSSR (4–2–2). Ramona Portwich, Anke von Seck feierten dabei Siege im Zweier-Kajak über 500 und 5000 m sowie im Vierer-Kajak über 500 m.

Radsport-WM in Stuttgart: Medaillenflut und ein großartiger Weltrekord für die Deutschen in der 4000-m-Mannschaftsverfolgung. In der Qualifikation erreichten Jens Lehmann, Michael Glöckner, Andreas Walzer und Stefan Steinweg 4:08,064 Min. Sie waren zwar im Halbfinale (4:06,24) und im Finale (4:07,00) schneller, aber Rekorde werden nur in einem Einzelstart erreicht. Die Bilanz lautete sechsmal Gold, fünfmal Silber, einmal Bronze vor den Niederlanden (3–2–1) und Italien (2–3–0).

Schwimm-EM in Athen: Für die überragenden Leistungen sorgten zwei Ungarn. Krisztina Egerszegi stellte über 100-m-Rücken mit 1:00,31 Min. sowie 200-m-Rücken mit 2:06,62 Min. ebenso einen Weltrekord auf wie Norbert Rozsa über 100-m-Brust mit 1:01:49 Min. Europäische Bestleistung über 50-m-Freistil erreichte der Hamburger Nils Rudolph mit 22,33 Sek. Beste Nation war die UdSSR mit 16 Gold, sieben Silber, zwei Bronze vor Deutschland (6–12–11) und Ungarn (5–3–1).

WM-Königin von Tokio: Katrin Krabbe gewann zweimal Einzel-Gold und zweimal Staffel-Bronze.

DAS NEUE GUINNESS BUCH DER REKORDE 1992

»GUINNESS
BOOK OF RECORDS«

DEUTSCHE AUSGABE
ULLSTEIN

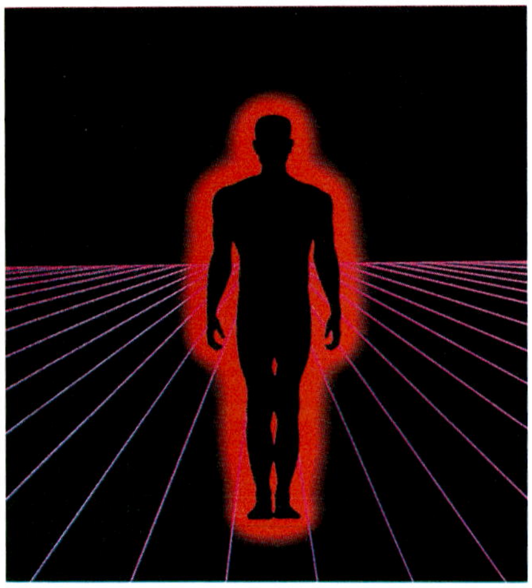

INHALT

Welt des Verkehrs 200

Welt der Wirtschaft 234

Kunst, Medien, Unterhaltung 252

Gemeinschaft, Gesellschaft 289

Topleistungen, Spaßrekorde 308

Stichwortregister 343

IN LETZTER MINUTE

Kartenrekord: Nicht geschlagen geben wollte sich der Leipziger Mathematikstudent Ralf Laue durch den größten Kartenfächer seines Reutlinger Konkurrenten Georgios Stefanidis. Am 6. April 1991 schaffte er es in Zürich, gleich 310 Karten in einer Hand zu halten – sechs mehr als der jetzt entthronte Rekordhalter aus Baden-Württemberg.

Nasser Rekord: Auf Tauchstation gingen für 39:45 Std. vier Hartberger Hobbytaucher Hermann Dittrich, Andreas Kampl, Dietmar Peinsipp und Hermann Wieser. Auf dem Grund des Freibeckens im Hartberger Erholungszentrum (HERZ) spielten die Steiermärker verpackt in Ganzkörper-Trockentauchanzügen und Chirurgenhandschuhen unter Wasser Mensch ärgere dich nicht. Die Bullaugen des Freibekkens gaben den Zuschauern freie Sicht auf die 25 Partien des Rekordspiels am 4./5. Juli 1991 unter Aufsicht des langjährigen *Guinness*-Rekordlers Hofrat a.D. Dr. Ernst Pammer.

Handweberin-Handwerk: Zur 700-Jahr-Feier der Schweizer Eidgenossenschaft schuf Reingard Neunhoeffer in der Webstube Münstertal in Sta. Maria in Münstertal zwischen dem 3. und 12. Mai 1991 ein 7 m langes, 50 cm breites Webstück. Seine 700 in Farbe und Musterung unterschiedenen Quadrate (jedes 7 × 7 cm) stehen für die 700 Jahre Eidgenossenschaft und erfreuten die Besucher der Handels-, Industrie- und Gewerbe-Ausstellung (higa) in Chur. Sechs Schäfte und acht Tritte an ihrem Webstuhl benötigte die Handweberin für ihr dekoratives Rekord-Erinnerungsstück.

Nervenkitzel: Wasserski einmal anders, geboten vom Ersten Deutschen Wasserski Show Team aus Telgte bei Münster (Nordrhein-Westfalen), gab es vor 20 Mio. Fernsehzuschauern in der ZDF-Show *Wetten daß ...?* Am 29. Juni 1991 bildeten sechs Wasserski-Läufer(innen) und zwei Flaggenläufer eine Drei-Etagen-Pyramide in Xanten am Niederrhein, 70 Sek. lang stand die von einem Hubschrauber gezogene Pyramide.

Superweltrekorde: Bei den Schwimmwettbewerben der Panpazifik-Spiele in Edmonton am 26. August 1991 erreichte Jeff Rouse (USA) als Startmann der siegenden Lagenstaffel über 100-m-Rücken 53,93 Sek. Der Australier Kieren Perkins verbesserte auf dem Weg zu seinem ungefährdeten Erfolg über 1500-m-Freistil den Weltrekord bei der 800-m-Zwischenmarke auf 7:47,85 Min.

Kieren Perkins

Eilläufe beim Simultanschach: Zug um Zug setzten 15 Spieler der Schachfreunde Buxtehude e.V. ihre Figuren auf 105 Brettern. Am 22. Juni 1991 spielte auf einer Tischlänge von 80 m gleichzeitig jeder seine 14 Partien. Fünf Stunden lang dauerte dieses Rekord-Turnier-Simultanspiel rund um die Schachbretter in der Buxtehuder Fußgängerzone.

Zur Brandenburger Tor-Tour war das Trierer Hochrad-Team am 2. August 1991 in Weimar aufgebrochen und erreichte mit seinen Hochrädern im Nostalgie-Look Berlin am 6. August. Nach 310 km Kopfsteinpflaster waren Matthias und Georg Konder, Peter Ruland und Lutz Jaschhof als Gastfahrer aus Weimar pünktlich zur Feier des 200. Geburtstags am Brandenburger Tor.

Halbes Dutzend: Sabine Krapf aus Heidenheim holte sich am 11. August 1991 zum sechsten Mal den Titel bei den Deutschen Meisterschaften der Modernen Fünfkämpferinnen in Berlin.

Höhenflug: Mit einem faßförmigen, 24 m hohen Ballon von 3000 m^3 Inhalt und 13 m Durchmesser startete der Schweizer Pilot Peter Blaser (* 1945) aus Hasle-Rüegsau am 19. Februar 1991 und stieg auf 8050 m Höhe. Seine Came-

ron-Heißluftballon-Spezialform erreichte damit einen inoffiziellen Höhenrekord (für *special shape*).

Schnell wie der Wind: Der Amerikaner Al Teague stellte am 24. August 1991 auf den Bonneville-Salzseen (Utah, USA) mit 659,5 km/h einen neuen Geschwindigkeitsrekord für Landfahrzeuge auf. Er verwendete bei seiner Fahrt einen *Chrysler*-Motor, der mit einer Spritmischung aus Nitro und Alkohol eine Leistung von mehr als 1500 PS erbrachte.

92:10:10 Std. am Ball blieben die beiden Tipp-Kicker Mike Bludan (* 1970) und Jan Didjurgeit (* 1971) aus Ratzeburg zwischen dem 19. und 23. Juni 1991 im Bierlokal Der Clou. Dank des Zuspruchs der Eltern und Freunde konnten die beiden Abiturienten diese Rekordzeit durchhalten. Sieger wurde unter dem Jubel der Zuschauer mit 3369:2687 Toren Jan Didjurgeit.

Prominenter Empfänger einer riesigen Postkarte war Bundespräsident Richard von Weizsäcker. Absender war der Tip-Club TOP TWENTY, der anläßlich des Schneverdinger Stadtfestes am 29./30. Juni 1991 die Bürger zum Thema »Militärische Belastungen in der Lüneburger Heide« zu Wort kommen ließen. Ordnungsgemäß frankiert (29,50 DM) ging die 200 × 400 cm große Postkarte am 1. Juli 1991 auf den Weg zur Villa Hammerschmidt in Bonn.

Gyros und kein Ende – im traurigen Sinne des Wortes. Ein Jahr lang hatten Jeki und Sabahat Gecer aus Würselen ihren Rekordversuch vorbereitet. Am 7. Juli 1991 war es dann so weit: Ein 85 m langer Gyrosspieß mit 1700 kg Fleisch wurde in der Eissporthalle in Aachen dem Publikum präsentiert. Trotz der guten Planung hatten die beiden türkischen Gastwirte mit einem nicht gerechnet – mit *Leopold*, dem Hoch, das ganz Deutschland unter einer Hitzewelle stöhnen ließ. Zu heiß für Gyros! Statt der erwarteten Menschenmenge kamen lediglich 2500 Besucher zum Spektakel, und aus der Spende für die *Aktion Sorgenkind* wurde nichts. Im Gegenteil, die beiden Gyrosspezialisten zahlten drauf.

Die Bierkistenstapler aus Ahaus-Wüllen (Westfalen) holten sich am 14. Juli 1991 den Rekord mit einer Turmhöhe von 31,92 m zurück. Die Mitarbeiter der Firma Stöteler Baumdienst und Hubsteigervermietung erhöhten mit 112 Bierkisten den Turmbau um 45 cm bei einer Standdauer von 3,34 Sek.

Wahnsinns-Tempo: Die Französin Babette Coquelle schraubte beim Surf-Weltcup vor Tarifa (Spanien) am 16. Juli 1991 den Geschwindigkeits-Weltrekord auf 73,53 km/h. Der Niederländer Björn Dunkerbeck kam bei diesem Speed-Wettbewerb auf 80,23 km/h und egalisierte den Weltrekord auf offenem Meer.

Gut getroffen: Bei den Europameisterschaften der Sportschützen am 20. Juli 1991 in Bologna (Spanien) kam der Homburger Michael Jakosits im Wettbewerb Laufende Scheibe (Mix) auf 397 Ringe und übertraf den neun Jahre alten Weltrekord um einen Ring.

Noch winziger: Das Bastlerduo Winfried Ruloffs und Otto Troppmann wollte es noch einmal wissen. Sie konstruierten ein nur noch 22 cm großes kleinstes Tandem und stellten ihr Gefährt im Mai 1991 dem Wirt Thomas Iseke von der Gaststätte Tandem in Neustadt (Niedersachsen) vor.

DIE GESCHICHTE HINTER DEM GUINNESS BUCH

Am Sonnabend, dem 10. November 1951, war Sir Hugh Beaver (1890–1967) auf dem North Slob am Slaney-Fluß in der Grafschaft Wexford im Südosten Irlands auf der Jagd. Die Jagdgesellschaft verfehlte einige Regenpfeifer. Am Abend erkannte man in Castlebridge House, daß es nicht möglich war, anhand von Nachschlagewerken festzustellen, ob der Regenpfeifer schnellster Jagdvogel ist oder nicht.

Im August 1954 wurde gerätselt, ob Rauhfußhühner vielleicht noch schneller fliegen. Sir Hugh, Geschäftsführer der Guinness-Brauereien, dachte daran, daß Nacht für Nacht über viele andere Fragen in den 81 400 Pubs in England, Schottland und Irland diskutiert werden dürfte, daß es jedoch kein Buch gab, anhand dessen Streitigkeiten über Rekorde geschlichtet werden konnten.

Am 12. September 1954 fragte Sir Hugh Norris und Ross McWhirter, ob ihre statistische Agentur in London hier nicht Abhilfe schaffen könne. Ein Büro wurde in der Fleet Street Nr. 107 eingerichtet, und die Arbeit für eine erste, schmale Ausgabe von 198 Seiten begann. Das erste Exemplar wurde am 27. August 1955 beim Drucker gebunden. Noch vor Weihnachten war das *Guinness Buch* auf dem ersten Platz der Bestsellerliste. Diese Position hat es seitdem jedes Jahr eingenommen, außer 1957 und 1959, wo es nicht neu aufgelegt wurde.

Die erste US-Ausgabe erschien 1956 in New York, es folgten französische (1962) und deutsche (1963) Ausgaben. 1967 erschienen die ersten Ausgaben in Japan, Spanien, Dänemark und Norwegen. Im darauffolgenden Jahr wurden schwedische, finnische und italienische Ausgaben herausgebracht. In den siebziger Jahren kamen holländische (1971), portugiesische (1974), tschechoslowakische (1976) hebräische, serbo-kroatische und isländische (alle 1977) und slowenische (1978) Ausgaben hinzu. In den achtziger Jahren folgten Übersetzungen ins Griechische, Indonesische, Türkische, Hindi, Malaiische, Arabische, Thai und Ungarische. Seit 1990 erscheinen Ausgaben in polnischer, russischer, bulgarischer, rumänischer, koreanischer und mazedonischer Sprache.

Im November 1974 erhielt das *Guinness Buch der Rekorde* selbst einen Platz im *Guinness Buch*. Es war zum meistverkauften Buch in der Geschichte des Verlagswesens geworden mit Verkäufen von 23,9 Millionen Exemplaren. Ende 1990 haben die weltweiten Verkäufe die 65-Millionen-Grenze überschritten, das entspricht 168 Stapeln, jeder ist so hoch wie der Mt. Everest.

Earl of Iveagh, Vorsitzender
Guinness PLC

VORWORT ZUR DEUTSCHEN AUSGABE

Mit dieser Ausgabe des *Guinness Buch der Rekorde* ist das Dutzend voll. Seit 1980 sind zwölf deutschsprachige Ausgaben im Ullstein Verlag erschienen. Mit dem Dank an Sie, unsere Leser, für die langjährige Zusammenarbeit und für Ihre Anregungen, Hinweise, auch Ihre Kritik wie Ermunterung haben wir diese neue Ausgabe von Rekorden zusammengetragen. Vieles ist hinzugekommen, manches verändert, umgestellt, ergänzt, neu geschrieben worden. Manche Meldungen sind dabei zum Teil ersatzlos entfallen, ausgetauscht worden oder erscheinen nicht in dieser Ausgabe. Angesichts der Fülle von Nachrichten und Rekordleistungen auf allen Gebieten mußten wir viele alte Rekorde, die wir Ausgabe für Ausgabe gebracht haben, streichen.

Seit dem Erscheinen der ersten Ausgabe des *Guinness Book of Records* im Jahr 1955 hat sich der Charakter des Buches und seiner Rekorde verändert. Vieles, das zunächst nur als höchster, größter, kleinster, seltenster, ältester, jüngster, schnellster oder langsamster Rekord registriert wurde, ist längst durch neue Höchstleistungen von Rekordlern ersetzt worden, die von und mit ihren Rekorden leben, Jahr für Jahr neue Bestmarken – nicht nur im Sport – setzen und weltweit unsere Ausgaben bereichern. In 36 Sprachen erscheint das *Guinness Book of Records* inzwischen. Es ist heute eine Institution für Rekordinformationen aller Art.

Erstmals verzichten wir mit dieser Ausgabe auf eine Reihe von nicht mehr zeitgemäßen Marathonleistungen, Dauerrekorden, die nur um ihrer selbst willen aufgestellt worden sind, heute aber keinen Bestand mehr haben. Dafür ist anderes hinzugekommen, vor allem auch in Text und Bild an Rekorden aus den neuen Bundesländern und aus den osteuropäischen Staaten – wenn auch der Umschwung dort noch nicht berücksichtigt werden konnte.

Die Palette deutschsprachiger Rekorde ist mit dem wiedervereinten Deutschland farbiger geworden. Manches ist dabei noch nicht abgesichert, hält keinem exakten Vergleich statt. So haben wir manche Einzeldaten und Ihnen vielleicht auch vertraute Einträge zurückgestellt und noch nicht wieder aufgenommen. Maßband, Stoppuhr und Waage sind nun einmal Voraussetzung zur Anerkennung einer Höchstleistung, auf Urkunden, Augenzeugen und Presseberichte kann die Redaktion des *Guinness Buch der Rekorde* nicht verzichten.

Auch ein *Guinness Buch der Rekorde* hat seine Umfanggrenzen. Aus diesem Grund müssen wir auf die Ausgaben der letzten Jahre verweisen. Auch künftig werden wir nicht alles, was uns erreicht hat und von uns bestätigt ist, unterbringen, oft werden wir es nur registrieren und als Meldung in unseren Unterlagen sammeln können.

Wenn Sie selbst einen Rekord aufstellen wollen, empfehlen wir Ihnen, sich rechtzeitig nach den Bedingungen zu erkundigen. Die Redaktion gibt Auskunft über aktuelle Rekorde, die uns nach Redaktionsschluß dieser Ausgabe erreichten. Es ist schade, wenn wir einen Rekord ablehnen müssen, nur weil Sie zuvor nicht bei uns angefragt und nicht mit uns Ihren Rekordversuch abgestimmt oder aber sich nicht genau erkundigt und dann bei Ihrem Versuch sich nicht an die *Guinness*-Richtlinien und Pausenregeln gehalten haben.

Für die Anmeldung Ihres Rekordes benutzen Sie bitte das Anmeldeformular am Schluß dieses Buches. Rekorde sind nur Leistungen, die meß- und vergleichbar sind. Bloße Einmaligkeiten oder interessante Eigenschaften von Personen und Dingen sind kein Rekord im Sinne dieses Buches. Bei Dauerleistungen sind die – je nach Art des Rekordversuches verschiedenen – Pausenregeln zu beachten. Es muß ein von unabhängigen Dritten geführtes und bestätigtes Protokoll über den Rekordversuch eingesandt werden. Auch Zeitungsartikel oder sonstige Veröffentlichungen sind als Nachweis des Rekordes nützlich. Rekordbrecher werden gebeten, der Rekordanmeldung Aktionsfotos (in Farbe) von sich und/oder dem Rekordversuch beizulegen.

Die Redaktion behält sich in jedem Fall die Entscheidung vor, ob ein Rekord in die nächste Ausgabe aufgenommen wird.

(Hans-Heinrich Kümmel)
Chefredakteur

WELT DES SPORTS

Kraft, Schnelligkeit, Gewandtheit – der Stabhochsprung ist eine der faszinierendsten Disziplinen der Leichtathletik. Und ein Meister seines Fachs ist Rodion Gataullin aus der UdSSR

ALLGEMEIN

Die höchste Fluggeschwindigkeit bei einem Ballspiel beträgt 302 km/h im Pelota (tennisartiges Rückschlagspiel). Beim Golf wurde eine Geschwindigkeit von 273 km/h gestoppt.

Der schwerste Sportler aller Zeiten war der Profiringer William J. Cobb aus Georgia (USA), bekannt als Happy Humphrey. Er brachte 363 kg auf die Waage.

Die jüngste Weltrekordbrecherin ist Gertrude Caroline Ederle (* 1906, USA), die im Alter von 12 Jahren und 298 Tagen am 17. August 1919 in Indianapolis den Weltrekord im 880-Yard-Freistilschwimmen (804,32 m) auf 13:19,0 Min. verbesserte.

Der älteste Weltrekordbrecher ist der in Irland geborene John Flanagan (1868–1938, USA), der seinen letzten Hammerwurf-Weltrekord mit 56,18 m am 24. Juli 1909 im Alter von 41 Jahren und 196 Tagen aufstellte.

Die meisten Weltrekorde stellte der Gewichtheber Wassili Alexejew (* 1942, UdSSR) mit insgesamt 80 zwischen dem 24. Januar 1970 und dem 1. November 1977 auf.

Die vielseitigste Sportlerin, die es international zu großen Erfolgen brachte, ist Charlotte Dod (1871–1960, GB), die zwischen 1887 und 1893 fünfmal das Wimbledon-Einzel im Tennis gewann und 1904 die britische Damenmeisterschaft im Golf holte. Außerdem spielte sie 1899 für England Hockey und gewann 1908 eine olympische Silbermedaille im Bogenschießen. Sie war auch eine ausgezeichnete Eisschnellläuferin und Rodlerin.
Nichts nach stand ihr Mildred Zaharia, geborene Didrikson (1914–56, USA), die 1932 olympisches Gold über 80 m Hürden und im Speerwerfen sowie Silber im Hochsprung errang. Außerdem hielt sie den Weltrekord im Baseballwerfen mit 90,22 m, war dreimal amerikanische Basketballspielerin des Jahres und gewann viermal die US Women's Open im Golf (1946, 1948, 1950, 1954).

Der vielseitigste Sportler ist ebenfalls ein Engländer. Charles Burgess Fry (1872–1956) stellte 1893 mit 7,17 m den Weltrekord im Weitsprung ein, spielte 1909 in der englischen Fußball-Nationalelf gegen Irland, war ein erstklassiger Rugbyspieler und 1912 Kapitän des englischen Kricket-Teams. Außerdem brachte er es im Angeln und Tennis zu überdurchschnittlichen Leistungen.

Die jüngste Olympiasiegerin war Marjorie Gestring (* 1922, USA), die im Alter von 13 Jahren, 9 Monaten bei den Sommerspielen 1936 in Berlin das Kunstspringen gewann.

Die jüngste Weltmeisterin ist Fu Mingxia (* 1068, China), die mit zwölf Jahren das Turmspringen bei der Schwimm-WM in Perth (Australien) am 4. Januar 1991 gewann.

Die schwerste Sportkatastrophe in der jüngeren Geschichte ereignete sich, als 604 Menschen am 26. Februar 1918 getötet wurden. Tribünen auf dem Rennplatz des Hongkong Jokkey Clubs stürzten ein und fingen Feuer.

Die Rekordzuschauermenge bei einem Fußballspiel beträgt 199 589 (zahlende) Besucher. So viele Menschen kamen, als sich bei der WM am 16. Juli 1950 im Maracana-Stadion von Rio de Janeiro die Nationalmannschaften von Brasilien und Uruguay (1:2) gegenüberstanden.

Die größte Anzahl von Live-Zuschauern bei einem Sportereignis sind die 2,5 Mio. Menschen, die die Strecke des New-York-Marathons jährlich säumen.

AMERICAN FOOTBALL

Super Bowl, eingeführt 1967, ist das größte Ereignis auf dem amerikanischen Kontinent. Je viermal gewannen die Pittsburgh Steelers (1975, 76, 1979, 80) und die San Franzisco 49ers (1982, 1985, 1989, 90) den Wettbewerb.

Der höchste Sieg gelang am 28. Januar 1990 in New Orleans, Louisiana, den San Franzisco 49ers mit 55:10 über die Denver Broncos.

Den knappsten Sieg gab es am 27. Januar 1991 in Tampa, Florida (USA), als die New York Giants mit 20:19 gegen die Buffalo Bills gewannen.

Die meisten Punkte in einer Karriere schaffte mit 2002 George Blanda (* 1927), der von 1949 bis 1975 bei den Chicago Bears, Baltimore Colts, Houston Oilers und Oakland Raiders als Quaterback und Kicker spielte.

Die meisten Touchdowns in einer Karriere erreichte mit 126 (davon 106 in der regulären und 20 in der Post-Saison) zwischen 1957 und 1965 Jim Brown (* 1936), der bei den Cleveland Boys spielte.

Die meisten Yards in einer Karriere erreichte mit 21 803 Walter Payton, der von 1975 bis 1987 bei den Chicago Bears spielte.

Die höchste Zuschauerzahl, die je in Deutschland registriert wurde, gab es mit 55 429 beim Bowl-Spiel der amerikanischen Profiteams Los Angeles Rams gegen Kansas City Chiefs am 11. August 1990 im Berliner Olympiastadion.

Der höchstdotierte Vertrag, der je geschlossen wurde, beläuft sich auf 3640 Mio. Dollar. So viel Geld müssen – nach den Verhandlungen vom März 1990 – die fünf größten TV-Gesellschaften ABC, NBC, CBS, ESPN und TBS in einem Zeitraum von vier Jahren der amerikanischen National Football League zahlen. Jedes Liga-Team erhält für die erste Saison eine Rate von 26,1 Mio. Dollar zugeteilt, die sich bis zum vierten Jahr auf 39,1 Mio. Dollar steigert.

Europameisterschaften, eingeführt 1983: Zweimal gewann Italien (1983, 1987), je einmal Finnland (1985) und Großbritannien (1989).

Eurobowl, eingeführt 1986: Den Europapokal für Vereinsmannschaften gewannen bisher zwei finnische Teams, TAFT Vantaa (1987) und Helsinki Roosters (1988), Legnano Frogs/Italien (1989), Manchester Spartans/GB (1990) und Amsterdam Crusaders (1991). Die beste deutsche Plazierung erreichten die Berlin Adler mit dem zweiten Rang 1991.

Am häufigsten Deutscher Meister wurden je dreimal die Ansbach Grizzlies (1981, 82, 1985), Düsseldorf Panther (1983, 84, 1986) und Berlin Adler (1987, 1989, 90).

Den höchsten Erfolg im German Super Bowl erzielten am 20. Oktober 1990 die Berlin Adler mit 50:38 gegen die Cologne Crocodiles.

BADMINTON

Weltmeisterschaften, eingeführt 1977. Drei Chinesen gelang es bisher, je zwei Einzeltitel zu gewinnen, bei den Männern Yang Yang (1987, 1989) sowie bei den Frauen Li Lingwei (1983, 1989) und Han Aiping (1985, 1987).

Erfolgreichster Spieler insgesamt ist Park Joobong (Südkorea), der es auf fünf Titel brachte, zwei im Männer-Doppel (1985, 1991) und drei im Mixed (1985, 1989, 1991).

Thomas Cup, eingeführt 1948: Die Internationale Mannschafts-Meisterschaft der Männer wurde achtmal von Indonesien (1958, 1961, 1964, 1970, 1973, 1976, 1979 und 1984) gewonnen.

Uber Cup, eingeführt 1956: Die Internationale Mannschafts-Meisterschaft der Frauen wurde fünfmal von Japan (1966, 1969, 1972, 1978 und 1981) gewonnen.

Die meisten Titel bei den All England Championships, den 1899 eingeführten inoffiziellen Weltmeisterschaften, gewann mit 21 (Einzel und Doppel) George Alan Thomas (1881–1972, GB) zwischen 1903 und 1928. Er wurde später geadelt (Sir Thomas). Rudy Hartono Kurniawan (* 1948, Indonesien) siegte in acht Einzelwettbewerben 1968–74 und 1976.

Bei den Frauen liegen Meriel Lucas (England) und Judy Hashman (* 1935, USA) mit je 17 Titeln an der Spitze.

Den Europacup, eingeführt 1971, holte sich sechsmal der Dänische Meister Gentofte BK.

Am häufigsten Deutscher Meister wurden Wolfgang Bochow mit acht Titelgewinnen (1963, 64, 1966–68, 1970, 1972 und 1975) und Irmgard Gerlatzka-Latz mit neun Titelgewinnen (1961–66, 1968, 1971 und 1973).

Den Mannschaftstitel holte sich der 1. BV Mülheim zwölfmal in Reihenfolge, zwischen 1968 und 1979.

Den weitesten Schlag eines Federballs erzielte Frank Rugani bei einem Hallenwettbewerb am 29. Februar 1964 in San Jose, Kalifornien (USA), mit einer Weite von 24,29 m.

BAHNENGOLF

MINIGOLF

Die erste Anlage in Deutschland wurde am 17. Juni 1955 in Traben-Trarbach eröffnet, wo ein Jahr später auch die ersten Deutschen Meisterschaften ausgetragen wurden.

Die meisten Europameisterschaften, eingeführt 1959, holten der Österreicher Fritz Knotzer mit je drei (1969, 70, 1974) und die Deutsche Andrea Barschdorf (1963–65). Bei den Mannschaften war Deutschland elfmal bei den

Überraschte bei der Schwimm-WM und wurde mit zwölf Jahren jüngste Weltmeisterin, Fu Mingxia.

Frauen sowie achtmal bei den Männern erfolgreich.

Die offiziellen Europarekorde halten über drei Runden mit 79 (Schnitt 26,3) und über sechs Runden mit 165 (Schnitt 27,5) der Italiener Claudio Maiolo, aufgestellt bei der Europameisterschaft 1978 in Landshut, sowie über neun Runden mit 261 (29,0) der Münchener Helmut Landl, erreicht bei den Deutschen Meisterschaften 1979 in Herford.

Bei den Frauen führt die Österreicherin Christa Wichmann die Rekordliste an – drei Runden 86 (28,7), sechs Runden 175 (29,2) und neun Runden 268 (29,8), jeweils bei den Europameisterschaften 1979 in Salzburg gespielt.

Europapokal, eingeführt 1966: Sechsmal siegten die Männer des MC Siegen (1975–78, 1980, 1983) und je dreimal die Frauen des MGC Bad Salzuflen (1975–77), MGC Bad Vösendorf/Österreich (1980–82) sowie BSV 80 Steinen (1983–85).

Am häufigsten Deutsche Meister seit 1956 wurden mit fünf Titeln Marlies Funke (Berlin) 1966, 1968, 1970, 1974, 75 sowie bei den Männern mit je drei Titeln der Mainzer Lothar Lieder (1983–85) und der Bochumer Fritz Barschdorf (1962, 1965, 1967).

Die meisten Titel bei den Mannschaften holten sich mit sechs die Männer des MC Siegen (1974, 75, 1979, 80, 1983, 84) sowie mit fünf bei den Frauen MGC Bad Salzuflen (1963, 1974, 1976, 1979, 80).

MINIATURGOLF

Am häufigsten Europameister seit 1962 wurde die Schwedin Kristina Nohren-Sjöberg, die sechsmal (1972, 73, 1975, 76, 1981, 82) erfolgreich war. Bei den Männern kamen fünf Deutsche zu je zwei Titeln, Klaus Tafel (1964, 65), Hans-Jürgen Witzel (1966, 67), Egon Schacke (1970, 71), Jürgen Daub (1972, 1974) und Rainer Kunst (1975, 1977).

Im Mannschaftswettbewerb siegten die deutschen Männer 18mal und die deutschen Frauen 16mal.

Den Europarekord über drei Runden schraubte Claude Hermes (Luxemburg) bei den Europameisterschaften am 25. August 1990 in Luxemburg-Stadt auf phantastische und nicht mehr zu unterbietende 54 Schläge. Er schaffte also alle Bahnen mit dem ersten Schlag.

Die eindrucksvollste Serie schaffte der Wetzlarer Hans-Dirk Czerwek am 20./21. Mai 1989 in Jügesheim. Bei einem Ranglistenturnier über zehn Runden kam er auf das Traumergebnis von 194 Punkten (Schnitt 19,4) und spielte dabei folgende Serie: 21 – 20 – 19 – 18 – 20 – 20 – 19 – 19 – 19 – 19.

Die meisten deutschen Titel seit 1956 errangen mit drei der Berliner Detlef Weidenhammer (1974, 75, 1979) sowie bei den Frauen mit vier Elfriede Daub (Schriesheim) 1975, 1977, 1984, 1986.

Rekordmannschaftsmeister sind bei den Männern mit sechs Erfolgen der Tempelhofer MV 65 Berlin (1974, 75, 1977, 1979, 80, 1984) sowie bei den Frauen mit sechs Siegen SG Arheilgen (1981, 82, 1986–89).

Die deutschen Rekorde: zwei Runden Axel Bockelmann (Mönchengladbach) und fünf weitere Spieler 36 Punkte (Schnitt 18,0), vier Runden Walter Erlbruch (Köln) 74 (Schnitt 18,5) und sechs Runden Burkhard Kritsch 116 (Schnitt 19,33).
Die Bestleistungen bei den Frauen halten: vier Runden Gaby Rahmlow (Hamburg) 75 (Schnitt 18,75), sechs Runden Gaby Weiß (Steinen) 122 (Schnitt 20,33).

BASEBALL

Den höchsten Schlagdurchschnitt in einer Laufbahn erzielte mit 367 Tyrus Ramond Cobb (1886–1961), der für Detroit (1905–26) und Philadelphia (1927/28) spielte. Ty Cobb stellte einen Rekord von 2244 Läufen bei einem Rekord von 4191 Treffern in 3033 Oberligaspielen auf.

Der bestbezahlte Spieler in der Geschichte ist Jose Canesco (USA), der seinen 1991 ausgelaufenen Vertrag bei den Champions Oaklands Athletics um fünf Jahre für die Rekordsumme von umgerechnet 41 Mio. DM verlängerte.

Pitching: Das einzige »perfekte Spiel« (keine Hits, keine Runs, keine Walks) in einer World Series schaffte Don Larsen (* 1929) von den New York Yankees mit 97 Pitches (71 in der Strike Zone) gegen die Brooklyn Dodgers am 8. Oktober 1956.

Der schnellste Pitcher (Werfer) der Welt ist Lynn Nolan Ryan (* 1947) von den California Angels, dessen Pitching am 20. August 1974 in Anaheim Stadion, Kalifornien (USA), mit 162,3 km/h gestoppt wurde.

Absoluter Star in Amerika ist Bo Jackson, der für die Kansas City Royals spielt.

World-Series der Profis, eingeführt 1903: Die New York Yankees gewannen mit 22 Titeln am häufigsten das – inoffizielle – Weltmeisterschafts-Duell zwischen den Meistern der National League und der American League.

Intercup der Amateure: Kuba siegte viermal (1979, 1983, 1985, 1987). Zweimal waren die USA (1975, 1981) erfolgreich.

Weltmeisterschaften der Amateure, eingeführt 1938: Die erfolgreichste Nation ist Kuba mit 18 Titeln.

BASKETBALL

Die meisten Olympiasiege errangen die USA. Zwischen 1936 und 1968 gewannen sie alle sieben Turniere, ohne dabei auch nur ein einziges Spiel verloren zu haben. Erst 1972 in München wurde die glanzvolle Serie (63 Siege nacheinander) durchbrochen. Im Finale gab es gegen die UdSSR eine umstrittene 50:51 Niederlage. Bei den Spielen 1976 und 1984 holten die USA dann ihre achte sowie neunte Goldmedaille. Zu je zwei Erfolgen bei den Frauen kamen die UdSSR (1976, 1980) und die USA (1984, 1988).

Die meisten Weltmeisterschaften, eingeführt 1950, gewannen bei den Männern mit je drei

100 Punkte in einem Spiel – Norman Chamberlain schrieb in der NBA Basketball-Geschichte.

die UdSSR (1967, 1974, 1982) und Jugoslawien (1970, 1978, 1990). Bei den Frauen siegte die Sowjetunion sogar sechsmal (1959, 1964, 1967, 1971, 1975, 1983).

Die meisten Europameisterschaften gewann die UdSSR bei den Männern mit 14 und bei den Frauen mit 21.

Europapokal, eingeführt 1957. Die meisten Titel bei den Frauen gewann Daugawa Riga (UdSSR) mit 18 zwischen 1960 und 1982. Bei den Männern siegte im Landesmeister-Wettbewerb siebenmal Real Madrid (1964, 65, 1967, 68, 1974, 1978, 1980).

Den höchsten Sieg in einem internationalen Männer-Spiel feierte der Irak. Er schlug in einem Treffen um die Asien-Meisterschaft mit 251:33 den Jemen am 11. November 1982 in Neu-Delhi.

Die meisten Punkte in einer Begegnung, nämlich 272, warf Mats Wermelin (* 1961, Schweden) beim 272:0-Sieg seiner Mannschaft in einem Schülerspiel in Stockholm am 5. Februar 1974.

Amerikanische Profiliga: Am häufigsten Sieger der seit 1947 bestehenden National Basketball Association (NBA) wurden mit 16 Titeln die Boston Celtics zwischen 1957 und 1986.

Das höchste Ergebnis gab es am 13. Dezember 1983 in Denver, als die Detroit Pistons gegen die Seattle Nuggets mit 186:184 gewannen. Nach regulärer Spielzeit hatte es 145:145 gestanden, dann folgte die notwendige Verlängerung. Das höchste Ergebnis in der normalen Spielzeit lautete 163:155, als am 11. Januar 1984 in Denver die Denver Nuggets gegen die San Antonio Spurs siegten.

Die meisten Punkte in einer Laufbahn erzielte Kareem Abdul Jabbar, der sich ursprünglich Lewis Ferdinand Alcindor (* 1947) nannte. Er kam in 1560 NBA-Spielen für die Milwaukee Bucks (1969–75) und Los Angeles Lakers (1975–89) auf insgesamt 38 887 Punkte, darunter 15 837 aus dem Feldspiel heraus, ehe er nach 20jähriger Tätigkeit im Alter von 42 Jahren und 59 Tagen im Frühjahr 1989 aufhörte. Total stand er in seiner Karriere 57 446 Minuten auf dem Platz.

Die meisten Punkte in einem NBA-Spiel erzielte mit genau 100 Norman Chamberlain (* 1936, USA), als am 2. März 1962 in Hershey, Pennsylvania, seine Mannschaft Philadelphia gegen New York gewann. Insgesamt kam er auf 31 419 Punkte für Philadelphia, San Franzisko und Los Angeles und erreichte einen Schnitt von 30,1 pro Spiel.

Den besten Durchschnitt pro Spiel erreichte mit 32,8 Punkten Michael Jordan (* 1963, USA), der für die Chicago Bulls zwischen 1980 und 1990 in 427 Begegnungen 14 106 Punkte schaffte.

Die meisten Punkte in einem College-Spiel schaffte Clarence »Bevo« Francis von der Rio Grande School Ohio mit 113 gegen Hillsdale and Jackson Ohio am 2. Februar 1954.

Den Rekord bei den Frauen hält mit 156 Punkten Marie Boyd-Eichler von der Central High School Lonaconing, Maryland (USA), beim 163:3 gegen Ursaline Academy Cumberland am 25. Februar 1924.

Der größte Spieler aller Zeiten ist Suleiman Ali Nashnush (* 1943), der 1962 für das libysche Team spielte und 2,45 m maß. Nur 6 cm kleiner ist Alexander Sizonenko (2,39 m, UdSSR). Die größte Spielerin ist Juliana Semenowa (* 1952, UdSSR) mit 2,18 m.

Der genaueste Korbwerfer ist Ted St. Martin aus Jacksonville, Florida (USA), der am 25. Juni 1977 2036 aufeinanderfolgende Freiwürfe verwandelte.

Den Treffer aus der weitesten Entfernung erzielte der Amerikaner Bruce Morris. Für das Team der Marshall-Universität warf er am 8. Februar 1985 im Spiel gegen die Appalachian-State-Universität aus Huntington den Ball aus 28,17 m Entfernung in den Korb.

Rekordgage: Der NBA-Klub Boston Celtic zahlt Topstar Larry Bird für zwei Jahre (1990, 91) das Höchstgehalt von 12 Mio. DM pro Saison.

Die größte Besucherzahl wurde 1951 im Olympiastadion von Berlin registriert, als 75 000 Zuschauer ein Spiel der Harlem Globetrotters (USA) verfolgten.

Die meisten Besucher zu einem Spiel in der Halle erschienen am 9. Juli 1984 in Indianapolis (USA). 67 594 Fans sahen die amerikanische Olympia-Auswahl gegen ein Allstar-Team.

Die erfolgreichsten deutschen Männermannschaften sind mit je neun Titeln der USC Heidelberg (1957–62, 1966, 1973, 1977) und

Keine Rauferei, sondern harter Sport – American Football, bestens präsentiert von den Berlin Adler.

Bayer Leverkusen (1970–72, 1976, 1979, 1985, 86, 1990, 91).

Bei den Frauen errang Agon Düsseldorf sogar zwölfmal den Titel (1975, 1980–88, 1990, 91). Siebenmal wurde auch der deutsche Pokal (1980, 81, 1983–86, 1988) erkämpft. Das Superteam blieb vom 1. November 1980 bis zum 15. November 1986 in 136 Meisterschaftsspielen ungeschlagen.

Am häufigsten den Pokal bei den Männern holte sich Bayer Leverkusen mit acht Siegen (1970, 71, 1974, 1976, 1986, 87, 1990, 91).

BILLARD

Der älteste deutsche Verein ist der Stuttgarter Billard-Club von 1891. 1909 wurde der Schweizerische Verband der Billard-Amateure in Luzern gegründet, 1911 der Deutsche Amateur-Billard-Bund, der heute Deutscher Billard-Bund heißt, in Frankfurt/Main und 1929 der Österreichische Amateur-Billard-Verband in Wien.

Spielvarianten: Im gesamten deutschsprachigen Raum sind alle Arten vertreten: Freie Partie, Cadre 47/2, Cadre 47/1, Cadre 71/2, Einband, Dreiband, Fünfkampf, Kunststoß, Poolbillard, Snooker und Kegelbillard.

Erfolgreichster Spieler aller Zeiten ist Raymond Ceulemans (*1935, Belgien), der insgesamt 136 offizielle Titel erkämpfte, 33mal Weltmeister wurde, davon 21mal im Dreiband (1963–73, 1975–80, 1983, 1985, 1987, 1990). Außerdem erkämpfte er sich 42 Europameisterschaften, davon 23mal im Dreiband, und wurde dreimal Weltcupsieger. Er ist Inhaber von 23 Weltrekorden.

Der erfolgreichste deutsche Spieler ist der Berliner Dieter Müller (*1943), der viermal Weltmeister (zweimal im Fünfkampf 1976, 77 und zweimal im Cadre 71/2, 1978, 79), siebenmal Europameister und 32mal Deutscher Meister wurde. August Tiedtke (1913–72) wurde Weltmeister im Fünfkampf (1936) und Kunststoß (1937), dreimal Vizeweltmeister, zehnmal Vizeeuropameister und 33mal Deutscher Meister.

Mannschafts-Europameisterschaften: Je fünfmal gewannen die Niederlande und Belgien.

Bundesliga: Je sechs Titel erkämpften – seit 1967 – die Düsseldorfer Billard-Freunde und der DBC Bochum. Mit fünf Siegen folgt BSV Velbert. Den Pokal gewann die Düsseldorfer Mannschaft elfmal.

Poolbillard: Das Spiel mit numerierten Bällen wurde gegen 1890 standardisiert.

Jüngster Weltmeister aller Zeiten bei den Profis ist der Schotte Stephen Hendry, der im Mai 1990 mit 21 Jahren und drei Monaten den Snooker-Titel in Sheffield (GB) gewann. Jüngster Sieger bei den 1963 erstmals ausgetragenen Amateur-Weltmeisterschaften wurde im November 1990 in Sri Lanka der Ire Stephen O'Connor im Alter von 18 Jahren und 40 Tagen.

Rekord-Weltmeister ist Joe Davis (GB) mit 15 Titeln (1927–40, 1946). An zweiter Stelle folgt sein Bruder Fred Davis mit acht Siegen.

24-Stunden-Rekorde

Bahnengolf (Miniaturgolf): 144 Runden und 9247 Schläge vom Terzett Andreas Gropp, Annabel Hartmann und Gunther Wegner in Bad Oldesloe (Schleswig-Holstein), 30. Juni/1. Juli 1990.

Basketball: 17227 von 24309 Freiwürfen brachte Jeff Liles (USA) in den Korb in Fort Worth (Texas), 6./7. April 1990.

Bogenschießen: 76158 Ringe von Simon Tarplee und David Hathaway (GB) in Evesham (GB) am 1. April 1991.
18965 Ringe vom Trio der Schützengesellschaft Schüsselhausen (Johann Fleck, Adolf und Herbert Westermaier) aus Mainburg, 14. August 1982.

Bowling: 125041 Pins vom Fünfer-Team aus Wedemark-Mellendorf (Gerd und Hans Bohn, Wilfried Evers, Harald Möller, Serafim Picado) auf einer Doppelbahn (735 Spiele) in Wedemark (Niedersachsen), 10./11. Dezember 1988.

Eisschnellaufen: 546,650 km von Martinus Kuiper (Niederlande) in Alkmaar, 12./13. Dezember 1988.

Gewichtheben (Bankdrücken): 720000 kg von Horst Kempke mit einer 60-kg-Hantel (12000 Wiederholungen) in Burgdorf (Niedersachsen), 23./24. März 1989.

Golf: 201 Löcher von Dieter Cabus und Maximilian Weiss (Ulm), 3. Juli 1983.

Kanu: 252,900 km von Zdzislaw Szubski (Polen) im Einerkajak auf dem Wistrula-Fluß, 11./12. September 1987.
156,400 km von Lydia Formentin (Australien) im Einerkajak auf dem Swan-River, 1979.

Kegeln (Bohle): 186155 Holz von acht Spielern des Weser-Teams Bremen (Frank Borchers, Ralf Bräuer, Ronald Hegerding, Karl-Heinz Radisch, Walter Sänger, Ralph und Martin Sickfeld, Wolfgang Wachtendorf) auf zwei Doppelbahnen, 1./2. Oktober 1983.
97841 Holz vom Quartett Hilchenbach-Müsen (Werner Binner, Dietmar Guschall, Karl-Günter Klein, Helmut Moll) auf einer Doppelbahn, 27./28. Mai 1987.

Kegeln (Schere): 37818 Holz bei 4950 Würfen von Hans-Jürgen Agunte (Kerpen) im Keglerheim Rommerskirchen, Kerpen am 29./30. Juni 1989.

Leichtathletik (Laufen): 286,463 km von Yiannis Kouros (Griechenland) in New York am 28./29. September 1985 und 240,169 km von Eleanor Adam (GB) in Melbourne am 19./20. August 1989.

Leichtathletik (Gehen): 228,930 km von Jesse Castañeda (USA) in New Mexico, 18./19. September 1976.
202,300 km von Annie van der Meer (Niederlande) in Rouen (Frankreich), 30. April/1. Mai 1984.

Poolbillard: 11700 Bälle von Gary Mounsey (Neuseeland) in Hamilton (Neuseeland) am 30. Juni/1. Juli 1979.

Rad (Straße): 827,400 km von Franz Jansen (Kevelaer) zwischen Schravelen und Kervenheim (Kreis Kleve), 23. August 1986.

Rollschuhlaufen: 365,17 km von Dieter Rhein (Bensheim) in der Rollsporthalle Heppenheim, 9./10. September 1988.

Rudern: 233 km vom Vierer mit Steuermann der Renngemeinschaft Neuss, Köln, Lingen, Koblenz (Michael Stoffels, Rolf Vomrath, Thomas Büsse, Hartmut Heinen, Rolf Schäfer) auf dem Dortmund-Ems- und Mittelland-Kanal, 25./26. Juni 1988.

Schießen (Tontauben): 2215 von 3176 möglichen, Joseph Kreckman (USA) in Cresno, Pennsylvania, 28. August 1983.

Schießen (Luftpistole): 176140 Ringe, stehend freihändig, 10-m-Distanz vom Junioren-Sextett des Schützenvereins Moers-Vinn (Jost Geske, Thomas Hubers, Bernd Hülsen, Andreas Költgen, Holger Lübke, Anke Schmidt), 28./29. Dezember 1987.

Schießen (Luftgewehr): 204750 Ringe, stehend freihändig, 10-m-Distanz vom Sextett des Bürgerlichen Schützenvereins Bergrheinfeld (Willi Brach, Ralf Füßer, Peter Herdel, Peter Ripperger, Norbert Rudloff, Reiner Stark), 28./29. April 1984.

Schwimmen: 96,700 km von Evan Barry (Australien) in Brisbane, 19./20. Dezember 1987.
72,200 km von Hans-Jürgen Vienerbl (Stuttgart) am 13./14. September 1986 – deutscher Rekord.
80,820 km von Irene van der Laan (Niederlande) in Brüssel, Januar 1982.
61,500 km von Ute Klaus (Siegen) in Siegen, 17./18. Oktober 1986 – deutscher Rekord.

Schwimmen (Unterwasser): 78,920 km von Paul Cryne (GB) und Amir Sawanal Awami (Katar), 21./22. Februar 1987.

Streckentauchen: 35,500 km von Jens Hilbert aus Achim/Baden (Bremen) im Hallenbad Verden (Aller), mit Preßluftgerät, 17./18. November 1987.

Segeln: 936 km vom Trimaran *Fleury-Michon VIII* (Skipper Philippe Poupon) während einer Trans-Atlantik-Überquerung, 17./18. Juni 1987.

Ski (nordisch): 415,500 km von Seppo-Juhani Savolainen (Finnland) in Saariselkä, 8./9. April 1988.
330,000 km von Sisko Kainulaisen (Finnland) in Jyväskylä, 23./24. März 1985.

Die längste durchgehende Runde, die je in einem fortlaufenden Poolspiel erzielt wurde, fand am 2. Februar 1960 durch Michael Eufermia mit 625 Bällen in Logan's Billard Academy, Brooklyn (USA), statt.

BOB- UND SCHLITTENSPORT

Die erste künstlich vereiste Bahn wurde 1969 in Königssee bei Berchtesgaden (Bayern) in den Dienst gestellt.

BOBFAHREN

Die meisten Olympiasiege erkämpften zwei DDR-Fahrer: Bernhard Germeshausen (*1951) und Meinhard Nehmer (*1941) mit je drei – gemeinsam 1976 im Zweier und Vierer sowie 1980 im Vierer. Dazu kommen noch einmal Silber im Zweier für Germeshausen und einmal Bronze im Zweier für Nehmer 1980.

Die meisten olympischen Vierer-Wettbewerbe, eingeführt 1924, gewann mit fünf die Schweiz (1924, 1936, 1956, 1972 und 1988).

Die meisten olympischen Zweier-Wettbewerbe, eingeführt 1932, gewannen mit je zwei die USA (1932, 1936), die Schweiz (1948, 1980), Italien (1956, 1968), die Bundesrepublik Deutschland (1952, 1972) und die DDR (1976, 1984).

Rekord-Olympionike ist der Pilot Carl-Eric Eriksson (* 1931, Schweden), der in Sarajevo 1984 zum sechsten Mal durch den schmalen Eiskanal jagte, nachdem er zuvor schon 1964 in Innsbruck, 1968 in Grenoble, 1972 in Sapporo, 1976 in Innsbruck und 1980 in Lake Placid gestartet war. Sicherlich wäre er auch schon bei den Winterspielen 1960 dabeigewesen, doch in Squaw Valley (USA) fanden keine Bobrennen statt. Übrigens fuhr Eriksson, dem allerdings eine Medaille versagt blieb, immer mit dunkelblauer Krawatte.

Der jüngste Olympiasieger war der Amerikaner William L. Fiske 1928 in St. Moritz mit 16 Jahren und 8 Monaten.

Der älteste Olympiasieger war der Schweizer Franz Kapus 1956 in Cortina d'Ampezzo mit 46 Jahren und 10 Monaten.

Weltmeisterschaften, eingeführt 1924: Die meisten Vierer-Titel gewann mit 19 die Schweiz (1924, 1936, 1939, 1947, 1954–57, 1971–73, 1975, 1982, 83, 1986–90).

Die meisten Zweier-Titel holte sich mit 14 Italien (1954, 1956–63, 1966, 1968, 69, 1971, 1975).

Der erfolgreichste Fahrer aller Zeiten ist Eugenio Monti (* 1928, Italien) mit insgesamt zwölf gewonnenen Weltmeisterschaften, neun im Zweierbob 1957–63, 1966 und 1968 sowie drei im Viererbob 1960, 61 und 1968. Dazu kommen noch sechs olympische Medaillen, zweimal Gold 1968, zweimal Silber 1956 und zweimal Bronze 1964.

Die meisten deutschen Titel gewann mit neun Stefan Gaisreiter, davon fünf im Zweierschlitten und vier im Viererschlitten.

RODELN

Das heutige Rennrodeln (der Fahrer liegt mit dem Rücken auf dem Gefährt) begann 1881 in Klosters (Schweiz), wo auch das erste internationale Rennen 1883 stattfand. Die ersten Europameisterschaften wurden 1914 in Reichenberg (Böhmen) ausgetragen, die ersten Weltmeisterschaften 1953 in Oslo. Der internationale Verband wurde 1957 gegründet.

Die erfolgreichsten Teilnehmer bei Olympischen Spielen, eingeführt 1964, sind Thomas Köhler (* 1940, DDR), der 1964 und 1968 zu zwei Gold- und einer Silbermedaille kam, sowie Hans Rinn (* 1953, DDR), der 1976 und 1980 zweimal Gold und einmal Bronze gewann. Köhler war insgesamt sechsmal Weltmeister.

Die erste Frau, die zweimal Olympiasiegerin wurde, ist Steffi Walter, geborene Martin (* 1962, DDR), die 1984 und 1988 gewann.

Der einzige Athlet, der bei drei Olympischen Spielen Medaillen gewann, ist Klaus Bonsack (* 1941, DDR) – 1964 Silber im Einsitzer, 1968 Gold im Doppel- und Bronze im Einsitzer sowie 1972 Bronze im Doppel.

Weltmeisterschaften, eingeführt 1962: Sechs Titel bei den Männern gewann Thomas Köhler, 1962, 1964 (olympisch), 1965, 1967 im Einsitzer und 1967, 68 (olympisch) im Doppelsitzer. Bei den Frauen kam Margit Schumann (*1952, DDR) zu fünf Siegen – 1973–75, 76 (olympisch) und 77.

Weltcup: Norbert Huber (* 1964, Österreich) gewann insgesamt achtmal, davon fünfmal im Doppelsitzer (1983, 1985, 86, 1989, 90) und dreimal im Einsitzer (1985–87). Rekord!

Die erfolgreichste österreichische Rennrodlerin ist Maria Isser, die 1957 und 1960 Weltmeisterin und fünfmal Europameisterin wurde.

Die höchste Geschwindigkeit erreichte mit 144,7 km/h Georg Hackl (* 1966, BR Deutschland), Olympiazweiter 1988, Weltmeister 89 und 90, am 3. Februar 1989 auf der Bahn in Winterberg.

SKELETON

Ein Wettbewerb, der aus der Schweiz kam und zweimal (1928, 1948) auf dem olympischen Programm stand. Heutzutage überall dort möglich, wo es Bobbahnen gibt. Der Fahrer liegt bäuchlings auf dem Schlitten.

Alljährlich – seit 1884 – findet in St. Moritz das Cresta-Rennen auf einer Spezialpiste statt. Den Rekord auf der 1212,25 m langen Strecke mit einem Gefälle von 157 m hält Franco Gansser (* 1945, Schweiz) mit 50,91 Sek., aufgestellt am 22. Februar 1987. Die Durchschnittsgeschwindigkeit betrug 85,72 km/h.

Mut und Können sind gefragt, wenn es beim Cresta-Rennen durch den schmalen Eiskanal geht.

Olympische Spiele. Die bisherigen Goldmedaillen gewannen der Amerikaner Jennison Heaton (1928) und der Schweizer Nino Bibbia (1948). Zweimal Silber errang John R. Heaton aus den USA.

Weltmeisterschaften, eingeführt 1982. Gert Elsässer (Österreich) siegte bei der Premiere.

Europameisterschaften, eingeführt 1914: Die meisten Titel, nämlich drei, gewann der Schweizer Nico Baracchi (1984–86).

Die meisten Deutschen Meisterschaften, eingeführt 1914, gewann mit sechs Rudi Häusler (1973, 1975–79). Fünfmal siegte Franz Kleber (1981–83, 1985, 1987).

BOGENSCHIESSEN

Die meisten olympischen Goldmedaillen gewann mit sechs zwischen 1900 und 1920 Hubert van Innis (1866–1961, Belgien), der außerdem noch dreimal Silber holte.

Die meisten Weltmeisterschaften, eingeführt 1931, gewann Janina Spychajowa-Kurkowska (* 1901, Polen). Sie holte sich den Titel insgesamt siebenmal, 1931–34, 1936, 1939 und 1947.

Erfolgreichster Mann war Hans Deutgen (1917–89, Schweden), der zwischen 1947 und 1950 viermal in Serie Weltmeister wurde. Oscar Kessels (1904–68, Belgien) nahm an 21 Weltmeisterschaften teil.

Die Weltrekorde bei zwei FITA-Runden (möglich sind 2880 Ringe) halten Darrell Pace (* 1956, USA) und Richard McKinney (* 1963, USA) mit je 2617 Ringen seit dem 21./22. Oktober 1983 in Long Beach (Kalifornien, USA) sowie bei den Frauen Kim Su Nyong (* 1971, Süd-Korea) mit 2683 Ringen seit dem 27. bis 30. September 1988 in Seoul.

Deutsche Rekordhalter bei einer FITA-Runde (möglich sind 1440 Ringe) sind Andreas Lippolt mit 1319 Ringen, erreicht 1987, und Doris Haas mit 1301 Ringen, erreicht 1985.

BOWLING

Die größte Bowling-Nation sind die USA. Nach der letzten Statistik aus dem Jahr 1990 betreiben mehr als 69 Mio. Amerikaner, davon 8,1 Mio. organisierte, diesen Sport. Ihnen stehen 8104 Bowlingzentren mit 151 712 Bahnen zur Verfügung.

Das größte Bowlingzentrum ist das Fukuyama Bowl in Osaka (Japan) mit 144 Bahnen. Noch größere Dimensionen hatte das Tokyo World Lanes Centre (Japan) mit 252 Bahnen, das aber inzwischen geschlossen wurde.

Weltmeisterschaften wurden 1954 (Männer) beziehungsweise 1963 (Frauen) von der Fédération Internationale des Quilleurs eingeführt.

Das beste Resultat in einem Einzelwettkampf während einer WM erzielte mit 5963 Pins in 28 Spielen Ed Luther (USA) am 28. August 1971 in Milwaukee, Wisconsin. Das entspricht einem Durchschnitt von fast 213 Pins.

Die derzeitige WM findet nur über 24 Spiele (2 × 6 im Einzel, 1 × 6 im Doppel, 1 × 6 im Fünferteam) statt. Hier halten der Amerikaner Rick Steelsmith mit 5261 Pins (Schnitt 219,2) und die Amerikanerin Sandra Jo Shiery mit 4894 Pins (Schnitt 203,9) die Rekorde, aufgestellt bei der WM im Juni 1987 in Helsinki.

Das höchste Ergebnis in einem offiziellen Wettkampf (drei Spiele) erreichte Thomas Jordan (* 1966, USA) mit 899 Pins am 7. März 1989 in Union, New Jersey (USA).

Beste bei den Frauen ist Jeanne Maiden (* 1957, USA), die am 23. November 1986 in Solon, Ohio, auf 864 Punkte (300 – 300 – 264) kam.

Das Maximum von 900 Pins in einer Dreier-Serie schaffte Glen Allison (* 1930, USA) in der La Habra Bowl von Los Angeles am 1. Juli 1982, doch der Wettkampf wurde von dem American Bowling Congress (ABC) nicht anerkannt, weil es sich um geölte Bahnen gehandelt hatte. Ebenfalls auf 900 Punkte kamen – allerdings in nicht-offiziellen Wettbewerben – noch fünf weitere Spieler: Leo Bentley am 26. März 1931 in Lorain, Ohio (USA); Joe Sargent 1934 in Rochester, New York State (USA); Jim Margie am 4. Februar 1937 in Philadelphia, Pennsylvania (USA); Bob Brown am 12. April 1980 in Roseville Bowl, Kalifornien (USA), und John Strausbaugh am 11. Juli 1987 in New York, Pennsylvania (USA). Solche Serien müssen aus 36 aufeinanderfolgenden Strikes bestehen (das heißt, alle Pins müssen jeweils mit dem ersten Wurf zu Fall gebracht werden).

Die meisten Strikes in Serie erreichte mit 33 in einem offiziellen Turnier John Pezzin (* 1930) am 4. März 1976 in Toledo, Ohio (USA).

Die meisten 300er Spiele schafften mit 33 bis Januar 1990 James Johnson jr. (* 1960, USA) und Robert Learn jr. (* 1962, USA). Bei den Frauen hält Jeanne Maiden (USA) mit 17 den Rekord.

Die Weltrekorde (sie können nur bei Weltmeisterschaften aufgestellt werden) halten bei den Männern über ein Spiel Rick Steelsmith (USA) mit 300 Pins, über drei Spiele Lars Öagar (Finnland) mit 774, sechs Spiele Rich Wondres (USA) mit 1411 sowie 24 Spiele Rick Steelsmith mit 5261 und bei den Frauen über ein Spiel Dorette Boelens (Niederlande) mit 289, drei Spiele Delia Milne (Singapur) mit 700, sechs Spiele Cora Fiebig (USA) mit 1330 sowie 24 Spiele Sandra Jo Shiery (USA) mit 4894.

Das meiste Geld in der amerikanischen Profi-Tour verdiente mit 1 429 756 Dollar Marshall Holman (* 1954, USA). Den Rekord für eine Saison hält Mike Aulby (* 1960, USA) mit 298 237 Dollar im Jahr 1989.

Die erfolgreichsten Teilnehmer bei Deutschen Einzel-Meisterschaften waren Daniela Gruber mit fünf Titeln (1971, 1974, 1977–79) sowie mit je vier Siegen Karl Hartmann (1935–37, 1958) und Fritz Blum (1964, 1966–68).

Deutsche Mannschaftsmeisterschaften: Bei den Männern war der ASC Berlin-Spandau achtmal und bei den Frauen NSF Berlin sogar zehnmal erfolgreich.

Deutsche Rekorde. Männer: Ein Spiel 300 Pins Manfred Raich, Till Götz; drei Spiele 758 Jürgen Pelz; sechs Spiele 1529 Utz Dehler. – Frauen: Ein Spiel 290 Heidi Scholtheis; drei Spiele 742 Kathy Roos; sechs Spiele 1299 Ute Voht.

BOXEN

PROFIS

Der längste Kampf mit Handschuhen fand am 6./7. April 1893 in New Orleans (USA) zwischen Andy Bowen und Jack Burke statt. Der Kampf dauerte 110 Runden oder (mit Pausen) insgesamt 7:29 Std., und zwar von 21 Uhr 15 bis 4 Uhr 43. Beide Männer waren schließlich unfähig weiterzukämpfen, so daß der Wettkampf nicht anerkannt und später zu einem Unentschieden erklärt wurde.

Der längste Kampf ohne Handschuhe dauerte 6:15 Std., zwischen James Kelly und Jack Smith in Dalesford (Australien) am 3. Dezember 1855.

Inflation
Die Verträge für den teuersten Schwergewichts-Boxkampf wurden am 10. Juli 1991 in New York unterzeichnet. Die Gesamtbörse für den WM-Fight am 8. November 1991 in Las Vegas beträgt 51,101 Mio. Dollar, wobei der Titelverteidiger Evander Holyfield 34 Mio. Dollar und sein Herausforderer Mike Tyson (beide USA) 17 Mio. Dollar erhalten.

Der kürzeste WM-Kampf fand am 7. April 1914 statt. Mittelgewichtler Al McCoy schlug in 45 Sek. George Chip in New York k. o. Die gleiche Zeit brauchte Lloyd Honeyghan, um Gene Hatcher im Kampf um die Krone im Weltergewicht (nach IBF-Version) am 30. August 1987 in Marbella (Spanien) zu bezwingen.

Der längste WM-Kampf (unter Queensberry-Regeln) war der zwischen den Leichtgewichtlern Joe Gans (1847–1910) und Oscar Matthew Nelson (1882–1954) am 3. September 1906 in Goldfield (USA). Er wurde in der 42. Runde beendet, als Gans aufgrund eines Fouls, das sein Gegner begangen hatte, zum Gewinner erklärt wurde.

Die größten Berufsboxer waren Gogea Mitu (* 1914, Rumänien), Jim Culley und John Rankin (beide USA), die jeweils 2,23 m maßen.

Der kleinste Berufsboxer, der je einen Weltmeistertitel gewann, heißt Netrnoi Vorasingh (* 1959, Thailand), der von Mai bis September 1978 den WBC-Titel im Halbfliegengewicht innehatte. Seine Körpergröße betrug 1,50 m.

Der älteste Weltmeister war Archie Moore (* 1913 oder 1916, USA), dem am 10. Februar 1962 der Titel des Halbschwergewichts-Weltmeisters aberkannt wurde. Er war zu diesem Zeitpunkt 48 beziehungsweise 45 Jahre.

Der jüngste Weltmeister war mit 17 Jahren und 176 Tagen Wilfredo Benitez (*1958, Puerto Rico), der am 6. März 1976 in San Juan (Puerto Rico) den WBA-Titel im Junior-Weltergewicht durch einen Punktsieg über Antonio Cervantes (Kolumbien) erkämpfte.

Die meisten WM-Titel in einer Gewichtsklasse erkämpfte mit fünf Sugar Ray Robinson (1920–89, USA), der am 25. März 1958 in Chikago Carmen Basilio (USA) schlug, um den Weltmeisterschaftstitel im Mittelgewicht zum vierten Male zurückzugewinnen.

Die meisten WM-Titel in verschiedenen Klassen erkämpften sich mit je fünf Thomas Hearns (* 1958, USA) im Welter-, Superwelter-, Mittel-, Supermittel- und Halbschwergewicht zwischen 1980 und 1988 sowie Ray Leonhard (* 1956, USA) im Welter-, Superleicht-, Mittel-, Supermittel- und Leichtschwergewicht zwischen 1979 und 1988. Die beiden Amerikaner profitierten aber von der Gewichtsklassen-Inflation und den inzwischen bestehenden und rivalisierenden vier Verbänden: World Boxing Association (WBA), World Boxing Council (WBC), International Boxing Federation (IBF) und World Boxing Organisation (WBO).

Der einzige Boxer, der gleichzeitig Weltmeister in drei verschiedenen Gewichtsklassen war, ist Henry »Homicide Hank« Armstrong (1912–88, USA). Vom August bis zum Dezember 1938 besaß er die Titel im Feder-, Leicht- und Weltergewicht.

Die kürzeste Regentschaft eines Weltmeisters dauerte 33 Tage. Tony Canzoneri (1908–59, USA) war nur vom 21. Mai bis 23. Juni 1933 der Champion im Junior-Mittelgewicht.

Die meisten Knockouts erzielte mit 145 (davon 129 in Profikämpfen) Archie Moore, der von 1936 bis 1963 boxte. Den Rekord mit den meisten aufeinanderfolgenden K. o. hält mit 44 Lamar Clarke (* 1934, USA) zwischen 1958 und dem 11. Januar 1960. Er erzielte am 1. Dezember 1958 sechs vorzeitige Siege an einem Abend (fünf in der ersten Runde) in Bingham, Utah (USA).

Die meisten Niederschläge in einem WM-Kampf verzeichnete der Bantamgewichtler Vic Toweel (* 1929, Südafrika), der am 2. Dezember 1950 in Johannesburg seinen Gegner Danny O'Sullivan (GB) 14mal in zehn Runden am Boden hatte, ehe der Engländer schließlich aufgab.

Die längste Karriere im Ring mit jeweils 31 Jahren haben die Weltmeister Bob Fitzsimmons zwischen 1883 und 1914 sowie Jack Johnson (1878–1946, USA) zwischen 1897 und 1928 aufzuweisen.

Die meisten Kämpfe ohne Niederlage, nämlich 178, bestritt Edward Henry Greb (1894–1926, USA) zwischen 1916 und 1923. Allerdings endeten davon 117 Begegnungen unentschieden.

Die größte Börse wurde mit 35,8 Mio. Dollar am 27. Juni 1988 im Convention Center von Atlantic City, New Jersey (USA), ausgeboxt. Titelverteidiger Mike Tyson (* 1966, USA) bekam bei seinem K.o.-Sieg in der ersten Runde über Michael Spinks (* 1956, USA) 22 Mio. Dollar, sein Gegner 13,8 Mio. Dollar. Der Kampf um die Schwergewichtskrone dauerte nur 91 Sek. und war der viertkürzeste in der WM-Geschichte.

Das meiste Gewicht mit insgesamt 317 kg brachten beim Kampf am 1. Juni 1071 in Oklahoma City (USA) die beiden Amerikaner Claude McBride (154 kg) und Jimmy Black (163 kg) in den Ring. McBride gewann durch K.o. in der dritten Runde.

Zuschauer-Rekorde: 120 757 Besucher waren beim WM-Kampf im Schwergewicht zwischen Gene Tunney und Jack Dempsey am 26. September 1926 im Sesquicentennial-Stadion, Philadelphia (USA), dabei (Sieger nach Punkten Tunney). Der Hallenrekord wurde mit 63 350 Zuschauern beim Kampf Muhammad Ali gegen Leon Spinks am 15. September 1978 im Superdome, New Orleans (USA), registriert. Beim Kampf zwischen Tony Zale und Billy Pryor am 16. August 1941 im Juneau Park von Milwaukee (USA) wurden sogar 135 132 Fans gezählt; allerdings wurde kein Eintritt verlangt.

Zuschauermagnet: Der Kampf Muhammad Ali (links) gegen Leon Spinks.

Die geringste Zuschauerzahl bei einem WM-Fight im Schwergewicht war 2434, als Cassius Clay am 25. Mai 1965 in Lewiston, Maine (USA), Sonny Liston bezwang.

Die längste Regentschaft eines Weltmeisters im Schwergewicht dauerte elf Jahre und 252 Tage durch Joe Louis (1914–81, USA). Am 27. Juni 1937 schlug er James Braddock (durch K. o. in der achten Runde) in Chikago, stellte einen Rekord mit 25 erfolgreichen Titelverteidigungen nacheinander auf und erklärte am 1. März 1949 seinen Rücktritt.

Die kürzeste Regentschaft eines Schwergewichts-Weltmeisters dauerte nur 64 Tage. So lange konnte sich Tony Tucker (* 1958, USA) seines IBF-Titels erfreuen, und zwar vom 30. Mai bis 2. August 1987.

Der einzige Boxer, der die Weltmeisterschaft im Schwergewicht zweimal wiedererlangte, ist Muhammad Ali (* 1942, USA). Ali, der früher Cassius Clay hieß, gewann den Titel erstmals am 25. Februar 1964, als er Sonny Liston in Miami Beach (USA) durch technischen K. o. in der siebenten Runde schlug. Nachdem ihm am 28. April 1967 der Titel wegen Wehrdienstverweigerung durch die amerikanischen Boxbehörden aberkannt wurde, feierte er am 30. Oktober 1974 in Kinshasa ein Comeback und bezwang George Foreman durch K. o. in der achten Runde. Noch einmal, am 15. September 1978 in Las Vegas, holte er sich die WBA-Krone zurück mit einem Punktsieg über Leon Spinks, gegen den er zuvor am 15. Februar des gleichen Jahres den Titel verloren hatte.

Der einzige unbesiegte Weltmeister im Schwergewicht, der während seiner gesamten Laufbahn (1947–56) niemals verlor, war Rocky Marciano (1923–69, USA). Er gewann alle 49 Kämpfe, davon 43 durch K.o. oder vorzeitige Aufgabe seines Gegners. Ihm dicht auf den Fersen folgt Larry Holmes, der 48mal, davon 33mal vorzeitig, siegte und 19mal seinen Schwergewichts-Titel verteidigte, ehe er erstmals verlor.

Der jüngste Schwergewichts-Weltmeister aller Zeiten ist Mike Tyson (* 1966, USA), der sich mit 20 Jahren und 144 Tagen die Krone (nach WBC-Version) holte. Am 22. November 1986 gewann er in Las Vegas gegen den kanadischen Titelverteidiger Trevor Berbick durch K.o. in der zweiten Runde. Von drei Verbänden wurde Tyson anerkannt, als er am 2. August 1987 Tony Tucker bezwang.

Der älteste Schwergewichts-Weltmeister war Jersey Joe Walcott (* 1914, USA), der sich mit 37 Jahren und 168 Tagen den Titel am 18. Juli 1951 in Pittsburgh, Pennsylvania, mit einem K.-o.-Sieg über Ezzard Charles holte. Mit 38 Jahren und 236 Tagen verlor er seine WM-Krone am 23. September 1952 an Rocky Marciano.

Der schwerste Weltmeister im Schwergewicht war Primo Carnera (1906–67, Italien), der am 29. Juni 1933 in New York City den Titel in sechs Runden gegen Jack Sharkey gewann. Er wog bei diesem Kampf 121 kg. Sogar 122,6 kg brachte er bei seiner erfolgreichen Titelverteidigung am 1. März 1934 gegen Tommy Loughran (USA) auf die Waage.

Der leichteste Weltmeister im Schwergewicht war Robert Fitzsimmons (1863–1917, GB), der mit 75 kg am 17. März 1897 in Carson City, Nevada (USA), den Titel gewann, als er James Corbett in der 14. Runde k.o. schlug.

Der größte Weltmeister im Schwergewicht war mit 1,98 m Ernest Terrell (* 1939, USA), der den WBA-Titel zwischen 1965 und 1967 innehatte. Primo Carnera maß – nach neuesten Erkenntnissen der Harvard-Universität – 1,966 m und Jess Willard (1881–1968, USA), der 1915 den Titel errang, 1,96 m.

Der kleinste Weltmeister im Schwergewicht mit nur 1,70 m war der Kanadier Tommy Burns, der die Championswürde zwischen dem 23. Februar 1906 und dem 26. Dezember 1908 trug. Sein Kampfgewicht lag zwischen 70 und 81 kg.

Der älteste Weltmeister im Schwergewicht war Jack Dempsey (1895–1983, USA), der im Alter von 87 Jahren und 341 Tagen starb. Er besaß den Titel zwischen 1919 und 1928.

Der kürzeste Weltmeisterschaftskampf im Schwergewicht dauerte 55 Sek., als James J. Jeffries (1875–1953) am 6. April 1900 in Detroit (USA) seinen Gegner Jack Finnegan durch K.o. bezwang.

Die längste Laufbahn eines Schwergewichtsboxers dauerte 39 Jahre, von 1875 bis 1914. Diesen Rekord erreichte Bobby Dobbs (1858–1930, USA).

Der erfolgreichste deutsche Berufsboxer ist Max Schmeling (* 1905), der 1926 Deutscher Halbschwergewichtsmeister, 1927 Europameister, 1928 Deutscher Schwergewichtsmeister, 1930 Weltmeister (Disqualifikationssieg über Jack Sharkey in New York – 12. Juni), 1939 Europameister im Schwergewicht wurde. In einem Nicht-Titelkampf schlug er 1936 in New York nach zwölf Runden durch K.o. Joe Louis.

AMATEURE

Olympische Spiele: Für einen einmaligen Triumph sorgten Amerikas Boxer 1984 in Los Angeles. Sie erreichten in zehn von zwölf Gewichtsklassen das Finale und kamen zu neun Goldmedaillen.

Die einzigen Kämpfer, die drei Goldmedaillen gewannen, sind Laszlo Papp (* 1926, Ungarn), der 1948 (Mittelgewicht), 1952 und 1956 (Halbmittelgewicht) siegte, sowie Teofilo Stevenson (* 1952, Kuba), der 1972, 1976 und 1980 im Schwergewicht erfolgreich war.
Papp wechselte 1957 – als erster Sportler eines Ostblockstaates – ins Profilager über und wurde fünf Jahre später Europameister im Mittelgewicht. Diesen Titel verteidigte er dann sechsmal erfolgreich.

Für eine Einmaligkeit sorgte Oliver L. Kirk (USA) 1904 in St. Louis (USA), als er zwei Goldmedaillen bei einer Olympiade erkämpfte, im Bantam- und Federgewicht. Er brauchte jedoch nur jeweils einen einzigen Kampf zu bestreiten.

Der älteste Goldmedaillengewinner war Richard Kenneth Gunn (1871–1961, GB), der 1908 in London mit 37 Jahren und 254 Tagen die Federgewichtsklasse gewann.

Weltmeisterschaften, eingeführt 1974. Nur zwei Kämpfern gelang es, drei Titel zu gewinnen: Teofilo Stevenson (Kuba) im Schwergewicht 1974 und 1978 sowie im Superschwergewicht 1986 und auch Adolfo Horta (* 1957, Kuba) im Bantam- 1978, Feder- 1982 sowie Leichtgewicht 1986.

CURLING

Die meisten Weltmeistertitel, eingeführt 1959, gewannen Kanadas Männer, die insgesamt 20mal erfolgreich waren, 1959-64, 1966, 1968–72, 1980, 1982, 83, 1985-87, 1989, 90.

Weltmeisterschaften für Frauen gibt es erst seit 1979. Auch hier ist mit sechs Titeln Kanada (1980, 1984–87, 1989) am erfolgreichsten.

Europameisterschaften, eingeführt 1975: Bei den Männern siegte sechsmal die Schweiz (1976, 1978, 1981, 1983, 84, 1986) vor den fünfmal erfolgreichen Schotten (1979, 80, 1982, 83, 1989). Sogar auf sieben Titel bei den Frauen brachte es Schweden (1977–1980, 1982, 83, 1988) vor Deutschland mit vier Siegen (1984, 1986, 87, 1989).

Die meisten Deutschen Meisterschaften erkämpften sich mit jeweils sechs bei den Männern der EC Bad Tölz (1968, 69, 1973, 1975–77) sowie der CC Schwenningen (1980–85) vor dem EV Füssen mit vier (1986, 1989–91). Sogar siebenmal erfolgreich war bei den Frauen der SC Riessersee (1983, 1985–89, 1991).

Der größte Mannschaftswettbewerb der Welt ist das Manitoba Bonspiel im kanadischen Winnipeg. Beim Turnier von 1988 beteiligten sich 1424 Teams mit je vier Spielern.

Olympische Demonstrations-Sportart – Curling. Die besten Teams sind in Kanada zu Hause.

Den weitesten Wurf schaffte mit 175,66 m der Kanadier Eddie Kulbacki in Neepawa, Manitoba (Kanada), am 29. Januar 1989.

Die größte Bahn steht im kanadischen Calgary. Sie wurde 1959 eröffnet und bietet in zwei Etagen Platz für 384 Spieler (96 Teams).

EISHOCKEY

Die meisten olympischen Turniere gewann die UdSSR, die siebenmal als Sieger (1956, 1964, 1968, 1972, 1976, 1984, 1988) hervorging. Kanada brachte es auf fünf Erfolge (1924, 1928, 1932, 1948, 1952).

Die meisten Goldmedaillen, nämlich drei, gewannen mit einer sowjetischen Nationalmannschaft Witali Dawydow, Anatoli Firsow, Viktor Kuskin, Alexander Ragulin (1964, 1968, 1972) sowie Torwart Wladislaw Tretjak (1972, 1976, 1984), der darüber hinaus noch einmal Silber (1980) holte.

Die längste olympische Karriere hatte Richard Torriani (1911–88, Schweiz) aufzuweisen, der zwischen 1928 und 1948 an vier Turnieren teilnahm.

Die meisten Weltmeisterschaften, eingeführt 1920, gewann zwischen 1954 und 1990 die UdSSR mit 22 Titeln. An zweiter Stelle folgt Kanada (19).

Das beste Abschneiden einer deutschen Mannschaft bei Weltmeisterschaften waren jeweils die zweiten Plätze 1930 in Chamonix und 1953 in Zürich/Basel. Zur Europameisterschaft reichte es 1930 in Berlin und 1934 in Mailand. Olympische Bronzemedaillen gab es 1932 in Lake Placid und 1976 in Innsbruck.

Die meisten Tore, die je bei einem Weltmeisterschaftsspiel geschossen wurden, erzielte am 15. März 1987 bei der D-WM in Perth (Australien) die australische Nationalmannschaft beim 58:0-Sieg über Neuseeland. Den alten Rekord vom 12. Februar 1949 hielt Kanada mit 47:0 gegen Dänemark in Stockholm.

Die meisten Länderspiele für Deutschland bestritt mit 308 Udo Kießling, der zwischen 1973 und 1991 an 15 Weltmeisterschaften und vier olympischen Turnieren teilnahm. Auf den nächsten Plätzen folgen Lorenz Funk (225), Erich Kühnhackl (211), Alois Schloder (206), Rainer Philipp (199), Gerd Truntschka (185), Franz Reindl (181), Dieter Hegen (181), Ignaz Berndaner (177), Harold Kreis (172) und Markus Kuhl (158).

Die nordamerikanische Profiliga (NHL), gegründet 1917, spielt die inoffizielle Weltmeisterschaft für Klubmannschaften aus. Zur Zeit nehmen 21 Teams aus Kanada und den USA in vier verschiedenen Staffeln an dem Wettbewerb teil.

Toller Rekord für Bernie Parent von den Philadelphia Flyers: 47 Siege in der NHL-Saison 1973/74.

Stanley-Cup, eingeführt 1893. Die besten NHL-Teams ermitteln jährlich in einer Play-Off-Runde den Sieger. Rekordgewinner sind die Montreal Canadiens mit 23 Erfolgen (1916, 1924, 1930, 31, 1944, 1946, 1953, 1956–60, 1965, 66, 1968, 69, 1971, 1973, 1976–79, 1986).

Die meisten Spiele bestritt Gordon Howe (* 1928, Kanada) mit 1767 in der NHL (plus 157 in der Play-Off-Runde), und zwar von 1946 bis 1971 für die Detroit Red Wings und 1979/80 für die Hartford Whalers. Während dieser Zeit erzielte er 1071 Tore (davon 801 in der NHL = Rekord). Außerdem kam er noch auf 419 Begegnungen für die Houston Aeros und New England Whalers zwischen 1973 und 1979 in der World Hockey Association.

Der erfolgreichste Spieler ist Wayne Gretzky (* 1961, Kanada), der von 1979 bis 1988 für die Edmonton Oilers tätig war und dann zu den Los Angeles Kings wechselte. In der Saison 1981/82 erzielte er die Bestmarke von 92 Toren, 1985/86 verbesserte er den Scorer-Rekord (Tore und Vorlagen, die zu Treffern führen) auf 215. Sein Assits-Rekord lautet 1630, seine Trefferquote 811. Beim Treffen der Los Angeles Kings gegen Vancouver Canucks am 11. April 1991 erzielte Gretzky sein 93. Tor in der Play-Off-Runde und löste damit den Finnen Jari Kurri (92) ab.

Der erfolgreichste Torhüter ist Terrance Gordon Sawchuck (1929–70), der einen Rekord von 971 Spielen aufweist und in 103 Begegnungen keinen Treffer zuließ. Er spielte zwischen 1950 und 1967 bei den Detroit Red Wings, Boston Bruins, Toronto Maple Leafs, Los Angeles Kings und New York Rangers.

Zwei Tore in zwei Sek.: Diesen Rekord gab es zwischen den Boston Bruins und St. Louis Blues am 19. Dezember 1987 in Boston. Zuerst erzielte Linseman von den Bruins nach 59:50 Min. den Anschlußtreffer zum 5:6, nach 59:52 Min. lag seine Mannschaft jedoch wieder mit 5:7 im Rückstand, nachdem Gilmour für die Blues erfolgreich gewesen war.

Tor durch einen Torwart: Dieses Kunststück vollbrachte am 8. Dezember 1987 in Philadelphia zum erstenmal in der NHL-Geschichte Ron Hextall von den Philadelphia Flyers, als beim Stand von 4:2 gegen die Boston Bruins die Bostoner kurz vor dem Abpfiff einen sechsten Feldspieler für ihren Schlußmann einsetzten. Hextall stoppte einen Puck und schoß ihn direkt in den verwaisten gegnerischen Kasten zum 5:2-Endstand für seine Mannschaft.

Das längste Match dauerte 2:56:30 Std. reine Spielzeit, als Detroit Red Wings in einem Treffen der NHL die Montreal Maroons in der sechsten Verlängerung am 25. März 1936 im Forum von Montreal (Kanada) 1:0 schlugen.

Einen Negativrekord besonderer Art gab es am 14. April 1991. Im ersten Play-Off-Spiel zwischen den Minnesota North Stars und den Chicago Blackhawks (6:0) hagelte es 308 Strafminuten.

Europacup: Rekordsieger ist ZSKA Moskau mit 20 Erfolgen (1969–74, 1977–90). Dreimal gewann ZKL Brünn (1966–68), je einmal Krilija Moskau (1975), Poldi Kladno aus der ČSFR (1976) und Djugarden Stockholm (1991).

Die erfolgreichste deutsche Vereinsmannschaft ist der Berliner Schlittschuh-Club mit 19 Meisterschaften (1912–14, 1920, 21, 1923–26, 1928–33, 1936, 37, 1974, 1976). Danach folgt der EV Füssen mit 16 Titeln (1949, 1953–59, 1961, 1963–65, 1968, 69, 1971, 1973).

Rekord-Torschütze in der Bundesliga ist mit 725 Treffern Erich Kühnhackl (*1950). Dazu kommen noch 724 sogenannte Beihilfen in insgesamt 774 Spielen, die er zwischen 1968 und 1989 bestritt. Sowohl bei der WM 1978 in Prag als auch beim olympischen Turnier 1984 in Sarajewo war er Scorer-König.

Torflut: Alle 58 Sek. fiel – im Durchschnitt – ein Treffer. Nach 60 effektiven Spielminuten hatte die dritte Mannschaft des EHC Hamburg in einer Begegnung der Landesliga Hamburg/Schleswig-Holstein am 7. Januar 1988 mit 0:62 gegen ETC Timmendorf verloren. Die einzelnen Drittel lauteten 0:17, 0:25, 0:20.

Deutsche Meisterschaften der Frauen, eingeführt 1983: Viermal gewannen die Düsseldorfer Eisbären (1985–87, 1989), zweimal der Mannheimer ERC (1988, 1990), je einmal IGES Reutlingen (1984) und die OSC Ladies aus Berlin (1991).

Weltmeisterschaften der Frauen, eingeführt 1990: Kanada holte sich den ersten Titel vor den USA und Finnland.

Europameisterschaften der Frauen, eingeführt 1989: Finnland gewann den ersten Titel vor Schweden und BR Deutschland. Auch 1991 siegte Finnland.

EISSCHNELLAUF – WELTREKORDE

Sportart	Leistung	Name/Land	Datum
Männer			
500 m	36,45	Uwe-Jens Mey (DDR)	1988
1000 m	1:12,05	Nick Thometz (USA)	1987
1500 m	1:52,06	André Hoffmann (DDR)	1988
3000 m	3:57,52	Johann Olav Koss (Norwegen)	1990
5000 m	6:41,73	Johann Olav Koss (Norwegen)	1991
10000 m	13:43,54	Johann Olav Koss (Norwegen)	1991
Großer Vierkampf	157,396 Pkt.	Johann Olav Koss (Norwegen)	1991
Kleiner Vierkampf	160,454 Pkt.	Gerard Kemkers (Niederlande)	1990
Sprint-Vierkampf	145,945 Pkt.	Igor Schelesowski (UdSSR)	1989
Frauen			
500 m	39,10	Bonnie Blair (USA)	1988
1000 m	1:17,65	Christa Rothenburger (DDR)	1988
1500 m	1:59,30	Karin Kania (DDR)	1986
3000 m	4:10,80	Gunda Kleemann (Deutschland)	1990
5000 m	7:14,13	Yvonne van Gennip (Niederlande)	1988
Großer Vierkampf	168,271 Pkt.	Karin Kania (DDR)	1986
Kleiner Vierkampf	166,682 Pkt.	Natalia Petrusewa (UdSSR)	1987
Sprint-Vierkampf	159,435 Pkt.	Bonnie Blair (USA)	1989

EISSCHNELLAUF – DIE BESTEN DEUTSCHEN LEISTUNGEN

Sportart	Leistung	Name	Datum
Männer			
500 m	36,45	Uwe-Jens Mey	1988
1000 m	1:13,11	Uwe-Jens Mey	1988
1500 m	1:52,06	André Hoffmann	1988
3000 m	4:03,31	André Hoffmann	1985
5000 m	6:51,42	Roland Freier	1988
10000 m	14:19,16	Roland Freier	1986
Großer Vierkampf	163,042 Pkt.	Peter Adeberg	1991
Kleiner Vierkampf	161,158 Pkt.	André Hoffmann	1985
Sprint-Vierkampf	146,770 Pkt.	Uwe-Jens Mey	1989
Frauen			
500 m	39,12	Christa Rothenburger	1988
1000 m	1:17,65	Christa Rothenburger	1988
1500 m	1:59,30	Karin Kania	1986
3000 m	4:10,80	Gunda Kleemann	1990
5000 m	7:17,12	Andrea Ehrig	1988
Großer Vierkampf	168,271 Pkt.	Karin Kania	1986
Kleiner Vierkampf	168,271 Pkt.	Karin Kania	1982
Sprint-Vierkampf	159,600 Pkt.	Christa Luding	1989

EISLAUF

EISKUNSTLAUF

Die meisten Goldmedaillen bei Olympischen Spielen mit je drei holten sich Gillis Grafström (1893–1938, Schweden) 1920, 1924 und 1928, außerdem gewann er 1932 Silber, Sonja Henie (1912–69, Norwegen) 1928, 1932 und 1936 und die Paarläuferin Irina Rodnina (*1949, UdSSR), die 1972 mit Alexej Ulanow, 1976 und 1980 mit Alexander Saizew gewann.

Die meisten Einzelweltmeisterschaften, eingeführt 1896, errang mit zehn Titeln Ulrich Salchow (1877–1949, Schweden) 1901–05 und 1907–11.
Auf die gleiche Anzahl kam bei den Frauen (eingeführt 1906) Sonja »Häseken« Henie zwischen 1927 und 1936.

Die meisten Paarlaufweltmeisterschaften, eingeführt 1908, gewann mit zehn Irina Rodnina, vier mit Alexej Ulanow (*1947) 1969–72 und sechs mit ihrem Mann Alexander Saizew (*1952) 1973–78.

Die meisten Eistanztitel, eingeführt erst 1950, gewannen mit sechs Alexander Gorschkow (*1946, UdSSR) und Ludmilla Pachomowa (1946–1986, UdSSR) 1970–74 und 1976. Sie wurden 1976 auch die ersten Olympiasieger in diesem Wettbewerb.

Erfolgreichste deutsche Läuferin ist Katarina Witt (*1965), die es zu zwei olympischen Goldmedaillen (1984, 1988), vier Welt- (1984, 85, 1987, 88) und sechs Europameisterschaften (1983–88) brachte.

Die erfolgreichsten deutschen Paare sind Maxi Herber (*1920) und Ernst Baier (*1905), die einmal Olympia-Gold 1936, vier Weltmeisterschaften zwischen 1936 und 1939 sowie fünf Europameisterschaften zwischen 1935 und 1939 holten, sowie Ria und Paul Falk (1922–1986/*1921), die einmal Olympiasieger 1952, zweimal Welt- und Europameister 1951, 52 wurden.

Höchste Punktzahlen: Den (inoffiziellen) Weltrekord halten die Eistänzer Jayne Torvill (*1954, GB) und Christopher Dean (*1958, GB), die bei der Weltmeisterschaft vom 22. bis 24. März 1984 in Ottawa (Kanada) insgesamt 29mal die Traumnote 6,0 erhielten, siebenmal in den Pflichttänzen, neunmal im Spurenbildtanz und 13mal in der Kür.
Siebenmal die 6,0 erhielten Donald Jackson (*1940, Kanada) bei der WM 1962 in Prag und Midori Ito (*1969, Japan) bei der WM 1989 in Paris.

Den ersten Vierfachsprung bei einer Weltmeisterschaft stand am 25. März 1988 in Budapest Kurt Browning (*1966, Kanada), der einen Toe-Loop einwandfrei auf das Eis brachte. Das gleiche Kunststück vollbrachte drei Jahre später, am 16. März 1991, bei der WM in München auch eine Frau: Surya Bonaly (*1971, Frankreich).

EISSCHNELLAUF

Die meisten olympischen Goldmedaillen gewann mit sechs Lydia Skoblikowa (*1939, UdSSR), zwei 1960 und alle vier möglichen 1964. Eric Heiden (*1958, USA) schaffte 1980 in Lake Placid das gleiche Kunststück und erkämpfte sich alle fünf Goldmedaillen, die bei den Männern zu vergeben waren.

Die meisten olympischen Medaillen erkämpfte mit sieben Clas Thunberg (1893–1973, Finnland), der 1924 und 1928 zu fünfmal Gold sowie je einmal Silber und Bronze kam.

Die meisten WM-Titel im Großen Vierkampf, eingeführt 1893, gewannen mit je fünf Oscar Mathisen (1888–1954, Norwegen) 1908, 09, 1912–14 sowie Clas Thunberg 1923, 1925, 1928, 29, 1931.

Die meisten WM-Titel im Sprint gewannen mit je vier Eric Heiden (USA) 1977–80 und Igor Schelesowski (UdSSR) 1985, 86, 1989, 1991.

Erfolgreichste Frau der Welt ist Karin Kania-Enke (*1961, DDR). Sie errang elf WM-Titel,

Scheffelte WM-Titel und olympische Medaillen, Karin Kania, die exzellente Kufenflitzerin.

fünf im Großen Vierkampf (1982, 1984, 1986–88) und sechs im Sprint (1980, 81, 1983, 84, 1986, 87) sowie drei olympische Gold-, vier Silber- und eine Bronzemedaille.

Erfolgreichster Mann ist Eric Heiden, der außer seinen fünf Goldmedaillen bei den Olympischen Spielen von Lake Placid noch drei WM-Titel im Großen Vierkampf (1977–79) und vier Sprint-Weltmeisterschaften (1977–80) errang.

Den Ein-Std.-Weltrekord hält Robert Vunderink (* 1961, Niederlande), der am 29. November 1988 in der Heerenveener Halle 39 986,59 m schaffte und dabei 99 Runden auf der 400-m-Bahn zurücklegte. Nur um 13,41 m verfehlte er die Traumgrenze von 40 km.

Die deutsche Bestleistung hält Olaf Kotva (Berlin), der am 11. November 1990 in Berlin auf 38 010,40 m kam.

Der längste Wettlauf, sofern es die Witterungsbedingungen zulassen, ist der Elfstedtentocht (Elfstädtetour) über die zugefrorenen Grachten und Kanäle der nordniederländischen Provinz Friesland. Die schnellste Zeit auf der 200 km langen Schleife (Start und Ziel Leeuwarden) erreichte am 21. Februar 1985 mit 6:46:47 Std. Evert van Benthem (* 1959, Niederlande). Rund 17 000 Läufer waren zu dem Rennen am 26. Februar 1986 angetreten.

Wegen schlechter Witterungsbedingungen wurde das Rennen in den letzten Jahren auf einem See in Vesijervi (Finnland), dem Ottawa-River (Kanada) oder dem Weißensee (Österreich) entschieden. Rekordhalter sind bei den Männern Dries van Vijhe (Niederlande) mit 5:40,37 Std. und bei den Frauen Alida Pasveer (Niederlande) mit 5:48,08 Std., jeweils erreicht am 11. Februar 1989 auf dem 1100 m hoch gelegenen Weißensee. Am häufigsten gewann Jan-Roelof Kruithof (* 1936, Niederlande), der achtmal (1974, 1976, 77, 1979–83) erfolgreich war.

Einen Staffelrekord über 1000 × 400 m stellten am 17./18. März 1991 die Läufer des Olympischen Eisschnellauf-Clubs Frankfurt/Main mit 17:07:54 Std. in Frankfurt auf.

EISSTOCKSCHIESSEN

Ursprünge: Das Eisschießen ist eine typisch alpenländische Sportart (vgl. dazu: Curling) und entstand aus alten Volksspielen im 16. Jh. Das Spiel wird auch als Weiberleuteschießen bezeichnet, weil es auch Frauen spielten.

Weltmeisterschaften, eingeführt 1983. Das Mannschaftsspiel bei den Frauen gewann Deutschland zweimal (1983, 1990), während sich bei den Männern Italien (1983), Österreich (1987) und Deutschland (1990) die Titel teilten.

Die Nationenwertung im Zielschießen holte sich Deutschland bei den Männern dreimal (1983, 1987, 1990), während bei den Frauen je einmal Italien (1983), Deutschland (1987) und Österreich (1990) erfolgreich waren.

Schaffte das Nonplusultra bei den Olympischen Spielen in Lake Placid und siegte fünfmal, Eric Heiden aus den USA.

Europameisterschaften, eingeführt 1951. Das Mannschaftsspiel ging bei den Männern 23mal und bei den Frauen (erst seit 1965) 22mal an Deutschland. Im Zielschießen (seit 1982) gewannen sechsmal die Frauen und fünfmal die Männer für Deutschland.

Deutsche Meisterschaften, eingeführt 1926. Am häufigsten den Titel im Mannschaftsspiel holte sich bei den Männern mit sieben der EHC Straubing und bei den Frauen mit fünf der EHC Passau-Neustift.

Die Weltbestleistungen im Zielschießen halten Robert Stummer (Deutschland) mit 174 und Christina Holzegger (Österreich) mit 166 Punkten.

Den Weltrekord im Weitschießen hält Manfred Zieglgruber (*1947, Deutschland) mit 566,53 m, aufgestellt am 8. Dezember 1989 auf dem Seeoner See.

FECHTEN

Die meisten olympischen Goldmedaillen errang der Säbelfechter Aladar Gerevich (1910–91, Ungarn) mit sieben, davon allerdings sechs in den Mannschafts-Wettbewerben, zwischen 1932 und 1960. Gerevich, der sich zeitweise auch Gerey nannte, wurde insgesamt 16mal Weltmeister, Einzel und Mannschaft.
Je dreimal Einzelsieger bei Olympischen Spielen wurden Roman Fonst (1893–1959, Kuba) 1900 und 1904 (zweimal) sowie Nedo Nadi (1894–1952, Italien) 1912 und 1920 (zweimal). Nadi gewann 1920 außerdem noch drei Goldmedaillen mit der Degen-, Florett- und Säbel-Mannschaft und kam somit zu fünf Siegen während der Olympiade.

Die meisten olympischen Medaillen holte sich Edoardo Mangiarotti (*1919, Italien), der zwischen 1936 und 1960 insgesamt 13mal auf Degen und Florett erfolgreich war, sechsmal Gold, fünfmal Silber, zweimal Bronze.

Die meisten Goldmedaillen bei den Frauen gewann mit vier Elena Nowikowa-Belowa (*1947, UdSSR) 1968–76, drei mit der Mannschaft, eine im Einzelwettbewerb (1968).

Die meisten olympischen Medaillen bei den Frauen erkämpfte Ildiko Retjö (Ujlaki-Retjö, Sagine-Retjö, *1937, Ungarn) mit sieben Medaillen (zweimal Gold, dreimal Silber, zweimal Bronze) zwischen 1960 und 1976.

Die meisten Einzel-Weltmeisterschaften gewann der Florett-Spezialist Christian d'Oriola (*1928, Frankreich) mit sechs, davon erkämpfte er sich zwei bei den Olympischen Spielen 1952 und 1956. Die übrigen Titel holte er sich 1947, 1949, 1953, 54. Alexander Romankow (*1953, UdSSR) erkämpfte sich mit dem Florett fünf Titel (1974, 1977, 1979, 1982, 83). Bei den Frauen war Ilona Elek-Schacherer (*1907, Ungarn) ebenfalls fünfmal erfolgreich – 1934, 35, 36 (Olympia), 1948 (Olympia) und 1951.

Erfolgreichste deutsche Fechterinnen sind Cornelia Hanisch (*1952) und Anja Fichtel (*1968), die jeweils fünf Goldmedaillen bei internationalen Großereignissen mit dem Florett erkämpften. Cornelia Hanisch gewann bei der WM drei Einzelwettbewerbe (1979, 1981, 1985), dazu mit der Mannschaft 1985 und bei Olympia 1984. Anja Fichtel holte sich den Einzeltitel bei der WM 1986 und 1990, siegte mit der Mannschaft 1989 und wurde bei den Olympischen Spielen 1988 in Seoul Doppelsiegerin (Einzel und Mannschaft). Auf ihr Konto kommen auch noch drei Weltcupgewinne.

Olympiasiegerin mit dem Florett – Anja Fichtel wird stürmisch von ihren Kameradinnen gefeiert.

Erfolgreichster deutscher Fechter ist Alexander Pusch (*1955), der dreimal auf Degen Weltmeister wurde – 1975, 76 (Olympia) und 1978. Darüber hinaus verhalf er der deutschen Mannschaft dreimal zur Goldmedaille (1984–86) sowie siebenmal zur Silbermedaille (1974–76, 1979, 1983, 1987, 88). Außerdem wurde er 1983 Europameister, viermal Weltcup-Gewinner (1975, 76, 1978, 1986) sowie achtmal Deutscher Einzelmeister.

Europacup für Klubmannschaften, eingeführt 1961: Die meisten Siege feierten auf Florett ZSKA Moskau mit sieben, auf Degen Tauberbischofsheim mit acht, auf Säbel ZSKA Moskau mit 15, bei den Frauen auf Florett Dynamo Moskau und Steaua Bukarest mit je sechs.

Deutsche Meisterschaften: Je acht Titel errangen Erwin Casmir und Jürgen Nolte auf Säbel sowie Alexander Pusch auf Degen.

FUSSBALL

Die Fédération Internationale de Football Association (FIFA) wurde am 21. Mai 1904 in Paris gegründet.

Blieb 1275 Minuten ohne Gegentor in der spanischen Fußball-Liga, Schlußmann Abel Resion von Atletico Madrid in der Saison 1990/91.

Das erste Länderspiel der Welt wurde am 30. November 1872 in Glasgow zwischen Schottland und England (0:0) ausgetragen.

Das erste Länderspiel Deutschlands fand am 5. April 1908 in Basel gegen die Schweiz statt. Deutschland verlor mit 3:5 Toren.

Die ersten Weltmeisterschaften fanden im Juli 1930 statt. Sieger bei der Premiere wurde Gastgeber Uruguay.

Zu je drei WM-Titeln kamen bislang nur Italien (1934, 1938, 1982), Deutschland (1954, 1974, 1990) und Brasilien (1958, 1962, 1970).

Erfolgreichste WM-Nation ist Deutschland, denn zu den drei Titeln kamen noch drei Vizeweltmeisterschaften und zwei dritte Plätze. Gleichauf dahinter folgen Brasilien (3-1-1) und Italien (3-1-1).

Einen einsamen WM-Weltrekord hält Deutschland. Bei zwölf Teilnahmen erreichten die Mannschaften elfmal das Viertel-, neunmal das Halbfinale und sechsmal das Endspiel. Nur 1938 war das Team bereits im Achtelfinale vorzeitig an der Schweiz gescheitert.

Die meisten WM-Endrundenspiele bestritt mit 68 Deutschland und setzte sich damit vor dem bisherigen Spitzenreiter Brasilien (jetzt 66), Italien (54), Argentinien (48) und England (41) an die erste Stelle.

Die torreichste WM war 1982 in Spanien, als erstmals an der Endrunde 24 Länder teilnahmen. Es fielen 146 Treffer, was einem Schnitt von 2,81 entspricht.

Die torärmste WM gab es 1990 in Italien. In 52 Begegnungen wurden lediglich 115 Treffer erzielt, was einem Schnitt von 2,21 entspricht.

Rekord im Elfmeterschießen: Noch nie mußten so viele Spiele wie 1990 durch eine zusätzliche Nervenprobe entschieden werden. Insgesamt vier Elfmeterschießen waren in der K.o.-Runde nötig: im Achtelfinale zwischen Irland und Rumänien (0:0 – 5:4), im Viertelfinale zwischen Argentinien und Jugoslawien (0:0 – 3:2) sowie im Halbfinale zwischen Argentinien und Italien (1:1 – 4:3) und Deutschland–England (1:1 – 4:3).

Ein neuer WM-Zuschauerrekord wurde 1990 registriert. Exakt 2517348 Karten verkauften die Veranstalter. Das ergab pro Spiel einen Schnitt von 48411 Besuchern.

Den Rekord von 21 WM-Spielen halten gemeinsam der Hamburger Uwe Seeler (*1936) zwischen 1958 und 1970 sowie der Pole Wladyslaw Zmuda (*1954) zwischen 1974 und 1986.

Der einzige Spieler, der an fünf Weltmeisterschaften teilnahm, ist Antonio Carbajal (*1923, Mexiko). Er stand 1950, 1954, 1958, 1962 und 1966 im Tor, kam allerdings nur zu elf Einsätzen.

In der ewigen Torschützen-Liste führt weiter Gerd Müller (*1945, Deutschland), der 1970 und 1974 insgesamt 14 Tore erzielte, vor dem

ALLE WM-FINALS AUF EINEN BLICK

		Dritter
1930 in Uruguay:	Uruguay – Argentinien 4:2 (1:2)	kein Spiel
1934 in Italien:	Italien – ČSR 2:1 (1:1, 0:0) n. V.	Deutschland
1938 in Frankreich:	Italien – Ungarn 4:2 (3:1)	Brasilien
1950 in Brasilien:	Gruppensieger und Weltmeister Uruguay	Schweden
1954 in der Schweiz:	Deutschland – Ungarn 3:2 (2:2)	Österreich
1958 in Schweden:	Brasilien – Schweden 5:2 (2:1)	Frankreich
1962 in Chile:	Brasilien – ČSR 3:1 (1:1)	Chile
1966 in England:	England – Deutschland 4:2 (2:2, 1:1) n. V.	Portugal
1970 in Mexiko:	Brasilien – Italien 4:1 (1:1)	Deutschland
1974 in Deutschland:	Deutschland – Niederlande 2:1 (2:1)	Polen
1978 in Argentinien:	Argentinien – Niederlande 3:1 (1:1, 1:0) n. V.	Brasilien
1982 in Spanien:	Italien – Deutschland 3:1 (0:0)	Polen
1986 in Mexiko:	Argentinien – Deutschland 3:2 (1:0)	Frankreich
1990 in Italien:	Deutschland – Argentinien 1:0 (0:0)	Italien

Weltenbummler Gutendorf
Seine erste Station 1955 hieß Zürich, seine 50. (und vorerst letzte) China. Rudi Gutendorf (*1927) ist ein Globetrotter in Sachen Fußballtrainer. Beim Bundesliga-Auftakt 1963 betreute er den MSV Duisburg und wurde mit ihm sogar deutscher Vize-Meister. Peru, Chile, Bolivien, Venezuela, Trinidad, Botswana, Australien, Philippinen, Tansania, Nepal, Fidschiinseln, Tongainseln und Japan waren einige markante Punkte des »Rudi Rastlos«, der zwischendurch auch immer wieder in Deutschland wirkte, in Stuttgart, bei Schalke 04, in Köln und Berlin.

Franzosen Just Fontaine, der bei nur einer einzigen WM-Teilnahme (1958) auf 13 Treffer kam. Dahinter folgen der Brasilianer Pele mit 12, der Ungar Sandor Kocsis mit 11 sowie der Deutsche Helmut Rahn, der Peruaner Teofilo Cubillas und der Pole Grzegorz Lato mit je 10.

Das erste WM-Tor schoß der Amerikaner Bart McGhee am 13. Juli 1930 in Montevideo beim 3:0 gegen Belgien. Den 1000. Treffer besorgte der Niederländer Rob Rensenbrink 1978.

Das schnellste Tor bei einer WM erzielte 1982 Bryan Robson, der bereits 27 Sek. nach dem Anpfiff des Schiedsrichters traf. Er schoß den Treffer im Vorrundenspiel gegen Frankreich (Endstand 3:1) am 16. Juni in Bilbao.

Die meisten Tore in einem WM-Finale schoß mit drei Geoffrey Hurst (*1941) für England beim 4:2-Sieg nach Verlängerung über Deutschland am 30. Juli 1966 in London.

Das erste zweistellige Ergebnis bei einer WM schaffte am 15. Juni 1982 Ungarn mit dem 10:1 über El Salvador in der Vorrunde in Elche (Spanien). Das bedeutete zugleich den höchsten Sieg. Den bisherigen Rekord hatten jeweils mit 9:0 Ungarn – Südkorea (1954) und Jugoslawien – Zaïre (1974) gehalten.

Die torreichste Begegnung bei einer Weltmeisterschaft bleibt nach wie vor mit zwölf Treffern die Partie Österreich – Schweiz (7:5) aus dem Jahr 1954.

Das höchste Ergebnis bei einer WM-Qualifikation erreichte am 15. August 1981 in Auckland die Mannschaft Neuseelands mit 13:0 gegen die Fidschiinseln.

Europameisterschaften: Die Premiere fand 1958 mit den ersten Qualifikationsspielen statt. Damals beteiligten sich nur 17 Verbände. Es fehlten so große Fußballnationen wie England, Italien, Belgien, die Niederlande und die Bundesrepublik Deutschland.

Erster Sieger wurde am 10. Juli 1960 im Finale von Paris die UdSSR nach einem 2:1-Sieg über Jugoslawien.

Als einziges Land konnte bisher die Bundesrepublik Deutschland zweimal den Titel gewinnen, und zwar 1972 in Brüssel gegen die UdSSR mit 3:0 und 1980 in Rom gegen Belgien mit 2:1. Je einmal erfolgreich waren die Sowjetunion (1960), Spanien (1964), Italien (1968), die Tschechoslowakei (1976), Frankreich (1984) und die Niederlande (1988).

Der Europapokal der Landesmeister wurde am 8. Mai 1955 von der Union of European Football Associations (UEFA) beschlossen. Real Madrid gewann insgesamt sechsmal, davon fünfmal nacheinander, 1956–60 und 1966. Außerdem wurden die Spanier zweimal Sieger im UEFA-Pokal, 1985 und 86. Je viermal holten sich den Meister-Cup der FC Liverpool (1977, 78, 1981, 1984) und AC Mailand (1963, 1969, 1989, 90). Ajax Amsterdam (1971–73) und Bayern München (1974–76) siegten dreimal in Reihenfolge.

Europapokal der Pokalsieger: Dieses Turnier für die Landespokalsieger begann in den Jahren 1960/61 mit zehn Bewerbern. Am erfolgreichsten ist der FC Barcelona mit drei Siegen (1979, 1982, 1989).
Die erste deutsche Mannschaft, die den Europacup gewann, war Borussia Dortmund, die am 5. Mai 1966 in Glasgow nach Verlängerung den FC Liverpool 2:1 schlug.

UEFA-Pokal: Dieser Vereins-Wettbewerb, aus dem Messestädte-Cup hervorgegangen, begann 1955 und findet seit 1971/72 unter der Oberaufsicht der UEFA statt. Erfolgreichste Mannschaft ist der FC Barcelona mit drei Siegen (1958, 1960, 1966).
Die erste deutsche Mannschaft, die diese Trophäe errang, war Borussia Mönchengladbach, als sie 1975 gegen Twente Enschede im Finale 0:0 und 5:1 spielte.

Die höchste Prämie, die es je im Europacup gab, setzte der SSC Neapel für den Sieg im UEFA-Pokal 1989 aus. Für den Gewinn gegen den VfB Stuttgart wurden an jeden Spieler 205 500 DM ausgeschüttet.

Europacup-Novum: Erstmals in der Geschichte der europäischen Klubwettbewerbe gingen in der Saison 1989/90 alle drei Trophäen in ein Land, nach Italien. Der AC Mailand gewann den Meister-Cup, Sampdoria Genua holte sich den Pokal der Pokalsieger, und Juventus Turin war im UEFA-Cup erfolgreich.

Rekordspieler in der Bundesliga: Karl-Heinz Körbel, der 602mal das Frankfurter Trikot trug.

Stolzer Moment für Franz Beckenbauer – Deutschland ist Fußball-Weltmeister 1974 geworden.

Als erstem Trainer gelang es Udo Lattek, drei verschiedene Europacup-Siege zu erringen – mit Bayern München den Meisterpokal, mit FC Barcelona den Pokalsieger-Cup und mit Borussia Mönchengladbach den UEFA-Cup.

Weltpokal: Dieser Cup für Vereinsmannschaften wird seit 1960 zwischen den Gewinnern des Europapokals im Landesmeister-Wettbewerb und der Copa Libertatores in Südamerika ausgespielt. Je dreimal hieß der Sieger Penarol Montevideo/Uruguay (1961, 1966, 1982), Nacional Montevideo/Uruguay (1971, 1980, 1988) sowie AC Mailand (1969, 1989, 90).

Die meisten Länderspiele für die Bundesrepublik Deutschland bestritt Franz Beckenbauer (*1945) mit 103 in den Jahren 1965–77. Es folgen Berti Vogts (96), Sepp Maier und Karl-Heinz Rummenigge (je 95), Lothar Matthäus (88), Wolfgang Overath und Karlheinz Förster (je 81).

Die meisten Länderspiele für die DDR absolvierte mit 102 Joachim Streich (*1952). An zweiter Stelle folgt Hans-Jürgen Dörner mit 100.

Die meisten Tore in einem Länderspiel schafften mit je zehn Sofus Nielsen (1888–1963) für Dänemark beim 17:1 gegen Frankreich im olympischen Turnier 1908 und Gottfried Fuchs (1889–1972) für Deutschland beim 16:0 gegen Rußland während der Olympischen Spiele 1912.

Toller Schuster
Endgültig in den spanischen Fußball-Annalen hat sich der frühere deutsche Nationalspieler Bernd Schuster verewigt, der als erster Ausländer dreimal mit spanischen Klubs den spanischen Pokal holte, 1983 mit dem FC Barcelona, 1988 mit Real Madrid und 1991 mit Atletico Madrid.

Die meisten Länderspieltore für die BR Deutschland schoß Gerd Müller mit 68 in 62 Begegnungen von 1966 bis 1974.

Erfolgreichster Torschütze ist der Brasilianer Artur Friedenreich (1892–1969). In seiner 43 Jahre dauernden Erst-Liga-Karriere erzielte er 1329 Treffer.
Auf 1281 Tore in 1363 Spielen vom 7. September 1956 bis 1. Oktober 1977 brachte es Pelé, der mit bürgerlichem Namen Edson Arantes do Nascimento (*1940, Brasilien) heißt.
Franz »Bimbo« Binder (*1911), der zwischen 1930 und 1950 für Österreich und Deutschland spielte, schoß 1006 Tore. Und das in nur 756 Spielen!

Die meisten Tore in einem Erst-Liga-Spiel erzielte mit 16 Stephan Stanis (Stanikowski, *1913, Polen) für seinen Klub Racing Club de Lens in einem Spiel um den französischen Pokal gegen Aubry-Asturies am 13. Dezember 1942 in Lens.

Das schnellste Tor fiel beim Spiel FC Altenmuhr – FC Langfurth (B-Klasse des Fußballkreises Frankenhöhe) am 22. April 1979. Nach nur zwei Sek. traf in Muhr am See Erich Starzinger (*1952) aus 40 m Entfernung zum 1:0 für den FC Langfurth. Pfiff – Anstoß – Tor! Die Langfurther verloren dann allerdings 2:4.

Den Rekord in der Bundesliga hält Dirk Zander vom FC St. Pauli, der nach exakt zwölf Sek. am 12. April 1991 gegen den Karlsruher SC (Endstand 2:0) das Führungstor erzielte.

Das schnellste Eigentor fiel nach nur 5 Sek. Peter Johnson von Chesham United unterlief das Mißgeschick gegen Wycombe Wanderers am 21. Februar 1976 und John Smythe von Vernon Carus gegen Duke Williams im März 1986. Dabei handelte es sich um Spiele in GB.

Ein Tor aus 102 m Entfernung schoß der Darmstädter Torwart Wilhelm Huxhorn (*1955) im Zweitligaspiel am 27. April 1985 bei Fortuna Köln. Es bedeutete die 1:0-Führung. Huxhorn schlug den Ball, allerdings mit viel Windunterstützung, vom eigenen Strafraum weit in die gegnerische Hälfte. Kurz vor dem Kölner Schlußmann Hemmerlein, der aus seinem Kasten geeilt war, prallte das Leder auf und sprang auf dem nassen Rasen über den verdutzten Torwart ins Netz.

Die höchste Tordifferenz in einem Länderspiel ist 17. Diese Quote erzielte England beim 17:0 gegen Australien am 30. Juni 1951 in Sydney.

Als Rekordergebnis gilt der 49:0-Sieg, den in einem Spiel der Daventry-and-District-Sonntagsliga die Mannschaft von Drayton Grange Colts gegen die Eldon Sports Reserves am 13. November 1988 in Grange Estate, Northamptonshire (GB), errang.

Die längste Zeit ohne Gegentor bei Länderspielen blieb der Italiener Dino Zoff mit 1142 Min. zwischen September 1972 und Juni 1974.

Negativrekord
Seit Bestehen der Fußball-Bundesliga (1963) wurden 175 Trainer vorzeitig entlassen, allein in der Saison 1990/91 zwölf. Das ist absoluter Negativrekord. Den Vogel schoß Verein Hertha BSC Berlin ab, der drei Trainer verschliß, Werner Fuchs, Pal Csernai und Peter Neururer.
Rekordflut auch bei den Roten Karten: 46 Spieler mußten vorzeitig den Platz verlassen, davon allein sechs vom neuen Meister 1. FC Kaiserslautern. Ohne Ausfälle kamen nur der Hamburger SV und Eintracht Frankfurt davon.

Die meisten Landesmeisterschaften in ununterbrochener Folge errang mit zehn Dynamo Berlin (DDR) 1979–88. Auf neun Titel in Serie kamen Celtic Glasgow (Schottland) 1966–74, ZSKA Sofia (Bulgarien) 1954–62 und MTK Budapest (Ungarn) 1917–25.

Der erste Deutsche Fußballmeister wurde 1903 ermittelt: VfB Leipzig schlug DFC Prag 7:2.

Den höchsten Sieg in der Endrunde um die Deutsche Meisterschaft (bis 1963, danach Bundesliga) erzielte der 1. FC Kaiserslautern 1957 beim 14:1 über Hertha BSC Berlin.

Deutscher Rekordmeister mit zwölf Titeln ist der FC Bayern München, errungen 1932, 1969, 1972–74, 1980, 81, 1985–87, 1989, 90, vor dem 1. FC Nürnberg (neun), Schalke 04 (sieben), Hamburger SV (sechs) und Borussia Mönchengladbach (fünf). Einmal (1922) wurde der Titel nicht vergeben, als sich der Hamburger SV und der 1. FC Nürnberg zweimal unentschieden, 1:1 und 2:2, trennten. Der DFB erklärte zwar den HSV zum Sieger, doch der verzichtete.

Am häufigsten DDR-Meister wurde mit zehn Titeln Dynamo Berlin zwischen 1979 und 1988. Es folgen Dynamo Dresden (sieben), Vorwärts Berlin (sechs) sowie 1. FC Magdeburg, Carl Zeiss Jena, Wismut Aue und Karl-Marx-Stadt (je drei).

Die meisten österreichischen Landesmeistertitel errang Rapid Wien mit 29.

Die meisten Landesmeistertitel in der Schweiz errang die Mannschaft von Grasshoppers Zürich mit 22 und holte sich darüber hinaus mit 14 auch die meisten Pokalgewinne.

Am häufigsten den deutschen Vereinspokal gewann Bayern München, und zwar achtmal, 1957, 1965, 66, 1969, 1971, 1982, 1984 und 1986. Der 1. FC Köln (1968, 1977, 78, 1983) und Eintracht Frankfurt (1974, 75, 1981, 1988) waren je viermal erfolgreich, der Hamburger SV (1963, 1976, 1987) und der 1. FC Nürnberg (1935, 1939, 1962) siegten je dreimal.

Am häufigsten DDR-Pokalsieger wurde Dynamo Dresden, und zwar siebenmal (1952, 1971, 1977, 1982, 1984, 85, 1990). Der 1. FC Magdeburg siegte fünfmal (1969, 1973, 1978, 79,

1983) und der 1. FC Lokomotive Leipzig viermal (1976, 1981, 1986, 87).

Bundesliga-Rekordspieler ist Karl-Heinz Körbel, der bis Ende der Saison 1990/91 insgesamt 602mal das Trikot von Eintracht Frankfurt überstreifte. Die weitere Rangfolge: 581 Spiele Manfred Kaltz (Hamburger SV), 552 Klaus Fichtel (Schalke 04, Werder Bremen), 535 Klaus Fischer (VfL Bochum, 1. FC Köln, Schalke 04, 1860 München), 520 Willi Neuberger (Eintracht Frankfurt), 518 Michael Lameck (VfL Bochum), 495 Bernard Dietz (Schalke 04, MSV Duisburg), 493 Ditmar Jakobs (Hamburger SV), 485 Reiner Geye (1. FC Kaiserslautern, Fortuna Düsseldorf), 478 Dieter Burdenski (Werder Bremen, Arminia Bielefeld, Schalke 04).

Die meisten Bundesligaspiele ohne Unterbrechung bestritt mit 442 Torwart Sepp Maier (Bayern München) vom 21. August 1966 an über einen Zeitraum von mehr als 13 Jahren.

Die meisten Tore in einer Bundesligasaison erzielte 1972 Gerd Müller mit 40 Toren. Er wurde auch Torschützenkönig 1967, 1969, 70, 1973, 74 und 1978.

Die beste Startserie in einer Bundesligasaison hatte die Mannschaft von Bayern München in der Saison 1988/89 mit 23 Spielen ohne Niederlage. Der Hamburger SV blieb vom 30. Januar 1982 bis zum 28. Januar 1983 in insgesamt 36 Punktspielen ungeschlagen, davon jeweils 18mal in der Saison 1981/82 und 1982/83.

Zehn Siege in Serie (20:0 Punkte) schaffte Borussia Mönchengladbach in der Saison 1986/87 und übertraf damit den alten Rekord von 18:0, den sich der 1. FC Köln (1963/64) und der Hamburger SV (1982/83) teilten.

Das höchste Ergebnis in der Bundesliga erzielte am 29. April 1978 Borussia Mönchengladbach gegen Borussia Dortmund mit 12:0.

Das höchste Ergebnis in einem Spiel der obersten deutschen Spielklasse erzielte der 1. FC Kaiserslautern gegen Trier in der Saison 1946/47 mit einem 20:0-Sieg.

Einen Hat-Trick (drei Tore nacheinander von einem Spieler in einer Halbzeit) schaffte in 1:50 Min. Maglioni von Independiente gegen Gimnasia y Escrima de La Plata in Argentinien am 18. März 1973.

Der teuerste Spieler der Welt ist der Italiener Roberto Baggio (bisher AC Florenz), den im Mai 1990 Gianni Agnelli, Chef des *FIAT*-Konzerns, für 24,8 Mio. DM zum oftmaligen italienischen Meister Juventus Turin holte. Den alten Transfer-Rekord hielt der Argentinier Diego Armando Maradona, der für 21,8 Mio. DM vom FC Barcelona zum SSC Neapel kam.

Der erfolgreichste Klubtrainer der Welt ist Udo Lattek (*1935). Auf sein Konto kommen acht Deutsche Meisterschaften mit Bayern München (1972–74, 1985–87) und Borussia Mönchengladbach (1976, 77), drei DFB-Pokalsiege mit Bayern München (1971, 1984, 1986) sowie je ein Europacup-Erfolg der Landesmeister mit Bayern München, der Pokalsieger mit FC Barcelona und zwei UEFA-Cup-Gewinne mit Borussia Mönchengladbach.

Europas Fußballer des Jahres wurde dreimal nacheinander der Franzose Michel Platini (1983–85). Ebenfalls dreimal fiel die Wahl auf den Niederländer Johan Cruyff (1971, 1973, 74), je zweimal auf die Deutschen Franz Beckenbauer (1972, 1976), Karl-Heinz Rummenigge (1980, 81), den Engländer Kevin Keegan (1978, 79) und den Niederländer Marco van Basten (1988, 89).

Die Wahl zum deutschen Fußballer des Jahres fiel viermal auf Franz Beckenbauer (*1945), 1966, 1968, 1974, 1976. Uwe Seeler (*1936) und Sepp Maier (*1944) erhielten den Titel je dreimal.

Die meisten Olympiasiege errang mit drei Ungarn 1952, 1964, 1968. Zu zwei Goldmedaillen kam die UdSSR (1956, 1988).

Elfmeterrekord: Im Endspiel um die Junioren-Bezirksmeisterschaft im portugiesischen Arveiro mußten 40 Elfmeter getreten werden, um den Sieger festzustellen. Nach regulärer Spielzeit hieß es in der Begegnung zwischen Beira Mar und Avanca 2:2. Da auch die Verlängerung unentschieden endete, gab es ein nervenaufreibendes Elfmeterduell. Hier war dann Beira Mar erfolgreich.

FRAUEN-FUSSBALL

Europameisterschaften, eingeführt 1982. Am erfolgreichsten war bisher Deutschland mit den Siegen 1989 und 1991. Je einmal gewannen Schweden (1984) und Norwegen (1987).

Das erste Länderspiel einer deutschen Mannschaft fand am 10. November 1982 in Koblenz statt. Gegen die Schweiz gab es einen 5:1-Sieg.

Die meisten Länderspiele für Deutschland bestritten mit je 53 Silvia Neid und Sigrid Raith sowie mit 45 Marion Feiden-Isbert (alle Siegen).

Deutsche Meisterschaften, eingeführt 1974. Die meisten Titel gewann mit neun die SSG Bergisch-Gladbach (1977, 1979–84, 1988, 89), die darüber hinaus auch noch dreimal den Pokal (1981, 82, 1984) holte und damit das begehrte Double schaffte.

Deutscher Pokal. Rekordsieger mit vier Erfolgen ist der TSV Siegen (1986–89) vor SSG Bergisch-Gladbach, die es auf drei Gewinne brachte.

JONGLIEREN

Weltrekord: Allan Abuto Nyanjong (Kenia) gelang es am 16. Januar 1988 in Arlington, Virginia (USA), den Ball 16:27:52 Std. mit dem Fuß, Bein und Kopf zu bewegen, ohne daß es eine Bodenberührung gab.

Eine Strecke von 30 km legte der Pole Janusz Chomontek in 8:25:20 Std. am 19. September 1987 in Danzig zurück, ohne daß der Ball auf den Boden fiel.

Den Sprintrekord hält der Schweizer Paul Sahli (*1948), der am 17. Oktober 1987 in der Sportschule Magglingen (Schweiz) die 100 m in 18,55 Sek. bewältigte, ohne daß der Ball zu Boden fiel.

Seinen Feuerwehrleiterrekord, wobei er rückwärts mit einem FIFA-Ball jonglierend Sprosse um Sprosse nimmt, schraubte Paul Sahli auf nunmehr 85 Stufen, umgerechnet 27 m, am 19. Mai 1991 in Ahrensburg (Hamburg).
Der Schweizer Kurt Rothenfluh (*1959) aus Biel schaffte an der Eidgenössischen Sportschule von Magglingen 105 400 Ballberührungen in 6:40 Std. ohne jede Pause und ohne daß der Ball den Boden oder die Hände berührte.
Zu einem Massen-Jonglieren traten 540 Schweizer Junioren zwischen 7 und 19 Jahren am 2. Juni 1990 in St. Gallen an. Nach einer Stunde beendeten fünf noch übriggebliebene Spieler den Wettbewerb durch ein Stechen.

GEWICHTHEBEN

Die meisten olympischen Medaillen gewann mit vier Norbert Schemansky (*1924, USA): Gold 1952 im Halbschwergewicht, Silber 1948 im Schwergewicht, Bronze 1960 und 1964 im Schwergewicht.

Klein, aber oho: der Bulgare Svendalin Marinov wurde Weltmeister 1985–87 in der 52-kg-Klasse.

GEWICHTHEBEN – WELTREKORDE

Klasse	Leistung	Name/Land	Datum
Fliegengewicht (bis 52 kg)			
Zweikampf	272,5 kg	Ivan Ivanow (Bulgarien)	1989
Reißen	120,0 kg	Sevdalin Marinov (Bulgarien)	1988
Stoßen	155,0 kg	Ivan Ivanow (Bulgarien)	1989
Bantamgewicht (bis 56 kg)			
Zweikampf	300,0 kg	Naim Suleimanov (Bulgarien)	1984
Reißen	134,5 kg	Shoubin Liu (China)	1989
Stoßen	171,0 kg	Neno Terziski (Bulgarien)	1987
Federgewicht (bis 60 kg)			
Zweikampf	342,5 kg	Naim Suleimanoglu (Türkei)	1988
Reißen	152,5 kg	Naim Suleimanoglu (Türkei)	1988
Stoßen	190,0 kg	Naim Suleimanoglu (Türkei)	1988
Leichtgewicht (bis 67,5 kg)			
Zweikampf	355,0 kg	Mihail Petrov (Bulgarien)	1987
Reißen	160,0 kg	Israel Militosjan (UdSSR)	1989
Stoßen	200,5 kg	Mihail Petrov (Bulgarien)	1987
Mittelgewicht (bis 75 kg)			
Zweikampf	382,5 kg	Alexander Varbanov (Bulgarien)	1988
Reißen	170,0 kg	Angel Genchev (Bulgarien)	1987
Stoßen	215,5 kg	Alexander Varbanov (Bulgarien)	1987
Leichtschwergewicht (bis 82,5 kg)			
Zweikampf	405,0 kg	Yuri Wardanian (UdSSR)	1984
Reißen	183,0 kg	Asen Slatev (Bulgarien)	1986
Stoßen	225,0 kg	Yuri Wardanian (UdSSR)	1984
Mittelschwergewicht (bis 90 kg)			
Zweikampf	422,5 kg	Viktor Solodow (UdSSR)	1984
		Anatoli Chrapaty (UdSSR)	1987
Reißen	195,5 kg	Blagoi Blagoev (Bulgarien)	1983
Stoßen	235,0 kg	Anatoli Chrapaty (UdSSR)	1988
1. Schwergewicht (bis 100 kg)			
Zweikampf	440,0 kg	Yuri Zacharewich (UdSSR)	1983
Reißen	200,5 kg	Nicu Vlad (Rumänien)	1986
Stoßen	242,5 kg	Alexander Popow (UdSSR)	1988
2. Schwergewicht (bis 110 kg)			
Zweikampf	455,0 kg	Yuri Zacharewich (UdSSR)	1988
Reißen	210,0 kg	Yuri Zacharewich (UdSSR)	1988
Stoßen	250,5 kg	Yuri Zacharewich (UdSSR)	1988
Superschwergewicht (über 110 kg)			
Zweikampf	475,0 kg	Leonid Taranenko (UdSSR)	1988
Reißen	216,0 kg	Antonio Krastev (Bulgarien)	1987
Stoßen	266,0 kg	Leonid Taranenko (UdSSR)	1988

GEWICHTHEBEN – DIE BESTEN DEUTSCHEN LEISTUNGEN

Klasse	Leistung	Name	Datum
Fliegengewicht (bis 52 kg)			
Zweikampf	226,0 kg	Volker Gdanietz (Berlin)	1991
Reißen	98,0 kg	Volker Gdanietz (Berlin)	1991
Stoßen	128,0 kg	Volker Gdanietz (Berlin)	1991
Bantamgewicht (bis 56 kg)			
Zweikampf	237,5 kg	Bernhard Piekorz (Wolfsburg)	1990
Reißen	107,5 kg	Bernhard Piekorz (Wolfsburg)	1990
Stoßen	130,0 kg	Bernhard Piekorz (Wolfsburg)	1990
Federgewicht (bis 60 kg)			
Zweikampf	272,5 kg	Andreas Kuhles (Frankfurt/O.)	1991
Reißen	120,0 kg	Andreas Kuhles (Frankfurt/O.)	1991
Stoßen	153,5 kg	Marco Spanehl (Berlin)	1991
Leichtgewicht (bis 67,5 kg)			
Zweikampf	317,5 kg	Andreas Behm (Stralsund)	1991
Reißen	140,0 kg	Andreas Behm (Stralsund)	1990
Stoßen	180,0 kg	Andreas Behm (Stralsund)	1991
Mittelgewicht (bis 75 kg)			
Zweikampf	337,5 kg	Ingo Steinhöfel (Chemnitz)	1990
Reißen	150,0 kg	Ingo Steinhöfel (Chemnitz)	1990
Stoßen	187,5 kg	Ingo Steinhöfel (Chemnitz)	1990
Leichtschwergewicht (bis 82,5 kg)			
Zweikampf	347,5 kg	Eckehard Scholz (Berlin)	1990
Reißen	160,0 kg	Eckehard Scholz (Berlin)	1990
Stoßen	191,0 kg	Karl-Heinz Radschinsky	1991
Mittelschwergewicht (bis 90 kg)			
Zweikampf	370,0 kg	Mario Schult (Stralsund)	1990
Reißen	167,5 kg	Mario Schult (Stralsund)	1990
Stoßen	202,5 kg	Mario Schult (Stralsund)	1990
1. Schwergewicht (bis 100 kg)			
Zweikampf	382,5 kg	Udo Guse (Stralsund)	1990
Reißen	172,5 kg	Udo Guse (Stralsund)	1990
Stoßen	212,5 kg	Udo Guse (Stralsund)	1991
2. Schwergewicht (bis 110 kg)			
Zweikampf	390,0 kg	Rony Weller (Frankfurt/O.)	1991
Reißen	172,5 kg	Rony Weller (Frankfurt/O.)	1991
Stoßen	217,5 kg	Rony Weller (Frankfurt/O.)	1991
Superschwergewicht (über 110 kg)			
Zweikampf	422,5 kg	Manfred Nerlinger (Neuaubing)	1991
Reißen	185,0 kg	Manfred Nerlinger (Neuaubing)	1991
Stoßen	237,5 kg	Manfred Nerlinger (Neuaubing)	1991

Die meisten WM-Titel, einschließlich Olympischer Spiele, gewannen mit je acht John Davis (1921–84, USA) 1938, 1946–52, Tommy Kono (* 1930, USA) 1952–59 sowie Wassili Alexejew (* 1942, UdSSR) 1970–77.

Der jüngste Weltrekordler aller Zeiten ist Naim Suleimanov (* 1967, Bulgarien), der sich später auf Geheiß der Behörden in Sofia Naum Schalamanov nennen mußte. Bei einem Wettkampf in Allentown (USA) am 26. März 1983 war er gerade erst 15 Jahre und 123 Tage alt, als er im Zweikampf des Bantamgewichts 285 kg erreichte. Während einer Australien-Reise 1986 setzte sich der Weltrekordler, der in Bulgarien der türkischen Minderheit angehörte, von seinem Team ab und fand in der Türkei eine neue Heimat. Er heißt jetzt Naim Suleymanoglu.

Der schwerste Gewichtheber der Welt ist Ernesto Aguero (* 1969, Kuba), der bei der Junioren-WM am 29. Mai 1989 in Fort Lauderdale (USA) 173,51 kg wog. Mit einer Zweikampfleistung von 375 kg gewann er die Bronzemedaille.

Der erste Heber, der mehr als das Dreifache seines Körpergewichtes in einer Disziplin (Stoßen) zur Hochstrecke brachte, war der Bulgare Stefan Tupurov. Am 24. Oktober 1983 in Moskau schaffte der 59,85 kg schwere Federgewichtler die Last von 180 kg.

Die erste Frau, die mehr als das Doppelte ihres Körpergewichts im Stoßen zur Hochstrecke brachte, ist die Chinesin Cheng Jingling. Bei der WM 1988 in Djakarta (Indonesien) wog sie 44 kg und stemmte 90 kg.

Die ersten Frauen-Weltmeisterschaften fanden im Oktober 1987 in Daytona Beach (USA) statt.

Die Zweikampf-Weltrekorde der Frauen: Bis 44 kg Fen Xing (China) 165 kg; bis 48 kg Huang Xiaoyu (China) 172,5 kg; bis 52 kg Peng Liping (China) 185 kg; bis 56 kg Wu Haiquin (China) 190 kg; bis 60 kg Camelia Nikolava (Bulgarien) 202,5 kg; bis 67,5 kg Guo Qiuxiang (China) 220 kg; bis 75 kg Milena Trendafilova (Bulgarien) 237,5 kg; bis 82,5 kg Lia Hongling (China) 240 kg; über 82,5 kg Li Yajuan (China) 245 kg.

Die erfolgreichsten Deutschen sind Rolf Milser (* 1951), der 1984 Olympiasieger, 1978 Weltmeister und 1979 Europameister im Zweikampf wurde, sowie Joachim Kunz (* 1959), der 1988 Olympiagold holte und 1980 Olympiazweiter wurde. Außerdem kam er zu je fünf WM- und EM-Titeln.

Eine besondere Leistung vollbrachte der deutsche Goldmedaillengewinner der Olympischen Spiele von 1984 im Mittelgewicht, Karl-Heinz Radschinsky (* 1953). Er hob am 5. November 1980 nacheinander 1000mal 100 kg und benötigte dafür 7:22 Std.

KRAFTDREIKAMPF

Weltmeisterschaften wurden 1973 (Männer) bzw. 1980 (Frauen) eingeführt.

Die meisten Titel errang mit 15 in der 52-kg-Klasse Hideaki Inaba (Japan) 1974–83, 1985–89. Die erfolgreichste Frau mit insgesamt sechs

Starker Mann an der Hantel, der viele Kilogramm zur Hochstrecke brachte: Rolf Milser, der Olympiasieger von 1984 in Los Angeles.

Siegen in der 75- und 82,5-kg-Klasse ist Beverly Francis (* 1955, Australien) 1980–85.

BANKDRÜCKEN

Bei dieser Disziplin liegt der Athlet mit dem Rücken auf einer Bank und drückt eine Gewichthantel in vorgeschriebener Zeit möglichst oft über der Brust hoch.

30-Min.-Rekord: Wolfgang Beck (* 1952, Deutschland) wuchtete die 50-kg-Hantel am 4. April 1991 in Rottenburg (Neckar) 1067mal in die Höhe und kam auf ein Gesamtgewicht von 53 350 kg.

Zehnmal 150 kg: Karl-Heinz Otto (* 1954) aus Arnsberg wuchtete am 29. Januar 1988 in Unna die Hantel zehnmal in nur 7,1 Sek. hoch. Für 50mal 100 kg brauchte er 38,9 Sek.

GOLF

Das längste Loch der Welt ist mit 831 m das 7. auf dem Sano-Platz in Satsuki (Japan).

Das größte Grün der Welt ist wahrscheinlich das auf der fünften Bahn des International G. C. Bolton, Massachusetts (USA), mit einem Gebiet von mehr als 2600 m^2.

Der größte Sandbunker der Welt ist Hell's Half Acre mit 535 m am 7. Loch des Pine-Valley-Platzes in Clementon, New Jersey (USA), der 1912 gebaut wurde und als die schwierigste Anlage der Welt gilt.

Der längste Platz der Welt befindet sich beim International GC in Bolton, Massachusetts (USA), mit 7612 m. Er hat Par 77.
Floyd Satterly Rood benutzte die Vereinigten Staaten als Golfplatz, als er vom 14. September 1963 bis zum 3. Oktober 1964 in 114 737 Schlägen von der Brandung des Pazifiks bis zur Brandung des Atlantiks spielte. Er verlor auf seiner 5468-km-Strecke 3511 Bälle.

Der höchste Platz der Welt liegt in Morococha (Peru) mit 4369 m und gehört dem Tuctu-Golf-Club. In Tibet wurde sogar schon in 4875 m Höhe gespielt.

Der niedrigste Platz der Welt war die – jetzt geschlossene – Anlage von Sodom und Gomorrha am Toten Meer mit 380 m unter dem Meeresspiegel. Der Platz in Death Valley, Kalifornien (USA), hält jetzt den Tiefenrekord mit 67 m unter dem Meeresspiegel.

Den weitesten Schlag auf einem normalen Platz führte mit 471 m Michael Hoke Austin (* 1910, USA) bei den US National Seniors Open Championships am 25. September 1974 in Las Vegas, Nevada (USA), aus.

Den absoluten Weitenrekord hält mit 626 m Kerry Murray (* 1957, Kanada), der diese Leistung auf der Flughafenrollbahn im kanadischen Fairmont Hot Springs am 24. September 1990 schaffte.

Den längsten Put bei einem großen Turnier schaffte mit 26 m am 13. Grün in Augusta, Georgia (USA), Cary Middlecoff (* 1921, USA). Dabei handelte es sich um das Masters 1955.

Das längste gradlinige Loch, das jemals mit einem Schlag geschafft wurde, ist das zehnte (408 m) im Miracle Hills Golf-Club Omaha, Nebraska (USA). Robert Mitera (* 1944) gelang das Kunststück am 7. Oktober 1965.

Den Rekord bei den Frauen hält mit 359 m am ersten Loch im Furnace Brook GC in Wollaston, Massachusetts (USA), Marie Robie, erreicht am 4. September 1949.

Das größte Turnier der Welt sind die offenen Amateurmeisterschaften von Großbritannien. 1984 beteiligten sich 321 778 Golf-Fans (206 820 Männer, 114 958 Frauen).

Erfolgreichster Spieler aller Zeiten ist Jack Nicklaus (* 1940, USA), der als einziger Golfer die fünf bedeutendsten Turniere der Welt (The Open, US Open, Masters, PGA Championships und US Amateur-Titels) mindestens zweimal gewann.

Die beste Spielerin aller Zeiten ist Kathy Whitworth (* 1939, USA), die zwischen 1957 und 1986 an insgesamt 717 Turnieren teilnahm. Davon gewann sie 88 – Weltrekord. Dreimal wurde sie in Amerika zur Sportlerin des Jahres und achtmal zur Golferin des Jahres gewählt.

Die meisten Professionals-Turniere bei den Männern gewann Sam Snead (* 1912, USA) mit 134 zwischen 1934 und 1989, davon 84 bei der offiziellen US PGA-Tour. Den Jahresrekord

Jahrhundertschläge
Mit zwei Hole in one (Asse) auf ein und derselben Par-4-Bahn schaffte ein amerikanischer Golfspieler im Juni 1991 das Unmögliche. Pete Brown spielte in Ridgetown/Ontario auf der 12. Bahn einer öffentlichen Anlage innerhalb von fünf Tagen zweimal den Ball über 230 m direkt ins Loch.

mit 18 Erfolgen hält John Bryon Nelson (* 1912, USA), erreicht 1945.

Bestverdienender Spieler aller Zeiten ist Tom Kite (* 1949, USA), der es bis August 1990 auf 6 Mio. Dollar brachte. Gleichzeitig hält er den Jahresrekord mit 1395278 Dollar in 1989.

Das meiste Geld bei den Frauen verdiente Pat Bradley (* 1951, USA) mit 3210547 Dollar bis Juni 1990. Den Saisonrekord hält mit 654132 Dollar Betsy King (USA), aufgestellt 1989.

Der höchste Siegespreis betrug eine Mio. Dollar und wurde von Ian Woosnam (* 1958, Wales) bei einem Einladungsturnier Anfang Dezember 1987 in Sun City (Südafrika) gewonnen. Ein Jahr später kam an gleicher Stelle der Südafrikaner Fulton Allem auf die gleiche Summe.

Die meisten Weltmeisterschaften (eingeführt 1953, früher Kanada-Cup) gewannen mit 17 die USA zwischen 1955 und 1988. Je sechsmal dabei waren Arnold Palmer (* 1929) in den Jahren 1960, 1962–64, 1966, 67 sowie Jack Nicklaus in den Jahren 1963, 64, 1966, 67, 1971 und 1973. Nicklaus holte sich als einziger dreimal den Einzeltitel 1963, 64 und 1971.

US-Masters in Augusta, Georgia (USA), eingeführt 1934: Sechsmal und damit am häufigsten gewann Jack Nicklaus (USA) diesen Wettbewerb, 1963, 1965, 66, 1972, 1975 und 1986. Rekordinhaber mit 271 Schlägen sind Jack Nicklaus (67, 71, 64, 69) in 1965 und Raymond Floyd (65, 66, 70, 70) in 1976.
Die beste Einzelrunde spielte mit 63 Raymond Leige Price (1986).

The Open in Prestwick, Strathclyde (USA), eingeführt 1860: Rekordinhaber mit 268 Schlägen ist Thomas Watson (68, 70, 65, 65) in 1977.
Die beste Einzelrunde spielten mit 63 Stephen Hayes (1977), Isao Aoki (1980) und Gregory John (1986).

US Open, wechselnde Schauplätze, eingeführt 1895: Rekordinhaber ist mit 272 Schlägen Jack Nicklaus (63, 71, 70, 68) in 1980.
Die beste Einzelrunde spielten mit 63 Johnny Miller (1973), Jack Nicklaus und Tom Weiskopf (1980).

Die größte Anzahl von »hole-in-one« (»Asse«) in einer Laufbahn erzielte mit 68 Harry Lee Bonner zwischen 1967 und 1985.

Es gibt mindestens 16 Fälle von »Assen«, die auf zwei aufeinanderfolgenden Löchern erzielt wurden, das größte war der »Doppel-Albatros« auf dem 7. (310 m) und 8. Loch (265 m) des G. C. Course in Saugus (Kalifornien) am 2. September 1964 durch Norman L. Manley. Die meisten Asse innerhalb eines Jahres schaffte mit 28 Scott Palmer zwischen dem 5. Juni 1983 und 31. Mai 1984.

Der älteste Spieler, der je ein As schaffte, ist der Schweizer Otto Bucher. Mit 99 Jahren und 244 Tagen traf er am 13. Januar 1985 mit einem einzigen Schlag aus 120 m Entfernung das zwölfte Loch auf dem Platz in La Manga (Spanien).

Der jüngste Golfer, dem ein As gelang, war der fünfjährige Amerikaner Coby Orr. Er traf 1975 auf dem Platz von San Antonio, Texas (USA), das fünfte Loch aus 94 m Entfernung.

Der älteste Spieler, der sich zu einer Golfpartie aufmachte, war C. Arthur Thompson (1869–1975, British-Columbia), der 1973 mit 103 Jahren den 5682 m langen Uplands Kurs bewältigte und dafür kurioserweise 103 Schläge benötigte.

Höhenrekord. Joachim Roth (* 1949) aus Idar-Oberstein schlug am 8. Januar 1991 auf dem Berg Chimborazo (Equador), 6310 m über dem Meeresspiegel gelegen, einen Golfball.

Häufigste Gewinner der Deutschen Amateur-Meisterschaften waren Marietta Gütermann (1958, 59, 1963, 1965, 1973–76, 1978) sowie Erik Sellschopp (1950–53, 1955, 56, 1971).

Die meisten Titel bei den Mannschaften erkämpfte sich mit 17 der GC Hamburg-Falkenstein (1958–61, 1967, 1969, 1972, 1977–84, 1988, 1990).

Deutschlands erfolgreichster Profi ist Bernhard Langer (* 1957), der 1985 sein bestes Jahr

Golf in großer Höhe: Joachim Roth bei seinem Schlag 6310 m über dem Meeresspiegel.

hatte. Er wurde Sieger bei den Australian Open, dem US-Masters, den Südafrikanischen Meisterschaften und den European Open. Insgesamt gewann er elfmal die nationalen Deutschen Meisterschaften (1975, 1977, 1979, 1984–91).

Einen ungewöhnlichen Rekord halten sieben deutsche Amateurgolfer. Sie spielten am 19. Juli 1988 an einem Tag auf vier verschiedenen Kontinenten (Asien, Afrika, Europa, Nordamerika). Der Zeitplan: 3 Uhr 46 Caesarea (Israel), 9 Uhr 04 Alexandria (Ägypten), 15 Uhr 41 London (GB) und 18 Uhr 52 New York (USA). Bei den angegebenen Anfangszeiten handelte es sich jeweils um die Ortszeit.

HANDBALL

101 Nationen haben sich bisher in der Internationalen Handball-Federation zusammengeschlossen. Schätzungsweise spielen heute etwa 10 Mio. Menschen Handball.
Der Deutsche Handball-Bund wurde im Jahr 1919 in Mülheim a. d. Ruhr gegründet, der Österreichische Hand- und Faustball-Bund 1925 in Wien, der Schweizerische Handball-Ausschuß 1939 in Basel.

Das erste Länderspiel auf dem Feld bestritten am 13. September 1925 in Halle/Saale Deutschland und Österreich (3:6).

Die erste Begegnung in der Halle fand am 8. März 1935 in Kopenhagen zwischen Dänemark und Schweden (18:12) statt.

Olympische Spiele: Feldhandball stand nur einmal (1936) auf dem Programm; damals gewann Deutschland vor Österreich und Schweiz. Seit 1972 kämpfen die Männer, seit 1976 die Frauen in der Halle um Medaillen. Zu je zwei Goldmedaillen kamen bisher bei den Männern Jugoslawien (1972, 1984) und die Sowjetunion (1976, 1988) sowie bei den Frauen die Sowjetunion (1976, 1980).

Das torreichste Spiel beim olympischen Turnier gab es 1984 in der Vorrundenbegegnung Bundesrepublik Deutschland – Südkorea (37:25). In jeder der 60 Min. fiel also mindestens ein Treffer.

Die meisten WM-Titel auf dem Feld gewannen deutsche Mannschaften: 1938 (Deutschland), 1952 und 1955 (Bundesrepublik), 1959 (gesamtdeutsche Auswahl), 1963 (DDR) und – zum letzten Mal – 1966 (Bundesrepublik).

Die meisten WM-Titel in der Halle errang mit vier Rumänien (1961, 1964, 1970, 1974) vor Schweden (1954, 1958, 1990) und Deutschland (1938, 1978).
Bei den Frauen siegten je dreimal die DDR (1971, 1975, 1978) und die UdSSR (1982, 1986, 1990).

Der höchste Sieg bei einer WM gelang am 27. Februar 1958 in Berlin (Ost) der gesamtdeutschen Mannschaft mit 46:4 über Luxemburg.

Das höchste Ergebnis in einer internationalen Begegnung war der 86:2-Sieg der UdSSR über Afghanistan beim Turnier der Militärischen Streitkräfte im August 1981 in Miskolč (Ungarn).

Im Handball eine Macht: UdSSR. Die Männer und Frauen gewannen je zweimal Olympia-Gold.

Den höchsten Sieg in Deutschland feierte am 11. Oktober 1986 in Rheda-Wiedenbrück beim Spiel um die Nordrhein-Westfälische Landesmeisterschaft der Bielefelder Gehörlosen-Sportverein von 1912 mit 72:1 Toren gegen Türk. Düsseldorf.

Die erfolgreichste Vereinsmannschaft der Welt ist der VfL Gummersbach, der 1967, 1970, 71, 1974 und 1983 den Europapokal der Landesmeister, 1978 und 1979 den Europacup der Pokalsieger sowie 1982 den neugeschaffenen IHF-Pokal errang.
13mal wurden die Frauen von Spartak Kiew zwischen 1970 und 1988 Europacup-Sieger der Landesmeister.

Deutscher Rekordmeister in der Halle ist der VfL Gummersbach, der es auf zwölf Titel (1966, 67, 1969, 1973–76, 1982, 83, 1985, 1988, 1991) brachte. An zweiter Stelle folgt mit neun Meisterschaften Frisch Auf Göppingen (1954, 55, 1958–61, 1965, 1970, 1972); dazu kommen noch zwei Erfolge im Feldhandball (1954, 1957). Der TV Großwallstadt siegte siebenmal (1973, 1978–81, 1984, 1989).
Bei den Frauen ist Bayer Leverkusen Rekordmeister mit ebenfalls elf Titeln (1965, 66, 1974, 1979, 80, 1982–87).
In der ehemaligen DDR kamen bei den Männern Empor Rostock und SC Magdeburg zu je zehn Titeln, bei den Frauen der SC Leipzig sogar zu 14.

Am häufigsten deutscher Pokalsieger wurde der VfL Gummersbach. Er gewann fünfmal

(1977, 78, 1982, 83, 1985) vor dem TV Großwallstadt, der viermal (1980, 1984, 1987, 1989) erfolgreich war.
Bei den Frauen holte sich Bayer Leverkusen siebenmal den Pokal (1980, 1982–85, 1987, 1991).
In der ehemaligen DDR wurden die Männer von Empor Rostock siebenmal und die Frauen des TSC Berlin sechsmal Pokalsieger.

Rekord-Internationaler der Bundesrepublik Deutschland ist Ulrich Roth mit 154 Länderspielen vor Jochen Fraatz (151), der mit 681 Toren auch am häufigsten traf, Horst Spengler (147), Andreas Thiel (145), Erhard Wunderlich (140), Herbert Lübking (139) und Heiner Brand (131).
Bei den Frauen spielten am häufigsten für die BR Deutschland Petra Platen (208), Dagmar Stelberg (206), die 736 Treffer erzielte, Astrid Seiffert (186), Silvia Schmitt (168), Sabine Erbs (134) und Bärbel Bock (133).
Für die DDR am meisten spielten Frank-Michael Wahl (313), Wieland Schmidt (276) und Dietmar Schmidt (242) sowie bei den Frauen Petra Uhlig (282), Evelyn Hübscher (270) und Katrin Mietzner (260).

Der »Hexer« im Gummersbacher Tor, Andreas Thiel brilliert häufig mit wahren Glanzparaden.

HOCKEY

Der älteste Herrenklub ist der Blackheath Rugby and Hockey Club 1861, der älteste Verein mit einer kontinuierlichen Geschichte ist der im Herbst 1871 gegründete Teddington H. C. (GB).

Der älteste noch bestehende deutsche Klub ist der Uhlenhorster HC Hamburg, der 1901 gegründet wurde. Seit 1909 besteht der Deutsche Hockey-Bund.

Das erste Länderspiel fand am 26. Januar 1895 in Rhyl zwischen Wales und Irland (0:3) statt. Deutschland bestritt das erste offizielle Spiel am 21. Mai 1910 in Frankfurt/M. gegen England und verlor 0:4.

Die meisten Goldmedaillen bei Olympischen Spielen errang mit acht Indien (1928–56, 1964, 1980). Erfolgreichste Spieler mit je drei Gold- und einer Silbermedaille waren Leslie Walter Claudius (* 1927) und Udham Singh (* 1928).
Deutschland kam bisher zu sechs Medaillen bei den Herren: Gold 1972, Silber 1936, 1984 und 1988, Bronze 1928 und 1956.

Bei den Damen gewannen seit 1980 drei verschiedene Nationen die Goldmedaille: Zimbabwe (1980), Niederlande (1984) und Australien (1988).

Familien-Tradition: Großvater Erwin Keller gewann 1936 mit der deutschen Nationalmannschaft die olympische Silbermedaille. Vater Carsten Keller wurde 1972 Olympiasieger, und Sohn Andreas Keller kam zu zweimal Silber (1984, 1988). Alle drei waren oder sind noch Mitglieder des Berliner Hockey Clubs.

Die meisten Weltmeisterschaften bei den Herren, eingeführt 1971, gewann mit drei Pakistan, und zwar 1971, 1978 und 1982. Bei den Damen (seit 1974) siegten die Niederlande sogar fünfmal, 1974, 1978, 1983, 1986 und 1990. Zweimal war Deutschland (1976, 1981) erfolgreich.

Europameisterschaften (Feld): Dreimal gewann bei den Herren Deutschland den Titel (1970, 1978, 1991). Bei den Damen waren die Niederlande zweimal erfolgreich (1984, 1987).

Europameisterschaften (Halle): Alle sechs möglichen Titel holte sich bei den Herren Deutschland (1974, 1976, 1980, 1984, 1988, 1991). Die deutschen Damen kamen ebenfalls zu sechs Titeln (1975, 1977, 1981, 1985, 1987, 1990).

Champions Trophy, eingeführt 1978: Das Turnier der weltbesten Teams gewann bei den Herren fünfmal Australien (1983–85, 1989, 90) und dreimal die Bundesrepublik Deutschland (1986–88).

Bei den Damen siegten 1987 bei der Premiere die Niederlande, 1989 Südkorea.

Den höchsten Sieg bei den Herren erreichte Indien beim olympischen Turnier 1932 in Los Angeles mit 24:1 über die USA.

Den höchsten Sieg bei den Damen feierte England am 3. Februar 1923 in Merton (London) mit 23:0 über Frankreich.

Das schnellste Länderspiel-Tor gelang dem Engländer John French. Er erzielte es am 25. April 1971 in Nottingham gegen die Bundesrepublik Deutschland schon nach sieben Sek. Das 1:0 war auch der spätere Endstand.

Die meisten Tore bei internationalen Vergleichen schoß Paul Litjens (* 1947, Niederlande), der in 177 Begegnungen 267mal erfolgreich war. Für Deutschland erzielte Wolfgang Strödter 153 Treffer in 176 Länderspielen.

Die meisten Länderspiele bestritt mit 286 (255 auf dem Feld, 31 in der Halle) zwischen 1975 und 1989 Heiner Dopp (* 1956, BR Deutschland), der mit der Mannschaft 1984 und 1988 Olympiazweiter, 1978 Feldeuropameister sowie 1980 und 1984 Halleneuropameister wurde.

Bei den Damen kam Gaby Appel (* 1958) auf 209 Länderspiele (181 auf dem Feld, 28 in der Halle) für Deutschland. Sie wurde 1976 und 1981 mit der Mannschaft Weltmeisterin, 1986 Vizeweltmeisterin und dreimal Halleneuropameisterin.

Der bedeutendste Torhüter war Richard James Allen (* 1902, Indien). Er ließ bei dem olympischen Turnier 1928 nicht einen einzigen Treffer durch und insgesamt nur drei bei den

Beschwörungszeremonie vor dem Anpfiff. Im Hockey gehört das inzwischen zur Tagesordnung.

folgenden Olympischen Spielen von 1932 und 1936. Dem gegenüber stehen 102 Tore, die die Inder in dieser Zeit schossen.

Das längste internationale Spiel dauerte 145 Min. (bis in die sechste Verlängerung), als die Niederlande am 25. Oktober 1968 beim Olympiaturnier in Mexico City mit 1:0 gegen Spanien gewannen.

Eine phantastische Serie in der Halle hat die deutsche Herren-Nationalmannschaft aufzuweisen. Seit 1957 blieb sie in allen 84 Länderspielen ungeschlagen und kam auf ein Torverhältnis von 1090:306. Nur Frankreich gelang bei der EM 1988 in Wien mit dem 7:7-Unentschieden ein Teilerfolg.
Die deutschen Damen verloren von ihren 43 Länderspielen nur eins – 1985 mit 5:6 gegen Kanada.

Europacup (Feld): Die meisten Titel bei den Herren erkämpfte sich der SC 1880 Frankfurt, der von 1971 bis 1975 fünfmal nacheinander die Landesmeister-Trophäe gewann. Bei den Damen brachte es AHBC Amsterdam gar auf elf Erfolge zwischen 1975 und 1990.

Europacup (Halle): Den ersten Titel holten sich 1990 die Herren von Rot-Weiß Köln (sie verteidigten ihn im Jahr darauf mit Erfolg) und die Damen des SC Brandenburg aus Berlin.

Deutsche Meisterschaften: Erfolgreichster Verein bei den Herren ist mit 13 Titeln (zwölf auf dem Feld, einem in der Halle) Uhlenhorst Mülheim. Bei den Damen war Harvestehude Hamburg sogar 14mal erfolgreich, allerdings nur auf dem Feld.
Feld: Uhlenhorst Mülheim gewann zwölfmal bei den Herren, Harvestehude 14mal bei den Damen.
Halle: TG Frankenthal siegte bei den Herren sechsmal, Rot-Weiß Stuttgart gewann bei den Damen siebenmal.

DDR-Meisterschaften: Erfolgreichster Klub war die BSG Traktor Osternienburg, die bei den Herren 34 Titel (15 Feld, 19 Halle) und bei den Damen 23 Titel (11 Feld, 12 Halle) errang.

JUDO

Neu ins olympische Programm aufgenommen wurde Frauen-Judo für 1992 in Barcelona mit insgesamt sieben Gewichtsklassen.

Die meisten Titel bei Weltmeisterschaften, eingeführt 1956, **und Olympischen Spielen** (seit 1964) holten der Schwergewichtler Wilhelm Ruska (* 1940, Niederlande) und der Mittelgewichtler Shozo Fujii (* 1950, Japan). Beide standen je viermal auf dem Siegertreppchen. Fujii war 1971, 1973, 1975 und 1979 Weltmeister, Ruska gewann die WM-Titel 1967 und 1971 und wurde 1972 Doppel-Olympiasieger (Schwergewicht und Offene Klasse). Vier WM-Titel erkämpfte sich auch Yashiro Yamashita (* 1957, Japan) 1979, 1981 und 1983 im Schwergewicht sowie 1981 in der Offenen Klasse. Darüber hinaus wurde er 1984 Olympiasieger in der Allkategorie und blieb seit Oktober 1977 bis zu seinem Rücktritt im Juni 1985 in 203 Kämpfen nacheinander ungeschlagen.

Nur drei Kämpfern gelang es bisher, zwei olympische Goldmedaillen zu gewinnen: Wilhelm Ruska, beide 1972, Peter Seisenbacher (* 1960, Österreich) 1984, 1988 und Hitoshi Saito (* 1961, Japan) 1984, 1988.

Den größten bundesdeutschen Erfolg bei Olympischen Spielen erreichte der Wolfsburger Frank Wieneke, der 1984 in Los Angeles die Gold- und 1988 in Seoul die Silbermedaille im Halbmittelgewicht erkämpfte.

Auf die gleiche Anzahl kam in der DDR der für Hoppegarten startende Dietmar Lorenz (* 1950), der 1980 in Moskau in der Offenen Klasse siegte und im Halbschwergewicht Zweiter wurde.

Die erfolgreichste Frau ist Ingrid Berghmans (* 1961, Belgien) mit neun WM-Medaillen: Sechsmal Gold in der Offenen Klasse 1980, 1982, 1984, 1986 und in der Klasse bis 72 kg 1984, 1989. Dazu kommen noch zweimal Silber und einmal Bronze. Außerdem gewann sie 1988 in der 72-Kilo-Klasse das olympische Demonstrationsturnier.

Deutscher Rekordmeister bei den Mannschaften ist der VfL Wolfsburg mit elf Titeln.

DDR-Meisterschaften: Am erfolgreichsten mit je elf Einzeltiteln sind Henry Stöhr (Hoppegarten) und Petra Sonntag (Schmalkalden), jeweils erreicht im Schwergewicht und der Allkategorie.
Bei den Mannschaften war Dynamo Hoppegarten zwölfmal erfolgreich.

Deutsche Meisterschaften: Zu neun Einzeltiteln kam Günter Neureuther (München-Großhadern) zwischen 1974 und 1984 im Halbschwergewicht.

KANU

Der erste Klub in Deutschland war der 1879 gegründete Grönländer Klub in Breslau, der jedoch bald wieder aufgelöst wurde. Der älteste jetzt noch bestehende Verein ist der Alster-Canoe-Club Hamburg vom 23. Mai 1905. Der Deutsche Kanuverband besteht seit 1914.

Die meisten olympischen Goldmedaillen gewann der Kajakfahrer Gert Fredriksson (* 1919, Schweden) mit sechs in den Jahren 1948, 1952, 1956 und 1960. Dazu kommen noch je einmal Silber und Bronze.

Zu je drei Siegen bei einer Olympiade kamen 1980 in Moskau Vladimir Parfenowich (* 1958, UdSSR) und 1984 in Los Angeles Jan Ferguson (* 1952, Neuseeland), der 1988 auch noch im Zweier-Kajak gewann.

Die meisten von einer Frau gewonnenen Goldmedaillen sind drei durch Ludmilla Pinajewa (* 1936, UdSSR) in den Jahren 1964, 1968 und 1972 sowie durch Birgit Schmidt-Fischer (* 1962, DDR), die 1980 einmal und 1988 zweimal erfolgreich war.

Die meisten WM-Titel holte sich Rüdiger Helm (* 1956, DDR), der zwischen 1976 und 1983 insgesamt 13mal gewann, einschließlich dreier olympischer Goldmedaillen 1976 und 1980. Genauso erfolgreich waren Gert Fredriksson zwischen 1948 und 1960 sowie Ivan Patzaichin (* 1949, Rumänien) zwischen 1968 und 1984.
Bei den Frauen liegt Birgit Schmidt-Fischer (DDR) sogar mit 16 Titeln vorn. Sie siegte 1979 einmal, 1981–83, 1985 und 1987 je dreimal.

Weltbestzeit über 1000 m fuhr mit 2:55,30 Min. der ungarische Vierer-Kajak der Männer bei der WM vom 23. bis 27. August 1989 in Plovdiv/Bulgarien, was einer Durchschnittsgeschwindigkeit von 20,54 km/h entspricht.

Die meisten deutschen Titel holten sich mit 41 Erfolgen Ulrich Eicke sowie Barbara Schüttpelz (* 1956), die 34mal gewann.

Den Einzelrekord für eine Ärmelkanalüberquerung hält mit 3:33:47 Std. Andrew Samuel (* 1937, GB); von Dover (GB) nach Wissant (Frankreich) am 5. September 1976.

Der Zweier-Rekord für die Kanalüberquerung liegt bei 2:28:18 Std., aufgestellt am 19. Juli 1986 von Shaun Rice (Irland) und Colin Sim-

Da spritzt das Wasser auf, wenn sich die Kanuten in ihren Booten auf die Strecke begeben.

kins (Südafrika) zwischen Dover (GB) und Cap Gris Nez in Frankreich.

Die längste Strecke in einem Kanu legten mit 19603 km Vater und Sohn Dana und Donald Starkell aus Kanada zurück. Die Tour führte von Winnipeg über den Ozean und verschiedene Flüsse bis nach Belem (Brasilien) und dauerte vom 1. Juni 1980 bis 1. Mai 1982. Wenn nötig, wurde das Boot von den beiden Paddlern auch einmal getragen.

Die längste Fahrt ohne Tragen und ohne Hilfe irgendwelcher Art betrug 9820 km und wurde von Richard H. Grant und Ernst »Moose« Lassy (USA) unternommen, die vom 22. September 1930 bis 15. August 1931 die östlichen Vereinigten Staaten über Chikago, New Orleans, Miami, New York und die Großen Seen befuhren.

Die längste Distanz überhaupt legte Heinz Rodinger (* 1941, Österreich) zurück, der es auf 126371 Kilometer zwischen 1956 und 1989 brachte.

Das längste Rennen der Welt führte über 5283 km von Alberta, Rocky Mountains (Kanada), zur Expo nach Montreal. Zehn Kanus repräsentierten die kanadischen Provinzen. Sieger der Wettfahrt vom 24. Mai bis 4. September 1967 wurde das Boot von Manitoba.

Rheintour. Die schnellste Zeit für die 1149 km lange Strecke von Chur (Schweiz) nach Willemstad (Niederlande) erreichte Frank Palmer mit zehn Tagen, 12:04 Std. vom 15. bis 25. Mai 1988.

Marathon-Weltmeisterschaften, eingeführt 1988: Bei der Premiere in Nottingham (GB) siegten im Einerkajak John Jacoby und Jane Hall (beide Australien) sowie im Einercanadier der Ungar Peter Peetervaari.

Eskimorollen: Ray Hudspith (* 1960, Australien) schaffte am 20. März 1987 in Elswick Pool, Newcastle-upon-Tyne, 1000 Rollen in 34:43 Min.

Wildwasser-Rennsport: Erfolgreichste Fahrerin bei den alle zwei Jahre stattfindenden Weltmeisterschaften (eingeführt 1959) ist die Berlinerin Gisela Grothaus mit insgesamt sieben Titeln, drei in der Einzelwertung (1973, 1975, 1977) und vier im Mannschaftsklassement (1973, 1977, 1981, 1983). Außerdem wurde sie 1972 im olympischen Kanuslalom in Augsburg Zweite.

Bei den Männern siegte im Einerkajak viermal der Belgier Jean-Pierre Burny (1969, 1973, 1975, 1979). Ebenfalls viermal erfolgreich, dazu noch in Folge, war im Einercanadier der Franzose Gilles Zok (1981, 1983, 1985, 1987).

Kanu-Slalom: Der Brite Richard Fox gewann den Titel im Einerkajak viermal nacheinander, 1981, 1983, 1985, 1987.

KARATE

Der Deutsche Karate-Verband, gegründet am 17. Juni 1976, ist ein Zusammenschluß des Deutschen Karate-Bundes, Deutsch-Japanischen Karateverbandes und Goju-Kai Deutschland. In der Bundesrepublik gibt es rund 80000 organisierte Karatesportler, die sich in zwei Wettkampfformen gegenüberstehen: Kata (Kür) und Kumite (Kampf).

Die fünf Hauptstile des Karate in Japan sind: *Shotokan, Wadoryun, Goju-ryu, Shito-ryu* und *Shutokai*. Die militärische Form *Taekwondo* mit neun *dan* ist ein koreanisches Gegenstück zu Karate. *Wu shu* ist ein umfassender Begriff, der alle chinesischen Kriegskünste einbezieht. *Kung fu* ist ein Aspekt dieser Künste, der vor allem durch den Film bekanntgemacht wurde.

Kata: Je drei WM-Titel erkämpften sich Tsuguo Sakumoto (Japan) 1984, 1986, 1988 und Mie Nakayama (Japan) 1982, 1984, 1986.

Kumite: Die meisten WM-Titel im Mannschaftswettbewerb (seit 1970) gewann mit sechs Großbritannien (1975, 1982, 1984, 1986, 1988, 1990).

Die meisten WM-Einzelsiege feierte Takeshi Oishi (Japan). Er gewann bisher als einziger dreimal (1969–71). Je zweimal erfolgreich waren der Brite Pat McKay (1982, 1984) sowie die Franzosen Thierry Masci (1986, 1988) und Emmanuel Pinda (1984, 1988).
Bei den Frauen kam Guus van Mourik (Niederlande) zu vier Siegen (1982, 1984, 1986, 1988).

Erfolgreichste deutsche Kämpferin ist Birgit Schweiberer, die im Kata-Wettbewerb fünf Europameisterschaften und vier Deutsche Meisterschaften zwischen 1980 und 1984 gewann. Vier EM-Titel holte sich in der gleichen Technik und im gleichen Zeitraum Marijan Glad. Bester Kumite-Akteur ist Toni Dietl mit zwei Europameisterschaften und elf Deutschen Meisterschaften (1981–88).

KEGELN

Der älteste Kegelklub Deutschlands: Am 22. Oktober 1822 wurde in Stade (Niedersachsen) der »Kegelklub Ratsweinkeller« gegründet.

Die Weltrekorde auf einer Scherenbahn halten der Luxemburger Jeannot Peter mit 1458 Holz (200 Kugeln) sowie Elisabeth Weber (BR Deutschland) mit 675 Holz (100 Kugeln).

Die Weltrekorde auf einer Asphaltbahn halten Boris Urbanc mit 1010 Holz (200 Kugeln) und die Ungarin Gabriella Balintne mit 486 Holz (100 Kugeln).

Deutsche Bestleistungen: 1096 Holz von Dieter Zieher und 505 Holz von Cornelia Budy.

Die Weltrekorde auf einer Bohlenbahn halten die Deutschen Karl Buckow mit 1587 Holz (200 Kugeln) sowie Rita Mesterharm und Christa Grobe mit je 759 Holz (100 Kugeln).

Die Weltrekorde im Dreibahnen-Spiel halten die Deutschen Rainer Corzilius mit 2192 Holz (300 Kugeln) und Monika Schultze mit 1047 Holz (150 Kugeln).

Die erfolgreichsten deutschen Kegler sind der Berliner Gerd Lehne (* 1929), der zweimal Europameister auf der Scherenbahn wurde und insgesamt 41 Deutsche Meisterschaften in der Einzel- und Mannschaftswertung errang, sowie die Braunschweigerin Ingrid Reimann (* 1925), die auf 48 nationale Titel kam.

Der Eppelheimer Dieter Zieher (* 1936) wurde fünfmal Weltmeister, je einmal im Einzel- und Mannschaftskampf sowie dreimal im Paarkampf. Außerdem holte er je viermal WM-Silber und WM-Bronze und errang 38 nationale Titel.

KRICKET

Das erste Wettspiel, von dem ein Ergebnis bekannt ist, fand am 18. Juni 1744 bei London statt. Damals verlor ein englisches Team gegen eine Mannschaft aus Kent.

Die höchste registrierte Punktzahl einer Mannschaft sind 1107 Läufe von Victoria gegen Neusüdwales in einem inneraustralischen Wettkampf am 27./28. Dezember 1926 in Melbourne.

Der Spieler mit den höchsten Punktzahlen in einem Match ist Hanif Mohammad (* 1934, Pakistan), der es für Karachi im Treffen gegen Bahawalpur vom 8. bis 11. Januar 1959 auf 499 »innings« brachte. Mohammads Schlagzeit betrug 10:40 Std.

Die niedrigste registrierte Punktzahl ist 12, erzielt am 24. Mai 1877 von der Oxford University gegen den Marylebone Cricket Club (M. C. C.) in Oxford und am 11. Juni 1907 von Northamptonshire gegen Gloucestershire in Gloucester (GB).

Worldcup, eingeführt 1975: Der einzige Doppelsieger bei den Männern ist Westindien (1975, 1979). Bei den Frauen kam Australien zu drei Erfolgen (1978, 1982, 1988).

Der weiteste Wurf mit dem 155 g schweren Ball gelang am 18. April 1881 dem Engländer Robert Percival. Er brachte es auf 128,60 m.

LEICHTATHLETIK

Die meisten olympischen Medaillen bei den Männern errang mit zwölf der Langstreckenstar Paavo Nurmi (1897–1973, Finnland), der zwischen 1920 und 1928 neunmal siegte und dreimal Zweiter wurde. An zweiter Stelle folgt Ray C. Ewry (1874–1937, USA), der achtmal Gold (Hochsprung, Weitsprung und Dreisprung aus dem Stand) zwischen 1900 und 1908 holte.

Die meisten olympischen Medaillen bei den Frauen gewann mit sieben Shirley de la Hunty, geb. Strickland (* 1925, Australien), mit dreimal Gold, einmal Silber und dreimal Bronze bei den Spielen von 1948, 1952 und 1956. Ein kürzlich entdecktes Zielbild zeigt, daß sie beim 200-m-Lauf von 1948 als Dritte und nicht als Vierte durchs Ziel ging, so daß sich ihre Medaillenzahl inoffiziell auf acht erhöht. Irena Szewinska, geb. Kirszenstein (* 1946, Polen), gewann bei den Spielen von 1964, 1968, 1972 und 1976 drei Gold-, zwei Silber- und zwei Bronzemedaillen und ist die einzige Athletin, die bei vier Spielen nacheinander eine Medaille holte.

Die meisten Goldmedaillen bei den Frauen gewannen mit vier folgende drei Athletinnen: Francina E. Blankers-Koen (* 1918, Niederlande) über 100, 200 m, 4 × 100-m-Staffel und 80-m-Hürden 1948 in London, Betty Cuthbert (* 1938, Australien) über 100, 200 m, 4 × 100-m-Staffel 1956 und 400 m 1964 sowie Bärbel Wökkel-Eckert (* 1955, DDR) jeweils über 200 m und 4 × 100 m 1976 und 1980. Blankers-Koen wurde darüber hinaus noch fünfmal Europameisterin (1946, 1950).

Die Vielseitigkeit ist ihre Stärke: Jackie Joyner, die Weltrekordlerin im Siebenkampf.

Die meisten Goldmedaillen bei nur einer Olympiade gewann mit fünf Paavo Nurmi 1924 in Paris, und zwar über 1500 m, 5000 m, 10 000-m-Geländelauf (Einzel und Mannschaft) sowie im 3000-m-Mannschaftslaufen für Finnland. Die meisten Einzelmedaillen mit vier gewann Alvin C. Kraenzlein (1876–1928, USA) im Jahr 1900 über 60 m, 110-m-Hürden, 200-m-Hürden und im Weitsprung.

Der älteste Olympiasieger war der aus Irland stammende Patrick J. McDonald (1878–1954, USA), der mit 42 Jahren und 26 Tagen am 21. August 1920 in Antwerpen (Belgien) das 25,4-kg-Gewichtwerfen für sich entschied.

Die älteste Olympiasiegerin war Lia Manoliu (* 1932, Rumänien), die mit 36 Jahren und 176 Tagen am 18. Oktober 1968 in Mexico City das Diskuswerfen mit 58,28 m gewann.

Die jüngste Olympiasiegerin war Barbara Pearl Jones (* 1937, USA), die im Alter von 15 Jahren und 123 Tagen am 27. Juli 1952 in Helsinki zur Siegerstaffel über 4 x 100 m gehörte.

Der jüngste Olympiasieger war Robert »Bob« Mathias (* 1930, USA), der im Alter von 17 Jahren und 263 Tagen am 5./6. August 1948 in London den Zehnkampf gewann und diesen Erfolg vier Jahre später in Helsinki wiederholte.

Weltmeisterschaften, eingeführt 1983: Erfolgreichste Athletin bei der Premiere in Helsinki war Marita Koch (* 1957, DDR) mit vier Medaillen. Sie siegte über 200 m sowie mit den Staffeln über 4 x 100 m und 4 x 400 m.

Erfolgreichster Mann ist Carl Lewis (* 1961, USA) mit sechs Siegen. Er holte sich 1983 die Titel über 100 m, im Weitsprung und mit der 4 x 100-m-Staffel. Vier Jahre später in Rom gewann er im Weitsprung und mit der Staffel; außerdem errang er Silber über 100 m. Da der Kanadier Ben Johnson nachträglich wegen Dopings disqualifiziert wurde, sprach der Internationale Verband später Lewis den Sieg zu.

Die erste Hallen-WM fand 1987 statt. Einzige Doppelsiegerin in Indianapolis (USA) war Heike Drechsler (DDR) mit ihren Erfolgen über 200 m und im Weitsprung.

Die sensationellste Weltrekordserie gelang Jesse Owens (1913–80, USA), der am 25. Mai 1935 in Ann Arbor, Michigan (USA), innerhalb von nur 100 Min. gleich sechs (!) neue Höchstleistungen aufstellte – über 100 Yard (91,44 m) in 9,4 Sek., im Weitsprung mit 8,13 m, über 220 Yard (201,17 m) in 20,3 und über 220-Yard-Hürden in 22,6 Sek. Die beiden 220-Yard-Weltrekorde hatten gleichzeitig Gültigkeit auf den in Europa üblichen 200-m-Strecken. Ein Jahr später holte sich Owens bei den Olympischen Spielen in Berlin vier Goldmedaillen, über 100 m, 200 m, in der 4 x 100-m-Staffel und im Weitsprung.

Auf vier Siege in den gleichen Disziplinen kam 1984 in Los Angeles auch der Amerikaner Carl Lewis, der als der ungekrönte Nachfolger von Jesse Owens gilt. 1988 in Seoul gewann er die 100 m (nach der Disqualifikation des Kanadiers Ben Johnson) und den Weitsprung, dazu holte er Silber über 200 m.

LEICHTATHLETIK – WELTREKORDE

Männer

Sportart	Rekord	Name/Land	Jahr
100 m	9,92 Sek.	Carl Lewis (USA)	1988
200 m	19,72 Sek.	Pietro Mennea (Italien)	1979
400 m	43,29 Sek.	Harry Reynolds (USA)	1988
800 m	1:41,73 Min.	Sebastian Coe (GB)	1981
1 500 m	3:29,46 Min.	Said Aouita (Marokko)	1985
5 000 m	12:58,39 Min.	Said Aouita (Marokko)	1987
10 000 m	27:08,23 Min.	Arturo Barrios (Mexiko)	1989
110-m-Hürden	12,92 Sek.	Roger Kingdom (USA)	1989
400-m-Hürden	47,02 Sek.	Edwin Moses (USA)	1983
3 000-m-Hindernis	8:05,36 Min.	Peter Koech (Kenia)	1989
4 x 100 m	37,79 Sek.	Frankreich	1990
4 x 400 m	2:56,16 Min.	USA-Nationalstaffel	1968
Hochsprung	2,44 m	Javier Sotomayor (Kuba)	1989
Weitsprung	8,90 m	Bob Beamon (USA)	1968
Stabhochsprung	6,09 m	Sergej Bubka (UdSSR)	1991
Dreisprung	17,97 m	Willie Banks (USA)	1985
Kugelstoßen	23,12 m	Randy Barnes (USA)	1990
Diskuswerfen	74,08 m	Jürgen Schult (DDR)	1986
Hammerwerfen	86,74 m	Juri Sedych (UdSSR)	1987
Speerwerfen	96,96 m	Seppo Räty (Finnland)	1991
Zehnkampf	8847 Pkt.	Daley Thompson (GB)	1984

Frauen

Sportart	Rekord	Name/Land	Jahr
100 m	10,49 Sek.	Florence Griffith-Joyner (USA)	1988
200 m	21,34 Sek.	Florence Griffith-Joyner (USA)	1988
400 m	47,60 Sek.	Marita Koch (DDR)	1985
800 m	1:53,28 Min.	Jarmila Kratochvilova (ČSFR)	1983
1 500 m	3:52,47 Min.	Tatjana Kasankina (UdSSR)	1980
3 000 m	8:22,62 Min.	Tatjana Kasankina (UdSSR)	1984
5 000 m	14:37,33 Min.	Ingrid Kristiansen (Norweg.)	1986
10 000 m	30:13,74 Min.	Ingrid Kristiansen (Norweg.)	1986
100-m-Hürden	12,21 Sek.	Jolanka Donkova (Bulgarien)	1988
400-m-Hürden	52,94 Sek.	Marina Stepanowa (UdSSR)	1986
4 x 100 m	41,37 Sek.	DDR-Nationalstaffel	1985
4 x 400 m	3:15,17 Min.	UdSSR-Nationalstaffel	1988
Hochsprung	2,09 m	Stefka Kostadinova (Bulg.)	1987
Weitsprung	7,52 m	Galina Tschistjakowa (UdSSR)	1988
Kugelstoßen	22,63 m	Natalia Lissowskaja (UdSSR)	1987
Diskuswerfen	76,80 m	Gabriele Reinsch (DDR)	1988
Speerwerfen	80,00 m	Petra Felke (DDR)	1988
Siebenkampf	7291 Pkt.	Jackie Joyner (USA)	1988

LEICHTATHLETIK – DIE BESTEN DEUTSCHEN LEISTUNGEN

Männer

Sportart		Name	Jahr
100 m	10,06 Sek.	Frank Emmelmann	1985
200 m	20,23 Sek.	Frank Emmelmann	1985
400 m	44,33 Sek.	Thomas Schönlebe	1987
800 m	1:43,65 Min.	Willi Wülbeck	1983
1 500 m	3:31,58 Min.	Thomas Wessinghage	1980
5 000 m	13:10,40 Min.	Hans-Jörg Kunze	1981
10 000 m	27:24,95 Min.	Werner Schildhauer	1983
110-m-Hürden	13,37 Sek.	Thomas Munkelt	1977
		Florian Schwarthoff	1989
400-m-Hürden	47,48 Sek.	Harald Schmid	1982
3 000-m-Hindernis	8:10,32 Min.	Hagen Melzer	1987
4 x 100 m	38,90 Sek.	TV Wattenscheid	1976
4 x 400 m	3:04,0 Min.	Bayer Leverkusen	1979
Hochsprung	2,37 m	Carlo Thränhardt	1987
Weitsprung	8,54 m	Lutz Dombrowski	1980
Stabhochsprung	5,70 m	Wladyslaw Kozakiewicz	1986
Dreisprung	17,66 m	Ralf Jaros	1991
Kugelstoßen	23,06 m	Ulf Timmermann	1988
Diskuswerfen	74,08 m	Jürgen Schult	1986
Hammerwerfen	83,40 m	Ralf Haber	1988
Speerwerfen	87,36 m	Raimond Hecht	1991
Zehnkampf	8832 Pkt.	Jürgen Hingsen	1984

Frauen

Sportart		Name	Jahr
100 m	10,81 Sek.	Marlies Göhr	1981
200 m	21,71 Sek.	Marita Koch	1984
		Heike Drechsler	1986
400 m	47,60 Sek.	Marita Koch	1985
800 m	1:55,26 Min.	Sigrun Wodars	1987
1 500 m	3:57,71 Min.	Christiane Wartenberg	1980
3 000 m	8:35,11 Min.	Brigitte Kraus	1983
5 000 m	14:59,01 Min.	Kathrin Ullrich	1989
10 000 m	31:03,62 Min.	Kathrin Ullrich	1991
100-m-Hürden	12,42 Sek.	Bettine Jahn	1983
400-m-Hürden	53,24 Sek.	Sabine Busch	1987
4 x 100 m	42,20 Sek.	SC Motor Jena	1984
4 x 400 m	3:25,84 Min.	SC Turbine Erfurt	1985
Hochsprung	2,03 m	Ulrike Meyfarth	1983
Weitsprung	7,48 m	Heike Drechsler	1988
Kugelstoßen	22,45 m	Ilona Slupianek	1980
Diskuswerfen	76,80 m	Gabriele Reinsch	1988
Speerwerfen	80,00 m	Petra Felke	1988
Siebenkampf	6946 Pkt.	Sabine Paetz	1984

Die meisten Weltrekord-Verbesserungen kommen auf das Konto des finnischen Langstrecklers Paavo Nurmi, der zwischen 1921 (10000 m) und 1931 (2 Meilen) 29mal die bestehenden Bestleistungen auf den Strecken von 1500 m bis 20000 m unterbot. Auf den nächsten Plätzen folgen der Stabhochspringer Sergej Bubka (* 1963, UdSSR) mit 27 bis Juli 1991 sowie die beiden Läufer Emil Zatopek (* 1922, ČSFR) mit 18 und Ron Clarke (* 1937, Australien) mit 17.
Bei den Frauen schaffte die Hochspringerin Jolanda Balas (* 1936, Rumänien) in ein und demselben Wettbewerb 14 Rekordverbesserungen, von 1,57 m (1956) bis 1,91 m (1961). Ihre letzte Marke hatte zehn Jahre und 50 Tage Bestand.

Die größte Sensation schaffte Bob Beamon (* 1946, USA) bei den Olympischen Spielen in Mexico City 1968, als er im Weitsprung den Weltrekord gleich um 55 cm auf sagenhafte 8,90 m verbesserte. Er profitierte allerdings von der Höhenluft der Stadt (2400 m hoch gelegen).

Die älteste Weltrekordbrecherin ist Marina Stepanowa (* 1950, UdSSR), die mit 36 Jahren und 139 Tagen die 400 m Hürden in 52,94 Sek. lief. Sie erreichte diese Zeit am 17. September 1986 in Taschkent (UdSSR).

Die jüngste Weltrekordbrecherin ist Wang Yang (* 1971, China), die mit 14 Jahren und 334 Tagen im 3000-m-Gehen 21:33,8 Min. erreichte. Sie schaffte diese Zeit am 9. März 1986 in Jian (China).

Der schnellste Läufer der Welt ist – nach der Disqualifikation des Kanadiers Ben Johnson (100 m in 9,79 Sek.), dem Doping-Mißbrauch nachgewiesen wurde – Leroy Burrell (* 1967, USA), der bei den amerikanischen Meisterschaften am 14. Juni 1991 in New York die kurze Sprintstrecke in 9,90 Sek. lief, was einem Schnitt von 36,36 km/h entspricht.

Den absoluten Geschwindigkeitsrekord hält Carl Lewis, der beim Olympiasieg der amerikanischen 4 × 100-m-Staffel (37,83 Sek.) am 11. August 1984 in Los Angeles sein Teilstück mit fliegendem Start in 8,90 Sek. zurücklegte und dabei auf 40,45 km/h kam.

Die schnellste Frau der Welt ist Florence Griffith-Joyner (* 1959, USA), die am 16. Juli 1988 in Indianapolis den 100-m-Weltrekord auf beinahe unglaubliche 10,49 Sek. pulverisierte und dabei eine Durchschnittsgeschwindigkeit von 34,32 km/h erreichte.

Die schnellste Zeit über 100 m rückwärts lief mit 14,4 Sek. der Neuseeländer Paul Wilson. Er stellte seinen kuriosen Rekord am 22. September 1979 in Tokio auf. Fredie Adoboe (USA) erreichte am 28. Juli 1983 in Amherst, Massachusetts (USA), über 100 Yard 12,8 Sek., was einer 100-m-Zeit von 14,0 Sek. entspricht.

Gagen-Weltrekord

Beim Leichtathletik-Sportfest am 2. Juli 1991 im französischen Villeneuve-d'ascq zahlte der Veranstalter für die 100-m-Revanche der Olympischen Spiele in Seoul 1988 Wahnsinnssummen. Carl Lewis (USA) erhielt für seinen Auftritt 300000 Dollar, der nach seinem Dopingfall begnadigte Kanadier Ben Johnson 150000 Dollar. Der eine wurde in 10,20 Sek. Zweiter, der andere in 10,46 Sek. Siebenter. Es gewann Dennis Mitchell (USA) in 10,09 Sek. – und erhielt dafür später eine Prämie von 3000 Dollar.

Dreifache Europameisterin von Split 1990: Katrin Krabbe, die Sprinterin aus Neubrandenburg.

Der schnellste blinde Sprinter ist Graham Henry Salomon (* 1952, GB), der am 2. September 1978 in Grangemouth, Schottland, die 100 m in 11,4 Sek. zurücklegte.

Den Stunden-Weltrekord verbesserte Arturo Barrios (* 1963, Mexiko) auf 21,101 km am 30. März 1991 in La Fleche (Frankreich).

Die längste Siegesserie hält die Hochspringerin Jolanda Balas (* 1936, Rumänien), die zwischen 1956 und 1967 in 140 Wettkämpfen ungeschlagen blieb. Der 400-m-Hürdenläufer Edwin Moses (* 1955, USA) kam ihr mit 122 Siegen, darunter 107 Finals, sehr nahe.

Quer durch Amerika: Für die 4989 km von San Franzisko nach New York brauchte Frank Giannino jr. (* 1952, USA) 46 Tage, 8:36 Std. zwischen dem 1. September und 17. Oktober 1980.

Der längste je veranstaltete Wettlauf war das Trans-Continental-Race von 1929 über 5898 km von New York nach Los Angeles. Der gebürtige Finne Johny Salo (1893–1931) gewann das Rennen in 79 Tagen vom 31. März bis zum 18. Juni 1929. Er lag mit seiner Zeit von 525:57:20 Std. (Durchschnitt: 11,21 km/h) nur 2:47 Min. vor dem Engländer Pietro Gavuzzi (1905–81).

Die Weltbestleistung über 100 km hält Birgit Lennartz (* 1966, BR Deutschland), die 7:18,57 Std. am 28. April 1990 in Rodenbach lief. Bei den Männern kam Don Ritchie (GB) auf 6:10,20 Std., erreicht am 28. Oktober 1978 in London.

Ausdauerrekord: Egon Krämer (* 1935) aus Berlin bewältigte als erster Deutscher 100 × 100 km, und zwar im Laufen und Gehen. Seinen ersten »Einhunderter« schaffte er am 21. März 1981, den hundertsten am 2. März 1987.

Die größte Höhe über den eigenen Kopf sprang mit 59 cm Franklin Jacobs (* 1957, USA), der am 28. Januar 1978 in New York auf 2,32 m kam. Er ist nur 1,73 m groß.
Bei den Frauen übersprang Jolanda Henry (* 1964, USA) ihre eigene Körpergröße um 32 cm. Die 1,68 m große Athletin steigerte sich am 30. Mai 1990 in Sevilla auf 2,00 m.

Bester Hochspringer aus dem Stand ist Rune Almen (* 1952, Schweden). Er überquerte am 3. Mai 1980 in Karlsbad 1,90 m.

Stellt einen Weltrekord nach dem anderen auf, Sergej Bubka, der Topstar im Stabhochsprung.

Beste Hochspringerin aus dem Stand ist Andrea Arens (* 1967, BR Deutschland) mit 1,45 m, erreicht am 20. Januar 1990 in Hohenlimburg.

Bester Weitspringer aus dem Stand ist der Norweger Johan Christian Evandt, der am 11. März 1962 in Rejkjavik 3,65 m erreichte.

Die Bestleistung im beidhändigen Kugelstoßen hält mit 37,05 m Al Feuerbach (* 1948, USA). Am 24. August 1974 brachte er es in Stockholm mit der rechten Hand auf 21,38 m und mit der linken auf 15,67 m.

Die meisten Titel bei Deutschen Meisterschaften gewann mit 36 Harald Norpoth (* 1942) zwischen 1962 und 1973, davon 29 im Freien, drei über 1500 m, acht (in Reihenfolge) über 5000 m, sieben im Crosslaufen, jeweils drei über 3 × 1000 m, 4 × 1500 m und fünf über 3 × 1500 m.

Die meisten deutschen Titel bei den Frauen holte sich Brigitte Kraus (* 1956) mit insgesamt 44 zwischen 1973 und 1988, davon 20 im Freien, 16 in der Halle und acht beim Cross. Dahinter folgen mit 31 Siegen Ellen Wessinghage (* 1948) sowie mit je 27 Heide Rosendahl (* 1947) und Annegret Richter (* 1950).

Eine einmalige Leistung vollbrachte Willi Wülbeck (* 1954), der von 1974 bis 1983 zehnmal in ununterbrochener Folge Deutscher 800-m-Meister wurde. Das war vorher noch keinem anderen Athleten geglückt.

MARATHON

Aufgrund der wechselnden Schwierigkeitsgrade auf der 42,195 km langen Strecke gibt es keine offiziellen Rekorde.

Die schnellsten Läufer aller Zeiten sind Belayneh Demsimo (* 1965, Äthiopien) mit 2:06:50 Std., erreicht am 17. April 1988 in Rotterdam, Ahmed Salah (Djibuti) mit 2:07:07 Std., Carlos Lopez (Portugal) mit 2:07:12 Std., Steve Jones (GB) mit 2:07:13 Std. und Teisuke Kodama (Japan) mit 2:07:35 Std.
Die Rangliste bei den Frauen führt Ingrid Kristiansen (* 1956, Norwegen) an, die am 21. April 1985 in London auf 2:21:06 Std. kam.

Die besten deutschen Läufer sind Jörg Peter mit 2:08:47 Std. und Katrin Dörre mit 2:25:24 Std.

Die meisten Rennen bestritt mit 524 Sy Mah (1926–88, USA) zwischen 1966 und 1988.

Die ältesten Teilnehmer, die ein Rennen durchstanden, sind der 98jährige Grieche Dimitrion Yordanis in 7:33 Std., gelaufen am 10. Oktober 1976 in Athen, sowie die 82jährige Neuseeländerin Thelma Pitt-Turner mit 7:58 Std., erreicht im August 1985 in Hastings.

Rückwärtslaufend bewältigte Albert Freese (* 1946, USA) die Strecke beim Long-Beach-Rennen am 18. Februar 1985 in 3:59:07 Std.

Einen ungewöhnlichen Rekord stellte Raymond Hubbard (* 1953, GB) zwischen dem 16. und 18. April 1988 auf. Innerhalb von drei Tagen ging er dreimal an den Start. In Belfast lief er 2:44 Std., dann in London 2:48 Std. und schließlich – nach einem Flug mit der überschnellen *Concorde* – in Boston 2:47:51 Std.

Für die größte Aufmerksamkeit sorgte Kjell Schärer (* 1935, Norwegen), der mit einem zweiten Herzen lief und das Rennen 1985 in London in 6 Std. durchstand. Anderthalb Jahre zuvor war ihm das Herz einer 17jährigen Niederländerin eingepflanzt worden.

Die höchstgelegene Strecke ist die des Mount-Everest-Rennens. Der Start in Gorak Shep befindet sich bei 5212 m, das Ziel bei 3444 m. Die schnellste Zeit erreichte 1989, bei der dritten Austragung dieses Wettbewerbs, Jack Maitland mit 3:59:04 Std.

Die meisten Teilnehmer wurden mit 26 500 am 22. April 1990 in London registriert. Das Ziel erreichten 24 871 Läuferinnen und Läufer.

Fünf auf einen Schlag

Die Frauen sind nun auch in die letzte Leichtathletik-Domäne der Männer eingebrochen. Gleich fünfmal verbesserte am 3. Juli 1991 Helga Radtke aus Rostock den deutschen Rekord im Dreisprung. In Cottbus steigerte sie ihre eigene Marke von 13,48 über 13,60 m, 13,66 m, 13,73 m und 13,75 m auf 13,83 m.

Zentimeterarbeit

Scheibchenweise steigerte Sergej Bubka (UdSSR) in den letzten Jahren seinen Weltrekord im Stabhochsprung – von 6,05 m über 6,06 m – 6,07 m – 6,08 m bis hin zu 6,09 m, die er am 8. Juli 1991 in Formia/Italien erreichte. Insgesamt war es der 27. Weltrekord für den 27jährigen Leichtathleten.

STAFFEL-WELTREKORDE

Über 100 × 100 m erreichte das belgische Team von Merksen bei Antwerpen 19:14,19 Min. am 23. September 1989.

Über 1000 × 100 m unterbot der TV 1860 Immenstadt am 13. Juli 1986 in Immenstadt (Allgäu) mit 4:15:50 Std. die alte Bestleistung des TSV 1860 Rosenheim um 11:51 Min.

Über 100 × 400 m lief mit 1:29:11,8 Std. (Durchschnitt: 53,5 Sek.) das Sportinstitut der Universität Loewen (Belgien) am 19. April 1978 die beste Zeit.

Über 1000 × 400 m erreichte die Kombination Wirtemberg-Gymnasium/Turnerbund Stuttgart Untertürkheim am 5. September 1987 eine Zeit von 16:22:24 Std., was einem Schnitt von 58,64 Sek. pro Teilnehmer entspricht.

Über 1000 × 1000 m kam eine gemischte Mannschaft (Frauen und Männer) des Großraums Göttingen, Hannoversch Münden, Duderstadt, Osterode vom 1. bis 3. Juni 1989 in Duderstadt (Niedersachsen) auf 52:48:59 Std., was einer Durchschnittszeit von 3:10,14 Min. entspricht.

Über 1000 × 1 Meile (1609,343 m) kam eine gemischte Staffel des Wiener Marathon-Lauftreffs vom 12. bis 16. September 1989 im Wiener Prater auf eine Zeit von 99:18:06 Std., was einem Durchschnitt von 5:57,5 Min. je Starter entspricht.

GEHEN

Ursprünge: Schon seit 1589 sind Wettkämpfe bekannt, 1867 fand in Großbritannien die erste Meisterschaft statt, seit 1908 – mit Unterbrechungen – im olympischen Programm.

Der erfolgreichste Geher mit drei Goldmedaillen bei Olympischen Spielen war Ugo Frigerio (1901–68, Italien), der 1920 die 3000 m und 10 000 m sowie 1924 die 10 000 m gewann. 1932 holte er Bronze über 50 km. Auf vier Medaillen kam auch Wladimir Golubnitschi (* 1936, UdSSR), und zwar über 20 km in den Jahren 1960 und 1968 (Gold), 1972 (Silber) und 1964 (Bronze).

Der längste Wettbewerb findet zwischen Paris und Colmar (bis 1980 Straßburg–Paris) statt.

Die neue Streckenlänge beträgt 524 km. Die Bestzeit auf dem alten Kurs – 507 km – hält der Belgier Robert Pietquin (* 1938) mit 60:10:10 Std. (nach Abzug von 4 Std. Pause). Das entspricht einer Durchschnittsgeschwindigkeit von 8,45 km/h.

Schnellste Frau ist Annie van der Meer (* 1947, Niederlande), die 1983 als Zehntplazierte im Männerfeld 82:10 Std. brauchte.

Häufigster Sieger war Roger Quemener (Frankreich), der siebenmal zwischen 1979 und 1989 gewann.

CROSS-COUNTRY

Die meisten Weltmeisterschaften, offiziell 1973 eingeführt, gewann John Ngugi (* 1963, Kenia), der viermal zwischen 1986 und 1989 erfolgreich war. Auf die gleiche Anzahl von Siegen kamen – allerdings bei inoffiziellen Titelkämpfen – John Holden (* 1907, GB) 1933–35, 1939, Alain Mimoun (* 1921, Frankreich) 1949, 1952, 1954, 1956 und Gaston Roelants (* 1937, Belgien) 1962, 1967, 1969, 1972.

Bei den Frauen siegte siebenmal Grete Waitz-Andersen (* 1953, Norwegen), die 1976–81 und 1983 erfolgreich war.

Den knappsten Sieg feierte Jean-Claude Fayolle (Frankreich) am 20. März 1965 in Ostende (Belgien) mit kaum sichtbarem Vorsprung vor Richard Batty (GB).

Imponierendes Bild, wenn 24 588 Teilnehmer, wie 1989, in New York über die Brücken laufen.

Den klarsten Sieg errang mit 56 Sek. Vorsprung John Thomas Holden am 24. März 1934 auf dem Ayr Racecourse (Schottland).

Die größte Überlegenheit einer Mannschaft gab es bei der WM 1988 in Auckland (Neuseeland), als Kenia acht Läufer unter die neun Besten brachte.

Das größte Teilnehmerfeld ging beim Lidingöloppet in der Nähe Stockholms am 3. Oktober 1982 an den Start. 11 763 machten sich auf die 30 km lange Strecke, 10 810 kamen an.

MODERNER FÜNFKAMPF

Die meisten olympischen Goldmedaillen gewann mit drei Andras Balczo (* 1938), Mitglied der ungarischen Siegermannschaft 1960 und 1968 und als Einzelsieger 1972. Lars Hall (* 1927, Schweden) hat als einziger zwei Einzel-Olympiasiege (1952 und 1956) errungen. Einziger deutscher Goldmedaillengewinner ist Gotthard Handrick (* 1908) mit seinem Triumph 1936 in Berlin.

Die meisten olympischen Medaillen gewann mit sieben Pavel Lednew (* 1943, UdSSR), der je zweimal Gold und Silber sowie dreimal Bronze zwischen 1968 und 1980 erkämpfte.

Erfolgreichste Mannschaften bei Olympischen Spielen waren die Sowjetunion und Ungarn mit je vier Siegen.

Weltmeisterschaften der Männer, eingeführt 1949: Erfolgreichster Athlet ist der Ungar Andras Balczo, der 13 Titel errang, sechs in der Einzelwertung (1963, 1965–67, 1969, 1972) und sieben mit der Mannschaft zwischen 1960 und 1970.

Erfolgreichstes Team bei Weltmeisterschaften ist die UdSSR mit 13 Titeln vor Ungarn (zehn).

Weltmeisterschaften der Frauen, eingeführt 1981: Einzige Doppelsiegerin im Einzelklassement ist Irina Kisseljewa (* 1958, UdSSR), die 1986 und 1987 gewann. Zu vier Mannschaftstiteln brachte es Polen (1985, 1988–90).

Die meisten WM-Medaillen, nämlich zehn, errang Sabine Krapf (BR Deutschland). Sie wurde zwischen 1981 und 1990 fünfmal Zweite, davon viermal mit der Mannschaft, und fünfmal Dritte, davon zweimal mit der Mannschaft.

Am häufigsten Deutscher Meister wurden Elmar Frings (1965, 1968, 1970, 71) und Christian Sandow (1979, 1981, 1983, 84). Bei den Frauen siegte fünfmal Sabine Krapf (1983, 1985, 1987, 1989, 90).

MOTORSPORT

AUTOMOBILRENNEN

Das älteste Langstreckenrennen der Welt, das immer noch gefahren wird, ist die RAC-Trophy, deren Premiere am 14. September 1905

auf der Insel Man stattfand. Die Coppa Florio auf Sizilien wird schon seit 1900, allerdings in unregelmäßigen Abständen, veranstaltet.

Die höchste Rundengeschwindigkeit auf einem geschlossenen Ring, nämlich 403,878 km/h, fuhr Dr. Hans Liebold (* 1926, Deutschland). Er brauchte am 5. Mai 1979 in seinem *Mercedes Benz C 111–IV Turbo* für die 12,64 km lange Hochgeschwindigkeitsstrecke im italienischen Nardo 1:52,67 Min.

Das schnellste Rennen der Welt ist das Bush Clash in Daytona, Florida (USA), über 80 km. Auf dem 4,02-km-Kurs mit überhöhten Kurven (31 Prozent) erreichte Bill Elliott (* 1955, USA) in einem *Ford Thunderbird* 1987 die Durchschnittsgeschwindigkeit von 318,322 km/h.

Der schnellste Straßenring war der von Spa-Franchorchamps (Belgien). Auf dem 14,1-km-Kurs fuhr am 6. Mai 1973 Henri Pescarolo (* 1942, Frankreich) auf einem *2993-cm³-V12-Matra Simca-MS 670* eine Runde in 3:13,4 Min., was einer Durchschnittsgeschwindigkeit von 262,461 km/h entspricht.

Auf der Avus in Berlin hatte der Deutsche Bernd Rosemeyer (1909–38) auf einem *Sechs-Liter-V16-Auto-Union* am 30. Mai 1937 sogar eine Rekordrunde mit einer Durchschnittsgeschwindigkeit von 276,400 km/h erreicht.

Die längste Rundstrecke ist die Nürburgring-Nordschleife (20,832 km), auf der Stefan Bellof (1957–85) in einem *Porsche 956* mit 6:25,91 Min. die schnellste Zeit erreichte und auf eine Durchschnittsgeschwindigkeit von 194,333 km/h kam.

Der härteste Grand Prix ist zugleich der langsamste. Der Große Preis von Monaco (erstes Rennen am 14. April 1929) führt durch die Straßen und den Hafen Monte Carlos. Die Strecke ist 3,312 km lang und hat elf scharfe Kurven und mehrere starke Gefälle. Das Rennen geht über 76 Runden (215,7 km) und erfordert über 1600 Gangwechsel. Die schnellste Zeit fuhr am 23. Mai 1982 Riccardo Patrese (* 1954, Italien) auf einem *Brabham-Ford* mit 1:54:11 Std., was einem Schnitt von 132,30 km/h entspricht. Den Rundenrekord hält ebenfalls Patrese mit 1:26,35 Min. (entspricht 138,073 km/h), erreicht beim gleichen Rennen.

Le Mans: Die größte Distanz beim 24-Stunden-Rennen (Premiere am 26./27. Mai 1923) auf dem alten Sarthe-Ring schafften mit 5335,724 km Dr. Helmut Marko (* 1943, Österreich) und Jonkheer Gijs van Lennep (* 1942, Niederlande). Sie fuhren einen *4907-cm³-12-Zyl.-Porsche-917-K-Gruppe-5-Sportwagen* am 12./13. Juni 1971. Den Rekord für den heutigen Ring hält mit 5332 km (Durchschnitt 221,63 km/h) das niederländisch-britische Trio Jan Lammers, Johnny Dumfries, Andy Wallace in einem *Jaguar XJR 9*, gefahren am 11./12. Juni 1988.

Der Rekord für eine Runde (13,535 km) steht bei 3:21,27 Min. (Durchschnitt 242,092 km/h), erreicht von Alain Ferte (Frankreich) in einem *Jaguar XRJ-9* am 10. Juni 1989.

Die meisten Siege errangen mit zwölf die *Porsche*wagen, die 1970, 71, 1976, 77, 1979, 1981–87 erfolgreich waren. Die meisten Siege eines einzelnen Fahrers sind sechs von Jackie Ickx (* 1945, Belgien), herausgefahren 1969, 1975–77, 1981, 82.

Indianapolis: Das 500-Meilen-Rennen (805 km, 200 Runden) wurde in den USA am 30. Mai 1911 eingeführt. Die erfolgreichsten Fahrer mit je vier Siegen sind Anthony Joseph »A. J.« Foyt jr. (* 1935, USA), der 1961, 1964, 1967, 1977 gewann, Al Unser (* 1939, USA), der 1970, 71, 1978, 1987 triumphierte, und Rick Mears (* 1952, USA), der 1979, 1984, 1988, 1991 als Erster über den Zielstrich fuhr.

Das schnellste Rennen fuhr mit 2:41:18,24 Std. (Schnitt 299,248 km/h) Arie Luyendyk (Niederlande) auf *Lola-Chevrolet* am 27. Mai 1990.

Den knappsten Zieleinlauf gab es am 21. Mai 1982. Gordon Johncock (USA) siegte mit 16 Hundertstelsek. Vorsprung, das ist eine halbe Wagenlänge, vor Rick Mears.

Das höchste Preisgeld, das je ein Fahrer erhielt, sind 1 219 704 Dollar für Rick Mears, den Sieger von 1991. Insgesamt schütteten die Veranstalter für die 33 Fahrer 7 013 150 Dollar aus.

FORMEL 1

Der erfolgreichste Fahrer in der Weltmeisterschaft, eingeführt 1950, ist Juan Manuel Fangio y Cia (* 1911, Argentinien), der fünfmal den Titel 1951, 1954–57 gewann. Er trat 1958 mit 24 Grand-Prix-Siegen in 51 Rennen zurück.

Auf jeweils drei WM-Titel brachten es Jack Brabham (1959, 1960, 1966), Jackie Stewart

Ein Meister am Volant, der Brasilianer Ayrton Senna, Spezialist für Pole-position in der Formel 1.

Jüngster Motorrad-Weltmeister, der schnelle Italiener Loris Capirossi in der 125er-Klasse.

(1969, 1971, 1973), Niki Lauda (1975, 1977, 1984), Nelson Piquet (1981, 1983, 1987) und Alain Prost (1985, 86, 1989).

Der jüngste Weltmeister war Emerson Fittipaldi (* 1946, Brasilien), der sich seinen ersten Titel 1972 mit 25 Jahren und 273 Tagen holte.

Der älteste Weltmeister war Juan Manuel Fangio, der seinen letzten Titel (von fünf) mit 46 Jahren und 55 Tagen errang.

Der jüngste Fahrer war Michael Christopher Thackwell (* 1961, Neuseeland), der bei seiner Teilnahme am kanadischen Grand Prix am 28. September 1980 erst 19 Jahre und 182 Tage alt war.

Der älteste Fahrer war Louis Alexandre Chiron (1899–1979, Monaco), der bei seinem sechsten Platz beim Grand Prix in Monaco am 22. Mai 1955 genau 55 Jahre und 292 Tage alt war.

Der erfolgreichste deutsche Autorennfahrer war Rudolf Caracciola (1901–59), der 15 Grand-Prix-Siege feierte und außerdem vier große Sportwagenrennen und 13 große internationale Rennen gewann. 1930–32 wurde er Berg-Europameister, 1935–38 Europameister, 1935, 1937 und 1939 Deutscher Meister.

Die meisten Grand-Prix-Siege errang mit 44 – bei 174 Rennen zwischen 1980 und Juni 1991 – der Franzose Alain Prost (* 1955). Auf den nächsten Plätzen folgen Ayrton Senna (Brasilien) mit 30 vor Jackie Stewart (GB) mit 27, Jim Clark (GB) und Niki Lauda (Österreich) mit je 25 sowie Juan Manuel Fangio mit 24.

Die meisten Grand-Prix-Siege in einem Jahr feierte 1988 mit acht Ayrton Senna (* 1960, Brasilien).
Sogar zu zehn Doppelerfolgen kam das *McLaren-Honda*-Team 1988 durch seine beiden Fahrer Ayrton Senna und Alain Prost.

Die knappste Entscheidung gab es am 13. April 1986 beim Spanien-Grand-Prix auf dem Jerez-de-la-Frontera-Kurs. Ayrton Senna (Brasilien) schlug um 0,014 Sek. Nigel Mansell (GB).

Die meisten Grand-Prix-Rennen bestritt bis Ende 1990 mit 208 Riccardo Patrese (* 1954, Italien). Der dienstälteste Pilot konnte aber nur drei Siege feiern. An zweiter Stelle folgt Nelson Piquet (Brasilien) mit 188 Starts vor Graham Hill (GB) mit 176 und Jacques Laffite (Frankreich) mit 175.

Die größte Dominanz bewies in der Saison 1988 das *McLaren-Honda*-Team, das 15 von 16 Grand-Prix-Rennen gewann. Senna siegte achtmal, wurde zweimal Dritter, Alain Prost triumphierte siebenmal, wurde viermal Zweiter.

Die meisten Pole-position, also den besten Startplatz nach dem Abschlußtraining, nahm Ayrton Senna ein. Der Brasilianer in seinem *McLaren-Honda* stand am 12. Mai 1991 beim Großen Preis von Monaco zum 56. Mal auf Rang eins.

Das erfolgreichste Markenteam ist der italienische Rennstall *Ferrari* mit acht Weltmeisterschaften (1961, 1964, 1975–77, 1979, 1982, 83). Außerdem kam er bis Ende 1990 zu 103 Grand-Prix-Siegen vor *McLaren* (86), *Lotus* (79), *Williams* (44) und *Brabham* (35).

Der schnellste Grand Prix fand am 16. August 1987 im österreichischen Zeltweg statt. Das 308,984 km lange Rennen gewann Nigel Mansell (GB) auf einem *Williams-Honda* mit der Durchschnittsgeschwindigkeit von 235,421 km/h.

Für ein Novum sorgte Ayrton Senna, der 1991 die ersten vier Rennen der Saison gewann, und zwar in Phoenix/USA, Interlagos/Brasilien, Imola/San Marino und Monte Carlo/Monaco. Das hatte zuvor noch niemand geschafft.

RALLYE

Das längste Rennen der Welt war die London-Sydney-Rallye der Singapore Airlines über 31 107 km; sie startete von Covent Garden, London, am 14. August 1977 und führte durch 17 Länder zum Sydney Opera House. Andrew Cowan, Colin Malkin und Michael Broad gewannen sie am 28. September 1977 in einem *Mercedes 280 E*.

Die längste jährlich stattfindende Konkurrenz ist Paris–Dakar, die bis zu 15 000 km lang sein konnte und die 1986 zum drittenmal von Rene Metge auf *Porsche* gewonnen wurde. 1987 wurde die Route auf 13 000 km gekürzt.

Die meisten Monte-Carlo-Siege (erstes Rennen 1911) feierten mit jeweils vier Munari/Manucci (Italien) 1972, 1975–77 auf *Lancia Fulvia* bzw. *Lancia Stratos* sowie die Deutschen Röhrl/Geistdörfer 1980, 1982–84, allerdings stets auf einem anderen Fabrikat: *Fiat 131 Abarth, Opel Ascona, Lancia Rally* und *Audi quattro.*

Der kleinste Wagen, der die Rallye-Monte-Carlo gewann, war ein *851-cm³-Saab 96*, gesteuert von dem Schweden Erik Carlsson 1962 und 1963.

Die einzigen Fahrer, die zweimal die Weltmeisterschaft gewannen, sind Walter Röhrl (* 1947, BR Deutschland) mit seinem Copiloten Christian Geistdörfer 1980, 1982, Juha Kankkunen (* 1959, Finnland) 1986, 87 und Mikki Biasion (Italien) 1988, 89.

Die meisten WM-Siege errangen mit 19 die finnischen Piloten Markku Alen und Hannu Mikkola.

REKORDFAHRTEN

Den Geschwindigkeitsrekord mit 1019,44 km/h hält Richard Noble (* 1956, GB), der diese Leistung am 4. Oktober 1983 auf einem spiegelglatten Wüstenstreifen in der Nähe Renos, Nevada (USA), in seinem düsengetriebenen Fahrzeug *Thrust 2* erreichte. Gefahren wurde eine englische Meile mit fliegendem Start, wobei Noble auf der Rücktour sogar 1046,040 km/h schaffte. Weltrekorde werden jedoch aus dem Geschwindigkeitsmittel von Hin- und Rückfahrt ermittelt.

Der erfolgreichste Rekordbrecher von Landgeschwindigkeiten war Sir Malcolm Campbell (1885–1948, GB). Er verbesserte den offiziellen Rekord neunmal zwischen dem 25. September 1924 mit 235,216 km/h in einem *Sunbeam* und dem 3. September 1935, als er im *Bluebird* mit *Rolls-Royce*-Motor 480,620 km/h erreichte.

MOTORRADRENNEN

Die höchste Durchschnittsgeschwindigkeit, die je auf einem geschlossenen Kurs erreicht wurde, schaffte mit 257,958 km/h Yvon du Hamel (* 1941, Kanada) im März 1973 beim Dayton International Speedway, Florida (USA), auf einer umgebauten *903-cm³-Vierzylinder-Kawasaki Z 1*. Die Rundenzeit betrug 56,149 Sek. auf der 4,02 km langen Bahn.

Die schnellste Rundenzeit, die je auf einem Straßenkurs gefahren wurde, erreichte Andreas Hofmann (Schweiz), der am 14. September 1986 beim Rennen um die Deutsche Superbike-Meisterschaft auf der Berliner Avus (8,1 km) mit seiner *Jung-Kawasaki* 2:08:56 Min. schaffte, was einem Schnitt von 227,100 km/h entspricht.

Das längste Rennen sind die 24 Stunden von Spa-Franchorchamps. Die beiden Franzosen Jean Claude Schemarin und Christian Leon schafften am 14./15. August 1976 auf einer *941-cm³-Vierzylinder-Honda* 4444,8 km, was einem Schnitt von 185,20 km/h entspricht.

Der längste Kurs sind die 60,71 km auf der Insel Man (GB), wo seit 1911 Rennen gefahren werden. Die Strecke verfügt über 264 Kurven. Die schnellste Runde fuhr Steve Hislop (* 1962, Schottland) am 4. Juni 1990 auf seiner *750er Honda Britain* mit 18:27,6 Min., was einer Durchschnittsgeschwindigkeit von 197,34 km/h entspricht.

Die meisten Weltmeistertitel, eingeführt 1949, gewann mit 15 Giacomo Agostini (*1942, Italien), und zwar sieben in der 350-cm³-Klasse (1968–74) und acht in der 500-cm³-Klasse (1966–72, 1975). Er ist der einzige Fahrer, der in fünf aufeinanderfolgenden Jahren (1968–72) zwei verschiedene Klassen gewann.

An zweiter Stelle folgt der Spanier Angel Nieto mit 13 Titeln vor dem Engländer Mike Hailwood (9) sowie dem Italiener Carlo Ubbiali (9).

Der erfolgreichste Fahrer aller Zeiten ist mit 122 Grand-Prix-Siegen Giacomo Agostini, der zwischen dem 24. April 1965 und dem 29. August 1976 insgesamt 68mal in der 500er- und 54mal in der 350er-Klasse gewann. Auf den Plätzen folgen Angel Nieto (Spanien) mit 90 sowie die beiden Briten Mike Hailwood mit 76 und Phil Read mit 52 Siegen. Bester Deutscher auf Rang sieben ist Anton Mang (* 1949), der es auf 42 Erfolge und fünf WM-Titel brachte.

Erfolgreichster Gespannfahrer ist Klaus Enders (* 1937, Deutschland) mit sechs Titeln (1967, 1969, 70, 1972–74).

Der jüngste Weltmeister ist Loris Capirossi (* 1973, Italien). Mit 17 Jahren und 165 Tagen holte er sich 1990 den Titel in der 125er-Klasse.

Der älteste Weltmeister war Hermann-Peter Müller (1909–76, Deutschland), der 1955 in der 250-cm³-Klasse mit 46 Jahren gewann.

MOTO-CROSS

Erfolgreichster Fahrer ist Joël Robert (* 1943, Belgien). Er wurde in der 250-cm³-Klasse sechsmal Weltmeister (1964, 1968–72). Einmalig sind auch seine 50 Grand-Prix-Siege.

Der einzige Fahrer, der in allen drei Kategorien den WM-Titel gewann, ist Eric Geboers (Belgien) – 1983 die 125 cm³, 1987 die 250 cm³ und 1988 die 500 cm³.

Der jüngste Weltmeister war mit 18 Jahren und 296 Tagen Dave Strijbos (* 1968, Niederlande), der am 31. August 1986 den Titel in der 125-cm³-Klasse gewann.

Erfolgreichster deutscher Fahrer ist Roland Diepold (* 1961), der es in der 125-, 250-, 500-cm³-Klasse auf insgesamt 15 Titel zwischen 1982 und 1990 brachte.

SPEEDWAY

Weltmeisterschaften, eingeführt 1936. Die meisten Titel errang Ivan Gerald Mauger (* 1939, Neuseeland). Er gewann sechsmal 1968–70, 1972, 1977, 1979. Sein Landsmann Barry Briggs (* 1934), der viermal Weltmeister (1957, 58, 1964, 1966) wurde, stellte mit 17 Final-Teilnahmen zwischen 1954 und 1970 einen besonderen Rekord auf. Zu fünf Titeln kam der Schwede Ove Fundin (1956, 1960, 61, 1963, 1967), der es außerdem noch zu einem Paar- und sechs Mannschaftserfolgen brachte.

Erfolgreichste Nation bei Mannschafts-Weltmeisterschaften (seit 1960) ist Großbritannien/England mit neun Titeln (1968, 1971–73, 1974, 75, 1977, 1980, 1989).
In der Paar-Meisterschaft (seit 1968) liegen mit je sieben Titeln Großbritannien/England (1972, 1976–78, 1980, 1983, 84) und Dänemark (1979, 1985–90) in Führung.

TRIALS

Erfolgreichste Fahrer mit je drei WM-Titeln sind Yrjö Vesterinen (Finnland) 1976–78, Eddie Lejeune (Belgien) 1982–84, Thierry Michaud (Frankreich) 1985, 86, 1988 und Jordi Tarres (Spanien) 1987, 1989, 90.

EISSPEEDWAY

Das sind Motorradrennen auf dem Eis, wobei die Reifen der Vorder- und Hinterräder mit

Auf dem Weg zur Weltspitze im Motorradsport, der deutsche 250er-Pilot Helmut Bradl.

Spannender Augenblick, wenn die Motorboote das Startzeichen erhalten haben und mit Volldampf in das Rennen gehen.

Spikes bestückt sind. Weltmeisterschaften (eingeführt 1966) finden auf einer 400-m-Rundbahn in einem Stadion statt.

Der erfolgreichste Fahrer der Welt ist Gabtrachman Kadyrow (UdSSR), der sechsmal (1966, 1968, 69, 1971–73) den Titel errang. Viermal in Reihenfolge (1975–78) siegte sein Landsmann Sergej Tarabanko.
Die Team-Weltmeisterschaft (seit 1979) wurde elfmal von der UdSSR (1979–82, 1984, 1986–91) gewonnen.

MOTORBOOTRENNEN

Die erfolgreichsten Fahrer der Bundesrepublik Deutschland sind Kurt Mischke (* 1937), der zweimal Weltmeister, siebenmal Europameister und zwölfmal Deutscher Meister in den Klassen von 175–500 cm^3 zwischen 1958 und 1976 wurde, sowie Dieter König (* 1931), der zweimal Weltmeister, neunmal Europameister und einmal Deutscher Meister in verschiedenen Klassen zwischen 1955 und 1969 wurde.

Die meisten Weltmeisterschaften für die BR Deutschland holte Jörg Steinwascher mit vier. Danach folgen fünf Fahrer mit je drei Titeln, Karl Bartel, Hans-Georg Krage, Volker Steinwascher, Michael Werner und Manfred Loth, der außerdem noch fünfmal Europameister und elfmal Deutscher Meister wurde.

Goldcup: Bill Muncey (1929–81, USA) gewann den Pokal achtmal in den Jahren 1956, 57, 1961, 62, 1972, 1977–79. Die Rekordgeschwindigkeit für eine 4-km-Runde erreichte Muncey mit 206,539 km/h in den Jahren 1977 und 1978.

Die höchste Geschwindigkeit erreichte mit 285,830 km/h in der Außenbordklasse E der Fahrer P. R. Knight (USA) 1982 auf dem Ruataniwha-See in Neuseeland. In der Klasse OZ kam Robert F. Hering (USA) am 21. April 1986 in Parker, Arizona, auf 266,085 km/h.

OLYMPISCHE SPIELE

Nur fünf Länder nahmen an allen Sommerspielen teil: Australien, Frankreich, Griechenland, Großbritannien und die Schweiz. Von diesen Nationen war Großbritannien auch stets bei Winterspielen am Start.

Die meisten Teilnehmer verzeichneten bislang die Olympischen Sommerspiele 1988 in Seoul (Süd-Korea) mit 8465 Sportlern (6279 Männer, 2186 Frauen) aus 159 Nationen. Den Rekord im Winter hält Calgary (Kanada) 1988, als 1428 Sportler (1113 Männer, 315 Frauen) aus 57 Ländern antraten.

Die größte Zuschauerzahl registrierten die Veranstalter bei den Sommerspielen 1984 in Los Angeles mit insgesamt 5 797 923.

Die meisten Goldmedaillen mit je neun gewannen die Turnerin Larissa Latynina (* 1934, UdSSR), der Langstreckenläufer Paavo Nurmi (1897–1973, Finnland) und der Schwimmer Mark Spitz (* 1950, USA), davon allein sieben – einschließlich dreier Staffelwettbewerbe – 1972 in München, ein absoluter Rekord.

Die meisten Goldmedaillen als Einzelwettkämpfer bei einer Veranstaltung kommen auf das Konto von Eric Heiden (* 1958, USA), der bei den Winterspielen 1980 in Lake Placid (USA) alle fünf Eisschnellauf-Konkurrenzen für sich entschied.

Die meisten Medaillen überhaupt gewann mit 18 Larissa Latynina (UdSSR). Sie kam zwischen 1956 und 1964 auf neun Siege, fünf zweite und vier dritte Plätze. Auf je 13 Medaillen brachten es die sowjetischen Turner Nikolai Andrianow (8–3–2) und Boris Schachlin (7–4–2), der japanische Turner Takashi Ono (5–4–4) sowie der italienische Fechter Edoardo Mangiarotti (6–5–2).

Die meisten Medaillen bei einer Veranstaltung erkämpfte der sowjetische Turner Alexander Ditiatin mit acht (3–4–1) bei den Spielen 1980 in Moskau.

Die meisten Medaillen für die Bundesrepublik Deutschland gewann der Dressurreiter Dr. Reiner Klimke (* 1936), der es auf sechs Gold- und zwei Bronzemedaillen brachte. Er löste damit den Springreiter Hans Günter Winkler (5–1–1) ab. Auf den nächsten Plätzen folgen der Schwimmer Michael Groß (3–2–1) sowie die zwei Dressurreiter Dr. Josef Neckermann (2–2–2) und Liselott Linsenhoff (2–2–1).
Vor dem 2. Weltkrieg waren für Deutschland erfolgreich: Carl Schuhmann mit viermal Gold im Turnen und Ringen 1896, Herbert Weingärtner mit dreimal Gold, zweimal Silber, einmal Bronze im Turnen 1896, Konrad Frey mit dreimal Gold, einmal Silber, zweimal Bronze im Turnen 1936, Alfred Schwarzmann mit dreimal

Sechs auf einen Schlag: Kristin Otto gewann in Seoul gleich ein halbes Dutzend Goldmedaillen.

Gold und zweimal Bronze im Turnen 1936, dazu noch einmal Silber 1952 im Turnen, sowie Alfred Flatow mit dreimal Gold und einmal Silber im Turnen 1896.

Die meisten Goldmedaillen für die DDR errang die Schwimmerin Kristin Otto (* 1965), die in Seoul 1988 sechsmal siegte, über 50-m- und 100-m-Freistil, 100-m-Rücken und 100-m-Schmetterling sowie mit der 4 × 100-m-Freistilstaffel und 4 × 100-m-Lagenstaffel.

Die meisten Medaillen der Schweiz gewann der Turner Georges Miez, der zwischen 1924 und 1936 vier goldene, drei silberne und eine bronzene Medaille holte.

Die meisten Medaillen für Österreich erhielt Anton »Toni« Sailer mit dreimal Gold im alpinen Skisport 1956.

Die jüngste Goldmedaillengewinnerin aller Zeiten ist Marjorie Gestring (* 1922, USA), die 1936 im Alter von 13 Jahren und 268 Tagen beim Kunstspringen in Berlin siegte.

Südafrikas Rückkehr

Das Internationale Olympische Komitee beschloß im Juli 1991 in Lausanne, den 31 Jahre dauernden Bann über Südafrika aufzuheben und das Land zu den Sommerspielen 1992 nach Barcelona einzuladen. Esther Brand, Südafrikas letzte Olympiasiegerin (1952 im Hochsprung), kommentierte: »Es ist, als wäre ein Traum wahr geworden.«

Der jüngste Goldmedaillengewinner und zugleich jüngste Teilnehmer war ein Franzose, dessen Name nicht festgehalten ist und der am 26. August 1900 in Paris den niederländischen Zweier (Rudern) steuerte. Der Junge war nicht älter als zehn, möglicherweise sogar erst sieben Jahre alt.

Der älteste Goldmedaillengewinner und zugleich älteste Teilnehmer war Oscar Gomer Swahn (1847–1927, Schweden). Mit 64 Jahren und 258 Tagen wurde er 1912 in Stockholm mit der Mannschaft Olympiasieger im Schießen auf den Laufenden Hirsch, mit 72 Jahren und 280 Tagen ging er 1920 in Antwerpen noch einmal an den Start und erkämpfte Silber. Sogar für 1924 in Paris hatte sich Swahn qualifiziert, sagte aber wegen Krankheit ab.

Die älteste Goldmedaillengewinnerin ist Liselott Linsenhoff (* 1927, Deutschland), die mit 45 Jahren und 13 Tagen bei den Sommerspielen 1972 in München in der siegreichen Dressur-Equipe ritt.

Älteste Medaillengewinnerin aller Olympischer Spiele ist die Dressurreiterin Maud von Rosen (* 1925, Schweden), die 1972 in München Bronze mit der Mannschaft gewann und dabei 46 Jahre und 258 Tage alt war.

Die älteste Teilnehmerin war Lorna Johnstone (* 1902, GB), die mit 70 Jahren und fünf Tagen bei den Spielen 1972 in München noch Zwölfte in der Dressur-Einzelwertung wurde.

Zuverlässigkeit in Person: Michael Groß. Insgesamt gewann er sechs Olympia-Medaillen.

Wie von der Sehne geschnellt jagen die Jockeys mit ihren Galoppern aus der Startmaschine.

Die längste Karriere vorzuweisen haben mit einer 40jährigen Teilnahme Dr. Ivan Osiier (1888–1965, Dänemark), der 1908–32 und 1948 als Fechter dabei war, Magnus Konow (1887–1972, Norwegen) als Segler 1908–20 und 1936–48, Paul B. Elvström (*1928, Dänemark) als Segler 1948–60, 1968–72 und 1984–88 sowie Durward Knowles (*1917, Bahamas) als Segler 1948–72, 1988.
Die Frau, die am ausdauerndsten, nämlich 28 Jahre, dabei war, ist Anne Ransehousen-Newberry (*1938, USA) als Dressurreiterin 1960, 1964, 1988.

Die meisten Starts hat der Springreiter Raimondo d'Inzeo (*1925, Italien) aufzuweisen, der zwischen 1948 und 1976 achtmal teilnahm. Er gewann dabei eine Gold-, zwei Silber- und drei Bronzemedaillen. Auf acht Starts kamen auch Paul B. Elvström, der viermal siegte, und Durward Knowles.
Die Fechterin Kerstin Palm (*1946, Schweden) nahm siebenmal zwischen 1964 und 1988 teil.

Der einzige Teilnehmer, der viermal nacheinander die Goldmedaille im gleichen Wettbewerb gewann, war der Diskuswerfer Alfred A. Oerter (*1936, USA) in den Jahren 1956–68.
Zu vier Siegen in Serie brachte es auch der dänische Segler Paul B. Elvström, der 1948 in der Leuchtkäferklasse, 1952 in der Olympiajolle sowie 1956 und 1960 im Finn-Dinghy erfolgreich war.

Der vielseitigste Athlet, der sowohl bei den Winterspielen als auch bei den Sommerspielen eine Goldmedaille holte, war Edward F. Eagan (1896–1967, USA). 1920 stand er als Boxer (Halbschwergewicht) auf dem Siegertreppchen, 1932 saß er im erfolgreichen Viererbob der USA.

Die vielseitigste Athletin ist Christa Luding-Rothenburger (*1959, DDR), die innerhalb eines Jahres zwei olympische Medaillen bei Winter- und Sommerspielen gewann. In Calgary 1988 wurde sie Siegerin im 1000-m-Eisschnelllaufen, und wenige Monate später in Seoul gewann sie Silber im Radsprint auf der Bahn.

PFERDESPORT

GALOPPRENNEN

Der erste Jockeyklub der Welt ist der Charleston Jockey Club, Virginia (USA), aus dem Jahr 1734.

Das erste Rennen auf deutschem Boden fand am 17. Oktober 1810 auf der Münchner Theresienwiese statt. Die erste deutsche Rennbahn entstand 1822 in Bad Doberan, im gleichen Jahr wurde auch der erste Rennverein gegründet, der Doberaner RV.

Die größte Rennbahn der Welt ist die von Newmarket in England (1636 angelegt). Der längste Kurs führte über 6,8 km, wird jetzt jedoch nicht mehr für Rennen benutzt.

Die kleinste Rennbahn der Welt ist die 2125 m hoch gelegene Lebong-Rennbahn, Darjeeling, Westbengalen (Indien), deren Gesamtrunde nur 439 m lang ist. Sie wurde 1885 angelegt.

Das teuerste Pferd ist der Hengst *Shareef Dancer* (gefohlt 1980), der im August 1983 für 40 Mio. Dollar von dem Syndikat Sheikh Maktoum al Maktoum (40 Anteile zu je 1 Mio. Dollar) erworben wurde.

Das meiste Geld für ein einjähriges Pferd bezahlte mit 13,1 Mio. Dollar ein von Robert Sangster angeführtes Syndikat am 23. Juli 1985. Dabei handelte es sich um ein Fohlen des Elternpaares *Nijinski II* und *My Charmer* in Keeneland, Lexington (USA).

Das Pferd mit der längsten Siegesserie war *Camarero* (gefohlt 1951): Es blieb vom 19. April 1953 bis 17. August 1955 in 56 Rennen ungeschlagen. *Camarero* gehörte Don José Coll Vidal aus Puerto Rico, es starb am 26. August 1956 an einer Kolik – einen Tag nach seinem 73. Sieg in 77 Rennen. Eine ähnliche Erfolgsserie hatte die ungarische Stute *Kincsem* schon in den Jahren 1876–79 hingelegt. Sie blieb 54mal nacheinander ungeschlagen.

Die meisten Siege errang *Galgo Jr.* (gefohlt 1928) mit 137 bei 159 Starts in Puerto Rico zwischen 1930 und 1936. Das Pferd hält auch den Jahresrekord von 30 Erfolgen, erreicht 1931.

Die höchste Geschwindigkeit erreichte mit 69,62 km/h *Big Racket*, der die Viertelmeile (409,26 m) in 20,8 Sek. am 5. Februar 1945 in Mexico City zurücklegte.

Das gewinnreichste Pferd aller Zeiten ist der amerikanische Hengst *Alysheba* (gefohlt 1984), der zwischen 1986 und 1988 für seine

Gewinnreichstes Pferd, gewinnreichster Jockey, *Alysheba* und William Shoemaker.

Besitzer 6679242 Dollar zusammenlief. Die beste Stute ist *Lady's Secret* (gefohlt 1982) mit einer Gewinnsumme von 3021325 Dollar zwischen 1984 und 1987.

Die Rekordsumme für ein Rennen sind 2,6 Mio. Dollar, die *Spend A Buck* (gefohlt 1982) als Sieger des Jersey Derbys im Garden State Parc New Jersey (USA) am 27. Mai 1985 gewann. Darin eingeschlossen war ein 2-Mio.-Dollar-Bonus für vorangegangene Erfolge im Kentucky Derby und in zwei weiteren Vorbereitungsrennen im Garden State Parc.

Die höchste Summe in einem Jahr verdiente *Sunday Silence* (gefohlt 1986) mit 4578454 Dollar in 1989. Darin eingeschlossen waren 1,35 Mio. für den Breeder's Cup Classic und 1 Mio. Dollar als Bonus für den Rekord in der dreifachen Krone, Kentucky Derby, Preakness Stakes und Belmont Stakes.

Deutschlands gewinnreichstes Pferd ist der Hengst *Mondrian* (gefohlt 1987), der bis Ende 1990 insgesamt 1888225 DM zusammenlief und mit dieser Summe den bisherigen Rekordhalter *Acatenango* (1744451 DM) von der Spitze verdrängte.

Das höchstdotierte Rennen ist das Breeders' Cup Classic, bei dem es alljährlich um 3 Mio. Dollar auf einer Bahn der USA geht.

Erfolgreichster Jockey aller Zeiten ist William Lee »Bill« Shoemaker (*1931, USA), der zwischen dem 19. März 1949 und 3. Februar 1990 insgesamt 8833 Rennen bei 40350 Starts gewann. Shoemaker ist 1,50 m klein und 43 kg leicht. Bei seiner Geburt hatte er nur 1,133 kg gewogen.

Das meiste Geld verdiente mit 154659844 Dollar Laffitt Pincay jr. (*1946, Panama City), der zwischen 1966 und 1990 mehr als 7000 Siege feierte. Shoemaker kam auf 123375524 Dollar.

Die meisten Siege in einem Jahr schaffte Kent Desormeaux (*1970, USA), der 1989 bei 2312 Ritten 598mal erfolgreich war.

Der größte Jahresverdienst geht auf das Konto von Jose Santos (*1961, USA) mit 14877298 Dollar in 1989.

Erfolgreichster Trainer aller Zeiten ist Jack van Berg (*1936, USA), der es zwischen 1955 und 1990 auf 5389 Siege brachte. Sein bestes Jahr war 1976 mit 496 Siegen.

Erfolgreichste Besitzerin aller Zeiten ist mit 4775 Siegen Marion H. van Berg (1895–1971, USA), erreicht in 35 Jahren.

Der erfolgreichste deutsche Jockey war Otto Schmidt (1896–1964), der siebenmal das Deutsche Derby (1916, 1918, 1923, 1942, 1944, 1950, 51) gewann sowie 14 Championate und 2216 Siege in seiner Laufbahn von 1915 bis 1952 errang. Inzwischen kam Peter Alafi, der in Deutschland tätig, aber ungarischer Staatsbürger ist, auf 2218 Siege.

Deutschlands erfolgreichster Trainer ist Heinz Jentzsch (*1920). Er konnte 28 Championate feiern, zwischen 1966 und 1987 sogar in ununterbrochener Folge.

Einen ungewöhnlichen Rekord hält Andrzej Tylicki. Er wurde in drei verschiedenen Ländern Champion, 1978 in seinem Geburtsland Polen, 1980 in Österreich und 1986 in der Bundesrepublik Deutschland.

TRABRENNEN

Die beste Zeit über eine Meile (1609 m) erreichte mit 1:52,2 Min. der Traber *Mack Lobell*, gefahren von John Campbell am 21. August 1987 in Springfield (USA). Noch schneller war der Pacer *Matt's Scooter*, der mit Michael Lachance eine Zeit von 1:48,4 Min. am 23. August 1988 in Lexington (USA) schaffte.

Der erfolgreichste Sulkyfahrer der Welt ist Herve Filion (*1940, Kanada), der bis Mai 1991 auf 12964 Siege, einschließlich eines Saisonrekords von 814 im Jahr 1989, bei Trabern und Pacern kam.

Die größte Gewinnsumme geht auf das Konto von John D. Campbell (*1955, USA), der bis Anfang März 1991 auf 92502888 Dollar kam und es dabei auf 4742 Siege brachte. Den höchsten Jahresverdienst schaffte der Amerikaner 1988 mit 11148565 Dollar.

Weltrekordler nur bei den Trabrennfahrern ist Heinz Wewering (*1950, BR Deutschland), der im Mai 1990 seinen 8000. Sieg feierte und es bis März 1991 auf 8350 Erfolge brachte. Er wurde 1990 zum 14. Mal in Folge Deutscher Champion. Außerdem errang er vier Europameisterschaften.

Das gewinnreichste Pferd ist der französische Hengst *Ourasi*, der 4,06 Mio. Dollar bis Ende 1989 zusammentrabte. Bester Paßgänger (die Pferde benutzen gleichzeitig die Vorder- und Hinterbeine) ist *Nihilator* mit 3225653 Dollar. Er gewann 1984/85 insgesamt 35 von 38 Rennen.

Deutscher Champion in Serie und Träger des Goldhelms der Trabrennfahrer, Heinz Wewering.

Viel Geld
Das 122. Deutsche Galopp-Derby in Hamburg am 7. Juli 1991 war so hoch dotiert wie noch nie zuvor. Insgesamt 825000 DM gab es zu verdienen. Der Überraschungssieger *Temporal* unter dem italienischen Jockey Lanfranco Dettori brachte seinem Besitzer 442000 DM ein. Im Derby wurden 1595940 DM gewettet – der höchste Einsatz, der je bei einem Pferderennen in Deutschland getätigt wurde.

Den Jahresrekord bei den Trabern halten *Mack Lobell* mit 1878798 Dollar in 1987 und bei den Pacern *Nihilator* mit 1864286 Dollar in 1985.

Das erfolgreichste deutsche Pferd ist der Hengst *Every Way* (gefohlt 1984), der mit seinem Fahrer Wilhelm Paal 1986 in 17 Rennen zu 15 Siegen kam und dabei 802800 DM verdiente. Seine Gesamt-Rekordsumme hat er inzwischen auf 1573940 DM geschraubt.

Der teuerste Traber war *Mack Lobell*, den 1988 der Schwede John Erik Magnusson für 6 Mio. Dollar erwarb. Für den Paßgänger *Nihilator* wurden 1984 von einem amerikanischen Syndikat sogar 19,2 Mio. Dollar gezahlt.

Den Jahresweltrekord bei den Amateuren hält seit der Saison 1984 Edelbert Ohmer (* 1939, Deutschland) mit 217 Siegen.

Den Monatsweltrekord bei den Amateuren schraubte Gerd Petrik (* 1943, Berlin) auf 36 Siege, erreicht zwischen dem 1. und 31. Oktober 1990. Die alte Bestleistung hatte Jürgen Haver mit 33 Erfolgen gehalten.

Erfolgreichster deutscher Fahrer ist Hans Frömming (* 1910), der elfmal das Deutsche Derby (wie Robert Großmann) und außerdem viermal das Österreichische Derby gewann, dreimal Weltmeister, 15mal Deutscher Champion wurde, dreimal im Prix d'Amérique vorn endete und insgesamt 5582 Siege feierte.

Im Deutschen Derby kamen Hans Frömming und Robert Großmann zu je elf Siegen vor Charlie Mills (9), Walter Heitmann und Heinz Wewering (je 5).

SPRINGREITEN

Erfolgreichster Olympia-Teilnehmer ist Hans Günter Winkler (* 1926, Deutschland). Auf seiner Wunderstute *Halla* holte er sich 1956 in Stockholm die Goldmedaille in der Einzel- und Mannschaftskonkurrenz und verhalf darüber hinaus der bundesdeutschen Equipe 1960, 1964, 1972 zum Sieg, 1976 zu Silber und 1968 zu Bronze. Insgesamt startete Winkler 106mal für Deutschland.

Der einzige Doppel-Olympiasieger im Einzelwettbewerb ist Pierre Jonqueres d'Oriola (* 1920, Frankreich), der 1952 und 1964 gewann.

Die einzigen fehlerfreien Ritte bei Olympischen Spielen gelangen Frantisek Ventura (1895–1969, Tschechoslowakei) in Amsterdam 1928 auf *Eliot*, dem Franzosen Jonqueres d'Oriola in Helsinki 1952 auf *Ali Baba* und Alwin Schockemöhle (* 1937, Deutschland) in Montreal 1976 auf *Warwick Rex*.

Erfolgreichste Equipe war die deutsche, die sechsmal olympisches Gold holte, 1936, 1956, 1960, 1964, 1972 und 1988.

Die meisten Weltmeisterschaften, eingeführt 1953, nämlich zwei, gewannen Hans Günter Winkler 1954, 55 und Raimondo d'Inzeo (Italien) 1956 und 1960.

Den Präsidenten-Cup, die 1965 eingeführte inoffizielle Mannschafts-Weltmeisterschaft, gewann Großbritannien 13mal (1965, 1967, 1970, 1972–74, 1977–79, 1983, 1985, 86, 1989). Die Bundesrepublik Deutschland folgt mit sieben Siegen (1969, 1971, 1975, 76, 1981, 82, 1984). Der Wettbewerb heißt jetzt HCS-Trophy.

Den Weltrekord in Grand-Prix-Siegen hält mit 36 der von Hugo Simon gerittene *Gladstone*.

Weltcup, eingeführt 1979: Nur drei Reiter siegten bisher zweimal, Conrad Homfeld (* 1951, USA) 1980, 1985, Ian Millar (* 1947, Kanada) 1988, 89 und John Whitaker (* 1955, GB) 1990, 91.

Das gewinnreichste Springpferd der Welt ist John Whitakers (GB) Schimmel *Milton*, der es auf 1485131 DM brachte und damit im Januar 1990 Paul Schockemöhles Wallach *Deister* (1428399 DM) ablöste.

Am häufigsten Deutscher Meister wurde Paul Schockemöhle mit sechs Titeln (1974, 1980, 1982, 83, 1986, 87). Bei den Frauen siegten je fünfmal Lene Nissen (1971, 1973, 1977, 78, 1980) und Iris Bayer (1979, 1981, 82, 1985, 86).

Der Hochsprungrekord steht bei 2,47 m. *Huasò*, geritten von Capt. Alberto Larraguibel Morales (Chile), erreichte ihn am 5. Februar 1949 in Vina del Mar. Dabei handelte es sich jedoch um kein offizielles Turnier.
Den deutschen Rekord hält Franke Sloothaaks

Der Welt erfolgreichster Dressurreiter aller Zeiten, Dr. Reiner Klimke aus Münster.

Wallach *Leonardo*, der 2,40 m beim Turnier in Chaudfontaine (Belgien) am 8. Juni 1991 überquerte.

Der Weitsprungrekord über einen Wassergraben beträgt 8,40 m durch *Something,* geritten vom Südafrikaner André Ferreira am 26. April 1975 in Johannesburg.

DRESSURREITEN

Erfolgreichster Olympia-Teilnehmer ist Dr. Reiner Klimke (* 1936, Deutschland) mit insgesamt sechs Gold- und zwei Bronzemedaillen. Er schaffte 1984 – wie 1952 und 1956 der Schwede Henri St. Cyr – das Double, den Einzel- sowie Mannschaftssieg.
Erfolgreichste Equipe war die deutsche, die siebenmal bei Olympia siegte: 1928, 1936, 1964, 1968, 1976, 1984 und 1988.

Weltmeisterschaften, eingeführt 1966: Bundesdeutsche Equipen hatten ein Abonnement auf den Mannschaftstitel, den sie – ausgenommen 1970 – stets gewannen, 1966, 1974, 1978, 1982, 1986 und 1990. Zweimal Einzelsieger wurde Dr. Reiner Klimke, 1974.

Europameisterschaften, eingeführt 1965: Bei den Titelkämpfen 1989 im luxemburgischen Mondorf kam das Team der BR Deutschland zum 13. Sieg in Serie.

Weltcup, eingeführt 1986: Einzige Doppelsiegerin wurde bisher die Schweizerin Christine Stückelberger (1987, 88). Den ersten deutschen Sieg gab es 1990 durch Sven Rothenberger.

Am häufigsten Deutscher Meister wurden mit neun Titeln Dr. Reiner Klimke (1967, 1975, 1978, 1981, 1983–86, 1988) sowie bei den Frauen mit sechs Erfolgen Gabriela Grillo (1977, 1979–83).

MILITARY

Die einzigen Doppel-Olympiasieger in der Einzelwertung sind Charles Pahud de Mortanges (1896–1971, Niederlande), der 1928 in Amsterdam und 1932 in Los Angeles erfolgreich war, sowie Mark Todd (* 1956, Neuseeland), der 1984 und 1988 gewann. Außerdem gewann de Mortanges 1924 und 1928 mit der Mannschaft und wurde 1932 mit ihr Zweiter.

Weltmeisterschaften, eingeführt 1966: Der einzige Reiter, der zweimal den Titel errang, ist Bruce Davidson (* 1949, USA), der 1974 auf *Irish Cap* und 1978 auf *Might Tango* siegte.

Am häufigsten Deutscher Meister wurde mit sechs Titeln Horst Karsten (1963, 1965, 1973, 1977, 78, 1981).

POLO

Der früheste Klub war der 1859 gegründete Kachar Club in Assam (Indien). Das Spiel wurde 1869 von den 10. Husaren von Aldershot, Hampshire (GB), aus Indien nach England importiert. Das früheste Spiel fand im Juli 1871 zwischen den 9. Ulanen und den 10. Husaren in London statt. 15 Jahre später gab es die erste Begegnung zwischen England und den USA.

Asse der Landstraße. Häufig sitzen die Radprofis bis zu sechs Stunden pro Tag in ihrem Sattel.

Der älteste Klub Deutschlands ist der Hamburger Poloklub von 1896.

Olympia-Disziplin war Polo fünfmal: 1900, 1908, 1920, 1924 und 1936. Die ersten drei Male siegte Großbritannien, die anderen beiden Male Argentinien.

Weltmeisterschaften, eingeführt 1988: Den ersten Titel holte sich Argentinien, den zweiten 1989 die USA.

RADSPORT

Die meisten Goldmedaillen bei Olympischen Spielen errangen mit je drei die Franzosen Paul Masson (1874–1945) 1896, Robert Charpentier (1916–66) 1936 und Daniel Morelon (* 1944), der zwei 1968 sowie eine 1972 gewann und darüber hinaus noch Silber 1976 und Bronze 1964 holte. Beim inoffiziellen Programm von 1904 gewann Marcus Hurley (1884–1950, USA) alle vier Wettkämpfe.

Die meisten Weltmeisterschaften auf der Bahn bei den Profis, eingeführt 1895, gewann mit zehn der Sprinter Koichi Nakano (* 1955, Japan), der zwischen 1977 und 1986 siegte.

Bei den Amateuren, eingeführt 1893, kamen zwei Fahrer auf je sieben Titel: der französische Sprinter Daniel Morelon 1966, 67, 1969–71, 1973, 1975 sowie der britische Steher Leon Meredith (1882–1930) 1904, 05, 1907–09, 1911, 1913.

Zu acht Titeln bei den Frauen brachte es Jeannie Longo (* 1958, Frankreich) zwischen 1986 und 1990 auf der Bahn und der Straße.

Tour de France, eingeführt 1903: Die größte Zahl von Gesamtsiegen gelang mit fünf den beiden Franzosen Jacques Anquetil (1934–87) 1957, 1961–64 und Bernard Hinault (* 1954) 1978, 79, 1981, 82, 1985 sowie dem Belgier Eddy Merckx (* 1945) 1969–72, 1974, der insgesamt 34 Etappen gewann und damit einsamer Spitzenreiter ist. Die beste deutsche Plazierung im Gesamtklassement war ein zweiter Rang von Kurt Stöpel (* 1908) im Jahr 1932.

Die knappste Entscheidung gab es 1989, als nach 3267 km und 87:38:35 Std. Greg Lemond (* 1960, USA) mit nur acht Sek. Vorsprung vor dem Franzosen Laurent Fignon gewann.

Die höchste Durchschnittsgeschwindigkeit erreichte Pedro Delgado (* 1960, Spanien) 1988 mit 38,909 km/h.

Auf die meisten Teilnahmen kam der Niederländer Joop Zoetemelk. 1986 – als 39jähriger – startete er zum 16. Mal und übertraf damit Lucien van Impe (Belgien), der 15mal dabeigewesen war. Zoetemelks Erfolge: 1980 gewann er die Tour, sechsmal war er Zweiter.

Das Double, den Sieg im Giro d'Italia und anschließend in der Tour, schafften bislang nur fünf Fahrer, der Italiener Fausto Coppi (1949, 1952), Eddy Merckx (1970, 1972, 1974), Jacques Anquetil (1964), Bernard Hinault (1982, 1985) sowie der Ire Stephen Roche (1988), der im gleichen Jahr auch noch Weltmeister wurde. Dieser dreifache Triumph gelang außerdem nur noch Merckx 1974.

Das erste Frauenrennen bei der Tour de France fand 1984 statt. Es siegte nach 1059 km die Amerikanerin Marianne Marten mit 3:17 Min. Vorsprung vor 35 Konkurrentinnen. Viermal gewann Jeannie Longo (1986–89).

Das längste klassische Ein-Tages-Rennen auf der Straße ist Bordeaux–Paris (551–620 km). Die höchste Durchschnittsgeschwindigkeit schaffte Herman van Springel (* 1943, Belgien) 1981 mit 47,186 km/h. Er brauchte für die 584,5 km genau 13:35:18 Std.

Die Höchstgeschwindigkeit auf einem Fahrrad erreichte mit 245,077 km/h John Howard (USA) hinter einem mit Windschutz versehenen Auto am 20. Juli 1985 auf einem ausgetrockneten Salzsee in Bonneville, Utah (USA).

Ohne Schrittmacher, aber auf einem stromlinienförmigen Rad schaffte Fred Marham am 11. Mai 1986 auf dem Highway 120 in Kalifornien die 200-m-Strecke in 6,832 Sek. Das entspricht einem Schnitt von 105,386 km/h.

Die längste Strecke in einer Stunde legte mit 122,771 km Leon Vanderstuyft (1890–1964, Belgion) auf dem Montlhery-Automobilring (Frankreich) am 30. September 1928 mit einem Motorrad als Schrittmacher zurück.

Absoluter König unter den Sechstage-Fahrern ist Patrick Sercu (* 1944, Belgien). Zwischen 1965 und 1983 erreichte er 88 Siege, ehe er das Rad in die Ecke stellte. Insgesamt bestritt er 233 Sixdays.

Quer durch Europa: Von der nördlichsten Spitze im norwegischen Hammerfest bis zum

WELTREKORDE – RADFAHREN (AMATEURE)

Sportart	Leistung	Name/Land	Ort	Datum
Freiluftbahnen				
Fliegender Start ohne Schrittmacher				
200 m	10,099	Wladimir Adamaschwili (UdSSR)	Moskau	6. August 1990
500 m	26,325	Rory O'Reilly (USA)	La Paz	29. Dezember 1985
1000 m	58,510	Rory O'Reilly (USA)	La Paz	29. Dezember 1985
Stehender Start ohne Schrittmacher				
1 km	1:02,091	Maic Malchow (DDR)	Colorado Springs	28. August 1986
4 km	4:31,160	Gintautas Umaras (UdSSR)	Seoul	18. September 1987
5 km	5:50,680	Hans-Hendrik Oersted (Dänemark)	Mexiko	31. Oktober 1979
10 km	11:54,906	Hans-Hendrik Oersted (Dänemark)	Mexiko	31. Oktober 1979
100 km	2:15:44,340	Igno Minelli (Italien)	Mexiko	25. Dezember 1985
1 Stunde	48,200 km	Hans-Hendrik Oersted (Dänemark)	Mexiko	1. November 1979
Mit motorisiertem Schrittmacher				
50 km	35:21,108	Alexander Romanow (UdSSR)	Tiflis	6. Mai 1987
100 km	1:10:54,94	Alexander Romanow (UdSSR)	Tiflis	6. Mai 1987
1 Stunde	84,710 km	Alexander Romanow (UdSSR)	Tiflis	6. Mai 1987
Hallenbahnen				
Fliegender Start ohne Schrittmacher				
200 m	10,021	Lutz Heßlich (DDR)	Moskau	22. August 1984
500 m	26,479	Michael Hübner (DDR)	Moskau	19. August 1984
1000 m	57,224	Alexander Kiritschenko (UdSSR)	Moskau	31. Mai 1990
Stehender Start ohne Schrittmacher				
1 km	1:02,840	Martin Vinnicombe (Australien)	Launceston	20. März 1989
4 km	4:25,530	Gintautas Umaras (UdSSR)	Moskau	27. August 1988
5 km	5:38,294	Jens Lehmann (DDR)	Frankfurt/O.	3. August 1990
10 km	11:51,493	Wjatscheslaw Jekimow (UdSSR)	Moskau	27. Oktober 1986
1 Stunde	49,672 km	Wjatscheslaw Jekimow (UdSSR)	Moskau	27. Oktober 1986
Mit motorisiertem Schrittmacher				
50 km	32:56,746	Alexander Romanow (UdSSR)	Moskau	21. Februar 1987
100 km	1:05:58,031	Alexander Romanow (UdSSR)	Moskau	21. Februar 1987
1 Stunde	91,134 km	Alexander Romanow (UdSSR)	Moskau	21. Februar 1987

WELTREKORDE – RADFAHREN (PROFIS)

Sportart	Leistung	Name/Land	Ort	Datum
Freiluftbahnen				
Fliegender Start ohne Schrittmacher				
200 m	10,800	Antonio Maspes (Italien)	Rom	21. Juli 1960
500 m	28,705	Roger Dill-Bundi (Schweiz)	Zürich	11. August 1982
1000 m	1:00,329	Roger Dill-Bundi (Schweiz)	Zürich	11. August 1982
Stehender Start ohne Schrittmacher				
1 km	1:06,091	Urs Freuler (Schweiz)	Zürich	10. August 1983
5 km	5:44,700	Gregor Braun (BR Deutschland)	La Paz	12. Januar 1986
10 km	11:39,750	Francesco Moser (Italien)	Mexiko	19. Januar 1984
20 km	23:21,592	Francesco Moser (Italien)	Mexiko	23. Januar 1984
100 km	2:14:02,51	Ole Ritter (Dänemark)	Mexiko	18. November 1971
1 Stunde	51,151 km	Francesco Moser (Italien)	Mexiko	23. Januar 1984
Mit motorisiertem Schrittmacher				
100 km	1:03:40,0	Walter Lohmann (BR Deutschland)	Wuppertal	24. Oktober 1955
1 Stunde	94,015 km	Walter Lohmann (BR Deutschland)	Wuppertal	24. Oktober 1955
Hallenbahnen				
Fliegender Start ohne Schrittmacher				
200 m	10,450	Stephen Pate (Australien)	Launceston	20. März 1989
500 m	27,450	Stephen Pate (Australien)	Launceston	20. März 1989
1000 m	59,903	Stephen Pate (Australien)	Perth	18. März 1990
Stehender Start ohne Schrittmacher				
1 km	1:04,140	Stephen Pate (Australien)	Launceston	20. März 1989
5 km	5:39,316	Wjatscheslaw Jekimow (UdSSR)	Moskau	25. April 1990
10 km	11:50,350	Francesco Moser (Italien)	Stuttgart	12. Mai 1988
1 Stunde	50,645 km	Francesco Moser (Italien)	Stuttgart	21. Mai 1988
Mit motorisiertem Schrittmacher				
1 Stunde	74,540 km	Franz Dögl (Österreich)	Wien	9. November 1978

Steuerkünste und Konzentration werden verlangt, wenn es auf der Bahn so richtig zur Sache geht.

südlichsten Zipfel nach Syracusa auf Sizilien (5375 km) brauchte Udo Tiedemann, (* 1946, Deutschland) insgesamt 12 Tage, 15:20 Std. Er hatte sich am 14. Juni 1985 um 5 Uhr auf den Weg gemacht und war am 26. Juni 1985 um 20.20 Uhr am Ziel.

Die meisten Kilometer innerhalb eines Jahres legte Edward Godwin (1912–75, GB) 1939 mit 120 805 zurück. Seine durchschnittliche Tagesleistung betrug 330,960 km.

Touren-Radfahren: Die größte Anzahl von Kilometern schaffte Walter Stolle (* 1926, Sudetenland) mit 643 700 zwischen dem 24. Januar 1959 und dem 12. Dezember 1976. Er kam dabei durch 159 Länder.

QUERFELDEINRENNEN

Die größte Zahl an Weltmeisterschaften, eingeführt 1950, wurde von Eric de Vlaeminck (* 1945, Belgien) mit einem Titel bei den Amateuren 1966 und sechs bei den Profis (1968–73) gewonnen.
Fünfmal Profi-Weltmeister wurde der Schweizer Albert Zweifel (1976–79, 1986). Auf vier Erfolge brachte es der Belgier Roland Liboton (1980, 1982–84).

Amateure: Fünfmal holte sich der Belgier Robert Vermeire den WM-Titel (1970, 71, 1974, 75, 1977).

Der erfolgreichste deutsche Fahrer ist Rolf Wolfshohl (* 1938), der Weltmeister 1960, 61 und 1963, fünfmal Vizeweltmeister und viermal WM-Dritter wurde; 14mal hat er die Deutsche Meisterschaft bei den Profis und Amateuren gewonnen.
Klaus-Peter Thaler (* 1949) brachte es sogar zu vier WM-Titeln, je zwei bei den Amateuren (1973, 1976) und den Profis (1985, 1987). Dazu kommen noch zwölf Deutsche Meisterschaften.

KUNSTRADFAHREN

Erfolgreichster Teilnehmer bei Weltmeisterschaften, eingeführt 1956, ist der Schweizer Arnold Tschopp mit sechs Titeln (1956, 57, 1960–63). Franz Kratochvil aus Deutschland gewann viermal nacheinander (1979–82).
Die Frauen kämpfen erst seit 1970 um WM-Titel. Anna Matouskova (ČSFR) siegte fünfmal (1974–77, 1979).

Weltrekordler sind Dieter Maute (Deutschland) mit 339,8 Punkten und Marianne Martens (Schweiz) mit 319,9.

Den Drehsprung-Weltrekord verbesserte der Schweizer Hermann Martens am 17. Dezember 1988 in der TV-Sendung *Supertreffer* auf 28 Umdrehungen, die um die eigene Lenkerachse vom Reitsitz zum Reitsitz ausgeführt werden müssen. Dafür benötigte er 33,4 Sek.

Den Pirouetten-Weltrekord hält Alexander Gaißer (* 1972, Deutschland). Er erreichte 42 Drehungen am 24. November 1990 in Hegau.

Radball: Rekordweltmeister sind die beiden tschechoslowakischen Brüder Jan und Jindrich Pospisil, die zwischen 1965 und 1988 insgesamt 20mal den Titel gewannen, davon 14mal nacheinander (1968–81).
Die erfolgreichste deutsche Kombination ist Schreiber/Blersch mit sieben Siegen vor 1939.

RINGEN

Die meisten olympischen Goldmedaillen, nämlich drei, haben gewonnen: Carl Westergren (1895–1958, Schweden) 1920, 1924 und 1932; Ivar Johansson (1903–79, Schweden) 1932 (zwei) und 1936 sowie Alexander Medved (* 1937, UdSSR) 1964, 1968 und 1972.

Die meisten olympischen Medaillen, nämlich vier, erkämpften Eino Leino (* 1891, Finnland) mit einmal Gold, einmal Silber und zweimal Bronze sowie Imre Polyak (* 1932, Ungarn) mit drei silbernen (1952, 1956, 1960) und einer goldenen (1964).

Die größte Zahl an Weltmeisterschaften gewann mit zehn der Freistilspezialist Alexander Medved (* 1937, UdSSR) im Halbschwergewicht 1962, 63, 64 (olympisch) und 1966, im Schwergewicht 1967, 68 (olympisch) und im Superschwergewicht 1969–71, 72 (olympisch).
Der einzige Ringer, der den Titel in sieben aufeinanderfolgenden Jahren erkämpfte, ist Valeri Resanzew (* 1947, UdSSR). Er gewann jeweils im Halbschwergewicht des griechisch-römischen Stils zwischen 1970 und 1976, einschließlich der Olympischen Spiele 1972 und 1976.

Erfolgreichster deutscher Ringer ist Wilfried Dietrich (* 1933), der fünfmal (1956–72) an Olympischen Spielen teilnahm. Er gewann Gold im Freistil 1960, Silber im griechisch-römischen Stil 1956 und 1960, Bronze im griechisch-römischen Stil 1964 und Freistil 1968, war Weltmeister 1961 und Europameister 1967 im Schwergewicht, Sieger bei 30 Deutschen Meisterschaften zwischen 1955 und 1973.

Geschmeidigkeit und Kraft sind vonnöten, wenn auf der Ringermatte um den Sieg gekämpft wird.

Die meisten Siege bei internationalen Wettkämpfen errang Osamu Watanabe (* 1940, Japan), der Freistil-Olympiasieger im Federgewicht von 1964. Er blieb 189 Wettkämpfe nacheinander ungeschlagen.

Der längste Kampf mit Zeitmessung dauerte 11:40 Std. zwischen Martin Klein (1885–1947, Estland für Rußland) und Alfred Asikáinen (1888–1942, Finnland) im Kampf um die Silbermedaille im Mittelgewicht des griechisch-römischen Stils bei den Olympischen Spielen von 1912 in Stockholm. Sie wurde von Klein gewonnen.

Der schwerste Ringer war Chris Taylor (1950–79, USA). Der Bronzemedaillengewinner im Superschwergewicht wog bei den Olympischen Sommerspielen 1972 in München 191 kg bei einer Größe von 1,96 m.

Deutsche Mannschafts-Meisterschaften, eingeführt 1922: Heros Dortmund gewann zehn Titel vor KSV Witten und VfK Schifferstadt (je sieben), Siegfried Ludwigshafen und ESV Neuaubing (je vier).

Familienrekord: Einmalig sind die drei Scherer-Brüder, die in der 48- bzw. 52-kg-Klasse starten. Seit 1979 haben sie bei Deutschen Meisterschaften insgesamt 17 Titel erkämpft, wobei sie 1984, 85 und 1988 das Maximum mit zwei Gold- und einer Silbermedaille schafften. In einer Klasse hieß stets das Duell Scherer gegen Scherer. Fredy (* 1960), Vize-Weltmeister 1979 bei den Junioren, kam bisher zu vier Titeln, Bernd (* 1961), Vize-Europameister 1985, zu fünf und Markus (* 1962), Olympiazweiter 1984, erreichte acht Titel. Bei der Meisterschaft 1980 in Goldbach hieß die Reihenfolge: 1. Fredy, 2. Bernd, 4. Markus.

Berufsringen: Einen neuen Zuschauerrekord gab es mit 93 173 Besuchern am 29. März 1987 in der Riesenhalle von Pontiac, Michigan (USA), als Hulk Hogan seinen Titel mit Erfolg gegen Andre »The Giant« verteidigte.

ROLLSCHUHLAUF

Die erste Hallenbahn wurde 1824 in London (Haymarket) eröffnet. Die erste deutsche Rollschuhbahn wurde 1876 in Berlin gebaut. Die ersten Deutschen Meisterschaften fanden 1910 in Stuttgart statt. Zur Mode wurde das Rollschuhlaufen in den Jahren 1870–75, 1908–12 und 1948–54 in den USA.

SCHNELLAUF

Die meisten WM-Titel errangen mit je 18 zwei Frauen: Die Italienerin Alberta Vianello siegte achtmal auf der Bahn und zehnmal auf der Straße zwischen 1953 und 1965, während die Belgierin Annie Lambrechts einmal auf der Bahn und 17mal auf der Straße zwischen 1964 und 1981 erfolgreich war.

Die höchste Geschwindigkeit, die bisher auf der Straße erreicht wurde, beträgt bei den Männern 43,205 km/h. Luca Antoniel (* 1968, Italien) legte bei der EM 1988 in Gujan-Mestras (Frankreich) die 300 m in 24,997 Sek. zurück. Die Bestzeit bei den Frauen über die gleiche Distanz hält Marisa Canafoglia (* 1965, Italien) mit 26,799 Sek., gelaufen am 27. August 1987 in Grenoble (Frankreich). Das entspricht einem Schnitt von 40,30 km/h.

Die größte Entfernung in einer Stunde auf der Bahn schaffte mit 37,230 km Alberto Civolani (* 1933, Italien) am 28. September 1968 in Inzell (Bayern). Bei den Frauen kam die Belgierin Annie Lambrechts auf 37,097 km am 1. Juli 1985 in Louvain (Belgien).

Die längste Strecke auf Rollschuhen legte Theodore James Coombs (* 1954, USA) zurück – nämlich 8357 km. Er lief zwischen dem 30. Mai und dem 14. September 1979 von Los Angeles nach New York und zurück nach Kansas (USA). Am Anfang schaffte Coombs ungefähr 107 km pro Tag; innerhalb von 24 Std. brachte er es einmal auf 193 km (am 27./28. Juni).

KUNSTLAUF

Die meisten WM-Titel holten sich Rollschuh-Asse aus der Bundesrepublik Deutschland. Karlheinz Losch (* 1942) wurde fünfmal Weltmeister (1958, 59, 1961, 62, 1966). Bei den Frauen siegte Astrid Bader (* 1941) viermal in Serie (1965–68). Dieter Fingerle (* 1944) und Uta Keller (* 1948) holten sich zwischen 1965 und 1967 dreimal den Titel im Paarlaufen. Fingerle war 1959 schon einmal mit seiner Partnerin Susanne Schneider Weltmeister geworden. Auf vier Titel kamen auch John Arishita/Tammy Jeru (USA) 1983-86. Seit 1980 werden im Einzellauf jeweils drei Titel (Pflicht, Kür, Allround) vergeben. Michael Butzke (* 1960) wurde zwischen 1979 und 1982 insgesamt siebenmal Weltmeister, Claudia Bruppacher (*1964) kam von 1982 bis 1984 zu fünf Erfolgen.

ROLLHOCKEY

Die meisten WM-Titel seit 1936 gewann Portugal mit zwölf Erfolgen. Es folgen Spanien (10), Italien (4), England und Argentinien (je 2).

Am häufigsten Europameister seit 1926 wurde Portugal (16) vor England (12), Spanien (8) und Italien (1).

Deutscher Rekordmeister ist RESG Walsum (Duisburg) mit 13 Titeln (1949, 1952–54, 1971–75, 1981, 1985, 1987, 1989) vor der Spvgg. Herten mit neun Siegen (1951, 1955–57, 1961, 1964, 65, 1970, 1979).

Deutscher Rekord-Internationaler ist Wolfgang Jex (Remscheid) mit 259 Länderspielen vor Harro Stucksberg (Herten) 250, Manfred Kipp (Iserlohn) 240 und Gerd Gillessen (Mönchengladbach) 233.

Europapokal: Rekordsieger ist der FC Barcelona mit neun Erfolgen (1973, 74, 1978-84).

RUDERN – WELTREKORDE

Männer 2000-m-Kurs (stehendes Gewässer)				
Einer	6:49,68	Nikolai Dowgan (UdSSR)	Amsterdam	26. August 1978
Doppelzweier	6:12,48	Norwegen	Montreal	23. Juli 1976
Zweier mit Steuermann	6:44,92	Großbritannien	Luzern	13. Juli 1986
Zweier ohne Steuermann	6:32,63	DDR	Luzern	23. August 1982
Vierer mit Steuermann	6:05,21	DDR	Luzern	17. Juni 1984
Vierer ohne Steuermann	5:53,65	DDR	Montreal	23. Juli 1976
Doppelvierer	5:45,97	DDR	Duisburg	4. September 1983
Achter	5:26,62	Deutschland	Tasmanien	4. November 1990
Frauen 2000-m-Kurs (stehendes Gewässer)				
Einer	7:39,83	Cornelia Linse (DDR)	Luzern	14. Juli 1985
Doppelzweier	6:58,80	DDR	Willebroek	1. September 1985
Zweier ohne Steuerfrau	7:25,08	Rumänien	Willebroek	1. September 1985
Vierer mit Steuerfrau	6:50,08	DDR	Willebroek	1. September 1985
Doppelvierer	6:21,36	DDR	Luzern	13. Juli 1986
Achter	6:14,00	DDR	Willebroek	1. September 1985

RUDERN

Olympische Spiele, seit 1900: Zu je drei Goldmedaillen kamen John B. Kelly (1889–1960, USA), Vater der tödlich verunglückten Fürstin Gracia von Monaco, im Skullboot (1920) und Doppelzweier (1920 und 1924); sein Cousin Paul Costello (* 1899, USA) im Doppelzweier (1920, 1924 und 1928); Jack Beresford (1899–1977, GB) im Skullboot (1924), Vierer ohne Steuermann (1932) und Doppelzweier (1936); Wjatscheslaw Iwanow (* 1938, UdSSR) im Skullboot (1956, 1960 und 1964); Siegfried Brietzke (* 1952, DDR) im Zweier ohne Steuermann (1972) und Vierer ohne Steuermann (1976 und 1980) sowie Pertti Karppinen (* 1953, Finnland) im Skullboot (1976, 1980 und 1984). Beresford gewann außerdem noch zwei Silbermedaillen, 1920 im Einer und 1928 im Achter.

Weltmeisterschaften, eingeführt 1962: Die meisten Titel gewannen mit je fünf Peter Michael Kolbe (* 1953, BR Deutschland), der 1975, 1978, 1981, 1983 und 1986 den Einer für sich entschied, sowie Ulrich Diessner (* 1957, DDR) mit vier im gesteuerten Vierer (1977–79, 1982) sowie einem im gesteuerten Zweier (1983). Außerdem wurde Kolbe WM-Zweiter 1987 sowie WM-Dritter im gesteuerten Vierer 1974 und im Einer 1985.

Erfolgreichste Frau ist Jutta Behrendt-Hampe (* 1960, DDR). Sie kam zu fünf Goldmedaillen im Einer (1983, 1986) sowie im Doppelvierer (1985, 1987, 1989). Außerdem wurde sie Einer-Olympiasiegerin 1988.

Der erfolgreichste deutsche Ruderer ist Peter Michael Kolbe, der im Einer fünfmal Weltmeister, dreimal Olympia-Zweiter (1976, 1984, 1988), einmal Europameister (1973) und zehn-

Markenzeichen des deutschen Rudersports: der Achter. Bei der Weltmeisterschaft 1990 in Tasmanien fuhr er Weltrekord.

mal Deutscher Meister (1973, 74, 1978–80, 1984–88) wurde und erstmals 1987 die Diamond Sculls bei der Henley-Regatta in London gewann.

Die schnellste Zeit auf der 2000-m-Strecke erreichte mit 5:25,62 Min. (Durchschnittsgeschwindigkeit 22,044 km/h) der Deutschland-Achter bei der WM auf dem Lake Barrington in Tasmanien (Australien) am 4. November 1990.

Die traditionsreichste Regatta der Welt (seit 10. Juni 1829) ist das Bootsrennen zwischen den Universitäts-Achtern von Oxford und Cambridge, das alljährlich auf der Londoner Themse zwischen Putney und Mortlake über 6,779 km entschieden wird. Von den 137 Rennen gewann Cambridge 69 und Oxford 67. Am 22. März 1877 gab es ein Unentschieden.

Der kleinste Siegesvorsprung bei Oxfords Erfolg 1952 betrug eine Segeltuchlänge, der größte Vorsprung Cambridges war 20 Längen im Jahr 1900. Den Streckenrekord hält mit 16:45 Min. Oxford, aufgestellt am 18. März 1984. Sechsmal im siegreichen Oxford-Boot (1978 bis 1983) saß Boris Rankow, was einen absoluten Rekord darstellt. Als erste Frau nahm Susan Brown (* 1958) an einem Rennen teil. Sie steuerte 1981 und 82 das siegreiche Oxford-Boot.

Die längste Regatta findet jährlich auf dem Genfer See (Schweiz) statt. Die schnellste Zeit mit 12:30:31 Std. für die 160-km-Strecke erreichte der gesteuerte Vierer der Renngemeinschaft Bonner RV, Schüler RV Bonn, WSP Düsseldorf (Oliver und Thomas Schoenijahn, Thorsten Jonischkeit, Thomas Kühl und Volker Walz) am 29. September 1990.
Bei den Frauen kam eine Bonn/Köln/Düsseldorfer Kombination (Margret Engelhard, Doris Himmelsbach, Susanne Huygen-Kleinmeyer, Monika Rycken, Elke Kürten) am gleichen Tag auf 15:26:56 Std.

Die Rekordzeit für eine Ärmelkanalüberquerung erreichte mit 3:35:01 Std. der Skuller Ivor Lloyd am 4. Mai 1983.

Dauerkarriere: Svend Nielsen (* 1908, Dänemark) ist der Welt fleißigster Ruderer. Von 1927 bis Ende 1982 hat der ehemalige Landesmeister im Vierer mit Steuermann insgesamt 129 969 km zurückgelegt.

RUGBY

Olympische Disziplin war Rugby viermal: 1900, 1908, 1920 und 1924. Vier US-Spieler, Charles Doe, John O'Neil, John Patrick und Rudolph Scholz, standen sowohl 1920 als auch 1924 im Gold-Team.

Weltmeisterschaften, eingeführt 1987: Den ersten Titel sicherte sich Neuseeland mit einem 29:9-Sieg über Frankreich in Auckland.

Den höchsten Sieg in einem Länderspiel schaffte am 1. November 1987 Neuseeland mit 106:4 gegen Japan in Tokio. Frankreich schlug am 28. Juni 1988 in Asuncion (Paraguay) mit 106:12 Paraguay. Bei einem Freundschaftsspiel am 30. Mai 1962 in Quirindi (Australien) ge-

WELTREKORDE – SCHIESSEN

Disziplin	Entfernung	Anz. d. Schüsse	Treffer	Name/Land	Jahr
Freigewehr, Dreistellungskampf	300 m	120 (3 × 40)	1179	Rajmond Debeveč (Jugoslawien)	1990
Kleinkaliber, Freie Waffe	50 m	120 (3 × 40)	1183	Pavel Kurka (ČSFR)	1987
Kleinkaliber, Liegendkampf	60 m	60	600	Alistair, Allan (GB)	1981*
Freie Pistole	50 m	60	581	Alexander Melentjew (UdSSR)	1980
Schnellfeuer-Pistole	25 m	60 (3 × 20)	599	Igor Puzyrew (UdSSR)	1981
Laufende Scheibe	50 m	60	596	Nikolai Lapin (UdSSR)	1987
Wurftauben, Trap		200 Tauben	200	Donald Carlisle (USA)	1983**
Wurftauben, Skeet		200 Tauben	200	Matthew Dryke (USA)	1981***
Luftgewehr	10 m	60	599	Sergej Martynow (UdSSR)	1988
Luftpistole	10 m	60	593	Sergej Pyhzianow (UdSSR)	1989

* Auch 600: Ernest van de Zande (USA) 1981, Sandor Bereczky (Ungarn) 1986, George Stewart (Kanada) 1986, Michael Heine (BR Deutschland) 1986, Robby Franker (USA) 1986, Zbigniev Haber (Polen) 1986, Kirill Iwanow (UdSSR) 1987, Miroslav Varga (ČSFR) 1987, Xiaoguang Xu (China) 1987, Gennadij Loustikow (UdSSR) 1987, Pavel Soukenik (ČSFR) 1987, Cha Young Chul (Südkorea) 1987, Wjatscheslaw Botschkarew (UdSSR) 1989.

** Auch 200: Daniele Cioni (Italien), Jörg Damme (Deutschland) 1990.

*** Auch 200: Jan Hula (ČSFR) 1984, Ribor Ole Rasmussen (Dänemark) 1988.

DEUTSCHE REKORDE – SCHIESSEN

Disziplin	Entfernung	Anz. d. Schüsse	Treffer	Name	Jahr
Freigewehr, Dreistellungskampf	300 m	120 (3 × 40)	1170	Peter Heinz	1990
Kleinkaliber, Freie Waffe	50 m	120 (3 × 40)	1179	Ulrich Lind	1986
Kleinkaliber, Liegendkampf	60 m	60	600	Karl Wenk	1967*
Freie Pistole	50 m	60	581	Harald Vollmer	1979
Schnellfeuer-Pistole	25 m	60 (3 × 20)	600	Heinz Weißenberger Werner Reininger	1979 1983
Laufende Scheibe, Normallauf	50 m	60	594	Manfred Kurzer	1990
Wurftauben, Trap		200 Tauben	200	Jörg Damme	1990
Wurftauben, Skeet		200 Tauben	199	Norbert Hofmann	1982
Luftgewehr	10 m	60	596	Matthias Stich	1988
Luftpistole	10 m	60	587	Uwe Pottek	1989

* Auch 600: Ulrich Lind 1982, Werner Seibold 1982, Michael Heine 1986, Bernd Rücker 1987.

wann Neuseeland sogar mit 125:0 gegen Nord-Neusüdwales (Australien). Ein noch höheres Ergebnis, allerdings von Vereinsmannschaften, gab es in Dänemark: Comet schlug am 17. November 1973 Lindo mit 194:0.

Die meisten Zuschauer bei einem Länderspiel wurden am 1. März 1975 im schottischen Edinburgh gezählt: 104000 sahen Schottlands 12:10-Sieg über Wales.

Länderspiele: Deutschland bestritt 175 Begegnungen, gewann 74 und verlor 95. Sechsmal gab es ein Unentschieden. Der höchste Sieg wurde am 29. Oktober 1961 mit 52:3 über Belgien errungen, die höchste Niederlage am 20. Februar 1983 mit 0:84 gegen Frankreich erlitten.

Deutscher Rekord-Internationaler ist Horst Kemmling (46 Spiele) vor Robert Twele (36), Peter Heller (35) und Klaus Wesch (32).

Die meisten Deutschen Meisterschaften (seit 1909) gewann mit 15 Victoria Hannover-Linden (1929, 1948, 1951–56, 1958, 1962, 1965, 1969, 1972, 1975, 1987). Den DRV-Pokal (seit 1962) holte sich neunmal der DSV 1878 Hannover.

Den weitesten Kick schaffte Gerald Hamilton Brand (* 1906, Südafrika). Er beförderte am 2. Januar 1932 in Twickenham gegen England den Rugby-Ball aus 82 m Entfernung direkt ins Tor.

SCHIESSEN

Die meisten Olympiamedaillen, nämlich elf, gewann Carl Osburn (1884–1966, USA) 1912, 1920 und 1924: fünfmal Gold, viermal Silber, zweimal Bronze. Fünf weitere Schützen haben ebenfalls fünf Goldmedaillen gewonnen: Lee Willis (1920), Alfred Lane (1912–20) und Morris Fisher (1920–24), alle USA, sowie die Schweizer Konrad Stäheli (1900) und Louis Richardet (1900).

Als erste Frau gewann am 20. August 1988 in München-Hochbrück Sylvia Sperber (* 1965) die Deutsche Meisterschaft im Dreistellungskampf mit der Freien Waffe und bezwang die gesamte männliche Konkurrenz. Die spätere Olympiasiegerin kam auf 1278,8 Ringe, die zugleich Finalrekord bedeuteten.

Die meisten WM-Titel im Tontaubenschießen, nämlich sechs, holte Susan Nattrass (* 1950, Kanada). Sie gewann 1974, 75, 1977–79 und 1981. Bei den Männern siegte Michel Carrega (* 1934, Frankreich) viermal: 1970, 71, 1974 und 1979.

Die meisten Treffer in einer Stunde schaffte mit 3172 Tauben Dan Carlisle (USA) in Norco, Kalifornien (USA), am 20. Mai 1990.

SCHWIMMEN

Die größte Zahl an olympischen Goldmedaillen gewann mit neun Mark A. Spitz (* 1950, USA): 1968 über 4 × 100- und 4 × 200-m-Freistil, dann 1972 über 100-, 200-m-Freistil, über 100-, 200-m-Schmetterling, über 4 × 100- und 4 × 200-m-Freistil sowie über 4 × 100-m-Lagen. Außerdem holte er sich 1968 noch eine Silber- und eine Bronzemedaille (100-m-Schmetterling und 100-m-Freistil). Alle diese Leistungen mit Ausnahme der 4 × 200-m-Freistil von 1968 waren gleichzeitig neue Weltrekorde.

Die meisten Goldmedaillen bei den Frauen gewann mit sechs Kristin Otto (* 1965, DDR), die 1988 in Seoul die 50-m- und 100-m-Freistil, 100-m-Rücken und 100-m-Schmetterling für sich entschied und der 4 × 100-m-Freistil- und 4 × 100-m-Lagenstaffel zum Erfolg verhalf. Schon vorher war die Leipzigerin je siebenmal Welt- und Europameisterin gewesen.

Die meisten olympischen Medaillen bei den Frauen errangen mit jeweils acht Dawn Fraser (* 1937, Australien) 1956, 1960 und 1964, Kornelia Ender (* 1958, DDR) 1972 und 1976 sowie Shirley Babashoff (* 1957, USA) 1972 und 1976.

Jüngste Olympia-Medaillengewinnerin ist Kornelia Ender, die als 13jährige 1972 in München Silber über 200-m-Lagen sowie in der 4 × 100-m-Freistil- und Lagen-Staffel gewann.

Die einzige Frau, die dreimal nacheinander (1956, 1960, 1964) den gleichen Wettbewerb, die 100-m-Freistil, gewann, ist Dawn Fraser.

Der knappste Sieg bei Olympischen Spielen ereignete sich am 30. August 1972 in München beim 400-m-Lagen-Finale, als Gunnar Larsson (* 1951, Schweden) mit einer Differenz von zwei Tausendstelsek. – das ist ein Vorsprung von drei Millimetern – gegen Tim McKee (* 1953, USA) gewann. 4:31,981 zu 4:31,983 lauteten die Zeiten.

Das veranlaßte den internationalen Verband zu der Regeländerung, keine Tausendstelsek. mehr heranzuziehen. So kamen in Los Angeles 1984 die beiden Amerikanerinnen Nancy Hogshead (* 1962) und Carry Steinseifer (* 1968) mit ihren 55,92 Sek. über 100-m-Freistil gemeinsam zur Goldmedaille.

Die tragischste Figur bei den Sommerspielen 1984 in Los Angeles war der Deutsche Thomas Fahrner. Er erreichte über 400-m-Freistil mit 3:50,91 Min. (olympischer Rekord) zwar die schnellste Zeit aller Konkurrenten und erhielt dennoch keine Medaille. Er wurde nur Neunter, denn er hatte in seinem Vorlauf zu sehr gebummelt, das Finale knapp verpaßt und durfte nur im Trostrennen starten. Hier kam er auf ein besseres Ergebnis als Amerikas Olympiasieger George Dicarlo (3:51,23).

Schneller Mann im Wasser, der Amerikaner Matt Biondi imponiert vor allem auf den kürzeren Freistil- und Schmetterling-Distanzen.

Weltmeisterschaften, eingeführt 1973. Die meisten Medaillen mit je zehn gewannen Kornelia Ender mit achtmal Gold und zweimal Silber 1973 und 1975 sowie Matt Biondi (* 1965, USA) mit sechsmal Gold, einmal Silber und dreimal Bronze 1986 und 1991.

Erfolgreichster deutscher Schwimmer aller Zeiten ist Michael Groß (* 1964). Er errang je zwei Titel bei der WM 1982 in Guayaquil (Ecuador) und 1986 in Madrid sowie einen 1991 in Perth (Australien). Seine olympische Ausbeute sind zweimal Gold (100-m-Schmetterling, 200-m-Freistil) und zweimal Silber (200-m-Schmetterling, 4 × 200-m-Freistil) 1984 in Los Angeles sowie einmal Gold (200-m-Schmetterling) und einmal Silber (4 × 200-m-Freistil) 1988 in Seoul. Außerdem wurde er 13mal Europameister (1981–87), stellte 13 Welt-, 23 Europa- und 67 deutsche Rekorde auf.

Die meisten Weltrekorde bei den Männern erzielte mit 32 Arne Borg (1901–87, Schweden) in den Jahren 1921–29; bei den Frauen Ragnhild Hveger (* 1920, Dänemark) mit 42 in den Jahren 1936–42.

Die meisten Rekorde unter modernen Bedingungen (nur metrische Distanzen auf einer 50-m-Bahn) stellte mit 26 Mark Spitz (USA) zwischen 1967 und 1972 sowie mit 23 Kornelia Ender (DDR) zwischen 1973 und 1976 auf.

Der schnellste Mann im Wasser ist Tom Jager (* 1964, USA), der am 24. März 1990 in Nashville, Tennessee (USA), die 50-m-Freistil in einem 50-m-Becken in 21,81 Sek. zurücklegte, was einer Durchschnittsgeschwindigkeit von 8,25 km/h entspricht. Bei den Frauen kam am 11. April 1988 in Guangzhou (China) Wenyi Yang (* 1972, China) auf 24,98 Sek., was einem Schnitt von 7,21 km/h entspricht.

SCHWIMMEN – DIE BESTEN DEUTSCHEN LEISTUNGEN

Männer

Sportart		Name	Jahr
50-m-Freistil	22,47	Jörg Woithe	1987
100-m-Freistil	49,58	Jörg Woithe	1983
200-m-Freistil	1:47,44	Michael Groß	1984
400-m-Freistil	3:46,95	Uwe Daßler	1988
1500-m-Freistil	14:50,36	Jörg Hoffmann	1991
50-m-Brust	28,32	Ralf Eggers	1989
100-m-Brust	1:02,54	Christian Poswiat	1991
200-m-Brust	2:16,30	Ralph Färber	1991
50-m-Schmetterling	24,39	Nils Rudolph	1990
100-m-Schmetterling	53,08	Michael Groß	1984
200-m-Schmetterling	1:56,24	Michael Groß	1986
50-m-Rücken	25,74	Dirk Richter	1987
100-m-Rücken	55,35	Dirk Richter	1984
200-m-Rücken	1:59,60	Frank Baltrusch	1988
200-m-Lagen	2:01,62	Patrick Kühl	1988
400-m-Lagen	4:16,08	Patrick Kühl	1988
4 x 100-m-Freistil	3:21,89	EOSC Offenbach	1988
4 x 200-m-Freistil	7:18,36	Dynamo Berlin	1988
4 x 100-m-Lagen	3:45,97	EOSC Offenbach	1986

Frauen

Sportart		Name	Jahr
50-m-Freistil	25,49	Kristin Otto	1988
100-m-Freistil	54,73	Kristin Otto	1986
200-m-Freistil	1:57,55	Heike Friedrich	1986
400-m-Freistil	4:05,84	Anke Möhring	1989
800-m-Freistil	8:19,53	Anke Möhring	1987
1500-m-Freistil	16:13,55	Astrid Strauß	1984
50-m-Brust	31,58	Silke Hörner	1988
100-m-Brust	1:07,91	Silke Hörner	1987
200-m-Brust	2:26,71	Silke Hörner	1988
50-m-Schmetterling	27,37	Kornelia Geißler	1985
100-m-Schmetterling	59,00	Kristin Otto	1988
200-m-Schmetterling	2:07,82	Cornelia Polit	1983
50-m-Rücken	29,12	Kristin Otto	1988
100-m-Rücken	1:00,59	Ina Kleber	1984
200-m-Rücken	2:09,91	Cornelia Sirch	1982
200-m-Lagen	2:11,73	Ute Geweniger	1981
400-m-Lagen	4:36,10	Petra Schneider	1982
4 x 100-m-Freistil	3:43,24	Dynamo Berlin	1989
4 x 200-m-Freistil	8:17,98	SC Berlin	1991
4 x 100-m-Lagen	4:08,64	SC Karl-Marx-Stadt	1984

SCHWIMMEN – WELTREKORDE

Männer

Sportart	Leistung	Name/Land	Jahr
50-m-Freistil	21,81	Tom Jager (USA)	1990
100-m-Freistil	48,42	Matt Biondi (USA)	1988
200-m-Freistil	1:46,69	Giorgio Lamberti (Italien)	1989
400-m-Freistil	3:46,95	Uwe Daßler (DDR)	1988
1500-m-Freistil	14:50,36	Jörg Hoffmann (Deutschland)	1991
50-m-Brust	28,05	Dimitri Wolkow (UdSSR)	1989
100-m-Brust	1:01,45	Norbert Rozsa (Ungarn)	1991
200-m-Brust	2:11,23	Mike Barrowman (USA)	1991
50-m-Schmetterling	24,39	Nils Rudolph (Deutschland)	1990
100-m-Schmetterling	52,84	Pablo Morales (USA)	1986
200-m-Schmetterling	1:55,69	Melvin Stewart (USA)	1991
50-m-Rücken	25,23	David Berkoff (USA)	1988
100-m-Rücken	54,57	David Berkoff (USA)	1988
200-m-Rücken	1:58,14	Igor Poljanski (UdSSR)	1985
200-m-Lagen	1:59,36	Tamas Darnyi (Ungarn)	1991
400-m-Lagen	4:12,36	Tamas Darnyi (Ungarn)	1991
4 x 100-m-Freistil	3:16,53	USA-Staffel	1988
4 x 200-m-Freistil	7:12,51	USA-Staffel	1988
4 x 100-m-Lagen	3:36,93	USA-Staffel	1988

Frauen

Sportart	Leistung	Name/Land	Jahr
50-m-Freistil	24,98	Wenyi Yang (China)	1988
100-m-Freistil	54,73	Kristin Otto (DDR)	1986
200-m-Freistil	1:57,55	Heike Friedrich (DDR)	1986
400-m-Freistil	4:03,85	Janet Evans (USA)	1988
800-m-Freistil	8:16,22	Janet Evans (USA)	1989
1500-m-Freistil	15:52,10	Janet Evans (USA)	1988
50-m-Brust	31,58	Silke Hörner (DDR)	1988
100-m-Brust	1:07,91	Silke Hörner (DDR)	1987
200-m-Brust	2:26,71	Silke Hörner (DDR)	1988
50-m-Schmetterling	27,37	Kornelia Geißler (DDR)	1985
100-m-Schmetterling	57,93	Mary T. Meagher (USA)	1981
200-m-Schmetterling	2:05,96	Mary T. Meagher (USA)	1981
50-m-Rücken	29,06	Yang Wenyi (China)	1989
100-m-Rücken	1:00,59	Ina Kleber (DDR)	1984
200-m-Rücken	2:08,60	Betsy Mitchell (USA)	1986
200-m-Lagen	2:11,73	Ute Geweniger (DDR)	1981
400-m-Lagen	4:36,10	Petra Schneider (DDR)	1982
4 x 100-m-Freistil	3:40,57	DDR-Staffel	1986
4 x 200-m-Freistil	7:55,47	DDR-Staffel	1987
4 x 100-m-Lagen	4:03,69	DDR-Staffel	1984

100 x 400 m: Eine Staffel der Startgemeinschaft Menden (Sauerland) verbesserte am 28. Oktober 1989 im Mendener Hallenbad den Weltrekord auf 9:18:34,8 Std.

100 x 1000 m: Eine Staffel des SV Mannheim erreichte am 18. September 1983 in einem offenen Gewässer 30:53:37 Std.

1000 x 50 m: Eine Staffel des SC Einheit Dresden kam am 13. Juli 1988 in Dresden auf die Weltbestzeit von 7:31:45 Std.

1000 x 100 m: Eine Staffel aus Leipzig erreichte am 6./7. April 1986 in Leipzig die Zeit von 23:45:03 Std.

1500 x 50 m: 25 Schwimmer der DLRG Korschenbroich (Kreis Neuss) schafften 11:31:37 Std. am 3. September 1983 im Korschenbroicher Hallenbad.

Die längste Strecke in einem Stück schaffte Ricardo Hoffmann (*1941, Argentinien). Er schwamm im Paraná-Fluß von Corrientes nach Santa Elena 481,5 km in 84:37 Std., und zwar vom 3. bis 6. März 1981.

Den Stundenweltrekord halten bei den Männern mit 5515 m Rainer Henkel (BR Deutschland), aufgestellt am 21. September 1985 in Wuppertal, und bei den Frauen mit 4950 m Petra Zindler (BR Deutschland), erreicht am 11. November 1985 in Arnsberg.

Kanalschwimmen: Der erste Mensch, der den Ärmelkanal (ohne Schwimmweste) überquerte, war 1875 der Kapitän der englischen Handelsmarine Matthew Webb (1848–83); von Dover (GB) brauchte er im Bruststil 21:45 Std. nach Calais (Frankreich). Er war vom 24. August 12 Uhr 56 bis zum 25. August 10 Uhr 41 unterwegs.

Den offiziellen Rekord der Channel Swimming Association (gegründet 1927) hält mit 7:40 Std. Penny Dean (*1955, USA), aufgestellt am 29. Juli 1978 von Dover (GB) nach Cap Gris Nez (Frankreich).

Die erste Überquerung von Frankreich nach England unternahm Enrico Tiraboschi, ein in Argentinien lebender Italiener. Er brauchte am 12. August 1923 genau 16:33 Std. Die schnellste Zeit auf dieser Strecke hält Richard Davey (*1965) mit 8:05 Std. im Jahr 1988.

Die erste Frau, der die Überquerung gelang, war Gertrude C. Ederle (*1906, USA); sie schwamm am 6. August 1926 von Cap Griz Nez (Frankreich) nach Deal (GB) 14:39 Std. Die erste Frau, die von England nach Frankreich schwamm, war Florence Chadwick (*1918, USA) am 11. September 1951 in 16:19 Std.

Die ältesten erfolgreichen Teilnehmer waren Bertram Clifford Batt (*1919, Australien), der mit 67 Jahren und 241 Tagen auf 18:37 Std. kam, sowie Stella Ada Rosina Taylor (*1929, GB), die mit 45 Jahren und 250 Tagen 18:15 Std. erreichte.

Die jüngsten erfolgreichen Teilnehmer sind Thomas Gregory (*1976, GB), der mit 11 Jahren und 333 Tagen auf 11:54 Std. kam, sowie Samantha Claire Druce (*1971, GB), die mit 12 Jahren und 119 Tagen 15:27 Std. schaffte.

Die erste Doppelüberquerung schaffte Antonio Abertondo (*1919, Argentinien). Er schwamm in 18:50 Std. (8 Uhr 35 am 20. September bis 3 Uhr 25 am 21. September 1961) von England nach Frankreich und kehrte nach einer etwa vierminütigen Rast in 24:16 Std. nach England zurück; er landete am 22. September 1961 um 3 Uhr 45 in St. Margaret's Bay und hatte die gesamte Strecke in 43:10 Std. bewältigt.

Die schnellsten Zeiten bei einer Doppelüberquerung erreichten mit 16:10 Std. Philip Rush

»Totes« Rennen bei den Olympischen Spielen in Los Angeles 1984 zwischen Nancy Lynn Hogshead und Carrie Lynne Steinseifer.

(* 1963, Neuseeland) am 17. August 1987 sowie bei den Frauen mit 18:15 Std. Irene van der Laan (* 1960, Niederlande) am 18. August 1983.

Die meisten Überquerungen gehen auf das Konto von Michael Read (GB), der zwischen dem 24. August 1969 und dem 19. August 1984 insgesamt 31mal die Strecke zurücklegte. Bei den Frauen kam Cindy Nicholas (* 1957, Kanada) zwischen dem 29. Juli 1975 und dem 14. September 1982 auf 19 Überquerungen.

Die erste Unterwasser-Durchquerung des Ärmelkanals von Frankreich nach England gelang am 10./11. Juli 1962 Fred Baldasare (* 1924, USA). Er benötigte für die 67,5 km lange Distanz 18:01 Std.

Die schnellsten Flossenschwimmer über 100 m sind der Sowjetrusse Sergej Talalenko mit 38,2 Sek. sowie die Chinesin Zheng Shi-Yu mit 42,87 Sek.

Flossen-Weltrekord im Hallenbad: Eine aus 25 Teilnehmern bestehende Staffel der DLRG-Ortsgruppe Südhardt/Karlsruhe erreichte über 100 km (Wechsel nach jeweils 50 m) die Zeit von 15:54:54 Std. am 15./16. Dezember 1984 in Forchheim.

Flossen-Weltrekord im Freiwasser: 23 Schwimmer und 2 Schwimmerinnen der DLRG Kreis Warendorf (Westfalen) kamen am 28. Juni 1986 in Drensteinfurt über 100 km auf 16:58:21 Std. Gewechselt wurde alle 100 m.

Über 1500 × 50 m kam die Jugendgruppe der DLRG Waiblingen (Baden-Württemberg) am 20. Juli 1985 auf 11:54:21 Std. Die Staffel bestand aus 25 Teilnehmern.

Synchronschwimmen: Die meisten Titel bei Deutschen Meisterschaften gewann Gudrun Hänisch, die zwischen 1980 und 1984 je fünfmal im Solo- sowie Duo-Wettbewerb siegte.

Kein Freizeitvergnügen, sondern harter Sport, das ist Wasserball, wenn es um Punkte und Tore geht.

WASSERSPRINGEN

Die meisten olympischen Medaillen gewann Klaus Dibiasi (* 1947, Italien) mit fünf (drei Gold, zwei Silber) bei vier Olympischen Spielen zwischen 1964 und 1976. Er ist auch der einzige Springer, der denselben Wettkampf (Turm) bei drei Spielen nacheinander (1968, 1972, 1976) gewann.
Ebenfalls zu fünf Medaillen (viermal Gold, einmal Silber) kam Greg Louganis (* 1960, USA) zwischen 1976 und 1988.

Die meisten WM-Titel erkämpfte sich Greg Louganis, der fünfmal siegte, 1978 vom Turm, 1982 und 1986 jeweils vom 3-m-Brett und Turm. Außerdem gewann er beide Wettbewerbe bei den Olympischen Spielen 1984 und 1988 wie auch Patricia McCormick (* 1930, USA), die 1952 und 1956 einen Doppeltriumph feierte.

Erfolgreichste Frau bei Weltmeisterschaften ist Irina Kalinina (* 1959, UdSSR). Sie wurde 1973, 1975 und 1978 dreimal Siegerin, einmal Zweite und einmal Dritte.

Die höchsten Punktzahlen bei Olympischen Spielen erhielt 1984 in Los Angeles Greg Louganis mit 754,41 vom Drei-Meter-Brett und 710,91 vom Zehn-Meter-Turm. Bei den Weltmeisterschaften 1982 in Guayaquil (Ecuador) gaben ihm alle Kampfrichter die Höchstnote 10,0 für einen perfekten Sprung.

WASSERBALL

Die meisten olympischen Turniere gewann Ungarn mit sechs: 1932, 1936, 1952, 1956, 1964 und 1976. Deutschland wurde 1928 Sieger, 1932 und 1936 Zweiter sowie 1984 Dritter.

Die meisten Goldmedaillen, nämlich drei, teilen sich fünf Spieler: die drei Briten George Wilkinson (1879–1946) 1900, 1908, 1912; Paulo Radmilovic (1886–1968) und Charles Sidney Smith (1878–1951) 1908, 1912, 1920 sowie die beiden Ungarn Deszo Gyarmati (* 1927) und György Kárpáti (* 1935) 1952, 1956 und 1964. Gyarmatis Frau und Tochter gewannen jeweils Gold- und Silbermedaillen im Schwimmen. Paulo Radmilovic gewann 1908 ebenfalls eine Goldmedaille in der 4 × 200-m-Freistilstaffel.

Weltmeisterschaften, eingeführt 1973: Je zweimal gewannen den Titel die UdSSR (1975, 1982) und Jugoslawien (1986, 1991), je einmal erfolgreich waren Ungarn (1973) und Italien (1978).
Die erste Frauen-Weltmeisterschaft fand 1986 statt und wurde von Australien gewonnen. 1991 siegten die Niederlande.

Ein Jahrhundert-Finale war das WM-Endspiel von Madrid 1986. Nach viermaliger Verlängerung und einer effektiven Spielzeit von 2:13 Std. gewann Jugoslawien gegen Italien 12:11 (7:7 – 9:9, 9:9, 10:10). Das entscheidende Tor fiel drei Zehntelsek. vor Schluß.

Europacup: Am häufigsten den Landesmeister-Wettbewerb gewannen mit je sechs Siegen Partizan Belgrad (1963, 1965, 66, 1970, 1974, 75) und Mladost Zagreb (1967–69, 1971, 1989,

König der Lüfte: Hans-Werner Grosse beherrscht die Kunst des Segelfliegens wie kein zweiter.

90). Die Wasserfreunde Spandau 04 aus Berlin kamen zu vier Siegen (1982, 1985, 86, 1988).

Die meisten Länderspiele bestritt Alexej Barkalow (* 1946, UdSSR), der zwischen 1965 und 1980 insgesamt 412mal in die Landesauswahl berufen wurde.

Die meisten Tore in einem Länderspiel warf beim 16:10-Sieg über Kanada mit 13 der Australier Debbie Handley während der WM 1982 in Guayaquil (Ecuador).

Deutscher Rekordspieler ist Frank Otto (Spandau 04 Berlin, Camoglia, Cannstatt) mit 406 Einsätzen bis einschließlich der WM 1991 in Perth (Australien). Danach folgen Peter Röhle (400), Rainer Osselmann (312), Hagen Stamm (285), Günter Kilian (254), Dirk Theismann (244), Roland Freund (238) und Thomas Loebb (236).
Bei den Frauen führt Rebecca Grund (Südwest Berlin, SUN Berlin) mit 85 Länderspielen vor Sabine Florschütz (84), Anke Hocks (83), Sabine Kleine (76) und Birgit Kempen (70).

Der erfolgreichste deutsche Verein sind die Wasserfreunde Spandau 04 aus Berlin, die 13mal in Serie (1979–91) die Meisterschaft gewannen und damit die Mannschaft von Rote Erde Hamm, die zu elf Titeln (1954–56, 1959, 60, 1964, 1966, 1969, 1971, 1973, 1975) kam, von der Spitze verdrängte.
Außerdem kamen die Spandauer noch zu elf deutschen Pokalsiegen.

Sie gewannen 1982 erstmals alle 30 Bundesliga-Spiele und blieben zwischen dem 10. September 1980 und dem 12. Juli 1983 insgesamt 101mal ungeschlagen. Außerdem holten sie sich elfmal (1979–87, 1989, 90) den deutschen Pokal, wurden viermal Europapacup-Sieger der Landesmeister sowie 1985 und 1986 europäischer Supercup-Gewinner.

SEGELFLUG

Grosses großes Glück

Ein absolutes Phänomen im Segelflugsport ist der Lübecker Hans-Werner Grosse (* 1922). In seiner beispiellosen Karriere stellte er seit 1970 insgesamt 45 Weltrekorde auf. Die beiden letzten kamen im Januar 1991 über der nordaustralischen Küste zustande. Gemeinsam mit seiner Frau Karin als Co-Pilotin erreichte Grosse in seiner neuen Doppelsitzer-Maschine *ASH-25-T* im Dreiecksflug über 300 km eine Durchschnittsgeschwindigkeit von 165 km/h und über 750 km immerhin noch 156 km/h. Bei ihrem letzten Rekord hatten die beiden Flieger, die in Newman gestartet waren, großes Glück, denn unterwegs brach in 4000 m Höhe ein Schmorbrand im Cockpit aus, den sie nach 10 Min. löschen konnten. In dieser Zeit befanden sich die Grosses über völlig unbewohnter Wildnis und dachten schon daran, mit dem Fallschirm abzuspringen.

Erstmals unternahm eine Frauen-Crew (Skipper Tracy Edwards) auf der Yacht *Maiden* eine Weltumseglung (1989/90).

Jährliches Großereignis, zu dem sich die besten Segler der Welt einfinden – die Kieler Woche. Hier sind die Dreivierteltonner unterwegs.

Die meisten Einzelweltmeisterschaften (eingeführt 1948) gewann der Australier Ingo Renner mit vier, 1976 (Standardklasse), 1983, 1985, 1987 (Offene Klasse).

Die Weltrekorde im Dreiecksflug halten über 100 km Ingo Renner (Australien) mit 195,3 km/h, über 300 km Beat Bünzli (Schweiz) mit 176,99 km/h und über 500 km Jean-Paul Castel (Frankreich) mit 164,11 km/h.

SEGELN

Der erste Sportler, der viermal nacheinander die olympische Goldmedaille gewann, war Paul B. Elvström (* 1928, Dänemark) in der 5,5-m-Klasse 1948, Finn-Klasse 1952, 1956, 1960; dazu kamen 13 Welt- und acht Europameisterschaften in insgesamt acht verschiedenen Klassen.

Die Höchstgeschwindigkeit erreichte mit 36,04 Knoten (66,78 km/h) die 22,4 m lange *Crossbow II*, die diesen Rekord am 17. November 1980 auf dem 500-m-Kurs in Portland Harbour (GB) aufstellte. Die Yacht mit einer Segelfläche von 130,06 m^2 wurde von Rod McAlpine-Downie entworfen und von ihrem Besitzer Timothy Colman gesteuert.

Die meisten Regattateilnehmer, die je zu einem einzigen Rennen starteten, waren 2072 Segelboote bei »Rund um Seeland« (Dänemark) am 21. Juni 1984 über eine Strecke von 475 km.

Die längste Segelregatta ist das seit 1973 alle vier Jahre stattfindende Rennen »Rund um die Welt«. Die Distanz beträgt seit 1989 insgesamt 65000 km. Gestartet wird in Portsmouth beziehungsweise Southampton (GB), dann geht es – mit Unterbrechung und neuem Start – über Neuseeland weiter nach Rio de Janeiro und wieder zurück zum Ausgangspunkt.

Der America's Cup (seit 1851) ist der älteste und bedeutendste Hochseesegel-Wettbewerb der Welt. Bis auf das Jahr 1983, als vor Newport (USA) die *Australier II* gewann, gab es stets Siege amerikanischer Yachten, insgesamt 26 – davon 16 gegen Großbritannien, sieben gegen Australien, zwei gegen Kanada und einen – wegen ungleicher Boote allerdings umstrittenen und erst durch Gerichtsbeschluß sanktionierten – gegen Neuseeland.

Bei diesem Cup geht es um eine von der Königin Victoria gestiftete silberne Kanne. Ursprünglich wurde sie als Direktpreis vom Schoner *America* am 22. August 1852 in Cobes gewonnen, später aber als Herausforderungs-Trophäe ausgesegelt.

Zu je drei Erfolgen kamen als Steuermann Charlie Barr (1899, 1901, 1903), Harald Vanderbilt (1930, 1934, 1937) und Dennis Walter Connor (1980, 1987, 88), der insgesamt viermal teilnahm und 1983 einmal verlor.

Rund um die Welt in 121 Tagen
Der Franzose Christophe Auguin gewann das dritte BOC-Rennen »Rund um die Welt« der Einhandsegler. Für den 27000-Meilen-Törn mit Start und Ziel in Newport/Rhode Island (USA) brauchte er 120 Tage, 22 Std., 36 Min. und 35 Sek.

Der Admiral's Cup (seit 1957) ist die Regatta mit den meisten Teilnehmernationen, wobei jedes Land drei Boote stellen darf. Sie wird alle zwei Jahre vom Royal Ocean Racing Club im Ärmelkanal veranstaltet.
Eine Rekordzahl von 19 Nationen beteiligte sich 1975, 1977 und 1979. Großbritannien gewann den Admiral's Cup neunmal. Die Bundesrepublik Deutschland siegte dreimal (1973, 1983, 1985), die USA zweimal, Australien und Neuseeland je einmal.

Die kürzeste Zeit für das Rennen von London nach Sydney benötigte die *Great Britain II*, eine 23,5-m-Ketsch, bemannt mit einer britischen Crew aus mehreren Abteilungen der Streitkräfte. Sie segelte vom 31. August bis 7. November 1975 in 67 Tagen, 5:19:49 Std. von der Themsemündung nach Sydney (Australien) und unterbot damit den früheren Rekord des Clippers *Patriarch* von 1870 um nahezu zwei Tage. Die Rückreise nach Dover (GB) dauerte nur 66 Tage, 22:31:35 Std. Die gesamte Weltumseglung von 42280 km wurde in einer Rekordzeit von 134 Tagen, 3:51:24 Std. ausgeführt.
In einem Rekord von 35,5 Tagen überquerte 1931 der Deutsche Ludwig Schlimbach (1876–1949) den Atlantik von Hamburg nach New York.

Kieler Woche: Aus Anlaß des 100jährigen Bestehens des Kieler Yacht-Clubs nahmen 1987 mehr als 4000 Segler aus 43 Nationen mit 1854 Booten teil. Ein absoluter Rekord für ein maritimes Ereignis.

Kennen sich auf der Kieler Förde bestens mit den Bedingungen aus, Dr. Wolfgang Hunger und Rolf Schmidt in der 470er Klasse.

Rekordsieger ist der Berliner Dr. Wolfgang Hunger (*1960), der siebenmal die 470er Klasse gewann, 1983–87 mit seinem Bruder Joachim und 1988, 1991 mit Rolf Schmidt.

SKISPORT

Der erste Abfahrtslauf fand 1870 in Telemarken (Norwegen) statt, die erste Slalomveranstaltung am 19. März 1905 am Muckenkogel in der Steiermark. Der österreichische Ski-Pionier Matthias Zdarsky hatte einen Kurs mit 85 Toren gesteckt. Der Internationale Skiverband (FIS) wurde am 2. Februar 1924 gegründet. Olympische Wettbewerbe gibt es seit 1924.
Außer Slalom, Riesenslalom und Abfahrt wurde 1985 auch der Super-G (Super-Riesenslalom) ins alpine Programm aufgenommen.

Die ältesten deutschen Vereine, gegründet 1892, sind der Skiclub Todtnau (Schwarzwald) und der Wintersportverein Braunlage (Harz). Der Deutsche Skiverband wurde 1905 in München, der Österreichische Skiverband 1905 in Innsbruck und der Schweizer Skiverband 1904 in Bern aus der Taufe gehoben.

ALPINE WETTBEWERBE

Olympische Spiele: Die meisten Goldmedaillen mit je drei gewannen Anton »Toni« Seiler (*1935, Österreich) 1956 und Jean Claude Killy (*1943, Frankreich) 1968, die jeweils die Abfahrt, den Slalom und Riesenslalom für sich entschieden.
Bei den Frauen kamen sechs Läuferinnen zu je zwei Siegen, Andrea Mead-Lawrence (*1932, USA) 1952, Marielle Goitschel (*1945, Frankreich) 1968, Marie-Therese Nadig (*1954, Schweiz) 1972, Rosi Mittermaier (*1950, BR Deutschland) 1976, Hanni Wenzel (*1956, Liechtenstein) 1980 und Vreni Schneider (*1964, Schweiz) 1988. Hanni Wenzel gewann außerdem 1976 eine Silber- und 1980 eine Bronzemedaille und ist damit erfolgreichste Athletin.

Für ein Novum sorgten 1984 in Sarajevo die amerikanischen Mahre-Zwillinge, die den Spezialslalom unter sich ausmachten. Phil siegte mit 19 Hundertstelsek. Vorsprung vor Bruder Steve.

Die Geschwister Marielle und Christine Goitschel aus Frankreich kamen 1964 in Innsbruck zu je einer Gold- und Silbermedaille. Christine gewann den Spezialslalom vor Marielle, und Marielle den Riesenslalom vor Christine.

Weltmeisterschaften, eingeführt 1931: Die meisten Titel gewann Christel Cranz (*1914, Deutschland) mit insgesamt zwölf, davon vier im Slalom (1934, 1937–39), drei in der Abfahrt (1935, 1937, 1939) und fünf in der Kombination (1934, 35, 1937–39). Außerdem holte sie sich die Goldmedaille in der Kombination bei den Olympischen Spielen 1936.

Die meisten WM-Titel bei den Männern errang mit sieben Anton (Toni) Sailer, der 1956 bei den Olympischen Winterspielen alle vier Wettbewerbe (Riesenslalom, Slalom, Abfahrtslauf, nichtolympische alpine Kombination) sowie 1958 den Abfahrtslauf, den Riesenslalom und die Kombination gewann.

Die meisten Titel im Weltcup, eingeführt 1967, gewannen mit je vier Gustavo Thöni (*1951, Italien) 1971–73, 1975, Pirmin Zurbriggen (*1966, Schweiz) 1984, 1987, 88, 1990 und Marc Girardelli (*1963, Österreich/Luxemburg) 1985, 86, 1989, 1991. Noch besser war Annemarie Moser-Pröll (*1953, Österreich) mit sechs Siegen 1971–75, 1979.

Erfolgreichster Athlet im Weltcup ist Ingemar Stenmark (*1956, Schweden), der am 19. Februar 1989 seinen 86. und zugleich letzten Triumph (46 Siege im Riesenslalom, 40 im Slalom) feierte. Annemarie Moser-Pröll brachte es auf 62 Siege.

Die meisten Siege in einer Saison feierte Vreni Schneider (*1964, Schweiz), die 1988/89 insgesamt 14mal erfolgreich war, siebenmal im Slalom, sechsmal im Riesenslalom und einmal in der Kombination. Ingemar Stenmark brachte es in der Saison 1978/79 auf 13 Siege.

Unübertroffen sind die 25 Weltcup-Abfahrtssiege von Franz Klammer (*1953, Österreich) zwischen 1974 und 1984.

Für ein historisches Ereignis sorgte Marc Girardelli, dem es als erstem Läufer gelang, in der Saison 1988/89 in allen vier Disziplinen (Abfahrt, Super-G, Riesenslalom und Slalom) wenigstens ein Rennen zu gewinnen.

Die meisten deutschen Meistertitel gewann mit 16 Ludwig Leitner (*1940), der 1964 Weltmeister in der Kombination wurde. Christian Neureuther wurde zwölfmal Sieger.
Die meisten Titel bei den Frauen, nämlich 24, gewann Christel Cranz mit neun in der Kombination, neun im Slalom und sechs in der Abfahrt.
Rosi Mittermaier (*1950) errang 18 Titel, gewann 1976 zwei olympische Goldmedaillen und eine Silbermedaille sowie den Weltcup.

Die erfolgreichste österreichische Läuferin ist Annemarie Moser-Pröll mit zwölf Landesmeisterschaften und 62 Weltcupsiegen, darunter waren 1973 elf Abfahrtsrennen in Serie. Gesamtgewinnerin 1971–75 und 1979. Außerdem 1972 Weltmeisterin in der Kombination, 1974 Weltmeisterin in der Abfahrt, 1978 Weltmeisterin in der Abfahrt und Kombination. 1980 olympische Goldmedaille in der Abfahrt, 1972 Silber in der Abfahrt und im Riesenslalom.

Die meisten österreichischen Meistertitel bei den Männern gewann Karl Schranz (*1938) mit zwölf.

Die meisten Schweizer Titel gewann Roger Staub (*1936) mit acht (Abfahrt 1958, Riesenslalom 1957–61, Kombination 1958 und 1960). Er wurde 1960 Olympiasieger im Riesenslalom.

Das längste Abfahrtsrennen ist das »Inferno«-Rennen in der Schweiz. Vom Gipfel des Schilthorns geht es 15,8 km hinunter nach Lauterbrunnen. 1986 beteiligten sich 1400 Skiläufer an dem Rennen. Den Streckenrekord hält der Schweizer Ueli Grossniklaus mit 15:26,44 Min. seit 1987.

Die Geschwindigkeits-Weltrekorde halten mit 223,741 km/h Michael Prufer (Monaco) und mit 214,413 km/h die Finnin Marja Mulari. Beide Leistungen wurden am 16. April 1988 auf einer einen Kilometer langen Teststrecke im französischen Les Arcs, Savoyen, aufgestellt.

Die höchste Geschwindigkeit bei einem Weltcup-Abfahrtsrennen erreichte mit 107,82 km/h Harti Weirather (*1958, Österreich) auf der Streif in Kitzbühel (Österreich) am 15. Januar 1982.

Die längste Skigondel ist 6,239 km lang. Sie befindet sich auf dem Grindelwalder Männlichen in der Schweiz.

Der längste Sessellift ist der zum Kosciusko-Chalet über Thredbo, in der Nähe von Snowy Mountains, Neusüdwales (Australien). Es dauert je nach Wetterlage 45 bis 75 Min., um die 5,6-km-Strecke zu bewältigen.

Der erste Skilift wurde 1908 in Schollach (Schwarzwald) von Robert Winterhalder in Betrieb gesetzt.

NORDISCHE WETTBEWERBE

Olympische Spiele: Zu je vier Goldmedaillen kamen die vier Skiläufer Sixten Jernberg (* 1929, Schweden) 1956, 1960, 1964, Gunde Svan (* 1962, Schweden) 1984, 1988, Thomas Wassberg (* 1956, Schweden) 1984, 1988 und Galina Kulikowa (* 1942, UdSSR) 1972, 1976 sowie der Skispringer Matti Nykänen (* 1963, Finnland) 1984, 1988. Jernberg holte sich außerdem noch drei Silber- und zwei Bronzemedaillen. Ebenfalls zu insgesamt neun Medaillen brachte es auch Raisa Smetanina (* 1952, UdSSR) – dreimal Gold, fünfmal Silber, einmal Bronze zwischen 1976 und 1988.

Den knappsten Sieg gab es 1980 in Lake Placid (USA), als Thomas Wassberg den 15-km-Langlauf in 41:57,63 Min. mit einer Hundertstelsek. Vorsprung (das entspricht etwa 6 cm) vor dem Finnen Juha Mieto gewann.

Erfolgreichster Langläufer der Welt ist Gunde Svan, der zwischen 1985 und 1991 elf Titel gewann. Zu den vier Olympiasiegen, je einer über 15 km (1985) und 50 km (1988) sowie zwei mit der 4 × 10-km-Staffel (1984, 1988), kommen noch sieben WM-Erfolge über 15 km (1989), 30 km (1985, 1991) und 50 km (1985, 1989) sowie mit der Staffel (1987, 1989). Sein Landsmann Sixten Jernberg brachte es zwischen 1956 und 1964 zu vier Olympiasiegen und vier Weltmeisterschaften.

Erfolgreichste Langläuferin der Welt ist Galina Kulakowa, die zwischen 1968 und 1980 viermal Olympiasiegerin wurde und je zweimal auf Platz zwei sowie drei kam. Außerdem errang sie fünf WM-Titel, je zwei zweite und dritte WM-Plätze. Auf insgesamt 22 Medaillen, also noch fünf mehr, kam Raisa Smetanina zwischen 1974 und 1991. Dabei siegte sie in sechs Rennen.

Auf sechs Einzeltitel kam Johan Grottumsbraaten (1899–1942, Norwegen), der zwischen 1926 und 1932 zweimal die 18 km und viermal die nordische Kombination gewann.

Als erster Frau gelang es der Finnin Marjo Matikainen im Februar 1989 in Lahti (Finnland), fünf Medaillen bei einer WM zu holen. Ihre Ausbeute waren zwei goldene, eine silberne und zwei bronzene Medaillen.

Den Weltpokal der Langläufer (eingeführt 1971) gewann bisher fünfmal der Schwede Gunde Svan (1984–86, 1988, 89). Bei den Frauen siegte dreimal die Finnin Marjo Matikainen (1986–88).

Der erfolgreichste Athlet in der Nordischen Kombination (Skispringen und 15-km-Langlauf) ist Ulrich Wehling (* 1952, DDR), der zwischen 1972 und 1980 dreimal in Serie Olympiasieger und viermal Weltmeister wurde.

Die meisten Deutschen Meisterschaften in der Nordischen Kombination gewann mit neun Georg Thoma (* 1937) 1958–66. Er wurde 1960 Olympiasieger und 1964 Olympia-Dritter, Weltmeister 1966 und dreimal Deutscher Meister im Skispringen 1960, 61 und 1963.

Die meisten Deutschen Meisterschaften im Langlauf gewann Walter Demel (* 1935) mit insgesamt 40 über die Strecken 15, 30, 50 km. Erfolgreichste Frau ist mit 28 Titeln Karin Jäger.

Die meisten DDR-Meisterschaften errang Kuno Werner (* 1925), der zwischen 1952 und 1962 insgesamt 26mal siegte.

Das größte Skirennen ist der »Vasa Loppet«. Er gedenkt des Ereignisses von 1521, bei dem Gustav Vasa (1496–1560), später König Gustav Erikson, auf dem Schlitten die 85,8 km von Mora nach Sälen (Schweden) zurücklegte, während die beiden dalekarischen Bauern Lars und Engelbrekt auf Skiern liefen. Die Wiederholung dieser Reise in umgekehrter Richtung ist ein jährliches Festival. Am 60. Rennen am 6. März 1983 nahmen 10934 Läufer teil. Der Schwede Bengt Hassis gewann am 2. März 1986 in neuer Streckenrekordzeit von 3:48:55 Std.

Die längsten Läufe der Welt sind der »Wäldercup« im Südschwarzwald über 100 km, der »Grenader« im Norden Oslos und das Rennen »Auf König Ludwigs Spuren« in Oberammergau (Oberbayern) über jeweils 90 km.

Das schnellste Rennen lief auf einer völlig ebenen Strecke Billy Koch (* 1943, USA), der die 50 km (10 Runden zu 5 km) in 1:59:47 Std. am 26. März 1981 in Marlborough Pont, Vermont (USA), zurücklegte, was einem Schnitt von 25,045 km/h entspricht.

Erfolgreichster Skispringer mit fünf Weltmeisterschaften, vier olympischen Gold- und einer Silbermedaille ist Matti Nykänen. Ihm nur wenig nach steht Birger Ruud (* 1911, Norwegen), der zweimal Olympiasieger (1932 und 1936) und dreimal Weltmeister wurde. Er ist übrigens der einzige, der sowohl im nordischen als auch im alpinen Skisport (1936 Abfahrtslauf) olympisches Gold gewann.

Den Weltcup der Skispringer gewann Matti Nykänen viermal (1983, 1985, 86, 1988) und ist damit absoluter Rekordmann.

Alleskönner auf Brettern, der in Österreich geborene und inzwischen für Luxemburg startende Weltcupsieger Marc Girardelli.

Weltmeisterin in der Abfahrt und stark auch in anderen Disziplinen, Petra Kronenberger.

Skifliegen: Den offiziellen Weltrekord hält der Pole Pjotr Fijas mit 194 m, aufgestellt beim Weltcup am 14./15. März 1987 im jugoslawischen Planica.
André Kiesewetter (Deutschland) kam am 23. März 1991 in Planica sogar auf 196 m, mußte aber dabei in den Schnee greifen.

Die größte Weite einer Frau auf einer Normalschanze sind 110 m, erreicht von Tiina Lehtola (* 1962, Finnland) am 29. März 1981 in Ruka.

BIATHLON

Erfolgreichster Olympionike ist Alexander Tichonow (* 1947, UdSSR), der zwischen 1968 und 1980 viermal Gold mit der Staffel über 4 × 7,5 km holte.

Die meisten Einzel-Goldmedaillen bei Olympischen Spielen gewannen mit je zwei Magnar Solberg (* 1937, Norwegen) 1968 und 1972 sowie Frank-Peter Roetsch (* 1964, DDR) 1988.

Eine einmalige Serie schaffte die Sowjetunion, die bei allen Olympischen Spielen seit 1968 die Goldmedaille über 4 × 7,5 km gewann..

Die meisten Einzel-Weltmeisterschaften, nämlich sechs, gehen auf das Konto von Frank Ullrich (* 1958, DDR), der viermal die 10 km (1978–81) und zweimal die 20 km (1982, 83) gewann. Außerdem verhalf er viermal der Staffel (1978, 79, 1981, 82) zum Erfolg.
Sogar auf 14 Titel, davon zehn mit der Mannschaft, kam Alexander Tichonow zwischen 1968 und 1980.

Alle drei Titel bei einer WM gewannen 1986 in Oslo Valerie Medwedzew (UdSSR), 1987 in Lake Placid (USA) Frank-Peter Roetsch (DDR) und 1991 in Lahti (Finnland) Mark Kirchner (Deutschland). Sie siegten jeweils über 10, 20 km und mit der 4 × 7,5-km-Staffel.

Weltcup, eingeführt 1979: Dreimal gewannen Frank Ullrich (DDR) 1980–82 sowie Frank-Peter Roetsch (DDR) 1984, 85 und 1987.

SKIBOB

Die meisten Weltmeistertitel in den Disziplinen Abfahrt, Riesenslalom und Kombination errang zwischen 1971 und 1975 mit sieben Gertrude Gebert (Österreich). Bei den Männern kam Walter Kroneisl (Österreich) zwischen 1983 und 1990 sogar zu acht Erfolgen.

Die höchste Geschwindigkeit erreichte mit 166 km/h Erich Brenter (* 1940, Österreich) im italienischen Cervinia 1964.

SNOWBOARDING

Die höchste Geschwindigkeit mit 124,137 km/h erreichte Gian Paul Schmidt (* 1970, Schweiz) am 27. März 1988 südlich der Alp Marguns in Celerina (Schlarigna/Schweiz). Er benutzte ein serienmäßiges Brett, allerdings weder Stöcke noch andere aerodynamische Hilfsmittel.

GRASSKI

Die meisten WM-Titel gewannen bei den Frauen Ingrid Hirschhofer (Österreich) mit zehn zwischen 1979 und 1989 sowie bei den Männern Erwin Gansner (Schweiz) mit sieben zwischen 1981 und 1987.

Europameisterschaften: Für ein Novum sorgte 1988 in Gutenstein (Österreich) Rainer Großmann (* 1966, BR Deutschland), der alle vier möglichen Titel errang.
Je fünf Siege schafften Ingrid Hirschhofer zwischen 1980 und 1990 sowie Rainer Großmann von 1988 bis 1990.

Europacup, eingeführt 1971: Zehnmal siegte die Österreicherin Ingrid Hirschhofer, sechsmal der Schweizer Erwin Gansner.

Deutsche Meisterschaften: Erfolgreichste Teilnehmer sind Rainer Großmann mit 14 und Katja Krey mit sieben Titeln.

Die höchste Geschwindigkeit erreichte mit 92,07 km/h Klaus Spinka (Österreich), der diese Leistung am 24. September 1989 in Waldsassen (Deutschland) schaffte.

FREESTYLE

Europameisterschaften gibt es seit 1985. Vorher wurden die Sieger aus den Resultaten des europäischen Cups ermittelt. Ernst Garhammer (BR Deutschland) kam zu fünf Titeln im Skiballett und in der Kombination, Christine Rossi (Frankreich) sogar zu sieben Erfolgen.

Deutsche Meisterschaften, eingeführt 1979, gewannen am häufigsten Hedi Garhammer mit neun Titeln sowie Michael Fleischmann und Thomas Wacht mit je vier.

SQUASH

Die meisten Weltmeistertitel, eingeführt 1976, gewann mit sechs Jahangir Khan (* 1963, Pakistan) 1981–85, 1988. Zwischen dem 23. April 1981 und dem 11. November 1986 blieb er ungeschlagen. Außerdem holte er sich dreimal den ISRF-Titel 1979, 1983, 1985.

Geoffrey B. Hunt (* 1947, Australien) wurde viermal Profi-Weltmeister (1976, 77, 1979, 80) und dreimal Amateur-Weltmeister (1967, 1969, 1971).

Erfolgreichste Nationen bei Mannschafts-Weltmeisterschaften sind bei den Herren mit je fünf Titeln Pakistan (1977, 1981, 1983, 1985, 1987) und Australien (1967, 1969, 1971, 1973, 1989) sowie bei den Damen mit je drei Siegen Australien (1976, 1981, 1988) und England (1985, 1987, 1989). Außerdem siegte Großbritannien 1979.

Die meisten Titel bei den British Open in London gewann bei den Damen Heather Pamela McKay (* 1941, Australien), die 16mal zwischen 1961 und 1976 erfolgreich war. Bei den Herren kam Jahangir Khan zu zehn Erfolgen zwischen 1982 und 1991.

Darüber hinaus gewann McKay zwei WM-Titel (1976, 1979). Noch bemerkenswerter: In ihrer Karriere von 1959 bis 1980 verlor sie nur zwei Spiele, je eines 1960 und 1962.

Das längste Spiel mit 2:46 Std. bestritten Jahangir Khan und der Ägypter Gamal Awad (9:10, 9:5, 9:7, 9:2) am 30. März 1983 beim Finale des internationalen Patrick-Festivals im englischen Chichester, West Sussex. Dabei dauerte der erste Satz allein 1:11 Std.

Das kürzeste Spiel dauerte nur 7:30 Min. In dieser Zeitspanne bezwang Lucy Soutter (GB) mit 9:0, 9:0, 9:0 die Niederländerin Hugolein van Hoorn bei den British Open unter 21 Jahre in London am 17. Januar 1988.

Die höchste Geschwindigkeit eines Balles wurde mit 232,7 km/h gemessen. Ray Buckland (* 1953, GB) gelang dieser Rekord beim Überkopfspiel gegen die Stirnwand im Januar 1988 in Wimbledon, London.

Sechs Deutsche Meisterschaften, soviel wie kein anderer Spieler, errang Carol Martini, der 1980–83, 1985 und 1987 siegte. Bei den Damen brachte es Claudia Adam-Thomalla zu vier Titeln zwischen 1980 und 1983.

SURFEN

Der Sport wurde 1909 auf Waikiki neu belebt, hohle Bretter wurden 1929 eingeführt und 1956 der leichte Plastik-Typ.

Die erste olympische Goldmedaille erkämpfte sich 1984 in der Windglyder-Klasse Stephan van den Berg (Niederlande).

Die meisten Amateur-Weltmeistertitel, eingeführt 1973, gewann mit fünf Stephan van den Berg (Niederlande) 1979–83.

Die meisten Profi-Weltmeistertitel bei den Funboards errang der als Wunderkind eingestufte Robby Naish (* 1961, Hawaii), der zwischen 1974 – damals gerade 13 Jahre alt – und 1988 jeweils siegte.

Die höchste Geschwindigkeit erreichte mit 82,71 km/h Thierry Bielak (Frankreich) auf einem 500-m-Kurs in Saint Maries de-la-Mer, Camarque (Frankreich), am 27. Februar 1990. Den Rekord bei den Frauen hält mit 72,46 km/h Brigitte Gimenez (* 1961, Frankreich), aufgestellt auf dem gleichen Kurs am 28. Oktober 1989.

Die schnellste Überquerung des Ärmelkanals gelang Ansgar Hengst (* 1961, BR Deutschland) in 1:02 Std. am 5. Oktober 1988 von Dover nach Cap Gris Nez. In umgekehrter Folge brauchte Arnaud de Rosnay (Frankreich) 1:04,33 Std. am 4. Juli 1982.

Eine Überquerung des Atlantischen Ozeans in Ost-West-Richtung gelang erstmals den beiden Franzosen Stephane Peyron und Alain Pichavant, die am 2. Januar 1986 in Dakar zu ihrer Tour aufgebrochen waren. Die zwei erreichten nach 24 Tagen und 12 Std. die Antillen-Insel Guadeloupe. Sie benutzten ein 9,5 m langes und 1,18 m breites Tandembrett.

Die erste Alleinüberquerung schaffte der Franzose Stephane Peyron zwischen dem 10. Juni und 27. Juli 1987. Er startete in New York und landete nach 48 Tagen auf seinem 7,5 m langen und 1,3 m breiten Surfbrett in La Rochelle (Frankreich). Nach kurzem Aufenthalt steuerte er dann noch seine 150 km entfernte Heimatstadt La Baule an.

TENNIS

Olympische Spiele. Wettbewerbe fanden zwischen 1896 und 1920 sowie ab 1988 statt. Die meisten Medaillen gewann Max Decugis (1882–1978, Frankreich) mit viermal Gold sowie je einmal Silber und Bronze zwischen 1900 und 1920. Bei den Damen kam Kitty McKane (* 1897, GB) zu einem Sieg sowie je zwei zweiten und dritten Plätzen 1920 und 1924.

Der Grand Slam ist die Krone des Tennissports. Um diesen so seltenen Erfolg zu erkämpfen, bedarf es der Turniersiege bei den Internationalen Meisterschaften von Australien (Melbourne), Frankreich (Paris), Großbritannien (Wimbledon) und den USA (Flushing Meadow, früher Forest Hills) innerhalb von

Weitenjäger: André Kiesewetter kam beim Skifliegen am 23. März 1991 in Planica auf 196 m, mußte dabei allerdings in den Schnee greifen.

Nach mehrwöchigem Tief wieder in großartiger Form: Steffi Graf, die Weltranglisten-Zweite.

Der höchste Preis bei einem einzigen Spiel betrug 583200 Dollar, als Ivan Lendl (* 1960, ČSFR) am 30. November 1987 im Finale eines Einladungsturniers mit vier Teilnehmern in West Palm Beach, USA, den Australier Pat Cash schlug.

Das meiste Geld verdiente bis Juli 1990 Ivan Lendl mit 16244648 Dollar. Bei den Damen kam Martina Navratilova auf 16147000 Dollar.

Den Tiebreak-Rekord mit 26:24 gab es im vierten Satz der ersten Doppelrunde beim Wimbledon-Turnier am 1. Juli 1985. Jan Gunnarsson/Michael Mortensen (Schweden/Dänemark) gewannen das Match gegen John Frawley/Viktor Pecci (Australien/Paraguay) 6:3, 6:4, 3:6, 7:6.

Das längste Match dauerte 6:39 Std. So lange standen sich beim Davis-Cup am 25. Juli 1987 im amerikanischen Hartford (Connecticut) John McEnroe (USA) und Boris Becker gegenüber. Die Begegnung endete mit 4:6, 15:13, 8:10, 6:2, 6:2 für den Deutschen.

Die längste Begegnung bei den Damen dauerte 6:22 Std., als beim Turnier im September 1984 in Richmond (USA) Vicky Nelson mit 6:4, 7:6 (13:11) ihre amerikanische Rivalin Jean Hepner bezwang.

Das kürzeste Match bei einem Grand Prix dauerte 30:44 Min. Nur so lange benötigte Steffi Graf, um am 2. Mai 1986 in der dritten Runde des Turniers von Indianapolis die Südafrikanerin Yvonne Vermaak mit 6:0, 6:2 zu schlagen.

Das kürzeste Damen-Doppel dauerte nur 3 Sek. Beim Turnier in Delray Beach (Florida) 1985 servierte die Amerikanerin Joanne Russel (mit Elise Burgin) – auf der anderen Seite retournierte die Deutsche Claudia Kohde (mit Helena Sukova, ČSFR). Die 30jährige Amerikanerin Russel verletzte sich bei diesem Aufschlag und mußte aufgeben.

Die größte Zuschauerresonanz mit 30472 Besuchern fand die Einlage-Begegnung zwischen Billie-Jean King und Robert Larrimore Riggs am 20. September 1973 im Astrodome von Houston, Texas.

zwölf Monaten. Früher galten sogar die – verschärften – Regeln, daß solch ein Triumph innerhalb eines Kalenderjahres erreicht werden mußte.

Der erste Spieler, dem dieses Kunststück gelang, war John Donald Budge (* 1915, USA) 1938. Sogar zweimal holte sich Rodney George Laver (* 1938, Australien) den großen Wurf, zuerst 1962 als Amateur und dann 1969, als die Turniere auch für Profis offen waren.

Auch vier Damen gewannen den Grand Slam: Maureen Catherine Connolly-Brinker (1934 bis 69, USA) 1953, Margaret Jean Court-Smith (* 1942, Australien) 1970 sowie – nach neuer Version – Martina Navratilova (* 1956, ČSFR/USA) 1983/84. Und schließlich war 1988 auch Steffi Graf (* 1969, BR Deutschland) erfolgreich, die sich darüber hinaus in Seoul noch den Olympiasieg holte, so daß man von einem noch nie erreichten Golden Slam sprach.

Der erste Spieler, der alle vier Turniere gewann, war Frederick John Perry (* 1909, GB), der 1934–36 in Wimbledon, 1933, 34, 1936 in den USA, 1934 in Australien und 1935 in Paris siegte.

Die meisten Grand-Slam-Erfolge erreichte mit 24 Margaret Court, die zwischen 1960 und 1973 elfmal Melbourne, je fünfmal die US-Open und Paris sowie dreimal Wimbledon gewann. Bei den Herren kam Roy Emerson (* 1930, Australien) auf zwölf Erfolge in einem Zeitraum von sieben Jahren (1961–67) – sechsmal in Australien, je zweimal in Frankreich, USA und Wimbledon.

Die meisten Turniere überhaupt gewann mit 157 Chris Evert (* 1954, USA) vor Martina Navratilova (156). Bei den Herren brachte es ihr Landsmann Jimmy Connors auf 109 Erfolge. An zweiter Stelle folgt Ivan Lendl (90).

Dauer-Duell: Bei den Damen standen sich im letzten Jahrzehnt Martina Navratilova und Chris Evert 80mal gegenüber. Die Bilanz ist nahezu ausgeglichen. Martina gewann 43mal, Chris 37mal.

Tennis-Triumph

Ein historisches Wochenende erlebte der deutsche Tennissport am 6./7. Juli 1991. Zuerst gewann Steffi Graf das Wimbledon-Finale mit 6:4, 3:6, 8:6 gegen Gabriela Sabatini (Argentinien) und holte sich zum dritten Mal nach 1988 und 89 den Titel. Dann kam es im Herren-Finale erstmals zu einem deutschen Duell. Überraschungssieger wurde Michael Stich mit 6:4, 7:6, 6:4 gegen Boris Becker. Und schließlich war bei den Juniorinnen Barbara Rittner erfolgreich, die 6:7, 6:2, 6:3 Elena Makarowa (UdSSR) bezwang. Weitere Wimbledon-Kuriositäten: Die Amerikanerin Jennifer Capriati war mit 15 Jahren und 96 Tagen die jüngste Spielerin, die je in der Vorschlußrunde in Wimbledon stand. Michiel Schapers/Brenda Schultz (Niederlande) gewannen das längste je gespielte Mixed. Im dritten Satz hieß es 29:27 gegen Tom Nijssen/Andrea Temesvari (Niederlande/Ungarn), nachdem es zuvor 6:3 und 5:7 geheißen hatte.

Reckt stolz den Pokal in die Höhe, Wimbledon-Überraschungssieger Michael Stich.

Den Rekord bei einem normalen Spiel gab es mit 25578 Zuschauern beim Daviscup-Finale am 27. Dezember 1954 in Sydney, als sich Australien und die USA (2:3) gegenüberstanden.

WIMBLEDON

Die meisten Titel erreichte mit insgesamt 20 Billie-Jean King-Moffitt (*1943, USA), die zwischen 1961 und 1979 sechs Einzel, zehn Doppel und vier Mixed gewann. Elizabeth Montague-Ryan (1892–1979, USA) kam auf 19 (Doppel-) Erfolge, zwölf bei den Damen, sieben im Mixed, zwischen 1914 und 1934.

Die meisten Titel bei den Herren errang mit 13 Hugh Laurence Doherty (1875–1919, GB), fünf im Einzel in den Jahren 1902–06 und einen Rekord von acht im Doppel mit seinem Bruder Reginald Frank (1872–1910) in den Jahren 1897–1901, 1903–05.

Die meisten Titel im Einzel: Martina Navratilova gewann neunmal (1978, 79, 1982–87, 1990), William Charles Renshaw (1861–1904, GB) siebenmal (1881–86, 1889), als der Titelverteidiger noch automatisch für das nächste Finale qualifiziert war. Nach Abschaffung der Herausforderungsrunde schaffte Björn Borg (*1956, Schweden) fünf Triumphe, noch dazu in Serie (1976–80).

Die meisten Titel im Doppel: Elizabeth Montague-Ryan gewann zwölfmal, Hugh Laurence Doherty war achtmal erfolgreich wie auch sein Bruder Reginald Frank.

Die meisten Titel im Mixed: Elias Victor Seixas (*1923, USA) 1953–56, Kenneth Norman Fletcher (*1940, Australien) 1963, 1965, 66, 1968, Owen Keir Davidson (*1943, Australien) 1967, 1971, 1973, 74 gewannen je viermal, Elizabeth Montague-Ryan sogar siebenmal zwischen 1919 und 1932.

Die jüngste Siegerin ist Charlotte Dod (1871–1960, GB), die erst 15 Jahre und 285 Tage alt war, als sie 1887 das Turnier gewann.

Der jüngste Sieger ist Boris Becker (*1967, BR Deutschland), der mit 17 Jahren und 227 Tagen zum ersten Mal das Turnier gewann und ein Jahr später, als Zweitjüngster von Wimbledon, seinen Triumph wiederholte. Außerdem war Becker der erste Deutsche und erste Ungesetzte, der bei diesem Turnier erfolgreich war.

Der älteste Sieger ist Arthur Gore (1868–1928, GB). Er gewann 1909 im Alter von 41 Jahren und 182 Tagen.

Die älteste Siegerin ist Margaret Evelyn du Pont-Osborne (*1918, USA), die sich 1962 mit 44 Jahren und 125 Tagen den Mixed-Titel mit dem Australier Neale Fraser holte.

Das längste Finale dauerte 4:16 Std. Jimmy Connors (USA) siegte 1982 gegen John McEnroe mit 3:6, 6:3, 6:7, 7:6, 6:4.

Das kürzeste Finale dauerte nur ganze 37 Min. William Renshaw schlug 1881 seinen hoffnungslos unterlegenen Gegner John T. Hartley 6:0, 6:1, 6:1.

Ohne Satzverlust zum Titel kamen nur vier Spieler: Donald Budge (USA/1938), Tony Trabert (USA/1955), Charles McKinley (USA/1963) und Björn Borg (Schweden/1976).

Am häufigsten dabei war Arthur Gore. Er nahm zwischen 1888 und 1927 insgesamt 36mal teil. Jean Borotra (*1898, Frankreich) spielte zwischen 1922 und 1964 insgesamt 35mal in Wimbledon. 1977 machte er sogar noch einmal im Veteranen-Doppel mit.

Die größten Gewinnsummen wurden 1991 ausgeschüttet. Der Sieger im Herren-Einzel erhielt umgerechnet 720000 DM, die Beste in der Damenkonkurrenz 648000 DM.
Diese Summen kassierten die beiden Deutschen Michael Stich, der Boris Becker bezwang, und Steffi Graf, die gegen Gabriela Sabatini gewann.

Die meisten Zuschauer lockte das Turnier 1988 an. Insgesamt kamen 411270 Besucher zu den Spielen.

US-OPEN

Den absoluten Rekord hält Margaret Evelyn du Pont-Osborne mit 25 Titelgewinnen zwischen 1941 und 1960, davon drei im Einzel, 13 im Doppel (zwölf mit Althea Louise Brough) und neun im Mixed. Bei den Herren brachte es William Tatem Tilden auf 16 Erfolge, darunter sieben im Einzel, 1920–25, 1929.

Je sieben Einzeltitel holten sich auch Richard Dudley Sears (1861–1943) zwischen 1881–87 und William A. Larned (1872–1926) 1901, 02, 1907–11 sowie bei den Damen Molla Mallory Bjurstedl (1892–1959) 1915, 16, 1918, 1920–22, 1926 und Helen Wills-Moody (*1905, USA) 1923–25, 1927–29, 1931.

Der jüngste Sieger heißt Pete Sampras (*1971, USA), der mit 19 Jahren und 28 Tagen den Titel 1990 errang. Die jüngste Siegerin war Tracy Ann Austin (*1962, USA), die mit 16 Jahren und 271 Tagen den Titel 1979 gewann.

Der älteste Sieger war William Larned 1911 mit 38 Jahren und 242 Tagen.

FRENCH OPEN

Am häufigsten siegte Margaret Court-Smith (Australien), die es auf 13 Titel zwischen 1962 und 1973 brachte, davon fünf im Einzel, je vier im Doppel und Mixed. Siebenmal im Einzel war Chris Evert (1974, 75, 1979, 80, 1983, 1985, 86) erfolgreich. Bei den Herren gewann Henri Cochet (1901–87, Frankreich) neunmal zwischen 1926 und 1930, vier Einzel, drei Doppel und zwei Mixed. Sechsmal war Björn Borg zwischen 1974 und 1981 im Einzel erfolgreich.

Der jüngste Sieger von Paris und eines Grand-Slam-Turniers überhaupt ist Michael Chang (* 1972), der 1989 sensationell das Finale mit 6:1, 3:6, 4:6, 6:4, 6:2 gegen Stefan Edberg (Schweden) gewann. Der Sohn chinesischer Einwanderer in die USA war bei seinem Triumph 17 Jahre und 109 Tage alt.

Die jüngste Siegerin ist Monica Seles (* 1973, Jugoslawien), die 1990 bei ihrem 7:6, 6:4-Triumph über Steffi Graf 16 Jahre und 189 Tage alt war.

Talent mit Zukunft: Pete Sampras ist mit seinem Titelgewinn 1990 bisher der jüngste Gewinner der traditionellen US-Open.

AUSTRALIAN OPEN

Erfolgreichste Spielerin war Margaret Court-Smith, die es im Einzel zu elf Titeln (1960–66, 1969–71, 1973) brachte und außerdem acht Doppel und zwei Mixed gewann.
Bei den Herren kam Roy Emerson zu sechs Einzelsiegen (1961, 1963–67). Adrian Karl Quist holte sich zehn Doppel- und drei Einzeltitel zwischen 1936 und 1950.

Die jüngsten Champions sind Rodney W. Heath, der mit 17 Jahren 1905 gewann, und Monica Seles, die 1991 bei ihrem ersten Triumph 17 Jahre und 55 Tage alt war.

GRAND PRIX-MASTERS

Den Rekord dieses 1970 in Tokio eingeführten und jährlich ausgetragenen Wettbewerbs der erfolgreichsten Spieler der Saison hält Ivan Lendl mit fünf Siegen (1982, 83, Januar und Dezember 1986, 87). Neunmal (1980–88) erreichte er das Finale. Auf sieben Doppeltitel kamen John McEnroe (* 1959) und sein Partner Peter Fleming (* 1955, beide USA) von 1978 bis 1984.
Erstmals über fünf Sätze ging – nach 89 Jahren – wieder ein Damenmatch beim Endspiel des Masters am 18. November 1990 in New York. Monica Seles gewann mit 6:4, 5:7, 3:6, 6:4, 6:2 gegen Gabriela Sabatini (Argentinien). Zuletzt hatten sich 1901 Elizabeth Moore und Mytle McAteer bei den nationalen US-Meisterschaften in Philadelphia über eine solch lange Distanz gegenübergestanden. Danach wurden Fünf-Satz-Partien für Frauen verboten. Jetzt sind sie auch nur im Finale des Masters erlaubt.

DAVIS-CUP

Die meisten Siege der 1900 eingeführten Weltmeisterschaft für Herren-Teams errangen mit 29 die USA vor Australien (26) und Großbritannien (9). Deutschland kam zu zwei Erfolgen (1988, 89).

Den Rekord von 163 Einsätzen hält Nicola Pietrangeli (* 1933, Italien) zwischen 1954 und 1972. Er gewann 78 von 109 Einzeln und 42 von 54 Doppeln.

Am häufigsten in einem siegreichen Team stand Roy Emerson (* 1936), der mit Australien achtmal (1959–62, 1964–67) erfolgreich war.

Alle Einzelspiele, nämlich 33, gewann Björn Borg, der von 1973 bis 80 Schwedens Mannschaft angehörte.

Am häufigsten für Deutschland spielten Wilhelm Bungert (43), Gottfried von Cramm (37), Christian Kuhnke (32), Ingo Buding (27), Jürgen Faßbender (23), Boris Becker (18), Hans-Jürgen Pohmann und Eric Jelen (je 14).

FEDERATIONS-CUP

Die meisten Siege der 1963 eingeführten Damen-WM für Mannschaften feierten die USA mit 14 Erfolgen vor Australien (7) und der Tschechoslowakei (5). Zum erstenmal gewann Deutschland 1987 im kanadischen Vancouver den Wettbewerb.

Auf einen Rekord von 56 Einzel- und 44 Doppel-Matches kam Virginia Wade, die 17 Jahre lang, von 1967 bis 1983, stets dem britischen Team angehörte und dabei auf insgesamt 66 Siege (36 Einzel, 30 Doppel) kam.

Die beste Ausbeute hat Chris Evert (USA) aufzuweisen, die zwischen 1977 und 1986 auf 40 Einzelsiege bei 42 Spielen und 16 Doppelsiege bei 18 Begegnungen kam.

Unterwegs auf der strapaziösen zweiten Strecke des Hawaii Ironman, Rekordhalter Mark Allen.

TISCHTENNIS

Die olympische Premiere 1988 in Seoul wurde zu einem Festival der Asiaten. Mit zweimal Gold, zweimal Silber und einmal Bronze war China erwartungsgemäß das erfolgreichste Land. Südkorea kam zu zwei Siegen, je einem zweiten und dritten Platz.

Die meisten Titel bei einer WM errang Viktor Barna (1911–72, Ungarn, nach dem Krieg GB) mit insgesamt 15 – fünf im Einzel (1930, 1932–35), acht im Doppel (1929–35, 1939) sowie zwei im Mixed (1932, 1934). Noch erfolgreicher war mit 19 Titeln Maria Mednyanszki (1901–79, Ungarn). Sie gewann sieben Doppel (1928, 1930–35), sieben Mixed (1927, 28, 1930–34) sowie fünf Einzel (1927–31) und wurde hierbei nur von der jetzt in Israel lebenden Rumänin Angelica Rozeanu (* 1921) übertroffen, die zwischen 1950 und 1955 sechsmal im Einzel siegte.
Barna war außerdem an sieben ungarischen Mannschaftssiegen beteiligt.

Für die größte Überraschung sorgten bei der WM 1989 in Dortmund Jörg Roßkopf/Steffen Fetzner aus Düsseldorf, die das Finale des Herren-Doppels mit 18:21, 21:17, 21:19 gegen Zoran Kalinic/Leszek Kucharski (Jugoslawien/Polen) gewannen.

Die meisten Mannschaftstitel bei einer Weltmeisterschaft holten bei den Herren (Swaythling-Cup) Ungarn mit insgesamt zwölf vor China mit zehn sowie bei den Damen (Corbillon-Cup) China mit neun vor Japan mit acht.

Der erfolgreichste deutsche Spieler ist Eberhard Schöler (* 1940). Er wurde zweimal WM-Zweiter 1969 im Einzel und mit der Mannschaft, dreimal WM-Dritter 1965 und 1967 im Einzel sowie 1971 im Mixed, einmal EM-Zweiter 1962 im Mixed, viermal EM-Dritter, 1962 und 1964 im Einzel sowie 1961 und 1972 im Herren-Doppel.
Insgesamt gewann er 25 nationale Titel, neun im Einzel (1962–69, 1971), einen im Doppel (1964), drei im Mixed (1967, 68, 1973) sowie zwölf mit der Mannschaft von TuSA und Borussia Düsseldorf. Dazu kommen noch sechs internationale Meisterschaften.

Auf neun nationale Einzel-Titel brachte es auch Conny Freundorfer (1936–88) in den Jahren 1953–61.

Die erfolgreichste deutsche Spielerin ist die in Ungarn geborene Agnes Simon (* 1935). Sie wurde einmal Weltmeisterin im Doppel 1957, dreimal Europameisterin, 1962 im Einzel sowie 1962 und 1968 mit der Mannschaft. Dazu kommen noch vier zweite EM-Plätze und ein dritter EM-Rang.

Bei den nationalen Deutschen Meisterschaften gewann sie drei Einzel (1967, 1969, 1976), sechs Doppel (1967–69, 1971, 72, 1974) und zwei Mixed (1968, 1972). Schließlich stand sie noch 18mal in der siegreichen Mannschaft des DTC/DSC Kaiserberg.

Die meisten Titel bei Deutschen Meisterschaften (ohne Mannschaftswertung) errang Wilfried Lieck mit 16 (5 Einzel, 6 Doppel, 5 Mixed) vor Eberhard Schöler mit 13 (9–1–3) und Conny Freundorfer mit 12 (9–2–1).
Bei den Damen führt Ursula Kamizuru-Hirschmüller mit 15 (5–7–3) vor Trude Pritzi mit 14 (7–3–4) die Rangliste an.

Noch bemerkenswerter ist ein anderer Rekord: Lieck nahm zwischen 1965 (Wiesloch) und 1990 (Marburg) 25mal an nationalen Meisterschaften teil und kam dabei – bis auf 1988 und 1990 – jeweils zu mindestens einer Medaille.

Am häufigsten für die Bundesrepublik Deutschland spielten bei den Herren Eberhard Schöler (155), Wilfried Lieck (148), Peter Stellwag (121), Jochen Leiß (116), Conny Freundorfer, Ralf Wosik und Jörg Roßkopf (alle 102), bei den Damen Ursula Kamizuru-Hirschmüller (110), Hanne Schlaf, Agnes Simon und Kirsten Krüger (alle 93) sowie Wiebke Hendriksen (89).

Die Deutschen Mannschafts-Rekordmeister sind bei den Damen der DSC Kaiserberg (18 Titel) und bei den Herren Borussia Düsseldorf (15 Titel); dabei siegte die Mannschaft zwischen 1978 und 1982 fünfmal und stellte den Serien-Rekord des MTV München (1947–51) ein. Außerdem holten sich die Düsseldorfer elfmal den deutschen Pokal.

Rekordgewinner im Europapokal der Landesmeister sind bei den Damen (eingeführt 1964) Statisztika Budapest mit 18 Titeln (1970–74, 1976–86, 1989, 90) sowie bei den Herren (eingeführt 1961) mit je fünf Siegen CSM Cluj aus Rumänien (1961, 1964–67) und Spartacus Budapest (1970, 71, 1979–81).
Zu zwei Siegen brachte es Borussia Düsseldorf (1989, 1991).

Körperbeherrschung ist das A und O beim Kunstturnen. Aurelia Dobre zeigt das vollendet.

Die jüngste internationale Meisterin war Joy Foster (Jamaika), die im Alter von acht Jahren im August 1958 die Titelkämpfe von Westindien in Port of Spain, Trinidad, gewann.

Die meisten Ballwechsel innerhalb einer Min. schafften am 4. November 1989 die beiden Schweizer Thomas Busin und Stefan Renold mit 172. Bei den Damen kamen die Geschwister Lisa und Jackie Bellinger (GB) am 14. Juli 1987 in Luton auf 168.

TRIATHLON

Die International Triathlon Union wurde offiziell am 1. April 1989 in Avignon gegründet. Die Deutsche Triathlon-Union ist eine am 23. Februar 1985 in Worms vollzogene Fusion zwischen dem Deutschen Triathlon-Verband und dem Deutschen Triathlon-Bund.

Kurzdistanz-Weltmeisterschaften, eingeführt 1989: Den ersten Titel im französischen Avignon holten sich Erin Baker (Neuseeland) und Mark Allen (USA). Beide Mannschaftssiege gingen an die USA.

Langdistanz-Weltmeisterschaften, eingeführt 1982: Acht Titel gewann Mark Allen, 1982–86, 1989–91. Die Wettkämpfe finden jährlich in Nizza (Frankreich) statt.

Den Ironman auf Hawaii, eingeführt 1978, gewann Dave Scott (* 1953, USA) sechsmal, 1980, 1982–84, 1986, 87. Die Streckenrekorde halten bei den Männern Mark Allen mit 8:09:16 Std. und bei den Frauen Paula Newby-Fraser (Zimbabwe) mit 9:00:56 Std., jeweils aufgestellt am 14. Oktober 1989.

Die Weltbestzeit im Ironman halten Dave Scott (USA) mit 8:01:32 Std., aufgestellt am 30. Juli 1989 am Lake Biwa (Japan), und Thea Sybesman (Niederlande) mit 8:55:29 Std., erreicht am 13. Juli 1991 in Roth (Deutschland).

TURNEN

KUNSTTURNEN

Der älteste deutsche Verein ist die Hamburger Turnerschaft von 1816. Der erste Turnverein in der Schweiz wurde 1819 in Zofingen gegründet. Der größte deutsche Turnverein ist der SSV Ulm mit 7801 Mitgliedern.

Die erfolgreichste Olympia-Teilnehmerin ist Larissa Latynina (* 1934, UdSSR), die zwischen 1956 und 1964 neun Gold-, fünf Silber- und vier Bronzemedaillen im Einzel- und Mannschaftskampf gewann und damit den absoluten olympischen Rekord hält. Außerdem war sie zehnmal Einzel-Weltmeisterin.

Der erfolgreichste Olympia-Teilnehmer ist Nikolai Andrianow (* 1952, UdSSR) mit 15 Medaillen, sieben goldenen, fünf silbernen und drei bronzenen, zwischen 1972 und 1980.

Sein Mannschaftskamerad Alexander Ditiatin (* 1957) errang bei den Spielen 1980 in Moskau in allen acht Wettbewerben (Mannschafts- und Einzel-Zwölfkampf sowie sechs Geräte) eine Medaille – dreimal Gold, viermal Silber, einmal Bronze.

Die meisten Einzel-Goldmedaillen bei Olympischen Spielen errang Vera Caslavska-Odlozil (* 1942, ČSFR) mit sieben, drei 1964 und vier 1968. Bei den Männern kam Boris Schaklin (* 1932, UdSSR) auf sechs, eine 1956, vier 1960 und eine 1964.

Die meisten Goldmedaillen bei den Männern holte Sawao Kato (* 1946, Japan) mit acht zwischen 1968 und 1976, davon fünf in der Einzel- und drei in der Mannschaftswertung. Außerdem gewann er dreimal Silber und einmal Bronze.

Die besten Deutschen bei Olympischen Spielen waren – 1936 in Berlin – Konrad Frey (1909–74), der drei Gold-, eine Silber- und zwei Bronzemedaillen holte, sowie Alfred Schwarzmann (* 1912), der drei Gold- und zwei Bronzemedaillen erkämpfte und 1952 – als 40jähriger! – noch einmal Zweiter am Reck wurde.

Die erfolgreichste deutsche Frau ist Karin Janz (* 1952) mit zwei Gold-, zwei Silber- und zwei Bronzemedaillen bei den Olympischen Spielen 1968 und 1972. Außerdem wurde sie Weltmeisterin 1970 am Stufenbarren, Europameisterin 1969 im Kür-Vierkampf, Pferdsprung, am Schwebebalken und Stufenbarren.

Am häufigsten Mannschafts-Olympiasieger wurden bei den Männern Japan mit fünf Erfolgen (1960–76) sowie bei den Frauen die UdSSR mit neun Triumphen (1952–80, 1988).

Die meisten Weltmeisterschaften der Männer gewann Boris Schaklin (* 1932, UdSSR) zwischen 1954 und 1964 mit zehn Einzel- und drei Mannschaftstiteln. Den weiblichen Rekord hält mit zehn Einzel- und fünf Mannschaftstiteln Larissa Latynina zwischen 1956 und 1964.

Der jüngste Weltmeister ist Dimitri Bilosertschew (* 1966, UdSSR), der 1983 bei seinem Sieg in Budapest 16 Jahre und 315 Tage alt war.

Die jüngste Weltmeisterin ist Aurelia Dobre (* 1972, Rumänien), die 1987 im Alter von 14 Jahren und 352 Tagen den Titel gewann.

Den Mannschaftstitel bei den Männern gewann siebenmal die Sowjetunion (1954, 1958, 1979, 1981, 1985, 1987, 1989). Bei den Frauen siegte die UdSSR sogar zehnmal (1954, 1958, 1962, 1970, 1974, 1978, 1981, 1983, 1985, 1989).

Der jüngste Teilnehmer eines internationalen Wettbewerbs war Pasakevi »Voula« Kouna (* 1971, Griechenland), der mit 9 Jahren und 299 Tagen bei den Balkanspielen am 1. Oktober 1981 in Serres (Griechenland) startete.

Das Nonplusultra in einem internationalen Titelkampf schaffte die Sowjetrussin Ludmilla Turischewa (* 1952), die alle fünf Goldmedaillen bei den Europameisterschaften am 26./27. Oktober 1973 in London errang – im Achtkampf, am Boden, Barren, Schwebebalken und im Pferdsprung. 17 Jahre später, am 6./7. Mai 1990, in Athen wiederholte Swetlana Boginskaja (* 1973, UdSSR) diesen Triumph.

Einen Achtkampf-Weltrekord stellte mit phantastischen 79,80 (von 80 möglichen) Punkten Ecaterina Szabo (* 1967, Rumänien) beim Dreiländerkampf gegen Deutschland und Ungarn am 5./6. Juli 1984 in Stadtallendorf auf. Das gleiche Kunststück war bei den Europameisterschaften 1957 in Bukarest Larissa Latynina (UdSSR) und 1967 in Amsterdam Vera Caslavska (ČSFR) gelungen.

Das ungewöhnlichste Ergebnis aller Zeiten gab es 1987 in Peking, als drei Chinesinnen im Achtkampf mit 75,8625 auf den Zehntausendstelpunkt das gleiche Resultat erreichten.

RHÖNRADTURNEN

Am häufigsten Deutsche Meister im Mehrkampf wurden bei den Männern mit je vier Titeln Alois Weckesser (1965–68), Erich Göbet (1970–73) und Wolfgang Bieritzle (1985–88). Bei den Frauen waren sogar je fünfmal Anneliese Faber (1966–70) und Jobina Pinkenburg (1982–86) erfolgreich.

RHYTHMISCHE SPORTGYMNASTIK

Die Olympia-Premiere 1984 in Los Angeles gewann die Kanadierin Lori Fung.

Für die absolut beste Leistung sorgte bei den Spielen 1988 in Seoul Marina Lobatsch (* 1970, UdSSR), die ohne jeglichen Punktabzug die Goldmedaille gewann. Für alle ihre Übungen erhielt sie die Höchstnote zehn.

Die meisten WM-Titel im Vierkampf (eingeführt 1963) gewann die Bulgarin Maria Gigova mit drei Siegen 1969, 1971, 1973.

Auf insgesamt neun Titel mit Einzelgeräten (Reifen, Ball, Keule, Band oder Seil) kamen Maria Gigova und Diliana Guerguiva, beide Bulgarien, sowie Galina Schugorowa (UdSSR).

Das Nonplusultra schaffte Bianka Panova (* 1960, Bulgarien) bei der WM 1987 in Varna. Sie gewann nicht nur den Vierkampf und alle vier Geräte-Finals, sondern bekam achtmal, je viermal im Vor- und Endkampf, die Höchstnote zehn. Außerdem gehörte sie auch noch der siegreichen Mannschaft an.

Erfolgreichste bundesdeutsche WM-Teilnehmerin ist Carmen Rischer, die sich drei Titel (alle 1979) holte.

Die meisten WM-Mannschaftstitel erkämpften sich die Bulgarinnen, die seit 1967 insgesamt achtmal erfolgreich waren.

Weltcup, eingeführt 1983: Lilia Ignatova (Bulgarien) gewann bei der Premiere sowie 1986 und ist damit am erfolgreichsten.

Deutsche Rekordmeisterin ist mit 33 Titeln Regina Weber, die mit ihren fünf Siegen bei den Meisterschaften 1986 in Hannover die bislang führende Carmen Rischer (30) ablöste.

TRAMPOLIN

Die Weltmeisterschaften, eingeführt 1964, sind von vier Männern je zweimal gewonnen worden: Dave Jacobs (USA) 1967, 68, Wayne Miller (* 1946, USA) 1966, 1970, Richard Tison (* 1956, Frankreich) 1974, 1976 (anteilig) und Jewgeni Janes (UdSSR) 1976 (anteilig), 1978. Judy Wills (* 1948, USA) gewann die ersten fünf Frauentitel in den Jahren 1964–68.

Deutsche Meisterschaften: Sechsmal gewann Ralf Pelle bei den Männern den Titel, je drei-

Ein Muster an Beständigkeit, Renate Riek, die deutsche Rekord-Nationalspielerin im Volleyball.

mal siegten Ute Luxon und Ute Scheile bei den Frauen im Einzelwettbewerb.

Gehockter Salto rückwärts: Hans-Udo Hartmann (* 1964) schaffte am 18. August 1985 auf einem Trampolin in Neuwied (Rheinland-Pfalz) 149 Sprünge ohne Unterbrechung in 4:25 Min.

Die meisten Salti in einer Minute schaffte mit 78 Zoe Finn (GB) am 25. Januar 1988 im BBC-Center von Kent.

Minitrampolin: Zehn Turner (»Die qualmenden Socken«) des TSV Neuburg (Donau) schafften am 11. Oktober 1987 im bayerischen Ehekirchen über den quergestellten Turnkasten, 1,1 m hoch, innerhalb von fünf Std. genau 6006 Salti und verdoppelten den bisherigen Rekord (3000).

VOLLEYBALL

Die meisten Goldmedaillen bei Olympischen Spielen (seit 1964) gewann die UdSSR mit drei bei den Männern (1964, 1968, 1980) und vier bei den Frauen (1968, 1972, 1980, 1988).

Die einzige Spielerin mit vier Medaillen ist Inna Ryskal (* 1944, UdSSR), die 1964 und 1976 Silber sowie 1968 und 1972 Gold gewann. Den Rekord bei den Männern halten mit drei Medaillen Jurij Pojarkow (* 1937, UdSSR), der 1964 und 1968 Gold sowie 1972 Bronze erkämpfte, und Katsutoshi Nekoda (* 1944, Japan), der 1972 zu Gold, 1968 zu Silber und 1964 zu Bronze kam.

Die meisten Weltmeisterschaften (eingeführt 1949) gewann mit sechs das Männer-Team der UdSSR (1949, 1952, 1960, 1962, 1978, 1982). Die meisten Titel bei den Frauen holte sich mit fünf ebenfalls die Sowjetunion (1949, 1952, 1956, 1960, 1970).

Die meisten Europameisterschaften sicherte sich die UdSSR, die sowohl bei den Frauen als auch bei den Männern elfmal erfolgreich war.

Den Europapokal der Landesmeister, eingeführt 1960, gewann am häufigsten bei den Männern ZSKA Moskau und bei den Frauen Dynamo Moskau. Beide Klubs waren je elfmal erfolgreich.

Die meisten deutschen Titel errangen bei den Frauen der 1. VC Hannover (18) und bei den Männern USC Münster (8).

WASSERSKI

Das sportliche Wasserskilaufen kennt fünf Wettkampf-Sparten: Wasserski-Boot, Wasserski-Seilbahn und Barfuß-Wasserski jeweils mit Slalom, Tricks und Springen sowie Wasserski-Racing mit verschiedenen Klassen. Neu hinzugekommen ist das Kneeboarding.
Als Pionier des jetzigen Wasserskisports gilt Ralph W. Samuelson (1904–77, USA), der auf zwei gebogenen Tannenholzbrettern im Sommer 1922 auf dem Pepin-See fuhr. Allerdings erhebt auch Frankreich den Anspruch darauf, zur gleichen Zeit Geburtsstätte dieses Sports auf dem Annecy-See zu sein. Der Weltverband, die Union Mondiale de Ski Nautique, die sich jetzt International Water Ski Federation nennt, wurde am 27. Juli 1946 in Genf gegründet.

WASSERSKI-BOOT

Die meisten Weltmeisterschaften in der Kombination (eingeführt 1949) gewannen bei den Männern mit vier Titeln Sammy Duvall (USA) 1981, 1983, 1985, 1987 sowie bei den Frauen mit je drei Willa McGuire-Worthington (USA) 1949, 50, 1955 und Elizabeth Allan-Shetter (USA) 1965, 1969, 1975.
Am häufigsten den Mannschaftstitel gewannen mit 17 die USA zwischen 1957 und 1989.

Den ersten Sprung auf Wasserskiern machte Ralph Samuelson 1925 von einer eingefetteten Rampe am Lake Pepin (USA).

Den Weltrekord im Slalom mit drei Bojen an einer 10,25-m-Leine hält Andy Mapple (GB). Bei den Frauen schaffte Jeniffer Leachman (USA) fünf Bojen an einer 11,25-m-Leine.

Deutsche Rekordhalter: Bernd Jung vier Bojen (11,25-m-Leine) und Susanne Cornaz viereinhalb Bojen (13-m-Leine).

Spielt für Deutschland
Eine außergewöhnliche Frau ist Renate Riek, die Volleyballspielerin von CJD Feuerbach. Am 23. Juni 1991 in Hamm gegen Kuba streifte sie zum 500. Mal das deutsche Nationaltrikot über. Damit ist sie die absolute Rekord-Internationale. Ihr am nächsten kommen zwei Wasserballer, Frank Otto (406) und Peter Röhle (400). Dann folgt der Schachspieler Dr. Wolfgang Unzicker (376). Übrigens, der beste Fußballer war Franz Beckenbauer. Er brachte es auf 103 Länderspiele.

Fühlt sich ganz in seinem Element, Sammy Duvall, der bislang vier Weltmeisterschaftstitel im Wasserski-Boot errang.

Den Weltrekord im Figurenlauf (Tricks) halten mit 11 010 Punkten Tory Baggiano (USA) sowie bei den Frauen mit 8460 Punkten Tawn Larsen (USA).

Deutsche Rekordhalter: Bernd Jung mit 7260 und Nicole Treusch mit 4880 Punkten.

Den weitesten Sprung schafften mit 62,50 m Sammy Duvall (USA) und bei den Frauen mit 47,50 m Deena Mapple (USA).

Deutsche Rekordhalter: Steffen Wild mit 53,10 m und Petra Trautmann mit 35,20 m.

Deutsche Meisterschaften, eingeführt 1958: Die meisten Titel im Slalom, Figurenlauf, Springen und in der Kombination gewannen mit 36 Karl-Heinz Benzinger und mit 20 Petra Trautmann.

Die schnellste Überquerung des Ärmelkanals von New Rommey nach Boulogne schaffte in 57:57 Min. Steve Butterworth (GB) am 19. September 1988. Für die Hin- und Rücktour brauchte er 1:55:08 Std.

Die höchste Geschwindigkeit schaffte mit 230,26 km/h der Australier Christopher Michael Massey auf dem Hawkesbury-Fluß in Neusüdwales (Australien) am 6. März 1983. Schnellste Frau ist Donna Patterson Brice (* 1953) mit 178,81 km/h, erreicht am 21. August 1977 in Long Beach (USA).

BARFUSS-WASSERSKI

Die meisten Weltmeisterschaften, eingeführt 1978, gewannen die Australierin Kim Lampard (1980, 1982, 1984, 1986) und bei den Männern der Australier Brett Wing (1978, 1980, 1982).

Den Weltrekord im Slalom halten (nach neuesten Bewertungen) mit 19,0 Punkten Brett Sand (Australien) und Brian Fuchs (USA) sowie bei den Frauen mit 15,5 Punkten Jennifer Calleri (USA).

Deutsche Rekordhalter: Patrick Wehner (12,75) und Stefanie Herrmann (9,0).

Den Weltrekord im Figurenlauf halten mit 6770 Punkten Rick Powell und bei den Frauen mit 2630 Punkten Jennifer Calleri (USA).

Deutsche Rekordhalter: Patrick Wehner (2850)und Stefanie Herrmann (1620).

Den weitesten Sprung schafften mit 23,30 m Mike Seipel (USA) und mit 16,50 m Debbie Pugh (Australien). In Deutschland kamen Mario Moser auf 16,40 m und Adriane Mansdorfer auf 12,10 m.

Die höchste Geschwindigkeit schaffte mit 192,08 km/h Scott Michael Pellaton (* 1956, USA) über eine Viertelmeile in Chowchilla, Kalifornien (USA), am 4. September 1983. Schnellste Frau ist Karin Toms (Australien) mit 118,56 km/h, erreicht auf dem Hawkesbury-Fluß in Neusüdwales am 31. März 1984.

Die längste Zeit auf dem Wasser hielt sich mit 2:42:39 St. Billy Nichols (* 1964, USA) am 19. November 1978 auf dem Weir-See in Florida, USA.

WASSERSKI-SEILBAHN

Deutsche Bestleistungen halten im Slalom Gisela Pohlmann (3 Bojen, 12-m-Leine) sowie Michael Mäder (1 Boje, 10,75-m-Leine), im Figurenlauf Maria Asam und Sabine Häberle (3680 Punkte) sowie Michael Mäder (6150) und im Springen Maria Asam (34,20 m) und Markus Siemensmeyer (49,10 m).

Der weiteste Sprung gelang dem Österreicher Christian Swoboda mit 51,70 m und der Niederländerin Magda Slot mit 35,00 m.

Deutsche Rekordhalter: Markus Siemensmeyer kam auf 49,10 m, und Maria Asam erreichte 34,20 m.

Die Bestleistung im Dauerfahren hält Frank Mühlberg (* 1971) aus Bergisch-Gladbach, der am 19./20. August 1989 in Kirchheim auf 12:01:24 Std. kam.

WASSERSKI-RACING

Die Weltrekorde halten bei den Männern: 1 km Nico Bertels (Belgien) 167,57 km/h, 10 km Nico Bertels 156,06 km/h, 50 km Alberto Todeschini (Italien) 137,35 km/h, 100 km Helmut Winkler (Südafrika) 112,57 km/h. Bei den Frauen: 1 km Sandra Vandergrift (Niederlande) 146,48 km/h, 10 km Sandra Vandergrift 133,32 km/h, 50 km Liz Hobbs (GB) 82,629 km/h, 100 km Liz Hobbs 81,959 km/h. ■

Gelernt ist auf jeden Fall gelernt, Stefanie Herrmann ist deutsche Rekordhalterin.

DER MENSCH

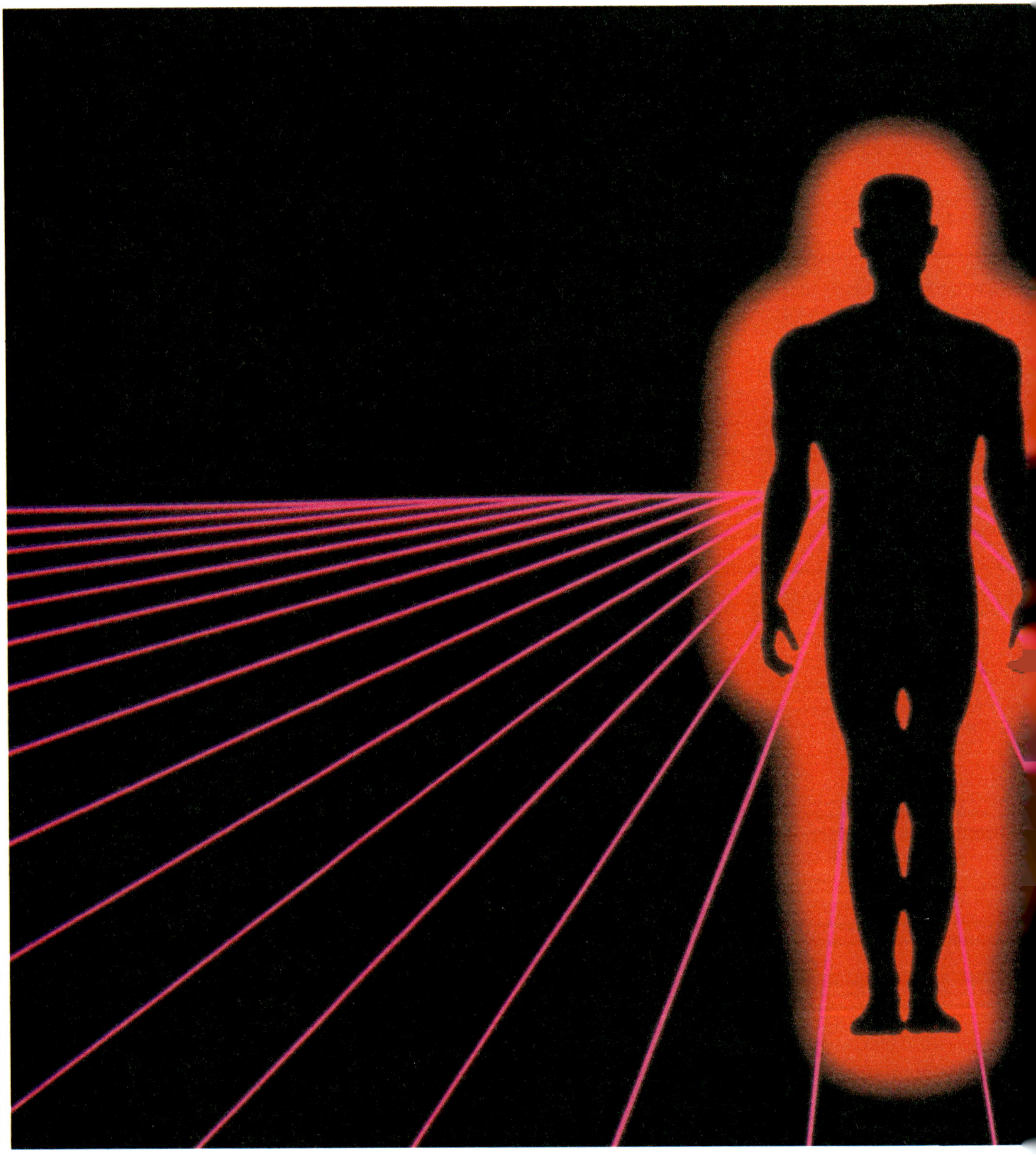

Forschungsobjekt Mensch: Die Kartierung des menschlichen Erbguts, die Entschlüsselung des genetischen Gerüstes beginnen mit einem Drei-Milliarden-Dollar-Projekt in den USA

DIE EINZELNEN ENTWICKLUNGSSTUFEN

Primaten: Die ersten Primaten tauchten im Paläozän vor etwa 69 Mio. Jahren auf. Als die Unterfamilie der *Anthropoiden* (Menschenaffen) im frühen Oligozän, vor 30–34 Mio. Jahren, in Afrika und Südamerika in Erscheinung trat, hatte der Tier-Mensch die Trennung in *Platyrrhini* und *Catarrhini* (Neue und Alte Welt) bereits vollzogen. Neue Funde aus Fayum in Ägypten stammen nach den bisherigen Untersuchungen aus dem frühen Oligozän und repräsentieren möglicherweise Primaten, die vor etwa 37 Mio. Jahren gelebt haben.

Hominoiden: Ungefähr 10 Mio. Jahre alt sollen nach Aussage der Ausgräber hominoide Überreste sein, die im griechischen Saloniki entdeckt wurden. Die Hominoiden stellen vermutlich ein Verbindungsglied zwischen dem Menschen und seinen Affen-Vorfahren dar. Die Funde aus Saloniki müssen jedoch noch gründlicher untersucht werden.

Hominiden (Menschenartige): Die für die Hominiden typischen Merkmale wie großes Gehirn und Fortbewegung auf zwei Füßen entwikkelten sich erst sehr spät. Die zweifellos ältesten Überreste eines Hominiden wurden im Februar 1984 bei Kiptalam Chepboi unweit des Baringo-Sees (Kenia) entdeckt: ein Kieferknochen und zwei Backenzähne eines Urmenschen *(Australopithecus)*. Nach Vergleichen mit anderen Fossilienfunden sind die Hominiden-Spuren aus Kenia 4 Mio. Jahre alt, nach chemischen Gesteinsuntersuchungen (Kalium-Argon-Methode) sogar 5,4–5,6 Mio. Jahre. Das am besten erhaltene Skelett eines frühen Hominiden – das von »Lucy« (zu 40 Prozent vollständig) – ist von Dr. Donald C. Johanson und T. Gray am 30. November 1974 in der Nähe des Flusses Awash bei Hadar in Äthiopien gefunden worden. Das Skelett ist etwa 3 Mio. Jahre alt. »Lucy« war 106 cm groß und schätzungsweise 40 Jahre alt, als sie starb.
Neue Zeugnisse „menschlichen" Lebens, die 1989 in Südwestchina gefunden wurden, sollen bis zu 500 000 Jahre älter als die afrikanischen Hominiden sein. Bis jetzt fehlen allerdings weitere Angaben, die diese Vermutung erhärten.

In Vulkanasche konserviert wurden 24 m lange Parallelspuren von Fußabdrücken, die Hominiden vor 3,6 Mio. Jahren in Laetoli (Tansania) hinterlassen hatten. Sie wurden 1978 von Paul Abell und Dr. Mary Leakey entdeckt. Die Spuren stammen wahrscheinlich von drei Geschöpfen, das kleinste war schätzungsweise 120 cm groß.

Genus Homo (Echtmensch): Erster Vertreter des Genus Homo ist der *Homo habilis* oder *Handy Man* (Geschickter Mensch), wie der Echtmensch aus der Olduvai-Schlucht in Kenia 1964 von Louis Leakey, Philip Tobias und John Napier auf Vorschlag von Professor Raymond Arthur Dart (1893–1988) genannt wurde. Als ältestes Fossil dieser Menschengattung gilt der im Nationalmuseum von Kenia aufbewahrte Schädel »1470«, den Bernard Ngeneo 1972 bei Koobi Fora am See Turkana (Nordkenia) entdeckt hat. Der Schädel hat vor rund 1,9 Mio. Jahren einem Echtmenschen gehört und wurde von Dr. Meave Leakey rekonstruiert.

Homo erectus (Frühmensch): Den ältesten Vertreter des *Homo erectus,* direkter Vorfahre des *Homo sapiens,* hat Bernard Ngeneo bei Koobi Fora (Nordkenia) ausfindig gemacht. Er hat vor ungefähr 1,6 Mio. Jahren gelebt. Sein Schädel ist gleichzeitig der besterhaltene eines Frühmenschen.

Der älteste Europäer wurde im März 1980 in der Arago-Höhle bei Perpignan (Frankreich) entdeckt. Formen seines Schädels wie auch die Abnutzung seiner Zähne verrieten den Wissenschaftlern, daß der Mann 18–25 Jahre alt gewesen sein muß. Arago XXI muß vor etwa 450 000 Jahren gelebt haben.
Ein *Homo-erectus*-Schädel, der bei Bilzingsleben (Sachsen-Anhalt) gefunden wurde, ist laut Uran-Bestimmung mindestens 350 000 Jahre alt. Möglicherweise hat der Frühmensch sogar vor mehr als 400 000 Jahren gelebt.

Der früheste Hominiden-Fund in Deutschland: 1907 wurde in Mauer bei Heidelberg der Unterkiefer eines *Pithecanthropus* gefunden. Diese Kinnlade des *Homo heidelbergensis* dürfte aus der Zeit um 500 000 v. Chr. stammen – also zwischen den ersten zwei Eiszeiten. Der berühmte Neandertaler-Mensch ist viel jünger – »nur« etwa 100 000 Jahre alt.

Diese Spur menschlicher Fußabdrücke, in Vulkanasche versteinert, wurde in Laetoli (Tansania) entdeckt. Sie ist ungefähr 3,5 Mio. Jahre alt.

KÖRPERMASSE

DIE GRÖSSTEN MÄNNER

Die menschlichen Riesen schießen durch Übertreibung oder aus kommerziellen Gründen oft in eine unwahrscheinliche Höhe. Glaubwürdig sind allein die Größenmaße, die in den letzten 100 Jahren unter objektiver ärztlicher Kontrolle ermittelt wurden. Leider aber sind sogar Medizinautoren nicht schuldlos daran, daß wider besseres Wissen phantastische Angaben verbreitet werden.
Das Körperwachstum wird von Wachstumshormonen bestimmt. Produziert wird das Wachstumshormon in der Hypophyse, der Hirnanhangsdrüse. Überproduktion in der Kindheit hat abnormales Wachstum und echten Riesenwuchs zur Folge.

Der nachweislich größte Mann in der Medizingeschichte war Robert Pershing Wadlow, der am 22. Februar 1918 um 6 Uhr 30 in Alton, Illinois (USA), geboren wurde. Am 27. Juni 1940 haben ihn Dr. C. M. Charles, Anatomie-Professor an der Washington-Universität von St. Louis (Missouri) und Dr. Cyril MacBryde gemessen. Da war Wadlow 272 cm groß und hatte eine Armspannweite von 288 cm. 18 Tage später, am 15. Juli 1940 um 1 Uhr 30, starb er in einem Hotel in Manistee (Michigan) an den Folgen einer Zellgewebsentzündung am rechten Knöchel, die durch einen schlecht sitzenden Stützverband hervorgerufen worden war. Wadlow wuchs noch während seiner letzten Krankheit, und hätte er ein weiteres Jahr gelebt, wäre er vermutlich 274 cm groß geworden. Als er starb, wog er 199 kg, sein Rekordgewicht hatte er mit 222,7 kg an seinem 21. Geburtstag erreicht. Seine Schuhe waren 47 cm lang, und seine Hände maßen vom Handgelenk bis zur Spitze des Mittelfingers 32,4 cm.

Der größte deutsche Mann war Christoffel Münster (1632–76) aus Varlosen (Landkreis Göttingen). Durch seine Größe von 248 cm (4 Ellen, 6 Zoll) wurde der Gänsehirt weit und breit bekannt. Herzog Christian Ludwig von Hannover ernannte ihn zu seinem Leibwächter.

Der größte lebende Deutsche ist Konstantin Gerhard Klein (*15. März 1957 in Hainburg [Hessen]). Er ist 223 cm groß und wiegt 130 kg. In seiner Familie gab es vor ihm keine Riesen. Seine Schuhgröße: 54.

Der Österreicher, der »Dörfler Riese« Viktor Prenner (1930–82) aus Steinberg-Dörfl (Burgenland), soll als 20jähriger in Prag 234 cm groß gewesen sein. Als der Müller im Alter von 52 Jahren starb, maß er nur noch 218 cm.

Größter lebender Mensch der Welt ist mit 251 cm der unter Eunuchismus leidende Chandra Barman (*1962) aus Dacca (Bangladesch). Sein abnormales Wachstum setzte ein, als er 11 Jahre alt war; Barmann wächst immer noch.

Der größte Österreicher heute ist Peter Zankl (*20. März 1964) aus Kötschach-Mauthen (Kärnten). Der Basketballspieler mißt inzwischen 219 cm und wiegt 115 kg. Er hat Schuhgröße 55.

Der größte Schweizer heißt Robert Ulrich (*1. Mai 1938 in Sattel/Kanton Schwyz). Er erreicht eine Körpergröße von 213 cm und bringt 165 kg auf die Waage.

Die größten (eineiigen) Zwillinge sind die Brüder Michael und James Lanier (*27. November 1969) aus Troy, Michigan (USA), die jeweils 223,3 cm messen. Schon mit 14 Jahren waren sie 216 cm groß. Ihre Schwester Jennifer bringt es gerade auf 157,4 cm.

DIE GRÖSSTEN FRAUEN

Größte Frau in der Geschichte war Zeng Jin-Lian (*26. Juni 1964) aus Yujiang in der zentralchinesischen Provinz Hunan. Bei ihrem Tod am 13. Februar 1982 maß sie 247 cm. Ihr abnormes Wachstum hatte schon im Alter von 4 Monaten eingesetzt, vor ihrem 4. Geburtstag war sie bereits 156 cm groß und 217 cm mit 13 Jahren. Zeng Jin-Lians Hände waren 25,5 cm und ihre Füße 35,5 cm lang. Sie hat sowohl an *Skoliose* als auch an *Diabetes* gelitten. Ihre Eltern sind nur 163 cm und 156 cm groß, ihr Bruder brachte es mit 18 Jahren auf 158 cm.

Die Riesin Ella Ewing (1875–1913) aus Gorin, Missouri (USA), soll 249 cm groß gewesen sein, doch diese Angabe war zu hoch gegriffen. Im Alter von 23 Jahren maß sie 224 cm, und sie war vermutlich nie größer als 228,6 cm.

Die größte lebende Frau ist Sandy Allen (*18. Juni 1955 in Chikago, Illinois, USA), die jetzt als Sekretärin in Indianapolis (Indiana) lebt. Am 14. Juni 1977 unterzog sie sich einer Hypophysenoperation, wodurch weiteres Wachstum unterbunden wurde. Sie mißt 231,7 cm. Bei der Geburt wog sie 2,95 kg, und schon kurz danach fing ihr abnormes Wachstum an. Jetzt wiegt sie 209,5 kg und hat Schuhgröße 54.

Die größte deutsche Frau ist Antje Dethloff (*2. Februar 1963 in Kiel). Sie ist 206 cm groß und wiegt 68 kg.

Die größte Frau Österreichs ist Renate Winklbauer (*10. Juli 1944 in Wien). Sie ist »nur« 192 cm groß und ebenfalls sehr schlank bei dem Gewicht von 68 kg.

Das am besten erhaltene Skelett eines frühen Hominiden ist das von »Lucy«, das 1974 beim Fluß Awash in Hadar (Äthiopien) gefunden wurde.

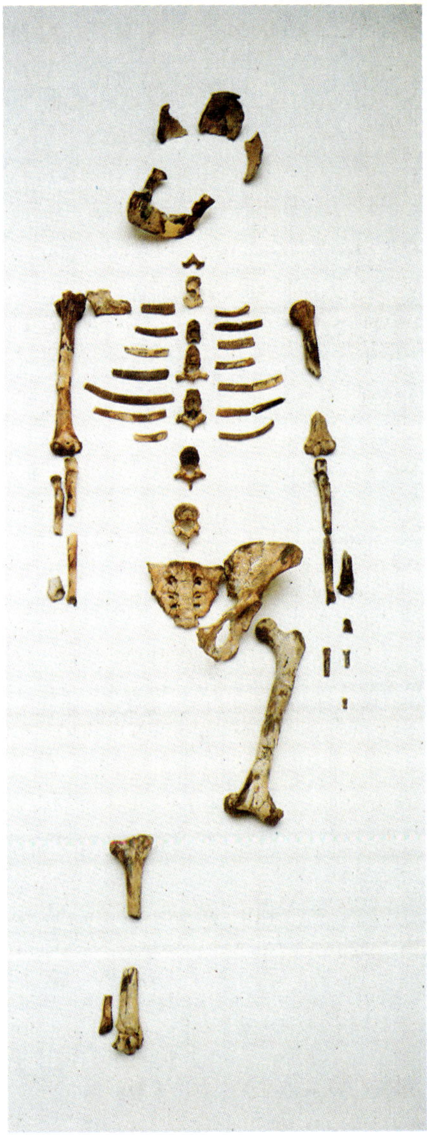

Die größte Schweizerin ist Ursula Zimmermann (* 2. Januar 1952 in Solothurn/Kanton Solothurn). Bei einer Körpergröße von 196 cm hat sie ein Gewicht von 85 kg.

Die größten Zwillingsschwestern der Welt sind mit jeweils 195 cm Heather und Hedi Burge (* 11. November 1971) aus Palos Verdes in Kalifornien (USA). Die gleichfalls eineiigen Zwillingsschwestern Anne und Elizabeth Johnson (* 7. August 1958) aus Madison in Wisconsin (USA) sind 185 bzw. 188 cm groß..

KLEINE MENSCHEN

Was für »lange« Menschen oft zutrifft, gilt auch für kleine: Die Größenangaben stimmen meist nicht. Nur werden die Angaben bei ihnen logischerweise untertrieben.

Müssen bei Riesen 274 cm als Maximalgröße betrachtet werden, so gilt bei den kleinsten ausgewachsenen Menschen oder Minderwüchsigen 58 cm als unterste Grenze.
Die Durchschnittslänge Neugeborener ist 46–50 cm. Bei kleinwüchsigen Kindern wird von deren Agenten oft das Alter erhöht und die Größe reduziert.

Kleinwuchs hat viele Ursachen. Dazu zählen genetische Abnormitäten, ein Mangel an wichtigen Hormonen (zum Beispiel an Wachstumshormonen) sowie Hunger und Not. Früher, als die Ernährungsgrundlagen noch nicht so gut und die Menschen allgemein nicht so groß waren wie heute, war der Zwergwuchs noch ausgeprägter.

Der kleinste erwachsene Mensch, über den objektive Zeugnisse vorliegen, war Pauline Musters (»Prinzessin Pauline«), eine niederländische »Liliputanerin«. Sie wurde am 26. Februar 1876 in Ossendrecht geboren und war bei der Geburt 30 cm lang. Mit neun Jahren hatte sie es auf 55 cm gebracht und wog nur 1,5 kg. Sie starb in New York am 1. März 1895 im Alter von 19 Jahren an Lungenentzündung und Meningitis sowie einem durch übermäßiges Trinken geschwächten Herzen. Obgleich sie im Zirkus mit 48 cm Größe angekündigt wurde, hatte eine ärztliche Messung eine Größe von 59 cm gezeigt. Eine Untersuchung nach ihrem Tod ergab eine Länge von genau 61 cm (nach dem Tod war eine Streckung eingetreten). Als sie erwachsen war, schwankte ihr Gewicht zwischen 3,4 und 4 kg, und ihre Körpermaße waren 47–48–43 cm, sie war also entschieden zu dick.

Der kleinste Mann war der am 14. Januar 1791 in Bridgewater (USA) geborene Calvin Phillips. Bei der Geburt wog er 907 g. Mit 19 Jahren war er 67 cm groß und wog mit Kleidern 5,4 kg. Zwei Jahre später, im April 1812, starb er an *Progeria*, einer seltenen Krankheit, bei der der Zwergwuchs von Greisenhaftigkeit begleitet ist.

Nur 48 cm groß soll nach einem Bericht des *Life Magazine* aus dem Jahr 1938 der Spanier Paul Del Rio (* 1920 in Madrid) gewesen sein. Er hatte damals Hollywood besucht. Doch die Tatsache, daß er unter den anderen »Zwergen« in der Filmmetropole keinen großen Eindruck machte und daß er etwa 5,4 kg wog, legt den Schluß nahe, daß Del Rio annähernd 66 cm groß war.

Der kleinwüchsigste Deutsche war Walter Boehming (1907–55). Als er in Delmenhorst (Niedersachsen) starb, war er nur 57 cm groß.
Der Österreicher Johann Hauptmann war 81 cm groß.
Der Schweizer Johann Wormbugh erreichte eine Größe von 78,5 cm.
In Österreich ist als niedrigste Größe einer Zwergin die Länge von 71 cm für Anastasia Boruwlaski registriert worden.

Der kleinste lebende erwachsene Mensch, der sich normal bewegen kann, ist Gul Mohammed (* 15. Februar 1957) aus Delhi (Indien). Bei einer Untersuchung im Ram-Manohar-Krankenhaus von New Delhi wurde am 19. Juli 1990 festgestellt, daß er 57,15 cm groß ist und 17 kg wiegt. Die anderen Mitglieder seiner nächsten Familie sind alle normal gewachsen.
Madge Bester (* 26. April 1963) aus Johannesburg (Südafrika) ist nur 65 cm groß, doch sie leidet an *Osteogenesis imperfecta* und ist an den Rollstuhl gefesselt. Ausgelöst wird diese Krankheit durch eine erbliche Abnormität der Kollagene (Gerüsteiweiße), die zusammen mit Kalziumsalzen für eine gesunde Knochenbildung verantwortlich sind. Deshalb sind brüchige Knochen und andere Deformationen des Skeletts kennzeichnend für *Osteogenesis imperfecta*. Madge Besters Mutter Winnie ist mit 70 cm nicht viel größer und gleichfalls auf einen Rollstuhl angewiesen.

Die kleinsten Zwillinge (von Geburt an) waren Matjus und Bela Matina (* 1903) aus Budapest (Ungarn). Sie lebten 1935 noch und wurden später Amerikaner. Beide kamen auf je 76 cm Körpergröße.
Die kleinsten lebenden Zwillinge sind John und Greg Rice (* 1952) aus Maitland, Florida (USA). Sie messen jeweils ganze 86,3 cm.

Zu Gast bei Sandy Allen, der größten lebenden Frau, waren die Brüder Wessels aus Vreden. Sie überbrachten Schuhe Größe 54 aus ihrer Übergrößen-Produktion.

Die ältesten kleinwüchsigen Menschen waren zwei über Hundertjährige. Anne Clowes aus Matlock (GB), die am 5. August 1784 im Alter von 103 Jahren starb, war 114 cm groß und wog 21,7 kg. Am 24. August 1984 starb die in Ungarn geborene Susanna Bokoyni (»Prinzessin Susanna«) in Newton, New Jersey (USA), mit 105 Jahren. Sie war 101 cm groß und wog 21,7 kg.

GEWICHT

Der schwerste Mann in der Geschichte der Medizin war Jon Brower Minnoch (1941–83) aus Bainbridge Island, Washington (USA). Ein Notarztteam hatte ihn im März 1978 auf einer großen Bohle erstmals in die Universitätskliniken von Seattle gebracht. Der Endokrinologe Dr. Robert Schwartz kam aufgrund von Hochrechnungen über Minnochs Nahrungs- und Ausscheidungsmengen zu dem Ergebnis, daß sein Patient »wahrscheinlich mehr« als 635 kg wog. 13 Pfleger waren nötig, um ihn in seinem Krankenhausbett umzudrehen. Nachdem Minnoch fast zwei Jahre lang auf eine Diät von 1200 Tageskalorien gesetzt worden war, brachte er nur noch 216 kg auf die Waage. Im Oktober 1981 mußte er wieder in die Klinik, weil er innerhalb einer Woche 91 kg zugenommen hatte. Der ehemalige Taxifahrer – 185 cm groß – hatte 1963 noch 181 kg gewogen; 1966 waren es

Kleinster lebender Mensch ist der Inder Gul Mohammed mit 57,15 cm.

schon 317 kg und im September 1976 dann 442 kg.

Schwerster lebender Mensch ist T. J. Albert Jackson aus Canton, Mississippi (USA), der als »Fat Albert« (fetter Albert) einige Berühmtheit erlangte. Er hat einen Brustumfang von 305 cm, eine Taillenweite von 294 cm, der Umfang seiner Oberschenkel beträgt 178 cm und der seines Nackens 75 cm. Jacksons Höchstgewicht lag bei 408 kg, jetzt sind es 402 kg.

Schwerste Frau war Percy Pearl Washington, die an Polydipsie (krankhaftem Durst) litt und am 9. Oktober 1972 in einem Krankenhaus in Milwaukee (USA) im Alter von 46 Jahren gestorben ist. Die Klinik-Waagen hatten eine Skala bis 800 Pounds (362,8 kg), und die reichte nicht aus. Es wurde geschätzt, daß Percy Pearl Washington etwa 399 kg gewogen hat. Sie war 1,83 m groß und hatte Kleidergröße 62 (US-Standard). Vor ihr lag der alte Gewichtsrekord bei 385,5 kg, und dieser Rekord hatte 84 Jahre Bestand. Soviel soll im Jahr 1888 eine unbekannte Negerin aus Boston, Massachusetts (USA), gewogen haben, weitere Angaben fehlen aber. Unbestätigt sind Behauptungen, nach denen Ida Maitland (1898–1932) aus Springfield, Mississippi (USA), sogar 413,2 kg schwer gewesen sein soll.

Schwerste lebende Frau war Rosie Carnemolla (* 1944) aus Poughkeepsie, New York (USA), die am 13. März 1988 – zu ihren gewichtigsten Zeiten – 385,5 kg auf die Waage brachte. Eine Woche später wurde sie auf strenge Diät gesetzt, und nach sechs Monaten war sie um 113 kg leichter. Dann unterzog sie sich auch noch einer Magenoperation, bei der ihr Bauchumfang verkleinert wurde. Im September 1988 wog Rosie Carnemolla nur noch 158,7 kg; ihre Taillenweite war von 249 cm auf 117 cm zurückgegangen, und statt Kleidergröße 70 (US-Norm) paßte ihr nun Größe 46. Sie hofft, daß sie auch ihr Wunschziel von 68 kg erreicht.

Die schwersten Zwillinge sind bzw. waren Billy Léon und Benny Loyd McCrary alias McGuire (* 7. Dezember 1946) aus Hendersonville, North Carolina (USA), die im November 1978 337 kg (Billy) und 328 kg (Benny) wogen und einen Taillenumfang von 213 cm hatten. Bei ihren Auftritten als Ringkämpfer wurde ihnen auf den Plakatanschlägen ein Gewicht bis zu 349 kg zugeschrieben. Nach einer sechswöchigen Schlankheitskur hatten beide nicht ab-, sondern 2,26 kg zugenommen. Billy starb am 13. Juli 1979 bei den Niagarafällen in Ontario (Kanada) nach einem Motorrad-Unfall.

Abmagerungskuren: 410,5 kg hatte Michael Hebranko (* 14. Mai 1953) aus New York im Juli 1987 gewogen. Innerhalb von 15 Monaten magerte er um 226,8 kg ab, und im Juni 1989 brachte er nur noch 98,4 kg auf die Waage. Hebranko nahm also in knapp 2 Jahren 312,1 kg ab. Zugleich schrumpfte sein Taillenumfang von 292,1 auf 91,96 cm – ein Minus von 200,14 cm.

Paul M. Kimelman aus Pittsburgh, Pennsylvania (USA), reduzierte zwischen dem 1. Januar und dem 3. August 1967 sein Gewicht von 216 auf 59 kg. Roly McIntyre (* 1952) aus Kesh (Nordirland), der im April 1983 noch 262 kg auf die Waage gebracht hatte, speckte bis Februar 1985 auf 84,8 kg ab. Richard Stephens aus Birmingham, Alabama (USA), war 211,8 kg schwer und nahm in 157 Tagen um 138,6 kg ab (12. April – 16. September 1985).

Dank einer Enzym-Diätkur verringerte Bernd Rastert (* 1968) aus Ettlingen (Baden-Württemberg) sein Gewicht in 15 Monaten um 150 kg. Lebensgefährliche 253 kg hatte der 21jährige Schreinerlehrling noch Ende April 1988 auf die Waage gebracht. Unter ärztlicher Aufsicht des Naturheilzentrums Gaggenau nahm er monat-

DIE SCHWERSTEN MÄNNER

	Gewicht
1) Jon Brower Minnoch (1941–83) USA (1,85 m)	635 kg
2) Walter Hudson (* 1944) USA (1,78 m)	544 kg
3) Michael Walker, geb. Francis Lang (* 1934) USA (1,88 m) (Höchstgewicht von 1971, als Arzneimittel Bulimie ausgelöst hatten; Gewicht im Februar 1980 auf 167 kg reduziert)	538 kg
4) Robert Earl Hughes (1926–58) USA (1,84 m)	485 kg
5) Mike Parteleno (* 1958) USA (1,83 m)	463 kg
6) Mills Darden (1798–1857) USA (2,29 m)	462 kg
7) Michael Edelman (* 1964) USA	457 kg
8) John Finnerty (* 1952) USA	453 kg
9) »Big Tex« (1902–1956) USA (1,86 m)	419 kg
10) Mickey Mounds (* 1953) USA (Speckte bis Februar 1989 auf 165 kg ab)	413 kg
11) John Hanson Craig (1856–94) USA (1,95 m) (Er gewann 1858 in New York 1000 Dollar als »Schönstes Baby«.)	411 kg
12) Michael Hebranko (* 1954) USA (1,83 m)	410,5 kg
13) Arthur Knorr (1914–60) USA (1,85 m) (Er nahm in seinen sechs letzten Lebensmonaten 136 kg zu.)	408 kg
14) T. J. Albert Jackson (* 1941) USA (1,93 m)	404 kg

Kleinste lebende Frau ist mit 65 cm Madge Bester aus Johannesburg (Südafrika).

lich je 10 kg bis Dezember 1989 ab und erreichte 103 kg.

LANGLEBIGKEIT

Allgemein: Nichts reizt mehr zu Lug und Trug als das menschliche Lebensalter, nichts verführt mehr zu Eitelkeit und arglistiger Täuschung. Wenn es um sehr alte Menschen geht, werden irreführende Angaben eher von anderen Leuten als von den Betroffenen selbst in die Welt gesetzt. Außer zufälligen Merkmalen, zum Beispiel bleibenden Folgen eines nachweis- und datierbaren Ereignisses wie dem Unfall von Tschernobyl, gibt es keine Anhaltspunkte, mit wissenschaftlichen Methoden am lebenden Menschenkörper sein Alter zu ermitteln. Im Laufe der Geschichte hat es immer wieder Berichte über Menschen gegeben, die weit über 100, ja sogar über 200 Jahre alt geworden sein sollen. Tatsächlich gibt es nur sehr wenige Menschen, die über 113 Jahre alt geworden sind. Es gibt keinen dokumentarisch belegten Fall von Langlebigkeit, der bestätigt, daß jemand mehr als seinen 120. Geburtstag gefeiert hat.

Irrtümer bei vermeintlichen Altersrekorden entstehen oft dadurch, daß zwei Lebensalter zu einem zusammengelegt werden – etwa das von Vater und Sohn, das von zwei Menschen gleichen Namens oder das von zwei aufeinanderfolgenden Trägern des gleichen Titels. Berühmtestes Beispiel dafür war Christian Jakobsen Drackenberg, der angeblich am 18. November 1626 in Stavanger (Norwegen) geboren worden war und am 9. Oktober 1772 in Aarhus (Dänemark) gestorben ist, also 145 Jahre, 326 Tage alt geworden wäre. Die Chance aber, auch nur 115 Jahre alt zu werden, ist äußerst gering. Nach Berechnungen von Versicherungsmathematikern, die zuverlässige Daten ausgewertet haben, kommt etwa auf 2,1 Mrd. Menschenleben nur eines, das 115 Jahre währt (Weltbevölkerung Mitte 1990: schätzungsweise 5,3 Mrd.).

Nach Berichten vom Februar 1984 habe die Volkszählung von 1982 in China lediglich 3800 Hundertjährige erbracht, von denen zwei Drittel Frauen waren. Wie eine Volkszählung im Jahr 1985 ergab, lebten in der chinesischen Provinz Xinjiang Urgur 850 Menschen, die 100 Jahre waren, vier sogar zwischen 125 und 103 Jahren. In den USA lebten am 1. Juli 1989 etwa 61 000 Menschen, die 100 Jahre oder älter waren. Geburts- und Sterberegister waren in Nordamerika jedoch nur einmal, 1933, komplett. Bis 1915 waren die Register sogar nur zu einem Drittel geführt worden.

DAS HÖCHSTE LEBENSALTER

Die längste Lebensdauer, die bislang zuverlässig nachgewiesen wurde, hat mit 120 Jahren, 237 Tagen der Japaner Shigechiyo Izumi erreicht. Am 29. Juni 1865 wurde er in Asan auf der Insel Tokunoshima (1320 km südwestlich von Tokio) geboren und ist als Sechsjähriger bei der ersten japanischen Volkszählung im Jahr 1871 erfaßt worden. Am 21. Februar 1986 starb er um 12 Uhr 15 in seinem Heimatort an einer Lungenentzündung.

Der älteste lebende Mensch der Welt ist – unter der Voraussetzung gesicherter Daten – die am 21. Februar 1875 geborene Französin Jeanne Louise Calment mit 116 Jahren. Sie lebt heute in einem Pflegeheim in Arles (Provence).

Die wohl älteste Berlinerin, Ida Stiboi (*26. Dezember 1882), feierte ihren 108. Geburtstag in Schmargendorf. Im Jahr 1900 kam die Landwirtstochter aus Hinterpommern nach Berlin, arbeitete als Näherin. Später leitete sie ein Lebensmittelgeschäft.
In München wurde Lilly Gronewaldt am 4. Januar 1991 ebenfalls 108 Jahre alt.

Der älteste Berliner wurde am 23. Juli 1991 mit 108 Jahren der verwitwete Reichsbankoberinspektor im Ruhestand Adolf Lange. Der rüstige Zehlendorfer konnte seinen Ehrentag erneut in seiner Geburtsstadt Potsdam im Schloß Cecilienhof feiern.

Die älteste Wienerin, Maria Mika, kommt aus Wien-Favoriten. Am 19. August 1990 erklangen die Geburtstagsglocken für die Jubilarin zum 108. Mal. Geboren 1882 in der Tschechei, kam sie um die Jahrhundertwende nach Österreich und lebt seit 40 Jahren im 10. Bezirk.

Die ältesten Vierlinge der Welt sind die Geschwister Ottmann (*5. Mai 1912 im pfälzischen Neustadt/Weinstraße). Bei guter Gesundheit begingen Annemarie Prim, Adolf Ottmann, Emma Quednau und Elisabeth-Charlotte Narciß bereits ihren 79. Geburtstag.

Die ältesten Drillinge waren die am 27. März 1868 in Marlboro, Massachusetts (USA), geborenen Faith, Hope und Charity Caughlin. Als erste von ihnen starb (Ellen) Hope Daniels am 2. März 1962 im Alter von 93 Jahren.
Die ältesten Drillinge Deutschlands sind Lina Bischlepp, Ida Heinrich und Emma Henze

aus Lieskau (Saalkreis) in Thüringen. Sie feierten am 16. September 1989 ihren 80. Geburtstag.

Eineiige Zwillinge werden sehr selten gemeinsam 100 Jahre oder älter. Die Chancen, daß es beide schaffen, stehen angeblich 1 zu 500 Mio. Die ältesten Zwillinge waren Eli Shadrack und John Phipps (* 14. Februar 1803 in Affinghton, Virginia, USA). Eli starb am 23. Februar 1911 in Hennessey (Oklahoma) im Alter von 108 Jahren und 9 Tagen, John lebte damals noch in Shenandoah (Iowa). Die eineiigen Zwilligsschwestern Mildred Widman Philippi und Mary Franzini aus St. Louis (USA) konnten am 17. Juni 1984 ihren 104. Geburtstag feiern.

Die ältesten lebenden Zwillinge sind mit 101 Jahren die am 29. Juli 1890 geborenen Schwestern Florence Elizabeth Blake geb. Thomas und May Mary Matilda Thomas, die im Middleton Home von Maldon (GB) leben.

Der älteste Berliner, Adolf Lange, feierte seinen 108. Geburtstag mit einem Ausflug nach Potsdam.

FORTPFLANZUNG

MUTTERSCHAFT

Die meisten Kinder geboren hat, soweit offiziell beglaubigt, mit 69 die erste von zwei Frauen des Bauern Fjodor Wassiljew (1707–82) aus Schuja, einer Ortschaft etwa 240 km von Moskau, geboren. Sie brachte in 27 Schwangerschaften 16 Paar Zwillinge zur Welt, siebenmal Drillinge und viermal Vierlinge. Über den Fall hat am 27. Februar 1782 das Kloster Mikolskaja nach Moskau berichtet. Die Kinder, von denen mindestens 67 das Säuglingsalter überstanden, waren etwa zwischen 1725 und 65 geboren worden.

Die zur Zeit gebärfreudigste Frau der Welt ist die Bäuerin Maria Olivera (* 1939) aus San Juan (Argentinien). Sie brachte am 31. Januar 1989 ihr 32. Kind zur Welt. Alle Kinder sind noch am Leben.

Die älteste Frau, die nachgewiesenermaßen einem Kind das Leben geschenkt hat, war Ruth Alice Kistler, geb. Taylor, und vormalige Frau Shepard (1899–1982) aus Portland, Oregon (USA). Eine Geburtsurkunde bestätigt, daß sie am 18. Oktober 1956 – als sie 57 Jahre und 129 Tage alt war – in Glendale bei Los Angeles eine Tochter namens Suzan zur Welt gebracht hat. Nach ihrem Tod ging das Gerücht, daß Frau Kistler das Geburtsdatum geändert haben könnte.

FRÜHGEBURTEN

Kürzeste Schwangerschaft: Ein 128-Tage-Kind war James Elgin, Sohn von Brenda und James Gill aus Ottawa, Ontario (Kanada). Der Junge, am 20. Mai 1987 geboren, wog 624 g.

Die zweieiigen Zwillinge Joanne und Mark Holding kamen bei einer Frühgeburt nach nur 105 Tagen am 28. Februar 1988 in Portsmouth (GB) auf die Welt. Joanne wog 880 g, Mark 825 g.

Vierlinge entband nach genau 26 Wochen am 10. April 1988 Tina Piper aus St. Leonards-on-Sea, Sussex (GB). Oliver, im Februar 1989 gestorben, wog bei der Geburt 1,6 kg, Francesca 0,96 kg, Charlotte 1,03 kg und Georgina 1,05 kg. Die Vierlinge waren im Königlichen Kreiskrankenhaus in Brighton (Sussex) auf die Welt gekommen.

SÄUGLINGE

Von großen Säuglingen spricht man, wenn sie bei der Geburt über 4,5 kg wiegen. Übergroße Kleinstkinder haben in der Regel Mütter, die groß und übergewichtig sind oder sich mit gesundheitlichen Problemen wie Diabetes herumschlagen.

Die kräftigsten normalen Säuglinge waren Jungen: Carmelina Fedele aus Aversa (Italien) brachte ihr 10,2 kg schweres Kind im September 1955 zur Welt; durch Kaiserschnitt wurde am 24. Mai 1982 in Transkei (Südafrika) Sithandiwe Samane geboren. Mit 16 Monaten wog er bereits 34,9 kg.

Der leichteste Säugling war Marian Taggart, geb. Chapman, aus South Shields (GB). Sie kam am 5. Juni 1938 sechs Wochen vor der Zeit auf die Welt und wog bei einer Größe von 31 cm nur 283 g. Der Arzt Dr. A. Shearer flößte ihr in den ersten 30 Std. mit der Pipette eines Füllfederhalters stündlich eine Mischung aus Weinbrand, Traubenzucker und Wasser ein. Nach 3 Wochen brachte Marian 821 g auf die Waage, und an ihrem ersten Geburtstag waren es 6,29 kg. Ihr Gewicht mit 21 Jahren: 48 kg. Sie ist am 31. Mai 1983 gestorben.

Gleiche Geburtsdaten: Geburtsdaten, das sollte vermerkt werden, sind nicht reine Zufallsprodukte. Es gibt einige Tage im Jahr, an denen einfach mehr Geburten registriert werden als an den anderen Tagen. Es ist auch Tatsache, daß in Familien die Geburtstage oft ungefähr in die gleiche Zeit fallen, manchmal sogar auf den gleichen Tag.

Der einzige bestätigte Fall von fünf Kindern einer Familie, die am gleichen Tag in verschiedenen Jahren zur Welt kamen, betrifft Cathe-

Wiedervereint nach 75 Jahren Trennung, die Zwillinge Iris Johns und Aro Campbell.

rina (1952), Carol (1953), Charles (1956), Claudia (1961) und Cecilia (1966): die Kinder von Ralph und Carolyn Cummins in Clintwood (USA). Der Geburtstag aller Kinder ist der 20. Februar. Die Wahrscheinlichkeit von fünf einzeln geborenen Geschwistern mit dem gleichen Geburtstag wäre eins gegen 17 797 577 730 – dreieinhalbmal die Weltbevölkerung.

Künstliche Befruchtung kann nach mehreren Methoden durchgeführt werden. Diese Kinder sind allgemein als »Retortenbabys« bekannt; die künstliche Befruchtung wird kurz IVF (***In-vitro-F****ertilisation)* genannt.

Erstes Baby aus dem Reagenzglas ist Louise Brown (2,6 kg). Ihre Mutter, Lesley Brown (damals 31 Jahre), wurde am 25. Juli 1978 um 23 Uhr 47 im Allgemeinen Krankenhaus von Oldham (GB) durch Kaiserschnitt entbunden. Louise war am 10. November 1977 extern empfangen worden.

Das erste »Retortenbaby« aus Deutschland, Oliver, wurde am 16. April 1982 in der Erlanger Universitätsfrauenklinik durch einen Kaiserschnitt entbunden. Seine Mutter, Maria Wimmelbacher, kommt aus dem oberfränkischen Dorf Langensendelbach bei Erlangen. Das Kind wurde am 3. August 1981 durch extrakorporale Befruchtung (außerhalb des Mutterleibs) gezeugt.

Die älteste Frau, die nach einer künstlichen Befruchtung entbunden hat, war eine 49 Jahre und 54 Tage alte Zypriotin. Sie brachte im Oktober 1990 per Kaiserschnitt ein 2850 g schweres Mädchen auf die Welt. Ein Team unter der Leitung von Dr. Krinos Trokoudes, Direktor des Pedieos-IVF-Zentrums in Nikosia, hatte der Frau das befruchtete Ei in die Gebärmutter verpflanzt.

MEHRFACHGEBURTEN

Zweimal Siebenlinge gebar 1390 und 91 Brigitta von Stingelheim in Hailing. Landkreis Straubing-Bogen (Niederbayern). Diese Kinder (alles Söhne) sind auch groß geworden. Eine Erinnerungstafel in der Taufkapelle der Kirche St. Pauli Bekehrung hält das Ereignis fest.

Die leichtesten Zwillinge wogen zusammen nur 991 g. Es waren die am 16. August 1931 geborenen englischen Schwestern Mary (453 g) und Margaret, die 538 g wog. Mutter war Florence Stimson aus Old Fletton (Peterborough).

»Siamesische Zwillinge«: Zusammengewachsene Zwillinge verdanken diese Bezeichnung dem berühmten Paar Chang und Eng Bunker, die am 11. Mai 1811 in Meklong (Siam, jetzt Thailand) geboren wurden. Sie waren durch ein knorpeliges Gewebe an der Brust verbunden und heirateten im April 1843 die Schwestern Sarah und Adelaide Yates. Sie zeugten zehn bzw. zwölf Kinder und starben, 62 Jahre alt, am 17. Januar 1874 im Abstand von drei Stunden.

Erstmals mit Erfolg getrennt wurden siamesische Zwillinge am 14. Dezember 1952 im Mount Sinai Hospital von Cleveland, Ohio (USA). Dr. J. S. Geller führte die Operation an zwei Mädchen durch, die an *Xiphopagus* (Doppelmißbildung mit Verwachsung in der Gegend des Schwertfortsatzes) gelitten hatten.

Die seltenste Form zusammengewachsener Zwillinge ist *Dicephales tetrabrachius dipus* (2 Köpfe, 4 Arme und 2 Beine). Die einzigen bekannten Beispiele sind die am 4. Januar 1950 geborenen Mascha und Dascha Kriwoschlijapowi aus der UdSSR sowie Catherine und Eilish Holton aus Co Kildare in Irland, die am 24. August 1988 im Coombe Hospital von Dublin auf die Welt kamen. Nadir und Juraci Climerio de Oliverra aus Santo Amaro de Purifcacao, Bahia (Brasilien), die am 2. Juni 1957 zur Welt kamen; ein anonymes Paar, das am 23. Juni 1977 in Washington (USA) bei einer zehnstündigen Operation getrennt wurde; Fonda Michelle und Shannon Elaine Beaver aus Forest City, North Carolina (USA), die am 9. Februar 1980 geboren und im Februar 1981 erfolgreich getrennt wurden. Die im September 1986 im Sudan geborenen Hassan und Hussein wurden am 29. April 1987 in einer Londoner Klinik erfolgreich getrennt. Eine weitere Trennung gelang am 4. Oktober 1988 in Ho-Chi-Minh-Stadt (früher Saigon) an dem vietnamesischen Paar Viet und Duc, das 1981 auf die Welt gekommen ist.

Älteste siamesische Zwillinge, die nicht getrennt wurden, sind Yvonne und Yvette McCarther (*1949), ein *Craniopagus*-Paar aus Los Angeles, Kalifornien (USA). Ihre Köpfe sind am Scheitel zusammengewachsen. Eine Trennung per Operation lehnen sie ab.

Schnellste Drillingsgeburt: Innerhalb von 2 Min. wurden am 21. März 1977 in Memphis, Tennessee (USA), Bradley, Christopher und Carmon Duck geboren.

Die ersten Fünflinge aus dem Reagenzglas sind Alan, Brett, Connor, Douglas und Edward Jacobssen, die am 26. April 1985 im University College Hospital von London auf die Welt kamen. Ihre Eltern sind Linda und Bruce Jacobssen.

Fünfzehnlinge: Die Fetusse von 10 Mädchen und 5 Jungen hat Dr. Gennaro Montanino am 22. Juli 1971 in Rom aus der Gebärmutter einer 35jährigen Frau entfernt. Nach Angaben des Arztes war ein Fruchtbarkeitsmittel die Ursache für den einzigartigen und unübertroffenen Fall von Fünfzehnlingen.

Das am längsten getrennte Zwillingspaar, die am 13. Januar 1914 geborenen Schwestern Iris und Aro Haughie, wurde nach 75 Jahren wieder zusammengeführt – dank der Fernsehsendung *Missing* (Vermißt), die am 27. April 1989 in Neuseeland ausgestrahlt wurde. In den 75 Jahren ihrer Trennung war aus Iris Iris Johns geworden und aus Aro Aro Campbell.

NACHKOMMEN

Sieben-Generationen-Familie: Augusta Bunge, geb. Pagel (*13. Oktober 1879), aus Wisconsin (USA) erfuhr am 21. Januar 1989, daß ihre Ur-Ur-Ur-Enkelin Mutter eines Sohnes geworden war. Geboren wurde an diesem Tag ihr Ur-Ur-Ur-Ur-Enkel Christopher John Bollig.

Jüngste lebende Ururgroßmutter ist Harriet Holmes aus Neufundland (Kanada), die am 17. Januar 1899 geboren ist. Das Ereignis durfte sie am 8. März 1987 im Alter von 88 Jahren und 50 Tagen feiern.

Die meisten lebenden Vorfahren hat Megan Sue Austin (*16. Mai 1982) aus Bar Harbor, Maine (USA). Sie erfreute sich bei ihrer Geburt noch aller Großeltern und Urgroßeltern und fünf Ururgroßeltern. Macht alles in allem 19 direkte Ahnen.

PHYSIOLOGIE UND ANATOMIE

HÄNDE UND FÜSSE

Tastsinn: Die Empfindlichkeit der Finger ist derart hoch, daß damit eine Schwingungsbewegung von 0,02 eines Mikrons wahrgenommen werden kann.

SUPERLATIVE DES MENSCHLICHEN KÖRPERS

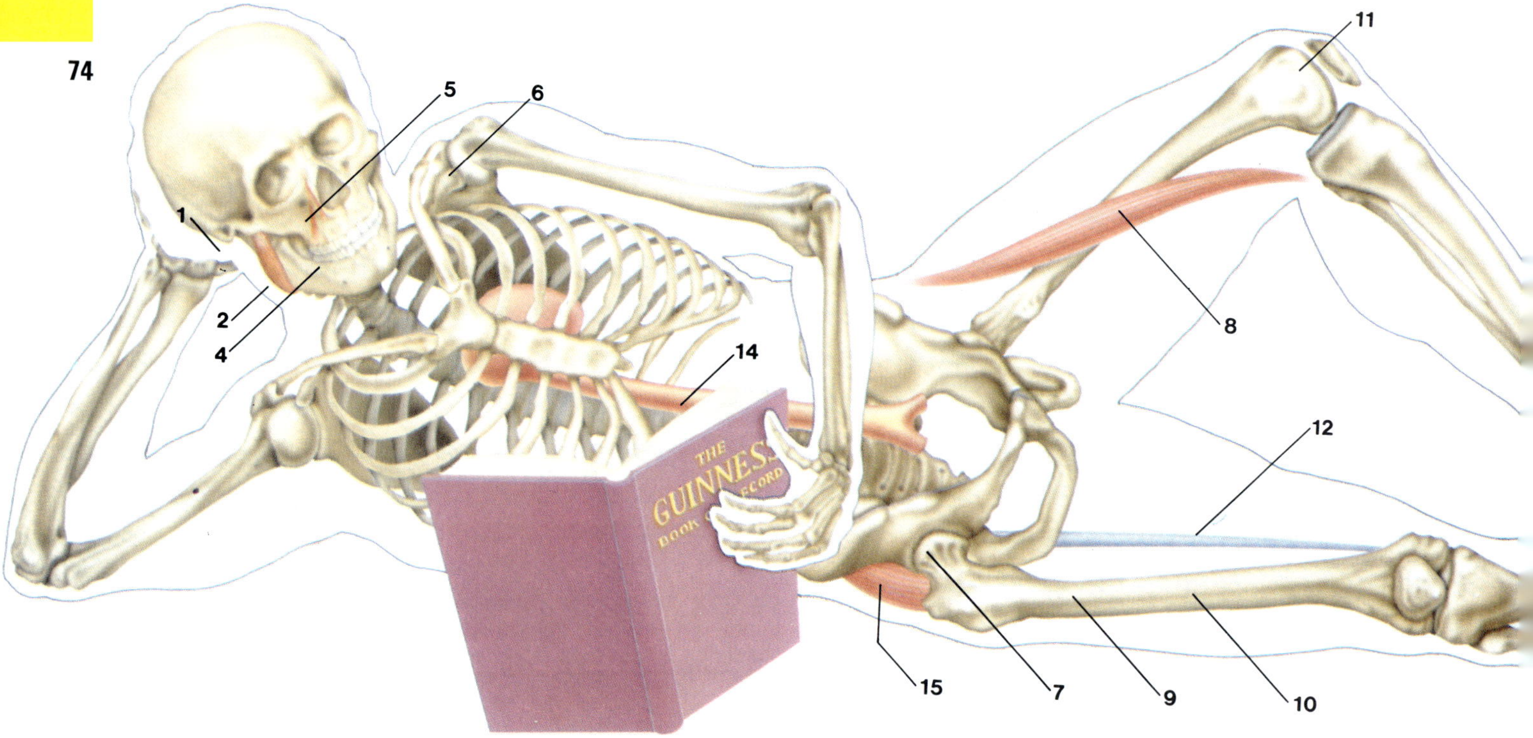

Der Schädel

1 Der kleinste Knochen ist der Steigbügel, eines der drei Gehörknöchelchen im Mittelohr. Er ist 2,6–3,4 mm lang und wiegt 2–4,3 mg.

2 Der kräftigste Muskel ist der *Masseter*, jeweils einer auf beiden Mundseiten. Der Mensch benutzt ihn zum Kauen. Richard Hofmann (* 1949) aus Lake City, Florida (USA), bewies im August 1986 etwa 2 Sek. lang eine Bißstärke von 444 kg. Das liegt um das Sechsfache über dem Normalwert.

3 Zahnschmelz ist die härteste Körpersubstanz; entspricht der Mohshärte 5. Er ist außerdem der einzige Bestandteil des Körpers, der sich während des ganzen Lebens nicht verändert. So hat ein 70jähriger Mensch mit gesunden Zähnen Zahnschmelz im Mund, der im Mutterleib gebildet wurde.

4 Der größte Zahn ist der erste obere Molarzahn, ein Zahn, der in der Regel drei Wurzeln hat.

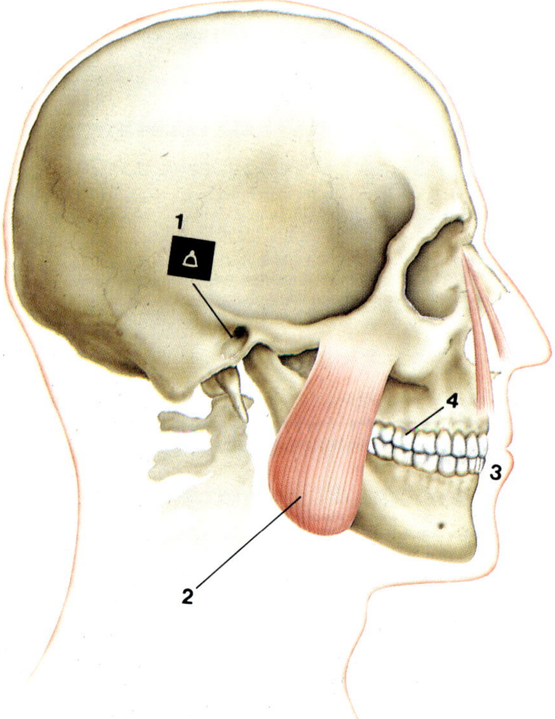

5 Der Muskel mit dem längsten Namen ist der *levator labii superioris alaeque nasi*. Dieser Gesichtsmuskel zieht sich nach unten, ein Muskelzweig führt zur Oberlippe, der andere zur Nase. Diesen Muskel braucht, wer die Oberlippe umstülpt oder die Lippen verzieht. Elvis Presley (1939–77) hat dies gekonnt demonstriert. In den späten fünfziger Jahren war er bekannt für seine Oberlippenmuskelspiele, die auch in *Love Me Tender*, einem seiner frühen Filme, zu sehen sind.

Das Skelett

6 Das beweglichste Gelenk ist das Schultergelenk. Es gehört auch zu den Gelenken, die sich der Mensch am häufigsten verrenkt – oder sogar auskugelt, wie dies vielen Sportlern und Sportlerinnen widerfährt. Besonderes Pech in dieser Hinsicht hatte Bryan Robson, Kapitän von Manchester United und der englischen Nationalelf, der sowohl 1986 als auch 1990 bei der Fußball-Weltmeisterschaft frühzeitig verletzt aufgeben mußte. Das Bild zeigt ihn, wie er in Mexiko angeschlagen das Feld verläßt. In der Saison 1976/77, als Bryan Robson noch bei West Bromwich Albion spielte, hatte er sich dreimal das gleiche Bein gebrochen.

7 Das kräftigste Gelenk ist erwiesenermaßen das Hüftgelenk. Der Gelenkkopf am Ende des Oberschenkelknochens *(femur)* paßt nahezu perfekt in die Gelenkpfanne des Hüftbeins. Auskugeln kann sich der Mensch das Hüftgelenk bei enormer Gewalteinwirkung, bei Hochgeschwindigkeitszusammenstößen von Autos etwa oder bei Fallschirmunfällen.

8 Der längste Muskel im menschlichen Körper ist der *sartorius*, der einem schmalen Band

13

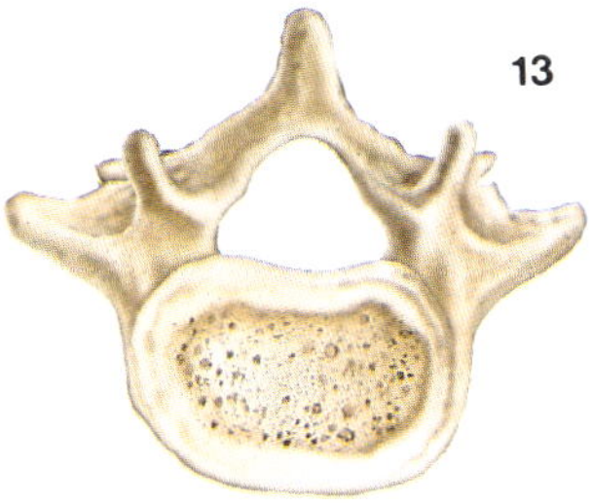

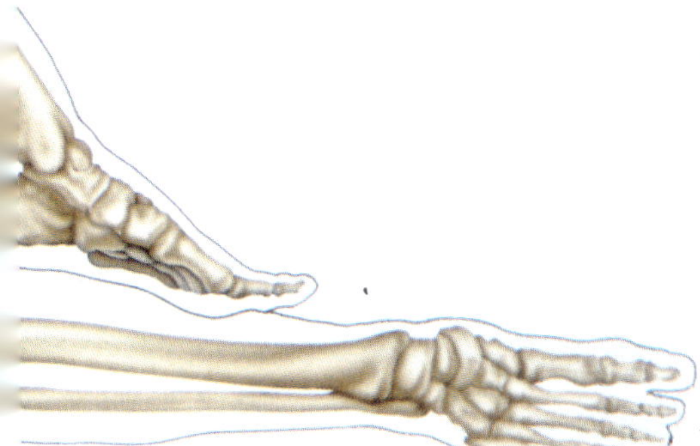

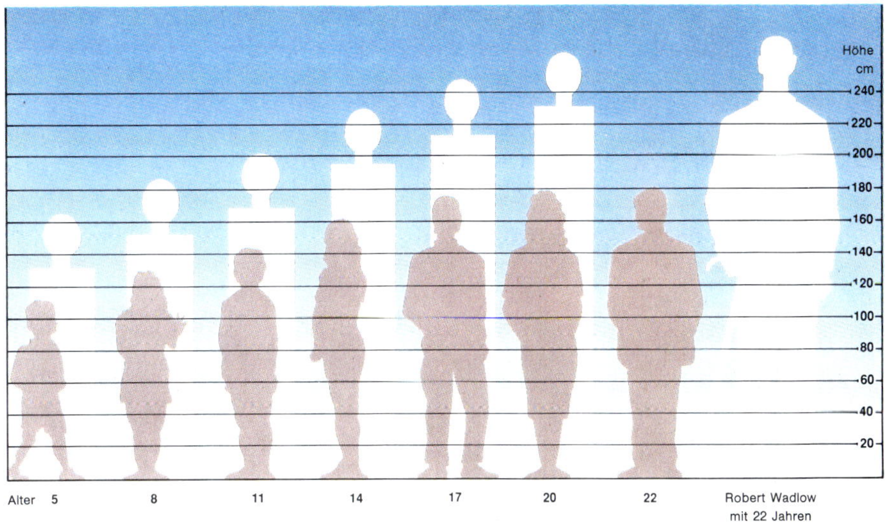

gleicht und sich vom Becken über den vorderen Oberschenkel bis zum Schienbein zieht. Seine Aufgabe besteht darin, die unteren Glieder in eine Position zu bringen, die als Schneidersitz bekannt ist (*sartor* = Schneider). Weil es andere, kräftigere Körpermuskeln gibt, die diese Aufgabe erledigen könnten, muß der *sartorius* als eine etwas zweifelhafte »Zugabe« angesehen werden.

9 Der längste Knochen. Eine variable Zahl von Sesambeinen oder *Sesamoidea* (kleine rundliche Knochen) ausgeklammert, finden sich 206 Knochen im Körper eines erwachsenen Menschen; Kinder haben 300 (wenn sie wachsen, verschmelzen einige Knochen miteinander). Längster Knochen ist der *femur* oder Oberschenkelknochen. Er macht gewöhnlich 27,5 Prozent der Statur aus und kann bei einem 1,83 m großen Mann bis zu 50 cm lang werden. Der *femur* von Robert Pershing Wadlow (Bild), dem größten Menschen, von dem je berichtet wurde, maß schätzungsweise 75 cm.

10 Die meisten Beinbrüche zog sich vermutlich Barry Sheene (Bild rechte Spalte) zu. Als er sich einmal bei einem Motorradunfall (mit 160 Stundenmeilen) mehrere Brüche an beiden Beinen geholt hatte, mußten die zersplitterten Knochen mit 26 Schrauben und Platten zusammengehalten werden.

11 Das größte Sesambein ist die Kniescheibe oder *patella*. Die meisten anderen Sesambeine messen nur wenige Millimeter im Durchmesser und gleichen in der Form dem Samen der Sesampflanze, der diese kleinen Knochen ihren Namen verdanken. Sie kommen meist im Verlauf von Sehnen vor, dicht bei Gelenken oder dort, wo die Sehnen scharfe Kurven beschreiben. Wenn sich Sehnen um ein Gelenk spannen, stützen oder führen die Sesambeine die Sehnen und mildern den Druck, der zum Beispiel beim Niederknien entsteht.

Gigantismus (Riesenwuchs). Besonders schnell wachsen wir im Mutterleib und dann wieder im Alter von 11 bis 16 Jahren (Mädchen) oder von 11 bis 18 Jahren (Jungen). Verantwortlich für das Wachstum des menschlichen Körpers sind Wachstumshormone, die von der Hypophyse im Gehirn produziert werden. Übermäßige Produktion wird meist von einer Geschwulst in dieser kleinen Drüse hervorgerufen. In der Kindheit führt dies zu Riesenwuchs mit unverhältnismäßig langen Armen und Beinen. Im Erwachsenenalter führt vermehrte Hormonbildung zu *Akromegalie* (Vergrößerung der Finger, Zehen, Nase, Ohren, Kinn). Gigantismus wird dadurch nicht verursacht; denn Arme und Beine können in diesem Lebensstadium nicht mehr wachsen. Robert Wadlow war ein echter Riese, weil er in seiner Kindheit und Jugend gewachsen ist. Einen so großen Menschen wie ihn werden wir kaum wieder sehen, denn die moderne Medizin hat Techniken entwickelt, mit der Auswüchse der Hypophyse frühzeitig unterbunden werden können.

12 Der längste Nerv ist der siatische Nerv. Dieser Nervenstrang ist etwa 2 cm breit, zieht sich durch den Gesäßmuskel *(gluteus maximus)* und bündelt Nervenfibern zwischen Rükkenmark und Bein.

13 Zu den Fibern, die in diesem Nervenstrang gebündelt sind, gehören auch solche aus dem Umkreis des **größten Wirbelknochens**, des fünften Lendenwirbels.

14 Die größte Vene ist die *inferior vena cava*, die das Blut aus der unteren Körperhälfte zum Herz zurücktransportiert.

15 Der größte Muskel – unter 639 bezeichneten Muskeln, die in der Regel 40 Prozent des Körpergewichts ausmachen – ist der *gluteus maximus* oder Gesäßmuskel, der sich bis zum Oberschenkel erstreckt. Bei schwangeren Frauen kann jedoch der Uterus (Gebärmutter) von ungefähr 30 g auf mehr als 1 kg anwachsen und größer werden als der Gesäßmuskel des erfolgreichsten Bodybuilders. ■

Die längsten Fingernägel hat der Inder Shridhar Chillal. Die fünf Nägel seiner linken Hand messen zusammen 470 cm.

Am 12. Januar 1963 berichtete die sowjetische Zeitung *Iswestija* über ein Mädchen, Rosa Kulgeschowa, das mit verbundenen Augen Farben einzig und allein durch ihren Tastsinn zu erkennen imstande sein sollte. Spätere Berichte aus dem Jahr 1970 widerlegten jedoch diese Behauptung.

Die längsten Fingernägel hat sich Shridhar M. Chillal (* 1937) aus Pune (Indien) wachsen lassen. Am 19. März 1991 maßen die fünf Nägel seiner linken Hand zusammen 470 cm (Daumen: 102,5 cm, Zeigefinger: 90 cm, Mittel-, Ring- und kleiner Finger: jeweils 92,5 cm). Zuletzt hatte Chillal seine Nägel im Jahr 1952 geschnitten. Fingernägel wachsen etwa 0,05 cm pro Woche, viermal schneller als Fußnägel.

Die meisten Finger: 14 Finger und 15 Zehen hat ein Baby in Shoreditch, East London (England) gehabt. Das wurde am 16. September 1921 nach der Leichenschau in London berichtet.

Die wenigsten Zehen, nur zwei, haben zwei kleine Negerstämme, die Wadomo im Sambesital an der Grenze zwischen Sambia und Simbabwe und die Kalanga aus der östlichen Kalahari, Botswana. Das als »Hummerscheren-Syndrom« bekannte Leiden ist durch die Mutation eines einzelnen Gens entstanden und erblich. Dennoch können diese Menschen ohne Mühe große Strecken gehen.

HAARE

Die Frau mit den längsten Haaren in Deutschland ist Georgia Sebrantke (* 1943). Die seit vielen Jahren in Stuhr-Varrel bei Bremen lebende Griechin wies Anfang 1990 eine dunkelbraune Haarpracht von exakt 325 cm Länge auf. Der Ehemann und die drei Kinder wachen darüber, daß die Supermähne auch bei verlockenden Fernsehwetten nicht gestutzt wird, selbst dem Berliner Star-Figaro Udo Walz gelang das nicht.

Das kräftigste Haar hat vermutlich der Münchner Dominik Fahr (* 1971). Für Digitalwaage und Mikrometerschraube opferte Dominik eines der dicken Haare seines Rotschopfs, klemmte es zwischen Gewicht und Waage. Bei 261 g Belastung riß das Haar am 25. Oktober 1989. Dominik könnte übrigens mit seiner ganzen Haarpracht ca. 17,6 t aushalten – geht man davon aus, daß er 88 000 Haare hat.

Der längste Bart gehörte Hans N. Langseth (* 1846 in Norwegen); als Hans 1927 in den USA starb, hatte der Bart eine Länge von 533 cm. Der Bart wurde 1967 dem Smithsonian-Institut, Washington, zum Geschenk gemacht. Seit 1973 läßt Birger Pellas (* 21. September 1934) aus Malmö (Schweden) seinen Bart wachsen: Im Juli 1991 erreichte er 308,3 cm.

ZÄHNE

Die frühesten Milchzähne: Die ersten Milchzähne erscheinen gewöhnlich bei Kleinkindern im Alter von fünf bis acht Monaten, und zwar zuerst die Schneidezähne des Unter- und Oberkiefers. Zahlreiche Aufzeichnungen berichten von Kindern, die mit Zähnen zur Welt kamen. Gleich mit neun Milchzähnen wurde am 11. März 1961 Jörg Netzband († 2. April 1972) in Hamburg geboren. Über dieses Tempo staunten Ärzte und Zahnärzte der Eppendorfer Universitätsklinik.

Die Backenzähne bekommt man gewöhnlich im Alter von 24 Monaten, aber nach dem in Dänemark veröffentlichten Fall Pindborg wies 1970 ein um sechs Wochen zu früh geborenes Baby bei seiner Geburt acht Zähne, davon vier Backenzähne, auf.

Die stärksten Zähne hat wahrscheinlich Walter Arfeuille aus Ieper-Vlamertinge (Belgien). Am 31. März 1990 hob er in Paris ein Gewicht von 281,5 kg mit den Zähnen 17 cm über den Boden.

AUGEN

Sehschärfe: Das menschliche Auge ist fähig, auseinanderliegende Punkte mit bemerkenswerter Genauigkeit getrennt wahrzunehmen. Die Grenzwerte liegen zwischen 3 und 5 Winkelsekunden.

Dr. Dennis M. Levi vom Optometrischen Institut der Universität Houston (USA) gelang es im April 1984 mehrmals, die Position eines dünnen weißen Strichs im Bereich von 0,85 Winkelsekunden zu bestimmen. Er konnte also den Strich aus einer Entfernung von etwa 6 mm bis 1,6 km erkennen.

Farbsinn: Das menschliche Auge kann, unter optimalen Sichtverhältnissen, 10 Mio. verschiedene Farbflächen unterscheiden. Die genauesten fotoelektrischen Spektrometer besitzen nur etwa 40 Prozent dieser Trennschärfe. Rund 7,5 Prozent aller Männer und 0,4 Prozent aller Frauen sind farbenblind. Die extremste Form der totalen Farbenblindheit, die Monochromasie, ist höchst selten.
Die größte Häufigkeit von Rot-Grün-Blindheit wird aus der ČSFR gemeldet, die geringste von den Fidschiinseln und von Indianern Brasiliens.

Das längste Haar schmückt Mata Jagdamba, eine Yoga-Anhängerin, die im nordindischen Ujjain lebt. Es wallt über 6,4 m.

MUSKELN

Die aktivsten Muskeln sind die Augenmuskeln. Sie bewegen sich nach Schätzungen bis zu 100 000 mal pro Tag. Viele Augenbewegungen fallen in die Traumphasen während der Nachtruhe.

Der kleinste Muskel ist der *Musculus stapedius,* der den Steigbügel, eines der Gehörknöchelchen, bewegt und knapp 0,127 cm lang ist.

Über den größten Bizeps verfügt Isaac Nesser (*21. April 1962), der auch als »Dr. Size« (Dr. Umfang) bekannt ist. Sein Oberarmumfang beträgt 66,35 cm, und da hat Nesser seinen Supermuskel noch nicht einmal angespannt.

Den vermutlich kleinsten Bizeps läßt der Brite Robert Thorn spielen: Bei angespannten Muskeln beträgt sein Oberarmumfang 11,4 cm.

Die strammste Taille hatte Walter Hudson (s. »Schwerster lebender Mensch«) mit einer Weite von 302 cm bei seinem Höchstgewicht von 545 kg.

Die größten Brustkörbe findet man bei endomorphen Menschen (Tendenz zur Fettleibigkeit). Ein Extremfall war der Amerikaner Robert Earl Hughes (1926–58), der einen Brustumfang von 315 cm hatte. T. J. Albert Jackson, derzeit der schwerste lebende Mensch (s. S. 70), weist einen Brustumfang von 305 cm auf.
Unter kräftigen Menschen (Mesomorphen) normaler Statur ist ein Brustumfang von mehr als 142 cm selbst nach dem Einatmen sehr selten.

Jamie Reeves (*1962) aus Sheffield (GB), als »stärkster Mann der Welt« bekannt, hat bei einer Größe von 193 cm einen Brustumfang von 152,4 cm, und er wiegt 146 kg. Der Gewichtheber Rick Brown (*1960) aus Los Angeles (USA), 166 kg schwer, hat einen Brustumfang von 167,6 cm. Soweit bekannt, darf sich aber mit dem allergrößten Brustkasten ein anderer amerikanischer Gewichtheber schmücken, nämlich Isaac (»Dr. Size«) Nesser (*1962) aus Mount Pleasant, Pennsylvania. Er ist 177,8 cm groß und 164,2 kg schwer. Seine Oberweite: 172,87 cm.

DAS GEHIRN

Im Normalfall gibt es keine Wechselbeziehung zwischen Intelligenz und der Größe des Gehirns.

Das schwerste bisher gewogene Gehirn gehörte einem 50jährigen Mann. Es wog 2049 g. Das berichtete am 23. Oktober 1975 der medizinische Leiter des Distrikts 9 von Florida (USA).

Das leichteste »normale« oder nicht geschwundene Gehirn war 1096 g schwer und hatte einer 31 Jahre alten Frau gehört. Dr. P. Davis und Professor E. Wright vom King's College Hospital in London berichteten darüber im Jahr 1977.

Die schnellsten Rechner waren 14 Schüler von Hamburger und Rostocker Gymnasien mit dem Studenten Dierk Schleicher als Betreuer. In exakt 4 Min. zogen sie ohne Verwendung technischer Hilfsmittel die 13. Wurzel aus einer 100stelligen Zahl in der ZDF-Sendung *Wetten, daß...?* am 15. Dezember 1990 aus Emden. Ohne Fernsehzuschauer schaffte das Team es sogar in 1:46 Min.

Menschlicher Computer: In 28 Sek. multiplizierte Shakuntala Devi (Indien) zwei 13stellige Zahlen, die am 18. Juni 1980 von einem Computer in London nach dem Zufallsprinzip ausgewählt wurden. Die Rechenaufgabe lautete: 7 686 369 774 870 × 2 465 099 745 779. Das korrekte Resultat:
18 947 668 177 995 426 462 773 730.
Manche Experten wollen den Rechenkunststücken von Frau Devi einfach keinen Glauben schenken. Die Erfahrungen mit anderen Rechengenies, so argumentieren sie, lasse sie daran zweifeln, daß die Inderin die Aufgabe tatsächlich gelöst habe. Die Experten glauben lieber an einen Kontrollfehler.

Menschliches Gedächtnis: 16 000 Abschnitte aus buddhistischen Texten sagte im Mai 1974 Bhandanta Vicitsara in Yangon (früher Rangun), Myanmar (früher Birma) aus dem Gedächtnis auf.
Mehr als 15 000 Telefonnummern aus Harbin konnte der 26 Jahre alte Chinese Gon Yan-ling wiederholen. Dies bestätigte die Nachrichtenagentur Xinhua. Die Wissenschaft kennt auch ein eidetisches Gedächtnis. Die menschliche Fähigkeit, visuelle Vorgänge zu speichern und die Bildfolgen »wahrnehmungsnah« wieder abzurufen, ist allerdings nicht weit verbreitet.
Nach nur einmaligem Ansehen memorierte Dominic O'Brien aus Gaildford, Surrey (GB), 35 Kartenspiele (1820 Karten), die gemischt und ihm dann in zufälliger Reihenfolge vorgelegt worden waren. Bei diesem Kunststück unterliefen O'Brien am 22. Juli 1990 im Star Inn von Furneux Pelham, Herfordshire (GB), nur zwei Fehler.

Als Gedächtniskünstler tritt auch Erich Zenker (*1929) aus Kiel (Schleswig-Holstein) auf. Auf Veranstaltungen merkt er sich die Vornamen von Anwesenden. Auch wenn die Personen anschließend ihre Plätze gewechselt haben, ist er in der Lage, sie mit dem richtigen Vornamen anzusprechen. 320 Vornamen hat er bei Auftritten bereits richtig wiedererkannt. In der ZDF-Sendung *Wetten, daß...?* wurde er bekannt.

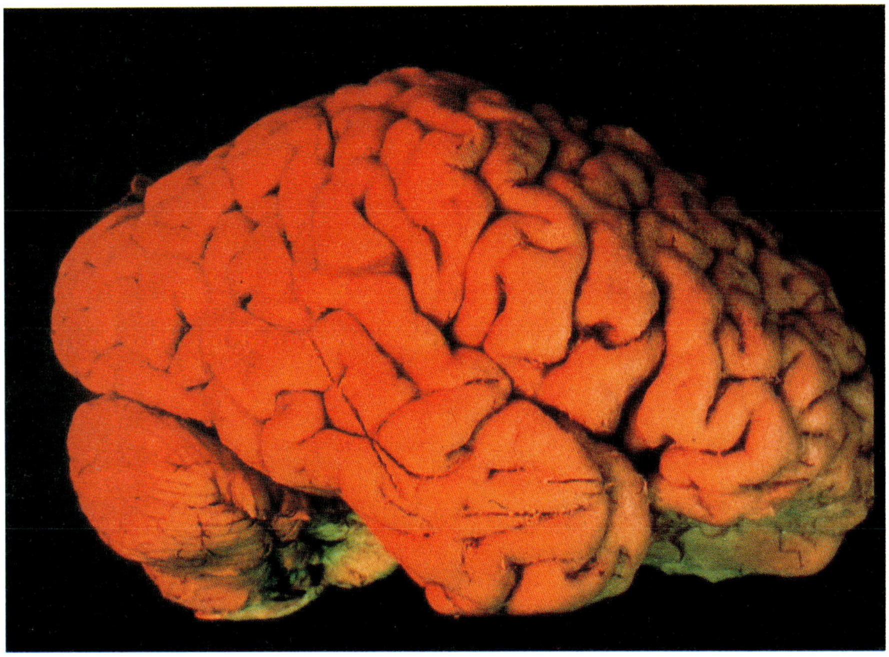

Das menschliche Gehirn: eine Seitenansicht mit dem Kleinhirn (links) und der Großhirnrinde (graue Substanz). Das Großhirn ist der Sitz von Bewußtsein, Gedächtnis, Lernfähigkeit, Verstand und auch des Willens.

Als Lottogenie entpuppte sich die Hausfrau Hedl Bäurle (*1932) aus Eigeltingen am Bodensee. Dank ihres fotografischen Gedächtnisses kann sie die Samstags-Lottozahlen mit Zusatzzahl der Jahre 1980–90 komplett auch in variabler Reihenfolge auswendig aufsagen – in etwa 65 Min. sind alle Wochenziehungen bewältigt: insgesamt 4011 Zahlen! In der ZDF-Sendung *Wetten, daß...?* vom 1. September 1984 konnte sie ihr Talent als »Lottofee« bereits vor einem Millionenpublikum vorführen.

Von der irrationalen Kreiszahl Pi hat Hideaki Tomoyori (*30. September 1932) aus Yokohama (Japan) 40 000 Stellen aus dem Gedächtnis aufgesagt. Er schaffte dieses Kunststück am 9./10. März 1987 im Universitätsklub von Tsukuba in 17:21 Std. (4:15 Std. Pause eingeschlossen).
Anmerkung: Oft wird als Näherungswert für die Zahl π, die das konstante Verhältnis des Kreisumfangs zum Durchmesser angibt, der Bruch $^{22}/_{7}$ genommen. Durch Brüche kann die transzendentale Kreiszahl jedoch immer nur angenähert dargestellt werden. Der tatsächliche Wert setzt sich aus einer Serie von Zufallszahlen zusammen, die äußerst schwer zu memorieren sind.
Der Durchschnittsmensch kann kaum mehr als acht solcher Zufallszahlen aus dem Kopf hersagen. Beweis dafür ist auch, daß die meisten Menschen unfähig sind, sich neun oder zehn willkürlich bestimmte Telefonnummern zu merken und zu wiederholen.

STIMME

Die größte Stimmweite: Die normale Hörweite der männlichen menschlichen Stimme beträgt bei Windstille und im Freien 180 m. Das Silbo, die gepfiffene Sprache auf der kanarischen Insel La Gomera, ist unter idealen Verhältnissen auf eine Entfernung von 8 km zu verstehen.
In einem Fall war die menschliche Stimme un-

ter abnorm günstigen akustischen Bedingungen über stehendem Wasser und bei Nacht auf eine Entfernung von 17 km vernehmbar, ohne daß man jedoch die einzelnen Worte verstand.

Brüllrekorde: Ihrer höheren Stimmfrequenz wegen erreichen Frauen beim Schreien eine größere Phonstärke als Männer. Den wissenschaftlich belegten Höchstwert beim Schreien schaffte mit 128 Dezibel aber Simon Robinson aus Südaustralien am 11. November 1988 bei einem *Guinness*-Wettbewerb in Adelaide.
Als einer der größten Schreihälse hat sich Donald H. Burns aus St. George's auf den Bermudas erwiesen. Bei Aufnahmen zu dem Fuji-TV-Film *Narvhodo the World* brachte er es am 18. Januar 1989 im Liberty State Park, New Jersey (USA), auf 119 Dezibel.

Jodeln wurde als »wiederholter schneller Wechsel von der Bruststimme ins Falsett und zurück« definiert. Schnellster Jodler war bisher Jim Whitman aus Washington, Tyne & Wear (GB), der am 16. November 1990 in Bethesda zehn Töne (darunter sechs Falsett-Töne) in 0,88 Sek. schaffte.

Schnellsprechen: Nur wenige Leute sind in der Lage, mehr als 300 Wörter/min klar und deutlich zu sprechen. Als Höchstgeschwindigkeitssprecher Nr. 1 unter den Rundfunkreportern galt lange Zeit der Kanadier Gerry Wilmot (*6. Oktober 1914), der in den späten vierziger Jahren Eishockeyspiele kommentierte. Der britische BBC-Kommentator Raymond Glendenning (1907–74) sprudelte einmal – während einer Reportage über ein Windhundrennen – in 30 Sek. 176 Wörter hervor. Stephen Woodmore aus Orpington in Kent (GB) schaffte am 22. September 1990 in der ITV-Sendung *Motor Mouth* 595 Wörter in 56,01 Sek. oder 637,38 Wörter/min.

Gedächtnisleistung
Drei-, vier-, fünfmal schaut sich Rufus Pfützner (*1986) aus Berlin geduldig die auf Quartettkarten abgebildeten Autos mit ihren Höchstgeschwindigkeiten an, dann hat er's. Spielkarte um Spielkarte merkt er sich mit den jeweiligen Geschwindigkeitsangaben und kann dann mühelos, exakt und fehlerfrei, Autofabrikat und seinen Spitzenwert zuordnen, über 800 sind es bereits – dabei ist er noch nicht einmal eingeschult. Und das alles aus freien Stücken ohne Anleitung der Eltern. Rufus zeigte seine Gedächtnisleistung am 24. März 1991 in der Fernsehshow *Wennschon – dennschon* (DFF-Länderkette).

BLUT

Blutgruppen: Das Vorherrschen einer bestimmten Blutgruppe ist in den einzelnen Gebieten der Erde höchst verschieden.

Die häufigste Blutgruppe der Welt ist 0 (46 Prozent); in gewissen Gebieten jedoch, z. B. in Norwegen, herrscht Gruppe A vor.

Die seltenste Blutgruppe der Welt ist eine Art des Bombay-Bluts (Untergruppe h–h), die bisher nur 1961 bei einer tschechoslowakischen Krankenschwester festgestellt wurde sowie 1968 bei einem Amerikaner und seiner Schwester namens Jalbert aus Massachusetts (USA).

Größte Bluttransfusion: Der 50jährige Warren C. Jyrich, ein Bluter, benötigte für seine »offene« Herzoperation im Dezember 1970 2400 Spendereinheiten, das sind 1080 l Blut.

Die größte Arterie ist die Aorta. Beim Austritt aus dem Herz hat sie einen Durchmesser von 3 cm, in Höhe des vierten Lendenwirbels beträgt der Durchmesser etwa 1,75 cm.

Zellen

Der größte Zellkörper ist das Ovum (Eizelle), das im weiblichen Eierstock gebildet wird. Es hat ungefähr die Größe des Punktes am Ende dieses Absatzes.

Zu den kleinsten Zellen gehören die Gehirnzellen im Cerebellum: Sie sind ungefähr 0,005 mm groß.

Die längsten Zellen sind Neurone des Nervensystems. Motorische Nerven sind 1,3 m lang und haben im unteren Rückenmark Zellkörper (graue Substanz) mit Achsenzylinderfortsatz (weiße Substanz). Sie transportieren Nervenimpulse vom Rückenmark bis zum großen Zeh. Noch länger sind Zellorganismen, die bestimmte Gefühle (Schwingungen und Standortempfindungen) vom großen Zeh zurück ins Gehirn melden. Ihre ununterbrochene Länge vom großen Zeh über das Rückenmark bis zum verlängerten Mark des Gehirns entspricht ungefähr der Körpergröße.

Die am schnellsten verbrauchten, das heißt kurzlebigsten Körperzellen sitzen in den Därmen. Sie werden alle drei Tage erneuert.

Die langlebigsten Zellen sind Gehirnzellen, die ein Leben lang funktionsfähig bleiben. Sie können etwa dreimal so alt werden wie Knochenzellen, die es auf ein Höchstalter von 25–30 Jahren bringen.

Die Zellen mit dem längsten Gedächtnis sind vermutlich die Lymphozyten, von denen im Lauf eines Menschenlebens mehrere Generationen gebildet werden. Sie vergessen niemals einen Feind. Hat sich zum Beispiel in jungen Jahren einmal ein Masernvirus eingeschmuggelt, sind die Lymphozyten auch 70 Jahre später noch in der Lage, die Masernviren zu erkennen und zu zerstören. Mit anderen Worten: An Masern leidet der Mensch kein zweites Mal.

Die größten Blutzellen sind die Megakaryozyten. Sie verbringen ihr Leben im Knochenmark und wagen sich selten in den eigentlichen Blutkreislauf. Im Knochenmark produzieren die Megakaryozyten die vielleicht »klebrigste« Körpersubstanz – die Blutplättchen. In jedem Tropfen Blut, der durch einen Nadelstich hervorgerufen wird, sind ungefähr 250000 Plättchen. Diese Plättchen spielen eine wichtige Rolle; denn sie dienen der Blutgerinnung. Entsteht in einem Blutgefäß ein Loch, versammeln sich dort im Nu die Plättchen und versiegeln die Wunde.

KÖRPERTEMPERATUR

Höchste Körpertemperatur: Der 52jährige Willie Jones wurde am 10. Juli 1980 mit einem Hitzschlag in das Grady-Memorial-Krankenhaus in Atlanta, Georgia (USA), eingeliefert – an einem Tag mit 32,2°C und 44 Prozent Luftfeuchtigkeit. Seine Temperatur lag bei 46,5°C. Nach 24 Tagen konnte er wieder entlassen werden.

Tiefste Körpertemperatur: Drei Fälle sind bekannt, daß Menschen Körpertemperaturen von nur 16°C überlebten. Dorothy Mae Stevens (1929–74) wurde am 1. Februar 1951 in einer Chikagoer Seitenstraße aufgefunden, ihr Puls war auf 12 Schläge pro Minute gefallen. Die damals 25 Monate alte Vickie Mary Davis wurde am 21. Januar 1956 in Marshalltown, Iowa (USA), in einem ungeheizten Haus entdeckt. Der damals zweijährige Michael Troke wurde am 19. Januar 1985 in der Nähe seines Elternhauses in Milwaukee, Wisconsin (USA), im Schnee geborgen.
Schon bei Körpertemperaturen um 35°C können Menschen an Hypothermie sterben.

KRANKHEITEN

Die häufigste Krankheit, jedoch nicht ansteckend, ist Karies (Zahnfäule). Nur wenige Menschen bleiben ihr Leben lang davon verschont. In gewissen Teilen der Welt erreicht der Befall mit Springwurm *(Enterobius vermicularis)* eine Rate von 100 Prozent.

Die häufigste ansteckende Krankheit ist der Schnupfen (akuter Nasen-Rachen-Katarrh).

Seltenste Krankheit: Medizinische Fachschriften erwähnen von Zeit zu Zeit bisher noch nicht beschriebene Krankheiten. Eine noch nicht diagnostizierte, aber von einem norwegischen Arzt vorhergesagte Krankheit heißt Podozytoma der Nieren. Dabei wären jene Nierenzellen betroffen, die als Glomerula bekannt sind und als Blutfilter dienen.
Der letzte Fall von Blattern wurde am 26. Oktober 1977 bei Al Maow Maalin in Merka (Somalia) festgestellt.
Kuru, auch als Schüttelkrankheit bekannt, kam nur innerhalb des Stammes der Fore in Papua-Neuguinea vor und ist inzwischen vermutlich ausgerottet. Man nimmt an, daß die Krankheit durch ein Virus ausgelöst und bei Trauer-Ritualen übertragen wurde. Bei diesen Ritualen waren Frauen und Kinder mit dem Gehirn der Toten in Berührung gekommen.

Ansteckendste und zugleich tödlichste Krankheit ist die Lungenpest. Zwischen 1347 und 51 holte der »Schwarze Tod« jeden, der sich infiziert hatte. Damals starb in Europa ein Viertel der Bevölkerung, weltweit fielen der Pest ungefähr 75 Mio. Menschen zum Opfer.

AIDS (*Acquired Immune Deficiency Syndrome*) wird von einem Virus mit dem Kürzel HIV (*Human Immunodeficiency Virus*) verursacht. Der Virus schwächt das Immunsystem und macht den Körper anfällig für Infektionen, die ein gesunder Körper problemlos abwehren könnte. Manche Menschen, die HIV-Träger sind, zeigen möglicherweise keine Krankheitssymptome, die mit AIDS in Verbindung gebracht werden. Die Krankheit bricht dann vermutlich später aus. Bisher ist noch kein Fall bekannt, daß AIDS – einmal ausgebrochen – geheilt worden sei.
Die Weltgesundheitsorganisation (WHO) meldete im März 1991 345533 AIDS-Erkrankungen, die wirkliche Zahl dürfte nach WHO-Schätzungen weit über 800000 liegen. In Deutschland beziffert das AIDS-Zentrum des Bundesgesundheitsamtes in Berlin die Zahl der mit HIV infizierten Personen auf 40000–50000. Nach den vorliegenden Daten ist die Krankheit bei 6455 infizierten bereits ausgebrochen. Dem AIDS-Zentrum wurden insgesamt 3074 Todesfälle bekannt.

Den lautesten Schrei produzierte Simon Robinson aus McLaren Vale (Südaustralien). Der Lärmpegel zeigte 128 Dezibel an.

Höchste Sterblichkeit: Die Krankheit Tollwut, die nahezu immer tödlich verläuft, sollte aber nicht mit dem Biß eines tollwütigen Tieres verwechselt werden. Bei sofortiger Behandlung kann das Nervensystem vor dem Virus geschützt werden, und die Überlebenschancen liegen bei 95 Prozent.

Die häufigste Todesursache in den Industrieländern ist die Arteriosklerose (durch Verkalkung bewirkte Verdickung der Arterienwände). Sie ist die Ursache zahlreicher Koronar-, Hirn- und Gefäßerkrankungen.

MEDIZINISCHE EXTREME

Post-mortem-Geburt: Klinisch tot war eine Frau aus Roanoke, Virginia (USA), nach einem Herzinfarkt. Sie wurde jedoch künstlich am Leben erhalten und 84 Tage später von einem 1,67 kg schweren Mädchen entbunden (5. Juli 1983).

Den längsten Herzstillstand überlebte der norwegische Fischer Jan Egil Refsdahl (*1936), der am 7. Dezember 1987 über Bord gegangen und in das eisige Wasser vor Bergen gefallen war. Als er in das nahe gelegene Haukeland-Krankenhaus gebracht wurde, war seine Körpertemperatur auf 24° C gefallen. Sein Herz hatte zu schlagen aufgehört. Doch nachdem er an eine Herz-Lungen-Maschine, die normalerweise in der Herzchirurgie verwendet wird, angeschlossen worden war, erholte sich Refsdahl vollständig. Nach 4 Std. Stillstand begann sein Herz wieder zu schlagen.

Puls-Frequenz: In der Regel schlägt im Erwachsenenalter das Herz im Ruhezustand bei Männern 70–78mal und bei Frauen 75–85 mal/min. Bei Herz-Anomalitäten kann es bis zu 300 mal/min schlagen oder auch so langsam, daß der Pulsschlag kaum zu entdecken ist. Größere Anstrengungen können bei untrainierten Menschen die Pulsfrequenz auf 200 oder mehr Schläge/min hochtreiben. Das Herz eines Hochleistungssportlers kommt dagegen mit weniger Schlägen aus; denn stetes Training bewirkt, daß mit jeder Herzkontraktion mehr Blut in den Kreislauf gepumpt wird. Deshalb steigt der Pulsschlag eines austrainierten Sportlers auch bei Anstrengung nur auf rund 140.

Im längsten Koma lag Elaine Esposito (*3. Dezember 1934) aus Florida (USA) im Anschluß an eine Blinddarmoperation, die in ihrem 6. Lebensjahr am 6. August 1941 an ihr vorgenommen wurde. Sie starb im Alter von 43 Jahren, 357 Tagen am 25. November 1978 nach einem Koma von 37 Jahren und 111 Tagen.

Der größte Gallenstein, der in der Medizinliteratur bisher bekanntgeworden ist, wog 6,29 kg. Dr. Humphrey Arthure hat ihn am 29. Dezember 1952 im Charing Cross Hospital in London bei einer 80jährigen Patientin entfernt. Im August 1987 wurde berichtet, daß K. Whittle Martin im Worthing Hospital in West Sussex (GB) bei einer 85jährigen Patientin sage und schreibe 23530 Gallensteine entfernt hat. Die Frau hatte sich mit heftigen Leibschmerzen in der Klinik gemeldet.

Am längsten in der eisernen Lunge befand sich Laurel Nisbet (1912–85) aus La Crescenta, Kalifornien (USA). Sie lebte 37 Jahre, 58 Tage bis zu ihrem Tod ununterbrochen darin.

Schwerstes Organ ist die Haut, denn in der Medizin wird sie als Organ betrachtet. Bei einem Durchschnittserwachsenen wiegt die Haut ungefähr 2,7 kg. Schwerstes inneres Organ ist mit etwa 1,5 kg die Leber. Sie ist viermal schwerer als das Herz.

Der längste (belegte) Schluckauf plagte Charles Osborne (1894–1991) aus Anthon, Iowa (USA). Er litt darunter 68 Jahre lang, seit 1922. Der Schluckauf hatte ihn überfallen, als er ein Mastschwein schlachtete. Er wurde ihn nicht mehr los; denn kein Mittel half dagegen. Trotz allem führte Osborne ein einigermaßen normales Leben: Er war zweimal verheiratet und hatte acht Kinder. Der Schluckauf hatte ihn alle eineinhalb Sekunden geplagt, bis zum Morgen des 5. Juni 1990; ein Jahr später starb er.

Niesen: Bedauernswertestes Opfer ist Donna Griffiths (*1969) aus Pershore (GB). Ihr erster Anfall dauerte 194 Tage – vom 13. Januar bis 27. Juli 1981. Im ersten Jahr ihres Leidens hat Donna schätzungsweise eine Mio. Male »Hatschi« gemacht. Bis zum 16. September 1983 (978 Tage lang) mußte sie warten, ehe sie ihren ersten niesfreien Tag hatte. Die Partikel, die beim Niesen ausgestoßen werden, erreichen eine Höchstgeschwindigkeit von 167 km/h.

Hungerstreik und Hungerkur: Etwa 30 Tage lang kann ein wohlgenährter Mensch nur mit Zuckerwasser überleben, schätzen die Ärzte, ohne gesundheitliche Folgen befürchten zu müssen. Am längsten ohne feste Nahrung hat es bisher Angus Barbieri (*1940) aus Tayport (GB) ausgehalten – nämlich 382 Tage. Von Juni 1965 bis Juli 66 lebte er im Maryfield-Hospital von Dundee allein von Tee, Kaffee, Wasser, Mineralwasser und Vitaminen. In dieser Zeit nahm Barbieri von 214,1 auf 80,74 kg ab.

Anmerkung: Rekordanmeldungen werden nur dann angenommen, wenn die Hungerkur aus medizinischen Gründen notwendig war.

Am längsten unter Wasser ausgehalten, und zwar unfreiwillig: 66 Min. lang war 1986 die zweijährige Michelle Funk aus Salt Lake City (USA) unter Wasser. Das kleine Mädchen war in der Nähe ihres Hauses beim Spielen in einen angeschwollenen Bach gefallen. Als es schließlich entdeckt wurde, konnten die Rettungsleute weder Puls- noch Herzschlag feststellen. Ins Leben zurückgerufen wurde Michelle dann von einer Bypass-Maschine, die ihr Blut wärmte, dessen Temperatur auf 66° Fahrenheit (ca. 19° C) gefallen war. Die Klinikärzte sprachen hinterher vom »längsten Unter-Wasser-Liegen ohne neurologische Folgen«.

Gefräßigster Feuerschlucker ist der Brite Reg Morris. Am 29. Oktober 1986 spie er in Chasetown eine 9,4 m lange Flamme aus seinem Mund. Im Feuerlöschen ist Inge Widar Svingen alias »Benifax« aus Norwegen die Nummer eins: Am 10. August 1990 erstickte er in Kolvereid in 2 Std. 25270 Fackeln in seinem Mund. Den Rekord für Frauen stellte am 26. Juli 1986 Sipra Ellen Lloyd in Port Lonsdale (Australien) auf: Sie machte 8357 Fackeln das Licht aus.

Schnellster im Feuerschlucken ist Rannug, The Snake Boy (eigentlich Gunnar Ehmsen), aus Jagsthausen-Olnhausen (Baden-Württemberg). In der Diskothek Seehaus in Widdern schluckte der gelernte Schlangendompteur bei einem Varietéabend am 10. Dezember 1989 150 brennende Fackeln in nur 19,74 Sek. – *Feuerschlucken ist eine sehr gefährliche Beschäftigung.*

Die meisten Tabletten schlucken mußte C. H. A. Kilner (1926-88) aus Bindura (Simbabwe) – nämlich 565939 zwischen dem 9. Juni 1967 und dem 19. Juni 1988. Kilner war auf die Tabletten seit einer Bauchspeicheldrüsenoperation angewiesen.

Der am vollständigsten tätowierte Mensch ist Tom Leppard von der Isle of Syke (GB). Er hat sich ein Leoparden-Design anlegen lassen, bei dem seine Haut zwischen den dunklen Flecken safrangelb leuchtet. Leppards Körper ist zu 99,2 Prozent tätowiert – ein Rekord, der kaum zu überbieten sein dürfte.
Bernard Moeller aus Pennsylvania (USA) behauptete am 4. Dezember 1989, ihn würden 8960 verschiedene Tätowierungen zieren. Auf der Haut von Walter Stiglitz aus New Jersey (USA) sollen sich sechs Künstler mit 5488 Tätowierungen verewigt haben. Auch Frauen mögen den Körperschmuck. Die Frau mit den meisten Tätowierungen ist die Striptänzerin »Krystyna Kolorful« (*1952) aus Alberta (Kanada). Sie hat sich im Laufe von zehn Jahren ein Hautkleid zugelegt, das 95 Prozent ihres Körpers bedeckt.

OPERATIONEN

Die langwierigste Operation dauerte 96 Std. Patientin war die Amerikanerin Gertrude Levandowski (*1893). Während des Eingriffs vom 4. bis 8. Februar 1951 mußten die Ärzte mit äußerster Vorsicht vorgehen, denn die Frau hatte ein schwaches Herz. Bei der Operation ist eine Zyste entfernt worden. Die Patientin hat dabei von 280 auf 140 kg abgenommen.

Die meisten Operationen durchgeführt hat der Inder Padmabhushan Dr. M. C. Modi, Augenchirurg seit 1943. Er operierte zusammen mit seinen Assistenten an einem einzigen Tag bis zu 833 Menschen, die am Grauen Star erkrankt waren, er besuchte 45416 Dörfer und 10094632 Patienten. So hat es der indische Augenarzt bis Februar 1990 auf 595019 Operationen gebracht.

Der älteste Patient, der sich je einer Operation unterzog, war James Henry Brett jr. (1849–1961) aus Houston, Texas (USA). Er war 111 Jahre und 105 Tage alt, als er sich am 7. November 1960 an der Hüfte operieren ließ.

Die größte Gallenblase war ein Exemplar von 10,43 kg. Professor Bimal C. Ghosh hat sie am 15. März 1989 im Medizinischen Zentrum der US-Marine in Bethesda (Maryland) bei einer 69jährigen Frau entfernt. Die Patientin hatte über eine wachsende Schwellung im Unterleib geklagt. Zehn Tage nach Entfernung der Gallenblase, die mehr als das 3fache eines durchschnittlichen neugeborenen Kindes wog, fühlte sich die Frau kerngesund und konnte das Krankenhaus verlassen.

Das kleinste Arztbesteck besteht aus einem Miniaturskalpell (17 mm groß, 0,049 g schwer) und einer 15 mm großen Pinzette mit drei ineinander greifenden Zähnchen. Die Teile hat der Instrumentenschleifmeister Heinz A. Benkewitz (*1936) aus Burg bei Magdeburg (Sachsen-Anhalt) aus einer Ampullensäge eigenhändig mit Hilfe einer 10fachen Augenlupe gefertigt.

TRANSPLANTATIONEN

Die früheste Herztransplantation wurde an Louis Washkansky im Alter von 55 Jahren im Groote Schuur Hospital, Kapstadt (Südafrika), zwischen ein Uhr und sechs Uhr morgens am 3. Dezember 1967 vorgenommen. An der Operation wirkte eine dreißigköpfige medizinische Gruppe unter Leitung von Professor Christiaan Neethling Barnard (* 1922) mit. Die Spenderin war Denise Ann Darvall, die 25jährig starb. Washkansky starb am 21. Dezember 1967.

Die erste Herztransplantation in Deutschland wurde am 13. Februar 1969 in München versucht. Dem Ärzteteam gehörten die Professoren Zenker, Sebening und Klinnen an. Sie pflanzten das Herz der Hausfrau Emma Salvermoser (39) dem Kraftfahrer Josef Zehner (36) ein. Er lebte damit 22 Std.

Am längsten mit einem fremden Herzen lebt William George von Buuren (* 24. Mai 1929) aus Kalifornien (USA). Ihm wurde am 3. Januar 1970 im Stanford Medical Center von Palo Alto (Kalifornien) das Herz eines unbekannten Spenders eingepflanzt. Die Operation wurde von dem Chirurgen Dr. Edward Stinson durchgeführt.

Der jüngste Patient, bei dem eine Herztransplantation vorgenommen wurde, war Paul Holt, Vancouver (Kanada). Er war, als die Operation am 16. Oktober 1987 im Loma Linda Hospital in Kalifornien (USA) durchgeführt wurde, gerade 2:34 Std. alt. Paul war sechs Wochen zu früh auf die Welt gekommen und hatte 2,9 kg gewogen.

Die erste Frau, die nach einer Herztransplantation ein Kind zur Welt brachte, war die Amerikanerin Betsy Sneith. Am 17. September 1984 wurde die damals 23jährige an der Stanford-Universität, Kalifornien (USA), von einem Mädchen entbunden, das 3,45 kg wog und auf den Namen Sierra getauft wurde. Das fremde Herz war der Frau im Februar 1980 eingepflanzt worden.

Eine Fünffachtransplantation wurde am 31. Oktober 1987 in der Kinderklinik von Pittsburgh (USA) vorgenommen. Tabatha Foster (1984–88) aus Madisonville, Kentucky, wurden im Alter von drei Jahren, 143 Tagen Leber, Pankreas, Dünndarm, Teile des Magens und Dickdarms eingepflanzt. Vor der 15 Std. dauernden Operation hatte das Mädchen nie feste Nahrung zu sich genommen.

Die erste Dreifachtransplantation wurde am 17. Dezember 1986 im Papworth Hospital von Cambridge (GB) durchgeführt. Dabei wurden Herz, Lunge und Leber verpflanzt. Patientin war Davina Thompson (* 28. Februar 1951) aus Rawmarsh, South Yorkshire (GB). Die Operation dauerte 7 Std., das 15köpfige Operationsteam wurde von John Wallwork und Professor Sir Roy Calne geleitet.

Kunstherz: Am 2. Dezember 1982 wurde in der Universitätsklinik von Salt Lake City, Utah (USA), dem Zahnarzt Barney Clark (61) aus Des Moines, Washington (USA), ein künstliches Herz eingepflanzt. Der Chirurg William De Vries benutzte das von Dr. Robert Jarvik gefertigte Kunststofforgan »Jarvik Mark 7«. Am 24. März 1983, 112 Tage nach dieser ersten Verpflanzung eines Kunstherzens, verstarb der Patient. Am längsten lebte William Schroeder in Louisville, Kentucky (USA), mit einem Kunstherzen: 620 Tage. Anfang 1990 hat die US-Arzneimittelbehörde die Genehmigung für den Herzersatz zurückgezogen. Das Aus für die faustgroße Pumpe aus Kunststoff und Metall wurde mit ungenügender Qualitätskontrolle bei der Herstellung und negativen Nebenwirkungen begründet.

Der erste Deutsche mit einem künstlichen Herzen lebte 17 Std. Es war der 57jährige Berliner Helmut Mellentin. Professor Emil S. Bücherl und sein zwölfköpfiges Operationsteam hatten den Patienten im Juni 1979 für 17 Std. an ein Kunstherz angeschlossen. Während dieser Zeit ersetzten sie ein abgestorbenes Herzgewebestück durch ein Stück Vene vom linken Bein des Patienten. Das von Bücherl entwickelte Berliner Kunstherz wird jetzt in Serie hergestellt. Das mechanische Pumpsystem unterstützt bis zu einer Herztransplantation den Kreislauf von herzkranken Patienten.

Die erste Nierenverpflanzung gelang dem Amerikaner R. H. Lawler (* 1895) am 17. Juni 1950 im May Hospital von Chikago (Illinois).

Mit einer verpflanzten Niere am längsten überlebt hat Kathleen Severson (* 25. Juli 1943) aus Minnesota (USA). Sie wurde am 8. Juli 1964 in der Universitätsklinik von Minnesota operiert. Spender der Niere war ihr Bruder.

Die erste Nervenverpflanzung nahm Oberarzt Dr. Jacoby 1968 in der Neurochirurgischen Klinik der Universität München vor. Es gelang ihm, durch Kältetrocknung die Nerven Verstorbener zu konservieren. ■

Der Backenbart von Ergen Hasan (* 1932) aus Bretten (Landkreis Karlsruhe) maß am 28. Mai 1991 stattliche 192 cm. Der gebürtige Türke, der seit 1963 in Deutschland lebt, pflegt seine Manneszierde seit 1980.

DAS TIERREICH

Der geierähnliche Afrikanische Marabu *(Leptoptilus crumeniferus)* aus dem tropischen Afrika hat neben dem Wanderalbatros *(Diomedea exulans)* mit 3,35 m die größte Flügelspannweite aller Vögel

SUPERLATIVE DES TIERREICHS

Das schnellste Tier ist der Wanderfalke *(Falco peregrinus)*, der sich aus großer Höhe auf seine Beute herabstürzt. Bei Sturzflügen in einem Winkel von 30 Grad erreicht er eine Höchstgeschwindigkeit von 270 km/h. Schießt er in einem Winkel von 45 Grad zur Erde, kann der Wanderfalke sogar 350 km/h schaffen. Seine Beute schlägt er gewöhnlich mit einer Fluggeschwindigkeit von 185–190 km/h. Das ergaben Experimente, die zwischen 1963 und 1967 in Deutschland durchgeführt wurden.

Das fruchtbarste Tier ist die Kohl-Blattlaus (*Brevicoryne brassica*). Nach Berechnungen ist eine einzige Laus in der Lage, in einem einzigen Jahr so unvorstellbar viele Abkömmlinge in die Welt zu setzen, daß die alles in allem bis zu 822 000 000 t wiegen könnten – mehr als dreimal soviel wie alle Menschen der Erde. Glücklicherweise ist die Sterblichkeitsrate unter den Blattläusen gewaltig.

Die kräftigsten Tiere der Welt sind, im Verhältnis zu ihrem Körperbau, die größeren Käfer aus der Familie der Scarabaeidae, die hauptsächlich in den Tropen vorkommen. Eine Testreihe mit einem Rhinozeros-Käfer (*Dynastinae*) ergab, daß er das 850fache seines eigenen Gewichts auf dem Rücken tragen konnte (ein ausgewachsener Elefant ist höchstens mit 25 Prozent seines Körpergewichts belastbar). Ein Mistkäfer (*Geotrupes stercorosus*) trug eine Last von 80 g oder das 400fache seines eigenen Gewichts von einem Punkt zu einem andern; er konnte außerdem eine Last von 100 g hochheben.

Den kräftigsten Biß unter den Tieren haben die Haie. Untersuchungen im Lerner Marine Laboratory in Bimini auf den Bahamas brachten an den Tag, daß ein 2 m langer Grauhai (*Carcharhinus obscurus*) zwischen seinen Kiefern eine Druckkraft von 60 kg erzeugen konnte. Dies entspricht auf den Zahnkronen einem Druck von 3 t/cm^2.

Die größte Regenerationsfähigkeit unter den Tieren haben die Schwämme (*Porifera*). Sie haben die ungewöhnliche Fähigkeit, sich zum Beispiel nach Verletzungen stets erneuern zu können. Selbst ein winziges Körperfragment genügt, um den Organismus vollständig wiederherzustellen. Drückt man einen Schwamm durch ein engmaschiges Seidengeflecht, entwickeln die getrennten Gewebe jeweils ihr eigenes Leben.

Die gefährlichsten Tiere auf der Erde sind die Malaria-Parasiten der Gattung *Plasmodium*, die von Moskitos der Gattung *Anopheles* übertragen werden. Wenn wir Kriege und Unfälle einmal außer acht lassen, sind sie direkt oder indirekt für 50 Prozent aller Menschentode seit der Steinzeit verantwortlich. Sogar heute noch werden trotz riesiger Anstrengungen, die Malaria auszurotten, jedes Jahr mindestens 200 Mio. Menschen von dieser Krankheit angegriffen. Und allein in Afrika sterben jährlich mehr als 1 Mio. Babys und Kinder an Malaria.

Die größten Tierkolonien bilden die schwarzschwänzigen Präriehunde *(Cynomys ludovicianus)*, die im Westen der USA und im Norden Mexikos heimisch sind. Im Jahr 1901 wurde von einer »Tierstadt« berichtet, die sich über eine Fläche von 384 × 160 km erstreckte und von etwa 400 Mio. Präriehunden bevölkert wurde.

Die größte Ansammlung von Tieren war, soweit man weiß, ein unglaublich riesiger Schwarm von Rocky-Mountain-Heuschrecken (*Melanoplus spretus*), der den US-Bundesstaat Nebraska vom 15. bis 25. August 1875 heimsuchte. Nach Aussagen eines Wissenschaftlers, der die Heuschreckenwanderung fünf Tage lang beobachtete, war der Schwarm 514 374 km^2 groß, als er Nebraska überflog. Wenn der Beobachter das Ausmaß des Schwarms um 50 Prozent überschätzt haben sollte (die meisten Heuschrecken fliegen nicht bei Nacht), wäre er immer noch 257 187 km^2 groß gewesen, also ungefähr so groß wie Colorado oder Oregon. Es wurde veranschlagt, daß dieser Schwarm von Rocky-Mountain-Heuschrecken aus mindestens 12 500 000 000 000 Insekten bestanden hat, die etwa 25 000 000 t wogen. Aus ungeklärten Gründen hörte die geheimnisvolle Plage im Jahr 1902 auf und ist seither nicht wiedergekehrt.

Die größte Beschleunigung (g) in der Natur entwickelt ein häufig vorkommender kleiner

Der gewaltigste Fresser in der Natur ist die Larve des Einaugenfalters *(Antheraea polyphemus)*. In den ersten 56 Tagen ihres Lebens verzehrt die Larve das 86 000fache ihres Geburtsgewichts.

Käfer *(Althous haemorrhoidalis)* aus der Familie der *Elateridae*. Wenn er einem Feind entgehen will, schnellt er sich mit 400 g in die Luft. Ein 12 mm langes und 40 mg wiegendes Exemplar dieses Schnellkäfers überlebte laut einer Berechnung bei einem Sprung in 30 cm Höhe eine Spitzenbelastung seines Gehirns von 2300 g.

Das bizarrste Lebewesen unter den Säugetieren ist das eierlegende Schnabeltier *(Ornithorhynchus anatinus)*, der in Flüssen und Seen im Osten Australiens und Tasmaniens zu finden ist. Kopf und Füße könnten von einer Ente sein, der Körper von einem Otter. Die Laune der Natur hat das Schnabeltier außerdem mit zwei weiteren Merkwürdigkeiten ausgestattet: Die Männchen sind an den Fußknöcheln mit giftigen Spornen bewehrt; alle Tiere sind mit einem hochempfindlichen Sensor ausgestattet, der sich im breiten, flachen Schnabel verbirgt und die kleinsten elektrischen Impulse registriert. Wenn etwa eine Garnele in schlammigem Wasser nur mit ihrem winzigen Schwanz zuckt, entgeht das dem Schnabeltier nicht.

Den größten Größenunterschied zwischen Männchen und Weibchen weist in der Welt der Tiere der Meerwurm *Bonellia viridis* auf. Die weiblichen Würmer sind 10–100 cm lang, die männlichen Artgenossen bringen es gerade auf 1–3 mm. Der Unterschied ist also gewaltig, die Weibchen sind millionenmal schwerer als die Männchen.

Das längste Tier ist der sogenannte Schnurwurm *(Lineus longissimus)*, der in den seichten Küstengewässern der Nordsee anzutreffen ist. 1864 wurde ein Exemplar von mehr als 54 m Länge nach einem Sturm bei St. Andrews (Schottland) angeschwemmt.

Die wertvollsten Tiere, nimmt man Geld als Maßstab, sind Vollblutrennpferde. Teuerster Jährling war *Seattle Dancer*, für den Robert Sangster und Partner am 23. Juli 1985 in Keeneland, Kentucky (USA), 13,1 Mio. Dollar zahlten.

Die größte Tier-Datenbank Europas, »Zoodat«, mit 1,3 Mio. Einzeldaten befindet sich an der österreichischen Kepler-Universität in Linz. Aus ihr soll ein Forschungsinstitut für Umwelt-Informatik werden.

SÄUGETIERE

Das größte und schwerste Säugetier und das größte Tier aller Zeiten ist der Blauwal *(Balaenoptera musculus)*, auch Sibbalds Furchenwal genannt. Das längste Exemplar war ein Weibchen, das zwischen 1904 und 1920 bei Compania Argentina de Pesca Grytviken, South Georgia (Süd-Atlantik), mehrmals an Land gespült wurde und 33,58 m lang war. Ein anderes Walweibchen, 27,6 m lang, wurde am 20. März 1947 von der sowjetischen Walfangflotte *Slava* in der Antarktis gefangen. Sein Gesamtgewicht betrug 190 t. Ein gesunder Blauwal von 30,5 m Länge wiegt im Durchschnitt ca. 163 t.
Aber bei trächtigen Walweibchen kann das Gewicht bis 200 t betragen. Soviel wiegen 35 ausgewachsene afrikanische Elefantenbullen.
Der Blauwal lebt in den kälteren Meeresgewässern und wandert im Winter zur Paarung in wärmere. Beobachtungen in der Antarktis von 1947/48 ergaben, daß der Blauwal auf der Flucht eine Geschwindigkeit von 37 km/h zehn Min. lang durchhalten kann. Ein 27 m langer Blauwal, der mit einer Geschwindigkeit von 37 km/h schwimmt, entwickelt eine Leistung von 520 PS (382 kW). Neugeborene Blauwalkälber sind 6,5–8,6 m lang und wiegen bis zu 3000 kg.
Nach letzter Zählung leben nur noch 1100 Blauwale in den Ozeanen (1989). 220 000 Waltiere dürften es einmal gewesen sein. Seit 1967 ist die Spezies *de jure* geschützt, allerdings sind Nichtmitglieder der Internationalen Walfangkommission – wie Panama, Taiwan, Südkorea und die Philippinen – an das Übereinkommen nicht gebunden. Ein unbegrenztes weltweites Verbot des kommerziellen Walfangs trat mit Beginn der Saison 1985/86 in Kraft, doch Japan, Norwegen und Island töten nach wie vor Minke-, Finn- und Sei-Wale (*Balaenoptera acutorostrata, B. physalus* und *B. borealis*) unter dem Vorwand eines »Walfangs zu Forschungszwecken«. Trotz des Fangverbots sind seit 1986 wieder 14 000 Wale getötet worden.

Tiefstes Tauchen: Ein 14,32 m langer Pottwalbulle *(Physeter catodon)* tauchte am 14. Oktober 1955 1134 m tief. Dies war so genau festzustellen, weil er sich mit seinem Kiefer in das Unterseekabel verwickelt hatte, das in dieser Tiefe zwischen Ecuador und Peru verläuft. Bei 1134 m Tiefe lastet auf dem Körper des Wals ein Druck von 11 583 k Pa. Amerikanische Wissenschaftler, die 1970 die Schnalztöne von Pottwalen orteten, kamen zu der Ansicht, daß sie höchstens eine Tiefe von 2500 m erreichten.

Das größte noch existierende Landtier ist der Afrikanische Buschelefant *(Loxodonta africana)*. Ein ausgewachsener Bulle hat eine durchschnittliche Schulterhöhe von 3,2 m und wiegt 5,7 t. Der größte Buschelefant, von dem je berichtet wurde, ist am 4. April 1978 bei Sesfontein in Damaraland (Namibia) von J. Oosterveen aus Holland geschossen worden. Auf der Seite liegend, maß dieser Fleischberg auf einer gedachten Linie von der Schulter bis zur Vorderfußsohle 4,42 m, woraus sich schließen läßt, daß das lebende Tier etwa 4,21 m groß war. Gesamtlänge des Rekord-Elefanten: 10,38 m. Seine Vorderfüße hatten einen Umfang von jeweils 1,57 m. Die abnorm großen Wüstenelefanten von Damaraland (von denen es im August 1981 nur 84 Tiere gab) haben im Verhältnis zu anderen Elefanten längere Beine.

Das größte wildlebende Säugetier in Deutschland und der Schweiz ist der Rothirsch *(Cervus elaphus)*. Die größten dieser Hirsche erreichen ein Gewicht bis zu 220 kg. Der größte Rothirsch in der Schweiz, der im Val Fenet erlegt wurde, hatte sogar ein Gewicht von 250 kg.

Das höchstgewachsene Säugetier ist die Giraffe *(Giraffa camelopardalis)*, die heute nur noch in den Savannen Afrikas südlich der Sahara anzutreffen ist. Das höchstgewachsene jemals registrierte Exemplar war eine männliche Giraffe *(Giraffa camelopardalis tippelskirchi)* namens *George*. Das Tier traf am 8. Januar 1959 aus Kenia im Zoo von Chester (GB) ein. Als es neun Jahre alt war, reichte sein Kopf fast bis an das Dach des 6,09 m hohen Giraffenhauses. *George* starb am 22. Juli 1969.

Das kleinste Landsäugetier ist die Schweinsschnauzen-Fledermaus oder Hummelfledermaus *(Craseonycteris thonglongyai)*, die heute nur noch in schätzungsweise 20 Höhlen bei der Forststation von Ban Sai Yoke am Fluß Kwae Noi in Thailand vorkommt. Ausgewachsene Exemplare beiderlei Geschlechts haben eine Flügelspannweite von etwa 160 mm und wiegen 1,75–2 g.
Der kleinste Insektenfresser ist Savi's weißzähnige Zwergspitzmaus *(Suncus etruscus)*, die auch als Etruskische Spitzmaus bekannt ist und an der Mittelmeerküste heimisch sowie auch weiter südwärts bis Cape Province in Südafrika verbreitet ist. Ausgewachsene Tiere haben eine Kopf- und Körperlänge von 36 bis 52 mm, eine Schwanzlänge zwischen 24 und 29 mm und wiegen zwischen 1,5 und 2,5 g.

Das kleinste Landsäugetier im deutschsprachigen Raum ist die Zwergspitzmaus *(Sorex minutus)*. Ihre Durchschnittslänge beträgt 5 cm, ihr Gewicht 3–6 g. Sie braucht täglich das Zweifache ihres Eigengewichts als Nahrung.

Größtes (mit Zähnen ausgestattetes) Meeressäugetier ist der Pottwal oder Cachalot (*Physeter catodon*). Im Sommer 1950 hat eine sowjetische Walfangflotte vor den Kurilen-Inseln im Nordwestpazifik einen Rekordbullen von 20,7 m Länge gefangen. Aus der Frühzeit des Walfangs sind noch größere Bullen bekannt. In der Naturgeschichtlichen Abteilung des Britischen Museums ist der 5 m lange Unterkiefer eines Pottwals zu sehen; das deutet auf einen Bullen von etwa 25,6 m Länge hin. Von einer ähnlichen Größenordnung sprechen auch andere Walfangberichte.

Das größte Meeressäugetier in Deutschland ist der Seehund *(Phoca vitulina)*. Er kann ein Gewicht bis zu 250 kg erreichen.
Das größte deutsche Süßwasser-Säugetier ist der Biber *(Castor fiber)*, der bis zu 25 kg wiegen kann.

Kleinstes Meeressäugetier ist der Jacobita-Delphin *(Cephalorhynchus commersonii)*, der in den Gewässern an der Südspitze Südamerikas anzutreffen ist. Bei sechs ausgewachsenen Exemplaren dieser Kleinwale schwankte das Gewicht zwischen 23 und 35 kg.
Der Seeotter *(Enhydra lutris)* aus dem Nordpazifik gleicht ihnen im Umfang (25–38,5 kg), aber diese Gattung kommt gelegentlich bei Stürmen an Land.

Seltenste Landsäugetiere: Eine Reihe von Tieren sind nur durch ein lebendes Exemplar oder einen Prototyp bekannt. Dazu gehört der kleinzähnige Flughund (*Neopteryx frosti*), der 1938 in Tamalanti (Sulawesi, früher West-Celebes, Indonesien) eingefangen wurde. Der Tasmanische Wolf (*Thylacinus cynocephalus*), den man seit dem 7. September 1936, als das letzte Zoo-Exemplar in Hobart (Tasmanien) einging, ausgestorben glaubte, wurde im Juli 1982 eindeutig identifiziert: Ein Wildhüter sah eins dieser räuberischen Beuteltiere im Scheinwerferlicht seines geparkten Autos. Seitdem ist jedoch keines mehr entdeckt worden. Der Rotwolf (*Canis rufus*), der im Südosten der USA heimisch war und in Freiheit Anfang der siebziger Jahre ausgestorben ist, wird von amerikanischen Tierschützern gehegt. Inzwischen gibt es wieder 50 Tiere, die allerdings nicht immer rasserein sind. Im Juni 1988 haben zwei Zucht-Pärchen, die in North Carolina ausgesetzt worden waren, Junge bekommen. Auch das schwarzpfotige Frettchen (*Mustela nigripes*) aus dem Norden der USA ist in Freiheit ausgestorben. In Cheyenne, Wyoming, wurde aber eigens ein Frettchen-Zentrum eingerichtet, in dem 1988 wieder 25 Tiere lebten. Diese Zahl hat sich in der zweiten Zucht von 38 Jungtieren mehr als verdoppelt. Inwischen werden über 300 Exemplare dort gehalten. Anfang der neunziger Jahre soll das Frettchen in Wyoming (USA) wieder ausgesetzt werden.

Das seltenste Meeressäugetier der Welt ist der Schnabelwal *(Indopacetus pacificus)*, der lebend noch nie gesichtet wurde. Lediglich die Hirnschalen von zwei Tieren wurden bisher entdeckt – 1922 bei MacKay im australischen Queensland und 1955 bei Mogadischu in Somalia. Der Golf-Tümmler oder Vaquita (*Phocoena sinus*) ist seit 1980 nicht mehr gesichtet worden und möglicherweise ausgestorben. Hunderttausende dieser Tiere sind in den vergangenen 45 Jahren bei der Netzfischerei versehentlich ums Leben gekommen.

Schnellstes Landtier über kurze Strecken (bis zu 550 m) ist der Gepard *(Acinonyx jubatus)*, der in den Ebenen Ostafrikas, Irans, Turkmenistans und Afghanistans lebt. Seine geschätzte Höchstgeschwindigkeit dürfte zwischen 96 und 101 km/h auf flachem Gelände liegen. 1937 auf einer englischen Windhundrennstrecke von 316 m Länge durchgeführte Versuche ergaben die durchschnittliche Geschwindigkeit eines weiblichen Gepards bei drei Läufen von 69,8 km/h. Doch dieser Gepard lief nicht mit seinem vollen Einsatz. (Zum Vergleich: Das schnellste Rennpferd läuft 69,6 km/h.)

Das schnellste Landtier über eine Strecke von mehr als 1 km Länge ist die Hirschziegenantilope *(Antilocapra americana)* im Westen der USA. Diese Antilopen wurden abgestoppt mit 56 km/h über 6 km, 67 km/h über 1,6 km und 88,5 km/h über 0,8 km.

Schnellstes Meeressäugetier ist der Killerwal (*Orcinus orca*). Am 12. Oktober 1958 wurde im Ostpazifik ein 6,1–7,62 m langes männliches Exemplar gesichtet, das nach den Stoppzeiten 30 Knoten (55,5 km/h) schnell war. Auf Kürzeststrecken erreicht auch der Tümmler *(Phocoenoides dalli)* eine Spitzengeschwindigkeit von 30 Knoten.

Langsamstes Landsäugetier ist das Ai oder dreizehige Faultier *(Bradypus tridactylus)* im tropischen Amerika. Seine Durchschnittsgeschwindigkeit am Boden beträgt 1,83–2,44 m/min (0,109–0,158 km/h), in den Bäumen jedoch vermag es bis zu 4,57 m/min (0,272 km/h) zu »beschleunigen«. (Zum Vergleich: Die gewöhnliche Gartenschnecke (*Helix aspersa*) bringt es auf 0,05 km/h und die Riesenschildkröte (*Geochelone gigantea*) auf 0,27 km/h.)

Star im Elefantengehege des Berliner Zoos ist *Pang Pha*, ein Geschenk des Königs von Thailand. Er kam im Alter von sechs Monaten im September 1987 als Flaschenkind in den Berliner Zoo.

Zu den verschlafensten Tieren gehört das Neunbinden-Gürteltier *(Dasypus novemcinctus)*. Es ist die einzige Art dieses tropischen Tiers, das auch in den USA verbreitet ist.

Langsamstes Meeressäugetier ist der Seeotter *(Enhydra lutris)*, der eine Spitzengeschwindigkeit von 9,6 km/h erreicht.

Die verschlafensten Tiere sind einige Gürteltiere *(Dasypodidae)*, Opossums *(Didelphidae)* und Faultiere *(Bradypodidae)*. Sie verdösen oder verschlafen buchstäblich bis zu 80 Prozent ihres Lebens – während Dall's Tümmler *(Phocoenoides dalli)* angeblich überhaupt nicht schlafen.

Den längsten Winterschlaf hält das Erdhörnchen von Point Barrow in Alaska *(Spermophilus parryi barrowensis)*: er dauert neun Monate. In den restlichen drei Monaten des Jahres ist das Erdhörnchen mit drei Dingen beschäftigt: es frißt, sorgt für Nachwuchs und legt in seiner Höhle einen Nahrungsvorrat an.

Am längsten lebende Säugetiere: Kein Säugetier erreicht die mit 120 Jahren festgestellte längste Lebenszeit des Menschen *(Homo sapiens)*. Am nächsten kommt dieser Lebensdauer vermutlich der asiatische Elefant *(Elephas maximus)*. Das mit absoluter Sicherheit nachgewiesene Höchstalter erreichte eine Kuh namens *Modoc*, die am 17. Juli 1975 in Santa Clara, Kalifornien (USA), 78jährig eingegangen ist. Sie war 1898 im Alter von zwei Jahren aus Deutschland in die USA gebracht worden. *Prem Prasad*, ein nepalesischer Königselefant, soll angeblich 81 Jahre alt gewesen sein, als er am 27. Februar 1985 in Kasra starb. Tatsächlich ist er aber vermutlich nicht älter als 65 – 70 Jahre geworden.

Langlebigstes Meeressäugetier ist der Bartenwal *(Berardius bairdii)*, der etwa 70 Jahre wird.

Säugetiere in größten Höhen: Das in höchsten Lagen wildlebende Säugetier der Welt ist wahrscheinlich der Grunzochse *(Bos grunniens)* Tibets und der Alpen von Setschuan in China, der gelegentlich auf der Suche nach Nahrung bis auf 6100 m klettert.
Im deutschsprachigen Gebiet leben Gemse *(Rupicapra rupicapra)*, Schneemaus *(Microtus nivalis)* und Mauswiesel *(Mustela nivalis)* bis zu den höchsten Punkten der Alpen (ca. 4500 m).

Längste und kürzeste Tragzeiten: Die längste Tragzeit aller Säugetiere ist die des asiatischen Elefanten *(Elephas maximus)*. Sie dauert zwischen 609 und 760 Tagen.
Nur 12–13 Tage trächtig sind in der Regel das seltene Wasseropossum oder Yapok *(Chironectes minimus)* und das amerikanische Opossum *(Didelphis marsupialis)*, die in Nordamerika und im nördlichen Südamerika vorkommen, sowie die australische Marderart *Dasyurus viverrinus*. Die Tragzeit dieser Tiere kann sogar nur 8 Tage dauern.

Größter Wurf: Die größte bekanntgewordene Anzahl von Jungen (bei einer Geburt) eines

Der gestreifte Igel *(Hemicentetes semispinosus)* auf Madagaskar ist schon nach fünf Tagen entwöhnt, und die Weibchen werden bereits drei bis vier Wochen nach ihrer Geburt geschlechtsreif – die jüngsten Tiereltern.

Der Sibirische Tiger wird 3,15 m lang und erreicht eine Schulterhöhe von 99–107 cm. Aus lauernder Haltung kann er über 5 m hoch schnellen.

wildlebenden Säugetieres ist 31, wovon 30 überlebten; dies geschah beim Großen Tanrek *(Tenrec ecaudatus)*, der auf Madagaskar und auf den Komoren zu finden ist. Normalerweise sind es 12–15 Junge bei einem Wurf. Weibchen können bis zu 24 Junge säugen.

FLEISCHFRESSER

Die größten Fleischfresser: Das größte lebende Landraubtier ist der Kodiakbär *(Ursus arctos middendorffi)*, der auf den Inseln Kodiak, Afognak und Shuyak im Golf von Alaska (USA) lebt. Der erwachsene Bär erreicht eine Länge (Schnauze bis Schwanz) von 2,44 m. Der Schwanz mißt nur 10 cm. Seine Schulterhöhe beträgt 132 cm. Sein Gewicht liegt zwischen 476 und 533 kg. Das höchste je verzeichnete Gewicht mit 751 kg erzielte ein 1894 erlegter Bär.

Gewichte über 907 kg wurden ebenfalls von Eisbären (*Ursus maritimus*) gemeldet, aber der durchschnittliche erwachsene männliche Eisbär wiegt 386–408 kg und ist von Schnauze bis Schwanz 2,4 m lang. 1960 wurde im Kotzebuesund (Alaska) ein Eisbär geschossen, der vor der Abhäutung 1002 kg gewogen haben soll. Ein 3,38 m hohes präpariertes Exemplar wurde im April 1962 auf der Weltausstellung von Seattle (USA) gezeigt.

Kleinste Fleischfresser: Das kleinste Raubtier ist das Zwergwiesel *(Mustela rixosa)*, das in den Polarkreisen lebt. Vier Arten dieser Gattung sind bekannt, von denen die kleinste die *M. r. pygmaea* Sibiriens ist. Erwachsene Exemplare erreichen eine Gesamtlänge von 177 bis 207 mm und wiegen zwischen 35 und 70 g.

Größte Raubkatzen: Das größte Mitglied der Katzenfamilie *(Felidae)* ist der langhaarige Sibirische Tiger *(Panthera tigris altaica)*, auch Amur- bzw. Mandschurischer Tiger genannt. Erwachsene Männchen sind durchschnittlich 3,15 m lang (Nase bis zur Spitze des gestreckten Schwanzes), haben eine Schulterhöhe von 99 bis 107 cm und wiegen rund 265 kg. 1950 wurde ein männlicher Tiger mit einem Gewicht von 384 kg in den Bergen von Sikhote Alin (UdSSR) geschossen.
Ein Bengal- oder Königstiger *(Panthera tigris tigris)*, den der Amerikaner David H. Hasinger in Uttar Pradesh (Indien) im November 1967 geschossen hat, war 3,22 m lang und wog 388,7 kg. Das Tier wurde präpariert und ist im US-Museum für Naturgeschichte, Smithsonian Institution, Washington, zu sehen.
Der ausgewachsene afrikanische Löwe *(Panthera leo)* erreicht eine Gesamtlänge von 2,7 m, eine Schulterhöhe von 91 bis 97 cm und wiegt 181–185 kg. Das schwerste in Freiheit lebende Exemplar mit einem Gewicht von 313 kg wurde 1936 am Stadtrand von Hectorspruit (Südafrika) geschossen.

Der größte Tiger außerhalb der freien Wildbahn und die schwerste Wildkatze überhaupt ist ein 9 Jahre altes Sibirer-Männchen namens *Jaipur*, das der Tiertrainerin Joan Byron-Marasek aus Clarksburg in New Jersey (USA) gehört. Der Prachtkerl ist 3,32 m lang und brachte im Oktober 1986 nicht weniger als 423 kg auf die Waage.

Die kleinsten Raubkatzen sind die rostfleckigen Katzen *(Felis rubiginosa)* Südindiens und Sri Lankas. Der erwachsene Kater hat eine Durchschnitts-Gesamtlänge von 64 bis 71 cm (Schwanzlänge 23–25 cm) und wiegt etwa 1,3 kg.

FLOSSENFÜSSER (ROBBEN, SEELÖWEN, WALROSSE)

Der größte Flossenfüßer, von denen 34 Arten bekannt sind, ist die Südliche Elefantenrobbe *(Mirounga leonina)*, die auf subantarktischen Inseln lebt. Ausgewachsene Bullen werden ca. 5 m lang (von der ausgestreckten Rüsselspitze bis zu den Enden der Schwanzflossen gemessen). Ihr Körperumfang beträgt bis zu 3,7 m, ihr Gewicht kann 2268 kg erreichen. Elefantenrobbenkühe werden im Schnitt 3 m lang und wiegen ungefähr 680 kg. Größtes genau gemessenes Exemplar war ein Bulle, der am 28. Februar 1913 in der südatlantischen Possession Bay, South Georgia, getötet wurde: Er wog mindestens 4 t und maß nach Abhäutung 6,5 m. Mit seiner Speckhaut war dieser Elefantenrobbenbulle etwa 6,85 m lang. Der größte lebende Flossenfüßer ist ein Robbenbulle mit dem Spitznamen *Stalin*, den britische Antarktis-Inspekteure am 14. Oktober 1989 in South Georgia betäubt und näher in Augenschein genommen haben. Er wog 2662 kg und maß 5,1 m.

Die kleinsten Flossenfüßer sind die Eismeer-Ringelrobben *(Pusa hispida)* der Arktis, die Sibirische Ringelrobbe *(Pusa sibirica)* vom Baikalsee (UdSSR) und die Kaspi-Ringelrobbe *(Pusa caspica)* vom Kaspischen Meer (UdSSR). Ausgewachsene (männliche) Exemplare werden 1,67 m lang und erreichen ein Gewicht bis zu 127 kg.

Seltenste Robben: Die Karibischen Mönchsrobben *(Monachus tropicalis)* wurden 1952 zum letzten Mal vor der Küste der Halbinsel Yu-

Die am meisten verbreitete Spezies des Flossenfüßers ist die Krabbenfresserrobbe *(Lobodon carcinophagus)* der Antarktis. 1977 lebten rund 15 Mio. Tiere dieser Art.

catán gesehen. Zwei Exemplare sind 1974 bei Cay Verde und Cay Burro auf den Bahamas ausgemacht worden, wurden aber bei einer Suchaktion im Jahr 1979 nicht wiederentdeckt. Möglicherweise waren es auch Kalifornische Seelöwen, die aus der »Gefangenschaft« entkommen waren und mehrmals im Golf von Mexiko gesichtet wurden.

Schnellste Flossenfüßer: Schnellster Schwimmer unter den Flossenfüßern ist der Kalifornische Seelöwe *(Zalophus californianus)*, der kurzzeitig eine Spitzengeschwindigkeit von 40 km/h erreicht. Zu Lande ist mit einer Höchstgeschwindigkeit von 19 km/h die Krabbenfresserrobbe *(Lobodon carcinophagus)* am schnellsten.

Tieftauchen: Im Mai 1988 untersuchte ein Wissenschaftler-Team von der kalifornischen Universität in Santa Cruz vor Ano Nuevo Point die Tauchfähigkeiten der nördlichen Elefantenrobben (*Mirounga anguistirostris*). Dabei erreichte ein Weibchen die Rekordtiefe von 1257 m, ein anderes blieb 48 Min. lang unter Wasser. Ähnliche Beobachtungen machten australische Wissenschaftler in der Subantarktis bei südlichen Elefantenrobben (*Mirounga leonina*). Zu ihren Ergebnissen gehörten Tauchtiefen bis zu 1134 m und Tauchzeiten bis zu knapp 2 Std. Außerdem stellte sich heraus, daß sich die Elefantenrobben in der Regel ungefähr 820 m tief tummeln und – wieder aufgetaucht – keinerlei Sauerstoffprobleme haben.

Höchstalter: Mindestens 46 Jahre alt war nach dem Zustand des Gebisses eine weibliche Graurobbe *(Halichoerus grypus)*, die am 23. April 1969 bei Shunni Wick auf den Shetlandinseln (GB) geschossen wurde. Das Graurobbenmännchen *Jakob*, das von 1901 bis 1942 im Skansen-Zoo, Stockholm (Schweden), gehalten worden war, ist schätzungsweise 41 Jahre alt geworden.

FLEDERMÄUSE

Die größten Fledermäuse: Die einzigen fliegenden Säugetiere sind die Fledermäuse (Gattung *Chiroptera*), von denen es rund 950 Arten gibt. Die größte Flügelspannweite besitzt der Bismarck-Flughund *(Pteropus neohibernicus)*, der im Bismarckarchipel und in Neuguinea verbreitet ist. Ein Exemplar, das im Amerikanischen Museum für Naturgeschichte zu bewundern ist, hat eine Spannweite von 165 cm. Wahrscheinlich erreichen die Flughunde Spannweiten von über 180 cm.

Die größte Hörschärfe aller Landtiere haben Fledermäuse durch ihre Ultraschall-Echolotung. Vampir- *(Desmodontidae)* und Obstfledermäuse *(Pteropodidae)* können Schwingungen zwischen 120 und 210 kHz hören; die Obergrenze des menschlichen Ohrs liegt bei 20 kHz, der einfache Delphin *(Delphinus delphis)* kann bis zu 280 kHz hören.

Den Titel der seltensten Fledermaus teilen sich mindestens drei Arten, die jeweils nur durch ein Exemplar bekannt sind: der kleinzähnige Flughund *(Neopterix frosti)*, s.a. S. 85 *Paracoelops melagotis* (1945 in Vinh, Vietnam) und *Latidens salimalii* (High Wavy Mountains, Südindien, 1948).

Die schnellste Fledermaus ist schwer zu ermitteln, weil Messungen problematisch sind. Die größte Geschwindigkeit wird der mexikanischen Guanofledermaus *(Tadarida brasiliensis mexicana)* zugeschrieben, die mit 51 km/h gemessen wurde – möglicherweise flog sie mit Windunterstützung.
Bei einem Experiment in einem künstlich angelegten Bergwerksstollen in den USA erreichten nur 4 von 17 Fledermausarten 21 km/h Fluggeschwindigkeit.

Das glaubhaft überlieferte Höchstalter unter den Fledermäusen erlebte ein weibliches Exemplar der Kleinen Braunfledermaus (*Myotis lucifugus*). Das Tier, in den USA zu Hause und an einem Ring kenntlich, war 1987 bereits 32 Jahre alt.

Den am tiefsten gelegenen Schlafplatz hat sich die Kleine Braunfledermaus im Staat New York (USA) ausgesucht: Ihre Ruhestätte lag 1160 m unter der Erde in einer Zinkmine. Die Mine diente als Winterquartier für etwa 1000 Braunfledermäuse, die normalerweise in einer Tiefe von 200 m hausen.

Die größte Fledermaus-Kolonie hat sich nach einem Vogelzug in der Bracken-Höhle in San

Antonio, Texas (USA), gebildet. Bis zu 20 Mio. schwanzlose mexikanische Fledermäuse (*Tadarida brasiliensis*) sind dort versammelt.

PRIMATEN

Das größte existierende Herrentier ist der Berggorilla *(Gorilla gorilla beringei)*, der in den Vulkangebirgen des westlichen Ruanda, des südwestlichen Uganda und des östlichen Zaïre lebt. Ein erwachsenes männliches Exemplar dieser Gattung ist im Durchschnitt 1,75 m groß (einschließlich Kopfhaar) und ungefähr 195 kg schwer.
Der größte Gorilla, der je in Gefangenschaft gehalten wurde, ist ein östliches Flachland-Männchen namens *Colossus* (* 1966) und derzeit im Zoo von Gulf Breeze in Florida (USA) zu sehen. Er ist angeblich 1,88 m groß und wiegt 260,8 kg, diese Angaben sind jedoch noch nicht geprüft. *Baltimore Jack*, ein westlicher Flachlandgorilla, der 1956 im Zoo von Baltimore in Maryland (USA) eingetroffen und später an den Zoo von Phoenix in Arizona verkauft worden war, hatte außergewöhnlich lange Beine. Er soll 1,91 m groß gewesen sein, doch seine tatsächliche Größe dürfte irgendwo zwischen 1,70 und 1,75 m gelegen haben. Das Tier ist 1972 eingegangen.
Der schwerste Gorilla in Gefangenschaft war ein Männchen der Bergrasse namens *N'gagi*, das mit 18 Jahren am 12. Januar 1944 im Zoo von San Diego, Kalifornien (USA), starb. Bei seinem Tod wog der Gorilla 288 kg, sein Höchstgewicht hatte er 1943 mit 310 kg erreicht. Er war 1,72 m groß, sein Rekordbrustumfang betrug 198 cm.

Das kleinste Herrentier ist der seltene federschwänzige Baumlemur *(Ptilocercus lowii)* Malaysias. Ausgewachsene Exemplare besitzen eine Gesamtlänge von 23 bis 30 cm (Kopf und Körper 100–140 mm; Schwanz 130–190 mm) und ein Gewicht von 35 bis 50 g. Das Zwergseidenäffchen *(Cebuella pygmaea)* vom oberen Amazonasbecken und der Mauslemur *(Microcebus murinus)* aus Madagaskar sind etwa gleich lang (27–30 cm), aber schwerer; erwachsene Exemplare wiegen 50–75 g und 45–80 g.

Das seltenste Herrentier ist der zahme breitnasige Lemur *(Hapalemur simus)* aus Madagaskar, von dem man angenommen hatte, daß er Anfang der siebziger Jahre ausgestorben sei. 1986 wurde aber eine Gruppe von 60–80 Tieren in einem abgelegenen Regenwald bei Ranomafana im Südosten der Insel entdeckt. Aufgespürt wurden die Lemuren von einer Expedition der Duke-Universität Durham (USA).

Der langlebigste Primat war der männliche Orang-Utan *(Pongo pygmaeus) Guas*, der am 9. Februar 1977 im Zoo von Philadelphia, Pennsylvania (USA), im Alter von 59 Jahren starb. Als er am 1. Mai 1931 in den Zoo kam, war er mindestens 13 Jahre alt.
Der älteste Schimpanse *(Pan troglodytes)* war ein Männchen namens *Jimmy*, das am 17. September 1985 im Alter von 55 Jahren und 6 Monaten im Seneca-Park-Zoo von Rochester, New York (USA), gestorben ist.

Der kleine Panda im Berliner Zoo ist der nächste Verwandte des großen Pandas und hat ein ausgesprochen dichtes Fell, das ihm das Überleben in feucht-kalten Bambusgebieten ermöglicht. Wie sein großer Verwandter bevorzugt er als Nahrung Bambus und vegetarische Kost, nimmt aber auch tierische Nahrung zu sich und frißt eigentlich alles, was ihm vor die Schnauze kommt. Sein niedliches Aussehen täuscht – er kann ganz schön kräftig zubeißen.

Der berühmte Flachlandgorilla *Massa* (*Juli 1931) ist am 30. Dezember 1984 im Alter von 53 Jahren und 5 Monaten gestorben.

Ältester weiblicher Gorilla war *Carolyn*, die am 27. September 1986 im Alter von 47 Jahren im New Yorker Zoopark in der Bronx starb.

Die ersten Orang-Utan-Zwillinge Europas wurden am 18. Februar 1969 im Tierpark Hellabrunn von München geboren.
Ein Orang-Utan-Baby der zweiten Zoo-Generation – ein seltener Zuchterfolg! – ist *Djuru* im Zoo von Dresden (Sachsen), das dort Ende Februar 1980 zur Welt kam. Sowohl *Djurus* Mutter als auch der Vater haben im selben Zoo das Licht der Welt erblickt.

Stärke: 1924 wurde für *Boma*, einen 74,8 kg schweren männlichen Schimpansen im Bronx Zoo, New York (USA), eine einhändige Zugleistung von 384 kg auf dem Dynamometer gemessen. (Zum Vergleich: Ein Mann von gleichem Gewicht kann eine Zugkraft von 95 kg entwickeln.) *Suzette*, ein erwachsenes Schimpansenweibchen von ca. 61 kg, entwickelte

während eines Wutausbruchs eine Zugkraft von 572 kg.
Auch ein Rekord: In den USA hat ein 45 kg schwerer Schimpanse beidhändig ein Gewicht von 272 kg gehoben. Hochgerechnet könnte es ein männlicher Gorilla mit etwas Training leicht auf 907 kg bringen.

AFFEN

Der größte Affe: Die einzige Affenart, von der verläßlich ein Gewicht über 45 kg festgestellt wurde, ist der Mandrill *(Mandrillus sphinx)* des äquatorialen Westafrika. Das größte verläßlich verzeichnete Gewicht beträgt 54 kg für ein gefangenes männliches Exemplar.

Der kleinste Affe ist das Zwergseidenäffchen *(Cebuella pygmaea)* vom oberen Amazonasbecken (s. »Das kleinste Herrentier«).

Der älteste Affe war ein männliches Exemplar des weißkehligen Kapuziners (*Cebus capucinus*) namens *Bobo*. Er wurde 53 Jahre alt. *Bobo* ist am 10. Juli 1988 an den Folgen eines Schlaganfalls eingegangen. Ursprünglich stammte das Kapuzineraffen-Männchen aus Südamerika. Am 1. Januar 1935 war es dem Mesker Park Zoo in Evansville, Indiana (USA), geschenkt worden. Als der Zoo sein Affen-Gehege schloß, kam *Bobo* zu Dr. Raymond T. Bartus, dem Gründer eines geriatrischen Forschungsinstituts bei American Cyanamid Co. in Pearl River (New York). Dort lebte er vom 31. Oktober 1981 unter anderen betagten Affen bis zu seinem Tod.

NAGETIERE

Das größte Nagetier ist das Capybara *(Hydrochoerus hydrochaeris)*, eine Art südamerikanisches Meerschwein. Erwachsene Exemplare sind 0,99–1,4 m groß und bringen es (im Käfig) auf ein Gewicht bis zu 113 kg.

Das kleinste bekannte Nagetier ist die Pygmäenmaus *(Baiomys taylori)*, die 109 mm Gesamtlänge aufweist und zwischen 7 und 8 g wiegt. Sie lebt in Mexiko, Texas und Südarizona.

Das seltenste Nagetier ist wahrscheinlich eine kleine Zwergbaumratte *(Capromys sanfelipensis)* auf der Isla Juan Garcia Cay im südlichen Kuba. Seit ihrer Entdeckung 1970 wurde sie nicht mehr gesehen.

Rascheste Fortpflanzung: Das Weibchen der Wiesenwühlmaus *(Microtus agrestis)*, die in Mitteleuropa beheimatet ist, kann sich von ihrem 25. Lebenstag an vermehren und 17 Würfe von sechs bis acht Jungen pro Jahr haben.

Das höchste bekannte Alter eines Nagetiers beträgt 27 Jahre und 3 Monate; Rekordhalter ist ein Sumatra-Stachelschwein *(Hystrix brachyura)*, das am 12. Januar 1965 im Nationalzoo von Washington DC (USA) starb.

INSEKTENFRESSER

Der größte Insektenfresser ist die Mondratte *(Echinosorex gymnurus)*, die in Birma, Thailand, Malaysia, auf Sumatra und Borneo lebt. Ausgewachsene Exemplare erreichen eine Kopf- und Körperlänge von 265 bis 445 mm, eine Schwanzlänge von 200 bis 210 mm und ein Gewicht von 1400 g.
Der Europäische Igel *(Erinaceus europaeus)* ist, was die Länge angeht (196–298 mm), kleiner, aber wohlgenährte Exemplare bringen es bis zu 1900 g.

Der kleinste Insektenfresser ist die Savis weißzähnige Zwergspitzmaus *(Suncus etruscus)*, auch Etruskische Spitzmaus genannt, die an der Nordküste des Mittelmeers sowie im Süden Afrikas bis zur Kapprovinz vorkommt. Ausgewachsene Exemplare erreichen eine Kopf- und Körperlänge von 36 bis 52 mm, eine Schwanzlänge von 24 bis 29 mm und ein Gewicht von 1,5 bis 2,5 g.

In unversehrten Regenwäldern, in von der Außenwelt abgeschlossenen Höhlen, aber auch in Mitteleuropa werden immer noch unbekannte Tierarten entdeckt. In den nordwestlichen Alpen stießen zwei deutsche Wissenschaftler 1990 auf eine unbekannte Säugetierart: die knapp 25 cm lange Alpenwaldmaus *(Apodemus alpicola)*. Sie ähnelt der Gelbhalsmaus der nördlichen Alpen.

Der langlebigste Insektenfresser ist wohl ein kleiner Stachel-Tanrek *(Echinops telfairi)*, der 1966 im Zoo von Amsterdam (Niederlande) geboren und später dem Zoo von Jersey (GB) überlassen wurde. Im Alter von über 16 Jahren ist er am 27. November 1982 gestorben.

ANTILOPEN

Die größte Antilope ist die seltene Derby-Elenantilope *(Taurotragus derbianus)*, auch Riesenelenantilope genannt, aus West- und Nordzentralafrika. Sie kann mehr als 900 kg wiegen. Die Gemeine Elenantilope *(Taurotragus oryx)* Ost- und Südafrikas besitzt die gleiche Schulterhöhe bis zu 1,78 m, ist aber nicht ganz so stämmig. Allerdings gibt es eine Aufzeichnung über einen Bock mit einer Höhe von 1,65 m, der 1937 im Nyassaland (heute Malawi) geschossen wurde und 943 kg wog.

Die kleinste Antilope ist die Königsantilope *(Neotragus pygmaeus)* Westafrikas. Ausgewachsene Exemplare haben eine Schulterhöhe von 25 bis 31 cm und nur ein Gewicht von 3 bis 3,6 kg, was dem eines großen Feldhasen *(Lepus europaeus)* entspricht. Die schlanke Swaynes Dik-Dik *(Madoqua swaynei)* von Nordostäthiopien und von Somalia wiegt 2,2–5,7 kg, erreicht aber eine Schulterhöhe von etwa 35,5 cm.

Die seltenste Antilope ist die Arabische Oryx *(Oryx leucoryx)*. Seit 1972 im südlichen Oman drei arabische Oryxantilopen getötet und vier weitere eingefangen wurden, lebte kein Exemplar dieser Wüstentiere mehr in Freiheit.
Zwischen März 1980 und August 1983 wurden insgesamt 17 Antilopen, die im Zoo von San Diego (USA) herangezogen worden waren, in der offenen Wüste Südomans freigelassen und unter die Aufsicht eines Nomadenstammes gestellt. Seitdem gab es mindestens 43 Lebendgeburten, und Anfang 1989 zählte die Wildherde 60 Tiere. Auch im Shaumari-Reservat von Jordanien ist die Arabische Oryx wieder angesiedelt worden. Dort leben inzwischen 150 Antilopen dieser Art.

Das höchste Alter einer Antilope, das verläßlich berechnet wurde, beträgt 25 Jahre, 4 Monate. Rekordhalter ist eine Mendesantilope *(Addax nasomaculatus)*, die am 15. Oktober 1960 im Brookfield Zoo von Chikago, Illinois (USA), starb.

ROTWILD

Die größte Rotwildart ist der Elch von Alaska (*Alces alces gigas*). Die durchschnittliche Schulterhöhe eines erwachsenen maskulinen Exemplars beträgt 1,83 m; das Durchschnittsgewicht liegt bei 500 kg. Ein männlicher Elch mit einer Höhe von 2,34 m zum Widerrist und mit einem Gewicht von schätzungsweise 816 kg wurde am Yukon (Kanada) im September 1897 geschossen. Die Rekordspannweite eines Geweihs beträgt 199 cm.

Das kleinste Rotwild ist das Pudu *(Pudu mephistophiles)*, in Ecuador und Kolumbien verbreitet. Ausgewachsene Tiere haben eine Schulterhöhe von 33 bis 35 cm und erreichen ein Gewicht zwischen 7,2 und 8,1 kg. Der kleinste Wiederkäuer ist das Kleine Malaiische Moschustier *(Tragulus javanicus)* in Südostasien.

Die Arabische Oryx zählt zu den seltensten Antilopen. In freier Wildbahn war sie ausgestorben. In Zoos konnte sie erhalten werden und nach Wiederaufzucht in ihrer angestammten Heimat, in Oman und Jordanien, neu angesiedelt werden. Die Zoologischen Gärten in aller Welt entwickeln sich mehr und mehr von Konsumenten zu Produzenten.

Es erreicht Schulterhöhen zwischen 20 und 25 cm und wiegt ausgewachsen ca. 3 kg.

Das seltenste Rotwild ist der Fea-Muntjak-Hirsch *(Muntiacus feae)*, der bis vor nicht allzu langer Zeit nur durch zwei Exemplare bekannt war, die an den Grenzen des südlichen Myanmar (früher Birma) und des westlichen Thailand gefangen wurden. Im Dezember 1977 erhielt der Dusit-Zoo in Bangkok (Thailand) eine Hirschkuh, 1981 zwei weitere Muttertiere und zwischen Februar 1982 und April 1983 kamen noch einmal jeweils drei weibliche und männliche Tiere dazu, die aus Xizang in Tibet (China) stammten.

BEUTELTIERE

Größtes Beuteltier ist das Rote Riesenkänguruh (*Megaleia rufa* oder *Macropus rufus*) Zentral-, Süd- und Ostaustraliens. Erwachsene Männchen werden bis zu 213 cm groß, 85 kg schwer, und einschließlich Schwanz können sie sich bis zu 245 cm lang machen.

Das kleinste Beuteltier ist die seltene Flachkopfbeutelmaus *(Planigale ingrami)* oder Zwergflachkopfbeutelmaus *(Planigale subtilissima)*, die ausschließlich im Nordwesten Australiens vorkommt.

Erwachsene Männchen haben eine Kopf- und Körperhöhe von 55 bis 63 mm, eine Schwanzlänge von 57 bis 60 mm und wiegen 3,9 bis 4,5 g.

Das seltenste Beuteltier ist wahrscheinlich der Beutelwolf *(Thylacinus cynocephalus)*, auch als Tasmanischer Wolf bekannt. Er ist das größte aller fleischfressenden Beuteltiere. Die Art schien seit Ende der dreißiger Jahre unseres Jh.s ausgestorben (das letzte gefangene Exemplar ging am 7. September 1936 im Beaumaris-Zoo von Hobart, Tasmanien, ein). 1961 haben jedoch zwei Fischer beim Sandy Cape (West-Tasmanien) aus Versehen ein junges männliches Tier getötet, als es sich über den Köder hermachen wollte. Der Kadaver wurde gestohlen, doch Haaruntersuchungen und Blutproben ergaben eindeutig, daß es sich um einen Beutelwolf gehandelt hatte.
Seitdem gibt es mehr als 300 Berichte über beutelwolfähnliche Tiere, einschließlich einiger aus Australien.
Im Juli 1982 schließlich wurde von Wildhütern westlich von Launceston (Tasmanien) kurz ein Tier gesichtet, dessen Beschreibung auf einen Tasmanischen Wolf zutrifft.

Langlebigstes Beuteltier: 26 Jahre und 22 Tage alt wurde ein Gemeiner Wombat *(Vombatus ursinus)*; das Tier starb am 20. April 1906 im Zoo von London.

Schnellstes Beuteltier war bisher mit 64 km/h ein ausgewachsenes weibliches Exemplar des Grauen Känguruhs.
Ein großes männliches Rotes Känguruh brach nach einem Lauf über 1 Meile (1,6 km) mit einer Geschwindigkeit von 56 km/h tot zusammen. Es war der Anstrengung nicht gewachsen. Offenbar war das Tier zu schwer, um das hohe Tempo über eine längere Strecke durchhalten zu können.

Die höchsten Sprünge taten ein Graues Känguruh mit 2,44 m und ein Rotes Känguruh mit 3,1 m. Das Graue Känguruh war eingesperrt und sprang über einen Zaun, weil es von der Fehlzündung eines Autos erschreckt worden war. Das Rote Känguruh war auf der Flucht vor Jägern und setzte dabei über einen Holzstoß hinweg.

Zu den weitesten Sprüngen wurde ein Rotes Känguruhweibchen auf einer Jagd getrieben. Es tat eine ganze Reihe von Rekordsätzen, darunter einen über 12,8 m (Januar 1951 in Neusüdwales). Einem unbestätigten Bericht zufolge soll ein Graues Riesenkänguruh fast 13,5 m weit gesprungen sein.

STOSSZÄHNE

Die längsten Stoßzähne eines Elefanten (abgesehen von prähistorischen Exemplaren) sind ein Paar aus dem östlichen Kongo (Zaïre), jetzt in der staatlichen Sammlung von Schädeln und Hörnern der New Yorker Zoologischen Gesellschaft im Bronx Park. Der rechte Stoßzahn ist, an der äußeren Krümmung gemessen, 3,49 m lang, der linke ist 3,35 m. Zusammen wiegen sie 133 kg.

Der schwerste Elefantenstoßzahn gehörte einem in Benin (dem ehemaligen Dahomey, Westafrika) gefangenen Tier. Er wog 117 kg und war auf der Pariser Weltausstellung 1900 ausgestellt.

Das schwerste bekanntgewordene Stoßzahn-Paar ist im Britischen Museum ausgestellt. Es stammt von einem Elefantenbullen,

der 1897 in Kenia am Fuß des Kilimandscharo erlegt wurde. Die Stoßzähne wogen 109 und 102 kg und waren 311 bzw. 318 cm lang; ihr Gesamtgewicht betrug also 211 kg.

Der größte Zahn eines Narwals ist im Ledermuseum in Offenbach (Hessen) zu besichtigen. Er hat die enorme Länge von 2,74 m. Da diese Stoßzähne aus dem Oberkiefer normalerweise nur ca. 2 m lang werden, dürfte es sich um den größten der Welt handeln.

HÖRNER

Das längste Horn mißt 206 cm an der Außenseite der Krümmung und hat einen Umfang von 46 cm. Es gehörte zu einem Ankole-Rind *(Bos taurus)* vom Ngamisee (Botswana).

Der größte (gehörnte) Schädel (wobei der Hornabstand von Spitze zu Spitze quer über die Stirn gemessen wird) mit einer Breite von 4,24 m gehörte einem Wasserbüffel *(Bubalus babulis)*, der 1955 in Indien geschossen wurde.

Die kapitale Hornspannweite von 124 cm Distanz zwischen den beiden Hornspitzen weist der Walliser Schwarzhals-Ziegenbock *Harlekin MV 354* auf. Der 1982 geborene Prachtbock steht im Stall von Silvia Buser-Stalder in Montsevelier, Jura (Schweiz).

PFERDE UND PONYS

Das schwerste Pferd war ein reinrassiger Brabanter Hengst namens *Brooklyn Supreme* (1928–48), der C. G. Good aus Ogden, Iowa (USA), gehörte. 1938, zu seinen gewichtigsten Zeiten, wog er 1451 kg und hatte einen Brustumfang von 259 cm. Jedes seiner Hufeisen war 3–4 kg schwer und 76,2 cm lang, ehe es gebogen wurde.

Das größte Pferd hieß erst *Samson*, dann *Mammut* und gehörte Thomas Cleaver aus Toddington Mills in Bedfordshire (GB). Der Wallach, ein Ackerpferd, war 1846 gefohlt worden und vier Jahre später 2,19 m groß. *Samson-Mammut* soll in seinen besten Zeiten sogar 1524 kg gewogen haben.

Das größte lebende Pferd ist mit 1,98 m der Wallach *Boringdon Black King* (1984 gefohlt). Er stammt aus der Zucht des britischen Zentrums für Zug- und Ackerpferde in Plymouth, Devonshire.

Die kleinsten Zuchtpferde sind die argentinischen Falabellas. Sie gingen aus 70 Jahre dauernden Kreuzungen und Inzucht einiger untersetzter einheimischer Tiere hervor, die im Süden Argentiniens entdeckt worden waren. Die meisten erwachsenen Falabellas erreichen höchstens eine Schulterhöhe von weniger als 76 cm und wiegen durchschnittlich 36–45 kg. Das kleinste Pferd, das Julio Falabella aus Recco de Roca vor seinem Tod im Jahr 1981 gezüchtet hat, war eine Stute, die eine Schulterhöhe von nur 38 cm hatte und nur 11,9 kg wog. Der Zuchthengst *Little Pumpkin*, der am 15. April 1973 gefohlt worden war, wog am 30. November 1975 nur 9,07 kg und war 35,5 cm groß. Das bestätigte Dr. T. H. Hamison vom Kreisveterinäramt Spartenburg, Süd-Carolina (USA). *Little Pumpkin* stammte aus dem Besitz von J. C. Williams jr., der auf der Della-Terra-Farm in Inman (Süd-Carolina) Kleinstpferde züchtet.

Die kleinsten Ponys der Welt sind die Shetlands. Sie sind die einzige Rasse, deren genetische Anlagen Größen unter 80 cm Stockmaß möglich machen. Bei der National-Pony-Society-Schau 1913 in England wurde das kleinste Miniatur-Shetland mit 68 cm Stockmaß vorgestellt.

Älteste Pferde: 62 Jahre sind das höchste Alter, das verläßlich für ein Pferd bezeugt ist: Es hieß *Old Billy* (gefohlt 1760) und war vermutlich eine Kreuzung zwischen Cleveland und Eastern Blood. Bis 1819 zog es für eine englische Kanalschiffahrtsgesellschaft Lastkähne. Am 27. November 1822 starb es auf einer Farm, wo es sein Gnadenbrot genossen hatte.

Das Przewalski-Wildpferd ist ein Paradebeispiel der durch Zoos geretteten Tierarten. Die in freier Wildbahn ausgestorbenen Tiere konnten durch Zuchterfolge zoologischer Gärten in einigen Exemplaren nach China zurückkehren, um dort ausgewildert zu werden.

Das verbürgte Höchstalter bei den Ponys erreichte mit 54 Jahren ein Zuchthengst, der einem Bauern aus Zentralfrankreich gehörte und 1919 eingegangen ist. Das Moorland-Pony *Joey*, das im Besitz von June und Rosie Osborne aus Wickham Bishops in Essex (GB) ist, erfreute sich 1986 im Alter von 42 Jahren noch bester Gesundheit.

Die größten Maultiere sind *Apollo* (* 1977 in Tennessee) und *Anak* (* 1976 in Kentucky), die im Besitz von Herbert L. Mueller aus Columbia, Illinois (USA), sind. *Apollo* ist 199,5 cm groß und wiegt 998 kg, *Anak* bringt es auf 190,5 cm und 952,2 kg. Beide sind eine Kreuzung aus Belgierstute und Mammutesel.

HUNDE

Allgemein: In den USA gibt es ca. 52 Mio. Hunde, weltweit sind es rund 400 Mio. Exemplare. In deutschen Haushalten schätzt man die Zahl der bellenden Vierbeiner auf rund 4,9 Mio. Unter allen deutschen Städten hält Berlin den Hunderekord: 190 000 Vierbeiner waren es im Jahr 1990.

Die schwerste Zuchtrasse unter den Haushunden *(Canis familiaris)* sind der Bernhardiner und der Altenglische Mastiff (Bullenbei-

ßer). Ausgewachsene männliche Exemplare beider Rassen wiegen in der Regel zwischen 77 und 91 kg.
Der schwerste (und der längste) Hund, von dem man je gehört hat, ist der Mastiff *Aicama Zorba La-Susa*, der am 26. September 1981 geworfen wurde und Chris Eraclides aus London gehört. Im November 1989 brachte dieses Superschwergewicht 155,58 kg auf die Waage. Schulterhöhe: 94 cm.
Gewichtigster Bernhardiner ist *Benediktiner vom Schwarzwaldhof*, der Thomas und Anne Irwin aus Grand Rapids (USA) gehört. Das Prachtexemplar wurde 1982 geworfen und brachte am 20. März 1987 bei einer Schulterhöhe von 99 cm stolze 140,6 kg auf die Waage.

Die größten Hunderassen sind die Deutsche Dogge und der Irische Wolfshund, die eine Schulterhöhe bis zu 99 cm und gelegentlich mehr erreichen. Zum Beispiel war *Shamgret Danzas*, eine Deutsche Dogge, die dem Ehepaar Comley aus Milton Keynes, Bucks (GB), gehörte, 105,4 cm groß (mit gesträubten Haaren 106,6 cm) und wog 108 kg. *Shamgret Danzas* starb am 16. Oktober 1984 im Alter von 9 Jahren. Der Irische Wolfshund *Broadbridge Michael* (1920–29), der auf das Wort von Mary Beynon aus Sutton-at-Hone in Kent (GB) hörte, hatte mit 2 Jahren eine Schulterhöhe von 100,3 cm.

Die kleinsten Hunderassen sind der Yorkshire-Terrier, der Chihuahua und der Zwergpudel. Es gibt Miniaturzüchtungen, bei denen ausgewachsene Tiere weniger als 453 g wiegen. Der kleinste ausgewachsene Hund war ein Yorkshire-Terrier von der Größe einer Zigarettenschachtel, der Arthur F. Marples aus Blackburn (GB) gehörte, einem ehemaligen Redakteur der Zeitschrift *Unsere Hunde*. Dieser Winzling, der 1945 im Alter von knapp 2 Jahren starb, hatte eine Schulterhöhe von 6,3 cm, maß von der Nasenspitze bis zum Schwanz 9,5 cm und wog ganze 113 g!
Kleinster lebender Hund ist derzeit ein Miniatur-Chihuahua namens *Peanuts*, der am 23. September 1986 geworfen wurde und Floyd und Grace Parker aus Wilson's Mills in North Carolina (USA) gehört. Die Hundedame mißt vom Kopf bis zum Schwanz 25 cm, hat eine Schulterhöhe von 14 cm und wiegt 630 g (Stand vom 25. Oktober 1988).

Die seltenste Hunderasse ist der haarlose amerikanische Terrier. Bei der letzten Zählung am 18. März 1988 gab es nur 70 Exemplare davon. 68 sind im Besitz von Willie und Edwin Scott aus Trout, Louisiana (USA).

Älteste Hunde: Das Lebensalter, das Hunde zu erwarten haben, liegt in der Regel zwischen 8 und 15 Jahren. Nur sehr selten werden sie nachweislich älter als 20 Jahre. Das glaubwürdige Höchstalter erreichte mit 29 Jahren und 5 Monaten ein australischer Hirtenhund namens *Bluey*. Er war 1910 von Les Hall aus Rochester in Victoria (Australien) erworben worden und hütete fast 20 Jahre lang Rinder und Schafe. *Bluey* wurde am 14. November 1939 eingeschläfert.

Der größte Wurf: 23 Welpen hat am 19. Juni 1944 die Jagdhündin *Lena* geworfen, die Commander W. N. Ely aus Ambler in Pennsylvania (USA) gehörte. Alle 23 blieben am Leben. Ebenfalls 23 Welpen warf am 6./7. Februar 1975 die Bernhardinerhündin *Careless Ann*. Eigentümer: Robert und Alice Rodden aus Lebanon, Missouri (USA). Allerdings überlebten aus ihrem Wurf nur 14 Tiere. Ebenfalls 23 Welpen (16 überlebten) gab es im Juni 1987 in Little Hall, Essex (GB). Die Deutsche Dogge *Shalimar Bootsie* erfreute damit Marjorie Harris.

Produktivster Hundevater aller Zeiten war der vielfach preisgekrönte Windhund *Timmy*, auch *Tiefdruck* genannt (im September 1957 geworfen). Vom Dezember 1961 bis zu seinem Tod im November 1969 zeugte er 2414 registrierte Junge, von mindestens 600 nicht registrierten ganz abgesehen.

Der wertvollste Hund, zumindest für seine Besitzerin Clarice Ashton Cross, war vermutlich der Pekinese *Ch. Ch'êrh of Alderbourne* (1904 bis ca. 1914). Der amerikanische Finanzier und Industrielle J. Pierpont Morgan hatte im Jahr 1907 der Britin aus Ascot 32000 englische Pfund (das entspricht heute 95040 Pfund oder 2,745 Mio. DM) geboten, doch sie gab ihren Liebling nicht her. Darauf überreichte Morgan der Dame einen Scheck, auf dem der Betrag offen war – doch Clarice Ashton Cross lehnte auch diese Offerte für ihren Pekinesen ab.

Einen Weitsprung über 5,3 m schaffte der Deutsche Schäferhund *Charly* (*Ajax v. Irisgarten*; Wurftag 15. Mai 1978) bei Proben für die WDR-Fernsehsendung »Chris Howland präsentiert Höchstleistungen aus dem *Guinness Buch der Rekorde*«. Der Wiener Manfred Masat konnte den Rekord seines Hundes am 24. Mai 1984 notieren.
Im Weitsprung hält den Rekord ein Windhund namens *Bang*, der 1849 in Brecon Lodge (GB) bei der Verfolgung eines Hasen eine 9,14 m breite Schlucht übersprang.

Der »Hochsprung«-Rekord über ein glattes Holzhindernis (ohne Leisten oder andere Hilfsmittel) steht bei 3,58 m. Das Sprung- und Kletterkunststück gelang einem Deutschen Schäferhund namens *Volse* im November 1989 bei einer Dressurschau im französischen Avignon. Der Schäferhund gehört Philippe Clement aus Aix-en-Provence.

Der Terriermischling *Belli* ist österreichische Rekordhalterin unter den Gebrauchshunden.

Ein anderer Deutscher Schäferhund, der dreijährige *Duke*, schaffte am 11. November 1986 in der BBC-Fernsehsendung *Rekordbrecher* sogar 3,58 m, doch das Hindernis war mit Leisten verstärkt. *Dukes* Trainer ist Graham Urry, ein Flugkapitän der britischen Luftwaffe.

Die größte Hundeschau der Welt ist die jährlich wiederkehrende britische Crufts Show. Beim 100. Wettbewerb, der vom 9. bis 12. Januar 1991 in Birmingham stattfand, wurden 22993 Teilnehmer gezählt.

Meistprämierte Hunde: Die Scotchterrierhündin *Ch. Braeburn's Close Encounter*, die am 22. Oktober 1978 geworfen worden ist und Sonnie Novick aus Plantation Acres in Florida (USA) gehört, heimste auf Zuchtschauen bis 10. März 1985 die stattliche Zahl von insgesamt 203 Preisen ein.

Auf 281 Auszeichnungen bei nationalen und internationalen Zuchtschauen kam die Riesenschnauzerhündin *Arlin von der Hohen Ward* (Wurfjahr 1976) von 1979 bis 85. Stolzer Hundehalter ist Heinz Blumenröther aus Dortmund (Nordrhein-Westfalen).

Auf 175 Fährtenhundprüfungen brachte es die gelbe Boxerhündin *Rasty von Schloß Brühl* (Wurfjahr 1982) von 1983 bis 91. Besitzer und Hundeführer sind Beate und Werner Spelsberg in Lüdenscheid (Nordrhein-Westfalen).

Auf 180 Leistungsveranstaltungen brachte es in zwölf Jahren von 1978 bis 90 die Terrier-Mischlingshündin *Belli* (Wurfjahr 1976). Stolzer Hundehalter der aus dem Tierheim geholten Kleinhündin ist Bertram Stanzl aus Linz/a. D. (Österreich).

Einhundertmal erhielt der orangefarbene Kleinspitz *Ypka von Hildesia* (Wurfjahr 1976) auf 100 internationalen Rassehundeschauen der United Kennel Clubs International (UCI) die Höchstnote 1. 96mal wurde der Pomeranian-Rüde rassebester, holte insgesamt von 1976 bis 90 auf nationalen und internationalen Ausstellungen 219 Preise und 21 Champion-Titel. Hundehalterin ist Rita Bienert aus Buchholz (Niedersachsen).

Schlittenhundrennen: 150 Gespanne mit über 1000 Tieren aus 7 Nationen waren beim Internationalen Schlittenhund-Cup in Todtmoos (Südschwarzwald) am 23./24. Januar 1982 am Start.

Das längste Schlittenhundrennen führt über 1688 km von Anchorage nach Nome in Alaska (USA). Das als Iditarod Trail bekannte Rennen wird seit 1910 ausgetragen, seit 1967 jährlich. Die Rekordzeit schaffte mit 11 Tagen, 1:53:23 Std. Susan Butcher im Jahr 1990. Sie und ihr Hundegespann hatten das Rennen auch schon 1986–89 gewonnen. Auf sechs Siege brachte es Rick Swenson (1977–1979, 1981/82 und 1991).

KATZEN

Allgemein: Auf der Erde gibt es zur Zeit 400 Mio. Katzen. Das gab die Akademie der Wissenschaften in Paris im November 1988 be-

24 000 sfr wurden im November 1990 Monika und Peter Merz aus Hochdorf, Luzern (Schweiz), für diesen roten langhaarigen Kater *Moritz* geboten. Ein Schweizer Fabrikant wollte diesen Rekordpreis für die Katze zahlen, die ihn an seine Lieblingskatze erinnerte. Familie Merz lehnte die Offerte ab.

kannt. In den USA wird die Zahl der Katzen mit 54,6 Mio. angegeben, in Indonesien leben 30 Mio. Tiere. Von den fast 6,5 Mio. englischen Katzen sind ca. 100 000 als Mäusefänger im öffentlichen Dienst tätig.
In den deutschen Bundesländern schätzt man die Zahl der privat gehaltenen und streunenden Katzen auf ungefähr 5,7 Mio.

Die größte Katze unter den 330 Arten ist die amerikanische Ragdoll, eine Züchtung, die 6,8 bis 9,07 kg schwere Kater hervorgebracht hat. Meistens aber sind die Hauskatzen *(Felis catus)* erheblich leichter. Ausgewachsene Kater haben ein Durchschnittsgewicht von 3,9 kg, Katzendamen bringen es im Schnitt auf 3,2 kg. Kastrierte oder sterilisierte Tiere legen in der Regel etwas Gewicht zu. Stattlichste Hauskatze war ein kastrierter Kater namens *Himmy*, der Thomas Vyse aus Redlynch im australischen Queensland umschnurrte. Zum Zeitpunkt seines Todes am 12. März 1986 wog das 10 Jahre alte Tier 21,3 kg, hatte einen Halsumfang von 38,1 cm, eine »Taille« von 83,8 cm und eine Länge von 96,52 cm.

Die kleinste Zucht der Hauskatze ist die Singapura. Kater erreichen ein Gewicht von 2,72 kg, ausgewachsene Weibchen kommen auf 1,81 kg. Leichteste Züchtungen erreichen nach zuverlässigen Angaben in einigen Fällen nicht einmal 1,36 kg. Das Normalgewicht ist ca. 4–5 kg.

Älteste Katzen: Katzen leben in der Regel länger als Hunde. Ein wohlgenährter und gut gepflegter Hauskater hat eine durchschnittliche Lebenserwartung von 13–15 Jahren. Katzendamen werden etwas älter, 15–17 Jahre. Bei kastrierten Katzen steigt die Lebenserwartung im allgemeinen um 1–2 Jahre. Älteste Katze war vermutlich der englische gestreifte Kater *Puss*. Er beging seinen 36. Geburtstag am 28. November 1939 und starb tags darauf.
Kitty warf im Alter von 30 Jahren zwei Junge im Mai 1987. Damit wurde sie zur ältesten Katzenmutter. Kurz nach ihrem 32. Geburtstag starb *Kitty* im Juni 1989. Ihrem Züchter George Johnstone aus Croxton, Staffordshire (GB), hatte sie insgesamt 218 Kätzchen geschenkt.

Älteste Zwillingskatzen waren *Beau* und *Bubbles*, Langhaar/Perser-Mischlinge, die Diane Phelps aus Dearborn in Michigan (USA) umschnurrten. *Bubbles* ging am 29. April 1985 im Alter von 21 Jahren, 6 Monaten ein, *Beau* starb mit 22 Jahren, 2 Monaten am 28. Dezember 1985.

Den größten Wurf von 19 Kätzchen (vier totgeboren), entbunden durch Kaiserschnitt, brachte die vierjährige braune Birmakatze *Tarawood Antigone* am 7. April 1970 zur Welt. Der Wurf war das Ergebnis eines »Fehltritts« mit einem Halbsiamesenkater. Von den 15 lebend geborenen Jungen waren 14 Kater.
Der größte Wurf, bei dem sämtliche Jungen lebten und am Leben blieben, waren 14 Kätzchen, geworfen in Südafrika im Dezember 1974 von einer Angorakatze namens *Glockenblümchen*.

Die fruchtbarste Katze war *Dusty*, die in Bonham in Texas (USA) zu Hause war und alles in allem 420 Junge zur Welt brachte. Ihren letzten Wurf hatte sie am 12. Juni 1952 im Alter von 17 Jahren: es war ein Einzelkätzchen.

Beste Kletterkatze war ein nur vier Monate altes Tier, das Josephine Aufdenblatten aus Genf (Schweiz) gehörte und am 6. September 1950 mit einer Gruppe von Bergsteigern den Gipfel des 4478 m hohen Matterhorns erstieg.

KANINCHEN UND HASEN

Das größte zahme Kaninchen *(Oryctolagus cuniculus)* ist der Flämische Riese. Erwachsene Tiere wiegen in der Regel 7–8,5 kg und sind von Zehen zu Zehen im Schnitt 91 cm lang. Prachtexemplare bringen es sogar auf ein Gewicht bis zu 11,3 kg. Im April 1980 wurde in Spanien ein fünf Monate altes Weibchen (Französisches Hängeohr) ausgestellt, das 12 kg wog. Das Normalgewicht eines Tieres dieser Rasse liegt bei etwa 5,5 kg.

Die kleinsten zahmen Kaninchen sind das niederländische Zwergkaninchen und das polnische Kaninchen, die völlig ausgewachsen 0,9–1,13 kg wiegen. Jacques Bouloc aus Coulommiere in Frankreich hat 1975 die beiden kleinsten Rassen gekreuzt und nach seinen eigenen Angaben das Gewicht der Neuzüchtung auf 396 g gedrückt.

Die fruchtbarsten zahmen Kaninchensorten sind das weiße neuseeländische und das kalifornische Kaninchen. Sie werfen fünf- bis sechsmal im Jahr 8–12 Junge (fünf Würfe zu je 3–7 sieben Jungen beim wilden Kaninchen).

Der größte Hase *(Lepus europaeus)* mit einem Gewicht von fast 7 kg wurde im November 1956 in Northamptonshire (GB) erlegt. Das Durchschnittsgewicht eines ausgewachsenen Hasen beträgt ca. 3,62 kg.

Die größten Ohren haben die Hängeohrkaninchen (ab der fünften Generation), vor allem die englische Art. Die Löffel eines durchschnittlichen Exemplars sind etwa 61 cm lang und 14 cm breit.

VÖGEL

Der größte lebende, aber flugunfähige Vogel ist der afrikanische Strauß (*Struthio camelus camelus*). Er lebt südlich des Atlasgebirges vom Oberlauf des Senegal und Niger bis hinüber zum Sudan und nach Zentraläthiopien. Hähne dieser Subspezies können 2,74 m groß werden und 156,5 kg wiegen.

Die schwersten Flugvögel der Welt sind die in Süd- und Nordostafrika heimische Kori-Trappgans *(Ardeotis kori)* und die Große Trappe *(Otis tarda)*, die in Europa und Asien vorkommt. Daß die Kori-Trappgans 19 kg schwer wird, ist mehrfach berichtet worden. Ein männliches Exemplar, das in Manchuria geschossen wurde, soll nach einer unbestätigten Meldung 21 kg gewogen haben und zu schwer zum Fliegen gewesen sein. Beglaubigt ist das Höchstgewicht einer Großen Trappe: 18 kg.

Der Höckerschwan *(Cygnus olor)* zählt gleichfalls zu den Schwergewichten. Die in Mitteleuropa heimischen Tiere erreichen in Ausnahmefällen bis zu 18,14 kg, ein in Polen aufgestöbertes Schwanenmännchen wog sogar 22,5 kg. Es hatte allerdings zeitweise seine Flugfähigkeit eingebüßt.

Der schwerste Raubvogel ist der Anden-Kondor *(Vultur gryphus)*, dessen Männchen durchschnittlich 9,09–11,3 kg wiegen.

14,1 kg soll ein übergroßer männlicher Kalifornischer Kondor *(Gymnogyps californianus)* gewogen haben, der präpariert wurde und jetzt in der kalifornischen Akademie der Wissenschaften in Los Angeles zu sehen ist. Diese Art ist kleiner als der Anden-Kondor, ein Exemplar wiegt selten mehr als 10,4 kg.

Die größte Flügelspannweite hat der Wanderalbatros *(Diomedea exulans)*, der im Gebiet der südlichen Ozeane lebt. Bei ausgewachsenen Männchen mit völlig ausgebreiteten Flügeln beträgt sie 3,35 m. Den Rekord hält ein am 18. September 1965 im Tasmansee gefangener Albatros mit 3,63 m.

Eine der beiden Kori-Trappen des Berliner Zoos. Die Riesenvögel werden bis zu 1,3 m lang und bringen gut 15, sogar 18,4 kg auf die Waage.

Der kleinste Vogel der Welt ist der Hummelkolibri *(Mellisuga helenae)*, verbreitet auf Kuba und auf Isla de Pinos (Karibik). Ausgewachsene Männchen (Weibchen sind ein wenig größer) sind insgesamt 57 mm lang, davon nehmen Schnabel und Schwanz die Hälfte in Anspruch. Der Vogel wiegt 1,6 g und ist damit leichter als ein Falter aus der Art der Ligusterschwärmer (2,4 g).

Der kleinste Raubvogel ist der 35 g schwere Zwergfalke *(Microhierax latifrons)* auf Borneo, der die Größe eines Spatzen hat.

Der kleinste Seevogel ist der Zwergsturmvogel *(Halocyptena microsoma)*, der auf den kleinen Inseln im Golf von Kalifornien (USA) nistet. Ausgewachsene Exemplare sind durchschnittlich 140 mm groß und wiegen 28 g.

Der kleinste Vogel Mitteleuropas ist das Goldhähnchen *(Regulus regulus)*. Die Durchschnittslänge beträgt 9 cm, das Gewicht 4–6 g. Die 580 km zwischen England und Skandinavien legen diese winzigen Vögel in knapp 12 Std. zurück. Das entspricht einer Durchschnittsgeschwindigkeit von ca. 48,3 km/h.

Am meisten Artgenossen unter den Wildvögeln hat der Buntschnabelweber *(Quelea quelea)*, der in den afrikanischen Trockengebieten südlich der Sahara vorkommt und sich von Samen ernährt. Man nennt diese Vögel auch »gefiederte Heuschrecken«. Die ausgewachsene Brut-Population wird auf 1 500 000 000 geschätzt. Jahr für Jahr werden 1 000 000 000 Buntschnabelweber getötet, ohne daß dies den geringsten Einfluß auf die Population hätte. Im Sudan gibt es einen riesigen Ruheplatz, an dem sich 32 000 000 Vögel versammeln.

Am zahlreichsten unter den Seevögeln sind die sehr kleinen Wilson-Sturmvögel *(Oceanites oceanicus)*, die auf dem antarktischen Kontinent und den benachbarten subantarktischen Inseln brüten. Über ihre Anzahl wurden bisher keine Angaben veröffentlicht, aber es steht fest, daß es Hunderte Millionen – wenn nicht gar Milliarden – von ihnen gibt. Die häufigste Vogelart Mitteleuropas sind die Sperlinge.

Vom Aussterben bedroht

Der Seeadler (*Haliaeëtus albicilla*), der 95 cm große Greifvogel aus dem Norden Europas/Asiens, stirbt aus. Die sauberen, fisch- und vogelreichen Gewässer, die er zum Überleben benötigt, findet der Greif mit seiner 2,5 m Flügelspannweite kaum noch. Seine Brutgebiete beschränken sich heute auf Schleswig-Holstein, Mecklenburg-Vorpommern und Brandenburg. Gerade noch 147 Brutpaare bilden den stärksten Bestand in Mitteleuropa. Ein Schutzprogramm wird in Norddeutschland mit dem Projekt Seeadlerschutz in Zusammenarbeit zwischen den Artenschützern, dem zuständigen Ministerium und dem staatlichen Forstamt Eutin (Schleswig-Holstein) als Seeadlerstation durchgeführt. Um die Arterhaltung des Seeadlers zu gewährleisten, werden seine Brutplätze für den Menschen abgesperrt und seine Horste während der Brutzeit rund um die Uhr von freiwilligen Helfern bewacht.

Seltenste Vögel: Die Zahl der gefährdeten Vogelarten ist in den letzten zehn Jahren weltweit von 290 auf 1029 angestiegen, verursacht durch menschliche Eingriffe. Diese Bestandsaufnahme wurde im Oktober 1988 publiziert. Seit 1600 sind 171 von insgesamt über 8600 Vogelarten ausgestorben. Besonders hart betroffen war und ist die Vogelwelt von Inseln. Die Rote Liste der bedrohten Arten nennt 144 der 238 in Mitteleuropa heimischen Brutvogelarten als ausgestorben, stark bedroht, bedroht oder potentiell bedroht. Naturschutzorganisationen versuchen weltweit, diesem Raubbau an der Natur durch strenge Schutzmaßnahmen und Wiederaufzucht von gefährdeten Arten zu begegnen.
Exemplarisch ist das Schicksal des Kalifornischen Kondors. Der letzte wildlebende Kalifornische Kondor *(Gymnogyps californianus)* war am 19. April 1987 im Kern County der USA eingefangen worden. *Igor* teilte das Schicksal von 26 anderen Artgenossen, die im Naturpark von San Diego und im Zoo von Los Angeles gehalten wurden. Der erste Kalifornische Kondor, der

in Gefangenschaft geschlüpft ist, ist am 29. April 1988 im Naturschutzpark von San Diego erfolgreich ausgesetzt worden. Sechs Monate lang wurde das Jungtier mit Handpuppen, die einen Kondor darstellten, durchgefüttert. In den vergangenen drei Jahren sind 18 weitere Kondore im Zoo von Los Angeles und im San Diego Animal Park geschlüpft. Die ersten von ihnen werden 1991 in den Los-Padres-Bergen, einem Nationalpark 60 Meilen nordwestlich von Los Angeles, in die freie Natur entlassen.

Die schnellsten Vögel findet man unter den Enten und Gänsen *(Anatidae)*, und einige leistungsfähige Arten wie der rotbrüstige Mittelsäger *(Mergus serrator)*, die Eiderente *(Somateria mollissima)*, der Rückensegler *(Aythya valisineria)* und die Spornflügelgans *(Plectropterus gambiensis)* können bei drohender Gefahr bis zu 104 km/h erreichen.

Bis zu 112 km/h soll ein aufgescheuchter Goldkiebitz *(Pluvialis apricaria)* erreichen. Doch es ist schon sehr zweifelhaft, ob dieser Expreßflieger überhaupt – auch bei Gefahr – mehr als 80 bis 88 km/h schafft.

Der weißkehlige Dornschwanzsegler *(Hirundapus caudacutus)*, in Asien zu Hause, und der Alpensegler *(Apus melba)* sind auf ihren Balzflügen wahrscheinlich noch schneller. Ersterer hat bei Tests, die in der UdSSR durchgeführt wurden, Spitzengeschwindigkeiten bis zu 170 km/h geschafft.

Höchste Beschleunigungskraft: Experimente amerikanischer Wissenschaftler haben in jüngster Zeit ergeben, daß der Schnabel des Rotkopfspechts *(Melanerpes erythrocephalus)* die Baumrinde mit einer Geschwindigkeit von 20,9 km/h trifft. Das bedeutet, daß beim Zurückfahren des Kopfs das Gehirn eine Bremswirkung von rund 10 g erfährt.

Schnellster Flügelschlag: Mit 90 Flügelschlägen pro Sek. hat der Kolibri *(Heliactin cornuta)* aus den südamerikanischen Tropen den schnellsten verzeichneten Flügelschlag.

Der beste Taucher ist der Kaiserpinguin *(Aptenodytes forsteri)*. Eine kleine Gruppe von Tieren erreichte 1969 vor dem Kap Crozier in der Antarktis eine Tiefe von 265 m. Ein Kaiserpinguin blieb dabei 18 Min. unter Wasser, berichteten amerikanische Wissenschaftler.

Das Höchstalter, das ein Vogel bisher erreichte, liegt bei über 80 Jahren. Der Nestor war ein männlicher Schwefelhauben-Kakadu *(Cacatua galerita)* namens *Cocky*, der 1982 im Londoner Zoo eingegangen ist. *Cocky* war dem Zoo 1925 geschenkt worden, sein vorheriger Besitzer hatte ihn seit 1902, und bereits damals war der Kakadu voll ausgewachsen.
82 Jahre alt ist nach unbestätigten Berichten ein männlicher Sibirischer Weißkranich *(Crus leucogeranus)* geworden, der *Wolfe* hieß und zur Kolonie der Internationalen Kranich-Stiftung in Baraboo in Wisconsin (USA) gehörte. Der Vogel war angeblich um 1905 in einem Schweizer Zoo ausgebrütet worden. Er starb Ende 1988, nachdem er sich bei einem Versuch, einen Besucher von seinem Gehege zu verjagen, den Schnabel gebrochen hatte.
Ältester beringter Seevogel ist ein weiblicher Königsalbatros *(Diomedea epomophora)* namens *Grandma* oder *Blue White* (Blauweiß), der im November 1988 bei Taiaroa Head in Neuseeland im Alter von 60 Jahren noch ein Ei legte. Die Albatros-Dame war 1937 erstmals mit einem Ring gekennzeichnet worden, zu einer Zeit, als sie bereits ausgewachsen war und brütete. Königsalbatrosse brüten nicht vor ihrem 9. Lebensjahr. *Grandma* (Omi) hat zehn eigene und dazu drei fremde Junge aufgezogen. Ihr Gatte *Green White Green* (Grünweißgrün) ist 47 Jahre alt.

Vogel des Jahres 1991

Der Naturschutzbund Deutschland und der Landesbund für Vogelschutz in Bayern haben das Rebhuhn (*Perdix perdix*) zum Vogel des Jahres 1991 ausgewählt. Der auf Feldfluren und Brachflächen beheimatete Bodenvogel aus der Ordnung Hühnervögel (*Galliformes*) steht seit 1982 als »stark bedroht« in der Roten Liste der gefährdeten Tierarten.
Das 350–400 g schwere, nur etwa taubengroße Rebhuhn verdankt seinen Namen einem seiner Laute. Wird es aufgescheucht, macht es sich mit einem lauten »Rep-rep-rep« aus dem Staub. Heute erschreckt den Spaziergänger in offener Knicklandschaft die geräuschvoll auffliegende Kette immer seltener. So nennen Jäger den Familienverband aus den lebenslänglich verpaarten Eltern und ihren Jungen. Die wegen Flurbereinigung verschwundenen schützenden Hekken und die flächendeckend gesprühten Schädlingsbekämpfungsmittel nehmen dem Rebhuhn die biologischen Biotope mit ihrer vielfältigen Flora und den Insektenreichtum. Rebhuhnküken sind auf eine intakte Insektenwelt und später auf die Samen der Feldkräuter angewiesen.

Die größten Eier von allen lebenden Vögeln legt der Strauß *(Struthio camelus)*. Ein Straußenei ist 15–20 cm lang, hat einen Durchmesser von 10 bis 15 cm und wiegt 1,65–1,78 kg. Das entspricht etwa dem Gewicht von zwei Dutzend Hühnereiern. Ein Straußenei muß ca. 40 Min. gekocht werden. Obgleich seine Schale nur 1,5 mm dick ist, hält sie das Gewicht eines 127 kg schweren Menschen aus. Im israelischen Kibbuz Haon legte am 28. Juni 1988 eine Kreuzung zwischen nördlichem Strauß und südlichem Strauß (*Struthio c. camelus* × *Struthio c. australis*) ein Rekordei, das 2,3 kg wog.

Die kleinsten Nester bauen die Kolibris *(Trochillidae)*. Sie sind ungefähr halb so groß wie eine Walnuß, das des Bienenkolibris ist etwas tiefer gebaut und hat die Größe eines Fingerhuts. Im Bild ein Breitschwanzkolibri *(Cyanthus latirostris)*.

Die kleinsten Eier legt der jamaikanische Zwergkolibri *(Mellisuga minima)*. Zwei Eier, jedes kürzer als 10 mm, wogen 0,36 bzw. 0,37 g.

Ausbrüten: Der Wanderalbatros *(Diomedea exulans)* hat die längste Brutzeit, die normalerweise 75–82 Tage dauert. Aus Australien wird berichtet, daß ein Mallee-Huhn *(Leipoa ocellata)* 90 Tage lang brütet. Doch dies ist ein Einzelfall. Normalerweise dauert die Brutzeit bei dieser Art 62 Tage.
Die kürzeste Zeit zum Ausbrüten – nur 10 Tage – brauchen der Buntspecht *(Dendrocopus major)* und eine Kuckucksart *(Coccyzus erythropthalmus)*.
Zu den untätigsten Männchen gehören der Kolibri (Fam. *Trochilidae*), der Eider-Enterich *(Somateria mollissima)* und der Goldfasan *(Chrysolophus pictus)*, deren Weibchen das Brüten ganz allein zu besorgen haben, während das Kiwiweibchen *(Apteryx australis)* diese Arbeit 75–80 Tage lang ausschließlich dem Männchen überläßt.

Das größte Vogelnest wurde 1963 entdeckt. Es war 2,9 m breit, 6 m tief und wog mehr als 3 t. Gebaut wurde es von einem Seeadler-Pärchen *(Haliaeëtus leucocephalus)* – womöglich wurde es schon von seinen Vorgängern begonnen – in der Nähe von St. Petersburg, Florida (USA). Riesige Nester baut auch der Goldadler *(Aquila chrysaetos)*; über eines, das 4,57 m tief war, wurde 1954 aus Schottland berichtet, es war 45 Jahre benutzt worden. Noch größer sind die Bruthügel des australischen Laubenwallnisters. Höhen bis zu 4,57 m bei einem Querschnitt von 10,6 m wurden gemessen. Nach Berechnungen verarbeitet der Vogel 293 m^3 Material im Gewicht von 300 t.

Höchste Flughöhen: Die meisten Zug- und Wandervögel fliegen relativ niedrig, durchschnittlich in einer Höhe von 91 m. Es gibt nur ein paar Dutzend Arten, die höher als 914 m steigen. Der beglaubigte Rekord liegt bei 11 277 m; aufgestellt wurde er von einem Ruppell-Geier *(Gyps rueppellii)*, der am 29. November 1973 über Abidjan an der westafrikanischen Elfenbeinküste mit einem Verkehrsflugzeug kollidierte. Durch den Zusammenstoß wurde eins der Triebwerke so stark beschädigt, daß das Flugzeug notlanden mußte. Von dem Vogel wurden genügend Federn entdeckt, um dem US-Museum für Naturgeschichte eine einwandfreie Identifikation zu ermöglichen. Doch die Flughöhe von 11 277 m ist sogar für einen Höhenflieger wie den Ruppell-Geier anormal. Er wird selten in Höhen über 6096 m gesehen.

Langsamster Vogel ist die Amerikanische Waldschnepfe *(Scolopax minor)*. Sie schafft ungefähr 8 km/h und ändert ihr Tempo auch bei Balzflügen nicht.

Am längsten in der Luft: Von allen Vögeln kann sich die Ruß-Seeschwalbe *(Sterna fuscata)* am längsten in der Luft aufhalten. Nachdem sie das Nest verlassen hat, bleibt sie 3 bis 10 Jahre lang ununterbrochen in der Luft – bis sie sozusagen erwachsen geworden ist, aufs Festland zurückkehrt und brütet. Unter den Landvögeln ist der Mauersegler *(Apus apus)*

Der Brillenpinguin ist kein antarktisches Tier, sondern eine südafrikanische Art, die nördlich der Antarktis heimisch ist. Der Brillenpinguin ist mittelgroß und hat seinen Namen von einer brillenartigen Gesichtszeichnung.

am längsten in der Luft, nämlich 2–3 Jahre. Während dieser Zeit schläft, trinkt und frißt er im Flug, er paart sich sogar im Flug.

Die schnellsten Schwimmvögel sind die Eselpinguine *(Pygoscelis papua)*. Sie erreichten im Wasser eine Höchstgeschwindigkeit von 27,4 km/h.

Die schärfsten Augen aller Flugtiere haben die Raubvögel *(Falconiformes)*. Große Exemplare, deren Augengröße der des Menschen ungefähr entspricht, sehen mindestens doppelt so scharf wie der Mensch. Nach Berechnungen kann ein großer Adler ein Zielobjekt auf eine drei- bis achtmal größere Entfernung erkennen als der Mensch. Der Steinadler *(Aquila chrysaetos)* kann bei gutem Licht und abstechendem Hintergrund einen 46 cm großen Hasen aus einer Entfernung von 3,2 km erspähen und ein Wanderfalke *(Falco peregrinus)* eine Taube aus einer Entfernung von 8 km.

Die längsten Federn schmücken den Phönix oder Onagadori, der aus der Rasse des roten Dschungelvogels oder Dschungelhuhns *(Gallus gallus)* hervorgegangen ist und in Japan seit der Mitte des 17. Jh.s gezüchtet wird. Nach Berichten aus dem Jahr 1972 war die Schwanzfeder eines Hahns, der Masasha Kubota aus Kochi gehörte, 10,6 m lang. Die zwei Schwanzfedernpaare des Königsfasans *(Syrmaticus reevesi)*, der in Zentral- und Nordchina vorkommt, können länger als 2,43 m werden.

Die meisten Federn: Bei Federzählungen an verschiedenen Vögeln stellte sich heraus, daß der Singschwan *(Cygnus columbianus)* 25216 Federn hat. Hingegen hat der *Archilochus*-Kolibri nur 940, obgleich Kolibris im Verhältnis zur Oberfläche des Körpers mehr Federn haben als sonst ein lebender Vogel.

Den längsten Schnabel hat der Australische Pelikan *(Pelicanus conspicillatus)* mit 34–47 cm. Relativ gesehen, ist der Schnabel des schwertschnabligen Kolibris *(Ensifera ensifera)* am größten. Er ist 10,2 cm lang und damit länger als der Vogelkörper, wenn man den Schwanz nicht mitrechnet. Diese Kolibri-Art ist in den Anden (Venezuela/Bolivien) heimisch.

Den kürzesten Schnabel im Verhältnis zu ihrer Körpergröße haben die kleineren Segler *(Apodidae)*, vor allem die Scheinschwalben *(Collocalia esculenta)*, deren Schnabel fast nicht mehr vorhanden ist.

Weltmeister im Beobachten und Bestimmen von Vögeln ist Harvey Gilston (* 12. Oktober 1922) aus Lausanne (Schweiz). Bis April 1991 hatte er 6891 von den 9016 bekannten Vogelarten in Augenschein genommen und identifiziert.
Gilston hat auch mindestens eine Vogelart von jeder der 159 Vogelfamilien der Erde gesehen. Vor ihm war dies schon den Amerikanern Peter Kaestner, Dr. Ira Abramson und Dr. Martin Edwards gelungen.

Altersrekorde: Abgesehen vom Strauß, erreicht die Hausgans *(Anser anser domesticus)* das höchste Alter. Normalerweise wird sie 25 Jahre alt. Am 16. Dezember 1976 starb der englische Gänserich *George* im Alter von 49 Jahren und 8 Monaten.

Von den kleinen Käfigvögeln leben die Kanarienvögel *(Serinus canaria)* am längsten. Das älteste Beispiel dafür war das 34 Jahre alte Kanarienhähnchen *Joey*. Der Vogel war 1941 in Calabar (Nigeria) gekauft worden und starb am 8. April 1975.
Der älteste Wellensittich *(Melopsittacus undulatus)* war ein Weibchen namens *Charlie*. Es starb am 20. Juni 1977 im Alter von 29 Jahren und 2 Monaten in England.

REPTILIEN

Das größte Reptil der Welt ist das Salzwasserkrokodil *(Crocodylus porosus)*, verbreitet in Südostasien, Nordaustralien, Neuguinea, auf den Philippinen und den Salomoninseln. Ausgewachsene Männchen werden zwischen 4,2 und 4,8 m lang und wiegen zwischen 408 und 520 kg.

Das größte je in Gefangenschaft gehaltene Krokodil ist ein Mischling (Salzwasserkrokodil/Siamesisches Krokodil) namens *Yai* (* 10. Juni 1972). Es ist 6 m lang und wiegt 1114,27 kg. *Yai* lebt in der berühmten thailändischen Krokodilfarm Samutprakarn, die zugleich ein Krokodilzoo ist.
Im Bhitarkanika-Tierschutzgebiet in Orissa (Ostindien) leben derzeit vier Salzwasserkrokodile, die länger als 6 m sind. Eins der unter Naturschutz stehenden Tiere ist sogar über 7 m lang.

Das kleinste Krokodil ist Osborns Stumpfkrokodil *(Osteolaemus osborni)*, das man am Oberlauf des Kongo in Westafrika findet. Es wird selten länger als 1,2 m.

Das Höchstalter unter den Krokodilen erreichte bisher mit 66 Jahren ein weibliches Exemplar des Amerikanischen Alligators *(Alligator mississipiensis)*. Das Tier war am 5. Juni 1914 im Alter von zwei Jahren in den Zoo von Adelaide in Australien gekommen, wo es am 26. September 1978 einging.

Das seltenste Krokodil der Welt ist der unter Artenschutz stehende Chinesische Alligator *(Alligator sinensis)*, der am Unterlauf des Jangtsekiang in den Provinzen Anhui, Zhejiang und Jiangsu heimisch ist. Nach Schätzungen leben dort gegenwärtig höchstens 700–1000 Tiere.

Die kleinste Eidechsenart scheint der *Sphaerodactylus parthenopion*, ein winziger Gecko, zu sein, der nur auf der Insel Virgin Gorda, einer der Virgin-Inseln in Westindien, vorkommt. Man kennt nur 15 Exemplare davon, darunter ein paar trächtige Weibchen, die man zwischen dem 10. und dem 16. August 1964 fand. Die drei größten Weibchen hatten eine Körperlänge von 18 mm, wozu noch der Schwanz von gleicher Länge kam. Möglicherweise ist ein anderer Gecko *(Sphaerodactylus elasmorhynchus)* noch kleiner. Das einzige bisher bekannte Exemplar war ein anscheinend ausgewachsenes Weibchen mit einer Körperlänge von 17 mm und ebenso langem Schwanz. Am 15. März 1966 wurde es unter den Wurzeln eines Baumes in Haiti gefunden.

Schnellstes Reptil: Die höchste auf Land gemessene Geschwindigkeit erreichte eine sechsstreifige Rennechse *(Cnemidophorus sexlineatus)* mit 29 km/h, die 1941 von einem Auto in Süd-Carolina (USA) verfolgt wurde.
Die höchste Geschwindigkeit, die je ein Reptil im Wasser erreicht haben soll, nämlich 35 km/h, hatte eine verängstigte Pazifische Lederschildkröte.

EIDECHSEN

Die größte aller Eidechsen ist der Komodo-Waran oder Ora *(Varanus komodoensis)*, ein drachenartiges Reptil, das auf Komodo, Rintja, Padar und Flores (indonesische Inseln) beheimatet ist. Ausgewachsene Männchen sind im Durchschnitt 2,25 m lang und wiegen um 59 kg. Angeblich sind bis zu 9,14 m (!) lange Exemplare dieser Echsenart gesehen worden, aber das größte bisher gemessene Exemplar war ein Männchen, das 1928 der Sultan von Birma einem amerikanischen Zoologen geschenkt hat, und dieses maß 3,05 m.
1937 war das Tier vorübergehend im Zoo von St. Louis, Missouri (USA), zu sehen. In dieser Zeit war es sogar 3,1 m lang und 166 kg schwer.

Die längste Eidechse der Welt ist der schlanke Salvadori-Waran (*Varanus salvadori*), der in Neuguinea heimisch ist und nach glaubwürdigen Berichten bis zu 4,75 m lang wird. Nahezu 70 Prozent seiner Gesamtlänge macht allerdings der Schwanz aus.

Das höchste Alter einer Eidechsenart sind verbürgte 54 Jahre. Ein Blindschleichenmännchen *(Anguis fragilis)* im Zoologischen Museum in Kopenhagen (Dänemark) lebte von 1892 bis 1946.

SCHILDKRÖTEN

Die größte existierende Schildkröte ist die Lederschildkröte *(Dermochelys coriacea)*, die um die ganze Welt verbreitet ist. Ein ausgewachsenes Durchschnittsexemplar mißt von der Schnauze bis zum Schwanz 1,83–2,13 m (Rückenpanzer: 1,52–1,67 m), von Flosse zu Flosse etwa 2,13 m und wiegt bis zu 453 kg.
Die größte Lederschildkröte, von der man je gehört hat, war ein männliches Tier, das am 23. September 1988 am Strand von Harlech in Wales tot aufgefunden wurde. Es war 2,91 m lang, maß 2,77 m von Vorderflosse zu Vorderflosse und wog erstaunliche 961,1 kg. Seit dem 16. Februar 1990 ist das Prachtexemplar im walisischen Nationalmuseum in Cardiff zu sehen. Die meisten Museen lehnen es ab, große Schildkröten auszustellen, weil sie noch 50 Jahre lang Öl absondern können.

Die kleinste Meeresschildkröte der Welt ist die im Atlantik heimische *Lepidochelys kempii*. Ihr Panzer ist 50–70 cm lang, und sie wird keine 36 kg schwer.

Die seltenste Schildkröte ist die nur in der Nähe der Stadt Perth (West-Australien) lebende kleine Falsche Spitzkopfschildkröte *(Pseudomydura umbrina)*. Die geschützte Art zählt noch 20–25 wildlebende Tiere. Im Zoo von Perth werden weitere 22 Exemplare gehalten.

Das höchste Alter von allen Wirbeltieren erreichen die Schildkröten. Mindestens 152 Jahre alt war eine Marion-Schildkröte *(Geochelone sumeirii)*. Der Chevalier de Fresne hatte sie 1766 von den Seychellen nach Mauritius gebracht und der Garnisonsarmee von Port Louis geschenkt. Das Tier ist 1908 erblindet und 1918 bei einem Unfall getötet worden.
Das höchste Alter einer ständig beobachteten Schildkröte beträgt mehr als 116 Jahre für eine maurische Landschildkröte *(Testudo graeca)*. Das nachgewiesene Höchstalter unter den Meeresschildkröten erreichte ein Exemplar der *Macrochelys temminckii*, vor der selbst Alligatoren nicht sicher sind. Als das Tier am 7. Februar 1949 im Zoo von Philadelphia (USA) bei einem Unfall getötet wurde, war es 58 Jahre, 9 Monate und 1 Tag alt.

Schnellste Schildkröte und damit auch schnellstes Wasserreptil war eine aufgeschreckte Pazifische Lederschildkröte. Das verängstigte Tier erreichte eine Geschwindigkeit von 35 km/h.

Die langsamsten Schildkröten: Bei einem »Geschwindigkeitstest«, der auf den Seychellen abgehalten wurde, konnte eine männliche Riesenschildkröte *(Geochelone gigantea)* trotz eines verlockenden und lockenden Weibchens eine Strecke von 4,57 m nur in 43,5 Sek. zurücklegen.

Die größte lebende Landschildkröte ist die Aldabra Riesenschildkröte *(Geochelone gigantea)*, die im Indischen Ozean auf der Insel Aldabra, auf Mauritius und auf den Seychellen verbreitet ist. Rekordexemplar ist ein Männchen namens *Esmerelda* auf der zu den Seychellen gehörenden Vogelinsel: 1989 wog es 298 kg.

Tauchen: Eine Lederschildkröte *(Dermochelys coriacea)*, die mit einem druckempfindlichen Aufnahmegerät ausgestattet und vor den Virgin Islands in den Westindischen Inseln ausgesetzt worden war, tauchte bis in eine Tiefe von 1200 m. Dies berichtete Dr. Scott Eckert im Mai 1987.

Kälterekord: Die kleine kanadische Schmuckschildkröte *Chrysemys pictamarginata* ist vermutlich das stammesgeschichtlich höchstentwickelte Wirbeltier mit Frostresistenz.
Das Reptil überlebt Frost bis −8° C, der die Hälfte des Wassers in seinem Körper zu Eis gefrieren läßt. Eine für Tiere immer tödliche Eisbildung innerhalb von Körperzellen verhindert die Schildkröte durch ein Frostschutzmittel. Es besteht aus einer Mischung von Glyzerin, Traubenzucker und der Aminosäure Taurin.

SCHLANGEN

Die längste Schlange (mittlere, ausgewachsene Länge) ist der Netzpython *(Python reticulatus)* in Südostasien, Indonesien und den Philippinen, der immer über 6,24 m lang wird. 1912 wurde an der Nordküste von Celebes im Malaiischen Archipel ein genau 10 m langes Exemplar erschossen.
Von der Anakonda *(Eunectes murinus)* in den südamerikanischen Tropen wird behauptet, es gäbe bis zu 13,7 m lange Exemplare. Aber diese Größen beziehen sich wahrscheinlich auf gestreckte Häute. Die größte geprüfte Länge einer Anakonda war 8,45 m, wobei es sich um ein Weibchen handelte, das 1960 in Brasilien erlegt wurde.
Die ungefährliche Äskulapnatter *(Elaphe longissima)*, die bis zu 1,85 m lang werden kann, ist in ganz Mitteleuropa verbreitet.
In der Steiermark (Österreich) wurde 1929 eine Äskulapnatter von 2,18 m Länge gefangen.
In den Schweizer Kantonen Wallis und Tessin erreicht die ungiftige *Coluber viridiflavus* eine Länge von 1,8 m.

Die längste in Gefangenschaft lebende Schlange war *Cassius*, ein Netzpython im Knaresborough Zoo (GB), der am 3. April 1980 starb. Seine präparierte Haut ist 8,84 m lang.
Die längste und schwerste Schlange, die bisher in einem Zoo gehalten wurde, war ein weiblicher Netzpython *(Python reticulatus)* namens *Colossus*. Er war 8,68 m lang und bis zu 145 kg schwer. *Colossus* ging am 15. April 1963 im Highland Park Zoo von Pennsylvania (USA) ein.

Die kürzeste Schlange der Welt ist die sehr seltene Fadenschlange *(Leptotyphlops bilineata)*, die nur auf den westindischen Inseln Martinique, Barbados und St. Lucia vorkommt. In einer Reihe von acht Exemplaren waren die zwei größten Schlangen gerade 108 mm lang.

Die schwerste Schlange ist die Anakonda *(Eunectes murinus)*, die fast doppelt soviel wiegt wie ein Netzpython *(Python reticulatus)* derselben Länge. Ein um 1980 in Brasilien erlegtes weibliches Exemplar wurde nicht gewogen; seiner Länge (8,45 m) und seinem Umfang (111 cm) nach dürfte es aber ungefähr 227 kg schwer gewesen sein. In der Regel werden ausgewachsene Anakondas 5,48–6,09 m lang.

Die schwerste Giftschlange ist wahrscheinlich die Östliche Diamant-Klapperschlange (*Crotalus adamanteus*), die im Südosten der USA heimisch ist. Ausgewachsene Tiere werden im Durchschnitt 1,52–1,83 m lang und wiegen 5,5–6,8 kg. Ein riesiges Exemplar war 2,36 m lang und 15,4 kg schwer.
Die westafrikanische Gabun-Viper (*Bitis gabonica*), die sich in tropischen Regenwäldern aufhält, ist womöglich noch massiger gebaut als die Diamant-Klapperschlangen, wird aber nicht so lang. Im Durchschnitt mißt die Gabun-Viper 1,22–1,52 m, die Höchstgrenze liegt bei 2,06 m. Ein 1,83 m langes weibliches Tier wog 11,34 kg; ein anderes Weibchen, 1,74 m lang, war 8,2 kg schwer.

Die längste Giftschlange der Welt ist die Königskobra *(Ophiophagus hannah)*, die in Südostasien und auf den Philippinen zu Hause ist. Ausgewachsene Tiere werden in der Regel

3,65 m–4,57 m lang. Ein im April 1937 in Malaysia gefangenes Exemplar erreichte im Londoner Zoo eine Länge von 5,71 m. Es wurde bei Kriegsausbruch 1939 getötet.

Die längste Giftschlange Deutschlands ist die Kreuzotter *(Vipera berus)*, die bis zu 87 cm lang werden kann.

Die kürzeste Giftschlange ist die in Namibia heimische Namaqua-Zwergnatter *(Bitis schneideri)*. Ausgewachsene Exemplare werden im Schnitt nicht länger als 200 mm.

Die älteste Schlange wurde 40 Jahre, 3 Monate und 14 Tage alt. Eine Riesenschlange *(Boa constrictor constrictor)* namens *Popeye* im Zoo von Philadelphia (USA) erreichte dieses Alter. Am 15. April 1977 mußte sie aus medizinischen Gründen getötet werden.

Die schnellste Landschlange ist wahrscheinlich die schlanke Schwarze Mamba *(Dendroaspis polylepis)*. Am 23. April 1906 stellte man fest, daß eine wütende Schwarze Mamba in der Serengeti-Ebene (Tansania) eine Strecke von 43 m mit einer Geschwindigkeit von 11 km/h zurückgelegt hat. Für kurze Strecken auf ebenem Boden sind Geschwindigkeiten von 16 bis 19 km/h schon möglich. Die Ringelnatter *(Natrix natrix)* hat eine Höchstgeschwindigkeit von 6,8 km/h.

Die giftigste Landschlange ist der 2 m lange Taipan *(Oxyuranus microlepidotus)*, der vorwiegend im australischen Bundesstaat Queensland vorkommt. Sein Gift ist neunmal so stark wie das der südaustralischen und tasmanischen Tigerschlange *(Notechis scutatus)*. Als einem Taipan-Exemplar das Gift entzogen wurde, kamen 110 mg zusammen, eine Dosis, mit der man 125 000 Mäuse töten kann.

Mehr Menschen als in jedem vergleichbaren Land sterben in Sri Lanka an Schlangenbissen. Durchschnittlich werden in dem Inselstaat jährlich 800 Gift-Tote registriert. 97 Prozent der Todesfälle gehen auf die Konten der Krait-Natter (*Bungarus ceylonicus*), der Sägeschuppen-Viper (*Echis carinatus*), die als gefährlichste Schlange der Welt gilt, und der Asiatischen Kobra (*Naja naja*).

Als seltenste Schlange der Welt galt bis vor kurzem die Boa mit dem längsgerippten Schuppenkleid (*Casarea dussumieri*), die sich auf Round Island im Westindischen Ozean tummelt. Eine Rettungskampagne und Zuchtversuche waren jedoch so erfolgreich, daß inzwischen die St.-Lucia-Gleiterin oder Couresse (*Liophis ornatus*) die seltenste Schlange ist. Sie ist ausschließlich auf Maria Island vor St. Lucia in Westindien heimisch. Nach Dr. David Corke vom Polytechnikum in Ost-London gab es 1989 weniger als 100 Exemplare.

Die längsten Giftzähne aller Schlangen hat die Puffotter *(Bitis gabonica)* aus dem tropischen Afrika. Die Giftzähne eines 1,83 m langen Exemplars hatten eine Länge von 5 cm. Am 12. Februar 1963 schlug im Zoo von Philadelphia (USA) eine Puffotter unter großem Streß ihre Zähne in den eigenen Körper. Dabei wurde ein lebenswichtiges Organ so schwer verletzt, daß die Schlange einging. Sie starb nicht, wie es damals in vielen Berichten hieß, an ihrem eigenen Gift.

Die längste präparierte Haut einer lebenden Riesenschlange hat eine Gesamtlänge von 426 cm. Sie gehörte einem Tigerpython *(Python molurus bivittatus)*. Der Hamburger Werbeunternehmer und Schlangenzüchter Gerd Kunstmann (* 1950) hat die einwandfreie komplette Häutung nach der von ihm entwickelten Präparationstechnik BIO-DERM verarbeitet. Die komplette Intervall-Häutung wurde in Mehrlagentechnik knitterfrei und reißfest kaschiert.

AMPHIBIEN

Die größte Amphibienart ist der chinesische Riesensalamander *(Andrias davidianus)*, der in den kalten Bergbächen und Sumpfgebieten von Nordost-, Mittel- und Südchina lebt.
Ein ausgewachsenes Durchschnittsexemplar mißt 1,14 m und wiegt 25–30 kg. Ein 1923 in Südchina gefangenes Exemplar war 1,8 m lang und wog fast 65 kg.
Der japanische Riesensalamander *(Andrias japonicus)* ist etwas kleiner, aber ein gefangenes Exemplar wog lebend 40 kg.

Das größte Amphibium war der vor 230 Mio. Jahren lebende *Prionosuchus plummeri*. 1972 wurden in Nordbrasilien die Überreste eines schätzungsweise 9 m langen Exemplars gefunden.

Das kleinste Amphibium ist, soweit bekannt, der in Kuba heimische Frosch *Sminthillus limbatus*. Er ist keine 12 mm lang.

Das langlebigste Amphibium wurde ca. 55 Jahre alt. Es war ein Japanisches Riesensalamandermännchen *(Andrias japonicus)*, das am 3. Juni 1881 im Aquarium des Zoos von Amsterdam (Niederlande) starb.

Am längsten trächtig ist der lebendgebärende Schwarze Alpensalamander (*Salaman-*

Die giftigste Schlange aller Seeschlangen *Hydrophis belcheri*, deren Gift 100mal stärker ist als das des Australischen Taipans *(Oxyuranus scutellatus)*. Sie ist in den Korallenriffs gegenüber der Nordwestküste Australiens zu finden.

Dieser Afrikanische Ochsenfrosch *(Pyxicephalus adspersus)* ist 22,2 cm groß, hat einen Umfang von 45,7 cm und wiegt stattliche 1,89 kg. Natürlich heißt er *Colossus*.

dra atra), der in den Schweizer Alpen heimisch ist. In Höhen über 1400 m dauert die Trächtigkeit bis zu 38 Monate, in niedrigeren Lagen sinkt sie auf 24–26 Monate.

Die größte Höhe, in der man ein Amphibium gefunden hat, ist 8000 m. Es handelt sich um eine im Himalaja gefundene Erdkröte *(Bufo vulgaris)*. Dieselbe Gattung lebt auch 340 m tief in Kohlebergwerken.

Das seltenste Amphibium ist der Schwarzbäuchige Scheibenzünder *(Discoglossus nigriventer)*, der nur vom ersten Fundort in Israel bekannt ist, seit 1940 wurden nur fünf Exemplare entdeckt.

Das giftigste Amphibium ist der Goldene Pfeilgiftfrosch *(Phyllobates terribilis)*, der im Westen von Kolumbien vorkommt. Das Batrachotoxin, das aus seinen Hautabsonderungen gewonnen wird, ist mindestens 20mal stärker als das Gift aller anderen bekannten Pfeilgiftfroscharten und das stärkste Gift überhaupt. Ein ausgewachsenes Durchschnittsexemplar birgt mit 1900 mg genug Giftstoff in sich, um damit fast 1500 Menschen zu töten. Überraschenderweise wird der hochgiftige Frosch von der Schlangenart *Leimadophis epinephelus* vertilgt, die offenbar gegen das Gift immun ist und sich auch sonst von Fröschen ernährt.

Molche: Der größte von ihnen ist der Rippenmolch *(Pleurodeles walti)*, der in Marokko, Spanien und Portugal vorkommt. Exemplare mit einer Gesamtlänge von 40 cm und einem Gewicht von über 450 g wurden gefunden.
Der kleinste scheint eine Streifenmolchart *(Notophtalmus perstriatus)* aus dem Südosten der USA zu sein. Ausgewachsene Exemplare haben im Durchschnitt eine Gesamtlänge von 51 mm.

Der größte Frosch ist der seltene Afrikanische Riesenfrosch oder Goliathfrosch (*Conrana goliath*), der in Kamerun und Äquatorialguinea vorkommt. Ein Prachtexemplar hat Andy Koffman aus Seattle (USA) im April 1989 in Kamerun am Fluß Sanaga gefangen: Es maß von der Schnauze bis zum After 36,83 cm (mit ausgestreckten Beinen 87,63 cm) und wog 3657,15 g.

Die besten Springer unter den Fröschen werden stets im Dreisprung ermittelt. Der Weltrekord steht bei 10,3 m und wurde am 21. Mai 1977 bei einem Frosch-Derby in Paulpietersburg (Südafrika) von *Santjie* aufgestellt, einem weiblichen Spitznasenfrosch *(Ptychadena oxyrhyncha)*.
Den weitesten Dreisprung beim berühmten Springfrosch-Treffen in Angels Camp in Kalifornien (USA), das jedes Jahr stattfindet, tat bisher *Rosie* mit 6,6 m. Mit diesem Supersatz übertraf sie im Mai 1986 den bisherigen Rekordhalter *Harold* um 10 cm. Weltrekordlerin *Santjie* hätte bei diesem Wettbewerb übrigens keine Chancen: Sie dürfte gar nicht an den Start gehen, weil sie zu klein ist. Bei dem Springfrosch-Treffen in Angels Camp muß jeder Teilnehmer mindestens 4 Inch = 10,16 cm lang sein.

Der größte Baumfrosch ist *Hyla vasta*, der nur auf der Insel Hispaniola in Westindien vorkommt. Seine durchschnittliche Körperlänge ist ca. 9 cm, aber ein im März 1928 im San-Juan-Fluß in der Dominikanischen Republik gefundenes Weibchen war 14,3 cm lang.

Der kleinste Baumfrosch ist der in den südöstlichen USA vorkommende winzige *Hyla ocularis*, dessen maximale Länge vom Maul bis zum After 15,8 mm beträgt.

Die größte Kröte ist wahrscheinlich die Aga *(Bufo marinus)* im tropischen Südamerika. Eine Aga, namens *Prinsen*, im Besitz von Håkan Forsberg aus Åkers, Styckebruk (Schweden), wog im März 1991 2,65 kg und maß 38 cm, mit ausgestreckten Beinen 53,9 cm.

Die kleinste Kröte ist eine erstmalig um 1906 in Mosambik entdeckte Subspezies namens *Bufo beiranus*. Ausgewachsene Exemplare haben eine Höchstlänge von 24 mm.

FISCHE

Der größte Salzwasserfisch ist der seltene, planktonfressende Walhai *(Rhincodon typus)*, der in den wärmeren Teilen des Atlantischen, Pazifischen und Indischen Ozeans vorkommt. Der größte Walhai, der den Wissenschaftlern bisher zu Gesicht kam, war 12,65 m lang, hatte am dicksten Körperteil einen Umfang von 7 m und wog etwa 15 t. Das Prachtexemplar war am 11. November 1949 vor der Insel Baba bei Karatschi (Pakistan) gefangen worden.

Der größte Raubfisch ist der Weißhai oder Menschenhai *(Carcharodon carcharias)*, der in den Gewässern tropischer und gemäßigter Zonen vorkommt. Ausgewachsene Exemplare kommen auf 4,3–4,6 m Länge und wiegen durchschnittlich 522–771 kg. Ein 6,4 m langes und 3312 kg schweres weibliches Exemplar wurde im Mai 1945 vor Castillo de Cojimar auf Kuba gefangen. Am 17. April 1987 hat Alfred Cutajar vor Malta einen angeblich 7,13 m langen und schätzungsweise 3000 kg schweren Menschenhai gefangen. Leider lassen die präparierten Kiefer des weiblichen Tieres Zweifel an den Angaben zu. Nach Erfahrungswerten, die auf der Größe der Haizähne und dem Umfang des Oberkiefers basieren, war dieser Weißhai wahrscheinlich nur 5,33–5,48 m lang.

Der längste Knochenfisch ist der Band- oder Riemenfisch *(Regalecus glesne)*, der ebenso in den nordatlantischen Gewässern wie an den Küsten warmer Meere vorkommt und als »König der Heringe« bezeichnet wird. 1885 wurde ein 7,6 m langes Exemplar von 272 kg Gewicht bei Maine (USA) gefangen. Ein anderer Bandfisch, den Wissenschaftler des Sandy Hook Marine Laboratory am 18. Juli 1963 in New Jersey (USA) schwimmen sahen, soll 15,2 m lang gewesen sein.

Der schwerste Knochenfisch ist der Sonnenfisch *(Mola mola)*, der in allen tropischen, subtropischen und gemäßigten Gewässern vorkommt. Am 18. September 1908 wurde ein Riesenexemplar versehentlich von einem Schiff vor der australischen Küste gerammt. Dieser Sonnenfisch maß 4,26 m und wog 2,23 t.

Der größte Süßwasserfisch, der nur in Süß- oder brackigem Wasser lebt, ist der seltene Pa beuk oder Pla buk *(Pangasianodon gigas)*, ein riesiger Brackwels, der in den tiefen Gewässern des Mekongflusses in Laos und Thailand lebt. Ausgewachsene Männchen erreichen eine Durchschnittsgröße von 2,43 m und wiegen ca. 163 kg. Früher war der europäische Wels *(Silurus glanis)* sogar noch größer – im 19. Jh. wurden Längen bis 4,57 m und Gewichte bis 336 kg von russischen Exemplaren notiert. Aber jetzt gilt bereits alles, was über 1,83 m lang ist und mehr als 91 kg wiegt, als groß.
Der Arapaima *(Arapaima glauis)*, auch Pirarucu genannt, der im Amazonas und anderen südamerikanischen Flüssen vorkommt und oft für den größten Flußfisch gehalten wird, mißt durchschnittlich 2 m und wiegt 68 kg. Der größte »authentisch verzeichnete« war 2,48 m lang und wog 147 kg. Er wurde 1836 im Rio Negro in Brasilien gefangen. Im September 1978 wurde ein 188,6 kg wiegender Nilbarsch *(Lates niloticus)* im östlichen Teil des Victoriasees in Kenia gefangen.

Der kleinste Seefisch – und das kleinste bekannte Wirbeltier – ist die Zwerggrundel *(Trimmatom nanus)*, die im Chagos-Archipel des Indischen Ozeans vorkommt. 92 Exemplare hat ein Forschungsteam der britischen Streitkräfte in den Jahren 1978/79 gefangen und untersucht. Ergebnis: Die erwachsenen Männchen waren im Durchschnitt 8,6 mm lang, die erwachsenen Weibchen 8,9 mm. Das leichteste Wirbeltier und der kleinste von einem Angler fangbare Fisch ist die Zwerggrundel von Samoa *(Schindleria praematurus)*. Sie wird 12–19 mm lang. Es sind Fälle bekanntgeworden, daß ausgewachsene Exemplare nur 2 mg gewogen haben.

Der kleinste bekannte Hai ist eine Zwerghaiart *(Squaliolus laticaudus)* im westlichen Pazifik. Die Fische haben eine Länge von 15 cm.

Der kleinste und leichteste Süßwasserfisch ist die Zwergpygmäen-Grundel *(Pandaka pygmaea)*, ein farbloser und fast durchsichtiger Fisch, der sich in den Flüssen und Seen von Luzon auf den Philippinen tummelt. Ausgewachsene Männchen werden höchstens 7,5 bis 9,9 mm lang und wiegen 4–5 mg. Der kleinste in mitteleuropäischen Gewässern lebende Süßwasserfisch ist der Zwergstichling, der ca. 3–4 cm lang wird.

Der kleinste Speisefisch der Welt ist der inzwischen gefährdete Sinarapan *(Mistichthys luzonensis)*, eine Grundel-Art, die nur im See Buhi auf den Philippinen vorkommt. Erwachsene männliche Exemplare werden 10–13 mm lang – um eine Fischfrikadelle von etwa 112,5 g herzustellen, wären 17500 Grundeln nötig!

Der harmlose planktonfressende Walhai aus dem Atlantischen, Pazifischen und Indischen Ozean wird bis zu 9 m lang. Das längste bei Karatschi (Pakistan) 1949 gefangene Exemplar maß 12,65 m.

Der am häufigsten vorkommende Fisch der Welt ist vermutlich die Tiefseesprotte *(Cyclothone elongata)*. Sie wird 76 mm lang und ist über alle Meere verbreitet. Ungefähr 500 Tiere wiegen ein Pfund.

Die bei weitem zahlreichste Fischsorte ist der Hering *(Clupea harengus)*. Laut Schätzungen soll es davon mindestens eine Billion (1000000000000) im Atlantischen Ozean geben.

Der schnellste Fisch ist vermutlich der eigentliche Fächerfisch *(Istiophorus platypterus)*, jedenfalls über kurze Distanzen. Praktische Schwierigkeiten bei der Geschwindigkeitsmessung lassen genaue Angaben kaum zu. In einer Testreihe im Long Key Fishing Camp von Florida (USA) bewältigte ein Seglerfisch 100 Yards (91 m) in 3 Sek. Das entspricht einer Geschwindigkeit von 109 km/h. Manche amerikanische Fischer behaupten, der blauflossige Thunfisch (*Thunnus thynnus*), dem Spitzengeschwindigkeiten bis zu 56 Knoten (104 km/h) nachgesagt werden, sei der schnellste Fisch. Soweit bekannt, liegt die Spitzengeschwindigkeit aber bei höchstens 70 km/h, erzielt auf einem »Sprint« über 20 Sek.

Der gelbflossige Thunfisch *(Thunnus albacares)* und der Wahoo *(Acanthocybium solandri)* zählen gleichfalls zu den ganz schnellen Fischen. Sie erreichten auf Sprints über 10–20 Sek. Spitzengeschwindigkeiten von 74,59 bzw. 77,05 km/h.
91 m in 3 Sek. schaffte ein Segelflosser (*Istiophorus platypterus*) im Long Key Fishing Camp in Florida (USA). Das entspricht einer Geschwindigkeit von 109 km/h.

Älteste Fische: Es gibt erst zu kurze Zeit Aquarien, als daß bereits verbindlich hätte festgestellt werden können, welche Fischart am langlebigsten ist. Vieles spricht dafür, daß es der nordamerikanische Stör *(Acipenser fulvescens)* ist. Als man die Jahresringe *(annuli)* von 966 Exemplaren untersuchte, die zwischen 1951 und 1954 im Winnebagoseegebiet, Wisconsin (USA), gefangen wurden, zeigte ein 2 m langes Männchen ein Alter von 82 Jahren an und wuchs immer noch. Im Juli 1974 wurden bei einer Jahresringzählung 228 (!) Jahre bei einem Koiweibchen (einer Schmuckkarpfenart) namens *Hanako* festgestellt, das in einem Teich in Higashi Shirakawa (Japan) lebt. Aber das höchste von Fachleuten akzeptierte Alter dieser Sorte ist nur »über 50 Jahre«.

Das kürzeste Leben haben die sogenannten Killi-Fische aus der Kategorie *Cyprinodontei*, die man in Seen Afrikas und Südamerikas findet und die in der Freiheit nur ca. acht Monate am Leben bleiben.

Die größte Tiefe, aus der ein Fisch geholt worden ist, war 8300 m im Puerto-Rico-Graben (8366 m) im Atlantik. Ein US-Forschungsschiff fing einen 16,5 cm langen *Bassogigas profundissimus* im April 1970. Es war der fünfte jemals gefangene Brotulid.

Die meisten Eier, nämlich bis zu 30 Mio., laicht der Sonnenfisch *(Mola mola)*. Jedes Ei hat einen Durchmesser von 1,3 mm.

Die wenigsten Eier laicht der Zahnkarpfen *(Jordanella floridae)*, der in den Gewässern von Florida (USA) lebt. Er stößt nur 20 Eier ab und braucht dazu mehrere Tage.

Der wertvollste Fisch ist der Europäische Hausen *(Huso huso)*. Ein 1924 im Tikhaya Sosna (UdSSR) gefangenes riesiges Weibchen von 1227 kg Gewicht laichte insgesamt 245 kg besten Beluga-Kaviar. Sein Marktwert heute: etwa 600 140 DM.

Für 17 Mio. Yen (damals 320 000 DM) hat 1982 ein Zuchtkarpfen den Besitzer gewechselt. Der Fisch war 1976, 77, 1979 und 1980 bei den japanischen Koi-Wettbewerben mit den höchsten Preisen ausgezeichnet worden. Im März 1986 erwarb der Engländer Derry Evans, Chef eines Koi-Zentrums in Sevenoaks (Kent), den Superkarpfen für eine ungenannte Summe. Doch fünf Monate später ging er ein. Kein Fisch hatte mehr Preise gewonnen.

Stärkste Elektrizität: Die höchsten elektrischen Spannungen erzeugt der Zitteraal *(Electrophorus electricus)*, der in den Flüssen von Brasilien, Kolumbien, Venezuela und Peru lebt. Ein mittelgroßes Exemplar kann 400 Volt zu 1 Ampere entladen, doch sind auch schon 650 Volt registriert worden.

Die gefährlichsten und grausamsten Süßwasserfische sind die Sägesalmler oder Pirayas der Arten *Serrasalmus, Pygocentrus* und *Pygopristis*. Diese Piranhas leben in den trägen Gewässern der großen Flüsse Südamerikas und sind wegen ihrer legendären Wildheit berüchtigt. Mit ihren rasierklingenscharfen sägeartigen Zähnen greifen sie in Schwärmen jedes Lebewesen im Wasser an, das verletzt ist und blutet, egal, was es ist, egal, wie groß es ist.

Die giftigsten Fische der Welt sind der Steinfisch (*Synanceidae*), der in den tropischen Gewässern des Indischen Ozeans zu Hause ist, und vor allem Vertreter der Art *Synanceja horrida*, die die größten Giftdrüsen aller bekannten Fische haben. Direkter Kontakt mit den Flossenstacheln, die ein starkes Nervengift enthalten, endet oft tödlich.

Die Elritze – der Fisch des Jahres 1991

Die Elritze (*Phoxinus phoxinus*), ein Mini-Süßwasserfisch aus der Art der Karpfenfische, wird nur 10 cm groß. Der Verband Deutscher Sportfischer hat die kleine Elritze zum Fisch des Jahres 1991 gekürt. Das Fleisch des auch als Pfrille oder Pfrelle bezeichneten Fisches ist bitter. Die Elritze bevorzugt klare, sauerstoffreiche Fließgewässer und Seen mit Kiesgrund. In überdüngten Gewässern ist sie nicht zu finden. Die erhöhte Schaumbildung zerstört ihre Laichgründe. So ist die Elritze ein idealer Indikator, um die Gewässer zu beobachten.

SEESTERNE

Der größte Seestern von allen 1600 bekannten Arten ist, nach der gesamten Armlänge gemessen, der sehr zarte *Midgardia xandaros*. Ein im Sommer 1968 im Golf von Mexiko von einem US-Forschungsschiff gefundenes Exemplar maß von Spitze zu Spitze 138 cm, während der Scheibendurchmesser nur 2,6 cm betrug. Sein Trockengewicht war 70 g.

Der schwerste Seestern ist der fünfarmige *Thromidia catalai* im westlichen Pazifik. Ein am 14. September 1969 nahe der Küste Neukaledoniens gefundenes Exemplar hatte ein geschätztes Gewicht von 6 kg (Gesamtarmspannweite 63 cm).

Der kleinste Seestern ist der *Patiriella parvivipara*, den Wolfgang Zeidler im Jahr 1975 an der südaustralischen Westküste vor der Insel Eyre entdeckt hat. Er hat einen Radius von höchstens 4,7 mm und einen Durchmesser von weniger als 9 mm.

Der zerstörerischste Seestern ist die Dornenkrone *(Acanthaster planci)*, die im Indischen Ozean und im Roten Meer vorkommt. Sie kann pro Tag 300–400 cm^2 Korallen vernichten.

Die größte Tiefe, in der ein Seestern gefangen wurde, war 7584 m. Es handelte sich um einen *Porcellanaster ivanovi*, der 1962 von einem sowjetischen Forschungsschiff im Marianengraben (Westpazifik) gefunden wurde.

SPINNEN

Die Spinnen sind wie die Milben und Skorpione eine Ordnung der Spinnentiere *(Chelicerata)*. Zu dieser Klasse gehören mehr als 30 000 Arten.

Das größte Spinnentier ist der urzeitlich anmutende *Limulus plyphemus*. Diese Tiere erreichen bis zu 60 cm Gesamtlänge. Es sind am Meeresboden lebende Organismen, die sich von Würmern und Schnecken ernähren.

Die größte bekannte Spinne der Welt ist die *Theraphosa leblondi*. Sie ist in den Küstenre-

Insekten dient ultraviolettes Licht zur Orientierung und Nahrungssuche. Das nutzen Spinnen und weben ihre Netze, die ultraviolette Strahlen reflektieren und so zur tödlichen Falle werden.

genwäldern von Surinam, Guyana, Französisch-Guayana und im Nordosten Südamerikas heimisch; vereinzelte Exemplare soll es auch in Venezuela und Brasilien geben. Charles J. Seiderman aus New York hat im Februar 1985 im Norden von Paramarido (Surinam) ein riesiges weibliches Tier gefangen, das dann im Januar 1986 eingegangen ist. Die Beinspannweite dieser Spinne betrug maximal 266,7 mm (Körperlänge: 102 mm), ihre Klauen waren 25 mm lang, und sie hatte ein Höchstgewicht von 122,2 g. Ein übergroßes männliches Exemplar, das Mitglieder der Pablo-San-Martin-Expedition im April 1965 am Rio Cavro in Venezuela entdeckt haben, hatte eine Beinspannweite von 280 mm. In der Regel aber sind die Spinnenweibchen viel kräftiger gebaut als die Männchen.

Die kleinste Spinne ist die *Patu marplesi* (Fam. *Symphytognathidae*), die im Westen Samoas heimisch ist. Ein (männliches) Musterbeispiel, das im Januar 1965 in Madolelei, in einer Höhe von etwa 600 m und in Moos versteckt, entdeckt wurde, war gerade 0,43 mm groß – die Spinne war also ungefähr so groß wie der Punkt hinter diesem Satz.

Die seltenste und am schwersten zu findende aller Spinnen ist die primitive atypische Tarantelart *Liphistius*, die jedoch nur in Südostasien vorkommt.

Die am weitesten verbreitete Spinne ist die Krabbenspinne (Familie *Thomisidae*). Sie ist auf der ganzen Welt zu Hause.

Die langlebigsten von allen Spinnen sind die primitiven *Mygalmorphae* (Vogelspinnen und verwandte Sorten). Ein 1935 in Mexiko gefundenes und damals auf 12 Jahre geschätztes Tarantelweibchen lebte 16 Jahre in einem Laboratorium, wurde also 28 Jahre alt.

Die größten Spinnennetze sind die Luftnetze, die die tropische Webspinne der *Nephila*-Familie baut und die einen Umfang von 5,73 m erreichen können. Spinnen wie *Glyphesis cottonae* usw. weben die kleinsten Netze, die ungefähr eine Fläche von 480 mm^2 bedecken.

Die giftigsten Spinnen sind die brasilianischen Wanderspinnen von der Gattung *Phoneutria*, vor allem die *Phoneutria fera*, die das aktivste Nervengift aller lebenden Spinnen besitzt. Diese großen und äußerst angriffslustigen Tiere dringen häufig in menschliche Behausungen ein und verstecken sich in Kleidern und Schuhen. Werden sie aufgeschreckt, beißen sie mehrere Male zu, jährlich werden Hunderte Angriffe dieser Spinnenart registriert. Glücklicherweise gibt es ein wirksames Serum gegen das Gift.

SKORPIONE

Die größten Skorpione sind die Kaiserskorpione *(Pandinus imperator)*. Diese Riesenskorpione aus dem äquatorialen Afrika und Guinea werden bis zu 18 cm groß. Tiere aus Feuchtgebieten oder höheren Bergregionen sind an ihrer schwarzen Farbe erkenntlich. Im Gegensatz zu ihrem gefährlichen Aussehen sind sie für den Menschen harmlos.

Zu den größten Skorpionen unter 600 existierenden Arten zählt auch der in Südindien heimische *Heterometrus swammerdami*. Männchen messen von den Scheren bis zum Stachel 18 cm. Ein Exemplar, das am 14. September 1869 in der Provinz Madras gefangen wurde und heute im Besitz der Naturgeschichtlichen Gesellschaft von Bombay ist, war 24,7 cm lang (Kopfteil bis Schwanz 18,7 cm, Körperteil 8,2 cm). Ein anderes Exemplar, das während des Zweiten Weltkriegs unter einem Stein in dem westbengalischen Dorf Krishnarajapuram entdeckt wurde und im örtlichen Militärhospital untersucht wurde, war mit 29,2 cm sogar noch größer.

Der kleinste lebende Skorpion (*Microbuthus pusillus*) vom Golf von Aden ist ausgewachsen nur 1,3 cm klein.

Die afrikanischen Dickschwanzskorpione (*Androctonus australis*) gehören zweifellos zu **den gefährlichsten Skorpionen**. Zusammen mit den Arten *Tityus, Centruroides* und *Leiurus* können sie eine tödliche Gefahr für den Menschen darstellen. Schon 0,091 mg des Giftes von *Androctonus australis* können eine Maus töten. Jährlich gibt es um die 1500 Unfälle mit *Androctonus* und *Tityus*, bei denen 20–30 Menschen sterben.

KRUSTENTIERE

Allgemein: Zu Krustentieren rechnen Taschenkrebse, Hummer, Krabben, Garnelen, Langusten, Entenmuscheln, Wasserflöhe, Wasserasseln, Bohrasseln, Sandhüpfer, Kiemenschwänze usw.

Die größte (aber nicht die schwerste) Krebsart ist die japanische Riesenkrabbe *(Macrocheira kaempferi)*, die vor der Südostküste von Japan in tiefen Gewässern lebt. Ausgewachsene Exemplare haben gewöhnlich einen 25,4–30,5 cm breiten Körper mit einer 2,43–2,74 m großen Spannweite zwischen den Beinen.

Die größte Hummerart ist der amerikanische oder nordamerikanische Hummer *(Homarus americanus)*. Am 11. Februar 1977 wurde ein 20,14 kg schweres, vom Schwanzende bis zur Spitze der größten Schere 1,06 m langes Exemplar nahe der Küste von Neuschottland (Kanada) gefangen. Ein New Yorker Feinschmekkerrestaurant erwarb das Prachtexemplar.

Das größte Süßwasser-Krustentier ist der Flußkrebs *Astacopsis gouldi*, der im australischen Tasmanien heimisch ist. Er wird bis zu 61 cm lang und wiegt ungefähr 4 kg. Im Jahr 1934 soll in Bridport ein übergroßes Exemplar gefangen worden sein, doch die Angaben – 73,6 cm lang und 6,35 kg schwer – sind nicht bestätigt.

Die kleinsten Krustentiere sind Wasserflöhe der *Alonella*-Familie. Sie sind nicht einmal 0,25 mm groß und leben im Nordatlantik.
Die kleinsten bekannten Hummer sind die Kaphummer *(Homarus capensis)* aus Südafrika, deren Gesamtlänge 10–12 cm beträgt.

Der kleinste Krebs der Welt, der Muschelwächter *Pinnoteres pisum* und andere Arten der Pinnoteridenfamilie, hat einen Schalendurchmesser von nur 6,3 mm. Er lebt in der Nordsee.

Das langlebigste aller Krustentiere ist der amerikanische Hummer *(Homarus americanus)*. Sehr große Exemplare können 50 Jahre alt werden.

Die größte Höhe, in der Krustentiere gefunden wurden, beträgt 4053 m. Amphipoden (Flohkrebse) und Isopoden wurden in dieser Höhe in den Anden Ecuadors festgestellt.

Die größte Tiefe, in der Krustentiere gefunden wurden, beträgt 10 500 m. In dieser Tiefe entdeckte im November 1980 eine amerikanische Forschungsexpedition mehrere lebende *Amphipoden* im Marianengraben (Westpazifik).

INSEKTEN, SCHMETTERLINGE, KÄFER

Die schwersten Insekten sind die Goliathkäfer (Fam. *Scarabaeidae*) in Äquatorialafrika. Größte Vertreter dieser Gruppe sind *Goliathus regius, Goliathus goliathus* oder *Goliathus giganteus* und *Goliathus druryi*. Ausgewachsene Männchen (die Weibchen sind kleiner) werden 70–100 g schwer und bis zu 110 mm lang (Vorderfühler bis Hinterleib). Die Elefantenkäfer *(Megasoma)* von Mittelamerika und den Westindischen Inseln sind vom Umfang her die größten Insekten, doch ihnen fehlen die massiven Schalenplatten, die bei den Goliathkäfern Brust und vorderes Brustbein formen. Deshalb sind die Elefantenkäfer leichter.

Der schwerste in Europa verbreitete Käfer ist der Hirschkäfer (*Lucanus cervus*). Das schwerste verzeichnete Exemplar war ein 1871 in England gefundenes Männchen, das sich heute im Britischen Museum in London befindet. Es ist 87,4 mm lang (Körper plus Unterkiefer) und muß lebend 6 g gewogen haben. Die Normallänge der Hirschkäfer beträgt 82–83 mm.

Das längste Insekt ist eine tropische Stabheuschrecke *(Pharnacia serratipes)*. Die Körperlänge des Weibchens erreicht 330 mm.

Der längste Käfer, ohne Fühler gemessen, ist der mittel- und südamerikanische Herkuleskäfer *(Dynastes hercules)*, der bis zu 190 mm groß wird. Mehr als die Hälfte seiner Länge nimmt der obere Hornpanzer ein.

Die kleinsten Insekten sind bis heute die »fransenflügligen« Käfer der Familie *Ptiliidae (Trichopterygidae)* und eine Schmarotzerwespenart der Familie *Myrmaridae*. Sie sind nur 0,2 mm lang, und der Flügelspann der Zwergwespe mißt nur 1 mm. Demnach sind sie kleiner als gewisse Protozoen (einzellige Lebewesen).

Das Männchen der blutsaugenden Bandlaus *(Enderleinellus zonatus)* in ungesättigtem Zustand und die Zwergwespe *(Caraphractus cinctus)* wiegen jede nur 0,005 mg, und ein Ei der Zwergwespe wiegt 0,0002 mg.

Das seltenste Insekt ist schwer zu bestimmen. Schätzungsweise gibt es etwa 30 Mio. Arten, von denen viele nur in Einzelexemplaren vorkommen. Die Insektenarten sind zahlreicher als alle anderen Ordnungen zusammen.

Die Nashornkäfer der Arten *Dynastes* und *Oryctes* aus der Familie der Goliathkäfer sind die im Verhältnis zu ihrer Größe stärksten Insekten. Eine Art kann sogar das 850fache ihres eigenen Körpergewichts tragen.

Am zahlreichsten von allen Insekten sind die Springschwänze *(Collembola)*. Die oberste Schicht von ca. 4050 m^2 Weideland beherbergt bis zu einer Tiefe von etwa 29 cm mindestens 230 Mio. Springschwänze.

Schnellster Flug: Experimente haben bewiesen, daß die 1926 aufgestellte Behauptung eines amerikanischen Entomologen, die Dasselfliege *(Cephenemyia pratti)* könne eine Geschwindigkeit von 1316 km/h erreichen, maßlos übertrieben war. Stimmte die Behauptung, dann würden diese Fliegen einen Überschall-»Knall« erzeugen! Moderne Experimente haben jetzt gezeigt, daß die höchste anhaltende Geschwindigkeit jeglichen Insekts, einschließlich der Dasselfliege, 39 km/h und vorübergehend 58 km/h betragen kann.

Die Höchstgeschwindigkeit eines Bienenschwarms ist 18 km/h. Bei einer mittleren Geschwindigkeit von 11 km/h würde ein solcher Schwarm für einen 6,5 Mio. km langen Flug nur etwa 4,5 l Nektar verbrauchen.

Die sich am schnellsten fortbewegenden Insekten sind große tropische Küchenschaben *(Dictyoptera)*. Die etwa 30 mm langen Tiere schaffen 120–130 cm/s. Das entspricht 4,28–4,64 km/h – oder 40–43 Körperlängen/s.

Die größte Küchenschabe der Erde ist die in Kolumbien heimische *Megaloblatta longipennis*. Ein präpariertes weibliches Exemplar aus

Etwa 3500 Arten gibt es in der Ordnung der Libellen *(Odonata)*, auch Wasserjungfern genannt. Allen gemeinsam sind die großen, stark vorgewölbten Augen, die einen fast totalen Rundblick ermöglichen. Hier die große Königslibelle *(Anex imperata)*.

der Sammlung des Japaners Akira Yokokura ist 97 mm lang und 45 mm breit.

Das längste Leben aller Insekten haben die Prachtkäfer *(Buprestidae)*. Einige Arten erreichen als Larve über 30 Jahre. Termitenköniginnen *(Isoptera)*, denen man eine Lebensdauer von 50 Jahren nachsagt, erreichen höchstens 15 Jahre.

Am lautesten von allen Insekten sind die Zikadenmännchen (Fam. *Cicadidae*). Bei 7400 Schwingungen in der Minute erzeugen ihre Trommelorgane ein Geräusch, das man in einer Entfernung von über 400 m hören kann.

Den schnellsten Flügelschlag von allen Insekten unter natürlichen Bedingungen – 62 760 Schläge/min – hat eine winzige Mücke der Gattung *Forcipomyia.* Bei Experimenten mit beschnittenen Flügeln und einer Temperatur von 37°C erhöhte sich die Geschwindigkeit auf 133 080 Schläge/min.

Den langsamsten Flügelschlag von allen Insekten hat mit 300 Schlägen/min der Schwalbenschwanz *(Papilio machaon)*. Der Flügelschlag der meisten Schmetterlinge beträgt 460–636/min.

Laubheuschrecken: Den größten Spann hat die *Siliquofera grandis,* ein Grashüpfer aus Neuguinea, der bei den Weibchen über 25,4 cm messen kann. Der *Pseudophyllanax imperialis,* der auf Neukaledonien im westlichen Südpazifik vorkommt, hat bis zu 20,3 cm lange Fühler.

Libellen: Die größte Libelle ist die in Zentral- und Südamerika lebende *Megaloprepes caeruleata,* deren Spannweiten bis zu 19,1 cm und deren Körperlängen 12 cm betragen können.

Die größte deutsche Libelle ist die Königslibelle *(Anax imperator)*. Sie erreicht Spannweiten bis zu 10,6 cm.

Die kleinste Libelle der Welt ist die in Myanmar (früher Birma) heimische *Agriocnemis naia.* Ein Exemplar aus dem Britischen Museum hat eine Flügelspannweite von 17,6 mm und eine Körperlänge von 18 mm.

Flöhe: Siphonapterologen unterscheiden 1830 Floharten. Der größte bekannte Floh *(Hystrichopsylla schefferi schefferi)* wurde nach einem einzigen 1913 in Puyallup (USA) in einem Biberbau gefundenen Exemplar beschrieben. Weibchen werden bis zu 8 mm lang, was immerhin dem Durchmesser eines Bleistifts entspricht.

Schmetterlinge drohen in Mitteleuropa auszusterben. Es gibt 140 000 Arten auf der Erde; davon 3000 in unseren Breiten. Von Sommer zu Sommer wird die Vielfalt der 1300 Großschmetterlingsarten, die zur Fauna Deutschlands gehören, geringer. 28 Arten sind bereits ausgestorben, etwa 41 Prozent stehen auf der Roten Liste der bedrohten Arten. Die Ursache: Durch die chemische Schädlingsbekämpfung und die Kunstdüngung werden den Schmetterlingen ihre lebensnotwendigen »Nahrungsmittel« entzogen, verringert sich der für sie geeignete Lebensraum.

Der größte Schmetterling ist der unter Naturschutz stehende Königin-Alexandra-Falter *(Ornithoptera alexandrae)*. Er kommt nur noch in der Popondetta-Ebene von Papua-Neuguinea vor. Die Flügelspannweite der Weibchen kann über 28 cm und ihr Gewicht über 25 g betragen.

Die größte (aber nicht die schwerste) Motte ist die im tropischen Australien und in Neuguinea vorkommende Herkulesmotte *(Cosdinoscera hercules)*, deren Flügelfläche eine Größe von 263,2 cm^2 und deren Flügelspannweite 28 cm erreichen können.

Die größten Tagfalter Mitteleuropas sind der Schwalbenschwanz *(Papilio machaon)* und der Große Eisvogel *(Limenitis populi)*. Ihre Weibchen können Flügelspannweiten von 8 bis 10 cm erreichen.

Unter den mitteleuropäischen **Nachtfaltern** ist das Nachtpfauenauge *(Saturnia pyri)* mit einer Flügelspannweite bis zu 13,2 cm der größte. Der Totenkopf *(Acherontia atropos)* hat zwar einen längeren Körper, aber seine Flügelspannweite ist kleiner.

Kleinster Falter unter 140 000 bekannten Schmetterlings- und Motten-Arten ist *Stigmella ridiculosa*. Flügelspannweite und Körperlänge sind gleich – jeweils 2 mm. Der Winzling ist auf den Kanarischen Inseln heimisch.

Der seltenste Schmetterling ist wahrscheinlich der Königin-Alexandra-Falter *(Ornithoptera alexandrae)*, der auf Papua-Neuguinea nur dort vorkommt, wo die Weinrebe *Aristolochia dielsiana* wächst, seine einzige Nahrungsquelle. Angaben über die Population sind kaum möglich, denn dieser Schmetterling fliegt sehr hoch und wird wenig gesehen. Auch die Raupen sind schwer auszumachen, denn sie leben bis zu 40 m über der Erde in den Weinblättern. Im Jahr 1990 ist ein 90–130 ha großes Gebiet systematisch nach Königin-Alexandra-Faltern abgesucht worden, und dabei wurden nur drei Exemplare gesichtet (s.a. »Der größte Schmetterling«).

Der in Bougainville auf den Salomoninseln heimische Falter *Ornithoptera (= Troides) allottei* ist in weniger als einem Dutzend Exemplaren bekannt, doch er gilt nicht als echte Schmetterlingsart. Er ist eine natürliche Kreuzung zwischen *Ornithoptera victoriae* und *O. urvillianus.* Ein männliches Exemplar aus der Sammlung von C. Rousseau Decelle ist am 24. Oktober 1966 in Paris für 750 Pfund versteigert worden.

Den schärfsten Geruchssinn aller Lebewesen hat das männliche Kleine Nachtpfauenauge *(Eudia pavonia)*, das nach deutschen Experimenten aus dem Jahr 1961 den Geruch eines paarungsbereiten Weibchens aus der fast unglaublichen Entfernung von 11 km gegen den Wind wahrnehmen kann. Dieser Geruch ist als der eines der höheren Alkohole identifiziert worden ($C_{16}H_{29}OH$), von dem das Weibchen weniger als 0,0001 mg an sich hat.

Die Schmetterlinge gelten als Bioindikatoren. Ihr Sterben zeigt, wie traurig es bereits um die Natur bestellt ist: Der Trauermantel ist vom Aussterben bedroht; der in Gebirgen lebende Apollo-Falter ist geschützt; der Distelfalter und der C-Falter müssen schon ihre Brennesselstauden suchen.

Die größte Schmetterlingszucht ist die Schmetterlingsfarm von Stratford-upon-Avon (GB). Sie beherbergt bis zu 2000 exotische Falter unter echten Regenwald-Bedingungen. Den Tieren stehen insgesamt mehr als 4000 m^3 Fluggelände zur Verfügung. Zu dem am 15. Juli 1985 eröffneten Farmkomplex gehören auch Insekten- und Pflanzenhäuser sowie pädagogische Einrichtungen.

TAUSENDFÜSSER

Die längsten Tausendfüßer sind der afrikanische *Graphidostreptus gigas* und der *Scaphistostreptus seychellarum* von den Seychellen im Indischen Ozean. Beide Riesenschnurfüßer können 28 cm lang werden und einen Durchmesser von 20 mm erreichen.

Der kürzeste Tausendfüßer ist die Spezies *Polyxenus lagurus,* die 2,1–4 mm lang wird. Der Pinselfüßer ist besonders auf den Britischen Inseln anzutreffen.

Die meisten Beine, nämlich 375 Paar (750 Beine) hat eine kalifornische Art namens *Illacme plenipes.*

Die längste Hundertfüßerart ist eine größere Variante des weitverbreiteten *Scolopendra morsitans,* der auf den Andamaninseln in der Bucht von Bengalen (Indien) vorkommt. Messungen ergaben, daß die Riesenläufer bis zu 33 cm lang und 3,8 cm breit werden.

Der kürzeste Hundertfüßer ist eine nichtidentifizierte, nur 5 mm lange Spezies.
Der kürzeste Hundertfüßer in Mitteleuropa ist der *Lithobius dubosequi,* der 9,5 mm lang und 1,1 mm breit wird.

Die meisten Beine eines Hundertfüßers hat der südeuropäische *Himantarum gabrielis*; er hat ausgewachsen 171–177 Paar Beine.

Der schnellste Hundertfüßer ist wahrscheinlich *Scutigera coleoptrata,* der in Südeuropa zu finden ist und 50 cm/s, umgerechnet also 1,8 km/h, zurücklegen kann.

RINGELWÜRMER

Die längsten Riesenregenwürmer sind die in Südafrika beheimateten *Microchaeta rappi.* Ein durchschnittlich großes Exemplar hat eine Länge von 1,36 m (zusammengezogen 65 cm), aber es liegen Berichte über viel größere Exemplare vor.
In Transvaal (Südafrika) wurde 1937 ein Wurmgigant von 6,7 m Länge (bei natürlicher Streckung), aber nur 20 mm Durchmesser entdeckt.

Der kürzeste Ringelwurm ist der nicht einmal 0,5 mm lange *Chaetogaster annandalei.*

WEICHTIERE

Das größte Weichtier ist der Atlantische Riesen-Kalmar *Architeuthis dux.* Der schwerste Tintenfisch, von dem jemals berichtet wurde,

Der Riesen-Kalmar *(Dosidicus gigas)* kann 4 m lang und bis zu 100 kg schwer werden.

Die Augen der Tintenschnecken sind die größten Sehorgane, die die Natur hervorgebracht hat. Sie erreichen einen Durchmesser von 40 cm wie beim Riesen-Kalmar.

war ein 2-t-Monster, das am 2. November 1878 in der Thimble Tickle Bay vor Neufundland (Kanada) entdeckt wurde. Es gibt zahlreiche Arten von zehnarmigen Kopffüßern – Winzlinge von 1,5 cm und Riesen wie jenen 17,37 m großen *Architeuthis longimanus*, der im Oktober 1887 in der Lyall Bay von Neuseeland an Land gespült worden ist. Seine dünnen Tentakel mit vier Reihen von Saugnäpfen waren jeweils 15,01 m lang.

Die größten Augen aller Tiere, der ausgestorbenen wie der lebenden, hat der Atlantische Riesen-Kalmar. Es wird geschätzt, daß jenes Prachtexemplar, das in der Thimble Tickle Bay gesichtet worden ist (s. Das größte Weichtier) Augen mit einem Durchmesser von 40 cm hatte.

Das langlebigste Weichtier ist die Meeres-Quahog *(Arctica islandica)*, eine dickschalige Venusmuschel, die im Nordatlantik lebt. Eine Muschel mit 220 Jahresringen wurde 1982 gefunden.

Der größte Krake ist, soweit bekannt, der *Octopus dofleini*, der sich im Pazifik tummelt – von Kalifornien bis Alaska (USA) sowie vor Ostasien und südlich von Japan. Genaue Größenangaben sind bislang nicht möglich, doch ein ausgewachsenes männliches Durchschnittsexemplar wiegt ungefähr 23 kg, und die Spannweite seiner Fangarme beträgt etwa 2,5 m. Rekordexemplar war ein Krake, der 1957 vor Westkanada entdeckt wurde: Seine Fangarme hatten nach Schätzungen eine Spannweite von 9,6 m, und er war ca. 272 kg schwer.

Der amerikanische Sporttaucher Donald E. Hagen hat am 18. Februar 1973 im Lower Hoods Canal im Staat Washington ganz allein ein Prachtexemplar eines *Octopus apollyon* gefangen, dessen Fangarme in Ruhestellung 7,01 m lang waren und das 53,8 kg wog.

Die größte Muschel unter den noch lebenden ist die *Tridacna gigas*, eine Riesenmuschel, die auf den Korallenriffen des Indischen Ozeans vorkommt. Ein 115 cm langes und 333 kg schweres Exemplar ist 1956 vor der japanischen Insel Ishigaki gefunden, aber erst im August 1984 von Dr. Shomei Shirai ordnungsgemäß untersucht und vermessen worden. Im lebenden Zustand hat diese Muschel einst wahrscheinlich mehr als 340 kg gewogen (die Weichteile sind bis zu 9,1 kg schwer). Eine andere Riesenmuschel ist 137 cm lang und 230 kg schwer. Sie wurde vor 1817 bei Tapanoeli an der Nordwestküste von Sumatra gefunden und wird jetzt in Arno's Vale in Nordirland aufbewahrt.

Die größte Muschel der Nordsee ist die große Kammuschel *(Pecten opereularsi)*, die 16 cm groß wird.

Die kleinste Muschel der Nordsee ist mit einer mittleren Größe von 1,2 mm die Münzmuschel *(Neolepton sykesi)*, von der nur wenige Exemplare in der Nähe der Kanalinsel Guernsey und in Irland gefunden worden sind.

Giftmuscheln: Es gibt ungefähr 400–500 Arten von Konusmuscheln, die ein Neurotoxin absondern können. Über das tödlichste Gift verfügen vermutlich *Conus geographus* und *Conus aulicus*, Meeresmollusken, die von Polynesien bis Ostafrika vorkommen. Sie injizieren ihr Gift mit einem einzigartigen fleischigen, harpunengleichen Rüssel. Die Folgen: verminderte Sehkraft, Schwindelanfälle, Übelkeit, Lähmungen und Tod. Von 25 Menschen, die von diesen Konusmuscheln gestochen wurden, sind fünf gestorben. Das ist etwa die gleiche Sterblichkeitsrate wie bei einem Kobra- oder Klapperschlangenbiß.

Das langsamste Wachstum im Tierreich weist die Tiefsee-Muschel *Tindaria callistisormis* auf. Sie kommt im Nordatlantik vor und braucht etwa 100 Jahre, um eine Länge von 8 mm zu erreichen.

Die bekannteste Muschel in den küstennahen Gewässern um Europa (Atlantik, Mittelmeer, Wattgebiete der Nord- und Ostsee) ist die Miesmuschel *(Mytilus edulis)*. Sie wird seit längerer Zeit nicht nur frei aus dem Meer gefangen, sondern meistens auf sogenannten »Muschelweiden« gezüchtet. Diese »Auster des kleinen Mannes« gilt als Delikatesse.

Die größte bisher bekannte Miesmuschel von 60 cm Länge und einem Gewicht von 1,5 kg haben spanische Fischer im April 1980 südlich von Malaga an Land gezogen.

Der Wert einer Kaurimuschel (Porzellanschnecke) hängt nicht zwangsläufig davon ab, ob sie selten vorkommt oder weit verbreitet ist. Manche raren Muscheln sind nicht teuer, weil sie nicht gefragt sind, während gewisse gemeine Muscheln hohe Preise erzielen, weil sie schwer erreichbar sind. Danach müßten jene einzigartigen Kaurimuscheln am wertvollsten sein, die den Tiefseefischern in die Netze gehen, doch die sind stumpf und unattraktiv und deshalb für den Sammler nicht sehr interessant. Die begehrteste Muschel ist derzeit vermutlich *Cypraea fultoni*, von der 1987 russische Fischer im Indischen Ozean vor Mosambik zwei lebende Exemplare erbeutet haben. Die größere der beiden Porzellanschnecken wurde später in New York für 24 000 Dollar an den italienischen Sammler Dr. Massilia Raybaudi verkauft. Die andere wurde für 17 000 Dollar angeboten. Ein weiteres Exemplar der *Cypraea fultoni* ging im Juni 1987 für 6600 Dollar an einen Sammler aus Carmel in Kalifornien (USA). Dieser Sammler erwarb für 6500 Dollar noch in der gleichen Woche auch eine *Cypraea teramachii.* Ein Exemplar der *Cypraea fultoni,* das sich im Besitz des amerikanischen Museums für Naturgeschichte in New York befindet, wurde vor einigen Jahren auf 14 000 Dollar geschätzt.

Die größte Schnecke ist die australische Trompetenschnecke *(Syrinx auranus).* Ein übergroßes Exemplar, das 1979 in Westaustralien aufgesammelt wurde und jetzt Don Pisor aus San Diego in den USA gehört, ist 77,2 cm lang und hat einen Umfang von maximal 1 m. Die Schnecke hatte ein Lebendgewicht von ungefähr 18 kg. Pisor erwarb sie im November 1979 von einem Fischer in Kaohsiung (Taiwan).

Die größte Landschnecke ist die Afrikanische Riesenschnecke (*Achatina sp.*). Ein Musterexemplar namens *Gee Geronimo,* das aus Sierra Leone in Westafrika stammte und im Besitz von Christopher Hudson aus Hove (GB) war, maß im Dezember 1978 in voller Länge 39,3 cm (Gehäuselänge: 27,3 cm) und wog exakt 900 g.

Die schnellste Landschnecke ist vermutlich die gemeine Gartenschnecke *(Helix aspersa).* Am 20. Februar 1990 schaffte ein Exemplar namens *Verne* in der West Middle School von Plymouth in Michigan (USA) einen 31 cm langen Kurs in der Rekordzeit von 2:13 Min. Das entspricht einer Geschwindigkeit von 0,233 cm/s. Noch etwas schneller kann unter Umständen aber die fleischfressende (und kannibalistische) Schnecke *Euglandina rosea* sein, zumindest, wenn sie auf Beute aus ist. Dann kann sie in 3 Min. 61 cm bewältigen.

Das kleinste unter den ein Schalengehäuse tragenden Lebewesen ist die Schnecke *Ammonicera rota*, die in den britischen Gewässern vorkommt. Sie hat einen Durchmesser von nur 0,5 mm.

SCHNURWÜRMER

Die längsten von allen 550 verzeichneten **Schnurwürmerarten**, auch *Nemertinen* genannt, sind die in den seichten Gewässern der Nordsee vorkommenden Schnurwürmer *(Lineus longissimus).* Ein im Jahr 1864 nach einem schweren Sturm in St. Andrews (Schottland) an Land geschwemmtes Exemplar war über 55 m lang. Der Durchmesser betrug nur 1 cm.

Selbstaufopferung: Manche Schnurwürmer fressen sich selber auf, wenn keine Nahrung vorhanden ist. Bei einem Versuch verzehrte ein Exemplar in wenigen Monaten 95 Prozent seines eigenen Körpers, ohne Anzeichen von Krankheit zu zeigen. Sobald dem Schnurwurm wieder Nahrung zugeführt wurde, erneuerte sich sein Körpergewebe.

QUALLEN

Die größte Qualle ist die Arktische Riesenqualle *(Cyanea capillata arctica)*, die im nordwestlichen Atlantik heimisch ist. Ein Exemplar, das in der Massachusetts Bay an Land gespült wurde, hatte 36,5 m lange Tentakel. Der Durchmesser des glockenförmigen Körpers betrug 2,28 m.
Das größte in der Nordsee und im Atlantik lebende Hohltier ist die Feuerqualle *(Cyanea capillata)*, auch gemeine Seequalle genannt. Ein im St. Andrew's Marine Laboratory in Fife (Schottland) untersuchtes Exemplar hatte einen Glockendurchmesser von 91 cm und 13,7 m lange Fangarme.

Die kleinste Quallenart hat einen Glockendurchmesser, der nicht einmal 20 mm beträgt.

Die giftigste Qualle der Welt ist die Australische Würfelqualle *(Chironex fleckeri).* Sie ist so schön wie tödlich. Ihr Herzlähmung verursachendes Gift hat an der Küste von Queensland (Australien) seit 1880 mindestens 66 Menschen das Leben gekostet. Falls nicht sofort geholfen werden kann, sterben die Opfer innerhalb von 1 bis 3 Min. Ein guter Schutz vor den Giftquallen sind Damenstrumpfhosen, wie sie von der Rettungswacht in Queensland bei Surf-Treffen getragen werden.

SCHWÄMME

Der größte Schwamm ist der zylinderförmige, in den Gewässern Westindiens und Floridas vorkommende *Spheciospongia vesparium.* Einzelne Exemplare erreichen eine Höhe von 1,05 m und einen Durchmesser von 91 cm.
Der in Indonesien beheimatete Neptunsbecher *(Poterion patera)* wird zwar 1,2 m hoch, ist aber nicht so plump.

Der zylinderförmige *Spheciospongia vesparium* der Karibik ist der größte Schwamm. Er kann bis zu 1,05 m hoch werden und einen Durchmesser von 91 cm erreichen.

Im Jahr 1909 wurde bei den Bahamainseln ein großlöcheriger Pferdeschwamm *(Hippospongia canaliculata)* mit einem Umfang von 1,83 m gefischt. Als er aus dem Wasser kam, wog er zwischen 36 und 41 kg, aber nachdem er getrocknet und entfleischt worden war, wog er nur noch 5,44 kg. Er befindet sich jetzt im US-Nationalmuseum in Washington.

Der kleinste Schwamm ist der weitverbreitete *Leucosolenia blanca*, der ausgewachsen 3 mm hoch ist.

Die tiefsten Schwämme hat man in einer Meerestiefe von 5637 m gefunden.

Die größte Korallenbank wird, soweit bekannt, von einer Kolonie versteinerter *Galaxea fascicularis* in der Sakiyama-Bucht vor der japanischen Insel Irimote gebildet. Dr. Shohei Shirai vom Institut zur Erschließung natürlicher Quellen im Pazifik hat sie am 7. August 1982 entdeckt. Die Korallenbank ist 4 m hoch, hat eine Längsachse von 7,8 m und einen Umfang von maximal 19,5 m.

Die größte Korallenkette der Welt ist das Great Barrier Reef, das sich über 2028 km vor Queensland, im Nordosten Australiens, hinzieht und sich über 207000 km^2 erstreckt. 1981 wurde die Unterwasserwelt am Großen Barrier Riff von der UNESCO zum »schützenswerten Erbe der Menschheit« erklärt.

AUSGESTORBENE TIERE

Der erste Dinosaurier, der in die Wissenschaft einging, war *Megalosaurus bucklandi* (Große versteinerte Eidechse): Er wurde 1824 beschrieben. Schieferbruch-Arbeiter hatten die Überbleibsel dieses zweifüßigen Fleischfressers vor 1818 bei Woodstock (GB) gefunden. Später wurden die Fossilien im Universitätsmuseum von Oxford ausgestellt. Ein versteinerter Knochen des *Megalosaurus* war schon 1677 dargestellt worden. Doch die wahre Natur des Fossilienfundes wurde erst sehr viel später entdeckt. Der Name Dinosauria (Schreckliche Eidechsen) kam nicht vor 1841 auf.

Sauriersterben: Es gibt noch immer keine völlig befriedigende Erklärung dafür, daß die Saurier vor 65 Mio. Jahren ein für allemal von der Erde verschwunden sind. Nach einer Theorie, die sich auf Gesteinsformationen des Hell Creek in Montana (USA) stützt, sind die prähistorischen Tiere möglicherweise schrittweise ausgestorben: In einer Übergangszeit von 5–10 Mio. Jahren verloren die Saurier immer mehr an Bedeutung, und ihren Platz nahmen zunehmend Säugetiere ein. Der allmähliche Untergang der Saurier hängt mit langfristigen Klimawechseln zusammen, die auch die Pflanzenwelt verändert haben. Es wurde kühler, das Klima schwankte mit den Jahreszeiten, und üppige tropische Pflanzen wichen den Nadelhölzern der gemäßigten Zonen. Eine andere Erklärung besagt, daß die Saurier und mit ihnen viele weitere Land- und Wassertiere durch eine Katastrophe jäh ausgelöscht wurden – sei es nun, daß ein riesiger Asteroid auf der Erde einschlug oder daß Kometen die Explosionen ausgelöst haben. Solche Einschläge hätten gigantische Staubwolken verursacht, welche die Erde einhüllten und das Sonnenlicht fernhielten. Die Folgen: Eisige Klimaverhältnisse zumindest in der nördlichen Hemisphäre und Stillstand der Photosynthese. Pflanzen starben aus und mit ihnen die Tiere, die sich von ihnen ernährt hatten. Der Explosionstheorie kommt immer mehr Beweiskraft zu; denn das Element Iridium – ein guter Indikator für außerirdische Ursachen wie einen Kometeneinschlag – ist weltweit schon über 100mal geortet worden. Zudem sind in jüngster Zeit in den verschiedensten Landstrichen riesige Krater entdeckt worden, so im US-Bundesstaat Iowa (35 km Durchmesser), auf der mittelamerikanischen Halbinsel Yucatan (mehr als 60 km Durchmesser, 1990) und im sowjetischen Sibirien (105 km Durchmesser, 1991), Ein eindeutiger Zusammenhang zwischen den Umweltfolgen möglicher Asteroiden- oder Kometeneinschläge und dem großen Sauriersterben vor 65 Mio. Jahren gilt immer noch nicht als restlos gesichert.

Der älteste Dinosaurier war nach vorherrschender Meinung der *Herrerasaurus*, von dem es ein nahezu vollständiges Skelett gibt. Eine Expedition unter der Leitung von Paul Sereno von der Universität Chikago (USA) hat es 1989 in den Vorbergen der Anden in Argentinien ausfindig gemacht. Dieses Urtier hat vermutlich vor etwa 230 Mio. Jahren gelebt und wurde nach Victorino Herrera benannt, einem Fossilien-»Jäger«, der bereits einige Jahre zuvor Knochenfragmente entdeckt hatte. Der *Herrerasaurus* war ein ungefähr 2–2,5 m großes Raubtier, das mehr als 100 kg wog. Für den Evolutionsprozeß war dieser Saurus offenbar von großer Bedeutung; denn er konnte seine Kiefer schon in zwei Richtungen bewegen – ein Merkmal des Fortschritts, das andere Dinosaurier erst 50 Mio. Jahre später aufwiesen. Weitere frühe Dinosaurier aus der Jurazeit sind nur unvollständig bekannt. Überreste von ihnen wurden in Brasilien, Argentinien, Marokko, Indien und Schottland gefunden.

Die größten Landtiere aller Zeiten waren die *Sauropoden*, langhalsige, langschwänzige, vierfüßige Pflanzenfresser, die sich in der Jura- und Kreidezeit, vor 208–65 Mio. Jahren, beinahe auf der ganzen Erde tummelten. Es ist jedoch sehr schwer zu bestimmen, welcher dieser Riesendinosaurier nun der größte (längste, höchste oder schwerste) war. Das liegt u.a. daran, daß von ihnen oft nur noch fossile Fragmente zeugen. Zudem neigten viele Forscher dazu, die Größenangaben ihrer Saurierfunde übertrieben hoch anzusetzen. Wenn ein Skelett vollständig erhalten blieb, ist es relativ einfach, Länge und Höhe des Tieres zu schätzen. Zu sagen, wie schwer ein Dinosaurier war, ist eine andere Sache. Manche Forscher nehmen kurzerhand lebende Tiere wie den Elefanten als Vergleichsmaßstab und berechnen danach das Gewicht.
Nach einem etwas wissenschaftlicheren Verfahren werden Dinosauriermodelle detail- und maßstabgerecht aus Lehm oder Kunststoff nachgebaut und in einen genau bemessenen Wassertank gesetzt. So kann der Umfang des Tieres nach der Wasserverdrängung ermittelt werden. Multipliziert man das Volumen mit dem wahrscheinlichen spezifischen Gewicht eines Dinosauriers, weiß man ungefähr, wie schwer er war. So simpel die Methode ist, so unterschiedlich sind ihre Resultate, die dramatisch variieren können. Zum Beispiel schwankt die Gewichtsangabe in verschiedenen Studien über den *Brachiosaurus* zwischen 31,5 und 78,3 t. Die unterschiedlichen Ergebnisse kommen deshalb zustande, weil die Wissenschaftler ihre Tiermodelle mehr oder weniger massig bauen und das spezifische Gewicht der Dinosaurier höher oder niedriger ansetzen. Für die einen Forscher waren sie schwerfällig und langsam, während die anderen sie als schlank und leichtfüßig einstufen. Dies schlägt sich zwangsläufig in den Modellen nieder. Das Körpergewicht wird auf 800–1000 kg/m^3 (spezifisches Gewicht: 0,8–1,0) geschätzt. Das macht weitere Unterschiede, die sich in der Endrechnung kräftig auswirken können. Die Paläontologen tendieren mittlerweile dazu, die Dinosaurier eher etwas leichter zu taxieren. Die *Sauropoden* werden in fünf Hauptgruppen eingeteilt: *Cetiosaurier, Brachiosaurier, Diplodocus, Camarasaurier* und *Titanosaurier*. Als »größter Dinosaurier der Welt« sind bereits ein *Brachiosaurus*, ein *Diplodocus* und ein *Titanosaurus* vorgestellt worden.

Brachiosaurier: Die größte (und höchste) Dinosaurier-Art, die durch ein vollständiges Skelett dokumentiert werden kann, war *Brachiosaurus brancai* aus dem Spätjura vor 150 Mio. Jahren. Eine deutsche Expedition hatte zwischen 1909 und 1911 an der inzwischen berühmten Fundstelle Tendaguru in Tansania die Überreste mehrerer Tiere ausgegraben. Die Knochen wurden verschifft und im Berliner Humboldt-Museum für Naturkunde präpariert und zu einem kompletten Skelett zusammengesetzt, das 1937 zur Ausstellung freigegeben wurde. Es ist das größte und höchste Skelett, das je montiert wurde: 22,2 m lang und mit erhobenem Kopf 14 m hoch (Schulterhöhe: 6 m). Der Brachiosaurus wog zwischen 15 und 78 t – je nachdem, welchen Standpunkt man bevorzugt. Am wahrscheinlichsten ist ein Gewicht von 30 bis 40 t. Sollte das Tier abgemagert gewesen sein, hätte es bis zu 33 Prozent mehr Körperfett zulegen können.
Ein anderes (unvollständiges) Skelett im Berliner Naturkundemuseum ist 25 m lang, hat eine Schulterhöhe von 6,79 m und wäre schätzungsweise 16 m hoch. Dieser Dinosaurier hatte vermutlich ein Lebendgewicht von 45 t.
Der *Brachiosaurus altithorax*, der im Spätjura durch den Westen Colorados (USA) streifte, war ungefähr so groß wie sein afrikanischer Vetter. Sie wogen, auf der Vergleichsgrundlage mehrerer Exemplare, schätzungsweise 35–55 t.
Ein womöglich noch größerer Brachiosaurier war *Ultrasaurus macintoshi*, der 1986 in der Uncompahgre-Hochebene von Colorado (USA) entdeckt wurde. Er könnte bis zu 35 m lang und bis zu 190 t schwer gewesen sein, wurde spekuliert. Nähere Untersuchungen des unvollständigen Skeletts ergaben jedoch, daß der *Ultrasaurus* höchstwahrscheinlich nur ein großes Exemplar des *Brachiosaurus altithorax* war, der etwa 25 m lang wurde und 45–55 t wog.
Über 1 m lange versteinerte Fußspuren, die auch wichtige Größenhinweise liefern, hat der *Breviparopus taghbaloutensis* in Marokko hinterlassen. Er könnte 50 t gewogen haben. Ähnlich schwer war vermutlich der Brachiosaurier *Pleurocoelus*, von dem in Texas (USA) versteinerte Fährten gefunden wurden.

Diplodocus: Der *Diplodocus carnegii* ist der längste durch ein vollständiges Skelett dokumentierte Dinosaurier. Seine Überreste waren im Jahr 1899 in Wyoming (USA) gefunden und im Carnegie Museum von Pittsburgh in Pennsylvanien zusammengesetzt worden. Das Skelett erregte so viel Aufsehen, daß andere Museen Abgüsse anforderten. Kopien waren in London, La Plata, Washington, Paris und Frankfurt am Main zu sehen. Dieser *Diplodocus* war 26,6 m lang und wog zwischen 5,8 und 18,5 t (eher etwas mehr als weniger). Für seine Körperlänge war er relativ leicht. Es ist jedoch zu berücksichtigen, daß in den 26,6 m ein extrem langer, peitschenähnlicher Schwanz enthalten ist.

Vermutlich noch länger, nämlich bis zu 42 m, war ein Diplodocus namens *Supersaurus vivianae*, der 1986 im gleichen Gebiet von Colorado (USA) gefunden wurde, in dem auch der *Ultrasaurus* entdeckt wurde. Der *Supersaurus vivianae* wog etwa 50 t. Schätzungen sind schwer, denn sein Skelett ist sehr unvollständig.

Die Überreste eines weiteren riesigen Diplodocus wurden 1985 bei Albuquerque in New Mexico (USA) ausgegraben. Dieser Sauropode, der vorerst *Seismosaurus* genannt wurde, war nach Angaben des US-Wissenschaftlers Dr. David Gillette 39–47 m lang und wog mindestens 50 t. Gillette hatte 1989 nach einem Knochenvergleich geschätzt, daß der *Seismosaurus* um 50–80 Prozent länger war als der *Diplodocus carnegii*.

Titanosaurier: Mehrere Titanosaurier (Rieseneidechsen) wurden gleichfalls als gewaltig beschrieben, und der *Antarctosaurus giganteus* (Antarktische Eidechse) aus Argentinien und Indien war vermutlich etwa so lang und schwer wie die Brachiosaurier. Gewichtsschätzungen schwanken zwischen 40 und 80 t, wobei die niedrigere Zahl eher wahrscheinlich ist. Die Skelette der Titanosaurier sind durchweg nur sehr unvollständig erhalten. Oberschenkelknochen, die in Argentinien gefunden wurden, können sich aber sehen lassen: Sie sind 2,3 bis 2,4 m lang.

Gewichtsgrößen: Die größten bekannten *Sauropoden* haben offenbar um die 50–100 t gewogen. Dies bedeutet aber nicht notwendigerweise das Maximalgewicht von Landwirbeltieren. Theoretische Überlegungen lassen den Schluß zu, daß diese Dinosaurier das für ein Landtier höchstmögliche Gewicht von 120 t erreicht haben könnten. Wäre das Tier schwerer gewesen, hätte es, um die Körperlast zu tragen, so massiger Beine bedurft, daß es sich nicht mehr hätte bewegen können.

Als längster Dinosaurier galt bis vor kurzem der *Diplodocus*. Eine vollständige Rekonstruktion des *Diplodocus carnegii* im Carnegie-Museum für Naturgeschichte in Pittsburgh (USA) hat eine Gesamtlänge von 26,6 m – Kopf und Schulter: 6,7 m, Körper: 4,5 m, Schwanz: 15,4 m – und eine Höhe von 3,58 m. Relativ gesehen, war aber dieser Riese ein Leichtgewicht; denn er wog nur 5,8–18,5 t. Ein Vergleich zeigt, daß er auch nicht der längste Saurier war: *Supersaurus vivianae* (s. o.) war alles in allem schätzungsweise 42 m lang, und der *Breviparopus* (s. o.) brachte es sogar auf die Rekordlänge von 48 m! Dabei ist allerdings zu beachten, daß diese Schätzungen allein auf versteinerten Fußspuren basieren.

Das größte Landraubtier war, soweit bekannt, der *Tyrannosaurus rex*, der vor 135 Mio. Jahren die heutigen US-Bundesstaaten Montana, Wyoming und Texas sowie die kanadischen Provinzen Alberta und Saskatchewan unsicher machte. Ein zusammengesetztes Skelett dieses zweifüßigen Monsters ist im Amerikanischen Museum für Naturgeschichte in New York zu sehen. Danach war es 5,6 m groß, hatte eine Gesamtlänge von 10,6 m und wog schätzungsweise 5,7 t (mit Fettreserven bis zu knapp 7 t). Das New Yorker Exemplar war möglicherweise noch nicht ganz ausgewachsen, denn der Oberkieferknochen (Maxilla) eines anderen *Tyrannosauriers* im Paläontologischen Museum der Kalifornischen Universität in Berkeley ist um 29 Prozent länger (90 cm). Der kalifornische Oberkieferknochen deutet auf einen 14 m langen *Carnosaurus* hin, der bestimmt seine 12 t wog. Seine Gegenstücke in der Mongolei und in der chinesischen Provinz Shandung, *Tarbosaurus bataar* und *Dynomosaurus imperiosus*, hatten etwa die gleiche Größe. Ersterer erreichte eine Länge von 14 m. Beide *Tyrannosaurier* waren nicht so schwer gebaut wie die nordamerikanischen Verwandten.

Die älteste Vogelversteinerung zeugt von einem reptilähnlichen Flugtier namens *Archaeopteryx lithographica*. Das Fossil wurde in Bayern in den oberen Juraschichten gefunden. Der *Archaeopteryx*, der mit Zähnen ausgestattet war, lebte vor rund 175 Mio. Jahren.

Allosaurier: Einige unter den *Allosauriern* (Andere Eidechsen) aus Nordamerika, Afrika, Australien und China erreichten gleichfalls beachtliche Ausmaße. Ein Exemplar, das 1934 bei Kenton, Oklahoma (USA), ausgegraben wurde, war 12,8 m lang und – auf seinen zwei Füßen stehend – 4,9 m groß. Es war sogar stabiler gebaut als die Tyrannosaurier und wurde *Saurophagus maximus* (Eidechsenfresser) getauft. Als aber die Knochen später noch einmal untersucht wurden, stellte sich heraus, daß es ein großer Allosaurus oder *Acrocanthosaurus* (sehr langes und spitzes Reptil) war, der eine Gesamtlänge von ungefähr 12 m hatte. Sieben Skelette dieses Fleischfressers sind seit 1950 in Oklahoma gefunden worden.

Der Allosaurus *Epanterias amplexus*, der erst in jüngster Zeit in Masonville in Colorado (USA) entdeckt worden ist, könnte bis zu 15 m lang und 4 t schwer gewesen sein. Diese Vermutung äußerte Dr. Robert Bakker von der Universität Colorado. Die Überbleibsel sind jedoch zu unvollständig, um *Epanterias amplexus*, einen Theropoden, genauer zu bestimmen.

Ein anderer *Allosaurier*, der chinesische *Yanchuanosaurus magnus*, gilt – von den *Tyrannosauriern* abgesehen – als größter *Carnosaurus*. Er hat eine Gesamtlänge von mehr als 10,36 m und sogar einen massiveren Schädel als der *Tyrannosaurus rex*.

Der *Spinosaurus aegyptiacus*, der in Niger und Ägypten heimisch war, war mit etwa 15 m länger als der größte der bekannten *Tyrannosaurier*. Das lange Ungeheuer, über dessen Rükken sich noch 1,6 m lange, messerklingenähnliche Stacheln zogen, war jedoch viel leichter gebaut als der *Tyrannosaurus* und wog vermutlich höchstens 4 t.

Die Ornithomimidae (Straußenähnliche Dinosaurier) waren meist von bescheidener Größe. Eine Riesengestalt gibt es aber doch, *Deinocheirus mirificus* (Schreckliche Hand) aus der Mongolei. Von dem Tier zeugen zwei je 2,6 m lange Greifarme, die eine Körpergröße von 7,8 m oder mehr nahelegen. Auch die *Megalosaurier* (Große Eidechsen) erreichten stattliche Größenordnungen. Der *Megalosaurus ingens* aus Tendaguru in Tansania und der in Ägypten und Algerien heimische *Bahariasaurus* waren beide fast so lang wie der *Tyrannosaurus rex*.

Die kleinsten Dinosaurier waren, soweit bekannt, der einem Huhn ähnelnde *Compsognathus*, der in Süddeutschland und Südostfrankreich vorkam, und ein nicht näher definierter pflanzenfressender *Fabrosaurier*, der in Colorado (USA) heimisch war. Beide Tiere maßen vom Maul bis Schwanzende 75 cm und waren etwa 6,8 kg schwer.
Frühe Dinosaurier waren sehr klein. Ein *Psittacosaurus* zum Beispiel, der in der späten Kreidezeit in der Mongolei vorkam, war mit einer Länge von 23 bis 25 cm kleiner als eine Taube. Ein *Mussaurus*, in der späten Triaszeit in Argentinien heimisch, war höchstens 20 cm lang und damit gerade so groß wie ein junges Kätzchen. Ein Embryo des *Orodromeus*, noch in seinem Ei, war nur 10 cm lang. *Orodromeus*, so wurde 1988 berichtet, kam in der späten Kreidezeit in Montana (USA) vor.

Der größte Vogel der Vorzeit war der *Dromornis stirtoni*, ein riesiger emuartiger Vogel, der vor ca. 11 Mio. Jahren in Zentralaustralien lebte. 1974 bei Alice Springs gefundene versteinerte Beinknochen lassen vermuten, daß der Vogel eine Größe von ca. 3 m und ein Gewicht von mindestens 500 kg gehabt haben muß.
Der flugunfähige Riesen-Mao *(Dinornis masimus)* von der Nordinsel Neuseelands war sogar fast 4 m groß, wog aber nur 227 kg.

Der größte flugfähige Vogel *(Argentavis magnificens)* war ein riesiger *Teratornis*, der vor 6 Mio. Jahren in Argentinien verbreitet war. Im Umkreis von 160 km westlich von Buenos Aires im Jahr 1979 entdeckte Fossilien zeigen, daß dieser Riesenvogel eine Flügelspannweite von 7–7,6 m und ein geschätztes Gewicht von 120 kg hatte.

Der größte Seevogel war *Pseudodontornis sp.*, ein vorzeitlicher Verwandter der Pelikane und Kormorane. Eine Expedition des Charleston-Museums in Süd-Carolina (USA) entdeckte 1987 fossile Überreste eines Exemplars, das vor etwa 30 Mio. Jahren gelebt hat. Es hatte eine Flügelspannweite von etwa 5,8 m und wog um die 41 kg.

Das größte fliegende prähistorische Lebewesen war der Pterosaurier *Quetzalcoatlus northropi* (Gefiederte Schlange), der vor rund 70 Mio. Jahren über dem heutigen Texas und Alberta (Kanada) dahinglitt. Skeletteile, die 1971 im Nationalpark von Westtexas entdeckt wurden, lassen den Schluß zu, daß dieses Reptil eine Spannweite von 11 bis 12 m gehabt haben muß und etwa 86 kg gewogen hat.

Das größte Meeresreptil in der bekannten Naturgeschichte war der *Kronosaurus queenslandicus*, ein kurznackiger Pliosaurier, der in der frühen Kreidezeit (vor 135 Mio. Jahren) in Australien gelebt hat. Er hatte einen 3,04 m langen Schädel mit 80 massiven Zähnen und war etwa 15,2 m lang.

Das größte Krokodil der Vorzeit war das *Deinosuchus riograndensis*, das vor ca. 75 Mio. Jahren in den Seen und Sümpfen des heutigen Texas (USA) lebte. Die im Big Bend National Park entdeckten fragmentarischen Überbleibsel lassen vermuten, daß es ungefähr 16 m lang war.

Die Riesenechse *Rhamphosuchus*, die vor etwa 2 Mio. Jahren im heutigen Nordindien heimisch war, wurde bis zu 15,2 m lang, und *Sarcosuchus imperator* aus dem Gebiet des heutigen Niger erreichte eine Länge von 14 m.

Die größte Schildkröte war die wahrscheinlich im Meer lebende pelomeduside *Stupendemys geographicus*, die vor 5 Mio. Jahren existierte. Die von einer paläontologischen Expedition der Universität Harvard 1972 in Venezuela entdeckten Fossilien lassen vermuten, daß diese Schildkröte einen 2,18–2,3 m langen Panzer hatte und eine Gesamtlänge von 3 m erreichte – bei einem Gewicht von 2041 kg.

Die größte Landschildkröte der Vorzeit war wahrscheinlich die *Geochelone (Colossochelys) atlas*, die vor 2 Mio. Jahren im heutigen Indien, in Myanmar (früher Birma), auf Java, Celebes und Timor lebte. 1923 wurden in Indien Fossilienreste eines Exemplars gefunden, dessen Panzer 1,8 m lang war (2,23 m über die Biegung gemessen). Die Gesamtlänge dieses Tieres betrug 2,44 m. Es hatte demnach ein Lebendgewicht von 852 kg.

Die längste Schlange der Vorzeit war die pythonartige *Gigantophis garstini*, die vor ca. 38 Mio. Jahren im heutigen Ägypten lebte. Teile einer Wirbelsäule und ein Stückchen von einem Kiefer, die man in El Fajyum fand, deuten auf eine Länge von 11 m hin. Einer anderen versteinerten Riesenschlange, die im Mitteleozän im heutigen Mali vorkam, wurde früher eine Länge von 23 m zugeschrieben. Das aber war zu hoch gegriffen. Tatsächlich war die Schlange nur etwa 9 m lang.

Das größte Amphibium aller Zeiten war das Lurchtier *Prionosuchus plummeri*, das vor ungefähr 270 Mio. Jahren gelebt hat. Fragmentarische Überreste sind 1972 in Nordbrasilien entdeckt worden, wie 1991 berichtet wurde. Das Urzeit-Tier war schätzungsweise 9 m lang. Grundlage der Schätzungen ist ein 1,6 m langer Schädel.

Größere Fische als die Gegenwart kannte auch die Vorzeit nicht, jedenfalls sind bis heute keine entdeckt worden. Die Annahme, daß der Großhai *(Carcharodon megalodon)*, der sich vor ungefähr 15 Mio. Jahren in den Miozän-Meeren tummelte, 24 m lang gewesen sei, hat sich mittlerweile als Irrtum herausgestellt. Nach neuen Schätzungen war dieser Hai höchstens 13,1 m lang. Hinweise auf die Größe des Tieres lieferten Zahnfossilien.

Das größte Insekt der Vorzeit war die Libelle *Meganeura monyi*, die vor ungefähr 300 Mio. Jahren lebte. Fossile Überreste, zum Beispiel Flügelteile, wurden in Commentry (Frankreich) ausgegraben. Legt man diese Funde zugrunde, hatte die Libelle eine Flügelspannweite von 70 cm.

Das größte Landsäugetier war *Paraceratherium (= Baluchitherium)*, ein dem Rhinozeros ähnliches Tier mit langem Hals, aber ohne Horn, das vor ungefähr 35 Mio. Jahren durch Westasien streifte und auch in Jugoslawien heimisch war. Ein rekonstruiertes Exemplar im Amerikanischen Museum für Naturgeschichte in New York ist bis zum Schulterhöcker 5,41 m hoch und 11,27 m lang; zu Lebzeiten muß es etwa 20 t gewogen haben. Knochen dieses gigantischen Weidetieres sind erstmals 1907/08 in den Bugti-Bergen von Belutschistan (Pakistan) entdeckt worden.

Das größte im Wasser lebende Säugetier der Vorzeit war der *Basilosaurus (Zeuglodon) cetoides*, der vor 50 Mio. Jahren lebte. Ein aus Alabama (USA) stammendes Exemplar maß 21,33 m und wog vermutlich 27 t.

Der größte ausgestorbene Elefant war das Steppenmammut *Parelephas (Mammuthus) trogontherii*, das vor 1 Mio. Jahren im heutigen Zentraleuropa umherstampfte. Ein bei Mosbach (Baden-Württemberg) gefundenes fragmentarisches Skelett deutet auf eine Schulterhöhe von 4,5 m hin.

Das größte Herrentier der Vorzeit war *Gigantopithecus*, ein Affe, der vor ungefähr 7 Mio. Jahren in Asien gelebt hat. Die einzigen Überreste, die von ihm bisher gefunden wurden, sind Bruchstücke von 3 Unterkiefern und über 1000 Zähne. Deshalb sind Schätzungen, männliche Exemplare des prähistorischen Affen seien ca. 2,74 m groß und 272 kg schwer gewesen, mit gebotener Vorsicht aufzunehmen. Denn *Gigantopithecus* könnte ja im Vergleich zu seinem Körper einen unverhältnismäßig großen Kopf und damit auch übergroße Kiefer und Zähne gehabt haben.

Die größten Geweihsprossen hatte der prähistorische Riesenhirsch *(Megaloceros giganteus)*, der ungefähr bis 8000 v. Chr. in Nordeuropa und Nordasien vorkam. Ein Geweih, das in einem irischen Moor geborgen wurde, war mit Schwimmhäuten ausgestattet und maß 4,3 m im Durchmesser. Danach hatte das Tier eine Schulterhöhe von 1,83 m und wog etwa 499 kg.

Die längsten Stoßzähne aller prähistorischen Tiere hatte der vor etwa 300 000 Jahren in Norddeutschland heimische Elefant *Palaeoloxodom antiquus germanicus*. Seine Hauer waren gerade und wurden bei ausgewachsenen Bullen im Schnitt 5 m lang. Ein einzelner Stoßzahn eines Wollmammuts *(Mammuthus primigenius)*, der im Besitz des Franzens-Museums in Brünn (ČSFR) ist, mißt 5,02 m – an der Außenbiegung gemessen. Ein mehr als 4,87 m langer Stoßzahn (es fehlt ein kleines Stück) eines Kaisermammuts *(Mammuthus imperator)* wurde 1933 bei Post in Texas (USA) ausgegraben und im Jahr darauf dem Amerikanischen Museum für Naturgeschichte in New York übergeben.
Der schwerste einzelne Stoßzahn wiegt 150 kg und hat einen Umfang von maximal 89 cm. Das in zwei Stücke zerbrochene Fossil ist 3,58 m lang und im Naturgeschichtlichen Museum von Mailand (Italien) zu sehen.
Das schwerste Stoßzahn-Paar, 4,21 m bzw. 4,14 m lang, hat ein Gesamtgewicht von 226 kg und ist im Besitz des Staatsmuseums von Lincoln, Nebraska (USA). Die Hauer haben einst zu einem 4,06 m hohen Kolumbianischen Mammut *(Mammuthus columbi)* gehört. ■

DIE PFLANZENWELT

Riesenwuchs in den Hochgebirgswäldern des 5000 m hohen Ruwenzori in Afrika. Im Quellgebiet des Nil regnet es fast das ganze Jahr über: eine Pflanzenwildnis von einmaliger Riesenhaftigkeit

DAS SELTENSTE, ÄLTESTE, GRÖSSTE, KLEINSTE

Die älteste Pflanze ist der Klon (»Königsklon«) einer Kreosotpflanze *(Larrea tridentata),* der in Südwest-Kalifornien entdeckt wurde. Prof. Frank C. Vasek schätzte 1980 das Alter des Klons auf 11700 Jahre. Krustenflechten, die im Extremfall einen Durchmesser bis zu 500 mm haben können, sind möglicherweise genauso alt.
Antarktische Flechten, die einen Durchmesser von mehr als 10 cm haben, sind wahrscheinlich über 10000 Jahre alt. Davon jedenfalls gingen Schätzungen im Jahr 1981 aus.
Eine 120 Mio. Jahre alte, nur 2,5 cm hohe Versteinerung haben die amerikanischen Wissenschaftler Leo Hickey und David Taylor als älteste bisher bekannte Blume identifiziert. Das vor zehn Jahren im Südosten Australiens in Koonwarra gefundene Fossil gibt Hinweise darauf, daß die Blütenpflanzen der Erde bescheidenere Ursprünge hatten als bisher allgemein von der Wissenschaft angenommen.
Bislang war vermutet worden, daß die Urahnen unserer heutigen Blütenpflanzen magnolienartige Büsche oder baumartige Gewächse mit äußerst prächtigen Blüten waren. Die Blüten dieses Fossils sind jedoch nur 25 mm groß und zusammen mit winzigen Beeren an einem kleinen Zweig aufgereiht. Nach Ansicht der Forscher gehörte dazu eine 15–30 cm hohe Pflanze, die dem heutigen Schwarzen Pfeffer geähnelt haben muß. Hickey und Taylor waren 1988 auf ein Bild dieser australischen Versteinerung gestoßen. Mittels hochauflösender Bilder bestimmten sie das Fossil als Teil eines Angiospermas, eines Bedecktsamers.

Die älteste Topfpflanze der Welt und vielleicht auch die seltenste Pflanze ist das einzigartige Farngewächs *Encephalartos altensteinii,* das im Jahr 1775 aus Südafrika importiert wurde und heute in den Königlichen Botanischen Gärten von Kew, Surrey (GB), gedeiht.

Seltenste Pflanzen: Jedes Jahr entdeckt man Pflanzen, von denen man geglaubt hatte, sie wären ausgestorben, und von vielen Pflanzen sind überhaupt nur noch einzelne Exemplare bekannt. Das letzte erhaltene Exemplar der Farnpflanze *Encephalartos woodii* gedeiht in den Königlichen Botanischen Gärten von Kew, Surrey (GB). Das einer Palme ähnliche tropische Gewächs gehört zu einer Gattung, die vor 65–225 Mio. Jahren verbreitet war. Möglicherweise ist dieses lebende Fossil, ein weibliches Exemplar, eine Hybride der Farnpflanze *Encephalartos altensteinii,* die gleichfalls in Kew wächst (s.a. »Älteste Topfpflanze«).
Die *Pennantia baylisiana,* ein im Jahr 1945 auf der Neuseeland vorgelagerten Three-Kings-Insel entdeckter Baum, existiert nur in weiblicher Form und kann keine Früchte tragen.
Im Mai 1983 wurde berichtet, daß auf diesem Baum doch Leben gedeiht: ein überlebendes Exemplar der Orchideenart *Cypripedium calceolus.*

Die größte blühende Pflanze ist eine riesige chinesische Glyzinie in Sierra Madre, Kalifornien (USA). Sie wurde 1892 gepflanzt und hat jetzt 152 m lange Zweige. Sie bedeckt fast 4050 m^2, wiegt 228 t und hat während ihrer fünf Wochen andauernden Blütezeit schätzungsweise 1,5 Mio. Blüten. Ca. 30000 zahlende Besucher bewundern in dieser Zeit die Blütenpracht.

Die kleinste blühende Pflanze ist das schwimmende Wasserlinsengewächs *Wolffia angusta* Australiens, das 1980 beschrieben wurde. Es ist nur 0,6 mm lang und 0,33 mm breit. Es wiegt ganze 0,00015 g. Die Samenkörner sind eine noch schwerer vorstellbare Winzigkeit: Sie wiegen jeweils 0,00007 g.

Die kleinste regelmäßig in Deutschland blühende Pflanze gehört der Primelfamilie an und heißt *Centunculus minimus.* Ein einzelner Samen wiegt 0,00003 g.

Die größte fleischfressende Pflanze: Fast 2 m hoch wird die erst 1987 entdeckte größte fleischfressende Pflanze *Heliamphora tatei.* Abgeschlossen von der übrigen Welt, wächst sie im Urwald Venezuelas auf dem Marahuaca Tepui. Hier wurde zugleich auch die größte Ansammlung fleischfressender Pflanzen überhaupt entdeckt. Sie ernähren sich allerdings nur von kleinen Insekten und Wirbellosen.

Nördlichste Pflanzen sind der gelbe Mohn *(Papaver radicatum)* und die arktische Weide *(Salix arctica).* Beide überleben – letztere recht verstümmelt – auf nördlichstem Gebiet (83°N).

Südlichste Pflanzen sind Flechten, die der *Rhinodina frigida* ähnlich sind. Sie wurden im Moraine Cañon (86°09'S, 157°30'W) im Jahr 1971 und im Gebiet der Horlickberge (86°09'S, 131°14'W) im Jahr 1965 in der Antarktis entdeckt.

Die südlichsten blühenden Pflanzen sind das antarktische Haargras *(Deschampsia antarctica)* und die Nelkenart *Colobanthus crassifolius.* Das blühende Haargras wurde am 11.

Rebstöcke im Weinbaugebiet Saale-Unstrut (Sachsen-Anhalt). Am Fuße des Weinbergs liegt Freyburg.

März 1981 auf der Insel Refuge (68°21'S) entdeckt, die Nelke hatte auf der Antarktisinsel Jenny in der Margaret Bay (67°15'S) in Blüte gestanden.

Die höchste Höhe, in der noch eine blühende Pflanze gefunden wurde, ist 6400 m. In dieser Höhe gibt es auf dem auf der Grenze von Tibet (China) und Indien gelegenen Kamet (7756 m) die 1955 von N. D. Jayal gefundenen *Ermania himalayensis* und *Ranunculus lobatus.*

Die tiefsten Wurzeln gruben sich 120 m tief ins Erdreich. Es handelte sich um einen wilden Feigenbaum in Echo Caves bei Ohrigstad (Südafrika).
Eine Winterroggenpflanze *(Secale cereale)* hat einmal 622,8 km Wurzeln in 0,051 m^3 Erde getrieben.

Schlimmste Unkräuter: Das hartnäckigste Unkraut ist die *Salvinia auriculata,* eine in Afrika vorkommende Art Wasserfarn. Man entdeckte es, als im Mai 1959 der Karibasee (Sambia) gefüllt wurde. Bis zum Jahr 1963 hatte es bereits 1002 km^2 überwuchert.
Die schlimmsten Unkrautarten sind u. a. Bermudagras, gewisse Schilfarten, die Reisquecke, das kletternde Labkraut, Johnsongras, Guineagras, Cogongras und die Lantane.

Die am weitesten verbreiteten wilden Getreide sind die Haferarten *Avena fatua* und *Avena ludoviciana.* Samen dieser Arten können 15 Min. lang Temperaturen bis 115,6°C aushalten.

Die größte Ausbreitung durch *klonare* (vegetative) Vermehrung erreicht eine Heidelbeerenart *(Gaylussacia brachyera).* Von diesem immergrünen, strauchförmigen Gewächs, das sich wie ein Teppich ausbreitet, wurde 1796 zum ersten Mal berichtet. Eine mehr als 100 Morgen große Heidelbeerkolonie wurde am 18. Juli 1920 in der Nähe des Flusses Juniata in Pennsylvania (USA) entdeckt. Die Keimzelle zu dieser Kolonie war schätzungsweise 13000 Jahre zuvor gelegt worden.

Die größte Schusterpalme *(Aspidistra)* der Welt gehört Cliff Evans aus Kiora, Moruya (Australien). Im April 1983 maß sie 142 cm.

Der größte Baumschwamm war ein 142 × 94 cm großer *Oxyporus (Fomes) nobilissimus,* der mindestens 136 kg wog und 1946 von J. Hisey im Staat Washington (USA) gefunden wurde.

Der größte Kaktus der Welt ist der Saguaro (*Cereus giganteus* oder *Carnegiea gigantea*), der in den USA in Arizona und Südostkalifornien und im mexikanischen Sonora vorkommt. Die grüne, kannelierte Stammsäule trägt kronleuchterartige Zweige, die bis zu 17,67 m in den Himmel ragen. Jedenfalls wurde diese Höhe bei einem Kaktus in den Maricopa Bergen in Arizona im Januar 1988 gemessen. Die Rekord-Kakteen blühen weiß, die wachsartigen Blüten verwandeln sich dann in karmesinrote und eßbare Früchte.
24 m hoch war nach Angaben des Amerikaners Hube Yates im April 1978 ein astloser Kaktus in Cave Creek (Arizona). Im Juli 1986 wurde der schätzungsweise 150 Jahre alte Kaktus von einem Sturm umgerissen.

Der größte Weinstock wurde 1842 in Kalifornien (USA) gepflanzt. Vor 1900 gab es Jahre, in denen er 9000 kg Trauben trug. Der normale Jahresdurchschnitt lag bei 7000 kg. 1920 ging er ein. Eine einzige Weintraube (kernlose Rote Thomson), die im Mai 1984 in Santiago (Chile) gepflückt wurde, wog 9,4 kg – auch dies ein Rekord. 2300,16 kg Trauben erntete 1990 Leslie Stringer aus Dartford, Kent (GB), von einem Rebstock, der 1979 gepflanzt worden ist. Der »Dartforder Wunderwein« ging aus dem Reis eines Stocks hervor, der 1962 in Banstead, Surrey (GB), gesetzt worden war.

Das größte Weinanbaugebiet erstreckt sich in Frankreich zwischen der Rhône und den Pyrenäen in den Departements Hérault, Gard, Aude und Pyrénées Orientales. Es hat eine Größe von 840000 ha, wovon 52,3 Prozent nur für den Weinanbau genutzt werden.

Nördlichster Weinberg: In Sabile (Lettland) gibt es nördlich von 57°N noch einen Weinberg.

Das nördlichste Weinanbaugebiet Europas liegt zwischen Unstrut und Saale mit den Zentren Freyburg und Bad Kösen (Sachsen-Anhalt) südwestlich von Leipzig. Hier wird neben Weinen auch der Rotkäppchen Sekt produziert. Der Weinbau Radebeul bei Dresden (Sachsen) hat eine Anbaufläche von 88 ha.

Der nördlichste Weinberg Deutschlands ist ein Pfarrgarten auf der nordfriesischen Insel Sylt. Der Weinbau erfolgt zum Eigenbedarf.

Der südlichste kommerziell genutzte Weinberg befindet sich in Zentral-Otago, South Island (Neuseeland). Die Rebstöcke liegen südlich von 45° S. Das Weingut Renton Burgess, südlich von Alexandra, South Island, ist auf 44°36' S zu finden.

Der südlichste Weinberg Deutschlands liegt bei Lindau (47° 33') am Bodensee (Baden-Württemberg).

UNO-Weingarten: Auf 2000jährigem historischem Grinzinger Rebengrund haben bis Mai 1991 bereits 6652 Rebstöcke Besitzer im In- und Ausland aus 42 Nationen gefunden. 1979 wurde die Grinzinger Weinstock-Aktion ins Leben gerufen, um den Wiener Weinort Grinzing vor der Bebauung zu retten und »Grün statt Beton« der Nachwelt zu erhalten.

Dieser Riesenblatt-Tang aus dem Pazifik kann bis zu 65 m lang werden. An einem Tag wächst er bei Temperaturen von 18–20° C bis zu 45 cm.

Längste Algen: Immer wieder hört man, daß in Feuerland Algenarten existieren sollen, die Längen zwischen 180 und 300 m erreichen. Doch liegen exakte Messungen nicht vor.
Wissenschaftlich registriert wurden Längen von 60 m beim Riesenblatt-Tang *(Macrocystis pyrifera),* der im Pazifik vorkommt. Er wächst bis zu 45 cm am Tag.

Die Alge, die in der größten Tiefe gedeiht, ist eine kastanienbraune Art. Mark und Diane Littler aus den USA haben sie im Oktober 1984 vor San Salvadore (Bahamas) noch 269 m unter dem Meeresspiegel entdeckt. Obwohl das Sonnenlicht in einer derartigen Tiefe 99,9995 Prozent seiner Kraft eingebüßt hat, kann die Alge überleben.

Die höchste Hecke der Welt ist die Meikleour-Rotbuchenhecke im schottischen Perthshire, die im Jahr 1746 von Jean Mercer und ihrem Ehemann Robert Murray Nairne gepflanzt worden war. In gestutztem Zustand ist die 550 m lange und kegelförmig gestaltete Hecke zwischen 24,4 und 36,6 m hoch. Geschnitten wird sie ungefähr alle zehn Jahre. Zuletzt war dies 1988 der Fall – eine Arbeit, die sechs Wochen in Anspruch nahm.

Die höchste Buchsbaumhecke ist 10,7 m hoch und steht im Birr Castle, Offaly (Irland). Sie stammt aus dem 18. Jh.

Die höchste Eibenhecke gibt es im Earl Batlurst's Park in Cirencester (GB). Sie wurde 1720 gepflanzt, ist 155 m lang, 11 m hoch, 4,57 m dick. 20 Arbeitstage dauert es, sie zu schnei den.

Das kleinste aller Moose ist das Schwindmoos *(Ephemerum)* und das längste das Quellmoos *(Fontinalis),* das in fließendem Wasser 91 cm lange Sprosse entwickelt.

Der erste deutsche Pflanzen-TÜV soll in Hamm entstehen. Bundesdeutsche Pflanzenzuchtbetriebe wollen zusammen mit dem Max-Planck-Institut für Züchtungsforschung das bio-

Auf einer Frühlingswiese im Allgäu wächst diese Silberlinde *(Tilia tomentosa)*.

Die Linde – Baum des Jahres 1991
Eine dichte Krone, hoch ausladende Bäume, zartes Laub und viele Tausende von Blüten mit ihrem süßen Duft sind das Kennzeichen der Linde. Die Schutzgemeinschaft Deutscher Wald hat diese Baumart zum Baum des Jahres 1991 ausgerufen. Durch das Vordrängen der Buchen und den modernen Waldbau ist der Lieblingsbaum der Deutschen aus den Wäldern verdrängt worden. Sommer- und Winterlinde reagieren zudem empfindlich auf die Luftverschmutzung.
Die Sommerlinde kann bis zu 30 m hoch wachsen bei einem Umfang von bis zu 15 m, die Winterlinde bis zu 20 m hoch. Beide Arten erreichen ein Alter von etwa 600 Jahren. Die größten Vorkommen finden sich im hessischen Bergland, im Pfälzerwald, im Kottenforst bei Bonn, bekannt sind auch die Lindenalleen Mecklenburgs.

technische Forschungslabor gründen, in dem importierte Jungpflanzen unter Quarantäne gestellt und auf Krankheitserreger wie Viren, Bakterien und Pilze untersucht werden, bevor sie in die Zucht und den Handel gelangen.

BÄUME UND HOLZ

Das schwerste lebende Wesen auf der Erde ist der größte bekannte kalifornische Riesenmammutbaum *(Sequoiadendron giganteum)* namens »General Sherman«, der im Sequoia-Nationalpark Kaliforniens 83,8 m hoch gewachsen ist. 1,4 m über dem Boden hat er einen Umfang von 25,35 m. Aus »General Sherman«, so wurde errechnet, könnte man 600 120 Holzleisten gewinnen, genug, um 5 Mrd. Streichhölzer herzustellen. Das Blattwerk ist blaugrün, die rotbraune Rinde bis zu 61 cm dick. Inklusive seines Wurzelsystems wiegt der Riesenmammutbaum nach Schätzungen 2500 t. Sein Holz ist vergleichsweise leicht (288,3 kg pro m^3). Der 2500–3000 Jahre alte Riesenmammutbaum wächst pro Jahr um fast einen Millimeter – um ein Volumen, das einem 15 m hohen Baum mit einem Durchmesser von 30 cm entspricht.

Die höchste Baumart ist der Küsten-Mammutbaum *(Sequoia sempervirens)*, der als einheimischer Baum heute nur noch an der kalifornischen Küste vorkommt.

Der höchste Baum war, nach den Forschungsergebnissen von Dr. A.C. Carder, ein australischer Eukalyptus (*Eucalyptus regnans*), der am Watts River im Bundesstaat Victoria stand. Er war, wie der Förster William Ferguson im Jahr 1872 berichtete, 132,58 m groß. Ursprünglich soll dieser Baum sogar über 152,4 m hoch gewesen sein. Ein anderes *Eucalyptus-regnans*-Exemplar, das am Mount Baw Baw in Victoria (Australien) wuchs, war im Jahr 1885 angeblich 143 m groß. Weitere Riesenbäume waren: (s. Tabelle S. 117).

Der höchste Mammutbaum Europas steht im Staatspark »Fürstenlager« des Kurorts Bensheim-Auerbach an der Bergstraße (Hessen). Seine Maße nehmen sich allerdings gegen das amerikanische Exemplar bescheiden aus: Höhe 53 m, Stammumfang in 1 m Höhe: nur 5,63 m.
57 m hoch ist die höchste Douglasie *(Pseudotsuga taxofolia)* im Forstrevier Kiekindemark bei Parchim (Mecklenburg). Sie wurde im Jahr 1894 gepflanzt.
53 m Höhe und einen Stammumfang von knapp 5 m hat eine etwa 250 Jahre alte Fichte. Sie steht im Waldschutzgebiet Hinterhermsdorf in der Sächsischen Schweiz.

Der höchste Baum Österreichs war eine Weißtanne im Urwaldgebiet »Rothwald« (Niederösterreich). Sie war rund 500 Jahre alt und hatte eine Höhe von 54 m erreicht. Ihr Festmetergehalt: ca. 32. Durch Immissionen ist sie abgestorben.

Der höchste Baum der Schweiz war eine Tanne von Dürsrüti bei Langnau (Kanton Bern) mit einer Höhe von 57,35 m. Ein Teil des Stammes ist im Heimatmuseum Langnau im Emmental ausgestellt. Die vom Blitz geschädigte 350jährige Tanne mußte im Winter 1975/76 gefällt werden.

Der Samen eines Riesenmammutbaums wiegt 4,7 mg. Das bedeutet, daß sich sein Gewicht um mehr als das 1 300 000 Millionenfache vergrößert, bis der Baum ausgewachsen ist.

Den größten Umfang aller Baumstämme hat der 41 m hohe Santa-Maria-del-Tule-Baum, eine Montezumazypresse *(Taxodium mucronatum)*, in Mexiko. Sein Umfang: 35,8 m, 1,52 m über dem Boden (1982).
Einen Umfang von 57,9 m soll eine europäische Edelkastanie *(Castanea sativa)* auf dem Ätna in Sizilien gehabt haben. Sie war als »Baum der 100 Pferde« (Castagno di Cento Cavalli) bekannt. Inzwischen wurde der Baumriese gekappt und in drei große Teile zerlegt.
Von Affenbrotbäumen *(Adansonia digitata)* wurde gelegentlich behauptet, sie hätten einen Stammumfang bis zu 54,5 m erreicht.
12 m mißt der Stammumfang der Kirchenlinde bei Elbrinxen in der Nähe von Bad Pyrmont (Niedersachsen). Sie ist fast 2000 Jahre alt, und

Exemplarische Stammdicken einiger Mammutbäume in Deutschland (in 1 m Höhe)

Standort	Stammdicke
Hirsau bei Calw, Nähe Nordschwarzwaldklinik	8,60 m
Insel Mainau, Bodensee	8,55 m
Überlingen am Bodensee	8,46 m
Wiesbaden-Klarental, Fasanerie, Tierpark	7,70 m
Weinheim, »Herrmanshof«	7,21 m
Hohemark/Taunus, Schwesternwohnheim	7,03 m
Bensheim an der B47	6,50 m

Waldsterben hat sich verschlimmert

Rund 72 Mio. m^3 Holz fielen den schweren Stürmen in den alten und neuen Bundesländern Anfang 1990 zum Opfer. Der trockene Sommer und die hohe Schadstoffbelastung der Luft sind weitere Gründe für die Zunahme des Waldsterbens. Im Waldschadensbericht 1990 heißt es: 52,9 Prozent der gesamten Waldfläche in den alten Bundesländern sind leicht beschädigt bis abgestorben, in den neuen 54,3 Prozent. Der Anteil der geschädigten Bäume am Gesamtbaumbestand hat um 3,9 Prozent zugenommen. 48,5 Prozent der Nadelbäume in den alten und 57,2 Prozent in den neuen Bundesländern sind beschädigt. Bei den Laubbäumen sind in den neuen Bundesländern 45,5 Prozent und in den alten 61,8 Prozent krank. Als schwerbeschädigt gelten dabei Bäume, die mehr als ein Viertel ihrer Nadeln oder Blätter verloren haben. Allein die Hälfte aller Buchen und 70 Prozent des Eichenbestandes in den neuen Bundesländern sind kaum noch lebensfähig.
Für das hohe Schadensniveau in den neuen Bundesländern dürften die extrem hohe Schwefeldioxidbelastung aus Industrieanlagen und die regional sehr hohe Ammoniakbelastung aus der Massentierhaltung die Ursache sein, entsprechend sind die Regionen mit den höchsten Schäden Halle/Leipzig, das Erzgebirge und das Gebiet östlich von Berlin. Großflächiges Waldsterben findet aber auch im Thüringer Wald und im Harz statt. Wälder in Hochlagen und ältere Laubwaldbestände sind erheblich stärker geschädigt. Mehrere 1000 ha Wald in Hochlagen sind nach Angaben der vierten europäischen Waldschadenserhebung 1991 im gesamten Bundesgebiet von flächenhafter Auflösung betroffen. Bis zu 90 Prozent der über 60 Jahre alten Buchen und Eichen sind beschädigt.

ihre ausladende Krone erreicht einen Durchmesser von 23 m.
Eine 1000jährige Linde in Ernegg (Niederösterreich) hat mit 10,4 m den größten Stammumfang. Ihre Krone mißt ca. 22 m.

Der Baum mit dem größten Astgewölbe ist der Banyan *(Ficus benghalensis)*, der im Botanischen Garten von Kalkutta in Indien steht. Er hat 1775 Nebenstämme, die aus oberirdischen Wurzeln gebildet wurden, und breitet sich bei einem Umfang von 412 m auf einem Areal von 1,2 ha aus. Der Baum ist mit Sicherheit vor 1787 gepflanzt worden.
Noch mächtiger soll ein 550 Jahre alter Banyan-Baum sein, der in dem indischen Dorf Gutibayalu wurzelt und als »Thimmamma Marrimanu« bekannt ist: Sein Ast- und Laubwerk wölbt sich nach Berichten über 2,08 ha.

Der derzeit höchste Laubbaum ist mit 95 m eine Bergesche (*Eucalyptus regnans*), die im Styx Valley von Tasmanien gedeiht.

Der älteste Baum war eine Bristleconekiefer *(Pinus longaeva)* mit der Bezeichnung WPN-114, die in 3275 m Höhe an der Nordostwand des Mt. Wheeler in Nevada (USA) wuchs. Durch 1963 und 1964 vorgenommene Untersuchungen stellte man fest, daß sie ca. 5100 Jahre alt war, als sie gefällt wurde.

Der älteste bekannte lebende Baum ist eine Bristleconekiefer *(Pinus longaeva)* namens »Methusalem«, die in einer Höhe von 3050 m auf der kalifornischen Seite der White Mountains (USA) wächst und etwa 4700 Jahre alt ist. Nach Berichten vom März 1974 hat dieser Baum 48 lebende Sämlinge hervorgebracht. Dendrochronologen schätzen, daß eine Bristleconekiefer nahezu 5500 Jahre alt werden kann. Noch höher wird die Lebenserwartung eines Kalifornischen Mammutbaums *(Sequoia giganteum)* eingeschätzt: Sie reicht möglicherweise an 6000 Jahre heran. Die Zellen leben aber nicht länger als 30 Jahre.
Im Allgäu (Bayern), am Wegesrand zur Wilhelminen-Alpe, steht eine knorrige, graugrüne Eibe. Sie ist der älteste Baum in Deutschland, über 2000 Jahre alt, möglicherweise sogar 4000 Jahre. Jeder ihrer beiden Stämme ist 2,9 m dick.
Eine rund 2000 Jahre alte Eiche ist das Wahrzeichen der Gemeinde Nöbdenitz, Schmölln (Sachsen). Der über 30 m hohe Baum hat einen Durchmesser von etwa 3 m, sein Stamm wird von Ketten zusammengehalten.
Auf mehr als 1500 Jahre wird die »Feme-Eiche« geschätzt, die in der Gemeinde Raesfeld-Erle, Kreis Borken (Westfalen), steht. Diese Gerichtseiche ist 15 m hoch und hat einen Umfang von 14 m.
1200 Jahre soll die Tassilo-Linde alt sein, die beim Kloster Wessobrunn (Bayern) steht und nach dem Klostergründer benannt ist. 1980 wurde sie zum Naturdenkmal erklärt. Wer sie beschädigt, muß mit Strafen bis zu 50 000 DM rechnen. Zur Erhaltung der aus sieben Einzelstämmen bestehenden Linde wurden 10 000 DM bereitgestellt.
Ein einmaliges Naturdenkmal in Europa sind die Ivenacker Eichen bei Stavenhagen, Malchin (Mecklenburg). Die sechs Stieleichen *(Quercus robur)* haben ein Alter von 1000 bis 1200 Jahren. Die größte dieser Methusalem-Eichen hat eine Höhe von 35,5 m und einen Kronendurchmesser von 29 m. Der Stammumfang beträgt rund 11 m bei einem Durchmesser von 3,48 m in 1,3 m Höhe.
6000 Jahre alt ist der 12 m hohe, 37 t schwere versteinerte Stamm einer Mooreiche, der im Donauried beim Autobahnbau gefunden wurde und 1980 vor einer Möbelfabrik in Aich (Bayern) aufgestellt wurde.
Der älteste Baum der Schweiz ist eine 1100jährige Zirbelkiefer im Aletschwald im Kanton Wallis.

Das größte geschlossene Baumschulgebiet befindet sich im Kreis Pinneberg (Schleswig-Holstein). 512 Betriebe bewirtschaften hier eine Produktionsfläche von 3528 ha. Der Schwerpunkt der Produktion liegt bei laubabwerfenden Ziersträuchern und Heckenpflanzen (30 Mio.) und Forstgehölzen (625 Mio.).

Früheste, primitivste noch existierende Baumart ist der Fächerblattbaum oder *Gingko biloba*, der aus China stammt und schon vor ca. 200 Mio. Jahren existierte. 1690 wurde er von dem Holländer Kaempfer wiederentdeckt und um 1754 in Europa eingeführt.

Schnellstes Wachstum wurde bei einer am 17. Juni 1974 in Sabah (Malaysia) gepflanzten *Albizza falcata* festgestellt. Sie erreichte in 13 Monaten 10,74 m. Einer am 24. Februar 1975 im malaysischen Sabah gepflanzten *Albizzia falcata* gebührt auch der Rekord, in kürzester Zeit die 30-m-Marke durchbrochen zu haben. Innerhalb von 64 Monaten wurde der Baum genau 30,48 m hoch.
Bambus scheidet bei solchen Vergleichen aus, da er botanisch kein Baum, sondern verholztes Gras ist. Von den 45 Bambusarten sind einige absolute Wachstumsrekordhalter. Sie entwikkeln Wachstumsgeschwindigkeiten von 91 cm pro Tag (0,00003 km/h), 30 m in weniger als drei Monaten (s. S. 122).

Langsamstes Wachstum: Das Tempo, mit dem ein Baum wächst, hängt weitgehend von den jeweiligen Umweltbedingungen ab, obgleich es Bäume gibt, die immer und überall langsam wachsen, zum Beispiel Buchsbaum und Eibe. Ein extrem langsames Wachstum hat Dr. Charles M. Peters von 1981 bis 1986 bei der mexikanischen Zykas *Dioon edule* beobachtet: Im Durchschnitt waren es nur 0,76 mm pro Jahr. Ein 120 Jahre altes Zykas-Bäumchen war nur 9,9 cm groß.

Das Züchten von Miniaturbäumchen oder Bonsais geht auf einen asiatischen Kult zurück, der schon um 1320 erwähnt wird. Bonsai-Bäume sind lebende Pflanzen, nur ca. 50mal kleiner als das Original.

Den ältesten bekannten Bonsai-Wacholderbaum »Moltsanysybons« pflegt der Bonsaizüchter Klaus Kerstan auf Ibiza (Balearen). Nach einer Studie der Universität Hamburg ist der *Juniperus thurifera* wenigstens 1000, wahrscheinlich um 1100–1200 Jahre alt.

Erstes »Bonsai-Museum« Europas: Miniaturbäume aus der ganzen Welt bietet im Heidelberger Vorort Wieblingen (Baden-Württemberg) das erste Bonsai-Museum seit dem 10. Mai 1985. Auf einer 350 m^2 großen Ausstellungsfläche werden mehr als 100 ausgewählte Prachtexemplare der Minibäume (Bonsais) aus

Höhe/m	Name	Art	Standort	Datum
126,5	Douglastanne	*Pseudotsuga menziesii*	Lynn Valley, British Columbia (Kanada)	1902
119,8	Mineral-Douglastanne	*Pseudotsuga menziesii*	Bundesstaat Washington (USA)	1905
115,8	Nisqually-Tanne	*Pseudotsuga menziesii*	Nisqually, Bundesstaat Washington (USA)	1899
114,3	Cornthwaite-Bergesche	*Eucalyptus regnans*	Thorpdale, Victoria (Australien)	1880
112,3	Küsten-Mammutbaum	*Sequoia sempervirens*	Guerneville, Kalifornien (USA)	1873

* Der zur Zeit höchste Baum der Welt ist der Küsten-Mammutbaum *(Sequoia sempervirens)* der National Geographic Society im Redwood National Park von Humboldt County, Kalifornien (USA). Im Oktober 1990 hatte er eine Höhe von 113,7 m. Der Dyerville-Riese einer Küsten-Mammutbaumart in diesem Park mit seinen 111,25 m wurde am 27. März 1991 durch einen Sturm gefällt.

13 500 japanische Zedern bilden die längste Allee der Welt in Imaichi mit einer Gesamtlänge von 35,41 km.

Japan gezeigt. Star des Hauses ist ein 800jähriger kalifornischer Wacholder, Kostenpunkt 250 000 DM. Diese Sammlung will Liebhabern und vor allem Anfängern Impulse und Anregungen zum Verständnis der uralten asiatischen Kunst geben.

Veredelungsrekord: Gleich 66 Sorten trägt ein 28 Jahre alter Apfelbaum (Grundstamm Ontario) in Villach-Landskron, Kärnten (Österreich). Seit 1975 pflegt der Oberstudienrat und Hobbygärtner Karl Schemitz den 4 m hohen Wunderbaum mit seinen 6 m Kronenbreite.

Die meisten Blätter: Die Frage, welcher Baum die meisten Blätter hat, ist noch nicht beantwortet. Eine große Eiche dürfte vielleicht 250 000 und eine Zypresse 45–50 Mio. Schuppenblättchen haben.

Der einsamste Baum, der am weitesten von einem Artgenossen entfernt steht, ist vermutlich eine Norwegische Fichte, die auf der Antarktis-Insel Campbell wächst. Sie ist der einzige Baum auf der ganzen Insel. Der am nächsten gelegene Nachbarbaum wächst 145 km entfernt auf den Auckland-Inseln.

Seltenster Baum ist der Kaffeebohnenstrauch *Ramosmania heterophylla*, von dem nur ein einziges Exemplar in den Königlichen Botanischen Gärten von London überlebt hat. Es ist 12,7 cm hoch. Zuletzt war 1940 in Mauritius ein solcher Strauch gesehen worden.

Teuerster Baum: Der höchste je für einen Baum erzielte Preis, den eine Baumschule in Missouri (USA) 1959 für einen Starkspur-Golden-Delicious-Apfelbaum aus Yakima (USA) zahlte, war 51 000 Dollar (damals ca. 250 000 DM).

Größter Wald: Das größte aufgeforstete Waldgebiet liegt im Norden der Sowjetunion zwischen 55° N und dem Polarkreis. Riesige Nadelwälder bedecken eine Fläche von 1100 Mio. ha – das ist ein Viertel der Weltwaldfläche –, wovon 38 Prozent sibirische Lärchen sind. 34 Prozent der Sowjetunion sind aufgeforstet. Das größte Tropenwaldgebiet liegt im Amazonasbecken, wo es sich noch über ungefähr 330 Mio. ha erstreckt.

Das schwerste Holz ist schwarzes Eisenholz *(Olea laurifolia)*, auch südafrikanisches Eisenholz genannt, mit einem spezifischen Gewicht bis zu 1,49 und einem Gewicht von 1490 kg/m^3.
Das schwerste deutsche Holz kommt vom Buchsbaum *(Buxus sempervirens)* und kann ein Höchstgewicht von 1025 kg/m^3 erreichen.

Das leichteste Holz ist *Aeschynomene hispida*, das in Kuba wächst und 44 kg/m^3 wiegt. Das Holz des Balsabaumes *(Ochroma pyramidale)* ist von verschiedenartiger Dichte, und sein Gewicht reicht von 44–384 kg/m^3. Kork wiegt 240 kg/m^3.

Die längste Allee der Welt wurde zwischen 1628 und 48 in Imaichi in der japanischen Präfektur Tochigi angelegt. Sie ist als Nikko-Cryptomeria-Allee bekannt und besteht aus drei zusammenlaufenden Straßenzügen, die insgesamt 35,41 km lang sind. Die Nikko Kaido (16,52 km), die Reiheishi Kaido (13,17 km) und die Aizu-nishi Kaido (5,72 km) wurden ursprünglich von 200 000 japanischen Zedern *(Cryptomeria japonica)* gesäumt. Davon haben bis heute etwa 13 500 Bäume überlebt. Ihre Durchschnittshöhe liegt bei 27 m.

BLÜTEN UND BLUMEN

Die größte Blüte hat die ziegelrotgefleckte Schmarotzerlilie *(Rafflesia arnoldii)*, die auf den Wurzeln einer wilden Weinrebe *(Cissus)* im Dschungel Südostasiens wächst. Die 1,9 cm dicken Blütenblätter können bis zu 7 kg wiegen, ihr Durchmesser kann bis zu 91 cm betragen. Die Lilie ist äußerst geruchsintensiv. In Südostasien heißt sie deshalb im Volksmund »stinkender Leichnam«. Blütenscheide und -kolben der weniger grünen und purpurfarbenen Sumatra-Blume *Amorphophallus titanicum* können eine Länge von mehr als 1,5 m erreichen. Waldvernichtung, landwirtschaftliche Entwicklung und Verwendung der Riesenblume für medizinische Zwecke und nicht zuletzt das Sammeln der seltenen Blüten durch Liebhaber führten zu einem drastischen Rückgang aller 15 Rafflesia-Arten. Selbst die Versuche in Sabah, Sarawak und Sumatra, die seltene Blume durch Zellkultur zu züchten, blieben wenig erfolgreich.

Den größten Blütenstand hat die *Puya raimondii*, eine seltene bolivianische Pflanze mit aufrechter Rispe (Durchmesser 2,4 m), die 10,7 m hoch wird. Jede davon trägt bis zu 8000 weiße Blüten.

In Berkeley, Kalifornien (USA), wurde 1974 **der höchste Blütenstand einer Agave** gemessen. Er war 15,8 m hoch.

Die wertvollste Blume war vermutlich die erste rein weiße Ringelblume oder Marienrose, die Alice Vonk aus Sully in Iowa (USA) am 12. August 1975 stolze 10 000 Dollar eingebracht hat. Der Preis war 1954 von der Burpee Company ausgeschrieben worden.

Minipflanzen züchtet der Puchheimer Elektroniker Bruno Gruber (* 1941) in einem patentierten fingerhutgroßen Metallblumentopf. Blumen, Pflanzen und Sträucher bleiben darin winzig klein, entwickeln sich im übrigen aber normal. Seine kleinste bisher gezüchtete Sonnenblume *(helianthos – tall Sungold)* ist 6 cm hoch.

Bonsai-Pflanzen im Klein(st)format – nicht nur für Hobbygärtner – züchtet der Fotokaufmann Michael Lenke (* 1949) aus Hengersberg (Bayern). In Zürich stellte er im April 1985 den kleinsten Sonnenblumengarten mit 7 Miniatur-Sonnenblumen vor. Die kleinste kam auf 5,6 cm Höhe.

Die gelbe Miniblume wurde im Happy-Bonsai-System aufgezogen. Lenke hat es nach langjährigen Versuchen und Beobachtungen in der Natur unter Verwendung eines kleinen Tonbehälters mit einem Wurzelblockierungsspalt entwickelt. Mit dieser Beschränkung im Wurzelbereich können Mini-Pflanzen auf einfache,

Blume des Jahres 1991
Die Rosmarinheide *(Andromeda polifolia)* ist von der Stiftung zum Schutz gefährdeter Pflanzen zur Blume des Jahres 1991 gewählt worden. Die Pflanze aus der Familie der Heidekrautgewächse kommt nur noch im Hochmoor vor, wo sie auf sauren, feuchten Standorten wächst. Mit der Wahl des zwischen 15 und 30 cm langen Halbsträuchleins mit schmalen, langgezogenen, oberseits dunkelgrünen, unterseits weißgrünen Blättern soll auf die Gefährdung der Wildflora durch Torfabbau in diesem bedrohten Lebensraum hingewiesen werden.

natürliche Weise kultiviert werden. Dieses Zuchtverfahren hat Lenke sich 1985 patentieren lassen.

Schnellstes Wachstum eines Blütenstandes wird von einer *Yucca whipplei* aus der Familie der *Agavaceae* berichtet. Im Juli 1978 soll sie in Fresco Abbey auf einer der Scillyinseln (GB) innerhalb von 14 Tagen um 3,65 m gewachsen sein.

Der größte Blumenstrauß konnte am 19. August 1989 beim Blumenfest in Vandans, Montafon/Vorarlberg (Österreich), bewundert werden. 30 freiwillige Helfer hatten in 8:15 Std. 19428 Blumen zu einem 17,63 m hohen Strauß (Durchmesser 8,34 m) im »schönsten Blumendorf Europas« gebunden.

Langsamstes Wachstum: Am längsten warten muß man auf die Blüte der höchst seltenen *Puya raimondii,* die im Jahr 1870 in Bolivien (Südamerika) entdeckt wurde. Erst wenn die Pflanze 150 Jahre alt ist, wächst der Blütenstand heraus. Danach stirbt sie ab.

Einige Agaven, fälschlich »Jahrhundertpflanzen« genannt, bringen ihre ersten Blüten erst nach 40 Jahren hervor.

Der größte Kranz wurde im Dezember 1989 in der Weihnachtsbaum-Farm Clemsonville in Union Bridge, Maryland (USA), gebunden. Er hatte einen Durchmesser von 35,4 m und wog 3703,6 kg.

Die längste Girlande aus Gänseblümchen wurde am 27. Mai 1985 von einer 16er-Mannschaft in Good Easter, Essex (GB), in 7 Std. geflochten. Sie hatte eine Länge von 2120 m.

Die größte Chrysantheme züchtete François Santini vom Laboratoire Algochimie im französischen Château Renault Indre-et-Loire. Sie wurde im Dezember 1988 2,5 m hoch und trug insgesamt 4041 Blüten.

Die größte Orchideenblüte besitzt die *Phragmipedium caudatum,* die in den tropischen Regionen Amerikas wächst. Ihre Blütenblätter werden bis zu 46 cm lang, der Durchmesser der geöffneten Blüte beträgt 91 cm.

Die höchste frei stehende Orchidee ist *Grammatophyllum speciosum,* die bis zu 7,62 m hoch werden kann. Die *Galeola foliata* kann auf verwitterten Bäumen in den tropischen Wäldern von Queensland (Australien) bis zu 15 m hoch werden.

Erst nach einer Wartezeit von 80–150 Jahren zeigt Boliviens seltene Pflanze *Puya raimondi* ihren 10,7 m hohen Blütenstand.

Die kleinste Orchidee ist *Platystele jungermannoides*, die in Zentralamerika vorkommt. Ihre Blüten sind nur 1 mm groß.

Die teuerste Orchidee dürfte eine *Odontoglossum crispum* (var. *pittanum*) gewesen sein, für die 1906 bei einer Auktion in London 1207,50 Pfund Sterling (damals 24660 DM) gezahlt wurden.
Eine *Cymbidium*-Orchidee mit dem hübschen Namen »Rosanna Pinkie« wurde 1952 in den USA für 4500 Dollar verkauft.

Der größte Weihnachtsstern erreichte im Dezember 1990 einen Umfang von 5,5 m. Seine bis zu 37 cm messenden 50 Blüten reihten sich zu einer 185 cm breiten Strahlenpracht zusammen. In der Oskar Reinhart Stiftung in Winterthur, Zürich (Schweiz), betreute der Gärtner Gerd Gauck den Stern. Auf 50 cm Durchmesser kam die größte Blüte mit dem kleinsten Topf (9 cm Durchmesser) in dieser Sammlung.

Die größte Rhododendronart ist das scharlachrote *Rhododendron arboreum*, von dem es am Mt. Japfu (Indien) Exemplare gibt, die über 19,8 m hoch werden.

Den größten Rhododendronpark Deutschlands hat Bremen. Auf einer Fläche von 1800 m^2 werden in Schaugewächshäusern 1700 ausschließlich tropische und subtropische Arten dieser Zierpflanze gezeigt.
1844 entstand in der Nähe von Weißwasser (Neubrandenburg) der spätere Rhododendronpark in Kromlau. Auf einer Fläche von 80 ha sind die Rhododendronpflanzungen ein besonderer Anziehungspunkt.

Die größte Dahlie hat das Ehepaar Blythe aus Nannup (Australien) gezüchtet. 1990 war das Prachtexemplar in eine Höhe von 7,8 m geschossen.

Der größte Philodendron ziert das Heim von M. J. Linhart aus Thornton, Leicestershire (GB). Er ist über eine Länge von 224 m gewuchert.

Die größte Passionsblume haben Dennis und Patti Carlson aus Blaine in Minnesota (USA) mit Hilfe von Hormongaben gezüchtet: Nach Berichten vom November 1974 war die Pflanze 182 m lang.

Der größte Rosenstock steht in Tombstone (USA). An ihm blühen »Lady-Banks«-Rosen. Er hat einen 1 m dicken Stamm, ist über 2,74 m hoch, und seine Zweige reichen fast über 5000 m^2. Er wird von 68 Pfählen gestützt, dadurch können sich 150 Personen in dieser »Laube« aufhalten. Der Steckling kam 1884 aus Schottland.

Nicht der größte, wohl aber der älteste Rosenstock Deutschlands dürfte der Rosenstock am Hildesheimer Dom sein. Sein Alter wird großzügig mit 1000 Jahren angegeben: Bistumsgründer Kaiser Ludwig der Fromme habe im 9. Jh. den Platz für den Rosenstock gewählt. Urkundlich wird das Gewächs erstmals 1570 erwähnt – immerhin damals bereits als »uralt«.

Die längsten Pelargonien zieren einen Balkon des Ferienhauses in Agarone II (Schweiz) von Adolf Walker aus Pfäffikon. Die 432 cm langen Geranientriebe der Sorten *Ville de Paris* und *Cocorico* wurden im Frühjahr 1987 gepflanzt.

Herbarien: Dr. Julian A. Steyermark vom Botanischen Garten in St. Louis, Missouri (USA), betreute bis zu seinem Tod am 15. Oktober 1988 eine konkurrenzlose Sammlung getrockneter Pflanzen. Sie umfaßte 138000 Gruppen, davon hatte er 132223 selber klassifiziert.
Von 465 verschiedenen Efeusorten hat Ekkehard von Blücher (* 1965) aus Lübeck (Schleswig-Holstein) ein Herbarium angelegt. Von jeder Efeusorte hat der Gärtner bis Oktober 1988 ein bis drei Blätter gesammelt, gepreßt und nach botanischen Namen, Sorten und Heimat sortiert.

REKORDE AUS DEM OBST- UND GEMÜSE-BEREICH

Den höchsten Kaloriengehalt der 38 Früchte, die man roh verzehren kann, hat die Avocadobirne *(Persea americana)*. 100 g ihres Fruchtfleisches haben 163 Kalorien. Der Avocadobaum, der wahrscheinlich aus Zentral- und Südamerika stammt, enthält außerdem die Vitamine A, C und E sowie 2,2 Prozent Protein.

Den geringsten Kaloriengehalt mit 16 Kalorien pro 100 g hat die Gurke.

Die bisher größte Gurke erntete im April 1990 Eileen Chappell aus Bowen Hills, Queensland (Australien): Sie wog 36,8 kg.

Den größten Pfirsich, eine 411 g schwere Frucht, erntete Jean Bird aus London im August 1984 von einem 26 Jahre alten italienischen Pfirsichbaum.

Von einem sagenhaften Tomaten-Rekord wurde am 28. Februar 1988 auf einer Wissenschafts-Schau im japanischen Tsukuba berichtet: Danach soll eine einzige Pflanze 16897 Früchte getragen haben.

Die größte Ananas ist im November 1984 einer Firma im Süden von Cotabato auf den Philippinen aufgefallen. Sie wog nach bestätigten Angaben 7,96 kg. Bis zu 13 kg schwere Früchte soll es 1978 im brasilianischen Tarauaca gegeben haben.

Die größte Orange wurde am 19. Juni 1981 in Nelspruit (Südafrika) entdeckt; sie wog 2,5 kg.

Der größte Johannisbeerbusch wächst seit 30 Jahren in Haßfurt (Bayern). Der 2,6 m hohe ungeschnittene Strauch erreicht einen Umfang von 11,5 m bei einem Durchmesser von 3,5 m. Die 50-kg-Ernte großer roter Johannisbeeren an langen Trauben erfreut jedes Jahr Hedwig Wohlleben.

Kräuterpflanzen: Botanisch sind Kräuter nicht näher definiert, ihre Blätter oder Wurzeln sind aber nach allgemeiner Erkenntnis von medizinischer oder kulinarischer Bedeutung. Das meistverwendete Gewürzkraut ist vermutlich Koriander *(Coriandrum sativum)*, den man u. a. im Currypulver, in Süßwaren und Schnäpsen, im Brot und im Öl findet.

360 Arbeitsstunden benötigte der Bozner Gärtnermeister Toni Psenner mit seinen fünf Floristen, dann stand dieser 4,5 m hohe Biedermeierstrauß mit seinen 7 m Durchmesser. Am 30. April 1991 wurde der 350 kg schwere Strauß aus 9500 verschiedenen Blumenarten zur 103. Auflage des Bozner Blumenmarktes in Südtirol präsentiert.

Die größte Wassermelone, die jemals amtlich registriert wurde, lieferte der Amerikaner Bill Carson aus Arrington (Tennessee) 1990 ab. Das Prachtstück wog 118,84 kg.

Weitere Rekordergebnisse erzielten mit:

einem Apfel (1000 g, 44,5 cm Umfang) Werner Steingräber aus Rümmelsheim bei Bingen am Rhein (Rheinland-Pfalz), im Oktober 1989;

einer Batate-(Süßkartoffel-)**Staude** (4,89 m hoch) Ernst Roth im Schrebergarten Zürich (Schweiz), im Sommer 1987;

einer Grapefruit (2,96 kg) J. und A. Sosnow aus Tucson, Arizona (USA), im Dezember 1984;

einem Grünkohl (4,16 m hoch) F. Doven aus Mt. Lawley (Westaustralien), 1982;

einem Kohlrabi (29,65 kg) Franz-Josef Lauer aus Nohfelden-Bosen (Saarland), im November 1989;

einer Möhre – Karotte, Wurzel – (32 cm lang, 2,2 kg schwer) Erika Buchenhorst aus Frankfurt (Hessen), im November 1987;

einem Radieschen (1,28 kg schwer, 46 cm Umfang) Hans Kühn aus Seligenstadt (Hessen), im Dezember 1988;

einem Rettich (6,5 kg, 78 cm Umfang) Elfriede Aulehner aus Armstorf, St. Wolfgang (Bayern), im November 1985;

einem Riesenkürbis (304,3 kg) Robert Gancanz aus Jacobstown, New Jersey (USA), beim World Pumpkin Wettbewerb in Collins, New York, am 13. Oktober 1986;

einem Speisekürbis (121,5 kg schwer) Erich Techt aus Fehring, Steiermark (Österreich), im Oktober 1987;

einer Stangenbohne »Berner Landfrau«, (7,98 m hoch) Ernst Roth im Schrebergarten Zürich (Schweiz), im Oktober 1987;

einer Tomate (3,51 kg schwer) Gordon Graham aus Edmond, Oklahoma (USA), 1986;

einem Weißkohl (28,1 kg schwer) Ernst Roth im Schrebergarten Zürich-Juchhof (Schweiz), Sommer/Herbst 1988;

einem Winterrettich (7,4 kg schwer, 80 cm Umfang) Adam Schill aus Schwenningen (Baden-Württemberg), im November 1988;

einer Zitrone (3,88 kg, 74,9 cm Umfang) Ch. und D. Knutzen aus Whittier, Kalifornien (USA), im August 1983;

einer Zucchini (157 cm lang, 40–44 cm Durchmesser, 16 kg) Daniele Caldarelli im Familiengarten-Areal in Samichlaus, Wallisellen (Schweiz), Mitte Oktober 1989;

einer Zwiebel (4,01 kg) Ivor Mace aus Treord, Rhondda (Wales), 1987.

Apfelpflücken: Eine überprüfte Hochleistung vollbrachte George Adrian aus Indianapolis, Indiana (USA), am 23. September 1980, als er in 8 Std. 12879 kg Äpfel pflückte.

Apfelschälen: Den Rekord für die längste beim Schälen unbeschädigte Apfelschale von 52,51 m stellte die damals 17jährige Kathy Wafler aus Wolcott, New York (USA), auf. Zum Schälen des Apfels von 567 g brauchte sie am 16. Oktober 1976 11:30 Std.

Gurkenschneiden: Am 3. April 1983 setzte Norman Johnson aus Blackpool, Lancashire (GB), die Rekordmarke von 13,4 Sek. für das Zerschneiden einer Gurke von 12 Zoll (30,48 cm) Länge und 1,5 Zoll (3,81 cm) Durchmesser in 22 Scheiben pro Zoll, insgesamt 264 Scheibchen. In den WDR-Studios gelang ihm bei der Aufzeichnung für die Fernsehsendung *Chris Howland präsentiert Höchstleistungen aus dem Guinness Buch der Rekorde* dieser Rekord.

FARNE, BLÄTTER UND SAMEN

Die größten unter den mehr als 6000 Farnen sind die Baumfarne *(Alsophila excelsa)* auf Norfolk Island im Südpazifik, die bis zu 18,3 m hoch wachsen.

Die kleinsten Farne sind der *Hecistopteris pumila*, der in Mittelamerika vorkommt, und der aus den USA stammende *Azolla caroliniana* mit Wedeln von 12 mm.

Die größten Blätter von allen Pflanzen haben die Raffiapalme *(Raphia raffia)* von den Maskareneninseln im Indischen Ozean und die Amazonas-Bambuspalme *(Raphia toedigera)* Südamerikas, deren gefiederte Blätter 19,81 m lang werden und 3,96 m lange Stiele haben können.

Das größte ungeteilte Blatt besitzt die in Sabah (Malaysia) vorkommende *Alocasia macrorrhiza*. 1966 wurde ein Exemplar gefunden, das 3,02 m lang und 1,92 m breit war und eine Fläche von 3,17 m^2 bedeckte.

Wasserlilien *(Victoria amazonica)*. Das größte Exemplar dieses Hybridengewächses hatte Blätter mit einem Durchmesser von 2,4 m.

Rispenseggenfund

Den höchsten bekannten Seggenbult einer europäischen Großsegge *(Carex paniculata)* entdeckte der Landschaftsökologe Dr. Gottfried Briemle aus Aulendorf (Baden-Württemberg) Ostern 1991 in einem Niedermoor des Alpenvorlandes.
Die Rispensegge aus der Familie der Riedgräser *(Cyperaceae)* ist in Mittel- und Westeuropa zu Hause und besiedelt die Nieder- und Anmoore. Dieses Gras liebt siggernasse, aber kalkhaltige und nährstoffreiche Torfböden. Die Art kommt meist herdenweise vor und bildet dann – Bult an Bult – eine eigene Pflanzengesellschaft. Diese Bulte werden im allgemeinen nur 50–80 cm hoch.
Der in einem Ried jetzt entdeckte Bult ist 1,4 m hoch (bis Ende Blattwerk), bei einem Durchmesser von 1,1 m und einem Umfang von 3,2 m. Bis zum Ende der rispigen Blütenstände mißt das Riesenexemplar knapp 2 m und dürfte 60–70 Jahre alt sein.

Ein Exemplar der Wasserlilie *Victoria amazonica* (ein Hybridengewächs), das auf der Schmetterlingsfarm von Stratford-upon-Avon (GB) gedeiht, hatte am 2. Oktober 1989 Blätter mit einem Durchmesser von 2,4 m.

Ein vierzehnblättriges Kleeblatt *(Trifolium repens)* fand am 16. Juni 1975 der Amerikaner Randy Farland bei den Sioux-Fällen in Dakota (USA). Dieses Glück hatte auch Paul Haizlip aus Bellevue, Washington (USA). Am 22. Juni 1987 fand auch er ein vierzehnblättriges Exemplar.

Den kleinsten Samen haben die *Epiphytischen Orchideen,* von denen ca. 1 Mio. Samen 1 g wiegen.
Ein nordamerikanisches Unkraut *(Ambrosia artemisiifolia)* kann in 5 Std. 8 Mrd. Pollenkörner erzeugen.

Den widerstands- und lebensfähigsten Samen besitzt die arktische Lupine *(Lupinus arcticus).* Samenkörner, die Harold Schmidt im Juli 1954 bei Miller Creek in Kanada im gefrorenen Schlamm des Yukon gefunden hatte, keimten 1966. Mit Hilfe der Radiokarbonmethode wurde festgestellt, daß der Lupinensamen mindestens aus der Zeit um 8000 v. Chr. stammte, eher aber noch 5000 Jahre älter war.

Das gewöhnlichste Gras der Welt ist das Bermudagras oder *Cynodon dactylon.* Das am schnellsten wachsende Gras ist eine Hybridenzüchtung aus dem Jahr 1966 namens Callie, die 15,2 cm pro Tag wächst und bis zu 5,5 m lange Ausläufer hat.

Das schnellste Wachstum unter den Graspflanzen legen einige der 45 Familien zählenden Bambusgräser an den Tag: Sie schießen pro Tag bis zu 91 cm in die Höhe (s. S. 117).

Der höchste Bambusstengel war ein sogenannter Dornstrauch *(Bambusa arundinacea spinosa),* der in Pattazhi, Travancore (Indien), im November 1904 gefällt wurde, als er 37,03 m hoch war.

Den größten Samen hat die Meereskokosnuß, auch Coco de Mer *(Lodoicea seychellarum)* genannt, deren Frucht ein Gewicht von 18 kg erreichen kann. Sie gilt als biologische Sensation und wächst nur auf den Seychelleninseln Praslin und Curieuse im Indischen Ozean. Jede Frucht enthält nur einen Samen. Zwei bis drei dieser wie ein großes grünes Herz geformten Früchte entwickeln sich zu einem Fruchtstand. Jede der Coco-de-Mer-Palmen produziert drei, vier solcher Bündel im Jahr. Die größte bisher gefundene Meereskokosnuß erreichte 22,5 kg und war über 60 cm lang.

PILZE UND URTIERPFLANZEN

Riesenboviste (*Langermannia gigantea*) fanden auf dem Gelände der Nürburgquelle bei Dreis/Eifel (Rheinland-Pfalz) die Pilzsucher Werner Zeltinger und Manfred Kuhl am 5. Juli 1984. Im Sumpfgebiet des ausgetrockneten Maars der Vulkaneifel stießen sie auf 30 Riesen-»Findlinge«, der größte hatte einen Umfang von 267 cm, wog 40 kg und wurde willkommene Spende für die Gemeinden Dreis-Brück und Dockweiler.
Ein 32,6 kg schwerer, eßbarer Pilz *(Polyporus frondosus)* wurde im September 1976 von Joseph Opple in der Nähe von Solon, Ohio (USA), gemeldet.

Giftigster Pilz: Der Grüne Knollenblätterpilz *(Amanita phalloides)* dürfte der giftigste Pilz in Mitteleuropa und Nordamerika sein. 6–12 Std. nachdem man von ihm gekostet hat, treten Erbrechen, Delirium, Kollaps und schließlich der Tod in über 50 Prozent der Fälle ein. Zu seinen Opfern gehörte Giulio de' Medici (* 1478, später Papst Clemens VII.). Nach dem Genuß des Pilzes starb er am 25. September 1534.

Die wertvollsten Speisen: Trüffeln sind die höchstbezahlten Lebensmittel, die es gibt. Selbst Kaviar erreicht nicht solche Preise. Die begehrten **Perigord-Trüffeln** *(Tuber melanosporum)* erreichen in der Qualität »Truffes surchoix« Preise von bis zu 6000 DM das Kilo. Die weiße Trüffel (*Tuber magnatum*) kostet bereits bis zu 12 000 DM das Kilo. Ungeachtet ihres unersetzlichen Aromas und Geschmacks, sind sie nur unscheinbare, im Boden wachsende Schlauchpilze *(Ascomyceten).*

Protisten: Der holländische Naturwissenschaftler Antonie van Leeuwenhoek aus Delft (1632–1723) war der Entdecker der Protisten, die Eigenschaften von Tieren und Pflanzen in sich vereinten. Die den Pflanzen ähnlichsten Protisten heißen *Protophyten.* Zu dieser Gruppe gehören z. B. einzellige Algen. Die tierähnlichsten Protisten heißen *Protozoen,* zu ihnen gehören Amöben und Geißeltierchen.

Älteste Spuren von Leben hat 1988 der Freiberger Geologe Thomas Heuse in Gesteinsproben in der Nähe Großbreitenbachs (Thüringen) nachgewiesen. Die 7–20 tausendstel mm großen Mikroorganismen, Plankton aus dem Präkambrium, sind 600 Mio. Jahre alt. Die Fossilien sind kugelige Gebilde mit wenig strukturierter Oberfläche, wahrscheinlich Dauersporen von Algen.

Die größten Protozoen (Urtierchen) waren dem Umfang nach die *Foraminiferen,* einzellige Wassertiere mit Kalkschalen, die zur Gattung der *Nummulite* (Wurzelfüßer) gehörten und – Versteinerungen aus mittleren Eozän-Formationen in der Türkei belegen es – eine Größe von 22 cm erreichen konnten.

Das größte Protozoon der Welt haben Wissenschaftler am Institut für Cytologie der Universität Bonn gezüchtet: Ein mit Nährlösung und Haferflocken gefüttertes Exemplar eines gelben Schleimpilzes (*Physarum polycephalum*) bedeckte am 17. August 1987 eine Fläche von 5,54 m^2 bei einer Dicke von maximal 0,5 mm. Dieses Urtierchen, das in seiner natürlichen Umgebung selten größer als 30 cm wird, ist Weltrekordhalter. Schleimpilze werden darüber hinaus zum Studium zellulärer Bewegungen genutzt. Mit der Rekordgeschwindigkeit von rund 1 mm/Sek. strömt in diesen Einzellern das Protoplasma zehnmal so schnell wie in den »schnellsten« Pflanzenzellen. Sie besitzen zahlreiche Zellkerne, haben aber keine zelluläre Gliederung.

Die kleinsten Protophyten (einzellige Pflanzen) sind die geißelförmigen Seealgen *Micromonas pusilla.* Sie haben einen Durchmesser von weniger als 2 Mikron oder Mikrometer (2×10^{-6} mm).

Das sich am schnellsten vermehrende Protozoon ist das Urtierchen *Glaucoma.* Es pflanzt sich durch binäre Zellteilung fort, und zwar in der Regel alle 3 Std. Im Verlauf eines Tages kann also ein derartiges Urtierchen 6fache Urgroßmutter und 6facher Urgroßvater in einem und Vorfahr von 510 Abkommen werden.

Schnellstes Urtierchen ist das *Monas stigmatica,* das sich in 1 Sek. über eine Strecke bewegt, die dem Vierzigfachen seiner eigenen Länge entspricht. Ein Mensch schafft nicht einmal das Siebenfache seiner eigenen Länge pro Sek.

Der kleinste Igel der Welt ist der Einzeller *Stylocometes digitatus.* Das halbkugelige Tier hat einen Durchmesser von 0,06–0,1 mm und sitzt auf den Kiemen der Wasserassel – eines neben dem anderen. Die Igelstachel sind Saugröhrchen, mit denen andere Einzeller ausgesaugt werden – deshalb gehört der Igel zu den Sauginfusorien.

BAKTERIEN

Früheste Lebensform: Im Juni 1980 berichtete Prof. J. William Schopf über die Entdeckung von fadenähnlichen Zellularresten, die blaugrüne Algen oder bakterienähnliche Organismen vor 3,5 Mrd. Jahren im Kalkgestein abgelagert hatten. Entdeckt wurden sie in der »Nordpolregion« des nordwestlichen Australiens.

Allgemein: Als erster beobachtete 1676 der Niederländer Antonie van Leeuwenhoek (1632–1723) Bakterien.

Das größte Bakterium ist das Schwefelbakterium *(Beggiatoa mirabilis),* das 16–45 Mikron ($16–45 \times 10^{-6}$ m) breit ist und mehrere Millimeter lange Fäden bilden kann.

Die kleinsten Organismen, die eigenständiges Leben führen, sind die pleuropneumoniaähnlichen Mykoplasmen. Das zum ersten Mal 1936 im Abwasser entdeckte *Mycoplasma laidlawii* hatte während seines Anfangsstadiums einen Durchmesser von nur 100 Millikron (100×10^{-9} m). Exemplare des H.39 genannten Bakterienstammes haben einen Höchstdurchmesser von 300 Millimikron und wiegen schätzungsweise $1{,}0 \times 10^{-16}$ g. Zum Vergleich: Ein Blauwal von 190 t wiegt $1{,}9 \times 10^{24}$ oder 1,9 quadrillionenmal soviel.

Höchste Bakterien: Im April 1967 meldete die US-Luft- und Raumfahrtbehörde (NASA), daß in einer Höhe von 41 400 m noch Bakterien festgestellt worden seien.

Der schnellste Bazillus ist der rutenförmige *Bdellovibrio bacteriovorus.* Bei einer hundertfachen polaren Rotation in der Sek. kann er sich um das 50fache seiner Länge von 2 μm pro Sek. fortbewegen. Bei entsprechender Leistung müßte ein Mensch 320 km/h schnell rennen oder ein Schwimmer den Ärmelkanal in 6 Min. bewältigen.

Langlebigste Bakterien: Die ältesten Ablagerungen, in denen lebende Bakterien gefunden wurden, sind Salzlager in der Nähe von Irkutsk (UdSSR), die ca. 600 Mio. Jahre alt sein sollen. Bei Bohrungen in der Antarktis entdeckten Amerikaner stäbchenförmige Bakterien, die aus einer Höhle stammten, die ca. 1 Mio. Jahre alt war. Die Bakterien konnten wiederbelebt werden.

Widerstandsfähigstes Bakterium ist das *Micrococcus radiodurans.* Es kann radioaktiven Strahlen widerstehen, die 10 000mal so stark sind wie eine für den Menschen tödliche Dosis. Bei Temperaturen von 306°C, die auf dem Meeresgrund von Schwefelquellen erzeugt werden, blüht eine Bakterienart erst richtig auf. Das berichtete John Barras von der Universität in Oregon (USA) im März 1983.

Damit das Unkraut nicht vergeht

Flurbereinigung und Chemie haben mit dem Bild unserer Landschaft gründlich aufgeräumt. Mit den Unkräutern sind auch viele Ackerwildblumen verschwunden und mit ihnen die meisten Bienen, Hummeln und Falter.

Wenn Theo Schad mit dem Mähdrescher über die Felder im Main-Tauber-Kreis im nordöstlichen Zipfel von Baden-Württemberg rollt, dann erntet er etwas, was es in einem nach Lehrbuch geführten landwirtschaftlichen Betrieb nicht mehr geben dürfte – Samen von Ackerwildblumen, die es vielerorts nicht mehr gibt.

Im Frühjahr 1983 hat Theo Schad, Vorsitzender des »Vogel- und Naturschutzvereins Königshofen«, mit drei Samenkörnern der Kornrade aus Polen die Neuzucht von fast ausgestorbenen Pflanzen begonnen. Inzwischen leuchten im Sommer ganze Felder in den Farben von Klatschmohn, Kornblume, Adonisröschen, Feldrittersporn, Frauenspiegel, Kamille und Kornrade.

1990 betrug die reiche Ernte 1200 kg Ackerwildblumensamen. Seit Beginn der Aktion »Rettet die Ackerwildblumen« wurden Tausende kg der Samenmengen an Naturfreunde, Vereine und Schulen kostenlos in alle Welt versandt.

Auf einer Gesamtfläche von ca. 35 000 m^2 wurde zwischen 1984 und 1990 eine Erntegesamtmenge von über 7 000 kg erzielt.

VIREN

Allgemein: Erstmals berichtet hat Dmitri Iwanovskij (1864–1920) über die Viren im Jahr 1892. Aber konkret nachgewiesen wurden sie 1898 von Martinus Willem Beijerink (1851–1931). Definiert werden die Viren heute als Aggregate von zwei oder mehr chemischen Substanzen (die jeweils DNA oder RNA enthalten), die durch Infektion übertragen werden und potentielle Krankheitserreger sind.

Das größte bekannte Virus ist das rutenförmige *Citrus tristeza.* Es hat die Maße 200×10 nm (= Nanometer, 1 nm ist 1 Millionstel von 1 mm).

Zu den 70–80 Pilzsorten, die für den Menschen gefährlich sind, zählt der Grüne Knollenblätterpilz *(Amanita phalloides)* neben der auf Java und Ceylon beheimateten Häublingsart *Galerina sulciceps* zu den giftigsten.

Die kleinsten Viren sind die Nukleonprotein-Pflanzenviren wie etwa der Tabak-Satellit *Necrosis virus*. Die kugelförmigen Partikeln haben einen Durchmesser von 17 nm. Über einen wahrscheinlich neuen submikroskopischen Organismus mit dem Namen *Prion* hat die Universität von Kalifornien im Februar 1982 berichtet. Diesem Gebilde fehlt allerdings die Nukleinsäure. Viroide (RNS-Moleküle ohne Proteinhülle) sind viel kleiner als Viren. Sie wurden im Februar 1972 von dem Amerikaner Theodor O. Diener entdeckt. Dr. Rohwer aus Bethesda in Maryland (USA) erklärte im September 1984 dazu, die Protein-Partikeln seien kleiner als ein »erst noch zu identifizierendes Prion«.

ZOOLOGISCHE GÄRTEN, WILDGEHEGE, AQUARIEN

Zoologische Gärten: Man schätzt die Zahl der zoologischen Gärten auf der ganzen Welt etwa auf 500 und die jährliche Besucherzahl auf 330 Mio.

Das größte Wildschutzgebiet ist die 1907 gegründete »Etosha Reserve« in Namibia (Afrika) mit einer auf 99525 km² angewachsenen Fläche.

Das größte Großwildreservat Europas liegt in der Nähe von Fallingbostel (Niedersachsen). Dort leben auf 185 ha ca. 1000 Tiere, darunter Löwen, Tiger, Elefanten und Nashörner.

Das größte Affenhaus Europas befindet sich im Zoo von Duisburg (Nordrhein-Westfalen). Auf 7500 m² leben hier 155 Affen in 30 verschiedenen Arten (31. Dezember 1990). Das Freiluft-Areal wurde 1987 auf 180 m² erweitert.

Biosphärenreservate

Die UNESCO hat im Rahmen ihres Programms »Der Mensch und die Biosphäre« insgesamt neun repräsentative Natur- und Kulturlandschaften Deutschlands als Biosphärenreservate anerkannt. Damit sind 7324 km², das sind 2,1 Prozent der Fläche Gesamtdeutschlands, besonders schutzwürdig. Das größte dieser Reservate ist Schorfheide-Chorin nordöstlich von Berlin mit 1258 km² neben der Rhön, dem Spreewald, dem südöstlichen Teil Rügens, dem Gebiet Mittlere Elbe, dem Vessertal im Thüringer Wald, dem Bayerischen Wald, dem Alpen- und Nationalpark Berchtesgaden und dem schleswig-holsteinischen Wattenmeer.
In diesem Gebietsnetz, das von der Nord- und Ostsee bis zu den Alpen reicht, gehört der Mensch ausdrücklich mit zur Biosphäre. Er soll ebensowenig ausgegrenzt wie die Reservate renaturiert werden. Diese Biosphärenreservate bilden – ähnlich wie die Naturparks mit ihrem sanften Tourismus – die vorgelagerten Schutz- und Pufferzonen für die strenger durch Naturschutzbestimmungen abgeschirmten Nationalparks wie beispielsweise die Sächsische Schweiz mit ihrem bizarren Felsengebirge. Weltweit umfaßt das UNESCO-Programm 300 solcher Reservate in 74 Staaten.

Panzerglasscheiben ersetzen dort die Wassergräben und bieten Besuchern als auch Affen die erforderliche Sicherheit.

Der erste deutsche Wild- und Wanderpark wurde 1973 bei Silz im Pfälzer Bergwald eröffnet. Auf 100 ha sind Wege und Kinderspielplätze in unmittelbarer Nachbarschaft zu freilebenden Tieren angelegt.

Europas einziges Wildpferdgehege liegt in Nordrhein-Westfalen, 12 km westlich von Dülmen im Merfelder Bruch. Die Brüche Westfalens waren seit Urzeiten ein idealer Zufluchtsort für das Wild, so auch für Wildpferde, die bis zum frühen Mittelalter als erlesenes Jagdwild galten. Schon 1316 sicherte sich der Herr von Merfeld das Recht an den dort umherstreifenden Wildpferden. Später überließ man den Pferden rund 3 km² Wald-, Moor- und Heidegebiet als Lebensraum.
Die heute über 200 Dülmener Wildpferde sind wie zu Urzeiten einer sehr harten Auslese durch die Natur unterworfen. Sie leben das ganze Jahr über im Freien, ernähren sich aus der Wildbahn und müssen mit Krankheiten und Geburten selbst fertig werden. Durch diese Primitivhaltung ist wertvolles Erbgut aus der Wildpferdzeit erhalten geblieben.

Der älteste Tiergarten soll von Schulgi, einem Herrscher der 3. Dynastie (2097–2094 v. Chr.), in Puzurisch im heutigen Irak angelegt worden sein.
Der älteste Tiergarten, dessen Gründung durch Dokumente belegt werden kann, ist der Tiergarten Schönbrunn (Österreich). Er wurde 1752 von Kaiser Franz I. für seine Frau Maria Theresia eingerichtet. Seitdem ist er auf dem Gründungsgelände ununterbrochen in Betrieb. Er bedeckt eine Fläche von 12 ha. Nach schweren Bombenschäden des Zweiten Weltkrieges wurde der historische Kern bei tiergärtnerischer Modernisierung restauriert und wurden moderne Freisichtanlagen errichtet. Am 31. Dezember 1990 wurden in Schönbrunn 4191 Tiere in 662 verschiedenen Arten betreut (429/87 Säugetiere, 491/159 Vögel, 516/102 Reptilien und Amphibien, 1343/196 Fische und 1412/118 Wirbellose).

Der erste zoologische Garten Deutschlands war die Stuttgarter Menagerie. Sie bestand jedoch nur von 1812 bis 16.
Der älteste, heute noch existierende zoologische Garten Deutschlands ist der in Berlin. Er wurde 1841 gegründet und 1844 eröffnet. Am 31. Dezember 1990 wurden 15403 Tiere in 1563 Arten betreut (1626/265 Säugetiere, 2955/580 Vögel, 267/86 Reptilien, 328/33 Amphibien, 2880/370 Fische, 7347/229 Wirbellose). Er ist der artenreichste Zoo der Welt. Genau 3,996 Mio. Personen besuchten Zoo und Aquarium 1990. Mit dieser Besucherzahl lag der Berliner Zoo an der Spitze aller europäischen Tiergärten.

Der erste Zoo ohne Gitterkäfige wurde 1907 in Stellingen bei Hamburg eingerichtet. Gegründet wurde der Zoo von Carl Hagenbeck (1844–1913), der die Tiere lieber in tiefen Gruben und großen Gehegen als in Käfigen unterbrachte.

Der größte Zoo der Schweiz ist der von Basel. Er hat 4635 Tiere von 545 verschiedenen Arten (Stand 31. Dezember 1990). Im einzelnen: 479/69 Säugetiere, 760/126 Vögel, 258/38 Reptilien, 63/7 Amphibien, 2757/248 Fische und 318/57 Wirbellose.

Das erste Ozeanarium war das 1938 eröffnete Marineland in Florida (USA). Bis zu 26,3 Mio. l Seewasser werden täglich durch zwei Riesentanks gepumpt. Einer davon ist rechtwinklig (30,48 × 12,19 × 5,48 m) und faßt 1,7 Mio. Liter, der andere ist rund (71 m Umfang und 3,65 m tief) und hat ein Fassungsvermögen von 1,5 Mio. Liter. In den Tanks gibt es Korallenriffe und sogar ein Wrack.

Das dem Volumen nach größte Aquarium der Welt ist das Living Seas Aquarium im EPCOT Center von Florida (USA), das seit 1986 zu besichtigen ist. Es hat ein Fassungsvermögen von 23,66 Mio. l und beherbergt mehr als 3000 Fische, die 90 Arten repräsentieren.

Das größte Meeresaquarium ist das am 20. Oktober 1984 eröffnete Montery Bay Aquarium von Kalifornien (USA). In 95 Becken werden Flora und Fauna des Meeres vorgestellt, zu sehen sind 6500 Exemplare (525 Arten). Wasservolumen insgesamt: 3,375 Mio. l.

Das Aquarium des Zoologischen Gartens von Berlin ist das artenreichste der Welt. Es beherbergt 10822 Tiere in 718 Arten aus allen Kontinenten. Kernstück des Zoo-Aquariums ist die Krokodilhalle mit 22 Krokodilen 12 verschiedener Arten.

Das größte Aquarium Österreichs ist das Vivarium, Haus des Meeres, in Wien. Es enthält in 3 Etagen auf 2000 m² Fläche 60 Aquarien, das größte hat 13000 l, und 70 Terrarien mit mehr als 3000 Fischen, Reptilien und niederen Tieren, davon in der Süßwasserabteilung ca. 1200 Fische. Seit April 1991 zeigt ein Aquaterrarium einen Amazonasausschnitt mit typischen Pflanzen und Fischen wie Piranhas und Neonfischen.

Erstmals in Europa können im Aqua-Zoo im Düsseldorfer Nordpark die Besucher einer Robbenfamilie beim Unterwasserleben zuschauen. Zudem bietet die neue Anlage Europas größtes Haibecken.

PARKS, BOTANISCHE GÄRTEN

Ursprünge: Die Heilkraft vieler Pflanzen hatten schon die Neandertaler um 60000 v. Chr. erkannt. Wann und wo dann der erste Garten der Welt angelegt wurde, ist nicht bekannt, aber möglicherweise ist das innerhalb einer chinesischen Tempelanlage geschehen.

Größter Naturpark ist der Wood Buffalo National Park in Alberta (Kanada), der 1922 zum Naturschutzgebiet erklärt wurde und sich über ein Gebiet von 45480 km² erstreckt.

Der größte Naturpark der Bundesrepublik Deutschland ist mit 2908 km² das Altmühltal (Bayern).

Der österreichische Nationalpark »Hohe Tauern« ist immer noch in Planung. Mit seinen 2590 km² wird er das größte Naturschutzgebiet Österreichs.

Der artenreichste botanische Garten Deutschlands ist der von Berlin. Auf 42 ha werden über 18000 Pflanzenarten gepflegt. Kern-

stück des Gartens ist die 13 ha große pflanzengeographische Abteilung, die erstmalig in der Welt versucht, das Pflanzenkleid der gemäßigten Breiten der Nordhalbkugel darzustellen – von den Pyrenäen über den Himalaja und Ostasien bis zum pazifischen und atlantischen Nordamerika. Im Gewächshausbereich darf das Große Tropenhaus als Wahrzeichen des Gartens gelten. Der aus dem Jahr 1907 stammende freitragende Hallenbau ist mit 60 m Länge, 30 m Breite und 25 m lichter Höhe eines der größten Gewächshäuser der Welt. Die neueste Abteilung des Gartens ist der 1984 entstandene Duft- und Tastgarten.

Zu den ältesten noch heute bestehenden **botanischen Gärten** der Welt gehören Leipzig (1542), Pisa (1543, nach anderen Angaben 1545, Italien) und Padua (1545, Italien).

Der größte österreichische botanische Garten mit ca. 10000 Pflanzenarten auf 9 ha befindet sich in Frohnleiten (Steiermark).

In der Schweiz ist der Botanische Garten von Basel mit 15 ha der größte.

Der erste Blindengarten Deutschlands wurde 1975 in Hamburg eröffnet. In ihm sind 80 verschiedene Gehölze, Stauden, Sommerblumen, Gewürze und Getreidesorten angepflanzt. Die Beete sind ca. 70 cm hoch. An Führungskanten können sich die Blinden an ihnen entlangtasten, Tafeln in Blindenschrift nennen Namen und optische Eigenarten der einzelnen Pflanzen.
Ein Blindenpark entsteht zur Zeit auch in Leipzig (Sachsen). Rund um die Rosentalwiese soll ein 6,5 ha großer Park im Zentrum der Messestadt angelegt werden, in dem sich der blinde Besucher an Duft- und Gewürzpflanzen sowie Blüten- und Blattstrukturen orientieren kann.
Der 1959 eröffnete, 6000 m^2 große Blindengarten im Wertheimsteinpark von Wien enthält neben Sträuchern und Gehölzen etwa 35 Arten Blumenpflanzen.

Das Rosarium Sangerhausen (Sachsen-Anhalt) ist mit seinen ca. 6500 Rosenarten und -sorten das älteste wissenschaftliche Zentrum der Rosenzucht. Der Rosengarten besteht seit 1903. Auf einer Fläche von 12,5 ha sind über 55000 Rosenstöcke angepflanzt, darunter Raritäten wie die grüne und die schwarze Rose.

Landschaftspark: Dank der Bundesgartenschau 1985 wurden für die große grüne Lunge von Berlin 875000 m^3 Erde bewegt und eine künstliche Freizeitlandschaft geschaffen.
Auf einem 90 ha umfassenden, ursprünglich landwirtschaftlich genutzten und baumlosen Gelände entstand in der Gemarkung Britz zwischen Buckower Damm und Marienfelder Damm ein neuer Landschaftspark mit natürlich geformten Hügeln und Tälern, einer zentralen nahezu 10 ha großen Wasserfläche, Quellen, Teichen, Flachwasserbiotopen, weiten Uferzonen und großen Wiesenflächen. Mehr als 3000 Großbäume wurden seit 1978 gepflanzt und vermitteln jetzt den Eindruck eines etwa 20 Jahre alten Parks.

Über die Goldene Urne geht der Blick auf die neugotische Kirche im Wörlitzer Park und auf die Synagoge, die wie ein antiker Tempel gebaut wurde.

Mitten in einem Industrierevier liegt der Wörlitzer Park (Sachsen-Anhalt). Rund 500000 Menschen besuchen jährlich diesen 112 ha großen (davon 22 ha Wasser) Landschaftspark aus der Zeit von 1764 bis 1813. Einst der erste Landschaftspark in Mitteleuropa, steht die Anlage heute mit ihren architektonischen Sehenswürdigkeiten und schmalen Sichtachsen unter Natur- und Denkmalschutz.

Der erste Chinesische Garten in Deutschland wurde am 5. Mai 1988 im Duisburger Zoo eröffnet. Auf 5000 m^2 zeigt er Pflanzen und Tiere im Geist des berühmten Gartenlehrbuchs *Yuan Yeh*. Mittelpunkt des Gartens ist ein 2000 m^2 großer Goldfischteich. ■

WELTALL UND ERDE

Sandstein-Cañon im Coloradotal, Arizona (USA). Deutlich zeigen sich im treppenförmigen Aufbau die Strukturen des Sedimentgesteins

DAS SONNENSYSTEM

Lichtjahr nennt man die Entfernung, die Licht (Geschwindigkeit 299 792,458 km/s oder 1 079 252 848,8 km/h im Vakuum) in einem tropischen Jahr (365,24 219 878 mittlere Sonnentage), bezogen auf das Jahr 1900, beginnend Januar 0, 12 Ephemeridenzeit, durchmißt; das sind 9 460 528 405 000 km. Die Einheit wurde im März 1888 zum ersten Mal verwendet und in dieser Definition im Oktober 1983 als Konstante festgelegt.

Die Astronomische Einheit ist die mittlere Entfernung der Zentren von Erde und Sonne. Der 1988 per Definition festgelegte genaue Wert für dieses wichtige astronomische Abstands- bzw. Längenmaß beträgt 149 597 870 km.

Das Parsec ist ein kosmisches Entfernungsmaß, das definiert ist als die Strecke, unter der der mittlere Abstand Sonne–Erde – also die Astronomische Einheit – unter einem Winkel von 1 Bogensekunde erscheint. 1 Parsec ist gleich 206 264,806 Astronomische Einheiten bzw. 3,261633 Lichtjahre. Das entspricht einer Entfernung von 30 856 776 000 000 km.

Magnitudo oder Größe ist ein **Maß der Sternenhelligkeit**, wobei das Licht eines Sterns das Intensitätsverhältnis von 2,511 886 zu einem Objekt der nächsten Größenklasse hat. Ein Stern 5. Größe ist also 2,511 886mal so hell wie ein Stern 6. Größe, während ein Stern 1. Größe genau 100 (oder $2{,}511\,886^5$)mal so hell ist. Bei außergewöhnlich hellen Himmelskörpern wie z. B. dem Sirius, der Venus oder dem Mond (−12,71 Größe) oder der Sonne (−26,78 Größe) wird die Magnitudo als Minusquantität angegeben.

Eigenbewegung wird jene Komponente der Sternbewegung genannt, die im rechten Winkel zur Visierlinie eine offenkundige Positionsveränderung der Sterne an der Himmelssphäre erkennen läßt.

Das Universum ist die Gesamtheit von Raum, Materie und Antimaterie. Eine Möglichkeit, seine Größe zu begreifen, erhält man am besten dadurch, daß man sich vorstellt, man bewege sich von der Erde fort durch das Sonnensystem und unser eigenes Milchstraßensystem zu den entferntesten außergalaktischen Nebeln und Quasaren. Das Sonnensystem bewegt sich in 237 Mio. Jahren einmal um das Milchstraßenzentrum mit einer Geschwindigkeit von 792 000 km/h. Bezogen auf die Nachbarsterne beträgt die Geschwindigkeit 72 000 km/h.

METEORITEN

Meteore sind mineralische Körper außerirdischer Herkunft. Beim Eintritt in die Erdatmosphäre lösen sie in ihr Leuchtprozesse aus. Der größte registrierte Meteorschauer trat in der Nacht vom 16. zum 17. November 1966 ein, als die Leonidenmeteore (die alle 33¼ Jahre ein Maximum erreichen) zwischen dem westlichen Nordamerika und dem östlichen Gebiet der UdSSR sichtbar waren. Es wurde errechnet, daß am 17. November 1966 in einem Zeitraum von 20 Min. ab 5 Uhr über Arizona (USA) etwa 2300 Meteore pro Min. beobachtet werden konnten.

Wenn ein Meteor zur Erdoberfläche vordringt, werden die Überreste aus Gestein (Aerolithe) oder Nickeleisen (Siderite) als Meteoriten bezeichnet. Dies ereignet sich etwa 150mal im Jahr auf der gesamten Landoberfläche der Erde. Die Gefahr, von ihnen getroffen zu werden, ist sehr unwahrscheinlich. Für die Ängstlichen: Die »gefährlichste« Zeit des Tages ist jeweils 15 Uhr.
Die einzige Person, von der in historischer Zeit bekannt wurde, daß sie von einem Meteoriten getroffen wurde, ist Mrs. Ann Hodges aus Sylacauga, Alabama (USA). Am 30. November 1954 durchschlug ein 4 kg schwerer Steinmeteorit das Dach ihres Hauses und verletzte sie.

Die ältesten Meteoriten: Im August 1978 wurde berichtet, daß kosmischer Staub, eingeschlossen im Murchison-Meteoriten, der im September 1969 auf Australien fiel, aus der Zeit vor Entstehen des Sonnensystems datiert. 1981 leitete T. Kirsten aus der Untersuchung der ältesten Meteoriten das Alter des Sonnensystems zu 4600 ± 20 Mio. Jahren ab.

Der größte bekannte Meteorit wurde 1920 bei Hoba West in der Nähe von Grootfontein in Südwestafrika gefunden. Es ist ein 2,75 m langer und 2,43 m breiter Block, dessen Gewicht auf 59 t geschätzt wird.

Der größte von einem Museum ausgestellte Meteorit ist der Tent-Meteorit, der 30 883 kg wiegt und 1897 in der Nähe von Cape York an der Westküste Grönlands von der Expedition Robert Edwin Pearys (1856–1920) gefunden wurde. Er wurde von den Eskimos Abnighito genannt und ist im Hayden-Planetarium in New York ausgestellt.

Das größte Stück Gesteinsmeteorit, das gefunden wurde, ist ein 1770 kg schwerer Teil eines Schauers, der am 8. März 1976 auf Jilin, früher Kirin, in der chinesischen Provinz Kaoshan niederging. Die Gesamtmasse des Schauers wird auf 4 t geschätzt.

Eine rätselhafte Explosion, deren Energie etwa 12,5 Megatonnen TNT entsprach, ereignete sich am 30. Juni 1908 um 0 Uhr 17 Min. 11 Sek. Weltzeit im Becken des Podkamennaja-Tunguska-Flusses, 64,5 km nördlich von Wanawar in Sibirien (UdSSR). Die Ursache wurde zuerst einem Meteoriten (1927), dann einem Kometen (1930), später einer Nuklearexplosion (1961) und Antimaterie (1965) zugeschrieben. Die Explosion verwüstete ein Gebiet von etwa 3885 km^2, und die Erschütterung wurde noch in 1000 km Entfernung gespürt. Neuerdings nimmt man wieder an, daß es sich vielleicht um die letzte Explosion von Steintrümmern eines zerfallenden Kometen – möglicherweise des Enckeschen – in einer Höhe von nur 6 km gehandelt hat.

Tunguska-Krater gefunden? Anfang Mai 1991 wurde aus der UdSSR bekannt, daß jetzt zufällig ein Krater gefunden worden sei, der durch das Tunguska-Ereignis entstanden ist. Der Pelztierjäger Vitali Woronow fand auf einer Pirsch einen großen mit Tannen bestandenen, fast kreisrunden Trichter von 200 m Durchmesser und 15–20 m Tiefe, der genau unter der Flugbahn des Objekts liegt. Der Pelztierjäger hat jetzt noch ein weiteres großes verwüstetes Waldgebiet, 150 km südöstlich der Hauptregion gefunden, das nun auch auf Satellitenaufnahmen erkannt worden ist. Auch dieses Areal liegt unter der Flugbahn des geheimnisvollen Meteors.

Ein Steinmeteorit von etwa 10 km Durchmesser, ein Asteroid also, würde bei der Kollision mit der Erde bei einer Geschwindigkeit von 25 km/s eine Explosionsenergie von 100 Mio. Megatonnen TNT-Äquivalent produzieren. Ein solches Ereignis ist höchstens alle 75 Mio. Jahre zu erwarten. Man nimmt an, daß in den letzten 600 Mio. Jahren etwa 2000 Zusammenstöße zwischen Asteroiden und der Erde stattgefunden haben. Bisher sind 102 Aufschlagstellen festgestellt worden.

Der größte Meteoritenkrater, 241 km im Durchmesser und 805 m tief, soll von einem 13 000 Mio. t schweren Meteoriten verursacht worden sein, der mit einer Geschwindigkeit von 70 811 km/h in Wilkesland (Antarktis) aufschlug. Dieser Krater ist 1962 entdeckt worden. Wissenschaftler der UdSSR meldeten im Dezember 1970 einen Krater von 96 km Durchmesser und einer Maximaltiefe von 400 m im Becken des Popigai-Flusses. Eine kraterartige Vertiefung mit einem Durchmesser von 442,5 km befindet sich an der Ostküste der Hudson Bay im Bereich der Nastapoka Inseln in Kanada.
Auch die Halbinsel Florida könnte ihre Entstehung dem Einschlag eines größeren Objekts, eines etwa 5 km großen Asteroiden, vor rund 20 Mio. Jahren verdanken. Eine Reihe jetzt vorgelegter geologischer Indizien spricht für diese Annahme.

In den letzten Jahren hat die Hypothese eines periodisch auftretenden **»kosmischen Bombardements«** der Erde, das alle 26–28 Mio. Jahre stattfindet, erheblich an Gewicht gewonnen. Diese Einschläge – meist von Kometen – werden für das mehrfach aufgetretene Artensterben in Fauna und Flora verantwortlich gemacht. Die ursprünglich geäußerte Vermutung, auslösender Faktor könnte ein noch unentdeckter Begleiter der Sonne – Nemesis – sein, ist noch nicht bestätigt worden. Zur Zeit werden auch andere kosmische Mechanismen für diese Periodizität diskutiert.

Der größte als solcher nachgewiesene Krater ist allerdings der Coon Butte oder Barringerkrater, der 1891 in der Nähe des Cañons Diablo in Nordarizona (USA) entdeckt wurde. Er hat einen Durchmesser von 1265 m, ist jetzt etwa 175 m tief und von einem 40–48 m hohen Wall umgeben. Es wird vermutet, daß ein Eisen-Nickel-Körper mit einem Durchmesser von 60 bis 80 m und einem Gewicht von ca. 2 Mio. t diesen Krater um 25 000 v. Chr. schlug.

Der größte Meteoritenkrater in Deutschland ist das Nördlinger Ries in Bayern. Man hielt ihn lange für vulkanischen Ursprungs, hat aber durch Messungen und Analysen mit modernsten physikalischen Methoden vor einigen Jahren seinen wirklichen Ursprung ermittelt. Das Ries, vor 14 Mio. Jahren entstanden, hat einen Durchmesser von rund 25 km und eine Tiefe von 600 m. Noch heute ist der Kraterrand 100 m höher als das Innere. Beim Aufschlag des Meteoriten wurde Gestein bis 20 km hoch geschleudert und füllte beim Niedergehen den Krater.

Der schwerste Meteorit, der deutsches Gebiet traf und dessen Gewicht festgestellt werden konnte, stürzte 1802 nahe der Albacher Mühle in der Nähe von Bitburg bei Trier zur Erde. Er wog 1600 kg. Der größte Meteorit, dessen Sturz beobachtet wurde, wog 63 kg und traf am 3. April 1916, 14 Uhr 30 bei Treysa (Hessen) auf die Erde.

Der bedeutendste Meteorschauer der Neuzeit konnte in der Nacht vom 16. zum 17. November 1966 beobachtet werden. Es war der Leoniden-Sternschnuppensturm, der in diesem Jahr besonders eindrucksvoll ausfiel.

Der größte österreichische Meteorit ist ein grauschwarzer Klumpen, der am 25. August 1925 niederging.

Der größte bekannte Meteorit, der auf Schweizer Boden fiel, wog 76,5 kg und traf am ersten Weihnachtstag 1926 bei Ulmiz auf die Erde.

Diamanten in Meteoriten: Im März 1987 teilten die Kosmochemiker Edward Anders und Roy S. Lewis (Universität Chikago) mit, daß der 1969 in Mexiko niedergegangene Allende-Meteorit sowie drei andere Objekte winzigste Diamanten enthalten. Sie dürften bei der Explosion einer Supernova freigesetzt worden sein. Bei diesen im Durchschnitt nur 5 Millionstel mm großen Diamanten dürfte es sich um das älteste kosmische Material handeln, das in irdische Laboratorien gelangt ist. Trillionen dieser – vor der Entstehung des Sonnensystems – gebildeten »Mikrodiamanten« hätten auf dem Kopf einer Stecknadel Platz.

Die hellste Feuerkugel, die jemals fotografisch festgehalten worden ist, wurde von Dr. Zdeněk Ceplecha am 4. Dezember 1974 mit einer momentanen Größenklasse von –22 (das heißt 10000mal heller als ein Vollmond) über Sumava (ČSFR) aufgenommen.

Der größte Tektit (glasartiger Meteorkörper kosmischen Ursprungs), über den Einzelheiten berichtet wurden, wiegt 3,2 kg und wurde 1932 in Muong Nong, Saravane-Provinz (Laos), gefunden. Er befindet sich jetzt im Pariser Louvre Museum.

Gestein vom Mars und vom Mond ist in Form von Meteoriten in der Antarktis entdeckt worden. Ein Objekt, im Dezember 1981 gefunden, entspricht genau Gesteinsproben, die mit *Apollo 16* vom Mond zur Erde gebracht wurden. Ein zweiter Meteorit ähnelt in allen Details den mit den *Viking*sonden 1976 auf der Marsoberfläche untersuchten Mineralien. Insgesamt 8 sogenannte SNC-Meteorite stehen im »Verdacht«, vom Mars zu stammen. SNC weist auf Fundorte hin: Shergotty (Indien), Nakla (Ägypten) und Chassigny (Frankreich).

POLARLICHTER

Polarlichter, bekannt seit dem Altertum, benannt seit 1560 als Aurora Borealis oder Nordlicht (in der nördlichen Hemisphäre) und seit 1773 als Aurora Australis (in der südlichen Hemisphäre), werden von der Korpuskularstrahlung der Sonne in der höheren Atmosphäre verursacht. Sie treten am häufigsten in hohen Breitengraden auf. Sie sind manchmal in Polargegenden innerhalb von 20 Grad um die magnetischen Pole in jeder klaren, dunklen Nacht zu sehen. Ihre Extremhöhe wurde mit 1000 km gemessen, die niedrigste mit etwa 72,5 km. Verläßliche Zahlen existieren erst seit 1952. Die jüngste große Erscheinung in Nordwesteuropa war vom 4. bis 5. September 1958 zu beobachten. Auf den Shetlandinseln (geomagnetische Breite 63°) konnte 1957 ein Maximum von 203 Polarlichtnächten pro Jahr, 1965 ein Minimum von 58 Nächten ermittelt werden.

Extremfälle von Erscheinungen in sehr niedrigen Breitengraden sind in Cuzco (Peru) am 2. August 1744, in Honolulu (Hawaii) am 1. September 1859 und möglicherweise in Singapur am 25. September 1909 beobachtet worden.

Leuchtende Nachtwolken: Die Wolken bestehen aus Eiskristallen sowie aus sehr kleinen Staubpartikeln meteoritischen bzw. vulkanischen Ursprungs. Man kann sie wegen ihrer großen Höhe lange nach Sonnenuntergang am Nachthimmel sehen. Regelmäßige Beobachtungen dieses weltweit erstmals nach dem Krakatau-Ausbruch 1883 auffälligen Himmelsphänomens werden in Westeuropa erst seit 1964 durchgeführt. Seitdem betrugen die Maximal- und Minimalzahl an Nächten, in denen diese Phänomene (in Höhen von etwa 85 km) beobachtet wurden, 41 im Jahr 1974 und 15 im Jahr 1970.

DER MOND

Allgemein: Der nächste kosmische Nachbar und einzige natürliche Satellit der Erde ist der Mond mit einem mittleren Durchmesser von 3475,1 km. Seine Masse beträgt $7{,}348 \times 10^{19}$ t oder 0,0123 Erdmassen. Die mittlere Dichte liegt bei 3,344 g/cm^3. Von Zentrum zu Zentrum gemessen, beträgt der mittlere Abstand des Erdtrabanten 384399,1 km. Von Oberfläche zu Oberfläche beläuft sich der mittlere Abstand auf 376285 km.
In diesem Jahrhundert betrug die größte Annäherung des Mondes 356375 km, die am 4. Januar 1912 eintrat. Die größte Entfernung – immer von Zentrum zu Zentrum gemessen – wurde mit 406711 km am 2. März 1984 erreicht. Für eine Erdumkreisung (siderischer Monat) benötigt der Mond 27,3216661 Tage, woraus eine mittlere Bahngeschwindigkeit von 3683 km/h resultiert.
Obwohl die Entstehungsgeschichte des Mondes noch immer nicht genau bekannt ist, dürfte der Trabant in Erdnähe aus der Kollision von Planetesimalen, von asteroidengroßen Bruchstücken, gebildet worden sein. Dieses Ereignis muß sich unmittelbar nach der Entstehung des Sonnensystems vollzogen haben, denn die Un-

Leuchtende Nachtwolken über der britischen Halley-Antarktis-Station.

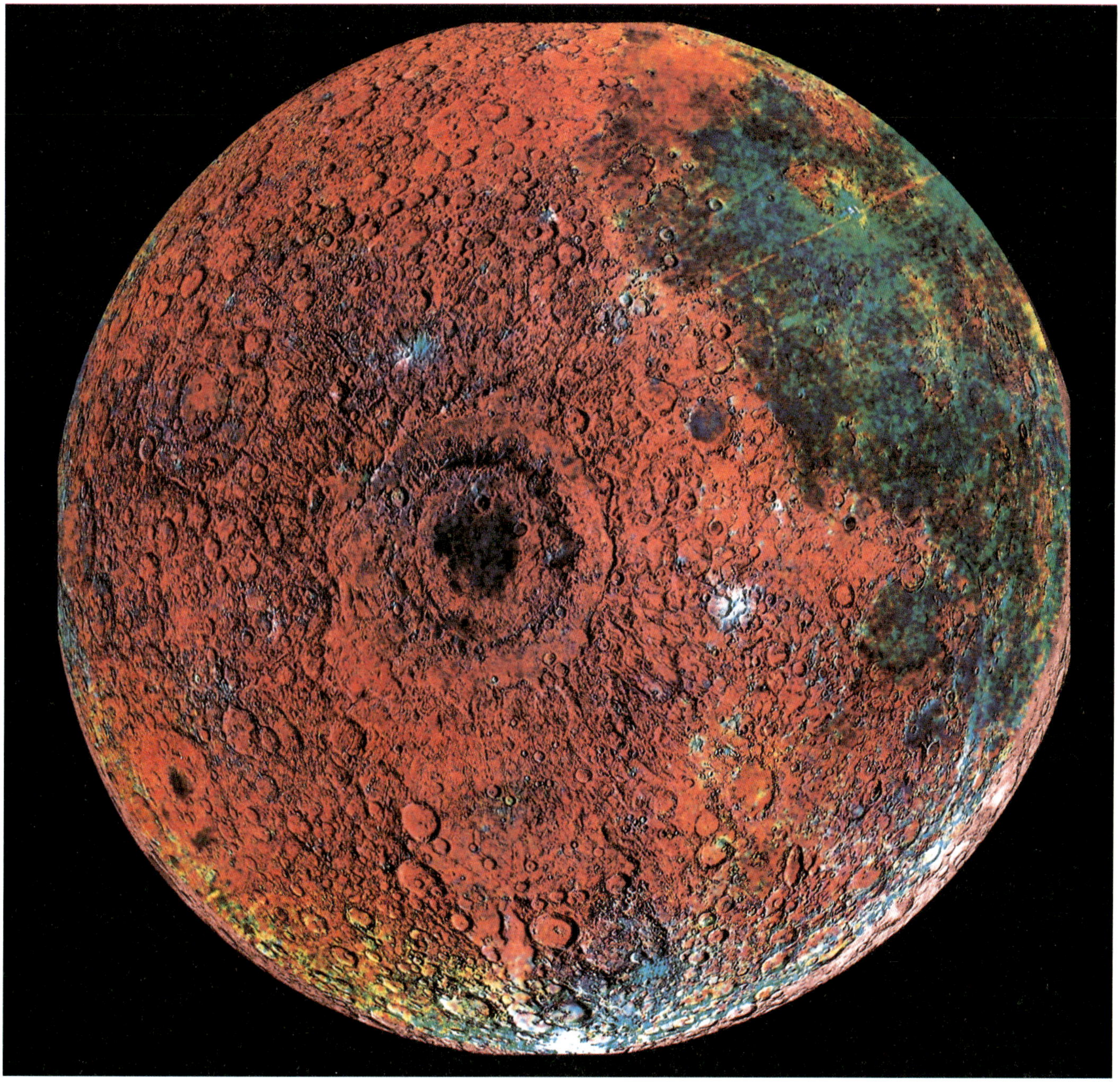

Die Rückseite des Mondes, aufgenommen von der Jupitersonde *Galileo* bei ihrem ersten Vorbeiflug an der Erde am 9. Dezember 1990. Die Falschfarbendarstellung zeigt wesentliche mineralische Unterschiede auf dem Erdtrabanten. Das konzentrische Gebilde in der Mitte ist das Mare Orientale, ein 3,8 Mrd. Jahre altes Einschlagbecken.

tersuchung des im Rahmen des *Apollo*-Programms zur Erde zurückgebrachten Mondgesteins ergibt ein Alter von rund 4,5 Mrd. Jahren für den Trabanten. Er ist damit nicht wesentlich jünger als die Erde und das Sonnensystem.

Der erste direkte Aufprall auf den Mond vollzog sich am 14. September 1959, 2:24 Min. nach Mitternacht (Moskauer Zeit) durch die sowjetische Raumsonde *Lunik II* in der Nähe des »Mare Serenitatis«. Die ersten Fotos von der Rückseite des Mondes wurden von *Lunik III* am 7. Oktober 1959 von 6 Uhr 30 an aus einer Entfernung von 70400 km aufgenommen und aus einer Entfernung von 470000 km zur Erde übertragen. Die erste »weiche« Landung gelang der sowjetischen *Luna IX* am 3. Februar 1966 im Gebiet des »Oceanum procellarum«.

Blauer und grüner Mond: Aufgrund von Schwefelpartikeln in der höheren Atmosphäre, von einem Waldbrand stammend, der sich über 100000 ha zwischen Meile 103 und Meile 119 auf dem Alaska Highway im nördlichen Britisch-Kolumbien (Kanada) erstreckte, nahm der Mond, wie er in der Nacht vom 26. September 1950 von Mitteleuropa aus gesehen wurde, eine bläuliche Färbung an.
Grün erschien der Mond nach dem Ausbruch des Vulkans Krakatau vom 27. August 1883. Außerdem drei Minuten lang am 17. Januar 1884 über Stockholm.

Der größte Mondkrater: Nur 59 Prozent der Mondoberfläche sind von der Erde aus direkt sichtbar aufgrund seiner »gebundenen Rotation«, das heißt, daß die Rotationsperiode der Umlaufperiode gleicht. Der größte gänzlich sichtbare Krater ist der von Wällen umgebene flache Bailly in der Nähe des Mondsüdpoles, der einen Durchmesser von 295 km und Wälle bis zu 4250 m Höhe hat. Das »Mare Orientale«, das sich teilweise auf der abgewandten Seite befindet, mißt mehr als 965 km im Durchmesser.

Der tiefste Krater ist Newton, dessen Grund schätzungsweise 7–8,85 km unter seinem Rand liegt und 2,25 km unter der ihn umgebenden Ebene.

Die höchsten Mondberge: In Ermangelung eines Meeresspiegels werden Mondhöhen relativ zu einer Bezugskugel mit dem Radius 1738 km gemessen. Demnach war die höchste von US-Astronauten erreichte Erhebung 7830 m auf dem Descartes-Hochland durch Captain John Watts Young und Major Charles M. Duke jr. am 27. April 1972.

Das hellste, mit dem bloßen Auge auf dem Mond sichtbare Gebilde ist der Krater Aristarch.

Temperaturextreme: Wenn die Sonne hoch steht, erreicht die Temperatur auf dem Mond-

Jupiter ist der größte Planet des Sonnensystems. Dieses Bild, gewonnen aus mehreren *Voyager I*-Aufnahmen, zeigt die südliche Hemisphäre des Planetenriesen.

äquator 117,2°C, also 17,2°C über dem Siedepunkt von Wasser. Bei Sonnenuntergang beträgt die Temperatur 14,4°C, sinkt jedoch nachts auf – 162,7°C.

DIE SONNE

Entfernungsextreme: Der 107210 km/h schnelle Erdumlauf auf der 939886400 km langen Bahn um die Sonne ist elliptisch, wodurch sich unsere Entfernung von der Sonne verändert. Die Umlaufgeschwindigkeit variiert zwischen 105450 km/h und 109030 km/h. Die Durchschnittsentfernung der Sonne beträgt 1,00000102 astronomische Einheiten oder 149598020 km.

Die größte Annäherung *(Perihel)* beträgt 147097800 km und die weiteste Entfernung *(Aphel)* 152098200 km.

Temperaturen und Dimensionen: Die Sonne wird astronomisch als gelber Zwergstern des Spektraltyps G2V klassifiziert. Ihre Masse beträgt $1{,}9889 \times 10^{27}$ t, womit sie 332946,04mal schwerer als die Erde ist. 99,867 Prozent der Gesamtmasse des Sonnensystems stecken im Zentralgestirn. Der Durchmesser liegt bei 1392140 km, die mittlere Dichte beträgt 1,408 g/cm^3.

Im Mittelpunkt der Sonne herrscht ein Druck von 25,4 PPa und eine Temperatur von 15,4 Mio. K. Im Zentrum werden je Sekunde rund 5 Mio. t Masse in Energie umgewandelt, die einem Betrag von $3{,}85 \times 10^{26}$ W entspricht. Durch die Wasserstoff-Helium-Fusion kann für 10 Mrd. Jahre Energie produziert werden, wovon etwa die Hälfte bereits um ist.

Die Gesamtleuchtkraft der Sonne beträgt $2{,}7 \times 10^{27}$ Candela, woraus eine Leuchtdichte von $4{,}5 \times 10^{8}$ Candela/m^2 resultiert.

Der größte Sonnenfleck trat am 8. April 1947 auf der südlichen Hemisphäre der Sonne auf. Seine Fläche betrug etwa 18000 Mio. km^2 mit einer Extremlänge von 300000 km und einer Extrembreite von 145000 km.
Sonnenflecken erscheinen dunkler, weil sie über 1500°C kühler sind als die restliche Oberflächentemperatur der Sonne von 5507°C.
Damit ein Sonnenfleck für das geschützte bloße Auge sichtbar ist, muß er sich über einen zweitausendstel Teil der Sonnenscheibe erstrecken, also eine Fläche von etwa 1300 Mio. km^2 haben.

Die höchste Sonnenflecken-Relativzahl, ein wichtiges Maß für die Sonnenaktivität, wurde mit 263 im Oktober 1957 registriert. Damit wurde das Rekordjahr 1778 übertroffen. Hier hatte man für Mai eine Relativzahl von 239 ermittelt. 1943 wurde ein Sonnenfleck über 200 Tage, von Juni bis Dezember, beobachtet.
Seit etwa 1700 liegt eine verläßliche und nahezu lückenlose Sonnenfleckenstatistik vor.

Die größte Sonnenprotuberanz, die bisher beobachtet worden ist, ragte 588000 km hervor und wurde am 19. Dezember 1973 während der dritten und letzten bemannten *Skylab*-Mission der amerikanischen NASA fotografiert.

FINSTERNISSE

Allgemein: Sonnenfinsternisse treten auf, wenn der Mond genau zwischen Sonne und Erde steht. Mondfinsternisse entstehen dadurch, daß der Mond den Erdschatten durchwandert.

Die frühesten Finsternisse, die in Aufzeichnungen zu finden sind, ereigneten sich in den Jahren 1361 v. Chr. (Mond) und 2136 v. Chr. (Sonne). Die älteste, völlig zweifelsfrei gesicherte Beschreibung einer totalen Sonnenfinsternis wurde auf einer Tontafel gefunden, die in Ugarit (Syrien) 1948 geborgen wurde. Eine neue Auswertung (1989) ergab, daß diese Finsternis am 5. März 1223 v. Chr. stattgefunden hat. Für den Nahen Osten hat man Mondfinsternisse bis 3450 v. Chr. und Sonnenfinsternisse bis 4200 v. Chr. rückgerechnet.

Die erste in Deutschland beobachtete Sonnenfinsternis wird 538 n. Chr. in der sogenannten *Metzer Handschrift* erwähnt.
Die letzten Totalfinsternisse, die in Mitteleuropa beobachtet werden konnten, fanden am 15. Februar 1961 (Sonne) und am 9. Februar 1990 (Mond) statt.

Die nächsten Sonnenfinsternisse, die man in Mitteleuropa beobachten kann, haben folgende Daten: 21. Mai 1993 (partiell), 11. August 1999 (total).

Die längstmögliche Dauer einer Sonnenfinsternis beträgt 7:31 Min. Die längste tatsächlich gemessene fand am 20. Juni 1955 statt (7:08 Min.), beobachtet von den Philippinen aus. Eine Finsternis von 7:29 Min. müßte am 16. Juli 2186 im Mittelatlantik auftreten und wäre dann für die nächsten 1469 Jahre die längste.
Die Sonnenfinsternis kann im Fluge länger beobachtet werden. So wurde am 30. Juni 1973 eine Eklipse von einer *Concorde* aus auf 72 Min. »ausgedehnt«.

Erde und Mond: neu gesehen

Die ungewöhnliche Flugbahn der amerikanischen Jupitersonde *Galileo* hat überraschende Bilder und Informationen von Erde und Mond geliefert. Um in vernünftiger Zeit zum Jupiter zu gelangen, wird die Sonde in drei sogenannten »Swingby«-Manövern an den inneren Planeten des Sonnensystems vorbeigeführt, wobei zusätzlich Energie gewonnen und somit die Flugzeit verkürzt wird. Im ersten Manöver flog die Sonde im Februar 1990 an der Venus vorbei. Am 8. Dezember 1990 passierte *Galileo* in nur 900 km Abstand seinen Heimatplaneten. Mit der modernsten Kameratechnik wurden dabei im Anflug aus den Tiefen des Weltraums Erde und Mond aufgenommen. Erstmals wurde es so möglich, wichtige »globale« Informationen über die Rückseite des Erdtrabanten zu gewinnen. Zwar gibt es zahlreiches Bildmaterial aus den sechziger Jahren bis zum Ende des *Apollo*-Projekts 1971 auch von der Mondrückseite, doch ein umfassender Überblick in Form digitaler Daten wurde erst mit *Galileo* möglich.
Die Nahaufnahmen von der Erde porträtierten im wesentlichen die Antarktis und Umgebung. Wie die Bildanalyse zeigte, würden diese Bilder nichts über das Leben auf unserem Planeten verraten. Im Dezember 1992 wird *Galileo* erneut die Erde anfliegen und sich ihr bis auf 300 km nähern. Erst 1995 wird dann Jupiter erreicht sein.

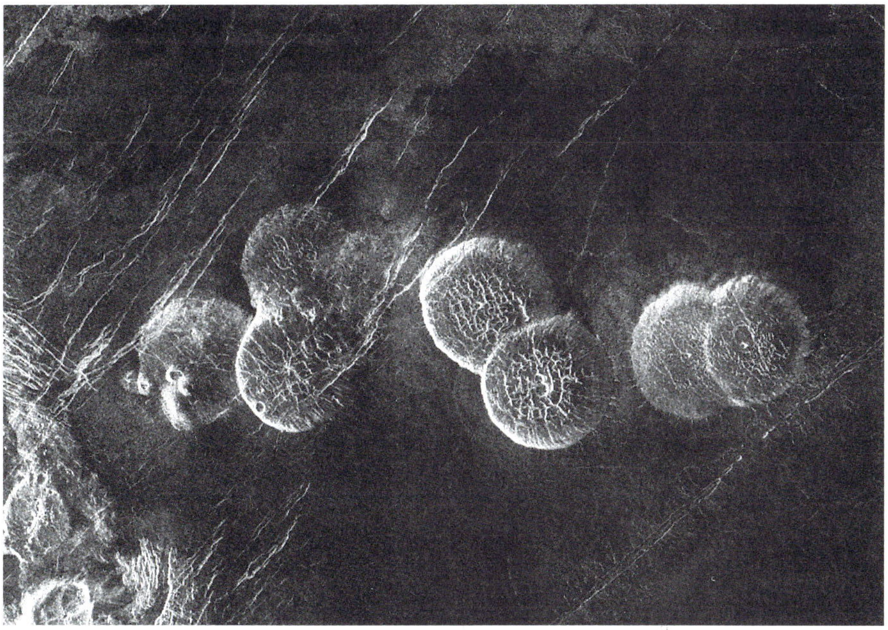

Ungewöhnliche Radarbilder der Venus-Oberfläche hat die US-Raumsonde *Magellan* im Frühjahr 1991 zur Erde übermittelt. Die wie »Quallen« anmutenden Gebilde sind Eruptionshügel von etwa 750 m, im Ansatz steckengebliebene Vulkanausbrüche in der Alpha Regio-Hochebene des Planeten.

Das neue Bild der Venus

Am 16. Mai 1991 ging die Hauptmission der amerikanischen Venus-Sonde *Magellan* zu Ende. 243 Erdentage – entsprechend einer Venusrotation – wurde mit Hilfe eines hochauflösenden Radars die Oberfläche des Nachbarplaneten kartiert. Bekanntlich ist aufgrund der dichten Wolkenhülle ein direkter Blick auf die Venusoberfläche unmöglich. Der Luftdruck am Boden beträgt knapp 1000 bar, entsprechend dem Druck in 1000 m Wassertiefe. Die Temperatur beträgt rund 470°C. Die in Bilder umgesetzten Informationen zeigten Sensationelles: Zwar wird die Oberfläche im wesentlichen durch tektonische und vulkanische Prozesse geprägt, doch sind zahlreiche neue Formationen zu erkennen, die im Sonnensystem kein Gegenstück haben. So gibt es großflächige Umgestaltungs- und Verwitterungsprozesse, deren Konsequenz eine relativ junge Oberfläche ist. Die extrem dichte Atmosphäre ist für ein ganz anders geartetes Muster der Einschlagkrater auf dem Planeten verantwortlich. Eine Plattentektonik wie auf der Erde existiert auf der Venus nicht. Aktiver Vulkanismus dürfte präsent sein. Mit Hilfe der *Magellan*-Mission ist der Nachbarplanet nun kartografisch besser erfaßt als die Erde. In der Fortsetzung des Projekts wird man in den nächsten fünf Jahren Details untersuchen, wobei vor allem der letzte weiße Fleck auf der Venus-Karte, der Südpol, genauer erfaßt werden soll.

Eine ringförmige Sonnenfinsternis kann 12:24 Min. dauern.

Die längste totale Mondfinsternis dauert 104 Min. Sie ist zahlreiche Male aufgetreten.

Die meisten Eklipsen in einem Jahr sind sieben. 1935 gab es fünf Sonnen- und zwei Mondfinsternisse; 1982 waren es vier Sonnen- und drei Mondfinsternisse.

Die geringste Anzahl sind zwei, von denen beide solar sein müssen. Dies war in den Jahren 1944 und 69 der Fall.

KOMETEN

Die frühesten Berichte über Kometen stammen aus dem 7. Jh. v. Chr. Die Geschwindigkeiten der Kometen variieren zwischen 1125 km/h im äußeren Sonnensystem und 2 Mio. km/h in Sonnennähe. Die wiederkehrenden Erscheinungen des Halleyschen Kometen sind bis 467 v. Chr. zurückverfolgt worden. Er wird zum ersten Mal in der *Nürnberger Chronik* von 684 n. Chr. abgebildet. Die erste Vorhersage seiner Wiederkehr durch Edmund Halley (1656 bis 1742) erwies sich am Weihnachtstag 1758, 16 Jahre nach Halleys Tod, als zutreffend.

Die größte Annäherung eines Kometen an die Erde erfolgte am 1. Juli 1770. Damals kam der Lexellsche Komet, der sich mit einer Geschwindigkeit von 38,5 km/s (relativ zur Sonne) bewegte, der Erde auf 1,2 Mio. km nahe. Es wird jedoch angenommen, daß die Erde den Schweif des Halleyschen Kometen am 19. Mai 1910 durchquert hat.

Selbst die größten Kometen sind relativ massearme Gebilde. Der »feste Kern« im Kometenkopf ist selten größer als 1 km, besteht aus lockerem Material, aus Eis, kondensierten Gasen und Staub. Schweife wie der des hellsten aller Kometen, des Großen Kometen von 1843, können sich über 330 Mio. km hinziehen.
Der Kopf des Holmesschen Kometen von 1892 maß 2,4 Mio. km im Durchmesser. Der Komet Bennett, der im Januar 1970 auftrat, war von einer Wasserstoffwolke von etwa 12,75 Mio. km Länge umgeben.

Der am häufigsten wiederkehrende Komet von allen periodischen Kometen ist der Enckesche Komet, der zum ersten Mal 1786 identifiziert wurde. Seine Periode von 1206 Tagen (3,3 Jahren) ist die kürzeste aller beobachteten. Nur eine seiner 54 Wiederkünfte (einschließlich 1989/90) wurde von Astronomen versäumt, die von 1944.

Die am häufigsten beobachteten Kometen sind Schwassmann-Wachmann I, Kopff und Oterma, die jedes Jahr zwischen Mars und Jupiter gesehen werden können.

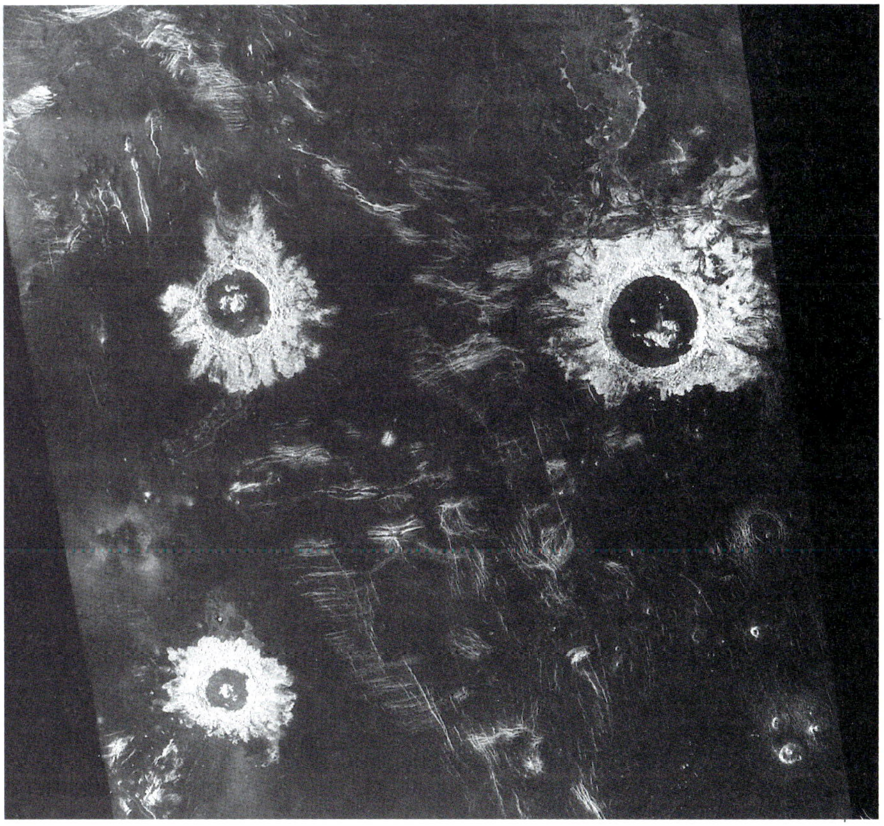

»Spiegeleier« wurden diese Vulkankrater getauft, die erstmals auf den *Magellan*-Radarbildern des Planetennachbarn zu sehen waren.

Der erste Komet, der von einer Raumsonde aus der Nähe inspiziert wurde, war Giacobini-Zinner. Am 11. September 1985, 9 Uhr 10 WZ, tauchte der Internationale Kometenexplorer der NASA in den Schweif des Kometen ein und lieferte erstmals wichtige Erkenntnisse über dieses ungewöhnliche Milieu.

Der erste Komet, der von einer Raumsondenflotte ausführlich untersucht worden ist, war Halley im März 1986. Unter den herausragenden Ergebnissen ist die Tatsache zu erwähnen, daß der Kometenkern erdnußförmig mit einer Längsachse von rund 15 km und einer Breite von 7–10 km ist. Der Kern ist überraschend völlig schwarz. Die Halley-Raumsonden haben den Vorbeiflug mit vergleichsweise geringen Beschädigungen überstanden. Die europäische *Giotto* (ESA) ist nun auf dem Weg zum Kometen Grigg-Skellerup. Die Sowjets haben für ihre *Vega*-Sonden noch keine neuen Ziele festgelegt.

Die längste Kometen-Periode ist die des Delavanschen Kometen von 1914, dessen Bahn nicht genau bestimmt werden konnte. Man vermutet, daß er wahrscheinlich 24 Mio. Jahre lang nicht wiederkehrt.

PLANETEN

Allgemein: Planeten (einschließlich der Erde) sind Körper im Sonnensystem, die sich in bestimmten Bahnen um die Sonne bewegen.

Der größte Planet unter den neun Hauptplaneten ist Jupiter mit einem Äquatordurchmesser von 142 984 km und einem Polardurchmesser von 133 708 km. Seine Masse entspricht dem 317,83fachen und sein Volumen dem 1321,4fachen der Erde. Er hat die kürzeste Umdrehungsperiode, die sich auf einen Jupitertag von nur 9:50:30,003 Std. in der Äquatorzone beläuft.

Der kälteste Planet ist vermutlich der am weitesten von der Sonne entfernte, nämlich Pluto mit seinem Mond Charon, entdeckt am 22. Juni 1978. Seine mittlere Entfernung von der Sonne beträgt 5913,5 Mio. km, und seine Umlaufperiode dauert 248,54 Jahre. In den letzten Jahren wurden aus Verfinsterungsbeobachtungen präzise Durchmesser abgeleitet. Pluto: 2284 km und Charon: 1192 km. Die mittlere Dichte der beiden Objekte liegt bei $2{,}1 \pm 0{,}5$ g/cm^3. Die Masse von Pluto entspricht 0,17 Prozent der Erdmasse. Pluto wurde zum ersten Mal von

Saturn mit dem *Hubble*-Teleskop gesehen: Ein gigantischer Sturmwirbel wurde am 22. September 1990 auf Saturn entdeckt. Bereits am 2. Oktober hatte er eine Ausdehnung von 20 000 km erreicht und umgab schließlich am Ende den ganzen Planeten als weißes Band. Dieses Bild wurde aus zwei Aufnahmen mit dem *Hubble*-Weltraumteleskop im blauen und infraroten Licht am 9. November 1990 gewonnen.

Clyde William Tombaugh (*4. Februar 1906) am Lowell Observatory in Arizona (USA) am 18. Februar 1930 anhand von am 23. und 29. Januar aufgenommenen Fotos registriert, was am 13. März bekanntgegeben wurde. Aufgrund seiner exzentrischen Umlaufbahn bewegt sich Pluto zwischen dem 23. Januar 1979 und dem 15. März 1999 in größerer Sonnennähe als Neptun. Die bisher niedrigste Oberflächentemperatur auf einem Mitglied des Sonnensystems wurde mit −235 °C auf dem Neptunmond Triton gemessen.

Der schnellste der Planeten ist Merkur, der die Sonne in einer Durchschnittsentfernung von 57,9 Mio. km umkreist. Er hat eine Umlaufperiode von 87,9686 Tagen und mit 172248 km/h die höchste mittlere Umlaufgeschwindigkeit.

Der heißeste der Planeten ist die Venus. Ihre Oberflächentemperatur beträgt, direkt von UdSSR- und US-Raumsonden gemessen, 462° C.

Der bei weitem hellste der von der Erde aus mit bloßem Auge sichtbaren fünf Planeten ist die Venus, mit einer Maximalgröße von $-4^m\!.4$ (Uranus ist bei Größenklasse $5^m\!.5$ kaum sichtbar). Der schwächste ist Pluto mit einer Größenklasse von $15^m\!.0$.
Die Venus ist zugleich der der Erde nächste Planet. Ihre größte Annäherung beträgt etwa 41,3 Mio. km innerhalb der Erdumlaufbahn. (Zum Vergleich: Der zweitnächste Nachbarplanet der Erde ist Mars mit der größten Annäherung von 55,6 Mio. km außerhalb der Erdumlaufbahn.)
Mars, von dem seit 1965 bekannt ist, daß er Krater besitzt, hat Temperaturen von 29,4° C bis −123° C. Die bei weitem höchste und spektakulärste seiner Oberflächenformen ist Olympus Mons (früher Nix Olympica) in der Tharsisregion mit einem Basisdurchmesser von 500–600 km und einer Höhe von 26 ± 3 km über der umliegenden Ebene.

Der dichteste Planet mit einer Durchschnittsdichte, die das 5,516fache von Wasser ausmacht, ist die Erde, während Saturn nur eine Durchschnittsdichte von etwa einem Achtel dieses Wertes oder von 0,685facher Wasserdichte hat.

Ein Cañon auf der Venus, etwa 1600 km südlich des Planetenäquators, ist etwa 400 km lang und rund 6400 m tief.

Die geheimnisvollen Ringe des Riesenplaneten Saturn sind erstaunlich dünn und an ihren Rändern schärfer als eine Rasierklinge. »Eine zu der gleichen Größe aufgeblasene Rasierklinge würde eine nicht annähernd so dünne Schneide wie die Saturnringe haben«, berichtete Anfang 1982 der Geophysiker Professor Leonhard G. Tyler von der Stanford-Universität in Kalifornien.

Die schnellsten Winde des Sonnensystems wehen auf dem Neptun. Auswertungen von *Voyager-2*-Bildern, die im August 1989 beim Vorbeiflug an Neptun gewonnen wurden, haben Stürme mit Spitzengeschwindigkeiten von 2400 km/h erkennen lassen. Möglicherweise liegt die Ursache für die hohen Geschwindigkeiten in der internen Wärmequelle des Planeten, die 2,7mal soviel Energie liefert wie das einfallende Sonnenlicht.

Konjunktionen: Die dramatischste Konjunktion (das heißt das scheinbare enge Zusammentreffen von Gestirnen am Himmel) konnte am 5. Februar 1962 während einer Sonnenfinsternis beobachtet werden: Sonne, Mond, Merkur, Venus, Mars, Jupiter und Saturn standen in einem Bereich von nur 16 Grad beieinander. Wahrscheinlich standen diese Objekte bei der siebenfachen Konjunktion vom September 1186 nur 12 Grad auseinander. Die nächste bemerkenswerte Konjunktion wird am 5. Mai 2000 stattfinden.

Das größte Modell des Sonnensystems wurde am 29. November 1986 im Zukunftsmuseum in Falun (Schweden) vorgestellt. Dort steht die Erde mit einer Größe von 13 mm. Die Sonne (1,5 m) und die Planeten (3,5–140 mm) befinden sich zum Teil in der Stadt Borlänge, 16 km entfernt. Der nächste Fixstern, Proxima Centauri, ist im Victoria-Museum im australischen Melbourne zu finden.

SATELLITEN

Allgemein: Von den neun großen Planeten haben alle bis auf Venus und Merkur natürliche Satelliten. Mit seinen 18 ist der Saturn der Planet mit den meisten Satelliten.
Erde und Pluto sind die einzigen Planeten mit jeweils nur einem Satelliten. Die Entfernungen zu ihren Mutterplaneten variieren zwischen 9377 km (Phobos zum Marszentrum) und 23700000 km (Jupiters äußerster Satellit Sinope zum Planetenzentrum).

Das Sonnensystem hat eine Gesamtzahl von mindestens 61 Satelliten.

Den 18. Saturnmond entdeckte Mark Showalter auf Bildern von *Voyager 2* von 1981. Das etwa 20-km-Objekt umkreist Saturn in der nur rund 325 km weiten Encke-Teilung in den Ringen. Der amerikanische Astronom gab seine Entdeckung am 19. Juli 1990 bekannt.

Der größte Satellit ist nach *Voyager*-Messungen Ganymed (Jupiter III) mit einem Durchmesser von 5268 km.

Der einzige Satellit mit einer dichten Atmosphäre ist Titan (Saturn VI), dessen höchste atmosphärische Schichten 750 km über seiner Oberfläche liegen.

Der schwerste bekannte Satellit ist Ganymed (Jupiter III), der 2,017mal schwerer als unser Mond ist. Sein Durchmesser beträgt 5268 km.

Der kleinste Satellit ist Leda (Jupiter XIII) mit einem Durchmesser von weniger als 14,5 km. Ein gemessener Wert liegt für den unregelmäßig geformten Marsmond Deimos vor. Sein mittlerer Durchmesser beträgt 12,5 km. Auf dem Uranusmond Miranda existiert eine Klippe aus gefrorenem Stickstoff, die etwa 5200 m hoch ist.

Asteroiden: Im Asteroidengürtel zwischen Mars und Jupiter gibt es etwa 45000 kleine Planeten oder Asteroiden, von denen bis Oktober 1991 etwa 5000 katalogisiert waren. Die meisten sind zu klein, um den Durchmesser bestimmen zu können.

Der größte Asteroid ist Ceres mit einem Durchmesser von 936 km. Er wurde als erster von allen Asteroiden von Piazzi am 1. Januar 1801 in Palermo auf Sizilien entdeckt.

Älteste Sterne entdeckt

Ende Januar 1991 wurde auf der Tagung der amerikanischen Astronomischen Gesellschaft bekannt, daß eine Forschergruppe um den US-Astrophysiker Timothy Beers die ältesten bekannten Sterne entdeckt hat. Im sogenannten Halo unseres Milchstraßensystems, das ist der sphärische Raum, der die scheibenförmige Hauptstruktur unserer Galaxis umgibt, fanden die Wissenschaftler 70 Sterne mit extrem geringem Metallgehalt. Das ist ein Indiz für ein sehr hohes Alter, das noch größer sein muß als das der ältesten Sterne in Kugelsternhaufen. Beers und seine Mitarbeiter schätzen nun das Alter der von ihnen aufgefundenen Sterne auf 15 Mrd. Jahre. Eine genauere Analyse steht noch aus. Sollte dieses Alter zutreffen, resultierten daraus erhebliche Konsequenzen, zum Beispiel für die Entstehung der Milchstraße. Es bedeutet aber auch, daß unser Universum mindestens 15 Mrd. Jahre alt sein muß. Damit kommen die in den letzten Jahren verstärkt vorgebrachten Argumente, daß das Universum wesentlich jünger sei, als bisher angenommen, erheblich ins Wanken. Die Welt scheint also wieder in Ordnung zu sein.

Der kleinste bekannte Asteroid ist das am 19. Januar 1991 entdeckte Objekt 1991 BA, dessen Durchmesser knapp 10 m beträgt.

Der einzige mit freiem Auge sichtbare Asteroid ist Vesta mit einem Durchmesser von 512 km; entdeckt von Dr. Heinrich Wilhelm Olbers (1758–1840), einem deutschen Amateurastronomen.
Die naheste gemessene Annäherung eines Asteroiden an die Erde war 170000 km. Sie erreichte 1991 BA am 18. Januar 1991.

Der fernste bis jetzt entdeckte Asteroid ist 2060 Chiron, entdeckt am 18./19. Oktober 1977 zwischen Saturn und Uranus von Charles Kowal vom Hale Observatory, Kalifornien (USA).

Der sonnennächste Asteroid dürfte das 1949 entdeckte Objekt Ikarus sein, das sich dem Tagesgestirn bis auf 28 Mio. km nähern kann. Seine Umlaufzeit beträgt 409 Tage. Bei der Sonnenbegegnung steigt die Oberflächentemperatur von Ikarus auf etwa 500° C an.

DIE STERNE

Der massereichste aller bekannten Sterne, der veränderliche Stern Eta Carinae, rund 9100 Lichtjahre entfernt, ist mindestens 200mal so schwer wie unsere Sonne.
Beteigeuze, der obere linke Stern im Sternbild Orion (die Schulter), hat einen Durchmesser von annähernd 700 Mio. km. Das entspricht ungefähr dem Fünffachen des Abstandes Erde–Sonne. 1978 stellte man fest, daß er eine dünne Kalium-»Hülle« von 850 Mrd. km Durchmesser besitzt. Diese Ausdehnung entspricht rund dem 1100fachen Sterndurchmesser. Das Licht, das wir heute von Beteigeuze sehen, wurde im Jahr 1680 ausgestrahlt.

Der massärmste Stern wurde von I. Neill Reid und Gerard Gilmore mit dem U.-K.-Schmidt-Teleskop entdeckt. Wie im April 1983 bekannt wurde, ist das Objekt RG 0058,8-2807 nur 0,014 Sonnenmassen schwer.

Der kleinste Stern ist der Weiße Zwerg L 362-81, dessen Durchmesser 5600 km oder das 0,004fache des Sonnenwertes beträgt.

Der hellste Stern unter den 5776 mit dem bloßen Auge sichtbaren Sternen ist Sirius A (Sternbild Großer Hund). Er hat eine scheinbare Helligkeit von $-1^{m}46$, ist in den Wintermonaten der nördlichen Hemisphäre sichtbar und steht um Mitternacht am letzten Tag des Jahres genau im Süden. Der Sirius ist 8,64 Lichtjahre entfernt und hat die 26fache Leuchtkraft der Sonne. Er hat einen Durchmesser von 2,33 Mio. km und eine Masse von $4{,}26 \times 10^{27}$ t. Sirius wird im Jahr 61 000 durch seine Annäherung $-1^{m}67$ hell werden.
Der schwache Begleiter, Sirius B, ein Weißer Zwerg, hat einen Durchmesser von 28 000 km, ist jedoch 350 000mal schwerer als die Erde. Ein Kubikzentimeter der Sirius-B-Materie wiegt 1,4 t.

Die fernsten und nächsten Sterne: Unser Sonnensystem mit seiner Sonne, neun Hauptplaneten, mindestens 61 Satelliten, Asteroiden und Kometen ist, wie 1982 geschätzt wurde, etwa 27 700 Lichtjahre vom Zentrum des linsenförmigen Milchstraßensystems (Durchmesser 70 000 Lichtjahre) mit etwa 100 Mrd. Sternen entfernt. Der entfernteste Stern in unserer Galaxis ist daher etwa 63 000 Lichtjahre entfernt.
Nimmt man die Sonne aus, ist der nächste Stern der sehr schwache Proxima Centauri, entdeckt 1915, der 4,22 Lichtjahre entfernt ist.
Der nächste mit bloßem Auge sichtbare Stern ist Alpha Centauri oder Rigel Centaurus auf der südlichen Hemisphäre (4,35 Lichtjahre) mit einer Helligkeit von $-0^{m}29$. Der Doppelstern wurde 1752 von Nicolas L. de Lacaille (1713–62) entdeckt. Im Jahr 29 700 wird er seinen kleinsten Abstand von 2,84 Lichtjahren erreichen und mit $-1^{m}20$ der zweithellste Stern am Himmel sein. Bis zum Jahr 11 800 wird der nächste Stern Barnards Stern mit einer Entfernung von 3,85 Lichtjahren sein.

Erstmals aus dem Weltraum fotografiert: Der Kugelsternhaufen 47 im Tucan, der auf der Südhalbkugel unter guten Sichtbedingungen mit dem bloßen Auge zu sehen ist. Die Aufnahme wurde während der ASTRO-C-Mission vom 2. bis 11. Dezember 1990 an Bord der Raumfähre *Columbia* gemacht.

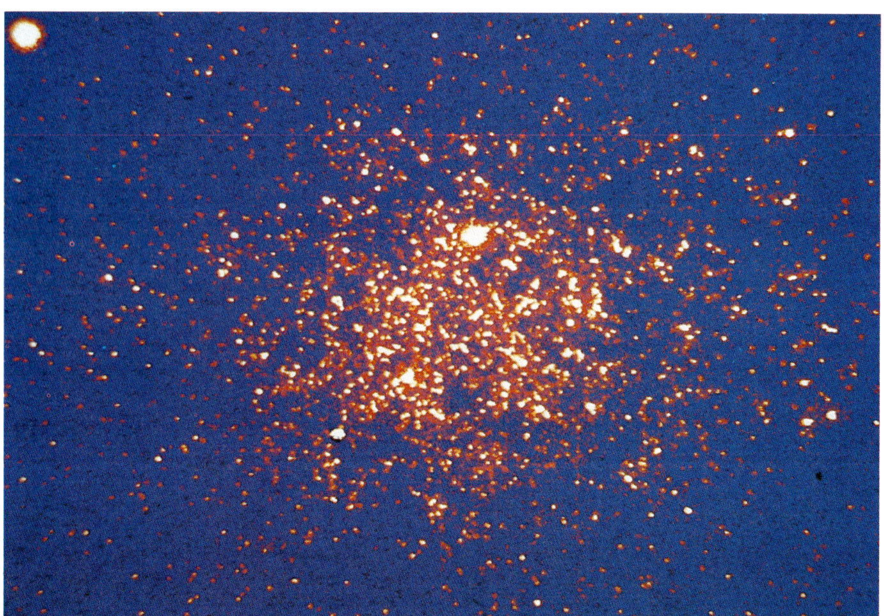

Ein einzelner Stern am Rande der Milchstraße gibt den Astronomen Rätsel auf. Das 1989 entdeckte Objekt steht 160 000 Lichtjahre entfernt senkrecht unterhalb des Zentrums der Milchstraße und wurde zufällig entdeckt. Noch ist nicht bekannt, ob der Stern wirklich zur Milchstraße gehört. Wenn das der Fall ist, bietet er die Möglichkeit zu einer neuen Vermessung der Milchstraße.

Die Sonne umkreist das galaktische Zentrum auf einer elliptischen Bahn mit der Exzentrizität von 0,07. Ihre mittlere Geschwindigkeit beträgt 792 000 km/h, der tatsächliche Wert zur Zeit ist jedoch um 97 200 km/h höher. Für einen Umlauf benötigt die Sonne 237 Mio. Jahre.

Fremde Planetensysteme: Die Entdeckungsmeldungen hinsichtlich planetenähnlicher Objekte um andere Sonnen haben einer kritischen Nachprüfung nicht standgehalten. So sind die vermuteten Lücken in der Staubscheibe von Beta Pictoris, sie galten als Indiz für die mögliche Existenz von Planeten um diesen Stern, nicht vorhanden. Der schwache Begleiter um den 21 Lichtjahre entfernten Stern Van Biesbroeck 8, »entdeckt« im Dezember 1984, war von anderen Astronomen nicht aufzufinden, so daß die Diskussion wieder völlig offen ist. Im August 1988 berichteten kanadische Wissenschaftler von einem »Planeten« mit anderthalbfacher Jupitermasse, der um den Stern 36 Ursae Majoris kreisen soll, wobei die Umlaufzeit 3 Jahre beträgt. Auf dieses Objekt konnte nur indirekt geschlossen werden. Eine Bestätigung steht noch aus.

Hellste und schwächste Sterne: Wenn alle Sterne gleich weit von der Erde entfernt wären, dann würde der hellste der Veränderliche Eta Carinae (s. massereichster Stern) sein, der zur Zeit eine Leuchtkraft aufweist, die 6 500 000mal höher ist als die der Sonne. Im Helligkeitsmaximum von 1843 dürfte seine Leuchtkraft noch um den Faktor 10 größer gewesen sein. Der visuell hellste Stern ist der Überriese Cygnus OB2 Nr. 12, der rund 5900 Lichtjahre entfernt ist und eine absolute Helligkeit von $-9^{m}9$ aufweist. Damit ist er 810 000mal heller als die Sonne. Einen vergleichbar hellen Stern findet man in der nahen Galaxie M 101, das Objekt IV b 59. Da die Entfernungsangaben etwas variieren, ist ein genauerer Vergleich problematisch.

Der schwächste Stern ist das Objekt RG 0058,8-2807 (s. massearmster Stern), das nur das 0,00021fache der Sonnenleuchtkraft besitzt. Seine absolute visuelle Helligkeit liegt bei $20^{m}2$. Das ist weniger als ein Millionstel der Sonnenhelligkeit.

Supernovae sind Sterne, die am Ende ihres Lebens explosionsartig aufleuchten. Sie treten vielleicht fünfmal alle 1000 Jahre in unserer Galaxis auf. Der hellste in geschichtlicher Zeit gesehene »Stern« ist die Supernova vom April 1006 in der Nähe von Beta Lupi, die zwei Jahre lang hell strahlte und eine Größe von -9 bis -10^{m} erreichte. Heute nimmt man an, daß sie die Radioquelle G 327,6 + 14,5 in einer Entfernung von nahezu 3000 Lichtjahren ist. Weitere Supernovae erschienen 1054, 1604 und 1885. Die am 23. Februar 1987 entdeckte Supernova in der Großen Magellanschen Wolke steht noch immer im Brennpunkt der Forschung. Die Vermutung, daß als Überrest der Explosion ein extrem schnell rotierender Pulsar entstanden ist, konnte noch immer nicht bestätigt werden.

Das größte von allen Sternbildern (Konstellationen) ist die Wasserschlange, die sich über 1302,844 Grad^2 oder 6,3 Prozent der Hemisphäre erstreckt und mindestens 68 mit bloßem Auge sichtbare Sterne enthält. Das Sternbild Centaur steht größenmäßig an 9. Stelle, enthält aber mindestens 94 sichtbare Sterne.

Die kleinste Konstellation ist das Kreuz des Südens mit einem Gebiet von nur 68,477 Grad^2, verglichen mit 41 252,96 Grad^2 des gesamten Himmels, entsprechend 0,16 Prozent.

Der längste Name für einen Stern ist Torcularis Septentrionalis für das Objekt Omicron in den Fischen.

Schwarze Löcher: Diese Bezeichnung für Sterne, die am Ende ihres Lebensweges im Gravitationskollaps zusammengebrochen sind, wurde erstmals von John Archibald Wheeler am 29. Dezember 1967 während einer Tagung im Institut für Weltraumforschung in New York City eingeführt. Historisch gesehen geht das Konzept extrem dichter Körper als Folge des Gravitationskollapses bereits auf Pierre Simon Laplace (1749–1827) zurück. Die erste versuchsweise Identifizierung eines Schwarzen Lochs wurde im Dezember 1972 in der Doppelstern-Röntgenstrahlenquelle Cygnus X-1 angekündigt.
Im Januar 1983 wurde über ein Schwarzes Loch in X-3 in der Großen Magellanschen Wolke berichtet, das etwa 10 Sonnenmassen umfasse und 180 000 Lichtjahre entfernt sei. Die Grenzgröße wurde auf lediglich 5,9 km Durchmesser geschätzt. Anfang 1978 kam die Vermutung auf, daß es supermassive Schwarze Löcher mit einer Masse von 100 Mio. Sonnen, 2×10^{35} t, gibt. Eines davon im Zentrum der Seyfert-Galaxie NGC 4151 im Sternbild Jagdhunde könnte nach Schätzungen des britischen Astronomen Michael Preston im Oktober 1983 zwischen 50 und 100 Mio. Sonnenmassen schwer gewesen sein.
Im April 1991 gaben die amerikanischen Astrophysiker Joss Bland-Hawthorn, Andrew Wilson und Brent Tully die Entdeckung des größten Schwarzen Lochs im Kosmos bekannt. Es soll sich in der 300 Mio. Lichtjahre entfernten Galaxie NGC 6240 befinden. Genaugenommen handelt es sich um eine Doppelgalaxie, bestehend aus kollidierenden Einzelsystemen. Eines davon rotiert extrem rasch, mit über 800 km/s. Dafür müßte, so die Forscher, eine Zentralmasse

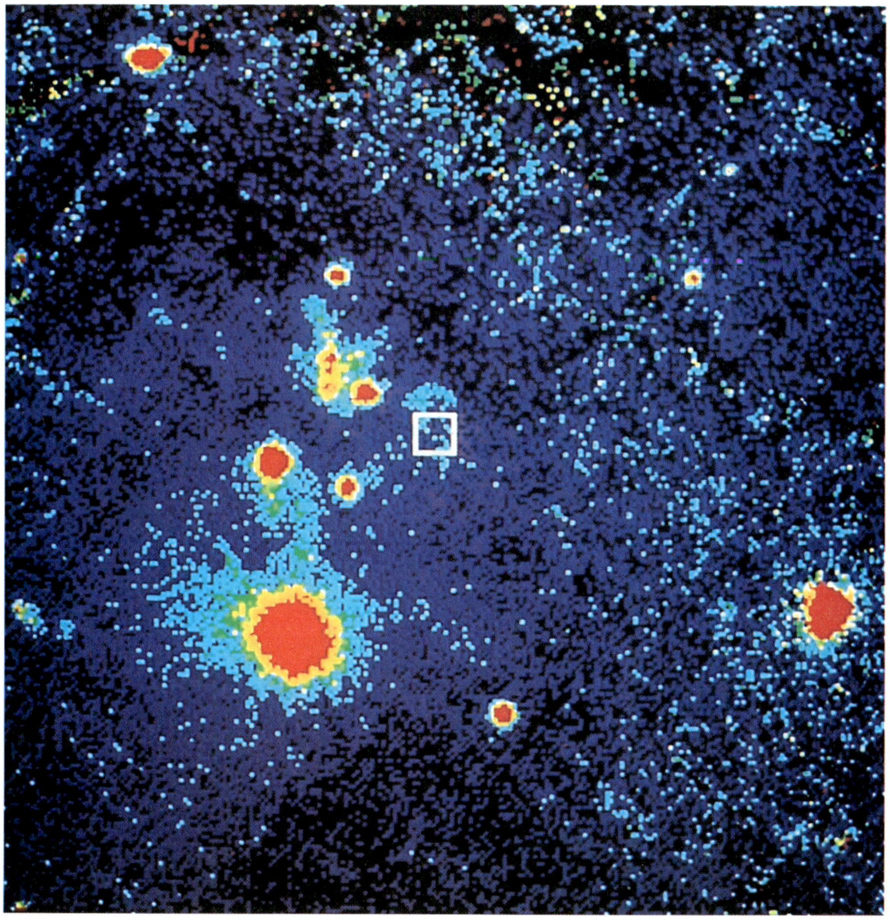

Am 23. Februar 1987 entdeckte Ian Shelton in der Großen Magellanschen Wolke die Supernova 1987 A, die auf der Südhalbkugel lange Zeit mit dem bloßen Auge sichtbar war. Dieses Bild stammt vom IUE-Satelliten, der das Objekt im ultravioletten Licht zeigt.

von 100 Mrd. Sonnen verantwortlich sein, die sich nur in einem riesigen Schwarzen Loch befinden könnte. In der Fachwelt wird diese Interpretation allerdings noch mit Skepsis aufgenommen.

Ein Schwarzes Loch im Zentrum der Milchstraße: Diesen Befund hatten 1985 sechs amerikanische Astronomen in einer umfangreichen Forschungskampagne, durch Zusammenschaltung mehrerer großer Radioteleskope, quer durch die Vereinigten Staaten, erhalten. Bis heute jedoch ist dieser Befund durchaus noch umstritten.

DAS UNIVERSUM

Große Strukturen im Kosmos: Unsere Milchstraße ist nur eine von etwa 10 Mrd. Galaxien. Sie gehört zur sogenannten lokalen Gruppe, die sich mit 600 km/s in eine bestimmte Richtung bewegt, auf den sogenannten »kosmischen Attraktor« zu, dessen Existenz gegenwärtig stark bezweifelt wird. Im August 1989 gaben John Huchra und Margaret Geller (USA) die Entdeckung einer großen Galaxien-Anhäufung bekannt, die als »große Mauer« populär geworden ist. Über ein Areal von 200 × 800 Mio. Lichtjahre, das etwa 20 Mio. Lichtjahre tief ist, erstrecken sich mehrere tausend Galaxien, die offensichtlich große Leerräume einschließen.

Im Juli 1990 berichteten Juan M. Uson, Stephen P. Boughn und Jeffrey R. Kuhn (USA) über die Entdeckung der bisher größten Galaxie. Es ist das Hauptobjekt des Galaxienhaufens Abell 2029 im Sternbild Jungfrau. Der Durchmesser dieses Milchstraßensystems beträgt 550 000 Lichtjahre, was etwa der sechs- bis achtfachen Größe unserer Galaxis entspricht.

Das entfernteste mit bloßem Auge sichtbare kosmische Objekt ist die große Galaxie im Sternbild Andromeda (Helligkeit 3^m47), Messier 31 genannt, erstmals von Simon Marius (1570–1612) im Jahr 1612 beobachtet. Sie ist ein rotierender Spiralnebel, der 2.309 Mio. Lichtjahre ($2{,}18 \times 10^{19}$ km) entfernt ist und sich auf uns zubewegt. Unter idealen Sichtbedingungen ist es für Leute mit scharfen Augen möglich, den Spiralnebel im Dreieck (Helligkeit 5^m79) zu sehen, der 2,36 Mio. Lichtjahre entfernt ist.

Rätsel um den Urknall: Seit November 1989 mißt der amerikanische Satellit COBE die schwache kosmische Hintergrundstrahlung von 2,7 K, das »Nachglühen« des Urknalls. Die Intensität dieser Strahlung ist, wohin die Instrumente des Satelliten auch schauen, konstant. Damit wird generell die Theorie des Urknalls hervorragend bestätigt. Im Detail muß man jedoch winzige Unregelmäßigkeiten in der Strahlung erwarten, die vom »Ausflocken« der Materie herrühren, der Vorstufe zur Entstehung von Sternen und Sternsystemen. Bisher hat COBE jedoch keine Spur dieser kleinen Abweichungen entdecken können. Ein unerwartetes Resultat.

Quasare: Im November 1962 wurde die Existenz quasistellarer Radioquellen (Quasare oder QSOs) von Maarten Schmidt (*1929 in den Niederlanden) mit der Entdeckung des Objekts 3C-273 mit einer Rotverschiebung von $z = 0{,}158$ festgestellt. Die Grundlage bildete eine Bedeckung des Objekts durch den Mond, die am 5. August 1962 in Australien beobachtet wurde. Für Himmelsobjekte von solcher Entfernung und einem relativ geringen Durchmesser haben Quasare eine ungeheuer hohe Leuchtkraft.
Im Mai 1983 wurde berichtet, daß der Quasar S5 0014 + 81 eine visuelle Leuchtkraft aufweist, die $1{,}1 \times 10^{15}$mal größer ist als die der Sonne. Die Entdeckung des ersten Doppelquasars (0957 + 56) unter den 1500 bekannten Objekten wurde im Mai 1980 gemeldet.

Der älteste Quasar und damit vielleicht das am weitesten entfernte Objekt dürfte das 1989 genauer beschriebene Objekt 1158–4635 sein, das im Sternbild Großer Bär steht. Wie Wissenschaftler des California Institute of Technology und der Universität von Princeton mitteilten, ist der Quasar etwa 13,2 Mrd. Jahre alt und mit 13,2 Mrd. Lichtjahren Distanz das am weitesten entfernte Objekt.

Der größte Energieausbruch in einem Quasar wurde am 13. November 1989 von einem amerikanisch-japanischen Astronomenteam beobachtet. Das 2 Mrd. Lichtjahre entfernte Objekt PKS 0558–504 erhöhte innerhalb von 3 Min. seinen Energieausstoß um 66 Prozent. Das entspricht der gesamten Energie, die die Sonne in 340 000 Jahren freisetzt.

Welten im Zusammenstoß

Am 18. Januar 1991 entdeckte D. Rabinowitz vom Kitt Peak Observatorium ein Objekt von knapp 18. Größe, das sich rasch durch das Sternbild Krebs bewegte. Die Bahnberechnung zeigte, daß mit der Auffindung dieses ungewöhnlichen Asteroiden gleich mehrere Rekorde aufgestellt wurden: Zum Zeitpunkt der Entdeckung war das Objekt, es erhielt die Bezeichnung 1991 BA, nur knapp 800 000 km von der Erde entfernt. Das ist die kleinste Distanz, in der je ein Himmelskörper entdeckt worden ist. Wie die Bahnberechnung ergab, betrug die Erdannäherung rund 170 000 km, weniger als die halbe Mondentfernung! So nahe ist uns bisher kein bekannter Himmelskörper gekommen. Auch der Durchmesser ist hinsichtlich seiner Entdeckung ein Rekord, er liegt zwischen 5 und 10 m, entsprechend einer Masse zwischen 100 und 2000 t. Der bisherige Rekordhalter war der Asteroid 1990 UN, der im Oktober 1990 von derselben Forschergruppe aufgefunden wurde. Sein Durchmesser betrug etwa 100 m und die Masse maximal 200 000 t.
Wie groß ist nun die Wahrscheinlichkeit der Kollision eines solchen Objekts mit der Erde? Bei Objekten mit Durchmessern von einigen hundert Metern ist mit etwa vier Zusammenstößen pro einer Million Jahre zu rechnen, bei Durchmessern in der Größenordnung von etwa 2 km sind es sieben pro 10 Millionen Jahre und bei Größen um 10 km sind etwa drei Kollisionen pro eine Milliarde Jahre zu erwarten. Nicht eingeschlossen in diese Analyse ist der Zusammenstoß der Erde mit Kometenkernen, der ebenfalls ein erhebliches Gefahrenpotential darstellt. Im Mittel hinterlassen die kosmischen Einschläge auf der Erdoberfläche alle Million Jahre drei Krater von etwa 10 km Größe.

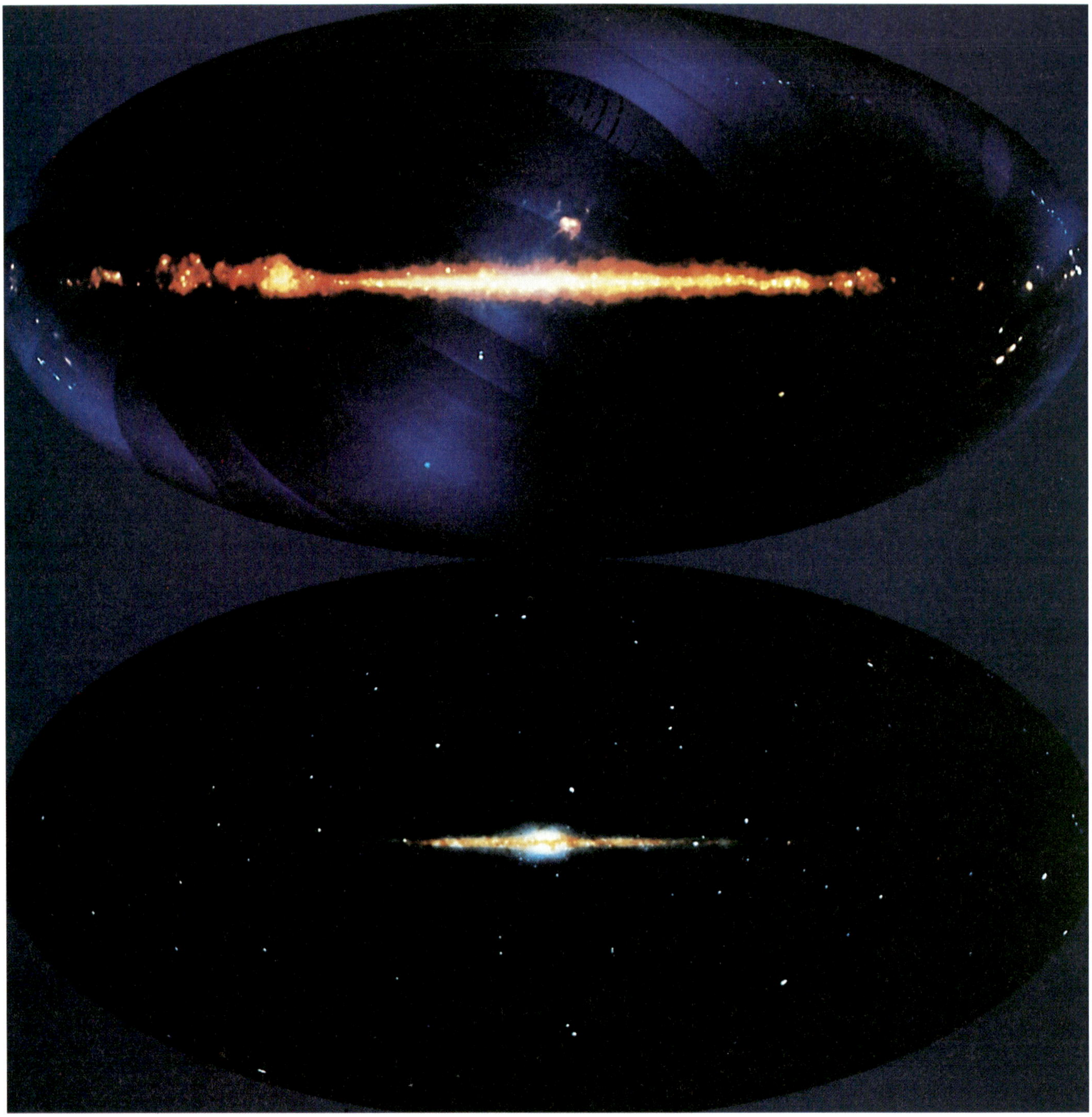

Dieses Bild der Milchstraße im Infrarot-Spektralbereich nahm der COBE-Satellit der NASA auf. Der obere Teil ist der Anblick im fernen Infrarot. Unten ist die Milchstraße im nahen Infrarot zu sehen. Bei diesen Wellenlängen dominiert das Licht der einzelnen Sterne.

Pulsare: Die früheste Beobachtung einer pulsierenden Radioquelle oder eines »Pulsars« V-CP 1919, jetzt PSR 1919+21, durch Dr. Jocelyn Burnell wurde am 24. Februar 1968 vom Mullard Radio Astronomy Observatory (GB) bekanntgegeben. Aufgefunden wurde das Objekt am 28. November 1967. Der 100. wurde im Juni 1973 von Jodrell Bank gemeldet.
Der am schnellsten rotierende Neutronenstern ist der Pulsar 1937+214 im Sternbild Vulpecula (Füchschen), 1600 Lichtjahre entfernt. Seine Pulsperiode beträgt 1,557 806 449 Millisek, entsprechend 641,9282708 Umdrehungen/min mit der unglaublich niedrigen Verlangsamung von $1{,}0511 \times 10^{-19}$ Sek./s. Noch schneller soll nach Messungen von James Imamura, Thomas Steinam-Cameron und John Middleditzh (1986) das Objekt GX 339–4 im Sternbild Altar mit einer Periode von 1,1298 Millisek. sein. Doch stehen endgültige Bestätigungen noch aus. Die genaueste »Sternenuhr« ist der Pulsar 1855+09 mit einer Verlangsamung von nur $2{,}1 \times 10^{-20}$ Sek./s.

Eine Galaxie im Zustand des Entstehens haben amerikanische Astronomen 1989 mit dem großen Radioteleskop in Arecibo (Puertorico) entdeckt. In 65 Mio. Lichtjahren Entfernung rotiert eine riesige Wasserstoffwolke, 15 Mrd. Sonnenmassen schwer, mit einem Durchmesser von 650 000 Lichtjahren. Unklar ist, ob die Riesenwolke bereits Sterne enthält oder in diesem Zustand nahezu unverändert seit ihrer Entstehung bald nach dem Urknall existiert.

Alter des Universums: Für das Alter des Universums wurde ein Wert von 14 ± 3 Äonen oder Gigajahren (ein Äon oder Gigajahr = 1 Mrd. Jahre) aus kosmo- und nukleochronologischen Daten ermittelt. Das entspricht im Standard-Friedmann-Weltmodell einer Hubble-Konstante von ungefähr 70 ± 15 km/s/Mpc.
1981 schlug Alan H. Guth das sogenannte inflationäre Modell vor, das die fundamentalen Kräfte der Teilchen und Felder in die frühesten Phasen des Urknalls einbezieht. Dieser Ansatz und seine Erweiterungen haben sich als sehr fruchtbar erwiesen und stellen eine Verbindung zwischen Mikrokosmos und Universum her.

1992: Die Suche nach außerirdischen Intelligenzen beginnt. Grünes Licht hat jetzt der US-Senat für das NASA-Programm zur Suche nach außerirdischen Intelligenzen im Rahmen des Projekts SETI (**S**earch for **E**xtra**t**errestrial **I**ntelligence) gegeben. Zwei Strategien werden gleichzeitig verfolgt: Alle sonnenähnlichen Sterne bis zu einer Entfernung von 80 Lichtjahren werden abgehört. In einem grobrastigen Verfahren wird der gesamte Himmel – mit natürlich viel geringerer Empfindlichkeit – nach intelligenten Signalen durchmustert. Am »Columbus Day« 1992, am 12. Oktober also, werden Messungen aufgenommen, sowohl mit dem 300-m-Radioteleskop in Arecibo auf Puerto Rico als auch mit den 64-m-Radioantennen der NASA in Goldstone (Kalifornien).

ERDE UND WETTER

DIE ERDE

Die Erde ist keine wirkliche Kugel, sondern, da sie an den Polen abgeflacht ist, geometrisch ein Ellipsoid. Der Polardurchmesser der Erde (12 713,51 km) ist 42,77 km kürzer als der Äquatorialdurchmesser (12 756,27 km).

Die Erde weist auch eine leichte Abplattung des Äquators auf, denn ihre lange Achse (ca. 37° westl. Länge) ist 159 m länger als ihre kurze Achse. Außerdem ist die Erde auch birnenartig verformt: Der polare Radius der Nordhalbkugel ist 45 m länger als der der Südhemisphäre.

Die größten Abweichungen vom Ellipsoid sind eine 73 m hohe Ausbuchtung in der Papua/Neuguinea-Gegend und eine 105 m tiefe Senkung südlich von Sri Lanka (früher Ceylon) im Indischen Ozean.

Der größte Erdumfang, am Äquator, beträgt 40 075,02 km, am Meridian sind es 40 007,86 km. Die Erdoberfläche umfaßt schätzungsweise 510 065 600 km^2. Eine Axialdrehung – also ein echter Sterntag – dauert 23:56:04,0996 Std. mittlerer Zeit.

Die Erdmasse beträgt 5,974 × 10^{21} t, und ihr spezifisches Gewicht ist 5,515mal so groß wie das des Wassers. Ihr Rauminhalt wird mit 1 083 207 000 000 km^3 angegeben.

Die Erde sammelt kosmischen Staub auf, doch sind die Mengenschätzungen recht verschieden, wobei die Höchstgrenze 30 000 t pro Jahr beträgt.

Nach neuester Auffassung besteht die Erde aus einer 80 km dicken Außenschale oder Lithosphäre, unter der sich ein äußerer und ein innerer Gesteinsmantel bis zu einer Tiefe von 2809 km befinden, der einen Eisen-Nickel-Kern von 3482 km Radius umschließt, dessen Temperatur auf 4500° C geschätzt wird und der einen Druck von 364 GPa besitzt. Die Dichte im Erdmittelpunkt beträgt 13,09 g/cm^3. Sollte die Eisen-Nickel-Kern-Theorie stimmen, dann wäre Eisen das mit Abstand am reichlichsten vorhandene Element auf der Erde.

Der Erdkern weist Erhöhungen und Vertiefungen auf. Der Beweis für diese bereits Ende der fünfziger Jahre von dem deutschen Geophysiker Andreas Vogel geäußerte – aber von der Fachwelt nicht akzeptierte – Hypothese wurde 1987 von den amerikanischen Seismologen Robert Clayton, Don Anderson und Olafur Gudundson erbracht. Bei der Auswertung von 25 000 Seismogrammen im Computer konnte eine Reliefkarte des Erdkerns gewonnen werden. So liegt zum Beispiel unter den Philippinen ein 10 km tiefes Tal im Erdkern, während unter Alaska ein bereits von Vogel vermuteter »Erdkernberg« nachgewiesen wurde.

TEMPERATUREN

Allgemein: Nachstehende meteorologische Daten beziehen sich auf die zurückliegenden 140–160 Jahre, da frühere Aufzeichnungen ebenso selten wie unzuverlässig sind.
Die ersten verläßlich registrierenden Thermometer kamen erst im Jahr 1820 auf.
Fortlaufende Wetterbeobachtungen machte man allerdings bereits seit 1700 in Berlin.
Die ersten Wetterkarten zeichnete 1820 der deutsche Astronom Heinrich Wilhelm Brandes (1777–1834).
Die ersten Wetterkarten mit Eintragungen telegrafischer Wettermeldungen vom selben Tage erschienen 1849 in England.
Die höchstgelegene Wetterwarte Europas ist am Jungfraujoch im Berner Oberland/Schweiz (46° 33′N, 7° 59′O und 3576 m üNN). Deutschlands höchste Wetterwarte ist auf der Zugspitze (2962 m) im Wettersteingebirge (Bayerische Kalkalpen).

Die gleichmäßigsten Temperaturen herrschten lange Zeit in Garapan auf Saipan in den Marianen im Pazifik. 9 Jahre lang, von 1927 bis einschließlich 1935, wurde zwischen dem 30. Januar und dem 9. September nie eine größere Temperaturspanne als 11,8° C gemessen. Auf der küstennahen brasilianischen Insel Fernando de Noronha lagen zwischen 1911 und 1966 die Temperaturen nie mehr als 13,4° C auseinander. Der Höchstwert betrug 32,0° C (2. März 1965), der niedrigste 18,6° C (17. November 1913).
Vor ca. 8000 Jahren lag in Mitteleuropa die Sommertemperatur durchschnittlich bei 19,4° C, also um 3,3° C höher als heute.

Die wärmste Sommerzeit seit 1000 Jahren hat 1890 begonnen. Eine Untersuchung der Klimageschichte der nördlichen Halbkugel über die letzten 10 000 Jahre zeigte, daß es in den Sommertemperaturen große Schwankungen gegeben hat. Besonders warm waren die Sommer vor 9500 bis 8500 Jahren. Danach wurde es langsam kühler. Dieser Abschnitt endete vor 2500 Jahren. Dann begann ein Abschnitt mit vergleichsweise niedrigen Sommertemperaturen, der vom 14. bis zum 19. Jh. in die »Kleine Eiszeit« mündete. Erst ab 1890 begann ein neuer Anstieg der Sommertemperaturen.

Die größten Temperaturunterschiede gibt es im Gebiet des sibirischen »kalten Pols« im Osten der UdSSR. In Werchojansk (67° 33′N, 133° 23′O) schwanken sie zwischen – 67,7° C (nicht offiziell) und + 36,7° C. Spanne: 104,4°.

Der größte Temperatursturz an einem Tag betrug 55,5° C (von + 6,7° C auf – 48,8° C) und wurde vom 23. zum 24. Januar 1916 in Browning (USA) gemessen.

Der sensationellste Temperaturanstieg betrug 27,2° C und wurde in Spearfish (USA) verzeichnet, wo am 22. Januar 1943 die Temperatur innerhalb von 2 Min. von – 20° C auf + 7,2° C stieg. Die Veränderung geschah morgens zwischen 7 Uhr 30 und 7 Uhr 32.
Angenehmes oder unangenehmes Klima hängt nicht nur von der Temperatur ab, sondern vom

Regenwolken über Neuguinea. Die Aufnahme wurde vom 2. bis 11. Dezember 1990 ebenfalls während der ASTRO-C-Mission von der Raumfähre *Columbia* gewonnen.

Zusammenwirken von Temperatur, Feuchtigkeit, Strahlung und Windgeschwindigkeit. So würde zum Beispiel jemand, der mit einer Geschwindigkeit von 72 km/h in einem Auto ohne Windschutzscheibe bei − 42° C fährt, infolge des Abkühlfaktors eine Kälte von − 87,2° C empfinden, das heißt nur 2° C mehr als die tiefste gemessene Temperatur.

Die tiefste jemals gemessene Temperatur in der Atmosphäre ist − 143° C in einer Höhe von ca. 80,5 bis 96,5 km. Sie wurde bei Untersuchungen leuchtender Nachtwolken über Kronogard (Schweden) vom 27. Juli bis 7. August 1963 von Meteorologen ermittelt.

Die dickste Eisschicht auf der Erde ist 4776 m stark. Amerikanische Antarktisforscher haben sie am 4. Januar 1975 vom Flugzeug aus gemessen – per Funk-Echolotung, 400 km von der Küste in Wilkes Land (69° 9′38″S, 135° 20′25″O).

Die mächtigste Dauerfrost-Bodenschicht (Permafrost) ist am Oberlauf des sibirischen Flusses Wiluij zu finden. Ihre Tiefe erreicht mehr als 1370 m. Das haben sowjetische Stellen im Februar 1982 berichtet.

Höchste Temperatur im Schatten: 58° C Al'Aziziyah (Libyen), Höhe 111 m, 13. September 1922

Niedrigste Temperatur: − 89,2° C Wostok, Antarktis, 21. Juli 1983. Wostok ist 3419 m üNN.

Kältester ständig bewohnter Ort: das 700 m hoch gelegene sibirische Dorf Oimjakon (63° 16′ N, 143° 15′ O) in der UdSSR, wo 1933 die Temperatur auf − 67,8° C fiel.

Größte Regenmenge (24 Std.): 1870 mm, Cilaos, La Réunion, Indischer Ozean, 15./16. März 1952. Dies entspricht 7554 t Regen pro Morgen. Höhe 1200 m.

LANGJÄHRIGE WETTERREKORDE

Liste der Höchsttemperaturen

53,0° C	Ouargla, Algerien	27. August 1884
54,4° C	Amos, Kalifornien (USA)	17. August 1885
54,4° C	Mammoth Tank, Kalifornien (USA)	17. August 1885
56,7° C	Death Valley, Kalifornien (USA)	10. Juli 1913
58,0° C	Al'Aziziyah, Libyen	13. Sept. 1922*

*Vom libyschen Ministerium für Nachrichtenwesen nicht offiziell bestätigt.

Liste der tiefsten Temperaturen

Um 1750 beobachtete M. W. Lomonossow bei Moskau das Gefrieren von Quecksilber, was einer Temperatur von − 38,87° C entsprochen hat.

− 58,3° C	Floeberg Bay, Kanada	1852
− 68 ° C	Werchojansk, UdSSR	3. Januar 1885
− 68 ° C	Werchojansk, UdSSR	5. + 7. Februar 1892
− 67,8° C	Oimjakon, UdSSR*	6. Februar 1933
− 73,5° C	Südpol, Antarktis	11. Mai 1957
− 74,5° C	Südpol, Antarktis	17. September 1957
− 78,34° C	Sowjetskaja, Antarktis	2. Mai 1958
− 80,7 ° C	Wostok, Antarktis	15. Juni 1958
− 81,2 ° C	Sowjetskaja, Antarktis	19. Juni 1958
− 83,0 ° C	Sowjetskaja, Antarktis	25. Juni 1958
− 85,7 ° C	Wostok, Antarktis	7.–8. August 1958
− 86,7 ° C	Sowjetskaja, Antarktis	9. August 1958
− 87,4 ° C	Wostok, Antarktis	25. August 1958
− 88,3 ° C	Wostok, Antarktis	24. August 1960
− 89,2 ° C	Wostok, Antarktis	21. Juli 1983

*1986 sollen am kältesten ständig bewohnten Ort der Welt 4000 Menschen gelebt haben.

Der geringste Sonnenschein ist am Südpol anzutreffen. Dort gibt es 182 Tage im Jahr keinen Sonnenstrahl. Die wissenschaftlichen Arbeiten werden dann – wie hier in der Halley-Station – unter Flutlicht fortgesetzt.

Größte Regenmenge (Kalendermonat): 9299 mm, Cherrapunji, Meghalaya (Indien), Juli 1861

Größte Regenmenge (12 Monate): 26 461 mm, Cherrapunji, Meghalaya (Indien), 1. August 1860 bis 31. Juli 1861

Luftdruck (höchster): 1083,8 mb, Agata, Sibirien (UdSSR), Höhe: 262 m üNN, 31. Dezember 1968

Luftdruck (niedrigster): 870 mb, 482 km westlich von Guam, Pazifik, Breitengrad 16° 44′ N, Längengrad 137° 46′ O, 12. Oktober 1979 im Taifun Tip.

Höchste Oberflächenwindgeschwindigkeit: 371 km/h, Mt. Washington (1916 m), New Hampshire (USA), 12. April 1934

Tornado: Die höchste bisher bei einem Tornado gemessene Geschwindigkeit ist 450 km/h am 2. April 1958 bei Wichita Falls, Texas (USA).

Gewitter (Jahr): 251 Tage, Tororo (Uganda), Jahresdurchschnitt 1967–1976 zwischen 35° N und 35° S gibt es alle 12 Nachtstunden 3200 Gewitter.

Wärmste Stelle (Jahresdurchschnitt): Dallol (Äthiopien) 34° C (1960–66). Im Death Valley (USA) wurden an 43 aufeinanderfolgenden Tagen Temperaturen von über 48,9° C gemessen, und zwar vom 6. Juli bis 17. August 1917. In Marble Bar (Australien) (max. 49,4° C) wurden 162 Tage hintereinander Höchsttemperaturen von über 37,8° C gemessen, und zwar vom 30. Oktober 1923 bis 8. April 1924. In Wyndham (Australien) kletterte 1946 das Thermometer an 333 Tagen über 32,2° C.

Kälteste Stelle (Jahresdurchschnitt): Polus Nedostupnosti, Kältepol (78° S, 96° O) Antarktis, − 57,8° C

Meiste Regentage (Jahr): Mt. Wai-'ale-'ale (1569 m hoch), Kauai (Hawaii) – bis 350 Tage im Jahr

Trockenste Stelle (Jahresdurchschnitt): Kein Regen im Desierto de Atacama in der Nähe von Calama (Chile)

Längste Trockenheit: ca. 400 Jahre bis 1971, Desierto de Atacama (Chile)

Schwerste Hagelkörner: 1020 g, Gopalgan-Distrikt (Bangladesh). Bei diesem Hagelsturm am 14. April 1986 sollen 92 Menschen ums Leben gekommen sein.

Längste Periode von Nebel zur See (Sicht < 914,4 m): Nebel hält auf den Grand Banks, Neufundland (Kanada), wochenlang an, und der Jahresdurchschnitt beträgt über 120 Tage. Ben Nevis in Schottland soll 300 Tage im Jahr in Wolken gehüllt sein.

Windigste Stelle: Commonwealth Bay, George-V-Küste, Antarktis, wo Stürme 320 km/h erreichen.

REGEN

Heftigster Regen: Messungen von Regenmengen während sehr kurzer Zeiten sind schwierig. Dennoch werden die am 26. November 1970 in Barst (Guadeloupe) in 1 Min. gefallenen 38,1 mm für den heftigsten registrierten Regenguß unserer Zeit angesehen.

Regentropfen von 9,4 mm Größe wurden am 7. August 1953 auf dem Flugplatz von Illinois (USA) registriert.

In Deutschland lag die größte Niederschlagshöhe bei 222 mm innerhalb von 24 Std. Diese Menge fiel am 13. September 1899 in Bad Reichenhall (Oberbayern).

Das schwerste dokumentierte Hagelkorn wog 1020 g (s. Übersicht »Langjährige Wetterrekorde«). Die Aufschlaggeschwindigkeit der Hagelkörner hängt von ihrer Größe ab. Bei einem 1-cm-Korn liegt sie bei etwa 50 km/h, bei einem 5-cm-Korn bereits bei 110 km/h und bei einem 14-cm-Korn sogar bei 170 km/h.

Diese Fallgeschwindigkeit, die durch gleichzeitige Gewitterböen noch erhöht werden kann, entwickelt beim Aufschlag eine Wucht, durch die auch Menschen erschlagen werden können.

Das schwerste Unwetter, der Münchner Hagelsturm vom 12. Juli 1984, war nicht nur der größte Versicherungsschaden in der Geschichte der Bundesrepublik Deutschland, sondern auch weltweit der größte Hagelschaden in neuerer Zeit. Walnuß- bis tennisballgroße Hagelkörner (mit einem Durchmesser von 6,5 cm) fielen aus 14 km Höhe an diesem Abend in der Münchner Region vom Himmel.

Den heftigsten Regen innerhalb 24 Std. erlebte Österreich am 5. Juni 1947 am Semmering (Niederösterreich/Steiermark). 323 mm Niederschlag wurden gemessen.

In der Schweiz wurde am 24. September 1924 in Mosogno (Kanton Tessin) eine Niederschlagsmenge von 359 mm gemessen, 1978 fiel, übers Jahr gerechnet, auf der Schwägalp der meiste Regen, nämlich 2476 mm.

Über den am längsten anhaltenden **Regenbogen** – über 3 Std. – wurde am 14. August 1979 aus Nordwales (GB) berichtet.

FATA MORGANA

Die größte Luftspiegelung wurde 1913 von Donald B. MacMillan im Nordpolgebiet bei 83°N, 103°W verzeichnet. Diese Art der Luftspiegelung, die als Fata Morgana bekannt ist, »erstreckte sich über mindestens 120° des Horizonts und zeigte Hügel, Täler und schneebedeckte Bergspitzen« eines Gebiets, das 6 Jahre vorher entdeckt und Crocker-Land getauft worden war.
Am 17. Juli 1939 sah man vom Meer aus eine Luftspiegelung des 539–563 km entfernten Snaefellsjökull (1437 m) auf Island.

BLITZE

Allgemein: Die sichtbare Länge von Blitzen ist sehr unterschiedlich. In gebirgigen Gegenden sieht man bei tiefhängenden Wolken oft Blitze, die nicht einmal 90 m lang sind, während im Flachland bei sehr hohen Wolken ein Blitz eine Länge bis zu 6000 m haben kann. In Extremfällen kommen sogar Längen bis zu 32 km vor.

Einige Fachleute behaupten, die sehr helle Mittelader des Entladungskanals hätte nur einen Durchmesser von 1,27 cm. Diese Ader ist von einer Strahlenhülle (Glimmentladung) umgeben, deren Durchmesser 3–6 m beträgt.

Die Geschwindigkeit eines Blitzes liegt zwischen 160 und 1600 km/s und kann mit bis zu 140000 km/s fast die Hälfte der Lichtgeschwindigkeit beim gewaltigen Rückschlag erreichen.

Größte Entladung: Auf einige Millionen Blitzschläge kommt eine Riesenentladung, bei der die von den Wolken zur Erde und zurücklaufenden Blitzschläge von der Oberseite der Gewitterwolken abblitzen. Bei diesen »positiven Riesen« entwickelt sich manchmal eine Energie bis zu 3000 Mio. Joule (3×10^{16} erg).
Die Temperatur erreicht hierbei ca. 30000°C, was mehr als fünfmal so hoch ist wie die an der Sonnenoberfläche.

Eine große Gruppe von Wissenschaftlern glaubt jetzt, daß die sogenannte **Wasserfall-Theorie** die Entstehung von Gewittern richtig erklärt: Steigt feuchtwarme Luft auf, bilden sich in höheren, kalten Schichten der Atmosphäre Hagelkörner. Wenn sie zur Erde stürzen, tauen sie auf. Dabei werden die Wassertropfen vom Luftstrom auseinandergerissen, in positiv und negativ geladene Tröpfchen. Zwischen beiden entsteht ein elektrisches Spannungsfeld, das sich in Blitzen entlädt.

1990: das wärmste Jahr

Der Streit um die zukünftige Entwicklung des Erdklimas hält weiter an. Die zentrale Frage: Werden die Emissionen von Kohlendioxid durch die Verbrennung fossiler Brennstoffe und das Freisetzen von Fluorchlorkohlenwasserstoffen sowie Methan wirklich eine allmähliche Erwärmung über den Treibhauseffekt bewirken?
Die jüngsten Ergebnisse einer Forschergruppe am Goddard Space Flight Center der NASA in Maryland (USA) scheinen diese Annahme zu bestätigen. Sie zeigen einen deutlichen Temperaturanstieg in den vergangenen zehn Jahren. Wie James Hansen, Leiter des Teams, Anfang Januar 1991 mitteilte, war 1990 mit einer Durchschnittstemperatur von +15,5°C das wärmste Jahr seit 1840, dem Beginn regelmäßiger meteorologischer Aufzeichnungen. Weltweit waren rund 2000 Meßstationen an der Datenerhebung beteiligt. Ein weiterer Befund: Die sieben wärmsten Jahre überhaupt sind alle in das letzte Jahrzehnt gefallen. Die Jahresdurchschnittstemperatur ist seit 1840 um 1°C angestiegen. Es gibt Anzeichen dafür, daß sich der Temperaturanstieg beschleunigt, aber auch Hinweise auf erhebliche regionale Unterschiede.

Die längste Trockenperiode ist in der chilenischen Atacama-Wüste bei Calama beobachtet worden. Sie hielt über rund 400 Jahre bis 1971 an. Es fiel keinerlei Regen. Die kleine Wüstenstadt mußte über eine 100 km lange Wasserleitung versorgt werden.

WASSERHOSE

Die höchste Wasserhose, über die glaubhafte Angaben vorliegen, wurde am 16. Mai 1898 bei Eden (Australien) beobachtet. Eine an der Küste vorgenommene Theodolitenmessung ergab eine Höhe von 1528 m. Ihr Durchmesser betrug rund 3 m.
Die Spithead-Wasserhose, die nahe der Küste von Ryde auf der Isle of Wight (GB) am 21. August 1878 entstand und deren Höhe mit einem Sextanten gemessen wurde, war ca. 1,6 km hoch. Realistischer dürfte der Wert für eine Wasserhose sein, die sich am 6. August 1987 vor Yarmouth, Isle of Wight, entwickelte. Sie war etwa 762 m hoch.

WOLKEN

Die höchste Normalwolkenbildung ist Zirrus mit einer Durchschnittshöhe von 8250 m. Aber die seltenen Perlmutterwolken erreichen manchmal Höhen von fast 24 000 m. Zirruswolken bestehen aus Eiskristallen von –40°C und kälter.
Die niedrigsten Wolken sind Stratus- oder Schichtwolken in Höhen unter 1066 m.

Die größte Steighöhe hat der Kumulonimbus, der in den Tropen in Höhen von fast 20 000 m beobachtet worden ist.

WIND

Die windigste Ecke der Welt ist die Commonwealth Bay (Antarktis). Stürme erreichen dort eine Geschwindigkeit von 320 km/h.

Auf dem Feldberg im Schwarzwald wurde am 13. Februar 1962 in Böen eine Geschwindigkeit von 205 km/h gemessen.
Schäden, die Stürme am 16. und 18. Februar 1946 anrichteten, lassen Geschwindigkeiten von ca. 200 km/h glaubhaft erscheinen.

Auf dem Säntis (2504 m), dem höchsten Gipfel der Appenzeller Alpen, wurde ein Anemometer (Windmesser) zerstört, das Geschwindigkeiten bis 180 km/h zu registrieren in der Lage war. Der Sturm war also ca. 200 km/h schnell gewesen. Solche Windgeschwindigkeiten kommen auf den Gipfeln der Schweizer Alpen nicht selten vor.

Der in den Niederungen der Schweiz in den letzten Jahren gemessene größte Wert liegt bei 145 km/h. Er wurde am 8. Dezember 1977 in Altdorf (Kanton Uri) registriert.

NATUR-ERSCHEINUNGEN

ERDBEBEN

Anmerkung: Seismologische Angaben basieren nicht auf lokaler, sondern Weltzeit (GMT) und setzen beim Datum immer das Jahr an die erste Stelle. Wir haben für unsere seismologischen Rekorde diese Schreibweise übernommen.

Die schwersten Erdbeben: Pro Jahr werden schätzungsweise 500 000 seismische oder mikroseismische Störungen registriert. 100 000 davon sind fühlbar, etwa 1000 richten Schaden an. Die tiefsten bekannten Hypozentren lagen 720 km tief im Erdinnern Indonesiens (1933, 34 und 1943).

Die viel benutzte Gutenberg-Richter-Skala (1954 veröffentlicht) enthält Fehlerquellen. Sie wurde nach Dr. Benno Gutenberg (1889–1960) und Dr. Charles Richter (1900–85) benannt. Die Kanamori-Skala, seit 1977 in Gebrauch, ist genauer. Die Stärke der Erschütterung wird nach der Freisetzung von Energie bestimmt. Das stärkste Erdbeben nach der Kanamori-Skala war der verheerende Lebu-Schock südlich von Concepción in Chile 1960 Mai 22. mit geschätzten mehr als 10^{19} Joule. Laut Kanamori-Skala hatte dieses Beben eine Stärke von 9,5. Nach der Gutenberg-Richter-Skala war der Lebu-Schock nur das viertschwerste Erdbeben mit einer Stärke von 8,3.

Die meisten Todesopfer: Die meisten notierten Todesopfer dürfte ein Beben im Jahr 1201 im Nahen Osten und im östlichen Mittelmeerraum gefordert haben. Möglicherweise hat es 1 100 000 Tote gegeben. Weniger unsicher sind die Zahlen für das Erdbeben *(ti chen)* in den chinesischen Provinzen Schensi, Schansi und Honan 1556 Februar 2., bei dem ca. 830 000 Menschen ums Leben kamen.

Vier Tage nach seiner ersten Eruption am 9. Juni 1991 brach der Mount Pinatubo auf der philippinischen Hauptinsel Luzon erneut aus – nach mehr als 600jähriger Ruhe. Eine 25 km hohe Wolke aus Gas, Rauch und Asche verdunkelte die Umgebung und stieg bis in die Stratosphäre. Tausende Tonnen von Ascheteilchen fangen das Sonnenlicht ab und könnten das Weltklima für Jahre spürbar verändern. Die Aktivität des 1475 m hohen Vulkans hatte seit Anfang April stetig zugenommen.

In unserer Zeit forderte das Erdbeben von Tangshan in Ostchina 1976 Juli 27. (Ortszeit 3 Uhr morgens Juli 28.) die meisten Todesopfer (Stärke des Erdbebens 7,9). Meldungen am 4. Januar 1977 sprachen von 655 237 Toten. Später war sogar von 750 000 Toten die Rede.
1979 November 22. korrigierte die chinesische Nachrichtenagentur die Zahl der Todesopfer ohne Erklärungen auf 242 000. Sogar noch im Januar 1982 war das Stadtgebiet von Tangshan eine verbotene Zone.

Den größten Sachschaden verursachte das Erdbeben in der Kanto-Ebene (Stärke 8,2 auf der Richter-Skala, Epizentrum 35° 15′N, 139° 30′O) in Japan 1923 September 1. An einer Stelle in der Sagami Bay senkte sich der Meeresspiegel um 400 m. Nach Angabe der Behörden betrug die Zahl der Toten und Vermißten in dem Shinsai oder großen Erdbeben und den dadurch hervorgerufenen Bränden 142 807. In Tokio und Jokohama wurden 575 000 Häuser zerstört, und der Schaden wurde auf heute 58 Mrd. DM geschätzt.
Noch teurer könnte womöglich ein Erdbeben 48 km nördlich von Los Angeles mit einer Stärke von 7,5 nach der Gutenberg-Richter-Skala kommen. Mit allen Folgekosten könnte es nach Schätzungen einen 175-Mrd.-DM-Schaden anrichten.

In Deutschland sind seit 1350 nur 9 Menschen durch Erdbeben ums Leben gekommen. Eines der heftigsten Beben war das von 1756 Februar 18. bei Düren in der Gegend von Aachen (Nordrhein-Westfalen) mit der Stärke 8 auf der internationalen zwölfteiligen Intensitätsskala. 1872 März 6. ereignete sich ein starkes Beben (Intensität 8) bei Gera im Thüringer Wald. 1978 September 3. ereignete sich im Gebiet der Schwäbischen Alb ein starkes Beben, das in seinem Zentrum Intensität 6 erreichte und einen erheblichen Schaden anrichtete.

Ein elektrischer Strom unter Australien

Ein 6000 km langer elektrischer Untergrundstrom ist in 15–45 km Tiefe unter der Oberfläche Australiens entdeckt worden. Seine Intensität ist allerdings so gering, daß er noch nicht einmal eine Glühbirne zum Leuchten brächte. Der Strom verläuft entlang von Bruchzonen, die vor einigen hundert Mio. Jahren beim Zusammenstoß alter Lithosphärenplatten entstanden sind. In den Bruchzonen wurden alkalische Flüssigkeiten nachgewiesen, die als elektrische Leiter wirken. Der Strom wird durch das Erdmagnetfeld induziert. Ein Netz aus 54 Magnetometerstationen – über den Kontinent verteilt – hat diesen Strom genau vermessen. Bislang galt ein 2000 km langer Strom, der von Wyoming (USA) ausgeht und weit nach Kanada hineinreicht, als längster elektrischer Untergrundstrom.

Das stärkste Erdbeben in Österreich war jenes von Villach 1348 Januar 25. (Intensität 9) mit mehr als 1000 Toten.

Das folgenschwerste Erdbeben in der Schweiz ereignete sich 1356 Oktober 18. in Basel. Die Intensität dieses Bebens, bei dem 300 Personen den Tod fanden, hatte den Wert 9.

Der älteste Seismograph der Welt steht in Göttingen (Niedersachsen). Mit ihm werden seit 1902 Tag für Tag leichte und schwere Erdstöße in allen Kontinenten aufgezeichnet. Der im Hainberg oberhalb Göttingens installierte Seismograph war der Prototyp für über 100 gleichartige Geräte, die in der ganzen Welt aufgestellt wurden. In Deutschland arbeitet nur noch das Original.

Seit 1986 ist der Kilauea-Vulkan auf Hawaii fast ununterbrochen aktiv. Dieses Inselarchipel ist das größte Vulkangebirge. Tausende von Jahren türmt sich bereits im Pazifik erkaltete Lava auf.

VULKANE

Allgemein: Insgesamt sind 1343 tätige Vulkane auf der Erde bekannt. Davon sind zahlreiche Objekte submarine Vulkane.
Die meisten Vulkane gibt es in Indonesien. Von den 200 bekannten sind 77 in historischer Zeit ausgebrochen. Das Wort Vulkan wurde von der Insel Vulcano im Mittelmeer abgeleitet; die Insel wiederum war nach Vulcanus, dem Feuergott, benannt worden.
Die größte Explosion in historischer Zeit ereignete sich gegen 10 Uhr Lokalzeit (oder 3 Uhr GMT) am 27. August 1883 bei einem Ausbruch des Krakatau, einer damals 47 km^2 großen Insel in der Sundastraße zwischen Sumatra und Java in Indonesien. 163 Dörfer wurden vernichtet, und 36 380 Menschen kamen in der durch den Ausbruch ausgelösten Flut ums Leben. Bimsstein wurde 55 km in die Höhe geschleudert, und noch 10 Tage später fiel mehr als 5000 km von der Insel entfernt Staubregen. Die Explosion wurde 4 Std. später auf der 4776 km entfernten Insel Rodrigues als »Donner von schweren Geschützen« verzeichnet und wurde in einem Gebiet von der Größe Europas (einem Dreizehntel der Landmasse) gehört. Man nimmt an, daß diese Explosion ungefähr 26mal so stark war wie die stärkste Testdetonation einer Wasserstoffbombe, aber dennoch nur einem Fünftel der Eruption von Santorin (Griechenland) entsprach.

Der vermutlich stärkste Vulkanausbruch war die Taupo-Eruption in Neuseeland etwa 130 n. Chr. Dabei wurden schätzungsweise 30 000 Mio. t Bimsstein auf einmal und mit etwa 700 km/h herausgeschleudert. Nur 20 Prozent der Steine gingen weniger als 200 km vom Krater entfernt nieder. Insgesamt bedeckten sie 16 000 km^2, rund 26mal soviel Fläche wie beim Ausbruch des Mt. St. Helens 1980 verwüstet wurde.

Das größte Lavavolumen ergoß sich beim Ausbruch des Vulkans Tambora auf der Insel Sumbawa (Indonesien) vom 5. bis 7. April 1815. Die Gesamtmenge an ausgeworfenem Material wird auf 150–180 km^3 geschätzt. Die Energie dieser Eruption betrug $8{,}4 \times 10^{19}$ Joule. Der Vulkan wurde um 1250 m niedriger, und es bildete sich ein Krater mit einem Durchmesser von 11 km. Der Innendruck, der den Ausbruch des Tambora auslöste, wird auf 3270 kg/cm^2 geschätzt. Durch den Ausbruch und seine Folgen kamen mehr als 90 000 Menschen ums Leben.

Ein Lavavolumen von 60 bis 65 km^3 wurde beim Ausbruch des Inselvulkans Santorin (Griechenland) herausgeschleudert. Die Explosion ereignete sich 1626 ± 1 v. Chr.

Der längste Lavastrom in historischer Zeit, *pahoehoe* genannt (Erstarrung in der Form eines gedrehten Stranges), ergoß sich 1783 beim Ausbruch des Laki (Island). Er erreichte eine Länge von 65 bis 70 km. Der breiteste bekannte prähistorische Lavastrom ist der Roza-Basaltstrom in Nordamerika. Er entstand vor ca. 15 Mio. Jahren und hatte eine Länge von 300 km, einen Flächeninhalt von 40 000 km^2 und ein Volumen von 1250 km^3.

Der höchste ruhende Vulkan ist der Llullaillaco mit 6723 m an der Grenze zwischen Chile und Argentinien.

Der höchste tätige Vulkan ist der Ogos del Salado mit seinen Fumarolen. Er ist 6887 m hoch und liegt an der Grenze zwischen Chile und Argentinien.

Der größte aktive Vulkan ist der Mauna Loa (4169 m) auf Hawaii. Seine elliptische Basis ist 120 × 50 km groß. Der Lavafluß erstreckt sich auf ein Gebiet von über 5125 km^2. Der Krater an der Spitze, Mokuaweoweo, ist 150–180 m tief und nimmt eine Fläche von 10,4 km^2 ein. Seit 1832 hat man im Durchschnitt alle 3½ Jahre einen Ausbruch beobachtet. Das letzte große Ereignis fand im April 1984 statt.

Diese Erdaufnahme, zusammengestellt aus Tausenden von Satellitenbildern, zeigt deutlich das Südchinesische Meer mit einer Fläche von 2 974 600 km² und als größten Archipel Indonesien mit seinen 13 000 Inseln, die auf einem Bogen von 5600 km Länge liegen.

Amerikanische Klimaforscher berichteten im November 1989, daß der Treibhauseffekt nur zu einem Anstieg von 30 cm in den nächsten fünfzig Jahren führen wird. Damit verringert sich die Gefahr für die Küstenregionen. Neue Klimamodelle zeigen, daß durch den Treibhauseffekt Meerwasser verdampfen wird, das sich dann letztlich als Schnee in der Antarktis niederschlägt. Durch diesen Mechanismus wird der Anstieg des Meeresspiegels deutlich gebremst.

Die Erwärmung der Ozeane schreitet rascher als erwartet voran. Amerikanische Satellitenbeobachtungen haben ergeben, daß die mittleren Ozeantemperaturen jährlich um etwa 0,1° C zugenommen haben. Das ist doppelt soviel, wie man aus den konventionellen Daten ermittelt hatte. Ob es sich dabei um eine Auswirkung des Treibhauseffekts handelt, läßt sich noch nicht sagen.

Der größte Ozean ist der Pazifik. Sein Flächeninhalt beträgt 166 241 000 km². Das sind 45,9 Prozent der globalen Meeresoberfläche. Im Durchschnitt ist er 4188 m tief.

Die kürzeste mit Schiffen befahrbare Entfernung über den Pazifik, von Guayaquil in Ecuador nach Bangkok in Thailand, ist 17 550 km.

Der nördlichste Vulkan ist der Beeren-Berg (2276 m) auf der zu Norwegen gehörenden Insel Jan Mayen (71° 05′N) in der Grönlandsee. Er brach am 20. September 1970 aus, und die 39 Bewohner der Insel (alles Männer) mußten evakuiert werden. Wahrscheinlich wurde die Insel von Henry Hudson 1607 oder 1608 entdeckt, bestimmt wurde sie 1614 von Jan Jacobsz May (Niederlande) besucht. Am 8. Mai 1929 kam sie zu Norwegen. Der Seeberg Ostenso (1775 m) auf 85° 10′N und 133° W, 556 km vom Nordpol entfernt, war früher vulkanisch aktiv.

Der südlichste unter den bekannten tätigen Vulkanen ist der Mt. Erebus (3795 m) 77° 35′S auf Ross Island in der Antarktis. Er wurde am 28. Januar 1841 bei der Expedition von Captain James Clark Ross (1800–62) entdeckt und erstmalig am 10. März 1908 um 10 Uhr morgens von einer britischen Gruppe unter der Leitung von Prof. Tannatt William Edgeworth David (1858–1934) bestiegen.

Der größte vulkanische Krater (auch Caldera genannt) ist der Toba-See im Norden Sumatras (Indonesien) mit einem Flächeninhalt von 1775 km².

GEYSIRE

Die höchste Wasserfontäne von 457 m stieß der Waimangu-Geysir (Maori: Schwarzes Wasser), Neuseeland, 1904 aus. Das letzte Mal brach er unerwartet am 1. April 1917 aus und tötete 4 Menschen.

Der höchste Geysir der Gegenwart ist der Service Steamboat Geysir im Yellowstone National Park (USA). Von 1962 bis 69 stieg in Abständen von 5 Tagen bis 10 Monaten seine Fontäne zwischen 76 und 115 m hoch.

Die größte Wassermenge, nämlich 37 850 hl, produzierte der Giant Geysir, ebenfalls im Yellowstone National Park (USA), der seit 1955 ruhig ist.

Der Geysir (vom Altisländischen *geysa* »wild strömen«) in der Nähe des Mt. Hekla auf Island, nach dem alle anderen benannt sind, stößt gelegentlich Fontänen von Höhen bis zu 55 m aus. Der benachbarte Strokkur, durch eine Bohrung 1963 wieder aktiviert, stößt Fontänen im 10- bis 15-Minuten-Intervall aus.

GRÖSSENREKORDE

MEERE

Allgemein: Die vom Meer bedeckte Oberfläche der Erde – die Hydrosphäre – wird auf 362 033 000 km² oder 70,98 Prozent der Gesamtoberfläche geschätzt.
Die mittlere Tiefe der Hydrosphäre wurde bis vor wenigen Jahren auf 3795 m geschätzt, aber neuere Messungen haben zu niedrigeren Werten (3554 m) geführt.
Das geschätzte Gesamtgewicht des Wassers ist $1{,}32 \times 10^{18}$ t oder 0,022 Prozent des Gesamtgewichts der Erde.
Das Wasservolumen der Ozeane wird auf 1 349 900 000 km³ geschätzt, das Süßwasser nur auf 35 000 000 km³.

Der Meeresspiegel wird weltweit nicht so stark ansteigen wie ursprünglich befürchtet.

Die größte Meerestiefe wurde 1951 im Marianengraben im Pazifik von dem britischen Vermessungsschiff *Challenger* ermittelt. Damals wurde eine Tiefe von 5940 Faden (10 863 m) durch Abloten und Echolot gemessen. Bei späteren Untersuchungen der *Challenger*-Tiefe mit der Multibeam-Echolottechnik ergab sich eine etwas größere Tiefe von 6034 Faden (11 034 m), wie sie schon vom sowjetischen Forschungsschiff *Vityaz* 1957 gemessen wurde. Am 23. Januar 1960 hatte die Tiefsee-Tauchkugel *Trieste* eine Tiefe von 10 916 m erreicht. Neuere Daten (1984) des japanischen Vermessungsschiffes *Takuyo* sprechen für einen Tiefenwert von 10 924 ± 10 m.

Ein Metallgegenstand, eine 1000 g schwere Stahlkugel etwa, würde – ließe man ihn über dem Marianengraben ins Wasser fallen – fast 64 Min. brauchen, bis er auf dem Meeresboden in 10,92 km Tiefe anlangt. Dort beträgt der hydrostatische Druck etwa 1250 bar.

Die größte See ist die Südchinesische See mit einer Oberfläche von 2 974 600 km².

Der größte Golf ist der Golf von Mexiko mit einem Flächeninhalt von 1 500 000 km² und einer 4990 km langen Küstenlinie, die von Cape Sable, Florida (USA), bis Cabo Catoche (Mexiko) reicht.

Die größte Meeresbucht, gemessen nach der Länge der Küstenlinie, ist die Hudsonbay im nördlichen Kanada mit einer Küstenlinie von 12 268 km und einer Fläche von 822 300 km². Die Fläche der Bucht von Bengalen beträgt dagegen 2 172 000 km².

Der längste Fjord ist der Nordvestfjordarm des Scoresby-Sund in Ostgrönland, der 313 km vom Meer ins Land hineinreicht. Der längste norwegische Fjord ist der Sognefjord, der 204 km landeinwärts von Sogneoksen bis zur Spitze des Lusterfjordarmes bei Skjolden reicht. Er ist kaum breiter als 5,1 km und an seiner tiefsten Stelle 1296 m tief.

Der höchste Berg auf dem Meeresgrund wurde 1953 in der Nähe des Tongagrabens zwischen Samoa und Neuseeland entdeckt. Er erhebt sich 8690 m vom Meeresboden, und der Meeresspiegel liegt 365 m über seiner Spitze.

Der landfernste Punkt liegt im Südpazifik ca. 48°30'S und 125°30'W. Er ist ca. 2670 km vom nächsten Flecken Land, nämlich der Pitcairninsel, der Ducieninsel und dem Cape Dart in der Antarktis, entfernt. Die diesen Punkt umgebende Wasserfläche hat eine Ausdehnung von 22421500 km^2 und ist damit 18000 km^2 größer als das größte Land der Welt, die Sowjetunion.

Der südlichste Punkt des Ozeans befindet sich 85°34'S, 154°W am Auslauf des Robert-Scott-Gletschers, 490 km vom Südpol entfernt.

Die längste Seereise, die man machen kann, ist 31960 km lang. Sie beginnt an einem Punkt westlich von Karatschi (Pakistan) und führt durch die Straße von Mosambik, die Drakestraße und das Beringmeer zu einem Punkt nördlich von Uka'Kamtschatka.

Die Wassertemperatur an der Meeresoberfläche reicht von − 2°C im Weißen Meer bis 35,6°C im Sommer an den seichten Stellen im Persischen Golf. Die Normaltemperatur des Roten Meeres ist 22°C. Durch die »Brennglas«-Wirkung von Eis auf die Sonnenstrahlung können an der Wasseroberfläche in Polarmeeren Temperaturen bis knapp 27° C auftreten.

Die höchste Temperatur, die im Meer gemessen wurde, betrug 404°C. Ermittelt wurde sie von einem Forschungs-Unterseeboot 480 km von der Westküste der USA im Rahmen einer Expedition unter Jack Diamond, Oregon State University (USA). Die Temperatur wurde in einzelnen Wasserproben dieser geothermischen Quelle gemessen. Der hohe Druck verhinderte ein Verdampfen des aufsteigenden Wassers.

Das klarste Wasser findet man in der Weddell-See bei 71°S und 15°W in der Antarktis. Am 13. Oktober 1966 haben Wissenschaftler des Alfred-Wegener-Instituts eine sogenannte »Secchi-Testscheibe« noch in einer Tiefe von 80 m erkennen können. Diese Transparenz entspricht etwa der von destilliertem Wasser.

MEERENGEN

Die längste Meerenge ist der Tatarensund zwischen der Insel Sachalin und dem sowjetischen Festland, der das Japanische Meer mit dem Ochotskischen Meer verbindet. Diese Strecke ist 800 km lang, also kaum länger als die Straße von Malakka.

Die breiteste Meerenge ist die Davisstraße zwischen Grönland und Baffinland (Kanada) mit einer Mindestweite von 338 km.
Die Drakestraße zwischen den Diego-Ramirez-Inseln (Chile) und den Südshetlandinseln hat eine Breite von 1140 km.

Die engste schiffbare Meerenge befindet sich zwischen der ägäischen Insel Euböa und dem griechischen Festland. Bei Chalkis ist sie nur 40 m breit. Der Seilsund in Strathclyde (Schottland) ist an einer Stelle nur 6 m breit. Dort verbindet die Clachan-Brücke die Insel mit dem Festland, man kann also sagen, daß durch sie der Atlantik überbrückt wird.

WELLEN

Die höchste Welle wurde von US-Marineleutnant Frederic Margraff gemessen, als er mit dem Schiff *Ramapo* auf dem Weg von Manila (Philippinen) nach San Diego, Kalifornien (USA), in der Nacht vom 6. zum 7. Februar 1933 durch einen Hurrikan fuhr, der mit einer Geschwindigkeit von 126 km/h daherraste. Er errechnete für die Welle vom Wellental bis zum Scheitel eine Höhe von 34 m.

Die höchste mit Instrumenten gemessene Welle war 26,2 m hoch und wurde vom britischen Schiff *Weather Reporter* im Nordatlantik am 30. Dezember 1972 59°N, 19°W verzeichnet. Statistische Berechnungen zeigen, daß eine von 300000 Wellen die mittlere Wellenhöhe um den Faktor 4 überschreitet.
Am 9. Juli 1958 löste ein Erdrutsch in der fjordartigen Lituya Bay, Alaska (USA), eine 524 m hohe Welle mit einer Geschwindigkeit von 160 km/h aus.

Wellenwachstum: Die Wellen im Nordosten des Atlantiks werden immer höher. Wie Wissenschaftler des Deacon-Meeresforschungslaboratoriums in der südenglischen Grafschaft Surrey im April 1988 mitteilten, betrug die mittlere Wellenhöhe in den 60er Jahren 2,25 m. In den 80er Jahren ist sie dagegen auf 2,75–3 m gestiegen. Bei den höchsten Wellen wurde im entsprechenden Zeitraum ein Anstieg von 12 auf 18 m beobachtet. Auch im Westatlantik wurde eine Zunahme der Wellenhöhe gemessen. Die Ursache ist noch unklar.

Höchste Erdbebenwellen: Die höchste Höhe, die man für eine Tsunami (oft zu Unrecht Flutwelle genannt) schätzte, betrug 85 m und erschien bei Ischigaki, einer der Riukiuinseln, am 24. April 1971. Diese Erdbebenwelle schleuderte einen 750 t schweren Korallenblock über 2,5 km weit. Tsunami (ein japanisches Wort, das im Singular und Plural gleich ist) können eine Geschwindigkeit von 790 km/h erreichen. Am 4. Dezember 1984 wurde über Hinweise auf eine 300 m hohe Ozeanwelle berichtet, die sich am südlichen Strand von Lanai (Hawaii) gebrochen hat. Allerdings fand das Ereignis schon vor 100000 Jahren statt, ausgelöst durch einen Meteoriteneinschlag, einen Vulkanausbruch oder einen untermeerischen Erdrutsch.

MEERESSTRÖMUNGEN

Die größte Meeresströmung ist der antarktische Zirkumpolarstrom oder die Westwindtrift. Messungen in der Drakestraße zwischen Südamerika und der Antarktis ergaben 1982 einen Strömungsfluß von 130000000 m^3/s. 1990 wurden Computermodelle veröffentlicht, die einen Strömungsfluß von 195000000 m^3/s erwarten lassen. Seine Breite liegt zwischen 300 und 2000 km, und seine Oberflächenströmung beträgt 0,75 km/h.

Die stärkste Strömung haben die Nakwakto Rapids in Slingsby Channel (Kanada) (51°05'N, 127°30'W), wo die Strömungsgeschwindigkeit 16 Knoten (29,6 km/h) erreichen kann.

GEZEITEN

Allgemein: Außergewöhnliche Gezeiten entstehen durch die Gravitationskraft des Mondes und der Sonne und der Einwirkung ihres Perigäums, Perihelions und ihrer Konjunktionen. Luftdruck und Wind können zusätzliche Verstärkungen hervorrufen, und der Verlauf der Küsten und des Meeresbodens beeinflußt gleichfalls die Wirkung der Gezeiten. Die Abstände zwischen den Tiden betragen durchschnittlich 12:25 Std.

Die stärksten Gezeiten gibt es in Kanada in der Bay of Fundy, die zwischen Neuschottland,

Die größten Gezeiten sind in der kanadischen Fundy-Bay zu beobachten. In Ninas Becken, Nova Skotia, beträgt der mittlere Tidenhub 14,5 m.

Maine (dem nordöstlichsten Staat der USA) und der kanadischen Provinz New Brunswick liegt. Burncoat Head im Minasbecken in Neuschottland hat mit 14,5 m den höchsten mittleren Tidenhub in der Welt. Ein Tidenhub von 16,6 m bei Springfluten wurde 1953 im Leafbekken in der Ungara-Bay, Quebec (Kanada), gemessen. Tahiti kennt keinen Tidenhub.

Der größte Tidenhub an der deutschen Nordseeküste wurde 1978 mit 4,17 m an der großen Weserbrücke in Bremen ermittelt. Der mittlere Tidenhub ist das Jahresmittel aus den Unterschiedsbeträgen zwischen Tidenhochwasser und Tidenniedrigwasser.

In der Ostsee gibt es keinen regelmäßigen und vorher bestimmbaren Wechsel zwischen Ebbe und Flut.

EISBERGE

Der größte Eisberg war ein antarktischer Tafelberg von über 31 000 km^2 (335 km × 97 km, also größer als Belgien), der am 12. November 1956 von dem US-Schiff *Glacier* 240 km westlich von der Scott-Insel im südlichen Pazifik gesichtet wurde.
Die 1946 entdeckte, 61 m dicke arktische Eisinsel T. 1 (360 km^2) konnte 17 Jahre lang geortet und gemessen werden.

Der höchste je gesichtete Eisberg hatte eine Höhe von 167 m und wurde vom Deck des US-Eisbrechers *East Wind* aus 1958 nahe der Westküste von Grönland fotografiert.

Der südlichste arktische Eisberg wurde im April 1935 von einem US-Wetterbeobachtungsschiff im Atlantischen Ozean 28° 44'N, 48° 42'W gesichtet.

Der nördlichste antarktische Eisberg war ein Eisbergrest, der am 30. April 1894 von dem Handelsschiff *Dochra* im Atlantik 26° 30'S, 25° 40'W gesichtet wurde.

LAND

Allgemein: Für die Wissenschaft gilt es als erwiesen, daß das gesamte Landgebiet unseres Planeten in einem einzigen Urkontinent von 2 × 10^8 km^2 Größe vereinigt war, der Pangaea genannt wird. Dieser spaltete sich vor ca. 190 Mio. Jahren während des Juras in zwei Superkontinente, die mit Laurasien (Eurasien, Grönland und Nordamerika) und Gondwanaland (Afrika, Arabien, Indien, Südamerika, Ozeanien und Antarktis) bezeichnet werden.
Der Name des zweiten Superkontinents ist von der indischen Landschaft Gondwana abgeleitet. Seine Aufspaltung begann vor 120 Mio. Jahren. Der Südpol dürfte noch vor ca. 450 Mio. Jahren während des Ordoviziums im Gebiet der Sahara gelegen haben.

GESTEIN

Das Alter der Erde wird auf 4500 ± 20 Mio. Jahre geschätzt. Zwar existiert auf der Erdoberfläche kein Gestein dieses Alters mehr, doch aus der Analyse von Mondmaterialproben und Meteoriten läßt sich dieser Wert recht genau ableiten.

Das älteste Gestein mit gesicherter wissenschaftlicher Datierung ist 3,962 Mrd. Jahre alt. Wie der Geologe James Bowring von der Universität Washington (USA) im Oktober 1989 mitteilte, handelt es sich um zwei granitartige Gesteinsbrocken, die im Mai 1984 nördlich des Großen Sklavensees in den kanadischen Westterritorien entdeckt wurden. Die 1986 in Australien aufgefundenen Zirkonkristalle sind mit 4,276 Mrd. Jahren zwar deutlich älter, gehören aber nicht zu dem Gestein, aus dem man sie isolierte. Die Altersbestimmung wurde jeweils mit einem Analysegerät namens SHRIMP (**S**ensitive **H**igh-mass **R**esolution **I**on **M**icro**P**robe) durchgeführt. Das älteste deutsche Gestein, ein dunkelgrüner Eklogit, ist nach Angaben vom November 1985 2,07 Mrd. Jahre alt.

Vier Milliarden Jahre alt ist dieses Gestein, das hier kunstvoll eingearbeitet ist.

Der östliche Teil Ägyptens, das Rote Meer und Saudiarabien sind deutlich zu erkennen. Im April 1990 wurde diese hochauflösende Aufnahme an Bord der Raumfähre *Discovery* geschossen.

Der größte Gesteinskomplex ist der berühmte Ayer's Rock (Australien), ein Monolith aus roter kambrischer Arkose, der sich 348 m in die Höhe reckt, 2,5 km lang und 1,6 km breit ist. Die nächstgrößere Stadt ist Alice Springs, 400 km nordöstlich gelegen. Rund 61 355 t wiegt nach Schätzungen aus dem Jahr 1940 La Gran Piedra, ein Felsbrocken aus Vulkangestein in der Sierra Maestra (Kuba).

KONTINENTE

41,25 Prozent der Erdoberfläche, 210 400 000 km^2, bestehen aus Landmassen. ⅔ davon oder 29,02 Prozent der Erdoberfläche (148 021 000 km^2) liegen über Wasser mit einer mittleren Höhe von 756 m über dem Meeresspiegel, ⅓ entfällt auf die Kontinentalschelfe. Die eurasische Landmasse mit einer Ausdehnung von 53 698 000 km^2 (einschließlich Inseln) ist der größte Kontinent. Die afro-eurasische Landmasse, die durch den Suezkanal nur künstlich getrennt ist, hat eine Ausdehnung von 84 702 000 km^2, also 57,2 Prozent der über dem Meeresspiegel liegenden Landmasse der Erde.

Der kleinste Kontinent ist das australische Festland mit einer Ausdehnung von 7 618 493 km^2. Zusammen mit Tasmanien, Neuseeland, Neuguinea und den pazifischen Inseln wird die ganze Gruppe auch Ozeanien genannt. Das gesamte Gebiet von Ozeanien hat eine Fläche von ca. 8 935 000 km^2 einschließlich Westirian.

Indien ist ein eigener Kontinent. Das behauptet jedenfalls ein Geologenteam um Richard Gordon (USA). Anfang 1990 legte es eine Untersuchung vor, wonach Indien nicht der nördliche Ausläufer der sogenannten indoaustralischen Platte ist, sondern eine eigene Platte darstellt. Die Indische und die Australische Platte, so Gordon, stoßen an ihrem östlichen Rand mit einer Geschwindigkeit von etwa 4 mm/Jahr aufeinander, am westlichen Rand treiben sie mit einer Geschwindigkeit von 6 mm/ Jahr auseinander. Die Theorie ist noch umstritten.

Weitester Küstenabstand: In der Dzoosotoyn-Elisen-Wüste (China) liegt dieser Punkt bei 46° 16′8″N und 86° 40′2″O, der nach allen Himmelsrichtungen weiter von einer Meeresküste entfernt ist als irgendein anderer Punkt auf der Erde. Er wurde erstmals am 27. Juni 1986 von dem Engländer Richard Crane besucht und ist – Luftlinie gemessen – 2648 km von der nächsten offenen See entfernt. Die nächste größere Stadt südlich dieses Punktes ist Urumtschi.

In Mitteleuropa liegt das Gebiet um die Stadt Heilbronn (Baden-Württemberg) im Zentrum zwischen Nordsee, Ostsee, Adria und Ligurischem Meer.

Die größte Halbinsel der Welt ist Arabien mit einer Fläche von 3 250 000 km^2.

INSELN

Die größte Insel, wenn man Australien nicht als Insel, sondern als kontinentale Landmasse betrachtet, ist Grönland (oder Kalaallit Nunaat, so heißt es seit dem 1. Mai 1979 wieder in der Landessprache) mit ca. 2 175 000 km^2. Allerdings besteht Grönland aus mehreren von einer Eisdecke (durchschnittlich 1500 m, maximal ca. 3400 m mächtig) bedeckten Inseln, ohne die es nur 1 680 000 km^2 groß wäre. Die größte Sandinsel der Welt ist die vor der Küste von Queensland (Australien) gelegene Frazer-Insel mit einer 120 km langen Sanddüne.

Die größte deutsche Insel ist Rügen in der Ostsee mit einer Fläche von 926,4 km^2.

Die größte Insel im Süßwasser ist die Ilha de Marajo (48 000 km^2) in der Amazonasmündung in Brasilien. Die größte Binneninsel (das heißt zwischen Flüssen liegendes Land) ist die Ilha do Bananal in Brasilien mit 18 130 km^2.

Die größte Insel in einem See ist Manitoulin (2766 km^2) im kanadischen (Ontario-)Gebiet des Huronsees.

Die größte deutsche Binnenlandinsel ist die Bodenseeinsel Reichenau (Baden-Württemberg) mit 4,5 km^2 Fläche.

Österreichs größte Insel ist 5,25 ha groß und liegt im Neusiedler See. Es ist die Apetlonen-Schilf-Insel an der Grenze zu Ungarn; eine reine Moorinsel, die nicht bebaubar ist.

Die größte Schweizer Insel ist die Île de St. Pierre im Bieler See (franz. Schweiz). Da der Seespiegel ständig sinkt, vergrößert sich die Insel von Jahr zu Jahr. 1978 betrug ihre Fläche 89 ha.

Die entlegenste unbewohnte Insel ist Bouvet Øya (ehem. Liverpoolinsel) im Südatlantik. Sie wurde am 1. Januar 1739 von J. B. C. Bouvet de Lozier entdeckt und zum ersten Mal am 16. Dezember 1825 von Kapitän George Norris betreten. Sie liegt 54° 26′S, 3° 24′O. Dieses unbewohnte norwegische Schutzgebiet ist ca. 1700 km vom nächsten Festland, der unbewohnten Küste von Queen-Maud-Land, entfernt.

Die entlegenste bewohnte Insel ist Tristan da Cunha im Südatlantik. Sie wurde im März 1506 von Tristao da Cunha, einem portugiesischen Admiral, entdeckt. Sie hat einen Flächeninhalt von 98 km^2, wovon 31 km^2 bewohnbar sind. Der erste »Dauerbewohner« war Thomas Currie, der im Jahr 1810 landete. Am 14. August 1816 wurde sie von Großbritannien annektiert. Nachdem die Inselbewohner wegen vulkanischer Tätigkeit 1961 evakuiert werden mußten, kehrten im November 1963 198 von ihnen wieder auf die Insel zurück. Dieser Insel am nächsten gelegen ist die Insel St. Helena, 2120 km in nordöstlicher Richtung entfernt. Die Entfernung zum nächsten Kontinent, Afrika, beträgt 2735 km.

Die höchste aus dem Meer ragende Felsspitze ist Ball's Pyramid in der Nähe der Lord-Howe-Insel im Pazifik. Sie ist 561 m hoch, ihre Basisachse ist aber nur 200 m lang. Sie wurde 1965 zum ersten Mal erklommen.

Den nördlichsten Landzipfel entdeckte Uffe Petersen vom dänischen Geodätischen Institut

Die Kreidefelsen der Stubbenkammer auf Rügen, Deutschlands größter Insel.

am 28. Juli 1978: die Mini-Insel Odaq (30 m Durchmesser), die 1,36 km nördlich von der grönländischen Kaffeeklubinsel liegt. Die Position der Insel Odaq: 83° 40'32,5"N, 30° 40' 10,1"W. Vom Nordpol ist sie 706,4 km entfernt.

Südlichstes Land: Im Gegensatz zum Nordpol befindet sich der Südpol auf Festland. Die Amundsen-Scott-Südpolarstation wurde dort 1957 in einer Höhe von 2855 m erbaut. Zusammen mit der Eisdecke treibt sie 8–9 m im Jahr in Richtung 43° W und wurde 1975 durch ein neues Gebäude ersetzt.

Der größte Archipel ist die 5600 km lange, sichelförmige, aus über 13000 Inseln bestehende Inselgruppe, aus der sich Indonesien zusammensetzt.

Die jüngste Insel der Welt ist das halbmondförmige Eiland aus Lava und Geröll Fukuto Kuokanoba in der Nähe von Iwo Jima im westlichen Pazifik, rund 1200 km südlich von Tokio. Im Januar 1986 ist sie durch einen Vulkanausbruch unter See entstanden, ist 650 × 450 m lang und erhebt sich etwa 12 m über den Meeresspiegel.

Das größte Atoll ist Kwajalein in den Marshallinseln im Zentralpazifik. Sein schmales, 283 km langes Korallenriff umgibt eine 2850 km^2 große Lagune.

Das Atoll mit der größten Landoberfläche ist das Christmas-Atoll in den Line-Inseln im Zentralpazifik. Sein Flächeninhalt beträgt 642 km^2, davon 323 km^2 Land, und seine Hauptsiedlungen, London und Paris, sind 4 km voneinander entfernt.

Das längste Riff ist das Great Barrier Reef gegenüber von Queensland (Australien). Es ist 2027 km lang. Zwischen 1959 und 1971 wurde ein großes Gebiet zwischen Cooktown und Townsville durch die übermäßige Vermehrung einer Seesternart namens *Acanthaster planci* (Dornenkronenseestern) zerstört. Diese Zerstörung setzt sich inzwischen in bedrohlichem Maße fort.

VERTIEFUNGEN

Die tiefste Senke, die bisher entdeckt wurde, ist der Felsgrund des antarktischen Bentleygrabens, eines Subgletschers. Er liegt 2538 m unter dem Meeresspiegel.

Die größte submarine Senke ist ein großes Gebiet des Meeresbodens im NW-Pazifik mit einer durchschnittlichen Tiefe von 4570 m.

Die tiefste freiliegende Senke an Land ist die Küste des Toten Meeres, die 400 m unter dem Meeresspiegel liegt. Der tiefste Punkt auf dem Grund dieses Sees ist 728 m unter seinem Wasserspiegel. Die Seeoberfläche sinkt seit 1948 jährlich um 0,35 m ab.
Die tiefste Stelle des Baikalsees in Sibirien (UdSSR) liegt 1485 m unter dem Meeresspiegel.

Der tiefste Punkt in Deutschland liegt in der Gemeinde Neuendorf bei Wilster, ganz hinten im Marschengebiet Schleswig-Holsteins. Die tiefste Landstelle beträgt 3,54 m uNN.

Österreichs tiefster Punkt befindet sich im Neusiedler See, dessen tiefste Stelle 113 m uNN liegt.

In der Schweiz ist das Ufer des Lago Maggiore (Kanton Tessin) mit 193 m uNN der tiefstgelegene Punkt dieses Alpenstaats.

Die größte freiliegende Senke ist das Becken des Kaspischen Meeres in der aserbaidschanischen, russischen, kasachischen und turkmenischen Republik der UdSSR und dem nördlichen Iran. Sie ist über 518000 km^2 groß, wovon 371800 km^2 vom Meer eingenommen werden. Das bei weitem größte Landgebiet der Senke ist die Prikaspiyskaya Nizmennost, die das nördliche Drittel des Ufers bildet, und reicht bis zu 450 km landeinwärts.

HÖHLEN UND GROTTEN

Das längste Höhlensystem der Welt ist der Mammuthöhlen-Nationalpark in Kentucky (USA). Die Höhlen wurden 1799 entdeckt. Expeditionen verschiedener Höhlenforschergruppen haben Verbindungen der Höhlen zwischen dem Flint-, dem Mammuthöhlen- und dem Toohey Ridges-System entdeckt und hergestellt. Der erforschte und kartographierte Höhlenverbund hat inzwischen eine Gesamtlänge von 560 km.

Die größte Höhlenkammer, Lubang Nasib Bagus, befindet sich im Gunung-Mulu-Nationalpark von Sarawak (Malaysia). Sie ist 700 m lang, im Durchschnitt 300 m breit und an ihrer niedrigsten Stelle 70 m hoch. Die britisch-malaysische Mulu-Expedition hat die riesige Höhlenkammer 1980 entdeckt. In ihr könnten mühelos 7500 Busse abgestellt werden. Die Höhe einer Höhle in Nordoman erreicht 120 m.

Die größte Tiefe beim Abstieg in eine Höhle erreichte ein sechsköpfiges Team aus Lyon im Dezember 1989. Es stieß in der Gouffre Jean Bernard in den Französischen Alpen bis 1602 m vor. Da diese Höhle jedoch nicht ganz erkundet wurde, liegt der offizielle Rekord noch bei 1508 m, erzielt durch eine ukrainische Gruppe 1988 in der Shakta Pantjukhina im Kaukasus (UdSSR).

Mit 8863 m ist der Mount Everest der höchste Berg der Welt. Für einige Zeit schien ihm der K 2 den Rang abzulaufen, doch er ist niedriger.

Die tiefsten Höhlen der Erde

(Die Angaben werden ständig überprüft und berichtigt.)

Tiefe (m)		
1602	Jean Bernard (Réseau de Foillis), Haute Savoie	Frankreich
1508	Shakta Pantjukhina	UdSSR
1441	Sistema del Trave	Spanien
1386	Cueva Cheve	Mexiko
1219	Schwern-Höhlen-system	Österreich
1210	Abisso Oliviter	Italien
1198	Veliko Fbrego	Jugoslawien
1159	Anou Ifflis	Algerien

Die größte der ca. 4000 deutschen Höhlen ist die Kluterthöhle in Ennepetal-Altenvoerde (Sauerland) mit einem Rauminhalt von 4,75 km^3. Sie gilt als Asthmaheilstätte.

Die längste Höhle in Österreich ist die Hirlatzhöhle bei Hallstatt im Salzkammergut. 60,4 km des ausgedehnten Gangsystems haben die Höhlenforscher des Vereins Hallstatt-Obertraun bereits vermessen.

Die Schweizer Höhle mit dem längsten Gangsystem ist das Hölloch (Kanton Schwyz), dessen 151 km langen Gänge eine gesamte Höhendifferenz von 878 m aufweisen. Im April 1990 wurde das Hölloch zum Verkauf angeboten.

Der längste Höhlenfluß der Welt wird inzwischen im türkischen Taurus-Gebirge in 600 m Tiefe vermutet. Er wurde vom Frankfurter Geologen Gerhard E. Schmitt entdeckt. Der 100 km lange Fluß beginnt am Westufer des Beysehir-Sees und tritt u. a. aus der Altin-Besik-Höhle heraus ans Tageslicht.

STALAKTITEN UND STALAGMITEN

Den längsten Stalaktiten gibt es in der Nähe von Malaga (Spanien) in der Cueva de Nerja. Er wird von einer Wand gestützt und hat – von der Decke bis zum Boden – eine Länge von 59 m. Den längsten freihängenden Stalaktiten gibt es, soweit bekannt, in der Poll-an-Ionain-Höhle in County Clare (Irland). Er hat eine Länge von 6,54 m.

Die größte Höhlensäule ist vermutlich der »Pfeiler des Fliegenden Drachen« mit 39 m in der Neun-Drachen-Höhle (Daji Dong) in Guizhou (China).

Größter verzweigter Stalaktit ist mit einer Länge von 32,3 m die Bicentennial Column in der Ogle-Höhle, die zum Carlsbad-Caverns-Nationalpark in New Mexiko (USA) gehört.

Der höchste Stalagmit, der bis jetzt entdeckt wurde, ist in der Krásnohorska-Höhle in der ČSFR. Seine Höhe wird mit über 32 m angenommen.

Die höchsten deutschen Stalagmiten sind die Tropfsteinsäulen in der »Fürstengruft« der Erdmannshöhle bei Hasel (Baden-Württemberg). Sie sind über 4 m hoch.

GEBIRGE

Höchste Gipfel: Der Mt. Everest ist doch der höchste Berg der Welt. Das am 6. März 1987 von der amerikanischen K 2-Expedition mitgeteilte Ergebnis, wonach der K 2 zwischen 8858 und 8904 m hoch und damit die Nummer 1 sein sollte, hat einer gründlichen Nachprüfung nicht standgehalten. Im Sommer 1987 hat ein italienisches Team unter Ardito Desio mit Hilfe von vier transportablen Navigationssatelliten-Empfängern an Ort und Stelle genaue Vermessungen durchgeführt. Danach ist der Mt. Everest mit 8863 m sogar höher als bisher angegeben. Der K 2 ist dagegen nur 8607 m hoch und damit noch 4 m niedriger als früher angenommen. Desio hatte jene Expedition geleitet, bei der seine Landsleute A. Compagnoni und L. Lacedelli am 31. Juli 1954 erstmals den Gipfel des K 2 bestiegen hatten, 14 Monate nach der Erstbesteigung des Mt. Everest durch Edmund Hillary und Tenzing Norgay am 29. Mai 1953.

Am weitesten vom Mittelpunkt der Erde entfernt ist die Spitze des Chimborasso (6267 m) in den Anden (Ecuador). Er erhebt sich 158 km südlich des Äquators und übertrifft, absolut gesehen, die Gipfelhöhe des Mt. Everest um 2150 m.

Der höchste Berg auf dem Äquator ist der Vulkan Cayambe (5878 m) in Ecuador, 77° 58′ W. Ein Gipfelbezwinger würde sich – bedingt durch die Erdrotation – mit 1671 km/h relativ zum Erdmittelpunkt bewegen.

Der höchste Inselberg ist der Puncak Jaya, ehemals Puncak Sukarno, ehemals Carstensz Pyramide, in Irian Jaya (Indonesien, vormals Niederländisch-Neuguinea). Gegenüber der bisher angenommenen Höhe von 5030 m ergaben Messungen einer australischen Forschergruppe 1973 einen Wert von 4884 m. Der Ngga Pulu, jetzt 4861 m, war 1936 vor dem Abschmelzen der Schneekappe etwa 4910 m hoch.

Die Anden in anbrechender Abenddämmerung. Aufgenommen im April 1990 an Bord der Raumfähre *Discovery*.

Den größten Gebirgswall bildet der 7772 m hohe Berg Rakaposhi in Pakistan. In der Vertikalen erhebt er sich 5,99 km über das Hunzatal, in der Horizontalen breitet er sich über 10 km aus. Gesamtgefälle: 31 Grad.

Der höchste noch nicht erstiegene Gipfel steht an 10. Stelle unter den höchsten Gipfeln. Es ist der Lhotse Midde Peak (8414 m) im Kumbu-Gebiet im nepalesischen Himalajagebirge. Der Lhotse ist der vierthöchste Berg.

Der höchste unbestiegene Berg ist der Namcha Barwa mit 7782 m Höhe. Er liegt in der großen Kurve des Tsangpo (Brahmaputra) in China.

Der größte von seiner submarinen Basis bis zur Spitze gemessene Berg ist der Mauna Kea (Weißer Berg) im Hawaiischen Graben auf der Insel Hawaii. Seine Gesamthöhe beträgt 10 203 m, wovon sich 4205 m üNN befinden. Ein anderer Berg, dessen Ausmaße, aber nicht seine Höhe, über den Mt. Everest hinausgehen, ist der vulkanische Gipfel des Mauna Loa (Langer Berg) auf Hawaii mit 4170 m. Die Achsen seiner elliptischen Basis, 4975 m uNN, messen 119 km und 85 km. Der Cerro Aconcagua, er ist 6960 m hoch, ragt mindestens 11 826 m über den mittleren pazifischen Meeresboden bzw. 13 055 m über den ozeanischen Chile-Peru-Graben, der etwa 290 km entfernt im Südpazifik verläuft.

Höchster Berg Deutschlands ist die 2962 m hohe Zugspitze im Wettersteingebirge. Zum ersten Mal wurde die Zugspitze am 27. August 1820 erstiegen.

Höchster Berg Österreichs ist der Großglockner in den Hohen Tauern. Der 3797 m hohe Berg wurde am 28. Juli 1800 zum ersten Mal erstiegen.

Höchster Berg der Schweiz ist die 4634 m hohe Dufourspitze der Monte-Rosa-Gruppe in den Walliser Alpen. Sie wurde am 1. August 1855 erstmals bezwungen.

Das höchste Gebirge ist der Himalaja-Karakorum mit 96 von den 109 Gipfeln der Welt, die über 7315 m hoch sind.

Das ausgedehnteste aller Gebirge ist der untermeerische Mittelatlantische Rücken, der sich über 65 000 km von der Arktis bis zum Atlantischen Ozean, um Afrika, Asien und Australien herumzieht und dann unter dem Pazifik bis zur Westküste Nordamerikas erstreckt. Seine größte Höhe beträgt 4200 m über dem Tiefseeboden.

Der Berg, der am weitesten sichtbar ist, ist der Vatnajökull (2118 m) in Island. Ihn kann man von den 550 km entfernten Färöern aus erkennen. Der Mt. McKinley in Alaska (6193 m) ist vom 370 km entfernten Mt. Sanford (4949 m) zu sehen.

Das ausgedehnteste Hochplateau ist das tibetanische Plateau in Zentralasien. Seine mittlere Höhe ist 4875 m und sein Flächeninhalt 200 000 km^2.

Die steilste Felsenwand ist die 975 m breite NW-Seite von Half Dome, Yosemite (USA). Sie ist 670 m hoch, weicht aber nirgends um mehr als 7 Grad von der Vertikalen ab. Sie wurde

Der Titicacasee (Bolivien/Peru) bedeckt eine Fläche von 8285 km² und liegt 3811 m über dem Meeresspiegel. Damit ist er der höchstgelegene schiffbare See der Welt.

zum ersten Mal im Juli 1957 von Royal Robbins, Jerry Gallwas und Mike Sherrick erklettert (Klasse VI).

Höchste Haliten: An den nördlichen Ufern des Golfes von Mexiko entlang gibt es über eine Entfernung von 1160 km 330 unterirdische Salz-»Berge«, von denen einige über 18300 m vom Grundgestein emporragen und als niedrige Salzkuppeln sichtbar sind. Sie wurden 1862 entdeckt.

SEEN UND BINNENMEERE

Der größte Binnensee der Welt ist das Kaspische Meer im Süden der UdSSR und im Iran. Es ist 1225 km lang und 371800 km² groß. Davon gehören 143200 km² (38,5 Prozent) zum Iran, wo es Darya-ye-Khazar genannt wird. Das Kaspische Meer ist bis zu 1025 m tief und liegt 28,5 m uNN. Es enthält schätzungsweise 89600 km³ Salzwasser. Das Kaspische Meer unterliegt ständig Veränderungen: Seine Oberfläche lag im 11. Jh. 32 m, Anfang des 19. Jh.s 22 m uNN.

Die größte Schrumpfung eines Binnengewässers: Der Aralsee, eines der größten Inlandsgewässer der Welt, trocknet aus. Durch das vor zwanzig Jahren begonnene Bewässerungsprojekt im zentralasiatischen Teil der Sowjetunion ist im Gebiet des Aralsees das ökologische Gleichgewicht zerstört worden. Seit 1957 ist der Wasserspiegel um die Hälfte auf 12 m gesunken, das Ufer hat sich an einigen Stellen um 100 km zurückverlagert. Insgesamt ist die Seeoberfläche bereits um 37 Prozent kleiner geworden. Bei fortschreitender Verlandung könnte im Jahr 2010 der Aralsee nur noch Steppe sein.

Den größten Flächeninhalt eines Süßwassersees, nämlich 82350 km², hat der Lake Superior (Oberer See) in Nordamerika. 53600 km² seiner Fläche gehören zu den USA, 27750 km² zu Kanada. Der See liegt 182 m üNN und ist bis 393 m tief.

Den größten Rauminhalt eines Süßwassersees hat der Baikalsee (UdSSR). Seine Wassermenge wird auf 23000 km³ geschätzt.

Der größte See Deutschlands ist mit 538,5 km² der Bodensee. Doch nur 319 km² des Sees gehören zu Deutschland. Der österreichische Anteil beträgt 51 km², der der Schweiz 168,5 km².

Der größte See Österreichs ist der Neusiedler See, obwohl von dessen 320 km² ein kleiner Teil auf ungarischem Gebiet liegt. Dieser flache See (max. Tiefe 3,5 m) ist der einzige mitteleuropäische Steppensee und ein berühmtes Vogelparadies.
Der Attersee ist mit seinen 46,7 km² der größte See, der mit seiner Gesamtfläche auf österreichischem Boden liegt.

Der größte Schweizer See ist der Genfer See. Von seinen 581,5 km² liegen 234 km² auf französischem Gebiet. Dort heißt er Lac Léman.

Ein unterirdisches Wasser-Reservoir von der sechsfachen Größe des Bodensees wurde 1989 im Westen Australiens entdeckt. Das in porösem Sandstein liegende Reservoir, mehr als 3000 km² groß, reicht von Perth bis zur Hafenstadt Augusta. Der gewaltige unterirdische See liegt in einer Tiefe von durchschnittlich 1000 m. An einigen Stellen reicht er jedoch bis zu 200 m unter die Erdoberfläche.

Die größte Lagune ist die Lagoa dos Patos im südlichsten Teil Brasiliens. Sie ist 254 km lang und erstreckt sich über 10645 km².

Der tiefste See ist der sibirische Baikalsee (UdSSR). Er ist 620 km lang und 32–74 km breit. Nach Messungen aus dem Jahr 1957 ist der Olkhon-Spalt des Sees 1940 m tief, also 1485 m uNN.

Der tiefste deutsche See ist der Bodensee, denn seine tiefste Stelle (252 m) liegt auf deutschem Gebiet.

Der tiefste österreichische See ist mit bis zu 191 m der oberösterreichische Traunsee am Fuß des Traunsteins im Salzkammergut.

Der tiefste ganz zur Schweiz gehörende See ist der Brienzer See mit 261 m Tiefe (Kanton Bern).

Der höchstgelegene See, auf dem Schiffsverkehr möglich ist, ist der Titicacasee (Maximaltiefe 370 m) mit einem Flächeninhalt von 8285 km², wovon 4790 km² zu Peru und 3495 km² zu Bolivien gehören. Er ist 209 km lang und liegt 3811 m üNN.
Es gibt höher gelegene Seen im Himalaja. Aber es sind Gletscherseen, die nur vorübergehend bestehen. Bei einer Bestandsaufnahme des Gebirges wurde 1984 ein See in 5414 m Höhe entdeckt: der Pank Pokhri mit 1,6 km Länge.

Der höchste deutsche See ist der Rappensee im Hoch-Allgäu auf einer Höhe von 2046 m.

Der höchste See Österreichs ist der Rötenkarsee in den Stubaier Alpen. Er liegt auf 2930 m.

Höchster See der Schweiz ist der Lai da Rims im Unterengadin in 2834 m Höhe.

See auf einem See: Der größte See auf einem See ist der Manitousee (106,42 km²) auf Manitoulin, der größten Binneninsel der Welt (2766 km²), im kanadischen Teil des Huronsees, in dem noch einige weitere Inseln liegen.

Der größte unterirdische See soll der Lost Sea sein, der 91 m unter der Erde in den Craighead-Höhlen bei Sweetwater, Tennessee (USA), liegt, 1,8 ha mißt und 1905 entdeckt wurde.

WÜSTEN

Die größte Wüste: Fast ein Achtel des Festlandgebietes der Welt ist trocken und hat weniger als 25 cm Regen im Jahr.
Die Sahara in Nordafrika ist die größte Wüste. An ihrer längsten Stelle mißt sie 5150 km von O nach W. Von N nach S mißt sie zwischen 1275 und 2250 km, und ihr Flächeninhalt beträgt 8,4 Mio. km². Ihre tiefste Stelle, in der Quattârasenke in Ägypten, liegt 132 m uNN; an ihrer höchsten Stelle, dem Berg Emi Koussi im Tschad, hat sie eine Höhe von 3415 m. Die Tagestemperaturspanne kann mehr als 45°C betragen.

Die Wüsten wachsen weltweit, wobei die Geschwindigkeit ihres Wachstums mit jedem Jahr steigt. Bereits 75 Prozent der Fläche Australiens sind verwüstet, 34 Prozent der gewaltigen Landmasse Asiens, 20 Prozent Südamerikas, 19 Prozent Nord- und Mittelamerikas. Selbst in Europa gibt es Wüste. Bereits zwei Prozent des Landes sind von unfruchtbaren Einöden bedeckt. Insgesamt sind etwa ein Drittel der Landoberfläche Wüstengebiete. Jedes Jahr wächst diese Fläche um 6 Mio. ha – ein Gebiet doppelt so groß wie Belgien.

Die höchsten Sanddünen wurden in Zentralalgerien im Sandmeer Isaouane-N-Tifernine in der Sahara (26°42′N, 6°43′O) gemessen. Ihre Wellen sind fast 5 km lang und bis zu 430 m hoch.

SCHLUCHTEN

Die größte Festlandschlucht ist der Grand Cañon des Colorado im Nordteil von Zentralarizona (USA). Er erstreckt sich über 349 km von

Diese Wurzelbrücke entstand durch die zusammengewachsenen Wurzeln eines Baraki- und eines Kubangbaums. Indonesische Bauern pflanzten sie an den beiden Ufern eines Flusses in der Provinz West-Sumatra Anfang des 20. Jh.s, um ihn zu überbrücken und somit schneller zu ihren Feldern zu gelangen. Inzwischen hat die Brücke eine Länge von 28,5 m, eine Breite von 1,7 m und führt in 4,1 m Höhe über einen Fluß bei dem Dorf Pulut Pulut. Die Wurzeln der Titan-Akar-Brücke sind so fest miteinander verwoben, daß sie ohne Hilfsmittel Personen und Lasten tragen kann.

der Marble Gorge zu den Grand Wash Cliffs. Seine Breite beträgt zwischen 6 und 20 km. Er ist bis zu 1615 m tief. Der untermeerische Cañon im Labrador-Becken ist 3340 km lang.

Die tiefste Schlucht ist der Colca-Cañon in Peru, der 1929 entdeckt wurde und ein Gefälle von 3223 m hat. Ein Kajakteam der Expedition CÃNOANDES '79 von der Universität Krakau (Polen) hat sie vom 12. Mai bis zum 14. Juni 1981 erstmals durchquert.

Die tiefste Gebirgsschlucht: Der Fluß Kali in Zentral-Nepal windet sich teilweise 5485 m unter Gipfelhöhe durch das Dhaulagiri- und Annapurnagebirge.

Der tiefste submarine Abgrund ist 1800 m tief und 32 km breit. Er liegt 40 km südlich von Esperance (Australien).

Die tiefste deutsche Schlucht ist die Breitachklamm bei Oberstdorf in den Allgäuer Hochalpen. Sie hat eine Tiefe von mehr als 100 m.

Die tiefste Schlucht Österreichs ist wahrscheinlich die Lichtensteinklamm bei St. Johann im Pongau (Land Salzburg). Sie schneidet bis zu 280 m tief ins Tal.

Als tiefste Schlucht der Schweiz bezeichnet man die Via Mala, die der Hinterrhein südlich Thusis im Kanton Graubünden bildet. Sie ist etwa 3 km lang und hat – je nach Bezugspunkten – einen Tiefen-Mittelwert von ca. 700 m. Der Schluchtboden liegt etwa 850 m üNN, die Schluchtränder 1400–1700 m üNN. Die anschließenden Höhenzüge sind ca. 2000 m hoch.

KLIPPEN

Die höchsten kartographisch erfaßten Klippen sind in Hawaii an der Nordküste von Ost-Moloka'i in der Nähe der Umilehi-Spitze. Sie fallen aus einer Höhe von 1005 m mit einer durchschnittlichen Steilheit von über 55 Grad zum Meer ab.

Die größte Schlucht der Welt ist der Grand Cañon in Arizona (USA). Er erstreckt sich über 349 km, variiert in der Breite zwischen sechs und 20 km und ist bis 1614 m tief.

Die höchsten Klippen in NW-Europa sind die an der Nordküste der Insel Achill (Irland). Sie ragen bei Croaghan in einer Höhe von 668 m senkrecht aus dem Meer.
Die Steilküste der Nordseeinsel Helgoland ist bis zum Hochplateau 58 m hoch.

Bei Stubbenkammer sind die Kreidefelsen der Ostseeinsel Rügen 22 m hoch. Den höchsten Punkt erreichen sie beim 119 m hohen Königsstuhl.

NATURBRÜCKEN

Die längste Naturbrücke ist der Landscape Arch (Landschaftsbogen) im Arches-Nationalpark 40 km nördlich von Moab, Utah (USA). Dieser Sandsteinbogen hat eine Spannweite von 88 m und steht ca. 30 m über der Sohle eines Cañons. An einer Stelle ist er durch Erosion nur noch 1,82 m breit.
Breiter, nämlich 6,7 m, ist die am 14. August 1909 in Utah entdeckte Rainbow Bridge mit einer Spannweite von 84,7 m.

Die höchste Naturbrücke ist ein Sandsteinbogen in Sinkiang (China), 40 km WNW von K'ashih, der nach Schätzungen aus dem Jahr 1947 312 m hoch ist und eine Spannweite von ca. 45 m hat.

GLETSCHER

Allgemein wird angenommen, daß ca. 10,5 Prozent der Festlandoberfläche der Erde, das heißt 15,6 Mio. km^2, ständig vereist sind.

Der längste bekannte Gletscher ist der von der Besatzung eines australischen Flugzeuges 1956/57 im australischen Südpolgebiet entdeckte Lambertgletscher. Er ist bis zu 64 km breit und hat zusammen mit seinem oberen Abschnitt, dem Mellorgletscher, eine Mindestlänge von 402 km. Mit dem Ausläufer des Fishergletschers bildet der Lambertgletscher eine ca. 514 km lange Eisfläche.

Der längste Gletscher im Himalaja ist der 75,6 km lange Siachen im Karakorumgebirge, obgleich der Hispar und der Biafo zusammen eine 122 km lange Eisfläche bilden.

Der sich am schnellsten bewegende Gletscher ist der Quarayaq in Grönland. Er legt 20 bis 24 m pro Tag zurück.

Der längste Alpengletscher ist der Aletschgletscher in den Berner Alpen, zwischen dem Aletschhorn, der Jungfrau und dem Finsteraarhorn (Schweiz). Er ist 22 km lang und bedeckt eine Fläche von 86,8 km^2.

Der größte deutsche Gletscher ist der Plattferner auf der Zugspitze. Er ist 0,9 km lang und bedeckt eine Fläche von ca. 0,8 km^2.

Österreichs größter Gletscher ist die Pasterze in den Hohen Tauern am Großglockner (Land Salzburg). Der Gletscher ist 8,6 km lang und bedeckt eine Fläche von 19,4 km^2.

Alpengletscher schmelzen weiter. Wie im April 1990 bekannt wurde, hat die Hälfte von Österreichs Gletschern an Masse verloren. Dazu gehört auch die Pasterze. Das Kältefeld zog sich 1989 um 11,3 m zurück. Bei einem jährlichen Schwund von 5 bis 20 m wäre die Pasterze in hundert Jahren nur noch halb so groß.

LAWINEN

Die größten Lawinen gehen im Himalaja nieder, werden allerdings kaum von jemandem beobachtet.
In den italienischen Alpen soll 1885 eine Lawine etwa 3,5 Mio. m^3 Schnee bewegt haben. Schätzungsweise 2,8 Mrd. m^3 Schnee hat am 18. Mai 1979 eine Lawine am Mt. St. Helens in Washington (USA) in Bewegung gesetzt. Die Riesenlawine raste mit 400 km/h zu Tal.

Die größte Lawinenkatastrophe in Deutschland ereignete sich am 15. Mai 1965 auf der Zugspitze, als sich an einem sonnenreichen Tag eine 500 m breite Lawine löste und über die Terrasse des Schneefernerhauses donnerte. 10 Menschen kamen dabei ums Leben.

WASSERFÄLLE

Der höchste Wasserfall ist der Salto Angel in Venezuela in einem Arm des Carrao, der ein oberer Nebenfluß des Caroni ist. Er hat eine Gesamtfallhöhe von 979 m, und sein höchster Wassersturz ist 807 m hoch. Er wurde nach dem US-Flieger James (Jimmy) Angel (†8. Dezember 1956), der den Wasserfall in seinem Bordbuch am 14. November 1933 beschrieben hat, benannt. Über die von den Indianern Cherun-Meru genannten Fälle wurde zum ersten Mal 1910 von Ernesto Sanchez La Cruz berichtet.

Die höchsten Wasserfälle in Deutschland sind die Tribergfälle an der Gutach im Schwarzwald. Das Wasser stürzt über 7 Stufen 163 m tief.

Die Krimmler Wasserfälle bei Krimml im Salzburger Land sind die höchsten Österreichs. In 3 Stufen stürzen sie 390 m tief. Die obere Stufe hat mit 140 m die höchste Fallhöhe.

Der Staubbachfall im Lauterbrunnental stürzt 297 m in die Tiefe. Er ist damit der höchste der Schweiz.

Die Wasserfälle mit der größten Wassermenge, die im Jahresdurchschnitt herabstürzt, sind der Boyoma (früher Stanleyfälle) in Zaïre mit 17000 m^3/s und der 114 m hohe Guairá (auch Salto dos Sete Quedas genannt) im Alto Paraná zwischen Brasilien und Paraguay. Über seinen 4850 m breiten Rand flossen in Spitzenzeiten 50000 m^3/s. Durch die Fertigstellung des Itaipu-Staudammes 1982 ging dieser Rekord verloren.
Als sich vor 5,5 Mio. Jahren das Mittelmeer füllte, schossen die Fluten des Atlantiks über die Straße von Gibraltar in Form eines gigantischen Wasserfalls aus 800 m Höhe in das trokkene Becken. Der Fall dürfte etwa 26mal größer gewesen sein als der Guairá.

Die breitesten Wasserfälle sind die 15–21 m hohen Khônefälle in Laos. Sie sind 10,8 km breit mit einem Strömungsfluß von 42500 m^3/s.

FLÜSSE

Die beiden längsten Flüsse sind der Amazonas, der in den Südatlantik fließt, und der Nil (Bahr-el-Nil), der ins Mittelmeer mündet. Welcher von beiden länger ist, ist eine Sache der Auslegung und nicht der Messung.
Für den Amazonas gibt es folgende Meßmöglichkeiten: Die Quelle des Amazonas ist ein Bach namens Huaraco, der 1953 entdeckt wurde. Er entspringt am Misuiegletscher (5400 m) in den Arequipa-Anden in Peru. Dieser Bach wird zum Fluß Toro, dann zum Santiago, dann zum Apurimac, der wiederum zum Ene wird und dann zum Tambo, bevor er mit dem bedeutendsten Nebenfluß des Amazonas, dem Ucayali, zusammenfließt. Nach Messungen aus dem Jahr 1969 beträgt die Länge des Amazonas von dieser Quelle bis zum Südatlantik über den Canal do Norte 6448 km. Wenn allerdings ein flußabwärts fahrendes Schiff südlich der Ilha de Marajó durch die Meerengen von Breves und Boiuci in den Pará einbiegt, dann kommt man auf eine Gesamtlänge von 6750 km für den Amazonas. Jedoch ist der Pará kein Nebenfluß des Amazonas, da er hydrologisch zum Stromgebiet des Tocantins gehört, der in Bahia de Marajó und damit in den Südatlantik fließt.
Die Länge des Nil wurde von M. Devroey (Belgien) mit 6670 km vermessen. Inzwischen sind jedoch einige Kilometer von Flußwindungen hinter dem Staudamm von Assuan durch den Nassersee verlorengegangen. In hydrologischer Sicht ist dieser Flußlauf eine Einheit, beginnend von der Quelle in Burundi vom Luvironzaarm des Kagerazuflusses des Victoriasees über den Weißen Nil bis zum Delta im Mittelmeer.

Der längste deutsche Fluß ist der Rhein. Von seinen insgesamt 1320 km verlaufen 867 km durch deutsches Gebiet.

Der längste Fluß Österreichs ist die Donau. Nach der Wolga ist sie der zweitgrößte Strom Europas. Von ihren 2850 km Gesamtlänge liegen 350 km in Österreich, auf 647 km fließt die Donau durch Deutschland.

Der längste Fluß der Schweiz ist der Rhein, der 375 km durch die Schweiz fließt.

Der kürzeste benannte Fluß: Sowohl der D-River in Lincoln City, Oregon (USA), er verbindet Devil's Lake mit dem Pazifischen Ozean, als auch der Roe River bei Great Falls, Montana (USA), er fließt in den Missouri, kommen dafür in Betracht. Die zu verschiedenen Zeiten gemessenen Längen variieren zwischen 61 und 17,7 m. Die Länge des D-Rivers wird offiziell mit 37 ± 1,5 m angegeben.

Das weiteste Stromgebiet ist das Becken des 6448 km langen Amazonas, das sich über ein Gebiet von 7045000 km^2 erstreckt. Der Amazonas hat ca. 15000 Nebenflüsse mit deren eigenen Nebenflüssen, von denen 4 über 1609 km lang sind. Der längste davon ist der Madeira mit einer Länge von 3380 km. Nur 14 Flüsse in der Welt sind länger als er.

Der längste Nebenfluß eines Nebenflusses ist der 1609 km lange Pilcomayo in Südamerika. Er ist ein Nebenfluß des Paraguay (2415 km lang), der wiederum ein Nebenfluß des 4025 km langen Paraná ist.

Die längste Flußmündung, die aber häufig zugefroren ist, hat eine Länge von 885 km und eine Breite bis zu 80 km. Sie gehört zum Ob im Norden der UdSSR.

Das größte Delta bilden der Ganges und der Brahmaputra in Bangladesh (ehemals Ostpakistan) und Westbengalen (Indien). Es erstreckt sich über ein Gebiet von 75000 km^2.

Die gewaltigste Wasserführung von allen Flüssen hat der Amazonas. Die von ihm in den Atlantik beförderte durchschnittliche Wassermenge beläuft sich auf 120000 m^3/s und steigt im Maximum auf 200000 m^3/s. Die Durchschnittstiefe seines 1450 km langen Unterlaufes ist 90 m.

Fluß unter dem Meeresspiegel: 1952 wurde ein 400 km breiter submariner Fluß – der Cromwellstrom – entdeckt, der in östlicher Richtung 90 m unter der Oberfläche des Pazifiks 5625 km den Äquator entlangfließt. Seine Wassermenge ist tausendmal so groß wie die des Mississippi.

Unterirdischer Fluß: Im August 1958 wurde durch Radioisotopen ein Kryptofluß unter dem Nil ermittelt, dessen jährlicher Wassertransport sich auf 50 Mrd. m^3 beläuft. Das ist das 6fache des Nil.

Doppelstöckiger Fluß: Ein unterirdischer Fluß, der im Norden Kasachstans entdeckt worden ist, fließt auf 2 Ebenen übereinander. Er ist durch eine wasserundurchlässige Tonschicht getrennt. Die obere wasserführende Schicht ist 30–40 m, die untere zwischen 50 und 200 m mächtig. Die Quelle dieses Flusses wurde im Gebiet von Irtysch entdeckt.

Das größte Sumpfgebiet ist das Stromgebiet des Pripjet, eines Nebenflusses des Dnjepr in der UdSSR. Die Sümpfe erstrecken sich über eine geschätzte Fläche von 46950 km^2.

Die bemerkenswerteste Flutwelle ist die in der Ch'ient'ang'kian-Mündung (China). Bei Springflut erreicht die Welle eine Höhe bis zu 7,5 m und eine Geschwindigkeit von 24 bis 27 km/h. Man hört sie schon aus einer Entfernung von 22 km heranrollen.
Die jährlich flußabwärts laufende Flutwelle des Mekong (Hinterindien) erreicht zeitweise eine Höhe von 14 m.

Die mengenmäßig größte Flutwelle ist die des Canal do Norte (16 km breit) in der Amazonasmündung an der brasilianischen Atlantikküste. ■

NATUR-WISSENSCHAFT UND TECHNIK

Die Teilchenphysiker nutzen immer größere Elementarteilchen-Mikroskope. Ihre Teilchenbeschleuniger werden gigantischer, die unterirdischen Beschleunigertunnel immer länger

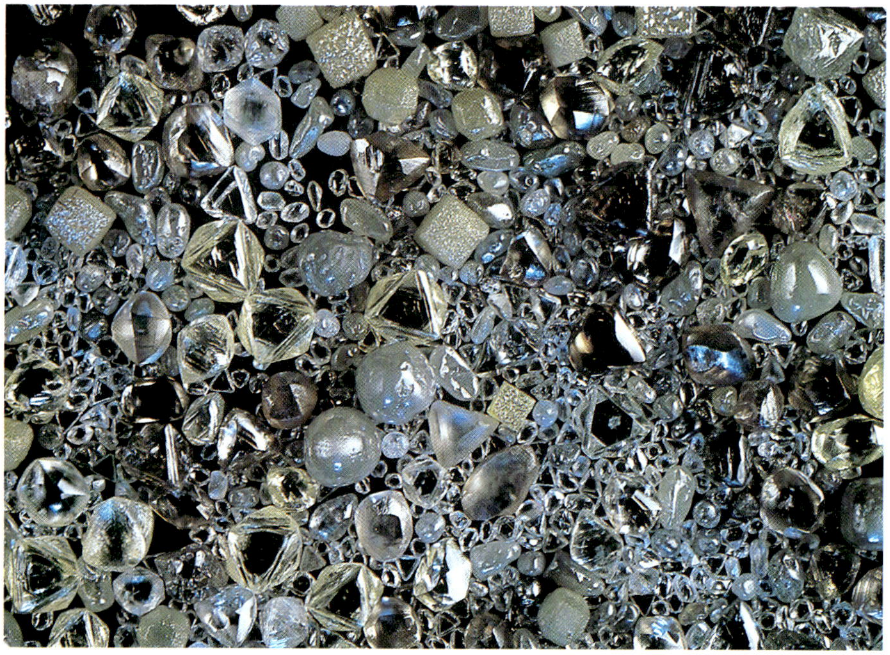

Eine Mischung aus Natur- und Labordiamanten. Der Diamant besteht zu 100 Prozent aus Kohlenstoff, der unter starken Drücken kristallisiert. Die Kristalle können farblos und durchsichtig oder gelb, braun oder schwarz sein. Der Diamant besitzt die härteste Substanz und den höchsten Schmelzpunkt aller nichtmetallischen Elemente.

ELEMENTE

Allgemein: Alle Materie, die in, auf und außerhalb der Erde bekannt ist, setzt sich aus chemischen Elementen zusammen. Es wird geschätzt, daß es im bekannten Universum 10^{87} Elektronen gibt.
Insgesamt wurden bisher 94 in der Natur vorkommende Elemente entdeckt. Bei Normaltemperatur treten 2 von ihnen als Flüssigkeiten, 11 als Gase und 81 als Festkörper auf. Der sogenannte vierte Zustand der Materie ist Plasma, wobei negativ geladene Elektronen und positiv geladene Ionen bei im allgemeinen hohen Temperaturen in ständiger Bewegung sind.

Leichte und schwerste Elementarteilchen: Seit April 1990 sieht die Bilanz der bekannten Elementarteilchen so aus: 3 Eichbosonen, 6 Leptonen und 136 Hadronen-Multipletts, die ihrerseits 77 Mesonen- und 59 Baryonen-Multipletts einschließen. Insgesamt kennt man also 256 Teilchen, zu denen die entsprechende Zahl Antiteilchen existieren muß.
Das schwerste Teilchen ist das neutrale Eichboson (Weakon) Z° mit einer Masse von 91,18 GeV und einer Lebensdauer von $2{,}64 \times 10^{-25}$ Sek. Es wurde im Jahr 1983 bei CERN entdeckt.

Als schwerstes Teilchen überhaupt gilt die Ypsilon (6S)-Mesonenresonanz mit einer Masse von 11,02 GeV und einer Lebensdauer von $8{,}3 \times 10^{-24}$ Sek., das aus einem *Beauty*-Quark und seinem Antiquark besteht und zum ersten Mal im Oktober 1984 von zwei Forschungsgruppen an der Cornell-Universität, Ithaca, New York (USA), identifiziert wurde. Beide Teams benutzten den Cornell-Speicherring der Universität. Die modernen Elementarteilchentheorien gehen davon aus, daß die Massen des Gravitons, der drei Neutrino-Arten und des Photons gleich Null sind. Experimentelle Befunde geben folgende obere Grenzgrößen an: $7{,}6 \times 10^{-67}$g für das Graviton, weniger als $5{,}3 \times 10^{-60}$g für das Photon und weniger als 10 eV entsprechend $1{,}8 \times 10^{-32}$g für das Neutrino.

Das leichteste Hadron ist das neutrale Pi-Meson mit einer Masse von 139,974 MeV und einer Lebenszeit von $8{,}4 \times 10^{-17}$ Sek. Es wurde im September 1949 in Berkeley (USA) entdeckt und besteht aus einer linearen Kombination von »up«- und »antiup«- und »down«- und »antidown«-Quarks.

Quarks: Das leichteste Quark ist das »up« mit einer Masse unter 100 MeV, das schwerste ist das bisher experimentell noch nicht nachgewiesene »top«-Quark, dessen Masse zwischen 50 und 200 GeV liegen dürfte.

Lang- und kurzlebigste Elementarteilchen: Untersuchungen in den letzten Jahren zeigen, daß das Proton mindestens $3{,}1 \times 10^{32}$ Jahre stabil ist, bezogen auf den wahrscheinlichsten Zerfallsmechanismus in ein Positron und ein neutrales Pion. Die »Große Vereinheitlichungstheorie« sagt voraus, daß die Lebensdauer des Protons kleiner als 1×10^{34} Jahre sein sollte. Die kurzlebigsten Elementarteilchen sind die zwei Baryonen-Resonanzen N(2220) und N(2600), die nur $1{,}6 \times 10^{-24}$ Sek. beständig sind. Für die Bosonen der schwachen Wechselwirkung W und Z° wurde theoretisch eine Lebensdauer von $2{,}6 \times 10^{-25}$ Sek. berechnet.

Das neueste Elementarteilchen: Zu den sieben neuen Teilchen, deren Entdeckung im April 1990 anerkannt wurde, zählen das im September 1988 gefundene neutrale Meson $D_2*(2460)^\circ$ mit einer Masse von 2459 MeV und einer Lebensdauer von $3{,}5 \times 10^{-23}$ Sek. und das neutrale Xi-Baryon mit der Masse von 2473 MeV und einer Lebensdauer von $1{,}1 \times 10^{-27}$ Sek. Dieses Teilchen wurde im November 1988 am Elektronen-Speicherring der Cornell-Universität, Ithaca (USA), aufgefunden, während die Entdeckung des Mesons am Fermilab, Batavia, Illinois (USA), erfolgte.

Das weltweit größte Schwerionen-Synchrotron wurde am 23. April 1990 bei der GSI (Gesellschaft für Schwerionenforschung) in Darmstadt (Hessen) in Betrieb genommen. Der neue, kreisförmige Bechleuniger von 216 m Umfang kann elektrisch geladene Atome bis hin zum Uran auf Geschwindigkeiten bis knapp 28000 km/s bringen. Die beim Beschuß von entsprechenden Targets entstehenden Fragmente können dann in einem neuen Speicherring »aufbewahrt« und untersucht werden. Mit Schwerionen-Beschleunigern wurden in Darmstadt erstmals die chemischen Elemente 107, 108 und 109 erzeugt. Eine andere Entdeckung bei der GSI: Die theoretisch vorhergesagte Entstehung von Materie aus dem »Nichts«. Beim Zerfall hoher elektrischer Felder im Vakuum bildet sich ein Elektron-Positron-Paar. Dieser Effekt konnte bei den hohen Energien der elektrischen Felder ionisierter Atome beobachtet werden. Die Energie des neuen Beschleunigers reicht aus, um dem Uran-Atom

Gold ist das am leichtesten verformbare metallische Element. Diese Kristalle wurden in Quarzadern in der Morro Velho's Mine, Nova Lima (Brasilien), gefunden.

alle 92 Elektronen zu entreißen. 275 Mio. DM hat die neue Anlage gekostet.

Substanzen mit geringster Dichte bei Normaltemperatur sind extrem poröse Silicagele von besonderer molekularer Struktur. Im Februar 1990 stellte das Lawrence Livermore Laboratorium, Kalifornien (USA), ein solches »Aerogel« mit einer Dichte von nur 0,005 g/cm^3 vor. Das Produkt soll in der Weltraumforschung eingesetzt werden.

Eisenträger: Zehnmillionmal stärker als alle bisher bekannten organischen Materialien ist eine völlig neuartige Substanz mit der extremen Eigenschaft, Eisen an sich zu binden. Die an der Bonner Universität 1984 von F. Vögtle, W. Kiggen, P. Stutte erstmals hergestellte Verbindung ähnelt den in der Natur vorkommenden Siderophoren. Sie spielen eine wichtige Rolle bei der Verteilung von Eisen in Pflanzen und Tieren. Beim Menschen werden eisenbindende Substanzen seit längerem als Medikamente eingesetzt.

»Fußbälle« aus Kohlenstoff haben jetzt Heidelberger Physiker hergestellt. Es handelt sich um Kohlenstoff-Moleküle, in denen 60 Kohlenstoff-Atome kugelförmig so angeordnet sind, daß die Molekülform an einen Fußball erinnert. Dieses ungewöhnliche Gebilde wurde 1985 von den Chemikern Harold Kroto (GB) und Richard Smalley (USA) entdeckt. Sie nannten es Buckminsterfulleren, nach einem Baustil, den der Architekt Buckminster Fuller anhand dieses Vorbildes entwickelt hat. Dem Heidelberger Physiker Wolfgang Krätschmer gelang es, ein technisches Verfahren zu entwickeln, mit dem die Substanz bereits in Gramm-Mengen hergestellt werden kann. Man erwartet vom C_{60} interessante technische Einsatzmöglichkeiten.

Die übelstriechende Substanz von den 17000 bisher klassifizierten Gerüchen ist wohl Geschmacks- und Geruchssache. Die Führung machen einander streitig *Ethylmercaptan* (C_2H_5SH) und *Butylselenomercaptan* (C_4H_9SeH), beide mit einem Aroma, das an faulen Kohl, Knoblauch, Zwiebeln und Kloakengas denken läßt.

Der stärkste Aromastoff, der je in der Natur gefunden und isoliert werden konnte, ist ein Schwefelalkohol des Menthens, der aus dem herb-fruchtigen Saft der Grapefruit destilliert wird. Als reine Substanz riecht die Verbindung extrem stark, erregt Übelkeit, aber in hoher Verdünnung (10millionstel g) entfaltet das Duftmolekül das charakteristische Aroma des Grapefruitsaftes.

Süßestes Molekül: Zweihunderttausendmal so süß wie Zucker ist eine Substanz, die zwei französische Chemiker an der Universität von Lyon hergestellt haben. Von dem neuen Süßstoff reicht vermutlich ein einziges Molekül dazu aus, einen Süße-Rezeptor auf der Zunge zu reizen. Das würde bedeuten, daß es sich um die süßeste denkbare Substanz handelt. Diese Entdeckung wurde im April 1990 bekannt.

Das teuerste Parfüm: Die Einzelhandelspreise für Duftstoffe dürften sich eher nach dem Reklamewert als nach wirtschaftlichen Faktoren richten. Der teuerste Bestandteil von Parfüm ist reine französische Jasminessenz mit einem Preis von 2900 Pfund Sterling pro kg (ca. 8500 DM). Die Schlüsselsubstanz ist Muscon, ein makrozyklisches Keton, gewonnen aus natürlichem Moschusöl. Im März 1984 brachte die Firma Jövan (Chikago) ein Eau de Cologne heraus, Andron genannt, das mit dem Sexuallockstoff Androstenol versetzt ist. Ein Gramm des Duftwassers kostet rund 160 DM.

Stärkstes Gift: Das durch Rickettsien verursachte »Q-Fieber« kann durch einen einzelnen Organismus hervorgerufen werden, verläuft jedoch nur bei einem von 1000 Fällen tödlich. Rund 10 Organismen von *Francisella tularenesis* (ehem. *Pasteurella tularenesis*) können Tularämie oder Hasenpest hervorrufen, die auch Alkalikrankheit, Francis-Krankheit oder Hirschzeckenfieber genannt wird und in mehr als 10 Fällen von 1000 tödlich verläuft.

Die tödlichste künstlich erzeugte Chemikalie, TCDD (2,3,7,8-Tetrachlorodibenzo-p-dioxin), 1872 entdeckt, soll 150000mal tödlicher als Zyanwasserstoff sein. Die letale Dosis beträgt $3{,}1 \times 10^{-9}$ Mol pro kg Körpergewicht.

Stärkster Gaskampfstoff: Anfang der 50er Jahre wurden im Versuchsinstitut für Verteidigung durch chemische Substanzen in Porton Down, Wiltshire (GB), sogenannte V- und vor allem VX-Stoffe entwickelt, die 300mal giftiger sind als Phosgen ($COCl_2$), das im Ersten Weltkrieg verwendet wurde. 1 mg dieser V-Stoffe genügt, um einen Menschen zu töten. Die Patentanträge dafür wurden 1962 angemeldet, die Patente im Februar 1974 veröffentlicht. Daraus ging hervor, daß es sich bei dem Wirkstoff um Ethyl-S-2-Diisopropylaminoethylmethylphosphonothiolat handelt. Die tödliche Dosis liegt bei 10 mg-Min./m^3 Luft oder 0,3 mg oral.

Stärkstes Absorptionsmittel: Der landwirtschaftliche Forschungsdienst der US-Regierung gab am 18. August 1974 bekannt, daß »H-span« oder »Superschlürfer« bei Behandlung mit Eisen eine Wassermenge binden kann, die 1300mal größer ist als sein Eigengewicht. Das Präparat setzt sich zur Hälfte aus einem Stärkederivat und zu je einem Viertel aus Akrylamid und Akrylsäure zusammen.

Das feinste Pulver ist festes Helium, dessen Struktur als einatomiges Pulver bereits 1964 vorhergesagt wurde.

ZAHLENLEHRE

Allgemein: Wissenschaftler, die mit vielstelligen Zahlen arbeiten, schreiben diese Zahlen nicht aus, sondern verwenden verschiedene Potenzen der Zahl 10, um dadurch das Niederschreiben vieler Nullen zu umgehen.
So schreibt man für 19160000000000 einfach $1{,}916 \times 10^{13}$. Ähnlich schreibt man sehr kleine Zahlen, z. B. 0,0000154324 g: $1{,}54324 \times 10^{-5}$ g.

Das kleinste Präfix einer Zahl ist *tredo* (nach dem dänischen Wort *tredyvo* für dreißig) und steht für 10^{-30} vor Maßeinheiten.

Das höchste Präfix ist *Dea*, Symbol D, abgeleitet vom griechischen *deka* = zehn. Es steht für 10^{30} vor Maßeinheiten.

Die höchste lexikographisch akzeptierte Zahlenbenennung in einer Folge von Potenzen der Zahl 10 ist die Zentillion, das heißt die 600. Potenz von 10 oder 1 gefolgt von 600 Nullen. Sie wurde erstmals 1852 erwähnt. Die höchste mit einem Namen versehene Zahl außerhalb des Dezimalsystems ist die buddhistische *Asankhyeya*, die 10^{140} bedeutet. Sie wurde erstmals um 100 v. Chr. in religiösen Schriften erwähnt.

Protonen in HERA
Bei der schrittweisen Inbetriebnahme des neuen Beschleunigers HERA in Hamburg konnten Anfang Mai 1991 erstmals Protonen gespeichert werden, ein entscheidender Meilenstein in der Funktionsfähigkeit des supraleitenden Protonen-Speicherrings. Die Elementarteilchen-»Pakete« hatten jeweils eine Intensität von 100 Mio.–10 Mrd. Protonen. Ihre maximale »Lebensdauer« im Speicherring betrug 30 Min. HERA ist eine neue und konzeptionell einmalige Beschleunigeranlage für die Elementarteilchenforschung, an der 700 Physiker aus aller Welt Elektron-Proton-Kollisionen untersuchen werden. Die in HERA mit fast Lichtgeschwindigkeit umlaufenden Elektronen und Protonen werden an zwei Stellen zusammengeführt und prallen mit hoher Energie aufeinander. Erwartet werden weitere Erkenntnisse über den Mikrokosmos, über den Aufbau der Materie und die grundlegenden Naturkräfte.
HERA ist der erste Beschleuniger, in dem unterschiedliche Teilchensorten gespeichert und zur Kollision gebracht werden. Anfang November 1991 werden die beiden großen Nachweisanlagen »H1« und »ZEUS« in den Beschleuniger gefahren und angeschlossen.

Die höchste Zahl, die jemals in einem mathematischen Beweis verwendet wurde, ist ein Grenzwert, der 1977 veröffentlicht wurde und als Grahams Zahl bekannt ist. Hierbei handelt es sich um eine Größe bei der Betrachtung von zweifarbigen Hyperwürfeln, die nur durch die von Knuth 1976 ausgearbeitete Pfeil-Schreibweise ausgedrückt werden kann.

Das komplexeste Objekt in der Mathematik: Die sogenannte Mandelbrot-Menge, benannt nach Benolt Mandelbrot, ist ein optisch interessantes Produkt, das aus komplizierter Mathematik, aus der Chaos-Theorie, resultiert. Diese Theorie hat in vielen naturwissenschaftlichen Bereichen wie Flüssigkeitsmechanik, Meteorologie und Astronomie ihren Einzug gehalten. Aber auch die Volkswirtschaft oder die Linguistik profitieren von der Chaos-Theorie.

Die Zahl 10^{100} nennt man Googol, ein Wort, das von dem neunjährigen Neffen des Mathematikers Dr. Edward Kasner (USA; † 1955) vorgeschlagen wurde. 10^{Googol} wird Googolplex genannt. Vielleicht kann man sich einen Begriff von der Größe solcher Zahlen machen, wenn man bedenkt, daß die Zahl der Elektronen in einigen Modellen des beobachtbaren Universums 10^{87} nicht überschreitet.

Kleinste und größte Primzahlen: Unter Primzahlen versteht man alle ganzen Zahlen (mit Ausnahme von 1), die nur durch sich selbst bzw. 1 teilbar sind, zum Beispiel 2, 3, 5, 7 oder 11. Die kleinste Primzahl ist also 2. Die größte bekannte Primzahl ist $2^{216093} - 1$. Sie wurde am 6. August 1989 von einem sechsköpfigen Wissenschaftlerteam berechnet, das dazu einen Amdahl 1200-Supercomputer in Santa Clara, Kalifornien (USA), benutzte. Die Zahl hat 65087 Stellen. Die niedrigste Nicht-Primzahl ist die 4.

Eine perfekte Zahl ist gleich der Summe ihrer Divisoren (mit Ausnahme ihrer selbst): zum Beispiel $1+2+4+7+14=28$. Die kleinste vollkommene Zahl ist $6(=1+2+3)$. Die größte bekannte vollkommene Zahl, die 31., die bisher entdeckt wurde, ist $(2^{216091}-1)\times 2^{216090}$. Sie resultiert aus der größten Mersenne-Primzahl, die zugleich die zweithöchste bekannte Primzahl ist, nämlich $2^{216091}-1$.

Die neueste mathematische Konstante stammt aus der Chaos-Theorie und spielt bei der Untersuchung entsprechender Phänomene in der Meteorologie oder bei turbulenten Strömungen eine wichtige Rolle. Nach ihrem Entdecker heißt sie Feigenbaum-Konstante und hat den Wert von 4.669 201 609 102 990.

Der am meisten untersuchte Lehrsatz ist der Satz des Pythagoras. In einem 1940 erschienenen Buch sind 370 verschiedene Beweise des klassischen Lehrsatzes enthalten. Einer davon stammt von dem amerikanischen Präsidenten Garfield (1831–81).

Der längste mathematische Beweis stammt aus der Gruppentheorie. Er erstreckt sich über rund 14 000 Seiten in nahezu 500 Veröffentlichungen. Mehr als 100 Mathematiker waren über einen Zeitraum von 35 Jahren an der Beweisführung beteiligt.

Die größte exakte Zahl in der Physik stammt von Arthur Eddington. Der berühmte englische Astrophysiker gab 1938 die Zahl aller im Universum enthaltenen Protonen mit 15 747 724 136 275 002 575 605 653 961 181 555 468 044 717 914 527 116 709 366 231 425 076 185 631 031 296 an. Ebenso groß sollte die Zahl der Elektronen sein. Niemand nahm jedoch diese Zahl und die dahinterstehende Theorie ernst, so daß sie nur noch als Kuriosum belächelt wird.

Der wissenschaftlich fruchtbarste Mathematiker war Leonard Euler (1707–83). In der Schweiz geboren, wirkte er in Petersburg und Berlin und hat etwa 900 Abhandlungen verfaßt. Viele davon wurden erst 50 Jahre nach seinem Tod veröffentlicht. Seit 1910 werden Eulers gesammelte Werke herausgegeben. Nach Abschluß der Edition dürfte das Gesamtwerk über 75 große Bände umfassen.

Das bedeutendste mathematische Wunderkind war Blaise Pascal (1623–62). Der Philosoph und Mathematiker entdeckte im Alter von 16 Jahren das nach ihm benannte Theorem.

Der größte Preis für die Lösung eines mathematischen Problems wurde 1908 von Dr. Paul Wolfskell ausgesetzt. Für den Beweis des Großen Fermatschen Satzes (Pierre Fermat 1601–65) bot er 100 000 Goldmark. Noch ist der Preis zu holen. Sein materieller Wert ist durch Inflation und Währungsreform erheblich gesunken und dürfte heute 10 000 DM betragen.

Die längste Berechnung für eine Ja-Nein-Antwort wurde auf einem Cray-2-Supercomputer ausgeführt. Es ging um die Beantwortung der Frage, ob die 20. Fermatzahl $2^{2^{23}}+1$ eine Primzahl ist. Nach zehn Rechentagen lautete die Antwort: Nein.

Genaueste und ungenaueste Angabe für »Pi«: Die größte Anzahl von Dezimalstellen, die für Pi (π) errechnet wurde, beträgt 1 011 196 691. Sie wurde im September 1989 von David und Gregory Chudnovsky an der New Yorker Columbia-Universität berechnet. Zwei Supercomputer, der IBM 3090 und der Cray–2 wurden für die Berechnung benutzt. Die Stellen 762–767 werden durch sechs aufeinanderfolgende Neunen besetzt.
1853 veröffentlichte William Shanks eine Berechnung von π in Handarbeit über 707 Stellen. 92 Jahre später, 1945, stellte man fest, daß die letzten 180 Stellen sämtlich falsch waren.
1897 beschloß die erste Kammer des US-Bundesstaats Indiana das Gesetz Nr. 246, nach dem von Rechts wegen Pi den Zahlenwert 4 erhielt.

Das früheste bekannte Gewichtsmaß ist das *Beqa* aus der amratischen Periode der ägyptischen Zivilisation, um 3800 v. Chr. Ein Exemplar wurde in Naqada in Ägypten gefunden. Diese Gewichte sind zylindrisch mit abgerundeten Ecken und wiegen 189–211 g.

Das Längenmaß der megalithischen Steinkreisbaumeister um 3500 v. Chr. in Mitteleuropa scheint 82,90 ± 0,09 cm gewesen zu sein. Dieser Befund wurde 1966 von dem englischen Megalithexperten Alexander Thom (1894 bis 1985) veröffentlicht.

Das längste bekannte Zeitmaß ist das *kalpa* in der Hindu-Chronologie. Es entspricht 4320 Mio. Jahren. In der Astronomie bezeichnet man gelegentlich einen Umlauf der Sonne um das Zentrum der Milchstraße als kosmisches Jahr, was 235 Mio. Jahren entsprechen würde. Vor rund 85 Mio. Jahren rotierte die Erde schneller, so daß das Jahr 370,3 Tage aufwies. Vor 600 Mio. Jahren waren es vermutlich sogar über 425 Tage pro Jahr.

Kürzestes Zeitmaß: Da sich die 24-Stunden-Einteilung eines Tages durch die – dem Einfluß des Mondes unterliegenden – Gezeiten um durchschnittlich eine Millisek. pro Jh. sprunghaft ändert, wurde die Dauer einer Sek. neu definiert.

In die Welt der Apfelmännchen führt dieses Fraktal, ein von dem Computer hergestelltes Bild aus in farbige Linien und Flächen übersetzte mathemathischen Formeln.

Seit 1960 ist eine Sek. nicht mehr der 86 400ste Teil eines mittleren Sonnentages, sondern der 31 556 925,9747ste Teil des Sonnenjahres am 0. Januar 1900, 12 Uhr *Ephemeridenzeit* (astronomische Kalenderzeit).
1958 wurde die Sek. *Ephemeridenzeit* errechnet als das Äquivalent von 9 192 631 770 ± 20 Schwingungen, die dem Übergang eines Cäsiumatoms 133 zwischen den beiden sogenannten Hyper-Feinstrukturniveaus des Grundzustandes entsprechen.

Die größte Tageslängenänderung betrug 10 Millisek. am 8. August 1972. Ursache war der heftigste Sonnensturm, der je während der letzten 370 Jahre festgestellt wurde.

Das genaueste physikalische Gerät: Mit dem Cäsium-Frequenzstandard, zum Beispiel in Atomuhren eingesetzt, können 10^{14} Schwingungen auf 8 Schwingungen genau gemessen werden. Mit einem methanstabilisierten Helium-Neon-Lasersystem liegen die erreichbaren Werte bei 2 auf 10^{13}, für einen Wasserstoff-Maser bei 6 auf 10^{13} Schwingungen.

Die einzigen Menschen ohne Zahlenbegriff sind die Nambiquaras im nordwestlichen Matto Grosso (Brasilien). Ihnen fehlt jegliches Zahlensystem, obwohl ihre Sprache ein Zeitwort enthält, das etwa »sie sind wie zwei« bedeutet.

TELESKOPE

Früheste: Es ist nicht genau bekannt, wann die ersten Fernrohre gebaut wurden. Die lichtbündelnden und lichtbrechenden Eigenschaften von Linsen kannte man bereits im Altertum, und Brillen wurden schon im 13. Jh. benutzt. Das erste Fernrohr, das genauer datiert werden kann, stammt von dem Holländer H. Lippershey aus dem Jahr 1608. Erste astronomische Beobachtungen, darunter eine rohe Karte des Mondes, wurden 1609 von Thomas Harriot vorgenommen. Die ersten systematischen Himmelsbeobachtungen gehen auf Galileo Galilei im Januar 1610 zurück.

Das erste Spiegelteleskop wurde von Isaac Newton entwickelt und 1671 der Royal Society in London vorgestellt. Es dürfte um 1668 oder 1669 entstanden sein.

Größtes Spiegelteleskop: Es steht auf dem 2080 m hohen Semirodriki bei Selentchuk im Kaukasus (UdSSR) und hat einen Spiegeldurchmesser von 6 m. Azimutal montiert, ist es das größte Ein-Spiegelteleskop der Welt. Es hat aber die in es gesetzten Erwartungen nie erfüllt.
Das größte und leistungsfähigste Ein-Spiegelteleskop ist mit 5,08 m Durchmesser der Hale-Reflektor auf dem Mount Palomar, Kalifornien (USA). Zwar wurde das Teleskop bereits 1948 fertiggestellt, seine Effektivität konnte jedoch durch den Einsatz von Elektronik erheblich gesteigert werden. So wird durch den Einsatz von CCD-Sensoren (***C****harged* ***C****oupled* ***D****evice*) die Empfindlichkeit des Teleskops im Vergleich zu fotografischen Platten um den Faktor von etwa 100 erhöht.

Größter Metallspiegel: Das Teleskop von Lord Rosse, 1845 auf Birr Castle (Irland) errichtet, hatte einen Spiegeldurchmesser von 183 cm. Der Spiegel war aus Messing gefertigt. Mit ihm entdeckte Lord Rosse die Spiralstruktur der Galaxien. Er wurde letztmals 1909 benutzt.

Die nördlichste Bodenstation für den europäischen Erderkundungssatelliten *ERS-1* befindet sich in Tromsö (Norwegen).

Das größte im Bau befindliche Teleskop ist der Keck-Reflektor, der gegenwärtig auf dem Mauna Kea, Hawaii (USA), im Entstehen ist. Er wird einen Durchmesser von 10 m haben und aus 36 einzelnen Segmenten bestehen, die letztlich für die konkrete Krümmung sorgen. Die Teilerprobung des Systems seit dem 24. November 1990 lieferte bereits hervorragende Bilder. Das größte Fernrohr des Jahrhunderts dürfte allerdings das VLT (***V****ery* ***L****arge* ***T****elescope*), das Sehr Große Teleskop, werden, das von der ESO, der Europäischen Südsternwarte, geplant wird. Es wird aus vier 8,2-m-Teleskopen bestehen, die – verkoppelt – soviel Licht wie ein 16-m-Spiegel sammeln können. Man hofft, die ersten Einheiten um 1995 und das vollständige Teleskop im Jahr 2000 in den Bergen der Atacama-Wüste (Nordchile) in Betrieb nehmen zu können.

Sonnenteleskop: Das McMath-Sonnenteleskop auf dem Kitt Peak, Arizona (USA), ist das größte seiner Art und verfügt über einen Primärspiegel von 2,1 m Durchmesser. Das Sonnenlicht wird mit einem Zölostaten eingefangen und in einen Tunnel von 32° Neigung zum Primärspiegel gelenkt.

Das Vakuum-Turm-Teleskop im internationalen Zentrum für Sonnenforschung wurde auf Teneriffa (Kanarische Inseln) 1989 in Betrieb genommen. In unmittelbarer Nachbarschaft zum Vakuum-Gregory-Teleskop ist das Observatorio del Teide als klassisches Turmteleskop mit einer zylindrischen Kuppel konzipiert. Der

Riesenspiegel aus einem Guß stellt Schott (Mainz) her. Vier der über 55 m² großen Spiegelträger aus »Zerodur« Glaskeramik sind für das *Very Large Telescope* (VLT) der Europäischen Südsternwarte (ESO) bestimmt, das zukünftig neue Erkenntnisse über die Entstehung des Universums liefern soll. Zur Produktion der mit 8,2 m Durchmesser weltweit größten Teleskopspiegel wurden völlig neue Technologien entwickelt.

Turm ist 38 m hoch, das Teleskop hat eine Öffnung von 60 cm und eine Brennweite von 46 cm.

Mehrfachspiegel: Das erste MMT (***M**ulti-**M**irror-**T**elescope*), das Mehrfach-Spiegelteleskop des Whipple-Observatoriums auf dem Mount Hopkins, Arizona (USA), besteht aus sechs Spiegeln von je 183 cm Durchmesser. Es entspricht vom Lichtsammelvermögen her einem Spiegel mit 447 cm Durchmesser. Beim Betrieb des Systems gibt es jedoch erhebliche operationelle Probleme.

Infrarot-Teleskop: Das von Großbritannien auf dem Mauna Kea, Hawaii (USA), betriebene Infrarot-Teleskop ist mit einem Spiegeldurchmesser von 374 cm das größte der Welt. Seine Qualität ist so hervorragend, daß es sowohl für visuelle als auch für Infrarot-Beobachtungen verwendet werden kann.

Erstes Teleskop mit aktiver Optik: Das NTT, das Neue Technologie-Teleskop der Europäischen Südsternwarte auf La Silla in der chilenischen Atacama-Wüste, verwendet erstmals in großem Maßstab eine aktive Optik: 75 steuerbare Stützen halten den sehr dünnen 3,6-m-Spiegel ständig in der »richtigen Form«. Damit wird die Bildqualität entscheidend verbessert. Dazu tragen auch die azimutale Montierung und rechteckige Form des Kuppelgebäudes bei. Erste astronomische Tests, ferngesteuert vom ESO-Kontrollzentrum in Garching bei München, zeigten gestochen scharfe Bilder. Seit dem 1. Oktober 1990 steht das NTT allen Astronomen zur Verfügung.

Südliche Halbkugel: Das größte Teleskop auf der südlichen Erdhälfte ist der 4,01-m-Spiegel des Interamerikanischen Observatoriums auf dem Cerro Tololo in der Atacama-Wüste (Chile). Das anglo-australische Teleskop (AAT) in Siding Spring (Australien) hat einen Spiegeldurchmesser von 3,89 m.

Submillimeter-Bereich: Das James Clerk Maxwell-Teleskop auf dem Mauna Kea hat einen 15-m-Primärspiegel, dessen Form ein Paraboloid ist. Es wird für die Untersuchung des Sub-Millimeter-Bereichs des elektromagnetischen Spektrums (0,3–1 mm) benutzt. Es produziert daher kein visuelles Bild.

Größter Refraktor: Mit einem Objektivdurchmesser von 101,6 cm ist der 1897 fertiggestellte Refraktor des Yerkes-Observatoriums in Williams Bay, Wisconsin (USA), das größte Linsenfernrohr der Welt. Seine Länge beträgt 18,9 m. Ein noch größeres Objektiv mit 150 cm Durchmesser wurde in Frankreich fertiggestellt und auf der Pariser Weltausstellung im Jahr 1900 gezeigt. Es kam jedoch nie zum wissenschaftlichen Einsatz.

Hier, am Cerro Paranal, dem 2664 m hohen Berg in der chilenischen Atacama-Wüste, soll in einer der trockensten Regionen der Erde das größte Teleskop der Welt entstehen. Die Europäische Südsternwarte (ESO) hat sich für diesen Platz in den Kordilleren entschieden, dem »besten weltweit bekannten Ort für Astrologiebeobachtungen«.

Größtes Radioteleskop: Radiowellen aus der Milchstraße wurden 1931 erstmals von Karl Jansky von den Bell-Laboratorien in Holmdel, New Jersey (USA), entdeckt, als er mit einer 30,5 m langen Antenne vermeintliche Funkstörungen lokalisieren wollte. Das erste bewußt gebaute Radioteleskop entstand 1939 vor Ausbruch des Krieges. Der Funkamateur Grote Reber entdeckte mit seinem improvisierten 9,5-m-Parabolspiegel Radioemissionen von der Sonne.

Das größte Parabolradioteleskop der Welt ist die Anlage für die Ionosphäre, die in eine Bodenmulde in Arecibo (Puerto Rico) gebaut und im November 1963 mit einem Kostenaufwand von 9 Mio. Dollar (damals 36 Mio. DM) fertiggestellt wurde. Die Parabolantenne hat einen Durchmesser von 305 m und bedeckt eine Fläche von 7,48 ha. Seine Empfindlichkeit wurde inzwischen vertausendfacht, was mittels neuer Aluminiumplatten erreicht wurde, seine Reichweite erstreckt sich jetzt bis zu den Grenzen des erforschbaren Weltraums über 15 Mrd. Lichtjahre.
Das RATAN-600-Radioteleskop, das im Nordkaukasus (UdSSR) seit 1976 in Betrieb ist, verfügt über eine Auffangfläche von 895 Spiegelsegmenten, die in einem Kreisumfang von 576 m angeordnet sind.

Die größte radioastronomische Anlage befindet sich in Australien und besteht aus der Kombination der Antennen von Parkes (64 m), Siding Spring (22 m) und Culgoora (22 m). Diese Anlagen wurden auch elektronisch mit den japanischen Radioteleskopen in Usuda und Kashima sowie mit dem geostationären Kommunikations- und Relais-Satelliten TDRS verkoppelt. So entstand ein Radioteleskop mit einer effektiven Größe von 2,16 Erddurchmessern, 27 523 km.
Das VLA (***V**ery **L**arge **A**rray*) in Socorro, New Mexiko (USA), ist eine y-förmige Anordnung von 27 Parabolantennen mit je 25 m Durchmes-

ser. Jeder Arm des Ypsilons ist knapp 21 km lang. Da die einzelnen Antennen fahrbar sind, kann die »Größe« dieser Anlage, sie wurde am 10. Oktober 1980 fertiggestellt, verändert werden.

Das größte Schmidt-Teleskop der Welt hat einen Durchmesser von 2 m und steht im Karl-Schwarzschild-Observatorium in Tautenburg, Thüringen. Schmidt-Teleskope stellen ein spezielles optisches System dar, das sich durch hohe Lichtstärke und ein großes verzerrungsfreies Gesichtsfeld auszeichnet. Das Instrument in Tautenburg hat eine freie Öffnung von 1,34 m und ist seit 1960 in Betrieb. Das zweitgrößte Teleskop dieser Art befindet sich auf dem Mount Palomar, Kalifornien (USA). Sein Spiegeldurchmesser beträgt 1,83 m, die freie Öffnung 1,26 m. Es ist seit 1948 im Einsatz.

Der Schweiz größtes Planetarium steht in Luzern. Kuppeldurchmesser: 18 m, 300 Plätze.

Am 13. Oktober 1983 wurde **das längste Linsenfernrohr der Welt**, der Refraktor der Archenhold-Sternwarte in Berlin-Treptow, nach sechsjähriger Überholung wieder in Betrieb genommen. Das 1896 errichtete Fernrohr ist 21 m lang, hat einen Objektivdurchmesser von 68 cm und ist 130 t schwer. Wegen seiner Größe steht der Refraktor im Freien.

Das größte deutsche Refraktorteleskop steht mit einem Linsendurchmesser von 80 cm in Potsdam (Brandenburg). Es wurde 1899 gebaut.

Die höchste Sternwarte der Welt ist das Observatorium der Universität Denver (USA) in einer Höhe von 4297 m üNN. Sie wurde 1973 in Betrieb genommen. Das Hauptinstrument ist ein 60,5-cm-Spiegelteleskop. Nur knapp niedriger liegen die Observatorien auf dem Mauna Kea, Hawaii (USA).

Die höchste astronomische Beobachtungsstation in Deutschland ist die Sonnenwarte auf dem Wendelstein (Bayern) in 1845 m üNN.

Die höchste astronomische Beobachtungsstation Österreichs ist das Sonnenobservatorium auf der Kanzelhöhe in Kärnten. Der sogenannte Gerlitzen-Turm steht 1903 m üNN.

Die höchste Sternwarte der Schweiz befindet sich auf dem Jungfraujoch 3567 m üNN. Das Hauptinstrument dieses 1936 eröffneten Observatoriums ist ein 76-cm-Spiegelteleskop mit Coudé-Fokus und Cassegrain-Fokus. Das Sphinx-Observatorium gehört zur Hochalpen-Forschungsstation Jungfraujoch. An ihm sind fast alle europäischen Länder beteiligt. Die Station verfügt über 5 Labors, Ställe für Tieruntersuchungen, Dunkelkammer, Bibliothek, 10 Schlafzimmer, 15 Schlafstätten.

Noch höher, nämlich 4570 m üNN, liegt die Margaritha-Hütte oberhalb von Zermatt an der schweizerisch-italienischen Grenze. Auch sie besitzt ein Observatorium, das jedoch nur im Sommer von der italienischen Seite her bedient wird.

Das älteste noch bestehende Sternwartengebäude ist der »Turm der Winde«, der 70 v. Chr. von Androchinus von Cyrrhos in Athen als Observatorium benutzt wurde. Es war mit Sonnenuhren und wassergetriebenen Zeitmessern (Klepshydra) ausgerüstet.

Die erste Sternwarte Deutschlands soll angeblich 1472 von Regiomontan in Nürnberg errichtet worden sein. Dokumentarisch verbürgt ist jedoch erst die von Landgraf Wilhelm IV. 1560 in Kassel gegründete Sternwarte.
Den Ruhm, die ältesten noch bestehenden Sternwarten zu besitzen, teilen sich München und Göttingen. Die Observatorien beider Städte wurden 1816 gegründet: Münchens Sternwarte war eine Neugründung, während in Göttingen bereits seit 1751 eine Sternwarte – allerdings an einem anderen Platz – existierte.

Die älteste österreichische Sternwarte ist das Observatorium der Jesuiten an der Wiener Universität. Es wurde 1755 unter Maria Theresia erbaut.

Die älteste Sternwarte der Schweiz steht in Genf. Seit 1772 ist sie in Betrieb und wurde ständig dem neuesten technischen Stand angepaßt.

Das älteste Planetarium: Der Ahnherr des Planetariums ist der Gottorp-Schwenkglobus, erbaut von Andreas Busch in Dänemark zwischen 1654 und 1664 auf Bestellung von Olearius, dem Hofmathematiker von Herzog Friedrich III. von Holstein. Der Globus hat einen Umfang von 10,5 m, wiegt nahezu 3,5 t und wird in Leningrad (UdSSR) aufbewahrt. Das Publikum saß in diesem Globus. Die Gestirne waren an der Innenseite aufgemalt.

Das erste Planetarium mit einer optischen Anlage, die die Fa. Carl Zeiss, Jena, erstellte, wurde am 21. Oktober 1923 im Deutschen Museum in München eröffnet. Inzwischen ist dieses Planetarium bereits zweimal – 1925 und 1960 – erweitert und ergänzt worden.

Das größte Planetarium der Welt mit einem Durchmesser von 25,15 m befindet sich in Moskau.

Im Rahmen der Astro C-Mission wurde im Dezember 1990 mit der Raumfähre *Discovery* ein astronomisches Ultraviolett-Teleskop eingesetzt.

Gammastrahlung im Kosmos

Die Erforschung höchstenergetischer Prozesse im Universum ist in ein neues Stadium getreten: Am 7. April 1991 gelangte das große Gammastrahlen-Observatorium (*GRO*) der amerikanischen Raumfahrtbehörde NASA in eine 450 km hohe Erdumlaufbahn. Hierbei handelt es sich – mit 15876 kg – um den schwersten wissenschaftlichen Satelliten, der jemals mit einer Raumfähre in die Umlaufbahn gebracht worden ist.

Die Gammastrahlung ist die energiereichste elektromagnetische Strahlung von extrem kurzer Wellenlänge. Sie kann die Erdatmosphäre nicht durchdringen, also nur mit Satelliten oder Höhenballons untersucht werden. Die Sensoren an Bord des *GRO* sind zehnmal empfindlicher als früher auf Satelliten geflogene Experimente. Man erwartet von den Beobachtungen zum Beispiel den ersten handfesten Nachweis von Schwarzen Löchern, aber auch neue Informationen über Pulsare und Neutronensterne, Quasare sowie über die seltsamen »Gamma-Burster«, kurzzeitig aufflackernde Gammastrahlungsquellen bisher unbekannten Ursprungs. Die Bundesrepublik Deutschland ist in erheblichem Umfang an den Experimenten beteiligt. Nur dem Improvisationsvermögen der *Shuttle*-Astronauten Apt und Ross ist es zu verdanken, daß die Mission nicht scheiterte, bevor sie überhaupt begonnen hatte. Sie lösten in einem Zusatz-Außenbordmanöver die verklemmte Hauptantenne des großen Satelliten.

Das größte deutsche Planetarium hat Berlin. Seine Kuppel hat einen Durchmesser von 20 m. 330 Zuschauer haben in ihm Platz. Auch die Planetarien in Hamburg und Bochum haben einen Kuppeldurchmesser von 20 m, jedoch wesentlich weniger Zuschauerplätze.

Österreichs größtes Planetarium steht in Wien. Sein Kuppeldurchmesser beträgt 20 m, und 240 Sitzplätze sind vorhanden.

Den glattesten Spiegel der Welt, einen 83-cm-Spiegel für das deutsche Röntgenteleskop *Rosat* stellte Carl Zeiss, Oberkochen, her. Seine mittlere Mikrorauhigkeit beträgt nur 0,0000003 mm. Diese außerordentliche Oberflächenqualität wurde durch die Messung der Streuung von Röntgenstrahlen nachgewiesen.

Das größte vollbewegliche Radioteleskop gehört dem Max-Planck-Institut in Bonn. Es steht im Effelsberger Tal (Eifel) und wurde im Mai 1971 in Betrieb genommen. Die Kosten für das Instrument betrugen knapp 37 Mio. DM. Die gesamte Anlage wiegt 3048 t, und seine schwenkbare Parabolantenne hat einen Durchmesser von 100 m. Radiostrahlung bis hinab zu 7 mm Wellenlänge kann mit dem Teleskop empfangen werden.

Ein 30-m-Teleskop für Millimeterwellenastronomie auf dem fast 3000 m hohen Pico Veleta in der spanischen Sierra Nevada liefert seit Anfang 1983 dem Max-Planck-Institut für Radioastronomie erste Daten aus dem Weltall. Das Instrument setzt hinsichtlich der technischen Präzision völlig neue Maßstäbe. So weicht die immerhin 780 m^2 große Reflektoroberfläche des Teleskops an keiner Stelle um mehr als 0,08 mm von der exakten Form eines Paraboloids ab, das entspricht ungefähr der Stärke eines menschlichen Haares. Kein anderes Radioteleskop dieser Größe weist bisher eine so genaue Oberfläche auf.

Das tiefstgelegene »Observatorium« befindet sich in der Homestake-Mine in Süd-Dakota (USA). Das »Teleskop« besteht aus einem Tank, der mit Perchloräthylen, bekannt als Reinigungsflüssigkeit, gefüllt ist. Die Chloratome in der Verbindung können mit Neutrinos reagieren. Mit entsprechenden Detektoren ist es möglich, auf diesem Weg die Zahl dieser einfallenden Neutrinos zu bestimmen. Um Störeffekte durch die kosmische Strahlung auszuschalten, hat man die Anlage 1700 m tief im Schacht eines Goldbergwerks installiert. Seit 1964 sind in Homestake wertvolle Erkenntnisse über die solaren Neutrinos gewonnen worden, die in erheblich geringerer Zahl freigesetzt werden als theoretisch erwartet.

Weltraumteleskope: Die erste funktionierende »Sternwarte« in der Umlaufbahn war das amerikanische Sonnenobservatorium OSO, gestartet am 18. Oktober 1967.

Das größte Weltraumteleskop ist das Hubble-Space-Telescope der NASA. Das 11360 kg schwere Teleskop mit einem Spiegel von 2,4 m Durchmesser und einer Gesamtlänge von 13,1 m wurde am 21. April 1990 auf eine 610 km hohe Erdumlaufbahn gebracht. Das 1,5 Mrd. Dollar teure Instrument weist einen groben optischen Fehler auf, dennoch hat es bisher zahlreiche überraschende Entdeckungen und Bilder geliefert.

Die europäische Raumfahrtbehörde ESA wird ein Infrarot-Observatorium bauen und im April 1993 mit einer *Ariane*-Trägerrakete in die Umlaufbahn bringen. Wichtigstes Element des größten europäischen Forschungssatelliten wird ein Infrarot-Teleskop von 60 cm Durchmesser sein, das mit 2300 l flüssigem Helium auf nur 1,8 Grad über dem absoluten Nullpunkt gekühlt werden muß. Im Rahmen des 1-Mrd.-DM-Projekts sollen mindestens 18 Monate lang neue kosmische Informationen gewonnen werden.

WISSENSCHAFTS-TECHNIK

Kleinstes optisches Prisma: Wissenschaftler des National Institute of Standards in Boulder, Colorado (USA), haben ein Glasprisma von nur 0,004 mm Kantenlänge hergestellt, das gerade noch mit dem bloßen Auge zu erkennen ist. Es findet Anwendung in der Forschung und Instrumentierung im Bereich der Glasfaser-Optik.

Die höchsten künstlich erzielten Temperaturen gibt es im Innern einer thermonuklearen Fusionsbombe. Sie liegen zwischen 300 und 400 Mio.°C. Für kontrollierbare Temperaturen ist der bisher höchste Laborwert 200 Mio.°C. Dieser Wert wurde im Juni 1986 mit dem Tokamak-Fusionstestreaktor im Princeton-Plasma-Physics-Laboratorium (USA) erzielt. Bei sehr geringen Partikeldichten können noch höhere Temperaturen erreicht werden. 1962 sollen in der UdSSR mit dem Ogra-Injektionsspiegelgerät 3000 Mio.°C erzeugt worden sein.

In Hochdruckentladungslampen, wie sie beispielsweise in Stadien benutzt werden, entstehen in der Mitte der Lampe außerordentlich hohe Gastemperaturen zwischen 5000 und 6000°C. Das sind die höchsten Temperaturen, die in Verbrauchsgütern erzeugt werden.

Tiefste Temperatur: Absolute Temperaturen werden vom absoluten Nullpunkt aus gerechnet, der bei 0 K (Kelvin) = −273,15°C liegt. Der absolute Nullpunkt bei 0 K ist grundsätzlich nicht erreichbar; man kann sich ihm jedoch nähern. Die niedrigste Temperatur, die bisher erzeugt werden konnte, beträgt 2×10^{-9} K, also rund zwei Milliardstel über dem absoluten Nullpunkt. Der Wert wurde im Tieftemperatur-Laboratorium der Universität Helsinki von O. V. Lounasmaa, P. Hakonen und Shi Yin im Oktober 1989 erreicht.

Tiefste Umwandlungstemperatur: Die tiefste Temperatur, bei der eine Umwandlung beobachtet wurde, beträgt 0,0003 K. Bei dieser Temperatur ist in der Kernforschungsanlage Jülich im Sommer 1982 eine Umwandlung von Rhodium in den supraleitenden Zustand beobachtet worden.

Kleinstes Thermometer: Der Biophysiker Dr. Frederich Sachs von der Universität Buffalo im US-Staat New York hat ein Ultramikro-Thermometer für die Temperaturmessung an lebenden Zellen entwickelt. Die Spitze hat einen Durchmesser von 1 Mikron, was einem Fünfzigstel der Stärke eines Menschenhaares entspricht.

Größtes Barometer: Ein Wasserbarometer von 12 m Höhe wurde von Bert Bolle vom Barometer-Museum, Maartensdijk (Niederlande), konstruiert. Dort ist das Instrument auch ausgestellt.

Der höchste anhaltende Labordruck beträgt 5,5 Megabar. Das meldeten im Juli 1986 Wissenschaftler des geophysikalischen Laboratoriums des Carnegie-Instituts in Washington. Wichtig sind Experimente dieser Art sowohl für die Materialforschung als auch für das Verständnis der Materie im Inneren der Erde und anderer Planeten. Bei dem im Erdkern herrschenden Druck von etwa 3,5 Megabar sollten sich viele Materialien, die zunächst elektrische Isolatoren sind, in Metalle umwandeln. Dieser Effekt, der bei etwa 1,1 Megabar eintritt, konnte jetzt von Physikern des amerikanischen Lawrence Livermore-Laboratoriums in Kalifornien nachgewiesen werden. Ein besonderes Interesse gilt hier dem Wasserstoff. Man nimmt an, daß metallischer Wasserstoff, wenn erzeugt, eine silberweiße Farbe hat, aber weich ist und eine Dichte von 1,1 g/cm^3 besitzen wird. Der für den Übergang erforderliche Druck wird von H. K. Mao und P. M. Bell auf 1 Megabar bei 25°C geschätzt. Momentane Drücke von 7000 GPa wurden, wie 1958 aus den USA berichtet, mit Hilfe dynamischer Aufschlaggeschwindigkeiten von 29000 km/h erreicht.

Das höchste Vakuum (Ultrahochvakuum), das auf experimentellem Wege erzeugt wurde, betrug 10^{-14} Torr und wurde im Thomas J. Watson-Forschungsinstitut der IBM, Yorktown Heights, New York (USA), im Oktober 1976 mit einer Kryopumpe bei Temperaturen bis zu −269°C erzielt. Das entspricht etwa der »Verdünnung« von baseballgroßen Molekülen von einem Abstand von 1 m auf 80 km.

Die rascheste Zentrifuge: Die höchste künstlich erzeugte Drehzahl und damit gleichzeitig die größte Rotationsgeschwindigkeit, die ein auf der Erde befindlicher Gegenstand erreichen kann, beträgt 7250 km/h. Diese Geschwindigkeit wurde im Januar 1975 an der Universität Birmingham (GB) bei Experimenten mit einem konischen, 15 cm langen Kohlefaserstab erzielt, der in einem Vakuum herumgewirbelt wurde.

Der Fallturm in Bremen hat im Frühjahr 1990 versuchsweise seinen Betrieb aufgenommen. Technologische und wissenschaftliche Experimente unter den Bedingungen der Schwerelosigkeit können in dem 146 m hohen Turm unter Verwendung einer speziellen Kapsel erprobt werden. Sie fällt in einer 110 m langen Röhre von 3,5 m Durchmesser herab. Während des freien Falls herrscht für 4,5 Sek. eine Mikrogravitation.

Das leistungsfähigste Mikroskop dürfte das Scanner-Tunnelmikroskop sein, das 1981 in den Züricher IBM-Laboratorien entwickelt wurde. Es verfügt über eine 100millionenfache Vergrößerung und kann noch Größen von bis zu einem Hundertstel eines Atomdurchmessers auflösen.
Die vierte Generation des Scanner-Tunnelmikroskops, die sich in der Entwicklung befindet, hat nur noch die Größe einer Fingerspitze.
Die Prüfspitze des Scanner-Tunnelmikroskops kann bis auf die Größe eines Einzelatoms »verjüngt« werden. Es entsteht so die kleinste Pyramide der Welt, mit drei letzten Schichten aus je 7,3 und 1 Atomen. Im Juli 1989 wurde bekannt, daß in den AT & T Bell-Laboratorien, Murray Hill, New Jersey (USA), ein einziges Germanium-Atom von der Wolframspitze des Mikroskops wieder zu einer Germanium-Oberfläche zurückgeführt werden konnte.

Das leichteste hoch auflösende Lichtmikroskop der Welt ist das 1200 × McArthur-Mikroskop, das nur 255 g wiegt und in Cambridge hergestellt wird.

Das stärkste Ultraschallmikroskop, für dessen Bau die Stanford-Universität Kalifornien (USA) im März 1980 eine Lizenz an die Firma Leitz in Wetzlar (Hessen) vergeben hat, arbeitet nach dem Prinzip, Objekte, die mit bloßem Auge nicht wahrnehmbar sind, mit Schallwellen sehr hoher Frequenz – 500 Mio.–1 Mrd. Schwingungen in der Sek. – abzutasten, die am Objekt entstehenden Echosignale mittels eines piezo-elektrischen Transducers in elektrische Signale umzuwandeln und auf einem Bildschirm sichtbar zu machen.

Der bisher höchste Ton mit einer Frequenz von 60 GHz (60 Mrd. Schwingungen/s) wurde von einem Laserstrahl hervorgerufen, der auf einen Saphirkristall traf. Das Experiment fand im Massachusetts Institute of Technology (USA) im September 1964 statt.

Das kleinste Mikrofon der Welt wurde 1967 von Professor Ibrahim Kavrak von der Universität Istanbul (Türkei) für Druckmessungen in Flüssigkeitsströmungen entwickelt. Es hat einen Frequenzbereich von 10 Hz bis 10 kHz und mißt nur 1,5 × 0,76 mm

Die kleinste Pumpe der Welt wurde am Fraunhofer-Institut für Festkörpertechnologie in München entwickelt. Wie im April 1990 bekannt wurde, hat die Mikropumpe Abmessungen von 5 × 5 × 0,7 mm und ist damit kleiner als ein Pfennigstück. Die steuer- und regelbare Pumpe schafft trotz ihres geringen Volumens von nur 3 Mikroliter die beachtliche Leistung von 15 Milliliter/min. Die Basis dieser Mikropumpe ist ein Siliziumchip.

Die größte wissenschaftliche Experimentieranlage befindet sich in Genf am Europäischen Zentrum für Hochenergiephysik CERN. Hier ein Luftbild mit dem LEP-Speicherring und ein Blick in das Innere des Teilchenbeschleunigers.

Die heißeste Flamme läßt sich mit Kohlensubnitrid (C_4N_2) erzeugen, das laut Berechnungen bei dem Druck von einem bar eine Hitze von 5261 K erreicht.

Das stärkste Geräusch, das in einem Laboratorium erzeugt wurde, waren 210 Dezibel oder 400 000 akustische Watt. Dieser Lärmrekord gelang der NASA im Oktober 1965 auf einem 14,6 m langen Stahl- und Beton-Teststand mit 18 m tiefen Fundamenten in Huntsville, Alabama (USA). Mit dieser Lärmenergie kann man in feste Körper Löcher bohren.

Den stillsten Raum der Welt mit den Abmessungen 10,67 × 8,5 m hat das Laboratorium des Bell-Telephone-System-Konzerns in Murray Hill (USA). Es ist der echofreieste Raum der Welt. 99,98 Prozent des reflektierten Schalls werden durch Spezialisolierung ausgeschaltet.

Die exakteste Waage der Welt ist das Sartorius-Modell 4108 aus Göttingen. Mit dieser Waage können Gegenstände bis zu 0,5 g mit einer Genauigkeit von 0,01 μg (gleich 0,00 000 001 g) gewogen werden, und dies ist kaum mehr als 1/60 des Gewichts der Druckerschwärze in dem Punkt am Ende dieses Satzes.

Geringste Viskosität: Das California Institute of Technology (USA) gab am 1. Dezember 1957 bekannt, daß flüssiges Helium II, das nur bei Temperaturen nahe dem absoluten Nullpunkt vorkommt (– 273,15 °C), keine meßbare Zähflüssigkeit besitzt, mithin als reibungsfreie Flüssigkeit bezeichnet werden kann.

Geringste Reibung: Den geringsten statischen und dynamischen Reibungskoeffizienten aller

Festkörper hat *Polytetrafluoroethylen (P. T. F. E.)* ($[C_2F_4]n$) mit 0,02. Es besitzt also ebensowenig Reibung wie nasses Eis auf nassem Eis. Die Massenfertigung begann 1943. Es wird u. a. in den USA und in der Bundesrepublik Deutschland als Teflon zur Beschichtung von Kochtöpfen und Pfannen benutzt.
In der Zentrifuge der Universität von Virginia (USA) dreht sich ein magnetisch gestützter **Rotor** von 13,6 kg mit einer Geschwindigkeit von 1000 U/s in einem Vakuum von 10^{-6} mm Quecksilberdruck. Der Drehkörper verliert nur eine U/s am Tag, kann daher jahrelang weiterkreisen.

Der stärkste elektrische Strom wird vom Zeus-Mehrfachkondensator im wissenschaftlichen Laboratorium von Los Alamos, New Mexico (USA), erzeugt. Seine 4032 Kondensatoren würden bei gleichzeitiger Zündung während einiger Mikrosek. zweimal soviel Strom erzeugen wie die Generatoren der ganzen Welt.

Die höchste Geschwindigkeit eines festen sichtbaren Gegenstands wurde mit 150 km/s mit einer Plastikscheibe im Marineforschungslabor im August 1980 in der US-Hauptstadt Washington erzielt.

Die höchste in einem Labor erzeugte Stromspannung war $32 \pm 1{,}5$ Mio. Volt am 17. Mai 1979 durch die National Electrostatics Corporation in Oak Ridge, Tennessee (USA).

Der stärkste Teilchenbeschleuniger ist das 2 km Durchmesser große Protonensynchrotron im Fermi-Laboratorium in Batavia, Illinois (USA). Am 14. Mai 1976 wurde ein Energiewert von 500 Mrd. (5×10^{11}) Elektronvolt erreicht. Am 13. Oktober 1985 wurde erstmals eine Energie von 1,6 Tera-Elektronvolt ($1{,}6 \times 10^{12}$ eV) bei der Kollision von Protonen und Antiprotonen erzielt. Zu diesem Zweck mußten 1000 supraleitende Magneten mit Hilfe der größten 4500 -l/h-Temperatur-Helium-Verflüssigungsanlage der Welt auf einer Temperatur von $-268{,}8°$C gehalten werden. Die Anlage ist seit dem 18. April 1980 in Betrieb.

Der größte Teilchenbeschleuniger der Welt wurde am 13. November 1989 im Europäischen Kernforschungszentrum CERN in Meyrin bei Genf offiziell in Betrieb genommen. Mit 27 km Umfang ist der »Große Elektronen-Positronen-Beschleuniger« (LEP) die leistungsfähigste Anlage ihrer Art. Sie ist in einem kreisförmigen Tunnel von 3,8 m Durchmesser untergebracht, der zwischen 50 und 150 m tief unter der Erdoberfläche verläuft und durch 18 Vertikalschächte zugänglich ist. Im Tunnel und seinen acht unterirdischen Arbeitsbereichen sind mehr als 60000 t technischer Einrichtungen installiert. Hohe Präzision war überall erforderlich: Die 3821 Magnete und 128 Beschleunigungsresonatoren, die die Elementarteilchen durch den Ring treiben, sind mit einer Genauigkeit von 1/10 mm angeordnet. Die »größte, je von Menschenhand gebaute Maschine« kostete rund 1,5 Mrd. DM.

Das Ziel von CERN (Europäisches Laboratorium für Teilchenphysik), Strahlen von Protonen und Antiprotonen im **Super-Protonensynchrotron** (SPS) bei 270 GeV $\times 2 = 540$ GeV aufeinandertreffen zu lassen, wurde am 10. Juli 1981 um 4 Uhr 55 erreicht. Das entspricht dem Auftreffen von Protonen auf ein festes Ziel bei 150 TeV oder 150000 GeV. 1992 sollen Elektronen und Positronen mit je 96 GeV zur Kollision gebracht werden. Geplant ist ebenfalls die »Produktion« von etwa 10000 Z^0-Teilchen pro Tag.

Superbeschleuniger: Am 16. August 1983 beschloß das amerikanische Energieministerium die Planung für einen Superbeschleuniger (SSC), der maximal 6 Mrd. Dollar kosten sollte. 2 Proton-Antiproton-Maschinen von je 20 TeV sollen in dem 85 km Durchmesser aufweisenden Beschleuniger arbeiten. Der Standort wird Waxahachie im amerikanischen Bundesstaat Texas sein. Am 30. Januar 1987 gab die Regierung endgültig grünes Licht. Die Kosten steigen dramatisch. Schätzungen im November 1988 gingen noch von 9,9 Mrd. Dollar aus. Im August 1990 war man bereits bei 11 Mrd. Dollar angelangt.

Die größte Blasenkammer der Welt wurde im Oktober 1973 in Weston, Illinois (USA), für 70 Mio. Dollar fertiggestellt. Sie hat einen Durchmesser von 4,57 m und enthält 33000 l flüssigen Wasserstoff bei einer Temperatur von $-247°$C mit Hilfe eines supraleitenden 3-Tesla-Magneten.

Der schwerste Magnet der Welt hat einen Durchmesser von 60 m, wiegt 36000 t und gehört zum 10-GeV-Synchrophasotron im Unionsinstitut für Kernforschung von Dubna in Moskau (UdSSR).

Der weltweit größte Elektromagnet ist Bestandteil des L3-Detektors, ein Experiment beim LEP-Beschleuniger im Europäischen Kernforschungszentrum CERN (Genf). Der achteckig geformte Magnet besteht aus einem Joch aus 64000 t Stahl mit niedrigem Kohlenstoffgehalt und einer 1100 t schweren Aluminiumspule. Die Jochelemente, zusammengeschweißte Einzelstücke von bis zu 30 t, wurden in der UdSSR hergestellt. Die Spule entstand in Modulartechnik in der Schweiz und besteht aus 168 Windungen, die so zusammengeschweißt wurden, daß sie einen achtseitigen Rahmen bilden. 30000 Ampere fließen durch die Spule und erzeugen so ein gleichförmiges Magnetfeld von 5 Kilogauß. Der Magnet ist mit einem Volumen von $12 \times 12 \times 12$ m höher als ein viergeschossiges Haus. Das Gesamtgewicht des Magneten beträgt 7810 t. In ihm ist mehr Metall verbaut als im Eiffelturm.

Extrem starke Magnetfelder: Das stärkste – kontinuierlich aufrechterhaltene – Feld konnte mit $35{,}3 \pm 0{,}3$ Tesla am 26. Mai 1988 im Francis Bitter National Magnet Laboratory des MIT (USA) erzeugt werden. Eingesetzt wurde ein Hybrid-Magnet mit Holmium-Polen.

Das schwächste Magnetfeld wurde im stark isolierten Versuchsraum des Francis-Bitter-Laboratoriums, Massachusetts Institute of Technology, Cambridge (USA), mit 8×10^{-15} Tesla gemessen. Die Einrichtung dient der Erforschung der äußerst schwachen Magnetfelder im Herzen und Gehirn.

Feinster Schnitt: Die 13 Mio. Dollar teure Large Optics Diamond Turning Machine im Lawrence Livermore National Laboratory in Kalifornien (USA) soll, wie es im Juni 1983 hieß, in der Lage sein, ein menschliches Haar 3000mal der Länge nach zu spalten.

Schärfster Gegenstand und kleinste Röhre: Die schärfsten künstlich hergestellten Gegenstände sind Mikropipettenröhrchen aus Glas, die bei der intrazellularen Arbeit an lebenden Zellen Verwendung finden. Die Technik wurde von Professor Kenneth T. Brown und Dale G. Flaming von der University of California, San Franzisko (USA), entwickelt. Mit ihrer Hilfe gelang 1977 die Herstellung schräg geschliffener Spitzen mit einem Außendurchmesser von 0,02 μm und einem Innendurchmesser von 0,01 μm. Letzterer ist 340mal kleiner als das kleinste bekannte Nickelröhrchen und 6500mal dünner als ein Menschenhaar.

Die kleinsten von Menschenhand gefertigten Objekte sind »Quanten-Punkte« aus Indium- und Galliumarsenid. Das gab Texas Instruments, Dallas (USA), am 8. Februar 1988 bekannt. Diese »Punkte«, in der Halbleiter-Technik eingesetzt, haben einen Durchmesser von einem hundertmillionstel Millimeter.

Die größte Radarstation der Welt ist eine der drei Stationen des Raketen-Frühwarnsystems der USA. Sie befindet sich in der Nähe von Thule (Grönland). Ihr Standort ist 1498 km vom Nordpol entfernt. Die Station wurde 1960 mit einem Kostenaufwand von 500 Mio. Dollar (damals 2,1 Mrd. DM) fertiggestellt. Ihre Schwesterstationen liegen in Cape Clear, Alaska (fertiggestellt 1961), und in Fylingdales Moor (GB). Diese Station wurde mit einem Kostenaufwand von 115 Mio. Dollar (damals 485 Mio. DM) im Juli 1963 fertiggestellt.

Die modernste Radarüberwachungsanlage Europas ist seit 1. Juli 1984 auf dem Zentralflughafen Berlin-Tempelhof in Betrieb. Die Flugsicherungszentrale verfügt über das Flugplan-Verarbeitungs- und Koordinationssystem FLIPCO. Durch einen Fingertipp auf den berührungssensitiven Bildschirm gibt der Fluglotse die Zeiten in das von AEG-Telefunken entwikkelte System ein. Mit dem 71,3 m hohen Radarturm erfaßt das leistungsstarke Radarauge alle Flugbewegungen innerhalb des Berliner Luftkontrollraums im Umkreis von 360 km.

Die größte wissenschaftliche Radarstation befindet sich in Jicamarca (Peru) und erstreckt sich auf einer Fläche von 84000 m².

Stärkste Laserstrahlen: Die erste Beleuchtung eines anderen Himmelskörpers von der Erde aus gelang am 9. Mai 1962, als ein Lichtstrahl vom Mond reflektiert wurde. Dies gelang mit einem optischen Maser (Abkürzung für *microwave amplification by stimulated emission of radiation*) bzw. Laser (Abkürzung für *light amplification by stimulated emission of radiation*). Das System war an einem Teleskop von 122 cm Öffnung montiert, das vom MIT, Cambridge (USA), betrieben wurde. Es sandte ein Lichtbündel in Richtung Mond aus. Das ausgeleuchtete Gebiet auf dem Mond besaß einen Durchmesser von schätzungsweise 6,4 km.
Das Verfahren wurde 1958 von Dr. Charles Hard Townes (* 1915, USA) entwickelt. Maser sind Mikrowellenverstärker, Laser sind Lichtverstärker. Wird ein Maser-Lichtblitz auf ein Rubinkristall gerichtet, das mittels flüssigen Stickstoffs gekühlt wird, dann werden die Chromatome des Rubins in einen Energiezustand versetzt, der sie zwingt, rotes Licht auszustrahlen, das aber nur in der gewünschten Richtung scheinen kann. Ein solcher Maser-Lichtblitz kann in einer fünftausendstel Sek. durch Verdampfen bei 10000°C, das von 2×10^{23} Photonen hervorgerufen wird, ein Loch durch einen Diamanten bohren. Über den Schiwa-Laser liegt ein Bericht vom 18. Mai 1978 aus dem Lawrence Livermore National Laboratory (USA) vor, dem zufolge dieser einen Strahl von $2{,}6 \times 10^{13}$ W für eine Dauer von $9{,}5 \times 10^{-11}$

Sek. auf ein Ziel von der Größe eines Stecknadelkopfes konzentrieren konnte. Im Juli 1984 wurde von diesem Institut ein neuer Laser vorgestellt, der bis zu 120 Billionen W Energie liefern kann. Bei einem ersten Test wurden 57 Billionen W infrarotes Laserlicht produziert.

Der größte Infrarot-Laser der Welt entsteht derzeit für 176 Mio. Dollar im Lawrence Livermore National Laboratory in Kalifornien (USA). Dieser gewaltige Puls-Laser soll für die Kernfusionsforschung eingesetzt werden.

Der größte kommerzielle Infrarot-Laser der Welt ist im Frühjahr 1989 am Institut für Laser-Technik der Fraunhofer-Gesellschaft in Aachen (Nordrhein-Westfalen) installiert worden. Mit ihm wird es unter anderem möglich sein, Laserstrahl-Schweißverfahren für Rohre mit Wanddicken bis zu 18 mm zu entwickeln.

Ein Super-Laser mit einer Leistung von einem Gigawatt ist im Institut für Lasertechnik der Universität Osaka (Japan) im Frühjahr 1989 in Betrieb genommen worden. Hierbei handelt es sich um einen »Freien-Elektronen-Laser«, bei dem die Wellenlänge des oszillierenden Lichtstrahls kontinuierlich verändert werden kann. Das neue System soll sowohl für Kernfusionsexperimente als auch bei der Entwicklung neuer Halbleiter- und Suprabauleiterelemente eingesetzt werden.

Die hellsten künstlichen Lichtquellen sind Laserpulse, die im nationalen Forschungslabor von Los Alamos, New Mexico (USA), erzeugt werden. Im März 1987 teilte Dr. Robert Graham mit, daß ein extrem kurzer UV-»Blitz« von 1 Pikosek. (1×10^{-12} Sek.) Länge mit einer Leistung von 5×10^{15} W hergestellt wurde.

Die stärkste ständig leuchtende Lichtquelle hat Vortek Industries Ltd. aus Vancouver, British Columbia (Kanada), im März 1984 entwickelt: die 313 kW Argon-Hochdruck-Bogenlampe mit 1 200 000 Candela.

Die Lichtquelle mit der höchsten Leuchtdichte liefert die Xenon-Kurzbogenlampe XBO 500 W/R, die die Münchner OSRAM GmbH 1954 entwickelt hat. Der Lichtbogen dieser Lampe hat eine Leuchtdichte von 500 000 Candela/cm^2. Sie blendet viermal so stark wie die Sonnenoberfläche.

Der stärkste jemals entwickelte Scheinwerfer wurde während des Zweiten Weltkriegs in der Hirst-Forschungszentrale in Wembley, London (GB), vorgestellt. Sein Stromverbrauch betrug 600 kW, er lieferte eine Bogenlichtstärke von 46 500 Candela/cm^2 und eine maximale Strahlenintensität von 2,65 Mrd. Candela mit Hilfe seines Parabolspiegels von 3 m Durchmesser.

Die Lampe mit der höchsten Lichtleistung kommt von der OSRAM GmbH München: die Xenon-Langbogenlampe mit 75 000 W für Außenbeleuchtung. Mit 2300 Mio. Lumen hat sie den höchsten Lichtstrom. Das entspricht einer Leistung von 3150 gewöhnlichen 60-W-Haushaltsglühlampen.

Die dauerhafteste Glühbirne soll es bei der Feuerwehr in Livermore, Süd-Alameda County, Kalifornien (USA), geben. Während eine gewöhnliche Birne 750–1000 Std. hält, brennt diese 5-W-Kohlenfadenlampe schon seit 1901.

Die ersten elektronischen Glühlampen hat OSRAM erstmals 1986 vorgestellt. Die DULUX® EL schafft mit 7, 11, 15 und 20 W, wozu die Glühbirne 40, 60, 75 und 100 W braucht.

Die Fingerabdrücke eines Menschen lassen sich mit Hilfe einer Lupe gut betrachten. Um die Strukturen auf einem 16-Megabit-Chip erkennen zu können, bedarf es eines Elektronenmikroskops. Auf dem abgebildeten Silizium-Chip von der Größe einer Fingerkuppe befinden sich insgesamt 34 Mio. elektronische Bauelemente. Mit ihrer Hilfe kann eine Datenmenge von 16 Mio. Informationseinheiten (Bits) gespeichert werden. Das entspricht einem Textinhalt von rund 1000 Schreibmaschinenseiten. Dieser 16-Megabit-Speicher von Siemens kann als Kurzzeitgedächtnis in Computern aller Art eingesetzt werden.

Kürzester Lichtblitz: Im April 1985 gelang es Charles Z. Shank und seinen Mitarbeitern in den AT&T-Laboratorien in New Jersey (USA), einen Lichtblitz von nur 8 Femtosek. (8×10^{-15} Sek.) Dauer zu erzielen. Der Lichtblitz enthielt 4 oder 5 Wellenlängen des sichtbaren Lichts, etwa 2,5 µm lang.

Die höchste direkt gemessene Frequenz bezieht sich auf ein sichtbares gelbes Licht. Gemessen wurde eine Frequenz von $5{,}202\,068\,085 \times 10^{14}$ Hz (520 Terahz). Dieser Wert wurde im Februar 1979 vom US National Bureau of Standards (Boulder) und dem kanadischen National Research Council Laboratory (Ottawa) bekanntgegeben. Er bezieht sich auf die o-Komponente der 17–1 P(62) Übergangslinie von Jod-127. Die höchste über eine Präzisionszeitmessung gemessene Frequenz ist grünes Licht mit 582,491703 Terahz für die b_{21}-Komponente der R(15) 43-0 Übergangslinie von Jod-127. Die Generalkonferenz für Maße und Gewichte (CGPM) hatte am 20. Okto-

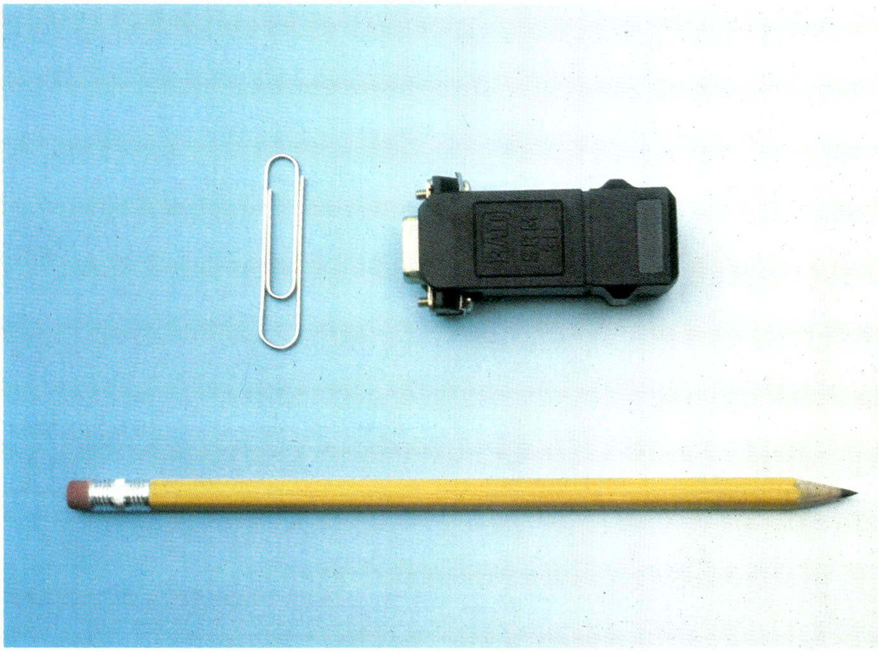

Das kleinste Modem, das SRM-3A, ist extrem miniaturisiert und wird für die lokale Datenverteilung in der Verknüpfung von Terminals und Computern verwendet.

ber 1983 den Meter (m) in Einheiten der Lichtgeschwindigkeit (c) definiert. Danach ist der Meter die Länge des Weges, die das Licht im Zeitintervall von 1/299 792 458 einer Sek. zurücklegt. Frequenz (f) und Wellenlänge (λ) sind dann exakt austauschbar über die Beziehung $f\,\lambda = c$.

Ein 40 Å (Ångström) messendes Loch (4×10^{-6} mm) wurde am 28. Oktober 1979 mit Hilfe eines JEM-100C-Elektronenmikroskops und von Quantel-Geräten im Institut für Metallurgie, Oxford (GB), auf optischem Wege vorgeführt. Ein solches Loch zu finden entspricht dem Finden eines Stecknadelkopfes in einem 1,93 km^3 großen Heuhaufen.

Durch Zufall bohrte im Mai 1983 der Strahl eines Elektronenmikroskops an der Universität von Illinois (USA) in die Probe einer Natrium-Aluminium-Verbindung ein nur 2×10^{-9} m großes Loch.

Der größte Windkanal der Welt ist ein Niedergeschwindigkeitskanal mit einer 12,19 × 24,38 m langen Meßstrecke. Er wurde 1944 im Ames-Forschungsinstitut Moffett Field, Kalifornien (USA), gebaut und kostete 7 Mio. Dollar (damals 28 Mio. DM). Der Kanal hat ein Fassungsvermögen von 800 t Luft und kann ein Maximal-Luftvolumen von 1,7 Mio. m^3 in der Min. bewegen. Am 30. Juli 1974 gab NASA bekannt, den Kanal auf 24,38 × 36,57 m für Geschwindigkeiten von 555 km/h mit einem System von 100 690 kW Leistung zu vergrößern.

Der stärkste Windkanal ist die 161 075-kW-Anlage des Arnold Engineering Test Center in Tullahoma, Tennessee (USA), die im September 1956 in Betrieb genommen wurde.

Die höchste Luftgeschwindigkeit mit einer Machzahl M = 27 wurde in einem Windkanal bei den Boeing-Flugzeugwerken in Seattle (USA) erzielt. Für Mikrosek. wurden Werte von 30 Mach (36 735 km/h) in Stoßwellenröhren in der Cornell-Universität, Ithaca (USA), gemessen.

Den Windkanal mit dem größten Querschnitt besitzt in Deutschland das Volkswagenwerk in Wolfsburg. Bei Abmessungen von 5 × 7,5 m werden in ihm Geschwindigkeiten von 50 m/s erzielt.

Der bereits 20 Jahre alte Windkanal ist von Grund auf erneuert worden. Im abgedunkelten Raum wird heute die jeweilige Karosserie von einem Laserstrahl abgetastet, um Geschwindigkeit, Richtung und Turbulenz der Strömung zu bestimmen. Ein Laserstrahl führt einen Roboter, der Rauch erzeugt, um die Verwirbelungen in genau definierten Abständen deutlich zu machen.
Mit Hilfe des Laser-Lichtschnittverfahrens wird der Verlauf der Strömung auf Video sichtbar und aufgezeichnet. Dann erst beginnt die Arbeit des Aerodynamikers – die Auswertung für eine neue Karosserie.

Der schnellste deutsche Windkanal ist ein 1971 in Betrieb genommener Plasma-Windkanal der Deutschen Forschungs- und Versuchsanstalt für Luft- und Raumfahrt in Köln. Sein Meßdurchschnitt beträgt 25 cm, und in ihm können Geschwindigkeiten bis zu 4500 m/s erzeugt werden.

COMPUTER

Computer: Der erste elektronische, programmierbare (Röhren-)Computer war Colossus, der im Dezember 1943 in Bletchley Park (GB) die Arbeit aufnahm, um die Codes deutscher Verschlüsselungsmaschinen zu knacken. Grundlage für den Bau von Colossus war ein Aufsatz von Dr. Alan Mathison Turing *(Über berechenbare Zahlen mit Anwendung auf das Entscheidungsproblem),* der 1936 erstmals veröffentlicht worden war.

Der erste Computer mit gespeichertem Programm war Mark I der Universität Manchester (GB), der die Williams-Röhre enthielt, die am 11. Dezember 1946 patentiert wurde. Sein erstes Programm, entwickelt von Professor Tom Kilburn (* 1921), lief am 21. Juni 1948 52 Min. lang.
Das Prinzip integrierter Schaltkreise, das Mikro-Miniaturisierung ermöglicht, wurde am 7. Mai 1952 von Geoffrey W. A. Dummer (* 1909) in Washington (USA) entwickelt.

Der Mikrocomputer wurde 1969–73 von M. E. Hoff jr. von der Intel Corporation in Zusammenhang mit der Fertigung des Chip-4004-Mikroprozessors entwickelt.

Der stärkste und schnellste Computer der Welt ist der von Seymour R. Cray von der Cray Research Inc. in Minneapolis (USA) entwikkelte CRAY-2 mit Flüssigkühlung. Die Speichergröße beträgt bis zu 256 Mio. 64-Bit-Wörter; daraus ergibt sich eine Kapazität von 32 Mio. Bytes des Hauptspeichers. Er erreicht Geschwindigkeiten von 250 Mio. Gleitkomma-Operationen pro Sek.
(Ein Byte ist eine Speichereinheit, die aus 8 Bit besteht, die zusammen ein alphabetisches oder zwei numerische Zeichen darstellen.)
Die Kosten eines Systems im mittleren Bereich wurden im Oktober 1985 mit etwa 17 Mio. Dollar (38,4 Mio. DM) angegeben.

Einen »Super-Parallelcomputer« der 5. Generation hat am 18. März 1988 das staatliche amerikanische National Laboratory, New Mexico, vorgestellt. 1024 parallele Prozessoren können komplexe Operationen 1019mal schneller als herkömmliche Spitzen-Computer ausführen.
Im Mai 1988 kündigte das japanische Unternehmen NEC ein 5-Mrd.-DM-Programm für die Entwicklung eines Computers der 5. Generation an, der sowohl Handschriften lesen als auch übersetzen kann. Supraleitende Elemente und Josephson-Systeme nehmen eine Schlüsselstellung ein.

Die größte Computerfirma der Welt ist zweifellos IBM. Im Dezember 1990 betrugen die Vermögenswerte 87,6 Mrd. Dollar, die Brutto-Einnahmen 69 Mrd. Dollar. Zu diesem Zeitpunkt hatte IBM weltweit 373 816 Beschäftigte und 789 046 Aktionäre.

Weltrekord mit superschnellen Chips: Mit einer Übertragungsgeschwindigkeit von 11,4 Mrd. Bit/s mit einem selbst entwickelten Siliziumchip haben Wissenschaftler der Ruhr-Universität Bochum einen neuen »Weltrekord« aufgestellt. Das wurde am 22. Dezember 1989 bekannt. Der neue Chip eignet sich u. a. für den Einsatz in superschnellen Rechnern der Zukunft, in der Breitband-Telekommunikation über Glasfaser oder in der Radartechnik.

Der schnellste Chip für die Opto-Elektronik: Wissenschaftler des IBM-Forschungslaboratoriums in Yorktown Heights (USA) haben im März 1987 einen experimentellen Chip vorgestellt, der so schnell arbeitet, daß er in einer Sek. 40 Bände eines Lexikons »lesen« könnte. Dieser »opto-elektronische Empfänger« ist, so IBM, zweimal schneller als jeder bisher bekannte und vereint – auf einem einzelnen Chip – die »Opto«-Funktion zum Lesen sehr schneller Lichtsignale und die »Elektronik«-Funktion zum Umsetzen dieser Signale in mit dem Computer zu verarbeitende Informationen. Der ganze Chip wurde aus Gallium-Arsenid gefertigt.

Den weltweit schnellsten Speicher haben Wissenschaftler der IBM hergestellt. Das wurde im März 1991 bekannt. Mit 8 Gigabit/s weist der experimentelle SRAM-Chip (*SRAM= **S**tatic **R**andom **A**ccess **M**emory*) die höchste bisher bekannt gewordene Datenrate bei Speicherchips auf. Sie spielen eine wichtige Rolle in Hochleistungsarbeitsstationen, Supercomputern oder großen Universalrechnern.

Der schnellste Mikroprozessor der Welt: Der 32-Bit-Mikroprozessor der amerikanischen Firma Advanced Micro Devices kann, so wurde im Mai 1987 bekannt, eine Dauerleistung von 17 Mio. und eine Spitzenleistung von 23 Mio. Operationen pro Sek. erreichen. Dieser Mikroprozessor der 4. Generation arbeitet mit einer Taktfrequenz von 25 MHz bei einer Befehlszykluszeit von 40 Nanosek. Damit übertrifft er die Rechengeschwindigkeit gängiger Prozessoren in Personalcomputern mühelos um das Zehn- bis Zwanzigfache.

Die höchste Speicherdichte eines Geräts im Lexikonformat erreicht der von der Firma Siemens 1986 vorgestellte Plattenspeicher Megafile. Er findet in nur 1/40 Sek. die gewünschte Information aus mehr als 300 Mio. Bytes heraus, das entspricht dem Inhalt von 300 Aktenordnern. Damit eignet sich das Gerät besonders für Einsatzgebiete, die hohe Kapazitäten bei gleichzeitig kurzer Zugriffszeit auf kleinem Raum erfordern. Dies können Bildschirmarbeitsplätze, Bildbearbeitungssysteme, aber auch viele Systeme im Bürobereich sein.

Über einen neuen Weltrekord in der magnetischen Speicherdichte berichtete IBM am 18. Januar 1990. Danach ist es den Wissenschaftlern im Almaden-Forschungszentrum des Unternehmens in San Jose, Kalifornien (USA), gelungen, ein Gigabit auf weniger als 6,5 cm^2 Oberfläche zu speichern. Das entspricht dem Text von 100000 zweiseitig beschriebenen Schreibmaschinenseiten, einem Papierstapel, der der Höhe eines dreistöckigen Hauses entsprechen würde.
Erstmals ist es IBM-Forschern gelungen, einzelne Atome zu bewegen und aus ihnen – Atom für Atom – bestimmte Strukturen zu bilden. Um die Möglichkeit der neuen Technik zu demonstrieren, formten die Wissenschaftler des Almaden-Zentrums mit Xenon-Atomen den Namen »IBM«. Dabei ist jeder Buchstabe rund 500000mal kleiner als einer auf dieser Seite. Die Fähigkeit, bestimmte einzelne Atome zu positionieren, bietet zahlreiche Anwendungsmöglichkeiten sowohl in der Speichertechnik als auch in der Grundlagenforschung.

Das kleinste Text-Verarbeitungssystem der Welt, Easi-Text 1350, wurde im April 1986 von Minimicro in Huntington, Yorkshire (GB), vorgestellt. Es basiert auf dem Sharp PC-1350-Computer mit den Maßen 182 × 72 × 16 mm und dem kompletten System einschließlich einem Epson-P-80-Drucker im Format DIN A 4. Es paßt in einen Aktenkoffer.

Das kleinste Modem der Welt wurde von der Firma RAD in Tel Aviv (Israel) entwickelt. Das Gerät mit der Bezeichnung SRM-3A ist 61 mm lang, 31 mm breit, 19,8 mm hoch und wiegt nur 31 g.

BOHRUNGEN UND BERGBAU

Der älteste und größte antike Kupferbergbau fand bereits im Chalkolithium – etwa 4000 v.Chr. – an der jordanisch-israelischen Grenze zwischen dem Toten Meer und dem Golf von Akaba statt. Ein Forscherteam vom Bochumer Bergbaumuseum entdeckte bei Untersuchungen im Frühjahr 1986, daß im Gebiet von Fernan, einem Wüstenort im Wadi Arabah, in frühgeschichtlicher Zeit Kupfer gewonnen wurde.

Die tiefste bisher niedergebrachte Bohrung ist die wissenschaftliche Testbohrung bei Zapolarny auf der Halbinsel Kola (UdSSR). Sie begann am 24. Mai 1970 und erreichte Mitte 1991 eine Tiefe von 12 124 km. Die angestrebte Tiefe von 15 000 m könnte um 1995 erreicht werden. Bereits in 12 km Tiefe stieß man auf Temperaturen um 210 °C.

Die tiefste Bohrung im Eis wurde während der 30. sowjetischen Antarktis-Bohrung 1985 niedergebracht. In der Nähe der Wostok-Station wurde eine Tiefe von 2202 m erreicht. 1972 wurde das »trockenste« Bohrloch – ohne den Einsatz von Gefrierschutzmitteln – mit einer Tiefe von 952,5 m realisiert.

Die tiefste Bohrung im Meeresboden – nämlich 1740 m – gelang *Glomar Challenger*, einem Tiefseebohrschiff eines amerikanischen Unternehmens, an der Nordwestküste Spaniens im Jahr 1976, und die tiefste Bohrstelle liegt 7034 m unter der Wasseroberfläche im Marianengraben (Mai 1978).

Die tiefste Bohrung in Deutschland wurde bei der Suche nach Erdgaslagerstätten im Auftrag des VEB Erdöl/Erdgas Grimmen bei Buschhof im Raum Neustrelitz/Röbel (Mecklenburg-Vorpommern) niedergebracht. Die bis in die geologische Formation Autun abgeteufte Bohrung E Mirow 1 erreichte im Jahr 1977 eine Tiefe von 8008,6 m.

Den größten Braunkohletagebau der Welt erschließt die Rheinische Braunkohlenwerke AG seit 1979 im Hambacher Forst westlich von Köln, zwischen Düren, Jülich und Bergheim. Auf einer Fläche von 35 km^2 soll die riesige Braunkohlengrube bis zum Jahr 2000 470 m tief werden. Man schätzt, daß in diesem Gebiet 2,4 Mrd. t Braunkohle lagern, die bis zum Jahr 2040 abgebaut sein werden. Seit Mitte 1984 wird die erste Kohle gefördert.

Der tiefste Wasserschacht der Welt liegt in der Rosebud County in Montana (USA). Er ist 2231 m tief und wurde im Oktober/November 1961 von der Firma Great Northern Drilling Co. Inc. gebohrt. Die Thermal Power Co. bohrt in der Sonoma County von Kalifornien schon seit 1955 nach Wasser und ist jetzt in 2752 m Tiefe.

Die Ölverschmutzung des Persischen Golfs während der Kampfhandlungen wird durch dieses Bild des amerikanischen Erderkundungssatelliten *Landsat* eindrucksvoll dokumentiert.

In der kalifornischen Mojave-Wüste steht der größte Sonnenofen mit neun Solar-Elektronengeneratoren. Ab 1994 soll er Energie für eine Million Menschen liefern.

Der größte Erdölproduzent der Welt war 1990 die UdSSR mit 11,21 Mio. Barrel pro Tag, gefolgt von den USA mit 7,5 Mio. Barrel. Europas größter Produzent, Großbritannien, liegt mit 2,27 Mio. Barrel pro Tag auf dem 6. Platz.

Die größte Erdölraffinerie der Welt ist die Petroleos de Venezuela S.A. in Judibana, Falcón (Venezuela). Sie fördert täglich 571 000 Barrel Rohöl.

Das größte Ölfeld der Welt, das Ghawarfeld in Saudi-Arabien, wurde von Aramco erschlossen und mißt 240 × 35 km.
Die Ausdehnung der für Bohrzwecke bestimmten Teile des britischen Kontinentalschelfs belief sich Mitte 1989 auf 651 650 km², mit erreichbaren Gesamtvorkommen von 1330 Mio. t Öl und 634 000 Mio. m³ Gas. Gas wurde erstmalig im Oktober 1965 im West-Sole-Feld entdeckt; kommerziell verwertbare Ölvorkommen im Forties-Feld in der Tiefe von 2098 m wurden vom Bohrschiff *Sea Quest* am 18. September 1970 gemeldet. Als das ergiebigste Ölfeld gilt BP' Forties-Feld, das am 3. April 1989 auf eine Gesamtproduktion von 2,2 Mrd. Barrel Öl und Flüssiggas zurückblicken konnte und damit an der westeuropäischen Spitze lag.

Die tiefste Bohrung in der Nordsee schaffte am 11./12. Juni 1986 das in Großbritannien gebaute Bohrschiff *Sovereign Explorer*. Dabei stieß die Scotdrill Offshore Company, eine Firma aus Aberdeen, die im Auftrag von Chevron Petroleum bohrte, 795,8 m weit vor.

Das größte Erdgasdepot der Welt ist das von Urengoi in der UdSSR. Bei Bedarf könnte es über 6 Pipelines jährlich 200 000 Mio. m³ liefern. Sichere Reservekapazität: 7 000 000 Mio. m³. Der billionste (10^{12}) Kubikmeter Erdgas ist am 23. April 1986 gefördert worden.

Die schwerste Ölplattform der Welt ist die *Gullfaks C* in der Nordsee, betrieben von der norwegischen Gesellschaft Statoil. Sie wiegt 1,5 Mio. t und ist 380 m hoch. Sie besteht aus einem Stahldeck und einem Betonfundament. Der Preis: 1,5 Mrd. DM.

Die höchste Ölplattform der Welt steht 160 km vor der Küste von Lousiana (USA). Ihre Gesamthöhe beträgt 536,4 m. Sie wird von Conoco, Texas, betrieben.

Die größte Ölquelle, die je sprudelte, war die Alborz Nr. 5 bei Qum im Iran. Sie war am 26. August 1956 ausgebrochen, das Öl schoß in einer unkontrollierten Fontäne von 52 m Höhe empor. Die Ölquelle lieferte 120 000 Barrel pro Tag und stand unter einem Druck von 62 055 kPa. Nach 90 Arbeitstagen hatten Mostofi und Myron Kinley aus Texas (USA) sie geschlossen.
Die Quelle Lake View Nr. 1 in Kalifornien (USA) hat am 15. März 1910 in den ersten 24 Std. möglicherweise 125 000 Barrel Öl geliefert.

Das größte Offshore-Erdgasfeld der Welt ist in der UdSSR entdeckt worden. Vor der Küste von Murmansk, rund 400 km entfernt, lagern schätzungsweise 3–4 Billionen m³ abbauwürdiges Erdgas. Allerdings dürfte die technische Umsetzung Schwierigkeiten bereiten, denn die Barentsee, in der man abbauen müßte, ist über lange Zeit des Jahres mit Eis bedeckt.

Der größte Ölverlust bei Bohrungen ereignete sich bei Unterwasserbohrungen im Golf von Campeche (Golf von Mexiko). In der Zeit vom 3. Juni bis 5. August 1979 breitete sich die Öllache über 640 km aus. Am 24. März 1980 gelang es, den Ölaustritt zu stoppen. Bis dahin waren bereits 3 Mio. Barrel Öl ins Meer geflossen.

Der größte Ölverlust beim Transport war das Auslaufen von 236 000 t Öl aus den Supertankern *Atlantic Empress* und *Aegean Captain*, als sie am 19. Juli 1979 auf der Höhe der westindischen Insel Tobago zusammenstießen.

Die größte Gasflamme wurde am Mittag des 13. November 1961 in Gassi Touil in der algerischen Sahara entfacht und brannte bis zum 28. April 1962, 9 Uhr 30. Die Flammensäule erreichte eine Höhe von 137 m, der Rauch stieg 182 m hoch. Schließlich wurde der Brand von Paul Neal (»Red«) Adair (* 1932) aus Houston, Texas (USA), gelöscht. Er verwendete 245 kg Sprengstoff und soll 1 Mio. Dollar (damals 4 Mio. DM) als Bezahlung erhalten haben.

ENERGIE

Die älteste Dampfmaschine in betriebsfähigem Zustand wurde 1812 von Boulton & Watt gebaut. Sie hat eine Leistung von 26 PS, einen Hub von 107 cm und wird noch immer als Balancier-Dampfmaschine auf dem Kennet & Avon-Kanal bei Great Bredwyn, Wiltshire (GB), eingesetzt. 1971 wurde sie von der Crofton Society restauriert und von Zeit zu Zeit in Betrieb genommen.
Die erste Dampfmaschine Deutschlands wurde 1799 in der Königlichen Porzellanmanufaktur in Berlin aufgestellt. 25 Jahre lang, bis 1824, arbeitete diese »Feuermaschine«.

Die größte Einzylinder-Dampfmaschine aller Zeiten wurde von Matthew Loam aus Cornwall (GB) entworfen und von der Hayle Foundry Company 1849 gebaut. Sie diente zur Bodenentwässerung in Haarlem (Niederlande). Der Zylinder mit einem Durchmesser von 3,65 m war so konstruiert, daß jeder Hub (Höhe 3,65 m) 60 t Wasser entziehen konnte.

Die leistungsfähigste Dampfmaschine war die 1840 von Michael Loam für die United Mines in Gwennap, Cornwall (GB), gebaute Taylor's Maschine. Sie verbrauchte nur 771 g Kohle pro PS/h.

Der erste Atommeiler der Welt wurde auf einem nicht mehr benutzten Squash-Platz auf dem Sportgelände der Universität von Chikago, Illinois (USA), gebaut. Am 2. Dezember 1942 um 15 Uhr 25 wurde er kritisch.

Das größte Kraftwerk der Welt ist augenblicklich Grand Coulée, Washington (USA), mit 7,4 Mio. kW (letztendlich 10 830 MW), das 1942 den Betrieb aufgenommen hat.
Das Itaipu-Kraftwerk am Paraná (zwischen Brasilien und Paraguay) liefert seit 25. Oktober 1984 Energie und wird aus 18 Turbinen 13 320 MW erzeugen. Die Kosten für das 1975 begonnene Mammutprojekt: 11 Mrd. Dollar (27 Mrd. DM).
Der Bau eines 20 000-MW-Kraftwerks in Turukchansk an der unteren Tunguska (UdSSR) wurde im Februar 1982 angekündigt, ist aber noch immer nicht realisiert worden.
Das 1800-MW-Pumpspeicherkraftwerk in Dinorwig (GB) ist mit einer Gefällhöhe von 530 m und einer Kapazität von 390 m³/s das größte Europas. 1984 wurde die Anlage mit einer Kapazität von 1681 MW für 425 Mio. Pfund (1,58 Mrd. DM) fertiggestellt.

Das größte kohlebeheizte Kraftwerk der Welt nahm im Mai 1982 in Ekibastuz (UdSSR) die Stromerzeugung auf.

Das erste Strom produzierende Atomkraftwerk der Welt war die Anlage EBR-81 in den USA am 20. Dezember 1951. In Großbritannien arbeitete als erstes Calder Hall (Einheit 1) am 27. August 1956.

Das weltgrößte Atomkraftwerk ist mit zehn Reaktoren und einer Leistung von 9096 MW die Anlage in Fukushima (Japan).

Der größte einzelne Atomreaktor der Welt erzeugt im Ignalina-Kraftwerk in Litauen (UdSSR) 1450 MW und wurde im Januar 1984 mit voller Leistung in Betrieb genommen. Der größte Reaktor im Bau ist der CHOOZ-B1 in

Frankreich, dessen Inbetriebnahme mit einer Leistung von 1457 MW für Ende 1991 vorgesehen ist.

Fusionsenergie: Tokamak-7, der Prototyp eines Thermonuklearreaktors, der auf Kernfusion statt auf Spaltung basiert, wurde im Januar 1982 durch das sowjetische Akademiemitglied Welichow für »monatelang einsatzfähig« erklärt. Vor dem Jahr 2030 kann nicht mit einem ökonomisch vertretbaren Reaktor gerechnet werden.

Das größte Solarkraftwerk, »Solar One«, mit einer Leistung von 10 MW hat im April 1982 bei Daggett, Kalifornien (USA), seinen Betrieb aufgenommen. Es besteht aus 1818 Hohlspiegeln, die das Sonnenlicht auf einen Sammelpunkt auf einem 77,7 m hohen Turm konzentrieren.
Der größte Sonnenofen der Welt ist LUZ. Er steht in der kalifornischen Mojave-Wüste und betreibt die neun größten Solar-Elektrogeneratoren der Welt (SEGS). Hier wird allein 92 Prozent des derzeit weltweit erzeugten Solarstroms produziert, etwa 354 MW. In einer weiteren Ausbaustufe soll bis 1994 die Leistung auf 675 MW erhöht werden.
Das solarthermische Kraftwerk der Packerland Packing Co. in Green Bay, Wisconsin (USA), für 30 Mio. Dollar (75 Mio. DM) im Januar 1984 fertiggestellt, umfaßt 9750 Kollektoren mit je 1,21 × 2,43 m und einer Gesamtfläche von 28985 m². Es wird bis zu 2 Mrd. kcal pro Monat liefern.

Die größte Solar-Meerwasserentsalzungsanlage bauen japanische Fachleute in den Vereinigten Arabischen Emiraten. Ein entsprechendes Abkommen im Wert von rund 70 Mio. DM wurde im März 1982 in Abu Dhabi unterzeichnet.

Die größte Kernkraftwerkanlage in Deutschland ist Biblis am Rhein in der Nähe der Stadt Worms. Mit seinen beiden Kraftwerkblöcken Biblis A und B kommt es auf eine Nettoleistung von 2386 MW. Die größte Strommenge aller 20 Kraftwerke produzierte 1985 das Kernkraftwerk Grohnde mit 11,48 Mrd. kWh.

Das erste größere Gezeitenkraftwerk der Welt ist das Usine marémotrice de la Rance an der Rance-Mündung im Golf von St. Malo in der französischen Bretagne, das am 26. November 1966 offiziell in Betrieb genommen wurde. Es wurde in fünf Jahren mit einem Kostenaufwand von 420 Mio. frs (damals 342 Mio. DM) erbaut und erzielt eine jährliche Nettoleistung von 544 Mio. kW/h. Das 804 m lange Sammelbecken enthält 24 Turbinen-Aggregatgruppen.

Die größten Dampfkraftwerke wurden mit einer Kapazität von 1330 MW von der amerikanischen Babcock & Wilcox Company in den USA errichtet. Ihre Dampfturbinensätze werden von bis zu 4,232 Mio. kg/h Dampf angetrieben.

Generatoren in der Größenordnung von 2000 MW befinden sich derzeit in den USA und Großbritannien im Planungsstadium. Der derzeit größte ist ein 1450-MW-Turbogenerator im Ignalina-Atomkraftwerk in Litauen (UdSSR).

Die größten hydraulischen Turbinen, ausgelegt für 815 MW, messen 9,7 m im Durchmesser. Der Läufer (der für die Energieumwandlung sorgt) wiegt 407 t, die Antriebswelle 317,5 t. Die Riesenturbinen wurden von der Firma Allis-Chalmers im dritten Kraftwerk am Grand Coulée im US-Staat Washington installiert.

Die größte Umkehr-Pumpturbine wird von Allis-Chalmers für das Bath-County-Projekt in Virginia (USA) gebaut. Sie besitzt eine Höchstkapazität von 457 MW und eine maximale Gefällhöhe von 393 m. Der Durchmesser des Schaufelrads, das sich mit 257,1/min dreht, beträgt 6,349 m.

Die größte Gasturbine der Welt, der Typ GT 13 E der BBC Brown Boveri AG, verfügt über eine Maximalleistung von 140 MW. Die erste Maschine wird zur Zeit in den Niederlanden installiert, um den Gesamtwirkungsgrad eines ebenfalls von BBC gebauten 500-MW-Dampfkraftwerks (Hemweg 7) auf mehr als 46 Prozent zu erhöhen.

Die kleinste Gasturbine hat einen Kompressor und Schaufelblätter von 5 cm Größe. Sie wurde von Geoff Knights in London gebaut und arbeitet mit 50000 Umdrehungen/min.

Eine mikroskopisch kleine Turbine, deren Durchmesser nur etwa doppelt so groß wie der eines Haares ist, haben Ingenieure am Kernforschungszentrum Karlsruhe entwickelt. Das winzige Gerät, es wurde mit Verfahren aus der Mikroelektronik entwickelt, läßt sich zum Beispiel dazu nutzen, den Durchsatz kleiner Gas- und Flüssigkeitsmengen zu messen.

Das größte Gasturbinenwerk Österreichs hat seit 1975 Wien. Das Werk hat eine Leistungskapazität von 100 MW.

Die größte konventionelle Wärmekraftwerkanlage Deutschlands ist das Kraftwerk Scholven (Gelsenkirchen) mit einer Gesamtleistung von 3,7 Mio. kW.

Höchste Arbeitsverfügbarkeit: Nach der Inbetriebnahme am 15. Oktober 1972 erreichte der 300-MW-Monoblock A im Braunkohlen-

Die kleinste Gasturbine balanciert auf einem De-Havilland-Ghost-Düsenmotor.

Mikroturbinen aus Nickel, deren zahnradförmige Läufer Durchmesser von 0,1–0,3 mm aufweisen, wurden im August 1990 vom Institut für Mikrostrukturtechnik des Kernforschungszentrums Karlsruhe (KfK) vorgestellt. Diese kleinsten Turbinen haben einen Durchmesser, der kaum größer als ein menschliches Haar ist. Mit diesem Produkt ist der Schritt in die echte Mikromechanik bewegter Bauteile gelungen, die Mikroturbine kann zur Messung kleiner Gas- oder Flüssigkeitsströme verwendet werden.

kraftwerk Neurath der Rheinisch-Westfälischen Elektrizitätswerke AG am 28. Februar 1985 nach nur 108484 Kalenderstunden die 100000ste Betriebsstunde und erzielte eine Arbeitsverfügbarkeit von 93,23 Prozent.

Die längste Spannweite einer Stromleitung zwischen zwei Masten befindet sich in Norwegen. Das Hochspannungskabel vom Kraftwerk Refsdal bei Vik spannt sich zwischen Rabnaberg und Fatlaberg 4888 m weit über den Sognefjord. Das Kabel wiegt 12 t. 1955 wurde es von der britischen Firma Whitecross (Warrington) und von A. S. Betonmast (Oslo) gespannt; 1967 zogen Whitecross und BICC zwei weitere hoch dehnbare Stahl-/Aluminiumkabel von 4878 m Länge und einem Gewicht von 33,5 t über den Fjord.

Die höchste Stromleitung erstreckt sich über die Meerenge von Messina. Die Masten sind 205 m (auf der sizilianischen Seite) und 224 m (in Kalabrien) hoch und stehen 3627 m weit auseinander.

Die höchste durch Fernleitungen beförderte Stromspannung beträgt 1,33 Mio. Volt, die über 1970 km durch die Pacific Inter-tie in den USA transportiert werden. Es handelt sich um eine Gleichstrom-Fernleitung. Eine vom Kraftwerk Ekibastuz (UdSSR) abgehende Gleichstromleitung soll 1,5 Mio. Volt über 2400 km transportieren.

Dauerbetriebsrekord: Das 1300-MW-Kohlekraftwerk Mountaineer der American Electric Power Company (AEP) bei New Haven, West Virginia (USA), hält den Weltrekord im Dauerbetrieb von thermischen Kraftwerken. Als es am 15. März 1987 nach 607 Tagen Dauerbetrieb zur Revision abgestellt wurde, hatte es den bestehenden Weltrekord um 168 Tage überschritten. Während des 607tägigen Dauerbetriebes produzierte das Kraftwerk Mountaineer 14,7 Mrd. kWh elektrische Energie. Mountaineer ist eine von sieben 1300-MW-Dampfturbogruppen mit überkritischen Dampfdaten von Brown Boveri, die in den USA seit mehreren Jahren erfolgreich in Betrieb sind.

Der größte Energiezusammenbruch der Welt ereignete sich am 9./10. November 1965 in den nordöstlichen Bundesstaaten der USA und in Ontario (Kanada). Rund 30 Mio. Menschen saßen im Dunkeln, 207200 km^2 besiedelte Fläche war ohne Strom. In New York gab es für 13:30 Std. keine Elektroenergie.
Ein Netzzusammenbruch von nur 52 Min. Dauer am 13. Juli 1977 verursachte im Großraum New York einen Schaden von rund 1 Mrd. Dollar.

Die erste deutsche GROße WIndenergieANlage (»Growian«) nahm am 17. Oktober 1983 an der Nordseeküste ihren Betrieb auf. Die Anlage im Kaiser-Wilhelm-Koog hat einen 96,6 m hohen Turm. An seinem 345 t schweren Turbinenhaus drehte sich ein Rotor mit 100,4 m Durchmesser. Growian erreichte seine Nennleistung von 3 MW bei einer Windgeschwindigkeit von 24 m/s – allerdings drehten sich die Flügel nur wenige Betriebsstunden: Growian wurde am 30. April 1987 stillgesetzt.

Der größte Windpark Europas befindet sich in Nordfriesland (Schleswig-Holstein). Im Friedrich-Wilhelm-Lübke-Koog erzeugen 35 Windkraftanlagen mit einer Leistung von je 250 kW jährlich rund 19 Mio. kW/h Strom. 17 weitere Anlagen kommen 1992 hinzu.
Der Windenergie-Generator MOD-5A an der Nordküste von Oahu, Hawaii (USA), erzeugt bei Windgeschwindigkeiten um 51,5 km/h rund 7300 kW. Die Rotoren haben eine Länge von 122 m. Mit der Installation der Anlage wurde 1984 begonnen.

Das erste Aufwindkraftwerk der Welt ist seit Juni 1982 rund 150 km südlich von Madrid in Betrieb. In dem 200 m hohen »Sonnenkamin«, der von dem Stuttgarter Ingenieurbüro Schlaich + Partner entworfen wurde, steigt die unter einem 50000 m^2 großen Foliendach erwärmte Luft nach oben und treibt eine Turbine an.

Die größte herkömmliche Windmühle steht in den Niederlanden. Ihr Name ist der ihres Standorts Dijkpolder im Maasland. Sie wurde im Jahr 1718 gebaut, und ihre Segel haben die Ausmaße von 29 m, von Spitze zu Spitze.

Die höchste Windmühle ist die Noord-Windmühle in Schiedam (Niederlande). Mit 33,33 m Höhe ist sie die größte in Europa.

Eine Gezeitenmühle zum Mahlen von Getreide wurde am 1. Mai 1988 in Eling, Hampshire (GB), erprobt. Unter Ausnutzung von Ebbe und Flut konnte das Mahlwerk am 12. November 1989 16:09 Std. pro Tag in Gang gehalten werden. Es ist die bisher einzige Mühle, die dem harten Milieu der Gezeiten standhält.

Langlebige Batterie: Die 1840 von Watlin und Hill in London hergestellten Zinnfolien-Schwefel-Anodenbatterien haben seitdem in einer Vakuumglocke im Clarendon-Laboratorium in Oxford (GB) Energie für ein endloses Läuten geliefert.

Größte Batterie: Die 10 MW-Blei-Säure-Batterie in Chino, Kalifornien (USA), hat eine Kapazität von 40 MWh. Sie wird als Reserve bei Spitzenverbrauch im regionalen Stromnetz benutzt. Das 13-Mio.-Dollar-Projekt entstand in Kooperation mehrerer Firmen.

Die größte und leistungsstärkste alkalische Brennstoffzellen–Batterie der Welt wurde mit 50 kW konstanter Leistung im Siemens Forschungszentrum Erlangen gebaut. Abgasfrei, geräuschlos und energiesparend arbeitet das Großaggregat, in dem insgesamt 480 Zellen in 8 Modulen zusammengeschaltet werden. Wasserstoff und Sauerstoff sind die Ausgangsprodukte, deren gesteuerte Reaktionen an zwei Spezialelektroden in den einzelnen Brennstoffzellen elektrische Energie entstehen lassen. Verwendung könnte die Batterie in der Raumfahrt und in U–Booten finden.

MASCHINENBAU

Die älteste Maschine der Welt, die heute noch genutzt wird, ist die *Dâlu* – eine Vorrichtung zur Wasserförderung, die bereits 3500 v. Chr. von der Sumerer-Kultur im südlichen Irak benutzt wurde; noch früher als die *Saqijas* am Nil.

Die leistungsfähigsten Produktionsmaschinen sind Schmiedepressen in den USA. Die Loewy-Gesenkschmiedepresse, die in einem Werk der Wyman-Gordon Company in North Grafton, Massachusetts (USA), steht, wiegt 9469 t und ist 34,79 m hoch; 20,1 m der Maschine sind unter der Erde installiert. Sie hat eine Nennleistung von 44600 t. Eine ähnliche Maschine steht im Werk der Aluminium Company of America in Cleveland, Ohio (USA).
Die Bêché-und-Grohs-Schmiedehämmer, hergestellt in Deutschland, haben eine Nennleistung von 60000 t.

Die größte Drehmaschine der Welt ist die 40,7 m lange, 433 t schwere Drehmaschine, die von der Fa. Hoesch Maschinenfabrik Deutschland AG in Dortmund im Jahr 1987 gebaut und an die Fa. NEI Parsons Ltd. in Newcastle (GB) geliefert wurde. Auf der Drehmaschine werden Werkstücke mit einem Durchmesser von 5,1 m und einem Gewicht von 300 t bearbeitet.

Die stärksten Dieselmotoren wurden bei Sulzer in Winterthur (Schweiz) für die Containerschiffe der American President Lines konstruiert. Die Einheiten mit der Bezeichnung 12RTA84 haben je 12 Zylinder und produzieren bei 95 Umdrehungen/min 41 920 kW. Das erste Schiff mit diesem Motor, die *President Truman*, wurde im April 1988 in Dienst gestellt.

Den größten Schaufelradbagger der Welt baute 1978 die Firma O & K Orenstein & Koppel, Lübeck (Schleswig-Holstein). Vier Bagger dieser neuen Generation sind für den Aufschluß des größten Tagebaus der Welt, des Tagebaus Hambach der Rheinischen Braunkohlenwerke, eingesetzt. Jedes Großgerät wiegt 13 500 t und hat eine Motorleistung von 16 600 kW. Er kann 240 000 m^3 gewachsenen Boden in einer Arbeitszeit von 24 Std. fördern. Der Baggergigant hat eine Gesamthöhe von 85 m und eine Gesamtlänge von fast 222 m – und kann dennoch von nur fünf Bedienungskräften geführt werden.

Der größte Hydraulikbagger der Welt wird von der gleichen Firma hergestellt. Sein Gewicht: 475 t, Antriebsleistung: 1730 kW, Schaufelinhalt: 30 m^3. Nicht minder eindrucksvoll ist die 23 m^3 fassende Schaufel des 500 t schweren Hydraulikbaggers H 485 von Mannesmann-Demag. Der Stahlgigant ist 2164 PS stark, bringt es auf eine Reichweite von 18,8 m und eine Höhe von 20,3 m. Im Juli 1986 hatte er seine Premiere, er ist für den Kohle- und Erzabbau in Schottland bestimmt.

Der größte Schleppschaufelbagger der Welt, der ES-25 (100) mit einem 100 m langen Ausleger und einem Fördergefäß mit einem Fassungsvermögen von 24 m^3 befindet sich im Ural-Maschinenwerk in Swerdlowsk (UdSSR). Er wurde im März 1962 fertiggestellt.

Der weltgrößte Löffelbagger, der *Marion 6360*, hat eine Reichweite von 72,16 m, eine Ladehöhe von 46,63 m, ein Fassungsvermögen von 45,87 m^3 und wurde 1963 von der Marion Power Shovel Company, Ohio (USA), gebaut. Der Baggerriese wiegt 11 Mio. kg und benötigt zum Betrieb seines 67,2 m langen Auslegers 20 Elektromotoren, die 45 000 PS erzeugen. Er wird im Kohletagebau nahe Percy, Illinois (USA), eingesetzt.

Der größte fahrbare Kranschürfbagger ist *Big Muskie*, der Bucyrus Erie 4250 W, mit einem Gesamtgewicht von 12 192 t und einem Eimerfassungsvermögen von 168 m^3 an einem 94,4 m langen Ausleger. Diese Maschine arbeitet zur Zeit auf dem Muskingum-Gelände der Central-Ohio-Kohlegesellschaft im Staat Ohio (USA).

Die stärksten Kräne der Welt operieren an Bord des ›Halbtauchers‹ *Micoperi 7000* (190 m lang, 89 m breit), am 15. Dezember 1986 vom Stapel gelassen und von der Firma Officine Meccaniche Reggiane betrieben. Jeder der beiden Kräne hat eine Kapazität von 6895 t. Im Tandembetrieb schaffen die beiden Kräne fast 14 000 t. In den ersten sechs Monaten des Betriebs wurde mit 5700 t ein Rekordhub erreicht.

Der stärkste Portalkran mit einer Breite von 28,14 m (Hersteller R. A. Hanson Disc. Ltd.) wurde 1976 beim 3. Kraftwerk der Grand-Coulée-Talsperre zum Heben einer 2268 t schweren Last erprobt. Beim Senken eines 1789 t schweren Generatorläufers arbeitete er mit einer Genauigkeit von 0,8 mm.

Der größte Autokran der Welt ist der straßenfahrbare Schwerlastkran AK 1200 mit einer maximalen Tragfähigkeit von 1200 t bei 5 m Ausladung. Dieser von Kranbau Gottwald GmbH (Düsseldorf) hergestellte Gittermastkran wurde im Dezember 1982 nach Italien geliefert. Bei dem maximalen Hauptausleger von 128 m kann der Kraftprotz 104 t heben.

Der höchste Autokran der Welt ist der 810 t schwere Demag-Vesper K 10001 Gittermastkran mit einer Tragfähigkeit von 1000 t und einer kombinierten Turm- und Auslegerhöhe von 202 m. Er ruht auf 10 Fahrgestellen, von denen jedes 23,06 m groß ist und ein Achsgewicht von 118 t hat. Er kann 30 t 160 m hoch heben.

Der größte straßenfahrbare Kran mit Teleskopausleger AMK 800–103 wurde Anfang 1985 vom Kranbauunternehmen Gottwald GmbH (Düsseldorf) hergestellt. Er verfügt über einen Teleskopausleger von 62 m Länge, hat eine maximale Tragfähigkeit von 800 t und erreicht mit einem 615-PS-Motor bis zu 72,1 km/h.

Der größte Schneepflug der Welt: Mit einem Schaufelblatt von 9,83 × 1,21 m konstruierte die Firma Sedgwick, Syracuse, New York (USA), einen Schneepflug für den Hancock-Internatio-

Wie auf einer Perlenschnur aufgereiht, stehen die Windrotoren an der schleswig-holsteinischen Küste in unmittelbarer Nähe des nach Sylt führenden Hindenburgdamms.

Der leistungsfähigste Dieselmotor wurde von Gebrüder Sulzer (Schweiz) entwickelt. Das 12-Zylinder-Aggregat kann kontinuierlich eine Leistung von 41 920 kW abgeben. Er kommt in Containerschiffen vom Typ 12RTA84 – wie hier in der *President Polk* – zum Einsatz.

nal-Airport. Bei einer Schneehöhe von 15 cm kann er in einer Stunde rund 6500 m^2 Fläche vom Schnee befreien.

Der größte Hochofen der Welt befindet sich in der Oita-Fabrik auf der japanischen Insel Kiuschu. Er hat einen Innenraum von 5245 m^3, ein Feuerloch von 14,9 m Durchmesser und wurde im Oktober 1976 mit einer Jahreskapazität von 4 380 000 t in Betrieb genommen.

Der größte Hochofen Deutschlands gehört der Thyssen Stahl AG in Duisburg. Er hat ein Fassungsvermögen von 3600 m^3 und eine Jahreskapazität von knapp 3,5 Mio. t Roheisen.

Das größte Schmiedestück wurde im Oktober 1973 von der Bethlehem Steel Corp. in Pennsylvania (USA) mit einer 204,4 t schweren und 16,76 m langen Generatorwelle für eine Anlage in Japan hergestellt.

Das größte Sphärogußstück wurde im Juni 1987 in der Siempelkamp Gießerei, Krefeld, gegossen. Der Abguß eines 188 t schweren Laufholms aus Gußeisen mit Kugelgraphit (Sphäroguß) für eine 15 000 t schwere Umformpresse hat einen Flüssigeiseneinsatz von 200 t. Damit hat Siempelkamp nach 1983 erneut das größte Werkstück gegossen.

Die weltgrößte Röhre montierten Spezialisten der Sulzer-Escher Wyss AG, Zürich, im Norden Pakistans für das Druckleistungssystem des Wasserkraftwerkes Tarbela. Der von der Schweizer Firma Anfang 1984 gebaute Rohrabzweiger hat einen Durchmesser von 13,26 m. Fertigmontiert wird der Röhren-Koloß so groß wie ein vierstöckiges Haus werden.

Die längste Rohölpipeline der Welt führt über 2856 km von Edmonton, Alberta (Kanada), nach Buffalo im US-Staat New York. 13 Pumpstationen an der Strecke sorgen dafür, daß täglich mehr als 31 Mio. l Öl durch die Rohre fließen.

Die endgültige Länge der transsibirischen Pipeline soll 3732 km betragen. Sie wird von Tuimasy über Omsk und Nowosibirsk bis Irkutsk führen. Das erste Teilstück (48 km lang) wurde im Juli 1957 in Betrieb genommen.

Die längste Erdgaspipeline der Welt ist die Trans-Kanada-Pipeline, die 1974 eine Rohrnetzlänge von 9099 km hatte. Die Rohre hatten einen Durchmesser bis zu 106,6 cm.
Die Erdgasleitung von Tyumen (UdSSR) über Tscheljabinsk und Moskau nach Brandenburg erstreckt sich über 4330 km.
Die großkalibrige Urengoi-Uschgorod-Pipeline nach Westeuropa, begonnen im November 1982, erstreckt sich über 4451 km und wurde am 25. Juli 1983 fertiggestellt. Ihre Kapazität beträgt 32 Mrd. m^3 jährlich.

Die längste Pipeline unter der Meeresoberfläche ist die 450 km lange Erdgasleitung vom Brent-Feld in der britischen Nordsee nach St. Fergus in Schottland. Die Inbetriebnahme der Leitung erfolgte im Mai 1982.

Die Ekofisk-Emden-Pipeline in der Nordsee ist 440 km lang und wurde im September 1977 in Betrieb genommen.

Die längste Wasserpipeline der Welt reicht über eine Strecke von 563 km aus der Nähe von Perth (Australien) zu den Goldfeldern von Kalgoorlie. 1903 installiert, wurde das Rohrleitungssystem durch Abzweigungen seitdem auf das Fünffache verlängert.

Die teuerste Pipeline der Welt liegt in Alaska und verbindet Prudhoe Bay mit Valdez; sie ist 1287 km lang. Als der erste Bauabschnitt 1977 fertiggestellt wurde, hatte er mindestens 8 Mrd. Dollar (damals 17,3 Mrd. DM) gekostet. Die Rohrleitungen haben einen Durchmesser von 1,21 m und befördern 2,1 Mio. Barrel Rohöl täglich. 1990 betrug die durchschnittliche Fördermenge 1,8 Mio. pro Tag.

Die größten Öltanks, die bisher gebaut wurden, sind die fünf Aramco-Sammelbehälter in Ju'ay-mah (Saudi-Arabien). Sie sind 21,94 m hoch, haben einen Durchmesser von 117,6 m und wurden im März 1980 fertiggestellt.

Der größte katalytische Kracker der Welt ist die Bayway-Raffinerie der Exxon Co. in Linden, New Jersey (USA), mit einer Schwerölzufuhr von 19 077 000 l pro Tag.

Die größte Huboperation in der Geschichte des Ingenieurwesens war das Anheben der gesamten 1,6 km langen Ekofisk-Bohranlage in der Nordsee, notwendig geworden durch die Senkung des Meerbodens. Die Anlage, bestehend aus acht Plattformen mit einem Gesamtgewicht von ca. 40 000 t, wurde am 17./18. August 1987 von 122 Hydraulik-Hebevorrichtungen um 6,5 m angehoben. Das computergesteuerte Hydrauliksystem wurde von der niederländischen Mannesmann-Texroth Gruppe, der Firma Hydraudyne Systems & Engineering in Boxtel, entwickelt und eingesetzt.

Das größte Stammblatt für Diamantkreissägen kann Granitblöcke bis zu 230 cm Tiefe schneiden. Mit seinem Außendurchmesser von 5 m ist diese Spezialanfertigung von Heinrich Mummenhoff aus Radevormwald (Nordrhein-Westfalen) in der Diamant-Werkzeugindustrie unübertroffen.

Der längste Infrarot-Ofen mit 15,125 m ging Anfang 1991 bei Heraeus, Hanau (Hessen), in Betrieb. Der Durchlaufofen dient in der Leiterplattenproduktion zum Aushärten von Klebern. Der hohe Durchsatz, 1440 Leiterplatten pro Stunde oder alle 2,5 Sek. eine neue Leiterplatte, bestimmt die Überlänge des Ofens.

Der größte Untertage-Gasspeicher Deutschlands ist in dem ehemaligen Gasfeld Bierwang, 70 km östlich von München, eingerichtet. Für die Speicherung werden die ca. 1500 m unter der Erdoberfläche anstehenden porösen und meist gasführenden Sandsteine der Chatt-Formation genützt. Beim derzeitigen Ausbaustand (1986) hat der Speicher ein Fassungsvermögen von 1800 Mio. m^3.

Das größte Ventil der Welt ist ein von der Firma Boving & Co. Ltd., London, hergestelltes Drosselklappenventil mit einem Durchmesser von 9,75 m und einem Gewicht von 170 t. Es wurde für die Versuchsstation des amerikanischen Luftwaffenstützpunktes Arnold, Tennessee (USA), konstruiert.

Der Weltrekord für das Pumpen von fertig gemischtem Beton ohne eine Zwischenpumpe liegt bei 1520 m. Diese Distanz wurde im Sommer 1989 bei einem Bauprojekt am Chiemsee in Bayern überbrückt.

Das schwerste Wälzlager der Welt ist ein vierreihiges Axial-Radial-Zylinderrollenlager mit integriertem Zahnkranz, das FAG Kugelfischer im Jahr 1985 für die Lagerung einer Tunnelvortriebsmaschine der Fa. Mannesmann-Demag, Duisburg, fertigte.
Das Speziallager, das den 65 t schweren Bohrkopf abstützt; wiegt selbst schon 28,5 t und hat einen Außendurchmesser von 4800 mm, einen Innendurchmesser von 3777 und eine Breite von 675 mm. 10 Antriebsmotoren mit je 184 kW Leistung übertragen das Drehmoment von 2700 kNm über 10 Ritzel auf den integrierten Zahnkranz am Innenring des Lagers, das sich 6,5/min dreht: Mit der Tunnelvortriebsmaschine wird im südamerikanischen Ecuador ein Kraftwerksstollen von 7,8 m Durchmesser und 6,8 km Länge gebohrt.

Der größte Freilauf, der bisher gebaut wurde, ist DINO. Die beiden ersten Exemplare dieses 13-t-Freilaufs sind als Rücklaufsperren für ein 15 km langes Förderband in einem Bergwerk in York (Mittelengland) eingesetzt. DINO ist für ein Drehmoment von 1,7 Mio. Nm ausgelegt. Um seine Kräfte zu veranschaulichen, muß man sich vorstellen, daß der Freilauf an einem 3 m langen Hebelarm eine 57 t schwere Lokomotive tragen muß. Die Heidelberger Stieber Antriebselemente GmbH stellte das Freilaufmonster im Dezember 1988 vor.

Die größte Werkstoffprüfmaschine der Welt, die auf servohydraulischer Basis arbeitet, wurde in den Jahren 1939/40 in der Versuchsanstalt für Stahl, Holz und Steine der Universität Karlsruhe errichtet. Mit dieser Maschine können Werkstücke bis zu einer Höhe von 8000 mm, einer Breite von 2000 mm und einer Länge von 11 000 mm mit einer maximalen Prüfkraft von 50 000 kN belastet werden. Die Anlage steht in einem für diesen Zweck errichteten Turm und hat heute einen Wert von ca. 12 Mio. DM.

Als größte Einphasentransformatoren der Welt gelten die acht von der American Electric Power Service Corporation betriebenen Transformatoren mit einer Leistung von je 1 500 000 kV. Fünf von ihnen können von 765 auf 345 kV heruntertransformieren.

Der größte Drehstromtransformator der Welt arbeitet seit 1955 in einem Nürnberger Transformatorenwerk. Die 14 m lange, 208 t schwere Maschine verwandelt die von einem Turbogenerator erzeugte Spannung von 10,5 kV in eine Spannung von 245 kV.

Die höchste Drehleiter der Welt mit einer Rettungshöhe von 62 m hat die Firma Carl Metz (Krupp-Konzern) aus Karlsruhe (Baden-Württemberg) konstruiert. Der 11 000 kg schwere Leitersatz (einschließlich Drehturm) kann in 200 Sek. zu voller Länge ausgefahren werden.

Die schnellsten Personenaufzüge der Welt sind die Expreßfahrstühle zum 60. Stockwerk des 240 m hohen Sunshine-60-Gebäudes in Ikebukuro, Tokio (Japan), die am 5. April 1978 in Betrieb genommen wurden. Sie fahren mit einer Geschwindigkeit von 36,56 km/h.

Der Begriff Rolltreppe wurde in den USA am 28. Mai 1900 registriert, aber die erste aufsteigende Rolltreppe wurde von Jesse W. Reno bereits 1896 am Pier von Coney Island in New York in Betrieb genommen.
Die Rolltreppen der Untergrundbahn von Leningrad (UdSSR) haben 729 Stufen und eine Steighöhe von 59,4 m.

Die längste Rolltreppenfahrt ist auf der vierteiligen Freiluft-Rolltreppe im Ocean Park in Hongkong möglich. Auf einer Gesamtlänge von 227 m hat sie eine Steighöhe von 115 m.

Der Gipfel der Bequemlichkeit für müde Kaufhausbesucher ist in einem Warenhaus in Kawasaki-shi (Japan) zu finden: Eine Rolltreppe, die einen Höhenunterschied von nur 83,4 cm überwindet. Sie wurde von Hitachi installiert.

Der längste »laufende Gehsteig« der Welt wurde 1970 im Neuen Messe-Zentrum in Düsseldorf in Betrieb genommen; er hat eine Länge von 225 m.

Der schnellste Drucker der Welt ist die elektronische Anlage der Radiation Inc. im Lawrence Radiation Laboratory in Livermore, Kalifornien (USA). Bis zu 30 000 Zeilen/min kann das Gerät drucken. Dies wird durch Steuerung von Stromstößen mittels chemisch imprägnierten Schreibpapiers erreicht, das mit hoher Geschwindigkeit unter feststehenden, eng angeordneten Schreibspitzen hinwegläuft. Die Anlage kann den gesamten Bibeltext, immerhin 773 692 Wörter, in 65 Sek. drucken, das ist 3306mal so schnell wie die schnellste Maschinenschreiberin der Welt.

Das längste einteilige Förderband der Welt hat die Firma Cable Belt Ltd. in Westaustralien erstellt. Es ist 29 km lang.

Das längste mehrteilige Förderband mißt 100 km und verbindet die Phosphatminen bei Bucraa mit dem marokkanischen Hafen El Aaiun. Hersteller war die Firma Krupp, Essen. Das 1972 fertiggestellte Band besteht aus 11 Teilen, die zwischen 9 und 11 km lang sind. Die Fördergeschwindigkeit betrug 4,5 m/s. Aufgrund der Aktivitäten der Guerilleros der Polisario wurde der Betrieb des Förderbands eingestellt.

Die längste Drahtseilbahn der Welt gehört der Compagnie Minière de l'Ogooué (COMILOG) und wurde 1959–62 für das Manganberg-

Die genaueste und komplizierteste Uhr wurde von Jens Olsen gebaut und am 15. Dezember 1955 am Rathaus von Kopenhagen (Dänemark) in Betrieb genommen. Sie besteht aus 14 000 Einzelteilen, wobei der Mechanismus 570 000 Funktionsweisen vollführen kann. Zehn Jahre wurden zum Bau der Uhr aufgewendet. Die Präzession der Erdachse mit einer Periode von 25 753 Jahren kann ebenfalls korrekt dargestellt werden. Dieser Mechanismus ist weltweit der langsamste seiner Art.

werk Moanda in Gabun (Afrika) errichtet. Sie erstreckt sich über 76 km, hat 858 Türme und 2800 Förderkübel; 155 km Drahtseil laufen über 6000 Spannrollen.

Die größte Düngemittel-Trockenanlage der Welt hat die Maße 12,8 × 4,2 × 2,75 m, wurde von Swedrier (Schweden) gebaut und an die Gulf Agricultural Development Co. in den Vereinigten Arabischen Emiraten geliefert.

Die längsten Drahtseile der Welt wurden in einer Länge von jeweils 24 km von British Ropes Ltd. in Wallsend, Tyne and Wear (GB), hergestellt. Die vier Seile haben einen Durchmesser von 35 mm, wiegen je 108,5 t und wurden von der CEGB für den Einsatz in der 2000-MW-Starkstromleitung durch den Kanal in Auftrag gegeben.

Der dünnste Draht ist aus Wolfram und hat einen Durchmesser von 5tausendstel mm. Der Draht wird durch mehrere Diamanten auf diesen kleinen Durchmesser gezogen. Als Glühfaden dient er einfach oder mehrfach gewendelt in elektrischen Glühlampen.

Die größte Schraubenmutter der Welt wiegt 4,74 t, hat einen Außendurchmesser von 132 cm und ein Gewinde von 63,5 cm. Produziert werden die Muttern von Pilgrim Moorside in Oldham, Lancashire (GB), und finden Verwendung an den Säulen großer Schmiedepressen.

Die kleinste Schraube der Welt (0,18 mm Durchmesser, 0,67 mm lang, 0,05 mm Gewinde) stellt die Schweizer Firma Nivarox-FAR SA aus Saint-Imier seit Januar 1984 her. Diese Mikrotechnik wird vor allem für die Unruh mechanischer Uhren verwendet.

Langsamste Maschine: Von Nene Instruments in Wellingborough, Northamptonshire (GB), wurde ein nukleares Umweltgerät zur Prüfung von Spannungskorrosion entwickelt, das bei einer Geschwindigkeit von einem Billionstel Millimeter pro Min. – das ist ein Meter in rund 2 Mrd. Jahren – kontrolliert werden kann.

ZEITMESSER

Die älteste mechanische Uhr, das heißt eine Uhr mit Hemmung, wurde im Jahr 725 in China von Hsing und Liang Liang-tsan gebaut.

Die älteste Uhr der Welt, die heute noch geht, ist eine Uhr ohne Zifferblatt in der Kathedrale von Salisbury (GB). Sie wird in das Jahr 1386, möglicherweise noch früher, datiert. 1956 wurde sie überholt, nachdem sie mehr als 500millionenmal getickt hatte.

Die größte Uhr der Welt ist die astronomische Uhr in der Kathedrale von St. Pierre in Beauvais (Frankreich), die zwischen 1865 und 1868 gebaut wurde. Sie besteht aus 90 000 Teilen und ist 12 m hoch, 6 m breit und 2,7 m tief.
Die astronomische Uhr in der St.-Marien-Kirche von Rostock (Mecklenburg-Vorpommern) stammt aus dem Jahr 1472. Mit ihrem Apostelumgang und dem stündlichen Glockenspiel ist sie die einzige noch original erhalten gebliebene Uhr dieser Art in Europa.

Die größte öffentliche Uhr der Welt mit vier Zifferblättern befindet sich auf dem Gebäude der Allen Bradley Company in Milwaukee, Wisconsin (USA). Jedes Zifferblatt hat einen Durchmesser von 12,3 m und einen Minutenzeiger von 6 m Länge.
Die größte Uhr mit einem Zifferblatt ist die achteckige Colgate-Uhr in Jersey, New Jersey (USA), mit einem Durchmesser von 15,24 m und einem Minutenzeiger von 8,31 m Länge. 1989 wurde sie von ihrer Position, die sie seit 1908 innehatte, demontiert. Sie soll auf einem anderen Gebäude installiert werden.

Die höchste Uhr der Welt mit vier Zifferblättern findet man auf dem Gebäude der Williamsburgh Savings Bank in Brooklyn, New York (USA), in einer Höhe von 131 m über dem Straßenniveau.

Die größte öffentliche Uhr Deutschlands ist die 1928 am Wasserturm des Nähmaschinenwerks Wittenberge (Brandenburg) angebrachte Turmuhr. Ihr Durchmesser beträgt 7,57 m, der Minutenzeiger ist 3,3 m und der Stundenzeiger 2,25 m lang.

Die größte und älteste Turmuhr Österreichs befindet sich in Graz (Steiermark). Die Uhr stammt aus dem Jahr 1522, doch ihre 5,5 m großen Zifferblätter erhielt sie erst 1712.

Das größte Kirchenzifferblatt Europas hat die Sankt-Peter-Kirche in Zürich. Sein Durchmesser beträgt 8,7 m.

Das größte Zifferblatt gehört zu einer Blumenuhr in Hokkaido (Japan). Sein Durchmesser beträgt 21 m. Die von Seiko hergestellte Uhr wurde im Juni 1988 installiert. Ihr großer Zeiger hat eine Länge von 8,5 m.

Die genaueste mechanische Turmuhr der Welt ist die am Rathaus von Kopenhagen (Dänemark) angebrachte Olsen-Uhr. Sie besteht aus über 14 000 Einzelteilen. Ihre Herstellung dauerte zehn Jahre, und ihr Mechanismus funktioniert mit 570 000 verschiedenen Bewegungen. Die Achse für die Himmelspol-Bewegung im Uhrwerk bewegt sich so langsam, daß sie für eine volle Umdrehung 25 753 Jahre benötigen würde. Die Uhr geht in 300 Jahren auf eine halbe Sekunde genau – 50mal genauer als der bisherige Rekord.

Die weltgrößte original Schwarzwälder Kuckucksuhr erbaute der Uhrmacher Josef Dold. Zwei Jahre lang sägte, feilte und hämmerte der badische Tüftler aus Schonach, dann war die Riesen-Kuckucksuhr im Maßstab 50 : 1 mit ihrem 6,5 m hohen Gehäuse fertiggestellt: das Holzräderwerk ist 3,6 m lang, 3,1 m hoch, 1 m tief, hat 12 Holzräder und einen 90 cm großen Kuckuck, der volle und halbe Stunden ausruft.

Miniatur-Wanduhren in Präzisionsarbeit fertigt der Uhrmacher Paul Gerber (*1950) aus Zürich an. Nach dem Vorbild einer Schwarzwälder Holzräderuhr entstand im Frühjahr 1988 eine 26 × 18 × 28 mm große Holzräderwanduhr mit 50 mm langem Vorderpendel, Stundenschlagwerk und Augenwendermechanik aus Buchsbaumholz.

Die erste Mengenlehre-Standuhr der Welt wurde in Berlin am Kurfürstendamm aufgestellt. Rote und grüne Rechtecke zeigen durch Aufleuchten die Stunden-, Minuten- und Sekundenmengen auf dieser von Dieter Binninger erfundenen Berlin-Uhr an.

Die erste Taschenuhr der Welt konstruierte Peter Henlein (1480–1542) im Jahr 1504 in Nürnberg. Voraussetzung für diese erste eiserne Taschenuhr, die Nürnbergisch Ei genannt wurde, war die Erfindung der Unruh, ebenfalls durch Henlein.

Die größte Taschenuhr (Durchmesser 1,8 m) hängt an der Außenwand des 1976 eröffneten Uhrenmuseums in Bad Iburg (Teutoburger Wald). Erbaut hat sie 1979 die Fa. Korfhage u. Söhne aus Buer bei Osnabrück. Funkimpulse der Braunschweiger Atomuhr steuern ihre Ganggenauigkeit (± 1 Sek. pro Jahr).

Die teuerste serienmäßig hergestellte Herrentaschenuhr ist, sieht man von den Uhren mit edelsteinbesetzten Gehäusen ab, wohl die von Patek-Philippe gefertigte Taschenuhr *Heaven at Hand*. Sie wurde 1922 für den amerikanischen Automobilmagnaten James Packard entworfen. Sie enthielt unter anderem eine Himmelskarte, die den Anblick des Nachthimmels beim Blick aus Packards Schlafzimmer zeigte. Im September 1988 kaufte Patek-Philippe das Meisterwerk für 750000 £ zurück.

Der höchste Preis, der je für eine Uhr gezahlt wurde, beträgt 5,2 Mio. DM. Er wurde am 9. April 1989 in Genf für eine astronomische Taschenuhr, eine Patek-Philippe *Calibre 89*, entrichtet, die aus 1728 Einzelteilen besteht.

Den Rekordpreis für eine antike Taschenuhr, 1,87 Mio. sfrs (2,26 Mio. DM), zahlte ein europäischer Sammler am 13. Mai 1986 bei Christie's, Genf, für eine goldemaillierte und diamantenbesetzte Taschenuhr mit Gangwerk, die um 1650 von dem Pariser Uhrmacher Jehan Cremfdorff konstruiert wurde.
Bei derselben Auktion wurden 286000 sfrs (346000 DM) für eine Patek-Philippe-Armbanduhr aus dem Jahr 1955 gezahlt; das Modell, in einer Kleinstauflage von drei Stück hergestellt, hat einen ewigen Kalender und zeigt die Mondphasen an.

Eine Swatch von 162 m Länge und 20 m Durchmesser, hergestellt von D. Tomas Feliu, wurde vom 7. bis 12. Dezember 1985 am Gebäude der Bank von Bilbao in Barcelona angebracht.
Der Eta-»Wecker« des Schweizer Pavillons bei der Expo '86 in Vancouver (Kanada) von Mai bis Oktober wog 35 t und war 24,3 m hoch.

Die kleinsten Armbanduhren der Welt werden von der Firma Jaeger Le Coultre in der Schweiz hergestellt. Sie haben ein Werk mit 15 Steinen und sind etwas mehr als 1,2 cm lang und 0,476 cm breit. Das Werk wiegt mit Gehäuse weniger als 7 g.

Die flachste Armbanduhr der Welt ist die Delirium-IV-Quarzuhr mit analoger Anzeige von Stunden und Minuten. Das von der Firma ETA SA, Fabriques d'Ébauches in Grenchen (Schweiz) entwickelte Modell ist 0,98 mm hoch. Das entspricht der Dicke eines der Länge nach halbierten Streichholzes. Diese Uhr wird unter den Markennamen Concord, Longines und Eterna verkauft. Auf einer Auktion in Hongkong am 27. Oktober 1989 erreichte sie den Preis von 250000 Hongkong Dollar.

Die kleinste Skelettuhr, ein Damenarmbanduhrwerk, hat der Schweizer Uhrmacher Armin Strom aus Burgdorf (Bern) im April 1989 vorgestellt. Das Uhrwerk mit einem Durchmesser von 12,5 mm und einer Höhe von 3,6 mm wurde in Handarbeit vollständig skelettiert und graviert.

Planetariumsuhr: Eine vollständig mechanisch arbeitende Armbanduhr mit der Bezeichnung Kopernikus ist in der Lage, Uhrzeit, Datum, Mondphasen und die astronomischen Positionen von Sonne, Mond und der klassischen Planeten zu zeigen. Auch die astrologischen Aspekte sind auf dieser von Ulysse Nardin (Schweiz) konstruierten Uhr abzulesen.

Das längste Pendel der Welt mißt 22,5 m. Es gehört zur Wassermühlenuhr, die 1983 von Hattori Tokeiten Co. im Shinjuku–NS–Gebäude in Tokio installiert wurde.

Die kleinste mechanische Pendeluhr hat der Luzerner Uhrmacher Fredy Süess (*1941) aus 150 Einzelteilen in nur 30 Std. Arbeitszeit gefertigt. Das kleine Wunderwerk ist ganze 9,9 mm hoch, 1,6 g leicht und damit etwa so groß wie ein mittlerer Zeigefingernagel. Das Pendel zappelt mit 10800 Schwingungen pro Std.

Den Weltrekord der Meßgeschwindigkeit hält das Max-Planck-Institut für Biochemie in Martinsried bei München. Mit der Version einer Feldsprung-Apparatur lassen sich molekulare Prozesse bis hinab zu 2 Milliardstel Sek. Dauer erfassen. Dieses Zeitmeßgerät ist zehnmal so schnell wie die bisher verfügbaren.

Die genauesten Zeitmesser sind Atomuhren. In Braunschweig steht ein solches zentnerschweres technisches Prachtstück. In ihm wird eine Sekunde von mehr als neun Mrd. Schwingungen eines Cäsium-Atoms dargestellt. Durch solche Zeitmesser wurde das Primäre Zeitnormal entwickelt. Doch selbst diese genaueste Uhr der Welt arbeitet nicht fehlerfrei: In fünf Mio. Jahren könnte sie um eine Sekunde differieren

Die größte Sonnenuhr der Welt ist das Samrat-Yantra mit einem Sonnenzeiger von 27 m Länge und einer vertikalen Höhe von 36 m. Sie wurde 1724 in Jaipur (Indien) als Teil eines Observatoriums gebaut. Der Schattenstab, pol-

Die größte Sanduhr der Welt steht in der kleinen japanischen Küstenstadt Nima in der Nähe von Tokio. Sie ist 5 m hoch, hat einen Durchmesser von einem Meter, wiegt eine Tonne und hat eine Laufzeit von einem Jahr. Nach exakt 365 Tagen, um Mitternacht des 31. Dezember 1991, soll das letzte der 640 Mio. Sandkörner durch die 0,8 mm schmale Öffnung der Uhr nach unten gerieselt sein. Hier abgebildet ist die bislang größte Sanduhr (Durchmesser 600 mm), die ebenfalls Schott (Mainz) gefertigt hat. Sie steht vor dem Naturhistorischen Museum in Mainz. In 4 m Höhe drehen sich zu jeder Stunde mikroprozessorgesteuert zwei Spezialglaszylinder atomuhrgenau nach dem amtlichen Zeittakt.

Die breiteste Faksimilemaschine mit 61 cm Größe wurde in Ontario (Kanada) hergestellt.

wärts orientiert, ist 387,14 m lang und treppenartig angeordnet. Auf dem halbkreisartigen Zifferblatt bewegt sich der Schatten alle 5 Min. rund 30 cm weiter.

Die größte zylindrische Sonnenuhr, 36,5 m hoch und 37,2 m Durchmesser an der Basis, wurde am 1. März 1991 in Disney-Land, Orlando, Florida (USA), enthüllt. Der Entwurf stammt von Arata Isozaki, Tokio (Japan).

TELEKOMMUNIKATION

Telefone: Weltweit gab es am 1. Januar 1989 423618819 Telefone. Die meisten befanden sich in den USA, 118400662 Stück.
Die Stadt mit den meisten Telefonen ist Tokio, mit 5511000 Geräten. Die größte Zahl von Gesprächen wurde (1989) in den USA geführt. Es waren immerhin 421822 Mio. im Jahr.

Die längste Telefonverbindung der Welt wurde am 28. Dezember 1985 über eine geschätzte Entfernung von 158845 km hergestellt, ausgehend von der Royal Institution in London und zurück dorthin. Die Verbindung kam zustande während einer Weihnachtslesung von David Pye, Professor für Zoologie am Queen Mary College, London. Die »Regel« im internationalen Fernmeldewesen, daß für eine Gesprächsverbindung auch nur ein Satellit benutzt wird, wurde eigens für diesen Demonstrationszweck außer Kraft gesetzt. So konnten beide geostationären Intelsats – einer über dem Indischen Ozean und einer über dem Pazifik – in Anspruch genommen werden.
Die zeitliche Verzögerung, die die beiden »Telefonistinnen« Anieka Russell und Alison Risk in ihrem Gespräch erfuhren, betrug 530 Millisek.

Die größte Telefonzentrale steht im Pentagon in Washington mit 25000 Leitungen. 200000 Gespräche werden täglich abgewickelt. Rund 161000 km Telefonkabel sind installiert. 1988 betrug die Telefonrechnung etwa 11,2 Mrd. Dollar.

Telefonbücher: Das am schwersten zu zerreißende Telefonbuch dürfte das von Houston, Texas (USA) sein, das auf 2889 Seiten 939640 Eintragungen aufführt. Jetzt wird es allerdings in zwei Bänden ausgegeben. Am leichtesten fällt das Telefonbuchzerreißen ebenfalls in Texas: Knippa hat auf 2 Seiten 221 Eintragungen. Für Anguilla (eine westindische Insel) gab es 1972 ein Telefonverzeichnis mit 26 Nummern – maschinengeschrieben.

Die ersten Münz-Telefongeräte in Eisenbahnzügen hat die Deutche Bundesbahn ab 1. Juni 1980 eingeführt. Mit dem Ablauf des Frühjahrs 1983 waren alle Intercity-(IC-)Züge und Trans-Europ-Expreß-(TEE-)Züge der Deutschen Bundesbahn mit Münz-Zugtelefon ausgerüstet. Die österreichischen Bundesbahnen setzten bereits ab Mitte der siebziger Jahre Telefon-Automaten ein, im »Transalpin«, »Mozart« und »Tirolerland«.

Das längste Unterwasser-Telefonkabel der Welt ist das ANZCAN, das von Australien via Auckland (Neuseeland) und Fidschi bis nach Port Alberni in Kanada – über eine Entfernung von 15151 km – reicht. Es wurde 1984 eingeweiht und kostete 379 Mio. Dollar.

Die längste Strecke, über die in **optischen Faserkabeln** Signale ohne Verstärker gesendet wurden, ist 251,6 km, erreicht im Februar 1985 im Forschungslabor der British Telecom in Martlesham Heath (GB). Die Laser-Wellenlänge war 1525 mm, die Datenrate 35 Megabits/s.

Den stärksten Gebrauch vom Postdienst macht man in den USA, deren Bevölkerung 1985 über 140,1 Mrd. Briefe und Pakete versandte und wo 744490 Menschen bei der Post beschäftigt waren. Sie verfügen über den größten zivilen Wagenpark von 200811 Personen- und Lastkraftwagen. Auch bei der Durchschnittszahl an Briefen, die jeder einzelne schreibt, stehen die USA an erster Stelle, 1985 waren es 589 pro Person.

Die größte Erdfunkstelle der Welt für Fernsprechverbindungen und Fernsehübertragungen via Satellit steht in Raisting bei Weilheim (Oberbayern). Zwei je 300 t schwere Antennen mit einem Durchmesser von 32 m pro Anlage haben im Frühjahr 1981 ihre Arbeit als »Ohren im Weltraum« im interkontinentalen Fernmeldeverkehr aufgenommen.

Der erste Briefkasten: Dokumentarisch verbürgt ist die Aufstellung eines Briefkastens 1653 in Paris. Der erste Briefkasten Deutschlands wurde 1766 angebracht. Er war aus Holz und hing auf dem Flur des Zentralen Berliner Posthauses. Da die Berliner keinen rechten Gebrauch von ihm machten, wurde er bald wieder entfernt. Hölzerne Briefkästen (mit weißem Anstrich) gab es dann erst wieder nach 1815. Seit etwa 1840 bestanden die Briefkästen aus Metall; zuerst aus Blech, später aus Gußeisen. Jetzt sind sie aus Plastik.

Der älteste Briefkasten, der noch in Betrieb ist, steht in der Union Street in St. Peter Port auf der Kanalinsel Guernsey. Entworfen wurde er von John Vaudin (Jersey). Im Oktober 1981 wurde das gute Stück in der ursprünglichen kastanienbraunen Aufmachung restauriert.

Das höchstgelegene Postamt gehört der nepalesisch-indischen Postverwaltung und liegt im Himalaja in einer Höhe von 5610 m üNN.
Das höchstgelegene Postamt Europas befindet sich bei der Station Eismeer der Zahnrad-Bergbahn zum Jungfraujoch (Schweiz). Seine Höhe: 3161 üNN. Eine Postagentur befindet sich auch auf der Jungfraujochhöhe, 3454 m üNN.

Das höchstgelegene deutsche Postamt ist die Posthilfsstelle »Münchner Haus« auf der Zugspitze (2962 m üNN). Die Poststelle I liegt knapp darunter im Schneefernerhaus, auf 2650 m Höhe.

Das höchstgelegene Postamt Österreichs, das ganzjährig geöffnet ist, ist das von Obergurgl im Ötztal (Tirol) mit 1930 m üNN.

Die meisten Telegramme, etwa 492,6 Mio., wurden im Jahr 1978 in der UdSSR aufgegeben.

Das erste Telegramm wurde in Deutschland am 22. November 1794 über eine Strecke von 1,5 km nach Karlsruhe befördert, allerdings noch mit dem optischen Telegrafen. Es war ein Huldigungsgedicht zum Geburtstag des Markgrafen Karl Friedrich von Baden.

Die erste elektromagnetische Telegrafenlinie mit nur einem Draht wurde 1844 zwischen Wiesbaden und Mainz-Kastell in Betrieb genommen.

Der erste Postomnibus Deutschlands fuhr am 1. Juni 1905 von Bad Tölz nach Lenggries (Bayern). Er ist heute im Verkehrsmuseum von Nürnberg zu sehen.

Das kleinste Telefon der Welt, das sich im Routinebetrieb befindet, wurde 1988 von Jeff Smith von der GET Northwest, Everett, Washington (USA), entwickelt. Es ist nur 10,5 × 1,9 × 3,8 cm groß.

Der kleinste funktionstüchtige elektromechanische Telefonwählapparat wurde im April 1989 seinem großen Vorbild aus dem Jahr 1922 in seiner Technik genau nachgebaut. Der Wiener Ingenieur Gerhard Lehner hat seinen Miniaturapparat (8 × 5 × 9 cm) aus vergoldetem Messing gefertigt. Dieses Modell funktioniert selbstverständlich auch im öffentlichen Telefonnetz.

Das größte Telefon der Welt wurde am 16. September 1988 auf einem Festival in Apeldoorn (Niederlande) vorgeführt. Es ist 2,74 m hoch und 6,06 m breit, mit einem Gewicht von 3,5 t. Der Hörer, 7,14 m lang, mußte mit einem Kran angehoben werden, um ein Telefonat zu führen.

Die größte und kleinste Faksimilemaschine: Das größte Gerät dieser Art, »Wide Fax«, kann Formate bis zu 61 cm Größe verarbeiten. Es wird von der Firma WideCom Group in Ontario (Kanada) hergestellt. Die kleinste Maschine, die RICOH PF-1, kann Dokumente von DIN-A4-Größe senden und empfangen und ist mit einem Fehlerkorrektursystem ausgestattet. Es mißt nur 28 × 18 × 5 cm und wiegt 2,5 kg.

RAKETENTECHNIK UND RAUMFAHRZEUGE

Allgemein: Die physikalischen Gesetze, die den Flug künstlicher Satelliten bestimmen, wurden zum ersten Mal von Sir Isaac Newton (1643–1727) in seinen *Mathematischen Grundlagen der Naturwissenschaft* formuliert, die er im März 1686 begann und im Sommer 1687 veröffentlichte.

Der erste künstliche Satellit wurde in der Nacht des 4. Oktober 1957 von Tyuratam, einem Ort 275 km östlich des Aralsees (UdSSR), in Höhen zwischen 229 und 946 km und mit einer Geschwindigkeit von 28 565 km/h erfolgreich in die Umlaufbahn gebracht. Dieser runde Satellit *Sputnik 1* (das heißt »Weggenosse«), der offiziell als »Satellit 1957 Alpha 2« bezeichnet wurde, wog 83,6 kg bei einem Durchmesser von 58 cm. Seine Lebensdauer betrug vermutlich 92 Tage und endete demnach am 4. Januar 1958. Er wurde, wie auch die SL-4-Trägerrakete, unter der Leitung von Dr. Sergej Pawlowitsch Koroljow (1907–66) – zeitweise Gulag-Häftling – entworfen.

Dieses 1980 in der UdSSR gebaute leistungsstärkste Raketentriebwerk RD-170 kam in der *Energia* und *Zenit* zum Einsatz, um den *Buran-Shuttle* in den unteren Erdorbit oder Raumschiffe zum Mars zu bringen.

Ein neuer Weltraumbahnhof in Nordnorwegen? Auf dem Raketenstartgelände Andoya sollen ab 1995 kleine Satelliten in polare Umlaufbahnen gestartet werden.

Die frühesten Raketen dürften Kriegsraketen gewesen sein, die mit Kohle-Salpeter-Schwefel-Schießpulver angetrieben wurden. Im Jahr 1042 sollen sie nach einem Bericht von Tsing Kung Liang in China angewendet worden sein. Nachrichten über diese Raketen kamen 1258 zum ersten Mal nach Europa.

Die ersten militärischen Raketen in Europa entwickelte der englische Colonel Sir William Congreve (1772–1828), dessen »2,72-kg-Rakete« bis zum Jahr 1805 eine Reichweite von 1,8 km erzielte. Die Rakete wurde zum ersten Mal am 8. Oktober 1806 von der Royal Navy gegen Boulogne (Frankreich) eingesetzt.

Eine Rakete mit Flüssigtreibstoff, patentiert am 14. Juli 1914, wurde zum ersten Mal von Dr. Robert Hutchings Goddard (1882–1945, USA) am 16. März 1926 in Auburn (USA) abgeschossen. Sie erreichte eine Höhe von 12,5 m und flog 56 m weit.
Die früheste Rakete der UdSSR war die halbflüssig angetriebene *GIRD-IX* (Gruppa Izucheniya Reaktivnogo Dvizheniya), deren Entwicklung 1931 begann und die am 17. August 1933 getestet wurde.

Die größte Reichweite einer Rakete soll eine Globalrakete der UdSSR haben. Jedenfalls behauptete dies Nikita Chruschtschow am 16. März 1962, damals Ministerpräsident der UdSSR. Die Rakete habe eine Reichweite von 30000 km, das heißt von mehr als dem halben Erdumfang, und sei folglich in der Lage, jedes Ziel aus jeder Richtung zu treffen.

Die leistungsfähigsten Raketen: Am 15. Mai 1987 startete die UdSSR erstmals die Großrakete *Energia*. Das zweistufige Trägersystem hat eine Gesamtmasse von 2000 t, kann rund 100 t in den Erdorbit und etwa 30 t auf interplanetaren Kurs bringen. Die wohl derzeit schubstärkste Rakete ist sowohl zum Transport von unbemannter Fracht als auch zum Start einer Raumfähre einsetzbar. Diese Bewährungsprobe erfolgte am 15. November 1988 mit dem Testflug der Raumfähre *Buran*. Sie sei – so die Sowjets – mit der amerikanischen *Saturn V* zu vergleichen. Die leistungsfähigste Rakete, deren Daten bekannt sind, ist die *Saturn V*, die für die *Apollo-* und *Skylab*-Programme verwandt wurde, mit deren Entwicklung im Januar 1962 im heutigen John F. Kennedy Space Center in Florida (USA) begonnen worden ist. Die Rakete war 110,85 m hoch mit einer Nutzlast von 74783 kg (im Fall von *Skylab 1*) und verbrauchte für 2:30 Min. 13,6 t Treibstoff pro Sek. Das sind mehr als 2000 t. Die Gesamtrakete erzeugte einen Schub von 39000 Kilo-Newton und wog vollbeladen bis zu 3347 t im Fall von *Apollo 17*. Sie wurde zum ersten Mal am 9. November 1967 von Cape Canaveral (vorübergehend Cape Kennedy) in Florida (USA) gestartet.

Das leistungsfähigste Triebwerk wurde 1980 in der UdSSR gebaut. Es hat einen Vakuumschub von 806000 bzw. von 740000 kg Schub an der Erdoberfläche. Das RD-170 verbrennt flüssigen Sauerstoff und Kerosin. Das Triebwerk kommt in der *Energia* zum Einsatz.

Höchste Nutzlast: *Skylab 1* (abgeschossen am 14. Mai 1973) wog 74783 kg. Die Raumstation trat am 11. Juli 1979 um 16 Uhr 32 GMT bei ihrem 34981. Umlauf über der westaustralischen Küste in die dichteren Schichten der Erdatmosphäre ein. Große Stücke von *Skylab 1* wurden 12 km südlich von Rawlinna gefunden und nach Hongkong verkauft.

Ulysses auf dem Weg zur Sonne

Am 6. Oktober 1990 gelangte mit der Raumfähre *Discovery* die europäische Sonnensonde *Ulysses* auf Weltraumkurs. Sie soll ab Mitte 1994 erstmals die Pole der Sonne untersuchen. Um die notwendige Energie, vor allem für das Drehen der Bahnebene zu erhalten, fliegt die 370 kg schwere Sonde zunächst in Richtung Jupiter und wird den größten Planeten des Sonnensystems am 8. Februar 1992 erreichen. Dabei wird *Ulysses* aus der Ekliptik, der Ebene des Sonnensystems, herausgeschleudert und fliegt zurück zum Tagesgestirn. Zunächst wird von Juni bis Oktober 1994 die solare »Antarktis« umflogen, während der Sonnennordpol im Juni 1995 erreicht wird. Zu keiner Zeit nähert sich *Ulysses* der Sonne mehr als 200 Mio. km. Die neun Experimente sind bereits seit Jahresende aktiviert. Sie dienen vor allem der Untersuchung von Teilchen und Magnetfeldern im Sonnenwind. Andere Meßanordnungen halten nach Staub und interstellarem Gas Ausschau.

Raketen-Höchstgeschwindigkeit: Das erste Raumfahrzeug, das die Dritte Kosmische Geschwindigkeit erreichte – sie genügt, um aus dem Sonnensystem auszubrechen –, war die amerikanische *Pioneer 10*. Der Raketenträger *Atlas* SLV-3C mit einer modifizierten *Centaur*-D-Zweitstufe und einer *Thiokol*-Te-364-4-Drittstufe verließ die Erde am 2. März 1972 mit einer bisher nie wieder erreichten Geschwindigkeit von 51682 km/h.
Die höchste registrierte Geschwindigkeit überhaupt erreichte mit 240000 km/h während der Sonnenannäherung die amerikanisch-deutsche Sonnensonde *Helios B*, die am 15. Januar 1976 gestartet wurde.

Die entfernteste Raumsonde: *Pioneer 10*, gestartet von Cape Canaveral am 2. März 1972, hatte Ende Oktober 1990 die Entfernung von 50 Astronomischen Einheiten, entsprechend 7,5 Mrd. km, erreicht und liefert noch immer wertvolle Meßdaten. Ihr erstes Rendezvous mit einem Fixstern, mit dem 10,3 Lichtjahre entfernten Objekt Ross 248, wird im Jahr 34593 stattfinden. *Voyager 1* wird aufgrund seiner höheren Geschwindigkeit *Pioneer 10* überholen und damit der am weitesten entfernte Raumflugkörper sein.

Die älteste noch in Betrieb befindliche Raumsonde ist *Pioneer 6*, die am 17. Dezember 1990 25 Jahre alt wurde. In dieser Zeit hat sie bei 29 Sonnenumrundungen rund 25 Mrd. km zurückgelegt. Ihre Aufgabe war es, Daten über den Sonnenwind, Magnetfelder und Kosmische Strahlung zur Erde zu funken. Das macht sie partiell bis heute.

Größte Annäherung an die Sonne: Die beiden deutsch-amerikanischen Sonnensonden *Helios A* und *B* sind dem Tagesgestirn bis auf 44,5 Mio. km nahe gekommen, näher als jedes andere

Im Rahmen der *Shuttle*-Mission STS 37 mit der *Atlantis* erprobten im April 1991 die Astronauten Apt und Ross neue Arbeitstechniken.

Landung am Cape Canaveral. Die Raumfähre *Atlantis* ging am 11. April 1991 auf der zwischen Sümpfen gelegenen Landepiste nieder.

von Menschenhand gefertigte Raumfahrzeug und näher als der Planet Merkur, der die Sonne in einer mittleren Entfernung von 57,8 Mio. km umkreist. *Helios A* und *B* wurden am 10. Dezember 1974 bzw. 15. Januar 1976 von Cape Canaveral aus gestartet und in Umlaufbahnen um die Sonne gelenkt. *Helios B* arbeitete 5 Jahre lang, *Helios A* wurde Anfang 1986 abgeschaltet.

Satellitenstart vom Flugzeug: Erstmals in der Geschichte der Raumfahrt wurde am 6. April 1990 eine Rakete mit einem Satelliten von einem Flugzeug aus gestartet. Die von einer Privatfirma entwickelte Trägerrakete mit der Bezeichnung *Pegasus* brachte einen kleinen Kommunikationssatelliten für die US-Marine in die 500 km hohe Umlaufbahn. Ein *B-52*-Bomber transportierte die 15 m lange und 18 t schwere dreistufige Rakete, die unter der rechten Tragfläche montiert war, auf 14000 m Höhe. Hier wurde die Rakete ausgeklinkt. Nach 5 Sek. freiem Fall zündeten die Triebwerke. Die erste Stufe von *Pegasus*, mit Delta-Flügeln ausgestattet, brachte die Rakete auf 60 km Höhe. Maximal können mit dieser Technik 400 kg in den Orbit gebracht werden. Mit knapp 8 Mio. Dollar für den Start ist das Verfahren sehr viel billiger als beim Einsatz der herkömmlichen Technik.

Satellitenreparatur: Am 10. April 1984 gelang es erstmals, einen defekten Satelliten in der Umlaufbahn zu reparieren. Die Besatzung der Raumfähren-Mission 41-C, Crippen, Scobee, Nelson, Hart und van Hoften, fing den Sonnenforschungssatelliten *Solar Max* mit dem Greifarm der *Challenger* ein. In der Ladebucht wurde der Raumflugkörper durch den Austausch von Elektronikmodulen wieder funktionsfähig gemacht und in die Umlaufbahn entlassen.

Die erste Bergung zweier defekter Satelliten mit Hilfe des *Space Shuttle* gelang im November 1984. Während eines Fluges der Raumfähre *Discovery* wurden von der Besatzung die Nachrichtensatelliten *PALAPA-B2* und *WESTAR 6* geborgen, im Frachtraum verstaut und zur Erde zurückgebracht.

MENSCHEN IM ALL

Der erste erfolgreiche bemannte Raumflug begann am 12. April 1961 um 9 Uhr 07 (Moskauer Zeit) oder 7 Uhr 07 MEZ. Der Kosmonaut Fliegermajor (später Oberst) Jurij Aleksejewitsch Gagarin (*9 März 1934) vollbrachte in 89:34 Min. eine Erdumrundung in dem 4,72 t schweren Raumfahrzeug *Wostok 1* (das heißt »Ost«). Er startete von Tyuratam in Kasachstan und landete 108 Min. später im Gebiet von Saratow (UdSSR). Die Höchstgeschwindigkeit betrug 28260 km/h und die Maximalhöhe 327 km bei einer Flugstrecke von 40868,6 km. Gagarin, der als Held der Sowjetunion ausgezeichnet wurde und hohe sowjetische Orden erhielt, wurde am 27. März 1968 bei einem Düsenflugzeugabsturz in der Nähe von Moskau getötet.

Der erste Deutsche im Weltraum war Sigmund Jähn (*1937), damals Oberleutnant der Luftwaffe der DDR. Er startete am 26. August 1978 zusammen mit dem Sowjet-Kosmonauten V. F. Bykowskij (bereits mit *Wostok 5* im All gewesen) im Raumschiff *Sojus 31*. Das Schiff koppelte an den Komplex *Saljut 6/Sojus 29* an. Nach Durchführung von Experimenten kehrten Jähn und Bykowskij am 3. September 1978 mit *Sojus 29* wieder zur Erde zurück.

Die erste Frau, die die Erde umkreiste, war Leutnant (jetzt Oberstleutnant) Valentina Wladimirowna Tereschkowa, jetzt Frau Nikolajewa (*6. März 1937), die am 16. Juni 1963 um 10 Uhr 30 MEZ mit *Wostok 6* von Tyuratam (UdSSR) abgeschossen wurde und am 19. Juni um 9 Uhr 16 nach einem Flug von zwei Tagen 22:42 Std. landete, währenddessen sie über 48 Erdumkreisungen vollführte (fast 2 Mio. km) und einen Moment lang in einer Entfernung von 4,9 km an dem zwei Tage vorher gestarteten *Wostok 5*, mit dem sowjetischen Kosmonauten V. F. Bykowskij an Bord, vorbeikam.
Amerikas erste Frau im Weltraum war die Astrophysikerin Sally K. Ride (*1951). Sie nahm am 7. Raumfährenflug im Juni 1983 teil und umkreiste 146 Std. die Erde. Ein zweiter Flug folgte im Oktober 1984.

Der erste tödliche Unfall während einer Raumfahrt ereignete sich, als Oberst Wladimir Michailowitsch Komarow (*1927) am 23. April 1967 um 1 Uhr 35 MEZ in *Sojus 1* (das heißt »Bündnis«) in den Raum geschossen wurde. Das Raumfahrzeug befand sich 25:15 Std. in der Umlaufbahn, prallte aber bei der Landung wegen Fallschirmversagens zu hart auf. Komarow war damit der erste Mensch, dessen Tod während eines Raumfluges offiziell gemeldet wurde.

Der bisher größte Unfall in der bemannten Raumfahrt ereignete sich am 28. Januar 1986, als im Rahmen der Mission 51 L die Raumfähre *Challenger* 73 Sek. nach dem Start in 14326 m Höhe explodierte. Die gesamte Besatzung, zwei Frauen und fünf Männer, kam bei der Katastrophe ums Leben.

Die erste automatische Rettungsaktion bei einem Feuer unmittelbar vor dem Start wurde am 29. September 1983 durchgeführt. Mit dem Rettungsturm wurde das Raumschiff *Sojus T-10* von der Rampe wegkatapultiert. Die Kosmonauten Titow und Strekalow überstanden die Aktion unverletzt.

Den ersten Weltraumspaziergang unternahm der sowjetische Kosmonaut Aleksej A. Leonow (*20. Mai 1934) am 18. März 1965. Gesichert durch eine Verbindungsleine verließ er das Raumschiff *Voskhod 2* für 17 Min. Am 3. Juni 1965 folgte der inzwischen verstorbene Edward H. White II, der 21 Min. lang neben dem Raumschiff *Gemini IV* von Hawaii bis zur Atlantikküste schwebte. Die erste Frau im freien Weltraum war Swetlana Sawitzkaja am 25. Juli 1985 während der Mission *Sojus T12/Saljut 7*.

Die bisher größte Raumschiffbesatzung war die Mannschaft der Raumfähre *Challenger*, die am 30. Oktober 1985 mit acht Astronauten startete.

Marshopser: Statt auf Rädern soll sich dieses automatische Forschungslabor auf Sprungfedern über die Marsoberfläche bewegen. Das System ist eine Entwicklung der US-Firma Martin & Marietta.

Die Raumstation kommt!

Am 6. Juni 1991 fiel eine wichtige Entscheidung: Die Etatmittel für die Entwicklung der amerikanischen Raumstation *Freedom* wurden für das Haushaltsjahr 1992 nach einer hitzigen Debatte genehmigt. Im Vorfeld war versucht worden, das gesamte Projekt zu stoppen. Das hätte Kosten zwischen 250 und 500 Mio. US-Dollar verursacht und rund 130 000 Arbeitsplätze gekostet.
Nun können auch die internationalen Partner der NASA, die europäische Raumfahrtorganisation ESA, Japan und Kanada aufatmen. Sie haben bereits erhebliche Summen in ihre Module und Systeme investiert. Die nun schon merklich geschrumpfte Station dürfte insgesamt 30 Mrd. Dollar kosten. Sie soll im Jahr 2000 ihren Routinebetrieb aufnehmen und dann ständige Arbeits- und Wohnstätte für vier Astronauten sein. *Freedom* dürfte neben dem in der Entwicklung befindlichen amerikanischen Superbeschleuniger SSC – er soll in einem unterirdischen Ringtunnel im texanischen Waxahachie aufgebaut werden – das bisher aufwendigste technologische Projekt in der Menschheitsgeschichte darstellen.

Der erste frei im Weltraum schwebende Mensch war NASA-Astronaut Bruce McCandless (*8. Juni 1937). Mit der Freiflug-Manövriereinheit bewegte er sich am 7. Februar 1984 erst 50 und dann 100 m von der *Challenger* fort in den freien Raum. Der »Feuerstuhl« kostet rund 15 Mio. Dollar.

Den längsten bemannten Raumflug hat der Kosmonaut Wladimir Titow mit 365 Tagen 22:39 Std. absolviert. Mit dem Raumschiff *Sojus TM4* startete er am 21. Dezember 1987 zur Orbitalstation *Mir* und kehrte am 21. Dezember 1988 an Bord von *Sojus-TM6* mit dem Franzosen Jean Loup Chretien zur Erde zurück.
Der Kosmonaut mit der längsten Weltraumerfahrung ist Musa Manarov, der nach Beendigung seiner letzten Weltraummission am 20. Mai 1991 insgesamt 534 Tage im Orbit zugebracht hat.

Der kürzeste bemannte Raumflug war die Mission von Alan Shepard in einer *Mercury*-Kapsel, die am 5. Mai 1961 mit einer *Redstone*-Trägerrakete gestartet wurde. Der ballistische Flug dauerte nur 15:28 Min.

Die bisher größte Raumschiffbesatzung umkreiste an Bord der *Challenger* im Oktober 1985 im Rahmen der *Spacelab-D1*-Mission die Erde. Acht Raumfahrer, darunter eine Frau, waren während der siebentägigen Mission an Bord, deren Kommandant Hank Hartsfield war.

Die größte Zahl von Raumfahrern im Orbit ist zwölf. Vom 2. bis 10. Dezember 1990 umkreisten gleichzeitig sieben amerikanische Astronauten *(Columbia STS 35)*, zwei sowjetische Kosmonauten (Orbitalstation *Mir*) und zwei sowjetische und ein japanischer Kosmonaut *(Sojus TM 11)* die Erde.

Die größte Höhe, die eine Frau je erreicht hat, wird für die Astronautin Kathryn Sullivan registriert. Während ihres Fluges mit der Raumfähre *Discovery* im April 1990 gelangte sie auf die Höhe von 618,6 km. Der weibliche Höhenrekord in einem Flugzeug liegt bei 24 336 m. Er wurde am 22. Mai 1965 durch Natalia Prokhanova (UdSSR) in einem *E-33-Jet* erzielt.

Das bisher aufwendigste Weltraumprogramm war das *Apollo*-Projekt der Vereinigten Staaten. Es hat schätzungsweise 25 541 400 000 Dollar gekostet. Dieses Bild, aufgenommen von *Apollo 15*, zeigt die aufgehende Erde am Himmel des Mondes.

Die größte Entfernung, die Menschen in der Raumfahrt bisher zurücklegten, beträgt 400 187 km. Dieser Erdabstand wurde am 15. April 1970 um 7 Uhr 21 MEZ vom Raumschiff *Apollo 13* erreicht, das nach der Explosion im Service-Modul der *Apollo*-Kapsel nicht auf dem Mond landen konnte, sondern um den Erdtrabanten herum zur Erde zurückfliegen mußte. An Bord waren J. A. Lovell, F. W. Haise und J. L. Swigert (1931-82).

Die größte Geschwindigkeit, mit der sich Menschen jemals bewegten, betrug 39 897 km/h. Sie wurde am 26. Mai 1969 bei Eintritt der Landekapsel von *Apollo 10* in die Erdatmosphäre in 122 km Höhe erreicht. Dabei waren T. P. Stafford, J. W. Young und E. A. Cernan.

Der älteste Astronaut bisher war der Amerikaner Vance DeVoe Brand (* 9. Mai 1931), der bei seinem Raumflug mit der *Columbia* am 2. Dezember 1990 59 Jahre alt war. Die älteste Frau war Shannon Lucid, die bei ihrem Flug mit der Raumfähre *Atlantis* am 18. Oktober 1989 ein Alter von 46 Jahren hatte.

Der jüngste war Major (später Oberst) German Stepanowitsch Titow (* 11. September 1935), der 25 Jahre und 329 Tage alt war, als er

Die internationale Raumstation *Freedom* der NASA in ihrer neuen Version. Sie soll um 1999 ihre volle Funktion aufnehmen.

am 6. August 1961 in *Wostok 2* in den Raum geschossen wurde. Der einzige Mensch, der sechsmal im Weltraum war, ist Captain John W. Young (*24. September 1930, USA). Nach seinem letzten Flug als Commander der *Spacelab*-Mission mit der *Columbia* am 8. Dezember 1983 konnte Young auf 34 Tage, 19:42:13 Std. im Weltraum zurückblicken.

Dauerrekord auf dem Mond: Die Mannschaft von *Apollo 17* sammelte eine Rekordmasse von 114,8 kg Gestein und Staub während ihrer 22:05 Std. »Tätigkeit außerhalb des Fahrzeuges«. Es waren Captain Eugene A. Cernan, US Navy (*14. März 1934), und Dr. Harrison H. (Jack) Schmitt (*3. Juli 1935), der als zwölfter Mann den Mond betrat. Die Mannschaft befand sich während dieser längsten Mondmission, die insgesamt 12 Tage, 13:51 Std. dauerte, in der Zeit vom 7. bis 19. Dezember 1972, 74:59 Std. auf der Mondoberfläche.

Die Raumfahrt der UdSSR

Obwohl die UdSSR nach wie vor – gemessen an der Zahl der Starts und der Vielfältigkeit des Programms – die führende Weltraumnation ist, steckt die Raumfahrt in einer tiefen Krise. Sie ist in das Kreuzfeuer der Kritik geraten und muß mehr und mehr erhebliche finanzielle Einschnitte hinnehmen. Der erwartete Aufschwung durch eine Kommerzialisierung der Raketen und Satelliten ist bisher ausgeblieben.

Konsequent wird die bemannte Raumfahrt unter maximaler Ausnutzung der Orbitalstation *Mir* vorangetrieben. Inzwischen ist klargeworden, daß es für längere Zeit keine verbesserte Station geben wird. Auch das Raumfährenprogramm der UdSSR fährt auf Sparflamme. Bis 1991 könnte es noch einen unbemannten Flug mit einem Versuch der Kopplung an *Mir* geben. Bemannt wird der Sowjet-*Shuttle* kaum vor Mitte 1992 fliegen. Ähnlich problematisch sieht es für die schubstärkste Trägerrakete der Welt, die *Energia*, aus. Mit Ausnahme des Einsatzes als Trägeraggregat für den geplanten *Shuttle*-Flug haben die Sowjets noch keine Anwendungsziele für den Raketengiganten definieren können. Fest steht, daß es 1994 eine relativ aufwendige Mission zum Mars mit internationaler Beteiligung geben wird. Dabei sollen in der Planetenatmosphäre Ballons und auf der Oberfläche kleine, automatisch gesteuerte Fahrzeuge abgesetzt werden.

Das erste Räderfahrzeug auf dem Mond war *Lunochod 1,* das am 17. November 1970 seine von der Erde gesteuerten Reisen begann. Es bewegte sich insgesamt 10,54 km auf Gefällen bis zu 30 Grad im Mare Imbrium und war bis 4. Oktober 1971 in Betrieb.

Den Geschwindigkeits- und Entfernungsrekord auf dem Mond hält der von *Apollo 16* mitgeführte *Rover* mit 18 km/h bergab und einer Strecke von 33,8 km.

Am längsten auf einem anderen Planeten arbeitete *Viking 1.* Das automatische Forschungslaboratorium wurde am 20. Juli 1976 auf der Marsoberfläche abgesetzt und lieferte rund 56 000 Fotos, Wetterdaten, chemische Analysen des Marsbodens und andere Informationen. Am 18. November 1982 riß der Funkkontakt zu *Viking 1* ab und konnte nicht wieder hergestellt werden, so daß die NASA den Marslander offiziell für »tot« erklärt hat.

Das schwerste Objekt in der Umlaufbahn war *Apollo 15* (Raumschiff plus dritte Stufe), das vor dem Start in Richtung Mond in der Parkumlaufbahn 140 512 kg wog.

Der 200 kg schwere *US-R. A. E.* (Radio Astronomy Explorer) *B* oder *Explorer 49,* der am 10. Juni 1973 gestartet wurde, hat Antennen von 415 m Länge.

Die Gesamtkosten des Programms der bemannten Raumfahrt der USA bis zur Beendigung der Mondflüge mit *Apollo 17* werden auf 25,5 Mrd. Dollar (damals 96 Mrd. DM) geschätzt. Die ersten 15 Jahre des sowjetischen Raumfahrtprogramms von 1958 bis September 1973 sollen über 100 Mrd. DM gekostet haben. Die Kosten für das *Space-Shuttle*-Programm der US-Raumfahrtbehörde NASA beliefen sich bis zum Start der *Columbia* am 12. April 1981 auf 9,9 Mrd. Dollar (damals 22 Mrd. DM).

Die amerikanische Raumfahrt

Nachdem eine entscheidende politische Hürde genommen und praktisch grünes Licht für den Bau der Raumstation *Freedom* gegeben wurde, dürfte die langfristige Zukunft der NASA gesichert sein. Eine entscheidende Rolle wird nach wie vor der *Shuttle*-Flotte zukommen, die die Elemente der Raumstation in die Umlaufbahn transportieren wird. Im April 1991 verließ der als Ersatz für die zerstörte *Challenger* neu gebaute *Shuttle*-Orbiter *Endeavour* die Montagehallen in Palmdale (Kalifornien). Die neue Raumfähre ist technisch deutlich verbessert und kann 28 Tage im erdnahen Weltraum bleiben. Ihr Jungfernflug ist für das Frühjahr 1992 vorgesehen. Im Juli 1991 ist mit der Umrüstung der *Columbia* für Langzeitmissionen begonnen worden.

Ernsthaft untersucht wird derzeit die Möglichkeit, die klassische *Saturn 5*-Mondrakete verbessert neuzubauen, um zukünftig damit zu Mond und Mars fliegen zu können.

Mit dem Start des großen Gammastrahlen-Observatoriums *(GRO)* am 7. April 1991 ist nunmehr das zweite der »Groß-Observatorien« der NASA Realität geworden. Nr. 1 war das *Hubble*-Weltraumteleskop, das trotz seines optischen Fehlers hervorragende Resultate liefert. Zwei weitere »Groß-Observatorien« sind geplant: Eines zur Erforschung von Röntgenquellen (1998), das andere (1999) ist für die Infrarotastronomie gedacht. Zwei Planetenmissionen sind in Vorbereitung: der Mars-Observer und ein Flug zu Saturn und seinem größten Mond Titan.

Die teuersten Raumanzüge von der »Stange« wurden erstmals von den *Challenger*-Astronauten S. Musgrave und D. Peterson am 7. April 1983 unter Weltraumbedingungen getestet. Die in Serie gefertigten Raumanzüge, deren Stückpreis mit 2 Mio. Dollar angegeben wird, sind nicht mehr, wie es zum Beispiel bei den *Apollo*-Mondflügen der Fall war, maßgeschneidert, sondern werden in Standardgrößen angefertigt.

Das erste irdische Lebewesen im Weltraum war der Hund *Laika,* der am 3. November 1957 mit dem sowjetischen Satelliten *Sputnik 2* in eine Umlaufbahn von 1690 km Höhe geschossen wurde. Das Tier verendete nach fünf Tagen infolge Sauerstoffmangels.

Der erste Autofahrer auf dem Mond war der US-Astronaut David Scott, der am 31. August 1971 mit einem nur 35 kg schweren Geländewagen mit 1 PS Leistung eine Geschwindigkeit von 8 km/h erreichte.

Das erste voll wiederverwendbare bemannte Raumfahrzeug ist der amerikanische *Shuttle*-Orbiter *Columbia,* der am 9. Januar 1990 zum neuntenmal in die Erdumlaufbahn startete.

Der erste Zivilist in der Erdumlaufbahn, der nicht als Astronaut ausgebildet wurde, war der Industrie-Ingenieur Charles Walker, der im August 1984 mit der Raumfähre *Discovery* startete und ein biochemisches Produktionsexperiment betreute. Der erste Politiker im Orbit war der amerikanische Senator Jake Garn, der im April 1985 an einem siebentägigen Raumflug mit der *Discovery* teilnahm. ■

BAUTECHNIK

Eine der bekanntesten Hängebrücken, die 1883 fertiggestellte Brooklyn Bridge über den East River von New York mit einer Spannweite von 486 m

BÜROS, VERWALTUNGEN, WERKHALLEN

Die größte Bodenfläche, die von einem Gebäude bedeckt wird, ist der Blumenmarkt des Konsums VBA (Verenigde Bloemenveilingen Aalsmeer) in Aalsmeer, dem Zentrum der niederländischen Blumenzucht. Er erstreckt sich über 776 × 631 m. Die Bodenfläche von bisher 343 277 m^2 erhöhte sich seit 1986 auf 368 477 m^2.

Das Gebäude mit dem größten Rauminhalt der Welt ist die Hauptmontageabteilung der Firma Boeing in Everett (USA). Das Gebäude wurde 1968 fertiggestellt und hat einen Fassungsraum von 5,6 Mio. m^3. Es ist 630 m lang, 492 m breit und 34 m hoch – entspricht damit der Größe von 42 Fußballfeldern.

Das größte Bauprojekt der Neuzeit ist das Madinat-al-Jubail-al-Sinaiyah-Unternehmen in Saudi-Arabien, eine Industriestadt vom Reißbrett, die 1976 in Angriff genommen wurde und bei Fertigstellung 10 146 km^2 umfassen soll. Zeitweise waren an dem Riesenwerk fast 52 000 Arbeiter aus 62 Nationen beschäftigt. Bei Aushub- und Baggerarbeiten sind bis Ende 1988 schon 270 Mio. m^3 Erde bewegt worden – genug, um damit um unseren Planeten einen Erdgürtel zu legen, der am Äquator 7 m breit und 1 m hoch wäre.
Auch das Kanalsystem, das die Industrieanlagen der neuen Stadt mit Kühlwasser versorgen soll, ist rekordverdächtig. Es soll täglich 10 Mio. m^3 Meerwasser heranschaffen, eine Leistung, die bisher beispiellos ist auf der Welt.

Als »größte kommerzielle Nutzbarmachung der Welt« ist der Ausbau der Londoner Hafenanlagen beschrieben worden. 1991 wurden die Kosten auf über 7 Mrd. Pfund (20,79 Mrd. DM) beziffert.

Das geräumigste Wissenschaftsgebäude ist das Vehicle Assembly Building (VAB) im Komplex 39 des John F. Kennedy Space Center (KSC) auf Merritt Island, Cape Canaveral, Florida (USA). Hier fand die Endmontage der *Apollo*-Raumschiffe statt, und von hier aus startete die Trägerrakete *Saturn V* zum Mond. Der Stahlgerüstbau ist 218 m lang, 158 m breit und 160 m hoch; er umfaßt vier Hallen, jede mit eigenem Eingang von 140 m Höhe. Der Bau wurde im April 1963 vom Ursum-Konsortium in Angriff genommen, die Bodenfläche mißt 3,18 ha, der Fassungsraum beträgt 3 666 500 m^3. Zum Zeitpunkt der Fertigstellung, am 14. April 1965, beliefen sich die endgültigen Baukosten für das VAB auf 108,7 Mio. Dollar (damals 434,8 Mio. DM).

Das flächenmäßig größte Verwaltungsgebäude ist das Pentagon in Arlington, Virginia. Das Domizil des amerikanischen Verteidigungsministeriums wurde am 15. Januar 1943 fertiggestellt und kostete schätzungsweise 83 Mio. Dollar (damals ca. 332 Mio. DM). Die Außenmauern des Pentagons sind je 281 m lang. Umfang des Gebäudes: etwa 1405 m. Insgesamt haben die fünf Stockwerke des Ministeriums eine Bodenfläche von 604 000 m^2. Die Korridore im Pentagon haben eine Gesamtlänge von 27 km, und es sind 7748 Fenster zu putzen. In dem Riesenbau gehen 29 000 Menschen ihrer Arbeit nach. 44 000 Telefonanschlüsse sind durch 257 500 km Kabel verbunden. 220 Mitarbeiter vermitteln täglich 280 000 Gespräche. 675 Beschäftigte sorgen in zwei Restaurants, sechs Cafeterias und zehn Imbißstuben für das leibliche Wohl.

Das Bürogebäude mit der größten Mietfläche ist das World Trade Center (Welthandelszentrum) in New York (USA). Seine Zwillingstürme umfassen 406 000 m^2 (40,6 ha). Der größere der beiden Türme, Turm Zwei, ist 415,22 m hoch. Die Spitze der TV-Antenne auf Turm Eins befindet sich 521,2 m über dem Straßenniveau und ist damit 46 m höher als die Antennenspitze des Sears Tower, des höchsten Bürogebäudes der Welt.

Das höchste Bürogebäude der Welt ist der Sears Tower, die US-Zentrale von Sears, Roebuck & Co. in Chikago (USA), mit 110 Stockwerken und einer Höhe von 443 m. Der Bau wurde im August 1970 begonnen und am 4. Mai 1973 fertiggestellt. Die Bruttogesamtfläche mißt 40,8 ha. Am 6. März 1973 um 14 Uhr 35 war es höher als das World Trade Center in New York City, als die erste Stahlsäule das 104. Stockwerk erreichte. Einschließlich der beiden Fernsehantennen beträgt die Gesamthöhe des Gebäudes 475,18 m. 16 700 Personen arbeiten in dem Gebäude. Es gibt 103 Fahrstühle, 18 Rolltreppen und 16 000 Fenster.

Das schmalste Geschäftsgebäude ist das nur 1,8 m breite, dafür 30 m lange Sam Kee Building in Vancouver (Kanada). Es wurde 1912 gebaut.

Das höchste Gebäude Europas ist der Frankfurter Messeturm, der im Oktober 1990 fertiggestellt worden ist. Die Büros ragen 70 Stockwerke oder 256,5 m in den Himmel.
Um etwa 60 m überragt der Canary Wharf Tower in den Londoner Hafenanlagen den berühmten Turm von Westminster. Der Hafenkomplex besteht aus drei Türmen, der höchste mißt 243,8 m. Er wurde von dem Amerikaner Ceasar Pelli entworfen und gleicht einem Obelisken. Erbaut wurde er aus knapp 16 000 Stahlteilen. Gewicht: fast 27 000 t.

Das größte Bürogebäude Deutschlands wurde im August 1987 bezogen. 2900 Angestellte der Firma Lurgi GmbH fanden in sechs Stockwerken auf insgesamt 70 000 m^2 einen neuen Arbeitsplatz in ihrem Frankfurter Bürohaus. Das spinnenförmige Gebäude wurde in drei Jahren errichtet. Zentrum ist ein Lichthof mit riesiger Glaskuppel, von dem sieben »Arme« abzweigen.

Das größte Bürogebäude Österreichs ist das Hauptgebäude der UNO-City (Vienna International Center) in Wien. Seine Errichtung kostete 1,2 Mrd. DM. Das Gebäude hat 24 000 Fenster und 6000 Türen. Sollten die 4700 Schreibtisch-Arbeitsplätze eines Tages nicht ausreichen, so hat der Architekt Johann Staber diesem Parkinsonschen Effekt bereits Rechnung getragen: Der Komplex kann durch entsprechende Zubauten verdoppelt werden. Die Gesamtfläche der Anlage beträgt 170 000 m^2, die Büro-Netto-Nutzfläche hat 80 000 m^2 und die Gesamtgeschoßfläche 230 000 m^2. Am 23. August 1979 wurde das 119,5 m hohe Gebäude offiziell in Betrieb genommen. Die UNO hat das aus österreichischen Steuergeldern finanzierte Gebäude zu einer symbolischen Jahresmiete von einem Schilling (vierzehn Pfennig) für 99 Jahre gepachtet.

Das höchste Bürogebäude der Schweiz steht in Winterthur und gehört zur Maschinenfabrik Gebrüder Sulzer. Es ist 92 m hoch.

Als teuerstes Bürohaus der Welt gilt das 1986 nach fünfjähriger Bauzeit eröffnete Gebäude der Hongkong and Shanghai Banking Corporation in Hongkong. Es kostete fast 2 Mrd. DM. Mit seinen 52 Stockwerken ist es 178,5 m hoch und verfügt über ein 52 m hohes Atrium. Die Konstruktion besteht fast nur aus Stahl und Glas. 62 Rolltreppen und »nur« 23 Lifte durchziehen das Haus. Im Bankgebäude arbeiten 3700 Angestellte, es werden täglich 20 000 Kunden erwartet.

Das größte Rathaus Deutschlands hat die Stadt Essen. Es war Ende 1979 bezugsfertig. 106,3 m ist das Gebäude hoch, 2 m mehr als geplant, weil der Hubschrauberlandeplatz auf dem Dach aus Sicherheitsgründen mit einer Mauer eingefaßt werden mußte. 339 000 m^3 umbauter Raum bietet 1900 Arbeitsplätze. In dem Mammutbau mit 23 Stockwerken gibt es 24 Dienststellen.

Die höchsten Rathäuser Deutschlands haben Leipzig und die Hansestadt Hamburg. Über den vier Hauptstockwerken des Hamburger Rathauses erhebt sich ein Turm bis auf 110 m Höhe. Das Gebäude wurde 1897 nach zehnjähriger Bauzeit eingeweiht. Kostenpunkt: 11 Mio. Goldmark. Auf 4000 Eichenpfählen wurde das 111 m breite Rathaus gebaut. Mit seinen 647 Räumen hat es mehr Räume als der Buckingham-Palast in London. Der Turm des Neuen Rathauses und Stadthauses (1899–1912 erbaut) in Leipzig (Sachsen) ist 115 m hoch.

Das älteste Rathaus Deutschlands zu besitzen, diesen Rekord beanspruchen mehrere Städte für sich. Die früheste urkundliche Erwähnung hat zweifelsfrei Fritzlar a. d. Eder (Hessen). In seiner Stadtchronik wird ein Vogteihaus bereits 1109 erwähnt. Die Stadt erwarb es 1274 als Rathaus. Doch von dem Haus ist kaum noch etwas erhalten.
Anders in der »Fachwerkstadt« Duderstadt (Niedersachsen). Deren Rathaus gehört zu den schönsten Fachwerkbauten Deutschlands. Es entstand in mehreren Bauabschnitten, sein Kernbau, die Kaufhalle, wird jetzt auf die Jahre 1302/03 datiert.
Der Südteil des Göttinger Rathauses, der bisher als Anbau aus dem 15. Jh. galt, ist der älteste datierbare Profanbau mit komplettem Dachwerk. Das ergab eine Jahresringanalyse 1982: Der ursprüngliche Kernbau des Rathauses ist zwischen 1264 und 1274 entstanden.

INDUSTRIEBAUTEN

Das größte mehrgeschossige Industriegebäude der Welt hat das Unternehmen Asia Terminals Ltd. im Hafen von Kwaichung in Hongkong errichten lassen. Seine Maße: 276 × 292 × 109,5 m. 15 Stockwerke bieten insgesamt 866 000 m^2 Grundfläche. Kapazität: 5,85 Mio. m^3. Jede Etage und jede Stelle des Lagerhauses sind von 14 m langen Container-Lastern direkt erreichbar. Der Komplex birgt Fahrwege von 26,8 km Länge und 2610 Parkbuchten für Container-Lastwagen.

Der höchste Schornstein der Welt ist der 420 m hohe Fabrikschlot des kohlebeheizten Kraftwerks Ekibastuz Nr. 2 (UdSSR). Die für 7,89

Blick auf den Frankfurter Messeturm. Europas höchstes Haus überragt die Bankhochhäuser der Stadt um fast 100 m.

Mio. Rubel erbaute Anlage wurde vom 15. November 1983 bis zum 15. Oktober 1987 vom sowjetischen Energieministerium fertiggestellt. Der Durchmesser des Schornsteins verengt sich von 44 m am Boden zu 14,2 m am oberen Rand. Sein Gesamtgewicht beträgt 60 000 t. Er ist seit 1991 in Betrieb.

Der massivste Schornstein ragt in Puentes de Garcia Rodriguez in Nordwestspanien 350 m hoch in den Himmel. Gebaut hat ihn die Firma M. W. Kellogg – mit 15 750 m^3 Beton und 1315 t Stahl. Innenvolumen: 189 720 m^3.

Europas höchster Schornstein gehört zum Zasavje-Heizkraftwerk in Trbovlje (Jugoslawien). Er übertrifft den von Puentes noch um 10 m. Die Bauarbeiten wurden von der Firma Karrena, Düsseldorf, durchgeführt und am 1. Juni 1976 abgeschlossen.

Der höchste Schornstein in Deutschland ist 302 m hoch, gerechnet vom Fundament bis zur Oberkante. Er ist einer von sechs Schornsteinen der VEBA-Kraftwerke bei Gelsenkirchen – erbaut von Karrena, Düsseldorf.

Der größte Kühlturm der Welt wurde im Jahr 1976 errichtet. Er hat eine Höhe von 179,8 m und gehört zum Kernkraftwerk in Uentrop/Hamm (Nordrhein-Westfalen).

Den größten Parkplatz der Welt gibt es an der West Edmonton Hall im kanadischen Edmonton. Er hat Platz für 20 000 Autos. Bei Überfüllung kann auf einem angrenzenden Grundstück ein zusätzlicher Parkplatz für 10 000 weitere Fahrzeuge genutzt werden.

Die Parkflächen rund um das Frankfurter Messegelände sind die größten in Deutschland. Sie bieten Platz für über 28 000 Fahrzeuge.

Der Welt größte mechanische Parkanlage, komplett rechnergesteuert, besitzt der Neubau des Lotte Hotels in Seoul (Korea). In vier Untergeschossen können 849 Einstellplätze durch ein elektronisches Leitsystem gefüllt werden.

Das Parkhaus als Hochregallager nutzen auch die Adam Opel Werke für ihren Rüsselsheimer Turm. In dieser 43 m hohen Park-Maschine finden auf 13 Etagen 136 Autos Platz. Die vollautomatische Anlage wurde 1984/85 gebaut. Sie dient der Kontrolle von Grenzwerten beim Umweltschutz.

Ebenfalls computergesteuert arbeitet die Bremer Lagerhaus-Gesellschaft (BLG) in ihrem fünfgeschossigen Parkhaus in Bremerhaven. Rund 7000 Fahrzeuge finden Unterkunft in dem Riesengebäude.

Die größte Tankstelle der Welt ist vermutlich »Little America« westlich von Cheyenne in Wyoming, wo sich die amerikanischen Interstate-Straßen 80 und 25 kreuzen. Sie verfügt über 52 Diesel- und Benzin-Zapfsäulen (keine Selbstbedienung).

Die größte Ansammlung von Zapfsäulen befindet sich in Dschidda (Saudi Arabien), wo an 204 Stellen gleichzeitig getankt werden kann. 96 Zapfsäulen sind elektronisch gesteuerte Tokheim Unistar, 108 sind mechanisch betriebene Tokheim Explorer.

Die größte Privatgarage der Welt ist in einem zweistöckigen Gebäude außerhalb Bombays untergebracht. Sie nimmt die Privatsammlung von 176 Autos von Pranial Bhogilail (*1939) auf.

Der größte Hangar der Welt ist am 15. Februar 1956 im Luftwaffenstützpunkt von San Antonio in Texas (USA) fertiggestellt worden. Der Hangar 375 (»Big Texas«) hat vier Tore, die je 76,2 m breit, 18,28 m hoch sind und 608 t wiegen. Die Halle ist 609,6 × 91,4 × 27,4 m groß, die betonierte Abstellfläche umfaßt 17,8 ha.

Die Düsenflugzeugbasis von Delta Airlines auf dem Hartsfield International Airport, Atlanta, Georgia (USA), besitzt ein Areal von 56,6 ha, davon 14,5 ha unter einem Dach.

Die größte Flugzeugwartungshalle hat der Rhein-Main-Flughafen von Frankfurt am Main. Es ist die Halle V, auch Jumbo-Halle genannt. Sie ist 320 m lang, 100 m tief, 34 m hoch und bedeckt eine Fläche von 2,8 ha. Ihr umbauter Raum umfaßt 850 000 m^3. Sie hat acht Schiebetore von je 100 t Gewicht. In ihr können gleichzeitig sechs *Boeing 747* oder 14 *Boeing 707* gewartet werden. Obwohl sich die Dachbänder aus vorgespanntem Leichtbeton über zweimal 135 m frei spannen, ist die Dachkonstruktion nur 8,5 cm stark.

Die ältesten erhaltenen Holzbauten der Welt sind die Pagode, das Chumanar-Tor und der Tempel Horyu-ji in Nara (Japan). Sie wurden zwischen 670 und 715 n. Chr. errichtet. Das benachbarte Daitbutsuden wurde von 1704 bis 11 gebaut und war 87 × 51 × 46,75 m groß. Die heutigen Ausmaße: 57,3 × 50,4 × 48,6 m.

Das größte Traglufthallen-Dach der Welt ist das des 80 600 Zuschauer fassenden, achteckigen Pontiac-Silverdome-Stadions in Michigan (USA). Es ist 159 m breit und 220 m lang. Der Luftdruck, von dem das 4 ha große lichtdurchlässige Dach aus Fiberglas gehalten wird, beträgt 34,4 kp. Die Statik haben Geiger-Berger und Partner aus New York City ausgetüftelt.

Das älteste erhaltene Holzgebäude der Welt ist der Horyu-Tempel in Nara (Japan). Er wurde um das Jahr 670 errichtet.

Die größte Traglufthalle der Welt im Normalmaßstab hat die Firma Irvin Industries aus Stamford, Connecticut (USA), in Lima, Ohio, errichtet. Die Halle ist 262 m lang, 42,6 m breit und 19,8 m hoch.
Die Ladenstraße im »Marler Stern« – einem Einkaufs- und Bildungszentrum in Marl (Nordrhein-Westfalen) ist mit einem Luftkissendach überdeckt. Die Rekordmaße der drei Luftkissen: 184,8 m lang und 29,4 m breit.

Die größte Reparaturwerkstatt ist das von Kowloon Motor Bus Co. in Hongkong betriebene KMB Overhaul Centre (gegr. 1933). Speziell für die Wartung von Doppeldeckerbussen gebaut, nehmen die 4 Stockwerke eine Fläche von über 47 000 m² ein.

BURGEN, SCHLÖSSER

Die älteste Burg der Welt befindet sich in Gomdan im Jemen. Sie stammt aus dem 1. Jh. n. Chr. und besaß 20 Stockwerke.

Die älteste deutsche Burg stand in Meersburg am Bodensee. Sie wurde um 930 auf den Fundamenten des Dagobert-Turms errichtet, der aus dem 7. Jh. stammt. Besser erhalten ist allerdings die Brömserburg bei Rüdesheim am Rhein. Diese Befestigung wurde ca. 970 n. Chr. vom Erzbischof von Mainz erbaut.

Die älteste und größte Befestigung in Österreich, die noch existiert, ist die Feste Hohensalzburg auf dem 542 m hohen Festungsberg in Salzburg. Sie wurde 1077 errichtet, von 1465 bis 1527 und im 17. Jh. erweitert.

Das größte bewohnte Schloß der Welt ist die königliche Residenz Schloß Windsor in Berkshire (GB). Der größte Teil stammt aus dem 12. Jh., hat die Form eines Parallelogramms mit verengtem Mittelteil und mißt 576 × 164 m.
Schloß Dover in Kent (GB) ist 335,2 m breit und beansprucht alles in allem 13,75 ha. Zu dem Schloß gehört auch ein 550 m langer Zwischenwall, dessen unterirdische Fundamente sogar 700 m messen.

Das meistbesuchte Schloß Deutschlands ist Neuschwanstein (Bayern). König Ludwig II. von Bayern (1864–86) hatte sich diese Traumburg errichten lassen. Die Besichtigung gehört als »Muß« ins Programm jedes Europatouristen. 1990 besuchten 1,4 Mio. Touristen aus dem In- und Ausland das Märchenschloß.

Das am meisten besuchte Schloß Österreichs ist mit Abstand Schönbrunn in Wien. 1981 besuchten 1,12 Mio. Schaulustige die Räume des Schlosses.

Die größte Burg der Welt ist der Prager Hradschin (ČSFR), der aus dem 9. Jh. stammt. Das langgestreckte unregelmäßige Polygon mit einer Achse von 570 m und einem Durchmesser von ca. 128 m steht auf einem Gelände von 7,28 ha.

Die größte deutsche Burg, die erhalten geblieben ist, liegt bei dem bayerischen Ort Burghausen, nahe der österreichischen Grenze, auf einer Erhebung zwischen der Salzach und dem Wöhrsee. Sie bestand aus einer Kernburg und fünf kleineren Vorburgen. Ihre Gesamtlänge beträgt 1,2 km.

Die größte deutsche Festung war im Mittelalter die Feste Rosenberg bei Kronach in Franken. 1980 feierte sie ihr 850jähriges Bestehen. Sie wurde nie bezwungen. Heute ist sie Jugendherberge und Heimatmuseum.

Als stärkste Festung nicht nur Österreichs, sondern des Abendlandes galten die Schloßberg-Befestigungen der Stadt Graz (Steiermark). Weder die Türken (15.–16. Jh.) noch die Franzosen (1809) konnten sie erstürmen.

Die dicksten Mauern waren mit 27 m die Urnammu-Stadtmauern von Ur (jetzt Muquajjar, Irak), die 2006 v. Chr. von den Elamiten zerstört worden sind.

Der größte Palast der Welt ist der kaiserliche Palast (Gu gong) in der Stadtmitte Pekings (Bei-jing, chinesisch für nördliche Hauptstadt), dessen Areal ein Rechteck von 960 × 750 m bildet und 72 ha mißt. Der äußere Grundriß entspricht noch dem ursprünglichen Bau, der unter Yung lo (1402–24), dem dritten Kaiser der Mingdynastie, entstanden ist. Danach kam es jedoch zu ständigen Umbauten, so daß die meisten Gebäude des Palastes innerhalb der Außenmauern aus dem 18. Jh. stammen. Die gesamte Palastanlage besteht aus fünf großen Hallen und 17 verschiedenen Palästen. Einen davon, den Palast der Gesammelten Vornehmheit (Chu xia gong), bewohnte die letzte chinesische Kaiserin bis 1924.
Das Schloß von Versailles, 23 km südwestlich von Paris gelegen, hat auf seiner 580 m langen Fassadenseite 375 Fenster. Die Anlage, 1682 für Ludwig XIV. fertiggestellt, hatte unter der Leitung von Jules Hardouin-Mansart (1646–1708) mehr als 30 000 Arbeiter beschäftigt.

Die größte Residenz der Gegenwart, die »Istana Nurul Iman«, wurde für den Sultan von Brunei in der Hauptstadt Bandar Seri Begawan errichtet. Der im Januar 1984 fertiggestellte Palast hat 1788 Zimmer und angeblich 300 Mio. Pfund (damals 1,172 Mrd. DM) gekostet. Die Palastgarage ist groß genug, um die 110 Wagen des Sultans aufnehmen zu können.

WOHNBAUTEN

Die höchstgelegenen Wohngebäude der Welt gehören zur Festung Bäsisi an der indisch-tibetanischen Grenze am Māna-Pass (31°04'N, 79°24'O). Die Menschen leben dort 5988 m üNN. Noch höher haben allerdings um das Jahr 1480 Bergbewohner auf dem Cerro Llullaillaco (6723 m) an der argentinisch-chilenischen Grenze gehaust. In 6600 m Höhe wurde dort im April 1961 eine 3-Zimmer-Wohnung entdeckt. Eine kleine Siedlung am Gebirgspfad T'e-li-mo im südlichen Tibet liegt vermutlich in einer Höhe von 6019 m.

Das höchstgelegene Gebäude Deutschlands ist das Münchner Haus des Alpenvereins auf der Zugspitze in einer Höhe von 2962 m.

Das höchstgelegene Haus Österreichs ist die Erzherzog-Johann-Schutzhütte an der Adlersruhe auf dem Großglockner in 3454 m Höhe.
Das höchstgelegene Gebäude der Schweiz ist die Hochalpine Forschungsstation Jungfraujoch in 3570 m.

Die nördlichste Behausung der Welt ist die dänische Wissenschafts-Station, die 1952 in Pearyland (Nord-Kolaallit Nunaat) 1450 km nördlich des Polarkreises errichtet wurde.
Eskimo-Feuerstellen, die aus der Zeit um 1000 v. Chr. stammen, wurden 1969 in Pearyland entdeckt. Polareskimos waren 1818 auf dem Inglefield Land im Nordwesten Grönlands aufgestöbert worden.
Die sowjetische Forschungsstation *Nordpol 15*, auf Treibeis errichtet, driftete im Dezember 1967 in nur 2,8 km Entfernung am Nordpol vorbei.

Die nördlichste dauernd bewohnte Behausung ist der Stützpunkt des kanadischen Verteidigungsministeriums in Alert auf Ellesmere Island, Nord-West-Territorium, auf 82°30' nördl. Breite und 62° westl. Länge, der 1950 errichtet wurde.

Die südlichste dauernd bewohnte menschliche Behausung ist die Amundsen-Scott South Polar Station der Vereinigten Staaten, die 1957 fertiggestellt und 1975 durch einen Neubau ersetzt wurde.

Das älteste Fachwerkhaus in Deutschland steht in der Webergasse 8 in der Altstadt von Esslingen am Neckar (Baden-Württemberg). Das 15 m lange und 16 m hohe Gebäude hat einen riesigen Weinkeller und eine besondere Dachkonstruktion. Nach einer Jahresringdatierung des verbauten Eichen- und Tannenholzes wurde festgestellt, daß das Haus aus dem Jahr 1267 stammt.
Das vermutlich älteste Haus der Schweiz steht in Sachseln (Kanton Obwalden). Eine dendochronologische Untersuchung datiert das sogenannte Götschi- oder Farbhaus um 1269–79.

Der größte Fachwerkrundbau ist ein Batterieturm, genannt Junker-Hansen-Turm, auf dem Burggelände Neustadt (Hessen). Der ca. 50 m hohe Bau hat einen Durchmesser von 12,6 m im steinernen Teil der unteren beiden Geschosse; die beiden oberen im Fachwerkaufsatz sind mit einem achteckigen Spitzhelm versehen. Erbaut wurde der Burgturm zwischen 1477 und 1490.

Höchster Wohnblock der Welt ist mit 218 m der Metropolitan Tower in der West 57 Street von New York (USA). Allerdings beherbergen nur die oberen 48 von 78 Stockwerken auch Wohnungen. Der höchste reine Wohnblock ist der Lake Point Tower von Chikago in Illinois (USA). Auf 70 Stockwerken, die 194,88 m emporragen, sind 879 Wohneinheiten untergebracht.
Der höchste Wohnblock Europas steht in Köln. Es ist das 1973 fertiggestellte Colonia-Hochhaus, das mit 147 m Höhe das Uni-Center in Köln um gut 9 m überragt.

Der größte Wohnblock Deutschlands steht seit 1969 im Stuttgarter Vorort Freiberg. Er ist 135 m lang, 20 m breit und 65 m hoch. Neben 440 Wohnungen gibt es in ihm mehrere Supermärkte, ein Kino und ein Schwimmbad.

Der höchste Wohnblock Österreichs ist die Wiener Anlage Wohnpark Alt-Erlaa. Sie hat eine Höhe von 73,66 m. Rechnet man jedoch die Höhe der Aufzugtürme, dann ist der Gebäudekomplex an diesen Stellen sogar 85,1 m hoch.

Der größte Baukomplex mit Eigentumswohnungen, Barbican Estate in London, breitet sich auf 16 ha aus und umfaßt 2011 Wohneinheiten. Dazu gehören auch 2000 Parkplätze. Architekten waren Chamberlain, Powell und Bon.

Die teuerste Eigentumswohnung, 1988 fertiggestellt, ist die größte von vier Luxusunterkünften am Rutland Gate im Londoner Stadtteil Kensington. Sie soll ungefähr 6 Mio. Pfund (etwa 17,8 Mio. DM) wert sein. Die Wohnung, vom Architekturteam YRM entworfen, ist mit einem privaten Swimmingpool und sieben Schlafzimmern ausgestattet. Man kann von ihr aus den Hyde Park überblicken.

Das größte Hotel der Welt ist das Excalibur Hotel von Nevada (USA), das zugleich Kasino ist und im April 1990 eröffnet wurde. Es wurde auf einem 47,3 ha großen Grundstück erbaut, hat 4032 Luxuszimmer und beschäftigt 4000 Mitarbeiter. Zu den Einrichtungen des Hotelkasinos gehören elf Eßlokale, darunter sieben Spezialitätenrestaurants.
Das 1967 eröffnete Moskauer Hotel Rossija wird inzwischen nicht mehr zu den größten Hotels der Welt gezählt, weil seine 3200 Zimmer den Charakter reiner Schlafstätten haben.
Der Ismailov-Hotelkomplex, der im Juli 1980 zu den Olympischen Spielen in Moskau eröffnet worden ist, bietet 9500 Menschen eine Unterkunft.
Das größte Hotel Deutschlands steht in Frankfurt am Main. Das Sheraton am Frankfurter Flughafen hat 1050 Zimmer.
Insgesamt 1170 Betten hat das Interhotel Stadt Berlin auf dem Alexanderplatz (Berlin). In den 39 Etagen befinden sich außerdem elf Restaurants, acht Salons und Konferenzräume sowie in 110 m Höhe ein Panorama-Restaurant. Das Hotel ist 123,3 m hoch.

Die größte Hotelhalle hat das Hyatt Regency in San Franzisko (USA). Sie ist 106,6 m lang, 48,7 m breit und 51,8 m hoch. Die Höhe der Halle entspricht 17 Stockwerken.

Der höchste Hotelbau, gemessen vom Straßeneingang bis zum Dachfirst, ist das 73stökkige Westin Stamford Hotel in der Raffles City von Singapur mit 226,1 m. Der Bau hat 2000 Zimmer und bietet 4000 Gästen Platz. Er wurde im März 1985 fertiggestellt und im Juli 1986 eröffnet. Der 235 Mio. Dollar teure Komplex wird von der Westin Hotel Company geführt und gehört dem Raffles-City-Konzern. Dessen Plaza Hotel in Detroit (USA), allerdings vom Hintereingang gemessen, ist sogar 227,9 m hoch.

Der höchste Hotelbau Deutschlands ist das Canadian Pacific-Plaza Hotel in Frankfurt. Es ist mit seinen 167 m um 6 m höher als die höchste Kirche der Welt, das Ulmer Münster. Das Hotel hat 46 Stockwerke und 1200 Betten.

Das höchstgelegene Hotel und Restaurant Deutschlands ist das Schneefernerhaus, das nur 300 m unter dem Gipfel der Zugspitze liegt. In 2650 m Höhe können das ganze Jahr über in 24 Betten, 4 Einzel- und 10 Doppelzimmern, Gäste übernachten. Wer ein weiches Ei zum Frühstück möchte, muß sich in Geduld fassen: Eier

Er ist 194,88 m hoch und beherrscht die Skyline von Chikago (USA): Der Lake Point Tower mit seinen 70 Stockwerken und 879 Wohnungen ist der höchste reine Wohnblock der Welt.

brauchen in fast 3000 m Höhe fast 15 Min. Kochzeit.

Das höchstgelegene Hotel der Schweiz ist das Hotel Gornergrat-Kulm auf dem Gornergrat (Kanton Wallis). Es liegt 3150 m üNN, hat 40 Betten, 50 Massenlager-Unterkünfte und ist das ganze Jahr (außer 31. Oktober bis 20. Dezember) geöffnet.
Noch höher gelegen, aber nur mit Vorbehalt als Hotel einzustufen ist das Berghaus Belvédère in Zermatt (Kanton Wallis). Es wird zwischen Juli und Oktober als »Hotel garni« (nur mit Frühstück) geführt, hat zehn Betten und liegt 3260 m üNN.

Teuerste Hotelunterkunft der Welt ist mit 6000 Dollar (ca. 10000 DM) pro Nacht plus Steuern die Penthouse-Suite im Fairmont Hotel von San Franzisko, Kalifornien (USA). Dafür stehen dem Gast u.a. rund um die Uhr ein Butler, ein Hausmädchen und eine Limousine zum Flughafen zur Verfügung. Die Suite wurde 1927 nachträglich auf das Hauptgebäude des Fairmont Hotels gebaut. Sie hat ein riesiges Empfangszimmer samt Klavier, ein Eßzimmer mit Platz für 50 Personen, eine zweistöckige Rundbibliothek mit Kuppeldecke und aufgemaltem Sternenhimmel (Blattgold), ein Spielzimmer, drei Schlafzimmer und vier Badezimmer mit Armaturen aus 24karätigem Gold.

Das kleinste Hotel ist das Punta Grande Hotel in Las Puntas auf El Hierro (Teneriffa). Es hat vier Doppelzimmer mit einer kleinen Terrasse, ein Foyer, ein Bar-Restaurant und ein Solarium. Gesamtfläche: 600 m^2. Das kleine Hotel ist über 150 Jahre alt und wurde 1987 renoviert.

Als schmalstes Hotel gilt das Star Hotel in Moffat, Dumfries & Galloway (Schottland). Das freistehende Gebäude ist ganze 6,1 m breit. Es wartet mit acht Zimmern und zwei Bars auf seine Gäste.

Das mobilste Hotel ist vermutlich das Fairmount, das 1906 in San Antonio, Texas (USA), gebaut worden war. Das dreistöckige Ziegelsteingebäude, 1451 t schwer, wurde vom 30. März bis 2. April 1985 einfach »verladen« und fünf Blocks weiter auf festen Grund gesetzt. Der Transport kostete 650000 Dollar (damals 1,95 Mio. DM) und wurde von der Firma Emmert International aus Portland in Oregon bewerkstelligt: Das Fairmount Hotel wurde auf 36 Montagewagen mit pneumatischen Reifen gepackt und auf normalem Straßenweg zum Zielort gebracht. Eine Brücke, die dabei überquert werden mußte, war deshalb eigens verstärkt worden.

Pro Nacht 6000 Dollar plus Steuern: Die Penthouse-Suite im Fairmont-Hotel von San Franzisko in Kalifornien (USA) ist die teuerste Reiseherberge der Welt. Die zweistöckige kreisförmige Bibliothek hat eine Kuppeldecke mit handgemalten Himmelskonstellationen aus Blattgold. Die Wände schmücken Eichenornamente, und die Türen sind aus feinstem Mahagoni.

Der größte Badeort der Welt, gemessen an der Zahl der verfügbaren Hotelzimmer, ist Vichy, Allier (Frankreich), mit 14000 Zimmern. Der höchstgelegene französische Kurort ist Barèges in den Pyrenäen (1240 m).

Größtes Privathaus der Welt ist das 250 Zimmer umfassende Biltmore-Haus in Asheville, North Carolina (USA). Es gehört George und William Cecil, Enkeln von George Washington Vanderbilt II. (1862–1914). Das Haus wurde zwischen 1890 und 95 für 4,4 Mio. Dollar gebaut – auf einem 48160 ha großen Landbesitz. Heute gehören zum Grundstück nur noch 4856 ha.

Das teuerste jemals gebaute Privathaus ist die Hearst Ranch in San Simeon (USA). William Randolph Hearst (1863–1951), der Zeitungsmagnat, ließ es von 1922 bis 39 mit einem Kostenaufwand von mehr als 30 Mio. Dollar bauen. Das Haus mit über 100 Räumen, einem 32 m langen geheizten Schwimmbad, einem 25 m langen Konferenzsaal und einer Garage für 25 Limousinen erforderte 60 Hausangestellte.

Der größte nicht palastartige Wohnsitz ist Schloß St. Emmeram in Regensburg (Schätz-

Der Louisiana Superdome hat das Dach mit der größten Spannweite der Welt.

wert: mindestens 310 Mio. DM). Es ist mit 517 Zimmern ausgestattet und hat eine Bodenfläche von 21460 m². Allerdings werden nur 95 Zimmer von der Familie des verstorbenen Fürsten Johannes von Thurn und Taxis auch genutzt.

STADIEN, SPORTHALLEN

Das größte Stadion der Welt ist das Strahov-Stadion in Prag (ČSFR). Es wurde 1934 fertiggestellt und hat Raum für 240000 Zuschauer bei Massenvorführungen von bis zu 40000 Kunstturnern.

Das größte Fußballstadion der Welt ist das Städtische Stadion Maracaña von Rio de Janeiro (Brasilien) mit einem Normalfassungsraum von 205000, davon 155000 Sitzplätzen.
Beim Weltmeisterschaftsendspiel zwischen Brasilien und Uruguay am 16. Juli 1950 waren 199854 Zuschauer im Stadion. Ein Graben von 2,13 m Breite und 1,5 m Tiefe schützt die Spieler vor den Zuschauern und umgekehrt.

Deutschlands größtes Stadion ist das Leipziger Zentralstadion mit 95000 Plätzen. Das Olympiastadion in Berlin hat ein Fassungsvermögen von 76009 Zuschauern.
Das Olympiastadion in München, für die Olympischen Spiele 1972 erbaut, faßte 75500 Zuschauer, nach dem Umbau von 1988 bietet es Platz für 72308 Zuschauer.

Das größte Sportstadion Österreichs ist das Kriauer Stadion, auch Praterstadion genannt. Es hat nach der Überdachung von 1986 einen Fassungsraum für 60000 Zuschauer.

Das größte Stadion der Schweiz ist das Sportstadion St. Jakob bei Basel. Es faßt insgesamt 60000 Zuschauer bei 51816 Stehplätzen.

Größtes überdachtes Stadion der Welt ist das Azteken Stadion, Mexico City (Mexiko), das 1968 eröffnet wurde. Die 107000 Zuschauer sitzen zu 95 Prozent unter einem Dach.

Das größte mobile (ein- und ausfahrbare) Dach der Welt erhielt das neue Stadion der Toronto Blue Jays in Kanada. Das Stadion wurde in der Nähe des CN-Towers in Toronto errichtet, bietet 53000 Besuchern Platz und war im Juni 1989 fertig. Das Stadiondach hat einen Durchmesser von 207 m.
Das lichtdurchlässige Akrylglasdach über dem Münchner Olympiastadion ist 74800 m² groß und überspannt eine Fläche von 8,5 ha. Es hängt an einem mastengetragenen Stahlnetz, für das 1771 km Stahldraht verarbeitet wurden. Durch das absolute Fehlen von Stützpfeilern im Innenraum ist für alle Zuschauer ungehinderte Sicht garantiert.

Das Dach mit der größten Spannweite hat der Superdome in Louisiana (USA). Scin Durchmesser beträgt 207,2 m. Aber die Hauptachse des 1971 fertiggestellten elliptischen Texas-Stadions in Irving (USA) hat eine Länge von 240 m.

Das bestbeleuchtete Stadion der Welt ist das Münchener Olympiastadion. Das Flutlicht besteht aus 550 Breitstrahlern mit Halogen-Metalldampflampen. Jeder Strahler leistet 3500 W.

Das größte Hallenstadion der Welt ist mit 5,26 ha Fläche und einer Höhe von 83,2 m der Superdome von New Orleans (USA), der im Mai 1975 für 173 Mio. Dollar (damals 425 Mio. DM) errichtet wurde. Für Versammlungen usw. bietet er 97365 Sitzplätze, bei Fußballspielen 76791. Logen sind für 35000 Dollar zu mieten, der Eintrittspreis ist in diesem Betrag nicht enthalten. Ein Wagen mit 8 m großen Fernsehschirmen ermöglicht die sofortige Wiederholung einzelner Spielphasen.

Die größte Sporthalle Deutschlands ist die 1952 neu erbaute Westfalenhalle in Dortmund. 23000 Zuschauer haben in ihr Platz. Mit allen Nebenanlagen wie Tattersall und Boxschule hat die Anlage eine Grundfläche von 20000 m². Sie verfügt über die größte Hallenkuppel Europas – mit einer 1680 t schweren Stahlkonstruktion.

Die größte Sporthalle Österreichs ist das Wiener Hallenstadion mit einem Fassungsraum für 5600 Zuschauer.

Die größte Sporthalle der Schweiz hat die Stadt Magglingen. Es ist eine reine Trainings- und Wettkampfhalle, die 5000 Zuschauer faßt. Die Sportfläche ist 44 × 84 m, und die lichte Höhe beträgt 11 m.

VERGNÜGUNGSPARKS, AUSSTELLUNGEN

Größter Vergnügungspark der Welt ist mit 11332 ha Disney World im Herzen von Florida (USA). Er liegt 32 km südwestlich von Orlando

und erstreckt sich über die Bezirke Orange und Osceola. Der Park hat 400 Mio. Dollar gekostet und ist im Oktober 1971 eröffnet worden.

Der meistbesuchte Vergnügungspark der Welt ist das Disneyland im kalifornischen Anaheim (USA, 1955 eröffnet). Am 24. August 1985 wurde um 9 Uhr 52 der 250millionste Besucher begrüßt. Disneyland empfing 1989 den 300millionsten Besucher.

Deutschlands größter und meistbesuchter Freizeitpark ist Phantasialand, das »Land der unbegrenzten Möglichkeiten«, an der B 51 zwischen Köln und Bonn, südlich Brühl gelegen. Der 1967 eröffnete Park bietet auf 280 000 m^2 über 26 Hauptattraktionen, darunter das Indoor-Bahn Space Center, China-Town und Magic-Shows. 2,2 Mio. Besucher kamen im Jahr 1988.

Das größte Volksfest ist das Münchner Oktoberfest, das alljährlich im September stattfindet. In den USA wird es als *Beerfestival* bezeichnet. 1978 gab es neue Oktoberfest-Rekorde: 6,6 Mio. Besucher tranken und aßen: 4,5 Mio. l Bier, 759 751 Brathendl und 542 842 Schweinswürstl.

Das größte Stadtstrandbad Europas ist das Gänsehäufel in Wien. Die erstmals 1907 (1950 erneut) eröffnete »Badefabrik« bietet auf fast 400 000 m^2, davon 1300 m Strand, 33 000 Bade- und Sonnenfreunden Erholung.

Das größte Ausstellungsgelände aller Zeiten nahm die Louisiana-Purchase-Ausstellung in St. Louis, Missouri (USA), ein, nämlich 514,66 ha. Dort wurden auch die Olympischen Spiele von 1904 mit 19 694 855 Zuschauern abgehalten.

Größtes Ausstellungsgelände der Welt ist das Internationale Messezentrum von Cleveland in Ohio (USA). Es umfaßt 70,8 ha und grenzt unmittelbar an den Cleveland Hopkins International Airport. Die Passagiere werden in einem 232 250 m^2 großen Hallenkomplex abgefertigt, in dem sie direkten Anschluß an den Schienenverkehr haben und in dem Parkplätze für 10 000 Autos zur Verfügung stehen.

Die erste internationale Großmesse fand 1851 im 1936 abgebrannten Crystal Palace, Hyde Park von London (GB), statt. Sie lockte in 141 Tagen 6 039 195 Besucher an.

Die älteste Luftfahrt-Ausstellung der Welt ist die ILA, die Internationale Luftfahrt-Ausstellung. Die 1. ILA fand 1909 in Frankfurt/Main von Juli bis Oktober statt, der erste Aérosalon in Paris fand erst vom 25. September bis 17. Oktober 1909 statt. Nach der ILA 1928 in Berlin ist 1958–90 Hannover Heimat der Ausstellung gewesen. Im Juni 1992 wird sie nach Berlin-Schönefeld verlegt.

Die höchste Besucherzahl einer Weltausstellung, nämlich 64 218 770, erzielte die Expo '70, die in Osaka (Japan) auf einem Gelände von 330 ha von März bis 13. September 1970 abgehalten wurde. Expo '70 warf einen Gewinn von rund 147 Mio. DM ab.

Das erste Riesenrad, nach seinem Konstrukteur George W. Ferris (1859–96) *Ferrisrad* genannt, wurde 1893 am Midway, Chikago (USA), für 380 000 Dollar errichtet. Der Durchmesser betrug 76 m, der Umfang 240 m, das Gewicht 1087 t; es trug 36 Gondeln für je 60 Fahrgäste, insgesamt also 2160 Personen. Der Bau übersiedelte 1904 nach St. Louis und wurde schließlich als Schrott für 1800 Dollar verkauft.

Steckbrief eines Riesenrads: 100 m Durchmesser und 105 m Höhe, riesiger geht es bisher nicht. *Weltuhr 21* hat 60 Gondeln, die von 60 Speichen gehalten werden. Die Speichen dienen zugleich als Sekundenzeiger einer Mammutuhr.

Das größte Riesenrad war im Jahr 1897 anläßlich der Earl's-Court-Ausstellung in London installiert worden. Es hatte einen Durchmesser von 86,5 m und 10 Gondeln erster Klasse sowie 30 zweiter Klasse.
Das größte Riesenrad unserer Zeit heißt *Weltuhr 21* und wird im japanischen Yokohama betrieben. Es ist 105 m hoch und hat einen Durchmesser von 100 m. In jeder der 60 Gondeln haben acht Leute Platz. Die 60 Speichen, welche die Gondeln tragen, dienen zugleich als Sekundenzeiger einer 13 m großen Uhr, die in der Nabe montiert ist. Weitere Attraktionen des Riesenrads sind Laser-Illuminationen und Klangeffekte aus dem Synthesizer.

Das größte transportable Riesenrad mit einer Höhe von 61 m, einem Gewicht von 450 t und einer Standfläche von 25,2 × 27,5 m ist im Besitz der Firma Steiger in Bad Oeynhausen. 420 Fahrgäste finden in seinen 42 Gondeln Platz.

Das größte mobile Karussell mit dem größten künstlichen See gehört dem Schausteller Wilhelm Hohmann (* 1919) aus München. 50 000 l Wasser faßt dieses Rundfahrgeschäft mit 23 m Durchmesser, das bei dem eigenen See natürlich auch mit einer Fontäne und einem Wasserfall aufwartet. Seit 1967 lockt es nicht nur Oktoberfest-Besucher in seine 32 Gondeln.

Das größte transportable doppelstöckige Karussell kommt aus dem bayerischen Sulzbach/Aibach. Der Kunstmaler und Bildhauer Peter Petz hat ein altes doppelstöckiges Etagen-Pracht-Dampf-Karussell von 1888 von 11 m Durchmesser, 11 m Höhe nachgebaut. Das 11-t-Gefährt bietet mit seinen ornamentverzierten Tieren, Schiffen, Fesselballons und Kutschen 100 Personen Platz, ist TÜV-geprüft, im Straßenverkehr zugelassen und kann sogar noch mit einer dreistöckigen Variante aufwarten – einem Café als oberstem Stockwerk mit Platz für 30–40 Gästen.

Die schnellste Achterbahn: Spitzengeschwindigkeiten für Hochbahnen, Berg-und-Tal-Bahnen oder Achterbahnen sind in der Vergangenheit aus kommerziellen Gründen oft übertrieben worden. Die 8-Mio.-Dollar-Bahn *Magnum XL-200* wurde Anfang 1989 im Cedar Point Park bei Sandusky, Ohio (USA), eröffnet. Sie hat ein Gefälle von 59,37 m, auf dem eine Spitzengeschwindigkeit von 115,86 km/h erreicht wird. Cedar Point ist mit seinen neun Bahnen größer als jede andere Parkanlage.

Die längste Achterbahn der Welt ist *The Beast* (die Bestie) auf King's Island bei Cincinnati (USA). Sie führt über eine Strecke von 2,25 km (davon 243,8 m durch Tunnel) und beschreibt eine Spirale von 540 Grad. Die Bahn hat ein Gefälle von 42,98 m.

Achterbahnen aus Holz zu bauen, ist eine Kunst, die der Amerikaner Curtis D. Summers schon mehr als 30mal unter Beweis gestellt hat. Seine letzte Holz-Achterbahn heißt *Texas Giant*, steht in Six Flags bei Arlington (Texas), ist am höchsten Punkt 43,58 m hoch, erreicht eine Spitzengeschwindigkeit von 100 km/h und bietet Platz für 28 Fahrgäste.

Die höchste Achterbahn ist mit 70 m *Moonsault Scramble* im Fujikyu-Hochland-Park am Kawaguchisee in Japan. Sie wurde am 24. Juni 1983 in Betrieb genommen und erreicht eine Spitzengeschwindigkeit von 105 km/h.

Die Achterbahn mit den größten Schleifen ist die *Viper* von Six Flags Magic Mountain in Valencia, Kalifornien (USA). Der höchste Punkt liegt 57,3 m über dem Boden. Auf der 1167,38 m langen Strecke geht es siebenmal rauf und runter. Spitzengeschwindigkeit: 112,6 km/h.

Die größte transportable Achterbahn der Welt wurde Pfingsten 1986 in Freiburg/Br. eingeweiht. In 20 Sek. rasen die Züge mit einer Geschwindigkeit von 90 km/h über die 1100 m lange Strecke mit ihren vier Loopings bis zu einer Höhe von 35 m.

Die längste Rutschbahn der Welt gibt es in Peru im US-Staat Vermont. Die Route 11 der *Bromley Alpine Slide* ist 1402 m lang und weist einen Höhenunterschied von 250 m auf.

Die längste deutsche Rutschbahn gibt es seit 1979 in Bad Tölz (Oberbayern). Mitten durch Hochwälder können Kinder, aber auch Erwachsene, 1240 m hinunterrutschen und dabei einen Höhenunterschied von 220 m überwinden.

Die längste hangverlegte Wasserrutschbahn Europas befindet sich seit Februar 1990 in der Schweiz, und zwar im Alpamare in Pfäffikon (Schwyz), dem größten gedeckten Wasserpark Europas. Vier neue, teilweise steil abfallende Rutschen von insgesamt 500 m Länge überwinden eine Höhendifferenz von 17 m, entsprechend rauschen 16 m^3/min Wasser die Rutschen hinunter. Die Gesamtlänge der Alpamare-Anlage beträgt über 900 m.

Das erste Karussell mit Solarantrieb erlebte seine Weltpremiere am 31. Mai 1990 auf dem Marienplatz in München. Das Sulzbacher Atelier Peter Petz hat das *Solaroussell* in drei Jahren entwickelt. Das dreisitzige Minigerät wiegt nur 500 kg, hat einen Durchmesser von 3 m, ist 3 m hoch und hat einen Fahrbetrieb mit Münzeinwurf.

Der größte Irrgarten der Welt lädt seit dem 6. Juni 1978 in Longleat bei Warminster (GB) zum Besuch ein. Seine Pfade sind 2,72 km lang und von 16 180 Eiben gesäumt. Die von Greg Bright für Lord Weymouth entworfene Anlage mißt insgesamt 116 × 57 m. *Il Labirinto* bei der Villa Pisani in Stra (Italien), in dem sich auch Napoleon im Jahr 1807 verirrte, hatte eine Pfadstrecke von 6,4 km.

GASTSTÄTTEN

Das größte Restaurant der Welt ist vermutlich das Tump Nak Thai in Bangkok (Thailand). Es erstreckt sich über 10 ha und besteht aus 65 anstoßenden Gebäuden. Täglich können 3000 Gäste bewirtet werden, auf sie warten 1000 Kellner.

Als ältestes Gasthaus Deutschlands, das auch heute noch in Betrieb ist, gilt das Gasthaus Zum Bären am Schwabentor in Freiburg/Breisgau. Es soll schon um 1100 gegründet worden sein; erste urkundliche Erwähnungen gibt es aus dem Jahr 1387 (nach anderen Quellen 1327). Anno 1158 gilt als Geburtsjahr für das Gasthaus Zum Riesen in Miltenberg. Auch Der Löwe in Schömberg (Baden-Württemberg) und Die Sonne in Offenburg (Baden-Württemberg) sind ähnlich alte deutsche Gasthäuser.

Das älteste Gasthaus der Schweiz ist Zum Goldenen Sternen in Basel, das allerdings nicht mehr am Platz seiner Gründung im 14. Jh. steht, sondern aus Verkehrsgründen 1964 abgebrochen, dann aber an anderer Stelle der Stadt originalgetreu wieder aufgebaut wurde.
Die Baseler Stadtchronik erwähnt allerdings auch eine Taverne, die dort schon im Jahr 821 eröffnet worden sein soll.

Das höchstgelegene Restaurant befindet sich im Wintersportort Chacaltaya (Bolivien) in 5340 m Höhe.

Das höchstgelegene Restaurant Europas dürfte das Drehrestaurant auf dem Mittelallalin oberhalb von Saas Fee im Schweizer Kanton Wallis sein. Es liegt 3456 m üNN.

Die kleinste Gaststätte ist My Lord in der Lortzing-Passage von Osnabrück (Niedersachsen). Gastwirt Karsten Dahl hat die 14,4 m^2 große Kneipe im November 1987 eröffnet.

Die größte Restaurantkette der Welt ist das US-Unternehmen McDonald's. Es wurde 1955 in Oak Brook (Illinois) von Ray A. Kroc (1902–84) gegründet, nachdem er die Brüder Dick und »Mac« McDonald, Pioniere des Schnellimbisses, ausbezahlt hatte. Im April 1991 gehörten zu McDonald's, direkt oder über Konzessionen, 12 000 Restaurants in 53 Ländern. Die größte Filiale, die erste in der UdSSR, wurde am 31. Januar 1990 in Moskau eröffnet. 630 dafür eigens angelernte einheimische Mitarbeiter sahen sich dabei mit 20 000 Moskauern konfrontiert, die vor dem 700-Plätze-Restaurant Schlange standen, um erstmals einen *Big Mak* kosten zu können. Weltweit verkaufte McDonald's im Jahr 1990 Schnellgerichte für 18,7 Mrd. Dollar (ca. 31 Mrd. Mark).

Die höchste Bar der Welt ist mit 7,69 m das Spirituosen-Sortiment in Humperdink's Seafood and Steakhouse Bar in Dallas, Texas (USA). Die Bar hat Platz für mehr als 1000 Flaschen und besteht aus zwei Regal-Ebenen. Die vier unteren Reihen sind insgesamt 131,23 m lang und vom Boden aus zu erreichen. Die obere Bar-Ebene hat fünf Reihen und ist nur über eine Leiter zu erreichen.

Das größte Nachtlokal ist Gilley's Club (früher Shelly's), gebaut 1955 und erweitert 1971, in Houston, Texas (USA); es hat mehr als 6000 Sitzplätze und erstreckt sich über eine Fläche von 1,6 ha.

Im klassischen Sinn ist jedoch Der Mikado im Stadtteil Akasaka von Tokio (Japan) mit 2000 Sitzen **die größte Bar der Welt**. Für die Betreuung der Kundschaft sorgt ein Aufgebot von 1250 Bardamen. Zum richtigen Genuß der Darbietungen auf der Bühne empfiehlt sich ein Opernglas.

Das teuerste Stück Theke wurde in einer 13 Tage andauernden Versteigerung mit DM 4088,– ein 15 × 15 × 15 cm aus der Theke gesägtes Dreieck. Ort des Geschehens: die Kneipe i-Punkt in Mönchengladbach (Nordrhein-Westfalen). Vom 3. bis 16. Dezember 1989 veranstalteten der Rheydter Grafiker Heinz Wolf, der Maler Orim Occazip, die Gastwirte Jeanna Lee und Frajo Kromeich ihre Kunstauktion für einen guten Zweck (»Aktion Sorgenkind«). Alle Gebote wurden schriftlich festgehalten. Das Loch in der Theke wurde mit Marmor zugestopft.

Das größte Bierlokal der Welt ist das Mathäser in München. Täglich werden dort 48 000 l ausgeschenkt. Das Lokal wurde 1829 gegründet, im Zweiten Weltkrieg zerstört und 1955 wieder eröffnet. Heute hat das Mathäser Platz für 5500 Gäste.
Der Ausschank in den Dube-Biersälen von Soweto bei Johannesburg (Südafrika) kann allerdings an manchen Samstagen noch höher sein. Der Durchschnittskonsum an Wochentagen liegt bereits um 27 300 l.

Der größte Biergarten ist der Augustiner Biergarten in München, der 1901 eröffnet wurde und Platz für 5200 Gäste hat. Im Augustiner Biergarten werden bis zu 100 hl Bier pro Tag verkauft.

TÜRME UND MASTEN

Das höchste Bauwerk der Welt ist der verankerte Mast von Radio Warschau in Raszyn, 96 km nordwestlich der polnischen Hauptstadt. Er hat eine Höhe von 646,38 m. Der Konstantinow-Funkmast wurde am 18. Juli 1974 fertiggestellt und am 22. Juli 1974 in Betrieb genommen. Er wurde von Jan Polak konstruiert und wiegt 550 t. Die Arbeit an der Stahlrohrkonstruktion mit ihren 15 Abspannseilen begann im Juli 1970. Damit eroberte Europa den Rekord zurück, den die USA 1929 gebrochen hatten, als das Chrysler-Gebäude über den Pariser Eiffelturm »hinauswuchs«.

Der größte und schwerste Schleuderbetonmast einer Starkstromleitung steht in Littau, Luzern (Schweiz). Er ist 60 m hoch und wiegt 307 t. Er wurde von der Firma SACAC Lenzburg fabriziert und vom Elektrizitätswerk der Stadt Zürich aufgestellt.

Der höchste Turm, der vor dem Zeitalter der Fernsehmasten erbaut wurde, ist der Eiffelturm, den Alexandre Gustave Eiffel (1832–1923) für die Pariser Weltausstellung konstruierte und der am 31. März 1889 fertiggestellt wurde. Er war damals 300,51 m hoch, wurde seither durch eine Fernsehantenne auf 320,75 m erhöht und wiegt 7224 t. Bei Sturmböen schwankt der Turm bis zu 12,7 cm. Das Stahlgerüst mit 1792 Stufen erforderte eine Bauzeit von zwei Jahren, zwei Monaten und zwei Tagen.

Der höchste Ziegelsteinturm der Welt steht in Landshut (Bayern). Es ist der Turm der St.-Martins-Kirche. Seine Höhe: 130,6 m.

Der höchste weder gemauerte noch kabelverankerte Turm der Welt ist der 44-Mio.-Dollar-(80,2-Mio.-DM-)Fernmeldeturm im Metro Centre, Toronto (Kanada). Der CN Tower ist 553,34 m hoch. Die Arbeiten am Fundament für das 130 000-t-Bauwerk aus nachgespanntem Beton begannen am 12. Februar 1973, die Fertigstellung erfolgte am 2. April 1975. Das Restaurant mit 416 Sitzen dreht sich in einer Höhe von 347 m. Aus seinen Fenstern kann man bis zu den 120 km entfernten Bergen blicken. Blitze treffen den Turm bei einem jährlichen Durchschnitt von ca. 30 Gewittern etwa 200mal.

Deutschlands höchster Sendeturm ist der Fernsehturm auf dem Alexanderplatz in Berlin. Er hat eine Höhe von 365 m, der Schaft ist 250 m hoch, der Antennenträger 115 m lang, die Masse beträgt 26 000 t, die Masse der Kugel 4800 t. In 203 m Höhe befindet sich der Aussichtsrundgang für 125 Personen, in 207 m Höhe das Telecafé für 200 Personen, das sich einmal pro Stunde um die eigene Achse dreht. Das Café hat einen Durchmesser von 29 m, der

Die längste illuminierte Brücke ist die Forth Bridge in Großbritannien, die am 4. März 1890 freigegeben worden war. Zum 100jährigen Jubiläum installierte Scottish Power 1000 Sodiumstrahler, die eine 2,8 km lange Lichterkette bildeten. Die Flutlichter haben eine Lebensdauer von mindestens zehn Jahren.

Turmfuß von 32 m, Baubeginn war am 4. August 1965, die Inbetriebnahme erfolgte am 3. Oktober 1969.

Höchster Sendeturm der Schweiz ist St. Chrischona. Mit 248 m Höhe soll der Riese im Dreiländereck zwischen dem schweizerischen Riehen und dem deutschen Inzlingen den Fernsehempfang für 0,5 Mio. Menschen verbessern.

BRÜCKEN

Bereits die Sumerer (um 3200 v. Chr.) kannten sich im Brückenbau aus. Auf einem Papyrus aus dem Jahr 2650 v. Chr. wird eine Brücke über den Nil erwähnt.

Die älteste heute noch bestehende Brücke ist die Einzelbogenbrücke aus Steinplatten über den Fluß Meles in Smyrna (dem heutigen Izmir, Türkei), die ca. 850 v. Chr. entstand.

Die älteste Steinbrücke Deutschlands, über die heute noch der Verkehr rollt, ist die Steinerne Brücke in Regensburg. Ihre Bauzeit von 1135 bis 47 ist urkundlich belegt.

Die älteste Holzbrücke Europas ist die um 1330 erbaute Kapellbrücke in Luzern (Schweiz). Sie spannt sich über die Reuß und ist 200 m lang und 3,5 m breit.

Europas größte moderne Holzbrücke überspannt einem Lindwurm gleich den Rhein-Main-Donau-Kanal. Der 192 m lange Fußgängersteg verbindet bei Essing im Altmühltal die beiden Kanalufer. Für das Bauwerk wurden 400 m^3 Fichten-, Lärchen- und Bongosiholz benötigt. Nur die Fundamente der Holzbrückenkonstruktion sind aus Beton.

Die längste freitragende Holzbrücke – 80 m lang – ist in Remseck, Ludwigsburg (Baden-Württemberg) über den Neckar gelegt worden. Der Steg aus 300 m^3 Holz und rund 25 t Stahl ist nur für Fußgänger und Radfahrer zugelassen. Im Mai 1989 war die von den Stuttgarter Professoren Milbrandt und Sengler entworfene 180 t schwere Fachwerk- und Glaskonstruktion fertiggestellt.

Deutschlands erste Aluminiumbrücke ist die 1956 erbaute Schwansbell-Brücke, die bei Lünen über den Datteln-Hamm-Kanal führt. Ihre Stützweite beträgt 44 m. Ihr Gewicht: 25 t. Die gleiche Brücke in Stahl würde 60 t wiegen.

Die meisten Brücken aller europäischen Städte hat die Hansestadt Hamburg: Am 1. Mai 1990 waren es bereits 2490 Brücken über Gewässer, Straßen und Schienen; und jährlich werden es mehr.

Den längsten Freivorbau aller Brücken der Welt hat die Fleher Brücke bei Düsseldorf, die im November 1979 dem Verkehr übergeben wurde. Sie gilt als die »Königin der fünf Düsseldorfer Rheinbrücken«. Krupp baute gemeinsam mit anderen Firmen diese Brückenkonstruktion für 104 Mio. DM. Das 1147 m lange Bauwerk besteht aus der 779 m langen Spannbeton-Vorland-Brücke und der 368 m langen Mittelträger-Schrägseil-Brücke in Stahlkasten-Konstruktion. Auf sechs Fahr- und zwei Standspuren fließt der Verkehr.

Die größte Auslegerspannweite aller Brükken hat die Quebec-Brücke (Pont de Quebec) über den Sankt-Lorenz-Strom in Kanada, nämlich 549 m zwischen den Pfeilern und 987 m insgesamt. Sie trägt eine Bahnstrecke sowie zwei Straßenbahnen. Der Bau begann 1899, der Betrieb wurde am 3. Dezember 1917 aufgenommen; das Bauunternehmen kostete 87 Menschenleben und 22,5 Mio. kanadische Dollar.

Die längste Stahlbogenbrücke der Welt ist die New-River-Schlucht-Brücke bei Fayetteville, West Virginia (USA), die 1977 mit einer Stützweite von 518,2 m fertiggestellt wurde.

Deutschlands längste Stahlbogenbrücke (Bogen liegt oberhalb der Fahrbahn) ist die Rheinbrücke in Duisburg-Rheinhausen mit einer Stützweite von 256 m.

Die längste Stahlbetonbrücke Österreichs ist die Tal- und Hängebrücke Kremsbrücke im Verlauf der Tauernautobahn mit einer Länge von 2607 m im Liesertal (Kärnten).

Die längste Stahlbogenbrücke Österreichs ist die Salzachbrücke bei Anif (Land Salzburg) mit einer Stützweite von 135 m.

Die längste Stahlbogenbrücke der Schweiz ist die Kirchenfeldbrücke in Bern. Sie hat eine Stützweite von 229,2 m.

Die längste überdachte Brücke der Welt befindet sich in Hartland, New Brunswick (Kanada). Sie hat eine Länge von 390,8 m und wurde 1899 gebaut.

Die größte Steinbogenbrücke der Welt ist die 1901 fertiggestellte 1161 m lange Rockville-Brücke nördlich von Harrisburg, Pennsylvania (USA). Zum Bau ihrer 48 Pfeiler wurden 196 000 t Steine verwendet.

Die längste Steinbogenbrücke ist die 1903–05 erbaute heutige Friedensbrücke in Plauen (Vogtland). Sie besitzt mit 90 m Spannweite den größten gemauerten Bruchsteingewölbebogen in Europa. Sie ist 21 m hoch bei einer lichten Höhe von 18 m und 17 m breit.

Die längste aus Ziegelsteinen erbaute Brücke Deutschlands ist die 578 m lange und 78 m hohe Göltzschtalbrücke im Vogtland. Die Brücke wurde 1846–51 von 1700 Arbeitern aus 26 Mio. Ziegelsteinen errichtet.

Die Hängebrücke mit der längsten Spannweite, sie beträgt 1410 m zwischen den Hauptpfeilern, ist die Humber Estuary Bridge in England. Ihre Pfeiler sind 162,5 m hoch; sie weichen 36 mm von der Parallele ab, um die Erdkrümmung auszugleichen. Einschließlich der Verlängerung zu den Hessle- und Barton-Ufern erstreckt sich die gesamte Brücke über 2220 m. Die Brücke (Baubeginn: 22. Juli 1972) wurde am 17. Juli 1981 von der Königin für den Verkehr freigegeben und hatte bis dahin 96 Mio. Pfund (damals 404 Mio. DM) gekostet. Der Brückenzoll liegt zwischen 70 Pence für Motorräder und 10,90 Pfund für Schwerlaster.

Die längste und höchste Hängebrücke Deutschlands ist die Köhlbrandbrücke in Hamburg, die die neuen und die alten Teile des Hafens verbindet. Ihre lichte Höhe beträgt bis zu 53 m. Diese Schrägseil-Hängebrücke ist 3940 m lang, sie wurde von 1970 bis zum 20. September 1974 für 113 Mio. DM errichtet.

Die längste Eisenbahnbrücke der Welt ist die Huey-P.-Long-Brücke von Metairie in Louisiana (USA). Ihre Bahnstrecke ist 7 km lang bei einem maximalen Pfeilerabstand von 241 m. Sie wurde am 16. Dezember 1935 fertiggestellt.

Die längste Pontonbrücke der Welt ist die Second-Lake-Washington-Brücke, Seattle (USA). Die Gesamtlänge beträgt 3839 m, der Schwimmteil mißt 2291 m. Der Bau wurde im August 1963 fertiggestellt und kostete 15 Mio. Dollar (damals 58,5 Mio. DM).

Das längste Brückenbauwerk der Erde ist der zweite Damm über den Pontchartrainsee (Second Lake Pontchartrain Causeway), der Lewisburg mit Handeville, Louisiana (USA), verbindet und am 23. März 1969 fertiggestellt wurde. Der Bau kostete 29,9 Mio. Dollar (damals 85 Mio. DM), hat eine Länge von 38 422 m und ist 69 m länger als der First Causeway.

Der längste Eisenbahn-Viadukt der Welt führt die Southern Pacific Railroad 19 km über den Großen Salzsee in Utah (USA). Die Strecke, 1904 eröffnet, war ursprünglich eine Pfahl- und Bockbrücke; 1955–60 entstand dann der Stein-Viadukt.

Die breiteste Brücke der Welt mit langer Stützweite ist die Brücke über den Hafen von Sydney (Australien) mit einer Spannweite von 502,9 m und einer Breite von 48,8 m. Sie trägt zwei Gleise für Oberleitungseisenbahnen, hat acht Fahrbahnen sowie je einen Weg für Radfahrer und Fußgänger. Die offizielle Eröffnung fand am 19. März 1932 statt.

Die höchste Brücke der Welt führt über die Königsschlucht im Arkansas-Stromgebiet in Colorado (USA) und erhebt sich 321 m über dem Flußspiegel. Die Hängebrücke, deren Hauptpfeiler einen Abstand von 268 m haben, wurde 1929 in sechs Monaten gebaut.

Jahrhundert-Träume werden wahr

Am 30. April 1963 wurde die Fehmarnsundbrücke feierlich eröffnet. Mit der 963 m langen kombinierten Bahn- und Straßenbrücke, die die Ostseeinsel Fehmarn mit dem schleswig-holsteinischen Festland verbindet, ging ein fast hundert Jahre alter Traum der Verkehrsplaner in Erfüllung. Die Vogelfluglinie, die kürzeste Reiseroute nach Norden, war geschaffen, der Weg der Vogelzüge zwischen dem Festland, den dänischen Inseln und zur südschwedischen Küste genutzt. Die großen Fähren setzen seitdem Züge, Autos, Lastkraftwagen und Omnibusse in nur einstündiger Fahrt über den knapp 20 km breiten Fehmarnbelt. Täglich rollen 10 000 Fahrzeuge über den Sund.

Jetzt wird eine Landverbindung nach Skandinavien unter dem Fehmarnbelt ins Gespräch gebracht. Ähnlich dem Modell des Ärmelkanaltunnels könnte dieser Tunnel zwischen Lolland und Fehmarn gebaut werden.

Das dänische Parlament beschloß im Frühjahr 1988 erst einmal, die Inseln Fünen und Seeland mit einem kombinierten Tunnel- und Brückenbauwerk zu verbinden und eine europäische Hauptverkehrsader zu schaffen. Mit dieser landfesten Verbindung wird es erstmals möglich, die Strecke vom westeuropäischen Festland nach Kopenhagen zu fahren – ohne den Transport über den Großen Belt. Der Weg über den 18 km breiten Belt wird von 90 Fähr- auf 15 Fahrminuten verkürzt. 1993 soll der Große Belt erstmals von einem Zug überquert werden, 1996 die geplante Autobahn zur Verfügung stehen. Rund 25 km lang wird das Bauwerk zwischen Korsør auf Seeland und Nyborg auf Fünen werden. Zwei riesige Tunnelbohrmaschinen arbeiten sich seit dem 19. Dezember 1990 von Sprogø aus in Richtung Seeland vor und zwei weitere vom seeländischen Halsskov aus.

Eine feste Querung des Øresunds, der Schweden und Dänemark trennt, mit einer 17 km langen kombinierten Eisenbahn- und Straßenbrücke wird von Schweden und Norwegen mit Baubeginn 1994 angestrebt. Sie soll zwischen Kopenhagen und Malmö entstehen. Eine hundert Jahre alte Idee könnte Wahrheit werden.

Im Süden Europas gab zu Beginn des Jahres 1991 Rom grünes Licht für den Brückenbau der Messina-Brücke. Sie soll Sizilien mit Kalabrien auf dem italienischen Festland über den Stretto verbinden. Überbrückt werden soll die Meeresenge von Messina mit einer Hängebrücke anstelle eines auch diskutierten Tunnels. Die 3360 m lange Stretto-Brücke soll sich bereits im März 2002 zwischen zwei 390 m hohen Pfeilern an den beiden Ufern erheben.

Die höchste Eisenbahnbrücke der Welt wurde am 1. Juni 1976 bei Kolasin in Jugoslawien für den Verkehr freigegeben. Der Mala-Rijeka-Viadukt, eine Konstruktion aus Stahlträgern und Betonpfeilern, ist 198 m hoch und liegt an der Strecke Belgrad–Bar.

Die höchste Brücke Österreichs und die höchste Pfeilerbrücke der Welt ist die Europa-Brücke der Autobahn Kufstein–Brennerpaß (Österreich). In 190 m Höhe führt sie über das Silltal. Sie ist 820 m lang und 34 m breit. Noch einen Rekord hat diese Brücke: Sie ruht u. a. auf dem höchsten europäischen Brücken-

Der größte Schwimmkran der Welt wird beim Bau der 6,6 km langen Westbrücke über den Großen Belt eingesetzt. Er kann Anhängelasten bis zu 6500 t heben und transportieren. Die maximale Hubhöhe beträgt 54 m. Der Schwimmponton mit dem Namen *Svanen* – 80 × 79 m groß – wird durch zwei Dieselmotoren mit je 1200 kW angetrieben. Die Geschwindigkeit des schwimmenden Hebezeugs beträgt sechs Knoten.

pfeiler. Dieser Stahlbeton-Hohlkastenpfeiler ist 181 m hoch, trotzdem sind seine Wände nie stärker als 55 cm.

Deutschlands höchste Eisenbahnbrücke ist die Müngstener Brücke. Die 107 m hohe und 500 m lange Eisenkonstruktion wurde am 15. Juli 1897 dem Verkehr übergeben. Sie überspannt einen Taleinschnitt beim Solinger Ortsteil Müngsten.

Die höchste Brücke der Schweiz ist auch gleichzeitig die längste schweizerische Auslegerbrücke. Es ist die Ganterbrücke auf der Nationalstraße Nr. 6, Simplon (Kanton Wallis). Sie führt 150 m über die Talsohle, ihre größte Spannweite beträgt 174 m. Der Ausleger überbrückt 87 m.

Die höchste deutsche Talbrücke ist die Kochertalbrücke bei Geislingen am Kocher. Sie überquert in einer Höhe von ca. 185 m das Kochertal nördlich von Schwäbisch-Hall und hat eine Länge von 1128 m. Die beiden mittleren Talpfeiler überragen mit ca. 180 m das Ulmer Münster, das den höchsten Kirchturm der Welt hat. Sie wurde 1980 als Teil der Autobahn Heilbronn–Nürnberg für den Verkehr freigegeben. Gesamtkosten: über 72 Mio. DM.

Die längste deutsche Talbrücke ist die Ahrtalbrücke mit 1521,2 m auf der linksrheinischen Autobahn (A 61). Die im Juni 1976 für den Verkehr freigegebene Brücke liegt bei Bad Neuenahr-Ahrweiler (Rheinland-Pfalz). Sie spannt sich 50 m hoch über das Ahrtal (Baukosten 55 Mio. DM).

Ein Weltrekord im Taktschiebeverfahren gelang der Deutschen Bundesbahn mit der Fertigstellung des Überbaus der Maintalbrücke Margetshöchheim/Veitshöchheim. Sie gehört zur Neubaustrecke Hannover–Würzburg und liegt vor den Toren Würzburgs. Der Überbau wurde im sogenannten Taktkeller am nördlichen Ende der Brücke betoniert und von dort über alle 22 Pfeiler geschoben. Das ergab eine neue Rekordmarke im Taktschieben von 1262,6 m.

KANÄLE UND SCHLEUSEN

Der längste Schiffahrtskanal ist der Weißmeerkanal in der UdSSR. Er verbindet – durch den Ladogasee und den Onegasee – das Weiße Meer mit der Ostsee. Er ist 227 km lang und hat 19 Schleusen, jedoch kann er nur von Schiffen mit weniger als 5 m Tiefgang befahren werden. Er wurde 1933 fertiggestellt.

Die längste künstliche Wasserstraße der Welt ist mit 304 km der St.-Lorenz-Seeweg, der Montreal (Kanada) und den Ontariosee verbindet. Der Seeweg ist für Schiffe mit einer Länge bis zu 222 m, einem Tiefgang bis zu 8 m und Ladungen bis zu 26 400 t befahrbar. Durch ihn wird eine 3769 km lange Wasserstraße vom Nordatlantik zu den großen Seen und weiter nach Duluth am Lake Superior (USA) hergestellt. Der Seeweg wurde am 25. April 1959 eröffnet und hat 470 Mio. Dollar (damals 1974 Mio. DM) gekostet.

Der größte Kanal der Welt für Hochseeschiffe ist der Suezkanal (Ägypten), der das Rote Meer mit dem Mittelmeer verbindet. Er wurde am 16. November 1869 eröffnet, war jedoch vom Juni 1967 bis Juni 1975 außer Betrieb. Der Plan für den Kanal stammt von dem französischen Diplomaten Graf Ferdinand de Lesseps (1805–94), und der Bau begann am 26. April 1859. Bei den Bauarbeiten waren 8213 Menschen beschäftigt, 368 Kamele wurden verwendet. Seine Länge beträgt vom Leuchtturm von Port Said bis Suez 162 km, die Breite 60 m, die Tiefe 13 m.

Rhein-Main-Donau-Kanal: Die Baustelle des Schleusenbauwerks südlich von Berching.

Das größte Schiff, das durch den Kanal fuhr, war das britische Riesenfrachtschiff *Settebello* mit 322 446 BRZ (Länge: 338,43 m, Breite: 57,35 m und höchster Freibord: 22,35 m). Die Fahrt fand mit einer Schotterladung am 6. August 1986 in südlicher Richtung statt.
Die schnellste Passage in südlicher Richtung schaffte die amerikanische *Shreveport* am 15./16. August 1984 in einer Rekordzeit von 7:45 Std.

Der meistbefahrene Kanal für Großschiffe (befahrbar für Schiffe bis zu 61 000 t) ist der Nord-Ostsee-Kanal (früher Kaiser-Wilhelm-Kanal, international heute auch Kiel-Kanal), der die Elbmündung an der Nordsee bei Brunsbüttel mit dem Ostseehafen von Kiel verbindet. Er wurde zwischen 1887 und 95 erbaut, ist 98,7 km lang und 11 m tief. 1987 wurden dort 45 000 Schiffspassagen registriert. Der Suezkanal mit 20 000 und der Panamakanal mit 10 000 Transitfahrten folgen auf den Plätzen zwei und drei.

Die größte künstliche Wasserstraße auf deutschem Gebiet ist der zwischen 1905 und 1938 erbaute Mittellandkanal, der den Binnenhafen Duisburg über den Rhein-Herne-Kanal und den Dortmund-Ems-Kanal mit der Elbe bei Magdeburg (Sachsen-Anhalt) verbindet. Er ist 465 km lang.

Der längste Bewässerungskanal der Welt ist der Karakumsky-Kanal, der über 1200 km von Haun-Khan nach Aschabad, der Hauptstadt der Turkmenischen SSR (UdSSR), führt. Der Kanal wird 1991 auf 800 km schiffbar; die geplante Gesamtlänge des 15-Mrd.-DM-Projekts ist 1460 km.

Der größte Stichkanal war der Kanal von Korinth in Griechenland, der 1893 eröffnet worden war. Er war 6,342 km lang und 8 m tief. Auf einer Strecke von ungefähr 4,2 km war der Durchstich im Schnitt 306 m tief, am tiefsten

Ein Kanal für das neue Europa

Trotz vieler Proteste und Zweifel am wirtschaftlichen Nutzen soll der Rhein-Main-Donau-Kanal (RMD) fertiggestellt und der letzte Bauabschnitt des viel bewunderten und geschmähten Jahrtausendwerks im Herbst 1992 geflutet werden.
Das Projekt Rhein-Main-Donau-Kanal war mit einem Vertrag zwischen dem Deutschen Reich und dem Freistaat Bayern 1921 beschlossen worden. Die damals gegründete Rhein-Main-Donau AG hatte das Recht erhalten, an fünf bayerischen Flüssen – Main, Regnitz, Altmühl, Lech und Donau – Wasserkraftwerke zu errichten. Der Kanalbau selbst begann mit dem Ausbau der Donau von Passau bis Vilzhofen. Die erste Kanaltrasse wurde 1972, nach über 12jähriger Bauzeit, fertiggestellt. 1971 konnte mit dem Kernstück des Kanals begonnen werden: der 171 km langen Strecke von Nürnberg nach Kelheim an der Donau. Von den lange umstrittenen 99 Kanalkilometern von Bamberg am Main bis nach Kelheim fehlt nur noch die letzte Schleuse eines rund 20 km langen letzten Bauabschnitts: das Schleusenbauwerk bei Berching (Bayern) mit der später 55 m breiten und 10 m tiefen Rinne des RMD. Sind auch diese Arbeiten abgeschlossen, besteht eine schiffbare Verbindung zwischen 3500 km langen europäischen Wasserstraßen vom Nordseehafen Rotterdam bis nach Odessa am Schwarzen Meer.

Punkt sogar 459 m. Der vom Panamakanal abzweigende Gaillard-Graben hat zwischen Gold Hill und Contractor's Hill eine Tiefe von 82 m und eine Grundbreite von 152 m. Während des Durchstichs war im Jahr 1911 an einem einzigen Tag so viel Erdreich angefallen, daß es 333 Zugladungen zu jeweils 363 t ergab.

Die größte Schleuse der Welt ist die Berendrecht-Seeschleuse. Sie verbindet die Schelde mit dem Hafen von Antwerpen (Belgien). Die im April 1989 in Betrieb genommene Anlage ist 500 m lang, 68 m breit und 13,5 m tief. Jedes ihrer vier Schleusentore wiegt 1500 t.

Die größte Seeschleuse Deutschlands ist die Nordschleuse Bremerhaven. Sie ist 372 m lang und 50 m breit.

Die größte deutsche Flußschleuse ist die Doppelschleuse Magdeburg-Rothensee (Sachsen-Anhalt) mit 325 m Länge und 25 m Breite. Die Binnenschleuse stellt die Verbindung her zwischen Mittellandkanal und Elbe.

Die tiefste Schleuse der Welt gehört zum Dnjepr-Bug-Kanal (UdSSR). Bei Saporoschje hebt und senkt sie Lastkähne um 39,2 m. Die Carrapatelo-Schleuse in Douro (Portugal) schafft eine Höhe von 35 m.

Die größte Flußschleusen-Anlage der Welt ist mit neun Piers und zehn Toren die Themse-Schleuse in Woolwich/London (GB). Die sechs Schleusentore im Hochwasser-Bereich sind 61 m breit, die vier Tore im Niedrigwasser-Bereich 31,5 m. Der Standort für die Schleusen ist 1971 bestimmt worden. Kosten: umgerechnet rund 1,8 Mrd. DM.

DÄMME, TALSPERREN UND STAUSEEN

Der höchste Staudamm der Welt entsteht in der Sowjetrepublik Tadschikistan am Fluß Wasch: Der Rogunskaja-Damm wird mit Erde aufgeschüttet und soll 335 m hoch werden. Seine Kronenlänge beträgt nur 602 m. Volumen: 71 Mio. m^3. Mit den Vorarbeiten zu dem Damm war 1976 begonnen worden, seit März 1981 wird aufgeschüttet. Voraussichtliche Fertigstellung: 1992.

Die höchste Staumauer der Schweiz ist der Grande Dixence, der im September 1961 für 1,6 Mrd. Schweizer Franken fertiggestellt wurde. Er ist vom Fuß bis zur Krone 285 m hoch, 695 m lang und enthält insgesamt 5 957 000 m^3 Beton.

Der höchste Staudamm Österreichs ist die Kölnbreinsperre mit 200 m Höhe. Sie gehört zur Kraftwerksgruppe Malta der Österreichischen Draukraftwerke AG.

Deutschlands höchste Staumauer besitzt die Rappbode-Talsperre zwischen Rübeland und Wendefurth, Magdeburg (Sachsen-Anhalt). Sie bildet einen Stausee von 109,1 Mio. m^3. Ihre Staumauer hat eine Überlaufhöhe von 87 m.

Die massivsten Dämme sind der Pati-Damm in Argentinien sowie der Syncrude-Tailings-Damm in Kanada. Der Pati-Damm entlang des Flusses Paraná wurde aus 238 180 000 m^3 Erde und Steinen aufgeschüttet; er ist 174,9 km lang und 36 m hoch. Das größte Volumen aber hat der Syncrude-Tailings-Damm in Kanada mit 540 000 000 m^3.

Das tiefste Loch Deutschlands wird seit dem 19. August 1988 in Windischeschenbach (Oberpfalz) gebohrt. Das Bohrloch dieses kontinentalen Tiefbohrprogramms soll bis 1996 auf zunächst 12 000 m Tiefe vorangetrieben werden.

Der größte Betondamm der Welt und gleichzeitig der größte Betonbau überhaupt ist die Grand-Coulee-Talsperre am Columbia-Strom im Staat Washington (USA). Die Arbeit am Damm begann 1933, die Fertigstellung erfolgte 1942, obwohl der Betrieb bereits am 22. März 1941 aufgenommen wurde; die Gesamtkosten beliefen sich auf 56 Mio. Dollar. Die Dammkrone ist 1272 m lang, die Dammhöhe beträgt 167 m. Er enthält 8 092 000 m^3 Beton und wiegt rund 19 595 000 t.

Der längste Flußdamm der Welt ist der Yacyreta-Apipe-Damm am Paraná an der paraguayisch-argentinischen Grenze. Er ist 41 m hoch und hat eine Länge von 69,6 km. 1992 soll er fertiggestellt sein.
Eine Kronenlänge von 412 km hat der 1964 fertiggestellte Kiew-Damm am Dnjepr in der Ukraine (UdSSR). 224 km lang soll die Krone des Chapeton-Damms am Parana in Argentinien werden, an dem voraussichtlich bis 1996 gearbeitet wird.
Im China des frühen 17. Jh.s war rund um den See Hungtse in Kiangsu ein Damm von unterschiedlicher Höhe aufgeschüttet worden, der 100 km lang gewesen sein soll.

Der längste Seedamm der Welt ist der Afsluitdijk, der das Ijsselmeer (die ehemalige Zuidersee) gegen die Nordsee abschließt und Nordholland mit Friesland verbindet. Ursprünglich (1927–32) war der Abschlußdeich in zwei Teilen angelegt, nämlich 2,5 km von Nordholland zur damaligen Insel Wieringen und 30 km von Wieringen nach Friesland: zusammen 32,5 km.

Seit 1930 aber ist Wieringen durch einen Polder Teil des nordholländischen Festlands geworden, so daß der Deich auf neueren Landkarten nur mit einer Länge von 30 km verzeichnet ist. Am Meeresspiegel ist der Deich 89 m breit und 7,5 m hoch.
Der größte der fünf großen Polder im Ijsselmeer wird die 60300 ha große Markerwaard sein. Die Arbeit an dem 106 km langen umgebenden Deich begann 1957. Wenn das Werk beendet ist, wird das Ijsselmeer eine Fläche von 1262,6 km^2 überspülen.

Der stärkste Damm der Welt wird der 245 m hohe Sajano-Schuschenskaja-Damm am Jenissej (UdSSR) sein, der noch im Bau ist und einer Belastung von 18 Mio. t standhalten soll. Fassungsvermögen: 31300 Mio. m^3.

Größte Flußdämme: Die massivsten jemals errichteten Flußdämme sind die aus dem Jahr 1717 stammenden Dämme des Mississippi, die durch die US-Regierung nach den katastrophalen Überschwemmungen des Jahres 1927 bedeutend vergrößert wurden. Sie erstrecken sich nun über 2787 km längs des Hauptstroms, von Cape Girardeau, Missouri, bis zum Golf von Mexiko und bestehen aus mehr als 765 Mio. m^3 aufgeschüttetem Erdreich. Dämme an den Nebenflüssen erstrecken sich über weitere 3200 km. Der Abschnitt Pine Bluff, von Arkansas nach Venice, Louisiana, verläuft ohne Unterbrechung über 1046 km.

Das dem Volumen nach größte Staubecken, das Menschen je angelegt haben, ist das Bratskoje-Reservoir am Angara in Sibirien (UdSSR). Es faßt 169,3 km^3 und erstreckt sich über 599 km, bei einer Breite von 33 km. Der Stausee wurde 1961–67 gefüllt.

Flächenmäßig ist der größte Stausee der Welt der Voltasee in Ghana, den der 1965 fertiggestellte Akosombodamm bildet. 1969 hatte sich der See auf eine Fläche von 8482 km^2 gefüllt, mit einer Küstenlinie von 7250 km.
Der 1954 fertiggestellte Owen-Falls-Damm bei Jinja in Uganda, quer über den Weißen Nil, wo er an der Nordseite des Victoriasees abfließt, hat den natürlichen See durch eine zusätzliche Wassermenge von 204,75 km^3 technisch zu einem Staubecken von 6,9 Mio. ha gemacht. Die 4 Mrd. Dollar teure und 64,3 Mio. m^3 große Tucurui-Talsperre in Brasilien hat 1984 den Fluß Tocantins in eine 1900 km lange Kette von Seen verwandelt.

Deutschlands Stausee mit dem größten Rauminhalt ist der der Saale-Talsperre bei Bleiloch (Thüringen). Er ist 28 km lang, hat eine Fläche von 9,2 km^2 und bei einer Stauhöhe von 59 m ein Fassungsvermögen von 215 Mio. m^3. Er wurde 1932 zum ersten Mal gefüllt. An zweiter Stelle steht die Schwammenauel-Talsperre. Der 72 m hohe Staudamm staut die Rur auf 205 Mio. m^3.

Der größte Stausee Österreichs ist der im Bereich der Sameralm gelegene Hauptspeicher Kölnbrein der Kraftwerksgruppe Malta. Sein Inhalt: 200 Mio. m^3.

Die größte Fallhöhe der Welt besitzt mit einer maximalen Gefällstufe von 1772,5 m die Speicherstufe Reißeck (Kärnten). Das Kraftwerk Reißeck wird von der österreichischen Draukraftwerke AG betrieben.

Der größte Stausee der Schweiz ist der Lac des Dix. Sein Inhalt: 400 Mio. m^3.

Das größte Wasserbauwerk entstand in einer Bauzeit von 28 Jahren und mit Investitionen von über 10 Mrd. DM an der Südwestküste der Niederlande. Das Deltawerk – als 8. Weltwunder gepriesen – sichert 15000 km^2 Land. Seit dem 4. Oktober 1986 können im Mündungsdelta der Oosterschelde die zwischen den 30,25–38,75 m hohen und bis zu 18000 t schweren 65 mächtigen Betonpfeilern hängenden Stahltore bei einer drohenden Springflut jederzeit geschlossen werden. Gleichzeitig entstand durch das bewegliche Sturmflutwehr ein einzigartiger Lebensraum für seltene Tiere und Pflanzen.

TUNNEL

Der längste Tunnel der Welt ist der New-York-City- und West-Dalaware-Wasserversorgungstunnel, der von 1937 bis 1944 gebaut wurde. Sein Durchmesser ist 4,1 m, seine Länge vom Round-out-Reservoir zum Hillview-Reservoir an der Grenze zwischen Yonkers und New York City (USA) beträgt 168,9 km.

Der längste Tunnel in Deutschland ist der zwischen 1928 und 1930 gebaute Zugspitztunnel auf der Bergbahnstraße von Garmisch-Partenkirchen zum Schneefernerhaus. Er ist 4,466 km lang.

Der Tunnel unter dem Ärmelkanal (Eurotunnel) gilt als Europas größte Baustelle. Mit dem Aushub des etwa 21 Mrd. DM teuren Tunnels unter dem Ärmelkanal zwischen Cheriton bei Folkestone (GB) und Sangatte bei Calais

Größter Betondamm der Welt ist die Grand-Coulee-Talsperre am Columbia-Strom im US-Staat Washington. Sie ist seit dem 22. März 1941 in Betrieb.

(Frankreich) ist am 1. Juli 1987 begonnen worden, 1993 soll das Projekt fertiggestellt sein. Am 30. Oktober 1990 um 7 Uhr 30 war die Verbindung zwischen den beiden Kanal-Ländern hergestellt – mit einem Loch von 5,08 cm Durchmesser, das die Briten gebohrt hatten. Der Zwillingstunnel für den Zugverkehr wird 49,94 km lang sein (Durchmesser: jeweils 7,6 m).

Der längste Eisenbahntunnel der Welt ist der Seikan-Tunnel in Japan mit 53,85 km. Er wurde 240 m unter dem Meeresspiegel und 100 m unter dem Meeresboden in der Meerenge von Tsugaru gebohrt und verbindet Tappi Saki auf der japanischen Insel Honshu mit Fukushima auf der Nachbarinsel Hokkaido. Die Testarbeiten für die Unterwasser-Strecke (23,3 km) waren 1964 begonnen worden, die Bohrungen im Juni 1972. Am 27. Januar 1983 waren der Tunnel durchgebrochen und 34 Menschen zu beklagen, die bei der Arbeit ihr Leben gelassen hatten. Im März 1985, nach 20 Jahren und 10 Monaten, war der Eisenbahntunnel fertiggestellt. Kosten und Folgekosten bis Februar 1987: 700 Mrd. Yen. Ein Hochgeschwindigkeitstest wurde am 13. März 1988 durchgeführt.

Den Bau eines 35 km langen Tunnels unter dem Brenner planen die Eisenbahn-Verwaltungen Deutschlands, Österreichs und der Schweiz. An diesem Projekt soll sich die EG beteiligen, um den vierspurigen Ausbau und die Modernisierung der Eisenbahnstrecke München–Verona bis 1995 zu gewährleisten.

Deutschlands längster Eisenbahntunnel war der über 100 Jahre alte Kaiser-Wilhelm-Tunnel bei Cochem a. d. Mosel. Er ist 4203 m lang.
Seit 1991 ist es der Landrückentunnel mit 10780 m Länge.

Österreichs längster Eisenbahntunnel ist der von 1880 bis 84 gebaute Arlbergtunnel (Tirol, Vorarlberg), der 10,25 km lang ist. 12,7 km lang soll der Inntal-Tunnel werden. Im September 1989 wurde bei Innsbruck der erste Spatenstich getan. Mitte 1993 soll das Projekt abgeschlossen sein.

Der längste Eisenbahntunnel der Schweiz, zugleich der größte Alpentunnel, ist der am 16. Oktober 1922 nach über vier Jahren Bauzeit eröffnete Simplon II. Er verbindet Brig (Schweiz) und Domodossola (Italien) durch die Alpen hindurch. Bis 1979 war er mit 19,823 km der längste Eisenbahntunnel der Welt.
Am 30. April 1981 wurde der Durchstich des neuen Furka-Basistunnels vollendet. Er soll eine wintersichere Verbindung Brig-Disentis herstellen.

Der längste Bergbahntunnel der Schweiz gehört zur Jungfraubahn. Er wurde zwischen 1898 und 1912 fertiggestellt und verläuft in 3500 m üNN mit einer Länge von 7,12 km unter dem Jungfrau- und dem Aletschgletscher (Walliser Alpen, Kanton Wallis).

Der längste U-Bahn-Tunnel der Welt führt die Moskauer Metro von Beljajev nach Medvedkov – über 37,9 km. Die Strecke wurde um die Jahreswende 1989/90 fertiggestellt.

Der längste Straßentunnel der Welt ist mit 16,32 km der St.-Gotthard-Tunnel, der Göschenen im Kanton Uri mit Airolo, Tessin (Schweiz), verbindet. Er hat zwei Fahrspuren und wurde am 5. September 1980 für den Verkehr freigegeben. Der Tunnel kostete 686 Mio. sfr.

Der längste Straßentunnel Österreichs ist der 14 km lange Straßentunnel durch den Arlberg von St. Anton nach Langen in Vorarlberg, der am 9. Dezember 1978 dem Verkehr übergeben wurde.

Der längste und größte deutsche Straßentunnel ist mit einer geschlossenen Tunnelstrecke von 2653 m der neue Elbtunnel in Hamburg. Hinzu kommen noch 240 m Rasterstrecke an den Tunneleinfahrten. 1983 wurden seine drei Röhren täglich von durchschnittlich 79000 Fahrzeugen durchfahren. Am Gründonnerstag 1984 gab es einen neuen Rekord mit 112883 Fahrzeugen.

Der Straßentunnel mit dem größten Durchmesser wurde durch die Insel Yerba Buena, San Franzisko (USA), gesprengt. Er ist 23 m breit, 17 m hoch und 165 m lang. Die zwei Fahrbahnen des Tunnels passieren jährlich mehr als 90 Mio. Fahrzeuge.

Der längste Bewässerungstunnel der Welt ist der 82,9 km lange Orange-Fish-Rivers-Tunnel in Südafrika. Er hat einen Durchmesser von 5,53 m. Sein Bau (1967–73) kostete schätzungsweise 240 Mio. DM. Die Ausfütterung des Tunnels ist 23 cm dick, sein Gesamtdurchmesser beträgt 5,33 m.

Das Majes-Projekt in Peru (Wasserversorgung und Stromgewinnung durch Wasserkraft) hat einen Tunnelabschnitt von 98 km Länge. Der Staudamm wurde in einer Höhe von 4200 m errichtet.

Die längsten Abwassertunnel der Welt gehören zum Kanalisationssystem TARP von Chikago (USA): Sie sind 193 km lang. In Helsinki (Finnland) soll, erstmals in der Welt, eine zentrale Abwasserkläranlage unter der Erde gebaut werden. Dazu müssen u.a. fast 1 Mio. m^3 Gesteinsmassen gesprengt werden. Geht alles nach Plan, ist die Anlage 1993 fertig.

Die größte Brückentunnelanlage der Welt ist der Chesapeake-Bay-Bridge-Tunnel (USA), der über 28,4 km von Eastern Shore auf der Halbinsel Virginia nach Virginia Beach führt. Die Kosten des Baues beliefen sich auf 200 Mio. Dollar (damals 780 Mio. DM). Nach 42 Monaten Bauzeit wurde der Tunnel am 15. April 1964 in Betrieb genommen. Der längste überbrückte Abschnitt ist 7,34 km lang, und der längste Tunnelabschnitt ist der Thimble-Shoal-Channel mit 1,75 km.

Der längste ungestützte und maschinell gebohrte Tunnel der Welt ist der Three-Rivers-Walter-Tunnel von Atlanta in Georgia (USA). Er hat einen Durchmesser von 3,2 m und erstreckt sich über 9,37 km (Luftlinie). Der Tunnel mußte durch Granit, Schiefer und Gneis getrieben werden und wurde von der Firma S & M Constructors aus Cleveland in Ohio gebaut (April 1980–Februar 1982). Tagesleistung: 54,5 m.

BAUTEN FÜR SONDERZWECKE

Die am höchsten installierte Leuchtreklame blinkt auf dem 72 Stockwerke oder 285 m hohen First Canadian Place in Toronto (Kanada). Die vier je 6,09 × 6,7 m großen Leuchttafeln, mit

Der größte sich drehende Mercedesstern steht auf dem Europa-Center in Berlin.

Sie wurde schon 1936 abmontiert, doch bis heute war keine Leuchtreklame weiter zu sehen als jene Lichterzeile, die auf dem Pariser Eiffelturm den Namen Citroën schrieb. Sie war noch in einer Entfernung von 38 km zu erkennen.

Als ein Meisterwerk der Technik gilt das in den Jahren 1927–34 erbaute Schiffshebewerk Niederfinow am Oder-Havel-Kanal im Kreis Eberswalde (Brandenburg). In einem 85 m langen Trog, der mit Wasser gefüllt 4300 t wiegt, überwinden die Schiffe einen Höhenunterschied von 36 m. Diese ingenieurtechnische Meisterleistung wird jährlich von Hunderttausenden Besuchern bestaunt.

denen die Bank of Montreal auf sich aufmerksam macht, sind per Hubschrauber an Ort und Stelle gebracht worden.

Die längste Neonreklame ziert die Great Mississippi River-Brücke in den USA: 200 Starkstrom-Lampen bilden über eine Länge von 548,6 m den Buchstaben »M«.

Reklame am laufenden Band: 356,17 m lang ist ein Neonfries, den die Firma Adco Sign im April 1983 innerhalb eines Gebäudes in Clearwater, Florida (USA), installiert hat.

Die größte Neonreklame der Welt ist 64 × 16,7 m groß und wirbt seit Mai 1986 in Hongkong für Marlboro-Zigaretten. Gesamtlänge der Neonröhren: 10668 m. Gewicht: 114,7 t.

Das größte Reklameschild der Welt stellte das Werbeunternehmen Bassat Ogilvy Promotional Campaigns für Ford Spanien an der Plaza de Toros von Barcelona auf: 145 m lang und 24 m breit.

Die längste illuminierte Reklametafel der Welt mißt 60 × 20 m und wurde von der israelischen Schilderfirma Abudi installiert. Die Reklametafel wird von 62400 W starken Scheinwerfern beleuchtet.

Die massivste sich drehende Neonreklame heißt *Topsy der Clown* und ist am Circus-Circus-Hotel in Reno, Nevada (USA), angebracht. Sie ist 38,7 m hoch, wiegt 40,8 t und enthält Neonröhren mit einer Länge von 2,25 km. Allein das Lächeln von *Topsy* ist 4,26 m breit.

Die größte sich drehende Neonreklame in Deutschland ist der 10 m hohe Mercedesstern auf dem 88 m hohen Europa-Center in Berlin. Zur Reinigung (zweimal im Jahr) des 28 t schweren Sterns kann er durch seinen Elektromotor, der die Drehungen ermöglicht und auch dafür sorgt, daß der Stern sich bei Sturm automatisch so zum Wind stellt, daß er möglichst wenig Angriffsfläche bietet, horizontal gekippt werden. Das Zeichen auf dem Europa-Center ist jedoch nicht der größte Mercedesstern; der befindet sich in der Hafeneinfahrt von Hongkong. Er hat einen Durchmesser von 20 m, kann sich jedoch nicht drehen.

Die längste Uhr der Welt ist die »Licht-Zeit-Skulptur« des Laser-Künstlers Horst H. Baumann (Düsseldorf), die seit dem 1. Januar 1982 am Düsseldorfer Fernmeldeturm aufblinkt. Die größte und genaueste Normaluhr der Welt zeigt die Ortszeit auf einer Länge von 110 m in Lichtpunkten an, die jeweils die Dezimalzahlen

für Stunden, Minuten und Sekunden bedeuten. 62 Licht-Bullaugen werden dafür eingesetzt. Kenner meinen allerdings, man brauche mindestens fünf Minuten, um die Zeit abzulesen.

Kunst am Bau – mal als Glas-Elefant. Der Welt größter Jumbo entstand zur Landesgartenschau Hamm 1984 auf der Maximilian-Kohlenwäsche in Hamm (Nordrhein-Westfalen). Der Stuttgarter Architektur-Künstler Horst Rellecke verwandelte eine leerstehende Betonkonstruktion mit Hilfe einer Stahl- und Glaskonstruktion in einen gläsernen Elefanten von 35 m Rückenhöhe und 60 m Länge. Die begehbare Plastik bietet am Rückenteil dem Besucher seit dem 14. April 1984 eine Aussichtsplattform, die um 15 m höher ist als die Sphinx von Gizeh.

Der längste Pier der Welt ist mit 10,93 km der am Persischen Golf gelegene Dammanpier von Saudi-Arabien. Er wurde von Juli 1948 bis März 1950 gebaut. Bis 1980 entstand dann dort der König-Abdul-Aziz-Hafen mit 39 Ankerplätzen. Die ursprüngliche Dammstraße wuchs dabei mit dem Hafen auf 12,8 km.

Die höchste Wendeltreppe führt über 217 Stufen oder 63,2 m an einem Schornstein in Barcelona hinauf.

Deutschlands längste Kaimauer ist die Containerkaje im Überseehafengebiet von Bremerhaven. Unter Federführung der Philipp Holzmann AG wurde von 1969 bis 82 bei einer Wassertiefe (Ebbe) von 14,21 m und einer Mauerhöhe von 23,5 m eine Rekordlänge von 2150 m erreicht. Die Gesamtkosten beliefen sich auf 448 Mio. DM.

Das größte Trockendock der Welt ist mit einer Schiffsbau-Kapazität von 1,2 Mio. t das Trockendock *Daewoo Okpo Nr. 1* auf der südkoreanischen Insel Koje. Es wurde 1979 fertiggestellt, ist 530 m lang und 131 m breit. Auch die 14 m hohen und an der Basis 10 m dicken Docktore sind die größten der Welt.

Das größte überdachte Baudock wurde im März 1991 in Papenburg an der unteren Ems in Betrieb genommen. Die Schiffbauhalle der Meyer Werft (Jos. L. Meyer GmbH & Co) ist 370 m lang, 101,5 m breit und 60 m hoch; sie umfaßt ein Baudock und Montageflächen. Das Baudock ist 358 m lang und 39 m breit. Es hebt Sektionen bis zu 600 t Gewicht.

Der längste Wellenbrecher der Welt schützt den Hafen von Galveston, Texas (USA). Der South Breakwater aus Granit ist 10,85 km lang.

Das Schiffshebewerk mit der größten Hubhöhe ist das von Ronquières auf dem belgischen Charleroi-Brüssel-Kanal. Es bewältigt einen Höhenunterschied von 68,58 m. Die beiden 236rädrigen Tröge, jeweils mit 1370 t belastbar, brauchen 22 Min., um die 1432 m lange schiefe Ebene der Strecke zurückzulegen.

Das erste Schiffshebewerk Deutschlands wurde am 11. August 1899 in Henrichenburg nahe Dortmund eröffnet. Mit seiner Hilfe konnte der 14 m betragende Höhenunterschied zwischen dem Rhein-Herne-Kanal und dem Dortmund-Ems-Kanal überwunden werden. Das Schiffshebewerk war bis 1962 in Betrieb.

Die am weitesten sichtbare Lichtquelle schmückt das Empire State Building in New York. Jeder der vier Strahler hat eine Lichtstärke von 450 Mio. Kerzen. Auf Bodenebene sind die Lichter bis zu einer Entfernung von 130 km zu sehen, von der Luft aus sind sie sogar 490 km weit zu erkennen.

Das größte Schiffshebewerk ist Scharnebeck am Elbe-Seitenkanal beim niedersächsischen Lüneburg. Die 1957–65 erbaute Anlage hat eine Normalhubhöhe von 38 m bei einer Troglänge von 100 m. Die beiden Tröge fassen je 5700 t Wasser.

Auf dem Empire State Building, New York City (USA), befinden sich **die am weitesten sichtbaren Lichtquellen** 332 m über dem Boden. Jede der Vierbogen-Quecksilber-Glühlampen besitzt eine Lichtstärke von 450 Mio. Candela (cd), so daß die Lichter in einer Entfernung von 130 km auf Boden- und See-Ebene und 490 km weit vom Flugzeug aus wahrgenommen werden können. Sie wurden erstmals am 31. März 1956 eingeschaltet.

Der mächtigste deutsche Leuchtturm ist der Kampenleuchtturm auf Borkum (Nordsee), der 59,25 km weit sichtbar ist.

Der älteste Leuchtturm Deutschlands ist der Alte Leuchtturm in Lindau. Er wurde 1270–80 erbaut. Dort steht mit dem neuen Leuchtturm auch das südlichste Leuchtfeuer. In der Hafeneinfahrt bildet es mit dem Löwen das Wahrzeichen der Bodenseestadt.

Der höchste Leuchtturm der Welt ist der 106 m hohe Stahlturm nahe dem Yamashita-Park, Yokohama (Japan). Das Leuchtfeuer besitzt 600 000 cd und ist 32 km weit sichtbar.

Der erste mit Atomenergie betriebene Leuchtturm wurde 1974 vor der baltischen Küste (UdSSR) in der Ostsee installiert. Er ist 30 m hoch und wird elektronisch gesteuert.

Die höchsten Lichtsäulen der Welt reichen 63,5 m in den Himmel. Das französische Unternehmen Petitjean & Cie aus Troyes hat die vier hochragenden Lichtmasten im Sultan-Qaboos-Sportzentrum von Maskat (Sultanat Oman) errichtet.

Die höchsten beweglichen Trennwände gibt es im Festsaal der Stadthalle Bielefeld.

Die größte unterirdische Montagehalle der Welt war die Mittelwerkfabrik bei Nordhausen im Harz. Sie wurde zum Schutz vor Fliegerangriffen 1942 unter die Erde verlegt. Insassen von Konzentrationslagern bauten die 120 000 m^2 große Fabrikationsfläche aus. In dem Werk wurden V-2-Raketen montiert.

Das größte Kuppelgewölbe der Welt ist der Louisiana Superdome New Orleans (USA). Sein Durchmesser beträgt 207,26 m.

Der Kuppelbau einer Multi-Arena aus Stahl, Beton und Glas entstand südlich der Stockholmer Innenstadt. Die im Februar 1989 von der Würzburger Baufirma MERO-Raumstruktur fertiggestellte Globe Arena von 85 m Höhe und 110 m Durchmesser bietet 16 000 Zuschauern Platz.

Die größte Kuppel des Altertums besitzt das 112 n. Chr. in Rom gebaute Pantheon mit einem Durchmesser von 43,3 m.

Die größte freitragende Gipskuppel entstand im Rahmen der »Handwerk '89« auf der Messe Stuttgart-Killesberg am 23. September 1989. Zwölf Stukkateuren der Stukkateur-Innung Stuttgart gelang es in achtstündiger Bauzeit, eine 6,45 m hohe Gewölbe-Kuppel aus 3 t Alabaster-Gips mit einer Armierung aus Sisal-Fasern zu bauen. Das riesige Gewölbe hatte einen Durchmesser von 9,97 m, eine Wandstärke von nur ca. 10 mm am Boden, 3–5 mm an der Spitze und trug sich ohne Stützen selbst. Verglichen mit einem Hühnerei war die Wandstärke der Kuppel um ein Mehrfaches dünner.

Die größten Tore der Welt sind die vier Eingänge des Raumfahrzeugmontagegebäudes (VAB) im Kennedy Space Center in der Nähe von Cape Canaveral in Florida (USA), die 140 m hoch sind.

Das größte Rolltor wurde 1972 an eine holländische Großwerft bei Rotterdam geliefert. Das 25,5 m hohe und 28 m breite Tor schließt eine Docköffnung von 28 m Breite und 18 m Höhe. Das von der Fa. Günther GmbH Metallwerk aus Neunkirchen/Westerwald erbaute Großrolltor hat ein Eigengewicht von 16 220 kg.

Die schwerste Tür der Welt wiegt 326,5 t und ist 2,43 m dick. Sie führt im Lawrence-Liver-

more-Nationallaboratorium von Kalifornien (USA) in den Laserversuchsraum.

Die höchsten beweglichen Trennwände von Hüppe Form (Oldenburg) unterteilen seit September 1990 den Bühnenbereich des großen Festsaales der Stadthalle Bielefeld. Zwei 11,46 m hohe Wände mit insgesamt 22 Einzelelementen ermöglichen eine variable Raumaufteilung für eine multifunktionale Raumnutzung. Jedes Element ist in Deckenschienen mühelos verfahrbar.

Der größte Springbrunnen der Welt ist der in den Fountain Hills von Arizona (USA). Die Firma McCulloch Properties Inc. ließ ihn sich 1,5 Mio. Dollar kosten. Beim Höchstdruck von 26,3 kg/cm^2 speit der Springbrunnen 26 500 l/min aus. Die Wassersäule erreicht eine Höhe von 170 m und wiegt dann mehr als 8 t. Die Düsen, die von drei 600 PS starken Pumpen bedient werden, verleihen den Wasserstrahlen eine Geschwindigkeit bis zu 236 km/h.

Den tiefsten Brunnen Europas hat die 1178 zerstörte Burg Kyffhausen am Nordostrand des Thüringer Beckens. Der Burgbrunnen ist 176 m tief, also 10 m tiefer als der ca. 1650 angelegte Brunnen der Burgfeste Wülzburg bei Weissenburg im Naturpark Altmühltal.

Der ergiebigste Brunnen wurde 1973 bei Orlando in Florida (USA) entdeckt. Er liefert 757 hl/min Wasser.

Der höchste Fahnenmast, der jemals errichtet wurde, zierte im Jahr 1915 das Oregon-Gebäude in San Franzisko (USA). Er war aus einer Douglastanne gehauen, 91 m hoch, 47 t schwer und anläßlich der Internationalen Panama-Pazifik-Messe aufgestellt worden. Der höchste freistehende Fahnenmast der Welt ragt 85,95 m in den kanadischen Himmel. Errichtet wurde er am 22. August 1985 für die große Messeschau in Vancouver, British Columbia (Kanada), die Expo 86. Der Stahlmast trägt einen riesigen Eishockeyschläger, der fast so lang ist wie der Fahnenmast hoch: 62,5 m.

Die höchsten Säulen der Welt (im Gegensatz zu Obelisken) sind die 36 kannelierten Säulen aus Vermont-Marmor, die die Kolonnade des Education Building in Albany im Staat New York (USA) bilden. Ihre Höhe beträgt 27,43 m, ihr Fuß hat einen Durchmesser von 1,98 m.

Größter Müllschlucker der Welt ist die Müllverwertungsanlage Nr. 1 in Fresh Kills, Staten Island (USA). Sie wurde 1974 in Betrieb genommen. Schon in den ersten vier Monaten waren aus New York City auf 700 Lastkähnen 450 000 t Abfall angeschleppt worden.

Der größte einzelne Getreidesilo der Welt gehört der C-G-F-Grain Company in Wichita, Kansas (USA). Mit einer dreifachen Reihe von Lagerbehältern, von denen je 123 auf beiden Seiten des Zentralladeturmes oder »Haupthauses« aufgestellt sind, hat der Silo eine Länge von 828 m und eine Breite von 30 m. Jeder Behälter ist 37 m hoch und hat einen Innendurchmesser von 9 m, was ein Gesamtfassungsvermögen von 7,3 Mio. hl Weizen darstellt.

Die größte Siloanlage steht in City of Thunder Bay am Lake Superior in Kanada, 23 Einzelsilos haben ein Fassungsvermögen von 37,4 Mio. hl.

Bereits in römischer Zeit wurde das Mohammadieh-Noria-Wasserrad in Hamah (Syrien) gebaut.

Die größte einzelne Kläranlage der Welt hat ein Fassungsvermögen von 1 280 000 m^3 und ist seit 1940 in Chikago (USA) in Betrieb. Die West-Southwest-Anlage klärt die Abwässer von 2,94 Mio. Menschen; im Jahr 1973 waren das durchschnittlich 3160 Mio. l pro Tag.

Die vermutlich größte Kläranlage Europas wird in Ost-London betrieben. Fassungsvermögen: 21 400 m^3. An der Anlage hängen 2,966 Mio. Menschen. Täglich werden 941 Mio. l Abwässer wieder aufbereitet.

Der längste Treppenaufgang der Welt ist der Betriebsaufgang zur Niesenbahn, einer 2365 m hohen Drahtseilbahn bei Spiez (Schweiz). Er hat 11 674 Stufen und ein Treppengeländer. Die 6600 aus Stein gehauenen T'ai-Chan-Tempelstufen, die in das chinesische Shantung-Gebirge führen, reichen 1428 m in die Höhe.

Die längste Wendeltreppe der Welt hat 1520 Stufen und führt in der White-County-Kohlenzeche von Carmi, Illinois (USA), 336,2 m in die Tiefe. Die Wendeltreppe wurde im Mai 1981 von der Firma Systems Control gebaut.

Die höchste Wendeltreppe der Welt hat 217 Stufen und führt 63,2 m hinauf zum Schornstein Bobila Almirall in Barcelona (Spanien). Sie wurde 1956 von Mariano Masana i Ribas gebaut.

Das größte Zelt errichtete die Firma Deuters aus Augsburg für die »Welcome Expo« in Brüssel (Belgien) im Jahr 1958. Es hatte einen Flächeninhalt von 17 500 m^2.
Die größte Zeltanlage wurde 1983 für eine Europa-Ausstellung im schottischen Aberdeen errichtet. Sie bestand aus 15 ineinander übergehenden Zelten und nahm 28 400 m^2 ein.

Der größte Gasbehälter der Welt ist in Fontaine L'Evêque (Belgien), wo verlassene Bergwerke zum Speichern von 500 Mio. m^3 Gas bei Normaldruck benutzt werden.
Wahrscheinlich ist der größte herkömmliche Gasbehälter der 1968 in Wien-Simmering

(Österreich) fertiggestellte 84 m hohe Gasbehälter, der ein Fassungsvermögen von 300 000 m^3 besitzt.

Das größte Denkmal der Welt ist die am 28. Oktober 1965 fertiggestellte Pforte aus rostfreiem Stahl zum sogenannten West Arch in St. Louis, Missouri (USA), zur Erinnerung an den großen Zug nach Westen, der 1803 nach dem Kauf von Louisiana einsetzte. Die Stahlpforte besteht aus einem Bogen mit 192 m Spannweite und ist ebenfalls genau 192 m hoch und kostete 29 Mio. Dollar (damals 116 Mio. DM). Der Entwurf stammte von dem 1961 verstorbenen Eero Saarinen.

Die höchste Siegessäule der Welt soll an die Schlacht von San Jacinto (21. April 1836) erinnern. Sie steht am San-Jacinto-Fluß bei Houston, Texas (USA). General Sam Houston (1793–1863) und seine 743 Texaner besiegten eine mexikanische Übermacht von 1600 Mann, von denen 630 getötet und 700 gefangengenommen wurden. Die amerikanischen Verluste beliefen sich auf neun Tote und 30 Verwundete. Die 1936–39 für 1,5 Mio. Dollar errichtete, sich nach oben verjüngende Säule ist 173 m hoch, 14 m^2 am Fuß und 9 m^2 am Aussichtsturm, den ein 200 t schwerer Stern krönt. Die Säule ist aus Beton, der mit Sandstein verkleidet ist, und wiegt 31 888 t.

Das höchste Denkmal Europas ist das 91 m hohe Völkerschlachtdenkmal, das 1898–1913 bei Leipzig (Sachsen) zur Erinnerung an die Völkerschlacht 1813 nach dem Entwurf von Bruno Schmitz errichtet wurde.

Die größte Statue der Welt ist eine riesige Frauengestalt aus Spannbeton auf dem Mamajewberg bei Wolgograd (UdSSR), die Jewgenij Wuchetitsch 1967 zum Andenken an den Sieg von Stalingrad (1942–43), das heute Wolgograd heißt, ausführte. Von der Basis zur Spitze des Schwerts in der rechten Hand des Standbilds mißt es 82,3 m.

Der indische Seiltrick, eine Riesenplastik bei Jönköping in Schweden, ist von den Füßen des Fakirs bis zur Seilspitze (25 cm Durchmesser) 103 m hoch. Das 144 t schwere Werk wurde von Calle Örnemark geschaffen.

Längste Statue: Bei Bamijan in Afghanistan befinden sich die Überreste einer ruhenden Buddhafigur aus mit Mörtel verkitteten kleinen Steinen. Sie soll etwa 305 m lang gewesen sein und aus dem 3. oder 4. Jh. n. Chr. stammen.

Die größte jemals hergestellte Glasfensterscheibe maß 50 m^2 (20 x 2,5 m) und wurde von der Firma Saint Gobain in Frankreich auf der Internationalen Spiegelausstellung im März 1958 gezeigt.

Die größten Einzelfenster besitzt der Palast der Industrie und Technologie am Rondpoint de la Défense, Paris (Frankreich). Jedes hat eine Breite von insgesamt 218 m bei einer maximalen Höhe von 50 m.

Die größte Sicherheitsglasscheibe hat P. T. Sinar Rasa Kencana aus Djakarta (Indonesien) hergestellt. Sie war 7 m lang, 2,14 m breit und 12 mm dick.

Die größten Weinkeller gehören der K. W. V. (Ko-operative Wijnbouwers Vereeniging) in Paarl bei Kapstadt, inmitten der Weinbaulandschaft Südafrikas. Sie erstrecken sich über 10 ha und haben Raum für 136 Mio. l.
Die Cienega-Keller der Almaden-Weinberge in Hollister, Kalifornien (USA), sind 1,6 ha groß und können etwa 8,3 Mio. l Wein fassen. Der Wein reift in 37 300 Eichenfässern heran.

Das größte Weinfaß steht im Keller unter dem Friedrichsbau des Heidelberger Schlosses. Das hölzerne Faß stammt aus dem Jahr 1751, ist 9 m lang, 8 m hoch und faßt 221 726 l.

Der größte künstliche Wasserfall unter einem Dach rauscht über 2743 m^2 Marmor 34,74 m in die Tiefe. Zu bestaunen ist er in der Wandelhalle des Greektown's International Center Building in Detroit, Michigan (USA).

Das größte Wasserrad der Welt ist mit einem Durchmesser von 40 m das Mohammadieh-Noria-Wasserrad in Hamah (Syrien).

Der größte Wasserturm wurde 1965 in Union, New Jersey (USA), errichtet. Der von der Elizabethtown Water Company betriebene Hochbehälter ist 64 m hoch und hat ein Fassungsvermögen von 9462 hl.

ARCHITEKTUR-REKORDE

Die größten vorgeschichtlichen Religionsbauten in Europa sind Riesensteinblöcke, die sich als Wälle über 11,5 ha bei Avebury (GB) erstrecken. Sie wurden 1646 wiederentdeckt. Das früheste meßtechnisch ermittelte Datum für diese Kultstätte aus der Jungsteinzeit ist ca. 4200 v. Chr. Die gesamte Anlage hat einen Durchmesser von 365 m und war von einem 12 m tiefen Graben umgeben.

Die größten Trilithen (Steinblöcke in Dreiergruppen) finden sich in Stonehenge, südlich der Ebene von Salisbury (GB). Die einzelnen Steinpfeiler wiegen mehr als 45 t und mußten von etwa 550 Mann eine Steigung von 9 Grad bergauf geschleppt werden. Die früheste Bauphase des Rundgrabens wurde mit 2800 v. Chr. errechnet. Ob Stonehenge als Mondkalender, Tempel zur Beobachtung von Luftspiegelungen (Fata Morganen) oder zur Vorhersage von

Älteste Pyramide ist die Stufenpyramide des Djoser in Sakkara (Ägypten). Die 62 m hohe Pyramide gilt mit ihren sechs Stufen als ältestes Baudenkmal aus behauenem Stein.

Die Große Sphinx, eines der Wunder der antiken ägyptischen Architektur, ist hier neben den Pyramiden von Gizeh zu sehen.

Sonnen- und Mondfinsternissen diente, ist noch immer umstritten.

Der größte Menhir, der bisher gefunden wurde, wiegt 380 t. Es ist der Grand Menhir Brisé, der inzwischen in vier Stücke zerfallen ist. Er stand ursprünglich in der bretonischen Gemeinde Locmariaquer (Frankreich) und war 21 m hoch.

Der größte künstliche Grabhügel Europas ist Silbury Hill, 9,7 km westlich von Marlborough, Wiltshire (GB), dessen 39 m hoher Kegel mit seiner 2 ha großen Basis eine Kalkaufschüttung von schätzungsweise 681 000 t erfordert haben muß. Professor Richard Atkinson, der mit den Ausgrabungen im Jahr 1968 betraut war, wies darauf hin, daß dieser Hügel einen inneren Grabhügel umgibt, der den aus derselben Zeit stammenden Rundgräbern ähnlich ist und aus dem Jahr 2745 ± 185 v. Chr. stammt.

Die älteste bekannte Pyramide ist die 62 m hohe Stufenpyramide des Djoser in Sakkara (Ägypten), die um 2650 v. Chr. von Imhotep erbaut wurde und ursprünglich mit Blöcken aus Tura-Kalkstein belegt war.

Der größte bekannte Einzelblock einer Pyramide wiegt 290 t. Er gehört zur (dritthöchsten) Pyramide, die der Pharao Mykerinos (um 2470 v. Chr.) bei Gizeh errichten ließ.

Der größte erhaltene Turmtempel (Zikkurat) (das Wort leitete sich von dem Verb *zaqaru* = »hoch bauen« ab) ist der von Ur, dem heutigen Muquaijar (Irak). Er hatte eine Basis von 61 × 45,7 m, war drei Terrassen hoch und auf der Spitze von einem Altar gekrönt. Übriggeblieben sind die erste und Teile der zweiten Plattform. Seine heutige Höhe beträgt 18 m. Der Tempelturm war in der Regierungszeit von Urnammu (2047–29 v. Chr.) gebaut worden.

Der Obelisk, der nie transportiert wurde, befindet sich noch immer in Heliopolis bei Assuan (Ägypten), wo ihn Pharao Senusret I. um 1750 v. Chr. errichten ließ.

Der höchste Obelisk ist das Washington-Denkmal in Washington. Es steht auf einem 42,89 ha großen Gelände und ragt 169,3 m empor. Errichtet wurde das Denkmal zu Ehren von George Washington (1732–99), des ersten Präsidenten der USA.

Die höchsten tragenden antiken Steinsäulen sind 21 m hoch und befinden sich in der Säulenhalle des Amun-Tempels von Karnak am Nilufer gegenüber Theben, der Hauptstadt Oberägyptens im Altertum. Die Säulen stammen aus der 19. Dynastie unter Ramses II. um 1270 v. Chr.

Den größten Turmtempel (Zikkurat genannt), hat der Elamitenkönig Untaschnapirischa um 1250 v. Chr. in Dur-Untasch (Iran) errichten lassen. Er ist als Zikkurat von Tjoga Zanbil in die Geschichte eingegangen, maß an der Basis 105 × 105 m und verjüngte sich auf der fünften Plattform in fast 50 m Höhe auf 28 × 28 m. Die rechteckigen Turmtempel waren im alten Mesopotamien aus rohen Ziegelsteinen um einen künstlichen Hügel gebaut worden und stiegen terrassenförmig an.

DIE SIEBEN WELTWUNDER

Die sieben Weltwunder wurden erstmals im 2. Jh. v. Chr. von Antipater aus Sidon genannt. Dazu gehörten die Pyramiden von Gizeh, die unter drei ägyptischen Pharaonen der 4. Dynastie – Chufu oder Cheops, Chafre oder Chephren, Menkaure oder Mykerinos – bei El Gizeh südwestlich von Kairo erbaut wurden.

Die große Pyramide. Der »Horizont des Chufu« wurde um 2580 v. Chr. unter Rededef vollendet. Ursprünglich 146,5 m hoch, heute nur noch 137 m, weil die obersten Steine und das Pyramidion abgebröckelt sind, mit einer Basis von 230 m, nimmt die Große Pyramide mehr als 5 ha ein. Nach Schätzungen erforderte es 4000 Arbeitskräfte und 30 Arbeitsjahre, um die 2,3 Mio. Kalksteinblöcke mit einem Durchschnittsgewicht von 2,5 t zu transportieren und aufzutürmen. Gesamtgewicht: 5,84 Mio. t. Gesamtvolumen: 2,568 Mio. m^3. Manche Steinblöcke wogen 15 t. Nach einem 1974 veröffentlichten Kostenüberschlag würden heute 405 Arbeitskräfte sechs Jahre lang an der Großen Pyramide bauen, das ergäbe unter dem Strich 1,13 Mrd. Dollar.

Fragmente sind erhalten vom: Tempel der Artemis (Diana) in Ephesus (Türkei), um 350 v. Chr. erbaut und 262 n. Chr. von den Goten zerstört;
Grabmal des Königs Mausolus von Karia in Halikarnassos, dem heutigen Bodrum in der Türkei (um 325 v. Chr.).
Restlos verloren sind: Die Hängenden Gärten von Semiramis, die um 600 v. Chr. in Babylon (Irak) angelegt waren;
die 12 m hohe Zeus-(Jupiter-)Statue, die der Grieche Phidias im 5. Jh. v. Chr. in Olympia aus Marmor, Gold und Edelstein schuf. Sie ist bei einem Brand in Istanbul verschollen;
die 35 m hohe Statue des Gottes Helios (Apollo), die Chares von Lindos 292 bis 280 v. Chr. schuf und die als Koloß von Rhodos bekannt ist (224 v. Chr. bei einem Erdbeben zerstört);
der 122 m hohe Leuchtturm von Pharus, der erste Leuchtturm der Welt, den Sostratos von Knidos um 270 v. Chr. als pyramidenförmigen weißen Marmorturm auf der Alexandria (Ägypten) vorgelagerten Insel Pharus (griechisch für Leuchtturm) errichtet hatte und der im Jahr 1375 bei einem Erdbeben zerstört wurde.

Die älteste Pyramide der Neuen Welt wurde auf der Insel La Venta in Südostmexiko vom Indianerstamm der Olmeken um 800 v. Chr. gebaut. Sie ist 30 m hoch, mit einem Umfang der Grundfläche von 128 m.

Der größte Grabhügel der Welt ist jener Kieshügel, der zum Gedächtnis an den Seleukidenkönig Antiochos I. (um 325–261 v. Chr.) auf dem Gipfel des Nemrud Dagi (2494 m) südöstlich von Malatya (Türkei) errichtet wurde. Er ist 59,8 m hoch und bedeckt eine Fläche von 3 ha.

Längste Mauer der Welt ist die Große Mauer Chinas, die während der Herrschaft Kaiser Ch'in Shih-huang-ti (221–10 v. Chr.) begonnen wurde. Sie ist 3460 km lang. Außerdem kommen weitere 2860 km an Abzweigungen und Ausläufern hinzu. Die Höhe schwankt zwischen 4,5 und 12 m. Die Mauer ist bis zu 9,8 m stark. Sie verläuft von Schanhaikuan am Golf von Pohai nach Juman-Kuan und Jang-Kuan und erhielt im 15. Jh. ihre heutige Form. Seit 1966 sind etwa 51,5 km der Mauer zerstört worden, und im Juli 1979 wurde ein Stück davon durch Sprengung demoliert, um Platz für eine Talsperre zu schaffen.
Fünf Jahre dauernde Untersuchungen haben ergeben, daß die Große Mauer ursprünglich eine Gesamtlänge von 9980 km hatte. Das wurde am 6. März 1985 aus China gemeldet.

Die größte Pyramide ist die Pyramide des Quetzalcóatl in Cholula de Rivadabia, 100 km südöstlich von Mexico City (Mexiko). Sie ist 54 m hoch, und die Grundfläche mißt nahezu 18,2 ha. Das Gesamtvolumen der Pyramide wurde auf 3,3 Mio. m^3 geschätzt (zum Vergleich: die Cheopspyramide hat 2,5 Mio. m^3).

Der größte Obelisk (abgeleitet vom griechischen *obelós* = Bratspieß, Spitzsäule) der Welt ist der Obelisk des Königs Thutmosis III., den der römische Kaiser Konstantin 357 n. Chr. im ägyptischen Aswan abreißen und in seine Heimat schaffen ließ. Am 3. August 1588 wurde der Obelisk auf der Piazza San Giovanni vor dem Papstpalast in Rom wieder aufgestellt. Ursprünglich 36 m hoch, mißt die Spitzsäule heute nur noch 32,81 m. ■

WELT DES VERKEHRS

Der kleine Airbus *A 310-300* ist seit 1988 im Liniendienst der Lufthansa. Dieser Kurz- und Mittelstreckenjet wurde wie der Typ *320-200* weltweit zum Renner im Airbus-Geschäft

PASSAGIERSCHIFFE

Das größte und längste Passagierschiff der Welt ist die *Norway* mit 76000 BRT und einer Gesamtlänge von 315,53 m; sie bietet 2400 Passagieren Platz. 1961 wurde das Schiff als *France* erbaut und nach dem Verkauf 1979 von Knut Kloster (Norwegen) umgetauft. Normalerweise wird die *Norway* von der Basis Miami, Florida (USA), für Kreuzfahrten durch die Karibik eingesetzt. Die umfangreiche Neuausrüstung im Herbst 1990, bei der u. a. zwei neue Decks eingebaut wurden, steigerte die Tonnage des Schiffs auf die aktuellen 76000 BRT.

Das größte je gebaute Passagierschiff war die *Queen Elizabeth* der Cunard-Flotte (zunächst 83673, später 82998 BRT). Sie hatte die größte Wasserverdrängung, eine Gesamtlänge von 314 m, eine Breite von 36 m und war mit Dampfturbinen ausgerüstet, die 168000 PS (124000 kW) entwickelten. Ihre letzte Passagierreise endete am 15. November 1968. Im Jahr 1970 wurde sie nach Hongkong geschafft, um dort als schwimmende Marine-Universität zu dienen, und in *Seawise University* umbenannt. Am 9. Januar 1972 fiel sie einem Brand zum Opfer, der gleichzeitig an drei Stellen ausbrach. Der größte Teil des zerstörten Rumpfs wurde auseinandergeschweißt und bis 1978 abgeschleppt.

Das größte Passagierschiff Deutschlands ist die *Europa* der Hapag-Lloyd-Reederei, Hamburg. Sie ist 33819 BRT groß und bietet mit ihren 316 Kabinen 758 Passagieren Platz.

FRACHTSCHIFFE

Das größte Frachtschiff der Welt für den Transport von Trockengütern ist der norwegische Erzfrachter *Berge Stahl* mit 364767 t Eigengewicht, in Südkorea für den norwegischen Reeder Sid Bergesen gebaut. Das Schiff, das am 5. November 1986 vom Stapel lief, ist 343 m lang und hat eine größte Breite von 63,5 m.

Das größte Walfangschiff der Welt ist die sowjetische *Sovietskaja Ukraina* mit 32034 BRT und einer Nutzlast von 46738 t. Das im Oktober 1959 fertiggestellte Schiff ist 217,8 m lang und hat eine größte Breite von 25,8 m.

Die größten Ro-Ro-(Roll-on-, Roll-off-)Lastschiffe der Welt: die drei Schwesterschiffe der *Barber*-Klasse, *Barber Hector, Barber Tampa* und *Barber Texas* mit je 44000 tdw.
Am 25. März 1986 wurde die *Barber Texas* als erstes Schiff dieses Typs in Hamburg in Betrieb genommen. 262 m lang und 32,26 m breit ist der Superfrachter. In den Bauch des roten Riesen führt eine 45,1 m lange und 200 t schwere Heckrampe, die nach Aussagen der Reederei das teuerste Umschlaggerät ist, das je in ein Schiff eingebaut wurde. Der Stauraum der *Barber Texas* hat ein Fassungsvermögen von 1500 PKWs, 74655 m^3 sonstiger Ladung und 1300 Containern auf einer Fläche von vier Fußballfeldern.
Dahinter rangieren die vier 16700-t-Schiffe der *El-Rey*-Klasse mit einer Länge von je 176,8 m. Sie gehören der Crowley Maritime Corporation von San Franzisko (USA) und verkehren zwischen Florida und Puerto Rico mit Ladungen bis zu 376 LKW-Anhängern, die in drei Ebenen untergebracht sind.

Die größten Containerschiffe sind *President Adams, President Jackson, President Kennedy, President Polk* und *President Truman* mit jeweils 61926 BRT. Die für die US-Reederei American President Lines Ltd. von der Howaldtswerke-Deutsche Werft AG, Kiel, gebauten Schiffsriesen sind für den schnellen Linienbetrieb zwischen den USA und Fernost bestimmt. Diese CONBULK-Frachter werden als post-panamax bezeichnet, weil es sich um die ersten Containerschiffe handelt, die für die Durchfahrt durch den Panamakanal zu groß sind. Sie messen 275,14 m in der Länge und 39,41 m in der größten Breite; Maximalbreite für die Durchfahrt durch den Panamakanal sind 32,3 m. Die genannten Schiffe verfügen über eine angegebene Kapazität von 4300 TEU, haben tatsächlich im normalen Frachtbetrieb aber schon mehr Einheiten befördert.

Die größte Serie von Containerschiffen bilden die zwölf Schiffe, die 1984/85 von den United States Lines in Korea gebaut wurden. Sie können jeweils 4482 TEU (6,1-m-Container) aufnehmen. Die Schiffe mit jeweils 57075 BRT tragen Namen wie *American Alabama, American California, Illinois, Kentucky* usw. Nach dem finanziellen Zusammenbruch der United States Lines wurde die Flotte verkauft; zwölf ihrer Schiffe tragen nun Namen wie *Sea-Land Atlantic, Sea-Land Achiever, Commitment, Integrity* usw., während andere Namen haben, die entweder mit dem Wort ›Nedlloyd‹ (z. B. *Nedlloyd Holland*) beginnen oder auf das Wort ›Bay‹ *(Galveston Bay)* enden.

ANDERE WASSERFAHRZEUGE

Der größte Tanker und das größte Schiff überhaupt ist mit 555051 t Eigengewicht die *Hellas FOS*, ein 1979 gebauter Tanker mit Dampfturbinenantrieb. Das Schiff mit 254583 BRT und 227081 NRT (Nettoregistertonnen) wird von der griechischen Bilinder Marine Corporation mit Sitz in Athen verwaltet.

Die *Happy Giant*, die ehemalige *Seawise Giant*, hat 564739 t Leergewicht. Sie ist 485,45 m lang, hat eine größte Breite von 68,86 m und einen Tiefgang von 24,61 m. Sie wurde 1980 von Nippon Kokan verlängert, indem ein 81 m langes Rumpfstück in der Schiffsmitte eingesetzt wurde. Am 22. Dezember 1987 wurde das Schiff vor der Insel Larak im Persischen Golf von irakischen *Mirage*-Kampfflugzeugen angegriffen und bei einem weiteren Angriff am 14. Mai 1988 schwer beschädigt. Trotz der Schäden wurde das Schiff von einem Eigner in Norwegen gekauft und soll nach Neuausrüstung in Südkorea wieder eingesetzt werden.

Die stärksten Schlepper sind die *Nikolay Chiker und SB–134*, im April/Mai 1989 in Auftrag gegeben und für V/O Sudoiport (UdSSR) von der Hollming-Werft (Schweden) gebaut. Die 99 m langen und 19,45 m breiten Schlepper bringen 24480 PS Leistung und schaffen bei voller Kraft einen Pollerzug von 250 t.

Die weltgrößte Auto- und Passagierfähre ist mit 58376 BRZ die große *Silja Serenade*, die am 18. November 1990 auf der Strecke Stockholm–Helsinki in Dienst gestellt wurde und von der Silja Linie betrieben wird. Sie ist 203 m lang, 31,5 m breit und kann 2500 Passagiere sowie 450 PKWs oder 60 LKWs befördern. Bauwerft des 380 Mio. DM teuren Schiffes ist die Masa-Yarel in Turku (Finnland).

Das größte, je gebaute Kurzstreckenfahrschiff, die *Pride of Dover*, ging am 2. Juni 1987 auf Jungfernfahrt von Dover nach Calais. Die 26433 BRZ große Fähre ist 168,2 m lang, kann 650 Autos und 2290 Passagiere befördern. Nach dem Fährunglück von Zeebrugge hat die britische Reedereigruppe Townsend Thoresen das auf der Schichau-Unterweser-Werft gebaute Schiff mit Warnleuchten und Videokameras ausgestattet. So kann der Kapitän auf der Brücke feststellen, ob die Bugtore der Riesenfähre geschlossen sind.

Die schnellste Autofähre ist die von Gasturbinen angetriebene *Finnjet*, die 1977 erbaut wurde. Sie verkehrt mit einer Kapazität von über 30 Knoten Geschwindigkeit zwischen Helsinki und Travemünde.

Das größte Fährschiff Deutschlands ist die *Olau Hollandia* der Hamburger Olau-TT-Line. Die auf der Linie über den Ärmelkanal von dem südholländischen Vlissingen nach Sheerness an der Themsemündung eingesetzte 33336 BRZ große Fähre ist 161 m lang und 29,8 m breit und bietet mit ihren 423 Kabinen 1600 Passagieren Platz. In zwei Frachtdecks können 118 LKWs oder Trailer gestaut werden.
Das älteste noch im Einsatz befindliche Eisenbahnfährschiff der Welt dient zwischen Wolgast und der Insel Usedom zum Übersetzen von Güterwagen. Die Eingleisfähre *Stralsund* mit 36 m Gleislänge wurde 1890 auf der Schichau-Werft in Elbing (Elblag) gebaut und war zunächst auf der Eisenbahnfährlinie zwischen Stralsund und Altefähr auf Rügen eingesetzt.

Das größte Eisenbahnfährschiff der Welt ist die 1990 in Dienst gestellte *Railship III*. Das 189,5 m lange Schiff kann auf drei Decks mit insgesamt 15 Gleisen rund 90 vierachsige Güterwagen von je 20 m Länge aufnehmen. Die gesamte Gleislänge beträgt 1990 m. Die auf der Schichau Seebeckwerft AG in Bremerhaven gebaute Fähre wird mit zwei Schwesterschiffen von der Railship GmbH & Co zwischen Lübeck-Travemünde und dem südfinnischen Hanko eingesetzt.

Die größten Zweideckeisenbahnfähren der Welt – die fünf typgleichen Schiffe *Mukran, Greifswald, Klaipeda, Vilnius* und *Kaunas* – operieren auf der Ostsee zwischen den Häfen von Klaipeda (Memel, Litauen) und Mukran auf der Insel Rügen. Sie haben bei einer Länge von 190,5 m und einer Breite von 91,86 m zwei Decks und wurden in Wismar (Mecklenburg-Vorpommern) gebaut. Jede der Fähren kann 103 Eisenbahnwaggons mit 14,83 m Standardlänge und einem Gewicht von bis zu 84 t befördern. In 17 Std. können die Fähren eine Strecke von 506 km zurücklegen.

Die längste Eisenbahnfähre der Welt ist die 6300-t-*Trekroner* der Dänischen Staatsbahnen. Das Zweideckschiff ist 15 Knoten schnell, 198,5 m lang und 21 m breit. In dem fünfgleisigen Eisenbahndeck mit 815 m Gleislänge finden 50 Güterwagen Platz. Das Oberdeck ist für die Aufstellung von Trailern vorgesehen. Die Fähre wird seit dem 22. Dezember 1986 auf der neuen Kontinent-Linie für den Schienengüterverkehr zwischen Kopenhagen Freihafen und Helsingborg eingesetzt.

Das größte Eisenbahnfährschiff mit einem Schienendeck ist die *Lübeck Link* der Reederei Nordö-Link. Das 194 m lange und 27 m breite Schiff kann im fünfgleisigen Hauptdeck mit 1000 m Gleislänge 75 Güterwagen unterschiedlicher Länge aufnehmen.
Das 10 120 tdw-Schiff wird gemeinsam mit dem Schwesterschiff *Malmö Link* auf der Fährroute Malmö–Travemünde eingesetzt.

Als das teuerste Forschungsschiff der Welt gilt die deutsche *Polarstern*, ein Luxusliner der Wissenschaft – erbaut von der Howaldtswerke-Deutsche Werft AG in Kiel und der Rendsburger Werft Nobiskrug. Dieses 118 m lange Vielzweck-Forschungsschiff hat vier 20 000 PS starke Diesel und bietet 106 Menschen an Bord allen Komfort.

Das modernste deutsche Forschungsschiff: Die neue *Meteor*, die am 15. März 1986 in Dienst gestellt worden ist, setzt eine sechs Jahrzehnte alte Forschungstradition fort. Das 98 m lange und 16,5 m breite Schiff, dessen Baukosten rund 100 Mio. DM betrugen, kann auf sieben Vorgängerinnen gleichen Namens zurückblikken. Besonders bekannt wurde die 1924 in Betrieb genommene *Meteor*, die auf der »Atlantischen Expedition« von 1925 bis 27 den gesamten Atlantischen Ozean vermessen hat.

Das größte Tragflächenboot ist die 64,6 m lange *Plainview* mit 314 BRT, die von der Lockheed Shipbuilding and Construction Co. in Seattle, Washington (USA), am 28. Juni 1965 vom Stapel gelassen wurde. Sie hat eine Betriebsgeschwindigkeit von 50 Knoten (92 km/h).
Drei 165 t große *Supramar-PTS-MK-III*-Tragflächenboote mit einem Fassungsvermögen von 250 Passagieren und einer Geschwindigkeit von 40 Knoten (74 km/h) verkehren regelmäßig zwischen Malmö (Schweden) und Kopenhagen (Dänemark). Sie wurden von der Westermoen Hydrofoil Ltd. in Mandal (Norwegen) gebaut.

Das weltgrößte Binnen-Flußschiff ist die 3220 PS starke, 120,6 m lange und 22,86 m breite *M.S. Mozart*. Das »Fünf-Sterne-Hotel« auf der Donau bietet 239 Passagieren Platz. Das in Deggendorf gebaute Binnenschiff erreicht eine maximale Geschwindigkeit von 23,05 km/h. Eigner des größten Donau-Passagierschiffs ist die Erste Donau-Dampfschiffahrts-Gesellschaft in Wien.

Die schnellste Überquerung des Ärmelkanals durch eine Autofähre gelang am 9. Februar 1982 Townsend Thoresens *Pride of Free Enterprise*, die in 52:49 Min. von Dover nach Calais gelangte. Mit Rückenwind; denn es herrschte Windstärke 7!

Das längste, speziell als Eisbrecher konstruierte Schiff ist die 140 m lange *Rossiya*, in Leningrad vom Stapel gelassen und 1985 fertiggestellt. Der 25 000-t-Eisbrecher wird atomar angetrieben, seine Motoren erzeugen 75 000 PS (56 250 kW)
Ein neuer Eisbrecher der *Polar*-Klasse für eine halbe Mrd. kanadische Dollar (825 Mio. DM) wurde im Oktober 1985 von der kanadischen Regierung in Auftrag gegeben. Er wird 194 m lang sein und 100 000 PS leisten.

Der größte umgebaute Eisbrecher war der 306,9 m lange, 43 000 PS starke Dampfer *Manhattan*, der von der Humble Oil Co. in einen 152 407-t-Eisbrecher mit einem 21,08 m langen, verstärkten Bug umgewandelt wurde. Er durchfuhr vom 24. August bis 12. November 1969 zweimal die Nordwestpassage in der Kanadischen Arktis. Die Passage wurde per Schiff erstmals am 11. Juli 1906 von Roald Engeberth Gravning Amundsen (Norwegen/1872–1928) mit der Robbenfang-Schaluppe *Giöa* bewältigt.

Teuerste Yacht: Die Ausrüstung der 143,2 m langen saudiarabischen königlichen Yacht *Abdul Asiz*, in Dänemark erbaut, wurde am 22. Januar 1984 bei der Vospers-Werft in Southampton (GB) abgeschlossen. 1987 wurde der Wert der Yacht auf über 100 Mio. Dollar (175 Mio. DM) geschätzt.

Die längste private Yacht (nicht im Besitz eines Königshauses) ist die 85,9 m lange *Nabila*,

Die *Nikolay Chiker* ist mit 24 480 PS einer der beiden stärksten Schlepper der Welt.

Die *Silja Serenade* nahm im November 1990 als Auto- und Passagierfähre auf der Route Stockholm–Helsinki für die Silja Line ihren Dienst auf.

David Scott Cowper hält drei Erdumrundungsrekorde zur See. Hier vor Kapstadt (Südafrika).

die ursprünglich umgerechnet gut 55 Mio. DM gekostet hat. Im September 1987 wurde sie für annähernd den gleichen Preis vom Sultan von Brunei an den New Yorker Immobilienmakler Donald Trump (*1946) verkauft und auf *Trump Princess* umgetauft. Der ursprüngliche Besitzer war Adnan Kashoggi, der einen Hubschrauber-Landeplatz und einen Operationssaal installieren ließ.

Der stärkste Schwimmbagger ist die 142,7 m lange *Prins der Nederlanden* mit 10586 BRT. Er ist in der Lage, mit Hilfe von zwei Saugrohren 20000 t Sand in weniger als 1 Std. aus einer Tiefe von 35 m zu baggern.

Die größte Schiffsschraube der Welt ist die Drei-Blatt-Schraube von 11 m Durchmesser, die am 17. März 1982 von Kawasaki Ltd. für den 208739-t-Massengutfrachter *Hoei Maru* hergestellt worden ist.

Das kleinste bemannte Unterseeboot, der *Subastir 2*, ging am 19. September 1987 erstmals auf Tauchstation. Der Schiffbau-Student Carsten Standfuß (*1965) aus Langen bei Bremerhaven hat das Mini-U-Boot mit 2,98 m Länge und einem Gewicht von 575 kg konstruiert. Es ist ausgerüstet mit vier Steuermotoren, zwei Außenscheinwerfern, Innenbeleuchtung, Sonat, Echolot, Tiefenmesser, Kompaß, Notpreßlufttauchgerät und Funk, gefahren wird der *Subastir 2* liegend. Er soll für Sporttauchzwecke in der Ostsee eingesetzt werden – maximale Tauchtiefe (bemannt): 60 m.

MODELLSCHIFFE

24-Std.-Rekord: Mitglieder der Conisbrough and District Modelling Association in Doncaster (GB) bildeten am 11./12. August 1990 im Dome Leisure Park von Doncaster die Besatzung eines funkgesteuerten maßstabgetreuen Modellschiffs HMS *Stag* und erzielten einen 24-Std.-Streckenrekord von 169,08 km.

Das kleinste ferngesteuerte Modellschiff fertigte im März 1991 der Elektromechaniker Carlo Fromm (*1956) aus Witten (Nordrhein-Westfalen) an. Das vollfunktionsfähige Modell eines Renn-Gleitboots nach US-Vorbild ist mit nur 38 g Gewicht 105 mm lang, 49 mm breit und 23 mm hoch. Der winzige Motor kann das leichteste aller Modellboote stufenlos vor- und rückwärtsfahren, das Ruder rechts und links gestellt werden.

Das kleinste U-Boot-Modell ist im Maßstab 1:50 die Mini-Ausgabe des 6 m langen Drei-Mann-U-Bootes *Tours 60* des Industrie-Kontors Lübeck. Jörg Sellnow (*1954) aus Augsburg hat das 123 mm lange, über Motoren 82 mm breite, mit Turm 69 mm hohe und 130 g schwere Modell gebaut. Mit einem Rumpf von nur 39 mm Durchmesser kann der Winzling – funkferngesteuert – sogar in einer Kaffeekanne tauchen.

Die schnellste Atlantiküberquerung im Katamaran hat die Hooverspeed *Great Britain* vom 20. bis 23. Juni 1990 erreicht.

Das Luftkissenschiff *Neste Enterprise* erreichte samt Besatzung in der chinesischen Provinz Qinghai in der Gletscherquellregion des Jangtse eine Höhe von 4983 m üNN.

Eine Schiffsmodellsammlung – 225 verschiedene Modelle im Maßstab 1:500 – hat seit 25 Jahren Horst Meingast (* 1927) aus Neuenstadt (Baden-Württemberg) zusammengestellt. In 13 Vitrinen bewahrt der »Reeder« seine in Handarbeit (keine Fertigteile!) gebaute Modellflotte auf.

SEGELSCHIFFE

Das größte Segelschiff der Welt lief 1911 in Bordeaux (Frankreich) vom Stapel; es war die *France II* mit 5806 BRT, eine Fünfmastbark mit Stahlrumpf. Sie hatte eine Gesamtlänge von 127,4 m. Obwohl sie ursprünglich als Gaffelsegler gebaut wurde, war sie gleichzeitig mit zwei Dampfmaschinen ausgerüstet. Am 13. Juli 1922 erlitt sie vor Neukaledonien Schiffbruch.

Das jetzt größte Segelschiff der Welt, die unter sowjetischer Flagge fahrende *Sedow*, ist 3556 BRT groß. Das Schulschiff ist 1921 in Kiel als *Magdalena Vinnen* vom Stapel gelaufen. Sie hat 4192 m^2 Segelfläche, ist 109 m lang, 14,6 m breit und hat eine Verdrängung von 6300 t.
Auch das zweitgrößte Segelschiff der Welt, die 104 m lange Viermastbark *Kruzenstern* mit 3400 m^2 Segelfläche, fährt heute unter sowjetischer Flagge, eingesetzt von den UdSSR-Marineschulen von Kaliningrad und Murmansk. Als *Padua* war das Schulschiff 1926 in Bremerhaven vom Stapel gelassen.

Das längste Segelschiff ist die in Frankreich erbaute *Club Med 1* mit fünf Aluminiummasten. Die 762 m^2 großen Polyestersegel sind computergesteuert. Der 187 m lange Segler wird als schwimmender Ferienclub und als Pazifik-Kreuzfahrtschiff für 425 Passagiere eingesetzt.

Der einzige je gebaute Segelschoner mit sieben Masten wurde 1902 in Quincy, Massachusetts (USA), gebaut. Es war die 114,4 m lange *Thomas W. Lawson* mit 5218 BRT; sie ging am 15. Dezember 1907 bei den Scilly-Inseln unter.

Das größte Segelschulschiff Deutschlands ist die Dreimastbark *Gorch Fock* (Heimathafen Kiel). Sie ist 89,3 m lang, 12 m breit, hat eine Segelfläche von 1953 m^2 und eine Stammbesatzung von 274 Mann.

Als höchste einmastige Yacht der Welt gilt die *Velsheda*, ein Segelschiff der J-Klasse. Von Mastfuß bis zu Mastrolle mißt sie eine Höhe von 51,59 m. 1933 als zweite von vier britischen J-Klasse-Yachten erbaut, ist sie die einzige, die nicht zum Einsatz beim Rennen um den America's Cup vorgesehen war. Bei einer Wasserverdrängung von 145 t besitzt sie eine Segelfläche von 1500 m^2.

Die größten Segel: Seit 3500 v. Chr. werden Segel als Antrieb für Wasserfahrzeuge verwendet. Die größten Spieren befanden sich auf dem britischen Schlachtschiff *Temeraire*, am 31. August 1877 in Chatham (GB) fertiggestellt. Fock- und Großrahe maßen 35 m Länge. Das Großsegel bestand aus 1555 m^2 Segeltuch und wog 2 t, die Gesamtsegelfläche maß 2322 m^2. Zum Vergleich: Die Fläche des Fallschirmstoff-Spinnakers von Vanderbilts *Ranger* (1937) betrug 1672 m^2.

OZEAN-ÜBERQUERUNGEN

Die erste Atlantiküberquerung durch ein Schiff mit Maschinenantrieb (im Gegensatz zu Segelschiffen oder Schiffen mit Hilfsmotor) war eine 22-Tage-Reise, die im April 1827 von der *Curaçao* auf der Strecke Rotterdam–Westindien durchgeführt wurde. Das Schiff war ein 38,7 m langer, hölzerner Raddampfer von 438 t, der 1826 in Dundee (Schottland) gebaut und von der niederländischen Regierung angekauft worden war.
Die erste, ganz mit Dampfantrieb durchgeführte Atlantiküberquerung (mit Unterbrechungen zum Entsalzen der Kessel) absolvierte 1832 das britische Schiff *Rhadamanthus* auf der Strecke von Plymouth (GB) nach Barbados (Kl. Antillen).
Die erste Atlantiküberquerung mit ständiger Dampfzufuhr wurde von dem mit einem Dampfkondensator ausgerüsteten Paketschiff *Sirius* (714 t) zwischen Queenstown (Irland) und Sandy Hook, New Jersey (USA), zwischen dem 4. und dem 22. April 1838 in 18 Tagen und 10 Std. durchgeführt.

Schnellste Atlantiküberquerung: Nach den Regeln der Hales Trophy – besser bekannt als Blaues Band –, die nicht auf die kürzeste Fahrtdauer, sondern auf die höchste Durchschnittsgeschwindigkeit abheben, wird der Rekord mit durchschnittlich 36,966 Knoten, vom 20. bis zum 23. Juni 1990 zwischen der Nantucket-Leuchtboje und dem Leuchtturm von Bishop's Rock erreicht, von der Hoverspeed *Great Britain* gehalten. Das Luftkissenschiff soll jedoch nicht auf dem Nordatlantik eingesetzt werden, und Traditionalisten können sich des Gefühls nicht erwehren, daß das Blaue Band nur an ein Schiff verliehen werden soll, dem die schnellste Überfahrt im normalen Linienverkehr gelingt. Diese wurde von der *United States* (damals 51988, jetzt 38216 BRT), dem früheren Flaggschiff der United States Lines, durchgeführt. Auf ihrer Jungfernfahrt vom 3. bis 7. Juli 1952 von New York (USA) nach Le Havre (Frankreich) und Southampton (GB) betrug ihre Durchschnittsgeschwindigkeit in einer Zeit von 3 Tagen, 10:40 Std. (3. Juli, 19 Uhr 36 MEZ, bis zum 7. Juli, 5 Uhr 16 MEZ) 35,59 Knoten (65,95 km/h). Die Strecke (vom Ambrose-Leuchtschiff bis zum Leuchtfeuer von Bishop's Rock auf den Scillyinseln in Cornwall) war 2949 sm (5465 km) lang. Während dieser Fahrt gelang ihr am 6./7. Juli mit 1609 km die größte Strecke, die ein Schiff jemals binnen 24 Std. zurücklegte, und sie erreichte damit eine Durchschnittsgeschwindigkeit von 36,17 Knoten (67,02 km/h). Ihre Höchstgeschwindigkeit hatte die *United States* mit ihren Maschinen von 240000 PS (177500 kW) bei einem Probelauf am 9. und 10. Juni 1952 mit 38,32 Knoten (71,01 km/h) erreicht.

Die schnellste Pazifik-Überquerung von Yokohama (Japan) bis Long Beach in Kalifornien (USA), 4840 sm = 8960 km, dauerte 6 Tage, 1:27 Std. und wurde von dem Containerschiff *Sea-Land-Commerce* (50315 BRT) mit einer Durchschnittsgeschwindigkeit von 33,27 Knoten (61,65 km/h) durchgeführt.

Mit einem mit Solarzellen betriebenen Boot überquerte als erster Mensch der Japaner Kenichi Horie (damals 46) den Pazifik. Er startete im Sommer 1985 auf Honolulu (Hawaii) und erreichte nach 75 Tagen und 7 Std. mit seinem 9 m langen Boot Japan.

LUFTKISSENFAHRZEUGE

Die erste Fahrt mit einem Luftkissenfahrzeug wurde am 30. Mai 1959 mit der 4 t schweren *Saunders-Roe SR-N 1* bei Cowes (GB) durchgeführt. Dieses Fahrzeug erreichte im Juni 1961 mit einem Viper-Turbojet-Motor von 680 kg Schubkraft eine Geschwindigkeit von 68 Knoten (126 km/h).

Der erste Liniendienst mit Luftkissenfahrzeugen wurde von Juli bis September 1962 mit der 60 Knoten (111 km/h) schnellen, 24 Passagiere fassenden *Vickers-Armstrong VA-3* über die Dee-Mündung (GB) durchgeführt.

Das größte zivile Luftkissenfahrzeug der Welt ist das 305 t schwere britische *SRN 4 MK III* mit einem Fassungsvermögen von 418 Personen und 60 Fahrzeugen. Es hat eine Länge von 56,38 m und ist mit vier Motoren vom Typ Bristol Siddeley Marine Proteus ausgerüstet, die ihm eine Höchstgeschwindigkeit verleihen, die über der zulässigen Verkehrsgeschwindigkeit von 65 Knoten liegt.

Die längste Hovercraft-Reise führte unter Leitung von David Smithers über 8047 km durch acht westafrikanische Länder. Die British Trans-African Hovercraft Expedition unternahm die Rekordreise vom 19. Oktober 1969 bis zum 3. Januar 1970 in einer Winchester Class *SRN6*.

Die schnellste Überquerung des Ärmelkanals gelang mit 24:8,4 Min. von Dover nach Calais am 1. September 1984 dem *SRN4 MKII* Mountbatten Class Hovercraft *The Swift*.

Die größte von einem Luftkissenschiff erreichte Höhe sind 4983 m üNN. So hoch hinaus schaffte es am 11. Juni 1990 die *Neste Enterprise* samt ihrer zehnköpfigen Crew, als sie die schiffbare Quellregion des Jangtse erreichte. Die größte Höhe, in der sich ein Luftkissenfahrzeug bewegt, liegt mit 3811 m üNN in Peru, wo seit dem Jahr 1975 eine *HM-2-Hoverferry* den Dienst auf dem Titicacasee versieht.

STRASSEN-FAHRZEUGE

KRAFTFAHRZEUGE

Fahrzeugproduktion: 1990 wurden weltweit fast 54 Mio. Autos gebaut. In der Bundesrepublik Deutschland waren Ende 1990 insgesamt rd. 35,8 Mio. Kraftfahrzeuge zugelassen – davon 30,7 Mio. Personenwagen, 1,41 Mio. LKWs und 1,396 Mio. Motorräder –, in Österreich (1989) 4,19 Mio., und in der Schweiz (1989) waren es 3,44 Mio.

Den ersten Viertakt-Benzinmotor baute der Ingenieur Nikolaus August Otto (1832–91) zusammen mit dem Zuckerfabrikanten Eugen Langen (1833–95) im Jahr 1867. Für diesen benzingetriebenen Kolbenmotor *(Ottomotor)* bekam er 1876 das Reichspatent Nr. 532 erteilt.

Den ersten Kraftwagen mit vier Rädern baute Gottlieb Daimler (1834–1900) im Jahr 1886. Der Einzylinder-Viertaktmotor (Bohrung 70 mm, Hub 120 mm) leistete bei 600/min 1,1 PS (0,81 kW) und erreichte 18 km/h. 1883 hatte er mit Wilhelm Maybach (1846–1929) eine Versuchswerkstätte gegründet, in der der schnelllaufende Verbrennungsmotor mit Glührohrzündung entwickelt wurde (Patent 1883). Maybach erfand auch den Spritzdüsenvergaser, verbesserte das Wechselgetriebe und entwickelte den Wabenkühler.

Den ersten betriebsfähigen Dieselmotor der Welt baute von 1893 bis 97 die Maschinenfabrik Augsburg, eine Vorgängerfirma der heutigen MAN Aktiengesellschaft, München, in enger Zusammenarbeit mit Rudolf Diesel (1858–1913) und der Firma Fried. Krupp, Essen. Rudolf Diesel hatte 1892 sein erstes Patent beantragt, das ihm unter dem Titel *Arbeitsverfahren und Ausführungsart für Verbrennungskraftmaschinen* erteilt wurde. Der Motor ist im Deutschen Museum in München ausgestellt.

Der kompressorlose Dieselmotor wurde 1923 vom Werk Augsburg der Maschinenfabrik Augsburg-Nürnberg Aktiengesellschaft (M.A.N.) gebaut. Der erste serienmäßige Fahrzeug-Dieselmotor mit direkter Kraftstoffeinspritzung wurde zum Antrieb von Lastkraftwagen und Omnibussen genutzt.

Den ersten serienmäßig hergestellten luftgekühlten Fahrzeug-Dieselmotor hat 1934 ebenfalls die Fa. Fried. Krupp in Essen gebaut.

Der kleinste Serien-Fahrzeugmotor, ein Dieselmotor mit 18 cm^3, wurde bis 1952 von den Lohmann-Werken in Bielefeld hergestellt. Der Motor wurde für Zweiradfahrzeuge, sogenannte Fahrräder mit Hilfsmotor, gebaut.

Den kleinsten funktionsfähigen Verbrennungsmotor hat der Dipl.-Ingenieur Detlef Abraham (* 1954) aus Hamburg konstruiert. Der Einzylinder-Viertaktmotor hat einen Hub von 4,4 mm bei einem Volumen von 345 mm^3. Er wird mit Methanol betrieben, hat hängende Ventile, die Nockenwelle wird über Zahnräder betrieben, die Kurbelwelle ist kugelgelagert. Der Mikromotor erreicht eine Drehzahl von 13000/min.

Das erste Serienauto mit einem Dieselmotor war der *Mercedes-Benz 260 D*, der von November 1935 bis April 1940 in 1967 Exemplaren gebaut wurde. Der Reihen-Vierzylinder (Bohrung × Hub 90 × 100 mm – 2545 cm^3 Hubraum) leistete bei 3000/min 45 PS (33 kW). Die Höchstgeschwindigkeit des 1600 kg schweren *260 D* betrug 95 km/h.

Den ersten Drehkolbenmotor entwickelte Felix Wankel (1902–88) in den Jahren 1924-54,

Aus diesen Teilen hat Detlef Abraham den kleinsten funktionsfähigen Viertaktmotor gebaut.

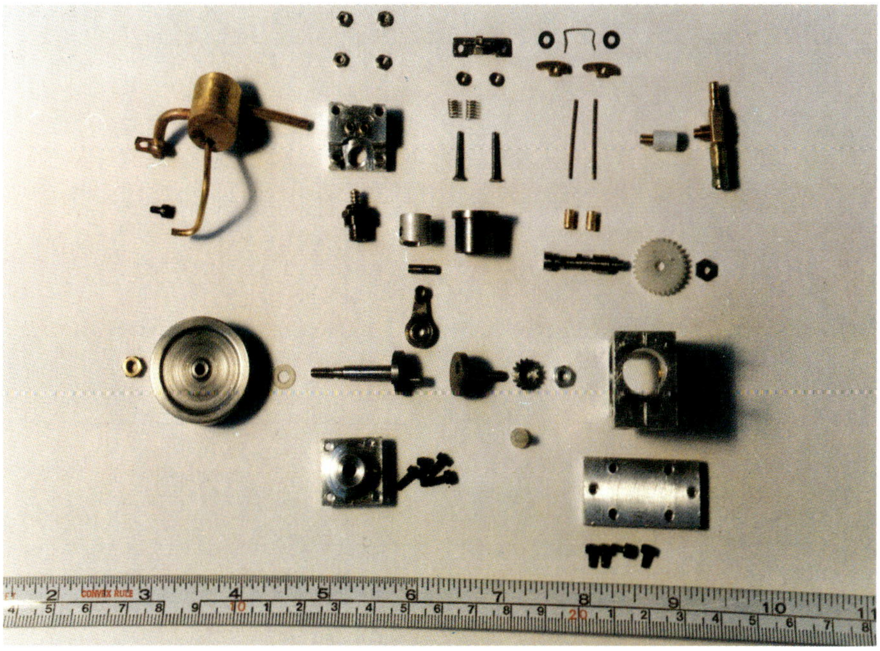

der bei NSU lief. 1957 kam der erste Kreiskolbenmotor im NSU-Wankelspider zum Einsatz. Die erste Serienlimousine mit Wankelmotor war der *RO 80*. Heute wird der Wankelmotor nur von der japanischen Firma Mazda serienmäßig produziert – der in Deutschland lieferbare Wagentyp trägt die Bezeichnung *RX-7 Turbo* und leistet mit einem Zweischeibenmotor und Turbolader 185 PS (138 kW). Seit Juli 1989 ist auch eine Cabrio-Variante lieferbar.
Im November 1989 stellte Mazda auf der Tokyo Motor Show den *Cosmo* vor, den ersten Serienwagen der Welt mit einem Dreischeiben-Wankelmotor und 300 PS (220 kW) Leistung. Die Produktion des *Cosmo* begann im Mai 1990.

DIE SCHNELLSTEN AUTOS

Das erste Raketenauto der Welt steuerte Fritz von Opel 1928 über die Berliner Avus (**A**utomobil-**V**erkehrs- und **Ü**bungs**s**traße). Seine verbürgte Höchstgeschwindigkeit: über 250 km/h.

Die höchste Geschwindigkeit für ein Raketenfahrzeug auf Rädern, gemessen in einer Richtung, erreichte am 17. Dezember 1979 mit 1190,377 km/h oder 1,0106 Mach das von William Frederick konstruierte und von Stan Barrett auf dem Luftwaffenstützpunkt Edward, Kalifornien (USA), gefahrene *Budweiser Rocket*. Das Hal Needham gehörende Fahrzeug hat eine 48 000-PS-Raketenmaschine und ist mit einer Sidewinder-Rakete ausgestattet, die einen zusätzlichen Schub von 2724 kg entwickelt.

Dieselmotor: Ein Prototyp des *Volkswagens ARVW* (Aerodynamic-Research-Volkswagen) erreichte am 19. Oktober 1980 bei Probefahrten auf dem Rundkurs von Nardo (Italien) eine Geschwindigkeit von 362,07 km/h. Der Prototyp *C-111-III* des *3-l-Mercedes* (230 PS) kam am 30. April 1978 bei Testfahrten auf dem Nardo-Rundkurs auf 327,3 km/h und brachte es bei derselben Rekordfahrt in 12 Std. auf den Weltrekord von 3773,55 km, was einer Durchschnittsgeschwindigkeit von 314,463 km/h entspricht.

Rennwagen: Der schnellste Rennwagen der Welt, der bisher produziert wurde, war der *Porsche 917/30 Can-Am*, der mit einem 12-Zylinder-Boxer-Motor mit Abgas-Turbolader von 5374 cm³ eine Leistung von 1100 PS (780 kW) erbrachte. Auf dem Versuchsstand waren sogar 1500 PS erreicht worden. Auf der Rennstrecke von Talladega, Alabama (USA), erreichte der Amerikaner Mark Donohue im August 1973 eine Geschwindigkeit von 413,6 km/h. Die beiden Modelle dieses Wagens benötigten 2,2 Sek. für eine Beschleunigung von 0 auf 96 km/h, 4,3 Sek. von 0 auf 160,9 und 12,6 Sek. von 0 auf 321,8 km/h.

Die Sensation von Le Mans

Daß der Wankelmotor noch immer seine Stärken hat, beweist die Tatsache, daß *Mazda* als erste japanische Marke und als erste Firma mit einem mit Wankelmotor ausgerüsteten Fahrzeug am 22./23. Juni 1991 das berühmte 24-Stunden-Rennen von Le Mans gewinnen konnte. Der *Mazda 787 B* verfügt über einen Vierscheiben-Motor mit 700 PS und erreicht eine Spitzengeschwindigkeit von ca. 360 km/h. Das Siegerauto wurde von dem Fahrertrio Volker Weidler (Deutschland), Johnny Herbert (GB) und Bertrand Gachot (Belgien) gesteuert. Aber *Mazda* belegte nicht nur den ersten Platz, sondern erreichte auch noch die Ränge sechs und acht. Damit waren von drei gestarteten *Mazdas* auch drei ins Ziel gekommen.

Rennwagen mit Allradantrieb: Im Frühjahr 1986 erreichte ein *Audi 200 Turbo quattro* auf der Rennstrecke von Talladega, Alabama (USA), eine Rundengeschwindigkeit von 332,88 km/h (206,8 mph). Der modifizierte Wagen hatte einen überarbeiteten Fünfzylindermotor des *Sport-quattro* mit etwa 650 PS. Der *Audi 200 Turbo quattro* wog noch 1072 kg. Am Steuer saß der Amerikaner Bobby Unser.

1988 gewann Audi mit einem allradgetriebenen *Audi 200* die amerikanische TransAm-Meisterschaft. Den Fahrertitel holte der Amerikaner Hurley Haywood, der bei praktisch allen 13 Rennen seinen 510 PS starken Wagen unter die ersten drei fuhr.

Der stärkste Rennwagen mit Allradantrieb kam ebenfalls aus dem Hause Audi. Walter Röhrl fuhr im Sommer 1987 bei dem Pike's-Peak-Bergrennen in Colorado (USA) einen *Sport-quattro* mit nahezu 700 PS. Röhrl siegte in einer neuen Rekordzeit von 10:47,85 Min. für die 19,9 km lange Strecke, deren Start in 2866 m üNN liegt und deren Ziel auf dem Gipfel des Pike's Peak 4301 m hoch liegt.
1988 wurde der Rekord mit einem 650 PS starken *Peugeot 405 turbo 16* unterboten. Der Schwede Ari Vatanen benötigte 10:47,22 Min.

Dampfwagen: Am 19. August 1985 brach Robert E. Barber den 79 Jahre alten Rekord für einen Dampfwagen, erzielt mit einem *744-Steam-in' Demon*, der von Barber-Nichols konstruiert worden war. In Bonneville Salt Flats, Utah (USA), erreichte er 234 km/h.

DIE SCHNELLSTEN AUTOS

Kategorie	km/h	Auto	Fahrer	Ort	Datum
Düsenantrieb (offiziell)	1019,44	*Thrust 2*	Richard Noble (GB)	Black Rock Desert, Nevada (USA)	4. Oktober 1983
Raketenantrieb (offiziell)	1001,473	*Blue Flame*	Gary Gabelich (USA)	Bonneville, USA	23. Oktober 1970
Radantrieb (Turbine)	690,909	*Bluebird*	Donald Campbell (GB)	Lake Eyre, Australien	17. Juli 1964
Radantrieb (mehrere Motoren)	673,516	*Goldenrod*	Robert Summers (USA)	Bonneville, USA	12. November 1965
Radantrieb (ein Motor)	575,149	*Herda-Knapp-Milodon*	Bob Herda	Bonneville, USA	2. November 1967
Raketenantrieb* (inoffiziell)	1190,377	*Budweiser Rocket*	Stan Barrett (USA)	Edwards Air Force Base, USA	17. Dezember 1979

* Diese Geschwindigkeit von Mach 1,0106 wird von der USAF nicht offiziell anerkannt, deren digital instrumentiertes Radar nicht geeicht war. Die Radarmessung wurde nicht vom Fahrzeug direkt genommen, sondern durch Einrichtung des Meßgeräts auf einen Fernsehschirm. Der Anspruch auf so exakte Meßdaten (6 Stellen hinter dem Komma) erscheint unter diesen Umständen höchst unwahrscheinlich.

Der Geschwindigkeitsrekord für ein Elektroauto – fliegender Start, 1 km Strecke – wurde mit 100,48 km/h am 25. Juni 1990 von Christopher Sleath aus Market Harborough (GB) auf dem Trainingsgelände von Bruntingthorpe erzielt.

Ein früherer Geschwindigkeitsrekord über einen fliegenden km, in einer Richtung, wurde im April 1899 mit 105,88 km/h von Camille Jenatzky in dem Elektroauto *La Jamais Contente* aufgestellt und erst 90 Jahre später gebrochen, als D. J. S. Lambert in Elvington (GB) am 25. März 1989 mit einem Originalnachbau des Wagens 108,82 km/h erzielte.

Straßenwagen: Eine Reihe leistungsgeminderter Rennwagen sind für den normalen Straßenverkehr zugelassen, werden jedoch nicht als Serienmodelle hergestellt. Hersteller sehr schneller – und teurer – Modelle lassen Messungen von Höchstgeschwindigkeiten verständlicherweise nur widerwillig zu. Die beiden großen Ausnahmen sind hier Porsche und Ferrari, die mit dem *959* sowie den Modellen *GTO* und *F 40* außergewöhnliche Sportwagen geschaffen haben. Während der *Porsche 959*, von dem zwischen 1987 und 88 exakt 200 Exemplare entstanden, ein äußerst luxuriöses Sportfahrzeug mit 450 PS Leistung und einem permanenten Allradantrieb ist, sind die beiden *Ferraris* doch eher kompromißlose Fahrmaschinen, bei denen die reine Beschleunigung im Vordergrund steht. Der *959* erreichte im Test von *auto, motor und sport* 317 km/h und durchfuhr nach 3,7 Sek. die 100 km/h-Grenze. Der *GTO*, dessen 272 gebaute Exemplare exakt 400 PS Leistung hatten, erreichte 305 km/h. Und der *F 40*, dessen Auslieferung im Frühjahr 1989 begann, besitzt einen 2,9 l-Achtzylinder mit 478 PS Leistung. Er erreichte im Test bei *auto, motor und sport* 321 km/h und benötigte 4,6 Sek. für den Spurt auf 100 km/h. Bei dieser Zeit spielte die Tatsache, daß der *Ferrari* über keinen Allradantrieb verfügt – und es deshalb schwerer ist, die Leistung auf den Boden zu bringen – die Hauptrolle. Dafür hat der *F 40* die 200 km/h-Grenze bereits nach 11 Sek. erreicht – solche Werte bieten sonst nur Rennwagen.

Clio siegte

Zum Auto des Jahres 1990 wurde der *Renault Clio* gekürt. In der Gesamtwertung wurde die außergewöhnliche Mischung von Eleganz, Ökonomie und Umweltfreundlichkeit hervorgehoben. Besonders lobend wurde erwähnt, daß der *Clio* »kleine Abmessungen« mit »großem Komfort« verbindet.

Oft wird vermutet, daß der *Lamborghini Countach*, dessen Produktion am 4. Juli 1990 eingestellt wurde, zu den schnellsten gehört, seine vergleichsweise enttäuschenden 290 km/h sind jedoch auf die sehr schlechte Aerodynamik zurückzuführen. Die 325 km/h seines Nachfolgers *Diablo* wurden im März 1990 auf dem Nardo-Rundkurs erstmals bestätigt. Bei den Versuchsfahrten während der Entwicklung waren bis zu 342 km/h erreicht worden. Die höchste, auf der Straße geprüfte Beschleunigung von 0 auf 100 km/h erreichte mit 3,7 Sek. ebenfalls der *Porsche* 959; der *Vector W2-A* schafft nach Angaben des Herstellers Vector Cars dieselbe Beschleunigung in 3,5 Sek. Ein Serienwagen, *AC Cobra* 427, erreichte sie 1965 in 13,6 Sek. von 0 auf 100 Meilen/h (161 km/h). Die schnellste Limousine dürfte derzeit der *BMW-Alpina B 10 Biturbo* sein, dessen Doppelturbolader-Motor 360 PS (265 kW) erreicht und den Viertürer auf 290 km/h beschleunigt. Der Preis: 143 000 DM.

Als Wolf im Schafspelz entpuppt sich der neue *Opel Lotus Omega* mit 377 PS.

Ähnliche Fahrleistungen erreicht der 377 PS (275 kW) starke *Opel Lotus Omega*, der einen 3,6-Liter-Sechszylinder-Motor mit 24 Ventilen und zwei Turbolader besitzt. Von 1100 gebauten Autos werden 440 in Deutschland verkauft. Bei einem Preis von 125 000 DM ist der *Lotus Omega* die preiswerteste der schnellsten Limousinen.

DIE GRÖSSTEN AUTOS

Die größten Automobile für den privaten Straßenverkehr waren der *Bugatti Royale, Modell 41*, von dem nur sechs Exemplare von dem Italiener Ettore Bugatti in Molsheim (Frankreich) gebaut wurden, die es alle noch gibt. 1927 erstmals produziert, hat dieser Typ einen 8-Zylinder-Motor mit 12,7 l Hubraum. Die Leistung beträgt 300 PS bei 1800/min. Er ist 6,7 m lang. Allein die Motorhaube mißt 2 m in der Länge. Der Preis änderte sich je nach Ausführung, betrug jedoch mindestens 42 000 Dollar – das Vierfache eines *Rolls-Royce*.

Das größte Fahrzeug, das jemals in Gebrauch war, war die *White Triplex*, die im Auftrag von J. H. White aus Philadelphia (USA) gebaut wurde. Sie wurde nach zweijähriger Arbeit Anfang 1928 fertiggestellt, wog etwa 4,06 t und war mit drei Liberty-V-12-Flugzeugmotoren mit einer Gesamtleistung von 81 188 cm³ ausgerüstet, die bei 2000/min 1500 PS (1100 kW) entwickelten. Das Fahrzeug sollte den Geschwindigkeits-Weltrekord brechen, aber es ging am 13. März 1929 in Daytona, Florida (USA), zu Bruch.

Das längste Auto ist eine 30,48 m lange Limousine, die Jay Ohrberg aus Burbank, Kalifornien (USA), konstruiert hat. Sie rollt auf 26 Rädern, zur Innenausstattung gehören u. a. ein Swimmingpool (samt Sprungbrett) und ein übergroßes Wasserbett. Die Luxusherberge auf Rädern kann in einem Stück gefahren werden, ist aber so konstruiert, daß sie halbiert werden kann. Die Limousine wird vorwiegend in Filmen und zu Showzwecken eingesetzt.

Das gegenwärtig stärkste Straßenfahrzeug der Welt ist ein *Jameson-Merlin* mit sechs Rädern. Es ist mit einem Rolls-Royce-V-12-Merlin-Flugzeugmotor von 27 000 cm³, 1760 PS (1300 kW) ausgerüstet, der ihm eine Höchstgeschwindigkeit von 298 km/h verleiht. Bei einem Tankinhalt von 272 l hat es eine Reichweite von 480 km. Das Fahrzeug wog 2,69 t.

Der schwerste serienproduzierte PKW ist der sowjetische *Sil-41047*. Er wiegt 3335 kg, bietet bequem Platz für sieben Passagiere und verbraucht auf 100 km 22 l Benzin.

Rekordgeschwindigkeiten

348,16 km/h (elektronisch gemessen) fuhr Siegfried Haltmayr (*1961) aus Augsburg mit einem getunten *Porsche 911 RS-Turbo* auf einem freien Autobahnteilstück der A 7 (Ulm-Kempten) am 1. Juni 1989.
301,4 km/h erreichte der Rennfahrer Harald Ertl (†1982) am 15. Oktober 1981 auf der VW-Versuchsstrecke in Ehra-Lessien (Niedersachsen). Der im Auftrag der Deutschen BP umgerüstete *BMW M 1* leistete mit 2 Turboladern 410 PS und erzielte den Rekord für autogasbetriebene PKWs.
399 km/h erreichte am 15. Februar 1981 auf dem Lake George, New York, der schnellste raketengetriebene Eisschlitten, der von Sammy Miller (*1945) gesteuert wurde.
219,6 km/h erzielte der Polizist Detlef Schilling (*1961) aus Höchstädt/Dillingen (Bayern) auf Rollschuhen, gezogen von einem *Ferrari Mondial* als Schrittmacher. Nur mit Muskelkraft hielt sich Schilling an einem Spezialgestänge fest, das zwischen den Auspuffrohren angebracht war. Geschehen am 31. Oktober 1987 auf einem noch nicht eröffneten Teilabschnitt der Autobahn A 7 bei Feuchtwangen.
202,46 km/h schnell war der Skifahrer Johann Steiner (*1965) aus Zeltweg, Stadlhof (Steiermark), auf 2,23-m-Kästle-Ski im Schlepp eines *Porsche 935 Doppelturbo 3,3 l*. Als Rennbahn diente am 15. Oktober 1988 der Hochgeschwindigkeitskurs des Österreichrings.
129,4 km/h erreichte das GM-Solarmobil *Sunraycer* mit Batterie- und Solarzellen-Antrieb bei dem Solar Challenge-Race quer durch Australien im November 1987.

Den größten Motor eines Serienwagens besaßen mit einem Hubraum von 13,5 l der amerikanische *Pierce-Arrow 6-66 Raceabout* (1912–18), der amerikanische *Peerless 6-60* (1912–14) und der *Fageol* (1918).
Der stärkste zur Zeit hergestellte Serienwagen ist der *Cizeta V16T*, der es auf 520 PS (388 kW) bringt.

Der antriebsstärkste Serienwagen der 60er Jahre war der *AC Cobra 427*, der von 1965 bis 68 in 401 Exemplaren gebaut wurde. Sein 7,4-l-Ford-V8-Motor leistete bis zu 450 PS (331 kW). Der Neupreis betrug 1965 rund 7000 Dollar, heute werden über 250 000 Dollar für ein gut erhaltenes Exemplar bezahlt. Einer der antriebsstärksten Serienwagen ist der *Lamborghini Diablo* mit einem 5703 cm³ großen V-Zwölfzylinder mit vier obenliegenden Nockenwellen und 48 Ventilen, der bei 7000/min 492 PS (362 kW) leistet. Das Drehmoment beträgt 580 Nm bei 5200/min. An zweiter Stelle folgt der *Ferrari F 40* mit 2936 cm³ großem V-Achtzylinder, mit vier Ventilen pro Zylinder und zwei IHI-Turboladern, Leistung 478 PS (351 kW) bei 7000/min. Gleich darauf folgt der *Porsche 959* mit 450 PS (331 kW).

Der schwerste heute hergestellte Serienwagen (bis zu 25 Stück jährlich) ist wahrscheinlich die sowjetische Limousine *Sil-41047* mit 3335 kg Gewicht und einem Radstand von 3,88 m. Der »gestreckte« *Sil* (4 oder 5 Stück jährlich produziert), wie er von Präsident Michail Gorbatschow benutzt wird, wiegt 6 t und besteht aus 3 Zoll starkem Panzerstahl. Der Achtzylindermotor mit 7 l Hubraum schluckt knapp 45 l Sprit auf 100 km.

Den niedrigsten Wagen bastelte sich Ralph Morgan aus Grantham (GB) zurecht: Durch Umbau brachte er seinen *Probe 15*, ein zweisitziges Sportcoupé, auf die Gesamthöhe von 82,55 cm, gemessen von der höchsten Stelle des Hardtop-Dachs bis zur Straße.

DIE SPARSAMSTEN AUTOS

Sparmobil-Rekord: Ein japanisches Versuchsfahrzeug brachte es am 30. Juni 1988 in Silverstone (GB) auf umgerechnet 2269 km/l.

Einen Distanzweltrekord über 50 000 km erzielte der *Mercedes-Benz E 2,3-16* im August 1982 in Nardo (Italien). In knapp 202 Std. fuhr der 16-Ventil-Vierzylindermotor eine Durchschnittsgeschwindigkeit von 247,939 km/h.

Die längste mit einer Tankfüllung zurückgelegte Distanz schaffte ein serienmäßiger, modifizierter *Audi 100 TDI*. Mit einem für die Serie neu entwickelten 2,5-l-Turbodieselmotor mit elektronisch geregelter Direkteinspritzung legten vier Fahrer – es saß nur jeweils eine Person im Rekordauto – auf der Strecke Rotterdam–Hanau vom 17. bis 24. August 1989 4818,4 km mit einer Tankfüllung (84,667 l DIN-Kraftstoff) zurück. Die Gesamtfahrzeit betrug 80:05 Std. Die Durchschnittsgeschwindigkeit betrug 60,2 km/h, und das Startgewicht des Wagens lag bei 1490 kg plus Gewicht des Fahrers. Auf ihrer Rundreise durch Europa passierten die Fahrer elf Grenzen, durchfuhren neun Länder und erzielten einen Verbrauchssparrekord von 1,76 l auf 100 km.

Als dauerhaftestes Auto wurde 1980 ein *Mercedes 180 D*, Baujahr 1954, mit einer Gesamtleistung von 2 170 000 km ermittelt. Das Auto war im Besitz von Marinos Roumeliotis aus Iraklion, Kreta (Griechenland). Der zweifache Kilometermillionär fährt immer noch mit seinem Rekord-Benz.

Mit einem *Mercedes 200* (Erstzulassung 1982) erreichte Hartmut Hußmann (* 1935) aus Wuppertal (Nordrhein-Westfalen) bis zum 17. Dezember 1990 eine Leistung von 641 022 km mit Erstmotor, Erstautomatikgetriebe und Ersthinterachse.

Die strömungsgünstigste Karosserie aller Serienwagen haben derzeit die *Omega*-Limousine und das *Calibra*-Coupé von Opel mit einem Luftwiderstandsbeiwert von c_W = 0.28 bzw. 0.26. Dieser Bestwert wurde im Deutsch-Niederländischen Windkanal in Emmeloord gemessen. Zuvor hatte bereits der *Renault 25 TS* im Windkanal Saint Cyr bei Paris denselben Wert erreicht.
Ein von der BRABUS GmbH, Bottrop, getunter *Mercedes 230 E* (BRABUS 230 E/W 124) erreichte bei einer Messung im Windkanal des Daimler-Benz-Werkes in Stuttgart-Untertürkheim am 7. Februar 1985 den c_W-Wert von 0.2625.

Versuchsfahrzeuge: Ingenieure und Techniker der VW-Forschung haben in Zusammenarbeit mit Designern den *VW-Scooter* entwickelt, der über einen c_W-Wert von 0.25 verfügt. Die Scheiben sind fugenlos eingepaßt, Scheinwerfer und Türgriffe flächenbündig. Weitere Merkmale: zwei abnehmbare Flügeltüren, eine ebenfalls herausnehmbare Heckscheibe und nur drei Räder. Damit ist der *VW-Scooter* ein Zwischending von Auto und Motorrad. Mit einem 1400-cm^3-Motor erreicht er eine Höchstgeschwindigkeit von 220 km/h.
Extrem niedrige Verbrauchswerte meldete 1987 Renault für den *VESTA 2* (*V*ersuchsfahrzeug zum *E*nergie*s*paren mit neuen *T*echniken und *A*ggregaten). Bei einer Versuchsfahrt auf normalen Straßen von Paris nach Bordeaux (501,4 km) verbrauchte der *VESTA 2* sensationelle 1,94 l Superbenzin im Schnitt auf 100 km. Gefahren wurde mit einer Durchschnittsgeschwindigkeit von 100,4 km/h – also nicht mit der verbrauchsgünstigsten Geschwindigkeit von konstant 90 km/h. Ebenfalls bemerkenswert ist der c_W-Wert von nur 0.19, der natürlich den niedrigen Verbrauch noch begünstigt. Den *VESTA 2* gibt es zwar noch nicht zu kaufen, seine Technik wird aber schon bald in die Großserien-PKW einziehen.
Die Ford-Studie *Probe V*, 1985 in den USA konstruiert, ist mit ihrem c_W-Wert von 0.137 sogar noch windschnittiger als ein F-15-Überschall-Flugzeug. Der Wagen, der mit einem Vierzylinder-Turbo-Mittelmotor ausgestattet werden kann, erreicht bereits mit 5 PS eine konstante Geschwindigkeit von 80 km/h.

DIE TEUERSTEN UND BILLIGSTEN AUTOS

Das teuerste Auto, das jemals gebaut wurde, war der als Sonderanfertigung für den amerikanischen Präsidenten hergestellte 1969er *Lincoln Continental Executive*, der am 14. Oktober 1968 an den US-Geheimdienst geliefert wurde. Er hatte eine Gesamtlänge von 6,56 m, einen Radstand von 4,06 m und, mit 2,03 t zusätzlichen Panzerplatten, ein Gesamtgewicht von 5443 kg. Die geschätzten Forschungs-, Entwicklungs- und Herstellungskosten beliefen sich auf 500 000 Dollar (damals 2 Mio. DM), aber das Fahrzeug wird für 5000 Dollar (8477 DM) pro Jahr gemietet. Selbst wenn alle 4 Reifen zerschossen würden, könnte es mit einer Geschwindigkeit von 80 km/h auf innen angebrachten Stahlscheiben mit Gummieinfassung weiterfahren.
Die Firma Carriage House Motor Cars Ltd. in New York (USA) beendete im März 1978 die vier Jahre andauernden Umbauarbeiten an einem 1973er *Rolls-Royce*, einschließlich einer Verlängerung um 76,2 cm. Die Kosten beliefen sich auf 500 000 Dollar (damals 1 Mio. DM).
Der nach Listenpreis teuerste Serienwagen Großbritanniens ist der achtzylindrige *Rolls-Royce Phantom VI* mit 6750 cm^3 Hubraum; der exklusive Wagen kostet (Steuer inklusive) 350 000 Pfund (1 039 500 DM). Es gibt Sonderanfertigungen, die noch teurer sind. Der *Ferrari F 40* wird in den Preislisten für exakt 500 000 DM geführt. Allerdings kommen nur ausgewählte Kunden in den Genuß, diesen Wagen erwerben zu dürfen – der auf dem Gebrauchtwagenmarkt für rund 1 Mio. DM gehandelt wird.

Die höchsten Preise, die jemals für einen Gebrauchtwagen gezahlt wurden, erreichten die *Bugatti Royale*-Fahrzeuge. Zwei der insgesamt sechs Wagen wurden 1986 und 87 versteigert. 8,1 Mio. Dollar (18,92 Mio. DM) zahlte der Pizzaketten-Besitzer Thomas Monaghan für einen *Bugatti Royale* Type 41 von 1931. Der *Ber-*

Der Saubermann

Der neue *VW Golf*, der Mitte August 1991 erstmals der Öffentlichkeit vorgestellt wurde und seit September bei den Händlern steht, darf für sich in Anspruch nehmen, eines der »saubersten« Autos zu sein, das derzeit produziert wird. So hat beispielsweise der Anteil an umweltgefährlichen Lösemitteln bei der Lackierung durch den Einsatz von wasserlöslichen Lacken auf nur noch 13 Prozent gesenkt werden können – ein Wert, der von keinem anderen Hersteller erreicht wird. Insgesamt werden acht verschiedene Motorvarianten angeboten: Die Basis-Versionen haben einen 1,4-l-(60 PS), 1,8-l-(75 und 90 PS)-Motor. Die beiden *GTI*-Varianten haben einen 2,0-l-Vierzylinder mit 115 und 143 PS, wobei die letztere Version über 16-Ventil-Technik verfügt. Das Spitzenmodell bekommt einen 2,8-l-Sechszylinder mit 174 PS Leistung und trägt den Namen *Golf VR 6*. Für die Diesel-Freunde gibt es zwei 1,9-l-Vierzylinder mit 68 und 75 PS Leistung, wobei der stärkere Motor einen Diesel-Katalysator besitzt.

line de Voyage (Seriennummer 41 150) war der Privatwagen von Ettore Bugatti gewesen. Er kam aus der Sammlung des Spielkasinobesitzers William F. Harrah, der zwei *Royales* (41 150 und 41 111) der insgesamt sechs gebauten Wagen besaß. Als der *Berline de Voyage* im Juni 1986 versteigert wurde, erwarb ihn der Immobilienhändler Jerry Moore für 6,5 Mio. Dollar (15,19 Mio. DM) – von ihm erwarb ihn dann Monaghan zwei Monate später. Bei Christie's wurde dann am 19. November 1987 der *Royale* aus der Sammlung Cunningham versteigert (41 141). Nicholas Harley, ein Londoner Autohändler, erwarb den Wagen für 5,5 Mio. Pfund (16 Mio. DM). Ein Angebot von 1,5 Mio. Dollar (3,87 Mio. DM) an das Henry-Ford-Museum in Deerborn, Illinois (USA), für einen weiteren *Bugatti Royale*, Baujahr 1927, wurde zurückgewiesen. Nach den extrem raren *Bugatti-Royale*-Modellen hat sich Ferrari an den zweiten Rang gesetzt: Ein *Ferrari 250 GTO* (Bj. 1962) wurde am 22. Mai 1990 für knapp 18 Mio. DM in Monte Carlo (Monaco) von Sotheby's verkauft und von dem schwedischen Sammler Hans Thulin für ein Automuseum ersteigert. Einer von drei gebauten *Ferrari 330 P 4*-Rennwagen soll 1990 für über 20 Mio. DM den Besitzer gewechselt haben.

Das billigste Auto aller Zeiten war der 1922er *Red Bud Buckboard* von der Briggs and Stratton Co. in Milwaukee, Wisconsin (USA). Er kostete 125–150 Dollar (damals etwa 600 Vor-Inflations-Mark). Er hatte einen Radstand von 1,57 m und wog 111 kg.
Die ersten Typen der *King-Midget*-Autos wurden noch bis 1948 im Baukastensystem zur Selbstmontage für nur 100 Dollar verkauft.
Als 1938 die ersten *Volkswagen* in Deutschland in Produktion gingen, sollte ihr (Propaganda-) Verkaufspreis 990 RM betragen. Tatsächlich hätte der *VW* (bei einer vorgesehenen Jahresproduktion von 300 000 Stück) mindestens 1500 RM kosten müssen. Als 1946 – mehr als zehn Jahre nach seiner Erstkonstruktion durch Professor Ferdinand Porsche (1865–1951) – der *VW-Käfer* in den Nachkriegshandel kam, kostete das Standard-Modell 5000 RM, das Export-Modell (ab Juli 1949) 5450 DM.

Die längste Serienproduktion der Welt hat der *Morgan 4/4*. Am 27. Dezember 1990 feierte er seinen 55. Geburtstag. Gebaut von der Morgan Motor Car Co. in Malvern, Hereford & Worcester (gegründet 1910) beträgt seine Lieferfrist sechs bis acht Jahre.

Bei den Massenproduktions-Modellen blikken sowohl die *Ente*, der *Citroën 2CV*, als auch der *VW-Käfer* aufs Geburtsjahr 1938 zurück. Der 20millionste *Käfer* lief am 15. Mai 1981 in Mexiko vom Band, eine Restproduktion wird dort noch aufrechterhalten. Beim *2CV* endete die Produktion am 27. Juli 1990 mit der 6 956 895. *Ente*.

Marken-Käfer

Sieben Briefmarkensammler aus Cloppenburg (Niedersachsen) präsentierten am 1. Dezember 1990 in der DFF-1-Unterhaltungssendung *Wennschon – dennschon* in Leipzig einen frisch mit Briefmarken beklebten *VW-Käfer*. Über und über war der PKW mit Briefmarken aus aller Herren Länder bestückt. Rund 15 000 Postwertzeichen mußten die Cloppenburger Briefmarkenfreunde aus ihren Sammlungen opfern.

Swatch-Auto in Sicht

Es soll ein durch und durch vernünftiges Auto werden, das dennoch Besitzerstolz weckt, Freude macht und Fahrspaß vermittelt. Die Idee zu diesem Projekt kommt vom Erfinder der Swatch-Uhr, dem Schweizer SMH-Konzernchef Nicolas G. Hayek – durchführen will er sie mit der deutschen Volkswagen AG. Gedacht wird an einen kompakten, farbenfrohen Wagen, dessen kurze Version nur 2,5 m lang sein soll und wahrscheinlich mit dem Triebwerk eines 1,4-l-Diesel-Drehstrommotors ausgestattet wird. Der 785 kg leichte Wagen soll eine Spitzengeschwindigkeit von 140 km/h erreichen und in 15 Sek. von 0 auf 100 km/h kommen. Zubehörteile wie Radio, Uhr, Kaffeemaschine(!) sollen in einer Art Baukastensystem nach und nach zu kaufen sein. In den tschechischen Skoda-Werken, der jüngsten Aquisition des VW-Konzerns, ließe sich das Kompaktauto eher zu dem anvisierten Preis von 10 000–15 000 DM herstellen als in den westeuropäischen Hochlohnländern.

Die längste deutsche Autoproduktionsserie erreichte das Volkswagenwerk Wolfsburg am 17. Februar 1972 mit der Endmontage des *Käfers* Nr. 15 007 034. Diesen Rekord hatte vorher das amerikanische *Ford-T*-Modell *(Tin-Lizzie)* innegehabt, von dem zwischen den Jahren 1908 und 23 15 007 033 Stück gebaut worden waren. Vom *VW-Käfer* wurden bislang über 20,8 Mio. Stück hergestellt, die Produktion in Mexiko läuft noch und läuft und läuft . . .

Seit dem 19. Januar 1978 wird er in der Bundesrepublik Deutschland nicht mehr hergestellt, seit Herbst 1985 wegen der Abgasgesetze auch nicht mehr eingeführt.

PERSÖNLICHE REKORDE

Die längste innerhalb eines Jahres zurückgelegte Strecke sind 573 029 km, die 2 *Opel Rekord* (2 l Hubraum) zwischen dem 18. Mai 1988 und dem 18. Mai 1989 ohne größere technische Ausfälle unter die Räder nahmen. Die beiden Personenwagen stammten aus der Produktion der Delta Motor Corporation, Port Elizabeth (Südafrika), und wurden von einem Werksfahrerteam auf Teer- und Kiesstraßen im Nord-Kapland gefahren. Die Aktion wurde vom südafrikanischen Automobilverband überwacht.

Transamerikanische Fahrt: Von Feuerland nach Alaska steuerten Garry Sowerby (Kanada) und Tim Cahill (USA/Beifahrer und Navigator) einen vierradgetriebenen Pick-up-LKW vom Typ *GMC Sierra K3500*, angetrieben von einem 6,2-l-V8-Detroit-Dieselmotor. Die transamerikanische Fahrt mit Startpunkt Ushuaia (Argentinien) und Zielort Prudhoe Bay (Alaska) führte in 23 Tagen, 22:43 Std. vom 29. September bis 22. Oktober 1987 über eine Strecke von 23720 km. Fahrzeug und Besatzung wurden zur Umgehung der Kluft von Darien von Cartagena (Kolumbien) bis Balboa (Panama) per Schiff befördert.
Die Kluft von Darien wurde auf dem Landweg erstmals 1960 von dem Landrover *La Cucaracha Carinosa* (Die zärtliche Kakerlake) überwunden. Er gehörte zur Trans-Darien-Expedition (1959–60) und war bemannt mit Richard E. Bevir (GB) und Terence John Whitfield (Australien). Am 3. Februar 1960 verließen sie Chepo (Panama) und erreichten Quibdó (Kolumbien) am 17. Juni. Bei dieser Fahrt, während der sie unbeschreibliche Schwierigkeiten zu überwinden hatten, kamen sie auf eine Durchschnittsgeschwindigkeit von 201 m/h.

15-Staaten-Fahrt durch Europa: Mit einem serienmäßigen weißen *Peugeot 605 SV 24* fuhren die Schweizer Journalisten Giorgio Keller (*1957) und Andreas Turner (*1956) aus Zürich 2679 km in 22:22 Std. 15 europäische Länder an. Gestartet wurde am 15. September im schwedischen Hafen Helsingborg, den Abschluß bildete die Ankunft am 16. September 1990 in Bratislava (ČSFR). Ausgerechnete Durchschnittsgeschwindigkeit: 119 km/h.

Fahrt durch die 12 EG-Länder: John Waldron und Ken McDonnell aus Dublin (Irland) statteten in einem *Toyota Corolla 180 XL* den 12 EG-Ländern einen Besuch ab und legten dabei zwischen dem 30. April und dem 5. Mai 1991 in einer Fahrzeit von 86:37 Std. 7647 km zurück.

Weltmeister im Rückwärtsfahren wurden Charles Creighton (1890–1970) und James Margis aus Maplewood, Missouri (USA), als sie vom 26. Juli bis zum 13. August 1930 mit ihrem *Ford S-Roadster*, Baujahr 1929, die 5375 km von New York (USA-Ostküste) bis Los Angeles (USA-Westküste) im Rückwärtsgang fuhren, ohne den Motor auch nur einmal abzuschalten. Am 5. September trafen sie, ebenfalls im Rückwärtsgang, wieder in New York ein und hatten somit 11555 km in 42 Tagen zurückgelegt.

Den Streckenrekord auf zwei Rädern fuhr Bengt Norberg (*23. Oktober 1951) aus Äppelbo (Schweden), der am 24. Mai 1989 auf der Pferderennbahn von Rattvik (Schweden) einen *Mitsubishi Colt GTi-16V* in 7:15:50 Std. 310,391 km weit balancierte. Bei dieser Gelegenheit schaffte er auch den zweirädrigen Stundenrekord von 44,805 km.

Sven-Erik Söderman (Schweden, *26. September 1960) erreichte auf zwei Rädern am 2. August 1990 auf dem Mora-Siljan-Flughafen (Schweden) mit einem *Opel Kadett* über 100 m mit fliegendem Start eine Geschwindigkeit von 164,38 km/h. Söderman brach auch den Re-

In Rekordzeit um die Erde

Die beiden Österreicher Gerhard Plattner (*1939) und sein Co-Pilot Stefan Fuisz (*1953) haben es geschafft: In 28 Tagen und 16 Stunden erzielten sie auf der Strecke Berlin–Berlin mit 40077 Kilometer die schnellste Erdumrundung und befuhren dabei – wie vom *Guinness Buch der Rekorde* vorgeschrieben – alle sechs Kontinente. Die bisherigen Rekordhalter, ein 16köpfiges britisches Armeeteam, haben die beiden Langstreckenfahrer um elf Tage und 7:55 Stunden unterboten. Mit ihrem *Audi Coupé S 2* (Allradantrieb) waren die ehrgeizigen Weltumrunder vom 6. September bis 5. Oktober 1991 einfach nicht zu bremsen und ließen sich auf ihrer Rekordtour von keinem Hindernis aufhalten. Europa, Nord- und Südamerika, Australien, Asien und Afrika wurden Etappe für Etappe streng nach Zeitplan bewältigt. Auf der Berliner AAA war das gelbe Rekordauto zu Recht einer der umlagerten Stars.
Mit seiner ersten Erdumrundung im Jahr 1986, der längsten mit einer Tankfüllung zurückgelegten Distanz von 2163 km in 39:09 Std. durch zwölf europäische Staaten im Oktober 1985 und seiner längsten Taxifahrt durch Europa im Januar 1990 – für exakt 14541 km zeigte das Taxameter 31161,60 DM an – wurde Gerhard Plattner aus Innsbruck bereits Rekordhalter.

Weltraumbahnhof Cape Kennedy.

Schnee bei der Auffahrt zum Cristo-Redentor-Paß in den Anden.

Typische Warnschilder im australischen Busch.

Am Col du Tichinka im Atlasgebirge.

Die größte Fahrleistung innerhalb eines Jahres, ohne größeren technischen Schaden, waren 573 029 km von zwei *Opel Rekord* (2 l), gesteuert von einem Fahrerteam der Delta Motor Corporation in Port Elizabeth (Südafrika).

kord über 1000 fliegende Meter, als er am 24. August 1990 an gleicher Stelle 152,96 km/h erreichte.
Derselbe Fahrer steuerte einen 7,5-t-LKW *DAF 2800* am 10. November 1990 auf zwei Rädern 9,5 km weit.

Die längste Fahrt auf den Hinterrädern bewältigte Steve Murty in Irland am 23. August 1987. Er schaffte dieses Kunststück mit seinem LKW, der eine *14-l-Cummins*-Maschine mit 500 PS hatte, über die Wegstrecke von 412,5 m.

Mit einem Traktor, einem serienmäßigen allradgetriebenen *Steyr 8090*-Traktor mit 80 PS legte der Stuntman Johann Redl (* 1957) aus Saxen bei Grein (Oberösterreich) auf dem noch nicht freigegebenen Teilstück der Pyhrnautobahn bei Sattledt 1924,9 m am 10. Juni 1990 auf zwei Rädern zurück.

Einen Doppeldeckerbus fuhr Bobby Ore (* Januar 1949) am 21. Mai 1988 auf dem Flugplatz North Weald, Essex (GB), 246 m weit auf zwei Rädern.

Den Dauerrekord im Anlauf auf den Führerschein hält der seit 1971 in Deutschland lebende türkische Lagerarbeiter Durmus Tam (* 1940) aus Neufahrn (Bayern). 16 Jahre und 400 Fahrstunden benötigte er, bis er am 4. September 1990 endlich seinen Führerschein erhielt. Kostenpunkt rund 20 000 DM für Fahrstunden, Tests, Anwälte und Dolmetscher.

BUSSE, WOHNWAGEN, SONDERFAHRZEUGE

Der größte Omnibus, der je gebaut wurde, der Flughafen-Doppelstockbus *Neoplan Galaxy Lounge N 980,* hatte im September 1981 Weltpremiere. Dieses Riesenbaby aus Stuttgart (17 m lang, 4,5 m breit und 4,8 m hoch) bietet 342 Passagieren Platz. Das entspricht der Kapazität eines ausgelasteten Jumbo-Jets. Eine hydraulisch verstellbare Anlegebrücke hilft beim Ein- und Aussteigen. Für VIPs steht eine separate Lounge – 10 Plätze – zur Verfügung.

Die längsten Autobusse der Welt sind die 23,16 m langen, 10 870 kg schweren Gelenkbusse mit 121 Sitz- und 66 Stehplätzen, die von der Wayne Corporation in Richmond, Indiana (USA), für den Einsatz im Nahen Osten gebaut werden.
Der längste gelenkfreie Bus ist 14,96 m lang, befördert 69 Passagiere und wird von Van Hool in Belgien hergestellt.

Der größte zweirädrige zweigeschossige Caravan wurde 1990 für Scheich Hhamad Bin Hamdan Al Nayhan aus Abu Dhabi (Vereinigte Arabische Emirate) gebaut. Er ist 20 m lang, 12 m breit und wiegt 120 t. Die rollende Villa birgt acht Schlaf- und Badezimmer, vier Garagen und Wassertanks mit 24 000 l Fassungsvermögen.

Das schwerste Fahrzeug, das jemals hergestellt wurde, ist der *Marion-Trecker* mit acht Gleisketten, der zum Transport der *Saturn-V*-Raketen an ihre Abschußrampen in Cape Canaveral, Florida (USA), verwendet wird. Er hat die Ausmaße von 40 × 34,7 m, und die beiden von diesem Typ gebauten Fahrzeuge kosteten 12,3 Mio. Dollar (damals 49,2 Mio. DM). Das Gewicht mit voller Beladung beträgt 8165 t. Die Scheibenwischer sind mit Blättern von 106 cm Länge die größten der Welt.

Das massivste Kraftfahrzeug ist *Big Muskie,* der von Bucyrus Erie für die Musk-Grube gebaute 10 890 t schwere mechanische Bagger. Er hat eine Länge von 148,43 m, eine Breite von 46,02 m und eine Höhe von 67,66 m sowie ein Greifvermögen von 325 t.

Das längste jemals gebaute Fahrzeug ist der *Arctic Snow Train,* der dem weltberühmten amerikanischen Seiltänzer Steve McPeak gehört. Dieses 54rädrige, 174,3 m lange Fahrzeug war von R. G. Le Tourneau Inc. aus Longview, Texas, für die amerikanische Armee angefertigt worden. Es hat ein Bruttogewicht von 400 t mit einer Höchstgeschwindigkeit von 32 km/h und hatte eine Mannschaft von 6 Fahrern, als es vom Militär als Überland-Lastzug verwendet wurde. McPeak reparierte das Fahrzeug sowie auch jeden geplatzten Reifen ohne jegliche Hilfe bei Temperaturen, die in Alaska oft weit unter Null °C lagen. Der *Arctic Snow Train* verfügt über 4680 PS und hat ein Fassungsvermögen von 29 648 l.

Der stärkste Abschleppwagen der Welt ist der 20,6 t schwere, 10,9 m lange *969 International M6-23 Hulk* (Bj. 1969) vom Twin City Garage and Body Shop, stationiert in Scott City, Missouri (USA). Er kann mit seinem Kurzausleger über 295 t heben.

Der stärkste Truck, ein 1987er *Ford LTL 9000,* ist mit einem General-Electric-J-79-Motor aus-

Auf zwei Rädern steuerte Sven-Erik Söderman aus Schweden diesen Truck 9,5 km weit in 31 Min.

gestattet, der – mit entsprechendem Tuning – für einen Schub von 88 950 N sorgt. Bei einem Gewicht von 4,4 t hat der Truck – Besitzer und Fahrer ist Ken Warby aus Cincinnati, Ohio (USA) – 338,27 km/h in 7,7 Sek. über eine Viertelmeile mit stehendem Start erreicht.

Der größte Traktor der Welt ist das *Wide Tractive Frame Vehicle* (Breitzug-Gerüst-Fahrzeug) des US-Landwirtschaftsministeriums, das unter einem Kostenaufwand von 459 000 Dollar (1,01 Mio. DM) von Ag West in Sacramento, Kalifornien (USA), im Juni 1982 fertiggestellt wurde. Es hat eine Spurweite von 10,05 m. Das Gefährt wiegt 22,22 t.

Die längste Traktortour führte 1990 mit einem *Lanz-Glühkopf-Bulldog* (Baujahr 1939) von Niederzeuzheim (Westerwald) nach Gran Canaria über Afrika und zurück. Der Landwirt Werner Eisenmenger (* 1951) schaffte mit seinem 55-PS-Oldtimer vom 15. Oktober bis 15. Dezember 1990 insgesamt 6300 km auf dem Landweg und 3200 km mit dem Schiff – ein Abenteuer der Gemächlichkeit.

Der größte Schuttkipper der Welt ist der *Terex Titan 33-19,* der von der amerikanischen General Motors Corp. hergestellt wird und jetzt in British Columbia (Kanada) in der Westar Mine in Betrieb ist. Er hat ein Ladegewicht von 548,6 t und ein Fassungsvermögen von 317,5 t. Beim Kippen erreicht er eine Höhe von 17,06 m. Der 16-Zylinder-Motor hat eine Leistung von 3300 PS (2370 kW) und der Treibstofftank einen Inhalt von 5904,6 l. Der Wagen wurde im November 1974 in Dienst gestellt.

Der stärkste Feuerwehrwagen der Welt ist der achträdrige *Oshkosh-Firetruck* mit 872 PS (645 kW), der bei Flugzeugbränden eingesetzt wird. Er kann in 150 Sek. aus zwei Löschtürmen 190 000 l Schaum versprühen und wiegt 60 t.

Der schnellste Feuerwehrwagen ist der *Jaguar XJ 12-Chubb-Firefighter*, der im November 1982 bei Testfahrten 210,13 km/h erreichte; er war damals bei den Rekordversuchen des *Thrust 2* (s. S. 207) im Einsatz.

Formel 10: Einen zehnsitzigen, wohl größten Formel-1-Wagen konstruierten Gregor Rausch und Mitglieder des Kegelclubs Fall ömm aus Barweiler (Eifel) in ca. 400 Arbeitsstunden. Der 8,5 m lange Flitzer bringt es mit seinem *VW-Käfer*-Motor (50 PS) und seinen 900 kg Leergewicht immerhin auf stolze 130 km/h.

Solarmobil: Die höchste Geschwindigkeit eines Landfahrzeugs mit Solarantrieb wurde am 24. Juni 1988 mit 78,37 km/h von Molly Brennan im *Sunraycer* (Hersteller General Motors) in Mesa, Arizona (USA), erreicht. Die höchste Geschwindigkeit mit einem Mischantrieb aus Solar- und Batterie-Energie ist 135 km/h, erzielt am 5. Januar 1991 in Richmond (Australien) von Manfred Hermann im *Solar Star* von Star Micronics. Im November 1987 gewann der *Sunraycer* das über 3138 km führende internationale Rennen für Solarmobile (World Solar Challenge Australia '87). Der Rekordwagen lag im Ziel zweieinhalb Tage vor dem Zweitplazierten.

Durch 15 Länder fuhren die Schweizer Keller und Turner an einem Tag.

GANZ SPEZIELLE REKORDE

Die größte Last, die jemals über eine Straße bewegt wurde, wog 4960 t. Es handelte sich um ein Modul von 26 m Breite und 40 m Länge für eine Ölplattform, die 80 m transportiert werden sollte. Im Juli 1986 schafften 168 Achsen mit 832 Reifen in 6 Std. diesen Rollrekord. Ermöglicht wurde diese Leistung durch die von der Firma Mammoet Transport B.V. in Amsterdam entwikkelten Modul-Transporter. Mit ihnen ist es möglich, Nutzlasten von 120 bzw. 180 t entsprechend der zu transportierenden Last zu 4- oder 6achsigen Einheiten zusammenzustellen. Künftig wird nicht mehr das Gewicht die Traglast der Fahrzeuge begrenzen, sondern die Fahrbahn.

Der längste transportierte Gegenstand war eine 91,21 m lange brückenähnliche Konstruktion, die für den Einsatz in einem Flugzeughangar bestimmt war. Sie wog 62 t und wurde am 29. November 1990 zur Sprühlackieranlage des Flughafens Stansted (London) befördert. Die

Gesamtlänge des Zugs betrug 101,12 m. Die Stahlkonstruktion wurde von Fabriweld Ltd (Irland) gebaut.

Die größten Reifen der Welt wurden von der amerikanischen Goodyear Co. im Werk Topeka, Kansas, für überdimensionale Schuttkipper vorgestellt. Sie haben einen Durchmesser von 3,65 m, wiegen 5670 kg und kosten mehr als 74 000 Dollar (etwa 140 000 DM). Es wird angenommen, daß ein Reifen mit einem Durchmesser von 5,18 m die Grenze des Möglichen erreichen würde.
Der breiteste Reifen aus der Serienproduktion ist der Pirelli P Zero mit der Größe 335/35 ZR 17.
Der größte Reifenhersteller in Deutschland ist der Continental-Konzern (Continental und Uniroyal) in Hannover. Europas führende Unternehmen sind Michelin (Frankreich) und Pirelli (Italien).

Die größte Steigung, die ein Auto bislang bewältigte, betrug 85 Prozent. Am Steuer eines *Audi 100 CS quattro* saß der Rallyefahrer Harald Demuth. Der Ort des Geschehens: die Anlaufspur einer Sprungschanze in Finnland, die eine Steigung von 37,5 Grad besaß. Der Wagen fuhr mit Spikesreifen und hatte drei unabhängig voneinander wirkende Sicherheits-Bremssysteme.
Die spektakuläre Fahrt wurde Anfang 1986 für einen Werbefilm gedreht.

Das längste bekannte Abschleppmanöver führte über 7658 km von Halifax in Neuschottland (Kanada) bis zur kanadischen Pazifikküste. Dabei überredeten Frank J. Elliott und George A. Scott aus Amherst, Neuschottland, an 89 Tagen 168 vorbeikommende Autofahrer, ihren *Ford T* (der keinen Motor hatte) abzuschleppen. Am 15. Oktober 1927 hatten sie auf diese Weise eine Wette über 1000 Dollar (damals 4200 DM) gewonnen.

Die längste 24-Std.-Strecke im Go-Kart, gefahren von einem vierköpfigen Team auf einem geschlossenen Rundkurs, sind 835,9773 km, 3833 Runden einer 218,1 m langen Bahn in Silvia Park (Neuseeland). Die Rekordfahrer am 1./2. September 1990 waren Andrew Hill, Harry und Matt Redward sowie Rhodri Griffiths auf einem Go-Kart mit einem 144-cm^3-Motor, der 5 PS Leistung bringt.

2730 km in 48 Std. im Go-Kart bewältigt: Diesen Weltrekord schafften Denis Wedes, Stephen Mantle, Len Nicholson und Janice Bennett vom 25. bis zum 27. März 1983 auf der Mount-Sugarloaf-Rennstrecke in Newcastle (Australien) mit einem Go-Kart vom Typ *Yamaha RC100SE*, angetrieben von einem 100-cm^3-Motor *KT100J*.

Tretautofahrt: Mit einem Tretauto fuhren sechs Mann vom Londoner Marble Arch zum Arc de Triomphe nach Paris. Einschließlich der Kanalüberquerung mit einer Fähre brauchten sie vom 27. bis 28. Mai 1989 für die 400,7 km 23:21:27 Std.

Tretautos aus den Jahren 1902–80 trägt der Münchner Jurist Manfred Klauda (*1936) zusammen. Auf 279 verschiedene Kinder-Autos hat der Kuriositätensammler es bereits gebracht. Diese Spielzeug-Kollektion wird seit 27. November 1990 im Ersten Tretauto-Museum der Welt gezeigt.

MINI-FAHRZEUGE

Das kleinste Elektro-Cabrio fährt seit 1983 in Westheim (Rheinland-Pfalz). In 7000 Arbeitsstunden hat der Schlosser Rudi Augustin (*1923) seinen silberfarbenen Einsitzer *Audi X1* gebastelt. Bei 2,12 m Länge, 1,18 m Breite, 0,98 m Höhe und einem Gesamtgewicht von 400 kg bringt es der Mini auf 25 km/h Höchstgeschwindigkeit. Die beiden Elektromotoren werden von vier Batterien gespeist. Eine Ladung reicht für 35 km.

Das größte funkferngesteuerte Kinderspielzeug-Cabrio mit Benzinmotor ist das neueste Produkt des Westheimer Rentners Rudi Augustin. In 1800 Arbeitsstunden bastelte er sein 34 kg schweres Alu-Auto (152 × 68 × 66 cm), das mit 1,2 PS und 24 cm^3 eine Höchstgeschwindigkeit von 30 km/h erreicht.

Den kleinsten für den Straßenverkehr zugelassenen Sattelschlepper baute der KFZ-Mechaniker Jakob Mund (*1956) aus Köln auf der Basis eines *Austin Mini*. Das 3 m lange, 1,41 m breite und 1,346 m hohe Fahrzeug wird zur Ersatzteilbeschaffung, zum Transport von Motorrädern und zu Werbezwecken eingesetzt. Die Bauzeit betrug etwa zwei Jahre.

Der kleinste Gelenkbus, der für den Straßenverkehr zugelassen ist, wurde von dem Künstler André M. Wachter (*1949) aus Ennahofen (Baden-Württemberg) von 1980 bis 84 gebaut. Mit seinen 23 PS (17 kW) bringt es der Minibus auf 6 km/h Spitzengeschwindigkeit. Der 7 m lange, 1,3 m breite und 1,5 m hohe Bus verfügt neben dem Fahrersitz über acht Sitze für Fahrgäste.

Mit einer Spitzengeschwindigkeit von 130 km/h fährt dieser zehnsitzige Formel-1-Wagen.

Auf die längste Tour mit einem *Lanz*-Bulldog ging Werner Eisenmenger im Jahr 1990.

Mini zieht Maxi: Am 15. Juli 1989 zog ein Modell-Truck im Maßstab 1:16 mit einem Gewicht von 8 kg seinen großen Bruder, einen US-Truck *Peterbild 379* mit einem Gewicht von 8,5 t. Dieses Kunststück gelang dem Erbauer des Modells, dem Feinmechaniker Hans Seiffert (* 1945) aus Berlin auf dem Nürburgring (Eifel). Möglich macht diese Leistung die Zuladung des Erbauers auf den Sattelschlepper, wodurch ein Zuggesamtgewicht von ca. 95 kg entsteht. Die Bauzeit des ca. 40 cm langen und 25 cm hohen Trucks betrug etwa 1800 Std.

MODELLAUTOS

Das teuerste Modellauto ist ein Bernstein-*Porsche 356 A-Speedster* im Maßstab 1:10. Der Grafiker Nick Bock (* 1940) aus Kampen, Sylt, hat den 40 cm langen und 5,5 kg schweren Mini-Wagen aus 4,7 kg blauem dominikanischen Bernstein, 400 g gelbem Bernstein mit Inklusen und 1 kg 925-Silber gebaut. Am 9. Februar 1988 war das einmalige Prachtstück nach 1300 Arbeitsstunden für das Haus ADC Georg Dommel, Düsseldorf, fertig. Sein Wert beträgt ca. 300 000 DM. Er ist damit teurer als das Original.

Den Dauerfahrrekord für Modellautos stellte ein *Scalextric Jaguar XJ 8* vom 2. Mai bis zum 7. Juni 1989 auf, als er nonstop 866:44:54 Std. fuhr und dabei eine Strecke von 2850,39 km zurücklegte. Das Rekordereignis wurde von Reverend Bryan G. Apps und Gemeindemitgliedern von Southbourne in Bournemouth, Dorset (GB), organisiert.

Den kleinsten Modell-Gelenkbus baute sich der Kfz-Mechaniker Lothar Anders (* 1955) aus Wülfrath (Nordrhein-Westfalen) im Maßstab 1:13. Sein originalgetreues Funktionsmodell eines Linienbusses entstand in einer Rekordbauzeit von acht Jahren. 8500 Std. benötigte er, bis der Mini-Bus mit seinen drei ferngesteuerten Türen, fernbedienten Hub- und Motorgeräuschen und den wie beim Original funktionierenden Lichtern ausgetüftelt war. Allein 10 000 DM Materialwert an Kunststoff, Aluminium, Messing, Holz, Plexiglas und Gummi steckte er in den 7 kg schweren und 1,28 m langen Modellbus. Der voll funktionsfähige Rheinbahnbus ist bis ins kleinste Detail maßstabgetreu nachgebildet, bis hin zu den Innenleuchten, Blinkerklappen und Schalensitzen. Sein großes Vorbild mißt übrigens 16,5 m.

Der größte Mini-LKW fährt mit 30 km/h durch Fürth. Der KFZ-Schlosser Harald Herrmann (* 1964) baute in mehr als 5000 Arbeitsstunden einen *MAN 26.361 DFS*-Sattelschlepper im Maßstab 1:5 originalgetreu nach. Abgesehen vom Getriebe, einem Zweitaktmotor und den aus Japan beschafften Reifen entstanden alle Teile in Herrmanns Werkstatt in mühsamer Handarbeit. Alle Teile sind selbstverständlich funktionsfähig – das gilt auch für Fern- und Abblendlicht, Hupe und Scheibenwischer. Alle Funktionen werden funkferngesteuert. Das 3,5 m lange Fahrzeug mit einem von 3 bis 4,2 m ausziehbaren Sattelzug verschlang ca. 18 400 DM Materialkosten.

Das kleinste funkferngesteuerte Auto kommt aus München. Der Industriemeister Metall Manfred Gibisch (*1963) hat einen *VW LT 28* nachgebildet, der 7,656 cm lang, 2,885 cm breit und 3,808 cm hoch ist und 116 g wiegt. Nach gut 2 Jahren hat er bis zum 1. November 1987 das Modell gebastelt, das stufenlos in Lenkung und Geschwindigkeit vorwärts und rückwärts dirigiert werden kann, von einem E-Motor angetrieben und mit 8 Nickel-Cadmium-Knopfzellen versorgt wird – natürlich elektronischen Fahrtenregler und Achsschenkellenkung hat.

Das kleinste Auto mit Verbrennungsmotor bastelte der Student Ronald Schlecker (*1961) aus Neu-Ulm in zwei Monaten. Vorbild für sein Modellauto war ein Wagen aus dem Film *American Graffiti.* Angetrieben wird das 13,3 cm lange, 7,5 cm breite und 7,4 cm hohe Gefährt durch einen Kleinstmotor mit 0,33 cm^3 Hubraum, bis zu 14 km/h können erreicht werden.

Volkswagen-Spielzeugmodelle sammelt seit März 1981 der Lastwagenfahrer Rolf Borner (* 1959) aus Wohlen (Schweiz). Aus ganz Europa hat er seine *Käfer*, vom kleinsten 2-mm-Modell bis zum 2100 mm großen ausgedienten Karussell-Blechauto, zusammengetragen. Am 1. April 1991 umfaßte seine VW-Kuriositätenschau insgesamt 3490 verschiedene Modelle aus 23 Materialien.
Sein deutscher Konkurrent, Dr. Hans Jungk aus Taufkirchen, hatte es bis März 1990 auf 2660 Modelle (ausschließlich VW-Limousinen) gebracht.

KFZ-Holzmodelle baut seit 1945 originalgetreu im Maßstab 1:25 in Leistenbauweise der Leipziger Blech- und Karosserieschlosser Fritz Beck (* 1928). Alle seine Modelle sind naturholzfarbig, teils dunkel gebeizt, nur geleimt und farblos lackiert. Er baut ausschließlich LKWs, Anhänger, Sattelzugmaschinen und -auflieger, Traktoren, Tank- und Silofahrzeuge. Seine Sammlung umfaßt bereits 113 Einzel-Nutzfahrzeug-Modelle.

Er hat's geschafft! Lothar Anders mit seinem voll funktionsfähigen Mini-Bus mit ferngesteuerten Türen.

Stolz präsentiert der Schweizer Rolf Borner eines seiner *Käfer*-Modelle.

Aus Papier entstehen detailgetreue Modellautos im Maßstab 1:10 in Tiefenbach (Bayern). Der Energieelektroniker Johann Stockbauer (*1969) fertigt die in Lenkung, Federbeinen, Achsaufhängungen und Reifen vollfunktionsfähigen Modelle in jeweils ca. 200 Std. Bauzeit. Prachtstück ist ein *Ferrari GTO Roadster* aus 8000 ausschließlich aus Papier gefertigten Einzelteilen.

MOTORRÄDER

Die schnellste Serien-Straßenmaschine ist die *1-l-Kawasaki ZX10* mit einer straßengetesteten Geschwindigkeit von 270 km/h. Sie bringt eine Leistung von 125 PS (93 kW), ihr Listenpreis im Juni 1990 betrug 15 390 DM.

Die schnellsten getunten Straßenmaschinen dürfte der Schweizer Tuner Fritz W. Egli bauen. Mit einem 320 PS starken und 330 km/h schnellen Turbo-Bike des Hauses erreichte der Schweizer Urs Wegner auf dem Hochgeschwindigkeitskurs im süditalienischen Nardo über 10 km eine Durchschnittsgeschwindigkeit von 283,2 km/h. Die Spezialreifen auf Kevlarbasis kamen von Pirelli.

Die schnellsten Rennmotorräder stammen aus japanischer Produktion. Alle zur Zeit gebauten *Honda-*, *Kawasaki-*, *Suzuki-* und *Yamaha*-Maschinen sind darauf abgestellt, unter Rennbedingungen Geschwindigkeiten von knapp über 300 km/h erreichen zu können.

Der erste Motorradmotor mit acht Ventilen pro Zylinder wurde von Honda für den Motorradrennsport entwickelt. Da diese Anzahl von Ventilen bei einem runden Kolben nicht untergebracht werden kann, hatten die Techniker hier auf einen Oval-Kolben zurückgegriffen, der mit zwei Pleueln mit der Kurbelwelle verbunden ist. Der Motor konnte sich bis jetzt im Rennsport noch nicht durchsetzen, da es Vibrations- und Abdichtungsprobleme gibt. Allerdings plant Honda, ein Straßenmotorrad mit diesem Motor in limitierter Serie für rund 80 000 DM ausgewählten Kunden anzubieten.

Die teuerste Serien-Straßenmaschine auf dem deutschen Markt ist die *Yamaha SZR 750R*, bei den Fans der heißen Öfen besser bekannt unter dem Typenkürzel *OW01*. Ihr Listenpreis im Juni 1990 lag bei 37 100 DM.

Höchstgeschwindigkeiten: Offizielle Geschwindigkeitsweltrekorde müssen in zwei Touren über eine abgemessene Entfernung in entgegengesetzten Richtungen innerhalb eines Zeitlimits aufgestellt werden. Dieses Limit ist 1 Std. für Rekorde des internationalen Verbandes (F.I.M.). Donald A. Vesco (*8. April 1939, USA) stellte auf seiner 6,4 m langen stromlinienförmigen *Lightning Bolt*, die von zwei 1016-cm^3-*Kawasaki*-Motoren angetrieben wurde, am 28. August 1978 auf dem Bonneville Salt Flats, Utah (USA), den absoluten Rekord auf. Seine Durchschnittsgeschwindigkeit betrug 513,165 km/h.

Der Weltrekord für 1 km mit stehendem Start gelang Henk Vink (NL, *24. Juli 1939) mit 16:68 Sek. am Tag seines 38. Geburtstags auf dem Flugplatz von Elvington (GB) auf seiner 984-cm^3-Vierzylinder-*Kawasaki* mit vorverdichtetem Motor. Der schnellere Lauf wurde mit 16:09 Sek. gemessen.

Der Weltrekord für 402 m mit stehendem Start ist 8:805 Sek., erzielt am 23. Juli 1977 auf dem Flugplatz von Elvington (GB) von Henk Vink auf seiner 1132-cm^3-Vierzylinder-*Kawasaki* mit vorverdichtetem Motor. Der schnellere Lauf wurde mit 8:55 Sek. gemessen.

Die schnellste Zeit für einen einzelnen Lauf über 402 m mit stehendem Start ist 7:08 Sek., erzielt 1980 in Ontario, Kalifornien (USA), von Bo O'Brechta (USA). Die 1200-cm^3-Rekordmaschine mit vorverdichtetem Motor war auf *Kawasaki*-Basis konstruiert.

Die höchste Endgeschwindigkeit nach einer Strecke von 402 m mit stehendem Start ist 321,14 km/h, am 7. Oktober 1978 in Ontario von Russ Collins (USA) erreicht.

Die längste Zeit, in der ein Motorrad, eine *Kinetic Honda DX* 100 cm^3, ununterbrochen in Bewegung gehalten wurde, sind 1001 Std.; die Fahrer waren Har Parkash Rishi, Amarjeet Singh und Navojot Chadha. Vom 22. April bis zum 3. Juni 1990 legten sie im Traffic Park von Pune (Indien) eine Strecke von 30 965 km zurück.

Modellautos einmal anders, ausschließlich aus Papier fertigt Johann Stockbauer seinen Fuhrpark.

Ein Herz fürs Fahrrad
Für Rad-Extreme ist Dieter Senft (* 1952) aus Kolpin bei Fürstenwalde (Brandenburg) gut. Der gelernte Karosseriebauer stellte das mit einer Sattelhöhe von 8,08 m höchste Fahrrad am 20. Dezember 1989 auf dem Zentralflughafen Berlin-Schönefeld vor. Der Velo-Designer hatte es in 450 Arbeitsstunden aus 100 m Rohr gebaut, allein 22 Fahrradketten und 25 Kettenspanner zusammengesetzt. Bei einer Lenkerhöhe von 8,18 m dürfte es für den Straßenverkehr etwas unpraktisch sein.
Sein »beeindruckender Ideenreichtum beim individuellen Bau von Stahlrössern« hat ihn seit 1975 zu insgesamt 71 fahrrad- und 4 *trabi*ähnlichen Modellen verholfen. Sein 75. Modell wurde die *Trabant*-Motorrad-Kombination *Trabrad*. Zur Senftschen Baureihe gehören ein 54,5 cm kleines Tridem ebenso wie ein 15,4 cm langes Vorführ-Fahrrad und vor allem sein Vereinigungsauto mit dem »amtlichen« Kennzeichen 3. 10. 1990. In 1500 Arbeitsstunden entstand der große Dicke (*Mercedes*) und der kleine Dünne (*Trabi*) in Didi's Rad-Boutique.

Auf Transeuropa-Tour ging der Schweizer Baumaschinist Roger Maurer (* 1964) aus Oberriet (St. Gallen) vom 15. bis 18. Juni 1989. Mit einer *Yamaha FJ 1100* (Bj. 1985) durchfuhr er in 71:20 Std. neun europäische Länder und schaffte dabei auf seiner Solo-Fahrt 5506 km.

Akrobatik: Eine Nonstop-Strecke von 331 km legte Yasuyuki Kudoh am 5. Mai 1991 in Tsukuba (Japan) auf dem Hinterrad einer *Honda TLM 220 R* (216 cm^3) zurück.

Die höchste Geschwindigkeit auf dem Hinterrad gelang mit 241 km/h Steve Burns (GB) am 3. Juli 1989 mit einer *Suzuki GXS 1100* auf der Teststrecke von Bruntingthorpe.

Motorrad-Pyramide: Deutsch-deutscher Doppelerfolg für die Motorradsportgruppe der Berliner Polizei, die von 27 Volkspolizisten und einer Volkspolizistin unterstützt wurde. Anläßlich der Polizei-Sport- und Musikschau 1990 bildeten am 19. August 52 Polizisten und eine Volkspolizistin eine Pyramide auf fünf nicht miteinander verbundenen Motorrädern, die im Berliner Olympiastadion 500 m weit fuhr. Auf einem *BMW*-Motorrad balancierten anschließend 47 Mann und eine Frau (3,582 t Gesamtgewicht) und fuhren über 160 m ebenfalls Weltrekord.

Rückwärts und von der Spitze einer 3,3 m hohen Leiter steuerte Fernmelder Dewi Jones von den Weißhelmen ein Motorrad 1:30 Std. ohne Unterbrechung; am 30. November 1988 legte er auf dem Flugplatz von Catterick (GB) in dieser ungewöhnlichen Fahrweise 33 km zurück.

Mit Seitenwagen, aber auf nur zwei Rädern fuhr Graham John Martin am 21. August 1988 in Pretoria (Südafrika) auf einer 1100-cm^3-*Yamaha XS 1100* in 3:05 Std. eine Strecke von 320,1 km.

Das längste Motorrad ist eine Maschine Marke Eigenbau von Les Nash aus Coventry (GB), der ein 3500-cm^3-Motorrad mit einem *Rover-V-8*-Motor konstruierte, das 3,81 × 1,22 m mißt und über ½ t wiegt. Es ist für den Straßenverkehr zugelassen.

Das kleinste Motorrad der Welt zu haben und zu fahren wird immer wieder neu versucht. Simon Timperley und Clive Williams von Progressive Engineering Ltd, Ashton-Lyne, Lancashire (GB), haben ein Motorrad mit einem Radstand von 107,9 mm konstruiert; die Sitzhöhe ist 95,2 mm, das Vorderrad hat 19 mm, das Hinterrad 24,1 mm Durchmesser. Simon fuhr den Mini 1 m weit und erreichte dabei eine Spitze von 3,2 km/h. Noch kleiner ist das Mini-Motorrad von Pit Lengner (* 1953) aus Utzmemmingen (Baden-Württemberg). Der Mechaniker hat ein fahrbares Motorrad konstruiert, das ganze 6,3 cm lang, 8,3 cm hoch ist, einen Radstand von 4 cm und einen Raddurchmesser von 2,2 cm (vorne) und 2,4 cm (hinten) hat.

FAHRRÄDER

Das kleinste Tridem-Fahrrad hat nur noch eine Länge von 48 cm über alles. Die Schweizer Rad-Akrobaten PEDALOS zeigen es in ihrer Show der Superlative. Die drei Basler können mit diesem Tridem beliebige Figuren fahren. Seit 1982 präsentieren die PEDALOS bei internationalen Gala- und TV-Einsätzen 20 weitere Exklusiv-Fahrräder.

Das längste Tandem (ohne ein drittes Stabilisierungsrad) ist 20,4 m lang, bietet 35 Radlern Platz und wurde von den Pedaalstompers Westmalle (Belgien) konstruiert. Den Streckenrekord stellte die Truppe am 20. April 1979 mit 60 m auf. Das Gefährt wiegt 1100 kg.

Das höchste Tandem schweißten die Hobbybastler Winfried Ruloffs und Otto Troppmann in 150 Std. Arbeitszeit aus Stahlrohr: 1,4 m hoch, 3,45 m lang, mit einem Raddurchmesser von 1,14 m ist das Jumbo-Tandem 240 kg schwer.

Das kleinste Tandem baute ebenfalls das Bastler-Duo Ruloffs/Troppmann. Es ist nur 24,1 cm lang mit 11 cm Rahmenhöhe.

Das längste Fahrrad mit 22,24 m Länge und einem Gewicht von 154,2 kg hat Terry Thessman aus Pahiatua (Neuseeland) entworfen und gebaut. Am 27. Februar 1988 wurde auf dem Gefährt 246 m weit geradelt.

Das größte Fahrrad bauten der Drahterodierer Otto Troppmann (* 1942) aus Weyhausen und der Fräser Winfried Ruloffs (* 1938) aus Neudorf-Platendorf. Das Bastler-Duo, das bei VW Wolfsburg tätig ist, hat sein im Oktober 1983 nach 500 Arbeitsstunden fertiggestelltes Riesenrad (4,4 m lang, 2,1 m hoch, 70 kg schwer, voll luftbereift, gleich große Räder mit einem Durchmesser von 1,9 m und mit 144 Speichen bestückt) auch mit Materialien, die von der FE (Forschungs- und Entwicklungsabteilung Versuchsbau) ihres Werkes entwickelt wurden, konstruiert. Radeln kann jeder damit, nur das Aufsteigen fällt etwas schwer.
Das größte Fahrrad, nimmt man den Durchmesser des Vorderrades zum Maßstab, ist das *Frankencycle*, konstruiert von Dave Moore aus Rosemead, Kalifornien (USA), und am 4. Juni 1989 erstmals gefahren von Steve Gordon aus Moorpark, Kalifornien. Der Vorderraddurchmesser ist 3,05 m, die Gesamthöhe beträgt 3,4 m.

Das kleinste fahrbare Fahrrad besitzt ein Vorderrad mit 2,9 cm und ein Hinterrad mit 2,6 cm Durchmesser. Sein Konstrukteur Neville Patten aus Gladstone (Australien) steuerte den rollenden Winzling am 18. März 1988 über eine Strecke von 4,25 m.

Ein klassisches Hochrad mit einem Vorderrad von 165,7 cm Durchmesser und einem Hinterrad von 45,7 cm Durchmesser wurde 1881 von der Coventry Machinist Co. (GB) konstruiert. Es befindet sich jetzt im Besitz von Paul Foulkes-Halbard in Crowborough (GB).

Der Geschwindigkeitsrekord für ausschließlich mit Menschenkraft angetriebene Fahrzeuge (ein Fahrer, 200 m mit fliegendem Start) ist 105,383 km/h, am 11. Mai 1986 von Fred Markham in Mono Lake, Kalifornien (USA), erreicht.
Auf dem Ontario Speedway in Kalifornien (USA) stellten Dave Grylls und Leigh Barczewski am 4. Mai 1980 mit 101,25 km/h den Rekord für mehrere Fahrer auf.

Der 1-Std.-Rekord (stehender Start) wird von Pat Kinch gehalten, der am 8. September 1990 in Millbrook (GB) auf der Kingcycle Bean eine Durchschnittsgeschwindigkeit von 75,57 km/h erreichte.
Die Höchstgeschwindigkeit eines mit Menschenkraft angetriebenen Fahrzeugs im Wasser (ein Fahrer, 2000 m) erreichte mit 20,66 km/h Steve Hegg im *Flying Fish* am 20. Juli 1987 in Long Beach, Kalifornien (USA).

Den längsten Tretroller konstruierte in ca. 100 Arbeitsstunden die Freiwillige Feuerwehr aus Heiningen bei Wolfenbüttel. 35 Wehrmänner setzten das 40,5 m lange Gefährt am 13. August 1982 in Bewegung und hatten nach 1:30 Std. die 11,8 km lange Strecke zwischen Heiningen und Wolfenbüttel rollernd bewältigt.

3 Pedalpaare, 3 gleich hohe Sättel, 3 Basler – die PEDALOS mit ihrem Tridem.

EINRÄDER

Das höchste Einrad, das jemals gefahren wurde, war 31,01 m hoch. Steve McPeak lenkte es im Oktober 1980 in Las Vegas (USA) 114,6 m weit. Es war durch eine Sicherheitsleine mit einem Kran verbunden. Ohne Sicherheitseinrichtungen dieser Art käme es beim Fahren von Einrädern solcher Größe unvermeidlich zu schweren Unfällen.

Rekordrundfahrt: Der Inder Deepak Lele aus Maharashtra kam mit seinem Einrad vom 6. Juni bis 25. September 1984 von New York nach Los Angeles und bewältigte 6378 km.

Eine Langstreckenfahrt startete der Hannoveraner Udo Tiedemann (* 1946) am 1. September 1984 in Pornic, Westfrankreich. Über Nantes, Paris, Koblenz ging es nach Bückeburg (Niedersachsen). Am 13. September 1984 waren nach 13 Tagen 1596,6 km bewältigt (Tagesdurchschnitt 122,81 km).

Auf Höhenfahrt ging der Schweizer Guido H. Frey (* 1971) aus Bubendorf am 2. September 1989 mit seinem Einrad. In 13:45 Std. bewältigte er 4096 m Höhendifferenz auf einer Distanz von 105 km. Mit einer Durchschnittsgeschwindigkeit von 11 km/h überquerte er von Andermatt über den Gotthardpaß via Tremola die Alpen und erreichte über Airolo, Biasca den Lukmanierpaß.

Einen 24-Std.-Rekord fuhr der Münchener Maschinenbautechniker Richard Salvermoser (*1960) auf einem Rundkurs durch die Neustadt von Moosburg an der Isar. Der Pedalritter schaffte am 30./31. Juli 1988 mit seinem Einrad (mit der Übersetzung 1:1) 232,56 km in genau 24:00:21 Std.

Das kleinste fahrbare Einrad fuhr Peter Rosendahl aus Las Vegas, Nevada (USA), am 4. August 1990 beim Hotel Circus Circus in Las Vegas mit einem Raddurchmesser von 7,58 cm 30 Sek. lang in einem Radius von 1,21 m.

Rückwärts fuhr Peter Rosendahl am 19. Mai 1990 in 9:25 Std. auf einem Einrad mit einem Raddurchmesser von 60,96 cm eine Strecke von 74,75 km.

Einen Sprintrekord über 100 m mit stehendem Start erzielte Peter Rosendahl am 1. Juli 1990 in Las Vegas mit 12,74 Sek. Derselbe Fah-

Peter Rosendahl aus Nevada (USA) hält vier Einrad-Rekorde: kleinstes fahrbares Einrad, weiteste Strecke rückwärts, schnellster Sprint mit stehendem sowie mit fliegendem Start.

rer, dieselbe Strecke mit fliegendem Start: 12,43 Sek.

Das kleinste Hochrad (Stangenrad) mit einer Sattelhöhe von 45 cm und einer Radbreite von nur 12 mm präsentierte Andy Safrany (*1983) aus Eiken (Schweiz) am 22. September 1990 im *Supertreffer* des Schweizer Fernsehens in Zürich. 16 Sek. konnte er stolz damit fahren.

EISENBAHNEN UND ANDERE SCHIENENFAHRZEUGE

LOKS, STRECKEN, GESCHWINDIGKEITEN

Das schnellste Schienenfahrzeug ist ein unbemannter Raketenschlitten, der am 5. Oktober 1982 mit 9851 km/h (Mach 8) über die 15,2 km lange Gleisstrecke des White Sands Missile Range in New Mexiko (USA) raste. Die Höchstgeschwindigkeit eines Zugs mit Passagieren ist 400,7 km/h, erreicht am 4. Februar 1987 von dem Testzug *Maglev* (Magnetbahn) *ML-500* auf der 7 km langen Versuchsstrecke der Japanischen Eisenbahngesellschaft in Miyazaki (Japan).

Einen europäischen und gleichzeitig Weltrekord für Schienenfahrzeuge stellte am 18. Mai 1990 der Höchstgeschwindigkeitszug TGV-Atlantique von den SNCF (Sociéte Nationale des Chemins de Fer Français) mit 515,3 km/h zwischen Courtalain und Vendôme auf.

Der TGV *(Train à Grande Vitesse)*, am 27. September 1981 in Dienst gestellt, hat die fahrplanmäßige Zeit für die Strecke Paris–Lyon (425 km) im September 1983 auf genau 2 Std. reduziert und fährt damit durchschnittlich 212,5 km/h – einschließlich einiger Bahnhofstopps. Die erreichte Spitzengeschwindigkeit ist 299 km/h.

Mit einem neuen Hochgeschwindigkeitszug wollen Japans Eisenbahner auf der Strecke Tokio–Osaka bis zu 300 km/h schaffen und sich den schnellsten Zug der Welt zurückholen.

Die leistungsstärksten Lokomotiven der Deutschen Bundesbahn sind die E-Loks der Baureihe *103*. Mit einer Oberleitungsspannung von 15 000 V, 16⅔ Hz Einphasen-Wechselstrom erreichen sie ihre größte Dauerleistung von 10 100 PS (7440 kW) bei 191 km/h. Die Fahrmotorspannung beträgt dabei 640 V. Die 10-Min.-Kurzzeitleistung ist 14 120 PS (10 400 kW) bei 152 km/h. Die größte zulässige Geschwindigkeit ist 200 km/h. (Für die Lok *103 103* sind es 250 km/h.) Sie werden vor allem im IC- (Intercity-) und D-Zug-Verkehr eingesetzt.

Die Höchstgeschwindigkeit einer Dampflokomotive betrug 201 km/h über eine Strecke von 402 m. Sie wurde am 31. Juli 1938 von der

Der Superzug der Deutschen Bundesbahn InterCity Express (ICE) fährt seit Juni 1991 mit fahrplanmäßiger Höchstgeschwindigkeit von 250 km/h zwischen Hamburg/Frankfurt (Main)/München.

Mallard (Wildente) mit der Typenbezeichnung L. N. E. R. 4-6-2 Nr. 4468 (später 60022) erreicht, die sieben Waggons mit einem Gesamtgewicht von 243 t über Stoke Bank zwischen Grantham und Peterborough (GB) zog. Der Lokomotivführer hieß Joseph Duddington, der Heizer Thomas Bray. Die Lokomotive wurde dabei beschädigt.

Die schnellsten Dampflokomotiven in Deutschland bauten vor dem Zweiten Weltkrieg 1936 die Borsig-Werke in Berlin. Es waren drei Loks der Baureihe *05*, über 26 m lang, mit einer Leistung von 2360 PS (1740 kW). Am 11. Mai 1936 fuhr eine von ihnen (Lok *05002)* mit 200 t Zuglast auf der Strecke Berlin–Hamburg zwischen den Städten Neustadt a. d. Dosse und Nauen 200,4 km/h. Zwei dieser Loks wurden 1958 verschrottet, die dritte und letzte ist seit 1963 im Verkehrsmuseum von Nürnberg ausgestellt.

Einen Weltrekord für Dieselzugkraft stellte am 1. November 1987 die Britische Eisenbahn auf. Ein Zug mit zwei Intercity-Triebwagen 125, der die Fahrgestell-Prototypen vom Typ SIG für die MK-IV-Intercity-Waggons testete, erreichte zwischen Darlington und York 238,9 km/h.

Der InterCityExpress (ICE) der Deutschen Bundesbahn: Der Hochleistungstriebzug für den Hochgeschwindigkeitsverkehr InterCity-Express ist federführend von der Krupp Industrietechnik GmbH in Arbeitsgemeinschaft mit fünf deutschen Schienenfahrzeugherstellern entwickelt und gebaut worden.

Für den schnellen Personenfernverkehr fahren die ICE-Züge auf den Neubaustrecken Mannheim–Stuttgart und Hannover–Würzburg 250 km/h Höchstgeschwindigkeit. Auf besonderen Schnellstrecken und auf Teilstücken der Neubaustrecken werden sie sogar bis zu 280 km/h erreichen.

Die stärkste Dampflokomotive, gemessen an ihrer Zugkraft, war die *Nr. 700*, eine dreiteilige Gelenklokomotive vom Typ 2-8-8-8-4, eine 6-Zylinder-Lok, die 1916 von den Baldwin Locomotive Works für die Eisenbahn von Virginia (USA) gebaut wurde. Sie besaß eine Zugkraft von 75434 kg bzw. 90520 kg, je nach Ausnutzung des Dampfdrucks. Die stärksten Dampflokomotiven der Welt benutzte zwischen 1941 und 1961 die amerikanische Union Pacific Railroad. Von den 25 Maschinen der Baureihe *4000* sind noch sieben erhalten.

Der schwerste Zug, der jemals von einer einzigen Lokomotive gezogen wurde, hatte ein Gewicht von 15545 t, bestand aus 250 Güterwagen und war 2,5 km lang. Die Zugmaschine war die *Matt H. Shay Nr. 5014*, eine 2-8-8-8-2-Lokomotive, die vom Mai 1914 bis 29 bei der Erie Railroad (USA) fuhr.

Der längste und schwerste Güterzug mit der größten Anzahl Waggons fuhr am 26./27. August 1989 auf der südafrikanischen Sishen-Saldanha-Bahnstrecke (1065 mm Spurbreite). Der Zug bestand aus 660 Waggons, jeder mit bis zu 105 t beladen, einem Tankwagen und einem Dienstanhänger, in Bewegung gesetzt von neun 50-kV-Elektroloks und sieben dieselelektrischen Loks, die über den ganzen Zug verteilt waren. Der Zug war 7,3 km lang, wog – ohne die Lokomotiven – 69393 t und legte eine Strecke von 861 km zurück.

Der schnellste Güterzug der Welt ist der täglich zwischen Perpignan und Paris (Frankreich) verkehrende *Gemüsezug*. Er fährt bereits seit 1971 mit Tempo 140 km/h.

Der schnellste Güterwagen erreichte im März 1991 bei Meßfahrten der Bundesbahn-Versuchsanstalt Minden zwischen Hannover-Langenhagen und Celle eine Geschwindigkeit von 213 km/h. Das zweiachsige Fahrzeug ist für den Einsatz im InterCargoExpreß bestimmt.

Schwerstladungen auf der Schiene sind von der Kapazität des rollenden Materials abhängig. Der stärkste Bahn-Transportwagen mit einer Kapazität von 807 t ist der 36achsige *Schnabel* mit 336 t Eigengewicht, im März 1981 von Krupp (Essen) für eine US-Eisenbahngesellschaft gebaut. Der Kraftprotz ist 92 m lang.

Immer noch an der Spitze: der französische Superschnellzug TGV-Atlantique.

Das größte Magnetschwebefahrzeug der Welt, die Magnetbahn *Transrapid 06*, wird seit Mai 1984 auf der Versuchsanlage im Emsland zwischen Lathen und Papenburg erprobt. Der von der Kraus-Maffei AG hergestellte und von der Messerschmitt-Bölkow-Blohm GmbH mit einem magnetischen Trag- und Führungssystem ausgestattete Zug ist 54,2 m lang, wiegt 122 t und kann 196 Personen befördern.

Auf der 31,5 km langen Teststrecke wurde am 18. Dezember 1989 die Rekordgeschwindigkeit von 435 km/h erreicht. Der von Thyssen-Henschel in Kassel neugebaute Magnetzug *Transrapid 07* ist um 20 t leichter und soll eine Betriebsgeschwindigkeit von 460 km/h bekommen mit einer Höchstgeschwindigkeit von 500 km/h.

Den Rekord für ein unbemanntes Magnetschwebefahrzeug hält das japanische Versuchsfahrzeug *ML 500* der japanischen Eisenbahn (JNR) mit 517 km/h (erreicht am 21. Dezember 1979).

Die längste Eisenbahnstrecke der Welt führt auf der transsibirischen Eisenbahn über eine Entfernung von 9438 km von Moskau nach Nachodka im äußersten Osten der Sowjetunion. Die Gesamtreise dauert 8 Tage, 4:25 Std., und der Zug hält dabei an 97 Bahnhöfen.

Die 3145 km lange Baikal-Amur-Hauptstrecke im Norden der Sowjetunion, deren Bau 1938 begonnen und 1974 wieder aufgenommen wurde, ist seit dem 27. Oktober 1984 voll in Betrieb. Bei dem Projekt (Gesamtkosten: 30 Mrd. DM) wurden 382 Mio. m^3 Erde bewegt und 3901 Brücken gebaut.

Die längste gerade Schienenstrecke der Welt gibt es bei der Commonwealth-Trans-Australien-Eisenbahn. Sie führt von Meilenstein 496 zwischen Nurina und Loongana (Westaustralien) über die Ebene von Nullarbor bis zum Meilenstein 793 zwischen Ooldea und Watson (Südaustralien) über eine pfeilgerade, wenn auch nicht ebene Strecke von 478 km.

Die breiteste Spurweite im normalen Gebrauch beträgt 1,676 m. Diese Weite ist in Spanien, Portugal, Indien, Pakistan, Bangladesch, Sri Lanka (Ceylon), Argentinien und Chile üblich. 1885 gab es im US-Bundesstaat Oregon eine Holztransportlinie mit einer Spurweite von 2,4 m.

Die schmalste benutzte Spurbreite beträgt ganze 26 cm und wird noch auf zwei Strecken in Norfolk (GB) eingesetzt: bei den Wells Harbour Railways (über 1,12 km) und den Wells-Walshingham Railways (6,5 km).

Die höchstgelegene Eisenbahnstrecke der Welt mit Normalspurbreite von 1,43 m gibt es bei der peruanischen Staatseisenbahn von Lima nach Oroya. Bei La Cima liegt der höchste Eisenbahnpunkt der Welt mit 4817 m üNN.

Die höchstgelegene Eisenbahn Europas, die ohne Zahnradantrieb fährt, verkehrt zwischen St. Moritz (Schweiz) und Tirano (Italien) über den 2323 m hohen Berninapaß mit 7 Prozent Gefälle.

Die tiefste Bahnstrecke der Welt befindet sich im Seikan-Tunnel zwischen den japanischen Inseln Honshu und Hokkaido. Die Gleise wurden 240 m unter der Tsugaro-Meerenge verlegt. Der 53,8 km lange Tunnel wurde am 13. März 1988 eröffnet.

Das steilste Gefälle mit Schienenhaftung befindet sich mit 1:11 zwischen Chedde und Servoz (Frankreich) auf der SNCF-Chamonix-Linie mit 1 m Spurweite.
Die größte Steigung im Netz der Deutschen Bundesbahn muß bei Boppard-Kastellaun (Rheinland-Pfalz) auf dem Weg in den Hunsrück hinauf überwunden werden. Das Steigungsverhältnis auf der 7 km langen Strecke ist 1:16,4.

Das Bahnnetz, das die meisten Passagiere befördert, ist die Ostjapanische Eisenbahngesellschaft, die 1988 täglich 14,66 Mio. Fahrgäste verzeichnete. Unter den Gegenständen, die in dem Jahr bei Bahnfahrten verlorengingen, gehörten 377712 Schirme, 141200 Kleidungsstücke, 143761 Bücher und Schreibwarenartikel, 4359 Accessoire-Artikel und 89799 Portemonnaies.

Die meisten Länder besuchte in 24 Std. der Student Martin Häffner aus Schönau (Odenwald). Am 16. April 1981 schaffte er einen Reiserekord durch zehn europäische Länder: Italien, Jugoslawien, Österreich, Liechtenstein, Schweiz, Bundesrepublik Deutschland, Frankreich, Luxemburg, Belgien, Holland.

Eine 24-Std.-Eisenbahnrekordfahrt schaffte der Mathematikstudent Thomas Kantke (*1964) aus München am 18./19. September 1985. Der Kursbuchfan benutzte 16 fahrplanmäßige Züge der Deutschen Bundesbahn und legte 2804 km auf bundesdeutschen Schienen zurück. Ein Null-Sek.-Wechsel gelang ihm in Hannover. Der ankommende Intercity traf 54 Sek. vor der planmäßigen Zeit ein, der andere Zug fuhr exakt nach Fahrplan ab.

Stationen-Rallye schwyzerisch: Innerhalb von 24 Std. fuhr Hans-Kaspar Wipf mit seinen Söhnen Urs und Martin (13 und 14 Jahre alt) sowie seinem Arbeitskollegen Jean Wenger am 31. Juli 1988 exakt 430 verschiedene Bahnstationen an. Dies gelang den vier Wallisellnern trotz teilweise widriger Umstände – so betrug die höchste Verspätung eines Anschlußzuges zeitraubende 50 Min.

Die einwöchige Eisenbahnrekordfahrt holte sich der Bahnfahr-Fan Thomas Kantke. Ausgerüstet mit einem Tramper-Monats-Ticket für 245 DM startete er am 4. August 1986 in Hannover und hatte am 11. August nach 168 Std. genau 17544 km auf bundesdeutschen Eisenbahnschienen zurückgelegt. 71 Züge, davon 57 Intercity, hat er bei seiner Rekordjagd benutzt. 195 Kontrollstempel und Bestätigungen gab es auf der 7-Tage-Tour.

Den Tramprekord auf dem Schienennetz der Deutschen Bundesbahn hat der Gymnasiast Till-Olaf Klingenhäger (*1971) aus Aichtal-Aich (Baden Württemberg) um 20323 km überboten. Vom 18./19. Juli bis 18. August 1989 kam er auf 74052 km. Seine Monatsleistung begann und endete jeweils in Stuttgart Hauptbahnhof. In 744 Std. verbrauchte er 201 D-, E-, EC- und IC-Züge.

Auf Europas Schienen – Bahnstrecken einschließlich Fähr- und Schiffahrtslinien – legte

Die berühmte *Mallard* stellte am 23. Juli 1938 mit 201 km/h den Geschwindigkeitsrekord für einen von einer Dampflok gezogenen Zug auf.

Die Rombachbrücke der Neubaustrecke Hannover–Würzburg unweit von Langenschwarz, nördlich von Fulda. Das 986 m lange und 95 m hohe Bauwerk gilt als eine der elegantesten Brückenkonstruktionen dieser Hochgeschwindigkeitsstrecke der Deutschen Bundesbahn.

Student Manfred Weis (*1961) aus Karlsruhe (Baden-Württemberg) in 30 Tagen (vom 20. September bis zum 19. Oktober 1987) mit seiner Interrail-Karte 36030 km zurück.

Die schnellste Nord-Süd-Durchquerung auf Europas Schienennetz schaffte der Verwaltungsbeamte Gisbert Siede (*1965) aus Buxheim (Unterallgäu). Vom 12. bis 15. Januar 1989 fuhr er mit einem Inter-Rail-Ticket und einem Tramper-Monats-Ticket der Deutschen Bundesbahn in nur 71:19 Std. von Narvik (Norwegen) bis Pozzallo (Südspitze Siziliens). Seine durchschnittliche Reisegeschwindigkeit betrug auf den 5531 Reisekilometern 77,56 km/h.

BAHNHÖFE

Der größte Eisenbahn-Bahnhof der Welt ist der Grand Central Terminal an der Kreuzung von Park Avenue und 43. Straße in New York (USA), der von 1903 bis 13 erbaut wurde. Er umfaßt auf zwei Ebenen eine Fläche von 19 ha mit 41 Gleisen auf der oberen und 26 Gleisen auf der unteren Ebene.
Im Durchschnitt wird er von mehr als 550 Zügen und 180000 Fahrgästen pro Tag benutzt. Eine Spitzenkapazität erreichte er am 3. Juli 1947 mit 252228 Personen.

Als größter Bahnhof in Europa gilt der Hauptbahnhof von Leipzig (Sachsen). Die Sandsteinfassade des Empfangsgebäudes hat eine Länge von 298 m. Die 26 Gleise münden auf den 32 m breiten Querbahnsteig, von dem sechs Längshallen abgehen, die die Gleise überspannen. Jede Halle ist 45 m breit und 220 m lang. Nach 13 Jahren Bauzeit wurde der Sackbahnhof im Jahr 1915 dem Verkehr übergeben.

Der flächenmäßig größte deutsche Bahnhof ist der Rangierbahnhof Maschen (Niedersachsen). Er umfaßt mit einem Gleisnetz von 287 km Länge, 280 ha und hat 285 Weichen, 29 Brücken und 38 Gebäude. Seine Kapazität beläuft sich auf 11000 Waggons täglich. Mit Zulaufstrecken sind es 300 km Gleise, 310 ha, 1014 Weichen, 47 Brücken und 54 Gebäude.

Der höchstgelegene Bahnhof der Welt ist Condor in Bolivien, 4786 m üNN, an der Meter-Spurstrecke von Rio Mulato nach Potosi.

Der höchstgelegene Bahnhof Europas liegt in der Schweiz an der elektrischen Zahnradbahn auf die Jungfrau. Es ist die Bergstation Jungfraujoch mit einer Höhenlage von 3454 m üNN.

Der höchstgelegene deutsche Bahnhof liegt an der Schwarzwaldstrecke Titisee–Seebrugg (Baden-Württemberg). Es ist der 967 m hoch gelegene Bahnhof Bärental am Feldberg.

Die meisten Fahrgäste Deutschlands hat der Hauptbahnhof München mit an Werktagen etwa 410000 Personen (einschl. S-Bahn-Verkehr). Er hat auch die meisten Bahnsteiggleise (insgesamt 32). Die Länge der Bahnhofsanlage beträgt 1,9 km, die der Frontfassade 174 m.

Den längsten Bahnhofsnamen im Bereich der Deutschen Bundesbahn hat der Haltepunkt Lübeck-Travemünde Skandinavienkai mit 32 Buchstaben.

U-BAHNEN

Die älteste (und eine der längsten) Untergrund- oder Schnellverkehrsbahnen der Welt – insgesamt gibt es 75 Nahverkehrsunternehmen dieser Art –, deren erste Teilstrecke am 10. Januar 1863 eröffnet wurde, gehört der Londoner Verkehrsbehörde. Die »Underground« hat ein Streckennetz von 409 km, von denen 135 km gebohrte Tunnelstrecken sind; 32 km wurden ausgehoben und abgedeckt. Die Londoner U-Bahn beschäftigt 19000 Mitarbeiter und fährt 272 Bahnhöfe an. Die 478 Züge mit insgesamt 3908 Waggons beförderten 1989/90 765 Mio. Fahrgäste. Die tiefste Stelle liegt mit 67,4 m unter Hampstead auf der Northern Line. Die längste Fahrt ohne Umsteigen führt von Epping nach West Ruislip über eine Strecke von 54,9 km.
Der Rekord für das Abfahren aller 272 Stationen (einschließlich des am 12. April 1986 eröffneten Terminals 4 von Heathrow Station) ist 18:41:41 Std., aufgestellt am 30. Juli 1986 von dem Quintett Robert A. Robinson, Peter D. Robinson, Timothy J. Robinson, Timothy J. Clark und Richard J. Harris.

Das am stärksten beanspruchte U-Bahn-Netz ist das der sowjetischen Hauptstadt Moskau mit 3,3 Mrd. Fahrgästen im Jahr. Zu dem Netz gehören 141 Bahnhöfe (von denen 18 als

Die größte Triebzughalle wurde am 28. April 1991 in Hamburg eingeweiht. Die zweiseitig an das Gleisnetz angeschlossene Halle ist 430 m lang, 65 m breit und im Schnitt 8,5 m hoch. Auf acht aufgeständerten Gleisen werden die Hochgeschwindigkeitszüge der Deutschen Bundesbahn während der nur einstündigen betrieblichen Liegezeit behandelt und instand gesetzt.

Ein Blick in das Cockpit des Airbus *A 320-200*. Dieser Kurz- und Mittelstreckenjet hat 134 Sitzplätze.

Umsteigestationen mehr als einen Namen tragen) und 226,7 Gleiskilometer. Seit Inbetriebnahme im Jahr 1935 ist der Fahrpreis kürzlich zum ersten Mal erhöht worden – von 5 auf 15 Kopeken.
Die Rekordfahrt (alle 123 benannten Bahnhöfe) dauerte 9:39:50 Std., absolviert am 9. Dezember 1988 von Dr. Peter Altman aus Edgware und Miß Jackie Smith aus Bobblestock (GB).

Die U-Bahn mit den meisten Bahnhöfen ist das Netz der New York City Metropolitan Transportation Authority, dessen erster Abschnitt am 27. Oktober 1904 in Betrieb genommen wurde. Das Netz mit insgesamt 469 Bahnhöfen umfaßt eine Strecke von 372,93 km und hat 1990 täglich 5 Mio. Fahrgäste befördert.

Das älteste und längste U-Bahn-Netz mit den meisten Linien von allen deutschen Städten hat Berlin. Die erste (Teil-)Strecke wurde bereits am 18. Februar 1902 dem Verkehr übergeben.
Das Hamburger U-Bahn-Netz hat auf 3 Linien 80 Bahnhöfe, davon 9 Umsteigebahnhöfe (nur auf die U-Bahn bezogen) und 89,5 km (davon 31,2 km im Tunnel) Streckenlänge.

Am 8. Oktober 1988 erneuerte Kai Bruchmann (* 1968) seinen Rekord und fuhr das Hamburger U-Bahn-Netz in Rekordgeschwindigkeit ab. Der Postangestellte erreichte zusammen mit dem Bundeswehrsoldaten Karsten Filor (* 1965) die Zeit von 4:01 Std. für alle drei U-Bahn-Strecken in Hamburg.

Das Münchener U-Bahn-Netz mit seinen jetzt 6 Linien und 60 Stationen bei 50,661 km Netzlänge hält den Mathematikstudenten Thomas Kantke (* 1964) auf Trab. Seinen eigenen Rekord im schnellsten Abfahren des Münchener U-Bahn-Netzes überbot er am 10. März 1989. In 2:11:27 Std. legte er 63 379 m mit einer Durchschnittsgeschwindigkeit von 28,929 km/h zurück. Auf seiner Fahrt mußte er neunmal umsteigen.

Eifrigster und wohl einziger U-Bahn-Rekordhalter ist der Berliner Klaus-Martin Kersten. Von den 75 U-Bahnen, Metros und Subways, die es zur Zeit weltweit gibt, hat er inzwischen 58 befahren (Stand März 1991).

MODELLEISENBAHNEN

Die längste überwachte Fahrt einer Modell-Dampflokomotive fand am 8./9. September 1979 in Thames Ditton (GB) statt. Sie dauerte 27:18 Std. und erstreckte sich über 231,7 km. Die Bahn namens *Winifred* (gebaut 1974 von Wilf Grove) mit einer Spurweite von 18,4 cm arbeitet mit einem Druck von 5,6 kg/cm^3, wird mit Kohle geheizt, hat einen Zylinder mit einem Innendurchmesser von 54 mm und einen Hub von 79 mm.

Der Nonstop-Dauerrekord für eine Modelleisenbahn (Lokomotive mit 6 Wagen) beträgt 1219 Std. Die »mini-club-Lokomotive 8885« (Märklin) war bei der Rekordfahrt, dem Maßstab 1:220 entsprechend, auf ein 130-km/h-Tempo eingestellt und erreichte ohne Reparatur und Pflege umgerechnet 158 400 km, reale Entfernung 720 km bei einem Test im Jahr 1981. Diese Spur gilt als kleinste Modelleisenbahn der Welt.

Die kleinste Modellschmalspureisenbahn im Maßstab 1:1000 wurde im Januar 1988 auf einer Modelleisenbahn-Ausstellung im Prater Berlin von der Arbeitsgemeinschaft »Weinbergsweg« vorgestellt. Der Mechaniker Werner Krey aus Fredersdorf (Brandenburg) hat eine 7,2 mm lange Lok gebastelt, die von einem 12-V-Uhrenmotor angetrieben wird. Der Zug fährt auf Spurweite 1 mm.

Der längste Modellbahnzug der Welt in Spurweite H0 mit einer Länge von 215 m ohne Lokomotiven fuhr am 19. August 1989 auf Gleis 4 im Bahnhof Kevelaer (Niederrhein). Die Kevelaerer Eisenbahnfreunde hatten 1527 Wagen aneinandergekoppelt, die von 14 Lokomotiven 8,37 m weit gezogen wurden. Umgerechnet auf den Maßstab 1:1 entspricht das einer Zuglänge von 21,705 km!
Eine Lokomotive der Baureihe 151 von Märklin, Spurweite Z, zog im November 1989 anläßlich der 7. Unnaer Modellbahnausstellung aus eigener Kraft 174 Güterwagen mit 482 Achsen (Gesamtlänge 10 m) auf einem geraden, ebenen Schienenstrang 15 m weit. Damit konnte der Eisenbahn-Fan Klaus Niggemann aus Unna-Massen (Westfalen) seinen eigenen Rekord um 186 Achsen verbessern.
Eine Rekordfahrt schaffte am 2. April 1989 eine serienmäßige Roco-Lok auf einem 108 m langen Oval in der Lehrter Turnhalle (Niedersachsen). Der Modelleisenbahnverein Lehrte hatte einen 74 m langen und 40 kg schweren Zug aus 400 6achsigen Erzwagen (2400 Achsen) zusammengestellt. Im zweiten Anlauf zog die 20-cm-Lok den Rekordzug eine Runde durch das Oval.

LUFTFAHRZEUGE

DIE ERSTEN FLÜGE

Der erste Flug mit einem Düsenflugzeug wurde von dem deutschen Flugkapitän Erich Warsitz am 27. August 1939 bei Marienehe nahe Rostock in der mit einem Strahltriebwerk

der Firma Heinkel ausgerüsteten *He 178* ausgeführt. Das Flugzeug war mit einem Heinkel-He-S3-b-Motor ausgerüstet (378 kg Schub im Stand, eingebaut mit langem Auspuffrohr), der von Dr. Hans Pabst von Ohain entwickelt und erstmalig im August 1937 erprobt worden war.

Den ersten Überschallflug führte der amerikanische Luftwaffenkapitän (später Brigadegeneral) Charles (Chuck) Elwood Yeager (* 13. Februar 1923) über dem Luftwaffenstützpunkt Edwards in Kalifornien (USA) am 14. Oktober 1947 mit einem *Bell-XS-1*-Raketenflugzeug *Glamorous Glennis* mit einer Geschwindigkeit von 1,015 Mach (1078 km/h) bei einer Flughöhe von 12800 m durch.

Die erste Überquerung des Nordatlantiks in der Luft in West-Ost-Richtung wurde von Korvettenkapitän (später Konteradmiral) Albert Cushion Read (1887–1967) und seiner Besatzung (Stone, Hinton, Rodd, Rhoads und Bresse) mit dem 84 Knoten (155 km/h) schnellen *Curtiss-Flugboot NC-4* der amerikanischen Marine auf der Strecke von Trepassey Harbour in Neufundland (Kanada) über die Azoren nach Lissabon (Portugal) vom 16. bis 27. Mai 1919 durchgeführt. Die gesamte Flugzeit über eine Strecke von 7951 km, die am 8. Mai in Long Island, New York (USA), begann und am 31. Mai in Plymouth (GB) endete, betrug 53:58 Std.
Der Flug von Neufundland bis zu den Azoren über eine Strecke von 1930 km dauerte 15:18 Std. bei einer Geschwindigkeit von 81,7 Knoten (151,4 km/h).

Den ersten Nonstopflug über den Atlantik in West-Ost-Richtung führten Captain John William Alcock (1892–1919) und sein Funker, Leutnant Arthur Whitten Brown (1886–1948), über eine Strecke von 3154 km in der Zeit von 16 Uhr 10 GMT am 14. Juni bis 8 Uhr 40 GMT am 15. Juni 1919 vom Flugplatz Lester in St. John's, Neufundland (Kanada), zum Derrygimla-Moor in der Nähe von Clifden in der irischen Grafschaft Galway durch. Die beiden flogen mit einer *Vickers Vimy*, die mit zwei je 360 PS (265 kW) starken *Rolls-Royce-Eagle-VIII*-Motoren ausgerüstet war. Sie wurden am 21. Juni 1919 mit einem Orden ausgezeichnet. Außerdem gewannen sie einen Preis der Londoner Tageszeitung *Daily Mail* in Höhe von 10000 Pfund Sterling.

Die erste Ost-West-Atlantiküberquerung gelang am 12. April 1928 den Deutschen Hermann Köhl (1888–1938), Freiherr Ehrenfried Günther von Hünefeld (1892–1929) zusammen mit dem Chef des irischen Luftcorps, Oberst James C. Fitzmaurice (1898–1965), mit einer auf den Namen *Bremen* getauften *Junkers-Maschine W 33*. Sie starteten in Irland und landeten nach 36:20 Std. auf der Insel Greenly Island vor Neufundland (Kanada). Nach einer Triumphfahrt durch die Vereinigten Staaten verlieh ihnen US-Präsident Calvin Coolidge (1872–1933) die höchste amerikanische Fliegermedaille.

Der erste Alleinflug über den Atlantik: Captain (später Brigadegeneral) Charles August Lindbergh (1902–74) war der 79. Pilot, der eine Atlantiküberquerung durchführte, aber er war der erste, der sie allein vornahm. Er startete am 20. Mai 1927 mit seinem 220-PS-Einsitzer *Spirit of St. Louis* vom Typ Ryan um 12 Uhr 52 GMT vom Roosevelt-Flugplatz in Long Island, New York (USA), und landete am 21. Mai 1927 um 22 Uhr 21 GMT auf dem Flugplatz von Le Bourget in Paris (Frankreich) nach einer Flugzeit von

Das 168 Mio. DM teure Hughes-H4-Flugboot *Spruce Goose* hat eine Flügelspannweite von 97,51 m.

33:29:29 Std. über eine Strecke von 5810 km. Er gewann den schon 1919 von dem New Yorker Hotelier und Millionär Raymond Orfög für die Ein-Mann-Nonstop-Atlantiküberquerung von New York nach Paris ausgesetzten Preis von 25000 Dollar (damals über 100000 Mark).

Die meisten Transatlantikflüge machte Flugkapitän Charles M. Schimpf von TWA, der den Ozean vom März 1948 bis zu seiner Pensionierung am 1. September 1984 nachweislich 2880mal überquerte; das sind 6,4mal pro Monat.

Den ersten Nonstop-Transpazifikflug führten Major Clyde Pangborn und Hugh Herdon vom 3. bis 5. Oktober 1931 in einer Zeit von 41:31 Std. über eine Strecke von 7335 km mit dem *Bellanca*-Kabinenflugzeug *Miss Veedol* von Sabishiro Beach (Japan) nach Wenatchee, Washington (USA), durch.

Die ersten Erdumrundungen: Die Fédération Aéronautique Internationale (FAI) erkennt als Weltrundflug diejenigen Flüge an, die eine Entfernung von mindestens 36787,599 km – die Länge des Wendekreises des Krebses – zurücklegen und dabei an ihren Ausgangspunkt zurückkehren. Strenggenommen erfordert eine Erdumrundung das Überfliegen zweier Antipoden-Punkte und eine Strecke von mindestens 40007,89 km.

Einen ersten Weltrundflug führten zwei *Douglas-D.-W.-C.*-Flugboote der US Army in 57 Etappen über eine Strecke von 42398 km durch. Die *Chicago* war mit Leutnant Lowell H. Smith und Leutnant Leslie P. Arnold und die *New Orleans* mit Leutnant Erik H. Nelson und Leutnant John Harding bemannt. Der Flug fand vom 6. April bis 28. September 1924 statt; Start und Ziel war Seattle (USA).

Die schnellste Erdumrundung nach FAI-Regeln gelang über eine Flugstrecke von 37216 km in 36:54:15 Std. vom 28. bis 30. Januar 1988 mit der *Boeing 747 SP Friendship One* (Kapitän Clay Lacy) mit 141 Passagieren an Bord. Die Maschine flog von Seattle, Washington (USA), aus in östlicher Richtung, erreichte über dem Atlantik 1292 km/h und tankte nur in Athen und Taipeh nach.

NONSTOPFLÜGE UND ANDERE REKORDE

Die erste Erdumrundung ohne Nachtanken gelang Dick Rutan und Jeana Yeager in ihrer Spezialmaschine *Voyager*, konstruiert von Dicks Bruder Burt Rutan. Sie flogen vom 14. bis 23. Dezember 1986 mit Startpunkt Edwards Air Force Base, Kalifornien (USA). In neun Tagen, 3:44 Min. legten sie bei einer Durchschnittsgeschwindigkeit von 186,1 km/h 40212,139 km zurück. Das Flugzeug mit einer Spannweite von 33,77 m konnte 5636 l Treibstoff mit einem Gewicht von 4052 kg aufnehmen. Die Konstruktion nahm über zwei Jahre und 22000 Arbeitsstunden in Anspruch. Der Pilot saß in einem Cockpit mit den Maßen 1,7 × 0,54 m, die »Freizeit-Kabine« für das jeweils andere Besatzungsmitglied war 2,3 × 0,6 m groß.

Die erste Allein-Polarumrundung führte Hauptmann Elgen M. Long (44) vom 5. November bis 3. Dezember 1971 mit einer *Piper Navajo* durch. Er legte in 215 Flugstunden eine Strecke von 62597 km zurück. Die Kabinentemperatur sank über der Antarktis auf −40° C.

Die erste Erdumkreisung über die beiden Pole in einer einmotorigen Maschine gelang dem Amerikaner Richard Norton, Kapitän bei einer Fluggesellschaft, und Calin Rosetti, Chef des Satelliten-Navigationssystems der Europäischen Raumfahrtbehörde. Ihre *Piper PA-46-3 10-P Malibu* startete am 21. Januar 1987 auf dem Pariser Flughafen Le Bourget, wo sie am 15. Juni 1987 auch wieder landete. Die reine Flugzeit betrug 185:41 Std., in denen die beiden Piloten 55266 km zurücklegten. Bei dem Unternehmen mit der Bezeichnung *Arctic Tern* (Arktis-Seeschwalbe) wurden weitere 16 Rekorde für Flüge von Punkt zu Punkt aufgestellt.

Das Flugzeug mit der größten jemals konstruierten Flügelspannweite, war das 40 Mio. Dollar (168 Mio. DM) teure *Hughes-H-2*-Flugboot *Hercules*, das am 2. November 1947 mit Howard Hughes (1905–76) am Steuer vor dem Hafen von Long Beach, Kalifornien (USA), bei einem Versuchsflug über eine Strecke von 914 m auf eine Höhe von 21,3 m gebracht wurde. Das achtmotorige, 193 t schwere Flugzeug hatte eine Spannweite von 97,51 m, eine Länge von 66,64 m und flog nur dieses eine Mal. Am 22. Februar 1982 wurde es von der Goldcoast Corp. mit Hilfe des Schiffskrans YD-171 der US-Marine zu seiner endgültigen »Ruhestätte« 9,6 km durch den Hafen unter eine Kuppel von 126,5 m Durchmesser geschafft, die weltgrößte freitragende Aluminiumkuppel. Der Transport gilt als Glanzleistung.

Unter den derzeit hergestellten Flugzeugen hat die sowjetische *Antonow An-124* eine Spannweite von 73,3 m und die *Boeing 747-400* eine Spannweite von 64,92 m. Eine modifizierte sechsmotorige Version der *An-124*, auf das Kürzel *An-125* getauft, hat eine Flügelspannweite von 88,4 m.
Am 26. Januar 1984 wurde der 40 Mio. Dollar (103 Mio. DM) teure *Piasecki Heli-Stat* in Lakehurst, New Jersey (USA), ausgestellt. Er besteht aus einem »Gerippe« aus Leichtmetall und Verbundmaterialien, an das vier Helikopter vom Typ *Sikorsky SH-34J* und die Hülle eines Luftschiffs *Goodyear 2PG-2* montiert werden können. Konstruiert für den Einsatz bei der amerikanischen Waldschutzbehörde, hat der *Heli-Stat* eine Gesamtlänge von 104,55 m und ist für eine Zuladung von 21,4 t ausgelegt. Am 1. Juli 1986 machte er eine Bruchlandung.

Das Flugzeug mit dem serienmäßig größten Startgewicht ist die *Antonow An-225 Myira* (Traum) mit 508 t. Ein Flugzeug diesen Typs hat am 22. März 1989 eine Ladung von 156300 kg in eine Höhe von 12410 m transportiert. Der Flug stand unter dem Kommando von Kapitän Alexander Galunenko, dem Chef der Crew von sieben Piloten. Auf der Strecke Kiew–Leningrad–Kiew legte die Maschine ohne Zwischenlandung in 3:47 Std. eine Strecke von 2100 km zurück. Für diesen Flug sind 109 Luftfahrtrekorde registriert.

Das erste Elektroflugzeug ist die *MB-E 1*. Ausgestattet mit einem Bosch-8-kW-Motor (10,7 PS) und einer Flügelspannweite von 12 m, wiegt es 400 kg und ist 7 m lang. Seinen Jungfernflug machte der von dem amerikanischen Flugzeugmodellbauer Fred Militky entworfene Flieger am 21. Oktober 1973.

Das mit Sonnenenergie betriebene Flugzeug *Solar Challenger*, entwickelt von einer Gruppe unter Leitung von Dr. Paul MacCready, wurde am 20. November 1980 erstmals allein mit Solarantrieb geflogen. Am 7. Juli 1981 wurde die *Solar Challenger* das erste Flugzeug seiner Kategorie, das den Ärmelkanal überquerte; Pilot war Steve Ptacek (USA). Vom Startort Pontois-Corneilles bei Paris flog er die 262,3 km in 3353 m Höhe bis Manston (GB) in 5:23 Std. Die Spannweite des Flugzeugs ist 14,3 m.

Den Dauerflugrekord eines ULA-Flugzeugs erreichte am 3. August 1985 Anthony A. Cafaro (*30. November 1951) in Detroit, Michigan (USA). Eine einsitzige *Gypsey Skycycle* steuerte er 7:31 Std. durch die Lüfte. Ein ULA (ultraleichtes Flugzeug) hat ein Maximalgewicht von 111 kg, eine Höchstgeschwindigkeit von 104,6 km/h und faßt maximal 18,93 l Treibstoff. Während des Rekordflugs wurde neunmal Treibstoff aufgenommen.

Das kleinste jemals geflogene Flugzeug ist die *Bumble Bee Two*, entworfen und gebaut von Robert H. Starr aus Arizona (USA). Sie war 2,64 m lang bei einer Flügelspannweite von 1,68 m und einem Leergewicht von 179,62 kg und erreichte eine Höchstgeschwindigkeit von 305,8 km/h. Am 8. Mai 1988 stieg sie annähernd 122 m hoch, stürzte ab und erlitt Totalschaden.

Der kleinste Jet ist die *Silver Bullet* mit einer Spannweite von 5,18 m. Die von Bob Bishop (USA) konstruierte Maschine wiegt 196 kg und bringt es auf 450 km/h.

Das größte Verkehrsflugzeug der Welt ist der Jumbo Jet – die *Boeing-747*. Den ersten Flug unternahm der Jumbo am 9. Februar 1969, er hat eine Kapazität von 385 bis zu über 500 Passagieren bei einer Höchstgeschwindigkeit von 969 km/h. Die Flügelspannweite beträgt 59,64 m, die Länge 70,7 m. Am 22. Januar 1970 ging der Jumbo Jet in den Liniendienst.
Die erste *747-400* mit einer Flügelspannweite von 64,92 m, einer Reichweite von über 12875 km und einer Kapazität von 422 Passagieren wurde am 26. Januar 1988 an Northwest Airlines ausgeliefert. Theoretisch bietet sie Raum für 516 Passagiere, die dann in der Hauptkabine zu zehnt in einer Reihe sitzen; bis zu 69 finden zudem Platz im gestreckten Oberdeck der *747-300*. Eine gestreckte Version der McDonnell Douglas *MD 11* mit Platz für 515 Passagiere in der Hauptkabine sowie weiteren 96 im unteren sogenannten Panoramadeck vor den Tragflächen wird derzeit getestet.

Das schnellste Verkehrsflugzeug ist das Überschall-Verkehrsflugzeug *Concorde*, eine Gemeinschaftsentwicklung von BAC und Aérospatiale. Es wurde zum ersten Mal am 2. März 1969 geflogen und entwickelt mit einem Fassungsvermögen von 128 Passagieren eine Geschwindigkeit bis zu 2,2 Mach (2333 km/h). Am 10. Oktober 1969 flog es mit 1,05 Mach, überschritt am 4. November 1970 zum ersten Mal 2,0 Mach und wurde so das erste Verkehrsflugzeug mit Überschallgeschwindigkeit. Der neue New-York–London-Rekord wurde am 14. April 1990 mit 2:55,15 Std. aufgestellt.

Das geräumigste Flugzeug ist die *Super Guppy* der Aero Spaceline mit einem Frachtraumvolumen von 1415 m^3 und einem maximalen Startgewicht von 79,38 t. Die Spannweite beträgt 47,63 m, die Länge 43,05 m. Der Frachtraum ist 33,17 m lang und bildet einen Zylinder von 7,62 m Durchmesser.
Die sowjetische *Antonow An-124 Ruslan* hat einen nutzbaren Frachtraum von 1014 m^3 und ein maximales Startgewicht von 405 t. Sie wird von vier Lotarev-D-18-Turbotriebwerken angetrieben, die ihr eine Geschwindigkeit von 850 km/h (bei 12000 m Flughöhe) und eine Reichweite von 4500 km geben.
Eine spezielle Schwerlastversion der *An-124*, benannt *An-225 Myira* (Traum), wurde mit gestrecktem Rumpf entwickelt und bietet ein Nutzvolumen von 1190 m^3. Ein neuer Zentralsektor in Höhe der Tragflächen trägt zwei zusätzliche Motoren, die schätzungsweise insgesamt 140000 kp Schub entwickeln. Nach dem Jungfernflug am 21. Dezember 1988 wurde das Flugzeug am 13. Mai 1989 erstmals zum Transport der sowjetischen Raumfähre *Buran* eingesetzt und war damals 13:13 Std. ununterbrochen in der Luft.
Das sowjetische Antonow-Werk und die britische Chartergesellschaft Air Foyle beanspruchen den Rekord für den schwersten zivilen Luftfrachttransport; zwischen dem 10. und 14. Januar 1991 beförderten sie drei Umformer von je 43 t Gewicht und weiteres Material mit einem Gesamtgewicht von 133,485 t von Barcelona nach Noumea (Neukaledonien).
Antonow und die staatliche sowjetische Fluggesellschaft Aeroflot transportierten im November 1989 im Auftrag des australischen Frachtunternehmens Röhlig eine Zeitungsrotation von 55 t Gewicht von Helsinki nach Melbourne. Die Gesamtladung wog 122 t.

Die meisten Flüge einer Propellermaschine hat vermutlich eine *Convair CV-580* Turboprop auf dem Buckel, die es bis zum April 1991 auf 139368 Flüge gebracht hat. Das genaue Alter des Flugzeugs wurde nicht genannt, aber

Der weltgrößte Flughafen ist der Khalid International Airport außerhalb von Riad (Saudi-Arabien). Er verfügt auch über den welthöchsten Kontrollturm mit 74 m.

selbst wenn es die erste Maschine ihres Typs war, hätte sie seit 1952 täglich im Durchschnitt mehr als 9 Flüge absolviert.

Der längste Nonstop-Linienflug wird von United Airlines und Quantas in 14:50 Std. von Los Angeles nach Sydney durchgeführt. Der Flug mit einer *Boeing 747 SP* (*Special Performance* = Sonderausführung) reicht über eine Strecke von 12050 km.

Der längste Überführungsflug einer zweistrahligen Zivilmaschine dürfte der Flug einer *Boeing 767-200ER* vom 8./9. Juni 1990 von Seattle (USA) nach Nairobi (Kenia) gewesen sein. Die *Boeing 767* der Royal Brunei Airlines flog in 18:29 Std. 14890 km Großkreisdistanz und verbrauchte 74,2 t Treibstoff.

Der kürzeste Linienflug der Welt verkehrt zwischen den schottischen Orkneyinseln Westray und Papa Westray. Er wird von der Gesellschaft Loganair seit September 1967 mit zweimotorigen, 10sitzigen *Britten-Norman-Islander*-Transportmaschinen durchgeführt. Obschon im Flugplan mit 2 Min. veranschlagt, wurde die Strecke bei günstigen Windbedingungen von Captain Andrew D. Alsop schon in 58 Sek. bewältigt. Die Eincheck-Zeit für den Zweiminutenflug beträgt 20 Min.

United Airlines bieten zwischen San Franzisko und Oakland (Kalifornien) den kürzesten Linienflug in einer *Boeing 727* an. Täglich gibt es auf der 19,3 km langen Strecke drei Hin- und Rückflüge, die durchschnittlich 5 Min. dauern.

Die meisten Flüge in 24 Std.: Pater Michael Bartlett aus London, ein »exzentrischer Globetrotter«, absolvierte am 13. Juni 1990 binnen 13:33 Std. mit Heli Transport (Nizza) 42 planmäßige Passagierflüge zwischen Nizza, Sophia, Antipolis, Monaco und Cannes.

12 EG-Länder: Am 13. Juni 1989 flogen Michael Hamlin und Robert Noortman von Hamlin Jet Ltd. eine *Cessna Citation Biz Jet One* eine Strecke von 5954 km und landeten dabei innerhalb von 18:55 Std. auf 12 verschiedenen Landebahnen in den 12 EG-Staaten.

HÖCHST-GESCHWINDIGKEITEN

Den offiziellen Fluggeschwindigkeitsrekord stellten Captain Eldon W. Joersz und Major George T. Morgan jr. am 28. Juli 1976 in einer *Lockheed SR-71 A* mit einer Geschwindigkeit von 3529,56 km/h über einen Rundkurs von 15 bzw. 25 km Länge des US-Luftwaffenstützpunktes Beale in Kalifornien (USA) auf.

Das schnellste Starrflügelflugzeug der Welt war die amerikanische *North American Aviation X-15 A-2* (eine Weiterentwicklung der *X-15 A*), die zum ersten Mal am 28. Juni 1964 flog. Sie war mit einem durch flüssigen Sauerstoff und Ammoniak angetriebenen Raketensystem ausgerüstet. Ableitende Materialien an der Außenhaut gaben ihr eine Widerstandsfähigkeit gegen eine Temperatur von 1560°C. Die Landegeschwindigkeit betrug vorübergehend 389,1 km/h. Die höchste Geschwindigkeit erreichte am 2. Oktober 1967 Major William J. Knight (*1930) von der amerikanischen Luftwaffe mit 7274 km/h (6,7 Mach). Nach dem letzten Flug am 24. Oktober 1968 wurde das Programm eingestellt.

Die höchste Landegeschwindigkeit eines Starrflügelflugzeugs erzielte Siegfried Heltzel-Castel (*1935), Hauptmann der deutschen Luftwaffe, aus Karlsruhe-Rüppurr am 2. Juni 1965. Nach einem Luftzusammenstoß mit einer *D-28* über Rhens/Rhein mußte er seinen *F-104 G (Starfighter)* wegen der Rammbeschädigungen mit 242 KIAS *(Knots indicated airspeed)* landen. Diese Geschwindigkeit lag 6–8 Knoten über der Reifen-Höchstbelastungsgeschwindigkeit – mit umgerechnet über 435 km/h ein Landerekord!

Das schnellste Düsenflugzeug der Welt ist das *Lockheed-SR-71*-Aufklärungsflugzeug der US-Luftwaffe (s. offizieller Rekord), das erstmalig am 22. Dezember 1964 geflogen wurde. Es soll eine Höhe von nahezu 30480 m erreichen können. Die *SR-71* hat eine Spannweite von 16,94 m, eine Länge von 32,73 m und ein Startgewicht von 75,9 t. Die angegebene Reichweite soll 4800 km betragen bei einer Geschwindigkeit von 3 Mach in einer Höhe von 24000 m. Mindestens 30 Maschinen sind bisher gebaut worden. Am 15. Januar 1988 gab es Berichte, daß die US-Luftwaffe unter Geheimhaltung ein *Mach 5*-(6115 km/h) *Stealth*-Flugzeug für große Höhen (über 30480 m) entwickele.

Der schnellste bekannte Doppeldecker war der italienische *Fiat C. R. 42 B*, der mit einem 1010-PS-(750-kW-)*Daimler-Benz*-Motor vom Typ DB 601 A im Jahr 1941 eine Geschwindigkeit von 520 km/h erreichte. Es wurde nur ein Flugzeug dieser Art gebaut.

Das schnellste Flugzeug mit Kolbenmotor war ein umgebauter *Hawker Sea Fury* in Privatbesitz, mit dem Mike Carroll (†1969) aus Los Angeles (USA) im August 1966 bei einem Geradeausflug über Texas (USA) eine Geschwindigkeit von 836 km/h erreichte.

Der offizielle Geschwindigkeitsrekord für Flugzeuge mit Kolbenmotor ist 832,12 km/h, am 30. Juli 1983 über der Mojave-Wüste in Kalifornien (USA) von Frank Taylor aufgestellt. Er flog eine modifizierte nordamerikanische *P-51 D-Mustang*, angetrieben von einem 3000-PS-*Packard-Merlin*, über eine Strecke von 15 bis 25 km.

Das schnellste Flugzeug mit Propellerantrieb ist der sowjetische *Tu-114-Turboprop*-Transporter. Beladen mit schweren Nutzlasten, hat er Durchschnittsgeschwindigkeiten von mehr als 877 km/h erreicht. Er wurde aus dem *Tupolew-Tu-95*-Bomber entwickelt, der im Westen unter dem Namen *Bear* bekannt wurde, und hat 14 795-PS-(10880-kW-)Motoren.

McDonnell Douglas erwartet, daß die geplante *MD-91X*, angetrieben von gegenläufigen Mehrblatt-Fans, eine Reisegeschwindigkeit von etwa Mach 0,78 (814 km/h) erreicht. Tests in den Jahren 1987/88 mit einer *MD-80*, versuchsweise mit einem General-Electric-GE36-Motor ausgerüstet, welcher zwei Fans antrieb (statt einen der beiden Standard-Turbofans Pratt & Whitney JT8D), erreichte eine Höchstgeschwindigkeit von 0,865 Mach.

Den Rekord für die schnellste Atlantiküberquerung halten Major James V. Sullivan (damals 37) und Major Noel F. Widdifield (damals 33), die am 1. September 1974 mit einer *Lockheed SR-71 A* in einer Zeit von 1:54:56,4 Std. in östlicher Richtung flogen.
Die Durchschnittsgeschwindigkeit, die durch das Nachtanken aus einem *KC-135*-Tankflugzeug vermindert wurde, betrug für die Strecke von New York bis London (5570,8 km) 2908,026 km/h.
Der Solorekord (Gander nach Gatwick) steht bei 8:47:32 Std., erzielt am 12. März 1978 von Capt. John A. Smith in einer *Rockwell 685*.

Der schnellste Steigflug gelang Heinz Frick von British Aero Space, der am 15. August 1989 im Flugtestzentrum von Rolls-Royce in Bristol (GB) in einer *Harrier GR5* mit einem *Rolls-Royce*-Triebwerk 11-61 Pegasus bei stehendem Start eine Höhe von 12000 m in 126,63 Sek. erreichte.

Alexander Fedotow (UdSSR) gelang am 17. Mai 1975 in einer *MiG-25* ein Höhenrekord in der schnellsten Zeit, als er die Höhe von 30000 m 4:11,7 Min. nach dem Start erreichte.

Der Langstreckenrekord von 64 Tagen, 22:19:5 Std. wurde von Robert Timm und John Cook in einer *Cessna 172 Hacienda* aufgestellt. Die beiden starteten am 4. Dezember 1958 15 Uhr 53 Ortszeit auf dem McCarren-Flugplatz in Las Vegas, Nevada (USA), und landeten auf demselben Flugplatz 14 Uhr 12 am 7. Februar 1959. Sie legten auf ihrem Flug eine Strecke zurück, die bei regelmäßigem Nachtanken, ohne Zwischenlandung, einer sechsmaligen Erdumrundung entspricht.

FLUGHÄFEN UND HANGARS

Der größte Flughafen der Welt ist der für 8,4 Mrd. DM gebaute King Khalid International Airport vor den Toren von Riad (Saudi-Arabien) mit einer Fläche von 221 km². Der am 14. November 1983 eröffnete Flughafen besitzt den größten Kontrollturm der Welt mit einer Höhe von 74 m.

Der Haji-Terminal im für 16 Mrd. DM gebauten King Abdul-Azie Airport von Dschidda ist das größte überdachte Gebäude mit einer Fläche von 1,5 km².

Der Flughafen von Dallas/Fort Worth, Texas (USA), zur Zeit mit 6 Start- und Landebahnen und 5 Terminals ausgestattet, soll auf 9 Bahnen und 13 Terminals mit 260 Toren ausgebaut werden. Geplante Kapazität: 150 Mio. Fluggäste im Jahr.

Der für Denver, Colorado (USA), neu geplante Flughafen wird den Erwartungen nach eine Fläche von 116,5 km² bedecken. Der Abschluß von Bauphase 1, zu der fünf Start- und Landebahnen gehören, ist für Mitte 1993 vorgesehen. Anfangs wird der neue Flughafen 94 Gates haben – weniger (aber größere) als die im jetzt noch betriebenen Stapleton Airport, den er ersetzen wird. Die Kosten werden mit mindestens 2,6 Mrd. Dollar (4,4 Mrd. DM) veranschlagt.

Der weltgrößte Flughafen-Terminal gehört zum Hartsfield International Airport von Atlanta, Georgia (USA), eröffnet am 21. September 1980, und bedeckt eine Fläche von 20,43 ha. Zu dem Terminal gehören 146 Gates. 1990 wurden 48 024 566 Fluggäste abgefertigt, die Kapazität liegt bei 75 Mio.

Europas größter Flughafen ist Heathrow Airport (London) mit 1197 ha Ausdehnung. Heathrow wird von 70 Fluggesellschaften aus 61 Ländern mit Linienflügen bedient und verzeichnete 1990 insgesamt 390 485 Flugbewegungen, darunter 344 841 Passagierflüge. Die verschiedenen Luftfahrtunternehmen und Behörden sowie die Flughafengesellschaft beschäftigen zusammen 51 400 Menschen.
Die Gesamtzahl der landenden und startenden Fluggäste betrug – einschließlich der Transitpassagiere – 39 610 550.
Die meisten Flüge, die an einem Tag in Heathrow abgefertigt wurden, waren 1162 am 16. März 1990; die meisten Passagiere an einem Tag waren 144 833 am 30. Juni 1989.

Der größte deutsche Flughafen ist der Rhein-Main-Flughafen bei Frankfurt am Main. Er ist mit Abfertigungsvorfeld, Lufthansabasis, Frachtzentrum und Startbahn 18 West 1700 ha groß und rangiert unter den 592 für den internationalen Linienverkehr zugelassenen Flughäfen im Fluggastverkehr an vierzehnter (in Europa nach London-Heathrow und Paris an dritter) Stelle. Im Luftfrachtverkehr nimmt er in der Welt den zweiten, in Europa den ersten Platz ein. Er hat eine Jahreskapazität von 30 Mio. Fluggästen. In der Sommersaison 1990 wurde er im Linienverkehr von 96 Fluggesellschaften angeflogen und bot pro Woche mehr als 6000 Verbindungen zu 221 Zielorten in 97 Ländern auf fünf Kontinenten. Dazu kommen im Laufe eines Jahres etwa 80 Chartergesellschaften im Gelegenheitsverkehr.
1990 wurden insgesamt 324 000 Starts und Landungen registriert, 29 631 400 Fluggäste abgefertigt. Das Luftfrachtaufkommen wuchs auf 1 176 000 t. 152 300 t Luftpost wurden befördert.

Der größte Flughafen Österreichs ist der von Wien-Schwechat, wo 1990 bei 79 854 Starts und Landungen von 49 Linien- und über 72 Chartergesellschaften 5 714 514 Fluggäste gezählt wurden. Das Frachtaufkommen von Vienna Airport erreichte 70 949,8 t.

Der größte Flughafen der Schweiz ist Zürich-Kloten. Hier wurden 1990 bei 219 861 Starts und Landungen 12 769 757 Passagiere abgefertigt. Frachtaufkommen: 325 798 t Fracht; 15 669 t Luftpost.

Den stärksten Flugverkehr bewältigt der Chicago International Airport mit insgesamt 59 130 007 Passagieren und 780 658 Flugbewegungen im Jahr 1989.

Heathrow Airport wickelt mehr internationalen Verkehr als jeder andere Flughafen der Welt ab. 1989 waren es 31 525 476 Passagiere. Londons zweiter Flughafen, Gatwick, nimmt mit 19,87 Mio. Passagieren weltweit den zweiten Rang ein. Im Frachtbetrieb führt New Yorks Kennedy International Airport mit 1 072 600 t im Jahr 1988. Internationale Fracht von 1 018 600 t wurden auf Tokios internationalem Flughafen Narita abgewickelt.

Der höchstgelegene Flugplatz der Welt ist der La Sa (Lhasa) Airport in Tibet, 4363 m üNN.

Das tiefstgelegene Landefeld ist El Lisan an der Ostküste des Toten Meers, 360 m uNN. Während des Zweiten Weltkriegs operierten *BO-AC Short C-class*-Flugboote von der Oberfläche des Toten Meeres, 394 m uNN, aus.

Der tiefstgelegene internationale Flughafen ist Schiphol, Amsterdam (Niederlande), mit 4,5 m uNN.

Der Flughafen mit der größten Entfernung vom Zentrum der Stadt, der er eigentlich dienen soll, ist Viracopos, der 96 km von São Paulo (Brasilien) entfernt ist. Dagegen ist der Flughafen von Gibraltar nur 800 m vom Stadtzentrum entfernt.

Der nördlichste internationale Flughafen befindet sich in Longyearbyen (78° 12′28″N), dem Hauptort von Spitzbergen. Er wird von der Aeroflot aus der UdSSR und von der SAS aus Norwegen angeflogen.

HUBSCHRAUBER

Der Geschwindigkeitsrekord für Hubschrauber nach FAI-Regeln wurde von Trevor Eggington aufgestellt, der am 11. August 1986 in einem Demonstrationshelikopter von Westland Lynx eine Durchschnittsgeschwindigkeit von 400,87 km/h erreichte.

Der größte Hubschrauber der Welt ist der sowjetische *Mil Mi-12 Homer,* auch als *V 12* bekannt. Er ist mit vier 6500-PS-(4800-kW-)Turbinenwellen-Motoren ausgerüstet, hat eine Spannweite von 67 m über die Rotorspitzen, eine Länge von 37 m und ein Gewicht von 105 t.

Der kleinste Hubschrauber ist der raketenunterstützte Ein-Mann-Minicopter von Aerospace General Co. Er wiegt etwa 72,5 kg und hat bei knapp 300 km/h eine Reichweite von 400 km.

Die schwerste Last hob am 3. Februar 1982 ein *Mil-Mi-26*-Schwerlast-Hubschrauber, besetzt mit G. V. Alfeurow und seinem Kopiloten L. A. Indeew, in Podmoskownoe (UdSSR) mit 56,77 t 2000 m hoch.

Doug Daigle, einer von vier Piloten, die im Dezember 1989 in Anaheim, Kalifornien (USA), ihre Fertigkeiten während eines Schwebeflug-Rekords unter Beweis stellten. Vier rohe Eier waren an den Rädern des Hubschraubers festgeklebt und galten als Beweis dafür, daß er 50:00:50 Std. den Boden nicht berührte.

Der Höhenrekord für Hubschrauber liegt bei 12 442 m. Er wurde am 21. Juni 1972 mit einer *Aérospatiale SA 315 B Lama* von dem Piloten Jean Boulet über Frankreich aufgestellt.

Die höchste bisher bekannte Landung eines Hubschraubers fand anläßlich einer Rettungsaktion im Mai 1971 in 7000 m Höhe unterhalb der Südostwand des Mount Everest (Nepal) statt.

Den längsten Schwebeflug schafften die Amerikaner Doug Daigle, Brian Watts, Dave Meyer und Rod Anderson von Tridair Helicopters und Helistream in Kalifornien. Mit einem 1947er Bell B-Modell blieben sie zwischen dem 13. und 15. Dezember 1989 für 50:00:50 Std. durchgehend in der Luft.

DREHFLÜGLER

Den Drehflüglerrekord im Geradeausflug, den er mit seinem *WA-116-F*-Drehflügler am 28. September 1975 in einem Nonstopflug von Lydd in Lent (GB) nach Wick im schottischen Hochland über eine Strecke von 874,32 km aufstellte, hält der Engländer Kenneth H. Wallis. Er flog dann seinen *WA-116*, mit einem 72 PS-(53 kW-)McCulloch-Motor ausgestattet, am 18. September 1986 mit der Rekordgeschwindigkeit von 193,9 km/h über eine gerade 3-km-Strecke.

Am 20. Juli 1982 stellte er auf dem Flug von Boscombe Down, Wiltshire (GB), den neuen **Höhenrekord** von 5643,7 m in seinem *WA-121/MC* auf. Dieser zur Zeit kleinste und leichteste Wallis-Drehflügler wird von einem 100-PS-(74-kW-)Wallis/MC-Motor angetrieben. Berichten zufolge erreichte die Amerikanerin Amelia Earhart am 8. April 1931 auf dem Flugfeld von Pitcairn, Pennsylvania (USA), eine Höhe von 5791 m.

Ballons unmittelbar vor dem Start. Heißluftballon-Paraden erfreuen sich immer größerer Beliebtheit. 1961 wurde die Renaissance der Heißluftballonflüge in den USA eingeläutet. Seitdem finden Ballonfahrertreffen und Weltmeisterschaften statt.

FLUGBOOTE

Das schnellste Flugboot, das jemals gebaut wurde, war der mit vier Düsenmaschinen ausgerüstete Minenleger *Seamaster* vom Typ *Martin XP6M-1* der US-Marine, der in der Zeit von 1955 bis 59 mit einer Spitzengeschwindigkeit von 1040 km/h geflogen wurde.

Im September 1946 stellte das Flugboot *Mars* vom Typ *Martin JRM-2* einen Rekord mit einer Nutzlast von 30 992 kg auf.

Der offizielle Geschwindigkeitsrekord für Flugboote wurde von Nikolai Andriewskij und zwei Besatzungsmitgliedern am 7. August 1961 in einer sowjetischen, mit zwei AL-7-Turbojets ausgerüsteten *Beriew M-10* mit 912 km/h über einen Rundkurs von 15 bzw. 25 km aufgestellt. Die *M-10* hält alle zwölf Rekorde, die für düsenangetriebene Flugboote registriert wurden, einschließlich eines Höhenrekords über 14 962 m, den Georgij Burjanow und seine Besatzung am 9. September 1961 über dem Asowschen Meer (UdSSR) aufstellten.

LUFTSCHIFFE

Das größte starre Luftschiff, das jemals gebaut wurde, war der 213,9 t schwere deutsche *Graf Zeppelin II (LZ 130)* mit einer Länge von 245 m und einem Rauminhalt von 199 891 m^3. Er startete am 14. September 1938 zu seinem Jungfernflug und führte im Mai und August 1939 Radar-Erkundungsaufträge über dem britischen Luftraum durch. Im April 1940 wurde er demontiert. Sein Schwesterschiff *Hindenburg* war 1,7 m länger.

Das größte halbstarre Luftschiff, das jemals gebaut wurde, war das *ZPG 3-W* der US-Marine, das ein Fassungsvermögen von 42 937 m^3, eine Länge von 122,9 m, einen Durchmesser von 25,93 m und eine Besatzung von 21 Personen hatte. Es flog zum ersten Mal am 21. Juli 1958, stürzte dann aber im Juni 1960 ins Meer ab.

Das Heißluft-Luftschiff *Cameron D-38* hält die Weltrekorde im Höhenflug (3159 m), im Dauerflug (1:26:52 Std.) und in der größten erreichten Entfernung (37,07 km). Sie wurden am 27. August 1982 von R. W. Taaffe in Cunderdin (Westaustralien) aufgestellt.

Ein Strecken- und Dauerrekord von 93,033 km in 3:41:55 Std. gelang am 20. März 1988 Oscar Lindstrom in einem Heißluft-Luftschiff *Colt AS 56* auf dem Flug von Stockholm nach Tobo (Schweden).

Der längste Flug eines halbstarren Luftschiffes (ohne nachzutanken) dauerte 264:12 Std. und wurde unter dem Kommando von Fregattenkapitän J. R. Hunt mit dem von Goodyear gebauten *ZPG-2* der US-Marine vom 4. bis 15. März 1957 durchgeführt. Der Flug begann in South Weymouth, Massachusetts, und endete in Key West, Florida, nachdem das Luftschiff eine Strecke von 15 205 km zurückgelegt hatte.

Den offiziellen Streckenrekord hält der deutsche *Graf Zeppelin*, der unter dem Kommando

von Kapitän Hugo Eckener vom 29. Oktober bis zum 1. November 1928 6384,5 km weit flog.

Der deutsche Zeppelin *L 59* flog von Yambol (Bulgarien) südlich Khartum (Sudan) und kehrte vom 21. bis 25. November 1917 zurück, wobei er mindestens 7250 km zurücklegte.

Das kleinste lenkbare Luftschiff (in Länge und Volumen) ist über vier Kanäle funkferngesteuert, verfügt über zwei Höhen- und ein Seitenruder, wird von zwei Elektromotoren mit je 1 W Leistung angetrieben und ist mit Wasserstoff gefüllt. Der Wiener Josef Mayer (* 1968) hat das 2,725 m lange Luftfahrzeug mit 0,595 m Durchmesser und einem Gasvolumen von 0,724 m^3 in anderthalb Jahren geplant und am 31. Mai 1990 vorgestellt.

BALLONFAHRTEN

Den Streckenflugrekord eines Ballons hält der heliumgefüllte *Double Eagle V*, der vom 9. bis 12. November 1981 von Nagashima (Japan) nach Covello, Kalifornien (USA), 8382,54 km zurücklegte. Die Mannschaft dieses ersten bemannten Ballons, der den Pazifik überquerte, bestand aus: Ben L. Abruzzo, Rocky Aoki, Ron Clark und Larry M. Newman. *Double Eagle V* faßt 11 300 m^3 Gas.

Der erste Mensch, der allein den Atlantik im Ballon überquerte, ist Joe Kittinger, ehemals Colonel in der US Air Force. Am 14. September 1984 startete er mit dem 3000 m^3 Helium fassenden Ballon *Rosie O'Grady* in Caribou, Maine (USA), und überwand annähernd 5701 km, bevor er nach 86 Std. bei Montenotte (Italien) landete. Die erste Atlantiküberquerung im Ballon gelang vom 12. bis 17. August 1978 im Gasballon *Double Eagle II* mit der Besatzung Ben L. Abruzzo, Maxie L. Anderson und Larry M. Newman.

Die größte Höhe – nämlich 51,8 km – erreichte ein unbemannter *Winzen*-Ballon von 1,35 Mio. m^3, der im Oktober 1972 in Chico, Kalifornien (USA), aufgelassen wurde.

Die größte Höhe in einem bemannten Ballon erreichte Nicholas Piantanida (1933–66) aus Bricktown, New Jersey (USA), am 1. Februar 1966 mit inoffiziellen 37 735 m bei einem Start in Sioux Falls, South Dakota (USA). Bei der Landung in einem Kornfeld in Iowa kam er ums Leben.

Den offiziellen Höhenrekord erzielten Fregattenkapitän Malcolm D. Ross und Korvettenkapitän Victor E. Prother, beide von der US-Marine, bei ihrem Aufstieg vom Deck des amerikanischen Schiffs *Antietam* am 4. Mai 1961 über dem Golf von Mexiko mit einer Höhe von 34 668 m. Aufgrund einer Fehlberechnung stiegen Harold Froelich und Keith Land, Wissenschaftler aus Minneapolis (USA), am 26. September 1956 in einer offenen Gondel ohne Schutzanzüge auf eine Höhe von 12,84 km. Während ihres 6:30-Std.-Flugs fiel die Temperatur auf −57,7°C.

Die größten Ballons mit einem Volumen von 2 Mio. m^3 werden von der Firma Winzen Research Inc. in Minnesota (USA) gebaut. Sie sind 300 m hoch und fahren unbemannt.

Die erste Atlantiküberquerung im Heißluftballon gelang Richard Branson (GB) und seinem Piloten Per Lindstrand (Schweden) am 2./3. Juli 1987 von Sugarloaf, Maine (USA), nach Limavady (Nordirland) in 31:41 Std. – das ist eine Strecke von 4947 km. Ihr Gefährt, getauft *Virgin Atlantic Challenger*, war der mit 65 000 m^3 Fassungsvermögen größte jemals geflogene Ballon und erreichte Geschwindigkeiten von mehr als 210 km/h.

Mit seinem Leichtfluggerät erreichte Kanellos Kanellopoulos den weitesten Flug mit Menschenkraft von Kreta zur 119 km entfernten Insel Santorini.

Erste Pazifiküberquerung im Heißluftballon: Richard Branson und Per Lindstrand überquerten vom 15. bis 17. Januar 1991 im Virgin Otsuka Pacific Flyer den Pazifik von der Südspitze Japans zum Lac la Matre in Nordwestkanada. Bei der Fahrt in dem 73 624-m^3-Heißluftballon (dem größten jemals geflogenen) stellten sie FAI-Rekorde für Dauer (46:15 Std.) und Distanz (Großkreis 7671,9 km) auf. Die inoffiziell beste Leistung wurde zudem für die schnellste Durchschnittsgeschwindigkeit von Start bis Landung mit 237 km/h erzielt. Eine Stunde lang wurde eine Geschwindigkeit von 385 km/h erreicht.

Höhenrekord im Heißluftballon: Durch riskante Klettermanöver in mehr als 6000 m Höhe konnte der britische Ballonfahrer Per Lindstrand den Höhenrekord für Heißluftballons auf 19 811 m schrauben. Diese Rekordhöhe erreichte er am 6. Juni 1988 über Laredo im US-Staat Texas.

Der von der FAI anerkannte **Ausdauer- und Streckenrekord** für Gas- und Heißluftballons ist 96:24 Std. und 3339,086 km, aufgestellt in ei-

nem *Zanussi* von Donald Allan Cameron (GB) und Major Christopher Davey. Am 30. Juli 1978 fehlten ihnen damit nur 166 km an der ersten Atlantiküberquerung im Ballon.
Den höchsten Aufstieg mit den meisten Passagieren erreichte *Miß Champagne*, ein Ballon mit 73625 m^3 Fassungsvermögen, erbaut von Tom Handcock aus Portland, Maine (USA). Als Fesselballon stieg er am 19. Februar 1988 mit 61 Passagieren an Bord auf eine Höhe von 12,25 m.
Mit 50 Menschen (Passagiere und Besatzung) unternahm der holländische Ballonfahrer Henk Brink im 24000 m^3 fassenden *Nashua Number One* eine Freiballonfahrt über 200 m. Die Fahrt am 17. August 1988 in Lelystad (Niederlande) dauerte 25 Min., der Ballon erreichte eine Höhe von 100 m.
Mit einer 1000 kg schweren Heißluftballon-Sonderform startete der Österreicher Ivan Trifonov am 3. November 1989 in der Stierarena von Malaga (Spanien) zu einer Mittelmeerüberquerung. Nach 7:30 Std. waren 450 km zurückgelegt, als er wegen fehlender Landeerlaubnis in Algerien vor der algerischen Küste bei 120 km/h Windgeschwindigkeit in der stürmischen See landen mußte.

Der größte Massenaufstieg von Heißluftballons fand am 15. August 1987 bei Ashton Court, Bristol (GB), statt; beim 9. Internationalen Ballonfestival gingen innerhalb einer Stunde 128 Teilnehmer in die Luft.

Den kleinsten flugfähigen Heißluftballon konstruierte der Fotograf Horst Fenchel (* 1958) zusammen mit dem Schüler Martin Postweiler (* 1975). Am 3. Januar 1989 stieg der nur 39 cm hohe, 20 cm breite und 6 g leichte Heißluftballon in Steinatal (Hessen) auf ca. 30 m Höhe und landete 200 m vom Startplatz entfernt nach 4 Min. Antriebsquelle für den Mini-Ballon war ein mit Spiritus getränkter Wattebausch.

PERSÖNLICHE FLUGREKORDE

Die jüngste Jet-Berufspilotin kommt aus Österreich. Seit Juli 1987 besitzt die Wienerin Christa Fluck-Plessner (*1965) den Berufspilotenschein mit Instrumentenflugberechtigung. Im familieneigenen Charter-Fluguntemehmen »Polsterer Jets« am Flughafen Wien-Schwechat fliegt sie als Co-Pilotin auf den *Cessna-Citation*-Maschinen.

Die erste Kanalüberquerung durch einen Flug mit Menschenkraft erreichte am 12. Juni 1979 der Amerikaner Bryan Allen mit dem von Dr. Paul MacCready entworfenen *Gossamer Albatross*. Er startete um 5 Uhr 51 in Folkestone (GB) und landete nach einem 36-km-Flug um 8 Uhr 40 in Cap Griz Nez (Frankreich). Die 2:49 Std. lange Angststrecke über den Kanal brachte dem Trampelpiloten und dem Konstrukteur den von Henry Kremer ausgesetzten Preis von 400000 DM ein.

Weitenflug mit Menschenkraft: Das *Dädalus*-Projekt unter Federführung des Massachusetts Institute of Technology erreichte sein Ziel, einen Flug ausschließlich mittels Menschenkraft von Kreta zur 119 km entfernten griechischen Insel Santorini, am 23. April 1988. Kanellos Kanellopoulos (* 25. April 1957) kam in seinem Fluggerät mit einer Spannweite von 34,1 m auf eine Durchschnittsgeschwindigkeit von 29,7 km/h.

Den Geschwindigkeitsweltrekord für Muskelkraftflugzeuge schraubte der Münchner Holger Rochelt auf 44,26 km/h. Mit der speziell für den Schnellflug konstruierten *Musculair 2* benötigte er für den 1500-m-Rundkurs auf dem Flugplatz Oberschleißheim im Landkreis München am 2. Oktober 1985 lediglich 2:02 Min. Das von dem Münchner Designer Günter Rochelt, dem Vater des »bayerischen Ikarus« – wie Holger Rochelt genannt wird –, entwickelte Fluggerät ist nur 25 kg schwer, 6 m lang und hat eine Spannweite von 19,5 m. Angetrieben wird es durch einen Heckpropeller (Durchmesser 2,68 m), der durch Pedaltreten des Piloten in Bewegung gehalten wird.

MODELLFLUGZEUGE

Das größte Modellflugzeug ist der originalgetreue Nachbau einer *Piper PA 18*. Ernst Müller aus Lana, Südtirol (Italien), hat die Sportmaschine mit einer Spannweite von 6,2 m, einer Länge von 4,1 m und einem Fluggewicht von 90 kg gebaut. Das ferngesteuerte fliegende Riesenbaby wird von einem HYRO-30-PS-Motor angetrieben.

Der größte Gleiter ist der funkgesteuerte *Eagle III* mit einer Flügelspannweite von 9,8 m und einem Gewicht von 6,58 kg. Konstruiert wurde er von Carlos René Tschen und Carlos René Tschen jun. aus Colonia San Lázaro (Guatemala).

Den Höhenrekord für Modellflugzeuge hält mit 8208 m für ein funkgesteuertes Modell seit dem 6. September 1970 der Amerikaner Maynard L. Hill. Am 4. Juli 1983 stellte er einen Streckenrekord mit 765 km in einem geschlossenen Rundflug auf.

Der Geschwindigkeitsrekord im freien Flug wurde am 21. September 1971 von den Sowjetrussen V. Goukoune und V. Myakinin in Klementyevo (UdSSR) mit einem ferngelenkten Modellflugzeug mit 343,92 km/h aufgestellt.

Den längsten Dauerflug eines Modellflugzeuges führte am 23./24. August 1980 Eduard Svoboda (ČSFR) mit 32:07:40 Std. mit einem funkgesteuerten Segler durch. Ein Modell für Flüge in der Halle, angetrieben von einem Gummimotor, flog am 31. August 1979 59:12 Min., Konstrukteur war der Amerikaner J. Richmond.

Modellhubschrauber: Einen ferngesteuerten Modellhubschrauber mit Kolbenmotor, erbaut von den Brüdern Walter und Gottfried Andersch aus Heimstetten bei München, ließ Walter Andersch die Rekordzeit von 3:35:6 Std. am 30. Dezember 1979 fliegen.

Die erste Kanalüberquerung mit einem Modellhubschrauber erreichte Dieter Zeigler am 17. Juli 1974 mit einem 5 kg schweren ferngelenkten *Bell-212-Modell* über eine Strecke von 52 km zwischen Ashford (GB) und Ambleteuse (Frankreich).

Den kleinsten flugfähigen, ferngesteuerten Modellhubschrauber stellte Rudolf Herrmann aus Neu-Isenburg (Hessen) am 30. März 1989 vor. Das von einem 4-cm^3-Zweitaktmotor (0,3 PS) betriebene, 2100 g schwere Modell ist 81,5 cm lang, 31 cm hoch und mit einem Hauptrotordurchmesser von 58,5 cm ausgestattet.

Kleinste und leichteste Motorflieger fertigt der Eisenwarenhändler Hermann Holzhauser (*1926) aus Taubenfedern und Grashalmen an. Der Hobbykonstrukteur aus Fürth hatte als Zehnjähriger seine ersten gefiederten Flugmodelle gebaut. Nach seinem 60. Geburtstag packte es ihn erneut, »Federleichte« zu basteln. Über 170 Federflieger sind es inzwischen.
Das kleinste und leichteste Gleitflugzeugmodell (Schulterdecker) hat eine Spannweite von 10 mm, wiegt 2,5 my g und führt einwandfreie Gleitflüge aus. Gestartet wird das Modell am besten, wenn es aus einem Fingerhut oder einem Schnapsglas gleitet. Vorgeführt am 15. März 1988 in Nürnberg.
Das kleinste und leichteste Motorflugzeugmodell (Doppeldecker) wurde ebenfalls am 15. März 1988 in Nürnberg gezeigt. Das 0,2 g leichte Modell wurde aus der Hand gestartet und führte einwandfreie, stabile Motorflüge mit anschließender glatter Landung im Gleitflug durch. Als Motor dient ein Gummifaden von 0,3 mm^2. Die Spannweite des Fliegers beträgt 40 mm.

Das kleinste ferngesteuerte Motorflugmodell, der Mikro-Doppeldecker *Tsetse*, erlebte seinen Jungfernflug am 29. März 1991. Der 154 g schwere Winzling ist 283 mm lang, hat eine Spannweite von 180 mm und wird von einem COX 0,16 cm^3 – dem kleinsten serienmäßigen Verbrennungsmotor – angetrieben. Gebaut hat ihn Jörg-E. Sellnow (*1954) aus Mehring-St. Afra (Bayern) aus Balsaholz und Acrylschaum.

Das kleinste ferngesteuerte Segelflugzeug (Spannweite 290 mm, Länge 255 mm, Gewicht 114 g) wurde am 2. Juli 1988 auf dem Flugplatz des Siegerländer Modellsport Clubs e. V., Siegen, trotz ungünstiger Windverhältnisse dem staunenden Publikum vorgeführt. Mit einer Schleppmaschine auf Höhe gebracht und per Funk ausgeklinkt, wurde der Miniflieger von seinem Piloten Horst Fenchel (* 1958) nach einigen Runden sicher wieder auf den Boden gebracht. Konstruiert hat das Kleinstflugzeug Dr. Walter Fenchel, für die Elektronik war Jürgen Poppel zuständig.

Das kleinste ferngesteuerte Motor-Kunstflug-Deltamodell mit einer Spannweite von nur 175 mm begeisterte zahlreiche Zuschauer bei einer Modellflugschau am 26. März 1989 in Klagenfurt (Österreich). Dieses *EMCO BULLET* fliegt sogar Loopings und Rollen und erreicht eine Höchstgeschwindigkeit von 60 km/h. Konstruiert und geflogen wurde der Mini-Flieger vom fünffachen Weltmeister im Modell-Kunstflug Hanno Prettner (* 1951) aus Klagenfurt.

Den Rekord für die längste Flugzeit eines Papierflugzeuges stellte mit 16,89 Sek. Ken Blackburn am 29. November 1983 im Reynolds Coliseum der Staatsuniversität von North Carolina (USA) auf.
Der Rekord in Räumen mit einer Deckenhöhe von 3,65 m liegt bei 1:33 Min.; er wurde am 21. September 1980 in den Fuji-Fernsehstudios in Tokio (Japan) erreicht.
Augenzeugen berichteten von einem Papierflugzeug, das Chick C. O. Reinhart im August 1933 aus seinem Bürofenster im 10. Stock des Hauses Beaver Street 60 in New York (USA) 2 km weit über den East River bis nach Brooklyn

fliegen ließ. Starthilfe leistete aufsteigende Warmluft aus einer Kaffeeösterei.
Ein 58,82 m langer Flug mit einem Papierflugzeug im geschlossenen Raum wurde am 21. Mai 1985 von Tony Felch im La Crosse Center in Wisconsin (USA) verzeichnet.

Der größte tatsächlich fliegende Papierflieger mit einer Flügelspannweite von 4,89 m wurde von Schülern der Pendleton Heights High School, Indiana (USA), konstruiert und flog am 24. Mai 1990. Gestartet wurde er von einer 3 m hohen Plattform und legte eine Strecke von 25,92 m zurück.

Die Schweizer Werner Heise aus Guggimoos und Beat Schück aus Adliswil hatten am 18. Dezember 1988 mit ihrem 3,04 m großen Papierflieger im Kongresshaus Zürich eine Weite von 21,36 m erreicht.

VERKEHRSWEGE

STRASSENVERKEHR

Das längste Straßennetz der Welt haben die USA mit 6 260 177 km klassifizierter Straßen. Normale Führerscheine sind mit 15 Jahren erwerbbar, Hawaii und Mississippi verlangen keine Fahrschulausbildung. 13 Bundesstaaten geben beschränkt gültige Führerscheine für 14jährige aus.

Die Interstate Autobahn 1–80 von New Jersey nach San Franzisko (USA) war im April 1983 bis Echo Junction im Staat Utah fertiggestellt. Damit sind 3448 Straßen-km fertig, weitere 1229 km müssen noch gebaut werden.

Die erste ausschließlich dem Autoverkehr vorbehaltene Straße Deutschlands, praktisch damit die erste Autobahn, war die Avus (**A**utomobil-**V**erkehrs- und **Ü**bungs**s**traße) in Berlin, die 20 km lang durch den Berliner Grunewald führt. Mit ihrem Bau wurde 1912 begonnen, 1921 wurde sie dem Verkehr übergeben.

Das höchste Verkehrsaufkommen wird am Straßenabschnitt des Kreuzungsbereichs der Route 10/Junction Route 13.80 Los Angeles/ Normandie Avenue mit einer Stundenspitze von 18 000 Fahrzeugen registriert.

Die größte Vekehrsdichte der Welt hat Hongkong. Am 1. Januar 1987 gab es auf den insgesamt 1395 km langen Fahrstraßen 300 000 Kraftfahrzeuge, das sind pro Fahrzeug 4,14 m Fahrstraße.

Die verkehrsreichste Straße Deutschlands ist die Stadtautobahn in Halensee zwischen Funkturm und dem Rathenauplatz in Berlin. 164 000 Kraftfahrzeuge fahren hier in 24 Std. Die größte Verkehrsdichte aller österreichischen Verkehrswege hat die berüchtigte Staustrecke zwischen Salzburg und Imlau-Bischofshofen im Salzburger Land.

Die belebteste Brücke ist die Howrah-Brücke über den Fluß Hugli in Kalkutta (Indien). Neben 57 000 Fahrzeugen aller Art wird sie auch von einer unschätzbaren Zahl von Fußgängern überquert. Die Brücke ist 457 m lang.

Die breiteste Straße der Welt ist die 2,4 km lange Monumentalachse in Brasilia, der Hauptstadt Brasiliens, mit den repräsentativen Verwaltungsgebäuden der Bundesregierung. Sie wurde im April 1960 eröffnet, ist 250 m breit und hat sechs Fahrbahnen.

Die Vereinigten Staaten haben mit einer Gesamtlänge von 6 260 177 km Straßen das weltweit längste Netz von Straßen, die den Kontinent von den großen Stadtlandschaften (s. S. 233 oben) über die Wüsten Kaliforniens (s. S. 232) bis zu der Ödnis Alaskas durchziehen.

Die zur Bay-Bridge von San Franzisko, Kalifornien (USA), führende Straße hat 23 Fahrbahnen (davon 17 in westlicher Richtung).

Die schmalste Straße der Welt liegt in der Ortschaft Ripatransone, Marken (Italien). Der Vicolo della Virilità ist ganze 43 cm breit.
In Benediktbeuern im Kreis Bad Tölz (Oberbayern) ist die Ägidius-Jais-Straße an ihrer schmalsten Stelle 38 cm breit.

Der Titel kürzeste Straße der Welt wird von dem Ort Bacup (GB) für sich reklamiert: Die Elgin Street, am alten Marktplatz gelegen, mißt nur 5,18 m.

Die längste befahrbare Straße ist der panamerikanische Highway mit 27 387 km von Nordwest-Alaska bis nach Santiago (Chile), dann ostwärts nach Buenos Aires und mit dem Endpunkt Brasilia. Es bleibt eine Lücke in Panama, unter dem Namen Tapon del Darién bekannt, sowie der Atrato-Sumpf in Kolumbien.

Die längste Ring-Umgehungsstraße der Welt ist im Verlauf der M25 der sechsspurige London Orbital Motorway mit einer Länge von 195,5 km, in Angriff genommen 1972 und fertiggestellt am 29. Oktober 1986. Die geschätzten Baukosten betragen 909 Mio. Pfund (3,1 Mrd. DM) oder 8 Mio. Pfund (25 Mio. DM) je Meile.

Die längste mit einem Namen versehene Straße der Welt ist die Yonge Street nördlich und westlich von Toronto (Kanada). Der erste, am 16. Februar 1796 vollendete Abschnitt war 55,78 km lang. Heute reicht die Straße bis Rainy River an der Grenze von Manitoba (Kanada) und Minnesota (USA) und hat eine Länge von 1896,2 km.

Als kurvenreichste Straße der Welt gilt die Lombard Street in San Franzisko, Kalifornien (USA), die zwischen zwei Querstraßen acht Kurven aufweist.

Die steilste Straße der Welt ist die Baldwin Street in Dunedin (Neuseeland), die nach Vermessungen einen Gradienten von 1,266 hat.
Als Europas steilste Strecke gilt die Anfahrt zum Loibl-Paß (1398 m, Kärnten, Österreich) zwischen Klagenfurt (Kärnten) und Ljubljana (Jugoslawien). Ihre Steigung bzw. ihr Gefälle betrug bis zu 29 Prozent, ist durch eine Tunnelstrecke jetzt aber bis auf 17 Prozent reduziert.
Die steilste Ortsstraße in Deutschland ist die Schriesheimergasse in Schönau bei Heidelberg (Baden-Württemberg). Sie weist eine Steigung von 27 Prozent auf.

Der höchste Pfad der Welt befindet sich auf dem Kantschindschanga zwischen Khaleb und Hsin-chi-fu in Tibet. Er ist 13 km lang und führt an 2 Stellen über Höhen von mehr als 6080 m.

Die höchste befahrbare Straße der Welt ist 1180 km lang, geht von Tibet nach Golmud in der Quinghai-Provinz und überwindet Pässe, die bis 5632 m Höhe üNN liegen. Sie wurde im Oktober 1957 fertiggestellt.

Der niedrigste Paß der Welt ist der Rock-Reef-Paß im Everglades-Nationalpark in Florida (USA), der nur 91 cm üNN liegt.

Die tiefstgelegene Straße der Welt (393 m uNN) geht auf der israelischen Seite am Toten Meer entlang.

Der größte Platz der Welt ist der Platz des himmlischen Friedens (Tianan-Men) in Peking (China); er ist 39,6 ha groß. Er schließt sich im Süden an die *Verbotene Stadt*, den einstigen Palast der chinesischen Kaiser, an, die größte Palastanlage der Welt. Seine gigantischen Ausmaße erhielt der Platz erst 1958 im Zuge eines Wiederaufbauprogramms. Heute ist dort das Mausoleum von Mao Zedong zu finden. Mehrmals diente der Tianan-Men in der Geschichte als Aufmarschfeld von riesigen Protestversammlungen.
Der Maiden e Shah in Isfahan (Iran) erstreckt sich über 8,1 ha.

Verkehrszeichen fotografiert der Bamberger Fotograf Werner Kohn (* 1940) seit zehn Jahren. Über 15000 Aufnahmen aus 35 Ländern umfaßt bereits sein Archiv. Seine Verkehrsfundsachen – möglichst vom Rost zerfressen, von Steinwürfen beschädigt oder übermalt – sind für den Dokumentarfotografen bildgewordene Synonyme einer reglementierten Lebenswelt. Für ihn bedeuten sie nicht nur Gebote, Verbote und Warnungen, sie sind vor allem Signale mit künstlerischem Charakter.

Kuriose Straßenschilder aus dem gesamten deutschsprachigen Raum sammelt und fotografiert Jutta Schobel aus Velbert (Nordrhein-Westfalen) seit 1986. Über 1200 verschiedene Motive, alphabetisch und thematisch in einer Kartei erfaßt, sind es bereits: Wissenswertes, was Straßen im Schilde führen.

SCHIENENVERKEHR

Das Land mit dem größten Eisenbahnnetz sind die USA mit einer Gesamtgleislänge von 296489 km.

Das kleinste Eisenbahnnetz der Welt hat die Vatikanstadt in Rom (Italien). Sie verfügt über nur 600 m Anschlußgleise an das Eisenbahnnetz der italienischen Staatsbahnen.

Das Schienennetz der Deutschen Bundesbahn hatte am 31. Dezember 1990 eine Betriebslänge von insgesamt 26949 km, davon 6 km Schmalspurstrecken. Das geschlossene Fernverkehrsnetz umfaßt rund 5200 km Streckenlänge. In den neuen Bundesländern umfaßte das Eisenbahnnetz 14040 km.
In Österreich verfügt die Eisenbahn über ein 5811 km langes Schienennetz. In der Schweiz befährt die Eisenbahn 3179 km Schienen.

Der am meisten befahrene Eisenbahn-Knotenpunkt der Welt ist Clapham Junction in London, den alle 24 Std. durchschnittlich 2200 Züge passieren. Den Knotenpunkt befahren alle Züge, die von Waterloo Station kommen, und alle Züge der Brighton-Linie, die Victoria Station verlassen.

LUFTVERKEHR

Das Land mit den am meisten genutzten Fluglinien sind die USA. Die Gesamtzahl der Passagiere auf Inlandsflügen im Jahr 1990 betrug 964114000.

Das Fluggastaufkommen an den zwölf internationalen deutschen Verkehrsflughäfen stieg 1990 auf über 80 Mio. Fluggäste. Das Luftfrachtvolumen wuchs auf rund 1,85 Mio. t.

Das längste Flugticket wurde im Dezember 1984 für den Belgier Bruno Leunen aus Brüssel ausgestellt: 12 m war es lang, kostete 4500 Dollar und verhalf zu einem Flug über eine Distanz von 85623 km, einschließlich 109 Zwischenlandungen auf 80 Fluglinien.

WASSERVERKEHR

Die Gesamttonnage der Handelsschiffe auf der Welt – Schiffe unter 100 BRT, Segelschiffe und Frachtkähne ausgenommen – betrug 423627198 BRT am 1. Juli 1990.

Die größte Handelsflotte der Welt mit insgesamt 54699564 BRT fuhr Mitte 1990 unter der Flagge Liberias.

Der weltgrößte Schiffseigner ist die japanische NYK-Gruppe, die eine Flotte mit insgesamt 12821406 t Tragfähigkeit besitzt.
Die Handelsflotte bundesdeutscher Reedereien hat nach 11 Jahren erstmals wieder zugenommen. Zu Jahresbeginn 1990 fuhren 270 Handelsschiffe mit insgesamt 3,1 Mio. BRT unter deutscher Flagge – ohne Küstenschiffahrt und Fischerei.

Die meistbefahrene Wasserstraße der Welt ist die Themsemündung bei London, die täglich von etwa 300 Schiffen befahren wird.

Die Wasserstraße mit dem größten Schiffsverkehr in Deutschland ist die Elbmündung bei Hamburg; sie wird täglich von etwa 200 Schiffen passiert.

Der größte Hafen der Welt ist – seiner Ausdehnung nach – der Hafen von New York/New Jersey (USA). Bei einer Fläche von 238 km² beträgt die schiffbare Länge 1215 km (weitere 474 km im Staat New Jersey schließen sich an). Mit 261 Anlegeplätzen für Güterumschlag und -transport und weiteren 130 Piers können dort 391 Schiffe gleichzeitig anlegen. Die Bodenfläche der Lagerhäuser beläuft sich auf insgesamt 170,9 ha.

Der Hafen mit dem größten Umschlag, zugleich der größte künstliche Hafen, ist Europoort in Rotterdam (Niederlande) mit einer Fläche von 100 km² und 122,3 km Kaianlagen. 1989 wurden dort hochseetüchtige Schiffe mit einer Gesamtfracht von 292 Mio. t abgefertigt. Der Hafen von Singapur schlägt weniger Tonnage um, die Zahl der Schiffe, die dort abgefertigt wurden, betrug jedoch 36000 im Jahr 1988.

Der größte Hafen Deutschlands ist der Hafen von Hamburg mit einer Flächenausdehnung von 8700 ha und rund 39 km Kaimauern sowie 10 km Dalbenplätzen zum Festmachen von rund 300 Seeschiffen. Der Hafen besitzt ferner 378 Kaikräne sowie 11 Schwimmkräne und 34 Schlepper. Der gewaltigste Hafenschwimmkran Hamburgs für Bergungs- und Umschlagzwecke hat eine Hebekraft von 1000 t.
Im Hamburger Hafen befinden sich auch die größten deutschen Docks: das Schwimmdock 11 von Blohm & Voss mit einer Länge von 320 m für Schiffe bis ca. 230000 t Tragfähigkeit sowie – ebenfalls auf der Werft von Blohm & Voss – das Trockendock Elbe 17 mit einer Länge von 350 m, einer Breite von 56 m und einer Höhe von 15 m (von der Kaikante bis zur Docksohle). 1990 wurden 61,36 Mio. t Güter umgeschlagen, davon 32,81 Mio. t Massengut und 28,56 Mio. t Stück- und Sackgut.

Der größte Binnenhafen der Welt ist der von Duluth am Oberen See in Minnesota (USA). Er hat seine Hauptbedeutung als Verschiffungsplatz für Eisenerz und Weizen.

Das größte Binnenhafensystem Europas und zugleich den größten Flußhafen der Welt bilden die Duisburg-Ruhrorter Häfen am Zusammenfluß von Rhein und Ruhr. Ihr Gesamtgebiet umfaßt 904 ha. Das Güteraufkommen erreichte 1974 mit 63,6 Mio. t einen Rekord, 1990 waren es 49,1 Mio. t. Weit über 40000 Schiffe gehen hier im Jahr vor Anker.
Als größter Kanalhafen gilt der Dortmunder Hafen mit seiner direkten Verbindung zu den Seehäfen. Der Güterumschlag betrug 1990 rund 4,7 Mio. t. Die Beförderungsleistung 1990 erreichte insgesamt, einschließlich des öffentlichen Verkehrs, 39,6 Mio. t. ■

Die Stadtautobahn in Berlin-Halensee zwischen Funkturm und Rathenauplatz gilt als verkehrsreichste Straße Deutschlands.

WELT DER WIRTSCHAFT

Mainhattan – das Frankfurter Bankenviertel. Blick auf die Gebäude der BfG-Bank, den Messeturm, die Commerzbank, das Marriot Hotel und die Hessische Landesbank. Rechts die Türme der Deutschen Bank

INDUSTRIE, BANKEN

Der älteste Wirtschaftszweig ist die Feuersteingewinnung und die damit verbundene Herstellung von Schneid- und Hackwerkzeugen sowie Handäxten; dieses Handwerk wurde vor 2,5 Mio. Jahren in Äthiopien ausgeübt. Die ersten Belege für den Handel mit exotischen Steinen und Bernstein finden sich in Europa aus der Zeit um 28000 v.Chr. Landwirtschaft wird häufig als ältester Gewerbezweig bezeichnet, es gibt jedoch keinen stichhaltigen Beweis dafür, daß sie vor ca. 11000 v.Chr. ausgeübt wurde.

Jüngste Ausgrabungen in La Tolita (Ekuador) haben ergeben, daß Platin bereits im 2. Jh. v.Chr. in beträchtlichem Umfang hergestellt wurde. Die jüngsten Beweise für Zinkabbau stammen aus Zawar in Rajasthan (Indien) und sind, wie Altersbestimmungen der in den Minen verwandten Hölzer zeigen, 2000 Jahre alt und älter.

Die älteste Firma der Welt ist die Faversham Oyster Fishery Co. (GB), die in der Faversham-Austern-Fischerei-Verordnung von 1930 als »aus undenklichen Zeiten stammend« bezeichnet wird. Das bedeutet nach englischem Recht: aus der Zeit vor dem Jahr 1189.

Stora Kopparbergs Bergslags in Falun, Schwedens ältestes Industrieunternehmen, ist seit dem 11. Jh. ständig wirtschaftlich aktiv. Erstmals ist es in historischen Aufzeichnungen aus dem Jahr 1288 erwähnt, als ein schwedischer Bischof einen Achtelanteil des Unternehmens im Eintausch erwarb. Ursprünglich mit dem Abbau und der Verarbeitung von Kupfer befaßt, ist das Unternehmen heute der größte in Privatbesitz befindliche Energieerzeuger Schwedens.

Die größten Unternehmen: Das erste Unternehmen, das die Grenze von 1 Mrd. Dollar übertraf, war die United Steel Corporation (heute USX Corporation) in Pittsburgh, Pennsylvania, die es bei ihrer Gründung durch Fusion 1902 auf 1,5 Mrd. Dollar brachte.

Das weltgrößte Unternehmen ist die General Motors Corporation mit Sitz in Detroit, Michigan (USA). Neben dem ›Standbein‹ Automobile und Zubehör produziert das Unternehmen für den Verteidigungs- und den Luft-/Raumfahrtbereich und bietet Computer- sowie Kommunikationsservice an. 1990 betrug der Gesamtumsatz 126 Mrd. Dollar (220,5 Mrd. DM), die Aktiva wurden zum 31. Dezember 1990 mit 180 Mrd. Dollar (315 Mrd. DM) bewertet. Die Löhne und Gehälter im Jahr 1990 addierten sich auf 28,8 Mrd. Dollar (50,4 Mrd. DM), die an durchschnittlich 761400 Mitarbeiter gezahlt wurden. Im selben Jahr wurden 1,9 Mrd. Dollar (3,325 Mrd. DM) Dividende ausgeschüttet.

Die Rekord-Emission von Bezugsrechten wurde am 7. April 1988 von der Barclays Bank (GB) angekündigt und umfaßte 921 Mio. Pfund (2,87 Mrd. DM).

Der größte Nettogewinn, den jemals ein Unternehmen innerhalb von 12 Monaten erzielte, beträgt 7,64 Mrd. Dollar (ca. 16 Mrd. DM). Den Rekordgewinn brachte die American Telephone and Telegraph Company (AT&T) vom 1. Oktober 1981 bis zum 30. September 1982 unter Dach und Fach.

Die weltgrößte Unternehmensberatungsfirma ist KPMG Peat Marwick McLintock, deren weltweite Honorareinnahmen sich zum 30. September 1990 auf 5,36 Mrd. Dollar (9,38 Mrd. DM) summierten. Am 31. März 1991 hatte das Unternehmen 77300 Mitarbeiter in 802 Niederlassungen.

Der größte Arbeitgeber der Welt ist die Indische Eisenbahn (Indian Railways) mit 1646704 Mitarbeitern am 31. März 1990. Europas größter Arbeitgeber ist der britische Nationale Gesundheitsdienst, der am 30. September 1989 eine Mitarbeiterzahl von 1223000 aufwies.

Umsatz-Riesen: Als erste Firma der Welt übertraf die United States Steel Corporation 1917 die Jahresumsatzmarke von 1 Mrd. Dollar. Heute gehören weltweit 570 Unternehmen zum Klub der Umsatzmilliardäre, 272 davon in den USA. Die *Fortune-500*-Liste der führenden Industrieunternehmen vom April 1991 wird von der General Motors Corporation, Detroit, Michigan (USA), mit Umsatzerlösen von 126 Mrd. Dollar (220,5 Mrd. DM) im Jahr 1990 angeführt.

Die Elektrohandelskette Richer Sounds (GB) lag 1990 nach Umsatz pro m^2 Verkaufsfläche an der Spitze. Die verkaufsstärkste Filiale in London Bridge Walk setzte 1610 Pfund (4623 DM) je m^2 um.

Die größte Kapitalgesellschaft der Welt ist Cargill Inc. Das Getreidehandelsunternehmen in Minneapolis, Minnesota (USA), erzielte im Geschäftsjahr 1985/86 Umsatzerlöse von 32 Mrd. Dollar (75 Mrd. DM).

Das höchste Übernahmeangebot eines Unternehmens betrug 21 Mrd. Dollar (34,83 Mrd. DM) für RJR Nabisco Inc., die Tabak-, Nahrungsmittel- und Getränkegruppe, durch die Wall-Street-Gruppe Kohlberg Kravis Roberts mit 90 Dollar (149,30 DM) je Aktie am 24. Oktober 1988. Bis zum 1. Dezember 1988 steigerte sich das Angebot von Henry Kravis auf 109 Dollar (180,83 DM) je Aktie und trieb das Gebot auf insgesamt 25 Mrd. Dollar (41,47 Mrd. DM).

Zum größten Tauschgeschäft kam es im Juli 1984: 36 Mio. Barrel Öl im Wert von 900 Mio. Pfund (3,351 Mrd. DM) waren das Gegengeschäft für zehn *Boeing 747*, die an Royal Saudi Airline gingen.

Die größten Industrieunternehmen in Deutschland sind (Stand 1990) nach der Höhe des Umsatzes in Mrd. DM: Daimler-Benz (Auto/Elektronik 85,5), VW (Auto 68,061), Siemens (Elektro 63,185), Veba (Energie/Öl/Chemie 52,71), BASF (Chemie 45,248), Hoechst (Chemie 44,862), Bayer (Chemie 41,643), RWE (Energie/Öl 40,183), Thyssen (Stahl/Maschinen/Handel 36,185) und Bosch (Elektro 31,824) (nach *DIE ZEIT*, 26. Juli 1991).

Österreichs staatliche Industrie (ÖIAG) hat nach dem Rekordjahr 1989 mit 3,5 Mrd. öS Gewinn für 1990 einen deutlichen Rückgang auf ein Drittel durch den Zusammenbruch des Ostmarkts zu verzeichnen. Die VOEST-Alpine Stahl AG wie die Stahl Linz Ges. m. b. H. spürten vor allem die Konkurrenz der ehemaligen Ostblockländer als neue Billiganbieter auf dem Markt.

Das größte Unternehmen der Schweiz ist der Nahrungsmittelkonzern Nestlé in Vevey am Genfer See. Er mußte 1990 einen Umsatzrückgang um 3,5 Prozent auf 46,3 Mrd. sfr (55,5 Mrd. DM) hinnehmen.

Die größte Investitionsgüterschau der Welt, die »Messe der Messen«, ist die Hannover-Messe Industrie. Im Mai 1991 zeigten 6400 Aussteller aus 50 Ländern den neuesten Stand ihrer technischen Entwicklung.
Die Büro-, Informations- und Telekommunikationsmesse Cebit in Hannover verzeichnete im März 1991 einen neuen Besucherrekord: das Vorjahresergebnis von 560000 Interessenten wurde mit 570000 Besuchern übertroffen. Rund 4600 Aussteller aus mehr als 40 Ländern zeigten ihre Produkte.

Die internationalste Messe der Welt ist die Internationale Tourismus-Börse (ITB) in Berlin. Keine andere Messe zählt so viele Länder zu ihren Gästen. 1991 waren es bei der 25. Internationalen Tourismus-Börse 3851 Aussteller aus 154 Ländern und Gebieten auf einer Ausstellungsfläche von 83599 m^2 brutto (54479 m^2 netto) in 25 Hallen des Messegeländes Berlin und im ICC Berlin. Insgesamt kamen 116061 Besucher, davon rund 25500 Fachbesucher aus 160 Ländern und Gebieten.

Der größte Verlust, den jemals ein Privatunternehmen erlitt, war das Minus von 4,9 Mrd. Dollar (12,25 Mrd. DM) der American Telephone and Telegraph Company im 4. Quartal 1983; Ursache waren die Belastungen durch die Entflechtung des Bell Systems.

Den größten Verlust eines Staatsunternehmens innerhalb eines Geschäftsjahres verzeichnete 1983 die argentinische, im Regierungsbesitz befindliche Ölgesellschaft YPF (Yacimientos Petroliferos) mit 4,643 Mrd. Dollar (11,23 Mrd. DM).
Der Verlust für das Geschäftsjahr 1984/85 der britischen Kohlebehörde wurde auf über 2 Mrd. Pfund (7,61 Mrd. DM) beziffert.

Die größte Kapitalverminderung in der Geschichte von Privatunternehmen war die Abschreibung von 800 Mio. Dollar (1,6 Mrd. DM) für Entwicklungskosten des amerikanischen *Tristar*-Flugzeuges, die am 23. November 1974 bekanntgegeben wurde.

Den größten Bankrott verursachte Rajendra Sethia (* 1950). Er wurde am 2. März 1985 u. a. wegen krimineller Verschwörung und Fälschung in Neu-Delhi verhaftet. Am 18. Januar 1985 war er vom Obersten Gerichtshof in London für bankrott erklärt worden, als seine Firma Esal Commodities einen Schuldenberg von 170 Mio. Pfund (647 Mio. DM) aufgetürmt hatte. Seine persönlichen Schulden wurden auf 140 Mio. Pfund (532 Mio. DM) geschätzt.
Der 1936 in Ungarn geborene William G. Stern (seit 1957 amerikanischer Staatsbürger), der 1971 in London (GB) die Immobilienfirma Wilstar Group Holding Co. gegründet hatte, wurde im Februar 1979 gerichtlich für bankrott erklärt. Die Konkursforderungen beliefen sich auf 104 Mio. Pfund Sterling (417 Mio. DM). Diese Summe stieg im Februar 1983 auf 142 Mio. Pfund (572 Mio. DM). Stern wurde am 28. März

Hannover – Standort der weltgrößten Messen für Industrie und Bürotechnik.

Das Innere eines Tresorraums. Der größte Banktresor der Chase Manhattan Bank in New York City hat sechs 40,6 t schwere Türen, die jede mit einem Finger geschlossen werden können.

1983 auf freien Fuß gesetzt, die Vollstreckung gegen Zahlung von 500 000 Pfund (2 Mio. DM) für zweieinhalb Jahre ausgesetzt.

Die größte Anwaltssozietät der Welt ist Baker & McKenzie, die am 1. Mai 1991 1560 Rechtsanwälte (490 davon als Partner) in 31 Ländern beschäftigte. Die Kanzlei wurde 1949 in Chikago, Illinois (USA), gegründet.

Die größte Steuerberatungsfirma der Welt ist KPMG (Niederlande) mit weltweiten Jahreseinnahmen von über 3,9 Mrd. Dollar (6,6 Mrd. DM). Die Firma hat 5050 Partner und 43 100 Mitarbeiter in 115 Ländern.

Die größte Werbeagentur-Gruppe der Welt ist die WPP Group in London. Die Fachzeitschrift *Advertising Age* beziffert die Bruttoumsätze (sogenannte Billings) für 1990 mit 18,1 Mrd. Dollar (31,7 Mrd. DM). Die weltgrößte einzelne Werbeagentur ist Dentsu in Tokio mit – laut *Advertising Age* – Billings von 9,7 Mrd. Dollar (17 Mrd. DM) im Jahr 1990.

Der größte Anzeigenkunde der Welt ist die Seifen- und Kosmetik-Gruppe Unilever, die 1989 stolze 1,74 Mrd. Dollar (3,29 Mrd. DM) für Werbung ausgab.

Die größte Public-Relations-Firma der Welt ist Burson Marsteller (Zentrale in New York) mit Netto-Honorareinnahmen 1988 von 154,3 Mio. Dollar (250 Mio. DM). Hill and Knowlton Inc. hat mit 68 die meisten Niederlassungen in der Welt, eine davon in Peking (VR China).
Das erste Public-Relations-Magazin, *Public Relation News,* wurde 1944 von Denny Griswold gegründet und ist heute in 91 Ländern verbreitet.

Das weltgrößte Luft- und Raumfahrtunternehmen ist Boeing in Seattle, Washington (USA), das 1990 Umsatzerlöse von 27,6 Mrd. Dollar (48,3 Mrd. DM) erzielte und weltweit 160 000 Menschen beschäftigt.
Die Cessna Aircraft Company mit Sitz in Wichita, Kansas (USA), erzielte 1989 Umsatzerlöse von 600,9 Mio. Dollar (1136,72 Mio. DM). Seit dem Bau der ersten Maschine von Clyde Cessna 1911 hat das Unternehmen über 177 000 Flugzeuge gebaut.

Die größte deutsche Flugzeugbaufirma ist Messerschmitt-Bölkow-Blohm GmbH (MBB) in Ottobrunn bei München und anderen Produktionsorten. Sie wurde 1969 nach mehreren Firmenfusionen gegründet. MBB erreichte 1988 einen Konzernumsatz von 7,1 Mrd. DM bei einer Mitarbeiterzahl von 40 000 Beschäftigten.

Das größte internationale Bankinstitut ist die Weltbank, die weltgrößte multilaterale Entwicklungsbank, mit der Adresse 1818 H Street NW, Washington (USA). Die am 27. Dezember 1945 gegründete Internationale Bank für Wiederaufbau und Entwicklung hatte am 31. Dezember 1988 ein genehmigtes Stammkapital von 171,4 Mrd. Dollar (284 Mrd. DM). Zum gleichen Zeitpunkt hatten die 151 Mitglieder ein Kapital von 102 Mrd. Dollar (194 Mrd. DM) gezeichnet. An diesem Stichtag verfügte die Weltbank über Reserven und akkumulierte Nettogewinne von 9,2 Mrd. Dollar (17,5 Mrd. DM), die nicht zugeteilt waren.

Der Internationale Währungsfonds (IWF), ebenfalls mit Sitz in Washington, hat 155 Mitgliedsstaaten mit Mitgliedsquoten, die insgesamt einen Wert von 131 Mrd. Dollar (222 Mrd. DM) darstellen (Stand Februar 1991).

Die Staatsbank der UdSSR ist nach einem Bericht der sowjetischen Nachrichtenagentur TASS vom 15. Januar 1983 **die größte Bank der Welt** mit »annähernd 4500 Bankinstitutionen innerhalb ihres Systems«. Nähere Zahlenangaben wurden nicht gemacht.

Die größte Geschäftsbank der Welt ist die Dai-Ichi Kangyo Bank in Japan mit Aktiva von umgerechnet 414,1 Mrd. Dollar (724,6 Mrd. DM) am 31. März 1989.

Die größte Bankbürgschaft löste am 26. Juli 1984 die Federal Deposit Insurance Corp. ein, als sie 4,5 Mrd. Dollar (11,6 Mrd. DM) faule Kredite für 3,5 Mrd. Dollar (9 Mrd. DM) von der Continental Illinois Bank kaufte und zusätzlich 1 Mrd. Dollar (2,58 Mrd. DM) in bar im Austausch gegen Vorzugsaktien »drauflegte«.

Die größte Bank in Deutschland ist die 1870 gegründete, 1957 wiedergegründete Deutsche Bank mit dem (jetzigen) Sitz in Frankfurt am Main. Die Konzern-Bilanzsumme lag 1990 bei 400,2 Mrd. DM. Die Bilanzen der nächsten beiden Großbanken lagen bei 283,3 Mrd. DM für die Dresdner Bank und bei 216,0 Mrd. DM für die Commerzbank.

Die Bank mit den meisten Zweigstellen ist die Staatsbank von Indien mit 12 462 Filialen am 1. Januar 1991 mit Aktiva von umgerechnet 65,3 Mrd. DM.

Die wenigsten Geldinstitute gibt es in Japan. Dort steht im Durchschnitt je 7000 Bürgern nur eine Bankfiliale zur Verfügung.

Die größte Bankdichte hat dagegen die Schweiz: Für je 1316 Einwohner gibt es eine Bank.

Der größte Banktresor mißt 106,7 × 30,4 × 2,4 m und wiegt 893 t. Er wurde im Mai 1961 im Gebäude der Chase Manhattan Bank in New York City (USA) fertiggestellt. Jede seiner sechs Türen wiegt 40,6 t, kann aber mit einem Finger geschlossen werden.

Die älteste Sparkasse Deutschlands ist die Kreissparkasse in Detmold (Nordrhein-Westfalen), die am 13. März 1786 als »Gräflich-Lippische Spar- und Leihcasse« gegründet wurde. In Oldenburg (Niedersachsen) wurde am 1. August 1786 die »Ersparungscasse« gegründet. Auf dieses Geldinstitut beruft sich die Landessparkasse zu Oldenburg im Streit um die älteste Sparkasse.

Das größte Sparkassenbuch (70 × 50 cm, 1,5 kg schwer) wurde am 19. Mai 1989 in der Sparkasse Bruck a.d. Leitha (Niederösterreich) eröffnet. Die erste Einlage, 300 000 öS, war eine Spende für das Rote Kreuz. Hergestellt hat das Buch der Sparkassenangestellte Robert Sollak (* 1965) aus Mannersdorf in zweijähriger Handarbeit.

VERSICHERUNGEN, KRANKENKASSEN

Die größte Versicherungsgesellschaft ist die Metropolitan Life Insurance Co. in New York (USA) mit 908,6 Mrd. Dollar (1,59 Billionen DM) Versicherungsbestand Ende 1990. Die Prudential Insurance Company of America mit Sitz in Newark, New Jersey (USA), hat mit 169 Mrd. Dollar (296 Mrd. DM) am 31. Dezember 1990 das größte konsolidierte Vermögen. Die Allianz ist mit einem weltweiten Beitragsaufkommen von 38,3 Mrd. DM (1990) die größte Versicherungsgruppe in Europa und die Nummer sechs der weltweiten Direktversicherungsunternehmen. Der Konzern beschäftigt 35 000 Mitarbeiter und disponiert über 134,4 Mrd. DM Kapitaleinlagen. Die Allianz Versicherungs-AG, München–Berlin, ist in Deutschland der größte Schaden- und Unfallversicherer, die zur Allianz-Gruppe zählende Allianz Lebensversicherungs-AG, Stuttgart, der größte Lebensversicherer (Versicherungsbestand Ende 1989: 172,7 Mrd. DM).

Die größte Krankenversicherung und zugleich der Welt größter Einzelverband ist die Blue Cross and Blue Shield Association, die Or-

Der Ginza-Distrikt von Tokio ist der teuerste Grundbesitz. Allein ein Auto-Einstellplatz kostet 3,5 Mio. DM Miete jährlich.

ganisation der amerikanischen Krankenhausversicherung. Sie hatte am 31. Dezember 1990 rund 71 Mio. Mitglieder und hat 1990 Leistungen von insgesamt 55,9 Mrd. Dollar (97,8 Mrd. DM) ausgezahlt.

Die größte private Krankenversicherung in Deutschland und Europa mit über 2,4 Mio. Versicherten und 4 Mio. Versicherungen ist die Deutsche Krankenversicherung AG (DKV) mit Hauptsitz in Köln (Nordrhein-Westfalen) und einer Beitragseinnahme von 2,892 Mrd. DM (1989).

Die größte deutsche Angestellten-Ersatzkasse mit 6,5 Mio. Mitgliedern einschließlich der mitversicherten Familienangehörigen ist die Barmer Ersatzkasse (BEK), Hauptsitz Wuppertal (Nordrhein-Westfalen). Die BEK schloß 1989 mit einem Plus bei Finanzen und Mitgliederbestand ab. Die Ausgaben lagen pro Mitglied um 45 Prozent niedriger als 1988.

Die älteste Versicherung Deutschlands ist die Hamburger Feuerkasse. Sie schloß bereits 1591 den ersten »Feuer Contract« ab. Am 21. September 1676 beschloß der Rat der Stadt Hamburg die erste »Feuer-Ordnung«.

Die ersten Vorsorgeuntersuchungen ihrer Mitglieder führte 1919 die Betriebskrankenkasse der Fa. Fried. Krupp in Essen ein, und zwar regelmäßig wiederkehrend, kostenlos und freiwillig.

Den größten Versicherungsverlust zur See verursachte die *Piper-Alpha*-Ölbohrinsel in der Nordsee, die mit 836 Mio. Dollar (1,34 Mrd. DM) versichert war. Am 6. Juli 1988 entzündete sich ein Leck einer Gasdruckkammer unter den Unterkünften und löste eine Serie von Explosionen aus, die *Piper Alpha* zerstörten. Von den 232 Menschen auf der künstlichen Insel überlebten nur 65.

Der höchste Schadenersatzanspruch für Folgeschäden von 1,7 Mrd. Dollar (3,4 Mrd. DM) wurde erhoben, nachdem aus dem Tanker *Amoco Cadiz* am 16. März 1978 258 000 t Öl vor der bretonischen Küste (Frankreich) ins Meer liefen. Zwölf Jahre nach dem Unglück hat ein Bundesgericht in Chikago die Eignerfirma des Tankers zu insgesamt 155 Mio. Dollar Schadenersatz (271 Mio. DM) verurteilt.

Die höchste jemals ausgestellte Lebensversicherungspolice lautete auf 100 Mio. Dollar (175 Mio. DM), erworben von einem Unternehmen der amerikanischen Unterhaltungsindustrie, um eine der führenden Personen aus dem US-Unterhaltungsgeschäft zu versichern. Die Police wurde im Juli 1990 von Peter Rosengard (London) verkauft und von Shel Bachrach von der Albert G. Ruben & Co. Inc. in Beverly Hills, Kalifornien (USA), und Richard Feldman von Feldman Agency in East Liverpool, Ohio (USA), bei neun Versicherungsgesellschaften plaziert, um das Risiko zu streuen.

Der höchste und auf eine einzige Lebensversicherung ausgezahlte Betrag waren 18 Mio. Dollar (damals über 50 Mio. DM), die laut Bericht vom 14. November 1970 an Linda Mullendore, der Witwe eines Farmers in Oklahoma (USA), gezahlt wurde. Ihr Mann, der ermordet wurde, hatte im Jahr 1969 Prämien von 300 000 Dollar eingezahlt.

GRUNDBESITZ

Den größten Großgrundbesitz der Welt hält die Regierung der USA mit einem Besitz von 295 Mio. ha, eine Fläche, die 12mal größer als Großbritannien ist. Streng formell gesehen ist die sowjetische Regierung Eigentümerin allen Grund und Bodens der UdSSR, vielleicht mit Ausnahme der Grundstücke, auf denen ausländische Botschaften stehen – insgesamt handelt es sich um 22 402 200 km^2.

Der weltgrößte private Grundbesitz gehört vermutlich der International Paper Co. in Purchase, New York (USA); das Unternehmen verfügt über 3,64 Mio. ha.

Der größte private Grundbesitz in Deutschland gehört dem Fürstenhaus von Thurn und Taxis in Regensburg (Bayern). Er wird auf 32 000 ha Land geschätzt.

Der teuerste Grundbesitz, die Flächen um das Mediya-Gebäude im Ginza-Distrikt von Tokio, wurde im Oktober 1988 von der japanischen Grundstücksbehörde mit umgerechnet 775 000 DM/m^2 bewertet.

Die größte Grundstücksauktion fand am 5. Juni 1985 in Detroit, Michigan (USA), statt, als General Motors für 5 Mrd. Dollar (15,45 Mrd. DM) Hughes Aircraft Co. ersteigerte.

Das kleinste Grundstück nennt der Bauingenieur Georg Künemund aus Krefeld sein eigen. Amtlich registriert und im Grundbuch eingetragen ist ein Flurstück von 0,13 m^2 Größe. Es liegt in der Gemeinde Gleichen, Ortsteil Groß-Lengden bei Göttingen, und ist als Hof- und Gebäudefläche erbverpachtet.

Die längste Pachtzeit wurde St. Paul's Cathedral, London, für Land bei Tillingham gewährt, das König Ethelbert der Gemeinde vor 616 a.D. zusprach.

Rekordpreis für Londoner Immobilie. Für 200 000 Pfund (634 600 DM) wurden ganze

3,5 m² von einer amerikanischen Investment-Firma auf den Markt gebracht, und zwar für eine Loge in der Royal Albert Hall, direkt gegenüber der »Royal Box«. Eine ganze Reihe von Interessenten hat sich um das Angebot beworben. Die Privatlogen im ersten Rang, die heute fast alle internationalen Konzernen gehören, waren vor der Eröffnung der Halle 1871 verkauft worden, damit die Finanzierung des Baus sichergestellt werden konnte.

Die höchsten Mieten der Welt für beste Bürolagen wurden laut *World Rental Levels* (hg. von Richard Ellis in London) in Tokio erzielt, wo im Dezember 1990 eine Jahresmiete von umgerechnet 3234 DM/m² verlangt wurde. Einschließlich Nebenkosten klettert die Zahlung auf 3514 DM/m². Eine typische Wohnung im Kioicho-Wohn- und Bürogebäude in Akasaka (Japan) kostet monatlich umgerechnet über 30000 DM – zahlbar 10 Monate im voraus.

Die weltgrößte Baugenossenschaft ist die Halifax Building Society in Halifax (GB). Gegründet 1853, hatte sie 1990 Gesamtaktiva von 54 Mrd. Pfund (155 Mrd. DM) und vergab im selben Jahr Darlehen in Höhe von 9,6 Mrd. Pfund (27,6 Mrd. DM). Die Genossenschaft hat 17651 Angestellte und 2352 Niederlassungen.
Die insgesamt größten Bauspardarlehen vergibt die von der japanischen Regierung kontrollierte House Loan Corporation.

Die kundenstärkste deutsche Bausparkasse ist die Schwäbisch Hall AG, Schwäbisch Hall. Die Bausparkasse der Volks- und Raiffeisenbanken betreut 3,72 Mio. Kunden und ist mit einer Bilanzsumme von 24,6 Mrd. DM im Jahr 1990 Branchenführer.

Bauspar-Rekord: Die Häuslebauer erreichten einen neuen Bauspar-Rekord. Für 1990 meldeten die 18 privaten Bausparkassen und die 14 Bausparkassen der Sparkassen den Abschluß von Verträgen über mehr als 115 Mrd. DM. Damit haben die Bausparkassen mit diesem Neugeschäft die bisherige Rekordmarke von 1980 mit 107 Mrd. DM deutlich überboten.

Monatlich 30 000 DM kostet die Miete in diesem Wohn- und Bürogebäude in Akasaka (Japan).

FLUGGESELLSCHAFTEN

Die größte Fluggesellschaft der Welt ist die staatliche sowjetische Gesellschaft Aeroflot. Sie trägt diesen Namen seit 1932 und wurde am 9. Februar 1923 unter der Bezeichnung Zivile Luftflotte des Ministerrats der UdSSR (abgekürzt *Dobrolet*) gegründet. Sie verfügt über 1650 Flugzeuge, befliegt ein Streckennetz von etwa 1000000 km, beschäftigt 500000 Mitarbeiter und beförderte 1989 132 Mio. Passagiere und 3 Mio. t Luftfracht. 70 Prozent der Flugrouten sind international; außerhalb der UdSSR werden 160 Passagier- und fünf Frachtrouten bedient; 99 Länder werden im Liniendienst angeflogen. Innerhalb der Sowjetunion sind 3600 Städte an das Flugnetz angeschlossen.

Die älteste noch bestehende Fluggesellschaft ist die holländische Koninklijke Luchtvaart Maatschappij N. V. (KLM), die am 17. Mai 1920 ihren ersten Liniendienst von Amsterdam nach London aufnahm, nachdem sie am 7. Oktober 1919 gegründet worden war.
Chalk's International Airline betreibt seit Juli 1919 eine Flugbootlinie zwischen Miami in Florida und den Bahamas.

Als erste deutsche Fluggesellschaft wurde die Delag (Deutsche Luftschiffahrt AG) am 16. November 1909 in Frankfurt am Main gegründet und nahm im Juni 1910 einen Liniendienst mit Luftschiffen auf.

Trägerin des zivilen Luftverkehrs in Deutschland – abgesehen von einigen Regional- und Chartergesellschaften – ist die Deutsche Lufthansa Aktiengesellschaft. Ursprünglich am 6. Januar 1926 durch Zusammenschluß des Deutschen Aero-Lloyd mit dem Junkers Luftverkehr in Berlin gegründet, entwickelte sich das Unternehmen weltweit bald zu einer der größten Fluggesellschaften. Nach der Einstellung des Flugbetriebs bei Kriegsende im Mai 1945 ging die Firma auf Anordnung der alliierten Siegermächte in Liquidation. Am 6. Januar 1953 entstand in Köln die Aktiengesellschaft für Luftverkehrsbedarf, kurz Luftag, die am 6. August 1954 wieder den Firmennamen Deutsche Lufthansa Aktiengesellschaft annahm. Der planmäßige Flugdienst wurde – zunächst innerdeutsch – am 1. April 1955 aufgenommen, nach der Wiedererlangung der nationalen Souveränität der Bundesrepublik Deutschland im Mai 1955 auch auf internationalen Routen. Seit dem 28. Oktober 1990 fliegt die Lufthansa wieder Berlin an.

Die deutsche Lufthansa AG befindet sich seit Golfkrise, Währungsschwankungen und überproportional gestiegenen Gebühren im Tiefflug. Bei 47102 Mitarbeitern wurde 1990 ein Umsatz von 12805 Mio. DM erzielt (im Konzern bei 57567 Mitarbeitern 14447 Mio. DM). Gut 15 Prozent (22,4 Mio. Fluggäste) wurden mehr befördert. Die Nummer drei im internationalen Passagier- und Nummer eins im internationalen Frachtverkehr setzte 161 Verkehrsflugzeuge ein. Bis zum Jahr 2005 will die Lufthansa ihre Flotte mehr als verdoppeln. 365 Maschinen sollen im Zeichen des Kranichs fliegen.

Die österreichische Luftverkehrsgesellschaft Austrian Airlines (AUA) hatte 1990 25

Im internationalen Frachtverkehr ist die Lufthansa die Nummer eins.

Maschinen im Linien- und Charterverkehr im Einsatz, die 2,8 Mio. Passagiere und 32 t Luftfracht beförderten.

Die schweizerische Fluggesellschaft Swissair hat das erste Halbjahr 1991 mit einem Verlust von 97 Mio. sfr (112 Mio. DM) abgeschlossen. 1990 konnte die Gesellschaft nur durch Flugzeugverkäufe einen kleinen Gewinn von 4,3 Mio. sfr ausweisen.

HOTELS

Spitzenverdiener in der Hotelbranche sind die Holiday-Inn-Hotels. Nach dem Erwerb der Holiday Inns North America im Februar 1990 ist Bass, Großbritanniens führende Brauerei, zugleich auch der weltgrößte Hotel-Betreiber. Das Unternehmen besitzt, betreibt oder vergibt im Franchise-System 1606 Hotels mit 320599 Zimmern in 50 Ländern.

Das führende Hotelunternehmen in den alten Bundesländern ist die A. Steigenberger Hotelgesellschaft AG mit Hauptsitz in Frankfurt am Main. Die Zahl der Betten beträgt zur Zeit 6429 in 37 Hotels. In den neuen Bundesländern ist die Deutsche Interhotel AG mit 35 Häusern und 10200 Betten die größere Hotelkette.

Umsatzstärkstes Hotel unter den deutschen Hotelbetrieben war im Jahr 1990 das Sheraton Hotel am Frankfurter Flughafen mit einem Umsatz von 111,6 Mio. DM und 2100 Betten vor dem Bayerischen Hof in München mit einem Bruttoumsatz von rund 81,4 Mio. DM und 753 Betten.

KAUFHÄUSER, LADENKETTEN

Das größte Kaufhaus der Welt ist R. H. Macy & Co. Inc. an der Kreuzung von Broadway und 34. Straße in New York City (USA). Es umfaßt 20,3 ha und beschäftigt 14000 Mitarbeiter, die 400000 verschiedene Artikel betreuen. Im Geschäftsjahr 1990 erzielte das Unternehmen in seinen insgesamt 150 Häusern 7,3 Mrd. Dollar (12,8 Mrd. DM). Als Rowland H. Macy am 27. Oktober 1858 sein Galanteriewarengeschäft an der 6. Avenue von New York eröffnete, betrugen die Tageseinnahmen elf Dollar und sechs Cents, also nach damaligem Wert nicht ganz 50 DM.

Das größte Kaufhaus in Europa ist Harrods in London (GB), so benannt nach Henry Charles Harrod, der 1849 im Stadtteil Knightsbridge ein Kolonialwarengeschäft eröffnete. Auf einer Verkaufsfläche von 9 ha (mit 50 Aufzügen und 36 Rolltreppen-Anlagen) arbeiten je nach Jahreszeit zwischen 4000 und 5500 Menschen. Im am 1. Februar 1987 endenden Geschäftsjahr wurde ein Rekordumsatz von 312 Mio. Pfund (damals 925 Mio. DM) erzielt. Der Rekord für einen Einzeltag ist 7 Mio. Pfund (20,7 Mio. DM) beim Schlußverkauf im Januar 1987. Fast 13 Mio. Pfund (37,3 Mio. DM) wurden in den ersten vier Tagen des Januar-Verkaufs 1990 eingenommen, im gesamten Januar waren es 45 Mio. Pfund (129 Mio. DM).

Das größte Kaufhaus auf dem europäischen Festland ist das zum Hertie-Konzern gehörende Kaufhaus des Westens (KaDeWe) in Berlin. Es war am 27. März 1907 gegründet worden und hatte schon damals eine Verkaufsfläche von 20000 m^2 in vier Etagen. Im Krieg zerstört, wurde das KaDeWe am 3. Juli 1950 wiedereröffnet, dann weiter ausgebaut und am 5. April 1978 in seiner jetzigen vergrößerten Gestalt der Öffentlichkeit übergeben. Das Haus hat jetzt 44000 m^2 Verkaufsfläche und durchschnittlich 2565 Mitarbeiter. 250000 verschiedene Artikel (zehn Prozent davon Lebensmittel auf 5100 m^2 Verkaufsfläche) sind im Warensortiment. 1990 erzielte das KaDeWe einen Umsatzsprung auf 541 Mio. DM. 28 Mio. Kunden kauften im umsatzstärksten Warenhaus Deutschlands.

Die größte Kaufhauskette der Welt ist die Woolworth Corporation, die derzeit weltweit 8000 Warenhäuser betreibt. Sein erstes Geschäft, ›The Great Five Cent Store‹, eröffnete Frank Winfield Woolworth am 22. Februar 1879 in Utica, New York State (USA). Der Nettogewinn 1990 belief sich auf 317 Mio. Dollar (555 Mio. DM).

Das größte deutsche Warenhaus-Unternehmen ist – mit einem 1990 erreichten Außenumsatz von 16,77 Mrd. DM – der Karstadt-Konzern (einschließlich Tochtergesellschaften) mit Sitz der Hauptverwaltung in Essen-Bredeney (Nordrhein-Westfalen). Der Konzern beschäftigt rund 70990 (31. Dezember 1990) Mitarbeiter und hat 1990, allein im Bereich der Stammgesellschaft Karstadt AG, 157 Verkaufshäuser mit einer Verkaufsfläche von knapp 1,39 Mio. m^2.

Das größte Warenhaus der Schweiz, die Grands Magasins Jelmoli SA, Zürich, feierte 1983 sein 150jähriges Jubiläum. Das Unternehmen besitzt heute 57 Warenhäuser in der Schweiz und hat einen Konzernumsatz von 1,53 Mrd. sfr (1989). Darin sind allerdings anteilig die Umsätze der Mitte 1989 erworbenen Imholz

Reisen, Zürich, und des amerikanischen Versandhauses Johnny Appleseed's Inc., Beverly (Massachusetts), enthalten. Der Erwerb von Imholz Reisen hat den Anteil der Dienstleistungen (dazu zählen auch 29 Restaurants) am Konzernumsatz auf 24,1 Prozent erhöht.

Das Kaufhaus mit dem schnellsten Warenumsatz in der Welt ist die Hauptfiliale von Marks & Spencer, unter dem Namen ›Marble Arch‹ bekannt, an der Oxford Street 458 in London. Der angegebene Umsatz von jährlich 16 146 Pfund (47 954 DM) je m^2 Verkaufsfläche wird sogar noch für eine Untertreibung gehalten. Die gesamte Verkaufsfläche ist 12 025 m^2 groß. Die Firma unterhält in ganz Großbritannien 282 Verkaufsstellen mit einer Gesamtverkaufsfläche von 761 780 m^2 und hat neuerdings auch Filialen auf dem europäischen Kontinent, in Kanada, den USA und Hongkong.

Die größte Lebensmittelladenkette in der Welt ist The Kroger Co. in den USA mit einem Jahresumsatz von 19,1 Mrd. Dollar (31,7 Mrd. DM) 1988 und einem Umlaufvermögen, das mit 4,5 Mrd. Dollar (7,5 Mrd. DM) bewertet wird. Kroger betreibt 1235 Supermärkte sowie 958 kleinere Einzelhandelsfilialen und beschäftigt 170 000 Mitarbeiter.

Größter ausländischer Arbeitgeber in den USA ist die Unternehmensgruppe Tengelmann (Mülheim). In ihrer amerikanischen Supermarkt-Kette The Great Atlantic and Pacific Tea Company Inc. (A & P), Montvale/New Jersey, beschäftigt sie insgesamt 74 000 Mitarbeiter – mehr als doppelt so viele wie der Münchner Siemens-Konzern, der in den USA 31 000 Mitarbeiter auf der Gehaltsliste hat. Zur Unternehmensgruppe mit ihren 3501 Filialen in Deutschland und Österreich zählen Plus, Kaiser's Kaffee, A & P, Kaiser's Drugstore, Magnet, Gubi u. a.

Die größte Lebensmittel- und Einzelhandelskette Österreichs ist Konsum Österreich (Zentrale Wien). Das Unternehmen ist aus dem Zusammenschluß 15 kleinerer und größerer Genossenschaften entstanden. Durch die Übernahme der Gerngroß-Warenhausgruppe wird der Umsatz des Handelsunternehmens um 2,2 auf 31 Mrd. öS steigen. Die Gerngroß-Kaufhäuser werden im Rahmen des Konsumunternehmens als eigene Aktiengesellschaft geführt.

Einzel- und Versandhandel: Die größte Einzelhandelsfirma und zugleich das größte Versandhaus der Welt ist Sears, Roebuck and Co. in Chikago, Illinois (USA), 1886 in der Bahnstation North Redwood, Minnesota (USA), von Richard Warren Sears gegründet. Im Geschäftsjahr, das am 31. Dezember 1989 endete, wurden weltweit 31,6 Mrd. Dollar (55,3 Mrd. DM) umgesetzt. Die Firma hatte 847 Geschäfte, 1731 Büros zur Annahme von Bestellungen und 1769 unabhängige Kataloghändler.

Das größte Versandhaus Europas ist der Otto Versand in Hamburg mit einem weltweiten Jahresumsatz 1990/91 von 16,1 Mrd. DM. Seine Kataloge erreichen pro Jahr eine Auflage von 200 Mio. Exemplaren. Das Unternehmen, das in Nordamerika, Japan und Europa eigene Versandhäuser besitzt, steigerte den Konzernumsatz in Deutschland auf 8,7 Mrd. DM.

Das erste Einkaufszentrum der Welt wurde 1896 in Roland Park, Baltimore (USA), gebaut.

Das größte Einkaufszentrum der Welt ist die für 1,1 Mrd. Dollar (damals 2,3 Mrd. DM) gebaute West Edmonton Mall, Alberta (Kanada), deren erster Bauabschnitt am 15. September 1981 eröffnet wurde. Vier Jahre später wurde der Komplex beendet, der auf einem Grundstück von 49 ha eine Fläche von 483 080 m^2 bedeckt. Er umfaßt 828 Läden und Dienstleistungsbetriebe sowie elf große Kaufhäuser. Die Parkplätze reichen für 20 000 Fahrzeuge, pro Woche kommen mehr als 500 000 Kunden.

Der größte Einkaufskomplex in Europa ist das MetroCentre in Gateshead (GB). Auf dem knapp 55 ha großen Grundstück finden sich 340 Einzelhandelsgeschäfte (einschließlich der größten Filiale von Marks and Spencer mit 17 279 m^2) mit einer Bruttoverkaufsfläche von 204 380 m^2. Zu dem Komplex gehören außerdem ein Freizeitzentrum, eine Bowlinganlage mit 28 Bahnen, Parkplätze für 12 000 PKW und ein eigens errichteter Bahnhof.

Der erste Supermarkt der Welt mit Selbstbedienung und Sammelkassen war die Piggly-

Das KaDeWe – das umsatzstärkste Warenhaus auf dem europäischen Festland.

Umsatzsteigerungen

Der deutsche Lebensmittelhandel blickt auf ein Superjahr zurück. Er konnte seinen Umsatz um 25 Mrd. DM oder 11,2 Prozent auf 249 Mrd. DM im Jahr 1990 steigern. 64 Prozent entfielen auf die zehn größten Firmen, die vor allem in den neuen Bundesländern kurzfristig hohe Umsätze erzielten.
Spitzenreiter ist die Düsseldorfer Metro-Gruppe mit einem Umsatz von 30,5 Mrd. DM. Davon entfallen rund 8 Mrd. DM auf eine Mitte 1990 von der Metro-Gruppe und der Asko-Gruppe gegründete Holding, in die Asko ihre Massa-Beteiligung einbrachte. Mit 27,2 Mrd. DM folgt die Rewe Zentral AG, Köln. Nachdem 1989 bereits Rewe Leibbrand voll übernommen war, folgte die Eingliederung der insgesamt 3675 Läden der Filialketten Stüssgen und Kaiser & Kellermann, zu denen u.a. die Ketten HL, Euro-Penny, Toom, Minimal und 400 co op-Filialen im Süden und Südwesten gehören.

Die Erfolgsstory des *Kadett* begann im August 1962 in Bochum.

Wiggly-Kette, 1916 von Clarence Saunders (1881–1953) in Memphis, Tennessee (USA), eröffnet.
Einkaufszonen von über 2500 m² Nettoverkaufsfläche werden gewöhnlich als Supermarkt, mit über 5000 m² als Hypermarkt bezeichnet.

Der größte Großhandelsmarkt der Welt ist das Dallas Market Center am Stemmons Freeway in Dallas, Texas (USA), mit einer Fläche von über 864 000 m² in acht Gebäuden. Die Gesamtanlage erstreckt sich über 60 ha. In 3400 ständigen Ausstellungsräumen werden die Erzeugnisse von über 26 000 Herstellerfirmen gezeigt. Jährlich werden 38 Ausstellungen und Handelsmessen veranstaltet, die 600 000 Interessenten besuchen.

KRAFTFAHRZEUGE

(s. auch Kapitel Welt des Verkehrs und Kapitel Welt des Sports)

Als Nr. 1 unter den KFZ-produzierenden Ländern gilt seit 1980 Japan, das damals die USA mit einer Jahresproduktion von 11,043 Mio. Fahrzeugen überholte.

Der weltgrößte Hersteller von Kraftfahrzeugen und KFZ-Teilen und zugleich das weltgrößte Produktionsunternehmen überhaupt ist die General Motors Corporation mit Sitz Detroit, Michigan (USA). Das Unternehmen beschäftigt im Durchschnitt 761 400 Mitarbeiter, erzielte 1990 Umsatzerlöse von 126 Mrd. Dollar (220,5 Mrd. DM) und stellte im selben Jahr 5 571 905 Fahrzeuge her.

Der größte Kraftfahrzeughersteller Deutschlands ist der Volkswagen-Konzern mit weltweit 261 038 Beschäftigten bei einem Gesamtumsatz von 68,06 Mrd. DM (31. Dezember 1990).
Der Wolfsburger VW-Konzern hat 1990 mit einem Absatz von 3,05 Mio. Fahrzeugen ein Rekordergebnis (plus drei Prozent) erzielt und erneut die erste Position am PKW-Markt in Europa eingenommen. In den ersten sechs Monaten des Jahres 1991 war der *VW Golf* mit 204 000 Neuzulassungen (erstes Halbjahr 1990: 174 000) das beliebteste Auto in Deutschland. Auf dem zweiten Platz folgt der *Opel Kadett* mit 149 000 Fahrzeugen vor dem *VW-Passat* mit 105 000 Wagen.
Der letzte *Kadett* rollte nach 55 Jahren in der Nacht vom 19. auf den 20. Juli 1991 im Bochumer Opel-Werk vom Band. Der *Kadett E* wurde mit 3,87 Mio. Wagen das erfolgreichste Modell der Opel-Geschichte.
Insgesamt wurden in den alten Bundesländern und im Westteil Berlins in den ersten sechs Monaten des Jahres 1991 2,24 Mio. Kraftfahrzeuge erstmals zugelassen. Das geht aus der Neuzulassungsstatistik hervor, die das Kraftfahrt-Bundesamt (KBA) in Flensburg im Juli 1991 veröffentlichte.

Die weltgrößte Automobilfabrik ist das Volkswagenwerk in Wolfsburg mit 61 000 Mitarbeitern und einer Produktionskapazität von 4100 Fahrzeugen täglich. Die Fabrikgebäude bedecken eine Fläche von 150 ha, die gesamte Werksanlage nimmt 760 ha in Anspruch, auf denen 70 km Eisenbahngleise verlegt sind.

Einen Weltrekord im Autoverkauf (einzeln verkaufte Fahrzeuge) stellte Larry Merrit aus Sandy Springs, Georgia (USA), auf, der bis März 1990 insgesamt 13 407 Wagen an den Käufer brachte. Joe Girard aus Detroit, Michigan (USA), stellte 1973 einen Jahresrekord mit 1425 verkauften Autos auf; dabei kam er auf eine Monatsbestleistung von 174, also einen Durchschnittsverkauf von sechs Autos pro Arbeitstag.

METALL, ERDÖL

Die Rohstahlerzeugung betrug im Jahr 1984 weltweit 710 Mio. t. Davon entfielen auf die Bundesrepublik Deutschland 39 Mio. t. Im Vergleich dazu: 1990 wurden 38,4 Mio. t Rohstahl in der eisenschaffenden Industrie der Bundesrepublik hergestellt. In der ehemaligen DDR waren es nach einem Rückgang um 30 Prozent nur noch 5,5 Mio. t Rohstahl. Ende 1991 dürfte die Produktion bei etwa 3 Mio. t angelangt sein.

Der größte Stahlproduzent der westlichen Welt ist nach den verfügbaren Daten die Nippon Steel Corporation (Japan), die 1990 28,765 Mio. t. Rohstahl herstellte. Das Unternehmen hat 54 062 Mitarbeiter. Die Pohang-Werke der Pohang Iron & Steel Co. (POSCO) in Südkorea produzierten 1988 9 Mio. t Rohstahl, die größte Menge für eine einzelne Werksanlage.
Die Fukuyama-Werke von Nippon Kokan (Japan) haben eine Jahreskapazität von über 16 Mio. t. Sie beschäftigen 76 000 Mitarbeiter.

Zum größten Öllieferanten der Welt wurde 1988 die Staatliche Ölgesellschaft Saudi-Arabiens, Aramco. Sie lieferte täglich 4,3 Mio. Barrel (657,9 Mio. l).

Die größte Ölraffinerie der Welt, die Amerada Hess-Raffinerie in St. Croix (Jungferninseln), hat 1988 pro Tag 379 000 Barrel (5,485 Mio. l) ausgestoßen.

SCHIFFBAU

Weltweit wurden 1990 Schiffe mit insgesamt 15,9 Mio. BRT gebaut; dabei sind Segelschiffe, Schiffe ohne Antrieb sowie Schiffe unter 100 BRT nicht mitgerechnet.
Das Datenmaterial für die UdSSR, Rumänien und die VR China ist unvollständig.
In Japan wurden 1990 mit 6,8 Mio. BRT 43 Prozent der Weltproduktion fertiggestellt.

Die führende Schiffswerft war 1990 die Hyundai-Werft in Südkorea, die 35 Schiffe mit insgesamt 1,8 Mio. BRT baute.

Die größte Reederei Deutschlands ist die Hapag-Lloyd AG., Hamburg/Bremen. Der norddeutsche Reederei- und Touristikkonzern hat 1990 mit einem Jahresüberschuß von 41 Mio. DM einen Umsatz von 3,453 Mrd. DM im Konzern erzielt.

Die deutsche Küstenschiffahrt, deren Einsatzgebiet vor allem der europäische Seeverkehrsraum (Nord- und Ostsee, Mittelmeer) ist, umfaßt eine Flotte von 418 Seeschiffen mit 635 000 BRT und 1,33 Mio. t Tragfähigkeit. Davon fahren knapp 100 Schiffe unter fremder Flagge.

VOLKSWIRTSCHAFT

BÖRSEN, AKTIEN, WERTPAPIERE

Allgemein: Aus ursprünglich formlosen Zusammenkünften von Kaufleuten entstanden vom 13. Jh. an rechtlich geregelte Einrichtungen, bei denen Handelsgeschäfte mit Wertpapieren (Effekten) und Waren (Produkten) aufgrund von Angebot und Nachfrage abgewickelt wurden. Der Begriff *Börse* wird erst im 16. Jh. erstmals für einen solchen Platz in Brügge (Belgien) erwähnt, auf dem schon jahrhundertelang vorher derartige Geschäfte betrieben wurden; er geht auf den Namen einer dort ansässigen Patrizierfamilie *van der Beurse* zurück.

Die erste internationale Börse entstand 1531 in Antwerpen (Belgien). Zwischen 1546 und 66 wurden Börsen in Frankreich (Lyon, Toulouse,

Rouen) gegründet; die Pariser Börse besteht erst seit 1724.
In London entstand zwischen 1566 und 70 die Royal Exchange (The Bourse). 1602 wurde die Börse von Amsterdam gegründet.
In der ganzen Welt gibt es etwa 160 Börsen in 55 Ländern.

Die größte Warenbörse der Welt nach Umschlagvolumen war 1990 Tokio mit umgerechnet 2,5 Billionen DM, gefolgt von New York City (1,67 Billionen DM) und London (1,06 Billionen DM).

Die ersten deutschen Börsen wurden im 16. Jh. in Augsburg, Nürnberg, Hamburg und Köln eröffnet.

Die Frankfurter Wertpapierbörse ist die größte deutsche Börse. Sie feierte am 21. August 1985 ihr 400jähriges Bestehen. Weitere Börsen bestehen in Düsseldorf, München, Hamburg, Stuttgart, Hannover, Bremen und Berlin. Daneben gab es in der Bundesrepublik Deutschland 23 Produkten- bzw. Warenbörsen.

Für die älteste bisher bekannte deutsche Aktie, die »Aktie Nr. 81« der »Fünften Assekuranz Kompagnie« aus dem Jahr 1808 sind bei einer Auktion in Frankfurt 13000 Mark bezahlt worden. Dieses Gebot für das Papier der hamburgischen Feuer- und Hochwasserversicherung, die 1842 durch Brände und Hochwasser in Zahlungsschwierigkeiten geriet, war das höchste auf der 18. Auktion der Freunde historischer Wertpapiere im März 1986.

Die höchste Zahl von Wertpapierabschlüssen an einem Tag an der Londoner Börse waren 114973 am 22. Oktober 1987. Der Jahresrekord sind 13021337 Abschlüsse im Börsenjahr 1987. Am 31. März 1991 waren in London 7158 verschiedene Wertpapiere registriert (Höchststand 9749 im Juni 1973). Ihr Gesamtnennwert betrug 400,7 Mrd. Pfund (1,19 Billionen DM), darunter Staatspapiere mit einem Nennwert von 118,7 Mrd. Pfund (352,5 Mrd. DM); der Kurswert aller Papiere betrug 2,195 Billionen Pfund (6,52 Billionen DM), darunter Staatspapiere mit 121,2 Mrd. Pfund (360 Mrd. DM).

Die höchste Schlußquote des FT-SE-Aktienindex (für 100 ausgewählte Papiere) lag nach einem Zuwachs von 20,8 Punkten am 5. April 1991 bei 2545,3. Zum ersten Mal schloß der Index am 14. März 1991 über 2500 (mit 2500,6), nachdem er am selben Tag 52,4 Punkte zugelegt hatte. Der höchste jemals erreichte Wert während der Börsenstunden wurde mit 2552,1 für kurze Zeit am 5. April 1991 erreicht. Die größte Zunahme an einem Tag waren 142,2 Punkte (auf 1943,8) am 21. Oktober 1987, das größte Tagesminus 250,7 (auf 1801,6) am 20. Oktober 1987, dem Tag vor dem Rekordplus.

US-Börsenrekorde: Die höchste Notierung für den Dow-Jones-Index (am 8. Oktober 1896 für ausgewählte Industrieaktien eingeführt) am Ende eines Börsentages war 3027,50 am 31. Mai 1991 nach einem Tageszuwachs von 27,05 Punkten. Es war das erste Mal, daß der Index bei über 3000 Punkten abschloß. Die 3000er-Grenze hatte er an einem Freitag, dem Dreizehnten, am 13. Juli 1990, während der Börsenstunden nach einer starken Kaufwelle schon einmal überschritten. Der Rekord-Handelstag an der New Yorker Börse war der 20. Oktober 1987, als 608148710 Wertpapiere den Besitzer wechselten. Der alte Verkaufsrekord an der New Yorker Börse, 16410030 Aktien am »Schwarzen Freitag«, dem 29. Oktober 1929, blieb bis April 1968 unübertroffen. Der Dow-Jones-Industrie-Index, der am 3. September 1929 381,71 erreichte, sackte am 29. Oktober 1929 um 30,57 Punkte auf dem Weg abwärts zum tiefsten Punkt der Depression, der mit 41,22 am 2. Juli 1932 erreicht wurde. Der höchste Preis für einen Börsensitz an der New Yorker Börse war 1,15 Mio. Dollar (2,1 Mio. DM) im Jahr 1987. Der niedrigste Preis war 17000 Dollar im Jahr 1942.

Die größte Aktientransaktion im Paket erlebte die New Yorker Börse am 10. April 1986, als 48,79 Mio. Anteile der Navistar International Corporation zum Gesamtpreis von 487,888 Mio. Dollar (1,1397 Mrd. DM) den Besitzer wechselten. Der Marktwert der an der New Yorker Börse registrierten Papiere erreichte Ende März 1991 ein absolutes Hoch von 3,2 Billionen Dollar (5,4 Billionen DM).

Den höchsten Einzelwert einer Aktie hat ein Anteilschein an dem Schweizer Pharmakonzern Hoffmann-La Roche in Basel. Am 23. September 1987 betrug der höchste bezahlte Kurs für eine Aktie umgerechnet 376811,60 DM.

Den höchsten Börsenwert erreichte Nippon Telegraph and Telephone (NTT) im September 1990 mit 87,4 Mrd. Dollar (153 Mrd. DM), nachdem er in den voraufgehenden drei Monaten von 196 Mrd. DM gefallen war.

Der größte Gesamtmarktwert eines Unternehmens am Jahresende war 74,99 Mrd. Dollar

Die New Yorker Börse im Jahr 1987, ein Jahr, in dem Rekorde für das größte Handelsvolumen an einem Tag (über 608 Mio. Wertpapiere), für den größten Rückgang an einem Tag (508 Punkte) und für den höchsten Preis für einen Börsensitz (1,15 Mio. Dollar) aufgestellt wurden.

(131 Mrd. DM) für die International Business Machines Corporation (IBM) am 31. Dezember 1990.
Der Marktwert der American Telephone and Telegraph Co. (AT&T), einstmals das Unternehmen mit den größten Vermögenswerten, betrug 59,4 Mrd. Dollar (144 Mrd. DM) am 31. Dezember 1983, aufgeteilt unter über 3 Mio. normalen Anteilseignern. Insgesamt 20 109 Anteilseigner besuchten die Jahreshauptversammlung im April 1961 und stellten damit einen Weltrekord auf.

Den nachweislich höchsten persönlichen Verlust an Aktienwerten erlitt Ray A. Kroc, der Vorsitzende der internationalen Restaurantkette McDonald's Corp., mit 64,901 Mio. Dollar (rund 130 Mio. DM) am 8. Juli 1974.

Die größte Kapitalaufnahme durch Ausgabe von Aktien in der Börsengeschichte war der 5,2-Mrd.-Pfund-Verkauf der 12 britischen regionalen Stromunternehmen an 5,7 Mio. Anteilseigner. Mit 12,75 Mio. Aktienzeichnungen war die Offerte deutlich überzeichnet.

Der weltgrößte Wertpapierhändler ist Merrill, Lynch, Pierce, Fenner & Smith Inc. (gegründet am 6. Januar 1914) in New York City. Die Muttergesellschaft Merrill, Lynch and Co. Inc., verwaltete im April 1991 Aktiva von 68 Mrd. Dollar (115 Mrd. DM), hielt Kundenvermögenswerte von 356 Mrd. Dollar (604 Mrd. DM) und beschäftigte in den weltweit 510 Niederlassungen etwa 39 000 Mitarbeiter.

STEUERN, GELD

Die höchsten jährlichen Staatsausgaben hatten die USA im Steuerjahr 1990 mit 1,251 Billionen Dollar (2,19 Billionen DM). Das höchste Steueraufkommen wurde im selben Jahr mit 1,031 Billionen Dollar (1,805 Billionen DM) erzielt.

Den höchsten Steuerüberschuß erzielten im Haushaltsjahr 1947/48 die USA mit 8 419 469 844 Dollar (34 Mrd. DM). Das größte Defizit waren 221,1 Mrd. Dollar (482 Mrd. DM) im US-Steuerjahr 1986.

Die meiste Auslandshilfe wurde von den USA geleistet, die vom 1. Juli 1945 bis zum 1. Januar 1990 insgesamt 300,8 Mrd. Dollar (nach heutigem Kurs 510 Mrd. DM) zahlten. Ägypten erhielt 1989 mit 2,085 Mrd. Dollar (3,94 Mrd. DM) den Löwenanteil.

Die allererste Auslandshilfe von 50 000 Dollar erhielt Venezuela 1812 von den USA bei einer Erdbebenhilfsaktion.

Die niedrigsten Steuern zahlen die Einwohner der Ölstaaten am Persischen Golf: Bahrain, Kuwait und Katar. In diesen Ländern sind die Steuern – ohne Rücksicht auf das Einkommen – gleich Null.

Ebenfalls keine Steuern werden den Bewohnern der Kanalinsel Sark oder den Einwohnern von Tristan da Cunha (Inselgruppe im Südatlantik) abverlangt.

Die ruinösesten Steuern müssen in Norwegen bezahlt werden. Im Januar 1974 wurde die 80-Prozent-Grenze abgeschafft, so daß etwa 2000 norwegische Bürger mehr als 100 Prozent von ihrem steuerpflichtigen Einkommen zu zahlen hatten. Der Schiffsmagnat Hilmar Reksten (1897–1980) wurde auf 491 Prozent eingeschätzt.

Die höchste bekanntgewordene Steuerforderung in einem Rechtsstreit lautete 336 Mio. Dollar (612,5 Mio. DM), 70 Prozent des Vermögens von Howard Hughes.

Die höchste Staatsverschuldung haben die USA. Am 30. September 1981 wurde die Grenze von einer Billion (10^{12}) Dollar überschritten. Bis Ende 1989 hatte sie 2,857 Billionen Dollar (5,4 Billionen DM) erreicht, die Nettozinszahlungen dafür betragen 169,1 Mrd. Dollar (319,9 Mrd. DM).

Das welthöchste Zahlungsbilanzdefizit in einem Steuerjahr hatten die USA 1987 mit 143,7 Mrd. Dollar (damals 261,8 Mrd. DM). Im selben Jahr kam Japan auf den Rekord-Überschuß von umgerechnet 158,5 Mrd. DM.

Das erste Prämiensparsystem führte 1900 die Firma Fried. Krupp in Essen für ihre Arbeiter und wenig verdienenden Angestellten ein. Bereits zehn Jahre nach Gründung wurden 1220 Prämien im Gesamtwert von 62 000 Goldmark an die 16 650 freiwilligen Prämiensparer verlost.

Das reichste Land nach der Auflistung im *World Bank Atlas* von 1990 ist die Schweiz, die 1989 ein durchschnittliches Bruttosozialprodukt (BSP) von umgerechnet 45 400 DM pro Kopf der Bevölkerung erreichte. Die USA, die von 1910 bis 73 die Spitze innehatten, kamen auf den sechsten Rang.

Das niedrigste jährliche Pro-Kopf-Einkommen hatte Mosambik 1988 mit 100 Dollar (damals 166 DM) pro Kopf, doch gibt es mehrere souveräne Länder, für die der *World Bank Atlas* keine Daten auszuweisen vermag.

Das Land mit der höchsten Auslandsverschuldung waren Anfang 1990 die USA mit 675 Mrd. Dollar (1,181 Billionen DM), auch wenn die Höhe der Verschuldung im Vergleich zur wirtschaftlichen Stärke der USA gering ist. Unter den Entwicklungsländern hat Brasilien mit 123 Mrd. Dollar (215 Mrd. DM) Ende 1990 die höchste Auslandsverschuldung.

Das Land mit dem größten Bruttosozialprodukt sind die USA, die 1981 die Grenze von 3 Billionen Dollar (damals 6,27 Billionen DM) erreichten. Am Ende des Steuerjahres 1989 betrug das BSP 5,234 Billionen Dollar (9,901 Billionen DM).

Das Land mit den größten Währungsgoldreserven sind die USA, deren Schatzamt Ende 1989 über 261,93 Mio. Feinunzen der 938,95 Mio. Feinunzen der Welt verfügte. Mit 400 Dollar (damals 700 DM) je Feinunze bewertet, würden diese Vorräte mit 104,772 Mrd. Dollar (183,351 Mrd. DM) bzw. 375,580 Mrd. Dollar (657,265 Mrd. DM) zu Buche schlagen.

Das Goldbarrenlager Fort Knox, 48 km südwestlich von Louisville, Kentucky, ist seit 1936 der wichtigste Goldlagerplatz der USA. Gold wird dort in 446 000 geprägten Standardbarren von jeweils 400 Troy-Unzen (12,4414 kg) gelagert, die die Maße 17,7 × 9,2 × 4,1 cm haben. Einen Höchstpreis erlebte Gold am 21. Januar 1980 mit 850 Dollar (1490 DM) je Feinunze.

Die schlimmste Inflation der Welt erlebte Ungarn im Juni 1946, als der Goldpengö von 1931 mit 130 Trillionen ($1{,}3 \times 10^{20}$) Papierpengö bewertet wurde. Am 3. Juni 1946 wurden Noten im Wert von 100 Trillionen (10^{21}) Pengö in Umlauf gesetzt und am 11. Juli wieder eingezogen. 1000-Trillionen-Noten (10^{27}) wurden gedruckt, aber nicht in Umlauf gebracht.

Deutschland hatte seine größte Geldentwertung, als im November 1923 eine Billion Papiermark auf den Wert von einer Goldmark gesunken war. Am 6. November 1923 waren Reichsmark-Geldnoten im Nennwert von 400 Trillionen, 338 Billiarden, 326 Billionen, 350 Milliarden und 700 Millionen in Umlauf. 775,7milliardenmal die Menge von 1913.

Das Land mit der höchsten aktuellen Inflationsrate war 1990 Nicaragua, wo die Preissteigerungsrate 13 500 Prozent betrug.

Das niedrigste jährliche Pro-Kopf-Einkommen hatte 1987 Äthiopien mit 130 Dollar, noch ärmer war 1988 Mosambik mit nur 100 Dollar.

Münzen

Älteste:
ca. 630 v. Chr. Elektron-Stater des Königs Gyges (ca. 685–652 v. Chr.) von Lydien (Türkei).[1]
Früheste mit Jahreszahl geprägte:
Saminaische Silber-Tetradrachmen, geprägt in Zankle (dem heutigen Messina) auf Sizilien, datiert auf das Jahr 1 – und zwar 494 v. Chr. – durch den Buchstaben A.
In moderner Zeitrechnung: MCCXXXIIII (1234) die Münzen des Bischofs von Roskilde (Dänemark); sechs bekannte Exemplare.
Schwerste:
19,71 kg, eine schwedische 10-Daler-Kupferplatte aus dem Jahr 1644.[2]
Leichteste:
0,002 g, ein silberner ¼-Jawa oder -Dam aus Nepal, ca. 1740.
Teuerste:
3,19 Mio. Dollar (5,58 Mio. DM) für einen Satz von amerikanischen Münzen von 1804 und 34, der einstmals dem König von Siam überreicht worden war; am 28. Mai 1990 erwarben Iraj Sayah und Terry Brand die Münzen bei Superior Galleries in Beverly Hills, Kalifornien (USA). Zu dem Satz, bestehend aus neun Münzen, zählt der Silberdollar von 1804 mit einem Schätzwert von 2 Mio. Dollar (3,6 Mio. DM). Der Rekordpreis für eine einzelne Münze ist 1,5 Mio. Dollar (2,6 Mio. DM) für eine 20-Dollar-Goldmünze von 1907, den Hochrelief-Doppeladler, der am 9. Juli 1990 von der MTB Banking Corporation in New York an einen privaten Anleger verkauft wurde.
Ecu-Münzen:
Belgien hat erstmals eine Ecu-Münze in Silber und Gold herausgebracht. Anlaß war der 30. Gründungstag der Europäischen Gemeinschaft. Die Ecu (Europäische Währungseinheit) war im Jahr 1979 von den Mitgliedern des europäischen Währungssystems geschaffen worden. Die 50-Ecu-Goldmünze hat einen Wert von rund 100 DM. Beide Münzen sind in Belgien als Zahlungsmittel anerkannt. 2 Mio. werden in Umlauf gebracht. Auf der Vorderseite der Münze ist ein Porträt von Kaiser Karl V. zu sehen, nach dem Vorbild des »Carolus-Guldens«, der Mitte des 16. Jh.s in Brügge geprägt worden war.

1 Das ungeprägte »Spatengeld« aus der Choudynastie wird auf 550 v. Chr. datiert.
2 Die größte münzförmige Münze war das indische 200-Mohur-Goldstück mit einem Durchmesser von 136 mm und einem Gewicht von 2177 g; von ihr ist kein Exemplar mehr bekannt.
Die größte Gedenkmünze wurde am 21. März 1986 für die Expo '86 in Vancouver, British Columbia (Kanada), hergestellt – ein 1-Mio.-Dollar-Goldstück (95,25 cm Durchmesser, 19,05 mm dick und 166 kg schwer).

Das Land mit der niedrigsten Inflation im Verlauf eines Jahres in jüngerer Zeit war Äquatorial-Guinea, das 1986 eine Rate von –17,8 Prozent verzeichnete.

Geld

Allgemein: Papiergeld ist eine Erfindung der Chinesen. Im Jahr 812 wurde es probeweise eingeführt und 970 vorherrschendes Zahlungsmittel.

Die ersten Banknoten *(Banksedlar* genannt) wurden im Juli 1661 in Stockholm (Schweden) in Umlauf gebracht. Die älteste noch existierende Banknote im Wert von fünf Dalers ist vom 6. Dezember 1662 datiert.

Das größte gedruckte Papiergeld war die von 1368–99 während der chinesischen Mingdynastie verbreitete 1-Kwan-Note, die 22,8 × 33 cm maß.

Die kleinste Banknote wurde 1917 vom rumänischen Finanzministerium in Umlauf gesetzt. Sie hatte einen Wert von zehn Bani und eine Größe (das heißt bedruckte Fläche) von 2,75 × 3,8 cm.
Die kleinste deutsche von der öffentlichen Hand ausgegebene Banknote war Inflations-Notgeld der Stadt Cassel (Kassel) im Wert von einem Pfennig. Die runde Marke aus Karton war beidseitig unterschiedlich bedruckt mit Verzierungen, Wappen, Texten (Stadt Cassel, 1 Pfennig Notgeld 1920) und entsprach mit 314 mm^2 etwa der Größe unseres 50-Pf-Stücks.

Die Umlaufnoten mit dem höchsten Wert sind die 10000-Dollar-Noten (16955 DM) der US-Notenbank mit dem Porträt von Salmon P. Chase (1808–73). 1969 wurde angekündigt, in Zukunft würden keine Banknoten mit einem Nennwert von mehr als 100 Dollar ausgegeben, und von den 10000-Dollar-Scheinen blieben nur 345 im Umlauf. Der höchste Wert, der jemals vom Notenbanksystem der USA ausgegeben wurde, ist ein Geldschein über 100000 Dollar (169550 DM) mit dem Porträt von Woodrow Wilson (1856–1924); diese Noten werden ausschließlich für Transaktionen zwischen der Notenbank und dem Schatzamt verwendet.
Die Banknote mit dem höchsten Nennwert, die je in Deutschland ausgegeben wurde, war der 100-Billionen-Schein von 1924. Er war 9,5 × 18 cm groß, zeigte ein Dürer-Gemälde und wurde am 15. Juni 1925 aus dem Verkehr gezogen.
Die deutsche Banknote mit dem größten Wert, die gegenwärtig in Umlauf ist, ist der 1000-DM-Schein, die niedrigste ist die 5-DM-Note.

Die Banknote mit dem geringsten Geldwert (und zugleich dem niedrigsten Nennbetrag) ist der indonesische 1-Sen-Schein (1/100 Rupie). Anfang 1990 waren 1000 Sen gerade einen Pfennig wert.

Die größten Münzen in Deutschland waren 10-Dukaten-Stücke von je 35 g Gewicht. Ein riesiges Einzelstück, die böhmische 100-Dukaten-Münze Kaiser Ferdinands III. (1608–57), wiegt 350 g und hätte demnach heute einen reinen Goldwert von ca. 16000 DM. Ihr Sammlerwert dürfte aber mindestens das Zehnfache betragen.

Die größte Münze Österreichs war das quadratische 50-Dukaten-Stück mit Rundprägung des Grafen Guidobald von Thun-Hohenstein aus dem Jahr 1654, das 165 g wog.

Die größte Schweizer Münze war das 82,5 g schwere Baseler 25-Dukaten-Stück, das von 1695 bis 1710 in Umlauf war.

Die kleinste deutsche Münze war der 1/32-Dukat aus Gold, um 1700 in Nürnberg geprägt. Er wog nur 0,1 g und hatte einen Durchmesser von 5 mm.

Der höchste Preis für eine Münzsammlung betrug 25235360 Dollar (damals 49,7 Mio. DM) für die Sammlung der Garrett-Familie, die US-amerikanische und Kolonialmünzen umfaßte und der John Hopkins University in Baltimore, Maryland (USA), gestiftet worden war. Der Verkauf wurde über mehrere Auktionen (28./29. November 1979 und 25./26. März 1981) bei Bowers & Ruddy Galleries in Wolfeboro, New Hampshire (USA), abgewickelt. Mitglieder der Garrett-Familie hatten die Sammlung von 1860 bis 1942 zusammengetragen.

Die seltenste und zugleich teuerste deutsche Münze dürfte der 1855 unter der Regierung des Großherzogs Friedrich I. von Baden geprägte Doppeltaler sein, von dem nur neun Stück hergestellt und sieben wieder eingeschmolzen wurden. Eines der beiden »überlebenden« Exemplare befindet sich im Staatlichen Münzkabinett von Karlsruhe. Das andere

Dieser amerikanische Doppeladler, Ultra-Hochrelief von 1907, wurde im Juli 1990 zur teuersten Münze.

wurde 1975 bei einer Münzauktion in Mannheim für 111 000 DM (einschließlich Aufgeld) von einem anonymen Käufer erworben.

Der größte jemals gefundene Schatz waren rund 80 000 Goldmünzen, die 1714 in Brescello bei Modena (Italien) entdeckt wurden und dort vermutlich um 37 v. Chr. versteckt worden waren. Der größte absichtlich vergrabene Schatz, der jemals entdeckt wurde, war der Brüsseler Schatz von 1908 mit etwa 150 000 Münzen.

Der größte durch Unfall »entstandene« Schatz gehörte zur spanischen Silberflotte, die 1715 vor der Küste Floridas sank. Seriöse Schätzungen gehen von 60 Mio. Münzen aus, von denen die Hälfte kurz nach dem Ereignis von spanischen Behörden geborgen wurde. Von den restlichen 30 Mio. wurden vielleicht 500 000 durch moderne Berger aufgespürt. Vermutlich liegen also noch 29,5 Mio. Münzen auf dem Grund des Meers und harren ihres Entdeckers.

Der Rekordschatz nach Gewicht sind die 43 t Gold auf dem White Star Liner *Laurentic*, der 1917 vor Fanad Head (Irland) auf eine Mine lief und 40 m tief sank. 3191 der insgesamt 3211 Goldbarren wurden seitdem von der Royal Navy, dem Cossum Diving Syndicate und dem Consortium Recovery Ltd. geborgen.

Die größte Münzprägeanstalt der Welt wurde vom US-Finanzministerium zwischen 1965 und 69 an der Independence Mall in Philadelphia erbaut. Sie bedeckt eine Fläche von 4,65 ha und hat – bei drei Tagesschichten und sieben Arbeitstagen pro Woche – eine Jahreskapazität von 15 Mrd. Münzen. Eine neue Hochgeschwindigkeits-Prägemaschine kann pro Stunde 40 000 Münzen »ausspucken«.

Wohltätigkeits-Rennen: Der größte Betrag, der bei einem einzelnen Wohltätigkeitslauf oder -gehen zusammenkam, sind 24,7 Mio. kanadische Dollar (35 Mio. DM), die Terry Fox (1958–81) aus Kanada 1980 sammelte. Trotz seiner Beinprothese lief Fox vom 12. April bis zum 2. September an 143 Tagen von St. Johns, Neufundland (USA), bis zur Thunder Bay, Ontario (Kanada), und legte dabei 5373 km zurück.

Münzspenden: Die wertvollste Münzensäule aus einzelnen Münzen war 15 606 Pfund (44 790 DM) wert und 1,87 m hoch. Schüler der Middlecroft School stapelten sie am 26. August 1990 in Brimington, Chesterfield (GB), auf. Die längste und wertvollste Münzenreihe über 16,12 km Ausdehnung entstand am 16. März 1985 im Central City Park von Atlanta, Georgia (USA), aus 662 353 US-25-Cent-Stücken im Wert von 165 788 Dollar (512 450 DM). Ein Teppich von 1 945 223 belgischen 1-Franc-Münzen (21 mm Durchmesser) wurde am 25. Juni 1988 von Mitgliedern des Mepp-Stegeta in Geel (Belgien) ausgelegt. Aneinandergereiht hätten sie eine Münzlinie von 40,849 km Länge gebildet.
Der Kupferberg, nach einer Idee von Terry Pitts zugunsten der britischen Nationalen Gesellschaft zur Verhinderung von Gewalt gegen Kinder zustande gekommen, bestand aus 3 Mio. Münzen, die in 350 Tagen vom 24. Mai 1984 bis zum 7. Mai 1985 gesammelt wurden. Sie hatten einen Gesamtwert von 57 051,34 Pfund.
Die größte Groschenspende schafften die Mitglieder der Volkstanzgruppe Großweikersdorf (Niederösterreich) mit 480 000 gespendeten Zehnerl am 11. Dezember 1988. Aneinandergereiht ergaben die 10-Groschenstücke eine Fläche von 192 m² zugunsten der Hilfe für krebskranke Kinder.

Die größte mit einem einzigen Scheck gezahlte Summe war 1,425 Mrd. Dollar (2,695 Mrd. DM). Ausgestellt am 11. Juli 1989 und unterschrieben von Gareth Jones, Schatzmeister und zweiter Geschäftsführer der britischen Abbey National Building Society, und Jonathan C. Nicholls, zweiter Schatzmeister, stellte der Scheck eine Zahlung der in Auflösung befindlichen Abbey National Building Society zugunsten der neu geschaffenen Abbey National Aktiengesellschaft dar. Ein noch größerer Scheck – über 4 176 969 623,57 Dollar (16,7 Mrd. DM) wurde am 30. Juni 1954 gezogen. Es handelte sich um einen internen Verrechnungsscheck des amerikanischen Finanzministeriums.

ARBEIT UND GEWERKSCHAFTEN

Die älteste der 78 Gewerkschaften, die sich in Großbritannien im Jahr 1868 zum Gewerkschaftsbund Trades Union Congress zusammenschlossen, ist die heute noch unter ihrem ursprünglichen Namen beim TUC registrierte Gewerkschaft, das Educational Institute of Scotland (EIS), 1847 gegründet, mit 45 571 Mitgliedern.
In Deutschland entstanden die ersten Gewerkschaften um 1860. Die erste deutsche freie Gewerkschaft war der Allgemeine Deutsche Zigarrenarbeiter-Verein, gegründet 1865. 1866 folgte der Deutsche Buchdruckerverband.

Die weltgrößte Gewerkschaft ist Professionalniy Soyuz Rabotnikow Agro-Promyshlennogo Kompleksa (Gewerkschaft des agrarindustriellen Komplexes) in der UdSSR mit 36 634 613 Mitgliedern am 1. Januar 1990.

Die größte Einzelgewerkschaft der Welt ist die Industriegewerkschaft (IG) Metall im Deutschen Gewerkschaftsbund (DGB) mit 3,6 Mio. Mitgliedern (Stand Mitte 1991).

Die allerkleinste Gewerkschaft war die britische ›Jewelcase and Jewellery Display Makers Union‹ (JJDMU/Gewerkschaft der Schmuckschachtel- und Juwelenkastenhersteller), die 1894 gegründet wurde. Am 31. Dezember 1986 wurde sie von ihrem Generalsekretär Charles Evans aufgelöst. Bei der Auflösung assistierte Fergus McCormack, das einzige noch lebende Mitglied.

Die Gewerkschaft mit dem längsten Namen ist die ›International Association of Marble, Slate and Stone Polishers, Rubbers and Sawyers, Tile and Marble Setter's Helpers and Marble Mosaic and Terrazo Worker's Helpers‹ mit Sitz in Washington. Hinter der Organisation mit der Bandwurm-Abkürzung IAMSSPRSTMSHMMTWH verbirgt sich der Internationale Verband der Marmor-, Schiefer- und Stein-Schleifer, -Polierer und -Säger, der zudem die Gehilfen der Fliesen- und Marmorverleger sowie der Marmormosaik- und Terrazzo-Verleger betreut.

Die früheste Arbeitsstreitigkeit gab es wegen eintöniger Verpflegung und schlechter Arbeitsbedingungen in Theben (Ägypten) im Jahr 1153 v. Chr. Sie ist dokumentarisch belegt.

Der erste Streik, ebenfalls dokumentarisch belegt, wurde von einem griechischen Kapellmeister namens Aristos ca. 309 v. Chr. in Rom veranlaßt. Der Grund: Essenspausen für die Musiker.

Der längste Streik endete am 4. Januar 1961 nach 33 Jahren. So lange streikten Friseurgehilfen in Kopenhagen (Dänemark), um ihre Vorstellung über Anstellungsbedingungen durchzusetzen.
Der längste größere Streik dauerte bei der Installationsfabrik Kohler Co. in Sheboygan, Wisconsin (USA), von April 1954 bis Oktober 1962. Die geschätzten Kosten für die Gewerkschaft der Automobilarbeiter: 12 Mio. Dollar (damals 48 Mio. DM).

Den ersten Streik in Deutschland veranstalteten die Gürtlergesellen von Breslau (jetzt Polen) im Jahr 1329. Sie streikten ein Jahr lang.

Der größte Streik in der Bundesrepublik Deutschland war der Streik in der Metallindustrie von Nordwürttemberg/Nordbaden im Mai 1984. 25 000 Metaller und 123 000 Ausgesperrte waren betroffen.

Als längster Streik in der Bundesrepublik Deutschland gilt der Ausstand der schleswigholsteinischen Metallarbeiter. Er dauerte 108 Tage lang von Oktober 1956 bis Mitte Februar 1957.

MILLIONÄRE UND MILLIARDÄRE

Allgemein: Die Schwierigkeiten, große Privatvermögen miteinander zu vergleichen, sind verständlich. Ein Mantel der Verschwiegenheit umgibt sie, und Schätzungen können nur annähernd sein. Jean Paul Getty (1892–1976) sagte einmal: »Man ist kein Milliardär, wenn man seine Millionen noch zählen kann.« Der Begriff Millionär wurde um 1740, der Begriff Billionär bzw. Milliardär (im Amerikanischen entspricht 1 Billion 1 Mrd. im Deutschen) im Jahr 1861 eingeführt. Der erste Mensch, der als »100-Millionär« galt, war Cornelius Vanderbilt (1794–1877), der bei seinem Tod 100 Mio. Dollar hinterließ.

Die ersten Dollar-Milliardäre waren John Davison Rockefeller (1839–1937), Henry Ford (1863–1947) und Andrew William Mellon (1855–1937). Im Jahr 1937, als alle drei noch lebten, war 1 Mrd. Dollar 4,2 Mrd. Mark wert.

Die reichsten Männer: Ein großer Teil des Vermögens der Monarchen dieser Welt stellt eher nationale als persönliche Besitztümer dar. Am wenigsten eingeschränkt und wohl der monarchischste Herrscher ist Seine Hoheit der Sultan von Brunei, Hassan al Bolkiah Mu'izzadin Waddaulah (* 15. Juli 1946). Am 1. Januar 1984 ernannte er sich selbst zum Premier-, Finanz- und Innenminister. Im September 1990 bezifferte *Fortune* sein Vermögen mit 25 Mrd. Dollar (43,75 Mrd. DM).

Der reichste Mann der Welt, so schätzte in seiner Ausgabe vom 23. Juli 1990 *Forbes*, ist Yoshiaki Tsutsumi (* 1934) aus Japan mit einem Vermögen von umgerechnet 28 Mrd. DM. Er kontrolliert sein Seibu-Imperium – bestehend aus einer bedeutenden Eisenbahngesellschaft, Seibu Construction, Golfplätzen, Hotels und Skiurlaubsorten – durch die Kokudo Keikaku Corporation.

Die reichsten Deutschen sind – nach *Forbes* – die Haniels aus Duisburg. 9,57 Mrd. DM hat die 288 Mitglieder starke Familie angehäuft. 23 000 Mitarbeiter in 151 Firmen der Franz Haniel &

Die höchsten Einkommen entspringen den Förderungsabgaben pro Barrel Öl, die den Herrschern von Öl-Scheichtümern zufließen, wenn sie auf ihre persönlichen Ansprüche nicht formell verzichtet haben. So hat Shaik Zayid ibn Sultan an-Nuhayan (* 1918) als Staatsoberhaupt der Vereinigten Arabischen Emirate Anspruch auf 9 Mrd. Dollar aus dem jährlichen Bruttosozialprodukt des Landes.

Cie GmbH dirigieren eigene Schiffe bis nach Afrika, handeln mit Arzneien und Heizöl. Clan-Chef Rudolf Haniel verdrängte mit der Metro-Beteiligung (4,91 Mrd. DM) den Tengelmann-Inhaber Erivan Haub (Mülheim) vom ersten Platz der Liste. Er liegt jetzt mit 8,75 Mrd. DM Vermögen auf dem zweiten Rang vor der Familie Henkel (Düsseldorf) mit 7,66 Mrd. DM.

Die reichste Frau Deutschlands ist Johanna Quandt, Witwe des ehemaligen BMW-Chefs Herbert Quandt. Ihr Vermögen wird mit 6,7 Mrd. DM beziffert.

Die größten Spenden, die ein Milliardär im Laufe seines Lebens gegeben hat, waren die 644699912000 Yen (8,56 Mrd. DM nach heutigem Kurs), die Ryoichi Sasakawa, Vorsitzender der japanischen Shipbuilding Industry-Stiftung, von 1962 bis 88 spendete.

Die größte Einzelspende in der Geschichte der Philanthropie ist die Kunstsammlung, die dem Verleger Walter Annenberg gehörte und 1 Mrd. Dollar (1,7 Mrd. DM) wert war. Am 12. März 1991 kündigte er an, daß er die Sammlung dem Metropolitan Museum of Art in New York City (USA) überlassen würde.

Die größte Geldeinzelspende von 500 Mio. Dollar (2 Mrd. DM) wurde am 12. Dezember 1955 von der Ford-Stiftung (gegründet 1936) in New York für 4157 Bildungseinrichtungen und andere öffentliche Institutionen angekündigt.

Der Titel der reichsten Frau der Welt war fälschlicherweise der zurückgezogen lebenden Hideko (* 1930), seit Oktober 1986 Witwe von Kenji Osano, zugesprochen worden. Die bezifferte ihr Vermögen auf 25 Mrd. Dollar (damals 54,6 Mrd. DM), in Wirklichkeit war das Erbe nicht vollständig an sie gefallen.

Die britische Queen wird von einigen für die reichste Frau der Welt gehalten, und *The Sunday Times* schätzte im April 1991, daß sie Vermögenswerte von 7 Mrd. Pfund (20,1 Mrd. DM) besitzt. Allerdings sind nur wenige ihrer Besitztümer, die zur britischen Krone gehören, persönlicher Besitz oder frei verfügbar.
Die Kosmetikerin C. J. Walker, geb. Sarah Breedlove (1867–1919, USA), gilt als erste Frau, die durch eigene Arbeit zur Millionärin wurde. Sie war eine Schwarze ohne Schulbildung, Vollwaise und begann als Putzfrau. Den Grundstein ihres Vermögens legte sie mit einem Mittel zum Entkräuseln von Haaren.

Der bestbezahlte Anlageberater der Welt ist Harry D. Schultz, der von Monte Carlo und Zürich aus operiert. Sein normales Beratungshonorar für 60 Min. beträgt an Werktagen 2400 Dollar (4069 DM), an Wochenenden 3400 Dollar (5765 DM). Höchst beliebt sind seine 5-Min.-Telefonberatungen für 200 Dollar (339 DM), das sind 40 Dollar/Min. (68 DM). Sein Nachrichtendienst *International Harry Schultz Letter,* 1964 ins Leben gerufen, kostet 50 Dollar (84,78 DM) pro Ausgabe; ein Abonnement auf Lebenszeit kostet 2400 Dollar (4069 DM).

Die reichste Familie ist wahrscheinlich die aus Frankreich stammende Familie Du Pont. Laut vorläufigen Schätzungen belaufen sich die gesamten Vermögenswerte, die sich dem Namen nach im Besitz der aus ungefähr 1600 Mitgliedern bestehenden Familie befinden, auf ca. 150 Mrd. Dollar (254,3 Mrd. DM). Die Familie traf am 1. Januar 1800 aus Frankreich kommend in den USA ein. Das Kapital von Pierre Du Pont (1730–1817) ermöglichte es seinem Sohn Eleuthère Irénée Du Pont, eine Sprengstoffirma in den Vereinigten Staaten zu gründen. Es wird geschätzt, daß 1984 beide Söhne und beide Töchter von Haroldson Lafayette, dem ehemaligen Ölmagnaten, Vermögen von jeweils über 1 Mrd. Dollar (2,6 Mrd. DM) besaßen.

Fundsache: Die größte Summe Bargeld, die jemals gefunden wurde, war 500000 Dollar (damals 1,1 Mio. DM), die Lowell Elliott (61) auf seiner Farm in Peru, Indiana (USA), quasi vor die Füße fiel. Ein Flugzeugentführer, der im Juni 1972 mit dem Fallschirm abgesprungen war, hatte das Geld fallen lassen.
Jim Priceman (44), Hilfskassierer bei der New Yorker Doft & Co Inc., fand vor dem Haus Wall Street 110 einen Umschlag mit übertragbaren Inhaberpapieren im Wert von 37,1 Mio. Dollar (89 Mio. DM) und gab sie am 6. April 1982 der Eigentümerin, der A. G. Becker Inc., zurück. Als die Firma eine Belohnung von 250 Dollar (600 DM) ankündigte, wurde sie als »überaus großherzig« gefeiert.

Die größte Sammlung gültiger Kreditkarten befindet sich im Besitz von Walter Cavanagh (* 1943) aus Santa Clara, Kalifornien (USA), der im Mai 1991 über 1265 verschiedene Kreditkarten verfügte. Die Anschaffungskosten waren gleich Null. Der »Kartenhai« bewahrt seine Sammlung in der größten Brieftasche der Welt auf – sie ist ausgeklappt 76,2 m lang, wiegt 15,87 kg und enthält einen Kreditwert von 1,6 Mio. Dollar (2,71 Mio. DM).

LANDWIRTSCHAFT

Die Anfänge: Man nimmt an, daß etwa 21 Prozent der Landfläche der Erde anbaufähig sind, wovon aber tatsächlich nur 7,6 Prozent wirklich bebaut werden. Höhlenfunde aus dem Jahr 1971 in Thailand scheinen zu bestätigen, daß Pflanzenzucht und die Domestizierung von Tieren Bestandteil der Hoabinhian-Kultur ca. 11000 v.Chr. waren. Ein Dorf, das bei Ninive (Irak) entdeckt und vorläufig aufs Jahr 9000 v.Chr. datiert wurde, zeigt Anzeichen landwirtschaftlicher Tätigkeit. Die ersten Belege für Maisanbau stammen aus Sedimenten im Ayauchi-See am Rio Santiago, einem Nebenfluß des Amazonas, und sind mindestens 5300 Jahre alt. Ca. 5000 v.Chr. wurde in Hemudu bei Schanghai (China) Reis angebaut. Rentiere wurden möglicherweise um 18000 v.Chr. als Nutztiere gehalten, doch eindeutige Beweise dafür fehlen noch. Ziegen wurden bereits 16000 v.Chr. auf dem Berg Carmel in Palästina in Herden gehalten.
Die frühesten Tiere, die zur Nahrungsgewinnung domestiziert wurden, waren wahrscheinlich Abkömmlinge der wilden Ziegen oder der Bezoarziege *(Capra aegagrus = hircus)*, die ca. 7700 v.Chr. in Asiah (Iran) in Herden gehalten wurden. Schafe *(Ovis aries)* wurden ca. 7200 v.Chr. in Thessalonien (Griechenland) gehalten, Schweine *(Sus domestica)* und Rinder *(Bos primigenius = taurus)* um 7000 v.Chr. in derselben Region.
Das erste definitive Datum für das Pferd *(Equus caballus)* stammt von ca. 4350 v.Chr. aus Dereiska (Ukraine), aber Anzeichen von Krippenwetzen aus Südfrankreich weisen darauf hin, daß Pferde vielleicht schon um 30000 v.Chr. gehalten wurden. Uralte Wegspuren, 1982 von einem amerikanischen Raumschiff aus entdeckt, lassen vermuten, daß Zugtiere möglicherweise noch früher gezähmt wurden.
Der älteste Beleg für die Haustierhaltung von Kamelen *(Camelus)* stammt aus der Nähe von Sihi (Saudi-Arabien), wo mittels der Radiokarbonmethode ein Kieferknochen auf die Zeit zwischen 7200 und 7100 v.Chr. datiert wurde.
Der früheste Nachweis für den Anbau von Getreide stammt aus Ali Kosh im Iran und aus Jericho (Westjordanien). Ziegen wurden um 8050 v.Chr. in Asiab im Iran gezüchtet, und ein Hund ist aus der Zeit um 7700 v.Chr. in Star Carr, North Yorkshire (GB), nachgewiesen. Die frühesten Beweise für Schafzucht stammen aus der Zeit von ca. 7200 v.Chr. aus Argissa-Magula, Thessalien (Griechenland). Um 7000

Auf dem Acker: ein Bauer beim Eggen.

v.Chr. hielt man dort auch bereits Schweine und Rinder.

FISCHEREI

Die Daten der UN-Nahrungsmittel- und Landwirtschaftsorganisation für 1988 zeigen, daß Japan mit Fängen von insgesamt 11,9 Mio. t die führende Fischereination ist, gefolgt von der UdSSR (11,3 Mio. t), China (10,3 Mio. t), überraschenderweise Peru (6,6 Mio. t) und den USA (5,9 Mio. t).

Der Rekord für einen einzelnen Trawler sind 278 798 Pfund (824 000 DM) für einen 37 897-t-Fang des isländischen Fischfangschiffs *Videy* am 11. August 1987 vor Hull (GB).

ACKERBAU

Allgemein: Weltweit ist 1986 mit 1,856 Mrd. t insgesamt und einschließlich Reis mehr Getreide geerntet worden als jemals zuvor.

Die größten Agrarbetriebe der Welt sind die Kolchosen und Kollektivbetriebe in der UdSSR. 1940 gab es noch 235 000, bis 1988 wurde ihre Zahl auf 26 900 reduziert bei einer kultivierten Gesamtfläche von 169,2 Mio. ha. sind Betriebe von 25 000 ha nicht ungewöhnlich.

Die Getreideernte der Bundesrepublik Deutschland erreichte 1988 mit rund 27,04 Mio. t eine Rekordernte für dieses Jahrzehnt.

Die größte einzelne Pilzfarm der Welt gehört zur Moonlight Mushroom Inc., die 1937 in einem ehemaligen Kalksteinbruch bei Worthington, Pennsylvania (USA), angelegt wurde. Die Farm beschäftigt in einem Labyrinth unterirdischer Galerien mit einer Gesamtlänge von 177 km über 1000 Menschen, die pro Jahr mehr als 26 t Pilze ernten.

Der Pro-Kopf-Verbrauch der Franzosen von 3,17 kg Pilzen jährlich ist weltweit unerreicht.

VIEHZUCHT

Die größte Rinderfarm der Welt ist die Anna Creek Station mit 30 000,5 km^2 Fläche in Südaustralien, die der Kidman-Familie gehört. Der größte Einzelbetrieb ist mit 14 114 km^2 Strangway. Bis 1915 hatte die Victoria River Downs Station (Nordterritorium) eine Fläche von über 9 Mio. ha.

Die größte Schafzucht der Welt befindet sich in Commonwealth Hill im Nordwesten Südaustraliens. Hier weiden 60 000–70 000 Schafe, ungefähr 100 Rinder und 24 000 (ungeladene) Känguruhs auf einem Gebiet von 10 567 km^2. Die Viehzählung auf der 16 579 ha großen Lochinver-Station (Neuseeland) von Sir William Stevenson ergab am 1. Januar 1991 einen Bestand von 110 460.

Der größte Schaftrieb fand 1886 statt, als 27 Reiter eine Herde von 43 000 Schafen 64 km weit von Barcaldine zur Beaconsfield Station in Queensland (Australien) überführten.
50 Tage überlebte ein Schaf im Schnee begraben nach einem Blizzard in Schottland. Alex MacLennan barg es am 24. März 1978 in der Nähe des Flusses Skinsdale zusammen mit 15 verendeten Tieren.

Die größte Truthahnfarm der Welt gehört der Firma Bernard Matthews in Great Witchingham, Norfolk (GB). 2600 Mitarbeiter kümmern sich um 9 Mio. Truthähne.

Die größte Hühnerfarm der Welt ist die Croton Egg Farm in Ohio (USA). 4,8 Mio. Hennen legen täglich 3,7 Mio. Eier.

Die größte Schweinezucht der Welt befindet sich in Sljeme (Jugoslawien) mit einer Jahresproduktion von 300 000 Schweinen. Es ist möglich, daß es in Rumänien noch größere Schweinezüchtereien gibt.

ANBAUFLÄCHEN

Weizen: Weltweit werden schätzungsweise 230,3 Mio. ha für den Weizenanbau genutzt und geben einen Ertrag von 590,1 Mio. t. Führender Weizenproduzent ist die UdSSR, die auf 47,5 Mio. ha 108 Mio. t erntet.

Das größte Weizenfeld der Welt wurde 1951 in Lethbridge, Alberta (Kanada), ausgesät. Die umzäunte Fläche war 14 160 ha groß.

Gerste: Die weltweite Gesamtfläche für den Gersteanbau 1990/91 ist schätzungsweise 73,2 Mio. ha mit einer Produktion von 181,5 Mio. t und einem Durchschnittsertrag von 2,48 t/ha. Der weltgrößte Gersteproduzent ist die UdSSR, die Schätzungen zufolge 57 Mio. t von 26 Mio. ha Anbaufläche erntet. Ein Ertrag von 12 200 kg/ha Wintergerste wurde am 2. August 1989 auf einer Anbaufläche von 21,29 ha in Borders (GB) geerntet.

Hafer: Die Weltproduktion von Hafer 1990/91 wird auf 42,8 Mio. t geschätzt, die Anbaufläche auf 21,6 Mio. ha. 17,5 Mio. t werden auf 10,5 Mio. ha in der UdSSR geerntet

Reis: Etwa die Hälfte der Weltbevölkerung, darunter praktisch ganz Ostasien, ist völlig abhängig vom Reis als Hauptnahrungsmittel. Die Gesamtfläche für den Reisanbau ist 146,8 Mio. ha, wobei allein in Indien 42,2 Mio. ha genutzt werden. Der weltgrößte Reisproduzent ist China mit geschätzten Ernteerträgen von 185 Mio. t auf 32,7 Mio. ha.

Die größte zusammenhängende Anbaufläche für wilden Reis *(Zizania aquatica)* gehört der Clearwater Rice Inc. in Clearbrook, Minnesota (USA), und erstreckt sich über 809 ha. 1986 wurden hier 261 727 kg Reis geerntet.

Mais: Die weltweite Gesamtfläche für den Maisanbau 1990/91 ist 128,2 Mio. ha, auf denen geschätzte 472 Mio. t produziert wurden. 88 Mio. t werden in China auf schätzungsweise 21 Mio. ha geerntet.

Das größte Hopfenfeld der Welt ist 695 ha groß und liegt bei Toppenish im US-Staat Washington. Besitzerin ist die Firma John I. Haas Inc., der weltgrößte Hopfenproduzent mit Feldern in Idaho, Oregon, Washington und Tasmanien, die zusammen 1724,7 ha Fläche bedekken.

Das größte zusammenhängende Hopfenanbaugebiet der Welt ist die Holledau, auch Hallertau (Bayern). Es erstreckt sich über eine Fläche von 14 717,64 ha. Rund 4000 Pflanzer ernten hier pro Jahr 600 000 Ztr. Hopfen.

Baumwolle: Die weltweite Gesamtfläche für den Baumwollanbau 1990/91 ist schätzungsweise 33,6 Mio. ha, auf denen 87 Mio. Ballen mit je 217,72 kg Gewicht produziert wurden. Der weltgrößte Baumwollproduzent ist China; dort werden auf 5,5 Mio. ha geschätzte 20,5 Mio. Ballen geerntet.

Die höchstgelegenen Getreidefelder Europas befinden sich in Findeln (Schweiz) in einer Höhe von fast 2100 m. Sie werden dort noch heute von Alfred und Klara Laauser bestellt. Dabei sind die beiden Züricher lediglich Hobby-Bergbauern. Alfred Laauser, der 1976 als Konstruktionsschlosser pensioniert wurde, hatte sich vorgenommen, eine Tradition zu pflegen, die längst nur noch auf Ansichtskarten existierte. Inzwischen sind es rund 1000 m^2, zum Teil kleinere Parzellen, auf denen in erster Linie Roggen, aber auch Weizen, Blumenkohl, Spinat, Kopfsalat, Zwiebeln, Rüebli, Rettich und

»Kornblumen für die Maria-Himmelfahrt-Prozession der Zermatter am 15. August« wachsen und gedeihen. Die »Höhenrekord-Pacht« hat Alfred Laauser längst zum Selbstversorger gemacht.

GEWICHTSREKORDE

Huhn: Die schwerste Hühnerrasse ist das White Sully, gezüchtet von Grant Sullens in Westpoint, Kalifornien (USA), im Laufe von sieben Jahren; er kreuzte große Rhode Island Reds immer wieder mit anderen Rassen.
Die größte Gewichtszunahme bei einer Hühnerschar von mindestens 2400 Stück verzeichnete innerhalb von 56 Tagen mit 2901 kg D. B. Marshall in Newbridge (Schottland) im Oktober 1981.

Rind: Das schwerste Rind war eine Holsteiner-Durham-Kreuzung namens *Mount Katahdin*. Es wurde 1906–10 von A. S. Rand aus Maine (USA) ausgestellt und wurde mehrfach mit 2267 kg gewogen. Seine Schulterhöhe betrug 1,88 m, sein Umfang 3,96 m; es ging 1923 bei einem Stallbrand zugrunde.
Die größte schwere Rinderrasse sind die Chianini, die in vorrömischen Zeiten aus dem Nahen Osten nach Italien gebracht wurden. Ausgewachsene Stiere haben eine Schulterhöhe von 1,73 m und wiegen 1300 kg. Bei einer Ausstellung in Arezzo, Toskana (Italien), im Jahr 1955 wog ein Stier namens *Donetto* 1740 kg – ein Rekordgewicht für einen Rassestier.
Ein Airedaler Heifer aus East Riddlesdon, South Yorkshire (GB), war nach Berichten aus dem Jahr 1820 3,62 m lang und wog 1197,5 kg.
Die kleinste Rasse von Nutzrindern ist das Owambo in Namibia, Westafrika. Geschlechtsreife Bullen wiegen durchschnittlich 225 kg, Kühe 160 kg.
Am 28. Mai 1986 warf eine Holstein-Kuh (Besitzerin: Sherlene O'Brien in Henryette, Oklahoma/USA), ein vollständig ausgebildetes, totes Kalb mit einem Gewicht von 112,4 kg. Der Vater war ein Aberdeen-Angus-Bulle, der einen Seitensprung riskiert hatte.
Das geringste Geburtsgewicht eines lebendgeborenen Kalbs ist 8 kg für einen Bullen (Rasse unbekannt), im August 1972 in Kankus (Südafrika) zur Welt gekommen. Er erreichte eine Höhe von 40 cm (an den Hinterbeinen) und war 55 cm lang.

Schaf: Das größte Schaf war ein Suffolk-Bock namens *Stratford Whisper 23H*, der im März 1991 247,2 kg wog und 109 cm groß war. Die Besitzer sind Joseph und Susan Schallberger in Boring, Oregon (USA).
Der Weltrekord für das Gewicht eines neugeborenen Lamms wurde 1975 in Clearwater, Kansas (USA), erzielt; es wog 17,2 kg, aber sowohl das Schaf als auch das Lamm gingen ein.
Ein weiteres Lamm mit dem gleichen Gewicht wurde am 7. April 1975 in Howard, South Dakota (USA), geboren, starb aber kurz nach der Geburt.
Die kleinste Schafrasse ist das Soay, dessen Verbreitung heute auf die Insel Hirta (Äußere Hebriden, Schottland) beschränkt ist. Ausgewachsene Exemplare wiegen 25–27,2 kg.
Das niedrigste Geburtsgewicht eines lebendgeborenen Lamms sind 900 g für ein weibliches Walisisches Bergschaf mit Namen *Lyle*, das am 8. Juni 1991 in Chertsey (GB) zur Welt kam. Ihr größerer Zwillingsbruder *Tate* wog 1,31 kg. Beide Tiere sind bei guter Gesundheit.

Schwein: Der schwerste Eber, *Big Bill* genannt, wog 1157,5 kg und war 2,75 m lang; sein Bauch schleifte über den Boden. Besitzer des 1933 eingeschläferten Tiers war Burford Butler in Jackson, Tennessee (USA). Die Familie Wells aus demselben Ort stopfte *Big Bill* aus und ließ ihn bis 1964 ausstellen.
Das höchste Gewicht für ein acht Wochen altes Ferkel hatte mit 36,7 kg ein Eber, eines von neun Geschwistern, die am 6. Juli 1962 von der Prachtsau *Manorport Ballerina 53* (alias *Mary*) auf der Kettle Lane Farm, West Ashton, Wiltshire (GB), geworfen wurden. Der Vater hieß *Johnny*.
Das durchschnittliche Geburtsgewicht für ein Ferkel ist 1,36 kg. Eine aus Hampshire und Yorkshire gekreuzte Sau (Besitzer: Reverend John Schroeder aus Mountain Grove, Missouri, USA) brachte am 26. August 1979 einen Wurf von 18 Ferkeln zur Welt. Fünf von ihnen waren Totgeburten, darunter ein männliches Ferkel mit einem Gewicht von 2,38 kg.
Die kleinste Schweinerasse ist das Mini Maialino, in zehnjährigen Zuchtversuchen mit vietnamesischen Hängebauchschweinen von Stefano Morini aus St. Golo d'Enza (Italien) gezüchtet. Die Ferkel wiegen bei der Geburt 400 g und ausgewachsen 9 kg.

VIEHPREISE

Anmerkung: Manche außergewöhnlich hohe Preise, die bei Versteigerungen erzielt werden, können unter Umständen auch auf Abmachungen zwischen Käufer und Verkäufer zurückzuführen sein, um die Preise für eine bestimmte Zucht zu erhöhen.

Stier: Der höchste Preis, der jemals für einen Stier bezahlt wurde, betrug 2,5 Mio. Dollar (damals 6,5 Mio. DM) für den Beefalo (eine Kreuzung aus Büffel, Charolais- und Hereford-Rind), der am 9. September 1974 von D. S. Basalo aus Burlingname, Kalifornien (USA), an die Beefalo Cattle Co. in Calgary, Alberta (Kanada), verkauft wurde.
Ein 14 Monate alter kanadischer Holstein-Stier, *Pickland Elevation B. ET*, wurde in Stamfordham (GB) für 233 000 Pfund (692 010 DM) verkauft.

Kuh: Der höchste Preis für eine Kuh war 1,3 Mio. Dollar (damals 4 Mio. DM) bei einer Auktion in East Montpelier, Vermont (USA), im Jahr 1985 für eine Holstein-Kuh.

Ziege: Für 140 000 neuseeländische Dollar wurde am 25. Januar 1985 ein Angoraziegenbock verkauft. Die Firma Elliott Brown in Waipu (Neuseeland) erwarb das kostbare Zuchttier von der Firma Waitangi Angoras in Waitangi.

Schaf: Der höchste Preis, der jemals für ein Schaf bezahlt wurde, sind 450 000 Australische Pfund für den Collinsville-Schafbock *JC&S43*, den Willogoleche Pty Ltd. 1989 bei der Schafbockauktion in Adelaide (Australien) ersteigerten. Der höchste jemals bezahlte Preis sind

Vom Feld auf den Tisch: Die schnellste Zeit für die Herstellung von 13 Brotlaiben aus Weizen vom Feld beträgt 23:49 Min. Am 16. August 1990 wurde sie in St. Osyth (GB) vom Tendring Hundred Farmer's Club und Bäckern von Read Woodrow Ltd. erreicht.

3008,50 australische Dollar (4182 DM) pro kg ungewaschener Wolle für einen Ballen tasmanischer Spitzenqualität bei der Wollauktion in Tasmanien (Australien) am 23. Februar 1989. Käufer war die japanische Firma Fujii Keori aus Osaka – seit 1973 stets höchster Bieter.

Schwein: Der höchste Preis für ein Schwein war 56000 Dollar (173000 DM) für einen verschnittenen Eber namens *Bud*, den Besitzer Jeffrey Roemisch aus Hermleigh, Texas (USA), am 5. März 1985 an E. A. ›Bud‹ Olson und Phil Bonzio verkaufte.

Pferd: Der Höchstpreis von 47500 Dollar (rund 200000 DM) für ein Zugpferd – also nicht etwa für ein Reit- oder Sportpferd – wurde für den siebenjährigen belgischen Hengst *Farceur* am 16. Oktober 1917 von E. G. Good in Cedar Falls, Iowa (USA), gezahlt.
Ein walisischer Bergpony-Hengst, *Coed Cock Bari*, wurde im September 1978 für umgerechnet 100000 DM in Wales an einen australischen Bauunternehmer verkauft.

Esel: Den wohl niedrigsten Preis, der jemals für Vieh erzielt wurde, bezahlte man bei einer Auktion in Kuruman (Südafrika) im Jahr 1934, wo Hunderte von Eseln für zwei Pence (damals etwa 40 Pfennig) verkauft wurden.

FRUCHTBARKEITS-REKORDE

Kuh: Am 25. April 1964 wurde aus Moghilew (UdSSR) gemeldet, daß eine Kuh namens *Ljubik* sieben Kälber geworfen habe.
Ein Fall von fünf Kälbern bei einer Geburt wurde 1928 von T. G. Yarwood in Manchester (GB) gemeldet.
Fünffaches Glück im Kuhstall erlebte auch der landwirtschaftliche Betrieb Edgar Göbel in Ebertshausen (Schweinfurt). Ausgerechnet am Freitag, 13. Mai 1983, warf die dreijährige Kuh *Noris* ein Stierkalb und vier Kuhkälber (Zuchtverband gelbes Frankenvieh).

Bulle: Ein dänischer schwarzweißer Bulle namens *Soender Jylland's Jens* hinterließ durch künstliche Besamung 220000 Nachkommen, als er im September 1978 in Kopenhagen im Alter von elf Jahren eingeschläfert wurde.

Schwein: Die höchste bisher verzeichnete Zahl von Ferkeln bei einem Wurf ist 34. Sie wurden am 25./26. Juni 1961 von einer Sau im Besitz des Aksel Egedee in Dänemark geworfen.
Die Sau *Gertie*, Besitzer: John Caley in Selby (GB), hatte in weniger als 12 Monaten (vom 18. Juli 1982 bis 20. Mai 1983) drei Würfe mit 19, 19 und 23 Ferkeln, von denen insgesamt 55 lebend geboren wurden.
»Im hohen Schweinealter von 13½ Jahren hat die Hybridsau *Ilse* in der Genossenschaft Niederzimmern im Landkreis Weimar (Thüringen) das Zeitliche gesegnet«, berichtete ADN im Dezember 1989. Ilse hat 307 Ferkel in 25 Würfen zur Welt gebracht, von denen sie 218 aufzog. Ihr Rekordwurf waren 16 lebend geborene Ferkel am 17. September 1984. In ihrem besten Alter hat die Rekordsau 300 kg auf die Waage gebracht.

Schaf: Ein Fall von acht Lämmern bei einem Wurf wurde im Juni 1956 von D. T. Jones von der Priory Farm, Gwent, Wales (GB), und im März 1981 von Ken Towse aus Buckton/Bridlington gemeldet, doch konnte keines der acht Tiere länger als 24 Std. überleben.
Ein Border Leicester-Merino im Besitz von Roger Saunders brachte am 19. Juni 1984 in Strathdownie (Australien) vier Böcke und drei Schafe lebend zur Welt.
Das Herdbuch von H. Poole aus Wexford (Irland) erwähnt ein Schaf, das 26 Jahre alt wurde.
Fälle von Sechslings-Lämmern werden immer wieder registriert.
Das Romanov-Schaf *Oma* (fünf Jahre) brachte 1987 zweimal Fünflinge binnen Jahresfrist auf die Welt. Das Mutterschaf aus der Herde auf dem Hof von Fritz Boltersdorf im Eifeldorf Herschbach gebar Fünflinge zu Ostern und bescherte dem Hobby-Schafhalter auch fünf Weihnachtslämmer.

Eierlegen: Die höchste verbürgte Eierlegquote wurde von einer weißen Leghornhenne, *Nr. 2988*, am Landwirtschaftscollege der Universität von Missouri (USA) erreicht. In einem offiziellen Test über 364 Tage, endend am 29. August 1979 und geleitet von Professor Harold V. Biellier, legte sie 371 Eier.
Der Jahresrekord für eine »Hühnerherde« von 1000 Hennen sind durchschnittlich 313 Eier pro Huhn in 52 Wochen, erzielt 1974/75 auf der White Lane Farm in Albury (GB).
Das schwerste bekannte Hühnerei wog 454 g, hatte ein doppeltes Dotter und eine doppelte Schale und wurde in Vineland, New Jersey (USA), am 25. Februar 1956 von einer Leghornhenne gelegt. Das größte Hühnerei, von dem bisher berichtet wurde, hatte fünf Dotter, einen

Joseph Langcake pflügte in kürzester Zeit einen Acre um.

Nur 1:23 Min. benötigte Harro Steen zur Schur dieses Schafes.

Umfang von 31 cm um die Längsachse und 22,8 cm um die Querachse und wurde 1896 auf dem Stafford-Bauernhof in Damstead Mellor, Lancashire (GB), gelegt.
Ein Ei mit den Maßen 20,5 mm × 15,5 mm wurde am 15. Januar 1991 von einer Henne gelegt, die sich im Besitz von David Chippenham, Wiltshire (GB), befindet.
Die größte Anzahl von Dottern in einem Hühnerei ist neun. Sie wurde von Diane Hainsworth von den Hainsworth Poultry Farms, Mount Morris, New York (USA), im Juli 1971 gemeldet. Das wurde im August 1977 auch von einem Huhn aus Kirgisien (UdSSR) berichtet.
Eine Aylesbury-Ente im Besitz von Annette und Angela Butler in Princes Risborough (GB) hat bis zu ihrem Tod am 7. Februar 1986 in 463 Tagen 457 Eier gelegt. An 375 Tagen hintereinander lieferte sie täglich ein Ei.

Das größte Gänseei brachte die weiße Gans *Speckle,* Eigentum von Donny Brandenberg, Goshen, Ohio (USA), hervor. Sie legte am 3. Mai 1977 ein Ei, das 680 g wog und dessen Längs- und Querumfang 34 bzw. 24 cm betrug.

Milch und Butter: Den Rekordertrag für eine Laktation (365 Tage) lieferte mit 25 247 l die schwarzweiße holsteinische Kuh *Beecher Arlinda Ellen* aus Rochester, Indiana (USA), 1975.
Die größte Milchmenge, die eine Kuh im Laufe ihres Lebens gab, wird der wenig attraktiv benannten Kuh *Nr. 289* im Besitz von M. G. Maciel & Son aus Hanford, Kalifornien (USA), zugeschrieben, die 211 025 l Milch bis zum 1. Mai 1984 lieferte.

Der Jahresrekord für Ziegenmilch liegt bei 3499 l, geliefert 1977 von *Osory Snow-Goose* im Besitz des Ehepaars Jameson in Leppington (Australien). *Schneeball*, eine Ziege im Besitz von Don Papin in Tipton, Kalifornien (USA), hat von 1977 bis 89 zwölf Jahre und zehn Monate ununterbrochen Milch gegeben.

Der Weltrekord für die Erzeugung von Butterfett wird von der Holstein-Kuh *Breezewood Patsy Bar Pontiac,* gehalten, die in 3979 Tagen 7425 kg Butterfett produzierte. Ihr 365-Tage-Rekord wurde am 8. Oktober 1976 mit 1011 kg registriert.

Die ältesten und einfachsten Käse sind die arabischen *Kishk*, die aus getrocknetem Ziegenmilchquark hergestellt werden.
Gegenwärtig gibt es 450 benannte Käsearten von 18 Hauptsorten, doch unterscheiden sich viele nur in der Form oder der Verpackung.

ARBEITSREKORDE

Hopfenernte in Rekordzeit: Der in Berlin Musik studierende Pfaffenhofener Harald Wermund (* 1965) stellte im Hopfengarten des Bauern Huber vom Franz-Hof in Loipertshausen einen typisch bayrischen Rekord auf: Er schnitt in der Rekordzeit von 34,9 Sek. exakt 100 Hopfenreben, das ergibt einen Schnitt von 2,8 Reben des »Grünen Goldes« pro Sek.

Huhn- und Truthahnrupfen: Ernest Hausen (1877–1955) aus Fort Atkinson, Wisconsin (USA), war bei seinem Tod 33 Jahre lang der ungeschlagene Champion. Am 19. Januar 1939 wurde seine Bestzeit mit 4,4 Sek. gestoppt.

Kartoffelschälen: Die größte Menge Kartoffeln, von einem fünfköpfigen Team mit Standardküchenmessern in 45 Min. kochfertig geschält, war 376,8 kg am 15. September 1990 in Emmeloord (Niederlande). Die Schälerinnen waren Lia Sombroek, Marlene Guiamo, Ria Grol, Yvonne Renting und Nguyet Nguyen.
Der Niederländer Nico Dijkhuysen schaffte einen Einzelrekord: In drei Tagen hatte er 2300 kg Kartoffeln geschält.

Im Spargelschälen stellte Küchenchef Emerich Krems im Restaurant Marchfelderhof in Deutsch-Wagram (Österreich) einen neuen Rekord auf: Am 23. April 1989 schaffte er es, 30 Pfund frischen Spargel mit einem normalen Küchenmesser in nur 11:47 Min. zu schälen.

Im Melken stellte Andy Faust (nomen est omen!) im Jahr 1937 in Collinsville, Oklahoma (USA), einen Rekord auf, als es ihm gelang, innerhalb von 12 Std. 455 l Milch zu melken – selbstverständlich ohne Verwendung einer Melkmaschine.

Einen Melkrekord schaffte auch der österreichische Melkmeister Heinrich Cap (* 1929) aus Mistelbach. Bei der Praktischen Prüfung im Melklehrer-Ausbildungslehrgang an der Bayerischen Landesanstalt für Tierzucht in Grub erreichte er im Jahr 1958 in 25 Min. eine Melkleistung von 30,3 l. Das entspricht einer gesamten Milchmenge von 72 l pro Stunde.

Weltmeisterschaften im Pflügen wurden 1953 erstmals ausgeschrieben, bisher in 18 Ländern abgehalten und von Pflügern aus zwölf Ländern gewonnen. Dabei war Großbritannien mit zehn Siegen am erfolgreichsten. Der einzige Teilnehmer mit drei Siegen war bisher Hugh Barr aus Nordirland: er siegte 1954, 55 und 56.

Marathon-Pflügen: In die von den Engländern beherrschte Domäne der Rekorde im Dauerpflügen ist der Linkenheimer Hobbylandwirt Edgar Heyl (* 1960) eingebrochen. Um fast 50 Std. hatte er am 22. November 1990 den Briten Frank Allinson geschlagen, als er um 20 Uhr 01 die letzte Furche über den Acker auf Eggensteiner Gemarkung bei Karlsruhe (Baden-Württemberg) gezogen hatte. Mit 300:01 Std. hatte sich der Berufskraftfahrer mit einem Dreischarpflug, gezogen von einem 107 PS starken Traktor, den neuen Rekord im Dauerpflügen geholt.

Die kürzeste Zeit für das Pflügen einer Fläche von einem Acre (0,404 ha; mindestens 32 Rechtskehren und 22 cm Tiefe) nach den Regeln der britischen Society of Ploughmen ist 9:49,88 Min., am 21. Oktober 1989 von Joe Langcake in Brougham (GB) aufgestellt. Er setzte einen Traktor *Case IH 7140 Magnum* und einen *Kverneland*-Pflug mit 4 Pflugscharen ein.

Die größte, in 24 Std. gepflügte Fläche – mit einem Sechsscharpflug in einer Furchentiefe von 9 Zoll (22,86 cm) gepflügt, ist 70 ha. Am 25./26. September 1990 stellten Richard Gaisford und Peter Gooding von Wiltshire Young Farmers den Rekord unter Einsatz eines Traktors *Case IH* und eines *Lemken*-Pflugs in Pewsey (GB) auf.

Im Schafscheren hält John Fagan, der am 8. Dezember 1980 auf der Hautora Farm in Pio Pio (Neuseeland) in 9 Std. 804 Lämmer maschinell schor – durchschnittlich 89,3 Tiere pro Std.! – den Schnelligkeitsrekord.
Für das Schafscheren mit der Hand betrug der Rekord seit 1899 350 Tiere innerhalb von 9 Std.; doch am 13. Februar 1976 wurde Peter Casserly aus Christchurch (Neuseeland) innerhalb von 9 Std. mit 353 Lämmern fertig.
Ein Weißkopfschaf schor Harro Steen (* 1958) aus Lieth (Schleswig-Holstein) in Rekordzeit von 1:23 Min. am 26. Mai 1991 bei einer Schafschur in Eckhorst.

Seinen Spinn-Rekord hat der Pensionär Max Edlinger (* 1922) aus Vorchdorf (Oberösterreich) um fünf Std. auf 55 Std. vom 19. bis 21. Juli 1985 erhöht. An seinem Spinnrad wurden ca. 2 kg hochwertige Milchschafwolle zu einer Gesamtfadenlänge von 10 000 m versponnen. In 1000 Arbeitsstunden, aufgeteilt auf 8 Monate zwischen November 1987 und Juni 1988, wurden von Max Edlinger ca. 21 kg Milchschafwolle zu 100 km (100 000 m) Faden versponnen und auf 150 Knäuel präsentiert.
Einen weiteren Rekord stellte er am 1. Juli 1989 auf: Es gelang ihm, einen 152,6 m langen Schafwollfaden zu spinnen, ohne daß dieser abriß. ■

KUNST, MEDIEN, UNTERHALTUNG

Das Ballett des DFF existiert seit 1962. Es wurde in großen Shows eingesetzt, auch von Fernsehstationen des Auslands engagiert

MALEREI

Anfänge: Die ersten Belege für paläolithische (altsteinzeitliche) Kunst hat der Schweizer François Mayor (1779–1854) im Jahr 1833 bei Veyrier entdeckt, 5 km südwestlich von Genf. Es waren zwei harpunenähnliche Gebilde, die mit geometrischen Zeichen geschmückt sind. Die ältesten bestimmbaren Beispiele für diese Kunst wurden bei La Ferrassie in der französischen Landschaft Périgord gefunden. Entstanden sind sie etwa 25000 v. Chr. Die paläolithischen Künstler hatten Tiere und weibliche Symbole in Steinblöcke geritzt; auf einige Blöcke waren auch Symbole mit rotem Ocker gemalt. Ockerstücke mit Facetten-Grundierung, die am Mungosee im australischen Bundesstaat Neusüdwales gefunden wurden, sind wahrscheinlich sogar schon vor 30000 v. Chr. benutzt worden – ob zur Körperbemalung oder als Kunst, ist allerdings nicht geklärt.

Das größte Gemälde aller Zeiten wurde am 10. Mai 1990 in der Universität von Neuengland in Armidale, Neu-Süd-Wales (Australien), enthüllt. Es zeigt auf 6727,56 m^2 gekrumpfter Leinwand leuchtendbunte Quadrate, die von einem lächelnden Gesicht überlagert werden. An dem Riesenbild, das der australische Künstler Ken Done entworfen und vollendet hat, haben Schüler und Studenten vom Robb College aus Armidale und einigen Nachbarorten gemalt.

Ein größeres, nur noch teilweise existierendes Gemälde ist *Die Schlacht von Gettysburg*, das von dem Franzosen Paul Philippoteaux und 16 Assistenten nach zweieinhalbjähriger Arbeit 1883 fertiggestellt wurde. Das Bild war 125 m breit, 21,3 m hoch und wog 5,45 t. Es stellt den Höhepunkt der Schlacht von Gettysburg im Süden von Pennsylvania am 3. Juli 1863 dar. Es wurde 1964 von Joe King aus North Carolina (USA) erworben, nachdem E. W. McConnell es seit dem Jahr 1933 in einem Lagerhaus in Chikago aufbewahrt hatte.
Insgesamt 1022 m^2 groß ist das Gemälde *Das Leben Christi* von Jackson Bailey, das im Amerikanischen Institut für religiöse Kunst in Atlanta (Georgia) ausgestellt ist. Es wurde 1971 abgeschlossen und setzt sich aus 50 jeweils 3,35 × 6,09 m großen vielfarbigen Tafeln zusammen.

Mehr als 800 verschiedene Tiere hat der Japaner Kimiko Hibino (* 1942) auf eine 3 km lange und 2,2 m hohe Leinwand gemalt. Das Riesengemälde, am 27. Oktober 1985 fertiggestellt, wurde unter Mitarbeit von 3000 freiwilligen Helfern in Tokio der Öffentlichkeit am Ufer des Flusses Tamagawa präsentiert.

Das den Ausmaßen nach größte Gemälde eines »alten Meisters« ist *Il Paradiso* (Das Paradies), das Jacopo Robusti alias Tintoretto (1518–94) und sein Sohn Domenico (1565 bis 1637) zwischen 1587 und 1590 auf die mit Leinwand bespannte Ostwand des Saals des Großen Rates im Dogenpalast von Venedig gemalt haben. Das Werk ist 22 m breit und 7 m hoch; es zeigt etwa 350 menschliche Figuren.

Das größte Ölgemälde Deutschlands ist ein historisches Monumentalbild: ein Bauernkriegspanorama. Es füllt die Rotunde der Bauernkriegs-Gedenkstätte oberhalb des thüringischen Bad Frankenhausen. Auf einer riesigen Malfläche von 1722 m^2, von 123 m Länge bei einer Höhe von 14 m, entstand hier das *Panorama Bad Frankenhausen* mit über 3000 Figuren. Gewidmet ist es dem deutschen Bauernkrieg und Thomas Müntzer. 1974/75 hatte der Leipziger Maler-Professor Werner Tübke (* 1929) mit den Vorarbeiten begonnen, 17 Gemälde, 146 Zeichnungen, 26 Lithographien entstanden zunächst, von 1979 bis 81 malte er die Entwurfsfassung, die dann in Konturen auf die in 900 Quadrate zerlegte Riesenleinwand projiziert wurde. Ab August 1983 begann Tübke mit der Ausmalung, am 13. November 1987 signierte er sein Riesenwerk. Am 19. September 1989 wurde das Panorama zum Müntzer-Jubiläum übergeben. Die Kosten für die gesamte Anlage betragen 51,5 Mio. Mark.

Das größte Bild in Österreich ist ebenfalls ein Panoramagemälde: *Die Andreas-Hofer-Schlacht am Berg Isel 1809.* Es befindet sich heute in einem Bauwerk in Innsbruck (Tirol). Gemalt wurde es 1896 von Zeno Diemer. Es ist 100 m lang, 10 m hoch und hat ein Gewicht von 3600 kg.

Das größte Bild der Schweiz, ebenfalls ein Panorama der *Kreuzigung Christi*, ist in Einsiedeln, Kanton Schwyz, zu sehen. Es wurde 1893 von dem Münchner Maler Frosch, dem Salzburger Krieger und dem Amerikaner Leigh (Baltimore) gemalt. 1960 ist es abgebrannt, wurde

aber 1962 von den Wiener Malern Wulz und Fastl restauriert. Auch dieses Kolossalbild ist 100 m lang und 10 m hoch.
In dieser Rubrik werden nur die flächenmäßig größten Bilder auf Leinwand aufgeführt.

Mini-Bilder: Kleinst-Künstler Walter Kleinschmidt (*1917) aus Dortmund malte unter dem Mikroskop mit einem selbstgefertigten Pinsel aus zwei Haaren das Profil Friedrich Schillers wie das von Papst Johannes Paul II. auf einen Nagelkopf von 1 mm Durchmesser.
Der Nürnberger Hobby- und Miniaturmaler Georg Spieler (*1927) malt mit einem Marderhaarpinsel Stecknadelkopf-Bilder in Öl. Die Porträts der Clowns Grock, Rivel und Popov haben einen Durchmesser von 1,5 mm; ein Frauenkopf auf Leinwand hat eine Größe von 0,9 × 1,2 mm.

Aquarelle verschiedenster Art malt der Rentner Hans Rings (*1918) aus Bonn seit 1954: Mit nur zwei oder drei Pinselhaaren zeichnet er komplette Bilder auf die Köpfe von Nägeln. Inzwischen umfaßt seine Galerie etwa 100 Bilder. Dem Betrachter wird geraten, eine Lupe zu benutzen.

Als wertvollstes Gemälde der Welt gilt die *Mona Lisa (La Gioconda)* von Leonardo da Vinci (1452–1519) im Louvre in Paris. Sie wurde für eine Versicherung auf die Höchstsumme von 100 Mio. Dollar (damals etwa 400 Mio. DM) geschätzt, als das Bild vom 14. Dezember 1962 bis 12. März 1963 in Washington und New York (USA) ausgestellt war. Es wurde jedoch keine Versicherung abgeschlossen, da die Kosten selbst für die strengsten Sicherheitsvorkehrungen niedriger waren als die Versicherungsprämie. Das Bild entstand um 1503–07 und mißt 77 × 53 cm; es soll Mona (Kurzwort für Madonna) Lisa Gherardini darstellen, die Ehefrau des Florentiners Francesco del Giocondo, oder aber Constanza d'Avalos (La Gioconda genannt), die Mätresse Giulianos de Medici. König Franz I. von Frankreich (1494–1547) erwarb das Gemälde 1517 für sein Badezimmer und bezahlte 4000 Goldgulden dafür bzw. 15,3 kg Gold. Dr. Pulitzer behauptet, das Leonardo-Bild im Louvre stelle Constanza dar. Die richtige, die wahre Mona Lisa sei zunächst in Florenz von William Blaker und später von seiner Schweizer Niederlassung in London erworben worden.

HÖCHSTPREISE

Teuerstes Gemälde der Welt ist das *Porträt des Dr. Gachet* von Vincent van Gogh, das am 15. Mai 1990 bei Christie's in New York innerhalb von drei Minuten den Besitzer wechselte – für 82,5 Mio. Dollar oder rund 135,3 Mio. DM (einschließlich Provision für das Auktionshaus). Das Bild zeigt van Goghs Arzt, der Künstler hatte es wenige Wochen vor seinem Selbstmord im Jahr 1890 vollendet. Neuer Besitzer des Porträts ist Ryoei Saito, Japans zweitgrößter Papierhersteller.
Schon vor diesem Rekordhandel hatte ein van Gogh die Kunstpreisliste angeführt: *Schwertlilien*, oft auch *Irisblüten* genannt, war 1987 im New Yorker Auktionshaus Sotheby's dem australischen Magnaten Alan Bond 53,9 Mio. Dollar (damals 91,6 Mio. DM) wert. Davon sollen ihm 27 Mio. Dollar als Kredit eingeräumt worden sein, eine Praktik, die das Auktionshaus inzwischen revidierte. Nach dem Zusammenbruch seines Imperiums (1989) war Bond gezwungen, sich von den *Schwertlilien* zu trennen; im April 1990 wurden sie an das Getty-Museum weiterverkauft.

Einen Spitzenpreis im privaten Kunsthandel, die Summe wurde jedoch nie bekannt, erzielte das Gemälde *Abschied Christi von Maria* des Regensburger Malers Albrecht Altdorfer (um 1480–1538). Den Wert des Bildes schätzte Christie's auf rund 6 Mio. Pfund Sterling (damals 25,26 Mio. DM). Die National Gallery in London erwarb es im November 1980 von den Treuhändern der Sammlung Wernher, Luton Hoo (GB).

Den Rekordpreis für ein Gemälde des 20. Jahrhunderts erzielte das Selbstbildnis *Yo Picasso* von 1901. Am 9. Mai 1989 wechselte im New Yorker Auktionshaus Sotheby's das Porträt des damals 20jährigen Künstlers für 47,85 Mio. Dollar (91,7 Mio. DM) den Eigentümer. Die in Louisville, Kentucky (USA), residierende Krankenhausgesellschaft Humana erwarb den Rekord-Picasso per Telefongebot.

Teuerstes Miniaturbild ist bisher ein 54 mm hohes Porträt von George Washington, das der irisch-amerikanische Miniaturmaler John Ramage (ca. 1748–1802) im Jahr 1789 geschaffen hatte. Die New Yorker Galerie Alexander bezahlte dafür am 7. November 1988 bei Christie's in London 352000 Pfund (damals etwa 1,1 Mio. DM).

Den höchsten Auktionspreis für eine Druckgrafik erzielte das Rembrandt-Blatt *Christus zeigt sich dem Volk* aus dem Jahr 1655: Es wechselte am 5. Dezember 1985 bei Christie's in London für 561600 Pfund (ca. 2,13 Mio. DM) den Besitzer. Angeboten worden war das Grafikblatt von der Treuhandgesellschaft Chatsworth Settlement.

Den Höchstpreis für eine Zeichnung erzielte mit 8,36 Mio. Dollar (etwa 14,2 Mio. DM) *Gartenblumen* von Vincent van Gogh. Die 1888 im französischen Arles entstandene Feder- und Tuschezeichnung wurde am 14. November 1990 bei Christie's in New York von einem anonymen Käufer erworben.

Teuerstes Auktions-Bild eines lebenden Malers ist mit 20,68 Mio. Dollar (etwa 36,2 Mio. DM) *Interchange,* ein abstraktes Werk des 1904 im niederländischen Rotterdam geborenen Amerikaners Willem de Kooning. Das 1955 entstandene Gemälde hat ein japanischer Sammler am 8. November 1989 bei Sotheby's in New York ersteigert.

Der höchste Preis, der je in einer deutschen Nachkriegs-Auktion gezahlt wurde, beträgt 2,1 Mio. DM. Soviel erzielte das teuerste Lyonel Feininger-Gemälde *Raddampfer III* im Berliner Auktionshaus Villa Grisebach am 25. November 1988. Das futuristische Marinebild (1928 entstanden) stammt aus einer Schweizer Privatsammlung und wurde nach New York verkauft.

Der Spitzenpreis für das Gemälde eines österreichischen Künstlers betrug 3 Mio. öS (ca. 430000 DM). Diese Summe wurde im November 1979 für ein Genrebild des Malers Ferdinand Georg Waldmüller (1793–1865) bezahlt.

Der Höchstpreis, der bisher für ein Poster bezahlt wurde, betrug 62000 Pfund (236034 DM). Für diese Summe wechselte am 1. April 1985 bei Christie's in London das von Koloman Moser (1868–1918) entworfene Ausstellungsplakat für die Wiener Messe im Jahr 1902 den Besitzer.

DIE PRODUKTIVSTEN MALER

Der produktivste aller Maler war Pablo Picasso (1881–1973). Man schätzt, daß er im Verlauf seiner 78 Jahre langen Karriere ungefähr 13500 Gemälde und Zeichnungen schuf, 100000 Lithographien, Radierungen und Stiche, 34000 Buchillustrationen und 300 Skulpturen und Keramiken anfertigte. Der Wert seines Lebenswerks wird auf 500 Mio. Pfund, also etwa

Die längste Open-Air-Galerie der Welt wurde am 28. September 1990 an der Mühlenstraße zwischen Hauptbahnhof und Oberbaumbrücke in Berlin eröffnet. An der East Side Gallery des 1,3 km langen Mauerstücks beteiligten sich 90 Künstler aus aller Welt.

1,485 Mrd. DM nach heutigem Wert, geschätzt. Im Frühjahr und Sommer 1980 fand im New Yorker Museum of Modern Art die größte Picasso-Ausstellung des Jahrhunderts statt. Mehr als tausend Werke waren zu sehen. Nach dieser Ausstellung ging Picassos Antikriegsbild *Guernica* für immer nach Spanien.

Der jüngste Maler, der je in einer bekannten Galerie ausgestellt hat, war Lewis Melville (Gino) Lyons (* 1962). Gino war drei Jahre alt, als er sein Bild *Bäume und Affen* gemalt hat. 1967 wurde es in der jährlichen Sommerschau der Royal Academy of Arts in London gezeigt.

MAXIKUNSTWERKE

Das größte Wandgemälde der Welt schmückt das 23 Stockwerke hohe Vegas World Hotel in Las Vegas, Nevada (USA). Es erstreckt sich über eine Fläche von 8866,56 m^2.

Das längste Wandgemälde erstreckt sich über 497,7 m und ziert das Königliche Kinderhospital in Liverpool (GB). Fläche: 1668,7 m^2.

Das größte Poster der Welt haben 30000 Einwohner der japanischen Stadt Miyazaki zum Himuka-no-Saiten-Fest 1990 gestaltet. Es war 250 × 50 m (12500 m^2) groß und schmückte das Ufer des Flusses Oyodo.

Das größte Pflasterbild der Welt malten 8000 Kinder am 2. Juli 1989 durch die Hamburger Innenstadt über acht Hamburger Brücken. Das 8000 m lange und 80 cm breite Bild in Form einer riesigen »8« entstand zum 800. Hafengeburtstag der Hansestadt. Wolfgang E. Buss war Organisator dieser größten Kinderveranstaltung, die je in Hamburg stattfand.

Das größte Kinderbild malten 12285 österreichische Ferienkinder im Alter von drei bis 18 Jahren auf einer 60 cm breiten und 11117 m langen Papierrolle in der Zeit vom 26. Juli bis 6. September 1988. In 69 Tagen wurde das 800,5 kg schwere Bild in 36 Gemeinden mit 780 l Farbe bemalt und fertiggestellt. Auf seiner Reise durch Österreich legte das 6670,2 m^2 große Kunstwerk ca. 9500 km zurück.

Das größte mit Zahnpasta auf Leinwand gemalte Bild entstand 1989 in Zorneding bei München. Manuel Gollek, ein 30jähriger Absolvent der Münchner Kunstakademie, hat für das 250 × 140 cm große Delphin-Bild mit dem Titel *Can't beat the feeling* 5 kg Zahncreme vermalt.

Der größte Comic-Strip entstand mit 577,5 m^2 (385 m lang, 1,5 m hoch) an einem Bauzaun im Hürth-Park-Einkaufszentrum bei Köln. Nach 28 Arbeitstagen konnten vier Kölner Hobbyzeichner Farbe und Pinsel am 26. März 1986 wegräumen: 84 Bilder erzählen die Erlebnisse zwischen Bauherrn und Handwerkern.

Das größte Mosaik befindet sich an den Außenmauern der Zentralbibliothek der Universität in Mexico City (Mexiko). Es handelt sich um vier Wände, von denen die beiden größten 1203 m^2 groß sind. Sie stellen die vorspanische Geschichte Mexikos dar. Der mexikanische Künstler Diego Rivera schuf dieses Kunstwerk.

Das größte Mosaik in Deutschland bedeckt die Südwand des Wilhelm-Hack-Museums in Ludwigshafen. Auf einer Breite von 55 m und einer Höhe von 10 m wurde es im Frühjahr 1980 von Joan Miró und Juon Gardy-Artigas nach Entwürfen von Miró ausgeführt. Es ist auch das größte Mosaik Joan Mirós.

Der Fürstenzug in Dresden: Das Wandgemälde an der Außenseite des Langen Ganges, der das Johanneum mit dem Georgentor des Schlosses verbindet, entstand 1870–76.

Eine einzigartige Darstellung aller 35 Herrscher des Hauses Wettin ist der 101 m lange **Fürstenzug** in der Dresdner Auguststraße. Anläßlich der 1000-Jahr-Feier des berühmten Fürstenhauses wurde 1870–76 das heutige Bild in Sgraffitotechnik von Wilhelm Walther geschaffen. In der Porzellanmanufaktur Meißen wurde dieses Wandbild später auf 24000 Porzellankacheln übertragen (1907) und fugenlos an der 957 m^2 großen Fläche angebracht. Dargestellt sind Herrscher des Hauses Wettin – Markgrafen, Herzöge, Kurfürsten und Könige sowie Persönlichkeiten aus Kunst und Wissenschaft.

Künftig werden in dieser Rubrik allein die der Fläche nach größten Werke aufgenommen.

MUSEEN

Das älteste Museum ist das Ashmolean-Museum in Oxford (GB), das 1679–83 erbaut wurde. Seit 1924 zeigt es eine Ausstellung historischer wissenschaftlicher Apparate.

Das größte Museum ist das Amerikanische Museum für Naturgeschichte in New York zwischen der 77. und 81. Straße, Central Park West und der Columbus Avenue. Es wurde 1869 gegründet und umfaßt 22 miteinander verbundene Gebäude. Die Museumsbauten und das angeschlossene Planetarium haben 139350 m^2 Fläche. Auf ihr sind über 30 Mio. Schauobjekte untergebracht, die jährlich von über 3 Mio. Besuchern besichtigt werden.

Den größten Museumskomplex der Welt unterhält die Smithsonian-Stiftung (USA). Ihre 14 Museen (6000 Mitarbeiter) mit über 137 Mio. Ausstellungsstücken locken jährlich rund 24 Mio. Besucher an.

Publikumsmagnet Nr. 1 unter den Museen der Welt ist das im Juli 1976 eröffnete Smithsonian's National Air and Space Museum in Washington (USA). Als am 14. April 1984 bereits 118437 Besucher durchgeschleust worden waren, mußten die Pforten des Museums vorübergehend geschlossen werden.

Der älteste für öffentliche Benutzung vorgesehene Museumsbau auf dem europäischen Kontinent ist das Fridericianum in Kassel, erbaut 1769–79. Es wurde 1943 durch Kriegseinwirkung zerstört. Nachdem der Außenbau wiederhergestellt worden ist, dient es seit dem Jahr 1955 der periodischen Ausstellung moderner Kunst, der Documenta.

Die größten Kunstgalerien sind der Winterpalast und die benachbarte Eremitage in Leningrad (UdSSR). Man muß 24 km gehen, um jede der 322 Galerien zu besichtigen, in denen drei Mio. Kunstobjekte und Stücke von archäologischem Interesse untergebracht sind.

Das reichste Museum der Welt ist das 38 Galerien umfassende J.-Paul-Getty-Museum im kalifornischen Malibu (USA). Es ist 1974 mit einem Grundetat von rund 3 Mrd. DM ausgestattet worden. Für Neuerwerbungen stehen jährlich 395,9 Mio. DM zur Verfügung.

ANTIQUITÄTEN, PREISREKORDE

Alle angegebenen Preise enthalten ein vom Käufer zu entrichtendes Aufgeld.

Ältestes Kunstauktionshaus der Welt ist das Stockholmer Auktionsverk, das am 27. Februar 1647 gegründet wurde. Christie's in London führte die erste Auktion 1766 durch.

Größtes Auktionshaus der Welt ist die Sotheby-Gruppe mit Sitz in London und New York. Die Firma hat 1744 ihre Geschäfte aufgenommen und bis 1778 hauptsächlich mit Büchern gehandelt. Den Rekordumsatz erzielte Sotheby's 1989 mit 2,9 Mrd. Dollar (5,48 Mrd. DM).

Diese Flamingo- und Raubkatzenbroschen von Cartier gehörten zu den Stücken, die am 3. April 1987 bei Sotheby's in Genf (Schweiz) auf der bisher größten Schmuckauktion angeboten worden waren.

Im Mai 1990 wechselte bei Sotheby's in New York Kunst für 360,4 Mio. Dollar (etwa 611 Mio. DM) den Besitzer – mehr ist auf einem einzigen Auktionszyklus noch nie erlöst worden.

Jugendstil: 1,78 Mio. Dollar (ca. 3,1 Mio. DM) erzielte am 2. Dezember 1989 bei Sotheby's in New York eine Stehlampe in Form von drei Lotusblüten. Teurer als diese Lampe von den Gebrüdern Daum und Louis Majorelle aus Frankreich war bisher noch keine Jugendstil-Arbeit.

Briefbeschwerer: Für einen Glas-Briefbeschwerer, nach 1850 bei Pantin, Paris, hergestellt, wurden am 2. Dezember 1983 bei Sotheby's, New York, 143 000 Dollar (358 000 DM) bezahlt.

Die teuerste Decke erzielte am 22. Oktober 1983 bei Sotheby Parke Bernet, New York, 115 500 Dollar (288 000 DM). Es handelte sich um eine handgesponnene Navajo-Churro-Serape, gefertigt ca. 1852.

Der teuerste Fingerhut der Welt wurde am 3. Dezember 1979 für 8000 Pfund Sterling (34 400 DM) bei einer Auktion in Genf (Schweiz) an den Londoner Händler Winifred Williams verkauft; es handelte sich um einen Meißner Porzellan-Fingerhut in Form eines Zahns, der um 1740 hergestellt worden war.

Flaschen: 26 400 Dollar (ca. 46 000 DM) brachte am 7. Oktober 1989 eine kobaltblaue Tintenflasche der Galerie Robert W. Skinner in Bolton, Massachusetts (USA), ein. Die Tintenflasche war zwischen 1855 und 1865 von der Glashütte Isabella in New Jersey hergestellt worden.

Glas: Den höchsten Auktionspreis erzielte ein römischer Netzglas-Becher, der um 300 n. Chr. hergestellt wurde und bei einem Durchmesser von 17,78 cm eine Höhe von 10,16 cm aufweist. Am 4. Juni 1979 wurde er bei Sotheby's, London, für 520 000 Pfund (2,2 Mio. DM) an Robin Symes verkauft.

Goldartikel: Der höchste Preis für einen aus Gold gefertigten Gegenstand ist 950 400 Pfund (3,637 Mio. DM) für ein 22karätiges Taufbekken, 1797 von Paul Storr nach dem Entwurf von Humphrey Repton geschaffen. Es wurde von Lady Anne Cavendish-Bentinck zum Verkauf angeboten und am 11. Juli 1985 bei Christie's von Armitage of London erworben.

Den teuersten Hut erwarb das Alaska State Museum für 66 000 Dollar (160 000 DM) im November 1981 bei einer Auktion in New York. Bei dem wertvollen Kopfputz handelt es sich um einen zeremoniellen Tlingit-Kiksadi(Indianerstamm in Alaska)-Froschhelm, der auf ca. 1600 datiert wird.

Der höchste Auktionspreis für eine Ikone wurde am 17. April 1980 für *Das Jüngste Gericht* (aus der Sammlung von George R. Hann, Pittsburgh, USA) erzielt. Die in Nowgorod gefertigte Ikone wurde bei Christie's, New York, für 150 000 Dollar (330 000 DM) versteigert.

Teuerstes Jadestück war eine rubin- und diamantbesetzte Halskette, die am 12. Mai 1988 bei Christie's in Genf (Schweiz) für 2 042 857 Dollar (ca. 3,39 Mio. DM) versteigert wurde.

Keramik: 3,74 Mio. Pfund (ca. 10,85 Mio. DM) war am 12. Dezember 1989 bei Sotheby's in London einem japanischen Händler ein Keramik-Pferd aus der chinesischen Tang-Dynastie (681–907) wert, das vom Pensionsfonds der britischen Eisenbahn angeboten worden war. Beinahe hätten Diebe die Rekord-Versteigerung vereitelt: Das Tang-Pferd war am 14. November 1989 aus einem Warenhaus in Hongkong gestohlen worden, wurde aber am 2. Dezember, also noch rechtzeitig vor der Auktion, wieder entdeckt.

Löffel: Ein Löffel der »Wiener Werkstätte«, um 1905 von Josef Hoffmann hergestellt, wurde am 28. April 1983 bei Sotheby's, London, zu einem Höchstpreis von 17 600 Pfund (63 236 DM) verkauft.
Einen Preis von 120 000 Pfund (480 000 DM) erzielte am 24. Juni 1983 bei Christie's, London, eine Garnitur von 13 Heinrich-VIII.-Apostel-Löffeln, die bis dahin im Besitz von Lord Astor von Hever gewesen waren.

Teuerstes Möbelstück war bisher ein italienisches »Badminton-Kabinett« aus dem 18. Jh., das dem Herzog von Beaufort gehört hatte. Es wurde am 5. Juli 1990 bei Christie's in London von Barbara Piasecka Johnson aus Princeton, New Jersey (USA), für 8,58 Mio. Pfund (etwa 24,6 Mio. DM) erworben. 1,1 Mio. Pfund (ca. 3,2 Mio. DM) erbrachte am 6. Juli 1989 bei Christie's in London eine George-III.-Kommode, die um 1760 entstanden ist und John Channon zugeschrieben wird. Die Kommode ist aus Mahagoni und mit Goldbronze überzogen.

Den höchsten Preis für eine Musikbox erzielte mit 20 900 Pfund (79 500 DM) am 23. Januar 1985 bei Sotheby's, London, eine Box, die 1901 in der Schweiz für einen persischen Prinzen hergestellt worden war.

Nachttopf: Ein 935 g schwerer silberner Topf, gefertigt von David Willaume und mit einer

Gravur dem zweiten Earl of Warrington gewidmet, erzielte am 14. Juni 1984 bei Sotheby's, London, 9500 Pfund (35000 DM).

Die teuerste Puppe, die bisher auf einer Auktion den Besitzer wechselte, war eine Porzellanpuppe, die 1909 von Kammer & Reinhardt hergestellt worden ist. Die Französin Dina Vierny, die in ihrer Heimat ein Kindermuseum eröffnen will, erstand das Stück am 16. Februar 1989 bei Sotheby's in London für 90200 Pfund (294052 DM).

Der höchste Preis, der für eine Rüstung auf einer Auktion gezahlt wurde, betrug 1925000 Pfund (10,01 Mio. DM). Diese Summe zahlte B. H. Trupin (USA) am 5. Mai 1983 bei Sotheby's in London (GB) für eine Rüstung, die 1545 von Giovanni Negroli in Mailand für Heinrich II. von Frankreich angefertigt worden ist.

Der höchste Auktionspreis für ein Schmuckstück beträgt 2,825 Mio. Pfund (12,15 Mio. DM) für zwei tropfenförmige Diamant-Ohrhänger. Die beiden Stücke, 58,6 und 61 Karat schwer, wurden am 14. November 1980 bei Sotheby's, Genf, versteigert. Weder Käufer noch Verkäufer wurden bekanntgegeben.

Die größte Schmuckauktion der Welt wurde am 3. April 1987 bei Sotheby's in Genf (Schweiz) durchgeführt. Zur Versteigerung kam dabei die Sammlung der Herzogin von Windsor (1896–1986), zu deren herausragenden Stücken eine Van-Cleef-und-Arpels-Halskette mit Rubinen und Diamanten aus dem Jahr 1939 gehörte. Erlös der Auktion: 31380197 Pfund (92,9 Mio. DM).

Schnupftabakdose: Am 11. November 1986 wurden bei Christie's, Genf, 764826 Pfund (2,6 Mio. DM) von einem Londoner für eine Schnupftabakdose bezahlt, die früher einmal Friedrich dem Großen gehört hatte. Es handelt sich um eine jadegrüne Chrysopras-Dose, goldgefaßt und mit Diamanten besetzt.

Teuerste antike Schreibmaschine war bisher eine emaillierte Guhl & Harbeck aus dem Jahr 1890: Sie wechselte am 10. August 1989 bei Christie's in London für 9900 Pfund (ca. 29000 DM) den Besitzer.

Schwert: Der höchste für ein Schwert bezahlte Preis betrug umgerechnet 2,4 Mio. DM am 3. April 1987 bei Sotheby's, Genf, für ein Offiziersschwert der Königlichen Marine des Herzogs von Windsor, das ihm 1913 von König Georg V. übergeben worden war.

Silber: Für 1,485 Mio. Pfund (ca. 4,41 Mio. DM) wechselte am 22. Mai 1991 bei Christie's in London eine »Maynard«-Anrichtenschüssel des hugenottischen Silberschmieds Paul de Lamerie aus dem Jahr 1736 den Besitzer – mehr ist für ein Einzelstück aus Silber noch nie bezahlt worden. Die Dunham-Massey-Leuchter, ein Satz von sechs George-II-Wandleuchtern, die Peter Archambo 1730 in London hergestellt hatte, wurden am 3. Mai 1990 bei Sotheby's in London vom englischen Händler Armitage für 1,155 Mio. Pfund (3,31 Mio. DM) erworben.

Antike Skulptur: Eine 20 cm hohe, 6000 Jahre alte neolithische Skulptur, eine sitzende Gottheit darstellend und aus dem Besitz von James Johnson Sweeney stammend, wurde am 24. November 1986 bei einer Auktion von Sotheby's, New York, für 1,32 Mio. Dollar (3 Mio. DM) versteigert. Käuferin war Mrs. Shelby White Levy.

Spazierstock: Der höchste Auktionspreis, 24200 Dollar (100000 DM), wurde 1983 bei Sotheby Parke Bernet, New York, für einen aus Walzahn gefertigten Stock mit achteckigem Querschnitt gezahlt, der 1845 von Elfenbeinschnitzern verziert worden war.

Spielkarten: 98850 Pfund (375000 DM) wurden bei einer Auktion von Sotheby's, London, am 6. Dezember 1983 vom New Yorker Metropolitan Museum of Art für ein Kartenspiel bezahlt.

Teuerstes altes Spielzeug ist die Nachbildung einer »Charles«-Spritzenrolle, die von zwei Feuerwehrmännern gezogen wird. Das 381 × 584 mm große Stück aus Weißblech, um 1870 von George Brown & Co. in Forestville, Connecticut (USA), hergestellt, wurde Mitte 1990 von einem anonymen Europäer für 1 Mio. Dollar (1,7 Mio. DM) bei den Londoner Händlern Mint & Boxed erworben.

Teuerster Teddybär war bisher ein deutsches Steiff-Tier von 1926. Der guterhaltene zweifarbige Plüschteddy erzielte am 19. September 1989 bei Sotheby's in London 55100 Pfund (174832 DM) – für 700–900 Pfund war er angeboten worden. Ein New Yorker Sammler erwarb den 62 cm großen Teddybär-Opa.

Teppiche: 1 Mio. Dollar zahlte im Jahr 1946 bei einem Privathandel das New Yorker Metropolitan Museum für einen 807 × 414 cm großen Anhalt-Medaillon-Teppich, der um 1590 in Täbris oder Kaschan (Iran) geknüpft worden war. Den höchsten Auktionspreis erzielte ein Ludwig-XV.-Savonnerie-Teppich im Juni 1989 bei Christie's in Monaco mit 384230 Pfund (1,1 Mio. DM).

Der teuerste Wandteppich, ein mittelalterlicher Schweizer Fries (zweiteilig), angefertigt 1468–76, wurde am 10. April 1981 für 550000 Pfund (2,365 Mio. DM) bei Sotheby's, Genf, vom Basler Historischen Museum ersteigert.

Das teuerste wissenschaftliche Gerät, das bisher auf einer Auktion den Besitzer wechselte, war ein Astrolabium aus vergoldetem Messing, das der Niederländer Walter Arsenius im Jahr 1559 angefertigt hatte. Es erzielte am 29. September 1988 bei Christie's in South Kensington 385000 Pfund (ca. 1,2 Mio. DM).

Das wertvollste Zigarettenbild gehört zu einer sechs Motive umfassenden Baseball-Serie von Honus Wagner, der Nichtraucher war. Das Bild wurde am 22. März 1991 bei Sotheby's in New York für 451000 Dollar (764670,50 DM) versteigert. Käufer waren Bruce McNall, Besitzer des Eishockeyclubs Los Angeles Kings, und Team-Mitglied Wayne Gretzky, der als erfolgreichster Eishockeyspieler gilt.

BILDHAUEREI

Anfänge: Bei Pech de l'Aze in der französischen Dordogne ist 1973 eine Ochsenrippe gefunden worden, die aus der Riß-Eiszeit – ca. 105000 v. Chr. – stammt. Auf einer Seite der Rippe waren mehrere Linien eingeritzt, von denen man annimmt, daß sie dort möglicherweise bewußt eingearbeitet worden sind. Aus der Zeit um 100000 v. Chr. stammt offenbar ein bogenförmiges und mit rotem Ocker poliertes Elfenbeinplättchen, das am mittelpaläolithischen Grabungsort Tata in Ungarn gefunden wurde. Sein Alter ist nach der Thorium-Uran-Methode bestimmt worden. Zu den ältesten Beispielen der Bildhauerei zählt die Kalksteinstatuette aus der Periode des Aurignacien, die als *Venus von Willendorf* (Niederösterreich) bekannt wurde (28000–22000 v.Chr.). Um 5000 Jahre älter ist die *Tanzende Venus vom Galgenberg*. Bei Ausgrabungen in der Nähe von Krenz (Österreich) wurde im Dezember 1988 eine 7,2 cm große Frauen-Statuette aus Serpentinschiefer gefunden, deren Alter durch Radiokarbon-Messungen auf etwa 30000 Jahre festgelegt werden konnte.

Die ältesten Skulpturen sind Tierdarstellungen, die 30000–27000 v. Chr. aus Mammut-Elfenbein geschnitzt worden sind und 1931 in der Vogelherdhöhle im Lonetal auf der Schwäbi-

Eine handbemalte »Charles«-Feuerwehrspritze aus Weißblech, um 1870 hergestellt, setzte neue Maßstäbe. Mit 1 Mio. Dollar erreichte 1990 erstmals ein Spielzeug diese magische Grenze.

Dieses computervergrößerte Bild zeigt nur eine der bisher unerklärten geometrischen Bodenzeichnungen in der Nazca-Wüste von Peru: dargestellt ist ein nicht identifiziertes Tier.

schen Alb entdeckt wurden. Die nur wenige Zentimeter großen Figuren zeigen die stärksten Beutetiere – Bär, Bison, Höhlenlöwe, Mammut und Wildpferd – der prähistorischen Jäger. Die Skulpturen können in der Alten Bibliothek der Universität Tübingen besichtigt werden.

Teuerste Skulptur auf einer Auktion war die *Tänzerin von vierzehn Jahren* von Edgar Degas (1834–1917). Sie wurde am 10. Mai 1988 bei Sotheby's in New York für 10,12 Mio. Dollar (ca. 16,7 Mio. DM) von einem anonymen europäischen Bieter erworben. Die Tänzerin ist die berühmteste Bronzeplastik des Künstlers und die einzige Skulptur, die Degas zu seinen Lebzeiten ausgestellt hatte.

Den Höchstpreis für das Werk eines lebenden Bildhauers erzielte mit 1,265 Mio. Dollar (3,04 Mio. DM) am 21. Mai 1982 bei Sotheby Parke Bernet in New York die Plastik *Reclining figure* des Briten Henry Moore (1898–1986). Die Skulptur ist aus Ulmenholz und 190,5 cm lang.

Die größten Skulpturen der Welt sind die Reiterstandbilder von Jefferson Davis (1808–89), General Robert Edward Lee (1807–70) und General Thomas Jonathan Jackson (1824–63) bei Atlanta, Georgia (USA). Sie sind 27,4 m hoch und nehmen auf der Stirnseite des Stone Mountain 0,5 ha ein. Roy Faulkner hat mit Hilfe eines Spezialschweißbrenners, des Bildhauers Walter Kirtland Hancock und anderer Mitarbeiter acht Jahre und 174 Tage an den Riesenskulpturen gearbeitet – vom 12. September 1963 bis 3. März 1972.

Nach ihrer Fertigstellung wird die Skulptur eines indianischen Häuptlings **das größte Denkmal der Welt** sein: Die Skulptur des Ta-Shunca-Witko (um 1840–77), genannt Crazy Horse, vom Oglala-Stamm der Sioux-Gruppe wurde am 3. Juni 1948 in der Nähe des Mount Rushmore in South Dakota (USA) begonnen. Sie soll 1701,6 m hoch und 195 m breit werden und ist das unvollendete Lebenswerk eines einzigen Mannes – von Korczak Ziółkowski (1908–82). Die Arbeit an der Riesenskulptur wird auch nach seinem Tod fortgesetzt. Allein die Nüstern des Pferdes sind 15,2 m tief in den Felsen gehauen und haben 10,7 m Durchmesser. 1985/86 wurden weitere 400 000 t Granit aus dem Felsmassiv gesprengt. Insgesamt mußten bisher 8,2 Mio. t Gestein dem Kunstwerk weichen.

Bodenreliefs: In der Nazcawüste 300 km südlich von Lima (Peru) sind Linien zu sehen (eine davon ist länger als 11,2 km), die – aus der Luft betrachtet – geometrische Formen und solche von Pflanzen oder Tieren darstellen, die zwischen 100 v. Chr. und 600 n. Chr. zu unbekanntem, aber wahrscheinlich religiösem, astronomischem oder sogar wirtschaftlichem Zweck von einer noch unbekannten Zivilisation gezeichnet wurden. Sie wurden erst 1928 aus der Luft entdeckt. Im August 1968 wurde in der Nähe von Tarapacá (Chile) eine 100 m lange Figur ähnlicher Art entdeckt.
Die größte derartige Figur eines Menschen in Europa ist der *Lange Mann* von Wilmington, Ost-Sussex (GB). Er mißt 68 m.
Die größte Tierfigur in Europa ist das *Weiße Pferd* von Uffington (GB). Sie stammt aus der späteren Eisenzeit (etwa 150 Jahre v. Chr.). Ihre Maße: 11 m von der Nase bis zum Schwanz und 36 m von der Ohrspitze bis zum Vorderhuf.

Die größte deutsche Bronzestatue ist die 20,5 m hohe, von Ludwig Schwanthaler (1802–48) entworfene, in den Jahren 1844–50 von Ferdinand von Miller (1813–87) gegossene *Bavaria* an der Theresienwiese von München (Bayern).

Die größte Skulptur aus Schrott-Teilen hat Sudhir Deshpande aus Nashik (Indien) gebaut. Der 27 t schwere und 17 m hohe Kunst-Koloß aus Metall – Titel: *Mächtig* – wurde im Februar 1990 enthüllt.

Das weltgrößte Mobile heißt *White Cascade* (Weiße Kaskade), ist 8 t schwer und mißt von oben bis unten 30,48 m. Installiert wurde es am 24./25. Mai 1976 in der Federal Reserve Bank von Philadelphia (USA). Konstruiert hat das gewichtige Kunstwerk Alexander Calder (1898 bis 1976); seine ersten Mobiles sind 1932 in Paris ausgestellt worden.
Den Begriff *Mobile* hat übrigens der französische Maler und Exzentrik-Künstler Marcel Duchamp (1887–1968) erst im Jahr 1932 populär gemacht.

Die größte Holzskulptur schnitzten die drei Bildhauer Josef Hackhofer, Roman Stuffer und Konrad Piazza aus 15 m^3 Lindenholz. Nach fünfmonatiger Arbeitszeit vollendeten sie im Mai 1982 eine 8 m hohe Christusfigur (3 t schwer, 6 m Armbreite, 1,1 m Kopfhöhe) im Auftrag der Salesianergemeinschaft für die Don-Bosco-Kirche in Asti (Italien).

Den größten Wurzelgnom hat der Holzbildhauer Wolfgang Gerthagen (* 1941) aus St. Andreasberg (Niedersachsen) aus einer auf 7 m gekürzten, 90 Jahre alten Harzer Fichte geschnitzt. Der Wurzelsepp – der Wurzelteller beträgt 4 m – wurde mit den Wurzeln nach oben im April 1989 aufgestellt, in Goslar mit einer Achatlinse als Riesenauge versehen und mit Hexen und Teufeln verziert. Die Großfigur wurde mit einem Arbeitsaufwand von vier Wochen gefertigt.

SPRACHE UND LITERATUR

Früheste Sprach- und Schriftzeugnisse: Die Fähigkeit zu sprechen geht vermutlich auf eine physiologische Veränderung des Kehlkopfes zurück: der Larynx wurde höher. Mit dieser Entwicklung, die etwa 45 000 v. Chr. in der Übergangszeit vom *Homo erectus* zum *Homo sapiens* vonstatten ging, entwickelte sich auch das Sprachtalent des Menschen. Die ältesten Zeugnisse für eine geschriebene Sprache sind Reste von Tontafeln aus der Yangshao-Kultur, die 1962 in Paa-t'o bei Xi'an (Sian) gefunden wurden. Sie zeigen die Urformen für die Ziffern 5, 7 und 8 und sind auf 5000–4000 v. Chr. datiert worden. Die älteste datierbare Bilderschrift ist um 3400 v. Chr. analog zu Uruk V/VI im Irak auf Tontafeln festgehalten worden. Das ergaben Untersuchungen im Jahr 1979, nachdem bei Nippur im Südirak entsprechende Tontafeln mit Piktogrammen entdeckt worden waren. Schon 8500 v. Chr. waren Kerbhölzer oder Hölzer mit eingeritzten Symbolen in Gebrauch, die in Tepe Asiab und Ganji-l-Dareh Tepe im Iran entdeckt worden sind.

Die älteste geschriebene Sprache ist Chinesisch. Sie hat seit mehr als 6000 Jahren, von der Yangshao-Kultur bis heute, eine ununterbrochene Geschichte.

Heute werden auf der ganzen Welt etwa 5000 Sprachen und Dialekte gesprochen. Davon sind rund 845 indischen Ursprungs.

Die kleinste Sprachinsel (in Europa) ist das Saterland (Seelterlound) im Norden des Landkreises Cloppenburg (Niedersachsen). Die Gemeinde im Dreieck Leer, Oldenburg, Cloppenburg besteht aus den drei Kirchdörfern Scharrel, Ramsloh und Strücklingen. Ca. 1500 bis 1600 Einwohner des 9700 Einwohner großen Saterlandes sprechen noch Saterländisch (oder Saterfriesisch), einen mit niederdeutschen Elementen durchsetzten Dialekt der friesischen Sprache.

Die meistgesprochene Sprache der Welt ist Nordchinesisch oder Mandarin. Mit ihr verständigen sich etwa 68 Prozent der Bevölkerung (1988 etwa 715 Mio. Menschen). Die sogenannte Nationalsprache (Guóyǔ) ist ein modifiziertes Nordchinesisch (Běifanghuà), wie es im Gebiet von Peking gesprochen wird. Daraus wurde 1913 ein Alphabet mit 37 Buchstaben von Wa Chih-hui (1865–1953) entwickelt (Zhùyīn fùhào). Am 11. Februar 1938 schließlich wurde das Hanyu-Pinyin-Fang'an-System eingeführt, eine phonetische Anleitung zur Aussprache.

An zweiter Stelle steht Englisch: Es war Mitte 1986 für schätzungsweise 330 Mio. Menschen die Muttersprache. Gut zweimal soviel benutzten es als Zweit- oder Drittsprache.
Deutsch ist die meistgesprochene Sprache in Europa. Rund 100 Mio. Menschen sprechen die Sprache in Deutschland, Österreich, der Schweiz, Südtirol und verschiedenen Ländern Osteuropas und Benelux.

Die kompliziertesten Sprachen: Chippewa, eine Indianersprache im nordamerikanischen Minnesota, hat mit rund 6000 die meisten Verbformen; Haida, eine nordamerikanische Indianersprache, hat die meisten Vorsilben, nämlich 70; Tabassaran, eine Sprache im sowjetischen Dagestan, kennt 48 Fälle für Substantive; in der Eskimosprache gibt es 63 Gegenwartsformen und bis zu 252 Beugungen bei einfachen Hauptwörtern.
Das aus 40 Bänden bestehende chinesische *Chung-wén-Tà-Tz'u-tiĕn*-Wörterbuch enthält eine Liste von 49 905 Schriftzeichen. Die vierte Betonung von »i« hat z. B. 84 Bedeutungen, angefangen von *Kleid* und *Schluckauf* bis zu *zügellos*. Die Schriftsprache besitzt für »i« 92 verschiedene Zeichen. Das komplizierteste Schriftzeichen im Chinesischen steht für »xiè«, besteht aus nicht weniger als 64 Strichen und bedeutet *gesprächig*. Das komplizierteste Schriftzeichen, das benutzt wird, ist »yù« (32 Striche) und bedeutet *drängen* oder *anflehen*.

Der in den meisten Sprachen bewanderte Mensch ist vermutlich George Campbell (* 1912), der während seiner Tätigkeit beim BBC-Auslandsdienst mit 54 Sprachen arbeitete. Powell Alexander Janalus (* 1939) vom Staatsgerichtshof von British Columbia in Vancouver (Kanada) ist mit 41 Sprachen konfrontiert. Als größtes Sprachgenie gilt Derick Herning von den Shetlandinseln (GB). Er beherrscht 22 Sprachen, und das brachte ihm im Mai 1990 beim ersten Wettbewerb »Polyglott in Europa« in Brüssel (Belgien) den Sieg ein.

»Deutschland«

Die Gesellschaft für deutsche Sprache (GfdS) hat *Deutschland* – ein Wort, das viele Schlagzeilen im Jahr 1990 prägte – auch zum »Wort des Jahres« 1990 gewählt. Diesen Titel verlieh ihm der Sprachwissenschaftler Broder Carstensen von der Universität Paderborn. Zur Spitzengruppe der zehn »Wörter des Jahres« zählen außerdem: »Stasi«, »Beitritt«, »Huckepack-Verfahren«, »Anschubfinanzierung«, »Mauerhunde«, »Traberkrankheit« und »Barren«.
Das Gebiet der ehemaligen DDR sollte nach Auffasssung der Gesellschaft für deutsche Sprache in Wiesbaden als *Die neuen Bundesländer* in den allgemeinen Sprachgebrauch aufgenommen werden. So entschied im April 1991 die Fachjury eines GfdS-Ideenwettbewerbs, zu dem mehr als 700 Bürger weit über 1000 Vorschläge eingesandt hatten. Empfohlen wurden u.a. auch »Ostdeutschland«, »Elbedeutschland« und »Wiederdeutschland«. Dahinter kamen »Aufbauland« sowie »Oktober-, Anschluß- oder Fünfländer«. Bei häufigem Gebrauch werden sich nach Erwartung der Sprachforscher bald die kürzeren Bezeichnungen »alte Länder« und »neue Länder« bilden.
Übrigens: Der Super-Begriff im ersten Jahr der einheitlichen deutschen Währung dürfte das Wörtchen *Super!* sein. Es zeigt sich, daß das neue, vom Westen übernommene Modewort quer durch die Generationen verwendet wird.

Die weltgrößte Holzskulptur ist die 26 m hohe Maitreya-Statue, die aus einem einzigen weißen Sandelholzbaum geschnitzt wurde. Sie steht im Pavillon der 10 000 Glückseligkeiten, der zum Lama-Tempel nordwestlich von Peking gehört.

ALPHABET

Anfänge: Der älteste Beleg für eine alphabetische Schreibweise stammt aus dem syrischen Ugarit (heute: Ras Sharma). Dort wurde eine Schreibtafel aus der Zeit um 1450 v. Chr. gefunden, die 32 Keilschriftzeichen aufweist. In der Gegenwart sind 65 Alphabete in Gebrauch.

Der älteste Buchstabe ist »O«, der seit seiner Einführung ins phönizische Alphabet um 1300 v. Chr. unverändert geblieben ist.

Die meisten Buchstaben hat Kambodschanisch mit 72 (einschließlich solcher, die nicht mehr verwendet werden); Rotokas, das im Inneren der Insel Bougainville (Salomoninseln, Papua-Neuguinea) gesprochen wird, hat mit 11 (a, b, e, g, i, k, o, p, r, t und u) die wenigsten. Amharisch hat 231 Zusammensetzungen von 33 Grundsilbenformen, von der jede sieben Abwandlungen hat; Amharisch kann deshalb nicht als alphabetische Sprache bezeichnet werden.

Die meisten Vokale hat Sedang, eine zentralvietnamesische Sprache, die 55 verschiedene Selbstlaute hat. Die mit den wenigsten ist Abchasisch, eine kaukasische Sprache mit nur zwei Vokalen.
Ein Wort mit vier gleichen Vokalen hintereinander ist das estnische *jäääärne*, was »Rand des Eises« bedeutet. Uoiauai, eine Sprache, die im brasilianischen Bundesstaat Pará gesprochen wird, besteht aus nur sieben Vokalen.
Aus acht verschiedenen (und insgesamt zehn) Konsonanten besteht ein Wort aus der Sprache der Georgier (UdSSR): Es heißt »gvprtskvnis« und bedeutet »er beobachtet uns«.

Die kleinsten Buchstaben haben die Physiker Donald Eigler und Erhard Schweizer im IBM-Forschungszentrum von San Jose, Kalifornien (USA), gestaltet. Mit Hilfe eines Spezialmikroskops ätzten sie im April 1990 das Firmenlogo in einen Nickelkristall: So sind die drei Buchstaben IBM zusammen nur 1,27 nm (10^{-9}) lang. Es dauerte 22 Std., um die 35 Xenon-Atome über die holprige Nickeloberfläche zu ziehen, die nahezu auf den absoluten Nullpunkt gedrückt worden war. Die Buchstaben lösen sich in nichts auf, wenn die Temperatur über 228,89° C steigt. Im Februar 1991 wurde berichtet, daß japanische Wissenschaftler im Zentralen Forschungslabor von Hitachi in Tokio nach der gleichen Methode – bei Raumtemperatur – Schwefelatome in Molybdän-Disulfid geätzt und dabei die Botschaft geschrieben haben: FRIEDEN '91 HCRL.

WÖRTER

Die längsten Wörter: Wortreihen oder auch zusammengesetzte Wörter (Agglutinationen) und aus dem Stegreif gebildete Wörter wurden und werden gelegentlich wie ein Wort geschrieben.
Ein zusammengesetztes Wort aus dem Sanskrit bringt es auf 195 Schriftzeichen. In lateinischer Schrift umschrieben, ist es sogar 428 Buchstaben lang. Das Wort bezeichnet eine Region bei Kanci, Tamil Nadu (Indien), und entstammt einem Werk, das Tirumalāmbā, die Königin von Vijayanagara, im 16. Jh. verfaßt hat.

Das längste Wort, das je in einem literarischen Werk erschien, findet man in der Komödie *Ekklēsiazousai* (Die Weibervolksversammlung) des Aristophanes (445–385 v. Chr.). In Griechisch ist das Wort 169 Buchstaben lang, in lateinischer Schrift 179:
Lopadotemachoselachogaleokranioleipsanodrimhypotrimmatosilphioaraomelitokatakochymenokichlepikossyphophattoperisteralektryonoptekephalliokigklopeleiolagetosiraiobaphetraganopterygon.
Johann Heinrich Voss verdeutschte das 78silbige Wort mit den 20 Bestandteilen einer Pastete »Austerigpökeligbuttenlampretigesschädelzerstückelungsherbegebrühetessilfionwürzigeshonigbeträufeltesamseligschnepfigestaubenfasanigeshähneleinhirnigesdrosselgebratenesemmerlinghasigesmostigesgraupigesflügelgericht«.

Wortsuche: Die Gesellschaft für deutsche Sprache hatte 1987 erfolgreich nach dem Wort mit den meisten aufeinanderfolgenden Konsonanten suchen lassen. Mit 13 Konsonanten wurde Borschtschgschnas Sieger. 1988 fand die Wiesbadener Gesellschaft für deutsche Sprache das längste deutsche Wort, in dem sich kein Buchstabe wiederholt: Heizölrückstoßabdämpfung machte mit 24 Buchstaben das Rennen vor Zwölftonmusikbücherjagd, Wildschützbärenjuxkampf und Boxkampfjuryschützlinge mit jeweils 23 Buchstaben.

Die am häufigsten benutzten deutschen Wörter sind *der, die, und, in.*

Die häufigsten Hauptwörter der deutschen Sprache sind *Tag, Mensch, Mann, Geld.*

Einen ganz außergewöhnlichen Satz hat Herbert Eisinger aus Mannheim (Baden-Württemberg) konstruiert. Der grammatisch korrekt aufgebaute Satz hat mit genau 12000 Buchstaben keine Wortwiederholungen und als Selbstlautbuchstaben nur »e«, und zwar 4000. Dieser Satz schildert den Beginn einer fiktiven Gerichtsverhandlung.

Den berühmtesten aller langen Sätze in der Literatur der westlichen Welt schrieb Victor Hugo (1802–85) in seinem 1862 erschienenen Roman *Les Misérables* (Die Elenden). Dieser Satz enthält 823 Wörter, 93 Kommata, 51 Strichpunkte und 4 Gedankenstriche.

Den längsten Satz der deutschsprachigen Literatur verdanken wir dem in Ostpreußen geborenen Arno Holz (1863–1929). Er ist in dem lyrischen Zyklus *Phantasus* zu finden und enthält über 6000 Wörter.

ORTSNAMEN

Der längste Ortsname dürfte der von Bangkok, der Hauptstadt Thailands, sein. Der offizielle Name ist zwar *Krungtep Manahakton*, der vollständige Name lautet jedoch *Krungthep Manahakhon Bovorn Ratanakosin Mahintharayutthaya Mahadilikpop Noparatratchathani Burirom Udomratchanivetmahasathon Amornpiman Avatarnsathit Sakkathattiyavisnukarmprasit* (167 Buchstaben), in genauester Umschrift sind es 175 Buchstaben.

Der längste Ortsname, der heute noch benutzt wird, ist *Taumatawhakatangihangakoauauotamatea (turipukakapikimaungahoronuku) pokaiwhenuakitanatahu,* die inoffizielle 85-Buchstaben-Version, mit der ein Hügel (305 m üNN) im Bezirk der Southern-Hawke-Bucht der Nordinsel Neuseelands bezeichnet wird. Übersetzt heißt der Maori-Name: Der Ort, an dem Tamatea, der Mann mit den großen Knien, der die Berge bestieg und an ihnen hinabglitt, der die Berge verschlang und als Landfresser bekannt war, die Flöte spielte für seine Geliebte. Die offizielle Version hat 57 Buchstaben.

Die kürzesten Ortsnamen sind der des französischen Dorfes *Y* (143 Einwohner), das seit 1241 so heißt; der des dänischen Dorfes *Å* auf der Insel Fünen, der des norwegischen Dorfes *Å* und des schwedischen Ortes *Å*. Außerdem gibt es den Ort *U* auf den Karolineninseln im Pazifik und den der japanischen Stadt *Sosei*, der auch *Aioi* oder *O* lauten kann. Früher gab es im amerikanischen West Virginia einen Ort mit dem Namen *6*.

Der kürzeste deutsche Ortsname ist *Au*. Das Postleitzahlenverzeichnis nennt ihn zwölfmal. In Österreich gibt es vier Orte *Au* und drei in der Schweiz.

Von gleicher Kürze sind übrigens *Ay*, der Name eines Ortes an der Iller in Bayern, *Ob* bei Bidingen (Schwaben) und *Oy*(-Mittelberg) im Allgäu.

Der häufigste deutsche Ortsname ist *Hausen*. Das Postleitzahlenverzeichnis nennt ihn 57mal.

Der Ort, dessen Name sich am häufigsten gewandelt hat, ist Leeuwarden in den Niederlanden. Seit 1046 ist das Städtchen in 225 Schreibweisen bekannt geworden.

PERSONENNAMEN

Der früheste überlieferte Personenname ist wahrscheinlich der Name eines prädynastischen Königs von Oberägypten, ca. 3050 v. Chr., dessen Hieroglyphe einen Skorpion darstellt. Dieser Name sollte vermutlich *Sekhen* lauten.

Der längste Personenname, der in ein Geburtsregister eingetragen wurde, lautet: Rhosnandiatellyneshiaunneveshenk Koyaanfsquatsiuty. Diesen Namen gab James L. Williams aus Beaumont, Texas (USA), seiner am 12. September 1984 geborenen Tochter. In einem Ergänzungsantrag vom 5. Oktober 1984 streckte der Vater den ersten Vornamen seiner Tochter auf 1019 Buchstaben und ihren zweiten auf »nur« 36.

Die meisten Vornamen, nämlich 2310, nimmt Laurence Watkins (*9. Juni 1965) aus Auckland (Neuseeland) in Anspruch. Der Anspruch gründet sich auf eine einseitige Erklärung aus dem Jahr 1991, nachdem das Standesamt Widerspruch eingelegt hatte und einem Gefecht vor Gericht ausgesetzt worden war. John und

Der jüngste Mensch, der Eingang ins *Who's Who* fand, war Yehudi Menuhin (*22. April 1916) – von erblich bedingten Einträgen abgesehen. Er wurde schon im Alter von 15 Jahren aufgenommen.

Margaret Nelson gaben ihrem vierten Kind, das am 13. Dezember 1985 geboren wurde, 140 Vornamen. Für das Standesamt von Chesterfield (GB) benötigten die Eltern ein übergroßes Formular. Der Einfachheit halber soll das Mädchen aber nur Tracy gerufen werden.

Die häufigsten Vornamen in Deutschland waren 1990 Daniel, Anna oder Anne. Die Gesellschaft für deutsche Sprache (GfdS) in Wiesbaden berichtete im Februar 1991, die Eltern hätten Christian, die Nummer eins von 1989, auf Platz zwei verwiesen, gefolgt von Alexander und Patrick. Bei den Mädchen wurden nach Anna oder Anne am häufigsten die Namen Christine(a), Katharina, Spitzenreiter von 1989, Lisa und Julia gewählt.
Im Juni 1991 nannte die GfdS Katharina und Christian als die beliebtesten Vornamen in den vergangenen fünf Jahren. Danach folgen bei den Mädchen Sarah, Christine oder Christiane und bei den Jungen Daniel und Sebastian.
Deutsche Kinder bekommen immer häufiger einen exotischen oder modischen Vornamen. Bei einer repräsentativen Umfrage unter knapp 2000 Bundesbürgern fand die Forschungsgesellschaft Marplan in Offenbach heraus, daß Neugeborene in den vergangenen Jahren zunehmend Carmen, Bianca, Desdemona, Mark oder Tanja getauft werden oder Modenamen wie beispielsweise Andrea, Annette, Anita, Denis, Daniel, Falk und Holger erhalten.
Michael und Stefan lieferten einander ein Kopf-an-Kopf-Rennen bei den Jungen in Österreich, bei den Mädchen dominierte Stefanie vor Julia. In der deutschsprachigen Schweiz waren Sabrina und Sandra sowie Michael und Daniel auf den ersten Plätzen.

Die kürzesten Nachnamen: Im Brüsseler Telefonbuch sind mindestens 12 und in amerikanischen Telefonverzeichnissen (1973–81) gleich 52 Personen verzeichnet, die schlicht und einfach O heißen. Es ist der häufigste nur aus einem Buchstaben bestehende Nachname und bereitet all denen, die mit Datenschutz beschäftigt sind, große Schwierigkeiten. Außer dem Q sind laut A. Ross Eckler sämtliche Buchstaben des Alphabets als Familiennamen in die amerikanischen Telefonbücher eingegangen.

Der häufigste Nachname der Welt ist *Chang* oder *Tschang*. Nach Schätzungen heißen 9,7 bis 12,1 Prozent aller Chinesen so. Das bedeutet, daß in China mindestens 104 Mio. *Changs* leben und damit mehr Menschen als in allen anderen Ländern zusammen, wenn man von 7 der insgesamt 171 souveränen Staaten einmal absieht.

Der in der westlichen Welt häufigste Familienname ist *Schmidt,* einschließlich der in USA und England üblichen Form *Smith.* In der Bundesrepublik gibt es rund 590 000 Träger dieses Namens, dagegen allein in den USA etwa 2,38 Mio. *Smith.* Häufigster Familienname in Deutschland war noch 1970 *Müller* mit rund 612 000 Namensträgern.

Die meisten Schreibweisen seines Nachnamens kann Edward A. Nedelcov aus Regina, Saskatchewan (Kanada), aufweisen. Er hat seit Januar 1960 1201 verschiedene Versionen gezählt. Mzilikazi von Zululand (*etwa 1795) hat seinen Namen in 325 Schreibweisen festgehalten, wie der Forscher Dr. R. Kent Rasmussen herausfand.

Phantasienamen: Weil sie sich kommerzielle oder andere Vorteile davon versprechen, wenn sie in den Telefonbüchern ganz am Schluß stehen, legen sich manche Amerikaner die seltsamsten Namen zu. So gibt es zum Beispiel in San Franzisko einen *Zachary Zzzzzzzzzra* (9mal z im Nachnamen).

Der berühmte Lesesaal der British Library in London. Er war 1854 von Sir Anthony Panizzi entworfen worden.

SCHRIFTEN, DRUCKE, BÜCHER

Das älteste gedruckte Werk, das erhalten blieb, ist die Dharani-Rolle oder Sutra aus hölzernen Druckstöcken, die 1966 in den Fundamenten der Pulguk-Sa-Pagode in Kyŏngju (Südkorea) gefunden wurde. Sie muß vor 704 entstanden sein.

Im November 1973 wurde behauptet, daß ein 28 Seiten umfassendes Buch mit Gedichten aus der T'angdynastie, das sich in der Yonsei-Universität in Korea befindet, ca. im Jahr 1160 mit Metalltypen gedruckt sei. Schriftzeugnisse auf Papier, die im Nordwesten Chinas gefunden wurden, sind zwischen 71 v. Chr. und 21 n. Chr. entstanden. Das bedeutet, daß das Schreibpapier ungefähr 100 Jahre früher als bisher angenommen eingeführt wurde.

Das erste mechanisch gedruckte Buch ist nach allgemeiner Auffassung die 42zeilige *Gutenberg-Bibel.* Johann Henne zum Gensfleisch zur Laden, Gutenberg genannt (ca. 1398 bis ca. 1468), hat sie wahrscheinlich 1454 in Mainz hergestellt. Nach einem Nachschlagewerk über Wasserzeichen (1967 erschienen) soll um 1450 auch eine lateinische Grammatik *(Donatus)* auf Papier gedruckt worden sein.
Man neigt auch zu der Ansicht, daß das 192 Blätter umfassende *Konstanzer Meßbuch* aus Basel (Schweiz) – das erste von drei im Jahr 1880 wiederentdeckten Exemplaren – noch älter sein dürfte.

Das erste genau datierte gedruckte Werk ist der *Psalter,* der am 14. August 1457 von Johann Fust (um 1400–66) und Peter Schöffler (1425–1502), der Gutenbergs Hausgehilfe war, fertiggestellt wurde.

Das größte Buch ist ein Riesenfoliant, den der Verleger Privat in der südwestfranzösischen Stadt Toulouse vorgestellt hat. Der Toulouser Architekt Pascal Metz hat mit seinen »Compagnons du devoir« das 3 × 4 m große, 34 Seiten starke, deren jede 200 kg wiegt, Großbuch gefertigt. Es steht auf einem 25 m^2 großen Sockel und kann nur aufrecht gelesen werden.

Das größte gedruckte und gebundene Buch Europas ist der *Atlas des Großen Kurfürsten* (der sogenannte *Mauritius-Atlas*). Er ist aufgeschlagen 222 × 170 cm groß, enthält 38 Karten und befindet sich in der Berliner Staatsbibliothek. Er ist um 1655 entstanden.

Das dickste gedruckte Buch wurde von Peter Troendle aus Basel (Schweiz) hergestellt. Sein Einband mißt lediglich 5 × 4,5 cm, doch dafür ist es 2,75 m dick.

Der kleinste Atlas der Welt befindet sich in der Universitätsbibliothek Rostock (Mecklenburg-Vorpommern). Der 1831 in Rostock gefertigte Etui-Atlas mit 26 farbigen Kartenabbildungen, der 67 × 68 mm mißt, wurde 1985 als ledergebundene Faksimileausgabe neu aufgelegt.

Die umfangreichste Publikation ist das aus 1112 Bänden bestehende Werk *Britische Parlamentsdokumente,* das 1968–72 von der Irish University Press veröffentlicht wurde. Im ganzen wiegen die Bände 3,3 t, kosten heute 50 000 Pfund (148 500 DM), und es würde bei täglich 10 Std. Lesezeit sechs Jahre dauern, bis man alles gelesen hätte. Die Herstellung kostete 34 000 Ziegen das Leben. Für Goldschnitt und Umschlagprägung wurden Goldbarren im Wert von 15 000 Pfund (damals 56 250 DM) verbraucht. Die Gesamtauflage beträgt 500 Exemplare.

Das umfangreichste Wörterbuch unserer Zeit: Jacob Grimm (1785–1863) und Wilhelm Grimm (1786–1859), vielen Kindergeneratio-

Der Berliner Riesenatlas. Das Kartenwerk des Großen Kurfürsten ist 125 kg schwer.

nen hauptsächlich als Märchenerzähler bekannt, begründeten im Jahr 1854 ihr *Deutsches Wörterbuch*, an dem viele Sprachforscher weiterarbeiteten, bis es nach 107 Jahren anno 1961 vollendet werden konnte. Nach dem Zweiten Weltkrieg arbeiteten Fachleute in der DDR wie in der Bundesrepublik Deutschland gemeinsam an der Fertigstellung. Mit 33 Bänden und 34 519 Seiten ist es das größte Wörterbuch unserer Zeit. Die Gesamtausgabe kostet 5425 DM.

Das kleinste Buch, das bisher auf den Markt kam, mißt 1 × 1 mm. Es wurde von der schottischen Gleniffer Press hergestellt, enthält die Kindergeschichte *Old King Cole* und ist im März 1985 in einer Auflage von 85 Exemplaren erschienen. Die Seiten können nur mit Hilfe einer Stecknadel und mit viel Vorsicht umgeblättert werden.

Das kleinste Kochbuch *Was ißt und trinkt man in Tirol* enthält auf 214 Seiten 50 Rezepte Tiroler Tellergerichte. Verfaßt hat es Josef Theiner (* 1911), Gastwirt und Koch aus Terlan (Südtirol). Das Mini-Buch mit den Maßen 20 × 20 mm (Buchblock 19 × 19 mm) ist im März 1984 in 200 ledergebundenen Exemplaren in Bozen gedruckt worden, enthält zusätzlich 7 Fotos, ist mit einem Inhaltsverzeichnis der Speisen und Vorwort versehen und soll »ein gewisses Band der Verbundenheit zwischen Wirt und Bewirteten weben«.

Eine Miniaturbuch-Sammlung baut der Leipziger Karl Wiegel (* 1903) auf. Der Herausgeber der Bibliographie *Kleinod der Buchkunst* hat bereits 2035 Exemplare aus 24 Ländern zusammengetragen, keines überschreitet 10 cm in der Buchblockgröße.

Die größte Enzyklopädie, die je zusammengetragen worden ist, war *Yung-lo ta tien* (Das große Wörterbuch der Regierung Yung-lo). Sie ist 1403–08 von 2000 chinesischen Gelehrten geschrieben worden. Die handschriftliche Enzyklopädie umfaßte 11 095 Bände mit 22 937 Stichwort-Kapiteln, von denen noch 370 erhalten sind.

Das umfassendste Nachschlagewerk im englischen Sprachraum ist die *Encyclopaedia Britannica*, die zum ersten Mal 1768–71 in Edinburgh (Schottland) erschien. Eine Gruppe von Buchhändlern in den USA erwarb 1898 die Nachdruckrechte und übernahm 1899 das gesamte Copyright. 1943 wurde die *Britannica* an die Universität von Chikago (USA) übergeben. Die augenblickliche, aus 32 Bänden bestehende 15. Auflage hat 32 330 Seiten und 44 Mio. Wörter, die von über 4000 Mitarbeitern geschrieben wurden.

Science-fiction – Fantasy-, Horror- und Abenteuerserien – sammelt der Chemiemeister Udo Classen (* 1945) aus Dormagen (Nordrhein-Westfalen) stapelweise. Seit 25 Jahren trägt er alles aus diesem Gebiet an Heftromanen und Taschenbüchern zusammen. 8400 Stück sind es bereits, 5650 davon handsigniert von den Autoren.

Kriminalromane ab 1945 sammelt, ordnet und listet Klaus-Dieter Walkhoff-Jordan (* 1943). Der Berliner Steuerberater hat es bis zum Juli 1991 auf 19 725 Krimi-Taschenbücher gebracht.

AUKTIONSREKORDE

Das teuerste Buch wurde das berühmte *Evangeliar* Heinrichs des Löwen (Herzog von Sachsen). Der New Yorker Antiquar Hans Peter Kraus hat es am 6. Dezember 1983 bei Sotheby's in London für das Hermann-Abs-Konsortium im Auftrag der Bundesrepublik Deutschland für 8,14 Mio. Pfund ersteigert. Die Gesamtkosten, einschließlich des Aufgeldes des Auktionshauses zur Zuschlagsumme und Bankspesen, für die illustrierte Bilderschrift belaufen sich auf 32 428 497,52 DM.
Das 34,3 × 25,4 cm große und 226 Blätter umfassende Evangeliar enthält 41 ganzseitige Illustrationen und wurde um 1175 von dem Mönch Herimann im Kloster Helmarshausen gestaltet. Das Evangeliar kehrte zum höchsten Weltrekordpreis, der je für ein Auktionsprojekt erzielt wurde, nach jahrhundertelanger Odyssee nach Niedersachsen zurück. Dort wird es in der Herzog-August-Bibliothek in Wolfenbüttel wie auch zeitweilig in Braunschweig ausgestellt.

Teuerstes gedrucktes Buch der Welt ist eine *Gutenberg-Bibel*, die am 23. Oktober 1987 bei Christie's in New York für 5,39 Mio. Dollar (9,8 Mio. DM) versteigert wurde. Erworben hat das äußerst seltene Stück die Buchhandelskette Maruzen & Co. aus Tokio. Die *Gutenberg-Bibel*,

Der Südtiroler Gastronom Josef Theiner hat für das kleinste, in Leder gebundene Kochbuch ein Schmucketui anfertigen lassen.

die das Alte Testament von der Genesis bis zu den Psalmen enthält, wurde 1455 in Mainz gedruckt.

Teuerstes neues Buch ist der Band *The Birds of America* (Die Vögel Amerikas), in dem die gesamten ornithologischen Druckgrafiken von John James Audubon (1785–1851) reproduziert sind. Die einmalige Sammlung ist in den USA bei Abbeville Press in New York erschienen und kostet stolze 15000 Dollar (umgerechnet immerhin 25432 DM).

Der Höchstpreis für ein Flugblatt liegt bei 1,595 Mio. Dollar (ca. 2,79 Mio. DM). Soviel zahlte am 3. März 1990 bei Sotheby's in New York Ralph Geoffrey Newman im Namen eines unbekannten Auftraggebers für eines der 23 bekannten Exemplare der amerikanischen Unabhängigkeitserklärung. *The Declaration of Independence* war 1776 von John Dunlap bei Samuel T. Freeman & Co. in Philadelphia, Pennsylvania (USA), gedruckt worden.

Das teuerste Manuskript stammt von Leonardo da Vinci. 2,2 Mio. Pfund (9,262 Mio. DM) zahlte am 12. Dezember 1980 der amerikanische Ölmagnat und Kunstmäzen Armand Hammer bei Christie's in London für den 36 Seiten starken *Codex Leicester*. Er ist etwa 1507 entstanden.

Den Höchstpreis für ein Musikmanuskript erzielten neun von Wolfgang Amadeus Mozart (1756–91) fast ausschließlich eigenhändig geschriebene Symphonien. Sie wurden am 22. Mai 1987 bei Sotheby's in London für umgerechnet 7,7 Mio. DM von dem Londoner Gemäldehändler James Kirkman erworben. Der Band ist 508 Seiten stark. Die Mozart-Manuskripte waren von einem anonymen Europäer angeboten worden. Teuerstes Einzelmanuskript war Schumanns erstes (und einzig vollständiges) Klavierkonzert: Die Notenhandschrift des Komponisten erbrachte am 22. November 1989 bei Sotheby's in London 880000 Pfund (etwa 2,53 Mio. DM). Für gleichfalls 880000 Pfund wurde am 21. November 1990, erneut bei Sotheby's in London, das 14 Seiten umfassende handschriftliche Manuskript von Mozarts *Fantasie in C-Moll* und seiner *Sonate in C-Moll* (Köchelverzeichnis 475 und 457) versteigert.

Die teuerste Briefkorrespondenz der Weltliteratur – 342 Briefe und 145 Postkarten von Franz Kafka (1883–1924) an seine Verlobte Felice Bauer – ging im Juni 1987 bei Sotheby's in New York für 605000 Dollar (1,1 Mio. DM) an einen privaten Sammler. Innerhalb weniger Sekunden stiegen die Gebote von 200000 Dollar bis zur Endsumme.

Der höchste Preis für einen Atlas betrug 340000 Pfund Sterling (1,275 Mio. DM) für einen *Merkatoratlas* von Europa aus dem Jahr 1571. Er wurde bei Sotheby's in London am 13. März 1979 verkauft.

TAGEBÜCHER UND BRIEFE

Der fleißigste Tagebuchschreiber war der englische Oberst Ernest Loftus aus Harare (Simbabwe). Er begann seine täglichen Aufzeichnungen am 4. Mai 1896 als Zwölfjähriger und blieb dieser Gewohnheit treu bis zu seinem Tod am 7. Juli 1987. Loftus wurde 103 Jahre, 178 Tage alt. Das Tagebuch von Alisa Morris

Auf der größten Glückwunschkarte (35 m lang, 2,5 m hoch) gratulierten rund 15500 Hannoveraner ihrer Stadt zum 750. Geburtstag. Vom 30. Mai bis 26. Juni 1991 hatte die Werbegemeinschaft Hannover die Karte am Kröpcke aufgestellt. Sie wurde auf dem Hauptpostamt frankiert, abgestempelt und dem Oberbürgermeister am 27. Juni 1991 ordnungsgemäß zugestellt.

aus New York war bis April 1991 auf 238 Bände angewachsen. T. C. Baskerville aus Chorlton-cum-Hardy (GB) führt seit 1939 Tagebuch, hat ihm bisher etwa 5,9 Mio. Wörter anvertraut und damit 36500 Seiten oder 169 Bände gefüllt.

Den nach der Anzahl der Wörter längsten Brief schrieb bisher der Engländer Alan Foreman aus Erith, Kent (GB), ab 3. Januar 1982 an seine Frau Janet. Am 25. Januar 1984 wurde das 1402344 Wörter umfassende Papier der Post anvertraut.
Der Japaner Vichi Noda, der seinem Land als stellvertretender Finanzminister und als Bauminister gedient hat, schrieb auf seinen Auslandsreisen stets lange Briefe an seine bettlägerige Frau – insgesamt 1307 vom Juli 1961 bis zu ihrem Tod im März 1985. Diese Briefe, in denen Noda nahezu 50000 Persönlichkeiten aus aller Welt schilderte, wurden inzwischen veröffentlicht: Sie füllen 25 Bände und umfassen alles in allem 12404 Seiten.

Der älteste bekannte Liebesbrief ist in Ton graviert und stammt aus der Zeit um 1630 v. Chr. aus Ägypten. Es ist die Bewerbung des Schreibers um die Hand einer Pharaonentochter.

Die kürzeste Korrespondenz war die zwischen dem französischen Dichter Victor Hugo (1802–85) und seinen Verlegern Hurst und Blackett im Jahr 1862. Der Schriftsteller war im Urlaub und wollte wissen, wie sich sein neuer Roman *Les Misérables* (Die Elenden) verkaufte. Er schrieb »?«, die Antwort war »!«.

Die meiste (offiziell bestätigte) Post, die je in einem Jahr von einem Privatmann empfangen wurde, sind 900000 Briefe, die der US-Baseballstar Hank Aaron (* 1934) erhielt; dieser Rekord wurde von der amerikanischen Post im Juni 1974 gemeldet. Etwa ein Drittel waren Haßbriefe, weil es Aaron gelungen war, den Rekord von Superstar »Babe Ruth« (1927 aufgestellt) bei *home runs* zu verbessern.

Die längste Brieffreundschaft dauerte 75 Jahre: Ida McDougall aus Tasmanien (Australien) und R. Norton aus Sevenoaks in Kent (GB) korrespondierten miteinander vom 11. November 1904 bis zu Ida McDougalls Tod am 24. Dezember 1979.

Eifrigster Leserbriefschreiber an die Londoner *Times* ist der Autor und Rechtsanwalt David Green aus Castle Morris (GB). Bis zum 10. April 1991 hat das berühmte Blatt in seinem Hauptteil 128 Green-Beiträge veröffentlicht. Sein Rekordjahr war 1972 mit 12 Leserbriefen.
Einen österreichischen Rekord hat sich der Techniker Günther Weihsenböck (* 1948) aus St. Valentin mit insgesamt 624 engagierten Leserbriefen geholt. Von Mai 1978 bis März 1990 sind 17 in deutschen und 165 in Österreichs Tages-, Wochen- und Monatszeitschriften/-zeitungen veröffentlicht worden.

Der längste Leserbrief bestand aus 25513 Wörtern. Der *Upper Dauphin Sentinel* in Pennsylvania (USA) veröffentlichte ihn vom August bis November 1979 in acht Ausgaben. Geschrieben hatte den Leserbrief John Sultzbaugh aus Lykens, Pennsylvania.

Der kürzeste Leserbrief an die Londoner *Times* bestand nur aus einer einzigen Abkürzung: »Dr.^{2}?« Damit mischte sich am 30. Juli 1984 R. S. Cookson aus London in eine Diskussion über die richtige Pluralform des Doktorgrades ein.

Der längste Brief der Welt wurde innerhalb von 30 Std. von Mitgliedern der christlichen Jugendbewegung Uznach, St. Gallen (Schweiz), und weiteren 60 Bürgern der Stadt geschrieben. Der 825,35 m lange und 1 m breite Brief wurde am 6. Juli 1984 zur Post gebracht, dort frankiert, gestempelt und noch am selben Tag dem Radio Zürichsee zugestellt (das Briefthema lautete: Uznachs Bewohner stellen sich vor).

Weihnachtsgrüße: Seit 1929 haben Frank Rose aus Burnaby in British Columbia (Kanada) und

Gordon Loutet aus Lake Cowichan in British Columbia die selbe Weihnachtskarte ausgetauscht.

Die größte Postkarte (320 x 230 cm) traf am 9. Dezember 1987 zur 750-Jahr-Feier beim Senat von Berlin ein. Die damalige Berliner Bürgermeisterin Hanna-Renate Laurien konnte den 28 kg schweren Gruß der Jubiläumsstadt Iserlohn (Sauerland) – auch dort feierte man 750 Jahre – mit den Unterschriften von 12000 Iserlohner Bürgern entgegennehmen. Die Ansichtskarte war zuvor vom *Iserlohner Kreisanzeiger* zur Verfügung gestellt und ordnungsgemäß auf der Hauptpost von Iserlohn aufgegeben worden: Sie kostete 33,40 DM Porto.

Die kleinste Postkarte verschickte Uli Birkenmeier (*1969) aus Freiburg/Br. am 30. Oktober 1987. Die Maße der Karte: 20 × 25 mm.

AUTOGRAPHEN UND UNTERSCHRIFTEN

Der höchste Preis, der je auf dem freien Markt für einen einzelnen signierten Brief bezahlt wurde, betrug 360000 Dollar (785844 DM). Für diese Summe wurde am 29. Oktober 1986 bei Sotheby's in New York ein Schreiben von Thomas Jefferson versteigert, das Charles Rosenbloom aus Pittsburgh (USA) gehört hatte. In dem Schriftstück aus dem Jahre 1818 mißbilligte Jefferson die Vorurteile gegenüber den Juden.
Für einen Brief Martin Luthers (an Propst Buchholzer in Berlin) erzielte die Autographenhandlung J. A. Stargardt in Marburg am 29. November 1983 den stattlichen Betrag von 161000 DM. Der Brief aus dem Jahr 1543 ging an einen Privatmann in der Schweiz.
Das teuerste deutsche Gedicht, der *Archipelagus* von Friedrich Hölderlin (1770–1843), wurde 1972 ebenfalls von der Autographenhandlung J. A. Stargardt für 230000 DM versteigert.
Der ehemalige US-Präsident Ronald Reagan kann für sich das Recht in Anspruch nehmen, die teuerste Handschrift aller noch lebenden Menschen zu haben: Sein Brief, in dem er Frank Sinatra viel Lob ausspricht, wechselte am 22. Januar 1981 in der Galerie Hamilton für 12500 Dollar den Besitzer.
Auch ein Rekord: 4250 Dollar zahlte Barry D. Hoffman am 12. August 1982 bei Hamilton für ein signiertes Porträt von Al Capone (1899–1947).

Seltenste und wertvollste Unterschriften: Von dem englischen Dramatiker Christopher Marlowe (1564–93) ist nur eine einzige Unterschrift bekannt. Es ist eine Anordnung, die er mit seinem Namen bekräftigte. Das Dokument befindet sich in den Archiven der Grafschaft Kent.
Sollte von Shakespeare irgendwann einmal noch eine siebte Unterschrift auftauchen, würde sie auf einer Auktion gut und gerne 1 Mio. Pfund (ca. 2,9 Mio. DM) einbringen.
Das einzige Dokument, das die Unterschriften von zehn US-Präsidenten trägt, ist ein Brief, den Präsident F. D. Roosevelt mit dem Datum vom 26. Oktober 1932 an den damals in Dallas und heute in Amarillo (Texas) lebenden Richard C. Corbyn schickte. Auf dem Brief haben sich dann nach und nach auch Herbert Hoover, Harry Truman, Dwight D. Eisenhower, Gerald Ford, Lyndon B. Johnson, Jimmy Carter, Ronald Reagan und George Bush verewigt. Nixon hatte zuerst nur mit Kugelschreiber unterzeichnet, später aber seine Unterschrift dokumentenecht gemacht.
Der Tintenstrich, den Kaiser Otto der Große (912–73) unter eine Urkunde zeichnete, brachte bei einer Autographen-Auktion in Marburg am 8. April 1987 die Rekordsumme von 280000 DM. Den nur 6 cm langen Querstrich zog der Kaiser bei einem Besuch in Magdeburg unter eine Urkunde als Bestätigung einer Schenkung.

AUTOREN

Produktivster Autor in der Zeit der Federkiele war der Pole Józef Ignacy Kraszewski (1812–87): Er brachte es auf über 600 Romane und historische Werke. Der Brite Charles Harold St. John Hamilton (1876–1961) war ein anderer Vielschreiber, der in seinen besten Zeiten (1915–26) bis zu 80000 Wörter pro Woche schaffte. Er schrieb vor allem für die Jugendzeitschriften *Gem* (1907–39), *Magnet* (1908 bis 1940) und *Boy's Friend*. Alles in allem hat Hamilton schätzungsweise 72–75 Mio. Wörter produziert.
Der Japaner Soho Tokutomi (1863–1957) hat 35 Jahre lang an seinem Geschichtswerk *Kinsei Nippon Kokuminshi* gearbeitet. Es umfaßt 100 Bände mit 42468 Seiten und 19452952 Schriftzeichen.
Nach einer Rekordzahl von 743 Verlegerablehnungen schrieb und veröffentlichte der englische Romanschriftsteller John Creasey (1908 bis 1973) unter seinem eigenen Namen und 25 Pseudonymen von 1932 bis zu seinem Tod am 9. Juni 1973 564 Bücher, insgesamt über 40 Mio. Wörter.
Enid Mary Blyton (eigentlich Darrell Waters, 1898–1968) vollendete 700 Kinderbücher, darunter viele Kurzgeschichten; 59 allein im Jahr 1955.

Die meisten Romane, nämlich 904, veröffentlichte die Südafrikanerin Kathleen Lindsay alias Mary Faulkner (1903–73). Sie schrieb unter sechs Pseudonymen, zwei davon waren männlich.

Die meisten Kurzgeschichten schrieb der Inder Baboorao Arnalkar (*1907). Zwischen 1936 und 84 veröffentlichte er aber nicht nur 1092 Kriminalstories in Buchform, sondern auch noch mehrere Sachbücher.

Die meisten Komödien bzw. Bühnenwerke überhaupt dürfte der Spanier Lope de Vega (1562–1635) verfaßt haben – 1800 –, neben mehr als 1000 anderen Schriften, Romanen, Gedichten usw.

Longseller: Am 13. März seines Todesjahres 1953 wurde in Moskau (UdSSR) mitgeteilt, daß die Werke Stalins (eigentlich Josef Wissarionowitsch Dschugaschwili, 1879–1953) in mehr als 672 Mio. Exemplaren verkauft und in 101 Sprachen übersetzt seien.

Die meistgelesene Autorin der Gegenwart ist Barbara Cartland, von der 540 Titel in 25 Sprachen vorliegen. Gesamtauflage: 600 Mio. Exemplare. In den letzten 16 Jahren hat sie durchschnittlich 23 Titel pro Jahr herausgebracht. In Frankreich, wo ihre Bücher mittlerweile eine Auflage von mehr als 30 Mio. Exemplaren erreicht haben, wurde die Schriftstellerin 1988 mit der »Medaille de Vermeil de la Ville de Paris« ausgezeichnet. In England wurde Barbara Cartland wegen ihrer Verdienste um die Literatur und den Staat 1991 von der Königin der Titel *Dame* verliehen.
Die Werke des belgischen Romanciers Georges Simenon (1903–89) sind in 47 Sprachen verbreitet. Geschätzte Gesamtauflage: 600 Mio. Exemplare.

Auflagenstärke

Bei 1000 Auslandsausgaben und Übersetzungen in 29 Sprachen ist Heinz G. Konsalik, bürgerlich Heinz Günther (*1921), auch international der meistverkaufte deutsche Autor der Nachkriegszeit. Die Gesamtauflage seiner bisher 140 Bücher erreicht 75 Mio. Exemplare. Täglich kommen 10000 Exemplare hinzu. Konsalik sieht sich selbst als Volksschriftsteller: »Meine Bücher sollen weite Kreise und alle Schichten erreichen.«
Zu seinem 60. Geburtstag konnte Heinz Werner Höber (*1931) aus Berlin Bilanz ziehen: 515 Romane unter 12 Pseudonymen veröffentlicht in 12 Sprachen und 50 Ländern, in mehr als 700 Mio. Exemplaren. Eines seiner vielen Pseudonyme: Jerry Cotton. Neben Krimis und Polit-Thrillern erschienen seit 1953 mehr als 300 Jerry-Cotton-Abenteuer.
Auf Erfolgskurs im Buch- und Hörspielbereich fährt auch Rolf Kalmuczak (*1938) aus Garmisch-Partenkirchen seit 1961. Unter 84 Pseudonymen beliefert er drei Illustrierte mit Kurz-Krimis. Bis April 1991 waren es 2390, dazu kommen über 200 Kriminal- und Illustrierten-Romane. Als Stefan Wolf hat er seit 1979 die erfolgreichste deutsche Jugendbuchserie seit 1945 gestartet: *Ein Fall für TKKG*. Bisher wurden 10 Mio. Hardcoverausgaben und 18 Mio. Hörspielkassetten verkauft.

Der größte je für ein Buch bezahlte Vorschuß liegt bei 5 Mio. Dollar (10,9 Mio. DM) für den Roman *Whirlwind* von Bestsellerautor James Clavell. Diese Rekordsumme zahlten am 11. Januar 1986 der Publikumsverlag William Morrow und seine Taschenbuchtochter Avon Books in New York. Die Amerikanerin Mary Higgins Clark unterschrieb am 5. Mai 1988 einen Vertrag, der ihr einen Vorschuß von 10 Mio. Dollar für vier Romane und einen Kurzgeschichtenband gibt. 8,7 Mio. Pfund (ca. 27 Mio. DM) für drei Bücher sollen Jackie Collins von dem New Yorker Verlag Simon & Schuster vertraglich zugesichert worden sein. Das wurde am 19. August 1988 berichtet. Stephen King war bei Vorschußverhandlungen noch erfolgreicher: Nach Berichten vom 9. Februar 1989 kassiert er für seine nächsten vier Romane 26 Mio. Dollar (etwa 49,2 Mio. DM).

Literarische Dauerrenner: Die Romane des US-Autors Erle Stanley Gardner (1889–1970) erreichten bis 1. Januar 1990 eine Gesamtauflage von 322164931 Exemplaren (in 37 Sprachen). Agatha Christie (1890–1976) hat 78 Kriminalromane geschrieben, die in 44 Sprachen übersetzt und bisher in schätzungsweise 2 Mrd. Exemplaren verkauft wurden. Ihr berühmter Detektiv Hercule Poirot strengt in 33 Büchern und 56 Erzählungen seine grauen Zellen an; die nicht weniger berühmte Miß Marple beweist in 12 Büchern und 20 Erzählungen ihren Spürsinn. Agatha Christie hat außerdem 19 Theaterstücke und unter ihrem Pseudonym Mary Westmacott auch 6 »romantische« Romane verfaßt. Zu ihrem 100. Geburtstag sind 1990 alle 78 Kriminalromane neu aufgelegt worden. Die Rechte an 33 Titeln hatte sich 1989 der US-Verlag Harper & Row für 9,6 Mio. Dollar (ca. 18,2 Mio. DM) gesichert. Die Tantiemen werden derzeit auf jährlich etwa 7,5 Mio. DM geschätzt.

Die längste Biographie der Verlagsgeschichte ist die des englischen Staatsmannes Sir Winston Churchill. Dessen Sohn Randolph (4832 Seiten) und Martin Gilbert (17811 Seiten) haben bis dato etwa 9,694 Mio. Wörter in Druck gegeben. Georges Simenon (1903–89) hat seit 1972 eine Reihe von 22 autobiographischen Büchern verfaßt.

Ein sehr schneller Autor war der Engländer Edgar Wallace (1876–1932). Sein Theaterstück *On the Spot* schrieb er in zweieinhalb Tagen, einschließlich der Regieanweisungen. Für seinen Roman *Das Geheimnis der drei Eichen* brauchte er nur fünf Tage. Im ganzen umfaßt sein Werk 172 Romane, 250 Kurzgeschichten und 16 Theaterstücke. Seinen Erben hinterließ er 100000 Pfund Sterling Schulden (damals etwa 2 Mio. DM), die aber aus seinen Tantiemen in wenigen Jahren abgezahlt werden konnten.

Der längste Roman von Bedeutung heißt *Les hommes de bonne volonté* (Die guten Willens sind) und umfaßt 27 Bände. Der Franzose Louis Henri Jean Farigoule alias Jules Romains (1885–1972) hat ihn von 1932 bis 46 geschrieben.

Der längste Fortsetzungsroman ist *Tokuga-Wa Jeyasu* des Japaners Sohachi Yamaoka. Er wird seit 1951 in einer japanischen Tageszeitung veröffentlicht. In Buchform umfaßt er ca. 40 Bände.

Als meistübersetzter Schriftsteller seines Gesamtwerkes gilt der russische Dichter Fjodor Michailowitsch Dostojewskij (1821–81). Es ist in 110 Sprachen übersetzt worden. Ihm folgt der amerikanische Satiriker Mark Twain (eigentlich Samuel Langhorne Clemens, 1835 bis 1910) mit Übersetzungen seiner sämtlichen Werke in 90 Sprachen.

Meistübersetzte deutsche Schriftsteller waren und sind die Märchensammler Jacob und Wilhelm Grimm, deren Anfang bis Mitte des 19. Jh.s entstandene Werke Übersetzungen in 108 Sprachen erreichten.

BESTSELLER

Das am weitesten verbreitete Buch der Welt ist die Bibel. Vollständig übersetzt wurde sie in 318 Sprachen, Teile von ihr sind in weiteren 1628 Sprachen erschienen. – Lenin gibt es in 222 Sprachen; Jules Verne (1828–1905) in 220 Sprachen. Zwischen 1815 und 1975 wurden von der Bibel schätzungsweise 2,5 Mrd. Exemplare gedruckt, etwa 1,5 Mrd. von den Bibelgesellschaften.
Das rote Buch mit den *Worten des Vorsitzenden Mao Tse-tung* soll zwischen 1966 und 71 rund 800millionenmal aufgelegt worden sein.
Das 192 Seiten starke Buch *The Truth That Leads to Eternal Live* (Die Wahrheit, die zu ewigem Leben führt) ist erstmals im Mai 1968 in der New Yorker Wachtturm-Bibel-und-Traktat-Gesellschaft publiziert worden. Bis April 1990 erreichte dieses Handbuch der Zeugen Jehovas eine Auflage von 107,07 Mio. Exemplaren. Es wird in 117 Sprachen gedruckt.

Das meistverkaufte Buch aus der Zeit vor der Einführung des Copyrights ist wahrscheinlich die 1879er Ausgabe des *McGuffey Reader,* ein Buch, das von Henry Vail zusammengestellt und in den USA für den Schulgebrauch von Van Antwerp, Bragg & Co. verlegt wurde. Es wurden 60 Mio. Exemplare verkauft.

Das meistverkaufte Buch der Welt, das unter die Copyright-Gesetze fällt, ist das *Guinness Buch der Rekorde.* Es wurde erstmals im September 1955 in der Londoner Fleet Street veröffentlicht. Die Guinness-Brauerei wollte damit den wettlustigen Gästen in den 81400 britischen Pubs hieb- und stichfeste Argumente liefern. Norris Dewar McWhirter (* 1925) und sein Zwillingsbruder Alan Ross McWhirter († 1975) waren die Gründungsherausgeber. Bis Oktober 1991 sind 66 Mio. Exemplare in 36 Sprachen abgesetzt worden.

Der meistverkaufte Roman ist *Das Tal der Puppen* von Jacqueline Susann (Mrs. Irving Mansfield, 1921–74), der seit seinem Erscheinen im März 1966 mit einer Gesamtzahl von 28,714 Mio. Exemplaren weltweit bis zum 30. März 1987 den Verkaufsrekord hielt. Allein in den ersten sechs Monaten nach dem Erscheinen verkaufte der Verlag Bantam 6,8 Mio. Exemplare.
Alistair Stuart MacLean (1922–87) schrieb 30 Bücher, von denen 28 allein in Großbritannien jeweils mehr als 1 Mio. mal verkauft wurden. 13 seiner Romane, die in 28 Sprachen übersetzt wurden, sind verfilmt worden. Es ist einmal geschätzt worden, daß MacLean alle 18 Sek. die Buchhandlungskassen klingeln lasse.

Kürzeste Kritik: Die kürzeste Buchkritik veröffentlichte Markus Spieß (*1971) aus Ettlingen in der Schülerzeitung *Furunkel* am 12. Mai 1984. Sein Kommentar zum *Guinness Buch der Rekorde 1984* war schlicht und einfach »Ah!«.

VERLAGE UND DRUCKEREIEN

Die größte Druckerei der Welt ist vermutlich R. R. Donnelley & Sons Co. mit Hauptsitz in Chikago, Illinois (USA). Das 1864 gegründete Unternehmen hat weltweit fast 100 Betriebe, Filialen, Dienstleistungszentren und Tochtergesellschaften und erledigt jährlich Aufträge im Wert von 3,5 Mrd. Dollar (etwa 5,95 Mrd. DM).
Der New Yorker Druck- und Verlagskonzern Time Warner hatte 1989 einen Umsatz von 7,64 Mrd. Dollar (ca. 13,4 Mrd. DM), doch in dieser Zahl ist auch der Umsatz der Firma Warner Communications enthalten, die am 24. Juli 1989 dem Konzern einverleibt worden war.

Die größte Druckerei unter einem Dach ist die der amerikanischen Regierung in Washington (1861 gegründet). Auf 13,92 ha werden durchschnittlich 1954 Druckaufträge pro Tag erledigt, der jährliche Papierverbrauch beläuft sich auf 4500 t. Für etwa 75,7 Mio. Dollar im Jahr werden Regierungspublikationen unter die Leute gebracht. Insgesamt hat die Druckerei 16500 Titel im Angebot, per Post treffen täglich 5600 Bestellungen ein.

Den größten Druckauftrag vergibt die britische Automobil Association. Für das *Mitglieder Jahrbuch* 1990/91 wurden 6,15 Mio. Exemplare geordert. Würden sie aufeinandergestapelt, wäre der Bücherturm siebenmal höher als der Mt. Everest. Die Gesamtauflage der Jahrbücher seit dem Erscheinungsjahr 1908 beträgt 97673000.

Der größte Medienkonzern der Welt ist Time Warner Inc., New York, mit 35000 Mitarbeitern. Im Jahr 1990 erbrachten seine Bücher und Zeitschriften 2,9 Mrd. Dollar (ca. 4,9 Mrd. DM). Die bisherige Nummer eins, die Bertelsmann AG in Gütersloh (Nordrhein-Westfalen) hat im Geschäftsjahr 1989/90 mit 13,31 Mrd. DM Umsatz ein Wachstum von 6,7 Prozent erzielt. Mitberücksichtigt sind die Neuerwerbungen in den USA Doubleday, die früheren RCA-Musikfirmen und der Buchklub BCA.

Älteste Verlagshäuser: Die Oxford University Press feierte 1978 den 500. Geburtstag des ersten Buches, das in der Stadt Oxford gedruckt worden war. Zu diesem Zeitpunkt, 1478, gab es die Oxford University Press allerdings noch

Die Deutsche Bücherei in Leipzig birgt die Sammlung aller deutschsprachigen Veröffentlichungen des In- und Auslandes.

nicht. Die Cambridge University Press kann ihre Druck- und Verlagsgeschichte bis ins Jahr 1584 zurückverfolgen. Die königliche Erlaubnis, Bücher aller Art zu drucken und zu verkaufen, hatte dieser Universitätsverlag bereits 50 Jahre zuvor erhalten. 1988 publizierte der Verlag 1608 neue Titel.

Das älteste noch bestehende Druck- und Verlagshaus Deutschlands ist der Verlag Schmidt-Römhild in Lübeck. Es wurde 1579 gegründet und ist auch heute noch ein modernes, leistungsfähiges Unternehmen.

BIBLIOTHEKEN

Die größte Bibliothek der Welt ist die am 24. April 1800 gegründete Kongreßbibliothek in Washington (USA). Sie umfaßt 97,5 Mio. Schriftstücke aller Art, darunter 27,6 Mio. Bücher und Broschüren. Die Bibliotheksgebäude haben eine Grundfläche von 33,67 ha, die Bücherregale sind alles in allem 941,4 km lang. Der James-Madison-Gedenkanbau wurde im April 1980 fertiggestellt und nimmt 14 ha ein.
Die größte nichtstaatliche Bibliothek ist die öffentliche Bücherei von New York (1895 gegründet). Der Komplex an der Fifth Avenue breitet sich über 48 800 m² aus, die Regale haben eine Länge von 141,6 km. Das Angebot umfaßt einschließlich der 82 Zweigstellen 13 887 774 Bücher, 18 349 585 Manuskripte und 381 645 Landkarten.

Die größte Bibliothek Europas ist die Lenin-Bibliothek in Moskau (UdSSR), die über 14,5 Mio. Bücher verfügt.

Die größte deutsche Bibliothek ist die Deutsche Bücherei in Leipzig (Sachsen), die über 9,32 Mio. Bücher, Zeitschriften, Patent- und Hochschulschriften, Musikalien und Atlanten enthält (31. Dezember 1990).

Die größte Bibliothek in Österreich ist die Österreichische Nationalbibliothek in Wien, die im 15. Jh. gegründet wurde. Sie umfaßte Ende 1990 insgesamt 2 652 693 Bände und ca. 4,756 Mio. Einheiten sonstiger Medien (Handschriften, Musikalien, Theatralia, Flugblätter, Karten, Papyri, Fotos usw.).

Die größte Bücherei der Schweiz ist die Öffentliche Bibliothek der Universität Basel (gegründet 1460) mit 2,7 Mio. Bänden.

COMICS

Der älteste heute noch erscheinende Comic-Strip ist *Katzenjammer Kids*, der von Rudolph Dirks erfunden wurde und zum ersten Mal 1897 im *New York Journal* erschien; er wird von seinem Sohn weiter fortgeführt. In den »Kids« Hans und Fritz erkennen insbesondere deutsche Leser ohne Zweifel schnell deren Vorbilder Max und Moritz von Wilhelm Busch (1832–1908), dessen Bildergeschichten als Anfänge der Comic-Strip-Kultur angesehen werden können.

Der erste Comic-Strip ist *The Yellow Kid*, der am 18. Oktober 1896 zum ersten Mal in William R. Hearsts *New York Journal* gedruckt wurde.

Vor 70 Jahren erschien in England im *Daily Sketch* der erste europäische Tagesstrip: *Pop* von J. Millar Watt.

Die am weitesten verbreiteten und erfolgreichsten Comic-Geschichten liefert Charles Schulz aus Santa Rosa in Kalifornien (USA) mit seinen *Peanuts*. 1950 erstmals erschienen, werden sie heute in mehr als 2300 Tageszeitungen in 68 Ländern und in 26 Sprachen gedruckt. 1990 wurde das monatliche Einkommen von *Peanuts*-Vater Schulz auf 5 Mio. Dollar (8,75 Mio. DM) geschätzt.

Die langlebigste und erfolgreichste europäische Comic-Serie ist *Tim und Struppi* von Hergé (Georges Remi). Unter dem Originaltitel *Tintin* erschien die erste Folge am 10. Januar 1929 in der belgischen Zeitschrift *Le Petit Vingtième*. Bis 1976 sind 23 Geschichten entstanden, die in Albumform in 33 Sprachen mit einer Gesamtauflage von 135 Mio. Exemplaren erschienen sind. Hergé ist 1983 im Alter von 75 Jahren gestorben.

Tim und Struppi aus Hergés *Die Juwelen der Sängerin*.

Die längste Comic-Geschichte der Welt zeichnete der Japaner Katsuhiro Otomo: Sein rasantes Science-Fiction-Opus *Akira* startete im Dezember 1982 in der japanischen Zeitschrift *Young Magazine* und wurde in bislang fünf Bänden von der Stärke eines Telefonbuches nachgedruckt. Der letzte Band der Story, die über 2 000 Seiten umfassen soll, steht noch aus, da Otomo zwischenzeitlich an der Verfilmung seines Stoffes gearbeitet hat. Allein in Japan verkauften sich die Buchnachdrucke bislang 3,5 Mio. mal. Inzwischen ist *Akira* auch in den USA, Frankreich, Spanien, Italien und Deutschland angelaufen.

Den schnellsten Sprung von null auf 1000 Zeitungen schaffte der Comic-Strip *Garfield*, den Jim Davis 1978 ersann. In Amerika hat der biestige Kater mittlerweile bereits *Snoopy* den Rang als beliebtestes Comic-Tier abgelaufen. Inzwischen erscheint *Garfield* in über 1700 Zeitungen. Seine Abenteuer wurden in 44 Büchern zusammengefaßt, von denen zeitweilig bis zu sieben Stück gleichzeitig auf der *New-York-Times*-Liste der 15 bestverkauften Paperbacks zu finden waren.

Der größte Comic-Markt der Welt ist Japan. Knapp 1,5 Billionen *Mangas* – monatliche Comic-Bücher mit bis zu 400 Seiten Umfang – werden jährlich von den Japanern verschlungen. In Japan wird mehr Papier für den Druck von Comics als zur Herstellung von Toilettenpapier verbraucht.

Vor 40 Jahren erschien in Deutschland die erste Ausgabe der *Micky Maus*, die mit einer wöchentlichen Auflage von 600 000 Exemplaren als größte europäische Jugendzeitschrift gilt. Maßgeblichen Anteil am Erfolg des Comic-Heftes hatte die langjährige Übersetzerin Dr. Erika Fuchs, die den Kosmos der amerikanischen Enten und Mäuse feinfühlig für die deutschen Leser synchronisierte.

Die erste Zusammenarbeit von Zeichnern aus Ost und West fand mit dem Album *Durchbruch* statt, mit dem insgesamt 30 Künstler aus 11 Län-

Eine Szene aus *Eine Falle für die Clowns*, dem Science-fiction-Opus *Akira*.

dern auf die Ereignisse um den 9. November 1989 reagierten. Das Album, an dem neben westlichen Stars wie Enki Bilal, Moebius, Milo Manara und Matthias Schultheiss auch Zeichner aus Polen, Jugoslawien, Ungarn, der Sowjetunion und der ehemaligen DDR mitgearbeitet haben, erschien im April 1990 in 13 Ländern gleichzeitig.

Den wichtigsten europäischen Comic-Preis, den Prix Alph Art, erhielt im Januar 1991 auf dem Internationalen Comic-Salon im französischen Angoulême der humoristische Zeichner Marcel Gotlib für sein Gesamtwerk. Als bestes Album des Jahres wurde der Band *Der Champion* von Baru ausgezeichnet, der am Beispiel des Aufstiegs eines Boxers während des Algerienkrieges den Konflikt zwischen Politik und Individuum thematisiert.

Zum besten deutschen Comic-Zeichner wurde 1990 auf dem alle zwei Jahre stattfindenden Erlanger Salon der Berliner Karikaturist Gerhard Seyfried gewählt. Seyfried wurde 1948 in München geboren, und in den 70er Jahren gehörten seine Knollennasenmännchen zu den meistgeklauten Zeichnungen: Sie fehlten auf keinem linken Flugblatt oder Plakat. 1978 erschien mit *Wo soll das alles enden?* sein erstes Cartoonbuch. Drei Jahre später verkaufte sich sein Band *Invasion aus dem All-Tag* innerhalb von nur sechs Wochen 57000 mal.

Auflagenstärkster Comic in Deutschland ist die Serie *Asterix.* Der kauzige Gallier, der 1959 von Albert Uderzo und René Goscinny für die französische Zeitschrift *Pilote* erfunden wurde, wehrt sich im Jahr 50 v. Chr. zusammen mit seinem dickleibigen Freund Obelix in bereits 28 Alben gegen die römischen Besatzer. Jedes deutsche Album wird mit einer Druckauflage von 2,8 Mio. Exemplaren gestartet.

Die erfolgreichste deutsche Comic-Figur ist der Motorrad- und Flaschbier-Fan *Werner* aus der Feder des Kieler Zeichners Brösel (eigentlich Rötger Feldmann). Fünf Bücher sind mittlerweile erschienen. Die Gesamtauflage liegt bei 3,5 Mio. Exemplaren.

Der Mathematikstudent Ralf Laue stellte dieses längste Bilderrätsel zusammen. Die Lösung: der Osterspaziergang aus Goethes *Faust*.

Dieses Riesenkreuzworträtsel kann nur vom Hubschrauber oder Heißluftballon aus ganz überblickt werden. Im ostfranzösischen Is-sur-Tille bei Dijon hat Jean Rossat am 31. Mai 1991 diesen 3150 m² großen Rätselplan aufgezeichnet.

Der Deutschen liebste Comic-Figur ist nach mehreren Umfragen derzeit das *Marsupilami.* Der Belgier André Franquin erfand das gelbe Wundertier mit den schwarzen Flecken und dem acht Meter langen Schwanz 1952 für seine Comic-Serie *Spirou und Fantasio.* Als die Serie ab 1966 von anderen Zeichnern weitergeführt wurde, behielt Franquin die Rechte an seiner Schöpfung. Seit 1987 zeichnet er nun eine eigene *Marsupilami*-Serie, von der mittlerweile drei Alben vorliegen.

Den ersten deutschen Computer-Comic legte der 1948 in Brunsbuttelkoog im Kreis Dithmarschen geborene Zeichner Michael Götze mit der Albumreihe *Das Robot Imperium* vor. Darin schildert er den Kampf der letzten überlebenden Menschen gegen die Roboter, die die Macht erlangt und sich gegen ihre Schöpfer gewendet haben. Die Zeichnungen wurden sämtlich mit Hilfe einer Maus als Zeichengerät und eines 3-D-Programms am Bildschirm eines Atari 520 ST-Gerätes entwickelt.

Die teuerste Comic-Originalzeichnung fand Anfang des Jahres in Paris einen Käufer: Für umgerechnet ca. eine Million DM wurde das Cover des *Tim und Struppi*-Albums *Die Zigarren des Pharaos*, von dem Belgier Hergé 1934 gezeichnet, versteigert. Der Käufer blieb anonym.

KREUZWORTRÄTSEL

Das erste bekannte Kreuzworträtsel ist im September 1875 im New Yorker *St. Nicholas* veröffentlicht worden. Das alte 9 × 9-Rhombusrätsel hat der Engländer Dr. Kenneth Miller aufgestöbert. Miller ist selber ein Pionier auf dem Gebiet: Er erfand 1983 das farbige Kreuzworträtsel.

Das größte je veröffentlichte Kreuzworträtsel hatte 12489 waagerechte und 13125 senkrechte Wörter auf 82951 Feldern. Das Riesenrätsel nahm 3,55 m² ein und war von Robert Trucot aus Quebec (Kanada) ausgetüftelt worden.

Das längste Bilderrätsel kommt aus Leipzig (Sachsen). Ralf Laue (* 1968) hat als Schüler ein 37,42 m langes und 4,3 cm breites Rebus mit 272 Bildern gezeichnet. Vom 7. April 1985 bis 23. August 1986 hat er insgesamt 611 Buchstaben und Zahlen sowie 309 Auslassungszeichen verschlüsselt – kein Bild tritt mehrfach auf.

Schnellster beim Lösen von Kreuzworträtseln ist der Brite Roy Dean aus Bromley, Kent. Unter Testbedingungen schaffte er am 19. Dezember 1970 in einer BBC-Sendung das Kreuzworträtsel in der *Times* in 3:45 Min.

Das längste deutsche Wort hat der Gymnasiast Georgios Stefanidis (* 1973) aus Reutlingen (Baden-Württemberg) in ein Rätsel eingebaut. Am 20. März 1991 erschien ein Riesenrätsel mit dem Lösungswort von 45 Buchstaben: Fussballweltmeisterschaftsendrundenteilnehmer in der Zeitschrift *7 Tage*, einer Produktion von Rätsel-Krüger, Lübeck.

Produktivster Erfinder von Kreuzworträtseln ist Roger F. Squires aus Ironbridge, Shropshire (GB). Bis September 1991 waren es über 37500. Pro Woche schafft Squires im Schnitt 42 Rätsel. Am 6. September 1989 war im *Daily Telegraph* sein millionstes Kästchen auszufüllen.

MUSIK

INSTRUMENTE

Das früheste noch existierende Hammerklavier wurde 1720 in Florenz von Bartolomeo Cristofori (1655–1731) aus Padua (Italien) gebaut und befindet sich jetzt im Metropolitan Museum of Art in New York City (USA).

Der größte Flügel, der je gebaut wurde, wog 1,25 t und war 3,55 m lang; hergestellt wurde er 1935 von Chas. H. Challen & Sohn in London. Die längste Baßseite war 3,02 m lang, und die Zugbelastung auf dem 330 kg schweren Rahmen betrug mehr als 30 t.

Das größte Klavier stammt von der Bonner Klavierbaufirma David Klavins und ist eine aufrechte Hammerflügelkonstruktion mit einer Höhe von 3,7 m und einer Breite von 3,8 m. Das Gesamtgewicht beträgt etwa 2 t. Die längste Baßsaite ist 3,03 m lang. Wer nicht nach Bonn reisen möchte, um das Instrument live zu erleben, kann sich auf mehreren von Michael Ponti eingespielten CDs von der phänomenalen Fülle des Baßregisters überzeugen.

Teuerster Flügel war ein um 1888 gebauter Steinway, der am 26. März 1980 bei Sotheby Parke Bernet in New York 390000 Dollar (769470 DM) erzielte. Der Flügel war vom Martin-Beck-Theater angeboten und von einem Nicht-Klavierspieler erworben worden.

Das größte Cembalo, das vor dem 20. Jh. gebaut worden ist, stammte von dem Hamburger Instrumentenmacher Hieronymus Albrecht Hass (1689 – zwischen 1746 und 61) und wurde 1740 gebaut. Es hat drei Manuale, fünf Saitenbezüge, sechs Springer-Reihen und verschiedene Koppelmöglichkeiten. Das Instrument befindet sich im Besitz des Cembalisten Rafael Puyana.
Das größte im 20. Jh. gebaute Cembalo ist ein dreimanualiges Instrument der Firma Senftleben in Lamstedt (Niedersachsen). Es hat sechs Register und fünf Oktaven Spielumfang.

Die kleinsten spielbaren Cembali (Kielflügel) hat der Pariser Erfinder Jean Marius um 1700 gebaut. Es sind dreiteilige Klappinstrumente, die, zusammengeklappt, lediglich 1,5 × 0,25 × 0,2 m groß sind. Eines davon hat Friedrich II. gehört und kann im Musikinstrumenten-Museum des Staatlichen Instituts für Musikforschung, Berlin, bestaunt werden.

Der kleinste spielbare Flügel ist das Modell im Maßstab 1:8 eines Instruments aus dem Jahr 1910 der Baltimorer Klavierbaufabrik Knabe und wurde von Emil J. Cost gefertigt. Der Flügel hat die Maße 19,5 × 8,67 × 16,5 cm.

Das größte und lauteste Musikinstrument, das je gebaut wurde, ist die jetzt nur zum Teil bespielbare Auditoriums-Orgel in Atlantic City, New Jersey (USA). Dieses 1930 vollendete Instrument hat zwei Spieltische, einen mit sieben Manualen und einen weiteren beweglichen mit fünf, 1477 Registerzüge und 33112 Pfeifen von 4,7 mm bis 19,5 m Größe. Es hat die Lautstärke von 25 Blaskapellen bei einem Umfang von sieben Oktaven. Es hat auch den lautesten Registerzug, den sogenannten Ophicleide-Zug.

Die größte voll funktionstüchtige Orgel der Welt ist die 1911 gebaute und bis 1930 erweiterte »Große Hoforgel« im Wanamaker Store von Philadelphia (USA). Sie hat sechs Manuale und 30067 Pfeifen. Die Gravissima-Pfeife mißt 19,5 m.

Die größte elektronische Orgel steht in Rothenburg ob der Tauber. Der holländische Ingenieur Bo Hanus und Ehefrau Hannelore Hanus-Walther haben das Rekordinstrument in 20 Jahren entwickelt und in ihrer Firma INTERES unter Verarbeitung der modernsten Mikroelektronik gebaut.

Mit 122 Stimmen, 45 Fußlagen, 305 Tasten und fünf Manualen übertrifft die Elektronikorgel an

Das Reiseklavier Friedrichs des Großen gehört zu den kleinsten spielbaren Cembali.

Klangreichtum und Tonumfang alles Vergleichbare. 80215 Töne können auf einmal erklingen.

Die stärkste elektronische Orgel ist die 7000-W-*Golden Spirit*-Orgel von Robert A. Nye, die Henry N. Hunsicker entworfen hat. Sie hat 700 Lautsprecher und ist am 9. Dezember 1988 in Trump's Castle in Atlantic City, New Jersey (USA), eingeweiht worden.

Die Pfeifen-Orgel in der Kirche der amerikanischen Militärakademie West Point ist seit 1911 ständig gewachsen: von 2406 auf 18200 Pfeifen.

Die größte Kirchenorgel der Welt befindet sich im St.-Stephans-Dom in Passau (Niederbayern). Die Pfeifen-Orgel wurde 1924–28 von D. F. Steinmeyer & Co. eingebaut und 1977–80 von Orgelbaumeister L. Eisenbarth, Passau, umgebaut und erweitert. Sie besteht jetzt aus Hauptorgel, Chororgel, Epistelorgel, Evangelienorgel und Fernorgel. Im ganzen besitzt das mächtige Instrument 231 Register, 17388 Pfeifen und 134 Glocken. Die größte Pfeife ist 11,3 m lang, hat einen Durchmesser von 50 cm und wiegt 306 kg. Vom großen Hauptspieltisch aus (fünf Manuale) sind alle Teilwerke der Orgel elektrisch bespielbar.

Die älteste noch spielbare Pfeifen-Orgel der Welt stammt aus dem Jahr 1390 und befindet sich in der Cathédrale de Notre Dame de Valère in Sion (Sitten), Schweiz. Sie wurde erstmals 1687 und zuletzt 1954 restauriert. In jedem Sommer wird mit ihr ein Festival mit Aufführungen alter und neuer Orgelmusik veranstaltet. Die Orgel hat acht Register, von denen vier noch aus gotischer Zeit stammen.

Die älteste wieder spielbare Pfeifen-Orgel (nach der Rekonstruktion) steht in Budapest –

Das längste einteilige Naturalphorn bauten 1989 Karl Berger und Siegfried Mairl in Sand in Taufers (Südtirol) aus einer 70jährigen Fichte. Das spielbare Instrument ist 24,25 m lang und hat die Stimmung in »Des«.

Aquincum – (Ungarn). Die 1959 restaurierte/rekonstruierte mechanische Orgel mit vier Registern und 52 Pfeifen wurde 228 n. Chr. dem Kollegium der Tuchweber in Aquincum, der damaligen Hauptstadt der römischen Provinz Ostpannonien, geschenkt. Sie gilt als vollständigster und wertvollster Fund einer römischen Orgel.

Die älteste und einzige Bambus-Orgel der Welt steht in der katholischen Kirche von Las Piñas, einem Vorort von Manila (Philippinen). Angeblich mangels anderer Materialien begann der Missionar Diego Cerra im Jahr 1794 mit dem Bau dieser Pfeifen-Orgel, die noch heute in Gebrauch ist.

Als größte Freiluft-Orgel der Welt gilt die Heldenorgel im Bürgerturm der Festung Geroldseck hoch über der Stadt Kufstein am Inn, Tirol (Österreich). Diese Pfeifen-Orgel wurde 1931 erbaut, 1970/71 erweitert und verfügt jetzt über vier Manuale und 4307 Pfeifen. Schallöffnungen im Festungsturm ermöglichen es, das Orgelspiel kilometerweit zu hören.

Die größte noch erhaltene spielbare Kino-Orgel Europas steht im Musikinstrumenten-Museum des Staatlichen Instituts für Musikforschung, Berlin. Es ist eine 1929 für den Industriellen Werner Ferdinand von Siemens gebaute Orgel der Rudolph Wurlitzer Company mit viermanualigem Spieltisch. Neben normalen Orgelpfeifen hat die elektrisch-pneumatische Orgel eine Vielzahl von Schlagzeug- und Effektinstrumenten eingebaut, Marimbaphon, große und kleine Trommel, Kastagnetten, Glokkengeläut, Vogelgezwitscher, Sturmgeheul und Tusch.

Die größte transportable Kirmesorgel der Welt mit 125 Tonstufen gehört dem Bonner Schausteller Rudolf Barth. Die Konzertorgel kommt aus dem Schwarzwald, ist 9,5 m lang und 3,1 m hoch. Sie ist pneumatisch gesteuert und sorgt schon seit Jahrzehnten für Vergnügen bei jung und alt.

Am längsten auf der Konzertbühne stand Elsie Maude Stanley Hall (1877–1976). Neun Jahrzehnte lang war die Klaviersolistin aktiv, ihr letztes Konzert gab sie mit 97 Jahren im südafrikanischen Rustenburg.

Der klassische Pianist mit der längsten internationalen Karriere ist der in Amerika lebende Pole Mieczyslaw Horszowski (* 1892). Sein offizielles Debüt gab er 1902 mit Beethovens Erstem Klavierkonzert. Noch 1991 konzertierte er, u. a. am 4. Juni in Londons Wigmore Hall, drei Wochen vor seinem 99. Geburtstag. Der norwegische Pianist Reidar Thommesen (1889–1986) spielte bis zu seinem 90. Lebensjahr über 30 Std. pro Woche in Theater-Cafés. Charles Bridgeman (1779–1873) war von 1792 bis 1873, also 81 Jahre lang, Organist in der Kirche von Hertford (GB).

Die kleinste elektronische Handdrehorgel (12,4 cm lang, 7,4 cm breit, 10 cm hoch) hat der Nähmaschinenmechaniker Werner Schlegel (* 1943) aus Immendingen 2-Zimmern (Baden-Württemberg) gebastelt. Der Mini-Leierkasten im Bauernmalerei-Stil kann über 100 verschiedene Musikstücke spielen, sobald die kleine Kurbel gedreht wird.

Die kleinste spielbare Pfeifenorgel, ein Portativ (eine tragbare Orgel, auf der man mit der rechten Hand spielt, während die linke den Blasebalg betätigt), hat der Berliner Orgelbauer Andreas Hermert (* 1963) gebastelt. Die Mini-Orgel (92x35x39 mm) ist mit einer voll funktionsfähigen Mechanik, Pfeifen aus Zinn und mit einem zweifachen Blasebalg ausgestattet.

Im Drehorgelspielen kam Rolf Becker (* 1947) aus Halle (Sachsen-Anhalt) vom 14. bis 16. Februar 1989 auf 48 Std. Dauerspielzeit. Auf drei historischen Walzen-Drehorgeln schaffte der Maschinenbau-Ingenieur mit dem grauen Vollbart, der leicht verbeulten Melone auf dem Kopf und der Nickelbrille seinen Rekord in einem Berliner Studentenklub.

Drehorgel-Superfest: Beim 10. Internationalen Drehorgelfest feierten 250 Leierkastenmänner und -frauen vom 5. bis 8. Juli 1990 in Berlin den 200. Geburtstag der Drehorgel. Spieler aus Frankreich, aus den Niederlanden, der ČSFR, aus Großbritannien, aus Dänemark, der Schweiz, Italien und den USA gaben zusammen mit ihren deutschen Gastgebern ihr Superkonzert am Brandenburger Tor und verwandelten die »Linden« in eine nostalgische Klangmeile.

Die größte Panflöte stammt von Simon Desorgher und Lawrence Casserley. Fünf Kontrabaßpfeifen haben jeweils einen Durchmesser von 10 cm und sind 4,79, 4,16, 3,6, 3,1 und 2,66 m lang. Die fünf Baßpfeifen haben jeweils einen Durchmesser von 5 cm und sind 2,39, 2,08, 1,8, 1,52 und 1,33 m lang. Erstmals vorgestellt wurde die Panflöte am 9. Juli 1988 bei einem Konzert in den Londoner Jubilee Gardens.

Das größte bekannte Blechinstrument ist eine 2,28 m hohe Tuba mit 11,8 m langer Schallröhre und einem Schalltrichter von 1 m Durchmesser. Diese Kontrabaß-Tuba wurde für eine Welttournee der Kapelle des amerikanischen Komponisten John Philip Sousa (1854–1932) um 1896–98 gebaut und wird auch heute noch gespielt. Das Instrument gehört jetzt einem Zirkusunternehmen in Südafrika.

Die älteste erhaltene Zugtrompete stammt von Huns Veit, datiert Naumburg 1651. Sie befindet sich im Musikinstrumenten-Museum des Staatlichen Instituts für Musikforschung in Berlin. Durch Ausziehen des Trompetenzugs kann der tiefste Ton um drei Halbtöne vertieft werden.
Die älteste noch erhaltene datierbare Trompete wurde 1523 von Ubaldo Montini in Siena gearbeitet. Im Laufe der Jahrhunderte mehrfach restauriert, ist nur noch der Zierkranz original. Das Instrument befindet sich im Staatlichen Institut für Musikforschung, Berlin.

Dieser Spieltisch einer Wurlitzer Orgel steht im Innenraum des Musikinstrumenten-Museums des Staatlichen Instituts für Musikforschung, Berlin.

Jimmy Hendrix (1942–70) mit der *Fender Stratocaster*, einer Gitarre, die sein früherer Schlagzeuger Mitch Mitchell angeboten hatte und die am 25. April 1990 bei Sotheby's in London den Rekordpreis von 568 260 DM erzielte.

Russische Hörner, eintonige und ventillose Instrumente, setzt als einziges der Welt das Erzgebirgsensemble Aue (Sachsen) vollgültig in seinem Programm ein.

Das längste Alphorn entstand 1988 in der Alphornwerkstatt von Josef Stocker in Kriens, Luzern (Schweiz). Das 37 m lange Rekordinstrument wurde am 29. Oktober zur Eröffnung des SZU-Tunnels in Zürich der Öffentlichkeit vorgestellt. Musik Hug und Radio Zürich bestätigten, daß es blasbar ist. Seine tiefsten Töne sind vom menschlichen Ohr nicht mehr zu hören.

Das größte bewegliche Saiteninstrument, das je gebaut wurde, war ein Pantaleon (dem Hackbrett verwandt) mit 370 Saiten, die eine Fläche von 4,6 m^2 einnahmen.

Die größte spielbare Gitarre der Welt mißt 5,82 m und wurde 1989 von der Narrandera Country Music Association gebaut.

Die kleinste Elektrogitarre hat Daniel Kalbermatten (* 1969) aus Rüfenacht, Bern (Schweiz), gebastelt. Das Kleinstinstrument ist 31,5 cm lang, 0,8 cm tief, 8 cm (Korpus) und 1,5 cm breit (Hals), komplett mit allem technischen Zubehör, voll funktionsfähig und aus Qualitäts-Gitarrenholz gefertigt.

Teuerste Gitarre war bisher eine *Fender Stratocaster*, die dem legendären Rock-Gitarristen Jimi Hendrix (1942–70) gehört hatte und von dessen ehemaligem Schlagzeuger Mitch Mitchell angeboten worden war. Bei Sotheby's in London hat sie am 25. April 1990 ein anonymer Käufer für 198 000 Pfund (568 260 DM) erworben.

Der größte Kontrabaß, der je gebaut wurde, war 4,26 m hoch und wurde 1924 (angeblich nach Aufforderung durch den Erzengel Gabriel) von Arthur K. Ferris in Ironia, New Jersey (USA), hergestellt. Der Baß wog 590 kg mit einem Resonanzboden von 2,43 m Breite und hatte lederne Saiten von insgesamt 31,7 m Länge. Die tiefsten Töne konnten nicht gehört, sondern nur gefühlt werden.

Nicht ganz diese Rekordmaße erreicht der am 27. Januar 1983 in Oberwesel (Rheinland-Pfalz) hergestellte voll spielbare Kontrabaß mit 3,6 m Höhe, 1,1 m Breite und 0,48 m Tiefe. Der Winzer Bernhard Becker (* 1957) und der Bankkaufmann Christoph Neubauer (* 1958) bauten ihre mit vier Kunststoffsaiten bespannte Baßgeige in drei Wochen. Klangfarbe und Tonproduktion entsprechen einem Original-Kontrabaßinstrument.
Daß ein Kontrabaß von 16 Musikern gleichzeitig gespielt werden kann, wurde am 6. Juni 1989 bei einer Aufführung von Strauss' *Perpetuum mobile* in der Stadthalle von Blandford in Dorset (GB) demonstriert. Fünf Musiker entlockten dem Kontrabaß die Töne mit Fingern, elf mit einem Bogen.

Den höchsten Preis, der bisher für ein Violoncello auf einer Auktion bezahlt wurde, erzielte mit 682 000 Pfund (etwa 2,13 Mio. DM) ein Instrument, das Antonio Stradivari um 1698 in Cremona (Italien) gebaut hatte. Das als *Cholmondeley* bekannte Violoncello wechselte am 22. Juni 1988 bei Sotheby's in London den Besitzer.

Der höchste Preis, der je für ein Musikinstrument bezahlt wurde, liegt bei 902 000 Pfund (2,59 Mio. DM). Für diese Summe wechselte am 21. November 1990 auf einer Versteigerung des Londoner Auktionshauses Christie's eine Violine von Antonio Stradivari den Besitzer. Für das 1720 gebaute Instrument, das früher einmal der Bankiersfamilie Mendelssohn gehört hatte, wurden damit 330 000 Pfund mehr geboten als für das bisher teuerste auktionierte Instrument, eine Violine des italienischen Geigenbauers Giuseppe Guarneri ›del Gesù‹ (1698–1744), für die im November 1988 bei Sotheby's in London 572 000 Pfund geboten worden waren.
Ungefähr 650 Violinen von Antonio Stradivari (1644–1737) sind erhalten. Seine Alard-Violine soll 1981 bei einem Privatgeschäft einem Käufer aus Singapur 1,2 Mio. Dollar wert gewesen sein.

Für den teuersten Geigenbogen wurden bei Sotheby's 79 200 Pfund (umgerechnet ca. 235 224 DM) geboten. Er wurde von François Tourte (1747–1835), dem berühmtesten Bogenmacher aller Zeiten, gefertigt.

Der höchste Auktionspreis für ein altes Blasinstrument wurde am 16. März 1988 auf einer Versteigerung bei Christie's, London, bezahlt: 44 000 Pfund (137 676 DM) erzielte eine säulenförmige Altblockflöte, gefertigt um 1535 von Hans von Schrattenbach.

Der erste Geiger, dem es gelang, unter Wasser zu spielen, ist Mark Gottlieb. Im Schwimmbad des Evergreen State College in Olympia, Washington (USA), gab er im März 1978 ein Unterwasserkonzert von Händels *Wassermusik*. Er arbeitet noch am Problem der Bogengeschwindigkeit und am abgesetzten Bogenstrich.
In der japanischen Fernsehsendung *Überbieten Sie Guinness* stellte sich am 7. Oktober 1979 auf Kanal 7 ein unter Wasser fiedelndes Violin-Quartett vor.

Zitherspiel-Unterwasser unterhielt am 7. Juli 1983 die Schaulustigen am Ufer des Kalterer Sees. Aus 2,8 m Tiefe erklangen 1:03:17 Std. hindurch Walzerklänge. Der Südtiroler Egon Finazzer (* 1929) hatte sich mit Preßluft und Taucheranzug in einem Glaskasten zum geliebten Zitherspiel ins Wasser gesetzt.

Eine nur 41,5 mm hohe Violine, die theoretisch spielbar ist, baute Martin Wilhelm aus Weißenbach (Österreich). In der 1980 veranstalteten Ausstellung *Musikschaffen im Außerfern* in der Raika-Galerie in Reutte (Österreich) war sie zu besichtigen.

Das höchste klavierähnliche Instrument mit einer 6,1 m hohen Baßseite baute in einjähriger Arbeit der Klavierstimmer Eckhard Schäfer (* 1933) aus Rothenburg ob der Tauber (Bayern). Dieses ungewöhnlich klangvolle Tasteninstrument verfügt neben den beiden üblichen Pedalen über vier weitere Pedale für Lautenklang, für Oktavflageolett-Töne, für Echoklang und zum Anschlagen eines Gongs. Rechtzeitig zur Saison 1988 hat es seinen Platz in der Galerie Saustall am Siebersturm in Rothenburg ob der Tauber gefunden.

Das größte Akkordeon der Welt ist im Besitz des Musikinstrumentenmuseums Markneukirchen im sächsischen Vogtland. Es besitzt 123 Drucktasten, 360 Bässe, ist dreichorig und muß von sechs Personen gespielt werden.

Klavierspiel an der Wand führte der in Wien lebende Pianist und Komponist Krzysztof Wolczak (*1952 in Krakau) im Roten Engel in Wien am 9./10. Mai 1985 vor. Der »schräge Otto« hing samt Klavier und Sitz nur an einem Haken aus steirischem Stahl und spielte nonstop 12:08 Std. von »unten nach oben« und umgekehrt in seiner Querlage.

Rücklingsspiel auf der Zither: 3:41 Std. spielte am 13. August 1989 »Zither-Luis«, der Postbeamte und Landwirt Alois Gehmair (*1957), aus Ungemach (Oberösterreich), ohne Unterbrechung seine Zither. Im Stehen rücklings zupfte er spiegelverkehrt zum Normalspiel die Saiten auf einer auf einer kleinen Holzkonstruktion stehenden Zither und überbot beim Ungemacher Kirtag-Fest den Rekord einer Burgenländerin um 1:35 Std.

Die größte Trommel, die je konstruiert wurde, gab es mit einem Durchmesser von 3,65 m und einem Gewicht von 272 kg beim Weltfriedensjubiläum in Boston (USA) im Jahr 1872.

Die größte Schlagzeugausrüstung nennt Darreld MacKenzie aus Calgary (Kanada) sein eigen. Sie besteht aus 81 Instrumenten (45 Trommeln, 15 Becken, 2 Triangeln, 6 Kuhglocken u.a.).

Selbst Grammophone können inzwischen stattliche Preise erzielen. Der bisher höchste Auktionspreis wurde bei Christie's South Kensington, London (GB), am 5. April 1990 bezahlt: Das Grammophon *His Master's Voice* Modell 203 von 1927/28 wurde für 5500 Pfund (15785 DM) versteigert.

ORCHESTER

Das älteste existierende Sinfonieorchester ist das Leipziger Gewandhausorchester. Es geht zurück auf 16 Musiker, die sich 1743 zusammenfanden, um einen Konzertzyklus mit dem Namen *Das Große Concert* abzuhalten. Der heutige Name des Orchesters bezieht sich auf die seit 1781 im damals neu erbauten Gewandhaus zuerst von Johann Adam Hiller veranstalteten Konzertabende.

Das längste Schwyzerörgeli hat das Musikhaus Josef Gwerder aus Steinen (Schwyz) gebaut. Ausgezogen ist die Handharmonika über 10 m lang, hat 31 Melodietasten, 18 Bässe und erfreut seit September 1987 die nähere und weitere Umgebung – auch in Fernsehshows. Hauptakteur ist dann Peter Zinsli aus Chur.

Das an Mitwirkenden stärkste Orchester, das je zusammengestellt wurde, hatte 20100 Mitglieder; im Ullevaal Stadion in Oslo (Norwegen) spielten am 28. Juni 1964 dem Norges Musikkorps Forbund angehörende Kapellen aus ganz Norwegen. Am 17. Juni 1872 dirigierte Johann Strauß Sohn (1825–99) ein Orchester mit 987 Mitwirkenden, unterstützt von einem Chor von 20000; das Konzert fand im Rahmen des Weltfriedensjubiläums in Boston (USA) statt. Dabei gab es 400 erste Geigen. Am 4. November 1990 vereinigten sich im Magdalena-Mixhiuca-Sportzentrum von Mexico City 13 Jugendorchester aus Mexiko und Venezuela zu einem einzigen, 1500 Musiker starken Orchester und gaben ein Konzert mit Werken u.a. von Händel, Tschaikowski, Beethoven und Dvořák. Die Leitung hatte der mexikanische Dirigent Fernando Lozano.
Als Gustav Mahlers *Sinfonie Nr. 8* 1910 in Wien erstmals aufgeführt wurde, hatten Orchester und Chor ca. 1000 Mitwirkende, deshalb erhielt die Sinfonie den Beinamen *Sinfonie der Tausend*.

Zum größten internationalen Militärmusiktreffen vereinten sich unter einer gemeinsamen Stabführung 18 Militärkapellen aus 10 Ländern im Mai 1985 in Wien. Anläßlich der Jubiläumsfeiern »40 Jahre Republik Österreich«, »30 Jahre Staatsvertrag« und »30 Jahre Bundesheer« spielten 1240 Militärmusiker bei einer Rasenschau im Hanappi-Stadion und bei einem Großkonzert auf dem Wiener Rathausplatz.
Das größte Trachtenkapellenkonzert fand am 21. März 1987 auf dem Gipfel des 2275 m hohen Kronplatz in Südtirol (Italien) statt. Insgesamt kamen 805 Musikanten unter der Leitung des Dirigenten Wilfried Egger zusammen.

Die größte Marschkapelle bestand aus 4524 Musikern. Unter ihnen allein 1342 paradierende Majorettes. Unter der Leitung von US-Schauspieler Danny Kaye (1913–87) spielte sie am 15. April 1985 im Dodger-Stadion von Los Angeles (USA).

Auf die längste Zusammenarbeit können das Sinfonieorchester von Cork (Irland) und sein Dirigent Dr. Aloys Fleischmann zurückblicken: Die Spielzeit 1991/92 war bereits die 58. Spielzeit unter Fleischmanns Leitung.

Der größte Posaunenchor war am 5. Juni 1988 zum 32. Landesposaunentag der evangelischen Christen in Ulm versammelt. 726 Posaunenchöre mit 10000 Bläsern bliesen gemeinsam den triumphalen Schlußchor *Gloria sei Dir gesungen* auf dem Münsterplatz.

Die kleinste spielbare Geige ist nur noch 35,3 mm hoch, aus Bruyère-Holz gefertigt, das Griffbrett, die Wirbel und der Frosch sind aus Ebenholz. 33 feine blonde Kinderhaare wurden als Bogenhaar verwendet, die Saiten sind aus Chrom-Nickel-Draht. Der Schweizer Cornel Schneider (*1964) aus Kleinlützel baute das Instrument in 70 Std. im Herbst 1990.

Die größte Zahl von Konzertbesuchern, die je bei einem Konzert klassischer Musik erreicht wurde, betrug geschätzte 800000. Sie waren zu einem Open-Air-Konzert im New Yorker Central Park am 15. Juli 1986 zusammengekommen, als Zubin Mehta das New Yorker Philharmonische Orchester im Rahmen der Feierlichkeiten zum 100. Geburtstag der amerikanischen Freiheitsstatue dirigierte.

Das bestbesuchte Popkonzert war Steve Wozniaks US-Festival im Jahr 1983, zu dem 725000 Fans gekommen waren. Beim dritten Pop-Festival auf der East Afton Farm in Freshwater, Isle of Wight (GB), am 30. August 1970 waren es 400000 Besucher.

Die meisten zahlenden Zuschauer bei einem Solokonzert wurden am 2. April 1990 im Maracaña-Stadion von Rio de Janeiro (Brasilien) gezählt: 180000 bis 184000 waren gekommen, um Paul McCartney (* 1942) zu hören. Ein 2-Mio.-Publikum unterhielt am 14. Juli 1990, dem französischen Nationalfeiertag, der Klang-und-Licht-Künstler Jean-Michel Jarre in Paris, freilich bei freiem Eintritt. Zu seiner Londoner Show am 8. Oktober 1988 waren – bei Platzregen – 80000 Zuschauer gekommen.

Trotz naßkalten Wetters konnte Herbert Grönemeyer am 20. Mai 1991 Tausende zu einem Open-Air-Konzert auf eine Wiese der Landwirtschaftlichen Produktionsgenossenschaft Concordia Ahrensfelde (Brandenburg) locken. Die Angaben variieren zwischen 80000 und 140000 Fans – sicher ist jedoch, daß 80000 Eintrittskarten verkauft wurden, die Anzahl der Zaungäste ist nicht gesichert.

Der älteste weltliche Kinderchor ist der Stadtsingechor Halle (Sachsen-Anhalt), der im Jahr 1116 erstmals urkundlich erwähnt wurde. Er gehört heute der Hallischen Philharmonie an und widmet sich vor allem dem klassischen Erbe, insbesondere der Pflege Händelscher Musik.
Der Leipziger Thomanerchor wurde im März des Jahres 1212 gegründet. Aus dieser Zeit stammt die Gründungsurkunde des Augustiner-Chorherrenstifts, aus dem die Schule Thomana, die Geburtsstätte des Chores, hervorging.

Der größte Jugendchor sang am 27. Mai 1990 auf der Wiener Donauinsel im Rahmen der Aktion *Earth 90* ein Lied zur Erhaltung der Natur. Gary Lux und Christian Kolonovits und 9000 Kinder stimmten das Lied für die Erde mit dem Titel *Count down* an.

Erfolgreichste Konzerttournee war »Steel Wheels«, die 1989 die Rolling Stones durch Nordamerika führte. Die Gastspielreise lockte in 30 Städten 3,2 Mio. Fans an und erbrachte schätzungsweise 310 Mio. Dollar.

Die meisten Fans lockte der amerikanische Superstar Michael Jackson an. Bei 7 Konzerten im Londoner Wembley-Stadion (14., 15., 16., 22. und 23. Juli, 26. und 27. August 1988) waren jeweils 72000 Plätze restlos besetzt. Macht zusammen 504000 Besucher.

Die Fußgängerzone in Hildesheim (Niedersachsen) wurde Schauplatz des längsten Kanons. Am 25. Juni 1990 hatten sich dort 102 Trompeter(innen) zu einem 920 m langen Musik-Lindwurm postiert und spielten im 10-m-Abstand ihr *Bruder Jacob, schläfst du noch?* 13 Min. lang, dann hatte auch der letztplazierte Trompeter sein Lied einmal geblasen.

Pink Floyds *The Wall* vor Berliner Kulisse: 600 Mitwirkende und 300000 Zuschauer machten am 21. Juli 1990 am Potsdamer Platz Rock-Geschichte.

Das größte Spektakel in der Rockgeschichte fand am 21. Juli 1990 unterm Berliner Himmel statt. Am Potsdamer Platz, auf dem ehemaligen Todesstreifen, ging *The Wall*, die Rockoper des Pink-Floyd-Vormannes Roger Waters, über die größte Bühne, die je gebaut worden ist: Die Stahlkonstruktion war 168 m breit und – am höchsten Punkt – 25 m hoch. Schätzungsweise 300000 Zuschauer verfolgten die Show, an der 600 Menschen mitwirkten und die in einem symbolischen Finale gipfelte: Eine Mauer aus 3000 Styroporblöcken wurde zum Einsturz gebracht.

KOMPONISTEN

Der produktivste Komponist aller Zeiten war wahrscheinlich der Deutsche Georg Philipp Telemann (1681–1767). Er komponierte 1043 Kirchenkantaten, 78 Messen, 40 Opern, gegen 1000 Orchestersuiten (von denen allerdings nur etwas über 100 erhalten sind), 53 Passionen, dazu Konzerte und Kammermusik.

Der produktivste Sinfonie-Komponist war ebenfalls ein Deutscher: Johann Melchior Molter (1695–1765), der 170 Sinfonien schrieb.
Der Österreicher Joseph Haydn (1732–1809) schrieb 108 Sinfonien, von denen viele heute noch regelmäßig gespielt werden.
Das größte Musikergeschlecht des Abendlandes ist die Bach-Familie. Während zweier Jahrhunderte Musikgeschichte zählte dieses Geschlecht in sechs Musikergenerationen 70 Berufsmusiker, darunter 20 Komponisten.

Der schnellste Komponist der Wiener Klassik war Wolfgang Amadeus Mozart (1756–91), zugleich auch der produktivste. Er schrieb allein 625 im KV verzeichnete Opern, Singspiele, Sinfonien, Violinsonaten, Divertimenti, Serenaden, Motetten, Konzerte für Klavier und viele andere Instrumente, Streichquartette, andere Kammermusik, Messen und Kantaten, von denen nur 70 veröffentlicht wurden, bevor er im

Das Geburtshaus von Wolfgang Amadeus Mozart in der Salzburger Getreidegasse. Ganz Salzburg stand 1991 im Zeichen des Mozartjahres.

Alter von 35 Jahren starb. Seine Oper *La Clemenza di Tito* (1791) stellte er in 18 Tagen fertig, und drei sinfonische Meisterwerke, die *Sinfonie Nr. 39*, die *Sinfonie Nr. 40 in g-Moll* und die *Jupitersinfonie in C* (Nr. 41), schrieb er angeblich im Jahr 1788 im Zeitraum von 42 Tagen. Seine Ouvertüre zu *Don Giovanni* schrieb er 1787 in Prag in einem Zuge und vollendete die Oper erst am Tag ihrer Uraufführung in der Prager Oper.

Die längste von allen klassischen Sinfonien ist die *3. Sinfonie in d-Moll* von Gustav Mahler (1860–1911). Dieses Werk aus dem Jahr 1896 erfordert eine Altstimme, einen Frauen- und einen Knabenchor sowie ein großes Orchester. Eine komplette Aufführung dauert 1:40 Std., davon allein der erste Satz zwischen 30 und 36 Min.

Havergal Brians (1876–1972) *Sinfonie Nr. 1* (die *Gotische*), komponiert in den Jahren 1919–27, wurde 1981 im Rundfunk gespielt; die Aufführung dauerte 1:45:30 Std. Eine 1990 veröffentlichte Aufnahme dieser Sinfonie benötigt für das Mammutwerk sogar 111 Min. und mehr als 600 Musiker und Sänger. Für diese Compact-Disc-Produktion des Labels Marco Polo wurden sieben Chöre, mehrere Solisten und zwei Sinfonieorchester engagiert. Brian schrieb sogar ein noch längeres Werk, das auf der Dichtung *Prometheus Unbound* (Der entfesselte Prometheus) des englischen Dichters Shelley basiert und mehr als 4 Std. dauert. Die vollständige Partitur wird jedoch seit 1961 vermißt.

Eine Aufführung der Komposition *Sequentia Cyclica* von Kaikhosru Shapurji Sorabji (*1892) würde mehr als 5 Std. in Anspruch nehmen; das Werk ist aber noch nicht publik gemacht worden. Die Sinfonie *Sieg auf dem Meer* des Amerikaners Richard Rodgers (1902–79), die 1952 für das NBC-Fernsehen arrangiert wurde, dauerte 13 Std. und ist damit zweifellos **die längste Sinfonie eines zeitgenössischen Komponisten.**

Der Komponist der meisten Flötenkonzerte war Johann Joachim Quantz (1697–1773). Als Flötenlehrer Friedrichs des Großen schrieb er rund 300 Konzerte für den Monarchen. Friedrich der Große komponierte selbst mindestens 121 Flötensonaten, womit er an der Spitze dieser Werkgattung liegt.

Erfolgreichster Komponist von Marschmusiken war der Kapellmeister Hermann Ludwig Blankenburg (1876–1956) aus Wesel. Er komponierte 1350 Märsche für großes Orchester, darunter *Gladiators Farewell* oder auch *Klar zum Gefecht.*

Das längste fortlaufende, sich nicht wiederholende Klavierstück, das bisher öffentlich gespielt worden ist, heißt *The Well-Tuned Piano* (Das gut gestimmte Klavier). Der Komponist ist La Monte Young; das Stück wurde zum ersten Mal von der Dia Art Foundation am 28. Februar 1980 in New York aufgeführt und dauerte 4:12:10 Std.

Ignacy Jan Paderewski (1860–1941), Konzertpianist und zeitweise Ministerpräsident von Polen, kassierte 1922/23 in einer einzigen Saison 500 000 Dollar und war damit der bestbezahlte klassische Pianist.

Die Deutsche Staatsoper Unter den Linden in Berlin.

Die längste Klavierkomposition ist *Symphonische Variationen* von Kaikhosru Shapurji Sorabji (1892–1988), deren Aufführung im vorgeschriebenen Tempo 6 Std. dauert. Die Noten füllen 500 engbeschriebene Manuskriptblätter oder 3 Bände. Sorabji hat seine *Symphonischen Variationen* in den dreißiger Jahren für Klavier und Orchester geschrieben.

Die leiseste Komposition stammt von John Cage (* 1912). Sein Werk mit dem Titel *4'33''* aus dem Jahr 1952 besteht aus 4:33 Min. Stille und ist in drei Sätzen für beliebige Instrumente bestimmt. Diese Komposition von Stille ist wegen ihrer Umstürzung ästhetischer Normen zu einem Schlüsselwerk der neuen Musik zu zählen.

HÖCHSTBEZAHLTE MUSIKER

Pianisten: Wladziu Valentino Liberace (1917–87, USA) hat innerhalb einer Saison von 26 Wochen mehr als 2 Mio. Dollar (3,4 Mio. DM) verdient. Seine Spitzengage von 138 000 Dollar (damals ca. 550 000 DM) bekam er 1954 für einen einzigen Abend im Madison Square Garden, New York City (USA).

Der höchstbezahlte klassische Pianist war Ignacy Jan Paderewski (1860–1941), 1919/20 Ministerpräsident von Polen, der ein Vermögen von schätzungsweise 5 Mio. Dollar (21 Mio. DM) anhäufte, von denen er 500 000 Dollar (damals 2,1 Mio. DM) während einer einzigen Saison 1922/23 verdiente.

Unter den von Sängern verdienten Vermögen sind die größten das von Enrico Caruso (1873–1921), dem italienischen Tenor, dessen Besitz sich auf 9 Mio. Dollar (damals 37,8 Mio. Goldmark) belief, und das der italienisch-spanischen Koloratursopranistin Amelita Galli-Curci (1889–1963), die etwa 3 Mio. Dollar (12 Mio. DM) verdiente.

Zugkräftigste Sängerin: 1850 wurden bis zu 653 Dollar für einen einzigen Platz bei den Konzerten bezahlt, die Johanna (»Jenny«) Maria Lind (1820–87), die schwedische Nachtigall, in den USA gab. Ihre Stimme hatte eine Reichweite von g bis e''', deren Mittelregister noch heute als unübertroffen gilt.

Den höchstdotierten Werbevertrag hat vermutlich Michael Jackson (* 29. August 1958) erhalten. Nach Berichten vom 21. März 1991 soll darin das japanische Unternehmen Sony dem amerikanischen Popstar 500 Mio. Pfund (etwa 1,5 Mrd. DM) in 15 Jahren zugesichert haben – für Musikserien, TV- und Filmprojekte. Kein Wunsch blieb offen, und im gleichen Monat hat auch Michaels Schwester Janet einen ansehnlichen Vertrag unter Dach und Fach gebracht: Virgin Records sicherte ihr angeblich für zwei Langspielplatten stolze 32 Mio. Dollar (ca. 54 Mio. DM) zu.

Eine Super-Gage von 1,5 Mio. Dollar (damals 3,63 Mio. DM) strich der Popsänger David Bowie für einen einzigen Auftritt ein – am 26. Mai 1983 beim US-Festival im Glen Helen Regional Park von Kalifornien. Eine ähnlich hohe Summe kassierte die vierköpfige Rockband Van Halen. Michael Jacksons Welttournee (September 1987–Dezember 1988) brachte 124 Mio. Dollar ein.

OPER

Die erste Oper, von der wir wissen, war *La Dafne* von Jacopo Peri (1561–1633). Sie wurde 1597 während des Karnevals in Florenz uraufgeführt. Ihre Musik ist verloren, wohl aber das Libretto vorhanden.

Die längste der regelmäßig gespielten Opern ist *Die Meistersinger von Nürnberg* von Richard Wagner (1813–83). Eine normale ungekürzte Aufführung der Oper dauert 5:15 Std. *The Heretics* von Gabriel von Wayditch (1888–1969), einem Amerikaner ungarischer Abstammung, ist für ein 110 Instrumente starkes Orchester konzipiert und dauert 8:30 Std.

Die kürzeste Oper, die je geschrieben wurde, ist *Die Errettung des Theseus* von Darius Milhaud (1892–1974), die 1928 uraufgeführt wurde und nur 7:27 Min. dauert.

Die erste deutsche Oper mit dem Titel *Daphne* schrieb Heinrich Schütz (1585–1672) im Jahr 1627; von ihr ist allerdings nur noch der Text erhalten.

Die erste in Berlin gespielte Oper, von der noch die Noten vorhanden sind, war *Cefalo* von Giovanni Bononcini (1670–1747). Das Werk wurde 1702 im Schloß Charlottenburg, das damals noch Lietzenburg hieß, aufgeführt. Die Königin Sophie Charlotte spielte in der Aufführung das Cembalo, und unter den Zuhörern weilte der Komponist Georg Philipp Telemann.

Der meistgespielte Opernkomponist aller Zeiten wird Wolfgang Amadeus Mozart (1756-1791) sein, von dessen Opern *Die Zauberflöte, Le nozze di Figaro* und *Don Giovanni* in allen Statistiken vordere Plätze einnehmen.

Die längste Opernarie ist *Brünnhildes Klage* in Richard Wagners *Götterdämmerung*. Sie dauert gegen 15 Min.

Das kürzeste Opern-Finale hat die Oper *Halka* (1848) des Polen Stanislaw Moniuszko (1819–72): Es dauert nur 1:20 Min.

Das größte Opernhaus ist die Metropolitan Opera, New York City (USA), die im September 1966 zum Preis von 45,7 Mio. Dollar (damals ca. 180 Mio. DM) vollendet wurde. Sie hat eine Kapazität von 3800 Plätzen in einem 137 m tiefen Auditorium. Die Bühne ist 70 m breit und 45 m tief.

Die meisten Ränge aller Opernhäuser haben das Teatro della Scala (»La Scala«) in Mailand (Italien) und das Bolschoitheater in Moskau (UdSSR). Beide haben sechs.

Das größte Opernhaus in Deutschland ist die Deutsche Oper in Berlin mit 1900 Sitzplätzen. Sie wurde im September 1961 mit einem Aufwand von 35 Mio. DM fertiggestellt. Die Fassade ist 200 m lang und 38,4 m hoch.
Das Berliner Opernhaus wird im Fassungsvermögen allerdings vom Nationaltheater in München, der Bayrischen Staatsoper, übertroffen. Durch zusätzliche Partiturplätze und Galeriestehplätze hat sie ein Fassungsvermögen von 2100 Plätzen.

Die Deutsche Staatsoper in Berlin, von Knobelsdorff 1741–43 in der Straße Unter den Linden erbaut, ist der erste von einem Schloß unabhängige Theaterbau. Die Oper brannte 1843 und nach Wiederaufbau 1941 völlig aus und wurde 1945 total zerstört. 1955 wurde der Bau mit Wagners *Meistersinger von Nürnberg* wiedereröffnet. Der Zuschauerraum bietet 1452 Plätze.

Das größte Opernhaus Österreichs ist die Wiener Staatsoper. Sie wurde 1861–69 erbaut, erlitt durch Kriegseinwirkung 1945 schwere Zerstörungen und wurde bis 1955 wiederaufgebaut. Die Kosten dafür beliefen sich auf etwa 50 Mio. DM. Das Haus besitzt einen der größten Bühnenräume der Welt mit ca. 1700 m^2 Bühnenfläche und einer Gesamthöhe von 53 m. Der Fassungsraum des Auditoriums beträgt 2209 Plätze.

Das größte Opernhaus der Schweiz steht in Genf. Es wurde 1879 erbaut, brannte 1951 ab und wurde nach dem Wiederaufbau 1962 wiedereröffnet. Die Genfer Oper hat 1498 Plätze.

Zum Festival der Tenöre konnte der Hamburger Konzertchor anläßlich der Musica '88 am 17. September 1988 im Congress Centrum Hamburg dem erstaunten Publikum 12 Tenöre aus Italien, Österreich, Spanien, Polen, England und Deutschland präsentieren. Am Schluß des »Konzerts der Tenöre« sangen alle Künstler gemeinsam die gefürchtete »Stretta« aus dem *Troubadour.*

Das längste Dacapo nach einer Opernaufführung war die Wiederholung der ganzen Oper *Il Matrimonio Segreto* von Domenico Cimarosa bei ihrer Premiere im Jahr 1792. Dies geschah auf die Bitte des österreichischen Kaisers Leopold II. (1790–92).

Den stärksten Applaus bei einer Opern-Aufführung erreichte Luciano Pavarotti (*1935). Der italienische Startenor stellte am letzten Februar-Wochenende 1988 mit 165 Vorhängen in 67 Min. an der Deutschen Oper in Berlin einen neuen Weltrekord auf: in der Partie des Bauernjungen Nemorino in Gaetano Donizettis *Der Liebestrank.*

BALLETT

Längster Entrechat: Der Entrechat oder Kreuzsprung ist ein senkrechter Sprung aus der fünften Position mit gestreckten Beinen, die über der Wade gekreuzt werden, wobei Ausgangs- und Endposition jeweils als ein Sprung zählen, so daß im Entrechat Douze die Beine fünfmal gekreuzt und gestreckt werden. Dies gelang Wayne Sleep in einem BBC-Programm am 7. Januar 1973. Er benötigte für diese Leistung weniger als eine Sekunde.

Die meisten »Grand jetés«, nämlich 158 in 2 Min., gelangen Wayne Sleep am 28. November 1988 in Gateshead (GB).

Die meisten Pirouetten, also die größte Zahl von Kreisdrehungen, die das klassische Ballett vorschreibt, sind die *32 Fouettés rondes de jambe en tournant* in *Schwanensee* von Tschaikowski (1840–93). Rowena Jackson (Neuseeland) vollführte 121 Drehungen in ihrer Ballettschule in Melbourne (Australien) im Jahr 1940.

Die meisten Vorhänge nach einer Ballettaufführung erhielten Dame Margot Fonteyn de Arias (1919–91) und Rudolf Nurejew (*in einem Eisenbahnzug bei Irkutsk, UdSSR, am 17. März 1938). Nach einer Aufführung von *Schwanensee* in der Wiener Staatsoper im Oktober 1964 wurden die beiden Stars 89mal vor den Vorhang gerufen.

Die größte Besetzung an Tänzern und Tänzerinnen hatte 1962 eine Ballettinszenierung der Royal Albert Hall, London. Im London Coster Ballett unter der Leitung von Lilian Rowley wirkten 2000 Personen mit.

LIEDER

Das älteste bekannte Lied ist der *Schaduf*-Gesang, der seit undenklichen Zeiten an den von Menschen angetriebenen Eimerbaggern zur Bewässerung der Wassermühlen am Nil (Saqiyas) in Ägypten gesungen wird.

Als ältestes deutsches Liebeslied darf das Lied *All mein Gedanken* gelten, das sich bereits im *Lochamer Liederbuch* findet, einer Sammlung von Minneliedern aus dem 14. und 15. Jh., die zusammen mit der (älteren) *Manesseschen Liederhandschrift* (um 1320), der *Jenaer* und der *Weingartener Liederhandschrift* die wichtigsten Quellen des deutschen mittelalterlichen Liederschatzes, vor allem des Minnesangs, einer lyrisch-epischen Literaturform, bilden.

Das bekannteste Weihnachtslied in aller Welt ist das aus Österreich stammende *Stille Nacht, heilige Nacht,* das erstmals während der Christmette 1818 in Oberndorf bei Salzburg erklang. Der Text stammt von dem Hilfsprediger Joseph Mohr, die Melodie von dem Organisten Franz Gruber.

Das meistverbreitete Weihnachtslied auf Schallplatten ist *White Christmas* von Irving Berlin. Man schätzt die verkaufte Schallplattenmenge (Single) dieses Titels auf über 200 Mio.

Chorlieder-Rekord: 120 neue Advents- und Weihnachtslieder hat der österreichische Musikpädagoge Hubertus Auer (*1913) aus Salzburg im Laufe von 20 Jahren komponiert zu bisher unvertonter Lyrik; dazu 240 Lieder nach Gedichten klassischer und moderner Lyrik.

Die meistgesungenen Lieder aller Zeiten sind – insbesondere im Verbreitungsgebiet der englischen Sprache – das Geburtstagsständchen *Happy Birthday to You* (von Mildred und Patty S. Hill in New York, USA, 1935 veröffentlicht) und *For He's a Jolly Good Fellow,* das schon seit dem Jahr 1781 bekannt ist.

Der Verkauf von drei nicht mehr vom Urheberrecht geschützten Musikstücken hat, soviel man weiß, 20 Mio. Exemplare überschritten, nämlich *The Old Folks at Home* von Stephen Foster (1855), *Listen to the Mocking Bird* (1865) und *An der schönen blauen Donau* von Johann Strauß (1867).
Von Songs, die noch dem Copyright unterliegen, waren *Let Me Call You Sweetheart* (1910 von Whitson und Friedman) und *Till We Meet Again* (1918 von Egan und Whiting) die beiden Bestseller, die bis 1967 sechs Mio. verkaufte Exemplare erreichten. Andere Songs mit hohen Verkaufszahlen sind *St. Louis Blues, Stardust* und *Tea for Two.*

Die erfolgreichsten Liedermacher sind John Lennon (1940–80) und Paul McCartney (*1942). In den USA landeten McCartney-Songs 32mal auf Platz 1 der Hitliste, Lennon stand 6mal weniger ganz oben. In Großbritannien brachte es John Lennon auf 29 Spitzenplätze, Paul McCartney auf 28. Gemeinsam geschrieben haben sie 23 US-Toptitel und 25 britische Spitzenhits.
Nach Lennon/McCartney wären Benny Andersson und Björn Ulvaeus von der Gruppe ABBA zu nennen, die in Großbritannien mit 10 Songs die Nr. 1 waren. In den USA hat Barry Gibb von den Bee Gees 16 Spitzentitel als Autor oder Co-Autor geschrieben. Erfolgreichste Liedermacherinnen sind in den USA Carole King (*1942) mit acht Topsongs und in Großbritannien Madonna mit sieben.

GLOCKEN

Die älteste Glocke der Welt ist das aus der Zeit um 1100 v. Chr. stammende Tintinnabulum, das Austen Henry Layard (1817–94) im Jahr 1849 im babylonischen Palast des Nimrod fand. Die älteste bekannte Turmglocke gibt es in Pisa (Italien). Sie trägt die Jahreszahl MCVI (1106).

Die älteste bekannte Oktavglocke Europas trägt die Jahreszahl MCC (1200). Sie hängt im Turm der Pfarrkirche zu St. Martin, Ybbsfeld (Niederösterreich). Die Bronzeglocke überlebte die Türkenzeit nur dadurch, daß sie vergraben wurde. Sie ist auch heute von hervorragender Tonqualität, ihre Klangschönheit (Akkord und Nachhall) beruht auf der Legierung der Glockenspeise und der besonderen Formgebung der Glockenrippe.

Die älteste Glocke Deutschlands, die noch geläutet wird, ist die *Lullusglocke* in der Ruine der Stiftskirche von Bad Hersfeld (Hessen). Sie wurde um 1050 gegossen und trägt ihren Namen zu Ehren des hl. Lullus, eines Bonifatius-Schülers, der das Kloster Hersfeld gründete. Der Abt Meginher ließ sie während seiner Amtszeit (1036–59) aus einer noch älteren Glocke gießen. Sie hat die Form eines Bienenkorbes und wird einmal im Jahr zu Beginn des Lullusfestes im Oktober angeschlagen. Auch die Glocke der katholischen Pfarrkirche St. Laurentius wird auf das Entstehungsjahr um 1050 datiert. Die 850 kg schwere Glocke mit dem Ton g' läutet heute noch dort.

Die älteste Vesperglocke Deutschlands hängt im Münster von Freiburg i. Breisgau, dem einzigen noch im Mittelalter vollendeten gotischen Dom Deutschlands. Im Mittelalter war sie eine Angelusglocke.

Die schwerste Glocke ist die 202 t schwere *Zar Kolokol,* die am 23. November 1735 von den Brüdern I. F. und M. I. Motorin in Moskau gegossen worden war. Sie hat einen Durchmesser von 6,6 m, ist 6,14 m hoch und an der dicksten Stelle 60 cm stark. Die Glocke ist bei einem Feuer im Jahr 1737 gesprungen, dabei brach ein großes, etwa 11,5 t schweres Stück heraus. Seit 1836 steht sie, unbenutzt, auf einem Podest im Moskauer Kreml, das abgebrochene Stück war einfach dazugestellt worden.

***Zar Kolokol*, mit 202 t die schwerste Glocke der Welt im Moskauer Kreml.**

Die schwerste benutzte Glocke ist die *Mingunglocke*, die 90,52 t wiegt und einen Durchmesser von 5,09 m hat. Sie steht in Mandalaya, Myanmar (früher Birma), und wird mit einem Klöppel aus Teakholz von außen geschlagen. Sie wurde gegen Ende der Herrschaft König Bodawpayas (1782–1819) in Mingun gegossen.

Die schwerste schwingende Glocke der Welt und zugleich Deutschlands größte Glocke ist die *Petersglocke* im Dom zu Köln. Sie wurde 1923 gegossen, hat einen Durchmesser von 3,22 m, eine Höhe von 4,5 m und wiegt 24 t.

Die größte Glocke Berlins ist die *Freiheitsglocke* im Schöneberger Rathaus Berlins. Sie wurde den Berlinern nach Beendigung der sowjetischen Blockade von der Bevölkerung der USA geschenkt und am 24. Oktober 1950 von General Lucius D. Clay (1897–1978) an die Bürger Berlins übergeben. Sie wiegt 10 200 kg, ist 2,25 m hoch und hat einen Durchmesser von 2,8 m. Der Klöppel wiegt 750 kg.

Die schwerste Glocke Österreichs ist mit 21 388 kg Gewicht (nach dem Neuguß nach der Zerstörung im Zweiten Weltkrieg) die *Pummerin* im Stephansdom von Wien. Sie stammt ursprünglich aus dem Jahr 1711 und wog damals 22 511 kg. Sie wurde am 26. April 1952 neu geweiht und im Oktober 1957 im Nordturm des Stephansdoms aufgezogen. Sie hat einen Durchmesser von 3 m.

Die größte Glocke der Schweiz ist die ca. 11 600 kg schwere Große e°-Glocke, die Grundglocke des Berner Münsters. Sie wurde 1611 gegossen und hat einen Durchmesser von 2,5 m.

Das schwerste Glockenspiel der Welt ist der Ring von 13 Glocken in der anglikanischen Kathedrale von Liverpool (GB); es wurde 1938/39 gegossen, wiegt 16,7 t, und die Tenorglocke *Emmanuel* hat ein Gewicht von 4170,8 kg.

Das größte Glockenspiel (Minimum 23 Glokken) ist das *Laura-Spelman-Rockefeller-Memorial-Glockenspiel* in der Riverside Church, New York (USA). Es hat 74 Glocken mit einem Gesamtgewicht von 102 t. Der Brummbaß, der das tiefe C läutet, wiegt 18 563 kg. Diese in England gegossene Glocke hat einen Durchmesser von 3,09 m und ist die größte auf einen Ton gestimmte Glocke der Welt.

Das größte europäische Glockenspiel ist das am 27. Oktober 1987 im Berliner Tiergarten eingeweihte Instrument. Es befindet sich in einem 42 m hohen Glockenturm neben der Kongreßhalle und besitzt 68 Glocken mit einem Gesamtgewicht von 48 t. Der Bourdon, die größte Glocke des Carillons, wie man ein solches manuell spielbares Glockenspiel mit mindestens 23 gestimmten Glocken nennt, wiegt 7,8 t, die kleinste Glocke 9 kg.

Eifrigster Glockenläuter ist Colin Turner aus Abingdon, Oxfordshire (GB). Innerhalb eines Jahres, 1989, brachte er 303mal Glocken zum Klingen (nur Turmglocken, mindestens 5000 Schwünge).

THEATER

Das größte Gebäude, das als Theater benutzt wird, ist das Nationale Volkskongreßgebäude (Ren min dahuitang) an der Westseite des Tian-an-men-Platzes (Platz des himmlischen Friedens) in Peking (China). Es wurde 1959 fertiggestellt und bedeckt eine Fläche von 5,2 ha. Das Theater hat 10 000 Plätze, wird aber nur gelegentlich für Aufführungen benutzt.

Das größte ausschließlich für Theateraufführungen gebaute Theater ist das Perth Entertainment Centre in Westaustralien, das im November 1976 für 8,3 Mio. australische Dollar (ca. 17 Mio. DM) mit einer Kapazität von 8003 Plätzen fertiggestellt wurde. Die Bühnenfläche ist 1148 m^2 groß.

Die größte Freilichtbühne befindet sich in der Stadt Mendoza (Argentinien). Sie hat 40 000 Plätze.

Das größte Amphitheater, das je gebaut wurde, ist das Kolosseum in Rom (Italien), das im Jahr 80 n. Chr. von Titus eingeweiht wurde. Mit einer Fläche von 2 ha und Platz für 87 000 Zuschauer hatte das einstige Amphitheatrum Flavium eine Ausdehnung von 187 m Länge und 175 m Breite.

Die größte Seebühne befindet sich in Bregenz (Vorarlberg) am österreichischen Ufer des Bodensees. Alljährlich im Juli und August finden hier die *Bregenzer Festspiele* statt.

Das größte Theatergebäude hinsichtlich seiner bebauten Fläche ist die Große Oper in Paris (Frankreich). Sie bedeckt 11 000 m^2. Die Korridore sind insgesamt nahezu 20 km lang.

Die größte Bühne der Welt hat das Ziegfeld-Theater in Reno, Nevada (USA), mit einer 53,6 m langen Rampe und drei Aufzügen, die je 1200 Revuegirls (65,3 t) befördern können; sie hat zwei Drehbühnen mit einem Umfang von je 19,1 m und 800 Scheinwerfer.

Das London Coliseum ist unter den rund 40 Theatern Londons die Heimstatt der English National Opera.

Blick auf eine Szene der Revue *City Lights* in der Frankfurter Alten Oper, getanzt vom Ensemble des Berliner Friedrichstadtpalastes.

Ein modelliertes orientalisches Märchen schuf der Bildhauer Florian Rödl (* 1936) aus Schondorf (Bayern). 1970 sendete der Bayerische Rundfunk das Märchenspiel *Ali, der Meisterdieb*. An der Stelle von Schauspielern agierten Tonfiguren: 73 in rotbraunen Ton gebrannte 30 cm hohe Plastiken, 36 Tiere, 29 Pflanzen und 86 Kulissenteile. Über 2 t Ton wurden für die Orientgeschichte verarbeitet – sie ist jetzt als Ausstellung zu bewundern.

Das Stück, das am längsten ohne Unterbrechung gespielt wird, ist *The Mouse Trap* (Die Mausefalle) von Agatha Christie (1880–1976). Dieses Kriminalstück hatte am 25. November 1952 im Londoner Ambassadors Theatre (453 Plätze) Premiere und zog dann nach 8862 Aufführungen am 25. März 1974 ein paar Häuser weiter ins St. Martin's Theatre um. Am 6. Mai 1991 gab es die 16 000. Vorstellung, und mittlerweile haben mehr als 9 Mio. Besucher *Die Mausefalle* gesehen. Einnahmen: 19 Mio. Pfund (nach heutigem Kurswert etwa 57 Mio. DM).

Das größte und modernste deutsche Varieté ist der neue Friedrichstadtpalast in der Friedrichstraße 107 in Berlin. Am 27. April 1984 wurde das Revuetheater nach dreijähriger Bauzeit neueröffnet. Das Bauwerk ist eine 110 m lange, 80 m breite und 20 m hohe Stahlbetonkonstruktion mit einem 32 m hohen Bühnenturm und bietet in seinem großen Saal 1900 Zuschauern Platz. Die Bühne ist 24 m breit und mit allen technischen Finessen ausgestattet.

Das kleinste Theater ist das Piccolo-Theater im Hamburger Stadtteil Altona. Dieses 1970 gegründete Profitheater verfügt über genau 30 Plätze vor der Minibühne, deren Ausmaße 3,75 × 2,75 m betragen. Chef des winzigen, aber immer wieder gefragten Unternehmens: Gerd Samariter.

Das älteste noch bestehende deutsche Kabarett ist das *Kom(m)ödchen* von Kai und Lore Lorentz in Düsseldorf. Das erste Programm startete am 27. März 1947 unter dem Titel *Positiv dagegen*.

Das berühmteste Laientheater der Welt sind die *Passionsspiele* von Oberammergau (Bayern). Seit 1634 werden sie alle zehn Jahre von nahezu 1400 einheimischen Erwachsenen und 400 Kindern (das sind mehr als ein Drittel aller Einwohner) aufgeführt. Das Festspielhaus hat über 5000 Plätze. Eine Aufführung dauert etwa 8:30 Std., allerdings mit Pausen.

Die größte spielbare Marionette, ein Ohrling mit 181 cm Höhe (mit aufgestellten Ohren), 11,5 kg schwer, einem Kopfumfang von 160 cm und einer Bauchweite von 95 cm, ist in Dinos Schauspielbühne Hamburg zu bewundern. Auf ihrer 6 m hohen und 6 m breiten Spielbühne agieren nur lebensgroße Puppen – 45 verschiedene Marionetten sind es bereits in diesem größten Marionettentheater.

Die kleinste spielbare Vollmarionette hat Edmund Megner (* 1926) aus Darmstadt-Eberstadt (Hessen) gebastelt. Die Miniaturfadenmarionette hängt an neun Fäden und zwei Stabilisierungsfäden, ist vollbeweglich, aus Holz, Messing, Zinn, Plastik und Kupfer gefertigt, mit dünnstem Seidenstoff gekleidet und 7 cm hoch.

Die kleinste Faustbühne der Welt, Pupilla genannt, richtig mit Bühnenbild, Dekorationen und Repertoire bietet Professor Gustav Dubelowski-Gellhorn (* 1912) aus Wels (Österreich). Mit seinen 7–10 cm großen vollbeweglichen Sockelmarionetten hat der Einmannspieler und Theaterdirektor seit 1970 Zuschauer im In- und Ausland, in der Volksrepublik China wie in der UdSSR, in Australien, in Italien, Polen und Frankreich, in Ungarn und in den USA begeistert und so inzwischen viermal den Erdball umrundet.

Das Stück, das am längsten gespielt wird: Seit 1936 spielt, zwar nicht ununterbrochen, aber in jeder Saison aufs neue das Guild-Theater in Vicksburg, Mississippi (USA), das Melodram *Gold in the Hills* (Gold in den Bergen) von J. Frank Davis.

Die meisten Revue-Aufführungen, 47 250 bis zum April 1986, erlebte *The Golden Horseshoe Revue* (Das goldene Hufeisen) im Disneyland Park von Anaheim in den USA. Am 16. Juli 1955 hatte die Show Premiere, beendet wurde sie am 12. Oktober 1986, gesehen haben sie über 16 Mio. Besucher. Die drei Hauptdarsteller Fulton Burley, Dick Hardwick und Betty Taylor gaben pro Tag bis zu fünf der in der Regel 45 Min. dauernden Vorstellungen.

Den Broadway-Rekord hält die Show *A Chorus Line* (Tanzrevue). Sie ging am 25. Juli 1975 erstmals über die Bühne und wurde bis zum 28. April 1990 gespielt. Die von Michael Bennet (1943–87) produzierte Revue erreichte in fast 15 Jahren 6137 Aufführungen.

Das spektakulärste Theater-Fernsehereignis der Saison 1990 ging auf 2592 m Höhe über die Bühne: Felix Mitterers *Munde*. Nach einem beschwerlichen dreistündigen Bergaufstieg und vor einer Nacht im Schlafsack erlebten jeweils knapp 100 Menschen diese Aufführung der Tiroler Volksschauspiele Telfs mit. Die Geschichte eines Bergausflugs von fünf Personen auf die Hohe Munde wurde sogar als abendfüllende TV-Bergtheaternacht gebracht.

Im Finale der BBC-Sendung *Rekordbrecher* wurde am 14. Dezember 1990 mit 369 Mitwirkenden die bisher größte Chorus Line gebildet. Allerdings bestand die Revuereihe nicht nur aus Tänzerinnen, auch aus TV-Personal.

Das erfolgreichste Musical ist *Cats* des Komponisten Andrew Lloyd Webber. 1983 erhielt *Cats* den Tony Award – das ist der Oscar für Musicals – für das »beste Musical«, das »beste Buch«, die »beste Lichtregie«, die »besten Kostüme«, die »beste Partitur« und die »beste Regie«. Uraufführung war am 11. Mai 1981 im New London Theatre, bald folgten Aufführungen u.a. in Budapest, Osaka, Sydney, Wien und Hamburg. Allein im New London Theatre erlebte *Cats* bis zum 12. Mai 1989, also nach genau acht Jahren, 3358 Vorstellungen und überrundete damit *Jesus Christ Superstar.* Die Einnahmen bis zu diesem Zeitpunkt wurden auf 250 Mio. Pfund geschätzt.
The Fantasticks von Tom Jones und Harvey Schmidt, eine erfolgreiche Off-Broadway-Produktion, erlebte am 7. Juni 1990 im Sullivan Street Playhouse von Greenwich Village in New York seine 12531. Vorstellung – auch dies ein Rekord. Premiere war am 3. Mai 1960.

Erfolgreichste Komödie war *No Sex Please We're British* (Kein Sex bitte, wir sind Briten). Vom 3. Juni 1971 bis 1. September 1986 wurde sie am Londoner Strand Theatre gespielt und dann vom Duchess Theatre übernommen, wo sie bis zum 5. September 1987 lief. In diesen 17 Jahren erlebte die Komödie 6761 Vorstellungen. Regisseur war vom Anfang bis zum Ende Allan Davis.

Die kürzeste Spielzeit hatte am 11. März 1930 *The Intimate Revue* im Duchess Theatre in London. Alles, was schiefgehen konnte, ging schief. Kulissenwechsel dauerten 20 Min., deshalb ließ das Management sieben Szenen aus, um das Finale noch vor Mitternacht zu erreichen. Die Premiere wurde als eine halbe Vorstellung bezeichnet.

Das größte Kunstfest der Welt ist das seit 1959 jährlich stattfindende Festival im schottischen Edinburgh. 1990 gaben 537 Theater- und Musikgruppen 1103 verschiedene Inszenierungen und Konzerte und insgesamt 9424 Vorstellungen und Aufführungen (12. August–1. September). Professor Gerald Berkowitz von der Northern Illinois University (USA) wurde 1979 (15. August–8. September) mit 145 besuchten Theater- und Musikaufführungen Rekordhalter der Festspiele.

Die Ein-Mann-Show, die am längsten in Serie lief, war *Comedy in Music* (Musikalische Komödie) von Victor Borge. Der 1909 in Kopenhagen geborene Alleinunterhalter präsentierte sie vom 2. Oktober 1953 bis 21. Januar 1956 am Broadway (Golden Theatre) – insgesamt 849mal. Auf 1700 Vorstellungen, allerdings auf Gastspielreisen, kam der 1923 geborene Engländer Roy Dotrice mit seiner Ein-Mann-Show *Brief Lives* (Kurzes Leben). Er stand bei seinem Monolog aus dem 17. Jh. jeweils 2:30 Std. auf der Bühne. Zum Schminken brauchte der Solist je 3 und zum Abschminken je 1 Std.

Ausdauerndster Mime ist der Japaner Kanmi Fujiyama (*1929) von der Theatertruppe Sochiku Shikigeki. Von November 1966 bis Juni 1983 spielte er die Hauptrolle einer einzigen Komödie 10288mal. Lore Noto spielte zwischen Dezember 1970 und Juni 1986 in 6438 Vorstellungen von *The Fantasticks*, dem Dauerbrenner unter den Musicals, eine Nebenrolle (s. »Das erfolgreichste Musical«). Die Engländerin Dame Anna Neagle (1904–86) gab zwischen Dezember 1965 und dem 27. März 1971 in 2062 Vorstellungen die Hauptrolle in *Charlie Girl* im Adelphi Theatre von London. Außerdem spielte sie die Rolle in 327 Vorstellungen außerhalb Großbritanniens.
Frances Etheridge hat die Rolle der Haushälterin Lizzie in dem Stück *Gold in the Hills* in 47 Jahren seit 1936 über 660mal gegeben.

Die meisten Theater-, Film- und TV-Rollen spielte Jan Leighton (USA): Von 1951 bis März 1989 waren es 3385.

In die meisten Theaterrollen schlüpfte bisher der Japaner Kanzaburo Nakamura (*Juli 1909). Zwischen November 1926 und Januar 1987 wirkte er in 806 Kabuki-Stücken mit. In Japan dauert ein klassisches Kabuki-Stück 25 Tage; demnach stand Nakamura 20150mal auf der Bühne.

Die längste Theaterinszenierung ging am 17./18. März 1984 im Tom Mann Theatre von Sydney (Australien) über die Bühne. Gespielt wurde von einem zehnköpfigen Ensemble *The Acting Life* (Theaterleben). Die Aufführung dauerte mit Pausen 21 Std.; reine Spielzeit: 19:15 Std.

Die längste Reihe von Revuegirls in der Showgeschichte bildeten 120 Tänzerinnen in den Anfängen der Ziegfeld Follies. Bei der Schlußvorstellung von *A Chorus Line,* der bisher erfolgreichsten Broadway-Show, tummelten sich am 29. September 1983 insgesamt 332 Tänzerinnen mit Pfauenfedern auf der Bühne. Ein noch dichteres Gedränge herrschte, als sich am 14. Dezember 1990 in der BBC-Sendung *Rekordbrecher* 369 Tänzerinnen zu einer Revuereihe gruppierten.

Höchstbezahlte Entertainerin ist Dolly Parton mit einer Gage bis zu 400 000 Dollar (ca. 678 200 DM) pro Live-Auftritt. Johnny Carson strich für seine – vom Fernsehen nicht übertragene – Galavorstellung zum 100jährigen Jubiläum von Sears Roebuck im Oktober 1984 sogar 1 Mio. Dollar (damals ca. 2,5 Mio. DM) ein.

SCHALLPLATTEN UND TONBÄNDER

Die kleinste abspielbare Schallplatte der Welt befindet sich im Londoner BBC-Archiv. Sie hat einen Durchmesser von 3,5 cm und wurde 1924 für die Aufstellung eines Puppenhauses im englischen Königspalast hergestellt; insgesamt gab es 250 Stück davon. Auf der Platte ist die englische Nationalhymne zu hören.

Die ältesten Tonaufnahmen und Schallplatten befinden sich im Archiv der BBC (British Broadcasting Corporation) in London. Unter den über 1 Mio. Sammlungsstücken sind Tonaufnahmen, die 1888 mit weißen Wachswalzen gemacht worden sind. Die ersten kommerziellen Schallplatten sind erst um 1895 produziert worden. Die umfangreichste Schallplattensammlung eines Privatmannes wird die von Stan Kilarr (*1915) sein, der rund 500 000 Aufnahmen in Klamath Falls, Oregon (USA), besitzt.

Das größte deutsche Tonträgerarchiv hat der NDR (Norddeutscher Rundfunk) in Hamburg. Es umfaßt über 109 000 LPs und Singles und 240 000 Tonbandaufnahmen.

Die erste ungekürzte Schallplattenaufnahme einer Sinfonie wurde 1913 von der Odeon in Berlin veröffentlicht. Das Odeon-Streichorchester spielte Beethovens *Fünfte Sinfonie* auf acht Schallplattenseiten und die *Sechste* auf zehn Schallplattenseiten unter anonymer Leitung. Wenige Monate später nahm der berühmte Dirigent Arthur Nikisch mit dem Berliner Philharmonischen Orchester am 10. November 1913 ebenfalls Beethovens *Fünfte Sinfonie* auf.

Die frühesten Operngesamtaufnahmen entstanden um 1906. Dabei handelte es sich um bereits veröffentlichte Einzelplatten, die in Kassetten zusammengefaßt wurden und mehr oder weniger eine Einheit bildeten. Zu den ersten so zusammengestellten Opernaufnahmen zählen *Il Trovatore* (auf fünfzehn 25- und fünf 30-cm-Platten) und *Ernani* (auf 23 Platten), beides Opern von Giuseppe Verdi (1813–1901).

Die erste Jazzschallplatte, die aufgenommen wurde, war *Indiana* und *The Dark Town Strutters Ball* bei der Firma Columbia in New York (USA), und zwar am oder um den 30. Januar 1917. Es spielte die Original Dixieland Jass Band unter der Leitung von Dominick (»Nick«) James La Rocca (1889–1961). Diese Schallplatte kam am 31. Mai 1917 auf den Markt. Als erste erhältlich war jedoch die Platte mit dem *Livery Stable Blues* (aufgenommen am 24. Februar 1917) mit der Rückseite *The Dixie Jass Band One-Step* (aufgenommen am 26. Februar), die die Firma Victor am 7. März 1917 herausbrachte.

Die erfolgreichsten Schallplattensolisten aller Zeiten: Für Elvis Aron Presley (1935–77) gibt es keine von unabhängiger Seite überprüften Zahlen. Angesichts seiner 170 Single-Hits und mehr als 80 Langspielplatten, die über seinen Tod hinaus überaus populär geblieben sind, kann aber angenommen werden, daß Elvis Presley Bing Crosby den Rang abgelaufen hat.
Mehr als 100 Mio. DM haben bisher schon die in sechs Sprachen aufgenommenen Langspielplatten von Julio Iglesias (*1943) eingespielt. Das gab die Plattenfirma CBS im August 1983 bekannt.
Die Handelskammer von Hollywood (USA) überreichte am 9. Juni 1960 Harry Lillis (alias Bing) Crosby jr. (1904–77) eine Platin-Schallplatte zur Erinnerung an den Verkauf von angeblich 200 Mio. Exemplaren seiner 2600 Singles und 125 Langspielplatten. Am 15. September 1970 erhielt er eine zweite Platin-Schallplatte, als die Firma Decca den Verkauf von 300,65 Mio. seiner Platten melden konnte. Eine detaillierte Aufstellung seiner Gesamtverkäufe wurde allerdings nie veröffentlicht. Fachleute halten derartig hohe Verkaufsziffern aus der Zeit vor dem großen Aufschwung dieser Industrie für übertrieben.

Erfolgreichste Sängerin der Welt ist der Popstar Madonna (*16. August 1958), die mit vollem Namen Madonna Louise Veronica Ciccone heißt. Ihre LP *True Blue* wurde mehr als 11 Mio. mal verkauft und war die Nr. 1 in 28 Ländern – ein bisher einzigartiges Ereignis. Allein in Großbritannien landete Madonna (bis Mai 1990) nicht weniger als 17 Titel unter den Top Ten. Mit *Vogue* eroberte sie zum siebten Mal

Die Opernstars Placido Domingo, José Carreras und Luciano Pavarotti, deren *In Concert*, 1990 während der Fußball-Weltmeisterschaft in Rom aufgenommen, weltweit mit mehr als fünf Mio. Exemplaren das bestgehende klassische Album wurde.

Der Münchener Diskjockey und Journalistikstudent Klaus Reginek (* 1967) schaffte in der Wolfratshausener Disko New Sound vom 2. bis 4. November 1990 mit 52 Std. einen neuen Rekord im Disko-Mixen. Rock, Pop und Reggae hielten auch ihn fit.

die Spitzenposition. 1986 stellte sie alle anderen Pop-Artisten weit in den Schatten: Es gelang Madonna als erster Frau, sowohl die meisten Singles als auch die meisten LPs abzusetzen. Ihre Alben *Like A Virgin* (1985) und *True Blue* (1986) enthielten jeweils fünf Single-Titel, die unter die Top Five kamen.

Die erfolgreichste Gesangsgruppe waren die Beatles. George Harrison (* 25. 2. 1943), John Ono oder John Winston Lennon (1940–80), James Paul McCartney (* 18. 6. 1942) und Richard Starkey alias Ringo Starr (* 7. 7. 1940) hatten ihren Siegeszug vom englischen Liverpool aus angetreten. Bis Mai 1984 sind nach Schätzungen mehr als 1000 Mio. Platten und Tonbänder von den Beatles verkauft worden. Zudem haben alle vier Ex-Beatles auch mit Soloplatten großen Erfolg gehabt.

Die erfolgreichste Frauen-Band in der Hitliste für Singles ist Bananarama. Zwischen 1982 und 88 hat die Gruppe (Keren Woodward, Sarah Dallin und Siobhan Fahey) 15 eigene Platten und zwei weitere mit den Funboy Three als Partner in den Charts gelandet. Fahey verließ die Gruppe, nachdem sie Dave Stewart von den Eurythmics geheiratet hatte, um eine Solokarriere zu starten und wurde 1988 durch Jacqui O'Sullivan ersetzt.

Goldene Schallplatten wurden anfangs für jeweils 1 Mio. verkaufter Platten vergeben. Die ersten Aufnahmen, die das erreichten, waren Darbietungen des Tenors Enrico Caruso (1873–1921) der Arie *Vesti la giubba* aus der Oper *Bajazzo* von Ruggiero Leoncavallo (1858–1919), von der die erste Version mit Klavierbegleitung am 12. November 1902 aufgenommen wurde.

Die erste Single, die eine Mio. überschritt, war *Carry Me Back to Old Virginny* der Firma Victor, von Alma Gluck, und zwar als 30,48 cm einseitig bespielte Platte.

Die erste tatsächlich goldene Schallplatte hat R. C. A. Victor für den amerikanischen Posaunisten und Bandleader Alton »Glenn« Miller (1904–44) und *Chattanooga Choo Choo* am 10. Februar 1942 geprägt.

US-Rekorde: Goldene Schallplatten sowie Platin- oder Superplatinplatten werden in den USA seit dem 14. März 1958 von der Vereinigung der amerikanischen Plattenindustrie (RIAA) vergeben. Kriterium sind Verkaufszahlen, die einer Prüfung standhalten. Bis zum 1. Januar 1985 hat die RIAA insgesamt 2582 Singles und Langspielplatten veredelt. Die Hitliste der Gruppen führen die Beatles mit 47 (plus eine mit Billy Preston) Plattenpreisen an. Paul McCartney hat mit den Wings und je einmal auch mit Stevie Wonder und Michael Jackson weitere 27 Auszeichnungen eingeheimst. Unter den Solisten ist Elvis Presley (1935–77) Goldsänger Nr. 1. Sein Erfolg wurde in den USA mit 51 Plattenpreisen gekrönt (1958–1. Januar 1986). Legt man weltweite Verkaufszahlen zugrunde, käme Elvis Presley auf fast 80 Goldene Schallplatten.

Unter den deutschsprachigen Interpreten, die Goldene Schallplatten erhielten, war der erste, der für ein einziges Lied gleich dreimal mit dieser Trophäe ausgezeichnet wurde, Freddy Quinn (Manfred Petz, * 1931): Er erhielt für das Lied *Heimweh* im Jahr 1956 zwei und 1958 eine dritte Goldene.

Die erste deutsche Schallplattenproduktion, die über einmillionenmal verkauft wurde, war *Lili Marlen*, gesungen von Lale Andersen, (1910–72). Der Schlager wurde 1938 von Norbert Schultze (* 1911) auf einen Text von Hans Leip komponiert, nachdem die Andersen bereits eine andere Vertonung gesungen hatte. Im März 1939 nahm sie Schultzes Komposition für die Schallplatte auf, und mehr oder weniger durch Zufall wurde der Schlager als Erkennungsmelodie des Deutschen Soldaten-Rundfunks in Belgrad 1940 populär.

Kommerziell erfolgreichste Märchenregisseurin im Bereich der Kinder- und Jugendschallplattenproduktion ist die Rechtsanwältin Heikedine Körting (* 1945) aus Hasselburg über Neustadt (Schleswig-Holstein) – besser bekannt als »Deutschlands Märchentante Nr. 1«. Seit 1969 entstanden unter ihrer Regie 1270 Hörspiele: 106 Goldene und acht Platin-Schallplatten für 126 Mio. verkaufte Tonträger sind die Ausbeute.

Die meistaufgenommenen Songs mit mehr als 1000 Aufnahmen sind *Yesterday* von Paul McCartney und John Lennon mit 1600 Versionen zwischen 1965 und dem 1. Januar 1986, *Tie a Yellow Ribbon Round the Old Oak Tree* von Irwin Levine und L. Russell Brown mit mehr als 1200 Aufnahmen von 1973 bis 1. April 1985 und *My Way* nach der Musik von Jacques Revaux, dem verstorbenen Claude François und mit dem englischen Text von Paul Anka (* 30. Juli 1941 in Ottawa, Kanada).

Die meisten Aufnahmen als Interpret hat die Inderin Lata Mangeshkar (* 1928) gemacht. Sie hat zwischen 1948 und 87 angeblich nicht weniger als 30000 Solo-, Duett- und von Chor begleitete Lieder in 20 indischen Sprachen aufgenommen. Sie sang die Hintergrundmusik zu über 2000 Filmen.

LP-Serie: 14 Live-Alben haben Genesis P. Orridge und seine Band Psychic TV zwischen Februar 1987 und August 1989 herausgebracht – auch dies ein Rekord. Die Aufnahmen gehören zu einer Reihe, die insgesamt 23 Langspielplatten (Temple Records) umfassen soll.

Die erfolgreichste Schallplattensängerin in Europa ist Caterina Valente (* 1931). Im Laufe ihrer Karriere hat sie insgesamt 1500 Schlager, Lieder und Chansons auf 390 Singles und 383 Langspielplatten gesungen und weit über 1000 Fernsehauftritte gehabt.

Größte in der volkstümlichen Musik sind Slavko Avsenik (* 1929) und seine Original Oberkrainer aus Jugoslawien. Sie erspielten 30 Goldene, 1 Platin- und 1 diamantene Schallplatte.

Als erster Klassik-Künstler in Deutschland ist der Dirigent Lorin Maazel (* 1930) mit einer Platin-Schallplatte ausgezeichnet worden. Seine 1966 veröffentlichte Platte mit Georg Friedrich Händels *Feuerwerksmusik* und *Wassermusik*-Suite wurde allein in der Bundesrepublik mehr als 500000mal verkauft.

Die weltweit meistverkaufte Schallplatte ist bis heute *White Christmas* von Irving Berlin (eigentlich Israel Bailin, 1888–1989) in der Bing-Crosby-Version (aufgenommen am 29. Mai 1942). Bis 30. Juni 1987 waren allein in Nordamerika 170,89 Mio. Platten verkauft. Das wurde Heiligabend 1987 bekanntgegeben.

Die höchste Verkaufszahl für eine Pop-Platte – die allerdings nicht offiziell bestätigte Menge von 25 Mio. – nimmt *Rock Around the Clock* für sich in Anspruch, für die James E. Myers unter dem Namen Jimmy DeKnight und Max C. Freedmann 1953 das Copyright eintragen ließen und die am 12. April 1954 von Bill Haley und den Comets aufgenommen wurde.
I Want to Hold Your Hand von den Beatles, 1963 herausgekommen, ist weltweit in 13 Mio. Exemplaren verkauft worden.
Die Single *Do They Know It's Christmas*, die Bob Geldof und Midge Ure geschrieben und aufgenommen haben, ist bis Mai 1987 in Großbritannien 3,6 Mio. mal abgesetzt worden. Weltweit wurden weitere 8,1 Mio. Exemplare verkauft.

Die meistverkaufte Langspielplatte aller Zeiten ist *Thriller* von Michael (Joseph) Jackson (*1958) aus den USA. Bis Mai 1991 waren weltweit über 40 Mio. Platten weggegangen. *Rumours* von Fleetwood Mac ist bis Mai 1991 in über 25 Mio. Exemplaren abgesetzt worden. Das meistverkaufte Album mit klassischer Musik ist *In Concert*, von dem bis jetzt weltweit 5 Mio. Exemplare abgesetzt wurden. Es wurde 1990 während der Fußball-WM in Rom von den bekanntesten Tenören der Welt José Carreras, Placido Domingo und Luciano Pavarotti aufgenommen.
Gefragteste Filmmusik ist *Saturday Night Fever*, die bis Mai 1991 über 30 Mio. mal verkauft wurde.
Die US-Popsängerin Whitney Houston zählt zu den Top-Verdienern mit ihrem Bestseller-Album, das 1985 auf den Markt kam. Bis Mai 1987 ist es in über 14 Mio. Exemplaren verkauft worden. Es gilt als das erfolgreichste Debüt-Album aller Zeiten von einer Nachwuchssängerin.
Von der Soundtrack-Schallplattenaufnahme des US-Films *Sound of Music* (deutscher Titel: *Meine Lieder, meine Träume*), der Musical-Fassung des Ruth-Leuwerik-Films *Die Trapp-Familie*, wurde das Album, das am 2. März 1965 in den amerikanischen Schallplattengeschäften erschien, bis Januar 1973 19millionenmal verkauft. Der Film erhielt fünf Oscars, war jedoch in Europa kein überragender Erfolg.

Die US-Charts, die Hitlisten für Singles, sind zum ersten Mal am 20. Juli 1940 in der Musikzeitschrift *Billboard* veröffentlicht worden. Die erste Nr. 1 war *I'll Never Smile Again* von Tommy Dorsey (1905–56). Im Jahr 1947 führte Francis Craig mit *Near You* 17 Wochen lang die Hitliste an. 43 Wochen lang behauptete 1982 *Tainted Love* von Soft Cell die Spitzenposition.
Am häufigsten an der Spitze der Hitliste standen die Beatles (20mal); unter den Country-Sängern eroberte Conway Twitty 35mal den Spitzenplatz; in der Schwarzen Musik war Aretha Franklin 20mal die Nr. 1. Aretha Franklin ist auch die Solistin, die mit Singles am häufigsten, nämlich 14mal zwischen 1967 und 73, die Millionengrenze übersprungen hat. Die meisten Titel unter *Billboard's Hot 100* landete Elvis Presley mit 149 zwischen 1956 und Mai 1990.

US-Charts für Alben: Am 15. März 1945 veröffentlichte *Billboard* zum ersten Mal auch eine Hitparade für LPs, als das King-Cole-Trio mit Nat »King« Cole (1919–65) Nr. 1 war. *South Pacific* war von Mai 1949 an 69 Wochen lang die Nr. 1. *Dark Side of the Moon* von Pink Floyd hielt sich 730 Wochen (bis April 1989) in den *Billboard*-Charts.
Am häufigsten auf Platz 1 standen die Beatles (15mal), Elvis Presley war erfolgreichster Solist (9mal), Simon und Garfunkel schafften es im Duo 3mal an die Spitze. Elvis Presley hat sich alles in allem 94mal zwischen 1956 und April 1989 einen Platz in den Hitlisten erobert.
Die Solistin, die am häufigsten in den LP-Charts auftauchte, ist Barbra Streisand. sie schaffte 6mal den Sprung an die Spitze und sicherte sich insgesamt 40mal zwischen 1963 und April 1989 einen der vorderen Plätze. 30 ihrer Alben wurden mit Gold (für 500000 verkaufte Exemplare) oder Platin (1 Mio.) ausgezeichnet und machten Barbra Streisand zur erfolgreichsten Sängerin aller Zeiten.

Die am schnellsten verkaufte Platte aller Zeiten ist *John Fitzgerald Kennedy – A Memorial Album* (Premium Albums), eine LP, die am 22. November 1963, am Tag der Ermordung des US-Präsidenten, aufgenommen wurde und von der innerhalb von sechs Tagen (7.–12. Dezember 1963) vier Mio. zum Preis von 99 Cents (damals ca. 4 DM) pro Stück verkauft wurden. Damit schlug diese Platte auf makabre Weise den bis dahin bestehenden Rekord der satirischen Langspielplatte *The First Family* (Die Präsidentenfamilie) aus dem Jahr 1962/63.

Zu den am schnellsten produzierten Schallplatten gehört auf jeden Fall *Make my heart fly* von The Proclaimers, der Mitschnitt eines Live-Konzerts, das am 10. März 1988 im Londoner Trocadero stattfand. Die Platte, die von EMI M&D Services hergestellt wurde, landete umgehend wieder im Trocadero, wo sie erstmals abgespielt und in der *Steve Wright Show* der BBC vorgestellt wurde. Vom letzten Akkord des Live-Konzerts bis zum ersten Takt der Rundfunkübertragung waren gerade 2:19:31 Std. vergangen. Ein Doppelalbum in Rekordzeit brachte die Firma Jeton aus Stuttgart auf den Markt, und zwar mit der Messe von Papst Johannes Paul II. (mit Seligsprechung von Edith Stein) im Müngersdorfer Stadion in Köln. Beginn der Messe war am 1. Mai 1987 um 10 Uhr 30, die Aufstellung der Doppel-LP im Handel erfolgte am 2. Mai um 10 Uhr 15.

Das größte Schallplattencover hat die LP *Triumph and Agony* (Picture Disc-Version) erhalten. Die Phonogram GmbH Hamburg kündigt auf 83 cm Länge und 59 cm Breite mit ihm die Rockband Warlock an.

Grammys: Die meisten Auszeichnungen in einem Jahr, nämlich acht, heimste 1984 Michael Joseph Jackson ein. Mit den insgesamt meisten Grammys wurde der Dirigent Sir Georg Solti (*21. Oktober 1912 in Budapest) geehrt: Er erhielt seit 1958 bereits 29 (einschließlich eines Sonderpreises, der ihm 1967 verliehen wurde).

Das umfangreichste geschlossene Aufnahmeprojekt in der Geschichte der Schallplatte gilt dem Schaffen William Shakespeares auf 137 Langspielplatten. Musik betreffend, sind derzeit die Gesamteinspielungen aller 194 Kirchenkantaten Johann Sebastian Bachs (1685–1750) unter Helmuth Rilling auf 100 Langspielplatten und das konkurrierende Unternehmen mit den sich die Interpretationen teilenden Dirigenten Nikolaus Harnoncourt und Gustav Leonhardt die größten abgeschlossenen Aufnahmeserien. Ihre Realisierung hat fünfzehn (Rilling) bzw. zwanzig Jahre (Harnoncourt/Leonhardt) gedauert und wurde 1985 bzw. 89 beendet.

Das größte, einem einzigen Komponisten gewidmete Veröffentlichungsprojekt der Schallplattengeschichte ist die Gesamtausgabe der Werke Wolfgang Amadeus Mozarts anläßlich der 200. Wiederkehr seines Todesjahres 1791. Auf 180 Compact Discs von Philips Classics, die in 45 Ausgaben aufgeteilt sind, erscheinen mehr als 650 Kompositionen in Aufnahmen, die in einem Zeitraum von etwa 20 Jahren gemacht wurden. Anderthalb Stunden davon gelten bisher nie öffentlich aufgeführter Musik, den Fragmenten, unter denen das kürzeste 17 Sek. dauert. Insgesamt haben etwa 250 Solisten und Ensembles an dieser Mammutedition mitgewirkt, die in einem Zeitraum von anderthalb Jahren veröffentlicht wurde.
Die am häufigsten auf Schallplatten eingespielte und gekaufte Komposition Mozarts ist seine Serenade Nr. 13 G-Dur KV 525 *Eine kleine Nachtmusik*. Nur die wenigsten wissen, daß diese Gelegenheitskomposition aus dem Jahr 1787 nur als Torso ohne das erste Menuett überliefert ist. Möglicherweise ist *Eine kleine Nachtmusik* die am häufigsten erklingende Komposition eines Komponisten der sogenannten E-Musik überhaupt.

Die Schallplatteneinspielung mit den meisten Auszeichnungen ist die Ersteinspielung von Gioacchino Rossinis *Il Viaggio a Reims*, die 1984 während des Rossini Opera Festival in Pesaro unter der Leitung von Claudio Abbado aufgenommen wurde. Sie erhielt elf Schallplattenpreise.

Die umfangreichste CD-Box gilt der Gesamteinspielung aller 555 Sonaten von Domenico Scarlatti (1685–1757), die der Cembalist Scott Ross (1951–89) aufgenommen hat. Die 34 CDs wurden 1988 geschlossen veröffentlicht.

Lillian Gish (*14. Oktober 1893) in D. W. Griffiths *An Unseen Enemy (Ein unsichtbarer Feind)* aus dem Jahr 1912. Ein dreiviertel Jahrhundert später stand sie immer noch vor der Kamera – in *The Whales of August* (1987).

15 Jahre Horror
Die längste Laufzeit in einem Kino erreichte *The Rocky Horror Picture Show* in Münchens Museum Lichtspielen. Seit dem 19. September 1976 läuft im Kino 2 täglich ununterbrochen dieser Kultfilm nicht nur der Teenager. Seit 1980 wurde extra für das komische Grusical ein eigener Zuschauerraum gebaut und mit der Filmkulisse dekoriert. Selbstverständlich gibt es für alle Besucher die *Rocky-Horror*-Mitspieltüte mit Reis, *Rocky*-Streichhölzern, Wunderkerzen, Luftrüsseln und Ratschen für alle Fans.
Seit dem 4. November 1983 gibt es in Kino 1 die *Blues Brothers* – ebenfalls täglich ohne Unterbrechung.

Der geschickteste und fixeste Diskjockey ist John Murray aus Kirkcaldy (GB), der am 16. November 1990 in der BBC-Sendung *Rekordbrecher* auf zwei Decks innerhalb von 2 Min. 37 Titel einspielte.

Die Compact Disc (CD), 1982 auf dem Weltmarkt eingeführt, hat 1989 erstmalig die »Black Disc«, die bisherige Analog-Schallplatte, überrundet. Der Welt-Gesamtabsatz an Langspielplatten betrug 450 Mio. Stück, an CDs dagegen 655 Mio. Stück. Freilich ist die MusiCassette noch verbreiteter: Weltweit wurden davon 1,54 Mrd. Stück verkauft; besonders in den Ländern der Dritten Welt hat die MusiCassette die höchsten Absätze.

In Deutschland wurden 1990 über den Handel 71,4 Mio. CDs und fast ebenso viele MusiCassetten abgesetzt, während nur 40,5 Mio. LPs über den Ladentisch gingen, die meisten davon mit Pop-Repertoire. Lediglich 1,6 Mio. LPs mit klassischer Musik wurden 1990 in Deutschland verkauft, wohl aber 9,1 Mio. CDs mit klassischer Musik. Auch die CD-Single hat große Zuwachsraten zu verzeichnen: Mit 9,8 Mio. Stück beträgt die Steigerung in Deutschland 50 Prozent gegenüber dem Vorjahr.
Die erste CD mit weltweit einer Million verkauften Exemplaren war 1986 *Brothers in Arms* der Rockgruppe Dire Straits. Mittlerweile ist diese CD allein in Europa einmillionenmal über den Ladentisch gegangen.

Der größte Tonträgermarkt der Welt sind die USA mit einem Jahresumsatz 1989 von knapp 6,5 Mrd. Dollar, gefolgt von Japan (knapp 3,1 Mrd. Dollar) und Großbritannien (knapp 2 Mrd. Dollar). In der Bundesrepublik Deutschland haben Musikliebhaber 1989 insgesamt mehr als 3 Mrd. DM für Tonträger (Schallplatten, MusiCassetten, Compact Discs, Laser Discs) ausgegeben.

FILM UND KINO

Der erste komplette Tonfilm war *Lights of New York* (Die Lichter von New York), der am 6. Juli 1928 in The Strand in New York City gezeigt wurde.

Verwöhnt wird das Publikum im Brüsseler Kinepolis-Komplex. In dem 1988 eröffneten Filmtreff stehen 24 Leinwände und insgesamt 7000 Plätze zur Verfügung.

Erstmals öffentlich vorgeführt wurde ein Tonfilm am 17. September 1922 im Berliner Alhambra-Kino. Produziert nach dem Triergon-Lichttonverfahren hatten ihn Hans Vogt (1890–1979), J. Massolle (1889–1961) und Jo Engl (1893–1942).

Der erste deutschsprachige Tonspielfilm war E. A. Duponts *Atlantik*, eine in London gedrehte deutsch-englische Gemeinschaftsproduktion, die am 28. Oktober 1929 im Berliner Gloria-Palast uraufgeführt wurde.

Der erste in Deutschland gedrehte vollwertige deutschsprachige Tonfilm war *Die Nacht gehört uns*. Unter der Regie von Carl Froelich spielten u. a. Hans Albers, Charlotte Ander, Ida Wüst, Lucie Englisch die Hauptrollen. Premiere war am 23. Dezember 1929 im Berliner Capitol.

Die ersten Tonfilme mit weltweitem Erfolg waren die amerikanischen Produktionen der Warner Brothers *The Jazzsinger* (Der Jazz-Sänger) und *The Singing Fool* (Der singende Narr), beide 1929 mit Al Jolson in der Hauptrolle.
Mit *The Singing Fool* gab es auch den ersten Tonfilmschlager, der weltweit gesungen wurde: *Sunny Boy*.

Der erste Farbfilm der Welt war die US-Technicolor-Produktion *Der schwarze Pirat* mit Douglas Fairbanks. Er wurde 1926 gedreht.

Der erste deutsche Farbspielfilm war die Ufa-Produktion *Frauen sind doch bessere Diplomaten* mit Marika Rökk und Willy Fritsch in den Hauptrollen (Regie: Georg Jacoby). Er war nach dem Agfacolor-Farbverfahren aufgenommen und wurde am 31. Oktober 1941 in Berlin uraufgeführt.

Die meisten Spielfilme werden in Indien gedreht. Seit 1979 waren es jährlich mindestens 700. Rekordjahr war 1990 mit 948 Spielfilmen.

Teuerster Film war *Terminator 2: Judgement Day*, der nach Berichten vom Juli 1991 Carolco Pictures 104 Mio. Dollar plus 20 Mio. Dollar für Druck- und Werbeaufträge gekostet haben soll (zusammen ca. 210 Mio. DM). Sein Hauptdarsteller Arnold Schwarzenegger hat für die Fort-

Der Nachrichtenraum des internationalen Radiodienstes der BBC.

setzungsgeschichte, so wird gemunkelt, die Kleinigkeit von 15 Mio. Dollar kassiert.

Der teuerste deutsche Film seit Jahrzehnten wurde das Fantasy-Spektakel *Die unendliche Geschichte*. Die Verfilmung des Welt-Bestsellers von Michael Ende (deutsche Gesamtauflage allein über 1 Mio. Exemplare) durch Produzent Bernd Eichinger und Regisseur Wolfgang Petersen hat einen 60-Mio.-DM-Etat verschlungen.

Billigster Spielfilm war *The Shattered Illusion* (Zerstörte Illusion), der 1927 in normaler Länge gedreht wurde. Das Leinwand-Drama der Victorian Film Productions kostete nur 300 Pfund. Es dauerte 12 Monate, bis der Film fertig war, in dem u.a. ein Schiff in einem Sturm untergeht.

Der höchste Preis für Filmrechte, der je bezahlt wurde, beträgt 9,5 Mio. Dollar (ca. 18,5 Mio. DM). Columbia bezahlte diesen Betrag am 20. Januar 1978 für *Annie*, das Broadway-Musical von Charles Strouse mit Andrea McCarlie, Dorothy Loudon und Reid Shelton.

Der längste Kinofilm ist Rainer Werner Fassbinders *Berlin Alexanderplatz* mit 15:21 Std. Am 6./7. August 1983 wurde der Film in voller Länge im Vista-Kino in Hollywood, Kalifornien (USA), mit einer Pause von 2 Std. für das Abendessen gezeigt.

Schnellste Filmproduktion war der britische Thriller *The Fastest Forward*, der innerhalb von 13 Tagen gedreht und am 27. Mai 1990 bei einer Gala-Premiere im Londoner Dominion-Theater vorgestellt wurde. Alle Mitwirkenden an diesem 75-Minuten-Streifen hatten zugunsten wohltätiger Zwecke auf Gage oder Lohn verzichtet. Produzent von *Fastest Forward* war Russ Malkin, Regie führte John Gore.

Kassenrekorde: Kassenfüller Nr. 1 ist *E. T., der Außerirdische*, von Steven Spielberg. Der Film war am 11. Juni 1982 in die Kinos gekommen und hat bisher 700 Mio. Dollar Einnahmen erzielt. *Batman* (Warner Brothers) hält gleich zwei Rekorde: Er machte am 24. Juni 1989 mit 14,6 Mio. Dollar die höchste Tageskasse, und am Tag zuvor hatte er mit 13,1 Mio. Dollar die höchsten Premieren-Einnahmen in der Filmgeschichte eingespielt.

Zum erfolgreichsten deutschen Nachkriegsfilm avancierte innerhalb kürzester Zeit *Otto – der Film* von und mit dem ostfriesischen Komiker Otto Waalkes. Am 19. Juli 1985 lief der Film in Deutschland an und wurde bis zum Februar 1986 in rund 750 deutschen Kinos ausgestrahlt. Die Gesamtzuschauerzahl betrug 9,5 Mio. Das brachte die Goldene Leinwand für den Film. Der Umsatz dieses Kassenknüllers liegt bei 65 Mio. DM.

Das größte Verlustgeschäft war bisher der Film *Heaven's Gate*, den Michael Cimino 1980 gedreht hat. Er spielte in Nordamerika 1,5 Mio. Dollar ein. Gekostet hat der Film aber 44 Mio. Dollar. Rechnet man Verleih- und Betriebsausgaben dazu, klettern die Kosten sogar auf 57 Mio. Dollar.

Über die bestbezahlte Filmrolle in der Kinogeschichte darf sich Jack Nicholson freuen. Für den Joker in dem 50 Mio. Dollar teuren *Batman* kann er bis zu 60 Mio. Dollar erhoffen, weil er statt einer Gage eine Gewinnbeteiligung ausgehandelt hatte. Höchstbezahlte Filmschauspielerinnen waren bisher Barbra Streisand mit 5 Mio. Dollar für *Nuts* und ihre US-Kollegin Meryl Streep (* 1949) mit je 4 Mio. Dollar für *Heartburn (Eifersucht)* und *Out of Africa*.

Der meistgespielte Kinoheld ist Sherlock Holmes, den Sir Arthur Conan Doyle (1859–1930) erfunden hat. Seit 1900 wurde der geniale Detektiv in 204 Filmen von 72 verschiedenen Schauspielern dargestellt.

Die am häufigsten dargestellte Figur in Horrorfilmen ist Graf Dracula, der von dem irischen Schriftsteller Bram Stoker (1847–1912) ins Leben gerufen wurde. Der Graf oder seine direkten Nachkommen geisterten bisher durch 160 Filme. Frankenstein, der härteste Rivale, brachte es bis jetzt auf 112 Kinostreifen.

Die höchste Gage für einen Stuntman war bisher 100000 Dollar. Für diesen Preis machte Dar Robinson im November 1979 einen 335-Meter-Sprung vom CN-Turm in Toronto (Kanada) für den Film *High Point*. Sein Fallschirm öffnete sich erst 91 m über dem Boden. Robinson starb am 21. November 1986 im Alter von 39 Jahren.

Die meisten Statisten bot bisher der britische Regisseur Sir Richard Attenborough für seinen Film *Gandhi* (1982) auf: bei der großen Begräbnisszene waren es schätzungsweise 300000.

Die größten Filmstudios der Welt befinden sich in der Universal City von Hollywood

Eine Nostalgie-Sammlung alter Radiogeräte baut Hans Necker aus Bad Laasphe auf.

Mit dem kleinsten Fernsehstudio fuhren Annemieke Kesselaar (* 1958) und Dieter Klar (* 1937) aus Buxtehude (Niedersachsen) in die entlegensten Ecken der Welt für die Sendung *Vorsicht! Kinder in der Kiste!* Die Kids steigen in das telefonzellenähnliche Studio (115 × 115 cm, 220 cm hoch), erzählen Geschichten oder machen etwas vor. Die Kamera befindet sich außerhalb dieser TV-Kiste.

(USA). Zu ihnen gehören neben einem riesigen Freigelände 561 Gebäude, darunter 34 Aufnahmestudios für Farbtonfilme.

Die längste Kinoserie bilden die japanischen *Tora-San*-Filme. Im August 1969 ist der erste Streifen über die Leinwand geflimmert, 1988 kam der 40. *Tora-San*-Film in die Kinos. Immer dabei war der Schauspieler Kiyoshi Atsumi (* 1929).

Der größte Studio-Schauplatz wurde 1976 für den James-Bond-Film *The Spy Who Loved Me* (Der Spion, der mich liebte) gebaut. Der Schauplatz in den Pinewood Studios von Buckinghamshire (GB), den Ken Adam und Michael Brown entworfen hatten, war 102 × 42 × 12 m groß und mit 4,54 Mio. l Wasser gefüllt. Und im Wasser lagen ein maßstabsgetreuer 600000-Tonnen-Öltanker und drei Atom-U-Boote.

Das bekannteste und größte Filmgelände auf deutschem Boden ist die ehemalige Ufastadt Babelsberg/Potsdam. 45 Jahre lang wurde es der Atelierbetrieb für die Deutsche Film-Aktiengesellschaft (DEFA). In dem 1946 gegründeten Filmkombinat der ehemaligen DDR entstanden 686 Spielfilme. Der Babelsberger Requisitenfundus mit über 1 Mio. Stück gilt als der größte Europas.
Die größten Filmstudios Österreichs sind die der Wien-Film in Sievering und auf dem Rosenhügel in Wien. Das größte Filmatelier der Schweiz ist das Studio Bellerive in Zürich.

Auf die längste Filmkarriere kann der deutsche Schauspieler Curt Bois (* 5. April 1901) zurückblicken. In *Mutterliebe* hatte er als 9jähriger sein Debüt gegeben, zu seinen neueren Filmen gehört *Der Himmel über Berlin* (1987). Die amerikanische Schauspielerin Helen Hayes (* 10. Oktober 1900) stand mit zehn Jahren erstmals vor der Kamera, in *Jean and the Calico Doll*, doch später arbeitete sie vor allem fürs Fernsehen. Der Leinwand treu geblieben sind der Franzose Charles Vanel (* 1892), der mit dem Streifen *Les Saisons du Plaisir* (1988) sein 75jähriges Jubiläum als Filmschauspieler feierte, und Lillian Gish (* 14. Oktober 1893, obwohl als Geburtsjahr meist 1896 genannt wird), die ihr Debüt in *An Unseen Enemy* (1912) gegeben hatte und zuletzt in *The Whales of August* (1987) zu sehen war.

Die meisten Kostüme, die je für einen Film geschneidert wurden, waren die 32000 für *Quo Vadis* (1951).

Am häufigsten das Kostüm gewechselt hat Elizabeth Taylor in dem 1963 entstandenen Film *Cleopatra*, nämlich 65mal. Die Kostüme waren von Irene Sharaff entworfen worden und kosteten 130000 Dollar.

Die begehrteste Filmtrophäe ist der Oscar, der seit 1928 von der amerikanischen Filmakademie verliehen wird.

Die meisten Oscars bekam Walt Disney (1901–66), der »Vater der Mickymaus«, nämlich 20 Statuetten und 12 andere Plaketten und Urkunden, darunter einige postum, verliehen.

Die einzige Schauspielerin, die vier Oscars als Hauptdarstellerin gewann, ist Katherine Hepburn (* 8. November 1909 in Connecticut, USA). Sie wurde für die Filme *Morning Glory* (1932/33), *Guess Who's Coming to Dinner* (Rat mal, wer zum Essen kommt, 1967), *The Lion in Winter* (Der Löwe im Winter, 1968) und *On Golden Pond* (Am goldenen See, 1981) ausgezeichnet. Insgesamt wurde sie zwölfmal für diese Auszeichnung nominiert. Auch dies ein Rekord.
Acht Schauspieler sind für Hauptrollen mit zwei Oscars ausgezeichnet worden: Ingrid Bergman (1945 und 56), Marlon Brando (1955 und 73), Gary Cooper (1942 und 53), Jane Fonda (1972 und 79), Dustin Hoffman (1980 und 89), Vivien Leigh (1940 und 52), Frederic March (1933 und 47), Spencer Tracy (1938 und 39). Edith Head (1907–81) wurde für ihre Kostümentwürfe 8mal ausgezeichnet.

Die meisten Oscar-Nominierungen erhielt der Film *All About Eve* (Alles über Eva), 1950, mit vierzehn. Er gewann sechs Auszeichnungen.

Jüngste Oscar-Gewinnerin war Shirley Temple (* 23. April 1928): Sie durfte ihn 1934 mit fünf Jahren in Empfang nehmen. Älteste Oscar-Preisträger waren mit jeweils 80 Jahren George Burns und Jessica Tandy. Der am 20. Januar 1896 geborene Burns erhielt die Auszeichnung 1976 für *The Sunshine Boys*. Die am 7. Juni 1909 geborene Jessica Tandy durfte den Oscar 1990 für *Driving Miss Daisy* in Empfang nehmen.

Die meisten Oscar-Auszeichnungen erhielt der Film *Ben Hur* (1959), nämlich elf, gefolgt von *Vom Winde verweht* (1939) und *West Side Story* (1961) mit jeweils zehn.

Dieser *Jumbo TRON* war die Attraktion auf der Wissenschafts- und Technik-Ausstellung Expo '85. Eine Fernbedienung erübrigt sich bei diesem *Sony*-Fernseher; denn in einer Entfernung von 50 bis 500 m hat man die beste Sicht. Das Bildschirmgeschehen ist aber auch in 800 m Entfernung noch gut zu erkennen.

Lindenstraße

Häme und barsche Kritik handelten sich die ersten Folgen der *Lindenstraße* ein. Inzwischen ist die längste deutsche Serie, die seit dem 8. Dezember 1985 wöchentlich ohne Unterbrechung läuft, zu einer Art Kultserie geworden. Für ca. 13 Mio. Zuschauer gilt: Kein Sonntag ohne Mutter Beimer und Hansemann. Von »Totgeburt«, »Blindenstraße«, »Serienflop« oder »Sackgasse Lindenstraße« ist längst keine Rede mehr.

Für den »Vater« der Lindenstraße Hans W. Geißendörfer war die englische Serie *Coronation Street*, die 1990 ihr 30jähriges TV-Jubiläum feierte, Vorbild für die *Lindenstraße*.

In Köln-Bocklemünd entstand 1985 eine 150 m lange Straße aus 5 t Stahl, 50000 m Bauholz, 11000 m^2 gemauerten Wänden mit 165 Fenstern und 84 Türen. Es gibt das Restaurant Akropolis der griechischen Familie Sarikakis, das Café Bauer, einen Blumenladen, einen (inzwischen abgebrannten) Kiosk, in dem der Italiener Enrico Pavarotti einen Imbiß unterhielt, den Frisiersalon seiner Ehefrau Isolde und das Kino Astor. Die *Lindenstraße* behandelt das ganz alltägliche Leben und alle darin vorkommenden Themen und Probleme – nichts wird ausgelassen.

In knapp fünf Jahren wurden 11 Regisseure und 478 Schauspieler (75 Haupt-, 403 Gastrollen) »verschlissen«; es gab 7 Hochzeiten, 7 Beerdigungen, und 5 Kinder wurden geboren. Am 28. Juli 1991 lief die 295. Folge der Lindenstraße, die wohl die einzige Serie sein dürfte, die von einem eigenen Pressebüro betreut wird und sogar Fan-Klubs hat.

Höchstdekorierte Künstler sind Helen Hayes (*1900), Richard Rogers und Rita Moreno (*1931). Nur sie haben den Oscar und den Tony, Grammy und Emmy dazu gewonnen. Barbra Streisand (*24. April 1942 in Brooklyn, New York) erhielt einen Oscar sowie Grammy- und Emmy-Preise und außerdem noch den Tony-Sonderpreis *Star des Jahrzehnts*.

Den ersten Oscar als deutschsprachiger Schauspieler erhielt 1928 Emil Jannings (1886–1950) als bester Hauptdarsteller für die Filme *Sein letzter Befehl* (1927, Regie Joseph von Sternberg) und *Der Weg allen Fleisches* (1927, Regie Victor Fleming).

Das größte Kino der Welt ist die Radio City Music Hall in New York, die am 27. Dezember 1932 eröffnet wurde. Ursprünglich gab es dort 5945 Plätze, heute sind es 5874. Kinepolis in Brüssel (Belgien), 1988 eröffnet, ist der größte Kinokomplex der Welt. Insgesamt stehen dort 27 Leinwände und 7000 Sitzplätze zur Verfügung.

RUNDFUNK

Die erste Genehmigung zum privaten Rundfunkempfang erhielt der Berliner Zigarrenhändler Wilhelm Kollhoff am 31. Oktober 1923. Er bezahlte dafür eine Gebühr von 350 Mrd. (Inflations-)Mark. Am 1. Januar 1924 wurde die Rundfunkgebühr auf jährlich 60 RM festgesetzt, wenig später auf 2 RM monatlich ermäßigt.

Die ersten deutschen Rundfunknachrichten wurden am 9. November 1923 ausgestrahlt. Zu dieser Zeit gab es etwa 450 private Rundfunkteilnehmer. Am 1. Juli 1924 waren es bereits 100000, am 1. Januar 1926 waren 1 Mio. registriert.

Die frühesten drahtlosen Signale nach Übersee (der Buchstabe *S* im Morsealphabet) wurden von Marconi, George Stephen Kemp und Percy Paget von einer 10-kW-Station in Poldhu, Cornwall (GB), aus gesendet und in Neufundland (Kanada) am 12. Dezember 1901 um 12 Uhr 30 gehört.

Sprache wurde zum ersten Mal im November 1951 über den Atlantik gesendet, als eine Übertragung von der US-Marinestation in Arlington, Virginia, von amerikanischen Radiotelefoningenieuren auf dem Pariser Eiffelturm empfangen wurde.

Dauermoderieren am Mikrophon bot der Student der Hamburger Kommunikationsakademie Dirk Steffke (*1961). Im Foyer des Hamburger Ramada Renaissance Hotels stand er vom 26. bis 28. Oktober 1988 für den Privatsender Radio Korah 66 Std. unter Dauerstreß.

Die meisten Rundfunksender gibt es in den USA. Im April 1985 waren dort 9512 autorisierte Stationen registriert, die auf Mittelwelle und auf Ultrakurzwelle senden.

Die längste Hörer-Hitparade lief vom 20. bis 27. Juli 1990 in Radio RT.1, Augsburg. Die beiden Moderatoren Peter Ostanski (*1950) und Michael Falke (*1948) spielten, nur unterbrochen von Nachrichten, 183 Std. im Wechsel 2222 Musiktitel. *Power auf Dauer* endete mit *Ding Dong* von der Ersten Allgemeinen Verunsicherung.

Die einzige deutsch-deutsche Hitparade aller Zeiten lief neun Tage vom 17. bis 25. August 1990. In 8-Std.-Schichten moderierten vier Moderatorenpaare von SDR 3 und vom Jugendradio DT 64 ihr Hitparaden-Programm *Top 2000 D* rund um die Uhr – nur unterbrochen durch Nachrichten und Werbung. Südwest 3 sendete diese Radio-Show zweier Anstalten sogar live im Fernsehen. Mit 14:30 Std. wurde das Medienereignis mit seinen 2008 gespielten Titeln zur bisher längsten Radio-TV-Show, zur ersten Radiosendung, die abgefilmt wurde.

Rekord-Publikum bei einer Radiosendung der BBC waren 30 Mio., die sich am 6. Juni 1950 die Übertragung des Boxkampfes zwischen Lee Savold (USA) und Bruce Woodcock (GB) anhörten.

Der weltumspannende Radiodienst der BBC, der in 38 Sprachen ausgestrahlt wird, wurde 1990, nach Umfragen in 90 Ländern, von schätzungsweise 120 Mio. Menschen regelmäßig gehört und erreicht damit mehr Hörer als die Stimme Amerikas, Radio Moskau und die Deutsche Welle zusammen. Die Zahl ist eher zu vorsichtig geschätzt, denn aus mehreren Ländern – darunter China, Kuba, Burma, Iran, Afghanistan und Vietnam – waren keine Hörerzahlen zu erhalten.

Ein Radiomuseum aus 2451 historischen Geräten der Radiotechnik hat Hans Necker aus Bad Laasphe (Nordrhein-Westfalen) seit 1981 aufgebaut. Erste Oldtimer-Radios in »guter alter« Röhrentechnik hat er bereits in den 50er Jahren zusammengetragen. Die Nostalgiesammlung aus Röhrenradiogeräten ist unverkäuflich, die Einzelstücke werden funktionsfähig gehalten.

FERNSEHEN

Die ersten Versuche in Deutschland, die durch den Krieg und die erste Nachkriegszeit unterbrochene Entwicklung des Fernsehens wieder zu beleben, unternahmen acht Techniker 1948 beim Nordwestdeutschen Rundfunk (NWDR) Hamburg mit Hilfe eines Bildabtasters, der über den Krieg hinweg gerettet worden war.

Am 12. Juli 1950 wurde von Hamburg aus ein Testbild gesendet. Am 27. November startete ein Versuchsprogramm.

Am 25. Dezember 1952 begann offiziell das Fernsehen in der Bundesrepublik Deutschland. Der NWDR strahlte täglich von 20 bis 22 Uhr (bzw. 22 Uhr 30) ein Programm aus, zusätzlich ein halb- bis einstündiges Nachmittagsprogramm.

Das erste Programm der Eurovision, des europäischen Fernsehgemeinschaftsprogramms, war die Übertragung der englischen Krönungsfeierlichkeiten am 2. Juni 1953. Angeschlossen waren England, Frankreich, die Niederlande, Belgien und die Bundesrepublik Deutschland.

Die erste transatlantische Übertragung über Satellit wurde am 11. Juli 1962 um 1 Uhr nachts per *Telestar 1* von Andover, Maine (USA), nach Pleumeur Boudou in Frankreich erreicht. Auf dem Bildschirm sah man Frederick R. Kappell, den Vorsitzenden der amerikanischen Telefon- und Telegrafengesellschaft, der der Satellit gehörte.
Die erste Live-Übertragung fand am 23. Juli 1962 statt, und die erste Frau auf dem modernen Bildschirm war am nächsten Tag die Modeschöpferin Ginette Spanier, Direktrice bei Balmain in Paris.

Die erste Live-Übertragung via Satellit aus den USA, die in Deutschland empfangen wurde, war eine Reportage aus einem Baseball-Stadion in Chikago am 23. Juli 1963, bevor eine Pressekonferenz des US-Präsidenten John F. Kennedy übertragen wurde.

Die längste Sendung in der Fernsehgeschichte war die Übertragung des Mondfluges von *Apollo 11* bei GTV 9 in Australien: Sie dauerte, ununterbrochen, 163:18 Std. – vom 19. bis zum 26. Juli 1969.

Die längste Sendung, die ein einziger Regisseur ohne Pause durchgestanden hat, dauerte 48:03 Std. und war vom 17. bis 19. Februar 1990 im WOOC TV 2 vom Otterbein College in Westerville, Ohio (USA), zu sehen. Regisseur der Studentenproduktion war Ben Kehoe.

Die erste reguläre Farbfernsehsendung in Deutschland wurde am 25. August 1967 von der Internationalen Funkausstellung Berlin aus ausgestrahlt.

Ein Videorekorder wurde erstmals 1956 von Alexander M. Poniatoff vorgestellt, dessen System als Ampex (seine Initialen plus »ex« für Exzellenz) bekannt wurde. Der erste Heim-Videorekorder ist am 24. Juni 1963 im Londoner Nachrichtenstudio der BBC erläutert worden. Entwickelt wurde er im Auftrag der Firma Nottingham Electronic Valve Co. von Norman Rutherford und Michael Turner.

Die schnellste Video-Produktion schaffte das britische Unternehmen Thames Video Collection. Thema der Blitz-Kassette: die Hochzeit von Prinz Andrew und Sarah Ferguson am 23. Juli 1986. Der Videofilm wurde live aufgenommen und endet vor dem Chelsea Hospital, wo ein Hubschrauber abhob und das Paar auf den Weg in die Flitterwochen brachte. Das war um 16 Uhr 42. Die ersten Kassetten, in vollständiger Fassung und verpackt, wurden um 22 Uhr 23 von Fenella Lee und Lucinda Burland in einem Geschäft an der Londoner Oxford Street verkauft, also 5:41 Std. nach der letzten Aufnahme.

Das Video mit den meisten Kameraleuten drehten insgesamt 330 Kameraleute unter der Schirmherrschaft von Blaupunkt Werke GmbH, Hildesheim. Es entstand vom 29. April bis 15. Juni 1991 an 154 Orten in den alten Bundesländern. Jeder Kameramann drehte einen Beitrag von mindestens 10 Sek. und höchstens 2 Min. Die Gesamtdauer des Videos beträgt 2:27:04 Std.

Die dauerhafteste Fernsehserie der Welt ist *Meet the Press* (Begegnung mit der Presse) der amerikanischen Fernsehgesellschaft NBC, die am 6. November 1947 startete und seit dem 12. September 1948 allwöchentlich ausgestrahlt wird. Die Idee zu diesem Programm hatte Lawrence E. Spivak, der bis 1975 jede Woche entweder als Moderator oder Gesprächsteilnehmer mitwirkte.

Der TV-Unterhalter Joe Franklin präsentierte am 1. Juni 1986 seine 21 700. Show. Sie war 1951 erstmals über die Bildschirme geflimmert.
Von *Bozo der Clown* sind seit 1949 mehr als 150 000 Episoden über die Bildschirme geflimmert. Die Serie, von Larry Harmon Pictures produziert, wurde täglich von 150 Sendern in und außerhalb der USA ausgestrahlt. Der Amerikaner Hugh Downs stand am 15. April 1988 schon 43 Jahre lang vor der Kamera. In dieser Zeit ist er 10 037½ Std. über den Bildschirm geflimmert – auch dies ein Rekord.

Wiederholungsrekord: Seit 1972 gehört das *Dinner for one* oder *Der neunzigste Geburtstag* zum festen Bestandteil des Silvesterprogramms von NDR III. 1986 gab es das Jubiläum, als zusätzlich auch im 1. Programm die Sendung um 23 Uhr zum 25. Mal lief.

Alle TV-Rekorde gebrochen hat ABC (American Broadcasting Companies). Für die Übertragung von den XV. Olympischen Winterspielen 1988 im kanadischen Calgary erwarb ABC die Exklusiv-Fernsehrechte. Kostenpunkt: 309 Mio. Dollar (512,6 Mio. DM).

Die meisten Zuschauer saßen während der Fußball-Weltmeisterschaft in Italien vor den Fernsehapparaten. Schätzungsweise 31 Mrd. Menschen verfolgten weltweit via TV-Schirm die Spiele, die vom 8. Juni bis 8. Juli 1990 live oder in Aufzeichnungen übertragen wurden.
Die *Live Aid*-Konzerte, die von Bob Geldof und Bill Graham organisiert und – auch das ein Rekord! – über 12 Satelliten übertragen wurden, sahen schätzungsweise 1,6 Mrd. Menschen, ein Drittel der Weltbevölkerung.

Weltweit meistgesehene Fernsehserie ist die *Muppet Show*. Bis August 1989 erreichte sie schätzungsweise 235 Mio. Zuschauer in 106 Ländern.

Die TV-Sendung mit der höchsten Einschaltquote war *Goodbye, Farewell and Amen*, die letzte Episode von *M*A*S*H* (Abkürzung für Mobile Army Surgical Hospital 4077), die CBS am 28. Februar 1983 gesendet hat. 60,3 Prozent der amerikanischen Haushalte hatten sich für dieses Programm entschieden. Schätzungsweise 125 Mio. Menschen sahen zu, das waren 77 Prozent aller Fernsehzuschauer in den USA.

Die teuerste Produktion in der Fernsehgeschichte war die siebenteilige Paramount-Serie *The Winds of War*, eine Saga über den Zweiten Weltkrieg, die von ABC (USA) ausgestrahlt wurde. Die Dreharbeiten hatten 14 Monate gedauert. Gesamtkosten: 42 Mio. Dollar (76,6 Mio. DM). Die Schlußepisode am 13. Februar 1983 verfolgten allein 41 Prozent aller britischen Fernsehzuschauer.

Höchstbezahlter Fernsehunterhalter der Welt ist gegenwärtig der Komödiant Bill Cosby aus den USA. Nach Angaben des US-Magazins *Forbes* (Oktobernummer 1990) hat er in den Jahren 1989 und 90 schätzungsweise 115 Mio. Dollar (etwa 209 Mio. DM) verdient.

Die höchste Gage für eine Fernsehsendung kassierte Marie Osmond aus den USA. Die Gesellschaft NBC zahlte ihr am 9. März 1981 insgesamt 7 Mio. Dollar für sieben Sendestunden, Produktionskosten eingeschlossen.
Gut verdient auch John William Carson (* 1925) aus den USA, Gastgeber der *Tonight Show* (Heute abend). Seine Show wird viermal die Woche ausgestrahlt und dauert jeweils 1 Std. Dafür zahlt NBC angeblich an Carson jährlich 5 Mio. Dollar. Mit seiner Talkshow, die seit 1962 läuft, wurde er der am längsten amtierende Talkmaster. Bisher hat er – mit kleinen Pausen – mehr als 7000 Std. lang moderiert.

Höchstbezahlter Fernsehjournalist ist Dan Rather von CBS. Ihm sollen 1982 per Vertrag 8 Mio. Dollar für fünf Jahre zugesagt worden sein.

Der produktivste Fernsehautor der Welt ist Lord Willis (* 13. Januar 1918), der seit 1949 nicht weniger als 41 Serien, 36 Bühnenstücke und 39 Fernsehspiele geschrieben hat. 26 TV-Stücke hat er auch inszeniert. Die Serie *Dixon of Dock Green*, die die BBC von 1955 bis 76 ausstrahlte, stammte in den ersten 7 Jahren ausschließlich von ihm. Diese Serie verschlang 2,25 Mio. von den insgesamt 19,8 Mio. Wörtern, die Lord Willis seit 1942 geschrieben hat.

Die meisten Episoden, die jemals von einer Fernsehserie verkauft worden sind, waren 1144 Folgen von *Coronation Street*. Die britische TV-Gesellschaft Granada verkaufte sie am 31. Mai 1971 an das kanadische Programm CBKST. Würde man alle 1144 Episoden hintereinander abspielen, müßte man 20 Tage, 15:44 Std. in die Röhre gucken. Weitere 728 Folgen von *Coronation Street*, die zwischen 1974 und 1981 gedreht worden sind, wurden 1982 an CBC verkauft.

Höchstbezahlter Unterhaltungskünstler der Welt ist der Amerikaner Michael Jackson. Nach

Rekordleistung!

Blaupunkt beglückwünscht alle Filmemacher, die gemeinsam mit uns den Rekordversuch gewagt haben. Wir haben unser Ziel erreicht. Die Klappe ist gefallen, der Film mit den meisten Kameraleuten im Kasten.

330 Amateur-Filmer haben Szenen aus dem Alltag aufs Korn genommen. Viele haben im Handel spontan mit einem Blaupunkt Camcorder gefilmt und geschickt improvisiert. Herzlichen Dank allen Teilnehmern. Das war eine reife Leistung!

BLAUPUNKT
Bosch Telecom

einem Bericht, der im September 1988 im US-Magazin *Forbes* erschien, hat Jackson innerhalb von zwei Jahren 97 Mio. Dollar kassiert. Der Ex-Beatle Paul McCartney kann jährlich mit 41 Mio. Dollar Tantiemen rechnen, sein Privatvermögen wird auf 560 Mio. Dollar geschätzt. Dies berichtete der *National Enquirer* im Februar 1988.

Der fleißigste TV-Produzent der Welt ist Aaron Spelling (* 1928). Seine TV-Serien mit 1770 Episoden ergeben eine Sendedauer von 2250 Std. Dazu hat er noch Fernsehspiele mit einer Gesamtlänge von 207:30 Std. und acht Dokumentarstreifen produziert. Unter dem Strich stehen 2467 Sendestunden oder 3688 Filmkilometer. Um Spellings gesammelte Fernsehwerke zu sehen, müßte man dreieinhalb Monate ununterbrochen vor dem Fernseher sitzen. Der Durchschnittsamerikaner verbringt aber nur 6 Std. pro Tag vor dem Fernseher. Also reichen Spellings Filme für 374 TV-Tage.

Die Werbezeit am teuersten verkauft hat NBC am 25. Januar 1987 während der Übertragung des Super Bowls, des Endspiels im American Football, das von 127 Mio. Zuschauern gesehen wurde. 30 Sek. Reklame kosteten 600 000 Dollar (ca. 1,1 Mio. DM). In Großbritannien kostete im Januar 1989 eine Werbeminute zur besten Sendezeit zwischen 20 und 23 Uhr 20 bei Thames Television 75 250 Pfund (238 768 DM). Den längsten Werbespot ließ die Firma Great Universal Stores am 20. Januar 1985 in der Frühstückssendung *Good Morning Britain* über die Bildschirme flimmern: Er dauerte 7:10 Min.

Die erfolgreichste Wohltätigkeitssendung war die von Jerry Lewis zum Labor Day 1989. Sie erbrachte 78 438 573 Dollar (etwa 148 Mio. DM).

Teuerster Werbeträger ist der amerikanische Unterhaltungskünstler Michael Jackson. Pepsi-Cola soll ihm für vier TV-Werbeauftritte 21 Mio. DM bezahlt haben. Dies wurde im März 1988 berichtet.

Die meisten Takes (Aufnahmen) für einen TV-Werbespot benötigte die Komödiantin Pat Coombs im Jahr 1973. Erst nach dem 28. Versuch war der Spot im Kasten. Pat Coombs' Entschuldigung: »Immer wenn wir zur Pointe kamen, fiel mir der Name des Produkts nicht mehr ein.«

Eine Mattscheibe im Superformat präsentierte die japanische Firma Sony in Tsukuba auf dem Gelände der Wissenschafts- und Technikausstellung Expo '85. Der Riesenbildschirm maß 24,3 × 45,7 m und diente der Wiedergabe von Fernsehbildern im Freien.

Mini-Fernseher: Den kleinsten Schwarzweißfernseher der Welt, eine Digitaluhr mit eingebautem Bildschirm, hat die japanische Firma Seiko am 23. September 1982 vorgestellt: Der Uhr-Fernseher hat einen flachen Flüssigkristall-Bildschirm von 30,5 mm Größe und wiegt ganze 80 g. Mit Empfänger und Kopfhörer ergibt das ein Gesamtgewicht von 320 g.

Einen Schwarzweißfernseher für die Jackentasche hat die japanische Firma Sony entwickelt. Der Watchman *FD-2E* ist mit seinen Mini-Abmessungen (64,3 × 156,6 × 41,5 mm) und einer konventionellen Elektronenstrahl-Bildröhre bequem auch am Gürtel zu tragen: Mit Batterien wiegt der Winzling mit TV-Auge ganze 410 g. Seit Mai 1986 ist er auf dem Markt.

Kleinstes Einheitsgerät ist der *Casio-Keisanki TV-10*, der im Juli 1983 in Tokio vorgestellt wurde. Dieser Fernseher hat einen 68,5-mm-Bildschirm und wiegt 338 g.

Der kleinste Farbfernseher stammt gleichfalls aus Japan. Der 1985 auf den Markt gekommene *Epson* mit Flüssigkristall-Bildschirm mißt 7,6 × 17,1 × 2,8 cm. Mit Batterien und seinen 52 800 Kristallen wiegt dieser Mini-Apparat nur noch 453 g.

FOTOGRAFIE

Die früheste Flugaufnahme der Welt wurde 1858 gemacht, und zwar aus einem Luftballon über Villacoublay in der Umgebung von Paris, von Gaspard Félix Tournachon (alias Nadar, 1820–1910).

Die größte jemals gebaute Kamera ist die 27 t schwere *Rolls-Royce*-Kamera, die 1956 fertiggestellt wurde. Sie ist 2,69 m hoch, 2,51 m breit und 14,02 m lang. Die Linse ist eine 160 cm f 15 *Cooke Apochromat*. Die Riesenkamera ist heute im Besitz der britischen Firma BPCC Graphics und war 1988 voll einsatzfähig.

Die größte Linse ist im britischen Museum für Fotografie, Film und Fernsehen in Bradford, West Yorkshire (GB), zu sehen. Sie wurde von der Firma Pilkington-Spezialglas (St. Asaph, Clwyd) hergestellt und hat eine Brennweite von 8,45 m. Durchmesser: 1,372 m. Gewicht: 215 kg. Die riesige Brennweite macht es möglich, daß normale Schriftzüge auf den Museumswänden noch aus einer Entfernung von 12,19 m deutlich zu lesen sind.

Die kleinste Kamera hat 1955 der Hamburger Chemiker Dietrich Cura (* 1933) in einen Ring eingebaut. Der Fotospion am Ringfinger hat die Abmessungen: 13 mm Durchmesser und 8 mm Höhe; seine Brennweite ist 5 mm und seine Negativbreite 3,5 mm. Die Filme werden in Cognacgläschen entwickelt. Unter einer Briefmarke haben 42 Negative Platz, die sich 15fach vergrößern lassen.

Die kleinste handelsübliche Fotokamera – Spezialkameras für die Herzchirurgie oder Spionagekameras sind also ausgenommen – ist das japanische Fabrikat Petal. Sie ist kreisförmig, 1,65 cm dick und hat einen Durchmesser von 2,9 cm. Brennweite: 12 mm. Kleinste funktionstüchtige Balgenkamera ist das Modell einer edwardianischen Geländekamera, 1989 von William Pocklington aus Ascot (GB) entworfen und gebaut. Der Balgen, der ausziehbare Verbindungsteil zwischen Objektiv und Gehäuse, war allerdings von einer Spezialfirma geliefert worden. Pocklingtons Miniaturkopie, eine Konstruktion aus Streichhölzern und Messingbeschlag, ist gebrauchsfertig – das heißt, auf ein zusammenlegbares Stativ montiert – 150 mm hoch. Ausgeklappt hat der Kamerakörper die Maße 34 × 34 × 50 mm, zugeklappt ist er nur 34 × 34 × 19 mm groß. Die Kamera kann auf Landschafts- oder Porträtaufnahmen eingestellt werden und bringt 20 × 17 mm große Bilder hervor.

Die schnellste Fotokamera wurde vom Blakkett-Laboratorium des Imperial College für Wissenschaft und Technologie in London gebaut, um Hochleistungs-Laser zu erforschen. Die Kamera kann bis zu 33 Mrd. Bilder pro Sek. registrieren.

Ein Fotoobjektiv mit der welthöchsten Lichtstärke 1:0,7 wurde erstmals von Carl Zeiss, Oberkochen, entwickelt. Mit diesem Planar 1:0,7, Brennweite 50 mm, konnten Filmaufnahmen von bewegten Szenen bei Kerzenlicht gedreht werden (*Barry Lyndon* von Kubrick).

Der teuerste Kamerasatz der Welt stammt von der Firma Nikon, Tokio (Japan). Er bestand im Mai 1991 aus 26 Kameras, 84 Objektiven und 617 Zubehörteilen. Gesamtpreis: 133 278,78 Pfund (ca. 400 000 DM) ohne Mehrwertsteuer.

Der Auktionshöchstpreis für eine Kamera liegt bisher bei 26 400 Pfund (83 767 DM). Für diese Summe wechselte am 9. November 1989 bei Christie's in London eine *Leica R6* den Besitzer. Erworben wurde sie von De Liugi Garibaldi.

Eine 360-Grad-Panoramakamera hat der frühere Flugkapitän Hermann Schlüter aus Bramstedt (Wesermünde) konstruiert. Mit seiner in eigener Werkstatt gebauten rotierenden »Rundum-Kamera« können mit nur einer Aufnahme (Dauer 1 Sek.) 62,5 Prozent des Raumes erfaßt werden.

Das größte Farbfoto der Welt, die Color-Papier-Vergrößerung einer einzigen Panoramaaufnahme mit 587,52 m^2 Fläche (81,6 × 7,2 m) stellte das Fotolabor Stutz Foto-Color-Technik AG, Bremgarten (Schweiz), 1984/85 her. Das aus 136 Bahnen à 120 × 3,6 m entstandene 360-Grad-Rundum-Panorama des Fotografen Emil Schulthess zeigt das Engadin mit dem Silvaplaner See im Vordergrund. Es wurde im Schweizer Pavillon während der Weltausstellung der Technologie 1985 in Tsukuba (Japan) ausgestellt.

Das längste Foto-Negativ gelang Christopher Creighton aus Port Hope in Ontario (Kanada) am 1. Juli 1988, als er schätzungsweise 1500 Einwohner von Port Hope im Stadtpark mit einem einzigen Auslöser aufs Bild bannte. Creighton hatte ein 24-Inch-Objektiv von Turner-Reich auf eine *Kodak-8-Cirkut*-Kamera montiert und die 1500 Leute aus einem Bildwinkel von 355 Grad aufgenommen. Dabei kam dann ein 362 cm langes und 19,7 cm hohes Negativ heraus.

Den kleinsten und leichtesten Camcorder der Welt (Videokamera mit integriertem Rekorder) hat die Firma Sony im Oktober 1989 auf den Markt gebracht. Die Handycam *CCD-TR 55* ist mit einem Gewicht von 790 g nur handflächengroß. Das kleinste mobile Personalvideo (10,6 × 10,7 × 17,6 cm) paßt in jede Handtasche und in jeden Aktenkoffer.

Das teuerste Foto war bisher der Platinabzug *Rosen, Mexiko*, eine Aufnahme von Tina Modotti aus dem Jahr 1925, die am 17. April 1991 bei Sotheby's in New York für 165 000 Dollar (etwa 280 000 DM) einen Käufer fand.

Das größte Fotoalbum entstand im Oktober 1990. Ein blaues Ringbuch mit 6-Ring-Mechanik war die Attraktion auf der photokina '90 in Köln. Besucher und Kunden wurden am Messestand der Firma Pelikan, Hannover, fotografiert und konnten sich mit ihrem Bild oder mit kreativen Ideen auf den acht Blättern des 1,2 m hohen und im aufgeklappten Zustand 1,8 m breiten, 23 kg schweren Ringbuch verewigen. ■

GEMEINSCHAFT, GESELLSCHAFT

In der Nacht zum 3. Oktober 1990 ist mit dem ersten Glockenschlag des neuen Nationalfeiertags Deutschland wieder vereint. Um 0 Uhr hissen junge Sportler die Bundesfahne vor dem Berliner Reichstag

NATIONEN, LÄNDER, GRENZEN

NATIONEN

Die größte Nationengemeinschaft ist das British Commonwealth of Nations, eine freie Vereinigung von 50 souveränen unabhängigen Staaten zusammen mit 17 nichtsouveränen Staaten und von ihnen verwalteten Schutzgebieten. Das Commonwealth hatte auf einer Gesamtfläche von 29 369 202 km^2 im Jahr 1988 eine geschätzte Bevölkerung von 1 383 631 000. Die Ausdehnung des Empires begann, als Heinrich VII. im März 1496 Handelsmonopole an John Cabot verlieh und später am 31. Dezember 1600, als die East India Company (Ostindische Kompanie) gegründet wurde.

Die Europäische Gemeinschaft (EG), die seit Januar 1958 aufgrund der am 25. März 1957 geschlossenen Römischen Verträge besteht, umfaßt gegenwärtig die Staaten Belgien, Bundesrepublik Deutschland, Dänemark, Frankreich, Großbritannien, Irland, Italien, Luxemburg, Niederlande, Griechenland und durch die Süderweiterung seit 1986 Portugal und Spanien.

LÄNDER

In der Welt gibt es 171 **souveräne Länder** und 60 einzeln verwaltete, nichtsouveräne oder andere Territorien, insgesamt also 231.
Die Vereinten Nationen führen Ost-Timor (annektiert von Indonesien), die Westsahara (jetzt bei Marokko), die ehemaligen Mandatsgebiete von Palästina und die unbewohnten Kanton und Enderbury Islands (beansprucht von den USA und Kiribati), aber registrieren nicht die drei baltischen Staaten Estland, Lettland und Litauen, obwohl ihr erzwungener Anschluß an die UdSSR 1940 formell international nie anerkannt wurde. Auch die De-facto-Territorien Taiwan, Mayotte oder Spanisch Nordafrika, die vier antarktischen Territorien, auf die mehrere Staaten Anspruch erheben, das australische Territorium der Coral Sea Islands sowie das Gebiet der Heard-Inseln und der MacDonald-Inseln werden von der UNO nicht registriert.

Das Land mit dem größten Flächeninhalt ist die UdSSR, die aus 15 Unionsrepubliken besteht und 22 402 200 km^2 oder 15 Prozent der gesamten Landfläche der Erde einnimmt. Ihre Küstenlinie (inklusive Inseln) ist 106 360 km lang. Von Osten nach Westen mißt sie 8980 km und von Norden nach Süden 4490 km. Sie ist über 90mal so groß wie die Bundesrepublik Deutschland. Ihre Bevölkerung betrug Mitte 1990 schätzungsweise 291 Mio.

Das kleinste unabhängige Land der Welt ist mit 0,44 km^2 die Vatikanstadt (Stato della Cittá del Vaticano), ein Stadtstaat, der am 11. Februar 1929 eine Enklave von Rom wurde.

Die kürzeste Küstenlinie aller souveränen Meeranrainer-Staaten hat Monaco mit seinen 5,1 km ohne Kais und Wellenbrecher.

Zur Zeit gibt es 171 souveräne Länder. Die jüngste Unabhängigkeitszeremonie fand im März 1990 statt, als Namibia souverän wurde.

Die kleinste Republik der Welt ist Nauru, knapp ein Grad südlich des Äquators im Westpazifik gelegen; sie wurde am 31. Januar 1968 unabhängig. Das Land bedeckt 2129 ha Fläche und hat nach der aktuellsten Schätzung (1989) 9000 Einwohner.

Die kleinste Kolonie ist Gibraltar mit einer Fläche von 5,8 km^2 und ca. 2000 Einwohnern.

Pitcairn, die einzige bewohnte Insel einer Gruppe von vier Inseln (Gesamtfläche 48 km^2) im Ostpazifik, hat eine Fläche von 388 ha und (im März 1990) 49 Bewohner.

Der offizielle Sitz des Großmeisters des Ordens der Malteserritter besteht seit 1834 aus der Villa del Priorato di Malta (1,2 ha) auf dem Aventin, dem niedrigsten der sieben Hügel von Rom (Italien), und bewahrt, ebenso wie die römische Residenz 68 via Condotti, bestimmte diplomatische Privilegien. Er hat akkreditierte Gesandte im Ausland und wird daher manchmal **der kleinste Staat der Welt** genannt.

Das Land mit dem niedrigsten höchsten Punkt sind die Malediven, deren »Spitze« 2,4 m üNN liegt.

Das Land mit der höchsten tiefsten Stelle ist Lesotho, wo die Mündung des Senqu-Flusses (Oranje) 1380 m üNN liegt.

Die längste zusammenhängende Grenze liegt zwischen Kanada und den USA, die (inklusive der Großen Seen, aber ohne die 2547 km lange Grenze mit Alaska) 6416 km lang ist.

Die »Grenze« der Vatikanstadt ist 4,07 km lang.

Die am häufigsten überquerte Grenze – mehr als 120 Mio. Grenzübertritte im Jahr – ist die 3110 km lange Grenze zwischen den USA und Mexiko.

Die Grenze zwischen China und der Sowjetunion, die von der chinesisch-mongolischen Grenze unterbrochen wird, ist 7240 km lang. Die Zahl der dortigen Grenzübertritte ist nicht bekannt.

Die Landgrenze zwischen Gibraltar und Spanien bei La Linea, die zwischen Januar 1969 und Februar 1985 geschlossen wurde, ist 1,53 km lang.

An einem Punkt in der Nähe der Victoriafälle des Sambesiflusses im südlichen Afrika treffen Sambia, Simbabwe, Botswana und Namibia sich fast an einem einzigen Punkt.

Die meisten Landgrenzen hat China mit 13 benachbarten Ländern: Mongolei, UdSSR, Nordkorea, Hongkong, Macau, Vietnam, Laos, Myanmar (früher Birma), Indien, Bhutan, Nepal, Pakistan und Afghanistan.

STÄDTE

Die älteste heute bekannte befestigte Stadt ist Arihā (Jericho). Die letzten mit dem Radiokarbonverfahren gemachten Altersbestimmungen von Funden aus den tiefsten bisher von Archäologen erreichten Schichten ergaben, daß sich dort schon 7800 v. Chr. eine Ansiedlung von etwa 2700 Menschen befunden haben muß.

DIE BEVÖLKERUNGSREICHSTEN STADTANSIEDLUNGEN DER WELT

Bevölkerung	Name	Land	Jahr
unter 100	Dolní Věstonice	ČSFR	ca. 27 000 v. Chr.
ca. 150	Chemi Shanidar	Irak	8900 v. Chr.
2700	Jericho (Arihā)	Jordanien	7800 v. Chr.
ca. 5000	Çatal Huyuk, Anatolien	Türkei	ca. 6800 v. Chr.
über 5000	Hierakonopolis (Nekhen)	Ägypten	ca. 3200 v. Chr.
50 000	Uruk (Erek; heute Warka) 7000–3800 v. Chr.	Irak	3000 v. Chr.
250 000	Groß-Ur (heute Tell Muqayyar)	Irak	2200 v. Chr.
350 000	Babylon (heute al-Hillah)	Irak	600 v. Chr.
500 000	Pataliputra (Patna), Bihār	Indien	400–185 v. Chr.
600 000	Seleukia (nahe Bagdad)	Irak	300 v. Chr.–165
1 100 100	Rom (gegr. um 510 v. Chr.)	Italien	133 v. Chr.
1 500 000	Angkor	Kambodscha	900
1–1,5 Mio.	Hangtschou (heute Hangzhou)	China	1279
707 000	Peking (Cambulac; heute Beijing)	China	1578
1 117 290	London	GB	1801
8 615 050	London (Höchststand)	GB	1939
8 415 400	Tokio*	Japan	1957

Anmerkung: Die UN-Hochrechnungen nehmen für den Großraum von Mexico City für das Jahr 2000 eine Bevölkerungszahl von 24,44 Mio. an. *Die neuesten Bevölkerungszahlen, siehe mittlere Spalte, urbanes Ballungsgebiet.

Die Ansiedlung Dolni Věstonice (ČSFR) wird der gravettischen Kultur (um 27 000 v. Chr.) zugerechnet.

Die älteste Hauptstadt der Welt ist Dimashq (Damaskus), die Hauptstadt von Syrien, die seit ca. 2500 v. Chr. ständig bewohnt war.

Die älteste noch existierende Stadt Europas ist Cadiz (Spanien), eine phönizische Gründung aus der Zeit um 1100 v. Chr.

Die jüngste Hauptstadt in Europa und Hauptstadt Niederösterreichs wurde am 10. Juli 1986 durch eine Änderung der Niederösterreichischen Landesverfassung die Stadt St. Pölten mit ca. 50 000 Einwohnern.

Als älteste Städte in Deutschland gelten Worms (Rheinland-Pfalz), als *Borbetomagus* eine keltische Gründung aus der Zeit um 60 v. Chr. (von den Römern um die Zeitwende *Civitas Vangionum* genannt; als älteste Freie Stadt besteht sie seit 1156), Köln, um 50 v. Chr. von den Römern gegründet (seit 50 n. Chr. *Colonia Agrippinensis*), und Trier (Rheinland-Pfalz), eine römische Gründung an der Stelle älterer Siedlungen (aus der Zeit um 15 v. Chr; im 3./4. Jh. war sie römische Kaiserresidenz).

Das bevölkerungsreichste »urbane Ballungsgebiet« der Welt ist die Keihin Stadtzone (Großraum Tokio-Yokohama). Eine UNO-Veröffentlichung aus dem Jahr 1988 ging von 19,04 Mio. Bewohnern für 1985 aus.
In derselben Publikation wurde für 1985 die Einwohnerschaft des urbanen Ballungsgebiets von Mexico City mit 16,65 Mio. angegeben, doch im Jahr 2000 werden 24,44 Mio. erwartet – und »nur« 21,32 Mio. in Tokio-Yokohama.

Die größte Stadt Deutschlands ist Berlin. Bei einer Flächenausdehnung von 883 km^2 hat Berlin in seinen 23 Bezirken am 31. Dezember 1989 insgesamt 3,413 Mio. Einwohner. Die größte Ausdehnung in Ost-West-Richtung beträgt 45 km, in Nord-Süd-Richtung 38 km. Nächst große Städte sind Hamburg mit 1,626 Mio. und München mit 1,207 Mio. Einwohnern.

Deutschlands kleinste Stadt ist noch kleiner, als bisher vermutet. Die Volkszählung hat die jahrelange Rechenbasis von »etwa 480 Einwohnern« korrigiert: Arnis an der Schlei, dem fjordähnlichen Ostseearm im Kreis Schleswig-Flensburg im nordöstlichen Schleswig-Holstein, zählt nur 333 Einwohner – kaum mehr als bei der Gründung vor 300 Jahren. Im Jahr 1667 war Arnis von 64 Familien mit damals 300 Köpfen gegründet worden.

In Österreich führt die Hauptstadt Wien mit 1,531 Mio. Einwohnern die Reihe der großen Städte an, gefolgt von den Landeshauptstädten Graz (Steiermark) mit 243 166, Linz (Oberösterreich) mit 199 910 und Salzburg mit 139 426 Einwohnern.

Die kleinste Stadt Österreichs ist die Stadtgemeinde Hardegg a.d. Thaya (Niederösterreich) mit 84 ordentlich gemeldeten Einwohnern am 5. März 1991.

Die größten Städte der Schweiz sind Zürich mit 346 800, Basel mit 171 500, Genf mit 161 400 und die Hauptstadt Bern mit 136 300 Einwohnern (1987).

Die einzige Stadt, die auf zwei Kontinenten liegt, ist Istanbul (Türkei). Es gibt einen europäischen und einen asiatischen Teil.

Die größte Ausdehnung von allen Städten hat Mount Isa in Queensland (Australien). Das von den Stadtbehörden verwaltete Gebiet hat einen Flächeninhalt von 40 978 km^2, aber nur 22 000 Einwohner.

Die höchstgelegene Hauptstadt der Welt – vor der Angliederung von Tibet an China – war Lhasa, 3684 m über dem Meeresspiegel.
La Paz, administrativ und de facto Hauptstadt Boliviens, liegt 3631 m üNN; sein Flughafen, El Alto, liegt auf 4080 m Höhe. Die Stadt wurde 1548 auf dem Gelände eines Indianerdorfs namens Chuquiapu von Hauptmann Alonso de Mendoza gegründet. Ursprünglich hieß die Stadt Ciudad de Nuestra Senora de La Paz (Stadt unserer Lieben Frau des Friedens), wurde aber 1825 in La Paz de Ayacucho, dem heutigen amtlichen Namen, umbenannt. Sucre, die gesetzmäßige Hauptstadt Boliviens, liegt 2834 m üNN.
Quito, die Hauptstadt Ecuadors, liegt 2850 m

Vor dem Überfall durch Chinas Rote Armee im Jahr 1950 war Lhasa (Tibet) die höchstgelegene Hauptstadt der Welt.

hoch in einem von gewaltigen Vulkanen umrahmten Hochbecken, fast am Äquator.

Die höchstgelegene Stadt der Welt ist die neue Stadt Wenchuan (China), die 1955 an der Straße von Chinghai nach Tibet, nördlich vom Tanglagebirge, gegründet wurde. Sie liegt 5100 m hoch.

Die höchstgelegene Hauptstadt Europas ist die des gleichnamigen Kleinstaates Andorra in den Pyrenäen. Sie liegt 1061 m üNN.

Als höchstgelegenes Dorf Europas gilt das auch im Winter bewohnte Juf im Aversertal (Kanton Graubünden, Schweiz) mit 2126 m Höhe. Nicht weit davon, ebenfalls im Aversertal, liegt Cresta, mit 1963 m das höchste Kirchdorf Europas.

Die höchstgelegene Ortschaft Deutschlands ist Oberjoch bei Hindelang im Allgäu (Bayern) mit einer Höhenlage von 1150 m üNN.

Die höchstgelegenen Dörfer Österreichs sind Hochsölden (2150 m) und Obergurgl (1950 m), beide im Ötztal (Tirol).

Die tiefstgelegene Siedlung der Welt ist Ein Bokek (Israel) mit einer Synagoge am Ufer des Toten Meeres: 393,5 m uNN.

Das nördlichste Dorf ist Ny Ålesund (78° 55′N), eine Bergarbeitersiedlung an der King's Bay, West-Spitzbergen, im norwegischen Gebiet Svalbard.

Die nördlichste Hauptstadt ist Reykjavik, die Hauptstadt von Island (64° 68′N) mit 95 800 Einwohnern im Jahr 1988.

Die südlichste Hauptstadt (41° 17′S) ist Wellington auf North Island, Neuseeland, mit 324 600 Einwohnern (1989).

Der südlichste Verwaltungsbezirk ist Port Stanley (52° 43′S) auf den Falklandinseln vor Südamerika mit 1200 Einwohnern.

Die südlichste Ansiedlung ist Puerto Williams (ca. 350 Einwohner) an der Nordküste der Isla Navarino, Feuerland (Chile), 1090 km nördlich der Antarktis.

Die Großstadt, die am weitesten vom Meer entfernt liegt, ist Wu-lu-mu-chi (früher Urumtschi) in Sinkiang, Hauptstadt der autonomen chinesischen Region von Uighur; sie liegt rund 2500 km von der nächstgelegenen Küste entfernt. Ihre Bevölkerung wurde 1989 auf 1,06 Mio. geschätzt.

BEVÖLKERUNG

Allgemein: Die durchschnittliche Zunahme der Weltbevölkerung pro Tag ist etwa 270 000, knapp unter 200/min. Übers Jahr gibt es jedoch saisonale Veränderungen der Geburts- und Sterbezahlen. (Für Zahlen und Schätzungen: siehe Tabelle S. 293). Am 11. Juli 1987 hat irgendwo auf der Welt der fünfmilliardste Erdenbürger das Licht der Welt erblickt: Symbolisch wurde das jugoslawische Baby Matej Gaspar in einer Zagreber Frauenklinik vom UNO-Generalsekretär dazu auserkoren.

Die Weltbevölkerung wächst schneller als erwartet und wird nach Schätzungen des Weltbevölkerungsberichts 1991 von 5,4 Mrd. 1991 innerhalb von zehn Jahren auf 6,4 Mrd. steigen.

Die höchste Bevölkerungszahl aller Länder der Erde hat China, in *Pinyin* Zhongguo (Reich der Mitte), geschrieben. Die Volkszählung vom Juli 1990, an der 7 Mio. Zähler beteiligt waren, ergab eine Bevölkerungszahl von 1 133 682 501. Die natürliche Zuwachsrate in der VR China wird derzeit auf 35 068 pro Tag oder 12,8 Mio. pro Jahr geschätzt. Indien wird Schätzungen zufolge China im Jahr 2050 mit 1,591 Mrd. (gegen 1,555 Mrd.) überrunden.

Der souveräne Staat mit der kleinsten Einwohnerzahl ist Vatikanstadt mit 750 Einwohnern (1989) und einer Geburtenziffer gleich Null.

Am dichtesten bevölkert ist die portugiesische Provinz Macau an der Südküste Chinas. Mitte 1986 lebten dort schätzungsweise 479 000 Menschen auf einer Fläche von 16,9 km^2, das sind 28 343/km^2.
Das Fürstentum **Monaco** hat 29 000 Einwohner (Mitte 1989) bei einer Fläche von 191,4 ha; das sind 15 152/km^2. Durch Landgewinnung aus dem Meer ist die Staatsfläche um fast 20 Prozent angewachsen.
Die größte Bevölkerungsdichte der Territorien von über 1000 km^2 hat **Hongkong**, wo auf 1037 km^2 5 700 000 Menschen (1989) leben, was eine Bevölkerungsdichte von 5497/km^2 bedeutet. Die Volkszählung von 1976 ergab, daß im Stadtbezirk Mong Kok auf der Halbinsel Kowloon 252 090 Menschen auf 1 km^2 lebten. 1959, als die Wohnungsnot am größten war, sollen in einem für 12 Bewohner bestimmten Haus

La Paz, Verwaltungs- und De-facto-Hauptstadt von Bolivien liegt in einer Höhe von 3631 m üNN.

459 Leute gewohnt haben, wovon 104 in einem Zimmer und vier auf dem Dach lebten.

Die größte Bevölkerungsdichte von Ländern mit über 1000 Quadratmeilen (2589 km^2) hat Bangladesch, wo 1990 auf 143 999 km^2 114 800 000 Menschen lebten, was einer Bevölkerungsdichte von 797/km^2 entspricht.
Die indonesische Insel Java mit einer Fläche von 126 295 km^2 hat eine Bevölkerung von 100 300 000 (1987), was einer Bevölkerungsdichte von 793/km^2 entspricht.

Gesamtdeutsche Daten: Am 3. Oktober 1990, dem Tag der Wiedervereinigung, lebten in Deutschland nach Angaben des Statistischen Bundesamtes 79,67 Mio. Menschen. Das Gebiet der bisherigen Bundesrepublik wurde um 108 000 km^2 auf fast 357 000 km^2 erweitert. Wegen der bisher in der ehemaligen DDR deutlich geringeren Bevölkerungsdichte ging die durchschnittliche Einwohnerzahl je km^2 von 252 in der alten Bundesrepublik auf jetzt 222 zurück.

Die geringste Bevölkerungsdichte hat die Antarktis, wo sich seit 1943 Gruppen von Wissenschaftlern als Bewohner auf Zeit ständig ablösen. Die Bevölkerungszahl schwankt je nach Jahreszeit und steigt gelegentlich auf 2000.

Das am dünnsten besiedelte Territorium – abgesehen von der Antarktis – ist Kalaallit Nunaat (früher Grönland), mit einer Bevölkerung von 55 000 im Jahr 1989 auf einer Fläche von 2 175 000 km^2, was einer Dichte von einem Menschen je 39,26 km^2 entspricht. 84,3 Prozent der Insel sind von Eis bedeckt.

Den Auswandererrekord hält Mexiko. Aus ihm wandern mehr Menschen als aus jedem anderen Land aus. Allein 1980 emigrierten nach Schätzungen 800 000 Mexikaner illegal in die USA.

Die sowjetische Invasion nach Afghanistan im Dezember 1979 löste einen Strom von 2,9 Mio. Flüchtlingen nach Pakistan und weiteren 2,2 Mio. in den Iran aus. Bis 1989 kletterte die Zahl der Flüchtlinge auf 3,62 Mio.
Das Jahr mit der höchsten Auswandererquote aus einem europäischen Land war 1852, als 360 000 Menschen, hauptsächlich Iren, nach Nordamerika auswanderten.

Das Land, das regelmäßig **die meisten legalen Einwanderer** aufnimmt, sind die USA. Zwischen 1820 und 1989, so wird geschätzt, kamen 54 978 717 amtlich registrierte Einwanderer. Allerdings ist heute jeder 24. Bewohner der USA ein illegaler Immigrant. Im Steuerjahr, das am 30. September 1986 endete, wurden an der Grenze zu Mexiko 1 615 854 Menschen festgenommen.

WELTBEVÖLKERUNG, GESCHÄTZTE ENTWICKLUNG

Jahr	Mio.	Jahr	Mio.	Jahr	Mio.	Jahr		Mio.
8000 v. Chr.	ca. 6	1750	770	1960	3 019	1984		4 760
1	ca. 255	1800	954	1970	3 698	1985		4 854
1000	ca. 254	1900	1 633	1975	4 080	1986		4 917
1250	416	1920	1 862	1980	4 450	1987	(Juli)	5 000*
1500	460	1930	2 070	1981	4 528	1988		5 096
1600	579	1940	2 295	1982	4 607	1989		5 194
1700	679	1950	2 515	1983	4 684	1990+		5 292
						1991		5 390
						2000+		6 251
						2025+		8 467

*Das Bevölkerungsinstitut in Washington, D.C., hat erklärt, die 5-Milliarden-Grenze sei am 7. Juli 1987 erreicht worden, wogegen die UNO den 11. Juli 1987 als den »Tag des fünfmilliardsten Babys« ausrief.
+ Diese Schätzungen stammen aus der jüngsten UN-Publikation *Projektionen der Weltbevölkerung 1988*, die über das Jahr 2025 nicht hinausgeht. Eine frühere Veröffentlichung prophezeite 1984, daß die Weltbevölkerung sich erst im Jahr 2095 bei einer Zahl von 10,5 Mrd. stabilisieren werde, doch neue Schätzungen vom Mai 1988 gingen von bis zu 14. Mrd. im Jahr 2050 aus. Anmerkung: Die Höchstzuwachsrate von jährlich 2,06 Prozent in der Zeit von 1965 bis 70 war bis zur Periode 1985–90 auf 1,73 Prozent gesunken. Bis 2025 sollte sie auf 0,98 Prozent fallen. Trotz der fallenden prozentualen Zunahme wächst die Weltbevölkerung derzeit jährlich um 98 Mio. Menschen.
Unter Verwendung von Schätzungen des französischen Demographen J. N. Biraben und anderer Wissenschaftler hat ein früherer Direktor des britischen Amts für Volkszählung errechnet, daß zwischen 40 000 v. Chr. und dem Jahr 1990 nahezu 60 Mrd. Menschen gestorben sind. Nach dieser Schätzung wäre die heutige Weltbevölkerung etwa ein Elftel aller Menschen, die jemals gelebt haben.

Das beliebteste Urlauberziel ist Frankreich, das 1989 von 49 544 000 ausländischen Touristen besucht wurde. Das Land mit den höchsten Einkünften aus dem Tourismus sind die USA mit 15,4 Mrd. Dollar (28,06 Mrd. DM) im Jahre 1987. Das meiste Urlaubsgeld geben die Deutschen aus, die 1987 stolze 43 Mrd. DM im Ausland ließen.

Die Geburtenrate wurde für 1985–90 weltweit auf 27,1 je 1000 Einwohner geschätzt. Nach UN-Angaben hatte Kenia 1985–90 mit 53,9 je 1000 die höchste Rate.
Wenn man von Vatikanstadt, wo die Rate gleich Null ist, absieht, hat San Marino mit 9,3 je 1000 (1985) die niedrigste Geburtenrate.

Die niedrigste Zuwachsrate aller großen souveränen Staaten hat die Bundesrepublik Deutschland mit ihren 10,2 im Jahr 1986. Je 1000 Einwohner ergibt das eine Negativzahl von –1,3.

Die Sterbeziffer wurde für 1985–90 weltweit auf 9,9 je 1000 Einwohner geschätzt. Kambodscha (früher Kampuchea), von 1975 bis 80 bei einer Quote von 40, sank 1985–90 auf 16,6. Die geschätzte Sterbequote von Äthiopien lag 1985–90 bei 23,6.
Die nach Schätzungen niedrigste Rate für den Zeitraum von 1985 bis 90 sind 3,6 Todesfälle je 1000 Einwohner in den Vereinigten Arabischen Emiraten.

Die Bevölkerungszuwachsrate wurde für 1985–90 weltweit auf 27,1 – 9,9, das waren 17,2 je 1000 Menschen, geschätzt. 1965 hatte sie noch bei 22 je 1000 gelegen. Die höchste in jüngster Zeit festgestellte Rate hatte 1985–90 Kenia mit 42,9 (53,9 – 11,0).
Auf der Insel Man beträgt die Quote –3,8 (11 Geburten und 14,8 Todesfälle).
Die niedrigste natürliche Zuwachsrate in den bedeutenderen Industrieländern wurde 1986 in der damaligen Bundesrepublik Deutschland mit dem Negativwert von –1,3 je 1000 Einwohner (10,2 Geburten, 11,5 Todesfälle) gemessen.

Das Land mit den meisten Eheschließungen, soweit Statistiken vorliegen, sind die Nordmarianen im Pazifik. Die Eheschließungsquote beträgt 31,2 je 1000 Einwohner.

Die niedrigste Lebenserwartung bei der Geburt beträgt für Frauen nach jüngsten Schätzungen 42 Jahre – in Afghanistan.

Das Land mit den meisten Ehescheidungen sind die USA mit 1 183 000 im Jahr 1988 – das ist eine Rate von 4,8 je 1000 Einwohner. 1979 war der Gipfel mit 5,4 je 1000 Einwohner erreicht. 1986 wurden rund zwei Prozent aller existierenden Ehen in den USA aufgelöst.

Geschlechterverhältnis: Laut Schätzung aus dem Jahr 1981 gab es auf der Welt 1006,7 Männer für 1000 Frauen.
Das Land mit dem größten Männerdefizit ist die UdSSR, wo 1988 schätzungsweise 1112 Frauen auf 1000 Männer kamen.
Das Land mit der größten Frauenknappheit ist Pakistan, wo es 1981 nur 906 Frauen auf je 1000 Männer gab. (Die Zahlen sind jedoch vielleicht infolge des in vielen Ländern noch immer existierenden Ausschlusses der Frauen vom öffentlichen Leben zu niedrig gehalten.)

Säuglingssterblichkeit: Weltweit lag die Quote 1987 bei 80 auf 1000 Lebendgeburten. Die geringste Säuglingssterblichkeit in jüngster Zeit wies Japan 1987 mit einer Quote von 5,0 auf.
In Äthiopien betrug 1969 die Säuglingssterblichkeit inoffiziellen Schätzungen zufolge annähernd 550 auf 1000 Lebendgeburten. Die höchste, in jüngster Zeit geschätzte Quote weist Afghanistan für die Jahre 1985–90 mit 172/1000 auf.

Lebenserwartung: Die Lebenserwartung in der Welt steigt von 47,4 (1950–55) auf 64,5 Jahre (1995–2000). Die Lebenserwartung in Europa betrug im 5. Jh. 33 Jahre für Männer und 27 Jahre für Frauen.
Zwischen 1890 und 1900 war die Lebenserwartung bei der Bevölkerung Indiens 23,7 Jahre.
Nach den im April 1989 verfügbaren Daten hat Japan die höchste Lebenserwartung mit 81,9 Jahren für Frauen und 75,8 Jahren für Männer (1988).

GESUNDHEITSWESEN

Das Land mit den meisten Ärzten ist die UdSSR mit 1 232 300 oder einem Arzt je 235 Personen. China hat über 1,4 Mio. paramedizinisches Personal, die Barfußdoktoren.

Die meisten Zahnärzte gibt es in den USA. 1990 zählte der amerikanische Zahnarztverband 150 000 Mitglieder.

Die meisten Psychiater gibt es ebenfalls in den USA. 1990 betrug die Zahl der eingetragenen Mitglieder des 1844 gegründeten amerikanischen Psychiaterverbandes 36 335, und die Mitgliederzahl des 1892 gegründeten amerikanischen Psychologenverbandes belief sich auf 96 000.

Die größte Heilanstalt ist das Pilgrim State Hospital in Long Island, New York (USA), mit 3816 Betten. Früher hatte es 14 200 Betten.

Die regsamste Geburtsklinik in der Welt war das Mama Yemo Hospital in Kinshasa, Zaire, als 1972 dort 42 987 neue Erdenbürger das Licht der Welt erblickten. Der Rekord-Geburtstag war ein Tag im Mai 1976, als 175 Kinder zur Welt kamen. Die Klinik verfügt über 599 Betten.

Die Lebenserwartung der jungen Erdenbürger steigt. In Japan liegt sie bereits bei 81,9 Jahren für Frauen und 75,8 Jahren für Männer.

Europas größte Bettenburg, das Klinikum Aachen (Nordrhein-Westfalen), hat im Dezember 1983 seinen Betrieb aufgenommen. Der 240 m lange, 130 m breite, 8 Stockwerke hohe (2 sind unterirdisch) Krankenhauskomplex bietet 1500 Betten und stellt eine komplette medizinische Fakultät dar: 3000 Studenten, 600 Schüler medizinischer Hilfsberufe und 3800 Beschäftigte unter einem Dach.

Größte Hilfsorganisation Europas wurde am 1. Januar 1991 das Deutsche Rote Kreuz. Nach dem Beitrittsantrag der fünf Landesverbände aus den neuen Bundesländern bei der 40. Bundesversammlung des DRK in Bonn sind 19 Landesverbände mit 624 Kreisverbänden und dem Verband der Schwesternschaften vom Roten Kreuz mit fast 5 Mio. Mitgliedern organisiert und mehr als 600 000 Personen als freiwillige Helferinnen und Helfer im Rettungsdienst und im Blutspendewesen tätig, in der sozialen Arbeit und im Katastrophenschutz, bei Berg- und Wasserwacht, bei der Ersten Hilfe, im Sanitätsdienst und im Jugendrotkreuz.

EHE- UND FAMILIENREKORDE

Das längste Verlöbnis währte 67 Jahre. Dann endlich, im Juni 1969, wagten Octavio Guillen und Adriana Martinez aus Mexico City das Ehe-Abenteuer. Als sie sich das Ja-Wort gaben, waren beide 82 Jahre alt.

Die größte Zahl von Eheschließungen in Ländern mit Einehe, nämlich 27, erreichte der ehemalige Baptistengeistliche Glynn »Scotty« Wolfe (*25. Juli 1908) aus Blythe, Kalifornien (USA), der 1927 zum ersten Mal heiratete. Seine – vorläufig – letzte Frau ist Daisy Delgado

(* 29. Dezember 1970), eine Filipina aus Liloan. Seine bislang älteste Ehefrau war 38. Nach eigenen Angaben hat der Rekordgemahl 41 Kinder. Die 25 Schwiegermütter (mit zwei Frauen war er jeweils zweimal verheiratet) sind ihm offenbar gut bekommen – wenn auch immer nur kurzzeitig. 1990 begab er sich erneut auf Freiersfüße. Er will sich von Daisy scheiden lassen, um deren erst 15jährige Schwester zu ehelichen.

Der Rekord für (illegale) Vielehen ist 104, aufgestellt von Giovanni Vigliotto, einer von vielen Decknamen, entweder von Fred Jipp (* 1936 in New York) oder von Nikolai Peruschkow (* 1929 auf Sizilien) benutzt. Die Ehen wurden von 1949 bis 81 in 27 US-Staaten und 14 anderen Ländern geschlossen. Vier Opfer befanden sich 1968 an Bord desselben Schiffes und zwei in London. Am 28. März 1983 wurde er in Phoenix, Arizona (USA), wegen Betrugs zu 28 Jahren und wegen Bigamie zu sechs Jahren Haft verurteilt und mit einer Geldstrafe von 336 000 Dollar (840 000 DM) belegt.

Die längste Ehe der Welt dauerte 86 Jahre. Sir Temulji Bhicaji Nariman und Lady Nariman wurden 1853 vermählt, als beide erst fünf Jahre alt waren. Der Ehemann starb im August 1940 in Bombay im Alter von 91 Jahren und 11 Monaten.

Die meisten Trauungen miteinander erlebten Ralph und Patsy Martin aus Quartzsite, Arizona (USA). Sie haben einander insgesamt 51mal geheiratet; ihre erste Trauung fand 1960 statt. Richard und Carole Roble aus South Hempstead, New York (USA), haben ebenfalls 51mal einander geheiratet; sie wurden 1969 erstmals getraut. Beide Ehepaare haben jedesmal einen anderen Hochtzeitsort gewählt.

Eherekordlerin ist Linda Lou Essex aus Anderson, Indiana (USA), mit 21 Heiraten. Seit 1957 hatte sie 15 verschiedenen Männern das Jawort gegeben, vier von ihnen heiratete sie zweimal, einen sogar dreimal. 1988 ließ sie sich erneut scheiden.

Die meisten Trauungen in Deutschland dürfte der Schriftsteller Fred Denger (1920–83) aufzuweisen haben. Mit elf Frauen war er zwölfmal auf dem Standesamt. Das Mißverhältnis zwischen Trauungs- und Brautzahl erklärt sich dadurch, daß Denger eine seiner Frauen (Liljana) ein zweites Mal heiratete. Die letzte Ehe wurde am 14. Juli 1980 geschieden. Denger war insgesamt über 34 Jahre verheiratet.

Das jüngste Brautpaar waren ein elf Monate alter Junge und ein drei Monate altes Mädchen, die Berichten zufolge 1986 im Bangladesch-Dorf Aminpur miteinander vermählt wurden, um eine 20 Jahre währende Fehde zweier Familien über den Anspruch auf eine Acker-Grenzmarkierung zu beenden.

Der älteste Bräutigam war Harry Stevens, der als 103jähriger im Caravilla Retirement Home, Wisconsin (USA), am 3. Dezember 1984 die 84jährige Thelma Lucas freite. Die älteste Braut war Minnie Munro, die am 31. Mai 1991 in Point Clare (Australien) als 102jährige den vergleichsweise jungen Hüpfer Dudley Reid, 83, zum Manne nahm.

Die größte Massentrauung erlebten am 30. Oktober 1988 in einem Fabrikgebäude in Seoul (Südkorea) 6516 »ideale Paare« bei der von Sektenführer Sun Myung Moon (* 1920) geleiteten Zeremonie.

Deutschlands schnellstes Baby, Sascha Patrick, wurde am 6. Juli 1983, um 14 Uhr 45 geboren, nachdem sich seine Eltern exakt zehn Min. zuvor im Kreißsaal des St.-Elisabeth-Hospitals in Meerbusch (Nordrhein-Westfalen) das Jawort gaben. Um 14 Uhr 35 wurde aus Anna Maria Schmidt Frau Drießen, Ehefrau von Helmut Drießen.

Das älteste Scheidungspaar sind Ida Stern und ihr Mann Simon. Am 2. Februar 1984 wurden die 91jährige und der 97jährige in Milwaukee, Wisconsin (USA), rechtskräftig geschieden.

SOS-Kinderdörfer: Entwurzelten und verwaisten Kindern in der Nachkriegszeit ein Heim zu geben war die Idee von Hermann Gmeiner (1919-86). Am 25. April 1949 gründete er mit Freunden die Gesellschaft »Societas Socialis – Hilfswerk für Waisenkinder« mit einem Startkapital von 600 Schilling (damals knapp 100 DM) in der 7000-Seelen-Gemeinde Imst im Oberinntal (Österreich). Das erste SOS-Kinderdorf entstand. Aus den bescheidenen Anfängen wurde inzwischen eine weltumspannende Hilfsorganisation mit 1000 SOS-Kinderdorfeinrichtungen, darunter 300 SOS-Kinderdörfer sowie Jugendhäuser, Schulen, Kindergärten, Krankenhäuser und Sozialzentren, in 103 Ländern der Erde.
Das höchstgelegene Dorf liegt in La Paz (Bolivien) in 3650 m Höhe, das südlichste in Puerto Varas (Chile) am 43. Breitengrad und das nördlichste in Ylintornio am Polarkreis (Finnland). Nach der Erdbebenkatastrophe 1988 wurde in Armenien ein Dorf für elternlose Kinder errichtet. Weitere Einrichtungen sind in Rumänien (drei Dörfer), am Rande von Moskau und in Tiflis (UdSSR) geplant. Im Juli 1991 wurde der Grundstein für das erste SOS-Kinderdorf Sachsen in den neuen Bundesländern gelegt. Am Stadtrand von Zwickau soll die erste Kinderdorf-Familie schon 1993 einziehen.
Das Hilfswerk finanziert sich nur aus Spenden, jährlich gehen ca. 200 Mio. DM ein.

Rekord-Spendenergebnisse erzielt das Zweite Deutsche Fernsehen (ZDF) in Zusammenarbeit mit der »Aktion Sorgenkind«. Seit ihr Initiator, Hans Mohl, erstmals am 9. Oktober 1964 in der Sendung *Vergißmeinnicht* in der Öffentlichkeit zu Spenden aufrief, kam es an allen Orten, in allen Bereichen und allen Gruppierungen zu Spenden für die »Aktion Sorgenkind«. Unterstützt durch die TV-Serie *Drei mal neun* (ab September 1970) und *Der Große Preis* (ab September 1974) kamen insgesamt 1 815 573 804,94 DM zusammen (Stand 30. Juni 1991).

Fernsehlotterie: 1956 startete der Berliner Jochen Richert (1915–84) vom Berliner Hilfswerk zusammen mit dem Nord- und Westdeutschen Runkfunkverband (NWRV) eine TV-Aktion, um für die Verschickung von Berliner Ferienkindern in den Westen – den »Platz an der Sonne« – finanzielle Unterstützung zu bekommen. Diese Verschickung wurde 1949 nach der Berliner Blockade erstmals durchgeführt. Unter dem Motto »Mit fünf Mark sind Sie dabei« spielte die Sendung *Die große Chance* auf Anhieb 1,6 Mio. DM ein. 1960 wurde die Fernsehlotterie GmbH gegründet. Bis Ende 1990 wurden 1 705 007 823,06 DM eingespielt.

Spendenaktionen: Die weltweit im Fernsehen übertragenen »Live Aid«-Konzerte, von Bob Geldof und Bill Graham mit 60 Rock-Darbietungen in Philadelphia und London am 13. Juli 1985 organisiert, erbrachten allein in den zwei folgenden Wochen umgerechnet 133 Mio. DM und schätzungsweise weitere 190 Mio. DM für die Hungerhilfe in den Wochen danach. Etwa 1,6 Mrd. Menschen, fast ein Drittel der Erdbevölkerung, sahen die Übertragungen, die mit Hilfe von 12 Satelliten – auch ein Rekord – zustande kamen.
Die Hilfsaktion »Sport Aid«, ins Leben gerufen von Chris Long und ebenfalls von Bob Geldof organisiert, fand am 25. Mai 1986 in 277 Städten (78 Ländern) statt und erbrachte weltweit Einnahmen von über 100 Mio. Dollar (233 Mio. DM).

STAATSOBERHÄUPTER, REGIERUNGEN, PARLAMENTE

Das älteste Herrscherhaus hat Japan. Kaiser Akihito von Japan (* 23. Dezember 1933) ist der 125. aus dem Geschlecht des ersten Kaisers, Jimmu Tenno oder Zinmu, der laut Überlieferung von 660–581 v. Chr. (wahrscheinlich von ca. 40 bis ca. 10 v. Chr.) regierte.

Königin Elizabeth II. von Großbritannien und Nordirland (* 21. April 1926) stammt von Herrscherhäusern ab, die sich historisch mindestens bis ins 4. Jh. zurückverfolgen lassen, und zwar bis zu Tegid, Urgroßvater von Cunedda, dem Gründer des Geschlechts Gwynedd in Wales; sie ist die 54. in der Ahnenreihe. Wäre die Geschichtlichkeit einiger früher schottisch-irischen und piktischen Könige verbürgt, könnte ihre Abstammung etwa 70 Generationen zurückgeführt werden.

Am längsten von allen Monarchen regierte Phiops II. (auch als Pepi II. bekannt) oder Neferkare, ein ägyptischer Pharao der 6. Dynastie. Seine Regierungszeit begann ca. 2281 v. Chr., als er sechs Jahre alt war, und dauerte mutmaßlich ca. 94 Jahre. Minhti, König von Arakan (jetzt Myanmar, früher Birma), soll 95 Jahre lang (1279–1374) regiert haben.
Musoma Kanijo, Häuptling des Nzega-Bezirks in West-Tanganjika (heute Teil von Tansania), soll über 98 Jahre regiert haben, von seinem achten Lebensjahr im Jahr 1864 bis zu seinem Tod am 2. Februar 1963.
Die längste Regierungszeit eines europäischen Monarchen war die von Alfonso I. Henriques von Portugal, der den Thron am 30. April 1112 bestieg und am 6. Dezember 1185, 73 Jahre und 220 Tage später, starb.

Die kürzeste Regentschaft übte der Kronprinz Luis Filipe von Portugal aus, der tödlich verwundet wurde, als sein Vater durch eine Kugel starb, die seine Halsschlagader durchtrennte. Der Anschlag ereignete sich am 1. Februar 1908 in den Straßen von Lissabon. Rein formal war Luis Filipe etwa 20 Min. lang (als Dom Luis III.) König von Portugal.

Das längste Leben einer Adligen von königlichem, europäischem Blut führte Prinzessin Pauline Marie Madeleine von Croy, die am 11. Januar 1987 an ihrem Geburtsort, dem belgischen Le Roeulx, ihren 100. Geburtstag feierte. Das höchste Alter unter den europäischen königlichen Ehegatten erreichte Prinzessin Leo-

nilla Beriatinsky (*9. Juli 1816 in Moskau) mit 101 Jahren, 268 Tagen, die mit Prinz Louis von Sayn-Wittgenstein-Sayn verheiratet war und am 1. Februar 1918 in Ouchy (Schweiz) starb. Die Königin, die das höchste Alter erreichte, war Zita, Kaiserin von Österreich und Königin von Ungarn, deren Gatte als Kaiser Karl I. von Österreich und König Karl IV. von Ungarn 1916–18 regierte. Sie starb am 14. März 1989 im Alter von 96 Jahren und 309 Tagen.

Jüngster König und jüngste Königin: 46 der 171 souveränen Staaten sind keine Republiken. Sie werden regiert von: 1 Kaiser, 13 Königen, 3 Königinnen, 2 Sultanen, 1 Großherzog, 2 Prinzen, 3 Emiren, 1 gewählten Monarchen, dem Papst, einem Präsidenten, den 7 Erbscheichs aus ihren Reihen wählen, 1 Staatsoberhaupt, das mit einem konstitutionellen Monarchen vergleichbar ist und 2 »Prinzen« in einem Land, die nominell nicht in einer königlichen Erbfolge stehen. Königin Elizabeth II. ist Staatsoberhaupt von 16 weiteren Commonwealth-Ländern. Der jüngste Monarch regiert in Swasiland, wo König Mswati III. am 25. April 1986 im Alter von 18 Jahren gekrönt wurde. Er wurde als Makhosetive, 67. Sohn von König Subhusa II., geboren. In Dänemark herrscht als jüngste Königin Margrethe II. (*16. April 1940).

Von allen deutschen Monarchen hatte Friedrich III. von Habsburg (*21. September 1415), Kaiser des Heiligen Römischen Reiches Deutscher Nation, die längste Regierungszeit, nämlich vom 2. Februar 1440 (als er als Nachfolger seines Vetters Albrecht II. König von Österreich, Ungarn und Böhmen wurde) bis zu seinem Tod am 19. August 1493: insgesamt 53 Jahre, sechs Monate, 17 Tage. Zum Kaiser wurde er 1452 gekrönt; es war die letzte Krönung eines deutschen Kaisers in Rom durch den Papst.

Die kürzeste Regierungszeit als deutscher Kaiser hatte Friedrich III. von Hohenzollern (*18. Oktober 1831). Er regierte im sogenannten »Dreikaiserjahr« 1888 nur 99 Tage als Deutscher Kaiser und König von Preußen. Am 15. Juni erlag er einem Krebsleiden.

Die längste Regierungszeit eines österreichischen Monarchen hatte Kaiser Franz Joseph I. (*18. August 1830). Er bestieg den Habsburger Thron am 2. Dezember 1848, regierte 67 Jahre, elf Monate und starb am 21. November 1916 im 87. Lebensjahr.
Die kürzeste Regierungszeit hatte als österreichischer Kaiser Karl I. (1887–1922). Er dankte am 11. November 1918 nach knapp zwei Jahren ab.

Der schwerste Monarch der Welt ist der 1,90 m große König Taufa'ahau von Tonga, der im September 1976 auf der einzigen Waage seines Landes, die so viel Gewicht trug, nämlich der Lastwaage am Flughafen, 209,5 kg auf die Plattform brachte. 1985 hieß es, er soll auf 139,7 kg abgespeckt haben. Der Wagen seiner Botschaft in London hat das britische Kennzeichen »1 TON« – »1 TONNE«.

Der kinderreichste von allen monogamen Fürsten war Prinz Hartmann von Liechtenstein (1613–86) mit 24 Kindern, von denen 21 lebendgeboren waren. Seine Gemahlin war Gräfin Elisabeth zu Salm-Reifferscheidt (1623–88).

Der Kronprinz Luis Filipe von Portugal wurde zur selben Zeit tödlich verwundet, als sein Vater am 1. Februar 1908 in den Straßen Lissabons von einer Kugel getötet wurde. Rein formal war er auf diese Weise ca. 20 Min. lang als Dom Luis III. König von Portugal.

Roberto I. Herzog von Parma hatte auch 24 Kinder, aber von zwei Frauen. Eine seiner Töchter, Zita, Kaiserin von Österreich und Königin von Ungarn (1892–1989), ging am 23. März 1919 ins Exil, besuchte aber unter Führung aller Titel am 17. November 1982 Wien, um die Republikaner daran zu erinnern, daß ihr Vater 1854 die Thronfolge von Parma übernommen hatte.

Das älteste Staatsoberhaupt der Welt ist Félix Houphouet-Boigny, Präsident der Elfenbeinküste (*18. Oktober 1905). Sein jüngster Kollege ist König Mswati III. von Swasiland (*19. April 1968).

Die erste Präsidentin der Welt wurde Isabel Perón (Argentinien, *1931), als sie ihrem Mann nach dessen Tod am 1. Juli 1974 im Amt nachfolgte. Sie blieb im Amt, bis sie bei einem unblutigen Staatsstreich am 24. März 1976 abgesetzt wurde. Islands Präsidentin Vigdis Finnbogadottir (*1930) wurde am 30. Juni 1980 das erste demokratisch gewählte weibliche Staatsoberhaupt der Welt.

REGIERUNGEN

Am längsten von allen Regierungschefs hat Naruhiko Higashikuni gelebt, der am 3. Dezem-

46 der 171 souveränen Länder sind keine Republiken. Das einzige Land, dessen Monarch gewählt wird, ist Malaysia. Dieses Foto zeigt die Krönung des derzeitigen Königs, Sultan Azlan Shah, im September 1989.

ber 1887 geboren wurde und im Alter von 102 Jahren und 48 Tagen am 20. Januar 1990 starb. Er war Japans erster Premier nach dem Zweiten Weltkrieg, blieb aber nicht einmal zwei Monate im Amt, von dem er im Oktober 1945 zurücktrat. El Hadji Muhammad el Mokri, Sultan von Marokko, starb am 16. September 1957 angeblich im Alter von 116 Jahren (nach mohammedanischer Hijri-Zeitrechnung, was 112,5 Jahren gregorianischer Zeitrechnung entspricht).

Der bisher **im höchsten Alter ernannte Ministerpräsident** war der mit 81 Jahren im März 1977 gewählte Inder Morarji Ranchhodji Desai (*29. Februar 1896).

Der am längsten amtierende Regierungschef ist Lee Kuan Yew in der früheren britischen Kronkolonie Singapur, der bereits sechsmal wiedergewählt wurde und nach 29 Jahren immer noch im Amt ist.

Marschall Kim Il Sung (Geburtsname Kim Sung Chu/ *15. April 1912) ist seit dem 25. August 1948 Regierungschef oder Staatschef der Demokratischen Volksrepublik Korea.

Die längste Regierungszeit in Deutschland als Ministerpräsident und Reichskanzler hatte Fürst Otto von Bismarck-Schönhausen, Herzog von Lauenburg (1815–98). Er wurde 1862 Ministerpräsident von Preußen, 1867 Bundeskanzler des Norddeutschen Bundes und war von 1871 bis zu seiner Entlassung durch Kaiser Wilhelm II. am 18. März 1890 Kanzler des Deutschen Reiches, also nahezu 20 Jahre lang.

Die kürzeste Amtsperiode als deutscher Reichskanzler hatte Prinz Max von Baden (1867–1929). Er war nur vom 3. Oktober bis zum 9. November 1918 im Amt – ganze 38 Tage.

Das älteste Staatsoberhaupt in der Welt ist Félix Houphouet-Boigny (*18. Oktober 1905), Präsident der Elfenbeinküste. Seit es 1960 die Unabhängigkeit errang, ist er Präsident des Landes.

Die längste **Amtszeit als Bundeskanzler** der Bundesrepublik Deutschland hatte Dr. Konrad Adenauer (1876–1967). Er wurde am 15. September 1949 im Alter von 73 Jahren mit einer (seiner eigenen?) Stimme Mehrheit von den Abgeordneten des ersten Bundestages zum ersten Mal zum Bundeskanzler gewählt und führte vier Kabinette, bis er am 15. Oktober 1963 nach einer Amtszeit von über 14 Jahren mit 87 Jahren zurücktrat. Er starb im Alter von 91 Jahren.
Die kürzeste Amtszeit als Bundeskanzler der Bundesrepublik Deutschland hatte Kurt Georg Kiesinger (*6. April 1904) mit zwei Jahren, elf Monaten vom 1. Dezember 1966 bis zum 21. Oktober 1969.
Als jüngster Bundeskanzler trat der CDU-Politiker Helmut Kohl (*3. April 1930) am 1. Oktober 1982 im Alter von 52 Jahren, 182 Tagen sein Amt an.

Das höchste Alter, in dem jemals ein Politiker das Amt als Premierminister antrat, war 81 Jahre – im März 1977 wurde Morarji Ranchhodji Desai (*29. Februar 1896) indischer Regierungschef.

Die erste Ministerpräsidentin war Sirimavo Bandaranaike (*17. April 1916). Sie war von 1960 bis 64 und noch einmal von 1970 bis 77 Ministerpräsidentin von Sri Lanka (früher Ceylon).

Der derzeit jüngste Regierungschef der Welt ist Druk Gyalpo (»Drachenkönig«) Jigme Singye Wangchuk von Bhutan (*11. November 1955), der seit März 1972 die Regierungsgeschäfte leitet.

Der dienstälteste Außenminister war der UdSSR-Diplomat Andrei Andrejewitsch Gromyko (1909–89). 1946 wurde er Vize-Außenminister, vom 15. Februar 1957 bis zum 2. Juli 1985 war er Außenminister; danach wurde er Vorsitzender des Präsidiums des Obersten Sowjets; diese Position bekleidete er bis zum 30. September 1988. Pjotr Lomako (1904–90) bekleidete seit 1940 in der UdSSR-Regierung das Amt eines Ministers für Nichteisen-Metallurgie. Nach 46 Jahren wurde er am 1. November 1986 im Alter von 82 Jahren abgelöst; dem Zentralkomitee der KPdSU hatte er seit 1952 angehört. Seit 1974 ist Hans-Dietrich Genscher (*1927) Bundesminister des Auswärtigen der Bundesrepublik Deutschland. Der mehrfache Flugmillionär, als »meistgereister Minister der Welt« tituliert, hat im Januar 1988 seinen eigenen Reiserekord gebrochen: Innerhalb von 16 Tagen jettete »Dietrich Düsentrieb« 30000 km durch die Welt, war 35 Std. in der Luft und hat elf Städte in sieben Ländern zu Gesprächs- und Konferenzterminen genutzt.

Die größte Zusammenkunft von Staatsoberhäuptern und Regierungschefs fand anläßlich des Weltgipfels für die Kinder am 29./30. September 1990 statt. Die Konferenz im Hauptquartier der Vereinten Nationen in New York City (USA) wurde von 71 führenden Politikern besucht und beschäftigte sich mit der Not der Kinder auf unserer Erde.

PARLAMENTE

Die erste gesetzgebende Körperschaft bestand aus zwei Kammern und befand sich ca. 2800 v. Chr. in Erech in Mesopotamien (jetzt Irak).

Die älteste Volks- und Gerichtsversammlung war das 930 in Island entstandene Althing. Diese Körperschaft, die ursprünglich aus 39 Ältesten bestand, wurde im Jahr 1800 abgeschafft, aber 1843 wurde ihr konsultativer und 1874 ihr legislativer Status von Dänemark wiederhergestellt.

Das am längsten ohne Unterbrechung bestehende Parlament ist das Tynwald auf der Isle of Man (GB), von dem man annimmt, daß es älter als 1000 Jahre ist.

Die größte gesetzgebende Versammlung in der Welt ist der Nationale Volkskongreß der Volksrepublik China mit 2978 Mitgliedern, die indirekt für eine fünfjährige Sitzungsperiode gewählt werden. Der 7. Kongreß trat im März 1988 zusammen.

Das kleinste Quorum eines Parlaments (die Mindestzahl von Abgeordneten, die bei einer Abstimmung anwesend sein müssen) hat das britische Oberhaus, das House of Lords. Um gültig abzustimmen, müssen 3 Peers anwesend sein einschließlich des Lordkanzlers oder seines Stellvertreters. Das Quorum des Unterhauses, 40 Abgeordnete einschließlich des Speakers oder seines Stellvertreters, ist 13mal so hoch.

Die älteste Verfassung der Welt ist die der USA; sie wurde am 21. Juni 1788 vom erforderlichen 9. Bundesstaat (New Hampshire) ratifiziert und am 4. März 1789 für wirksam erklärt.

Der älteste noch gültige Vertrag ist das Englisch-Portugiesische Bündnisabkommen, das vor über 618 Jahren, am 16. Juni 1373, in London unterzeichnet wurde. Der Text wurde von John de Banketre, Protokollführer, »mit meinem üblichen Schnörkel« bestätigt.

Die meisten Abgeordneten für den deutschen Reichstag wurden am 5. März 1933 gewählt: 647. Die Wahlen zum ersten gesamtdeutschen, dem 12. Bundestag brachten am 2. Dezember 1990 eine Rekordzahl von 662 Abgeordneten.

Die größte Mitgliederzahl im österreichischen Parlament hatte mit 516 das Abgeordnetenhaus von 1907. In der Schweiz amtierten mit 198 Mitgliedern die meisten Abgeordneten in der Legislaturperiode von 1922.

Die größten Wahlen der Welt begannen am 22. November 1989 für das indische Lok Sabha, das Abgeordnetenhaus mit 543 Sitzen. Über 304 Mio. Wähler (von 494 Mio. Wahlberechtigten) gaben ihre Stimme ab. 291 Parteien stellten sich zur Wahl, in den 593 000 Wahllokalen waren 3,5 Mio. Wahlhelfer eingesetzt. Als Ergebnis der Wahl wurde eine neue Regierung unter Führung der Volkspartei gebildet.

Die höchste persönliche Mehrheit, die je ein Politiker erreichte, war ein Vorsprung von 4 726 112 Stimmen für Boris Jelzin, den »nicht amtlichen« Moskauer Kandidaten bei den Parlamentswahlen der UdSSR am 26. März 1989. Jelzin erhielt 5 118 745 der im Wahlbezirk Moskau abgegebenen Stimmen, sein nächster Verfolger bekam 392 633 Stimmen.

Die kleinste je erreichte Mehrheit erzielte am 18. Januar 1961 die Afro-Shirazi-Partei in Sansibar (jetzt Teil von Tansania) mit einem einzigen Sitz, nachdem der Sitz von Chake-Chake auf der Insel Pemba durch eine einzige Stimme gewonnen worden war.

Die kleinste prozentuale Mehrheit bei einer Wahl hatte sicherlich am 7. August 1979 R. E. Joiner mit 133 587 Stimmen gegen W. H. Pyron mit 133 582. Es handelte sich dabei um das Amt des Southern District Highway Commissioner im Staat Mississippi. Der Verlierer erhielt 49,999 Prozent der abgegebenen Stimmen.

Den unmöglichsten Wahlsieg errang Charles D. B. King (1875–1961) bei den Präsidentschaftswahlen in Liberia 1927. Der offiziell bekanntgegebene Stimmenvorsprung vor dem Gegenkandidaten Thomas J. R. Faulkner von der Volkspartei war 234 000. Präsident King nahm damit eine »Mehrheit« für sich in Anspruch, die 15½mal größer war als die gesamte Wählerschaft.

Den umfangreichsten Stimmzettel gab es bei den Wahlen zur Staatsversammlung von Karnataka (Indien) am 5. März 1985, wo in der Stadt Belguum 301 Kandidaten antraten.

Der am längsten lebende Premierminister eines Landes war Naruhiko Higashikuni (Japan), der am 3. Dezember 1887 geboren wurde und am 20. Januar 1990 im Alter von 102 Jahren, 48 Tagen starb. Er war der erste Premier des Landes nach dem Zweiten Weltkrieg, blieb aber nicht einmal zwei Monate im Amt, das er im Oktober 1945 verließ.

Der Premierminister mit der längsten Amtszeit ist Prinz Fatafehi Tu'ipelehake (*7. Januar 1922) von Tonga, der seit dem 16. Dezember 1965 im Amt ist.

Die meisten Staatsstreiche rechnen die Statistiker Bolivien zu, seit das Land 1825 seine Unabhängigkeit erhielt. Der 191. fand am 30. Juni 1984 statt, als Präsident Hernan Siles Zuazuo (70) von über 60 Bewaffneten aus seinem Amtssitz entführt wurde.

Das britische Oberhaus (House of Lords) hat das kleinste Quorum aller gesetzgebenden Körperschaften der Welt. – Queen Elizabeth II. 1964 bei der feierlichen Parlamentseröffnung.

Frauenwahlrecht: Die erste Legislative mit weiblichen Wählern gab es 1869 im Territorium von Wyoming (USA), gefolgt 1881 von der Isle of Man. Das erste Land mit uneingeschränktem Frauenwahlrecht war 1893 Neuseeland. Die Stimmabgabe von Lily Maxwell am 26. November 1867 in Manchester (GB) wurde am 9. November 1868 für ungesetzlich erklärt.
Als erster europäischer Staat räumte Finnland 1907 den **Frauen das aktive und passive Wahlrecht** ein. Aus diesen Wahlen zum finnischen Reichstag gingen damals 19 Frauen als Abgeordnete hervor.
In Deutschland wurde den Frauen das Wahlrecht erstmals bei den Wahlen zur Verfassunggebenden Nationalversammlung am 19. Januar 1919 gegeben. Von den 423 Abgeordneten, die aus dieser Wahl hervorgingen, waren 41 Frauen, also fast zehn Prozent.

GESETZGEBUNG UND GERICHTSWESEN

Die älteste niedergeschriebene Gesetzessammlung stammt von König Urnammu (2047–2029 v. Chr.) aus der 3. Dynastie von Ur (Irak). In der modernen zivilisierten Welt werden die Gesetze – außer in diktatorisch regierten Staaten – von den gesetzgebenden Körperschaften (Legislative) beschlossen. Dies sind in der Regel die Parlamente. Mit der Unterzeichnung durch das Staatsoberhaupt treten sie in Kraft. Ihre rechtmäßige Ausübung überwachen die Gerichte.

Die ersten Gerichtsordnungen in Deutschland waren im wesentlichen Strafprozeßordnungen. Die ältesten von ihnen sind das *Mühlhäuser Reichsrechtsbuch* (Anfang des 13. Jh.s), die *Bambergische Halsgerichtsordnung* von 1507 und die sogenannte *Peinliche Gerichtsordnung* Kaiser Karls V. von 1532. Sie schufen ein geregeltes Prozeßwesen und halfen mit, das ungeordnete und willkürliche Rechtswesen des Mittelalters zu überwinden.

Der langwierigste aktenkundige Prozeß endete am 28. April 1966 in Poona (Indien), als der Gerichtshof ein Urteil zugunsten von Balasaheb Patloji Thorat fällte und damit eine Rechtsstreitigkeit regelte, die im Jahr 1205, also 761 Jahre vorher, von seinem Vorfahren Maloji Thorat begonnen worden war. Er hatte damals für sich das Recht verlangt, bei öffentlichen Veranstaltungen den Vorsitz zu führen, und um Klärung der Rangordnung bei religiösen Festen ersucht.

Das längste Verfahren vor einer Jury ist der Fall Kemner gegen Monsanto Co., bei dem es um die Verschmutzung durch giftige Chemikalien im Jahr 1979 in Sturgeon, Missouri (USA), ging. Der Prozeß begann am 6. Februar 1984 im Landgericht von Belleville, Illinois (USA). Am 26. August 1987, nach 657 Verhandlungstagen und zweimonatiger Jury-Beratung, schloß Richter Richard P. Goldenhersh das Verfahren. Am 22. Oktober wurde das Strafmaß verhängt. Den Klägern wurde ein nomineller Schadenersatz von 1 Dollar (damals 1,82 DM) sowie 16,25 Mio. Dollar (25,7 Mio. DM) verschärfter Schadenersatz zugesprochen.

Am 20. Dezember 1990 konstituierte sich im 1884–94 von Paul Wallot erbauten Reichstag der erste Bundestag für ganz Deutschland mit einer Rekordzahl von 662 Abgeordneten.

Die längste Verhandlung in einem Scheidungsverfahren war der Fall Gibbons gegen Gibbons, Roman und Halperin. Am 19. März 1962, nach 28 Tagen, erreichte Alfred George Boyd Gibbons ein vorläufiges Scheidungsurteil gegen seine Frau Dorothy wegen Ehebruch mit John Halperin aus New York.

Eine Weltrekord-Kaution wurde mit 100 Mrd. Dollar (189 Mrd. DM) am 16. Oktober 1989 im Gericht von Dade County, Miami, Florida (USA), gegen Jeffrey Marsh, Juan Mercado, Yolanda Kravitz und Alvin Kravitz festgelegt. Die vier Verteidiger in dem Fall, in dem es um bewaffneten Raubüberfall ging, forderten die Festsetzung der Kaution, der später folgende Antrag auf Reduzierung wurde abgelehnt. Vorsitzender Richter war David L. Tobin.

Die längste und aufwendigste amtliche Untersuchung galt der Kernkraftanlage Sizewell B in Suffolk (GB) und fand unter Leitung von Kronanwalt Sir Frank Layfield statt. Sie begann am 11. Januar 1983 und endete nach 340 Tagen mit Anhörungen am 7. März 1985. Die Kosten für die öffentliche Hand beliefen sich auf 20 Mio. Pfund (72 Mio. DM), der achtbändige 3000-Seiten-Bericht wog 13,6 kg und kostete je Exemplar 30 Pfund (115 DM).

Der größte persönliche Schadenersatz wurde mit 78 Mio. Dollar (142 Mio. DM) am 29. September 1987 dem Fotomodell Marla Hanson (26) zugesprochen, deren Gesicht im Juni 1987 in New York City mit Rasiermessern ent-

Die Polaroid Corporation erhielt im Verfahren gegen Eastman Kodak Co. wegen der Verletzung von Patentrechten für Sofortbildkameras und -filme am 12. Oktober 1990 in Bostton (USA) 1,59 Mrd. DM. Das Foto zeigt Edwin Land, den Gründer von Polaroid, 1947 in seinem Labor in Cambridge (Massachusetts).

stellt worden war. Die drei überführten Täter, die nun Gefängnisstrafen zwischen fünf und 15 Jahren absitzen, haben keinerlei Vermögen; das Opfer bekam das Recht zugesprochen, zehn Prozent der Einkünfte der Männer zu beanspruchen, wenn diese wieder auf freiem Fuß sind und Geld verdienen.

Am 18. Juli 1986 sprach ein Schöffengericht in New York Agnes Mae Whitaker eine Entschädigung in Höhe von 65 086 000 Dollar (damals 142 Mio. DM) zu. Das Verfahren richtete sich wegen medizinischer Fehlbehandlung gegen die New York Health and Hospitals Corporation.

Die größte Schadenersatzsumme wurde auf eine Zahlung von 470 Mio. Dollar (damals 889 Mio. DM) für die 3350 Opfer der Giftgaskatastrophe vom Dezember 1984 in Bhopal (Indien) durch die Union Carbide Corporation festgelegt. Der Supreme Court Indiens erließ die Zahlungsaufforderung am 14. Februar 1989, nachdem die indische Regierung, die die Interessen von über 500 000 Klägern vertrat, und die amerikanische Chemiefirma sich auf diese Summe verständigt hatten.

Der höchste Schadensersatz in einem Zivilverfahren war 11,12 Mrd. Dollar (damals 34 Mrd. DM), am 10. Dezember 1985 in Houston, Texas (USA), von Richter Solomon Casseb jr. im Zivilverfahren Pennzoil Co. gegen Texaco der Klägerin zugesprochen. Der beklagten Firma war »unsittliche Geschäftspolitik« bei dem Versuch vorgeworfen worden, eine Fusion zwischen der Klägerfirma und der Getty Oil Co. zu verhindern. Die Chefanwälte waren Joe Jamail (Pennzoil) und Richard Miller (Texaco).

Die 1974 gegründete Internationale Schule in Gstaad (Schweiz) ist die teuerste Schule. Das Schulgeld betrug im Schuljahr 1988/89 umgerechnet rund 60 000 DM.

Nach 48stündiger Verhandlung wurde am 19. Dezember 1987 eine außergerichtliche Einigung auf die Summe von 5,5 Mrd. Dollar (damals 8,7 Mrd. DM) erzielt.

Die höchste Entschädigung für Verleumdung erhielt Rechtsanwalt Richard A. Sprague aus Philadelphia, Pennsylvania (USA), vom *Philadelphia Inquirer* am 3. Mai 1990. Die Zeitung hatte 1973 eine Artikelfolge über ihn verbreitet und durfte die Rekordsumme von 34 Mio. Dollar (59,5 Mio. DM) zahlen.

Die Entschädigung von 39,6 Mio. Dollar (damals 78,1 Mio. DM), am 1. März 1980 in Columbus, Ohio (USA), dem *Penthouse*-Herausgeber Robert Guccione nach seiner Verleumdungsklage gegen den *Hustler*-Herausgeber Larry Flint zugesprochen, wurde am 17. April 1980 von Richter Craig Wright auf 4 Mio. Dollar (7,9 Mio. DM) reduziert.

Die größte Haftentschädigung wurde im Oktober 1989 mit 1,935 Mio. Dollar (3,66 Mio. DM) Robert McLaughlin (29) zugesprochen, nachdem er 1979 in New York für einen Mord verurteilt worden war, den er nicht begangen hatte. Er war zu 15 Jahren Haftstrafe verurteilt worden und hatte 1980–86 sechs Jahre im Gefängnis verbracht, bevor er entlassen wurde, nachdem seinem Pflegevater der Beweis gelungen war, daß er mit dem Verbrechen nichts zu tun hatte.

Die höchste Unterhaltsklage von 3 Mrd. Dollar (damals 7,2 Mrd. DM) erhob die in Belgien geborene Dena Al-Fassi (damals 23) im Februar 1982 in Los Angeles gegen ihren früheren Ehemann, Scheich Mohammed Al-Fassi (damals 28), aus der saudiarabischen Königsfamilie. Marvin Mitchelson verwies bei der Begründung der Forderung auf das Vermögen des Scheichs, zu dem allein 14 Anwesen in Florida und zahlreiche Privatflugzeuge zählen. Am 14. Juni 1983 wurden der Klägerin 81 Mio. Dollar (damals 196,5 Mio. DM) zugesprochen, was sie, wie sie erklärte, »sehr, sehr glücklich« machte.

Teuerste Scheidung: Den Vergleich, den 1982 dem Vernehmen nach die Anwälte von Soraya Kashoggi erreichten, sicherten ihr umgerechnet 2,15 Mrd. DM und zusätzlichen Grundbesitz von ihrem Ehemann Adnan.
Mrs. Anne Bass, Ex-Frau des Texaners Sid Bass, hat angeblich 535 Mio. Dollar als ihrem gewohnten Lebensstil unangemessen zurückgewiesen.

Patentverletzung: Der Polaroid Corporation wurden am 12. Oktober 1990 in Boston, Massachusetts (USA), 909,5 Mio. Dollar (1,59 Mrd. DM) zugesprochen. In dem Verfahren gegen die Eastman Kodak Corporation ging es um die Verletzung von Patentrechten für Sofortbildkameras und -filme. Polaroid hatte den Prozeß 1976 mit der Klage angestrengt, Kodak hätte die Patente im Polaroid-System SX-70 von 1972 verletzt.

Die höchste Schadenersatzforderung, die je gestellt wurde, nämlich den unerhörten Betrag von 675 Billionen Dollar (weit über 2 Billiarden DM), damals zehnmal soviel wie das Gesamtvermögen der USA, forderte am 14. April 1971 Walton Bader in einer vor dem Amtsgericht von New York erhobenen Klage gegen General Motors und andere wegen Umweltverschmutzung sämtlicher Bundesstaaten der USA.

Als teuerstes Verfahren gilt der Guinness-Prozeß, bei dem es um das Übernahmeangebot der Firma Distillers im Jahr 1986 ging. Es hat laut Schätzungen annähernd 10 Mio. Pfund (28,7 Mio. DM) gekostet. Der Prozeß vor dem Southwark Crown Court in London, der 107 Tage dauerte, endete am 27. August 1990 mit Haftstrafen für drei der vier Angeklagten – Ernest Saunders, Gerald Ronson und Anthony Parnes. Der vierte Angeklagte, Sir (später: Mister) Jack Lyons, wurde mit einer Geldstrafe von 3 Mio. Pfund (8,6 Mio. DM) bedacht.

Das kürzeste gültige Testament lautet *Vše zene,* das ist tschechisch für »Alles meiner Frau«, und wurde am 19. Januar 1967 von Karl Tausch aus Langen (Hessen) abgefaßt.

Das längste bekannte Testament verfaßte Frederica Evelyn Stilwell Cook. Es bestand aus vier Bänden, die 95 940 Wörter enthielten, und wurde am 2. November 1925 im Somerset House, London, beglaubigt.

ERZIEHUNG, BILDUNGSWESEN

Allgemein: Da für eine große Anzahl von Ländern keine Unterlagen existieren, läßt sich die Zahl der erwachsenen Analphabeten (ab 15 Jahren) nur annähernd feststellen. Ihr Anteil wurde zuletzt auf 25 Prozent geschätzt (im Jahr 1987).
Der Erdteil mit den meisten Analphabeten ist Afrika, wo in 27 Ländern 75 Prozent der Erwachsenen weder lesen noch schreiben können.
Die letzte bekanntgegebene Zahl für Mali aus dem Jahr 1960 zeigte, daß dort 97,8 Prozent der Bevölkerung über 15 Jahre Analphabeten waren.

Mehr als 26 Mio. erwachsene Amerikaner (jeder dreizehnte) können nicht lesen oder schreiben, heißt es in einer Studie des amerikanischen Büros für Bevölkerungsstatistik (Anfang 1986).

Anläßlich des ersten Europäischen Legasthenie-Kongresses im September 1990 wurde bekannt, daß in der Bundesrepublik Deutschland zwischen eine bis drei Mio. Menschen nicht lesen und schreiben können.

UNIVERSITÄTEN, SCHULEN

Die älteste Lehranstalt mit dem Charakter einer Universität ist wahrscheinlich die von Karauyne in Fez (Marokko), die 859 n. Chr. gegründet wurde.
Die Sumerer hatten schon kurz nach 3500 v. Chr. Schreibschulen oder *É-Dub-ba*.
Die ersten Universitäten in Europa entstanden im 11. und 12. Jh., so die von Bologna im Jahr 1088 und von Neapel 1224.
Die älteste Universität im Deutschen Reich war die Prager Universität. Ihr Gründungsjahr war 1348.
Die älteste deutsche Universität ist die Ruprecht-Karl-Universität in Heidelberg (Baden-Württemberg), die 1386 gegründet worden ist.
Österreichs älteste Universität ist die von Wien aus dem Jahr 1365.
In der Schweiz wurde 1460 die erste Universität in Basel gegründet.

Die Universität mit den meisten eingeschriebenen Studenten ist die 1303 gegründete Universität von Rom, die im Juni 1987 eine Zahl von 180000 Studenten meldete. Für 1990 ist sie auf 166000 zurückgegangen.

Das größte bestehende Universitätsgebäude der Welt ist die M.-V.-Lomonossow-Staatsuniversität auf den Leninhügeln südlich von Moskau (UdSSR). Das Gebäude ist 240 m hoch, hat 32 Stockwerke und 40000 Zimmer. Es wurde 1949–53 erbaut.

Der jüngste Akademiker, dem jemals ein Lehrstuhl an einer Universität angeboten wurde, war der 19jährige Colin MacLaurin (1698–1746) der am 30. September 1717 zum Professor der Mathematik am Marischal College in Aberdeen (Schottland) gewählt wurde. 1725 wurde er auf Empfehlung von Sir Isaac Newton (1642–1727), der selbst im Alter von 26 Jahren Professor in Cambridge war, Professor der Mathematik an der Universität Edinburgh.

Die Lomonossow-Universität auf den Leninhügeln südlich von Moskau ist das größte Universitätsgebäude der Welt.

Die längste Zeit als Lehrstuhlinhaber mit insgesamt 63 Jahren verbrachte Thomas Martyn (1735–1825), der von 1762 bis zu seinem Tod Professor der Botanik an der Universität Cambridge (GB) war.
Dr. Joel Hildebrandt (1881–1983), emeritierter Professor für physikalische Chemie an der Universität Berkeley, Kalifornien (USA), wurde 1913 außerordentlicher Professor und veröffentlichte 1981 seinen 275. Forschungsaufsatz.

Der jüngste aller Studenten war William Thomson (1824–1907), später Lord Kelvin, der im Oktober 1834 mit zehn Jahren und vier Monaten die Universität Glasgow bezog und am 14. November 1834 immatrikuliert wurde.
Adragon Eastwood De Mello (*5. Oktober 1976) aus Santa Cruz, Kalifornien (USA), erhielt den akademischen Grad eines »Bachelor of Arts« im Fach Mathematik am 11. Juni 1988 an der Universität seiner Heimatstadt – der Bakkalaureus war gerade 11 Jahre und 8 Monate alt.
Der jüngste Student der Bundesrepublik Deutschland war Elmar Eder, der 1970 im Alter von 14 Jahren an der Universität München das Vorexamen in Mathematik und Physik mit »sehr gut« bestand.

Jüngste Dozentin: Ruth Lawrence (*1971) aus Huddersfield (GB) bestand die Schulabschlußprüfung in Theoretischer Mathematik mit 9 Jahren. Als Zwölfjährige wurde sie zum Studium in Oxford zugelassen, wo sie am 4. Juli 1985 ihr

Der größte Tempel umfaßt eine Gesamtfläche von 162,6 ha, besteht aus 72 Großmonumenten und ist das größte religiösen Zwecken dienende Bauwerk – Angkor Wat in Kambodscha.

Examen als beste von 191 Prüflingen bestand. Seit sie am 19. Juli 1986 ihr Physikdiplom mit Auszeichnung erwarb, hält sie Physikvorlesungen und schreibt an der Doktorarbeit.

Der jüngste Absolvent einer Mathematikabschlußprüfung ist John Adams (*Dezember 1977) aus Asfordby, Leicestershire (GB), dem der Geniestreich am 1. Juni 1987 gelang.

Jüngster Doktor: Mit 12 Jahren erhielt der deutsche Mathematiker Carl Witte aus Lochau im Herbst 1814 an der Universität von Gießen den Titel eines Doktors der Philosophie, mit einer Urkunde rückwirkend datiert auf den 13. April 1814.

Die teuerste Schule dürfte die Internationale Schule von Gstaad (Schweiz/gegründet 1974) sein, die pro Schüler und Jahr eine Gebühr von umgerechnet 60 000 DM in Rechnung stellt. Die Schule wird von ihrem Gründer, Alain Souperbiet, geleitet.

Die größte Schule der Welt ist die Rizal High School in Manila (Philippinen). Sie hatte im Schuljahr 1988/89 16 458 Schüler, bis zum Schuljahr 1990/91 war die Zahl auf 15 947 gesunken.

RELIGION

Allgemein: Religionsstatistik kann nur auf Schätzungen beruhen. Das amtlich angegebene Bekenntnis eines Menschen braucht nicht mit seiner Überzeugung übereinzustimmen. Abgesehen davon gibt es viele Menschen, besonders in der östlichen Hemisphäre, die mehreren Religionen angehören.
Bestattungen, die religiösen Charakter haben, sind seit 60 000 v. Chr. unter dem *Homo sapiens neanderthalensis* bekannt, und zwar aus der Shanidar-Höhle im Nord-Irak.

Die älteste dogmatisch definierbare Religion ist der Hinduismus. Gegen 1500 v. Chr. brachten die Arier seinen Vorläufer, den Wedismus, nach Indien. Gegenwärtig gibt es etwa 518 Mio. Hindus.

Das hinduistische *Rigweda*-Gesangbuch wurde um 900 v. Chr. oder noch früher verfaßt.
Die jüdischen Verhaltensregeln stammen aus der Zeit um 2000 v. Chr.

Das Christentum ist mit 1 711 897 000 Anhängern im Jahr 1989 – das sind 33 Prozent der Weltbevölkerung – **die am meisten verbreitete Religion.** 1989 gab es 890 907 000 Angehörige des römisch-katholischen Glaubens, damals 17,5 Prozent der Weltbevölkerung. Mit 880,55 Mio. Anhängern ist der Islam die zweitgrößte Religion (1988).

Die größte religiöse Organisation der Welt ist die römisch-katholische Kirche mit 144 Kardinälen, 738 Erzbischöfen, 3224 Bischöfen, 401 930 Priestern und 893 418 Nonnen am 31. Dezember 1989.

Juden: 1989 gab es schätzungsweise 18,2 Mio. Juden in aller Welt. Die meisten (5 944 000) leben in den USA. In Israel leben 3 537 000.

Früheste religiöse Zeugnisse: Viele Archäologen sind der Meinung, daß die verzierten europäischen Höhlen der Altsteinzeit (ca. 30 000 bis 10 000 v. Chr.) als Stätten der Anbetung oder religiöser Riten benutzt wurden.

Ein aus Stein gehauenes Gesicht, halb Primat, halb Katze, wird als die **älteste bekannte religiöse Darstellung** angesehen. Sie wurde von Dr. Leslie Freeman von der Universität von Chikago (USA) im Höhlenschrein von El Juyo in Nordspanien entdeckt und auf etwa 12 000 v. Chr. datiert.

Das größte religiösen Zwecken dienende Bauwerk, das je geschaffen wurde, ist der 162,6 ha große Wischnu-Tempel von Angkor (Kambodscha). Der Khmer-König Suryavarman II. ließ ihn in der Zeit zwischen 1113 und 50 errichten. Seine Umfassungsmauern messen 1280 × 1280 m; bevor er 1432 verlassen wurde, lebten 80 000 Menschen in ihm. Der Gesamtkomplex aus 72 Hauptmonumenten, begonnen um 900, erstreckt sich über ein Gebiet von 24 × 8 km.

Die älteste erhaltene christliche Kirche der Welt ist ein umgewandeltes Haus in Douro-Europos (heute Qal' at es Salihiye) in Ostsyrien, das aus dem Jahr 232 stammt.
Das älteste Baudenkmal in Deutschland, das religiösen Zwecken diente, ist die 768 erbaute Torhalle des Benediktinerklosters in Lorsch (Hessen).

Der größte buddhistische Tempel ist der im 8. Jh. erbaute Borobudur-Tempel von Jogjakarta (Indonesien). Er ist 31,5 m hoch und hat 123 m^2.

Der größte Mormonentempel der Welt ist der Salt Lake Temple im US-Bundesstaat Utah. Er wurde am 6. April 1893 eingeweiht und bedeckt eine Fläche von 23 505 m^2.

Die größte Kirche der Welt ist die zwischen 1506 und 1604 erbaute Peterskirche in Vatikanstadt in Rom (Italien). Ihre Länge beträgt, einschließlich Apsis und Fassade, 218,7 m, ihre Grundfläche 23 000 m^2. Der Innendurchmesser des weltberühmten Doms ist 42,56 m, in der Mitte ist er 119,88 m hoch bei einer Außenhöhe von 136,57 m.
Höher, wenn auch nicht so hoch wie das Ulmer Münster, ist die Kathedrale Notre Dame de la Paix in Yamoussoukro (Elfenbeinküste), die 1989 fertiggestellt wurde. Einschließlich ihres Goldkreuzes ist sie 158 m hoch.

Die größte Kathedrale der Welt ist St. John the Divine der Diözese New York mit einer Grundfläche von 11 240 m^2 und einem umbauten Raum von 476 350 m^3. Der Grundstein wurde am 27. Dezember 1892 gelegt, 1941 wurden die Bauarbeiten an dem gotischen Bau unterbrochen und im Juli 1979 wiederaufgenommen. Die New Yorker nennen die Kirche »Saint John der Unvollendete«. Mit 183,18 m hat die Kathedrale das längste Schiff der Welt, das Gewölbe ragt 37,79 m hoch.

Die Kathedrale, die die größte Fläche bedeckt, ist Santa María de la Sede in Sevilla (Spanien). Sie wurde im spanisch-gotischen Stil zwischen 1402 und 1519 erbaut, ist 126,18 m lang, 82,6 m breit und im Mittelschiff 30,48 m hoch.

Die größte Kathedrale Deutschlands ist der Dom zu Köln. Mit seinem Bau wurde 1248 begonnen, aber erst 1880 wurde er fertiggestellt. Dieser gotische Dom hat eine überbaute Fläche von 7914 m^2 (Länge 144,58 m, breiteste Stelle 86,25 m) und ein Fassungsvermögen von 28 000 Menschen. Seine Türme sind 157 m hoch.

Die größte Kathedrale Österreichs ist der Stephansdom in Wien. Er wurde 1147 geweiht, im 13. Jh. erneuert, im 14. Jh. ausgebaut. Seine Grundfläche umfaßt 4000 m^2. Er ist 107,2 m lang und hat ein Fassungsvermögen von 8000 Menschen.

Die elliptische Basilika St. Pius X. in Lourdes, 1957 für über 20 Mio. DM fertiggestellt, faßt 20 000 Menschen und ist 200 m lang.

Die längste Krypta der Welt, die Krypta der unterirdischen Kirche im Guadarrama-Gebirge 45 km nördlich von Madrid, mißt in der Länge 260 m. Die Kirche, im Gedenken an den spanischen Bürgerkrieg in 21 Jahren (1937–58) für umgerechnet rund 40 Mio. DM erbaut, wird von einem 150 m hohen Kreuz überragt.

Die größte Kirchenruine Deutschlands ist die der ehemaligen, von 1038 bis 1144 im romanischen Stil erbauten Stiftskirche in Bad Hersfeld (Hessen). Sie wurde 1761 im Siebenjährigen Krieg durch Brandstiftung zerstört. Seit 1951 dient sie den dort alljährlich im Juli stattfindenden Hersfelder Festspielen als Kulisse.

Die höchstgelegene Kirche in Deutschland ist die Kapelle Maria Heimsuchung auf dem Zugspitzplatt (Wettersteingebirge) in 2700 m Höhe; sie wurde 1981 geweiht.

Die kleinste Kathedrale der Welt ist die 1983 in Highlandville, Missouri (USA), erbaute Kathedral-Kapelle der Christ Catholic Church. Sie hat einen Flächeninhalt von 4,26 × 5,18 m und faßt 18 Personen.

Die kleinste Kirche der Welt ist die Kapelle Santa Isabel de Hungria in Colomares, Malaga (Spanien). Sie ist ein Denkmal für Christoph Kolumbus, von unregelmäßigem Grundriß und hat eine Bodenfläche von 1,96 m^2.

Die ältesten Klöster Deutschlands sind die 728 auf der Insel Reichenau im Bodensee durch den hl. Priminius gestiftete Benediktinerabtei und das 764 gegründete Benediktinerkloster in Ottobeuren (Bayern).

Die größte Synagoge der Welt ist der Emanu-El-Tempel in der Fifth Avenue in New York (USA). Der 1929 fertiggestellte Tempel hat eine fast 46 m lange Frontseite in der Fifth Avenue und eine 77 m lange in der 65. Straße. Im Tempel haben 2500 Menschen Platz. Die mit ihm verbundene Betstube Beth-El faßt 350 Personen. Wenn alle Räumlichkeiten benutzt werden, haben insgesamt 6000 Gläubige Platz.

Die älteste Synagoge, die noch erhalten ist, steht in Kapharaum (Israel), dem biblischen Kapernaum, am See Genezareth. Sie wurde dort im 3. Jh. n. Chr. erbaut.

Die älteste Synagoge auf deutschem Boden wurde 1034 in Worms (Rheinland-Pfalz) gegründet.

Die größte Moschee war die heute verfallene Al-Malawiya-Moschee von Al-Mutawakil in Samarra (Irak). Sie wurde 842–52 erbaut, hatte eine Bodenfläche von 3,73 ha oder 239 × 156 m.
Die größte heute noch benutzte Moschee der Welt ist die Umayyad-Moschee in Damaskus (Syrien), die auf einer 2000 Jahre alten 157 × 97 m großen Kultstätte erbaut ist und somit eine Fläche von 1,52 ha bedeckt.

Das höchste Minarett der Welt gehört zu der für umgerechnet 650 Mio. DM erbauten Großen Hassan II.-Moschee in Casablanca (Marokko) und ragt 175,6 m empor.

Die höchstgelegene Palastanlage der Welt und ehemals das Zentrum des tibetischen Buddhismus (Lamaismus) ist der Potala-Palast in Lhasa, 3600 m auf dem Dach der Welt. Das Gebäude wurde zwischen 1654 und 93 errichtet. Bauherr war der 5. Dalai Lama (1617–82), der den Beinamen »der Große« erhielt. Der Palast umfaßt 1000 Gemächer sowie 10 000 Kapellen und thront mit 13 Stockwerken mehrere 100 m auf einem Hügel über der Hauptstadt der chinesischen »autonomen Provinz« Tibet.

Die größte hinduistische Gebetsstätte ist der Menakshi-Tempel in der südindischen Stadt Madurai. Prunkstück des Tempels (259 × 229 m) in der »Stadt der Feste«, die auch als eine der ältesten Städte der Welt gilt, ist die Halle der 1000 Säulen, deren riesige Götterfiguren alle aus einem Stein bestehen. Überragt wird der riesige Komplex, der sogar einen Teich umfaßt, von neun Türmen, deren höchster 60 m mißt und bis zur Spitze mit Tausenden von Götterfiguren verziert ist.

Die höchste Pagode ist die Phra Pathom Chedi in Nakhon Pathom (Thailand), von 1853 bis 70 für König Mongkut errichtet. Sie erreicht eine Höhe von 115 m.

Die älteste Pagode in China ist Sung-Yo Ssu in Honan, im Jahr 523 mit 15 zwölfseitigen Stockwerken gebaut. Die 99,3 m hohe Shwegadon-Pagode in Yangon (früher Rangun; Myanmar) ist auf der Stätte einer 8,2 m hohen Pagode aus dem Jahr 585 v. Chr. erbaut.

Der größte liegende Buddha der Welt (55 m lang und 16 m hoch) ist der Shwethalyaung in Pegu, Myanmar (früher Birma). Ursprünglich im Jahr 994 erbaut, geriet er in Vergessenheit, als die Stadt Pegu 1757 durch ein Erdbeben vollständig zerstört wurde. Erst in unserem Jahrhundert wurde der in der Zwischenzeit völlig vom Dschungel überwucherte Buddha wiederentdeckt und restauriert.

Den höchsten Kirchturm der Welt hat mit 161,53 m das Münster in Ulm (Baden-Württemberg). Der frühgotische Bau wurde 1377 begonnen. Der Turm in der Mitte der Westfassade wurde erst 1890 fertiggestellt. Bis zu seiner obersten Aussichtsgalerie führen 768 Stufen.

Der Petersdom in Vatikanstadt in Rom – die größte Kirche der Welt.

Der am schnellsten gewählte Papst, Julius II. (1443–1513), wurde am 21. Oktober 1503 im ersten Wahlgang gefunden. Sein Name ist eng verbunden mit Künstlern wie Michelangelo und Raphael, der dieses Porträt des Papstes als nachdenklichen, alten Mann malte. Es ist in den Uffizien in Florenz ausgestellt.

Die höchste Kirchturmspitze hat der Tempel der Ersten Methodistenkirche (First Methodist Church) in Chikago, Illinois (USA). Das Gebäude besteht aus einem 22 Stockwerke hohen Wolkenkratzer (1924 errichtet), in dem sich in 100 m Höhe das Pfarramt, in 122 m Höhe eine Himmelskapelle und in 173 m Höhe über der Straße ein Kreuz befinden.

Die ältesten Glasmalereien sind die in der zweiten Hälfte des 11. Jh.s entstandenen Prophetenfenster des Domes von Augsburg (Bayern).

Stücke bemalten Glases, vor dem Jahr 850 entstanden, einige womöglich im 7. Jh., wurden in der Nähe von Jarrow (GB) von Professorin Rosemary Cramp ausgegraben und in ein Fenster aus jener Zeit in der St. Paul's Church von Jarrow eingefügt.

Das größte Glasmalerei-Fenster ist das eine ganze Wand einnehmende, 2079 m^2 große und aus 2448 Scheiben bestehende Auferstehungsfenster des Resurrection-Mausoleums in Justice (USA).

Farbige Glasfenster mit einer Gesamtfläche von 7432 m^2 hat die Kathedrale Notre Dame de la Paix in Yamassoukro (Elfenbeinküste).
Das höchste »Fenster« aus farbigem Glas ist die 41,14 m hohe, von hinten beleuchtete Glaswand, die 1979 im Atrium des Ramada Hotels in Dubai (Vereinigte Arabische Emirate) errichtet wurde.

Die größte Fläche aus bemaltem Glas umfassen die 128 Fenster des Münsters von York (GB), die eine Gesamtfläche von 2322 m^2 ausmachen.

Den wertvollsten sakralen Kunstgegenstand finden Gläubige im Wat-Trimitr-Tempel in Bangkok (Thailand); den goldenen Buddha, der aus dem 15. Jh. stammt. Er ist 3,04 m hoch und wiegt schätzungsweise 5,5 t. Beim Preis von 203 Pfund (603 DM) je Feinunze im März 1991 betrug der Goldwert 20,2 Mio. Pfund (60 Mio. DM). Das Gold unter dem Mörtelputz wurde erst im Jahr 1954 entdeckt.

Die älteste Grabplatte der Welt gilt dem Andenken von Bischof Yso von Wölpe in der Andreaskirche in Verden. Sie stammt aus dem Jahr 1231. Eine gravierte Sargplatte für den hl. Ulrich (†973), 1187 angefertigt, wurde 1979 in Augsburg bei Ausgrabungen im einstigen Benediktinerstift St. Ulrich und Afra gefunden.

Der gegenwärtige Papst Johannes Paul II. (Karol Wojtyla, * 18. Mai 1920 in Wadowice bei Krakau, Polen), der am 16. Oktober 1978 gewählt wurde, ist der erste nichtitalienische Papst seit Adrian VI. aus den Niederlanden, der am 31. August 1522 gekrönt wurde. Seit Johannes Paul II. zum Papst gewählt wurde, hat der 264. Stellvertreter Christi auf Erden bis Dezember 1990 auf 49 apostolischen Visiten 94 Länder besucht. Zehn seiner Auslandsreisen galten den 360 Mio. Katholiken in 18 lateinamerikanischen Ländern. Sie stellen inzwischen 40 Prozent aller Katholiken.

Aus Deutschland kamen fünf Päpste: Der erste deutsche Papst war Gregor V. (996–99), vorher Brun von Kärnten. Er wurde von Kaiser Otto III. eingesetzt. Die anderen vier wurden alle von dem Salierkaiser Heinrich III. (1017–66, seit 1039 Kaiser) eingesetzt. Sie amtierten nacheinander elf Jahre lang: Klemens II. 1046/47, Damasus II. im Jahr 1048, Leo IX. 1049–54 und Viktor II. 1056/57.

Letzter verheirateter Papst: Die ersten 37 Päpste unterlagen noch nicht dem Zölibat. Papst Hormisdas (514–23) war der Vater von Papst Silverius (536/37). Der letzte verheiratete Papst war Adrian II. (867–72). Rodrigo Borgia (1431–1503) war Vater von mindestens sechs Kindern, bevor er 1492 zum Papst (Alexander VI.) gewählt wurde.

Die längste Papstwahl dauerte 31 Monate. Ohne *habemus papam* (»Wir haben einen Papst«) erklären zu können, wurden die Kardinäle vom Bürgermeister von Viterbo (Italien) zu einer Entscheidung gezwungen, indem er ihnen nichts als Wasser und Brot vorsetzte und ihnen das Dach über dem Kopf wegnahm. Daraufhin wählten sie am 1. September 1271 den Erzbischof von Lüttich, Teobaldi Visconti (ca. 1210–76), zum Papst (Gregor X.).

Die größte Pilgerschar gab es bei den Hindu-Festlichkeiten von Kumbh-mela in Allahabad, Uttar Pradesh (Indien). Dort, wo die Yamunal Dschamma und die »unsichtbare« Saraswathi in den Ganges fließen, versammelten sich am 6. Februar 1989 schätzungsweise 15 Mio. Wallfahrer.

GESELL-SCHAFTSSPIELE

BACKGAMMON

Ursprünge: Nach Ausgrabungsfunden in Ur war schon etwa 3000 v. Chr. ein ähnliches Würfel- und Brettspiel bekannt. Später kamen die Römer den heutigen Regeln bemerkenswert nahe. Der Name »Backgammon« wird dem walisischen *little battle* (kleine Schlacht) oder dem angelsächsischen *back game* (Rückzug) zugeschrieben.

Das kürzeste Spiel dauerte nur 16 Züge, dann hatte es Alan Malcolm Beckerson (* 1938) aus Großbritannien für sich entschieden (1982).

Marathon-Rekorde

Backgammon: 159:45 Std., Matthew Denton und Peter Royle vom St. Anselm's College in Wirral, Merseyside (GB), 15.–22. August 1988.
Bridge: 186:38 Std., Jonathan Noad, Jeremy Cohen, Robert Pinder, Andrew Bale, Hayes, Middlesex (GB), 2.–8. September 1986.
Dame: 170:02 Std., Tom Relph und Edward Roper vom St. Anselm's College in Wirral, Merseyside (GB), 15.–22. August 1988.
Domino: 150:05 Std., Neil Thomas und Tim Beesley vom St. Anselm's College in Wirral, Merseyside (GB), 5.–11. August 1985.
Doppelkopf: 144 Std., Marcus Engler, Michael Blankenhagen, Carsten Wilden, Alexander Lassalle, Marl (Nordrhein-Westfalen), 7.–13. April 1984.
Flipper: 163 Std., Kraftwerker Hans-Jürgen Agunte (* 1950), Kerpen-Blatzheim (Nordrhein-Westfalen), 18.–25. Juni 1990.
Jass: 133 Std., Christian Flückiger, Eveline Gysi, Reto Lorandi, Armin Nagel, Basel (Schweiz), 27. September–3. Oktober 1987.
Kicker: 93:45 Std., Jürgen Brixle (* 1963) und Christian Gold (* 1972), Lauingen (Bayern), 15.–18. April 1990.
83:48 Std., Jürgen Brixle, Christian Gold, Markus Kapfer, Stephan Gruber, Auwaldgaststätte, Lauingen (Bayern), 8.–11. April 1991.
80 Std., Volker Breitenreicher, Peter Müller, Holger Nickel, Jörg Scheckenbach, Mannheim (Baden-Württemberg), 15.–19. Mai 1986.
Mensch ärgere dich nicht: 121:02 Std., Sejad Catič, Ulrich Droste, Dirk Lorger, Stefan Will, Lübbecke, 26. April–1. Mai 1988.
Mensch ärgere dich nicht unter Wasser: 36:02 Std., Karl-Heinz van Almsick, Hermann Greven, Martin Terbeck, Wolfgang Wiegmink, Gronau (Westfalen), 6./7. Mai 1988.
Schach: 200 Std., Roger Long und Graham Croft, Bristol (GB), 11.–19. Mai 1984.
170 Std., Georg Dörlinger und Roland Henkel, Stuttgart, 31. März–7. April 1984 – deutscher Rekord.
Schafkopf: 145 Std., Günter Engler, Kurt Marschner, Klaus Vogt, Jürgen Windecker, Haßloch (Baden-Württemberg), 22.–28. Juni 1986.
Scrabble: 153 Std., Peter Finan und Neil Smith vom St. Anselm's College in Wirral, Merseyside, 18.–25. August 1984.
Skat: 192 Std., Robert Knauer, Jürgen Schmieder, Michael Haffke, Essen, 4.–12. Januar 1988.
Skat unter Wasser: 27:29:15 Std., Hardy Lau, Frank Diestel und Thomas Marth, Sport- und Erholungszentrum Berlin-Friedrichshain, 2./3. Oktober 1990.
Tarock: 81 Std., Dieter Marakovics, Josef Bucking, Alfred Petzl und Erich Macher im Haus der Postgewerkschaft Wien (Österreich), 15.–18. September 1989.
Tipp-Kick: 91:30 Std., Herbert Lorenzen und Hans-Heinrich Ingwersen vom Tipp-Kick-Club »Blau-Weiß-Husum« in Husum, 9.–13. Juli 1988.

DAME

Ursprünge: Dame, in Nordamerika als Chekkers bekannt, ist älter als Schach. Es wurde im 2. Jahrtausend v. Chr. in Ägypten gespielt. Das früheste Buch über das Spiel schrieb 1547 Antonio Torquemada aus Valencia (Spanien).

Die meisten Weltmeistertitel hat der Amerikaner Walter Hellman (1916–75) geholt. Er war zwischen 1948 und 75 insgesamt achtmal der Beste.

Jüngster und später auch ältester Titelträger zu sein, dieses Kunststück schaffte der Amerikaner Asa A. Long (*20. August 1904). Als er am 23. Oktober 1922 in Boston seine erste US-Meisterschaft gewann, war Long 18 Jahre und 64 Tage alt. Als er am 21. Juli 1984 in Tupelo, Mississippi, seinen 6. Titel holte, war er 79 Jahre und 334 Tage alt.

Am längsten unbesiegt auf internationaler Ebene blieb die gegenwärtige Weltmeisterin Dr. Marion Tinsley (*1927) aus den USA. Auf Turnieren verlor sie von 1947 bis 90 kein einziges Spiel!
172 Spiele absolvierte nacheinander Nate Cohen aus Portland, Maine (USA), am 26. Juli 1981 in 4 Std. gegen wechselnde Gegner – ohne Niederlage und ohne Unentschieden.

Die meisten Simultanspiele schaffte Major H. Roy White am 27. Oktober 1990 in Cornwallis (Kanada) gegen 222 Gegner, siegte 221mal und mußte sich einmal mit einem Remis zufriedengeben. Der Amerikaner Newell W. Banks (*10. Oktober 1887) hatte 1933 in Chikago von 140 Partien 133 gewonnen und 7 remis gespielt. Spielzeit: 145 Min. Banks brauchte also im Schnitt für einen Zug gerade 1 Sek. Im Jahr 1947 trat Banks 45 Tage hintereinander mit verbundenen Augen gegen wechselnde Gegner an und spielte täglich 4 Std. jeweils 6 Simultanpartien. Ergebnis: 1331 Siege, 54 Unentschieden und nur 2 Niederlagen.

Das längste Spiel dauerte 1958 zwischen Dr. Marion Tinsley (USA) und dem Briten Derek Oldbury 7:30 Std. Im Wettbewerb ist die vorgeschriebene Spielrate nicht weniger als 30 Züge pro Std., wobei das durchschnittliche Spiel etwa 90 Min. dauert.

Das kürzestmögliche Spiel besteht aus 20 Zügen und wurde von Alan Malcolm Beckerson (GB) 1977 gesetzt.

DOMINO

Ursprünge: Das Nationalmuseum in Bagdad (Irak) besitzt Gegenstände aus Ur, genannt Dominos, die um 2450 v. Chr. hergestellt wurden. Das Spiel war bis etwa 1750 in Europa unbekannt. Ursprünglich erforderte es 148 Steine, in Europa werden nur 28 verwendet.

Dominosteinsturz: Am 27. Januar 1984 fielen nicht nur in genau 12:57,3 Min. 281 581 Dominosteine, sondern auch gleich der bisherige Einzelrekord im Dominostein-Umsturz. Der Bildtechniker Klaus Friedrich (*1962) hatte 31 Tage hindurch täglich 10 Std. lang am Aufbau seines farbenprächtigen Kunstwerks gearbeitet. Ort des Geschehens war eine Lagerhalle der BIG-Spielwarenfabrik in Fürth (Bayern). Mit 1 500 000 Dominosteinen stellten 30 niederländische Studenten von den Technischen Universitäten Delft, Eindhoven und Twente Symbole aller Mitgliedsstaaten der Europäischen Gemeinschaft dar. Am 2. Januar 1988 fielen in Minimundus von Rosmalen 1 380 650 Steine zum neuen Dominosteinsturz-Rekord in Kettenreaktion um.

SCHACH

Ursprünge: Der Name Schach ist abgeleitet vom persischen Wort Shah (König oder Herrscher). Der erste Hinweis kommt vom mittelpersischen Karnamak (etwa 590–620 n. Chr.). Im Dezember 1972 wurden von UdSSR-Archäologen bei Ausgrabungen in der Usbekischen Sowjetrepublik zwei Elfenbeinschachfiguren gefunden, die sich auf 200 n. Chr. datieren lassen. Um 1050 wurde das Schachspiel in dem höfischen Abenteuerroman *Ruodlieb* erstmals erwähnt.
Das erste Schachlehrbuch in deutscher Sprache erschien 1616, geschrieben von Herzog August d. Jüngeren von Braunschweig unter dem Pseudonym Gustavus Selenus. Der erste deutsche Schachverein ist 1819 in Hamburg gegründet worden.
Der älteste Schachverein der Schweiz ist die Schachgesellschaft Zürich 1809.
Die Fédération Internationale des Echecs wurde 1924 gegründet.

Der erste Wettkampf auf deutschem Boden fand am 21. September 1476 in Heidelberg zwischen der Heidelberger Gesellschaft des Schaffzabelspiels und den Nördlinger Schachfreunden statt. Ein Jahr später wurde in Nürnberg das erste deutsche Turnier veranstaltet.

Erster offizieller Weltmeister wurde 1886 der aus Prag stammende Wilhelm Steinitz, der mit 12,5:7,5 Punkten Johannes Hermann Zukertort bezwang.

Der jüngste Weltmeister aller Zeiten ist Garri Kasparow (*13. April 1963, UdSSR), der am 9. November 1985 mit 22 Jahren und 210 Tagen sich zum erstenmal den Titel holte. Maja Tschiburdanidze (*17. Januar 1961, UdSSR) holte sich mit 17 Jahren den Titel bei den Frauen.

Der älteste Weltmeister war Wilhelm Steinitz (Österreich, später USA; 1836–1900), der am 26. Mai 1894 mit 58 Jahren und zehn Tagen seinen Titel an Dr. Emanuel Lasker verlor.

Am längsten im Besitz einer Weltmeisterschaft, nämlich 26 Jahre und 337 Tage, von 1894 bis 1921, war der Deutsche Dr. Emanuel Lasker (1868–1941). Die Weltmeisterschaft bei den Frauen hielt die in Rußland geborene Britin Vera Menchik-Stevenson (1906–44) 17 Jahre lang, von 1927 bis zu ihrem Tod.

Als erfolgreichster Großmeister aller Zeiten gilt nach dem offiziell übernommenen Elo-System der Russe Garri Kasparow. Seine Bewertungszahl lautet 2800 (Ende 1989).
Bei den Frauen hat die Ungarin Judit Polgar (*25. Juli 1976) eine Bewertungszahl von derzeit 2540 Punkten erreicht. Sie hatte bereits einen Spitzenwert von 2555.

Die wenigsten Verlustpartien eines Weltmeisters waren die 34 Niederlagen von José Raúl Capablanca (Kuba; 1888–1942), die dieser (bei 571 gespielten Partien) in seiner Laufbahn als Erwachsener von 1909 bis 39 hinnehmen mußte. Vom 10. Februar 1916 bis zum 21. März 1924 blieb er in 63 Partien hintereinander ungeschlagen und hielt den Weltmeistertitel von 1921 bis 27.

Höchste Konzentration beim Schach, dem Königsspiel aus Persien. Von dort kommen die ersten Hinweise auf das Spiel von 590 bis 620 n. Chr.

Der jüngste Spieler, der sich jemals als Internationaler Großmeister qualifizierte, ist Robert James »Bobby« Fisher (USA, *9. März 1943), der den Titel am 10. September 1958 im Alter von 15 Jahren und 185 Tagen erreichte.

Die längste Turnierpartie ging über 269 Züge. In einem Turnier in Belgrad (Jugoslawien) spielten Ivan Nikolic und Goran Arsovic am 17. Februar 1989 ihre Partie 20:15 Std. lang.

Die kürzeste Partie wurde 1959 bei den Offenen Meisterschaften von Omaha (USA) gespielt. Mayfield setzte seinen Gegner Trinks nach drei Zügen matt.

Den Europapokal für Vereinsmannschaften, eingeführt 1975/76, gewannen je zweimal Burewestnik Moskau (1976, 1979) und ZSKA Moskau (1986, 1988).

Erfolgreichste Nation bei der Mannschafts-Weltmeisterschaft (Schach-Olympiade) ist die UdSSR. Die Männer gewannen die Biennale zwischen 1952 und 90 18mal. Der Damentitel, 1957 ins Leben gerufen, ging bis 1986 elfmal an die UdSSR.

Die erfolgreichste deutsche Mannschaft ist die Solinger Schachgesellschaft 1868, die seit 1947 zehnmal den Meistertitel (1969, 1971–75, 1980, 81, 1987, 88) gewann.

Der erfolgreichste deutsche Spieler ist Wolfgang Unzicker, der in den Jahren 1948–65 siebenmal Deutscher Meister wurde.
Der erfolgreichste Schweizer Spieler ist der zwölfmalige Schweizer Meister und fünffache Coupe-Suisse-Sieger Hans Johner.

Rekordhalter im Blitzschach ist Ralf Langer (*1966) aus Westerkappeln im Münsterland.

Freiluft-Roulette bot die Spielbank in Bad Dürkheim (Rheinland-Pfalz) im August 1990.

Vom 7. bis 10. Oktober 1985 spielte er 530 Partien in genau 62 Std. ohne Schlaf und machte dabei 22 000 Züge. Seine Erfolgsquote lag bei 59 Prozent.

Das größte Blitzschachturnier der Welt fand am 10./11. Februar 1990 in Dresden (Sachsen) statt. In 24 Std. spielten 304 Teilnehmer aus sieben Ländern insgesamt 15 711 Partien. Jeder Spieler hatte 102 oder 106 Partien mit fünf Minuten Bedenkzeit zu spielen. Sieger wurde Günther Beikert aus Mannheim (Baden-Württemberg) mit 23,5 Punkten aus 31 Finalpartien.

Der Rekord für die meisten Partien hintereinander ist 663, gespielt am 5./6. Oktober 1984 in 32:30 Std. in Porz (Nordrhein-Westfalen) von Vlastimil Hort (ČSFR, später Bundesrepublik Deutschland). Er spielte gegen 60 bis 120 Gegner gleichzeitig, beendete über 80 Prozent der Partien siegreich und brachte es auf durchschnittlich 30 Züge pro Partie. Hort hält auch den Rekord für die meisten Simultanpartien, 201 während insgesamt 550 Partien hintereinander, von denen er am 23./24. April 1977 in Seltjarnes (Island) nur zehn verlor.

Schnellste Züge: Innerhalb nur einer Minute, genau waren es 57 Sek., schaffte Andreas Grolms (* 1959) aus Düsseldorf 19 Züge, während sein Gegner ein Vielfaches der Zeit benötigte. Es handelte sich dabei um eine Turnierpartie mit zweistündiger Bedenkzeit zwischen SV Mülheim-Eichbaum und SV Turm 1931 Mülheim am 14. Dezember 1986.

Die längste Briefschachpartie ging über 12 Jahre zwischen Berlin und München. Der Berliner Peter Ball (* 1955) eröffnete am 29. Januar 1978 (Weiß) mit dem Zug G8 auf F6, nach 160 Zügen beendete Norbert Wiesender (* 1954) aus München (Schwarz) mit dem Zug G4 auf G2 am 27. Januar 1990 mit Schachmatt. 160 Briefe gingen in diesem Zeitraum über die 600-km-Distanz.

Das größte Schachturnier der Welt, das Hamburger Jugend-Schachturnier »Rechtes Alsterufer« gegen »Linkes Alsterufer«, stellte im 30. Jahr seines Bestehens einen neuen Rekord auf. Am 24. Februar 1988 saßen sich 3616 Spielerinnen und Spieler beim königlichen Spiel im Congress Centrum Hamburg gegenüber – unter ihnen Bundespräsident Richard von Weizsäcker als mitspielender Ehrengast. Schüler aus 161 Hamburger Schulen nahmen an dem Traditionsturnier teil. Sie setzten an 1808 Brettern 57 856 Schachfiguren in Bewegung: 28 928 Bauern, 7232 Springer, 7232 Läufer, 7232 Türme, 3612 Damen und 3612 Könige.

SCRABBLE®

Ursprünge: Das Kreuzworträtselspiel wurde 1931 von Alfred Butts erfunden, 1948 von James Brunot weiterentwickelt und als Scrabble® Cross Word Game zur Handelsmarke gemacht.

Das höchste Ergebnis bei einem offiziellen Turnier- oder Ligaspiel erreichte mit 1049 Punkten Phil Appleby (* 1957) im Juni 1989.
Die höchste Punktzahl, nämlich 392, in einem einzigen Zug erreichte Dr. Saladin Karl Khoshnaw aus Manchester (GB) im April 1982. (Gewertet werden nur Spiele bei offiziellen Wettbewerben.)

In Großbritannien werden seit 1971 **Meisterschaften** ausgetragen. Philip Nelkon (1978, 81 und 90) hat bisher dreimal gewonnen.

GLÜCKSSPIELE

Den höchsten Spielgewinn durfte der Amerikaner Mike Wittkowski einstreichen: Nach einer Mitteilung vom 3. September 1984 kassierte er 40 Mio. Dollar (damals ca. 149 Mio. DM). Wittkowski und Familie hatten bei der Staatslotterie von Illinois 35 Dollar eingesetzt. Die sechs Richtigen garantieren dem Gewinner 20 Jahre lang jährlich 2 Mio. Dollar.

Größtes Casino. Das Trump Taj Mahal in Atlantic City, New Jersey (USA), das am 2. April 1990 eröffnet wurde, hat eine Casinofläche von 11 100 m². Der 42 Stockwerke hohe Prunkbau mit 1250 Zimmern wurde in 8 Jahren für rund 1,7 Mrd. DM erbaut. 3000 einarmige Banditen und 167 Spieltische warten auf Besucher.

Die größte Spielbank Deutschlands ist die von den Westdeutschen Spielbanken betriebene Spielbank Hohensyburg, Dortmund, mit 1 027 845 Besuchern im Jahr 1987.

Das Casino Baden-Baden folgt an zweiter Stelle der 32 konzessionierten Spielbanken. Es gilt als älteste Spielbank der Welt. Die erste urkundliche Erwähnung für konzessioniertes Glücksspiel stammt aus dem Jahr 1748. Rund eine halbe Mio. Gäste besuchen diese Spielbank alljährlich. Zugleich ist das Casino die einzige Spielbank Europas mit einem goldenen Tisch, an dem mit echten Gold- und Silberjetons gespielt wird. Der höchste Einzelgewinn – Verlust für die Spielbank – war fast 3 Mio. DM.

Die kleinste Spielbank Deutschlands, die ganzjährig geöffnet ist, ist die Spielbank Westerland auf Sylt. Den größten Verlust erlitt die Spielbank Westerland am 28. Juli 1979 mit 111 000 DM.

Die größte und älteste Spielbank Österreichs ist die von Baden bei Wien. Jeden Abend wird sie im Durchschnitt von ca. 700 Gästen besucht. Insgesamt gibt es in Österreich elf Spielcasinos. Die Betriebe wurden 1989 von insgesamt 2,25 Mio. Gästen besucht, die an 729 Spielautomaten, über 80 Roulette-Tischen und 52 gebogenen Tischen für Black Jack ihr Glück versuchten.
In der Schweiz sind Spielbanken und Glücksspielcasinos nicht zugelassen.

Das größte bespielbare Roulette-Tableau der Welt wurde vom 23. bis 25. August 1990 im Kurgarten Bad Dürkheim (Rheinland-Pfalz) aufgebaut. Der Roulette-Tisch bestand aus einem Rasenbeet von 47 × 17 m. Die voll funktionsfähige Roulette-Maschine hatte einen Durchmesser von 5,67 m, die drehende Scheibe war auf einer abgeschnittenen LKW-Achse gelagert. Die Zahlen auf dem Tableau waren aus mehr als 10 000 Glühbirnen hergestellt, so daß auch bei Nacht mit den Jetons von 38–58 cm Durchmesser gespielt werden konnte. An drei Abenden hintereinander konnte von jeweils 11 ausgewählten Gästen auf diesem Tableau Roulette gespielt werden.

Als größter Spielautomat der Welt (oder einarmiger Bandit) galt Super Bertha (15,71 m³) im Four Queens Casino, Las Vegas (USA).
Im Januar 1984 wurde zur Eröffnung der Internationalen Fachmesse Unterhaltungs- und Warenautomaten (IMA) in Frankfurt Big Merkur präsentiert. Der Riesenspielautomat (3,5 m hoch, 2,4 m breit und 1 m tief) wiegt 1,3 t. Lehrlinge der Firma Gauselmann-Spielgeräte aus Espelkamp (Nordrhein-Westfalen) haben ihn in vier Monaten konstruiert.

Am einarmigen Banditen machte der Amerikaner Cammie Brewer sein Glück. Am 14. Februar 1988 kassierte er mit 6 814 823,48 Dollar (ca. 11,3 Mio. DM) den größten Gewinn im Club Cal-Neva in Reno, Nevada (USA).

Älteste Lotteriegesellschaft in Deutschland ist wahrscheinlich die Hamburger Klassenlotterie, die es bereits im Jahr 1612 gab.

Der bisher höchste Lotteriegewinn in Deutschland in Höhe von 2 Mio. DM entfiel am 6. März 1981 auf ein Los der Nordwestdeutschen Klassenlotterie.

Fußball-Toto: Jeweils 10,58 Mio. DM gewannen im November 1972 zwei unbekannte Tipper beim Toto in Italien. Die erste Gewinnquote der britischen Littlewoods Pools hatte im Februar 1923 gerade 2,60 Pfund betragen. 1987/88 war für die drei britischen Totogesellschaften (Littlewoods, Vernons und Zetters) ein Rekordjahr: Sie setzten 661,165 Mio. Pfund (etwa 2,06 Mrd. DM) um. Davon machte Littlewoods Anteil mehr als 70 Prozent aus. Die höchste Gewinnsumme zahlte Littlewoods am 3. März 1990 aus: 1 515 589 Pfund (4,35 Mio. DM) an einen einzelnen Spieler.

Erster Rekordgewinner unter den deutschen Tippern ist seit März 1982 ein niedersächsischer Starkstromelektriker. Im »Spiel 77« erreichte er die Quote von 3 555 555,40 DM.
Seit dem 1. Juni 1985 kennt das samstägliche **Lottoglück** keine Grenzen mehr. Bis zu diesem Termin gab es bei »6 aus 49« eine Gewinnhöchstgrenze von maximal 3 Mio. DM.
Durch die Schaffung eines Jackpots entfällt diese Höchstgrenze nun. Die neuen Supergewinne entstehen, wenn es in einem Spiel keine Hauptgewinner gibt und der nicht ausgeschüttete Gewinn in der nächsten Spielrunde zusätzlich ausgeschüttet wird.
Ein 25jähriger Tischler aus dem Schwarzwald (Baden-Württemberg) hat in der Ausspielung vom 30. Dezember 1989 die bisher höchste Summe im Lotto gewonnen: exakt 8 082 656,10 DM. Der neue Lottokönig hatte nur neun Zahlen auf seinem Systemschein angekreuzt und neben seinem Rekordgewinn noch neun Vierer und zwei Dreier getippt und gewann insgesamt 8 084 480 DM.
Das neu eingeführte Lottosystem bescherte auch der österreichischen Lotto-Toto-Gesellschaft in Wien einen neuen Multi-Millionär in der sechsten Runde im Lotto »6 aus 45« am 11. Februar 1990. Ein 36jähriger Kärntner Bankangestellter und Familienvater aus Klagenfurt kassierte mit 59 360 531 Schilling den höchsten Einzelgewinn, der je in diesem Glücksspiel erzielt wurde.
Im Schweizer Zahlenlotto gab es im Oktober 1987 mit 4,451717 Mio. sfr. den höchsten Einzelgewinn, der je erzielt wurde.

Pferdewetten: Den höchsten Buchmacherkurs erzielte mit 1 670 759:1 der Brite George Rhodes. Er durfte damit am 30. September 1984 von der William Hill Organisation – mit einem zehnprozentigen Bonus und abzüglich Steuern – 86 056,42 Pfund (ca. 320 400 DM) in Empfang nehmen.

Die höchste Wettsumme kassierten bisher zwei Briten in den USA: Anthony A. Speelman und Nicholas John Cowan verblieb am 19. April 1987 in Santa Anita (Kalifornien) nach Abzug von 406 768 Dollar Steuern immer noch ein Gewinn von 1 627 084,40 Dollar (ca. 2,96 Mio DM).

Rennprognosen: Der einzige Fall, bei dem ein Pferdesport-Journalist die zehn Gewinner von zehn Rennen richtig vorausgesagt hat, passierte am 28. Juli 1974 im Delaware Park von Wilmington (USA). Den richtigen Riecher hatte Charles Lamb von den *Baltimore News American* bewiesen.

Die weltgrößte Buchmacherfirma ist Ladbrokes (GB) mit einem Wettumsatz von 2,107 Mrd. Pfund (6,6 Mrd. DM) im Jahr 1988 und der größten Kette von Buchmacherläden; am 1. September 1990 waren es 1986 in Großbritannien und Irland sowie weitere 991 in Belgien und den Niederlanden.

KARTENSPIELE

Die seltensten Spielkarten sind die Leben-der-Heiligen-Karten, die im 17. Jh. von der Familie Bowies herausgegeben wurden und wovon ein Spiel etwa 2000 Pfund (5940 DM) wert ist. Eine im Jahr 1786 vom Historiker Edward Gibbon als Schuldzettel für 320 Pfund unterschriebene Karo-7-Karte erzielte auf einer Auktion 500 Pfund (1485 DM).

Als radikalster Kartenspiel-Verlierer erwies sich im April 1980 der 32jährige indische Bauer Gopala Reddy. Nachdem er seine letzten 100 Rupien (24 DM) verloren hatte, pilgerte er zum Grab seines Vaters, schwor, nie mehr Spielkarten anzurühren, und schnitt sich, um nicht rückfällig zu werden, mit einem Dolch die rechte Hand ab.

Größter Kartenfächer: Der Gymnasiast Georgios Stefanidis (* 1973) aus Reutlingen (Baden-Württemberg) hielt am 14. Oktober 1990 gleich 304 Standard-Spielkarten – ohne jedes Hilfsmittel – in einer Hand. Farbe und Wert jeder einzelnen Karte waren gut sichtbar.

BRIDGE

Ursprünge: Bridge – eine Verstümmelung von *Biritch* – soll levantinischen Ursprungs sein, da ähnliche Spiele dort in den frühen 70er Jahren des vorigen Jahrhunderts gespielt wurden. Das British Museum besitzt ein Schriftstück von 1886 mit dem Titel *Biritch or Russian Whist.*

Auktionsbridge (höchster Bieter nennt den Trumpf) wurde 1902 erfunden. Das Kontraktprinzip, das in mehreren Spielen enthalten ist, wurde am 1. November 1925 von Harold Vanderbilt (USA) während einer Karibikreise an Bord der *SS Finland* in das Bridge eingeführt. Im September 1930 wurde es nach dem Herausforderungsspiel USA gegen Großbritannien zu einer weltweiten Manie.

Die meisten Weltmeisterschaften (Bermuda Bowl) wurden von Italiens Blauem Team (Squadra Azzura) dreizehnmal gewonnen, und zwar in den Jahren 1957–59, 1961–63, 1965–67, 1969, 1973–75 und ebenfalls die Olympischen Spiele 1964, 1968 und 1972 – aber auch dreizehnmal von den USA, in den Jahren 1950–51, 1953–54, 1970–71, 1976–77, 1979, 1981, 1983, 1985 und 1987. Giorgio Belladonna (* 1923) gehörte all diesen Siegermannschaften an. 1971 wurde eine neue Weltrangliste eingeführt, die auf Meisterpunkten basiert. Die meisten Weltmeisterschaften bei den Damen (Venedig-Preis) gewannen die USA: 1974, 1976, 1978, 1987 und 1989 sowie viermal – 1976, 1980, 1984, 1988 – in der Mannschafts-Olympiade.

Führender Spieler der Welt war nach der jüngsten Rangliste der World Bridge Federation, die auf sogenannten Meisterpunkten der letzten zehn Jahre basiert, der Amerikaner Robert Hamman aus Dallas (Texas) mit 597 und bei den Damen die Engländerin Sandra Landy mit 284 Punkten.

Der beste Spieler aller Zeiten ist der Italiener Giorgio Belladonna mit 1821 ¼ Punkten. Bei den Damen führt Jacqui Mitchell aus den USA mit 347 Punkten die Weltrangliste an.

Die Nr. 1 in der amerikanischen Bridge-Rangliste war Barry Crane aus Los Angeles von 1968 bis zu seiner Ermordung im Jahr 1985. Er hat in seiner Karriere insgesamt 35 137,6 Meisterpunkte gesammelt – auch dies ein Rekord. Der gegenwärtige Ranglistenerste in den USA ist Paul Soloway mit insgesamt 34 953 Punkten (Juni 1991). Die meisten Meisterpunkte in einem Jahr erreichte 1984 Grant Baze mit 3270.

Der jüngste Life Master wurde am 2. Dezember 1990 im Alter von 11 Jahren, 135 Tagen Joel Wooldridge (* 19. Juli 1979) aus Buffalo, New York (USA). Jüngste Bridge-Meisterin wurde 1982 Patricia Thomas (* 1968) mit 14 Jahren, 26 Tagen.

Perfektes Spiel: Die mathematischen Chancen gegen die Ausgabe von 13 Karten einer Reihe stehen 158 753 389 89:1, während die Chance, eine »perfekte Hand« mit allen 13 Pik-Karten zu erhalten, 635 013 559 596:1 steht. Die Chancen, daß jeder der vier Spieler eine komplette Folge (eine perfekte Ausgabe) erhält, stehen 2 235 197 406 895 366 368 301 559 999:1.

Am größten Bridgeturnier, der Epson World Bridge Championship am 7. Juni 1991, nahmen fast 90 000 Spieler teil, die in Spielsälen in 95 Ländern die gleichen Blätter spielten.

SCHAFKOPF

Ursprünge: Das alte deutsche Kartenspiel wurde nach dem früheren Brauch, die Gewinne durch Kreidestriche kenntlich zu machen, die zusammen einen Schafkopf bildeten, so bezeichnet. Es wird als Doppel-Schafkopf oder Doppelkopf mit zwei 32-Skat-Spielen gespielt, aus denen man die Siebenen, Achten und Neunen entfernt.

SKAT

Ursprünge: Skat entstand um 1810 aus dem erzgebirgischen Kartenspiel Schafkopf in der Stadt Altenburg, Thüringen, in der 1899 der Deutsche Skatverband gegründet wurde.
Es gibt für das 32-Blatt-Spiel für jede Hand beim Mischen 63 512 240 Kombinationen. Die Zahl möglicher Verteilungen der Karten auf drei Spieler vor Aufnehmen des Skats beträgt nahezu 3 Billiarden: 2 753 294 408 504 640. ■

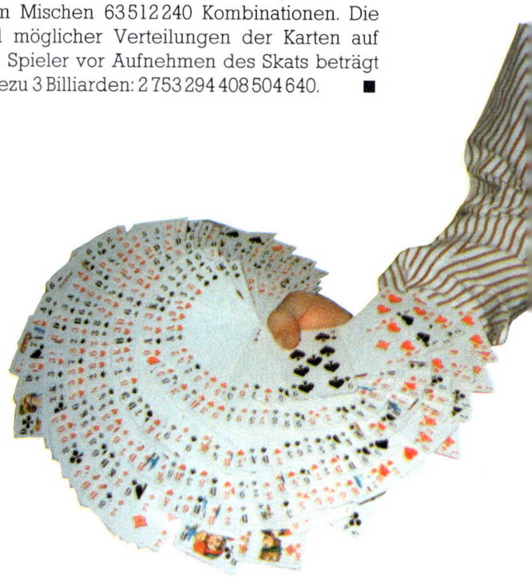

Den größten Kartenfächer mit 304 Standard-Spielkarten hielt Georgios Stefanidis.

TOPLEISTUNGEN, SPASSREKORDE

Die größte Seifenblase mit 15,24 m Länge produzierte David Stein aus New York City am 6. Juni 1988 mit Hilfe eines großen Seifenblasenstabs und einer Mischung aus Flüssigseife und Wasser

GEWERBE, DIENSTLEISTUNGEN

Apotheken: Die größte Apothekenkette der Welt ist die britische Firma Boots The Chemists mit 1050 Einzelhandelsgeschäften. Das Unternehmen wurde von Jesse Boot (1850–1931) gegründet, dem späteren Ersten Baron Trent. Die älteste Apotheke Europas soll ein im Jahr 1400 in Lilivia, Gerona (Spanien), gegründetes Geschäft sein. Sie ist seit etwa 50 Jahren nicht mehr in Betrieb und wird jetzt als Museum unterhalten. Die Löwen-Apotheke in Trier (Rheinland-Pfalz) scheint jedoch wesentlich älter zu sein; sie soll schon 1241 existiert haben.
Die älteste Apotheke Österreichs dürfte die Winter-Apotheke in Innsbruck (Tirol) sein, die 1500 gegründet wurde und sich noch heute Alte Hofapotheke nennt.
Die älteste Apotheke der Schweiz soll die Weinmarkt-Apotheke in Luzern sein. Einer ihrer ersten Besitzer war Konrad Klausner (1480 bis 1553), doch ist das Geschäft selbst wohl älter. Die Pharmacie Brun in Genf behauptet, schon 1453 gegründet worden zu sein.

Das größte Pharmazieunternehmen der Welt ist Johnson & Johnson in New Brunswick, New Jersey (USA). Das Unternehmen beschäftigt 82 200 Mitarbeiter und erzielte 1990 einen Umsatz von 11,2 Mrd. Dollar (19,6 Mrd. DM). Die Aktiva am Jahresende beliefen sich auf 9,5 Mrd. Dollar (16,6 Mrd. DM).

Die größte Drogeriekette der Welt ist die Rite Aid Corporation mit Sitz in Shiremanstown, Pennsylvania (USA), die 1989 in den Vereinigten Staaten 2353 Filialen betrieb. Die Walgreen Co. in Deerfield, Illinois (USA), hat zwar weniger Filialen, erzielte mit 5,3 Mrd. Dollar (10 Mrd. DM) 1989 jedoch höhere Umsätze.

Die umsatzstärksten Chemiekonzerne der Welt haben 1990 Umsatzrückgänge im Vergleich zum Vorjahr zu verzeichnen. Die internationale Chemie-Konjunktur hat sich deutlich abgekühlt. Im Konzernumsatz der großen Drei führt die BASF AG, Ludwigshafen, mit 45,248 Mrd. DM und 134 647 Mitarbeitern vor der Hoechst AG, Frankfurt, mit 44,862 Mrd. DM bei 172 890 Mitarbeitern und der Bayer AG, Leverkusen, die auf 41,643 Mrd. DM und 171 000 Mitarbeiter kommt.

Das größte Bestattungsunternehmen der Welt ist SCI (Service Corporation International) in Houston, Texas (USA), mit 551 Leichenhallen und 126 Friedhöfen. 1989 betrug der Jahresumsatz in dem krisensicheren Unternehmen 519 Mio. Dollar (908 Mio. DM).

Die Buchhandlung mit den meisten Titeln und den längsten Regalen (insgesamt 48 km) ist W. & G. Foyle, London (GB). Die Firma wurde 1904 in einem kleinen Laden in Islington gegründet und hat heute ihren Sitz in Nr. 113–119 Charing Cross Road. Das Geschäft ist 7044 m^2 groß.
Mit einer Verkaufsfläche von 14 330 m^2 ist jedoch die Fa. Barnes & Noble Bookstore in der Fifth Avenue, New York (USA), der geräumigste Buchladen der Welt. Seine Regallänge: 20,71 km.

Der weltgrößte Fahrradproduzent ist Hero Cycles in Ludhiana (Indien), 1956 von den Gebrüdern Munjal gegründet. 1989 stellte die Firma 2 936 073 Fahrräder her.
In China rollen nach Schätzungen 210 Mio. Fahrräder.

Das weltgrößte Fish-and-Chip-Restaurant erfreut in White Cross, West Yorkshire (GB), jährlich 1 Mio. zufriedene Gäste. Harry Ramsden's 140 Mitarbeiter servieren ihnen 213 t Fisch und 356 t Kartoffeln. Am 30. Oktober 1988 feierte das Haus das 60jährige Bestehen – zum Jubiläum wurden zwischen 11 Uhr 30 und 22 Uhr 10 182 Portionen fish and chips zu Preisen von 1928 serviert.

Das Fotogeschäft mit der größten Verkaufsfläche ist das Foto-Zentrum von Jessop of Leicester Ltd. in Leicester (GB), das im Juni 1979 eröffnete; heute hat es eine Verkaufsfläche von 2508 m^2.

Soft-Drinks: Laut *Fortune* vom April 1991 steht Pepsico mit Sitz in Purchase, New York (USA), mit einem Umsatz von 17,8 Mrd. Dollar (31,2 Mrd. DM) im Jahr 1990 an der Spitze aller Getränkehersteller. Die Coca-Cola Company mit Sitz in Atlanta, Georgia (USA), brachte es auf 9,8 Mrd. Dollar (17,15 Mrd. DM).
Der beliebteste Soft-Drink der Welt bleibt Coca-Cola mit täglich über 471 Mio. verkauften

Diese feinmechanische Miniaturmaschine aus Wien liefert köstlichen Espresso.

Drinks im Jahr 1990, was schätzungsweise 45 Prozent des Weltmarkts darstellt.

Größter Herrenausstatter – ausschließlich Herrenanzüge und dazugehörige Accessoires – ist Menswear in Glasgow (GB), wöchentlich werden mehr als 2000 Anzüge an den Mann gebracht. Das Geschäft an der Howard Street hat auf einer Fläche von 2600 m^2 stets mindestens 14000 Anzüge anprobebereit.

Größter deutscher Bekleidungshersteller ist der Adidas-Konzern, Herzogenaurach (Bayern). Mit einem Umsatz von 3,342 Mrd. DM hält der deutsche Sportartikelhersteller Rang 2 im westeuropäischen Vergleich.

Die größten Hochregallager: Das größte Versandzentrum für Papier-, Büro- und Schreibwaren, seit 1985 in Berlin-Spandau, hat eine Gesamtfläche von 72700 m^2. Allein 10800 m^2 nimmt das 42 m hohe Hochregallager ein. Die Herlitz AG, Berlin, hat darin 110000 Lagerplätze für Pool-Paletten untergebracht. Diese werden vollautomatisch von 25 Regalförderfahrzeugen und 16 Etagen-Förderern bewegt.
Mit einer Lagerkapazität für 70 Mio. Bücher hat die Vereinigte Verlagsauslieferung GmbH (VVA) in Gütersloh/Westfalen auf einer 10000-m^2-Fläche nur noch 14 prozeßrechnergesteuerte Lagerkräne zwischen 140 m langen und 35 m hohen Hochregalen im Einsatz. Sie befördern täglich maximal 4000 t Bücher im größten Buchlager der Welt.

Die größten deutschen Kaffeeröster sind in einem ständigen Kampf um die Gunst der Verbraucher. Exakte Daten lassen sich aufgrund verschiedener Statistiken und Marktschwankungen nicht nennen. Im Wettstreit liegen die Jacobs-Suchard-Gruppe, Bremen, und die Tchibo Frisch-Röst-Kaffee GmbH, Hamburg. Tchibo bezeichnet sich mit einem Anteil von 21 Prozent als Marktführer; Eduscho hat den Marktanteil in den alten Bundesländern bei 16 Prozent in den ersten vier Monaten 1991 gefestigt.

Größter deutscher Kaffee-Entcoffeinierer ist die HAG GF AG Bremen. Kaffee HAG betreibt seit 1981 zur Herstellung des ersten entcoffeinierten Kaffees überhaupt auch die größte und einzige Anlage der Welt, in der Kaffee aromaschonend mit reiner Kohlensäure aus natürlichen Quellen entcoffeiniert wird. Im Gesamt-Kaffeemarkt bringt es entcoffeinierter Kaffee auf über 13 Prozent Anteil.

Die weltgrößte Mineralwasserfirma ist Source Perrier bei Nimes (Frankreich) mit einer Jahresproduktion von über 2,5 Mrd. Flaschen, von denen 1,1 Mrd. Flaschen von Perrier stammen. In Frankreich werden rund 72 l Mineralwasser pro Kopf im Jahr getrunken.

Der weltgrößte Hersteller von Papier, Zellfaser- und Holzprodukten ist International Paper in Purchase, New York (USA), mit einem Umsatz von 12,9 Mrd. Dollar (22,6 Mrd. DM) 1990. Das Unternehmen hat 69000 Mitarbeiter. Die größte Papierfabrikation Europas betreibt Stora (Schweden). Ihr Jahresumsatz 1988 erhöhte sich auf 10,57 Mrd. DM. Die Gruppe kaufte die Feldmühle AG, die mit einem Umsatz von 4,02 Mrd. DM führender deutscher Papierhersteller ist. In der Bundesrepublik Deutschland wurden 1989 gut 11,3 Mio. t Papier, Karton und Pappe von rund 200 Betrieben produziert.

Das weltgrößte Schallplattengeschäft eröffnete die Firma HMV am 24. Oktober 1986 in der Oxford Street 150 in London. Die Ladenfläche ist 3407,9 m^2 groß.

Die größte Schokoladenfabrik wurde von der Hershey Chocolate USA in Hershey, Pennsylvania (USA), in den Jahren 1903–05 erbaut. Sie hat jetzt eine Grundfläche von 185800 m^2.

WIRTSCHAFTSWAREN

Größte und kleinste Objekte erscheinen immer wieder als Rekordmeldung. Im *Guinness Buch der Rekorde* werden nur jene Meldungen berücksichtigt, die über tatsächlich nutzbare Produkte erfolgen.

Die weltgrößte Abfalltonne wurde am 29. März 1990 von der Firma Gladson UK Ltd. in Blackpool, Lancashire (GB), konstruiert. Die 5,64 m hohe Nachbildung der Normtonne *Topsy* hat ein Fassungsvermögen von 26000 l.

Die kleinste Eintrittskarte maß 3 × 7 × 1 mm und galt für die Asiatisch-Pazifische Ausstellung Fukuoka '89 in Fukuoka (Japan). Sie bestand aus Keramik, auf der gerade noch 85–280 Mikron kleine Buchstaben Platz hatten.

Mit der größten Eintrittskarte (88 × 63 cm) luden die Musikschule der Stadt Kaiserslautern und die Hilfsorganisation Romelio am 24. Mai 1990 zur Eröffnungsveranstaltung der Reihe *Musikschule Kaiserslautern auf Touren* ein. Die Superkarte gab es in 600 Exemplaren.

Die kleinste Espressomaschine baute der Wiener Ingenieur Gerhard Lehner (* 1936) in 227 Arbeitsstunden. Im Februar 1991 präsen-

Im April 1987 schuf das Londoner Unternehmen Kingcome Sofas dieses 4,77 m lange schwarze Wildledersofa.

tierte er seine Miniaturmaschine (120 × 145 × 120 mm, 1300 g), im Maßstab 1:5 aus Messing. Heißwasserboiler mit 100 ml Inhalt, Wasserstandsanzeiger sowie ein Kesseldruckmanometer sind neben Heißwasserzapfhahn vorhanden und liefern köstlichen Espresso.

Die kleinste elektrische Glühbirne ist bei einem Durchmesser von 0,5 mm 3 mm lang und wird von der Firma Hamai Electric Lamp Co., Tokio, hergestellt.

Das größte Messer mußten vier kräftige Männer im Februar 1989 führen, um ein 70-kg-Brot und einen 51-kg-Leberkäse durchzuschneiden. Die Solinger Messerfabrik Franz Güde hat das 3,12 m lange und 54 kg schwere Schneidegerät hergestellt. Die 1,9 m lange Klinge besteht aus rostfreiem Messerstahl mit einer Härte von 54 Rockwell. Der Griff ist massiv aus hochwertigem Bubingaholz gefertigt.

Das größte Vielzweck-Messer hat der St. Galler Messerschmied Hans Alfred Meister (* 1936) in über 750 Arbeitsstunden aus exakt 314 Teilen zusammengesetzt. Im Mai 1991 konnte das 4,55 kg schwere Schweizer Taschenmesser vorgestellt werden: Es ist 25x120x295 mm groß, seine Teile – vom Angelhaken bis zur Zementkelle – ersetzen eine gut sortierte Werkstatt. Die Schalen bestehen aus echtem Perlmutt am Stück – eine Rarität.

Die größte Pfeffermühle hat der Maschinenschlosser Ernst-Otto Simon (* 1943) aus Mirantiholz gedrechselt. Sie ist 4,25 m lang, ihr größter Durchmesser ist 13 cm, ihr kleinster 8,5 cm. Selbstverständlich ist die Riesen-Pfeffermühle mit einem Mahlwerk ausgestattet und somit voll funktionsfähig; seit 1990 gibt sie den Mahlzeiten von Ernst-Otto Simon in Denklingen (Nordrhein-Westfalen) die nötige Würze.

Einen Taschenrechner im Mini-Format mit den Abmessungen einer Eurocheque-Karte liefert Casio Computer Co. GmbH, Deutschland. Mit 0,8 mm Stärke ist das Gerät *SL-800*, das in Tokio 1984 entwickelt wurde, der flachste Rechner der Welt. Er arbeitet mit Solarzellen und entspricht einer Kreditkarte mit neuester Folientechnologie aller Tastenkomponenten.

Die größte Waschmaschine, der »Kittel-Jumbo«, sorgt in Berlin dafür, daß die Mietwäsche Stegemann KG in einem Arbeitsgang 500 Kleidungsstücke reinigen kann. Das Riesenprunkstück der Berliner Wäscherei macht täglich 10–12 t Hotelwäsche und Berufskleidung frisch.

Feuerwerk

Riesenfeuerschrift: Seit 1980 brennt jeweils am 1. August (Schweizer Nationalfeiertag) eine Fackelschrift ERIZ mit einem Schweizerkreuz an den Hängen des Hohgant (Kanton Bern). 10–15 Erizer Bürger bringen 220 Fackeln und das Brennmaterial aus dem Tal hinauf und errichten die Riesenfeuerschrift: 105 m hoch sind die Buchstaben, 160 m das Kreuz; Schrift und Kreuz sind insgesamt 295 m lang.

Ein gigantisches Feuerspektakel schuf der Wiener Allroundkünstler André Heller (*1946) am 7. Juli 1984. Rund 500000 Berliner Zuschauer erlebten 40 Min. lang sein ca. 1,5 Mio. DM teures »Feuertheater mit der Klangwolke« auf dem Platz der Republik. 40000 Raketen (25 t Feuerwerkskörper) schossen in die Luft, während »Klangwolken« aus einer 60000-W-Anlage das Reichstagsgebäude beschallten: Ein pyromanischer Traum erfüllte sich. Brennende Lichtkaskaden illuminierten von 80 m hohen Stahlgerüsten aus eine 20000 m^2 große Fläche am Himmel mit Symbolen.

Die längste Himmelsschau mit Feuerwerkskörpern wurde am 20. Februar 1988 im Pelangi-Park von Johor Bahru (Malaysia) gezündet. Das Spektakel, von der Touristik-Behörde, der malaysischen Jugend-Organisation und Yap Seng Hock in Szene gesetzt, dauerte 9:27 Std. Die Himmelsschau erstreckte sich über eine Länge von 5723,3 m. Gezündet worden sind 3338777 Feuerwerkskörper und 666 kg Schießpulver.

Möbel

Die längste Bank steht seit dem 24. August 1989 in der Kanalstadt Rendsburg am nördlichen Ufer des Nord-Ostsee-Kanals. Mit 501,53 m bietet das festmontierte (aus 282 Stück Stahlbetonfertigteilen als Bankfußstützen) hölzerne Möbelstück Platz für 1594 Besetzer. So viele Kinder saßen dicht gedrängt nebeneinander bei der Rekordbesetzung am 16. März 1990. Die überdimensionale Sitzprobe glückte an einem sonnigen Vormittag am Fuß der Böschung.

Das größte Sofa, das serienmäßig hergestellt wird, ist mit einer Länge von 3,74 m das Augustus-Rex-Sofa der britischen Firma Dodge & Son in Sherborne, Dorset.
Im April 1990 wurde ein 6,63 m langes mit Jacquard-Webstoff bezogenes Sofa mit einem Schätzwert von 8000 Pfund (18400 DM) als

Das größte edelsteinbesetzte Ei ist 70 cm hoch und wurde aus 16,8 kg Gold, besetzt mit 20000 rosa Diamanten, gefertigt. Der Londoner Juwelier Paul Kutchinsky hat das Argyle Library-Ei entworfen, sechs britische Handwerker benötigten 7000 Arbeitsstunden, um es anzufertigen. Am 30. April 1990 wurde es präsentiert, bevor es als Ausstellungsstück ins Victoria and Albert Museum in London gelangte.

Spezialanfertigung von der Firma Mountain View Interiors in Collingwood (Kanada) hergestellt.
Ein Sofa aus schwarzem Wildleder, eine Sonderanfertigung des Londoner Unternehmens Kingcome Sofas für einen einzelnen Kunden, ist 4,77 m lang.

Das längste und absurdeste Ledersofa der Welt, auf dem bis zu 200 Leute sitzen können, hat der Schweizer Sitzmöbelhersteller deSede ausgeliefert. Das 102 m lange cognacfarbene Monstrum besteht aus 426 Einzelelementen, die alle durch Reißverschlüsse miteinander verbunden sind und die im Möbelgeschäft zusammengerechnet fast 500 000 sfrs kosten würden. Auftraggeber des Ledersofas, für das 250 Tierhäute verarbeitet wurden, ist der Sultan von Oman am Arabischen Meer. Dazu noch einige Daten: Lederverbrauch 1250 m^2; Arbeitszeit 1278 Std.; Reißverschlüsse 1108 m.

Das schwerste Bett ist ein 2,9 × 3 m großes Wasserbett, seit 1977 im Besitz von Milan Vacek, Cañon Country (USA). Das thermostatisch erwärmte Wasser allein wiegt 1907 kg.

Das größte Möbelscharnier fertigten zehn Lehrline der Grass AG Möbelbeschläge aus Höchst (Österreich). In je 100 Arbeitsstunden stellten sie 1989 sechs Großmodelle des Snap-On-Beschlags im Maßstab 5:1 in Handarbeit her. Die Riesenbänder werden auf Messen als Vorführobjekte bei Kundenbesuchen gezeigt.

Porzellan, Glas, Keramik

Den größten Kronleuchter der Welt hat im November 1988 die Firma Kookje Lighting Co. in Seoul (Südkorea) fertiggestellt. Er ist 12 m hoch, 10,67 t schwer, hat 700 Glühbirnen und schmückt den Lichtschacht dreier Stockwerke eines Kaufhauses in Seoul.

Rekorde im Glasblasen: Die Fa. Borken-Glas aus Borken (Westfalen) spezialisiert sich auf größte mundgeblasene Glasgefäße. 1981 entstand ein Glasrundgefäß (120 × 70 cm); 1982 ein Glasrechteckgefäß (105 × 66 × 55 cm); 1983 ein quadratisches Glasgefäß mit einem Fassungsvermögen von 216 l (70 kg schwer, 60 × 60 × 60 cm) und 1984 eine 129 l fassende 31 kg schwere, 118 cm hohe Supermammutflasche mit 51 cm Durchmesser.

Im Original nachgebaut: der größte Kugelschreiber, schreibfähig und mit Drehsystem.

Mit einem Wasserstrahl wird das kleinste Holz-Puzzle von Best Matic geschnitten.

Das dünnste Glas – Typ D263 – besitzt eine minimale Dicke von 0,035 mm und eine maximale Dicke von 0,055 mm. Es wird von der Deutsche Spezialglas AG in Grünenplan hergestellt und für elektronische und medizinische Geräte verwendet.

Das größte Glas der Welt wurde 1989 von der Firma Schott, Glaswerke Mainz, im Auftrag für die Schwartauer Werke GmbH & Co., Bad Schwartau (Schleswig-Holstein) hergestellt. Das Riesenglas hat eine Höhe von 1,54 m, einen Durchmesser von 0,972 m, besitzt ein Glasgewicht von 98 kg und eine Wanddicke von 6 mm. Auf der Anuga 1989 in Köln wurde das Konfitürenglas erstmals präsentiert und von dem Marmeladenhersteller mit 1054 kg Konfitüre gefüllt. Das entspricht 2342 handelsüblichen 450-g-Gläsern. Jetzt steht das Jumboglas in Bad Schwartau.

Riesen-Kristallkugel: Die wohl größte Kristallkugel zu Meditationszwecken fertigten die Schott-Glaswerke aus Mainz für die Schri-Aurobindo-Gesellschaft in Auroville (Indien). Nachdem mehrere Glashersteller im In- und Ausland den Auftrag als unlösbar ablehnten, machte sich Schott an die Arbeit und stellte aus optischem Glas eine 1100 kg schwere Kristallkugel mit einem Durchmesser von 70 cm her. Als Novum bezeichnete das Unternehmen die Größenordnung, die gewünschte Form als Kugel und die Weiterbearbeitung mit modernster, selbstentwickelter Technik.
In etwa 15 Arbeitsstunden wurde die 240 000 DM teure Kugel gegossen (Beginn 29. April 1987). Am 30. September wurde die Kugel an die Firma Zeiss, Oberkochen, zur zweimonatigen Endbearbeitung ausgeliefert. Am 14. Juni 1988 waren die Arbeiten abgeschlossen. Allein das Auskühlen der Kristallkugel nahm fünf Monate in Anspruch.

Töpferware: Die größte getöpferte Vase ist einschließlich eines 1,3 m hohen Deckels 5,35 m hoch und wiegt 600 kg. Sie wurde am 1. Juni 1991 von Faiarte Ceramics in Rustenberg (Südafrika) fertiggestellt.

Als wertvollstes Beispiel der Glasmacherkunst gilt die Portland-Vase, die aus dem 1. Jh. v. oder n. Chr. stammt und in Italien hergestellt wurde. Seit mindestens 1642 befand sie sich im Besitz der Familie Barberini in Rom. 1792 erwarb die Herzogin von Portland das kostbare Stück. Die Vase wurde 1847 im Britischen Museum in London durch unsachgemäße Behandlung zerschlagen.

Der größte Kachelofen der Welt heizt seit Juni 1986 ein komplettes Verkaufshaus für Geschenkartikel mit 750 m^3 umbautem Raum. Aus 1100 Kachelteilen hat die Kago-Kaminfabrik in Postbauer bei Nürnberg den 2,7 m hohen und 12 m langen Ofen mit einer Heizleistung von 80 kW gebaut.

Schreibzeug

Der teuerste Schreibstift ist ein Kugelschreiber, der *5003,002 Caran D'Ache*, ein schlanker Madison-Stift aus 18karätigem massivem Gold, in das Diamanten von 6,35 Karat eingelassen sind. Das Goldstück wird exklusiv von Jakar International Ltd. in London vertrieben. Der empfohlene Einzelhandelspreis für 1992 beträgt (einschließlich Verkaufssteuer) 23 950 Pfund (71 130 DM).

Der teuerste Füllfederhalter ist der Montblanc *Meisterstück* aus 18karätigem Gold mit Platinfeder, der von Montblanc in Hamburg im April 1987 für ca. 10 000 DM angeboten wurde.

Ein japanischer Sammler zahlte im Februar 1988 1,3 Mio. frs (400 000 DM) für die *Anémone*, einen von Réden (Frankreich) angefertigten Füllfederhalter. Er war besetzt mit 600 wertvollen Steinen, u. a. Smaragde, Amethyste, Rubine, Saphire und Onyx. Erfahrene Handwerker brauchten über ein Jahr zur Fertigstellung des schreibenden Schmuckstücks.

Der am weitesten verbreitete Schreibstift ist der *BiC Crystal*, von dem die BiC-Gruppe weltweit täglich 14 Mio. Stück produziert. Allein in Großbritannien werden täglich 600 000 verkauft, mit denen man eine Linie von 1,5 Mio. km ziehen könnte – 37mal um die Erde oder alternativ einmal zum Mond und zurück.

Mit dem größten Kugelschreiber kann Dieter Salzgeber (*1933) aus Mannheim (Baden-Württemberg) schreiben. Der aus Holz im Maßstab 10:1 gefertigte Riesenkuli ist 132 cm lang, 8,5 kg schwer, hat einen Durchmesser von 12,5 cm und natürlich eine Spezialmine.

Spielzeug

Der größte Spiele- und Spielwarenhersteller der Welt ist Hasbro Bradley Inc. in Pawtucket, Rhode Island (USA). Hasbro Bradley deckt weltweit den Spielzeugmarkt mit einem breiten Sortiment ab. Von Spielen, Puzzles, Jungen- und Mädchenspielzeug und Plüschartikeln ist alles zu haben. Das Umsatzvolumen betrug Ende 1988 insgesamt 1,35 Mrd. Dollar (2,24 Mrd. DM).

Größter Spielzeuganbieter in Deutschland ist der dänische Spielwarenhersteller Lego. Die Tochtergesellschaft Lego GmbH im schleswig-holsteinischen Hohenwestedt bringt es mit den quaderförmigen Kunststoffsteinen auf einen Umsatz von 300 Mio. DM (Ende 1990).

Das größte funktionierende Knallbonbon war 42,67 m lang und hatte einen Durchmesser von 2,13 m. Hersteller war die Industrial Society, die das Rekordprodukt am 21. Dezember 1990 in ihren Büroräumen in London knallen ließ.

Das größte Spielwarengeschäft ist Hamleys of Regent Street Ltd., London (GB), das 1760 in Holborn gegründet und 1901 in die Regent Street verlegt wurde. Die Verkaufsräume erstrecken sich über 4180 m^2 und sechs Stockwerke. Während der Weihnachtssaison werden über 400 Menschen beschäftigt.

Mosaikspiele (Puzzles): Die ersten Mosaikspiele hat der Brite John Spilsbury (1739–69) um 1762 in London hergestellt.

Das bisher größte Puzzle ist 920,22 m^2 groß und besteht aus 187 220 Einzelstücken. Hergestellt wurde es von den Robert Longstaff Workshops in Longworth, Oxfordshire (GB), für die Family Heart Association. Es wurde vom 22. bis 26. Oktober in London zusammengefügt.

Das umfangreichste Puzzle aus 204 484 Einzelteilen wurde vom 25. Mai bis 1. Juni 1991 von Studenten der Gravenvoorde in Almelo (NL) angefertigt. Zusammengesetzt mißt es 96,25 m^2. Sonderanfertigungen von Stave-Puzzles, hergestellt von Steve Richardson aus Norwich, Vermont (USA), aus 2640 Teilen bestehend, kosteten im März 1991 8680 Dollar (14 716 DM).

Das kleinste Holz-Puzzle mit den Abmessungen 52 × 55 mm besteht aus 156 Teilen. Die Best Matic Sondermaschinen GmbH aus Bad Nauheim (Hessen) stellt es seit September 1988 her. Es wird mit einem Wasserstrahl von 0,12 mm Durchmesser und einem Wasserdruck von 3200 bar geschnitten.

Ein Wasserpuzzle war die Attraktion in Rogner's Margaretenbad in Wien. Aus 99 bemalten Styroporteilen setzte eine Fünfermannschaft ein 14 m^2 großes Puzzle in nur 8:43 Min. zusammen. Von über 100 gestarteten Teams war das Quintett Palme am 28. Februar 1991 das schnellste im Zusammenbau des schwimmenden Drachen Puzzles *Margarete*.

Riesen-Schaukelpferd: 1989 feierte die Gemeinde Goldach (Schweiz) das 1200 Jahr Jubiläum. Für das Jugendfest stellten verschiedene Firmen des Ortes ein 2500 kg schweres, 8,5 m langes, 5,53 m hohes und 1,85 m breites Schaukelpferd aus Lärchenholz her. Es kann von einem Kind leicht in Bewegung gebracht werden, aber auch eine ganze Schulklasse findet darauf Platz.

Das Plüschtier mit den meisten Beinen war 1988 gleich dreimal unterwegs. Der pinkfarbene Riesenschmusefüßer mit seiner Knubbelnase, kugelrunden Augen und einem Wollschal um den Hals hat 1500 Beine. Das 76,2 m lange und 136,8 kg schwere Plüschtier wurde von Commonwealth Toy and Novelty Co. Inc., New York, hergestellt.
Der Tausendfüßer Wurli entstand zur 135-Jahrfeier des Niederösterreichischen Landeskindergartens in Neunkirchen am 9. September 1988. Das handgestrickte Wollungeheuer ist 238,7 m lang – ein bunter Wollschlauch, der mit Stoffresten aller Art gefüllt ist, an dem 1000 gestrickte Wollfüße angenäht worden sind.

Der höchste Lego-Turm wurde im Mai 1990 in Tel Aviv (Israel) gebaut. Er war 18,15 m hoch und bestand aus 221 560 Legosteinen.
Einen 16,97 m hohen Turm bauten 25 000 Kinder in sechs Tagen auf dem Münchner Olympiagelände. Am 20. August 1989 stand der Spielzeugturm, errichtet aus 180 000 roten, gelben, weißen und blauen Legosteinen auf einer Grundfläche von 4 m^2. Die Spielzeugfirma Lego hatte die Plastikbausteine mit einem Gesamtgewicht von 400 kg herbeigeschafft.

Die größte Flagge der Welt wurde am 9. April 1989 zur Eröffnung eines Arbeitersportfestes in der taiwanesischen Stadt Kaohsiung gestiftet. Die Flagge der Republik China ist 126 x 84 m groß und wiegt 820 kg.

Riesenkaleidoskop: Ihren eigenen Rekord gebrochen hat die Kaleidoskop Company (Andrea Wittig, Tom und Holger Danneberg, Michael Rentzos) aus Groß Thondorf (Niedersachsen) mit einem 4,65 m langen Kaleidoskop, das einen Durchmesser von 1,15 m hat. Sicherlich nicht nur zur Freude der Kleinen soll das Riesending im neugegründeten Museum für Kinder und Jugendliche »Kaleidoskop« in Frankfurt ausgestellt werden.

Textilien

Der feinste Nylonfaden mißt 6 Denier, wird für Strümpfe hergestellt und wurde im Februar 1956 auf der Nylonmesse in London vorgestellt. Das feinste normalerweise erhältliche Nylon mißt 9 Denier. Zum Vergleich: ein menschliches Haar mißt im Durchschnitt 50 Denier.

Das älteste Gewebe der Welt wurde in Schicht VIA in Catal Hüyük (Türkei) entdeckt und mit Hilfe der C-14-Methode als aus dem Jahr 5900 v. Chr. stammend datiert.

Teuerster Kleiderstoff ist Vicuña-Tuch, das von der Firma Fujii Keori in Osaka (Japan) verarbeitet wird. Im Januar 1988 kostete der Meter ungefähr 14250 DM. Der teuerste Stoff für Abendkleidung ist bei Alan Hershman in der Londoner Duke Street zu haben. Meterpreis: 850 Pfund (2524 DM). Obwohl 155000 Metallplättchen je Quadratmeter des handgenähten Stoffes befestigt sind, wiegt er ca. 200 g.

Die teuerste Kleidung – schneeweiße EVA-Raumanzüge für den Aufenthalt außerhalb von Raumfahrzeugen konstruiert und seit 1982 von den Besatzungen des *Space Shuttle* getragen – kosten 3,4 Mio. Dollar (5,76 Mio. DM) pro Stück.

Das teuerste Tuch ist Shatoosh oder Shatusa, das aus dem braungrauen Kehlhaar der Indischen Ziege gewirkt wird. Es ist feiner und teurer als Vicuña. Bei Neiman-Marcus in Dallas (USA) kostete der Yard (91,4 cm) 1000 Dollar.

Der größte Vorhang der Welt mit praktischem Verwendungszweck ist 167,6 m lang und 19,8 m hoch. Der elektrisch bewegte Vorhang dient im Brabazon-Hangar der British Aerospace in Filton (GB) dazu, die Flugzeuge in der Lackierstraße abzuschirmen.

Die größte Decke der Welt haben Einwohner der westaustralischen Stadt Perth in Zusammenarbeit mit der Living Stone Foundation und Radio 6PR hergestellt. Sie war 2599 m^2 groß und aus handgestrickten, maschinengestrickten und gehäkelten Teilen zusammengesetzt. Die Riesendecke ist am 6. August 1989 vorgestellt worden.

Die längste Hängematte stellten Mitglieder der Handwerker-Innung Åboland (Finnland) im Juli 1988 her. Sie maß 44,41 m und wurde zwischen zwei großen Eichen aufgehängt. Auf der Hängematte hatten 21 Leute Platz.

Das längste Tischtuch der Welt ist 457,8 m lang, 1,37 m breit und wurde am 17. Oktober 1990 von Artex International in Highland, Illinois (USA), angefertigt.

Den längsten Brautschleier aus weißem Tüll hielten 40 Kinder der Max-Traeger-Grundschule aus Hamburg-Eimsbüttel am 6. April 1991. Das Hochzeitspaar Sabine und Kai-Uwe Walter durften die Kreation erstmals tragen. 40 Tage lang hatten drei Personen im Auftrag des Hauses Porzellan/Glas/Bestecke Leuffer die 75 m lange, 3 m breite und 5 kg schwere Tüllbahn genäht.

Das größte von Hand bemalte Seidentuch zeigt auf 7,5 × 7 m Pflanzen, Blumen und Tiermotive des Landes. Der Designer Willy Genenger (*1923) aus Mönchengladbach (Nordrhein-Westfalen) hat es in 890 Arbeitsstunden bis zum November 1989 auf Rouge Seide Nr. 05 aufgemalt in Aquarell- und Gutta-Technik zugunsten der Kinder-Krebshilfe. Erstmals vorgestellt wurde es am 13. November 1989 in Mönchengladbachs Kaiser-Friedrich-Halle. Genenger zeigt das Kunstwerk vor allem auf Modeschauen.

Teuerstes Kleid: Ein von Helene Gainville kreiertes Brautkleid mit Edelsteinen von Alexander Reza soll exakt 7301587,20 Dollar (12379841 DM) wert sein. Das Kleid ist mit platingefaßten Diamanten besetzt und wurde am 23. März 1989 in Paris vorgeführt.

Der längste Laufsteg bot am 22. Juni 1990 Aktuelles aus der Welt der Mode. 30 Fachgeschäfte aus Feldkirch (Österreich) präsentierten auf einer 480,5 m langen Bühne durch drei Straßen der mittelalterlichen Innenstadt ihre Open-Air-Modenschau mit 100 Akteuren und drei Conférenciers.

Der längste Reißverschluß wurde für die Ummantelung von Seekabeln von RIRI aus Mendrisio (Schweiz) im Januar 1985 gefertigt. Das 632,45 m lange Kunststoffband hat 119007 Nylonzähne.

Teppiche

Der prächtigste Teppich, der jemals hergestellt wurde, war der Frühlingsteppich von Khusraw, der für den Audienzsaal des Sassani-

Der längste Brautschleier ist 75 m lang und wurde von einer Braut 1991 in Hamburg getragen. Dieser 52,2 m lange Brautschleier wurde von Agnes Remaud in La Roche-sur-Yon (Frankreich) 1990 entworfen.

Der größte rote Teppich mit 4851 m² wurde in der »Nacht der hundert Stars« am 13. Februar 1982 zwischen der New Yorker Radio City Music Hall und dem Hilton Hotel ausgelegt.

denpalastes in Ktesiphon (Irak) gewirkt wurde. Er war etwa 650 m² groß, aus Silber- und Goldfäden geknüpft und mit Smaragden besetzt. Er wurde im Jahr 635 v. Chr. von plünderndem Militär als Beute zerschnitten und muß, nach dem überlieferten Verkaufspreis der Stücke zu urteilen, ursprünglich etwa 100 Mio. Pfund Sterling (297 Mio. DM) gekostet haben.

Der am feinsten geknüpfte Teppich ist ein Seidenteppich mit 4 Mio. Knoten/m². Das sind auf 1 mm² entsprechend vier Knoten, vier Kettfäden und vier Schußfäden. Die Knüpferin ist die junge Türkin Turkan Sahin aus Hereke. Vom 23. Juli 1984 bis zum 12. März 1988 fertigte sie ihn im Auftrag von Österreichs größtem Orientteppichlager, Helm International aus Mitterndorf/Fischa.
Ein zweiter geknüpfter Seidenteppich stammt ebenfalls aus Hereke (Türkei). Er hat 576 Knoten/m². An ihm haben fünf Frauen fünf Jahre lang gearbeitet. Die fünf Frauen waren unter 3000 Weberinnen ausgewählt worden und haben den Teppich im Auftrag von Ozipek Halicīlīk aus Hereke hergestellt. Das Prachtexemplar erhielt die Bezeichnung *Hereke Treasure* und wurde im März 1988 an das Unternehmen Gandhara-Teppiche in Tokio (Japan) verkauft.

Der älteste bekannte Teppich ist ein 1,8 m² großer Sisalteppich mit Noppenknoten aus dem 3.–4. Jh. v. Chr. Er wurde 1947 von dem russischen Archäologen Sergej Iwanowitsch Rudenko im Pazyryk-Tal in Südsibirien entdeckt. Der Teppich ist heute in der Eremitage von Leningrad ausgestellt.

Der größte aller alten Teppiche soll der goldverzierte Seidenteppich Hashims (743 n. Chr.) aus dem Abbasiden-Kalifat in Bagdad (Irak) gewesen sein. Angeblich war er 54,86 × 91,44 m groß.

Der längste rote Teppich schlängelte sich Ende März 1991 von der Eingangshalle des Wiesbadener Kurhauses durch die Straßen und Platanen-Allee der hessischen Stadt bis zum Rathaus. Der Aktionskünstler Peter von Zschinsky aus Waldems (Hessen) hatte einen 2 m breiten knallroten Läufer von 1397,46 m Länge von der Firma Tarkett Pegulan AG fertigen und auslegen lassen. Zusammengerollt hat der Rekordteppich einen Durchmesser von über 20 m.

Einen Strickteppich aus dickstem Material stellten der Biotechniker D. Harald Alke und seine Frau aus 26 mm starkem geflochtenen Nylonseil her. Mit zwei Besenstielen von je 22 mm Durchmesser und 140 cm Länge strickten sie aus 100 m weißem Seil und 16 m rotem Seil einen 26 kg schweren Teppich von 85 × 132 cm Größe.

Wandteppiche

Die ältesten Exemplare von Wandteppichen sind drei Stücke, die in der Gruft des ägyptischen Pharaos Thutmosis IV. gefunden wurden und aus der Zeit zwischen 1483 und 1411 v. Chr. stammen.

Der größte in einem Stück gewebte Wandteppich ist *Christus auf seinem Thron*, 22 × 12 m groß, der von Graham Sutherland (1903–80) für die Kathedrale in Coventry (GB) entworfen wurde. Er kostete 10 500 Pfund (damals 118 000 DM), wiegt 760 kg und wurde am 1. März 1962 feierlich bei einem Gottesdienst an einer Kathedralenwand befestigt.

Die längste Stickarbeit ist der berühmte Bayeux-Wandbehang *Telle du Conquest, dite tapisserie de la reine Mathilde*; er ist 49,5 cm breit und 70,4 m lang, beschreibt 72 Szenen aus der Zeit von 1064 bis 66 und wurde vermutlich um 1086 in Canterbury, in der Grafschaft Kent (GB), hergestellt.

Der mit 103 m längste Wandteppich der Welt, der im Schloß von Angers in Westfrankreich aufbewahrt wird, hat nach einer Restaurierung seine über 600 Jahre alten Originalfarben preisgegeben.
Der aus der Tapisserie-Metropole Brügge stammende Wandteppich war 1370 im Auftrag der Grafen von Anjou angefertigt worden und befindet sich seit 1954 in einem eigens erstellten Gebäude innerhalb der Schloßanlage. Als bei der Restaurierung das rückwärtige Futter abgenommen wurde, entdeckte man die ursprünglichen Farben an der Rückseite, die im Kontrast zu den verblichenen Tönen der Vorderseite standen.

Der größte Bildteppich, die Tapisserie *Welttheater*, hängt im Rumänischen Nationaltheater, Bukarest. Dieser in einem Stück gewirkte Bildteppich (7,5 × 22,5 m) entstand zwischen 1963 und 73 in der Gobelintechnik des 18. Jh.s und zeigt in symbolischer Form wichtige Motive aus berühmten Theaterstücken. Der von den beiden rumänischen Künstlern Serban Gabrea und Florin Ciubotaru gearbeitete Teppich wurde am 20. März 1979 erstmals der Öffentlichkeit präsentiert.

Beim Kohl- und Pinkelspektakel am 19. Januar 1991 in Delmenhorst ergaben 1176,8 m der norddeutschen Spezialität 11 800 DM für die *Aktion Sorgenkind*.

GENUSSMITTEL

Ein Festessen in 6768 m Höhe – auch dies ist ein Rekord. Aufgestellt haben ihn neun Bergsteiger aus Sydney (Australien) am 28. Juni 1989 auf dem Huascaran in Peru. Zu ihrer Kletterausrüstung hatten auch ein Eßtisch, Stühle, Wein und ein dreigängiges Menü gehört. Auf dem Gipfel angekommen, schlüpften die neun Australier in Ballanzüge, banden sich Krawatten um, setzten sich Hüte auf und dann zu Tisch. Ihr Mahl wurde nur etwas durch die Tatsache getrübt, daß der Wein inzwischen gefroren war.

Lebensmittel

Fleisch- und Wurstwaren

Beefburger: 2001 kg schwer, 36 m^2 groß, Metzgerei »Slager 2001«, Brüssel (Belgien), 26. März 1983.
Bratspieß: 324,9 m lang, George Psarias vom Olive Tree Greek Restaurant in Leeds (GB), 26. August 1990.
Bratwurst: 1293 m, 998 kg, Fleisch- und Wurstwaren AG, St. Gallen-Winkeln (Schweiz), 29. August 1987.
Fleischkäs: 2525 kg, 20 × 1,4 × 0,2 m, Hans-Otto Bahr, Gelsenkirchen Buer (Nordrhein-Westfalen), 28. Juli 1990.
Fleischpastete: 9030 kg, Denby Dale, West Yorkshire (GB), 3. September 1988.
Fleischspieß: 80 m lang, 810 kg Nackenkoteletts, »Feine Metzgerei« Rattingen, Bochum, 7. Januar 1984.
Fleischwurst: 1000 m lang, Fleischermeister Wolfgang Grimsehl, Helmut Thoms, Wilfried Backhaus, Wedemark (Niedersachsen), 20. Mai 1990.
Grillen: 9576 kg Rindfleisch, Sertoma Club Barbecue, New Port Richey, Florida (USA), 7.–9. März 1986.
9131 kg Schweinefleisch, Iowa State Fairgrounds, Des Moines, Iowa (USA), 21. Juni 1988. 35 072 Besucher nahmen daran teil.
Grillrollbraten: 60,5 m, 418,9 kg Fleisch, Metzgermeister Ueli Lüthi, Wangen (Schweiz), 13. Juli 1986.
Hähnchenspieß: 157,29 m lang, 1500 Brathähnchen, Festwirte Hans und Gerd Atz auf dem Cannstatter Wasen, Stuttgart, 28. September 1988.
Hamburger: 2503 kg, Outgamie County Fairgrounds, Seymour, Wisconsin (USA), 5. August 1989.
Kebab: 305 m lang, hergestellt von der Tageszeitung *The Natal Witness* unter Leitung von Dave Erasmus und Daniel Anastasis, Pietermaritzburg (Südafrika), 20. August 1989.
Kesselgulasch: 650 kg = 1625 Portionen, Minigolfsportfreunde Brilon, e. V., Hans Starke, Brilon (Sauerland), 6. August 1988.
Kochschinken: 313 kg, 110 × 110 × 45 cm, Firma Emil Tengelmann, Heilbronn, Tengelmann-Markt Leimen-St. Ilgen (Baden-Württemberg), 27. Juni 1990.
Leberwurst: 630 m, Verkehrsverein e. V. Ludwigshafen und Fleischerinnung Vorderpfalz, Ludwigshafen, 8. November 1986.
Mortadella: 4,17 m lang, 1,4 m Umfang, 616 kg schwer, 49 Std. Kochzeit, Cactus S.A. Supermarkt, Cactus Howald (Luxemburg), 18.–20. Oktober 1989.
Paella: 3700 kg Reis, 3000 kg Fleisch, 1500 kg Miesmuscheln, je 700 kg Bohnen und Pfeffer, 200 kg Knoblauch, 400 l Öl, Josep Gruges »Pepitu«, Playa de Aro, Gerona (Spanien), 25. August 1987.
Pinkelwurst: 1176 m lang, Firma Karl Könecke, Fleischwarenfabrik GmbH & Co. KG, Hotel am Stadtpark, Delmenhorst (Niedersachsen), 19. Januar 1991.
Salami: 19,5 m lang, 60 cm Umfang, 630 kg schwer, Metzgerei Willy Adler, Ottobrunn (Bayern), 24. Juni 1989.
2361 m lang, 500 kg Frischgewicht, BIG-Handels-Gesellschaft mbH, Stuttgart, 5. Mai 1990.
Spießbraten: 81,6 m lang, 768 kg Fleisch, Team des Seehotels Weingärtner, Firma Wolf Geräte GmbH, Bosen (Saarland), 28. August 1990.
Schweinesulz: 2172 kg schwer, 10 m lang (1600 kg Schweine-Kopffleisch von 900 Schweinen), Fleischermeister Herbert Hütthaler, Vöcklabruck (Oberösterreich), 24. Oktober 1989.
Wiener Schnitzel: 5 × 3 m, 450 kg Fleisch, 2200 Eier, Mehl, Brösel, 1000 l Öl, Karl Pesendorfer, Lenzing (Österreich), 7. September 1987.
Würstchen: 21,12 km lang, in 15:33 Std., Keith Boxley, Wombourne/Wolverhampton (GB), 18./19. Juni 1988.
Zwiebelwurst: 6749,94 m lang, 6000 kg Schweinefleisch, Schlachterei Lohmeier, Hamburg, 28./29. April 1983.
Der längste Grill war mit 493,94 m eine Rostkonstruktion, die am 8. Mai 1988 im spanischen Lerida errichtet worden ist. Auf dem Riesen-Grill, installiert von der Fedéracio de Colles de Lleida, wurden 207 000 Schnecken gegart.

Die größte Party wurde am 30./31. Mai 1979, anläßlich des internationalen Jahres des Kindes, im Hyde Park von London gefeiert. Partygäste waren 160 000 Kinder und Großbritanniens königliche Familie.

Die größte Lasagne am Stück wog 1637,3 kg und maß 15,24 x 1,52 m. Angefertigt wurde sie am 11. Mai 1990 in Dublin (Irland) von Andreano Rossi aus Dolmio und einem Team von Gehilfen.

Backwaren

Brotlaibe: 1064 m langes Rosca-Brot, Hyatt Regency Hotel, Guadalajara (Mexiko), 6. Januar 1991.
565,1 m lang, Entente Kockelscheuer ASBL, Bettemburg, Kockelscheuer (Luxemburg), 16. August 1987.
Kastenbrot: 3 × 1,25 × 1,1 m, 1435 kg, Sasko, Johannesburg (Südafrika), 18. März 1988.
Torten: schwerste: 58,08 t, davon 7,35 t Eis, Bäkkerei Earth Grains, Fort Payne, Alabama (USA), 18. Oktober 1989; höchste 30,85 m hoch, 100 Schichten, Beth Cornell und Helfer, Shiawassee, Michigan (USA), 5. August 1990.
Geburtstagstorte: 16,33 m hoch, 33 Stockwerke, 3764 kg, Franzi Kühn vom Hotel Grüner Baum, Badgastein (Salzburger Land), zum 93. Geburtstag von Luis Trenker am 4. Oktober 1985.
Apfelkuchen: 105,6 m^2, 2356 kg Gesamtgewicht, 1386 kg Äpfel, Kurt Wölfl, Kassel (Hessen), 15. Dezember 1984.
Apfelstrudel: 835,21 m lang, 800 kg Apfelfüllung, 800 kg Blätterteig, Migros Wynecenter, Buchs (Aargau) und Iowa Regionalbäckerei in Gränichen, 1. Oktober 1988.
Baumkuchen: 55,9 m hoch, 985 kg schwer, Bäkker- und Konditormeister Horst Wilhelm, Grünstadt/Weinstraße (Rheinland-Pfalz), 3. Juni 1989.
Biskuitrolle: 528 m lang, 7920 Eier, 28 kg Zukker, 316 kg Mehl, 110 kg Marmelade, Ebiswalder Messekirtag, Ebiswalde (Österreich), 9. Juni 1990.
Brezel: 310 kg, 8 m lang, 3,35 m breit, Bäckerei Stefan Frischmann, Neusiedl am See, Burgenland (Österreich), 4. Oktober 1985.
Christstollen: 249,73 m lang, 1000 kg schwer, Bäckereien Wohlgemuth und Nanz im Auftrag der Interessengemeinschaft Marktgasse Weiblingen (Baden-Württemberg), 8. Dezember 1990.
Cremeschnitte: 891,53 m, Jean Claude Kühner, Rolf Bumann, Daniel Wollschläger, Basel (Schweiz), 6. September 1986.
Erdbeerkuchen: 91,59 m^2 (42,45 mm dick), 1000 kg Erdbeeren, 5760 Eier, 200 kg Mehl, 175 kg Zucker, 275 l Erdbeersaft, 120 l Crémepâtissière, Zuckerbäcker Arthur Zeimet-Mertes unter Mithilfe der Bäckerei Hefner und der Diddelanger Freun, Düdelingen (Luxemburg), 18. Juni 1989.
Faschingskrapfen: 320 kg schwer, 4,85 m Umfang, 1,6 m Durchmesser, Richard Hartner, St. Pölten (Niederösterreich), 6. März 1984.
Frankfurter Kranz: 178,19 m, Bäcker- und Konditormeister Wolfgang Störkel im Nordwest Zentrum, Frankfurt, 4. Oktober 1986.
Fruchtschnitte: 638 m lang, 20 Mitgliedsbetriebe der Konditoren-Innung für das Saarland, Kurpark von Weiskirchen, Konditorentag, 1. Oktober 1989.
Guglhupf: 3200 kg schwer, 2,03 m hoch, 2,8 m Durchmesser, Gerhard Remy assistiert von N. Dronhofer und H. J. Krawczyk im Auftrag von Dr. Oetker, Frankfurt, 18. Februar 1989.
Hefezopf: 345,54 m lang, Bäckerinnung der Insel Sylt mit 17 Betrieben, Tinnum (Sylt), 31. März 1990.
Himbeerschnitte: 412,3 m lang, 360 kg Himbeeren, Postverein St. Gallen (Schweiz), 26. August 1987.
Kirschtorte: 6350 kg schwer, 2245 kg Kirschen, 4,36 m Durchmesser, 61 cm hoch, Charlevoix, Michigan (USA), 15. Mai 1976.
Lebkuchen: 242,31 m lang, 55 cm breit (134,48 m^2), Bäckermeister Rudolf Renner und Karl Kronmüller, Schwäbisch Hall (Baden-Württemberg), 3. Dezember 1988.
Nußstriezel: 200 m lang, 270 kg Nußfüllung, 180 kg Mehl, 90 l Wasser, 25 kg Fondant, Bäckerei Lohner und Super 2000 Koblenz, Koblenz-Lützel, 29. April 1989.
Pflaumenkuchen: 127,5 m^2, 2050 kg Zwetschgen, 620 kg Hefeteig, 720 Eier, Bäcker- und Konditormeister Herbert Holderied, Lindenberg (Allgäu), 9. Juli 1989.
Schaumrolle: 402 m lang, Richard Aumeier, Neuhofen/Krems (Österreich), 10. August 1985.
Vollkornbiskuitherz: 5,4 × 5,2 m, 2171,2 kg, Bäckermeister Erich Petershans, Ludwigsburg, 25. Mai 1987.
Zwiebelkuchen: 250 × 0,6 m, Küchenbrigade von Josef Winkler, Hotel Langener Hof, Langen bei Frankfurt/Main, 15. August 1987.

Mehl- und Eierspeisen

Kartoffelreibekuchen: 9 m^2, 820 kg, Freiwillige Feuerwehr Kausen (Westerwald), 9. August 1987.
Kärntner Käsnudel: 492 kg, 2,8 × 1,03 m, Küchenbrigade (12 Köche) des Romantik Hotel Post, Villach (Kärnten), 25. August 1987.
Nudeln: 2048 Nudelfäden, über 1,52 m Länge in 34,3 Sek. produziert von Mark Pi, Columbus, Ohio (USA), 12. Februar 1983.
Omelette: 123 m^2, Pfanne 12,52 m Durchmesser, Lehrpersonal und Schüler der Sonderschule von Opwijk (Belgien), 10. Juni 1990.
Pfannkuchen: 10,03 m Durchmesser, 2,6 cm dick, 1300 kg schwer, Dijkerhoek, Holten (Niederlande), 13. Mai 1990.
Rührei: 12 000 Eier (55 l), 45 m^2 große Pfanne, Hermann Scheinhardt und MSC Seitenstetten, Amstetten (Niederösterreich), 24. Juni 1990.
Ham & Eggs: 700 kg, 10 080 Eier, 61 kg Schinkenspeck, 60 l Speiseöl, 16,24 m^2 große Pfanne, sechs Köche der Löwa Wertkauf Warenhandels GmbH, Ternitz (Niederösterreich), 10. Oktober 1987.
Tiroler Knödel: 739 kg, 1,2 m Durchmesser, Hotelier- und Gastwirtjugend Grödental (Südtirol), 4. Oktober 1987.
Pizza: 37,4 m Durchmesser, Norwood (Südafrika), 8. Dezember 1990.
Spiegelei: 3,5 m Durchmesser, 3500 Eier, Gsundi-Klub, Kerns (Schweiz), 25. Juni 1989.
Salat: 2671 kg, 250 l Salatdressing, Schüssel: 6 m Durchmesser, 5935 l Fassungsvermögen, Wirte-Vereinigung Uhldingen-Mühlhofen (Bodensee), 22. August 1987.

Schokolade und Süßspeisen

Die erste Tafel Schokolade stellte der Schweizer François-Louis Cailler 1819 in Vevey, Kanton Waadt (Schweiz), maschinell her. Vorher konnte man nur flüssige Schokolade per Hand zu langen »Würsten« rollen.

Schokoladentafel: 10 × 5 × 0,73 m, Lehrlinge der Patissier- und Konditoren-Innung Barcelona (Spanien), November 1985.
14 × 5,2 m, Hans-Jürgen Roos und Konditoren-Innung Pfalz, Bad Dürkheim, 11. Juni 1988.
Schokoladenhexenhaus: 2,5 m hoch, 2,6 m breit, 1,9 m lang, Peter Lopp, Rottweil, Weihnachten 1983.
Gummibärchen: 72 kg, 1 m hoch, Carsten Meier und der Abiturjahrgang '87 des Gymnasiums Nordenham, 13. Juni 1987.
Lutscher: 1007,3 kg, Stephen Spring und James Alexandrou von Lolly Pops/Johnson's Confectionery, Darling Harbour (Australien), 18./19. August 1990.
Mohrenkopf: 83 kg, 1,1 m hoch, 1 m Durchmesser, 560 Eiklar, 42 kg Zucker, 11 kg Schokolade, Adolf Lunzer, Gols (Österreich), 23. März 1986.

Ein roter Château Lafite des Jahrgangs 1787 wurde zur teuersten Flasche Wein.

Mozartkugel: 1000 kg schwer, 1,3 m Durchmesser, Reber Spezialitäten, Karstadt-Filiale Dortmund, 27. Oktober 1988.
Mozarttaler: 1,5 m Durchmesser, 270 kg, Chefpatissier A. Rust und Küchenchef J. Illinger vom Salzburger Sheraton Hotel (Österreich), 20. September 1985.
Marzipanbrot: 151 m lang, 1500 kg schwer, Firma Zentis, Aachen, 5. Dezember 1984.
Osterei: 5,78 m hoch, Tobler-Suchard, Bedford (GB), 10. April 1987.
Eistorte: 2,95 m hoch, 2,02 m Durchmesser, 2,8 t schwer, Eismann Tiefkühl- Heim- und Gastroservice, Gruga-Halle Essen, 7. Januar 1989.
Eis-Büfett: 402,8 m lang, 10 000 Besucher, Köcheclub Lippstadt e. V., Bad Waldliesborn (Münsterland), 27. August 1983.
Eis am Stiel: 3211 kg, Lehrpersonal und Studenten der Lawrence University, Appleton, Wisconsin (USA), 17. Februar 1990.
Pudding: 2300 kg schwer, 1900 l Milch, 200 kg Puddingpulver, 200 kg Zucker, Leopold Kössl vom Restaurant Batzenhäusl, Kufstein, Tirol (Österreich), 27. Mai 1989.
Bananensplit: 7,32 km lang, Bewohner von Selinsgrove, Pennsylvania (USA), 30. April 1988.
Erdbeerschüssel: 2191,7 kg, Erdbeerfest auf Walt Furlongs Farm, New Ross (Irland), 9. Juli 1989.
Tiramisu: 42,9 m^2, 300 kg Mascarpone, 5280 Eier, Molkerei Steinfelden und Konditorei Köller, Wiener Neustadt (Österreich), 27. Juni 1987.
Zuckerwatte: 4,2 m lang, 60 cm Durchmesser, Adolf Lunzer, Gols (Österreich), 24. März 1986.

Die meistverkauften Süßigkeiten (Drops) der Welt sind *Life Savers*, von denen zwischen 1913 und Mai 1987 sage und schreibe 33 431 236 300 Rollen abgesetzt wurden. Würden die Drops so aneinandergereiht, daß ihre Löcher einen Tunnel bildeten, würde der Tunnel dreimal zum Mond und zurück reichen.

Getränke

Cocktail: 2104,2 l Cabans Surprise, Sun City Cabans in Sun City (Südafrika), 2. März 1991.

Erdbeerbowle: 1500 l, 9 Zentner Erdbeeren, 50 kg Zucker, 900 Flaschen Wein, 250 Flaschen Sekt, Stadt Oberkirch (Renchtal an der badischen Weinstraße), 23. Juni 1984.

Feuerzangenbowle: 1555 l, 1017 l Rotwein, 366 Flaschen Pott 54-Rum, 220 l Orangensaft, 1146 Gewürznelken, 2 Zuckerhüte à 64,5 kg/86 cm hoch (von Südzucker Waghäusel), Wenzel und Patricia Cerveny, Forsthaus St. Hubertus, Ebersberger Forst bei München, 10. Dezember 1988.

G'spritzter: 1200 l Grüner Veltliner, 1150 l Sodawasser in einem 2465 l fassenden Behälter, Werbegemeinschaft Zistersdorf aktiv, Zistersdorf (Niederösterreich), 17. September 1989.

Milchshake: 7160,8 l Schoko-Shake, Smith Dairy Products Co., Orrvielle, Ohio (USA), 20. Oktober 1989.

Mostkrug: 2,4 m hoch, 4,55 m Umfang, gefüllt mit 2650 l Apfelsaft, Hans Nobel und Molkerei Möhl, Arboner Seenachtfest, Arbon (Schweiz), 8. Juli 1989.

Die größte Lokalrunde gab Paul Deer am 14. Juli 1982, als er bei U-Zoo & Co. in Atlanta, Georgia (USA), für 1501 Menschen einen Drink spendierte.

Wein

Die älteste bekannte Handelsmarke für Wein trägt das Etikett »Q. Lutatio C. Mario Cos.«. Diese bei Ausgrabungen in Rom entdeckten Weinkrüge stammen aus der Zeit der Konsuln Q. Lutatius und C. Marius aus dem Jahr 102 v. Chr.

Die älteste Flasche Wein, die bisher auf einer Auktion versteigert wurde, war ein 1648er Johannisberger. Er war vom Weinbrandhersteller Scharlachberg angeboten worden und erzielte im Dezember 1981 im Auktionshaus Weichmann in Wiesbaden 19720 DM.

Teuerste Flasche Wein ist ein roter Château Lafite des Jahrgangs 1787, die der Amerikaner Christopher Forbes am 5. Dezember 1985 bei Christie's in London für 105000 Pfund (ca. 400000 DM) ersteigerte. Daß der Preis dermaßen in die Höhe kletterte, lag nicht nur am Wein: Die Flasche war mit den Initialen von Thomas Jefferson (1743–1826) versehen, dem dritten Präsidenten der USA. Weil der teure Tropfen zu viel herumgezeigt wurde, hat das Licht den Korken ausgetrocknet. Im November 1986 löste er sich. Deshalb ist der 1787er Château Lafite Claret, obwohl die Probe aufs Exempel noch nicht gemacht wurde, vermutlich ungenießbar geworden.

Eine kleinere Flasche vom Château Margaux und vom Jahrgang 1784, die gleichfalls Thomas Jeffersons Initialen *Th J* trägt, hat Cristie's am 26. Juni 1987 auf der Vinexpo in Bordeaux (Frankreich) für 180000 Francs (ca. 60000 DM) verkauft.

44 Etagen hoch ist diese Champagner-Kaskade aus 10404 langstieligen Gläsern. Die prickelnde Leistung gelang Pascal Leclerc am 18. Juni 1984 im Biltmore Hotel in Los Angeles (USA).

Die älteste Champagnerfirma ist Ruinart Père et Fils (Frankreich), die 1729 gegründet wurde.

Die älteste noch bestehende deutsche Sektkellerei ist die 1826 in Esslingen bei Stuttgart von Georg Christian Kessler gegründete Sektkellerei G. C. Kessler u. Co.

Sektsäule: Die höchste erfolgreich gefüllte Säule bestand aus 23 Sektgläsern. Den Prickelrekord erreichten Carl Grover und Peter Sellars am 19. April 1983 in Richmond (Australien).

Champagner-Kaskade: Mit 10404 langstieligen Champagnergläsern baute Pascal Leclerc am 18. Juni 1984 im Biltmore Hotel von Los Angeles (USA) einen Springbrunnen besonderer Art: Er türmte sie in 44 Stockwerken pyramidenförmig übereinander (Höhe: 7,52 m) und füllte sie dann von oben nach unten mit Champagner.

Die größte Weinprobe war bisher, soweit bekannt, ein Gaumentest, den das kalifornische Wein-Institut am 17. Juli 1980 im St.-Francis-Hotel von San Franzisko (USA) arrangiert hatte. Dabei waren 90 Leute damit beschäftigt, die Flaschen zu entkorken, 125 hatten damit zu tun, den Weintestern einzuschenken. Alles in allem wurden 3000 Flaschen verkostet.

Bier

Das stärkste Bier der Welt, gemessen am Alkohol- wie am Stammwürzegehalt – und zugleich das teuerste –, ist Samichlaus-Bier aus der Züricher Brauerei Hürlimann AG (Schweiz). Die 0,33-l-Flasche wird für 10 sfr (12,45 DM) angeboten. Bei 20°C hat das Samichlaus-Bier, dunkel, 14,93 Vol. Prozent Alkohol und eine Stammwürze von 28,6 Prozent.
Einen noch gehaltvolleren Trunk hat Braumeister Rudolf J. Kasper von Vetters Alt-Heidelberger Brauhaus Silvester 1987 kredenzt. Mit seinem »Vetter 33« bot er ein Starkbier als Hausmarke mit einer Stammwürze, die zwischen 33,19 Gewichts- und 37,91 Volumenprozent lag.

Die älteste Brauerei ist die im Jahr 1040 gegründete Brauerei von Weihenstephan in Freising bei München. Heute ist sie Bayerische Staatsbrauerei. Um den Rang der zweitältesten Brauerei können die Klosterbrauerei Weltenburg, Weltenburg b. Kelheim (Niederbayern), und das Herzoglich Bayerische Brauhaus Tegernsee, Tegernsee (Bayern), streiten – beide wurden um 1050 gegründet.

Die weltgrößte Brauerei ist Anheuser-Busch Inc. in den Vereinigten Staaten mit 12 Braustätten in den USA. 1990 verkaufte das Unternehmen 10,2 Mrd. l, das ist die größte Jahresmenge, die jemals von einer Brauerei ausgestoßen wurde. Die Brauanlage in St. Louis bedeckt eine Fläche von 40,5 ha und hat eine Jahreskapazität von 1,5 Mrd. l.
Die größte einzelne Brauerei-Anlage ist die Coors Brewing Company in Golden, Colorado (USA), die 2,27 Mrd. l im Jahr 1990 ausstieß.

Die größte deutsche Getränkegruppe ist die Brau und Brunnen AG, Berlin und Dortmund, mit einem Gruppenumsatz von 6,3 Mio. hl Bier für 1990 und einem Gesamtumsatz von 1,5 Mrd. DM. Der Getränkeriese hat seinen Absatz von alkoholfreien Getränken auf 5,4 Mio. hl erhöht.

Die Biertradition der Schweiz geht bis auf das Jahr 640 n. Chr. zurück. In der Lebensgeschichte des Mönches Columban aus dem Kloster St. Gallen wird erwähnt, daß bei Festanlässen um diese Zeit dort bereits Bier gebraut und getrunken wurde. Ein Klosterplan von St. Gallen von 820 zeigt mehrere Brauerei-Anlagen. Heute existiert in St. Gallen jedoch keine Klosterbrauerei mehr. Die ältesten Brauereien der Schweiz, die noch produzieren, stammen aus der Zeit um 1670–80. Es sind die Brauerei Schloß Reichenbach in Zollikofen (Kanton Bern), die jetzt zu einer größeren Firmengruppe gehört, und die Brauerei Eichhof in Luzern, deren erste Braustätte 1668 entstanden ist. In der Schweiz produzieren 35 Braustätten Bier. 31 gehören dem Schweizerischen Bierbrauerverein an.

Die größte Auswahl an Biersorten bietet der Biermarkt von Bruno Maruhn in Darmstadt-Eberstadt (Hessen). 1242 Biersorten aus 52 Ländern hat der Antialkoholiker und Milchtrinker Maruhn in seinem Angebot, darunter zwei Biersorten aus der Volksrepublik China. Außerdem betreibt er mit 284 Sorten Mineral- und Heilwasser einen der umfangreichsten Märkte dieser Art.

Chefin über 1217 Sorten Gerstensaft aus 63 Ländern ist die gelernte Hauswirtschafterin Maria Boeven (* 1961) aus Würselen/Aachen. In ihrer Bier- und Weinbrand-Ecke kommt der Sammler von ausgefallenen Bierflaschen voll auf seine Kosten. Die Bierkönigin selbst trinkt aber lieber Saft. Antialkoholiker versorgt Maria Boeven mit einem 253 Sorten umfassenden Mineralwasser-Angebot.

Das teuerste deutsche Bier, der Abts Trunk der Klosterbrauerei Irsee im Allgäu, wird in handgearbeiteten salzglasierten Steingutflaschen monatelang gelagert. Es hat eine garantierte Stammwürze von über 22 Prozent und kostet 0,5 l (1 l) 23 DM (33 DM).

Eine Bierflaschen-Sortensammlung (alle noch original abgefüllt) trägt der EDV-Operator Klaus Hofmacher (* 1940) in seinem Biermuseum in Bergheim zusammen. Bis April 1991 hat er es auf 5589 Flaschenbiere aus 88 Ländern gebracht, darunter alle Kölschsorten, alle belgischen und holländischen Trappisten- und Klosterbiere.

Peter Broeker (* 1943) aus Geesthacht (Schleswig-Holstein) hat aus 72 Ländern mit 1518 verschiedenen Brauereien eine Sortensammlung von 6067 Bierflaschen zusammengetragen. Der Auslandsanteil beträgt 32,45 Prozent. Aufeinandergestapelt ergäben sie eine Turmhöhe von 1359,09 m, dreimal so hoch wie das New York Trade Center (406,9 m). Alle Flaschen sind noch original abgefüllt. (Stand: März 1991). Die Bierflaschensammlung des Amerikaners Ted Shuler aus Germantown, Tennessee, umfaßt 2401 verschiedene Bierflaschen aus 99 Ländern (Stand: Mai 1991).

Das erste Bier in Dosen wurde 1935 von der Firma Krueger Beer in Richmond, Virginia (USA), vertrieben.
Den Besitz der größten Sammlung nimmt John F. Ahrens aus Mount Laurel, New Jersey (USA), für sich in Anspruch. Im Januar 1985 hatte er 15 000 verschiedene Bierdosen.

Spirituosen

Die älteste Cognacbrennerei ist Augier Frères & Co. (Frankreich). Sie besteht seit 1643.

Die weltgrößte Spirituosenbrennerei ist die Seagram Company Ltd. in Kanada. Im Geschäftsjahr, das am 31. Januar 1991 endete, setzte das Unternehmen 6,1 Mrd. Dollar (10,7 Mrd. DM) um. Die Firmengruppe beschäftigt ca. 17 000 Menschen. Der größte Hersteller und Abfüller von Scotch-Whisky ist das Shieldhall-Werk von United Distillers, dem Spirituosenunternehmen von Guinness in Glasgow mit einer Abfüllkapazität von schätzungsweise 144 Mio. Flaschen Scotch pro Jahr, das entspricht annähernd 109 Mio. l, die überwiegend exportiert werden. Die weltweit am besten verkauften Scotch- und Gin-Marken, Johnnie Walker Red Label und Gordon's, sind Erzeugnisse von United Distillers.
Die Old Bushmills Distillery in Country Antrim (Nordirland), die ihre Lizenz im Jahr 1608 erhielt, nimmt für sich in Anspruch, seit dem Jahr 1276 zu produzieren.

Die größte bekannte Sammlung von Spirituosen in einer Bar hat mit 2890 verschiedenen Sorten (Februar 1990) Ian Boasman im Bistro French in Preston, Lancashire (GB), zusammengestellt.

Flaschen

Die leichteste Bierflasche fertigt seit 1969 die Glasfabrik Heye-Glas Obernkirchen (Niedersachsen). Diese »Paderborner Flasche« wiegt nur 135 g. Seit 1969 wurden 767,4 Mio. Stück dieser 0,33-l-Recyclingflasche geliefert (Juni 1990).

Die kleinsten Spirituosenflaschen auf dem Markt sind die 1,3 ml fassenden und 5 cm hohen Fläschchen von White Horse Scotch Whisky. Ein 5,3 × 4,8 × 3,4 cm großer Mini-Kasten mit 12 Flaschen kostet in Großbritannien 7 Pfund (etwa 21 DM).

Die kleinste Bierflasche enthält 10 ml Guinness-Bier. Die Mini-Flasche ist mit einem Kronenkorken verschlossen.

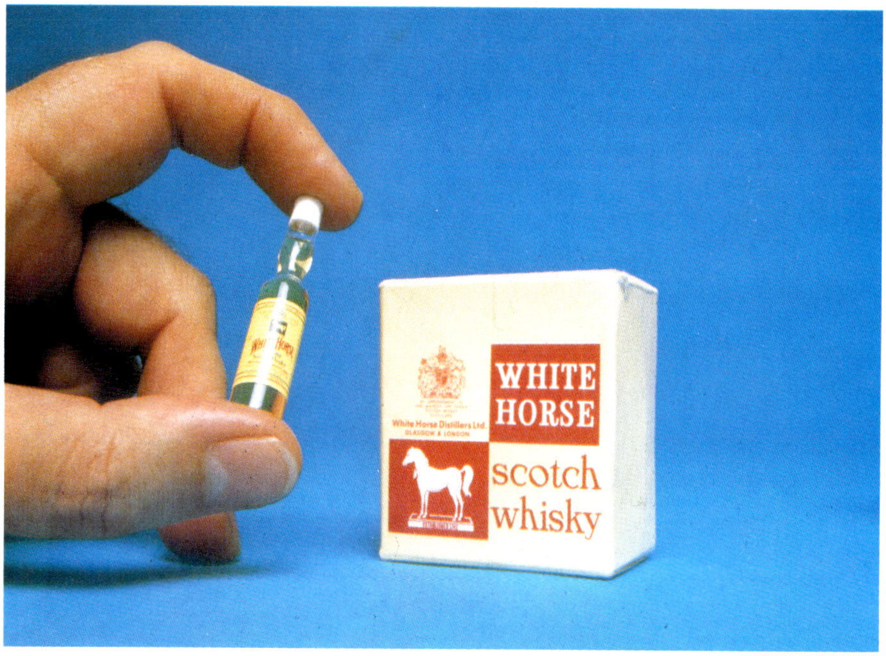

Die kleinste handelsübliche Spirituosenflasche enthält 1,3 ml White Horse Scotch Whisky.

Die größte Sammlung von Whiskyflaschen besitzt mit 4800 verschiedenen Edward Giaccone in seiner Whiskyteca in Salo am Gardasee (Italien).

Rund um Getränke

Der längste Stammtisch entstand am 21. Juli 1990 in Linz (Österreich) anläßlich des 1. Linzer Stammtischfestes im Rahmen der Feierlichkeiten »500 Jahre Landeshauptstadt«. 20 000 Besucher aus sechs europäischen Ländern saßen an einer 3200 m langen Tafel. Die gastronomische Versorgung übernahmen 30 Linzer Wirte.

Die längste Saftbar wurde am 9. Juni 1991 in Westerland auf Sylt aufgestellt. 2200 l Saft wur-

Alle Kölschsorten, alle belgischen und holländischen Trappisten- und Klosterbiere stehen original abgefüllt im Bergheimer Biermuseum von Klaus Hofmacher.

Seit September 1989 wird dieser Milchtank in Milchkannenform in Nikosia (Zypern) genutzt.

den in 11 000 eigens für das Ereignis angefertigten Gläsern verkauft. Wegen des schlechten Wetters mußten die Gläser mit Klebeband auf der 671 m langen Bar befestigt werden. Veranstalter des Spektakels war der Hotel- und Gaststättenverband Sylt e.V., Ortsverband Westerland.

Den längsten Heurigentisch konnten über 2500 Bewohner und Besucher von Gossam (Niederösterreich) am 26. August 1989 bewundern. Aus Fichtenholz hatten bis zum alljährlichen Dorffest die Tischlerei Josef Höchtl und die Dorfgemeinschaft Gossam, Grimsing und Schallemmersdorf die 60 m lange originalgetreue Nachbildung eines Heurigentisches in zwei Monaten Arbeit gefertigt und gleich auch noch die dazugehörigen ebensolangen Bänke hergestellt. Das 4 cm starke (bzw. 3,5 cm) Holz war in voller Länge verleimt, in einem Stück gearbeitet.

Dauermixer: Die Ischgl/Silvretta Skiarena (Österreich) lockte beim 2. Frühlingsschneefest mit einer Cocktailparty. Die beiden Kärntner Profi-Barkeeper Bernd und Klaus Steinbauer traten zum Dauer-Cocktailmixen zwischen dem 20. und 22. April 1990 an. Am Ende hatte Bernd (* 1958) aus Klagenfurt mit 4044 Cocktails in 50 Std. in Nase vorn.

Den größten Apfelweinkrug fertigten zehn Mitglieder der Karnevalsgesellschaft Wohlgemut Wehr e. V. (Rheinland-Pfalz) in 80 Arbeitsstunden. Der 3,05 m hohe steinerne Krug hat einen Durchmesser von 2 m und faßt 4500 l. Seit Februar 1989 wird er auf Weinfesten präsentiert.

Eine Riesen-Milchkanne von 9 m Höhe dient als Tank für 100 000 l Rohmilch in Charalambides Dairies, Nikosia (Zypern). Konstruiert wurde sie von der Firma Alfa-Laval, Glinde. Die Kühlung der Milch erfolgt mittels Eiswasser. Die Milchkanne hat einen Innendurchmesser von 3,75 m (außen 3,9 m).
Eine voll funktionsfähige **Riesenkaffeemühle** ergänzt seit 1988 die über 500 Kaffeemühlen umfassende Sammlung von Otto Dobbelstein aus Duisburg. Nachdem die Funktionsfähigkeit der 1,2 × 1,2 × 2,2 m großen und 470 kg schweren Mühle unter Beweis gestellt war, erhielt sie einen Ehrenplatz an einer Außenwand des Cafés Dobbelstein.

Tabakwaren

Die größte und technisch modernste Zigarettenfabrik der Welt gehört der Reynolds Tobacco Co., wurde für 1 Mrd. Dollar (damals 2,2 Mrd. DM) gebaut und im September 1986 in Tobaccoville, North Carolina (USA), eröffnet. Pro Jahr werden dort mehr als 110 Mrd. Zigaretten hergestellt.

Die beliebteste Zigarette der Welt ist *Marlboro* von der Firma Philip Morris. 1982 wurden 237 Mrd. Stück verkauft. Diese Marke mit dem Reklame-Cowboy liegt in der Gunst der Raucher ganz weit vorn.

Die größte Schnupftabakmaschine in Aktion. 13 Tabakfreunde können daran gleichzeitig schnupfen.

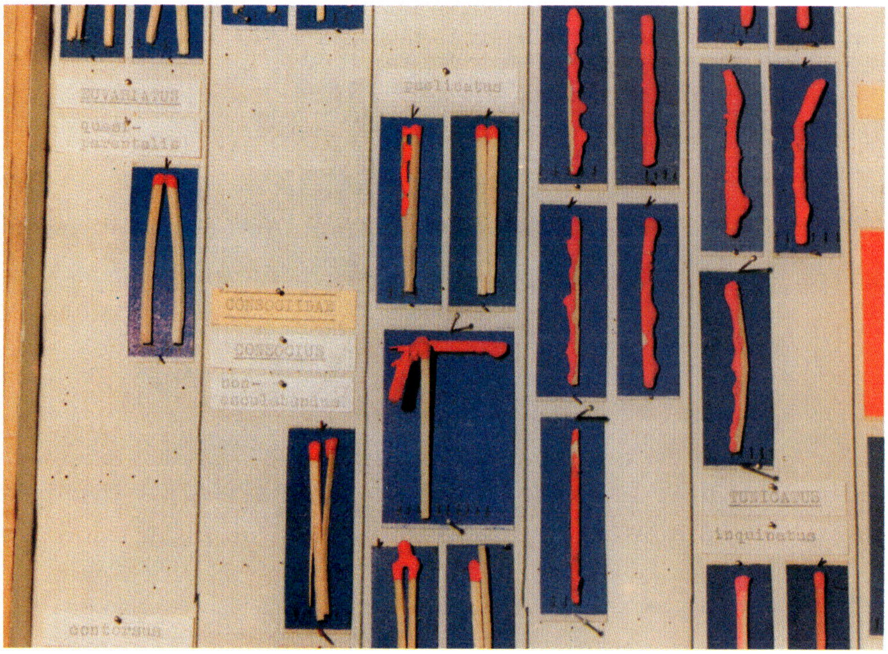

Zündholzabnormitäten

Lumomonsterologie – eine Wissenschaft für sich. Im Februar 1985 fand der erste Kongreß der Lumomonsterologie statt. Teilnehmer waren Sammler von Zündholzabnormitäten. Veranstalter war der Berliner Diplomlandwirt Peter Herbert (*1956), der es bis zum März 1991 auf 2000 Exemplare von Streichhölzern gebracht hat, die nicht so geworden sind, wie sie eigentlich sollten. Über seine Wissenschaft hat Peter Herbert auch schon ein Buch verfaßt, das allerdings im Eigenverlag erschien, handgefertigt und unbezahlbar ist.
Da dieses Hobby streng wissenschaftlich gepflegt wird, bedient der Sammler sich bei der Bezeichnung seiner Zündhölzer des Lateinischen. So heißen all die Exemplare, die aus mehreren Hölzern bestehen, *Scopariini*, hinter *Deliculini* verbergen sie die zu dikken, zu dünnen oder gebrochenen. Die Zündwarenhersteller zeigten sich bisher nicht sonderlich begeistert. Auf den Wunsch, einmal bei der Geburt von Lumomonstern dabeisein zu dürfen, hüllte man sich in pikiertes Schweigen. Fühlte man sich beim Produzieren von Ausschuß ertappt? Eine Reaktion erfolgte aber dennoch: Seit Peter Herberts Anfrage hat sich die Anzahl von Monstern verringert.

In Deutschland hatte die *Marlboro* im ersten Halbjahr 1991 einen Marktanteil von 21,4 Prozent und ist damit die Nr. 1 vor der B. A. T.-Marke *HB* mit 9,3 Prozent.

Die längste und die kürzeste Zigarette: Die längste Zigarette war die 27,9 cm lange *Head Plays*, die 1930, um Steuer zu sparen, in den USA in Fünferpackungen verkauft wurde. Die kürzeste war die *Lilliput*, 31,7 mm lang, 3 mm im Durchmesser (1956 in Großbritannien).

Die größte Zigarettensammlung besitzt der Arzt Robert E. Kaufman, New York City (USA). Im April 1991 hatte er 8390 verschiedene Zigaretten mit 46 verschiedenen Mundstücken gesammelt. Die Zigaretten stammen aus 173 Ländern, die älteste gehört zur Marke *Lone Jack* und wurde um 1885 in den USA hergestellt.

Die älteste noch existierende Zigarettenpackung ist ein finnisches *Petit-Canon*-25er-Päckchen, 1860 von Tollander & Klärich hergestellt. Es befindet sich in der Ventegodt-Sammlung. Die seltenste ist ein Päckchen, das zur 700-Jahr-Feier von Lettland (1901) hergestellt wurde. Diese Verpackung der Marke *Riga* gilt als weltweites Einzelstück. Sie stammt ebenfalls aus der Ventegodt-Sammlung.

Vernon Young aus Farnham, Surrey (GB), nimmt für sich in Anspruch, die größte private Sammlung von Zigarettenpackungen zu besitzen. Sie umfaßt 62.837 verschiedene Päckchen aus 150 Ländern.

Das älteste Zigarettenbild ist, soweit bekannt, *Vanity Fair*, das im Jahr 1876 von der New Yorker Firma Wm S. Kimball & Co. herausgebracht wurde.

Die größte Sammlung von Zigarettenbildern besitzt Edward Wharton-Tigar (*1913) in London, der in rund 45 000 Serien über 1 Mio. Bilder zusammengetragen hat.

Die größte Sammlung von Zigarettenpapier-Heftchen nennt Peter Emmens aus Kenley, Surrey (GB), sein eigen. Seine Kollektion umfaßt 2366 Heftchen für Selberdreher.

Die größte im Handel erhältliche Zigarre ist die 35,5 cm lange *Valdez Emperador*, die im mexikanischen San Andrés Tuxtla (Veracruz) in der Fábrica de Puros Santa Clara hergestellt

Auf Jagd nach Feuerzeug-Raritäten ist der Hamburger Fotograf Carl-Joachim Diringshoff. Das teuerste Stück seiner Sammlung: ein Kamera-Objektiv als Feuerzeug.

Nach einem Auftritt in der DFF-Show *Wennschon – dennschon* muß Kappen-Müller seine Sammlung neu sortieren.

In Berlins Hundemuseum sind über 20 000 Exponate rund um den Hund vereint.

und exklusiv von Tabacos San Andrés vertrieben wird.

Die größte Zigarrenringesammlung trägt Alfred Manthe (* 1918) aus Langen (Hessen) seit 1966 zusammen. Der Bauchbindenkönig ist stolzer Besitzer von 195 513 Zigarrenringen aus aller Welt (Stand vom 1. Juli 1991).

Die teuerste handelsübliche Zigarre ist die 29,2 cm lange *Don Miguel Cervantes*, die in England für 15 Pfund (ca. 44 DM) verkauft wird.

Schnupftabak: Die längste Schnupftabakmaschine testeten bei den 3. Schweizer Schnupfmeisterschaften 48 Schnupfer gleichzeitig auf dem Dorfplatz von Reckingen/Wallis. Am 18. Juni 1989 war es soweit: Nach 500 Arbeitsstunden präsentierten drei Mitglieder des Schnupfclubs Hohbachschnupfer eine 15,84 m lange und 0,65 m breite Eigenkonstruktion (200 kg schwer). Ausgelöst durch eine Zündschnur fiel ein Hammer nach dem anderen (im Domino-Effekt), und das braune Pulver schoß den Nasensportlern innerhalb von ca. fünf Min. buchstäblich in die Nase.
Die größte Schnupftabakschleuder (82 × 82 × 250 cm) hat der Rentner Ludwig Enz (* 1922) aus Kreuz-Wertheim/Main (Bayern) in fünf Jahren entwickelt. Sie ist fahrbar, kann sitzenden wie stehenden Personen dienen, da sie stufenlos verstellbar ist, ist elektrisch beleuchtet und mit einem Cassettenrekorder ausgestattet. Eingeweiht wurde sie am 24. August 1989.
Die kleinste vollautomatische Schnupftabakschleuder dürfte der Goldschmied Bernhard Burger (* 1958) aus Burgstall (Südtirol) gefertigt haben. Die 53 g leichte Dose aus 800er Silber ist 22 mm hoch und 38 mm im Durchmesser.
Schnupftabakgläser, -dosen und -behälter sammelt seit 47 Jahren der Altbürgermeister von Regen Alois Reitbauer (* 1916). Die insgesamt 1600 Schmuckstücke sind zum Teil im Museum Fressendes Haus und in seinem Privathaus zu bewundern. Der Gesamtwert der Sammlung beläuft sich auf ca. 80 000 DM.

Das längste Zündholz wurde am 25. Juni 1988 im niederländischen Tegelen hergestellt: Es maß 18,8 m, war 1000 kg schwer und brannte 6:45:01 Std.

Zündholzschachteletiketten: Das älteste Etikett unumstrittener Herkunft ist das von Samuel Jones aus dem Jahr 1830. Die prächtigste Sammlung (ohne Zündholzheftchen und Werbe-Etiketten) umfaßt 280 000 Exemplare, zusammengetragen von Robert Jones in Indianapolis (USA).
Die größte Sammlung von Zündholzschachteletiketten umfaßt 712 118 Exemplare (einschließlich Werbe-Etiketten) aus 150 Ländern. Zusammengetragen hat sie Teiichi Yoshizawa (* 1904) aus Chiba-Ken (Japan), der diesem Hobby seit 1925 frönt.

Das größte Feuerzeug entstand im Sommer 1983 aus Sammler-Platznot in Bad Dürrenberg (Sachsen). Der Mechanikermeister Rolf Jarschel (* 1924) konnte seine riesige Feuerzeugsammlung nur noch als Säule stapeln: Das ergab ein voll funktions- und wachstumsfähiges RFZ (Riesenfeuerzeug). Am 5. März 1985 wies es die stattliche Höhe von 2,265 m auf und bestand aus 922 Einwegfeuerzeugen. Inzwischen hat das Prachtstück eine Höhe von 2,43 m erreicht, 1070 Feuerzeuge wurden verarbeitet.

Das kleinste Feuerzeug (8,54 × 7,85 mm) fertigte ebenfalls der Feuerzeugsammler Rolf Jarschel aus Messing ohne Edelmetallauflage. Es zündet durch Reiben auf der Feilenhiebfläche durch Benzin (Februar 1990).

Die größte Feuerzeugsammlung hat Frans Van der Heijden aus Vlijmen (NL): bis dato 30 316 verschiedene Feuerzeuge.
Der Fotograf Carl-Joachim Diringshoff (* 1944) aus Hamburg sammelte seit 1980 18 788 verschiedene Feuerzeuge. Seine Sammlung besteht zu 95 Prozent aus Werbefeuerzeugen und zu 5 Prozent aus Benzin- oder Gasfeuerzeugen sowie Raritäten aus aller Welt. (Stand Juni 1991).
Sein Herz an historische Feuerzeuge verloren hat der Energieanlagenelektroniker und Kaufmann Hubertus Schmudde (* 1961) aus Castrop-Rauxel. Seine Sammlung umfaßte im Juli 1987 bereits 6035 Exemplare. Das älteste ist ein Nachbau einer Döbereiner Zündmaschine von 1823.

Tabakwaren-Steuerzeichen: Die seit 1906 zur Entrichtung der Tabaksteuer und zur Überwachung des Handels mit Tabakerzeugnissen eingeführten Steuerstreifen und -marken sammelt der Diplom-Psychologe Herbert Niemeyer (* 1956) aus Bodenfelde-Wahmbeck (Weserbergland). Einschließlich der in- und ausländischen Im- und Exportbanderolen hat er es von 1977 bis zum 23. März 1990 auf 6223 verschiedene Steuerzeichen gebracht.

TOPLEISTUNGEN

SAMMELLEIDENSCHAFT

Postkarten: Deltiologie gilt – nach dem Sammeln von Briefmarken und Münzen – als drittgrößtes Sammlerhobby. Die ersten Karten gab es 1869 in Österreich.
Airlines: 5000 Abzeichen, Uniformteile, Pilots Wings, Flugpläne, Aufkleber, Literatur etc., Hèctor R. Cabezas (* 1935), Frankfurt/Main (Hessen).
Aufkleber: 51 044 Sticker aus 150 Ländern, Robert Elhardt (* 1975), Siegen.
71 759 Sticker aus über 130 Ländern, Klaus Philipp (* 1945), Hannover.
Autogramme: 172 857 Unterschriften, Dieter Dürrschmidt (* 1959), München.
Bierdeckel: 135 480 Filze aus 154 Ländern, Leo Pisker, Wien (Österreich).
Bieretiketten: 348 000 Etiketten, Jan Solberg, Oslo (Norwegen).

Schweinerei!
Die Gastwirtin Erika Wilhelmer (*1940) aus Stuttgart dürfte wohl die einzige Inhaberin eines Sammler- und Glücksschweinemuseums sein. In acht Räumen auf 350 m^2 sind über 3000 Exponate ausgestellt. Weitere 1000 Stücke befinden sich in einer Wanderausstellung. 1989 fanden 14 759 Besucher den Weg zum Schweinestall, um die in acht Jahren zusammengetragene Sammlung zu bestaunen. Zu sehen gibt es das Glückssymbol in allen Materialien und Formen. Im Museums-Shop kann man sich mit Schweinereien aller Art für zu Hause eindecken.

Blitze: 30 Blitzröhren, Richard Riediger (* 1934), Übach-Palenberg (bei Aachen).
Eulen: 5005 Eulen, Waltraud Stuhlmacher (* 1928), Itzehoe.
Faschingsorden: 7721 Orden auf 181 Tafeln, Georg Papendick (* 1908), Bad Reichenhall.
Flaschenöffner: 5321 Öffner, Hans-Hermann Wilkens (* 1949), Hamburg.
Frösche: über 5000, 1. Basler Froschmuseum, Rolf E. Rindlisbacher und Elfie Hiss-Dinten, Basel (Schweiz).
Gartenzwerge: 567 Stück, Elfriede und Hans-joachim Gubisch, Dresden (Sachsen).
Glocken: 1415 Glocken, Klaus Hettinger (* 1939), Heimsheim (Baden-Württemberg).
Kaugummipäckchen: 1712 Päckchen mit 10 614 Streifen aus 64 Ländern, Thomas (* 1962) und Volker (* 1966) Martins, Freiburg.
Kerzen: 570 Kerzen, Rosemarie Käpplinger (* 1959), Renningen (Raum Stuttgart).
KFZ-Kennzeichen: 574 Kennzeichen, Bernd Zeine (* 1936), Lörrach (Baden-Württemberg).
Kronenkorken: 67 330 aus 167 Ländern, Helge Friholm (* 1910), Søborg (Dänemark).
59 516 aus 170 Ländern, Günter Offermann (* 1948), Hamburg.
Kugelschreiber: 13 474 Stück, Artur Schlaps, Ludwigsburg (Baden-Württemberg).
Künstlerfotos: 4 Mio. Fotos, Josef (Pepi) Treitl (* 1921), Wien (Österreich).
Luftkrankheitsbeutel: 1226 Tüten von 295 Fluggesellschaften, Niek K. Vermeulen (* 1936), Wormer (Niederlande).
Miniaturflaschen: 8732 Fläschchen, David L. Maund, Upham (GB).
29 508, George E. Terren, Southboro, Massachusetts (USA).
Miniaturtschakos: 58 selbsthergestellte Modelle (7 × 7 × 10 cm), Arno Hörmann (* 1931), Hamburg.
Mützen: 913 Dienstmützen aus 100 Ländern (616 Polizei-, 297 Militärmützen), Otfried Müller (* 1931), Mainz.
Nachttöpfe: 7285, Manfred Klauda (* 1936), München.
Orangenpapiere: 24 370 Einwickelpapiere, Hans Peter Weber (* 1914), Zumikon (Schweiz).
Orden: 41 150 Vereins- und Sportabzeichen, Josef Dünhuber (* 1905), Altötting (Oberbayern).
Osterhasen: 1037 Stück, erstes Osterhasen-Museum der Welt, Manfred Klauda (* 1936), München.
Plastiktüten: 10 000 Tüten, Volkmar Schnöke (* 1941), Berlin.
Radiergummis: 4205 Stück, Petra Engels (* 1971), Viersen (Nordrhein-Westfalen).

Die Rekordzeit beim alljährlichen Bettenrennen von Knaresborough (GB) liegt bei 12:09 Min. für den 3,27 km langen Kurs. Das Vibroplant-Team stellte diesen Rekord am 9. Juni 1990 auf.

Raumfahrt-Sammlung: 25 000 Zeitungsartikel, 15 000 Briefmarken, 3000 Fotodokumente, 200 Medaillen und Plaketten, 30 Schautafeln, 75 Modelle, Gerhard Micksch (* 1930), Berlin.
Raumfahrtmodelle: 152 selbstgebaute Modelle, Maßstab 1:144, Tasillo Römisch, Mittweida (Sachsen).
Sand: 1614 Sande aus aller Welt, Heinrich Uhlendorf (* 1920), Frankfurt/Main.
Schlüsselanhänger: 20 058 Anhänger, Manfred Zahn (* 1951), Köln.
Teddybären: über 2500 Bären, Florentine C. Wagner (* 1948), Berlin.
Teebeutel-Anhänger: 2817 Stück, Felix Rotter (* 1973), Frankfurt/Main (Hessen).
Telefonbilder: 9915 Fotos telefonierender Personen, Karlheinz Spaethe (* 1926), Düsseldorf (Nordrhein-Westfalen).
Wappen: 40 000 Wappenentwürfe, ca. 1000 Wappenbücher und 2000 Siegel, Kurt Schweder (* 1924), Essen (Nordrhein-Westfalen). 4900 Wappen und 2900 signierte Gegenstände aller Art, Manfred Beck (* 1942), Friedrichshafen.
Weinetiketten: 33 075 Stück, Hermann Lageder, Reichenburg (Schweiz).
Weinprobiergläser: 3055 Gläser aus 10 Ländern, Thomas Darmstadt (* 1966), Bodenheim (Rheinland-Pfalz).
Weizenbiergläser: 2900 Gläser aus 900 Brauereien, Walter Geißler (* 1955), Nürnberg.
Witze: 339 313 Witze, Erwin Lindenau (* 1935), Graz (Österreich).
Zauberkästen: 550 Exemplare, der älteste von 1840, Wittus Witt (* 1949), Krefeld.
Zollstöcke: 6174 Stück, Günter Uhlig, Wiedensahl (Landkreis Schaumburg).

GESCHWINDIGKEITS-REKORDE

Höchstgeschwindigkeiten

Die höchste Geschwindigkeit – nämlich 39 897 km/h – erreichte die Kommandoeinheit von *Apollo 10* mit ihren Insassen: Oberst (jetzt Brigadegeneral) Thomas Patten Stafford, USAF (* 1930), Oberstleutnant Eugene Andrew Cernan (* 1934) und Fregattenkapitän (jetzt Kapitän zur See) John Watts Young, USN (* 1930). Sie erzielten diese Geschwindigkeit auf ihrem Rückflug aus dem Weltraum bei Wiedereintritt in die Atmosphäre in einer Höhe von 121,9 km am 26. Mai 1969.

Der Geschwindigkeitsrekord zu Lande wurde mit 1190,377 km/h am 17. Dezember 1979 aufgestellt. Stan Barrett (USA) steuerte das *Budweiser Rocket*, ein dreirädriges Gefährt mit Raketenantrieb, auf der Edward Luftwaffenbasis, Kalifornien. Die Rekordgeschwindigkeit liegt knapp über der Schallgrenze.
Der offizielle Geschwindigkeitsrekord zu Lande beträgt 1019,467 km/h und wurde am 4. Oktober 1983 von Richard Noble in der Black-Rock-Wüste in Nord-Nevada (USA) aufgestellt. Sein Fahrzeug, der düsenangetriebene *Thrust 2*, wurde von John Ackroyd entworfen.

Die höchste Geschwindigkeit zu Wasser – 555,9 km/h – wurde von Kenneth Peter Warby (* 1939) am 20. November 1977 auf dem Blowering-Stausee in Neusüdwales (Australien) in seinem Gleitboot der Offenen Klasse *Spirit of Australia* erzielt. Der offizielle Weltrekord für Geschwindigkeit zu Wasser liegt bei 514,43 km/h. Er wurde ebenfalls von Kenneth Warby auf dem Blowering-Stausee am 8. Oktober 1978 aufgestellt.

Die offizielle Höchstgeschwindigkeit eines propellergetriebenen Bootes liegt bei 368,54 km/h. Erzielt hat sie der Amerikaner Eddie Hill am 5. September 1982 bei Chowchilla, Kalifornien (USA), mit seinem Superrenner *The Texan.*

Die Rekordgeschwindigkeit einer Frau beträgt 28 115 km/h. Sie wurde von Leutnant (jetzt Oberstleutnant) Valentina Wladimirowna Tereschkowa-Nikolajew (* 1937, UdSSR) erreicht. Sie war außerdem die erste Frau im All im *Wostok 6* am 16. Juni des Jahres 1963.

Der Geschwindigkeitsrekord einer Frau zu Lande wurde mit 843,323 km/h von Kitty Hambleton (USA) in dem 48 000 PS (35 200 kW) starken dreirädrigen *Motivator* mit Raketenantrieb S. M. 1 am 6. Dezember 1976 in der Alvardwüste von Oregon (USA) aufgestellt. Ihr offizieller Rekord über die Strecke in beiden Richtungen betrug 825,126 km/h, und sie dürfte gelegentlich 965 km/h erreicht haben.

Die schnellste Frau auf dem Wasser ist Mary Rife (USA), die ihr Schleppboot *Proud Mary* mit über 305 km/h gesteuert hat.

Superleistungen

Topleistungen, die ausschließlich auf ihrer Dauer basieren, sollen künftig schrittweise verringert werden. Wer also einen Marathonrekord brechen oder neu aufstellen will, sollte sich rechtzeitig mit uns in Verbindung setzen, um zu klären, ob die Kategorie auch künftig noch geführt wird.

Badewannenrennen: Die Rekordzeit bei einem Badewannen-Rennen über die »klassische« Distanz von 36 Meilen (57,9 km) liegt bei 1:22:27 Std. Erzielt hat sie der Australier Greg Mutton am 8. November 1987 beim Grafton Jacaranda Festival in Neusüdwales. Die Badewannen-Gefährte dürfen höchstens 1,9 m lang sein und 6-PS-(4,5-kW-)Motoren haben.

Bettenrennen: Die Rekordzeit für das alljährlich ausgetragene Bettenrennen von Knaresborough (GB), ins Leben gerufen 1966, ist 12:09 Min. für den 3,27 km langen Kurs, der den Fluß Nidd quert. Die Bestmarke schaffte das Vibroplant-Team am 9. Juni 1990. Das Chew-Valley-Lake-Rennen wird erst seit 1977 ausgetragen. Die Rekordzeit von 50 Min. über den 16,09 km langen Kurs schafften die Westbury Harriers, ein drei Mann starkes Bettenteam.

Den Rekord im Briefmarkentrennen (dem Auseinanderreißen von ganzen Briefmarkenbögen) stellte bei der 5. Internationalen Briefmarkenmesse in der Gruga-Halle in Essen Martin Struth (* 1947) aus Niederwerth (Nordrhein-Westfalen) auf. Am 31. Mai 1984 schaffte er 5380 Briefmarken (5 Dpf, Deutsche Dauerserie, Industrie und Technik) in 15 Min.

Im **Briefmarkenkleben** wurde die Schweizerin Sonja Stillhard (* 1940) aus Tobel beim 1. Internationalen Philatelistentreffen vom 19. bis 21. November 1982 in Unterägeri (Kanton Zug) mit 888 bereits gerissenen Briefmarken auf C6-Umschlägen in 30 Min. Rekordhalterin. Innerhalb von 4 Min. hat am 26. September 1990 der Schotte John Kenmuir aus Hamilton, Strathclyde (GB), 393 Briefmarken aufgeklebt. Der Rekord gelang in den BBC-Fernsehstudios und wurde in der Show *Rekordbrecher* später gezeigt.

Einfädeln: Die Rekordzahl von 8927 erfolgreichen Einfädelversuchen in 2 Std. (Baumwollfaden durch eine 13er Nadel, Öse 12,7 × 1,6 mm) gelang Dipak Syal aus Yamuna Nagar (Indien) am 8. Mai 1991.

Eisstapeleien: 539 Eiskugeln à 16 ml in den Sorten Banane, Blaubeer und Azzura schichtete Gianni Mucignat (* 1961) aus Wallenhorst (Niedersachsen) am 21. März 1989 im Eiscafé Adria auf eine normale Waffeltüte. In 14 Min. stand der 60 cm hohe und ca. 17 kg schwere Eisturm.

Eskimorollen: Der österreichische Stadtamt-Angestellte Manfred Niedermüller (*1965) aus Braunau stellte gleich zwei neue Rekorde auf: Am 21. Juni 1986 schaffte er mit seinem Kajak in exakt 60 Sek. 33 Eskimorollen mit Paddel, und am 27. Juni 1986 erreichte er ohne Paddel sogar 35 Rollen, ebenfalls in nur einer Minute. Beide Rekorde erzielte er im Freizeitzentrum Braunau am Inn. Eine um so beachtlichere Leistung, da Niedermüller in seiner Kindheit durch einen Unfall den linken Arm verlor.

Am schnellsten Gitarre spielen konnte bisher Peter Prestel aus Ismaning (Bayern). Am 2. September 1990 erzeugte er ohne irgendwelche Hilfsmittel auf einer sechssaitigen Gitarre 8600 Töne in einer Minute – bei einer Aufzeichnung für die Südwest-3-Sendung *Nimm's Dritte*.

Die Höchstgeschwindigkeiten im Maschinenschreiben werden so berechnet, daß für jeden Tippfehler zehn Wörter als Strafe von der Gesamtwortzahl abgezogen werden.
Der offizielle Stundenrekord auf einer elektrischen Schreibmaschine ist 9316 Wörter (40 Fehler) auf einer IBM-Maschine. Das entspricht einer Nettogeschwindigkeit von 149 Wörtern/min. Diese Leistung vollbrachte Margaret Hamma (jetzt Dilmore) in Brooklyn (USA) am 20. Juni 1941.
Bei einem offiziellen Test im Jahr 1956 erreichte Stella Pajunas (jetzt Garnard) 216 Wörter/min auf einer IBM-Maschine.

Schnellste und Beste im Maschinenschreiben: Weltmeisterin Nicole Buschina (*1967) aus Rodalben (Pfalz) schrieb bei der XVIII. Weltmeisterschaft im Maschinenschreiben in Dresden am 16. Juli 1989 mit 772 Anschlägen/min und 22 181 Punkten einen neuen Weltrekord im 30-Min.-Schnellschreiben und mit 758 Anschlägen/min und 7588 Punkten einen neuen Weltrekord im 10-Min.-Perfektionsschreiben. Sie erreichte insgesamt 29 769 Punkte und verbesserte damit den von ihr am 4. Mai 1989 bei den Deutschen Meisterschaften in Landshut aufgestellten Rekord (28 721 Punkte) um 1048 Punkte.
Auch am Personalcomputer stellte Nicole Buschina bei den Deutschen Meisterschaften in Bad Neuenahr am 24. Mai 1990 mit 813 Anschlägen/min und 22 982 Punkten einen Rekord im 30-Min.-Schreiben auf. Zusammen mit ihren 10 950 Punkten bei der Autorenkorrektur erreichte sie insgesamt 33 932 Punkte und wurde die Schnellste am Personalcomputer.

Rückwärtsschreiben: Bei einer Gewerbeschau in Groß-Gerau (Hessen) verbesserte der Stenosekretär Jens Seiler (*1966) aus Groß-Gerau am 4. Oktober 1987 seinen eigenen Rekord auf jetzt 626 Anschläge/min. Einen Text mit 701 Anschlägen schrieb er in nur 1:07 Min. rückwärts ab.

Rollerfahren: Der 24-Std.-Rekord für Kinderrollerfahren mit einer 25köpfigen Mannschaft steht bei 540,93 km, aufgestellt am 22./23. März 1980 von einer Gruppe der Wimmera Young Farmers in Victoria (Australien).
Schon 1985 legte der Soldat Andreas Ziebe (*1965) mit einem luftbereiften Kinderroller 269,2 km in 24 Std. zurück. Das jedoch reichte dem eifrigen Rollerfahrer offenbar nicht, und so überbot er seinen eigenen Rekord am 13./14. Juni 1986 auf einem 50-km-Rundkurs im Kreis Wildeshausen (bei Bremen) mit 303 km. Für seinen Rekord erteilte ihm die Bundeswehr Sonderurlaub.

Schneidern: Die größte Geschwindigkeit, mit der ein dreiteiliger Anzug vom Schaf bis zum Kleidungsstück angefertigt wurde, beträgt 1:34:33 Std. Am 24. Juni 1982 starteten 65 Mitglieder des Melbourne College of Textiles in Pascoe Vale, Victoria (Australien), den Versuch. Das Einfangen und Schafscheren dauerte 2:21 Min., der Rest der Zeit wurde für das Streichen und Krempeln der Wolle, für das Weben, Zuschneiden und Nähen benötigt.
Da hatte es die Österreicherin Lotte Meisl aus Graz (Steiermark) bei ihrem Rekordversuch im Kleidernähen einfacher. Am 8. November 1987 kam die »flotte Lotte« auf 1:52 Min. Ihr Kimonokleid war bei der Sammler- und Kuriositätenmesse auf dem Grazer Messegelände in dieser Rekordzeit fertig und wurde sofort vorgeführt.

Schubkarrenrennen: Der Streckenrekord über eine Meile (1,609 km) ist 4:48,51 Min. und wurde von Piet Pitzer und Jaco Erasmus von der Transvalia High School in Vanderbijlpark (Südafrika) am 3. Oktober 1987 aufgestellt.
Im Rahmen der 800-Jahr-Feier in Wadersloh (Kreis Soest) stellte Reinhold Winkel (*1953) zusammen mit Franz-Bernhard Meyer (*1956) erneut einen Rekord im Schubkarrenschieben über 15 km auf. Am 14. Mai 1988 schob sich das Lippstädter Team in 1:02:08 Std. gegenseitig über die Strecke und wechselte sich nach jeweils 500 m ab.

Skateboard: Seit 1966 werden in unregelmäßigem Abstand »Weltmeisterschaften« ausgetragen. David Frank (damals 25) kam am 11./12. August 1985 auf eine Marathonleistung von 435,3 km in 36:43:40 Std. Die höchste Geschwindigkeit, die nach Regeln des amerikanischen Skateboard-Verbandes auf einer Bahn in Mount Baldy (USA) gestoppt wurde, ist 115,5 km/h für Richard K. Brown (damals 33) in Bauchlage (am 17. Juni 1979).
Aufrecht auf dem Skateboard stehend, fuhr bisher der Amerikaner John Hutson (damals 23)

Balvinder Singh schaffte es, die 1336 Stufen des Westin Stamford Hotels in Singapur in 6:55 Min. hochzulaufen.

am schnellsten. Er erreichte am 11. Juni 1978 in Long Beach (Kalifornien) eine Spitzengeschwindigkeit von 86,01 km/h.
Der Hochsprungrekord ist 1,67 m, erzielt am 14. September 1982 von Trevor Baxter (* 1962) aus Burgess Hill (GB). 17 Fässer (5,18 m) übersprang Tony Alva (damals 19) am 25. September 1977 bei den 4. US-Meisterschaften in Signal Hill, Kalifornien.
Einen Weitsprungrekord mit dem Skateboard erzielte der Student Kurt Schönwald (* 1960) aus Bonn am 9. Juni 1984 während des Bonner »Familienfestes« im Rheinauenpark. Im 3. Versuch stand er (nach Weiten von jeweils 5 m und 5,2 m) die Weite von 5,7 m.
Einen Dauerrekord mit dem Skateboard stellte Christian Rosset (* 1962) aus La Chaux-de-Fonds (Schweiz) mit 28:00:03,5 Std. am 1./2. Dezember 1984 in Schaffhausen auf. Auf der kreisrunden Bühne (3 m Durchmesser) eines Kabaretts fuhr er unermüdlich im Uhrzeigersinn.
Ein 10 m langes Skateboard rollte am 1. September 1990 durch Thusis (Schweiz). Dieses Monster-Rollbrett aus dem Bündnerland hatte 18 Achsen und 36 Rollen und beförderte 16 sportliche Pilotinnen und Piloten auf seiner Jungfernfahrt beim Thusner Dorffest. Rund 600 m rollte das in 100 Std. angefertigte großfamilientaugliche Gefährt durch die schnurgerade Hauptstraße des Dorfes. Selbstverständlich war sie für jeglichen Verkehr gesperrt; denn so manche Kurskorrektur und Gewichtsverlagerung mußten die wackeren Skateboarder vornehmen.

Stricken: Die produktivste Handstrickerin aller Zeiten ist Gwen Matthewman aus Featherstone (GB). Am 29. September 1980 schaffte sie bei einem Test in Leeds 111 Maschen/min. Der einzige Professor für Stricken – ein Japaner – hat ihre Technik im Film festgehalten.

Treppenlaufen: Der 100-Stockwerke-Rekord fürs Treppensteigen wurde am 26. Juni 1978 von Dennis W. Martz im Detroit Plaza Hotel, Detroit (USA), mit 11:23,8 Min. aufgestellt.
50mal ist am 3. März 1991 Russell Gill die Stufen des Rhodes State Office Tower in Columbus, Ohio (USA), hinaufgelaufen (abwärts ging's im Aufzug). Er brauchte dazu 10:32:24 Stdt. Gill bewältigte dabei 41 750 Stufen oder eine vertikale Distanz von 7778,5 m.
Das höchste freistehende Gebäude der Welt, den CN Tower in Toronto (Kanada), hat Brendan Keenoy in Rekordzeit erklommen. Er brauchte am 29. Oktober 1989 für die 1760 Stufen (senkrechte Höhe: 342 m) 7:52 Min.
Das höchste Hotel der Welt, das Westin Stamford Hotel in Singapur, hat 1336 Stufen. Die schaffte mit 6:55 Min. Balvinder Singh beim 3. Vertikal-Marathon am 4. Juni 1989 in Rekordzeit.
Scott Elliott rannte die 1575 Stufen des Empire State Building in New York City am 13. Februar 1990 in 10:47 Min. – aufwärts, versteht sich.

Bruce Block balancierte am 5. November 1990 in der Londoner Dauerausstellung *Guinness World of Records* 213 unpräparierte Zigarrenkisten 9,2 Sek. auf seinem Kinn.

Beim »Verrücktesten Hundertmeterlauf« im CP Hotel Hamburg Plaza geht der Lauf im Treppenhaus über eine Distanz von 110 m, wobei bei insgesamt 28 Etagen, 497 Treppenstufen sowie ein Höhenunterschied von 84 m zu überwinden sind. Im Oktober 1983 holte sich der Amateur-Radrenner Eric Samel (* 1957) aus Entringen (Baden-Württemberg) mit 2:47,48 Min. den 1. Platz.

ARTISTIK

Bierkistenklettern: Neville Stokes stapelte am 27. August 1990 in Sowerby Bridge (GB) 29 leere Bierkästen in einer Säule hoch und erkletterte sie bis in 7,37 m Höhe.

Eierlaufen: 48,1 km weit lief am 23. April 1990 Dale Lyons aus Meriden, West Midlands (GB), mit einem rohen Ei auf einem Teelöffel. Er brauchte dazu 4:18 Std.

Himmel und Hölle: Die größte Anzahl von Himmel-und-Hölle-Spielen, in 24 Std. erfolgreich abgeschlossen, ist 307. Den Rekord erhüpfte Ashrita Furman aus Jamaica, New York (USA), am 5./6. April 1991 in Zürich (Schweiz).

Gehen – auf Händen: Die größte Ausdauer im Auf-Händen-Gehen bewies der Österreicher Johann Hurlinger, der in 55 zehnstündigen Tagesetappen mit einer Durchschnittsgeschwindigkeit von 2,54 km/h im Jahr 1900 die 1400 km lange Strecke von Wien nach Paris auf diese Weise zurücklegte. Shin Don-mok aus Süd-Korea schaffte am 14. November 1986 im Toda-Sportzentrum von Saitama (Japan) die 50-m-»Sprintstrecke« in 17,44 Sek. Eine Vierer-Staffel (David Lutterman, Brendan Price, Philip Savage und Danny Scannel) kam am 15. März 1987 in Knoxville, Tennessee (USA), über eine Meile (1,6 km) nach 24:48 Min. ins Ziel.

Hüpfstock: Gary Stewart aus Reading, Ohio (USA), schaffte am 8./9 März 1985 insgesamt 130077 Hüpfer.
Einen Weitenrekord stellte mit 21,02 km Ashrita Furman aus Jamaica im US-Staat New York am 15. September 1989 in New York City auf.

Kriechen (bei dieser Art der Fortbewegung muß ein Knie ununterbrochen Bodenhaftung haben): Aus freien Stücken und ohne jede Pause war bisher Reg Morris aus Walsall, West Midlands (GB), am längsten auf Kriechspur. Am 29. Juli 1988 legte er auf einem 2,41 km langen Kurs 19 Runden zurück, am Ende war er 45,79 km oder 9:30 Std. gekrochen.
1400 km, von Aligarh nach Jamma, kroch der Inder Jagdish Chander, weil er seine Lieblingsgöttin Mata gnädig stimmen wollte. Chanders Pilgerreise auf Knien dauerte 15 Monate, am 9. März 1985 hatte er sein Ziel erreicht.

Golfballbalancieren: Lang Martin balancierte am 9. Februar 1980 sieben Golfbälle übereinander – ohne Klebstoff. Den Rekord stellte er in Charlotte, North Carolina (USA), auf.

Mit dem Medizinball (3 kg schwer) jongliert der Schweizer Paul Sahli (* 1948) aus Biel einfach meisterlich. Am 29. Juni 1991 verbesserte der Mechaniker seinen eigenen Rekord in 36:09 Min. in Biel-Bienne (Schweiz) auf 4444 Ballberührungen – ohne daß der Ball den Boden berührt hat. Auch mit dem Tennisball erreicht der Amateursportler Paul Sahli immer bessere Leistungen. In Balzers (Liechtenstein) erzielte er am 15. Mai 1989 mit dem 75 g schweren Ball einen neuen Jonglierrekord: 10 125mal jonglierte er ihn mit den Füßen in 1:21:41 Std.

Seinen eigenen Rekord im **Balancieren** von Fruchtsaftkästen **auf dem Kinn** überbot Willi Lüsgen (* 1952) aus Erftstadt-Liblar (Nordrhein-Westfalen) am 16. Mai 1987. Er balancierte 20 aufeinandergestapelte Kästen 17 Sek. lang auf seinem Kinn. Eine andere Bestleistung erreichte der Vermessungstechniker am gleichen Tag mit einem Milchkastenstapel von 6,48 m Höhe mit 29 Sek.
Der Wiener John Gloser (* 1959) balancierte am 4. September 1985 in der Ottakringer Brauerei gleich 22 leere Bierkisten (Gesamthöhe 5,4 m, 39,1 kg schwer) 5 Sek. lang auf dem Kinn.

Balancierkünstler von Tennisbällen ist der Tennislehrer Ali Soysal (* 1943) aus Fuldatal bei Kassel. Am 9. Juni 1985 schaffte er beim 4. Kasseler Stadtfest einen neuen Rekord: 29 Tennisbälle in einer Hand.

Zigarrenkistenbalancieren: 213 nicht präparierte Zigarrenkisten balancierte der Amerikaner Bruce Block 9,2 Sek. lang auf seinem Kinn. Dieses Kunststück gelang ihm am 5. November 1990 in der Ausstellung *Guinness World of Records* in London.

Jo-Jo: Ursprünglich war das Jo-Jo eine Kampfwaffe, die von den Filipinos im Dschungel benutzt wurde. Im 16. Jh. hing es an einem 6 m langen Lederriemen und wog 1,81 kg. Das Wort Jo-Jo bedeutet »komm-komm«. Zwar wurde es in einem Buch schon 1891 als eine Art Zeitvertreib beschrieben, aber erst Donald F. Duncan aus Chikago (USA) machte Jo-Jo 1926 zu einem modischen Geschicklichkeitsspiel.
Der schwierigste moderne Jo-Jo-Trick heißt »Wirbelwind«; dabei muß die Scheibe sowohl von innen als auch von außen horizontal an der elastischen Schnur aufgewickelt werden.
Eddy McDonald aus Toronto (Kanada) schaffte am 14. Oktober 1990 in Boston, Massachusetts (USA), 21 663 Schleifen in 3 Std. Am 14. Juli 1990 hatte er in Cavendish (Kanada) einen Stundenrekord von 8437 Schleifen aufgestellt.
Das größte jemals konstruierte Jo-Jo hatte einen Durchmesser von 1,82 m und wurde von der Tischlerklasse der Shakamak-Highschool in Jasonville, Indiana (USA), hergestellt. Es wog 372 kg und wurde am 29. März 1990 von einem Kran aus 49 m Höhe abgespult – 12mal rollte es sich auf und ab.

Stelzenlaufen. Schnellster Stelzenläufer ist, soweit bekannt, der Japaner Masaharu Tatsushiro. Er schaffte am 30. März 1980 in Tokio auf 30,48 cm hohen Stelzen 100 m in 14,15 Sek. Schnellster Langstrecken-Stelzer war M. Gari-

Höchstleistungen auf dem Drahtseil vollbringen neben dem Amerikaner Steve McPeak vor allem die beiden Franzosen Michel Menin und Henri Rochatain.

soain aus Bayonne (Frankreich). Er hatte im Jahr 1892 für die 8 km von Bayonne nach Biarritz 42 Min. gebraucht und dabei eine Durchschnittsgeschwindigkeit von 11,42 km erreicht.
Die längste Strecke auf Stelzen bewältigte der Amerikaner Joe Bowen vom 20. Februar bis 26. Juli 1980. Da stelzte er 4804 km weit, von Los Angeles in Kalifornien nach Bowen in Kentucky. Der Franzose Sylvain Dornon war im Jahr 1891 von Paris (über Wilna) nach Moskau gestelzt. Er brauchte für die 2945 km 50 Tage oder nach einer anderen Quelle 58 Tage. Wie dem auch sei, Bowens Strecke war länger, Dornon war auf jeden Fall schneller.
Sehr hohe Stelzen sind auch sehr gefährlich. 25 Schritte auf ihnen gelten schon als meisterlich. Die höchsten Stelzen, die je gebaut wurden, maßen vom Boden bis zum Fußtritt 12,36 m. Auf die wagte sich Eddy Wolf (»Steady Eddy«) aus Loyal, Wisconsin (USA), am 9. März 1986 im Traumland-Park von Yokohama (Japan). Er schaffte 27 Schritte, ohne das Sicherheitsgeländer aus Draht zu berühren. Wolfs Aluminiumstelzen waren jeweils 25 kg schwer. Die schwersten Stelzen wogen jeweils 25,4 kg und waren alles in allem 7,31 m hoch. Joe Long (eigentlich: Kenneth Caesar), mit der Erfahrung von fünf Knochenbrüchen ausgestattet, ließ sich davon nicht abschrecken und zeigte am 8. Dezember 1978 am Londoner Fernsehzentrum der BBC, daß sich auch auf solchen Riesenstelzen einige Schritte tun lassen.
Auf Riesenstelzen (1,5 m Bodenfreiheit) gelang dem Schweizer Jean-Marc Zahno aus Düdingen (Kanton Freiburg) am 8. September 1981 die Erstbesteigung der 2186 m hohen Kaiseregg (Schwarzsee). In 2:30 Std. war der höchste Punkt erreicht.

Springen: Der höchste regelmäßig stattfindende Turmsprung wird von professionellen Klippenspringern vom La-Quebrada-Felsen in Acapulco (Mexiko) aus einer Höhe von 26,7 m gewagt. Anführer des exklusiven Klubs von 27 Turmspringern, Club de Clavadistas, ist Raul Garcia (* 1928), der mehr als 35 000 Kopfsprünge gesund überstanden hat. Der 6,4 m breite Sockel des Felsens erfordert einen Weitsprung von 8,2 m. Das Wasser ist 3,65 m tief.
Als erste Frau wagte Barbara Winters (* 1953) am 7. Dezember 1976 den Kopfsprung von den Klippen.

Sprung in die Tiefe: Der Weltrekord, ein Sprung ins Wasser aus 53,9 m Höhe, wurde am 30. August 1987 von Olivier Favre (Schweiz) in Villers-le-Lac (Frankreich) aufgestellt.
Der Rekord für Frauen ist 36,8 m, am 6. April 1985 von Lucy Wardle (USA) im Ozean Park von Hongkong ersprungen.

Den tiefsten Sprung in ein Luftkissen wagte der amerikanische Stuntman Dan Koko. Am 13. August 1984 hüpfte er vom Vegas World Hotel and Casino und fiel 99,36 m tief. Seine Fallgeschwindigkeit betrug kurz vor dem Aufprall 141 km/h.
Kitty O'Neill sprang am 9. Dezember 1979 in 54,8 m Höhe aus einem Helikopter über Devonshire Downs, Kalifornien (USA), für einen Fernsehstunt auf ein Luftkissen von 9,14 × 18,28 m.

Drahtseilakte: Steve McPeak (* 1945) überquerte am 5. Juli 1976 die Entfernung von 91,5 m über die 550 m tief abfallenden Wasserfälle des Yosemite Valley in Kalifornien (USA). Am 10. August 1979 stieg McPeak in 71 Sek. ein Drahtseil hoch, das im Winkel von 40 Grad auf eine Höhe von 13,7 m führte. Am 19. März 1977 kletterte er an einem 44 mm dicken und 731 m langen Seil innerhalb von 65 Min. auf den Zuckerhut in Rio de Janeiro (Brasilien). Der Aufstieg war 205 m lang.
Steve McPeak aus Las Vegas bestieg das Kabel der Zugspitzbahn mit einem Höhenunterschied von 705 m in drei Etappen am 24./25./28. Juni 1981 in insgesamt 5:04 Std. Das höchste Gefälle auf der 2282 m langen Strecke ist über 30 Grad. Das Kabel hat einen Durchmesser von 46,6 mm.
Den größten Höhenunterschied auf einem Drahtseil, nämlich 1008 m, bewältigte der Franzose Michel Menin über den Angelwasserfällen in Venezuela. Er vollbrachte sein Kunststück gleich zweimal: am 1. und am 2. März 1988.

Den Dauerrekord im Leben **auf einem Seil** stellte der Franzose Henri Rochatain (* 1926) auf, als er vom 28. März bis zum 29. September 1973 185 Tage auf einem 120 m langen Seil 25 m über einem Supermarkt in Saint Etienne (Frankreich) verbrachte. Seine Fähigkeit, auf dem Seil zu schlafen, versetzt die Ärzte immer noch in Erstaunen. Er ging ca. 500 km auf dem Seil spazieren, um sich in guter Form zu halten.
Ashley Brophy aus Neilborough (Australien) legte auf einem 45 m langen und in 10 m Höhe gespannten Drahtseil 11,57 km zurück. Die Rekordleistung wurde am 1. November 1985 in 3:30 Std. beim Grand Prix in Adelaide erzielt.

Bester Selbstflieger im künstlichen Luftstrom wurde bei den Flieg-Selbst-Meisterschaften in Speyer am 14. Oktober 1989 der Kraftfahrzeug-

Diesen *Trabi* stemmte der Kraftsportler Rainer Griebl nebst Insassen mit einer Beinpreßmaschine nach oben.

mechaniker Ralf Müller (* 1959) aus Linnich (Nordrhein-Westfalen). Nur mit einem Fledermaus-Overall als Hilfsmittel hielt er sich 48:10 Min. schwerelos im Luftstrom. Die Flughöhe lag zwischen 5 und 7 m. Bei dieser von den Gummiwerken Fulda gesponserten Sportart wird der Luftstrom von einem 12-Zylinder-Motor mit zwei Turboladern, einem Hubraum von 19 200 cm^3 und einer Leistung von 650 PS sowie von einem Vier-Blatt-Propeller mit 260 cm Durchmesser und 100 kg Schubleistung erzeugt. Die Strömungsgeschwindigkeit beträgt dabei 180 km/h.

Tragflächenfliegen. Roy Castle, der Moderator der BBC-Fernsehsendung *Rekordbrecher*, flog am 2. August 1990 3:23 Std. auf der Tragfläche eines Flugzeugs vom Typ *Boeing Stearman* mit. Die Maschine startete in Gatwick (GB) und landete in Le Bourget bei Paris.

Abseilen: Wilmer Pérez und Luis Aulestia stellten am 24. August 1990 einen Abseilrekord von 1029 m auf, als sie in 1:15 Std. von den Angel-Wasserfällen in Venezuela abstiegen.
Der längste Abstieg von einem Gebäude gelang am 8. Mai 1991 mit 267,6 m David Griffiths und Phil Barber, die sich vom Sendeturm der National Transcommunications Ltd. in Emley Moor (GB) in knapp über 4 Min. abseilten.

Abenteuerklettern: Daniel Goodwin aus Kalifornien kletterte im August 1986 an der Fassade des 555,33 m hohen CN Tower in Toronto (Kanada) hoch – ohne technische Hilfe und ohne Sicherheitsvorkehrungen. Eine so hohe senkrechte Wand hatte vor ihm noch niemand bestiegen.
Am 21. Juli 1980 bestiegen Jean-Claude Droyer (* 1946) aus Paris und Pierre Puiseux (* 1953) aus Pau (Frankreich) ohne mechanische Hilfsmittel den 300 m hohen Eiffelturm auf der Außenseite. Führ-Kraxler Jean-Claude war in 2:18:15 Std. oben.

Menschliche Pyramide: 12 (in drei »Etagen«) auf einem einzigen Untermann. Gewicht 771 kg. Unten stand Tahar Davis von der Hassani-Truppe, Birmingham (GB), 17. Dezember 1979.
Eine Menschenpyramide bewegte der Kraftfahrer Werner Mostbeck (* 1943) aus Eckental bei Nürnberg am 19. April 1986. Als Untermann der im rotweißgestreiften Nostalgielook auftretenden Akrobatengruppe Artos trug er fünf Männer (Gesamtgewicht 311 kg) 19 m weit auf seinen Schultern.

Erneuter Meister im Schnellentfesseln an einem 6 m langen brennenden Hanfseil ist wieder Moretti (Hans Cewe, * 1928) aus Dillingen/Saar. Am 2. Juni 1988 vollführte er in Innsbruck (Österreich) eine spektakuläre Bestleistung und unterbot seinen eigenen Rekord um 8,8 Sek. In 350 m Höhe, kopfüber an einem Hubschrauber hängend, befreite er sich in nur 36,2 Sek. aus der Fesselung durch eine 30 m lange, 3 mm gliederstarke Stahlkette, die mit 175 Sicherheits-Schnappschlössern, 15 Hand- und 3 Fußschellen verschlossen war. Zusätzlich waren ihm die Augen mit Watte, Heftpflaster und Augenbinde verklebt. Eine Nachahmung dieses lebensgefährlichen Kunststücks ist nicht zu empfehlen!

Als Bauchredner begeistert Peter Moreno alias Peter Rohrmayr (* 1965) aus Aindling (Bayern), ein gelernter Restaurateur und Stukkateur, sein Publikum mit Bauchstimmen. Am 14. Oktober 1988 machte er gleichzeitig 8 Personen (2 Damen und 6 Herren) bei dem Geburtstagsfest der *Mainzer Rhein-Zeitung* zu lebenden Bauchrednerpuppen.

Massenhypnose: Don Alfredo (Manfred Knoke, * 1950) aus Unterthingau (Allgäu) hypnotisierte in der Zeit vom 27. Juli bis 1. August 1987 insgesamt 1811 Personen im Bochumer Einkaufszentrum Drehscheibe und verbesserte seinen Rekord von 1986 um 56 »Schläfer«.
In der Gelsenkirchener Eishalle stellte Don Alfredo am 12. Juni 1988 zum drittenmal einen Massenhypnose-Rekord auf. Diesmal schlug er gleich richtig zu und überbot seinen eigenen Rekord um 180 Personen und schickte 638 Schlafwillige auf einen Schlag ins Land der Träume.

Wendigster und vielseitigster Zauberer ist Eldon D. Wigton (alias Dr. Eldooni). In Kilbourne, Ohio (USA), führte er am 1. März 1990 in 2 Min. sensationelle 118 verschiedene Tricks durch.

Mit der Beinpreßmaschine schafften Walter Köberl (* 1963) und Hans Hinterleitner (* 1959) auf dem Flugplatz Seitenstetten, Bezirk Amstetten (Oberösterreich), das höchste Stemmgewicht. Das Duo drückte am 27. Juni 1990 gleich elf Personen nebst Schlitten und seinen Ketten mit einem Gesamtgewicht von 1194,1 kg in die Höhe.
Der Kraftsportler Reiner Griebl (* 1946) aus Gerbrunn (Bayern) vom Schwimmverein 05 Würzburg stemmte einen *Trabi* mit seinen Insassen mit seinen Beinen nach oben. Im Würzburger Congress Centrum hielt er vier Sek. lang ein Rekordgewicht von 662,6 kg am 24. April 1990 24 cm hoch.

Kraftakte: Der schlagfertige Schmied Werner Zägel (* 1954) aus Wemmetsweiler (Saarland) schlug mit reiner Muskelkraft ein 10 mm starkes kaltes Vierkanteisen mit 27 Hammerschlägen in 11,37 Sek. rotglühend. Mit seinem Kraftakt vom 8. Juli 1989 unterbot er seinen eigenen Rekord, der bei 31 Hammerschlägen in 14,47 Sek. lag. Im *Telemagazin* des Saarländischen Rundfunks war der Hammer-Virtuose zu bewundern.

Eisenbiegen mit reiner Körperkraft ohne technische Hilfsmittel, das schafft Horst Alldag (* 1934). Den stärksten Mann Hannovers schreckt auch gehärteter Baustahl nicht. Seit über 15 Jahren werden 8–12 mm starke Eisenstangen krummgebogen. Anläßlich der Berliner Funkausstellung schaffte er es am 5. September 1983, 10 mm starken Baustahl (III b) von 250 mm Länge in nur 7,5 Sek. zu einem »U« zu biegen.

Nägelbiegen: Der Luxemburger Artist Georges Christen (* 1962) bog am 18. März 1989 im Casino 2000 in Bad Mondorf (Luxemburg) 368 eiserne Nägel (von 21 cm Länge und 7 mm Durchmesser) in 60 Min. in V- bzw. U-Form um.

Ziehen mit Zähnen: Bei der *Guinness-Spectacular*-Fernsehshow in Los Angeles (USA) am 7. April 1979 hinderte John Massis (Wilfried Oscar Morbée, 1940–88) aus Oostakker (Belgien), lediglich mit Hilfe einer Trensenzäumung, einen Hubschrauber am Aufsteigen.
Auf dem Güterbahnhof von Luxemburg erzielte

Georges Christen (*1963) am 18. August 1985 einen neuen Rekord im Ziehen mit den Zähnen. Ganze 200 m zog er einen 20,36 t schweren Güterwaggon über die Schienen. Gezeigt wurde diese Leistung in der Sendung *Weltrekord* von RTL-plus. Nur mit der Kraft seiner Zähne hinderte er im August 1987 eine *Cessna 152* am Start. Der Pilot startete durch, konnte mit den 110 PS des Sportflugzeugs aber nicht aufsteigen.

Flugzeugziehen: Der Brite Dave Gauder (damals 31) aus Streatham übte erneut, Verkehrsflugzeuge zu ziehen. Am 11. Juni 1987 zog der Gewichtheber eigenhändig eine 100 t schwere *Concorde* 12,19 m weit auf dem Rollfeld des Londoner Flughafens Heathrow.

Halterekord: Ein 11-kg-Gewicht hielt Horst Alldag am 27. November 1986 in Hannover 73 Sek. lang mit ausgestrecktem Arm absolut waagerecht. Damit schlug der Meister im Eisenbiegen den Goldmedaillengewinner von Los Angeles im Gewichtheben, Karl-Heinz Radschinsky, um 2 Sek.
Noch besser konnte es Jörg Führing (*1961) aus Gevelsberg (Nordrhein-Westfalen). Am 4. Juni 1989 hielt er die 11 kg noch 10 Sek. länger am gestreckten Arm.
Eine neue Bravourleistung gelang dem Eisenbieger Horst Alldag im September 1990. Gleich zehnmal stemmte der Hannoveraner einen 250 kg schweren Eisenturm aus übereinandergestapelten Ringen 20 Sek. lang in die Höhe, dabei hob er die oberste stählerne Scheibe nur mit den Fingerkuppen an.

Eine neue Leistung im **Steinheben** legte der Metzger Ludwig Frey (*1954) aus Wildpoldried (Bayern) vor. Am 17. Mai 1987 lupfte er ein 30,03-Zentner-Steingewicht, mindestens 8 Sek. muß diese Last gehalten werden.

Steintragen: Russell Bradley aus Worcester (GB) trug am 28. Januar 1991 Ziegel im Gesamtgewicht von 207 kg eine Leiter mit der vorgeschriebenen Mindestlänge von 3,65 m hinauf. Das Tragegestell wog 43 kg.
Wolfgang Aigner (*1959) aus Innsbruck wollte es am 14. Oktober 1988 wissen: Gleich zweimal wuchtete der Fitneßstudiobesitzer sein 15 kg schweres Tragegestell 18 Sprossen einer 3,86 m hohen Leiter hoch, in je 1:25 Min. beladen mit zunächst 55 Ziegelsteinen im Gesamtgewicht von 244,1 kg und dann mit 61 Ziegelsteinen mit einem Gewicht von 270,9 kg.

Ziegelstemmen: Russell Bradley aus Worcester (GB) hob am 17. November 1990 30 Ziegelsteine, die lose nebeneinander lagen, mit gespreizten Armen von einem Tisch hoch bis auf Brusthöhe, wo er sie für 2 Sek. hielt. Am selben Tag hob Russell Bradley das größte Gewicht von Ziegeln, als er 26 weitaus schwerere Steine mit einem Gesamtgewicht von 86 kg hob und erneut 2 Sek. hielt.

Ziegeltragen: 99,37 km weit trug am 16. Juli 1985 Reg Morris aus Walsall (GB) einen 4,08 kg schweren Ziegelstein; der Stein wird mit der Handöffnung nach unten ohne Handschuhe gehalten.
Der weibliche Rekord für einen Ziegel von 4,422 kg ist 36,2 km, aufgestellt am 28. April 1986 von Wendy Morris aus Walsall, West Midlands (GB).

Rollschuh-Akrobatik: Mit 70 km/h hob der Hennefer Jürgen Günter Köhler (*1967) am 22. August 1990 von der Rampe ab und sprang 3 m hoch und rund 18 m weit vor der laufenden Fernsehkamera – auf Rollschuhen! Die ZDF-Jugendsendung *Pfiff* präsentierte einen neuen Rekord, eine 50-PS-*Honda* hatte dem tollkühnen Rollerskate-Fan zuvor über 50 m die erforderliche Startgeschwindigkeit gegeben. Köhler begann mit zwölf Jahren, auf acht Rollen abzuheben, und steigerte seine Rollschuh-Akrobatik von Jahr zu Jahr. Mal springt er über einen Kleinbus, mal macht er einen Satz über drei bis vier nebeneinander geparkte Personenwagen. Der Sensationsdarsteller vom German Wings Stunt Team ist bisher stets mit heiler Haut davongekommen, ein paar Abschürfungen und Prellungen nicht gezählt.

Radartistik: Am 30. Juni 1988 kletterten 19 Mitglieder des Jaso Sport Clubs auf ein einziges Rad und fuhren 200 m weit: ein neuer Weltrekord aus Semarang, Zentral-Java (Indonesien)!

Motorradartistik: 7:00:13 Std. fuhr der Schausteller und Steilwandartist Martin Enrico Blume (*1963) aus Berlin am 18. April 1983 in einer Steilwand. Auf seiner *Yamaha XS 400* schaffte er über 12000 Runden (292 km) mit einer Durchschnittsgeschwindigkeit von 45 km/h.
Einen Weltrekord stellte der Stuttgarter Peter (Pit) Lengner (*1953) mit einem Mini-Motorrad am 28. Juni 1984 auf. Erstmalig fuhr er in einer 1,7 m hohen **Steilwand** (Durchmesser 5 m) 27 Sek. mit seinem 70 cm langen Motorrad (35 cm^3) mit einer Geschwindigkeit von 60 km/h. Das geschah in Chris Howlands Sendung *Höchstleistungen aus dem Guinness Buch der Rekorde.*
Der elffache österreichische Trialmeister Joe Wallmann (*1948) aus Laakirchen überquerte mit seinem serienmäßigen *Fantic-200*-Trialmotorrad einen 3,2 m hohen Autobus (Marke *Steyr*). Dieser **Motorrad-»Ritt«** gelang am 8. September 1984 in Laakirchen (Oberösterreich).

Motorrad-Weitsprung: Den längsten Satz tat bisher Todd Seeley mit 74,98 m. Er schaffte den Rekordsprung am 28. Februar 1988 in Tampa, Florida (USA).

Sturzflug mit dem Auto ist vor allem in den USA und Großbritannien eine beliebte Disziplin. Dabei rasen die Fahrer mit ihren Wagen über eine Rampe und »fliegen« über eine Reihe geparkter Autos, auf denen sie dann auch unsanft landen. Oft wird die Weite des Sturzflugs mit der Anzahl der übersprungenen Wagen angegeben, doch deren unterschiedliche Größenmaße führen zu Ungenauigkeiten. Da die geparkten Schrottautos außerdem nur den Aufprall der fliegenden Wagen abfangen sollen, ist es sinnvoller, die Sprungdistanz zu messen.

Der längste Rampensprung mit 70,73 m in einem Auto, das anschließend auf allen vier Rädern landete und weiterfuhr, gelang Jacqueline De Creed (geb. Creedy) am 3. April 1983 auf der Rennstrecke Santa Pod (GB) mit einem *Ford Mustang* Bj. 1967.

UNTERWEGS

Die am weitesten gereisten Menschen der Welt sind Parke G. Thompson aus Akron in Ohio (USA) und Giorgio Ricatto aus Turin (Italien). Beide haben alle 171 souveränen Staaten besucht und 59 der 60 nichtsouveränen oder anderen Territorien gesehen. Beide waren nur noch nicht auf den Heard & McDonald Islands, einer Inselgruppe im südlichen Indischen Ozean.

Erdumrundung per Bahn: Mit den schnellsten Zügen reiste der Düsseldorfer Medienproduzent Dirk Tillen (*1940) um die Erde. 26 Tage, 21:27 Std. war er vom 9. Mai bis 5. Juni 1990 unterwegs und unterbot seinen eigenen Rekord aus dem Jahr 1988 um 4:18 Std. Die 43000 km lange Reise begann im Hamburger Hauptbahnhof und führte mit dem *Ost-West-Express*, der *Transsibirischen Eisenbahn*, dem *Indian Pacific*, dem *California Zephyr*, dem *Broadway Limited*, dem *Süd-Express* der französischen Eisenbahn und der Deutschen Bundesbahn nach 645:27 Std. zum Live-Auftritt in der ARD-Fernsehsendung *Die Goldene 1* in Hamburg.

In der Luft

Der erste Mensch auf dem Mond war der US-Astronaut Neil Armstrong (*1930), der zusammen mit Edwin Aldrin (*1930) von der Raumrakete *Apollo 11* im Juli 1969 in eine Umlaufbahn um den Mond gebracht wurde und am 21. Juli 1969 um 2 Uhr 56 von der Mondfähre *Eagle* aus im *Meer der Ruhe* den Staubboden des Mondes betrat.
Es gibt Belege, daß Pavel Beljajew, sowjetischer Kosmonaut, 12 Tage vor dem *Apollo-8*-Flug am 9. Dezember 1968 für einen Mondflug benannt worden war; es kam aber nicht zum Start.

Die größte Höhe, die **je eine Frau** erreichte, ist 340 km. Das gelang Swetlana Savitskaya (*1948) aus der UdSSR mit der *Sojus T7*, die am 19. August 1982 gestartet war.

Die größte Höhe erreichte die Mannschaft des später verunglückten *Apollo 13*, als das Raum-

Am 6. Juli 1990 hatte ein gasgefülltes Mini-Luftschiff alle Mühe, eine 10 x 2,5 m große Riesentraube aus 3650 Latexballons senkrecht zu halten. Das Wiesbadener Piccobello-Team hatte die miteinander verknoteten Ballons mit 500 l Helium gefüllt und vor dem Gemäuer der Frankfurter Paulskirche schweben lassen.

schiff sich am 15. April 1970 um 1 Uhr 21 im Apocynthion (das heißt am entferntesten Punkt), 254 km über der Mondoberfläche und 400187 km über der Erdoberfläche, befand. Die Besatzung bestand aus: Kapitän James Arthur Lovell jr., (* 1928), Fred Wallace Haise jr. (* 1933) und John L. Swigert jr. (1931–82).

Einsamster Mensch: Am weitesten, nämlich 3596,4 km, war Alfred M. Worden von seinen Mitmenschen entfernt. Er war der Pilot der Kommandoeinheit bei der US-*Apollo-15*-Expedition zum Mond, vom 30. Juli bis 1. August 1971.

Die meisten Luftballons wurden am 27. September 1986 im Public Square von Cleveland, Ohio (USA), gen Himmel geschickt: 1429643 Stück.

Die längste Strecke, die ein Spielzeugballon bisher zurücklegte, betrug 16090 km. Der damals elfjährige Justin Fiore hatte am 19. April 1982 in Dobbs Ferry, New York (USA), den mit Helium gefüllten Ballon auf die Reise geschickt, in Wagga Wagga in Australien kam er wieder herunter.
Anläßlich des Straßenfestes Große Bruchstraße in Viersen (Nordrhein-Westfalen) ließ der Schüler Bernd Siemes (* 1977) aus Mönchengladbach am 30. August 1987 einen Luftballon mit angehängter Karte aufsteigen. Gefunden wurde der gasgefüllte Ballon am 15. September 1987 in Neu Delhi (Indien), zurückgeschickt wurde die Karte im Dezember 1987. Das dürfte eine der längsten Strecken sein, die ein solcher Luftballon je zurückgelegt hat. Das Wetteramt bestätigte, daß der Flug aufgrund der Wetterverhältnisse durchaus möglich war.

Freier Fall: Man schätzt, daß der menschliche Körper 99 Prozent seiner Fallgeschwindigkeit nach einem Sturz von 573 m in 13–14 Sek. erreicht. Bei normalen Druckverhältnissen entspricht das einer Geschwindigkeit von 188 km/h in variabler Körperstellung, aber bei 298 km/h stürzt er Kopf voran.
Vesna Vulovic (damals 22), eine Stewardeß der jugoslawischen Fluggesellschaft Jugoslavenski Aerotransport, überlebte die Explosion ihres Flugzeuges, einer *DC-9*, in 10160 m Höhe am 26. Januar 1972 über dem Dorf Serbska Kamenice (ČSFR). Sie stürzte zusammen mit einem Teil des Leitwerks in die Tiefe und verbrachte 16 Monate im Krankenhaus, nachdem sie 27 Tage lang im Koma gelegen hatte. Sie mußte wegen zahlreicher Knochenbrüche behandelt werden.

Kunstflug

Weltmeisterschaften finden seit 1960 (mit Ausnahme von 1974) alle zwei Jahre statt, die Auswertung basiert auf dem von Col. José Aresti (Spanien) entwickelten System. Der Wettkampf besteht aus zwei Pflicht- und zwei freien Programmen.

Die meisten Titel bei Weltmeisterschaften im Mannschaftswettbewerb der Männer gewann mit sechs die UdSSR. Dem Champion von 1984, Petr Jirmus (ČSFR), gelang das Kunststück auch 1986, alle Wettbewerbe für sich zu entscheiden. Die erfolgreichste im Frauenwettkampf war Lyubov Nemkova (UdSSR) mit fünf Medaillen, dem ersten Platz 1986, dem zweiten 1982 und 84 und dem dritten 1976 und 78.

Der erste Weltmeister wurde der Deutsche Gerhard Fieseler (1896–1987) bei seinem Flug 1934 in Paris.

Der Rückenflug-Dauerrekord beträgt 4:09:05 Std., aufgestellt von John »Hal« McClain mit einer *Swick Taylorcraft* am 23. August 1980 in Houston, Texas (USA).

Looping: Am 21. Juni 1980 vollführte R. Steven Powell mit einer *Bellanca Decathalon* über Almont, Michigan (USA), 2315⅝ Innenloopings. Joann Osterud flog am 13. Juli 1989 über North Bend, Oregon (USA), 208 Außenloopings.

Auf festem Boden

Marathon-Wanderungen: Der erste Mensch, der den Erdball umrundet hat, war der Amerikaner George Matthew Schilling. Er war vom 3. August 1897 bis 1904 unterwegs. Allerdings gibt es keine Daten über seinen Gewaltmarsch. Belegt ist dagegen, daß Schillings Landsmann David Kunst (* 1939) rund um die Welt gewandert ist – vom 20. Juni 1970 bis zum 5. Oktober 1974. Der Argentinier Tomas Carlos Pereira (* 1942) war zehn Jahre lang auf der Walz (6. April 1968–8. April 1978) und wanderte dabei 48000 km quer durch alle 5 Kontinente. Steven Newman aus Bethel, Ohio (USA), war vier Jahre lang (1. April 1983–1. April 1987) unterwegs, stiefelte durch fünf Kontinente und 20 Länder und legte 36200 km zurück.
George Meegan (* 1952) aus Rainham in England wanderte 30431 km von Usuaia, dem Südzipfel Südamerikas, zur Prudhoe Bay in Nordalaska. Er durchquerte damit erstmals die westliche Hemisphäre. Meegan brauchte für seine Wanderung 2426 Tage (26. Januar 1977–18. September 1983).

Anhalter: Weltmeister im Trampen ist wahrscheinlich Bill Heid aus Allen Park in Michigan

Meistgereister Mensch
Mit Parke G. Thompson aus Akron, Ohio (USA), gehört der Italiener Giorgio Ricatto aus Turin zu den meistgereisten Menschen der Welt. Beide haben alle 171 souveränen Länder und 59 der 60 nichtsouveränen und anderen Territorien besucht. Ricattos Reisen haben ihn zu so fernen Flecken wie der Antarktis und den Märkten Kameruns geführt. Da nimmt es nicht wunder, daß er eine große Sammlung von Reisepässen hat, die alle übervoll sind.

(USA), der seit 1964 als Nulltarif-Passagier 579510 km zurücklegte. Robert Prins aus De Bilt in den Niederlanden trampte innerhalb von 24 Std. 2318,4 km – auch dies ein Rekord. Dabei benötigte er am 5. Juli 1989 von Südjugoslawien nach Hamburg nur fünf Autostopps.

Anhalter-Mitnehmen: Dieter Wesch (*1951) hat ein außergewöhnliches Hobby: er sammelt Anhalter. Seit dem 2. Januar 1976 nimmt der Chemielaborant aus Stuttgart bei seinen Fahrten Anhalter mit. Der Fahrpeis: ein Eintrag in das Auto-Gästebuch. Bis zum 25. März 1991 brachte er es auf 8519 Anhalter aus 27 Nationen, 470000 Kilometer und 21 Gästebücher.

Wanderungen: Ab dem 50. Lebensjahr hat der Grazer Hofrat a.D. Dr. Ernst Pammer (*1911) seine Vorliebe für Wanderungen und Bergtouren entdeckt und bis in sein 80. Lebensjahr hinein 54000 km bewältigt. Der rüstige »Wanderbursch« – wie ihn die heimische Presse etikettierte – bestieg allein 192 Berggipfel zwischen 2000 und 4800 m bei seinem Hochgebirgs-Rekordprogramm.

Dauerbergsteigen: Der Steiermärker Kraftfahrer August Glettler (*1935) aus Deutschfeistritz bei Graz brachte es vom 1. Januar bis zum 31. Dezember 1990 auf 667 Besteigungen des Schartnerkogels (931 m). Vom Start an seinem Heimatort auf 400 m Höhe bewältigt er dabei jeweils eine Höhendifferenz von 531 m auf einer Streckenlänge von 8,5 km. Seine Jahresleistung liegt bei 5670 Strecken- und 354,177 Höhen-km.

Die längste Wüstenwanderung, 508 km durch das Tal des Todes (Death Valley), Kalifornien (USA), schaffte der Schweizer Peter »Risi« Eggimann in acht Tagen und 13 Std. Der Abenteurer lief vom 16. bis 24. Mai 1981 zu Fuß durch den größten »Backofen« der Welt.
In ein neues Abenteuer stürzte sich Peter Eggimann am 17. Juni 1987. Er rannte in 14 Tagen, 19:55 Std. durch die Hitzehölle rund um den Grand Cañon, insgesamt 800 Meilen weit. Den Höhepunkt – die Durchquerung des Grand Cañon – erledigte Eggimann in nur einem Tag. Die Tagesetappen betrugen rund 80 km.

Tiefenvorstoß: Der tiefstgelegene Gang, den Menschen in die Erde gegraben haben, ist ein Schacht der Western Deep Levels Mine in Carletonville, Transvaal (Südafrika). Am 12. Juli 1977 waren 3581 m erreicht. Gesteinstemperatur in dieser Tiefe: 55°C.

Gebirgsradtour: Elf Dolomitenpässe, 7500 Höhenmeter und 330 km in 15 Std. schaffte Helmut Meraner (*1966) auf seiner Tagestour am 31. Juli 1990. Dabei bezwang der Hobbyradler aus Köngen (Baden-Württemberg) in Eppan (Südtirol) Paß um Paß und verbesserte den Rekord seines Vates Sepp aus dem Vorjahr um 300 Höhenmeter, 20 km und einen Paß.

Auf rohen Hühnereiern geht Volkmar Koch (*1943) aus Mettmann (Nordrhein-Westfalen). Koch, der 80 kg schwer ist, hat sich dazu aus Gummischeiben, Holz und den Rollschuhen seines Sohnes »Spezialschuhe« gebastelt, die pro Fuß drei Hühnereier aufnehmen – 30 Eierschritte schafft der Eierläufer. Am besten eignen sich Eier der Güteklasse A und der Gewichtsklasse 3. Bei anderen ist die Schale zu dünn.

Hochradfahrten: Eine Friedensfahrt von Trier nach Rom und zurück unternahm Georg Konder (*1941) aus Trier vom 25. Mai bis 16. Juni 1987 in 22 Tagesetappen. Höhepunkt der 1650-km-Fahrt war eine Papst-Audienz in Rom. Die strapaziöse Reise führte durch Deutschland, Frankreich, Italien und die Schweiz.
Der Trierer Hochradfahrer Matthias Konder (*1964) steigerte seinen Rekord im 1000-m-Schnellfahren. Am 20. März 1987 benötigte er im Autobahntunnel St. Gallen (Schweiz) für diese Distanz nur noch 2:02 Min.

Mit einem 24-Std.-Rekord auf dem Hochrad stockte Georg Konder sein Rekordkonto auf. Am 21./22. März 1986 erreichte er im Trierer Moselstadion 360 km in exakt 24 Std.

Ein **Langstrecken-Abenteuer auf Rollschuhen** überstand der Höchberger Peter Bögelein (*1961) vom 1. Juni bis 16. September 1986. Genau 108 Tage war der Fernmeldetechniker auf seinen Rollerskates unterwegs, rollte bei seinen jeweils 80-km-Tagesetappen durch acht europäische Länder, überquerte zweimal die Alpen – höchster Punkt war mit 2509 m das Timmelsjoch – und schaffte mit 8596 Roll-km einen neuen Rekord.

Auf Tretrollerfahrt gingen vom 29. Juli bis 9. August 1988 Hagen Neumann aus Ottendorf-Okrilla (Sachsen) und Jörgen Krahl aus Berlin. Zwischen Schmilka (Grenzübergang zur ČSFR) und Budapest (Ungarn) legten Sie 660 km mit ihren Rollern zurück, ohne andere Fortbewegungsmittel in Anspruch genommen zu haben.

Rollstuhlfahren: Der Kanadier Rick Hansen (*1957), der seit einem Verkehrsunfall im Jahr 1973 von den Hüften abwärts gelähmt ist, legte auf einer Rollstuhl-Reise 40074,06 km zurück. Seine Tour dauerte vom 21. März 1985 bis zum 22. Mai 1987 und führte ihn durch vier Kontinente und 34 Länder.

Zur Tour de Luxemburg im Rollstuhl startete am 10. September 1988 eine Staffel von 20 Rollstuhlfahrern aus sechs Nationen. In 9:10:22 Std. hatten die Fahrer die 103,4 km lange Strecke vom nördlichsten Punkt des Großherzogtums beim Grenzposten Huldange-Forge bis zur südlichsten Grenze des Landes in Rumelage durchfahren. 85 Streckenabschnitte unterschiedlicher Länge und Schwierigkeitsgrade waren zu bewältigen.

Sechs auf einem Paar Langlaufski schafften den Engadiner Skimarathon (42,2 km) von Maloja nach Zuos am 11. März 1990 in 4:39:30 Std. Die Hobbysportler Peter und Verena Glaus, Stephan Steger, Marianne und Adrian Fuchs und Markus Kappeler bewältigten die Strecke auf den 8,07 m langen Paar Ski (3,2 kg) in der klassischen Technik mit Doppelstockstößen.

Elf auf einem Paar Ski übten am 14. März 1990 eine Abfahrt in der Marktgemeinde Altenmarkt in Pongau, Land Salzburg (Österreich). Die Skilehrer der Skischule Happy Altenmarkt fuhren auf einem 3,5 m langen Paar Ski einen 500 m langen Hang bei den Hoch-Bifang-Bahnen (Skischaukel Altenmarkt-Radstadt) mit langgezogenen Schwüngen hinab.

Die längste Skischulklasse gab es beim Internationalen Frühlings-Schneefest in Ischgl-Samnaun am 23. April 1989. Insgesamt 780 Skiläufer- und läuferinnen fuhren in einer geschlossenen Kette vom Idjoch (2760 m) zur Idalpe (2300 m) ab. Die 2,2 km lange Strecke der Silvretta-Skiarena kurvten sie – jeder mit einem Luftballon – zu Tal.

Trockenrudern: Die größte Strecke, die jemand mit einem Landrudergerät zurücklegte, schaffte Rob Bryant aus Fort Worth, Texas (USA) mit 5278,5 km, als er quer durch die USA »ruderte«. Er startete am 2. April 1990 in Los Angeles (Kalifornien) und erreichte Washington, DC, am 30. Juli.

Hochradfahrten wie Anno dazumal bietet der Trierer Nostalgie-Radler Georg Konder.

Im Wasser

Die größte Tauchtiefe im Meer wurde in der sogenannten Challengertiefe des Marianengrabens, 400 km südwestlich von Guam im Stillen Ozean, aufgestellt; der in der Schweiz gebaute Bathyskaph *Trieste* der US-Marine, bemannt mit Dr. Jacques Piccard (* 1914 in der Schweiz) und Leutnant Donald Walsh, US-Marine, erreichte am 23. Januar 1960 um 13 Uhr 10 eine Tiefe von 10 916 m. Der Wasserdruck betrug 1183 kp/cm^2, die Temperatur 3° C. Das Untertauchen bis zum Meeresboden erforderte 4:48 Std., das Auftauchen 3:17 Std.

Der Rekord für das äußerst gefährliche Tiefseetauchen mit angehaltenem Atem ist eine Tiefe von 107 m, am 3. Oktober 1989 von der Italienerin Angela Bandini vor Elba erreicht. Sie blieb 2:46 Min. unter Wasser.

Den Tauchrekord mit Gasmischungen als Tauchsimulation in einer Trockenkammer stellten mit 685,8 m Stephen Porter, Len Whitlock und Erik Kramer am 3. Februar 1981 am Duke University Medical Center in Durham, North Carolina (USA), auf. Der Versuch auf einer 2,43 m großen Ebene dauerte 43 Tage.
Arnaud de Nechaud de Feral hielt sich vom 9. Oktober bis 21. Dezember 1989 im Rahmen der *Hydra-IX*-Operation in Marseilles 73 Tage in einer Überdruckkammer auf, in der eine Tauchtiefe von 300 m simuliert wurde. Er atmete »Hydrox«, eine Mischung aus Wasserstoff und Sauerstoff.

Die tiefste Unterwasser-Rettungsaktion betraf das U-Boot *Pisces III*, in dem Roger R. Chapman und Roger Mallinson 76 Std. lang eingeschlossen waren, nachdem es 240 km südöstlich von Cork (Irland) am 29. August 1973 gesunken war. Das U-Boot wurde aus 480 m Tiefe vom Kabelschiff *John Cabot* am 1. September gehoben. An der Rettung waren außerdem *Pisces V*, *Pisces II* und das ferngelenkte US-Rettungsschiff *C. U. R. V.* beteiligt.

Die größte Tiefe, aus der ein Mensch sich ohne Hilfe befreien konnte, war 68,6 m. In dieser Tiefe gelang es Richard A. Slater am 28. September 1970 vor Catalina Island, Kalifornien (USA), aus dem gerammten Tauchboot *Nekton Beta* zu entkommen.
Aus einer Tiefe von 183 m retteten sich Norman Cooke und Hamish Jones am 22. Juli 1987 während eines Marinemanövers an die Meeresoberfläche. Cooke und Jones, die ihr Abenteuer vor Bergen (Norwegen) vom U-Boot HMS *Otus* aus gestartet hatten, trugen normale Taucheranzüge, in die Schwimmwesten eingearbeitet waren. Während des Aufstiegs wurden die beiden mit Luft versorgt, die von den Schwimmwesten in eine Art »Kapuze« strömte.

Die tiefste Bergung gelang am 20. Mai 1972 in einer Tiefe von 5029 m, als der Bathyskaph *Trieste II* (Korvettenkapitän Mel Bartels, US-Marine) an einer sich auf dem Meeresboden 645 km nördlich von Hawaii befindlichen »Elektronen-Ladung« Taue anbrachte.

Der Tiefenrekord im Bergungstauchen gelang zwölf Tauchern unter der Führung des ehemaligen britischen Marineoffiziers Michael Stewart vom 17. September bis zum 7. Oktober 1981 in der Barentssee, einem Teil des Nordpolarmeers, vor Nordnorwegen. Dort lag in einer Tiefe von 244,7 m das Wrack des Kreuzers *Edinburgh*, der am 2. Mai 1942 gesunken war.

Elf Skilehrer der Skischule Happy Altenmarkt (Österreich) fuhren auf einem Paar Ski.

In dem Kreuzer lagen 460 Goldbarren. Diese Goldbarren wurden alle geborgen – bis heute der einzige Fall, in dem ein versunkener Schatz zu 100 Prozent wieder ans Tageslicht befördert werden konnte. Die zwölf Taucher waren von der 1446 t großen *Stephaniturm* jeweils paarweise in einer Taucherglocke zum Wrack des Kreuzers hinabgeglitten. Der erste Schatztaucher, der das Gold berührte, war John Rossier.

Höhentauchen: Im 4938 m hoch gelegenen Himalaja-See Donag-Tsho (Nepal) tauchten am 4. März 1989 die Briten Frank B. Mee, Dr. John Leach und Dr. Andy McLean. Sie erreichten eine Tauchtiefe von 28 m (Wassertemperatur: −28°C). Zuvor hatten sie sich allerdings durch eine 1,50 m dicke Eisschicht arbeiten müssen.

Kap-Hoorn-Umschwimmen: Eine fast unglaubliche Geschichte brachte der ehemalige Kapitän und jetzige Versicherungskaufmann Dietrich Freiherr von Blomberg (* 1955) von seiner letzten Südamerikareise mit: Er umschwamm den seemännischen Prüfstein am Ende der Welt – Kap Hoorn. In ca. 10 Min. bewältigte er die etwa 500 m lange Strecke mit starker Strömung und riesigen Wellenbergen bei einer Wassertemperatur von nur 10 bis 12°C am 26. Dezember 1986. Allerdings hatte er – wie von Einheimischen bestätigt – das für Kap Hoorn seit Menschengedenken beste Wetter.

Wildwasserschwimmen: Ausgerüstet mit einem 7 mm starken Neoprene-Anzug und Schwimmweste, bezwang Manfred Kraus (* 1956) aus Rottenburg (Baden-Württemberg) in 72 Stunden reiner Schwimmzeit die 424 km des Colorado im Grand Cañon. Der tollkühne »Crazy Kraus« verteilte sein Wildwasserabenteuer durch 167 Stromschnellen auf 14 Tage im Sommer 1988.

Die schnellste Bodenseedurchquerung gelang dem 24jährigen Informatikstudenten Manfred Köder (* 1965) aus Friedrichshafen. Am 18. August 1989 kraulte er nonstop von der Vorarlberger Landeshauptstadt Bregenz bis zum Konstanzer Einhorn. Die rund 50 km lange Strecke mit einem Höhenunterschied von 41,6 m bewältigte er in 13:46 Std.

Donau-Floßfahrt: Zur längsten Floßfahrt auf der schiffbaren Donau von Ulm (Stromkilometer 2586) bis Sulina am Schwarzen Meer benötigten Dr. Peter Bernhart (* 1940) und sein Sohn Jakob (* 1977) aus Hög (Bayern) mit wechselnder weiterer Zwei-Personen-Besetzung fünf Etappen 1984, 1986–89. Dann waren mit dem selbstgebauten Floß *Wellgunde* 2586 km zurückgelegt. Weitere 81 km kamen durch die Stromauffahrt durch die Deltakanäle nach der Hafenstadt Izmail (UdSSR) hinzu. Insgesamt waren Vater und Sohn 116 Tage auf ihrem 5,6 m langen und 2,5 m breiten Eigenbau unterwegs.

Kajak-Rekordleistung: Pünktlich um 15 Uhr 30 am 5. Juni 1988 verkündeten Olivier Plein, Stefan Laux und Andreas Döring stolz: »Wir haben es geschafft!« Exakt 24 Std. waren die drei Sportler mit ihren Kajaks auf dem Rhein unterwegs und stellten damit einen neuen Rekord mit 247,6 erreichten Kilometern auf. Start war Rhein-km 409,1 (Brühl/Schwetzingen), Ziel Rhein-km 656,7 (Bonn).

Schlepp-Rekord: Ein Ruder-Achter des See-Clubs Luzern lieferte am 27. September 1987 dem Passagierraddampfer *Schiller* einen denkwürdigen Kampf auf dem Vierwaldstättersee. Den neun Ruderern des Stammtisch-Achters gelang es, das 320 BRT schwere Oldtimer-Dampfschiff, das mit blockierter Maschine schwamm, in drei Min. 30 m weit zu ziehen. Das ungewöhnliche Spektakel war Höhepunkt einer ZDF-Sendung *Wetten dass . . .*?

Gehen auf dem Wasser: Mehr als 575 km ist Fritz Weber vom 1. September bis 15. Oktober 1983 auf dem Main gewandelt. Er benutzte bei seiner Flußwanderung zwischen Bayreuth und Mainz übergroße Schwimmschuhe.
Eine Wasserwanderung über den Atlantischen Ozean hat 1988 Rémy Bricka aus Paris unternommen. Am 2. April war er in Teneriffa auf seinen 4,2 m langen Wasserski losgezogen, nach 5636 km kam er am 31. Mai in Trinidad an.

Polarforschung

Erste am Nordpol: Die Arktisforscher Dr. Frederick Albert Cook (1865–1940) und Fregattenkapitän (später Vizeadmiral) Robert Edwin Peary (1856–1920) erhoben beide den Anspruch, den Nordpol erreicht zu haben, doch mangelt es in beiden Fällen an eindeutigen Beweisen, und jüngste Nachforschungen haben zu widersprüchlichen Schlußfolgerungen geführt . . .

Wally Herberts Nordpolexpedition von 1968/69 erzielte auf äußerst günstigem Packeis als besten Tagesdurchschnitt 37 km in 15 Std. Cook machte für zwei verschiedene Tage Marschleistungen von 41,8 km geltend und Peary sogar ein kaum zu erreichendes Durchschnittstempo von 61 km für acht aufeinanderfolgende Tage.
Die ersten Menschen, die tatsächlich am Nordpol standen – genau auf dem Breitengrad 90° 00′ 00″ N (± 300 m) –, waren die Sowjets Pavel Afanasjewitsch Geordijenko, Pavel Kononowitsch Senko, Michail Michailowitsch Somov und Michail Jemeljenowitsch Ostrekin. Sie erreichten am 23. April 1948 mit dem Flugzeug den Nordpol.

Geprüft und bestätigt sind folgende Nordpol-Eroberungen: Der Amerikaner Ralph Plaistedt, begleitet von Walter Pederson, Gerald Pitzel und Jean Luc Bombardier, erreichte am 19. April 1968 um 15 Uhr nach einer 42tägigen Fahrt in vier Motorschlitten den Pol. Ihre Ankunft wurde 18 Std. später von einem Flugzeug des meteorologischen Dienstes der amerikanischen Luftwaffe bestätigt. (Der Meeresboden ist 4087 m unter dem Nordpol.) Auf dem Luftweg verließen sie den Pol.
Naomi Uemura (1941–84), der japanische Forscher und Bergsteiger, erreichte als erster im Alleingang am 1. Mai 1978 um 4 Uhr 45 (Weltzeit) über das nördliche Eiskap den Nordpol. Seit seinem Aufbruch am 7. März von Kap Edward auf Ellesmere Island (Nordkanada) hatte er mit seinem von 17 Hunden gezogenen Schlitten *Aurora* 725 km zurückgelegt. Sein Tagesdurchschnitt war um 13 km. Er kehrte auf dem Luftweg zurück.

Der erste Mensch, der den Nordpol allein und auch ohne Hunde erreichte, war Dr. Jean-Louis Etienne. Er brauchte dazu 63 Tage, ehe er am 11. Mai 1986 am Ziel anlangte. Fukashi Kazami aus Tokio traf am 20. April 1987 auf einem 250 cm^3 starken Motorrad am Nordpol ein. Er war am 8. März auf Ward Hunt Island im Norden Kanadas aufgebrochen und 44 Tage lang unterwegs. Beide verließen den Nordpol mit dem Flugzeug.

Die erste Frau, die den Nordpol betrat, war Fran Phipps, die Frau des kanadischen Buschpiloten Weldy Phipps, am 5. April 1971. Ihr folgten Galina Alexandrowna Lastowskaja (* 1941) und Lilia Wladislawowna Minina (* 1959), die zur Besatzung des sowjetischen Eisbrechers mit Atomantrieb *Arktika* gehörten, der den Pol am 17. August 1977 erreichte.

Wettstreit um den Südpol: Die ersten Schiffe, die den südlichen Polarkreis (66°33′S) überquerten, waren die *Resolution* (462 BRT) unter dem britischen Kapitän James Cook (1728–79)

mit 139 Mann Besatzung sowie die *Adventure* (336 BRT) unter Tobias Furneaux am 17. Januar 1773 auf 39° O. Der erste Mensch, von dem bekannt ist, daß er das Schelfeis der Antarktis gesichtet hat, war Thaddeus Thadderich Bellingshausen, der am 27. Januar 1820 mit dem Segelschiff *Wostok*, begleitet von der *Mirnyy* in russischem Auftrag so weit südlich kam. Drei Tage später, am 30. Januar 1820, erblickten William Smith (1790–1847) und Edward Bransfield von Bord der Brigg *Williams* aus die Berge von Trinity Land.

Der Südpol (2779 m über dem Meeresspiegel) wurde erstmals erreicht am 14. Dezember 1911 um 11 Uhr von einer norwegischen Expedition unter der Leitung von Roald Amundsen (1872–1928) – und vier Wochen vor dem Briten F. Scott – nach einem 53tägigen Marsch mit Hundeschlitten von der Walfischbai aus, bis wohin sie mit dem Forschungsschiff *Fram* vorgedrungen waren. Spätere Berechnungen ergaben, daß Olav Olavson Bjaaland und Helmer Hanssen den exakten Pol um etwa 400–600 m verpaßt hatten. Die weiteren Teilnehmer der Expedition waren Sverre H. Hassell († 1928) und Oskar Wisting († 1936).

Die erste Frau, die den Südpolarkontinent betrat, war am 20. Februar 1935 Karoline Mikkelsen. Auf dem Südpol selbst stand die erste Frau am 11. November 1969; an diesem Tag trafen dort die Amerikanerinnen Lois Jones, Eileen McSaveney, Jean Pearson und Terry Lee Tickhill sowie Kay Lindsay (Australien) und Pam Young (Neuseeland) auf dem Luftweg ein.

Die ersten Menschen, die beide Pole gesehen haben, waren Roald E. Amundsen und Oskar Wisting. Am 14. Dezember 1911 hatten sie den Südpol erreicht, am 12. Mai 1926 flogen sie an Bord des Luftschiffs *Norse* über den Nordpol.

Eierbrater im freien Fall

Zwischen Himmel und Erde bereitete Küchenmeister Eugen Schuler aus Donauwörth (Schwaben) seinem Landrat fünf Spiegeleier zu. Am 20. Mai 1990 löste der Chefkoch vom Donauwörther Parkcafé so seine »Eier-Sprung-Wette« ein. Im Tandemsprung, gemeinsam mit dem Münchner Sepp Würzinger, sprang er aus 3200 m Höhe aus einem Hubschrauber. Nach 12 Sek. im freien Fall bei 280 km/h öffneten sie in 2500 m Höhe die Fallschirme. Die Gleitzeit von 8:43 Min. reichte aus, um den umgeschnallten Gaskocher anzuzünden, den Speck zu rösten und die Eier mit Salz und Pfeffer zu würzen. Nach der sicheren Landung mit den servierfertigen Eiern auf dem Genderkinger Flugplatz konnte der tollkühne Eierspringer den Tisch auf dem Rollfeld decken. Der unterlegene Wettpartner durfte nun seinerseits 1000 Spiegeleier braten.

Der erste Mensch, der an beiden Polen war, ist der Amerikaner Dr. Albert Paddock Crary. Den Nordpol erreichte er am 3. Mai 1952 mit einem Flugzeug vom Typ *Dakota* und den Südpol am 12. Februar 1961 während einer wissenschaftlichen Expedition quer durch die Antarktis von der McMurdo-Station aus.

Der erste Mensch, der beide Pole zu Fuß erreichte, war der Brite Robert Swan (* 1956). Zuerst hatte er eine Drei-Mann-Expedition geleitet, die auf Scotts Spuren wandelte und am 11. Januar 1986 am Südpol ankam. Drei Jahre später führte Swan sieben weitere Eiswanderer zum Nordpol, am 14. Mai 1989 waren sie am Ziel.

Die erste Überquerung des arktischen Meereises gelang der britischen Transarktis-Expedition, die am 21. Februar 1968 Point Barrow (Alaska) verließ und 464 Tage später, am 29. Mai 1969, am Archipel der Sieben Inseln nordöstlich von Spitzbergen eintraf. Sie hatte eine Entfernung von 4699 km zu Fuß und mit Schlitten sowie 1126 km auf Treibeis zurückgelegt (die Entfernung in gerader Linie beträgt 2674 km). Leiter der Gruppe war Wally Herbert. Ihr gehörten ferner an: Major Ken Hedges, Allan Gill, der Gletscherforscher Dr. Roy Koerner und 40 Eskimohunde.

Die einzige Überquerung innerhalb einer Jahreszeit gelang Fiennes und Burton (s. u.) von Alert über den Nordpol zur Grönlandsee in offenen Schneemobilen. Beide Expeditionen erreichten den Nordpol und kehrten auf dem Landweg zurück.

Die erste Landüberquerung des antarktischen Kontinents wurde am 2. März 1958 um 13 Uhr 47 nach einem 99tägigen Marsch über 3473 km vollendet. Die 12köpfige Forschergruppe, geleitet von dem Briten Sir Vivian Fuchs (* 1908), war am 24. November 1957 an der Shackleton-Basis aufgebrochen und über den Pol zur Scott-Basis gelangt.

Die 4185 km lange Strecke quer durch die Antarktis wurde von den Teilnehmern der Transglobe-Expedition (1980–82) vom 26. Oktober 1980 bis 11. Januar 1981 in 66 Tagen absolviert. Am 23. Dezember 1980 wurde dabei der Südpol überquert. Die Drei-Mann-Gruppe auf Schneemobilen bestand aus Sir Ranulph Fiennes (* 1944), Oliver Shepard und Charles Burton.

Erste Erdumkreisung über die Pole: Sir Ranulph Fiennes und Charles Burton von der Transglobe-Expedition brachen am 2. September 1979 südlich von Greenwich (GB) auf und reisten entlang dem Nullmeridian über den Südpol (15. Dezember 1980) und den Nordpol (10. April 1982) und kamen am 29. August 1982 nach 56 325 km Fahrt wieder in Greenwich an.

Die längste polare Schlittenreise, die ohne Hilfe von außen auskam, führte vom 18. Juni bis zum 5. September 1934 über 1738 km in West-Ost-Richtung durch Grönland (jetzt Kalaallit Nunaat). Leiter der dreiköpfigen Gruppe, die mit 49 Schlittenhunden unterwegs war, war Captain M. Lindsay (1905–81). Die erste Überquerung der Eiskappe gelang Fridtjof Nansen (1861–1930), der 1888 vom Südosten Grönlands mit von Menschen gezogenen Schlitten zur Westküste aufgebrochen war.

FREIZEITSPORT

BERGSTEIGEN

Der Mt. Everest (8863 m) wurde zum ersten Mal am 29. Mai 1953 um 11 Uhr 30 bezwungen, als Edmund Percival Hillary (*20. Juli 1919) aus Neuseeland und der Sherpa Tenzing Norgay (1914–86) den Gipfel erreichten.

Am 14. Mai 1978 bestieg der Österreicher Franz Oppurg (1948–81) den Gipfel des Mt. Everest im Alleingang. 1978 erreichte die österreichische Everest-Expedition unter Wolfgang Nairz internationale Beachtung, weil der Österreicher Peter Habeler (* 22. Juli 1942) und der Südtiroler Reinhold Messner (* 17. September 1944) den Gipfel ohne künstlichen Sauerstoff bestiegen.
Die erste Frau, die den Gipfel erreichte, war Junko Tabei (* 1939, Japan) am 16. Mai 1975.
Am häufigsten den Mt. Everest bezwungen hat der Sherpa Ang Rita (* 1939). Ang Rita schaffte das Kletterkunststück 1983, 84, 85, 87, 88 und 90 ohne Sauerstoffgerät – auch dies ein Rekord.
Ältester Bergsteiger auf dem Mt. Everest war Richard Daniel Bass (* 21. Dezember 1929). Er genoß das Gipfelglück am 30. April 1985 im Alter von 55 Jahren, 130 Tagen.

Achttausender: Der Südtiroler Gipfelstürmer Reinhold Messner (* 1944) hat alle 14 Achttausender, die es gibt, bestiegen. Der Extremkletterer verzichtete dabei auf ein Sauerstoffgerät. Messner ist der erste Bergsteiger der Welt, der die drei höchsten Berge schaffte: den Mt. Everest, den K 2 und den Kangchenjunga.

Der erste Mensch, der den jeweils höchsten Berg in allen sieben Kontinenten bezwungen hat, war der Kanadier Patrick Morrow (* 18. Oktober 1952). Als letzten der sieben Gipfel erklomm er am 7. Mai 1986 den Puncak Jayak, ehemals die Carstensz-Pyramide, in Irian Jaya. Die höchsten Berge sind: in Afrika der Kilimandscharo (5895 m), in der Antarktis das Vinson-Massiv (5140 m), in Asien der Mt. Everest (8863 m), in Europa der Elbrus (5642 m), in Nord- und Zentralamerika der McKinley (6194 m), in Südamerika der Aconcagua (6960 m) und in Australasien (Ozeanien) der 5030 m hohe Puncak Jayak (s. S. 147).

Die höchste Endstrecke in einem Wandaufstieg ist die der Südseite des Annapurna (8091 m). Sie wurde von einer britischen Expedition unter der Leitung von Christian Bonington (* 1934) bestiegen. Vom 2. April bis 27. Mai 1970 erstiegen Donald Whillans (* 1933) und Dougal Haston mit Hilfe von 5500 m Seil den Gipfel.

Der längste Wandaufstieg ist die Rupal-Flanke vom Basislager in 3560 m Höhe zum 8042 m hohen Südpunkt des Nanga Parbat – ein senkrechter Aufstieg von 4482 m. Er wurde im April 1970 von der österreichisch-deutsch-italienischen Expedition unter der Leitung von Dr. Karl Maria Herrligkoffer unternommen.

Die höchste Wand in Europa ist die 2000 m hohe Eiger-Nordwand, die zum ersten Mal vom 21. bis 24. Juli 1938 erstiegen wurde von Fritz Kasparek und Heinrich Harrer (Österreich) und Anderl Heckmair und Ludwig Vörg (Deutschland).
Die Nordostseite des Eiger wurde am 20. August 1932 von Hans Lauper, Alfred Zürcher, Alexander Graven und Joseph Knubel bestiegen.

Den größten alpinen Alleingang bewältigte Walter Bonatti (* 22. Juni 1930, Italien), als er die Südwestsäule des Dru, Montenvers, jetzt Bonatti-Säule genannt, mit fünf Biwaks in 126:07 Std. vom 17. bis 22. August 1955 bestieg.
Eine einmalige Leistung für den Klettersport stellten die Alpinisten Siegert, Kauschke und Uhner aus München am 26. Januar 1963 auf, als sie die erste Winterdurchsteigung der 550 m hohen Nordwand der Großen Zinne, Dolomiten, auf der Route der direkten Fallinie unternahmen. Sie erreichten den Gipfel nach 17 Biwaks.
Im Alleingang ohne Sauerstoff stieg am 3. Juli 1953 Hermann Buhl (1924–57, Österreich) auf den Nanga Parbat (8125 m).

DRACHENFLIEGEN

Den Absprung aus der höchsten Höhe schaffte John Bird am 29. August 1982: Der Drachenflieger war in einer Höhe von 11 887,2 m aus einem Heißluftballon gestartet. Bird landete in Edmonton, Alberta (Kanada), 80,4 km von der Stelle entfernt, an der er mit dem Ballon aufgestiegen war.

Den leichtesten Motorgleitschirm mit einem Gewicht von 21,6 kg benutzte Günter Bomm (* 1950) aus Backnang (Baden-Württemberg). Mit dem Antriebsgerät von 16 kg auf dem Rükken erlebte er seine Flugpremiere am 8. August 1987. Das leichteste manntragende Flugzeug erlaubt es dem Piloten, vom ebenen Boden aus mit dem Gleitschirm zu starten.

Zur ersten Ärmelkanal-Überquerung mit dem Motorgleitschirm startete der Augsburger Fotojournalist Achim Mende (* 1963) am 19. Oktober 1988 in Cap Blanc Nez (bei Calais). Nach 1:36 Std. Flugzeit war die Strecke von 39 km bewältigt und Abbotscliff zwischen Folkestone und Dover erreicht.

Längster Schlepp mit einem Lenkdrachengespann: Im Drachensteigen gelang Reenhard Gerdes (* 1959) aus Nordhorn am 17. Juni 1987 ein nicht alltäglicher Rekord. Auf dem dänischen Fanø-Strand legte er bei einer Windstärke von 6–7 auf Schuhsohlen mit einem Lenkdrachengespann 10,2 km zurück.

Einen Langzeitrekord mit 291:47 Std. stellte der Student der Zahnmedizin Zoltan Ovari (* 1964) aus Augsburg zwischen dem 25. Juni 1989 und dem 31. August 1990 mit seinem Motordrachen auf. Er flog das gewichtskraftgesteuerte Ultraleichtflugzeug vom Typ *UPM-Omega* von Donaueschingen (Baden-Württemberg) bis nach Adelaide (Australien) über 19 Länder 20 563 km lang.

In Formation flogen 207 Lenkdrachen am 31. März 1991 über Fuerteventura. Michael Werner aus Oldenburg (Niedersachsen) und Henrik Niggemeyer aus Swisttal (Nordrhein-Westfalen) hatten die Drachen im Meter-Abstand durch jeweils drei Schnüre miteinander verbunden und so ein 260 m langes Fluggerät gebaut. 30 Personen halfen beim Start, ein Auto und sechs Personen beim Flug und den beiden geglückten Loopings des Drachen.

DARTS

Die meisten Weltmeisterschaften, eingeführt 1974, erkämpfte sich Eric Bristow (* 25. April 1957) mit fünf Siegen 1977, 1979, 1981, 1983/84. Er holte sich darüber hinaus auch fünfmal den Titel bei den Profis, eingeführt 1978, und zwar 1980/81 und 1984–86. Außerdem gewann er viermal den Einzel-Weltcup 1983, 1985, 1987 und 1989.

Worldcup: Den Einführungswettbewerb 1977 im Wembley-Tagungs-Center (London) gewann Wales, anschließend hieß der Sieger sechsmal England.

Den höchsten Geldpreis gewann mit 387 600 DM John Lowe, der am 13. Oktober 1984 im Viertelfinale in Slough (GB) die ersten 501 mit neun Darts schaffte.

Das schnellste Spiel (dreimal 301) schaffte Keith Deller am 22. Oktober 1985 in der BBC-TV-Sendung *Rekordbrecher* mit 1:47 Min.

Stolz präsentiert Drehorgel-Rolf seinen Flaschenöffner mit der Aufschrift »Made in Sachsen-Anhalt«.

Die wenigsten Versuche bei 201 sind vier Darts, bei 301 sechs Darts, bei 401 sieben Darts und bei 501 neun Darts.

Darts-Marathon: In Eschweiler (Nordrhein-Westfalen) stellten Michael Traub (*1966) und Hans Krückels (*1934) mit 173:16 Std. einen neuen Rekord im Darts auf. Vom 27. Dezember 1990 bis 3. Januar 1991 absolvierten sie ihr Spiel unter der Aufsicht von 30 einander abwechselnden Schiedsrichtern.
Gut 40000 Pfeile flogen vom 19. Juli bis zum 1. August 1989 in der Gaststätte Zum Tulpeneck in Unna-Königsborn (Nordrhein-Westfalen), dann hatte es der Versicherungskaufmann Jürgen Apfelbaum (*1958) geschafft: mit 300:33:33 Std. wurde er neuer Rekordhalter im Dauer-Dartsspiel.

FAUSTBALL

Ursprünge: Erstmals erwähnt im Jahr 240 n. Chr. von Gordianus, Kaiser von Rom. Im Mittelalter entwickelte sich das Spiel besonders in Italien. Antonio Scaino verfaßte 1855 erste Regeln. Johann Wolfgang von Goethe erwähnt in seinem Tagebuch *Italienische Reise* 1786 eine Begegnung zwischen vier Veronesern und vier Vicentern. Georg Heinrich Weber veröffentlichte 1893 dann ein verfeinertes Regelwerk. Die erste Deutsche Meisterschaft der Männer fand 1913 statt.
Der Internationale Verband, gegründet 1960, umfaßt zwölf Verbände, darunter den Österreichischen Handball- und Faustballbund, die Interverbandskommission für Faustball in der Schweiz und den Deutschen Turner-Bund mit der Sparte Faustball.

Weltmeisterschaften, eingeführt 1965: Alle sechs bisherigen Turniere gewann die Bundesrepublik Deutschland (1968, 1972, 1976, 1979, 1982 und 1986).

Europameisterschaften, eingeführt 1965: Sechsmal gewann die Bundesrepublik Deutschland (1965, 1970, 1974, 1978, 1981, 1988) und einmal Österreich (1984).

Weltcup, eingeführt 1986: Erster Sieger wurde in Porto Alegre (Brasilien) Bayer 04 Leverkusen. 1988 siegte an gleicher Stelle Sogipa Porto Alegre, 1990 der TSV Hagen.

Europacup, eingeführt 1963: Erster Gewinner war die ISG Hirschfelde (DDR). Am häufigsten siegte der TSV Pfungstadt (Bundesrepublik Deutschland), und zwar fünfmal: 1970, 1976, 1978, 1982, 1984. In der Halle gewannen je zweimal TSV Pfungstadt (1985, 86) und RW Koblenz (1987, 88).

Deutsche Meisterschaften: Je zehnmal den Titel auf dem Feld holten sich bei den Männern der TV Licht-Luftbad Frankfurt und TSV Pfungstadt, der außerdem noch sechsmal in der Halle erfolgreich war. Ebenfalls zehnmal siegten die Frauen der TSG Düsseldorf-Benrath auf dem Feld; dazu kommen acht Erfolge in der Halle.

Deutscher Rekord-Nationalspieler ist Dieter Thomas mit 141 Länderspielen.

LEIBESÜBUNGEN

Die meisten Klimmzüge schaffte der Koreaner Lee Chin Yong (*15. August 1925) mit 370.

Unter den deutschen Formationsteams bei den Lateinamerikanischen Tänzen zählt Europa- und Weltmeister Velbert zu den besten.

Er vollbrachte seinen Kraftakt am 14. Mai 1988 im Backyon Gymnasium, Seoul (Südkorea).

Die meisten Kniebeugen: Der Kriminalbeamte Jean-Luis Royet (*1946) aus Limburg (Lahn) stellte am 29. Juni 1988 einen neuen Rekord im Kniebeugen auf. In genau 90 Min. ging er 4497mal in die Knie. Damit ist es ihm gelungen, die alte Bestmarke um stolze 353 Kniebeugen zu überbieten.

Die meisten Liegestütze in 24 Std. schaffte der Engländer Paddy Doyle mit 37350 Liegestützen – demonstriert am 1./2. Mai 1989 in Holiday Inn in Birmingham, West Midlands.

Auf 31250 Dauerliegestütze brachte es der Schriftsetzer Rolf Heck (*1947) aus Rastatt (Baden-Württemberg) am 10./11. März 1990 bei einem Rekordversuch im Rheinpark in Germersheim (Rheinland-Pfalz).

2317 Liegestütze in 30 Min. schaffte am 20. Mai 1989 der Spritzlackierer Hans Bognar (*1955) aus Frommern (Baden-Württemberg). Tatort war Alf's Studio in Balingen.

Die meisten einarmigen Liegestütze in 30 Min. führte der Masseur Helmut Müller (*1959) aus Würzburg mit 810 am 6. Februar 1988 aus.

Die meisten Handstandstützen in 1 Std. zeigte am 18. Mai 1986 mit 1985 Chung Kwun Ying aus Hongkong in der Government City Hall.

Die meisten Bauchaufzüge in 24 Std. mit 60405 erbrachte der Amerikaner Louis Scripa jr. am 5./6. August 1985 in Sacramento, Kalifornien.

Rolle vorwärts: 8341 oder 19,67 km schaffte Ashrita Furman in 10:30 Std. von Lexington nach Charleston, Massachusetts (USA), am 30. April 1986.

Die meisten Purzelbäume schlug Mike Braun (* 13. Juni 1966) aus Bergen im Rems-Murr-Kreis (Baden-Württemberg) am 23. Juli 1985. Er brachte es im Waiblinger Stadion auf 8834 Purzelbäume in 7:46 Std. und legte dabei eine Strecke von 16,737 km zurück.

Der Japaner Shigeru Iwasaki (* 1960) legte am 30. März 1980 in Tokio die 50 m per **Rückwärts-Rollen** in 10,8 Sek. zurück.

TANZEN

Turniertanz

Als Einzelkonkurrenz gibt es drei verschiedene Wettbewerbe: Die Standard-Tänze (Langsamer Walzer, Tango, Slowfox, Wiener Walzer, Quickstep), die – erst nach dem Zweiten Weltkrieg eingeführten – lateinamerikanischen Tänze (Rumba, Samba, Cha-Cha, Jive, Pasodoble) sowie die Kombination, bestehend aus Standard und Latein.

Erfolgreichste Teilnehmer bei der Latein-WM waren die Deutschen Dr. Jürgen und Helga Bernhold mit vier Titeln (1962, 63, 1966, 67) sowie Peter und Hanni Neubeck mit drei Siegen (1968, 1970, 71).

Am häufigsten Deutsche Meister in den Standardtänzen wurden mit je sechs Titeln Karl und Ursula Breuer (1958–61, 1968, 69) sowie Ulrich Busch/Renate Hilgert (1976–81), die außerdem noch fünfmal die Kombination (1976–81) und dreimal in den lateinamerikanischen Tänzen (1976, 1979, 80) erfolgreich waren. Auf ihr Konto kommen außerdem noch vier World-Cup-Siege in der Kombination (1978–81) sowie die Standard-Weltmeisterschaft 1982 in Frankfurt/Main und die British Open im gleichen Jahr in Blackpool.
Nico und Uschi Riedl, Wiesbaden, wurden sechsmal in Folge Sieger in Blackpool (1984–89) bei den Senioren und siebenmal in Folge Deutscher Meister (1983–89) bei den Senioren.

Am häufigsten Deutsche Meister in den lateinamerikanischen Tänzen wurden mit sechs Titeln Horst Beer/Andrea Lankenau (1981–86), die auch 1985 den WM-Titel errangen. Mit je vier Siegen folgen Dr. Jürgen und Helga Bernhold (1962, 63, 1966, 67) sowie Peter und Hanni Neubeck (1968–71).

Als das erfolgreichste Profi-Paar der Welt gelten Bill und Bobbie Irvine (Südafrika/GB), die insgesamt zwölfmal die Weltmeisterschaft erkämpften: Standard 1960, 1962–65, 1967, 68, Latein 1961, 1966, 1968 und Allround 1962, 63.

Allround (zehn Tänze): Fünfmal den Titel holten sich David Sycamore/Denise Weavers (GB) 1981–85.

Standard: Fünfmal Weltmeister (1981–85) wurden die Engländer Michael und Vicky Barr.

Formationstanz-WM, eingeführt 1973: Die TSG Bremerhaven ist Rekordgewinner im Latein-amerikanischen Wettbewerb mit acht Titeln (1977, 1979–81, 1983–85, 1987). In der Standardkonkurrenz siegte sechsmal in Folge der 1. TC Ludwigsburg (1985–90). Blau-Weiß Düsseldorf war viermal (1979–82) erfolgreich. Deutschland ist absolut führend in diesen Disziplinen.

Gesellschaftstanz

Die größte Tanzveranstaltung war eine »Mondschein-Serenade«, zu der am 20. Juli 1984 in Buffalo, New York (USA), das Glenn-Miller-Orchester unter freiem Himmel aufspielte und an der sich etwa 25000 Menschen beteiligten.

Die erfolgreichsten Gesellschaftstanz-Professionals der Welt sind Bill und Bobbie Irvine (GB), die zwischen 1960 und 1972 13 Weltmeisterschaften gewannen.

Im Helikopterdrehen stellte der Schüler Niels Robitzky (* 1969) aus Eutin mit 61 Umdrehungen einen neuen Rekord auf. Mit viel Schwung übertraf der Akrobatikkünstler am 16. April 1987 in der Diskothek Kolm 7 in Eckernförde alle bisherigen Rekorde.

Im Cha-Cha-Cha-Formationstanz stellten 1086 Tänzerinnen und Tänzer in der Ulmer Donauhalle am 2. Dezember 1989 einen neuen Rekord auf. Die Tanzschule Moldering aus Ulm (Baden-Württemberg) hatte die 543 Paare zum Cha-Cha-Cha-Welttanzprogramm vereint.

Limbo: Nur 15,25 cm lagen zwischen dem Boden und der brennenden Stange, unter der sich am 2. März 1991 in Kent, Washington (USA), Dennis Walston durchschlängelte – niedriger hat es noch kein(e) Limbo-Tänzer(in) geschafft. Unterboten wurde dieser Rekord nur mit Hilfe von Rollschuhen: Er steht bei 13,33 cm. Erzielt wurde er erstmals am 22. Januar 1984 von Denise Culp aus Rock Hill (USA).
Erster Titelträger bei den offiziellen Weltmeisterschaften im Limbotanz war Junior J. Renaud (* 7. Juni 1954) aus Australien. Premiere dieses Wettbewerbs war am 19. Februar 1974 in Port of Spain (Trinidad und Tobago).

Polonaise: Europas größte Tageszeitung *Bild* rief – und 130000 Berlinerinnen und Berliner kamen am 10. Juli 1988 zum Kurfürstendamm, um die längste Polonaise der Welt zu bilden. Der Rekord diente einem guten Zweck. Vom Erlös der Teilnahme-Buttons wurde im Rahmen der Verkehrsaktion »Ein Herz für Kinder« (von *Bild* 1977 ins Leben gerufen) an einer besonders verkehrsreichen Kreuzung in Berlin eine Ampelanlage zur Sicherheit der Kinder gebaut.

Eine Rock 'n' Roll-Formation tanzten am 7. Oktober 1989 die »Rock-Bambinos« der Tanzschule Bäulke in der Kongreßhalle Gießen (Hessen). 458 Kinder zwischen sechs und 13 Jahren tanzten sechs Min. lang zu Bill Haley's *Rock around the Clock* und Chubby Checker's *Let's twist again*. Damit holte sich die Kinder-Formation den Rekord mit einer Show für krebskranke Kinder (Kinder tanzen für Kinder). Die Rock 'n' Roll-Tanzprofessionals Irene (* 1957) und Hansjörg (* 1958) Scheicher aus Vöcklabruck (Österreich) schafften in Innsbruck am 28. Dezember 1989 gleich 38mal hintereinander Schulterkugeln. Bei dieser Tanzfigur darf die Partnerin den Boden nicht berühren.

Steptanz: Schnellster Steptänzer war bisher Stephen Gare aus Sutton Coldfield (GB). Im Grand Hotel von Birmingham schaffte er am 28. März 1990 eine Quote von 32 Step-Tönen pro Sek. Ausdauerndster Steptänzer ist der Brite Roy Castle. In der Londoner Dauerausstellung »Guinness-Welt der Rekorde« brachte es Castle am 31. Oktober/1. November 1985 auf 1 Mio. Step-Töne (Zeit: 23:44 Std.).
Zum bisher größten gemeinsamen Auftritt versammelten sich am 12. August 1990 vor dem Kaufhaus Macy's in New York 5271 Steptänzer.

9,6 km ist eine Truppe von 17 Tänzern durch die Straßen von San Franzisko (USA) gesteppt. Das jedenfalls behauptete Rosie Radiator (Rose Marie Ostler), die am 16. August 1986 der Truppe vorangetanzt war.

Walzer: 506 Personen tanzten bei 44°C im Schatten gemeinsam den Schneewalzer in einem 24 × 13 m großen und 140 cm tiefen Swimmingpool. Das Tanzvergnügen fand am 24. August 1988 im Robinson Club Pamfilya (Türkei) statt und vereinte große und kleine Feriengäste.

Die längste Wiener-Walzer-Formation bildeten 182 Paare auf einer Strecke von 252,5 m in der Fußgängerzone von Bad Kreuznach (Rheinland-Pfalz). Zum Ersten Internationalen Welttanztag am 5. November 1988 tanzten nach einem Kommando der Tanzschule Daub-Volk alle Teilnehmer nach den Klängen des *Aquamarin*-Walzers von Günther Noris im Dreivierteltakt.

BUMERANG

Ursprünge: Ein ähnliches Wort wie Bumerang (englisch: *boomerang*), nämlich *wo-murrang*, tauchte erstmals 1798 in einem Wörterbuch auf, in Collins' *Acct. N. S. Wales Vocab.* (Australien). 1827 hatte sich der Begriff *boomerang* durchgesetzt. Und 1831 verbürgte sich Major (später Sir Thomas) Mitchell dafür, daß ein Bumerang tatsächlich zurückfliegt.

Rekorde: 801mal hintereinander hat Stéphane Marguerite aus Frankreich einen Bumerang beidhändig wieder aufgefangen – am 26. November 1989 in Lyon.

Den weitesten Wurf (hin und zurück) tat mit 134,2 m der Amerikaner Jim Youngblood am 12. Juni 1989 in Gaithersburg, Maryland. Mit 2:59,94 Min. hat am 25. Juni 1987 in Bethlehem, Pennsylvania (USA), Dennis Joyce einen Bumerang am längsten in der Luft gehalten (dabei muß der Werfer den Bumerang auch wieder auffangen). Der Amerikaner John Flynn fing am 20. August 1988 in Genf (Schweiz) innerhalb von 5 Min. 70mal einen Bumerang wieder auf.
Der Jonglier-Rekord – die Zahl der erfolgreichen Fänge hintereinander mit zwei Bumerangs, von denen ständig mindestens einer in der Luft ist – steht bei 136, ebenfalls von John Flynn am 1. September 1990 in Catskill, New York (USA), aufgestellt.

Auch in Deutschland erfreut sich der Bumerangsport immer größerer Beliebtheit. Ein Beweis dafür dürfte die Leistung des Bad Schwartauers Volker Behrens (* 1957) sein, der den **Weitwurf-Weltrekord** nach Deutschland holte. Am 21. März 1987 warf er den Bumerang 145 m weit, gemessen wird die Umkehrstelle des Wurfgerätes.

VOLKSSPORT

Zum längsten Lauf startete am 6. April 1988 der Hobby-Jogger Alexander Hans-Hermann Parzella (33) aus Wolbeck (Münster). 100 Tage später traf er am 14. August 1988 mittags um 12 Uhr 15 auf dem Prinzipalmarkt in Münster wieder ein und hatte auf seiner Gewalttour quer durch Europa genau 9004,25 km durchlaufen. Parzellas Ziel ist nach wie vor: einmal die Erde im Dauerlauf zu umrunden.

Deutsches Sportabzeichen: Absoluter Rekordhalter ist der Bremer Walter Herrlau (* 1909), der bis 1988 56mal die Bedingungen erfüllte. Er lief die 100 m in 18,4 Sek. und schaffte im Weitsprung aus dem Stand 1,80 m. Außerdem kam der pensionierte Schulleiter im 200-m-Schwimmen auf 5:04 Min., im 100-m-Schwimmen auf 2:01 Min. und im 1000-m-Schwimmen auf 27:00 Min. Bei den Frauen führt die Berlinerin Anne-Lies Hoffmann (* 1914) mit 47 Abzeichen (1988).

In Rekordzeit von 19:19,7 Min. schaffte der Postbeamte Franz-Josef Scherer (* 1937) aus Brechen-Oberbrechen (Hessen) am 6. Juli 1990 sein Sportabzeichen in Gold. In allen fünf Disziplinen (Lauf-Sprint, Weitsprung, Kugelstoßen, 3000-m-Lauf, 200-m-Schwimmen) erkämpfte sich der Triathlet diesen Blitzrekord in Gold auf der Sportanlage Weiherfloß.

Volksläufer: In fast 25 Jahren hat der gelernte Melker Wilhelm Szesniak (* 1916) aus Böklund/Schleswig auf Volksläufen im In- und Ausland über 86 000 km erlaufen (ohne Trainingskilometer). Seit er 1967 mit einem Volkslauf in Leck seine Karriere begonnen hat, erhielt er weit über 3000 Urkunden und Medaillen. Sein Wunsch: noch 100 000 km zu erreichen!
3400 Medaillen und Auszeichnungen hat sich Paul Eppel (* 1918) aus Ludwigshafen/Rhein seit 1962 in allen fünf Erdteilen erlaufen, erwandert und erschwommen. Über 77 600 km im Wettkampf hat er dabei zurückgelegt (ohne Trainingskilometer!).

Deutschlands Langstreckenläufer Nr. 1 ist der Gebäudereiniger Walter Bähre (*1940) aus Emmerthal/Hameln (Niedersachsen). In 73 Tagen lief er mit dem 6-kg-Rucksack auf dem Rücken an den Grenzen des vereinigten Deutschlands entlang und bewältigte im Herbst 1990 5270 km.
Ingo Schulze (*8. Februar 1948) aus Neu-Wulmstorf legte die 1090,7 km lange Strecke von Harreslee bei Flensburg bis nach Linderhof/Oberammergau in 14 Tagen und 3:29 Std. zurück. Start: 14. Juni, Ziel: 2. Juli 1983.

Zu einem Europa-Marathonlauf startete Bodo Slama im Alter von 73 Jahren am 18. April 1988. Der Eiffelturm in Paris war der Ausgangspunkt seines Laufs, der ihn durch drei europäische Staaten führte (Frankreich, Österreich, Deutschland). Am 14. Mai 1988 beendete Slama seinen Gewaltlauf nach 27 Tagen und zwei Std. in Wien am Stefansdom. Sein Tagesdurchschnitt bei diesem 1349-km-Lauf betrug etwa 50 km.
Das Ziel Budapest/Pesthidogkut vor Augen startete der KFZ-Mechaniker Josef Haberl (* 1930) am 15. Juli 1989 auf dem Mosbacher Marktplatz (Baden-Württemberg) zu seinem Marathonlauf. Nach 21 Tagen und 23:45 Std. erreichte der trainierte Langläufer seinen Heimatort am 6. August 1989. Auf seinem nicht organisierten Lauf bewältigte er – bedingt durch Umwege, Witterungseinflüsse und Übernachtungsschwierigkeiten – fast 1200 km bei einem Tagesschnitt von 50–70 km.

Dauerläufer: Seit 17 Jahren läuft der Justizwachtmeister Stefan Himberger (* 1937) aus Waldhilsbach (Neckargemünd) über den Königsstuhl zur 15 km entfernten Dienststelle nach Heidelberg. Insgesamt hat er es zwischen dem 1. Januar 1957 und dem 31. Dezember 1986 bereits auf 268 630 km gebracht.

SPASSREKORDE

Apfelschälen: Den Rekord für die längste beim Schälen unbeschädigte Apfelschale von 52,51 m stellte die damals 17jährige Kathy Wafler aus Wolcott (USA) auf. Zum Schälen des Apfels von 567 g brauchte sie am 16. Oktober 1976 11:30 Std.

Bahrentragen: Ausdauerndste Krankenträger waren bisher zwei Vier-Mann-Teams von Kanadas 1. Sanitätsbataillon. Sie schleppten vom 5. bis 7. April 1989 in Calgary eine Tragbahre mit einem 63,5 kg schweren »Körper« 229 km weit. Dazu brauchten sie 38:39 Std.
Der Rekord für Jugendgruppen (unter 20 Jahre) über acht Std. ist 67,62 km von acht Schülern der Henry Meoles School in Moreton (GB) am 13. Juli 1980.

Bettenschieben: Die längste Strecke, die ein normalerweise immobiles Objekt geschoben wurde, beträgt 5204 km. Es handelt sich um ein Krankenhausbett mit Rädern, das neun Angestellte des Bruntsfield Bedding Centre in Edinburgh (Schottland) vom 21. Juni bis zum 16. Juli 1979 schoben.
Deutschlands Bettenschieber Nr. 1 wurde der Kölner Weltrekordler Clemens Müter (* 1940) mit dem vom TÜV geprüften *Bett 1*. Am 23. Juni 1984 startete in Paris unter dem Triumphbogen

Im Bierkistenturmbau erreichte ein Südtiroler Team mit 31,47 m einen neuen Rekord.

Mit ihren Schultüten kamen 534 Erstklässer zum Gifhorner Schloßhof: das größte Einschulungsfoto entstand.

die 741 km lange Bettenfahrt, zwischenzeitlich befanden sich in der rollenden Liegestatt eine deutsche Zollbeamtin, eine Rundfunkreporterin und eine Weinkönigin; am 8. Juli 1984 war's nach 15 Tagen (151 Std. Schieben) für den um 8 kg Körpergewicht erleichterten Müter im Hürth-Park-Einkaufszentrum beendet: Die 2. Olympiade der Superlative konnte eröffnet werden.

Einen Bierdeckelturm von 9,7 m Höhe bauten Robert Carbanje, Michael Overbeck, Andreas Schulte, Rolf Schwung und Peter Wolsing aus Bocholt (Nordrhein-Westfalen) im Sportzentrum Rhede am 31. Dezember 1988 auf. Für den 2,6 m im Durchmesser starken Turmbau benötigten sie 42432 Bierfilze.
In dreimonatiger Arbeit entstand ein Bierdeckelbau mit mehreren Türmen aus 130000 viereckigen Bierdeckeln. Bauherren waren Dirk Bennje (*1971) und Stephan Kuhlmann (*1972) aus Varel (Niedersachsen). Das Baumaterial lieferte die Warsteiner Brauerei, den Raum stellte ein Möbelhaus zur Verfügung. Ende Oktober 1985 wurde das Bauwerk zur Besichtigung freigegeben.

Bierkistenstapeln: Den neuen Rekord holten sich zehn Hochstapler des Bergrettungsdienstes und der Freiwilligen Feuerwehr Sand in Taufers bei Südtirols Biergaudi des Jahres. Auf jetzt stolze 31,47 m schraubte die Gruppe den Rekord am 25. August 1990. 117 Bierkisten standen 1,85 Sek. frei von jeglicher Fixierung und Verankerung. Augenblicke nach dem neuen Weltrekord krachte der Turm in sich zusammen.

Das kleinste Buddelschiff hat der Hamburger Frank Jester (*1968) aus einem Zahnstocher als Schiffsrumpf, mit einem Telefonbuchseitenschnipsel als Segel, dem ein Haar mit Haarspray als Mast aufgeklebt wurde, gebastelt und in einer 1,2 mm kleinen Mikroglühlampe von 0,65 mm Durchmesser versteckt. Das 0,44 mm hohe Modell war am 14. August 1989 fertiggestellt.

Das weltgrößte Buddelschiff in der größten mundgeblasenen Flasche hat Johnny H. Reinert (*1929) aus Herne (Nordrhein-Westfalen) gebaut. Das Modell des Walfängers *Lagoda* ist 68,2 cm lang, 43 cm hoch, 11 cm breit und Mittelpunkt eines Walfang-Panoramas in einer 129-l-Ballonflasche, die von Glasmachern der Firma Borken-Glas am 24. September 1984 hergestellt wurde.

Computerspiel-Marathon: Mit einer Maus in der Hand kämpfte der angehende Kaufmann Andreas Bauer (*1971) aus Ehningen (Baden-Württemberg) an seinem Amiga 200 in einer Videothek gegen die Erschöpfung. Vom 6. bis 10. August 1990 brachte er es auf insgesamt 103:02 Std. und zum neuen Rekord im Computer-Dauerspielen.

Menschendomino: Hand in Hand nahmen am 24. Juli 1987 506 Gäste des Robinson Clubs Lyttos Beach auf Kreta mit den Rücken zum Swimmingpool Aufstellung, um sich nacheinander im Dominoverfahren ins Wasser fallen zu lassen. Nach 2:20,44 Min. war der Riesenspaß vorbei, und alles tummelte sich im feuchten Element.

Den höchsten Domino-Turm auf einem einzigen Stein baute David Coburn aus Miami, Florida (USA), am 19. August 1988: Sein Turm war 291 Dominosteine hoch.

Dosenbau: Die maßstabgerechte Konstruktion eines Stadions, bestehend aus 2 Mio. leeren Getränkedosen, wurde in Verona (Italien) in Zusammenarbeit mit Rail (Hersteller von Aluminiumdosen) errichtet. Bis zum 1. Dezember 1989 investierten 150 Mitglieder von AVIS-AIDO insgesamt 18000 Std. in das blecherne Bauwerk.

Einen Dosenturm aus 20627 leeren Alu-Dosen bauten Gernot Spitzenstätter (*1967), Dieter Steneck (*1956) und die Kinder des MK-Jugendzentrums Innsbruck in 4 Std. am 10. Juni 1989 auf dem Innsbrucker Landhausplatz. Die 77 Stockwerke erreichten eine Gesamthöhe von 10,54 m.
Eine Pyramide aus 210479 **Getränkedosen** wurde am 4. November 1985 zur Feier des internationalen Jahres der Jugend auf dem Maizuru Playground in Nagoya (Japan) innerhalb von 28 Std. errichtet.

Drachensteigen (alle Rekorde sind von der Fachzeitschrift *Kite Lines* bestätigt).
Der längste tatsächlich geflogene Drachen war 1034,45 m lang. Er wurde am 18. November 1990 in Nimes (Frankreich) von Michel Trouillet und einer Schar von Helfern gebaut und in die Luft gebracht.
Der bisher größte Drachen hatte eine Fläche von 553 m². Ein niederländisches Team ließ ihn erstmals am 8. August 1981 am Strand von Scheveningen steigen.
Der Höhenrekord für einen Solo-Drachen steht bei 3801 m und wurde schon am 28. Februar 1898 aufgestellt. Diesen Drachen hatten Henry

Rekord für blasende Figaros: vier angehende Friseusen beim Kammblasen.

Helm Clayton und A. E. Sweetland bei der Blue Hill-Wetterwarte in Milton, Massachusetts (USA), steigen lassen.
Die größte Anzahl von Drachen, die an einer einzigen Leine flogen, waren 11 284, am 18. Oktober 1990 in Sakurajima (Japan) von Sadao Harada und zahlreichen Helfern in die Luft gebracht.
Die Höchstgeschwindigkeit liegt bisher bei 193 km/h, erreicht von einem Drachen, den Pete DiGiacomo am 22. September 1989 in Ocean City, Maryland (USA), steigen ließ.
Der bisher größte Auftrieb erfaßte mit 330,21 kg einen Drachen, den G. William Tyrrell jr. am 23. September 1984 in Ocean City, Maryland (USA), steigen ließ.

Eierwerfen: Die längste belegte Entfernung für das Werfen eines rohen Hühnereies, ohne es zu zerbrechen, ist 96,6 m. Dieser Rekord gelang Risto Antikainen und Jyrki Korhonen in Siilinjaroi (Finnland) am 6. September 1982.

Rückwärts-Fahrradfahren: Der Musikstudent Christian Patzig (* 1963) übertraf sich selbst, indem er am 21. März 1987 rückwärts auf seinem Fahrrad sitzend, in 5:08 Std. die Strecke von 60,45 km geigespielend zurücklegte. Ort des Geschehens: ein Teilstreckenstück der Autobahn St. Gallen (Schweiz), das noch nicht für den normalen Verkehr freigegeben war. Anmerkung von Christian Patzig: »Die Akustik im Rosebergtunnel war besonders gut.«
Nonstop rückwärts fährt auch Johann Plattner (* 1964) aus Aidenbach (Landkreis Passau) mit dem Fahrrad und spielt dabei Akkordeon. Am 11. Juli 1987 schaffte der Mechaniker eine Strecke von 70,9 km in 4:15 Std.

Den größten Flaschenöffner, mit dem man 21 Flaschen zur gleichen Zeit öffnen kann, stellte der Spaßmacher und Maschinenbauingenieur Rolf Becker (* 1947) aus Halle (Sachsen-Anhalt) im Steintor-Varieté vor. Der erstaunten Presse zeigte Drehorgel-Rolf am 27. März 1991, daß sich mit diesem Öffner sogar sein Wunder-*trabi*, mit dem er 1990 durch die USA unter dem Motto »Von Halle nach Hollywood« fuhr, anheben läßt. Die Maße des Öffners: 1,5 × 2,5 m, 35 kg schwer.

Das Einschulungsfoto mit den meisten Kindern entstand am 25. August 1990 in Gifhorn (Niedersachsen). 534 Erstklässer kamen mit ihrer Schultüte zum Fototermin auf den Gifhorner Schloßhof.

Im Dauerfunken glückte dem Lackierer Claus-Jürgen Bork (* 1962) aus Göttingen ein neuer Rekord mit 144 Std. Vom 12. bis 18. November 1989 war der Hobbyfunker in seiner Station auf Lambda 1 im Clubraum des Lambda-Funk-Clubs Göttingen in Lenglern auf Sendung. Damit überbot er den jüngsten Rekord eines Schweizers um 4:40 Std. Im April 1989 hatte der Aarburger SBB-Rangiergruppenführer Hans-Peter Berner 139:20 Std. Dauerfunken durchgestanden.
Im Mannschafts-Dauerfunken erreichten sieben CB-Funker vom Funkdienst Bisingen (Baden-Württemberg) 91:15 Std. Vom 27. bis 31. März 1986 waren die im Landkreis Rottweil und Zollernalb verteilten Stationen von Bärbel und Jens Reichert, Karlheinz Neith, Alexander Reichert, Wolfgang Holp, Hartmut Stengel und Dirk Baur in Aktion.

Riesen-Gästeliste: Um die Feierlichkeiten zum 1100jährigen Jubiläum des 3489-Seelen-Dorfes Lippramsdorf (jetzt Haltern, Nordrhein-Westfalen) im Jahr 1989 zu finanzieren, schaffte die Interessengemeinschaft Handwerk, Handel und Gewerbe Haltern-Lippramsdorf eine 8,47 m lange, 1,2 m breite und 25 kg schwere lederne Gästekarte. Verbunden mit einer Spende für die 1100-Jahr-Feier konnte sich jeder in dieser Gästekarte verewigen. Die wohl prominentesten der 2956 Unterschriften sind die von Bundespräsident Richard von Weizsäkker, Bundeskanzler Helmut Kohl und Ministerpräsident Johannes Rau. Der Spendenerlös betrug im Zeitraum von September 1988 bis Juni 1989 20 074 DM. Jetzt wird die riesige Gästekarte im Offenbacher Leder-Museum ausgestellt.

Grußkarten: Es wurde berichtet, daß Craig Shergold aus Carshalton Surrey (GB), bis Mai 1991 die Rekordzahl von 33 Mio. Karten mit Genesungswünschen erhalten hat. Jarrod Booth aus Salt Spring Island in Kanada hat bis Februar 1990 eine Weihnachtskarten-Sammlung von 205 120 Exemplaren zusammengetragen.

Haarschneiden unter Wasser übte der Hildesheimer Friseurmeister Hans-Joachim Huth (* 1946) am 7. Februar 1990. In 28 m Tiefe wurden dem geduldigen Modell in 15 Min. bei einem Umgebungsdruck von 3,8 bar die Haare mit einer Titanschere geschnitten – auf der Kommandobrücke des 1981 vor der Insel Male (Malediven) im Indischen Ozean gesunkenen Schiffes *Maledives Victory*.

Haarspalten: Die Bestleistung im Haarspalten erzielte der frühere Radrennfahrer Alfred West (1901–85), dem es achtmal gelungen ist, ein Menschenhaar 17mal in 18 Teile zu spalten.

Schnellster Jodler der Welt ist Thomas Scholl (* 1949) aus München. In den Studioräumen

Rory Blackwell spielte am 29. Mai 1989 in Devon (GB) 108 Instrumente gleichzeitig – 19 Melodie- und 89 Schlaginstrumente.

14 Besucher einer Kirmes in Meridian (USA) legten auf einem Karussell 3962 km zurück. Hier die rummelfreudigen Rekordhalter im Moment des Triumphs.

von Radio Gong 2000 jodelte der Formel-1-Jodler am 14. Oktober 1985 19 Jodel-Töne in 1 Sek.!

Kammblasen übten 165 Auszubildende des Friseurhandwerks am 15. März 1991. In der Handelsschule für Gesundheit und Körperpflege in Hamburg-Hamm bliesen sie gemeinsam 21 Min. die Ouvertüre von Mozarts Oper *Die Hochzeit des Figaro* mit seidenpapierbestückten Naturkautschuk-Kämmen von Hercules Sägemann der New York Hamburger Gummiwaren Compagnie Hamburg/Harburg.

Ein-Mann-Kapelle: 108 verschiedene Instrumente (19 Melodie- und 89 Schlaginstrumente) gleichzeitig zu spielen, gelang dem Briten Rory Blackwell am 29. Mai 1989 in Dawlish, Devonshire (GB). Mit dem linken Fuß bediente er dabei den senkrechten Doppelschlegel, mit dem rechten den 22zackigen Schlegel für drei horizontale Reihen von Schlaginstrumenten. Sein Horngebläse setzte er mit einem zwölf Ventile starken Blasebalg in Gang. Blackwell weist noch einen weiteren Rekord auf: Am 27. Mai 1985 spielte er, gleichfalls in Dawlish, 314 Instrumente in 1:23.07 Min.
Eugenio Soler aus Barcelona (Spanien) hat ein Dreirad mit beweglichen Teilen konstruiert, das er *Tricimelotocus Orquestralis* taufte und auf dem er 50 verschiedene Instrumente gleichzeitig spielen kann. Sein musikalisches Vehikel stellte er am 21. Juni 1988, dem Internationalen Tag der Musik, in Barcelona vor.
Noch pfiffiger ist der Straßenmusiker Ernst Iben (* 1945) aus Kassel. Er baute sich erst einmal eine mit 3,78 m Durchmesser riesige Trommel, die bei 560 kg Gewicht auf einem Anhänger transportiert und mit ihm 4 m hoch wird. In dieser 2,5 m tiefen Superpauke musiziert er dann gleichzeitig mit 25 Instrumenten – natürlich ist die Rekordtrommel eines dieser unterhaltenden Instrumente. Premiere der »one man road band« war am 26. April 1986 auf dem Kasseler Friedrichsplatz.

Eine Musik- und Computermüllmaschine baute der Musikclown Schrotti (alias Udo Scharnitzki, * 1951) aus ausgedienten Gegenständen aus Industrie und Haushalt in zweijähriger Arbeit. Mit diesem ungewöhnlichen Musikinstrument sorgt der Düsseldorfer bei Straßen- und Betriebsfesten für gute Laune. Das Wunderwerk ist 4,1 m lang, 2,87 m hoch, 1,35 m breit und wiegt 640 kg.

Karussellfahren: Die größte auf einem Karussell zurückgelegte Strecke schafften 14 Rummel-Fans mit 3962 km vom 21. September bis 7. Oktober 1990 auf der Kirmes von Meridan, Mississippi (USA).

Die größte Zahl von Stockwerken, die beim Bau eines freistehenden **Kartenhauses** erreicht wurde, ist 68. Der Turm hatte eine Höhe von 3,73 m. Im Mai 1984 baute ihn John Sain in South Bend, Indiana (USA).

Seinen eigenen Rekord im **Zerreißen von Kartenspielen** überbot Georges Christen (* 1963) bei einem »Week-End des Records« im belgischen Pepinster am 4. Juni 1989. 120 handelsübliche Spielkarten wurden auf einmal zerrissen.

Kaugummiblasen: Am 1. November 1987 hatte es Thomas Barro (* 1965) aus Ehingen im Alb-Donau-Kreis geschafft: Nach zweijährigem Üben blies er einen Kaugummiballon mit einem Durchmesser von 57 cm. Weltrekord!

Kinderwagenschieben: Die größte Strecke im 24-Std.-Kinderwagenschieben schafften mit 563,62 km 60 Mitglieder der Ostflandern-Gruppe von Amnesty International am 15. Oktober 1988 in Lede (Belgien). Ein zehnköpfiges Team der Royal Marines School of Music in Deal (GB) schaffte mit einem erwachsenen »Baby« im Wagen am 22./23. November 1990 437,2 km in 24 Std.

Im Krankenbett-Dauerschieben erreichten die vier 12–15jährigen Schüler Christian Hamm, Heiko Dotterweich, Thorsten Bruckelmeier und Andreas Krauß vom Jugendrotkreuz Zweibrücken-Stadt in 24:30 Std. 136 km. Mit ihrem rollenden Krankenbett schafften sie diese Leistung trotz Dauerregens auf der Rennwiese Zweibrücken am 21./22. April 1989.

Kronenkorken-Pyramide: Eine Pyramide, bestehend aus 263810 Kronenkorken, wurde vom 10. bis 17. Juni 1990 von 12 Studenten des Nanyang Technological Institute (Singapur) errichtet. Zwischen dem 2. April und dem 10. Mai 1990 bauten 16 belgische Armeeangehörige in Lüdenscheid (NRW) eine Pyramide mit sechseckiger Grundfläche aus 276681 Kronenkorken.

Küssen: Die längste Küsserei in der Kinogeschichte dauerte 185 Sek. zwischen Regis Toomey und Jane Wyman (spätere Mrs. Ronald Reagan) in *You're In the Army Now*, einem Film, der 1940 Premiere hatte.

Als die Amerikaner Eddie Leven und Delphine Crha am 24. September 1984 in Chikago den bestehenden Weltrekord im Dauerküssen von 17 Tagen, 9 Std. übertroffen hatten, feierten sie ihren Erfolg mit – einem Kuß.

Alfred A. E. Wolfram aus New Brighton, Minnesota (USA), küßte am 15. September 1990 beim Minnesota Renaissance Festival in 8 Std. 8001 Frauen.
Im Unterwasser-Küssen stellten Toshiaki Shirai und Yukiko Nagata am 2. April 1980 den Rekord mit 2:18 Min. auf.

Liegestütze auf rohen Eiern übt der Skilehrer und Karatetrainer Johann Schneider (* 1957) aus Alpbach (Tirol) seit 1986. Am 26. März 1989 steigerte er seinen Rekord in Tokio bei Fuji Television in einer Sendung von *Guinness Records* von 92 auf 93 Liegestütze. Sie müssen mit gespreizten Fingern und Daumen gemacht, der Kontakt zwischen Hand/Fingern und Unterlagen gemieden und die beiden Eier müssen vertikal gehalten werden.

Den größten geschlossenen Menschenkreis bildeten am 23. Oktober 1982 im Komazawa-Stadion von Tokio 10323 Mitarbeiter der Nissan-Motorenwerke. Die Japaner führten dabei vor, wie man auch ohne Stuhl sitzen kann: Sie gingen halb in die Hocke und ließen sich auf den Oberschenkeln des Hintermannes nieder.

Milchflaschenbalancieren: Eine Strecke von 70,3 km mit einer gefüllten Milchflasche auf dem Kopf ging Ashrita Furman am 12. August 1990 auf einer Rundstrecke in einem Park von New York City (USA).

Miniaturschrift: Nach einem Bericht aus dem Jahr 1926 hat Alfred McEwen die 56-Wörter-Version des Vaterunsers mit einem Diamantstift auf ein nur 0,04 × 0,02 mm großes Glasplättchen geschrieben. McEwen war für seine Schriftexperimente mit dem Storchenschnabel bekannt. 9452 Buchstaben oder 34mal das Vaterunser brachte Frederick C. Watts aus Felmingham in Norfolk (GB) auf einem Briefmarken-Format von 21,33 × 18,03 mm unter, ohne optische oder mechanische Hilfe. Er führte sein Kunststück am 24. Januar 1968 vor Fotografen vor. Pan Xixing aus Wuxi (China) hat den Text »Wahre Freundschaft ist wie die Gesundheit, deren Wert selten erkannt wird, bis sie verlorengeht« (Sprichwort) im März 1990 zweimal auf ein menschliches Haar geschrieben.
Surendra Apharya aus Jaipur (Indien) hat am 28. Februar 1991 auf ein einziges Reiskorn 1314 verschiedene Eigennamen (Länder, Städte und Regionen) geschrieben.

Müllsammlung: 18413 freiwillige Müllsammler an einem Tag und einem Ort: Diesen Rekord gab es am 22. September 1990 an der Küste Floridas (USA). Die Müllaktion war Teil eines Strandsäuberungsprogramms.

Münzenbalancieren: Auf dem Tisch lag flach eine Münze. Auf diese Münze wurde hochkant eine andere Münze gestellt. Und auf dieser Münze stapelte Chaim Schda aus Kiriat Moskien in Israel am 30. Juli 1989 eine Pyramide aus 847 weiteren Münzen auf.
Die höchste Säule von Münzen auf der Querseite einer Münze bestand aus 225 Ein-Rupie-Münzen auf dem Rand einer Fünf-Rupien-Münze, hochgestapelt am 7. November 1990 von Gurinder Jeet Singh Aasi aus Solan (Indien).

Die längste Murmelbahn meldete Peter Schäublin (* 1965) im Juli 1990 zum Summerfäscht in Schaffhausen als Rekord an. Am 7. Juli 1990 war die schnellste Murmel genau 1:25,4 Min. unterwegs, um die Distanz von 517,81 m zu durchrollen. Das ergibt eine Durchschnittsgeschwindigkeit von 21,866 km/h. Das Material dieser Murmelbahn bestand aus PVC-Rohr, das von der Ballonhalle ins alte Tramdepot der Stadt Staffhausen verlegt war.

Der längste Musikmarsch führte am 21. Oktober 1989 die Wheeling Park High School Marching Band aus Wheeling in Virginia (USA) über eine Strecke von 68,4 km. Die ganze Strecke schafften aber nur 31 von 69 angetretenen Marschmusikern – in 14:53 Std.

Der größte Nußknacker entstand in Nordwalde (Nordrhein-Westfalen). Am 17. Dezember 1989 konnten sechs Jugendliche des Evangelischen Jugendhilfszentrums ihre 3,45 m hohe Figur nach 600 Std. Bauzeit präsentieren. Sie hatten ein normales buntbemaltes Männchen im Verhältnis 1:10 kopiert und ihren stattlichen Nußknacker in Zusammenarbeit mit einem Schreiner und einem Maler gestaltet.

Pfeifen: Am lautesten pfeifen kann der Engländer Roy Lomas. In den BBC-Aufnahmestudios in Manchester brachte er es am 19. Dezember 1983 auf eine Lautstärke von 122,5 Dezibel.

Einen Riesenpurzelbaum schlugen 750 Kinder, Jugendliche und deren Betreuer am 2. Juli 1989 auf dem Sportgelände des Schulzentrums Greene (Südniedersachsen). Alle Teilnehmer des Turnkreises Northeim-Einbeck hielten sich an den Händen, vollzogen auf ein Kommando gleichzeitig eine Rolle vorwärts, ohne einander dabei loszulassen, standen wieder auf und hatten einen neuen Rekord geschafft.

Die größte Rätsche (Ratsche, Knarre) führten die Guggemusig Leuädrööner beim Fasnachtsumzug in Winterthur (Schweiz) am 4. März 1990 mit. Peter Keller hat das Lärminstrument mit seinen 5 m Länge, 2 m Breite und 1,4 m Höhe konstruiert und aus Holz, Stahlröhren, Mofarädern sowie Schrauben gebaut.

Rätselraten: Im erfolgreichsten Quiz wurden 34 532 Fragen richtig beantwortet. Bei dem vom 12. bis 17. April 1990 in Shrewsbury, Shrapshire (GB), organisierten Quiz war der Endstand 17 064 Punkte für Team A und 17 468 Punkte für Team B.

Reise nach Jerusalem: Das bisher größte Spiel wurde am 5. August 1989 an der anglo-chinesischen Schule von Singapur mit 8238 Teilnehmern gestartet. Am Ende saß nur noch Xu Chong Wei auf einem Stuhl.

Rolltreppenfahren: Die Rekordstrecke auf zwei Rolltreppen, eine abwärts, die andere aufwärts, schafften mit 214,34 km David Beattie und Adrian Simons im Top Shop in der Londoner Oxford Street. Beide brachten es vom 17. bis 21. Juli 1989 auf 7032 Umläufe.

Der längste handgestrickte Schal entstand mit 1250 m Länge in Dornbirn, Bundesland Vorarlberg (Österreich). Vom 26. September 1987 bis zum 26. März 1988 waren 149 Damen und ein Herr vom Strickfieber umgarnt. Das Wollfachgeschäft Ursula Fitschka Zur Stricknadel mußte für den 24 cm breiten Schal 132 kg Wolle liefern.

Spuck-Rekorde aus dem Kirschendorf Langenthal (Weserbergland) bei Kassel. Bei den 6. Nordhessen-Meisterschaften im Kirschkern-Weitspucken holte sich vor steigenden Zuschauer- und Teilnehmerzahlen am 25. August 1990 Mario Fröbich (* 1968) aus Duisburg mit 25,63 m den neuen Weitenrekord und übertraf den bisherigen Sieger um ganze 7 cm. Im Damen-Einzel verbesserte Simone Potsch (* 1970) aus Trendelburg-Langenthal ihren alten Rekord von 20,3 m aus dem Jahr 1987 auf jetzt 25,05 m.
Gleich 12,95 m flog der Pflaumenkern am 17. September 1989 bei der 4. Weltmeisterschaft im Pflaumenkern-Weitspucken in Mechernich-Lückerath. Rekordspucker war erneut der Betriebsschlosser Josef Mertens (* 1941) aus Mechernich-Bescheid (Nordrhein-Westfalen).
Bester Wassermelonenkern-Spucker war bisher der Armerikaner Lee Wheelis. Er schaffte am 24. Juni 1989 in Luling (Texas) 20,96 m.

Streichholz-Stapelei: Gleich 1340 Streichhölzer türmte der Berliner Mathematikstudent Martin Läuter (* 1969) am 16. April 1989 in Leipzig auf dem Hals einer Champagner-Flasche. Fein säuberlich – natürlich nicht geklebt, wurden die Streichhölzer in 104 Schichten auf 22 cm Höhe gestapelt.

Einen Streichholzturm von 2,5 m Höhe, bestehend aus 79 800 Hölzchen (alle selbstverständlich nicht verklebt) baute der Tischlerlehrling Theodor Mayr (* 1967) aus Windischgarsten (Österreich) in 230 Arbeitsstunden. Am 31. August 1984 wurde der freistehende Turm in Gegenwart von elf Zeugen umgeworfen.

Eine Riesen-Strickliesel entstand aus einem 120 Jahre alten Fichtenstamm in Oberstdorf (Allgäu). In gut 500 Arbeitsstunden verwandelte Günther Thaumiller den Stamm in eine »Rundstrickmaschine«. Bei 8 m Wurzelsockel mißt die überdimensionale Strickhilfe 7 m. Das Strickmaterial wird in luftiger Höhe in einem Arbeitskorb gestrickt, läuft dann durch einen Schacht im Stamm und kommt als gestricktes Produkt von beispielsweise 200 mm Durchmesser bei verwendeter 20-mm-Materialstärke heraus.

Der längste menschliche Tausendfüßer, der (mit eng zusammengebundenen Knöcheln) 30 m zurücklegte, bestand am 20. Februar 1991 aus 1148 Studenten und Lehrenden des University College Dublin (Irland). Während des komplizierten Marschs kam nicht ein einziger Beteiligter zu Fall.

Im **Telefonbuch-Zerreißen** holte sich der niederösterreichische Herkules Franz Bierbaum (*1946) aus Preßbaum bei der Kraftsportzeit beim Sattlerwirt in Ebbs/Tirol am 19. März 1986 seinen Weltrekord zurück. Der Grazer Championcatcher Otto Wanz hatte es kurz zuvor auf 35 Sek. gebracht, der Postbeamte Bierbaum zerriß in nur 34:23 Sek. 20 (rund 1000 Seiten starke) *Amtliche Wiener Telefonbücher* Jahrgang 1984/85.
Der Sägearbeiter Franz Maderecker (* 1958) aus der Marktgemeinde Straßweilchen (Land Salzburg) zerriß am 8. Dezember 1984 in 23 Sek. 20 Telefonbücher des Bundeslandes Tirol, Ausgabe 1983/84 mit je 675 Seiten, »zur Gänze am Buchrücken mit der Hand«.

Das längste Transparent schuf der Malermeister Franz Spanner (* 1949) aus Schwertberg (Oberösterreich) in ca. 400 Arbeitsstunden. Am 5. September 1987 trugen Hunderte Schwertberger das aus 17 Stoffbahnen gefertigte, 704,3 m lange und 0,9 m breite Transparent durch die Markt-Gemeinde. Es zeigt die bewegte Vergangenheit des 700 Jahre alten Ortes in historischen Bildern.

Zum Dauerunterricht traten 20 Schülerinnen und Schüler des Mathematik-Leistungskurses vom Gymnasium Vogelsang aus Solingen (Nordrhein-Westfalen) vom 28. Februar bis 3. März 1986 an. 18 angehende Abiturienten kamen zusammen mit ihrem Mathematiklehrer auf 73:15 Std.

Verbesserungsvorschläge: Ergiebigsten Gebrauch vom betrieblichen Vorschlagswesen machte John Drayton (1907–87) aus Newport, Gwent (GB) – alle zum Nutzen der britischen Eisenbahn. Im Jahr 1924 hatte er seinen ersten Vorschlag eingereicht, bis August 1987 überschwemmte er die Eisenbahner mit sage und schreibe 31 400 Anregungen. Mehr als 100 wurden in die Tat umgesetzt. 1983, zum 60jährigen »Jubiläum«, hatte es bei John Drayton geläutet: die britische Eisenbahn verehrte ihm als Dank eine Glockenuhr.
Der Berliner Diplom-Verwaltungswirt Matthias Dickert (* 1966) reicht seit Februar 1990 Verbesserungsvorschläge bei der Bundesversicherungsanstalt für Angestellte ein, 101mal bis März 1991. Fünf seiner Vorschläge wurden bereits vom Prüfungs- und Bewertungsausschuß für das Vorschlagwesen befürwortet und prämiert.

Weintraubenweitwurf: Eine von James Deady geworfene Weintraube schnappte Paul J. Tavilla am 27. Mai 1991 in East Boston, Massachusetts (USA), mit dem Mund, nachdem sie 99,82 m Flugstrecke zurückgelegt hatte.

Weitwurf: Die weiteste Strecke, die ein träger Gegenstand, der schwerer ist als Luft, geworfen wurde, beträgt 383,13 m. Der Rekordwurf gelang Scott Zimmermann am 8. Juli 1986 in Fort Funstorn, Kalifornien (USA), mit einem Wurfring.

Zigarettenschachtelturm: Im Pfarrheim von Gars am Inn (Bayern) türmten sich 8682 leere Marlboro-Schachteln zu einem 6,45 m hohen Turm am 18. Januar 1988. In 15 Arbeitsstunden hatten Robert Otter (* 1968) und Walter Eder (* 1967) auf einer Fläche von 100 × 75 cm den freistehenden Turm (nichts war geklebt oder befestigt) errichtet – zwei Jahre hindurch hatte ganz Gars die nötigen Schachteln gesammelt.

Zum Zündholzabbrennen steckten 60 Wiehagener Einwohner in ca. 24 Std. insgesamt 317 646 Streichhölzer zu dem Satz IN ACTION 1989 WIEHAGEN auf einer Gesamtlänge von 75,63 m zusammen. Am 6. September 1989 brannten die riesigen Buchstaben auf einer Bühne dieses Stadtteils von Hückeswagen (Nordrhein-Westfalen) in 27:41 Min. lichterloh.

■

STICHWORT-REGISTER

A

B

C

D

E

F

Sch

St

T

U

V

W

XYZ

QUELLENVERZEICHNIS DER ABBILDUNGEN

The Guinness Book of Records 1991, 1992: 2 oben links, 2 Mitte unten links, 3 oben links, 3 Mitte oben links, 3 Mitte unten links, 3 unten rechts, 6, 8, 9, 12, 14, 15, 16, 18, 20, 22, 23, 27, 31, 34, 35, 36, 37, 42 oben, 49, 51 oben, 52 unten, 55, 56, 60, 61, 62, 64, 68, 70, 71, 73, 74/75, 76, 77, 79, 82/83, 84, 86, 87, 88, 91, 97, 99, 100, 101, 102, 105, 109, 111, 115, 118, 119 unten, 121, 123, 126, 128, 130, 135, 136, 138, 139, 142, 143, 144 unten, 146, 148, 149 unten, 151, 152, 154, 159, 162, 164, 165, 168 oben, 170, 172, 173 oben, 175 unten, 176, 178, 181, 182, 183, 184, 185, 188, 192, 194 links, 195 rechts, 196 oben, 197, 198, 199, 202, 203 Mitte, 203 unten, 204, 208, 212, 213 oben, 219 oben, 221, 224, 226, 227, 228, 229, 231, 232, 233 oben, 237, 238, 239, 243, 244, 245, 247, 249, 250, 256, 257, 258, 259, 260, 261, 270, 272 oben, 273 unten, 276, 278, 279, 281, 282 unten, 283 oben, 284 unten, 290, 292, 293, 294 oben, 296, 297, 298, 300, 301, 302, 303, 304, 308/309, 310 unten, 311, 313, 314, 315, 316 unten, 317, 318, 319 rechts, 324, 325, 326, 327, 330, 331, 340 unten, 341, hinteres Vorsatz (Matthew Hillier).

Bongarts, Hamburg: linkes vorderes Vorsatz: oben links, Mitte links, oben rechts, Mitte rechts, unten rechts. Rechtes vorderes Vorsatz: Mitte links, oben rechts, unten rechts. AFP, Pierre Verdy/sw: vorderes linkes Vorsatz unten links.

The Image Bank, Hamburg: 2 Mitte oben links. 66/67 (Stock photos, Inc.), 294 unten (Maria Productions). Bruno Baumann, München: 2 unten links. 113. Deutsche Lufthansa AG, Köln: 3 unten links, 200, 223, 240. dpa, Frankfurt/Main: vorderes rechtes Vorsatz Mitte rechts, 3 oben rechts, 3 Mitte oben rechts, 3 Mitte unten rechts. 140 (European Press), 180 (Thelen), 191 (Staedele), 234/235 (Wörner), 236 (Hollemann), 242 (Athenstaedt), 252/253 (ZB), 277 oben (ZB), 289 (Holschneider).

Hartberger Erholungszentrum (HERZ), Steiermark (A): 4 oben links. KOM, M, A Public Relations AG, Zürich (CH): 4 Mitte links. ap, Frankfurt/Main: 4 oben Mitte. Peter Blaser, Hasle-Rüegsau (CH): 4 unten Mitte. Otto Troppmann, Weihausen: 4 unten rechts. Günter Peters, Berlin: 4 Mitte Mitte. 10, 30, 39, 42 unten, 85, 89, 92, 95 oben, 98.

Joachim Roth, Idar-Oberstein: 26. Siegfried Kachel, Marienheide: 28, 29, 44, 51 unten, 193, 233 unten, 241, 248, 254, 273 oben, 274, 299, 305. Wilfried Witters, Hamburg: 33, 46 oben, 52 oben. Werek Pressebildagentur, München: 38. Rolf Kosecki, Bonn: 46 unten. Franz Kirsch, Trier: 65. Schuhhaus Wessels, Vreden: 69. Ludger Fleer, Berlin: 72. Jens Oehmigen, Berlin: 78. J. H. Darchinger, Bonn: 90. Peter Merz, Hochdorf (CH): 94. Toni Angermayer, Holzkirchen: 96 (Günter Ziegler), 103 (Hans Reinhard), 106 (Hans Pfletschinger), 107 (Hans Pfletschinger). Transglobe Agency, Hamburg: 104 (Grehan). Ikan, Frankfurt/Main: 108 (Norbert Wu). Jürgens Ost- und Europa Photo, Köln: 114, 125. Bildagentur Schapowalow, Hamburg: 116 (Albinger). Stiftung Naturschutz, Hamburg: 119 oben (F. Rüther). Augustin Ochsenreiter, Bozen (I): 120. Gottfried Briemle, Aulendorf: 122. Harro Zimmer, Berlin: 129, 131, 132, 134, 137, 144 oben, 147, 174, 175 oben, 177 (alle NASA), 155, 157, 163, 173 unten. Gamma, Studio X, Paris (F): 141 (Brad Lewis), 220 (Bouvet, Stevens, Landman, Van der Stockt), 267 oben (Celik Erkul). Bilderberg Archiv der Fotografen, Hamburg: 145. Eva-Maria Heile/Katharina Speidel, Padang (Indonesien): 149. Schott Glaswerke, Mainz: 156. Siemens-Pressebild, München: 161. Kernforschungszentrum Karlsruhe: 166. Günther Meier, Schenefeld: 167, 189, 203 oben, 222 unten. Heinrich Mummenhoff, Radevormwald: 168 unten. Heraeus-Holding GmbH, Hanau: 169. Michael Lüttgen, Frankfurt/Main: 171. Peter Petz, Sulzbach: 186. Elektrizitätswerk der Stadt Zürich (CH): 187. Luftbild Krug, Heidelberg: 190, 222 oben. Zentralbild, Berlin: 194/195 (Hubert Link), 210 (Waltraud Grubitzsch), 217 oben Mitte, 217 oben rechts. (Hubert Link), 255 (M. Hickel), 262 (Hubert Link), 265 (Waltraud Grubitzsch), 267 unten (Waltraud Grubitzsch). Hüppe Form, Oldenburg: 196. Mazda Motors (Deutschland) GmbH, Leverkusen: 206. Deutsche Renault AG, Brühl: 207 Mitte. Adam Opel AG, Rüsselsheim: 207 unten. Volkswagen AG, Wolfsburg: 209. Gerhard Plattner, Innsbruck (A): 211. Giorgio Keller/Andreas Turner, Zürich (CH): 213 unten. MPR Werbeagentur, Wettersheim: 214. Dieter Senft, Kolpin: 217 Mitte. PEDALOS Rad-Akrobatik Show, Basel (CH): 218. Deutsche Bundesbahn, Presse- und Öffentlichkeitsarbeit, Frankfurt/Main: 219 unten. Werbegemeinschaft Hannover am Kröpcke: 263. Aus Hergé, *Die Juwelen der Sängerin,* Carlsen Verlag GmbH, Hamburg 1970: 266 oben. Aus *Akira, Eine Falle für die Clowns,* Edition Comic Art-Carlsen Verlag GmbH, Hamburg 1991: 266 unten. Staatliches Institut für Musikforschung, Preußischer Kulturbesitz, Berlin: 268 oben, 269. Musikhaus Josef Gwerder, Steinen (CH): 271 oben. Karl Berger/Siegfried Mairl, Sand in Taufers (Südtirol): 268 unten. Cornel Schneider, Kleinlützel (CH): 271 unten. Erich Scharnofske, Gestorf: 272 unten. Helga Birkenheuer, Essen: 275. ORF, Wien (A): 277 unten. Top Press, München: 280. Museum-Lichtspiele, München: 282 oben. Hans Necker, Bad Laasphe: 283 unten. WDR, Köln: 284 oben, 285 (D. Krüger). Spielbank Bad Dürkheim: 306. Best Matic Sondermaschinen GmbH, Bad Nauheim: 312 oben. Karl Könecke, Bremen: 316 oben. Alfa-Laval Food Engineering GmbH, Hamburg: 320 oben. Margarete und Gerhard Laske, Berlin-Blankenburg: 322 oben rechts. Erika Wilhelmer, Stuttgart: 323. Piccobello, Wiesbaden: 329. Rolf Becker, Halle: 335. Sieghard Pircher, Bruneck (Südtirol): 338. *Aller-Zeitung,* Gifhorn: 339. PR & Werbeagentur Ipsen GmbH, Barsbüttel: 340 oben.

Haupttitel: Ullstein Bilderdienst, Berlin, Herbert Schlemmer (Feuerwerk über dem Reichstagsgebäude am 3. Oktober 1990).

Schutzumschlagmotive (Vorderseite): Bavaria Bildagentur GmbH, Gauting, George French (EG-Flagge und Flaggen der EG-Länder), Bavaria Bildagentur GmbH Gauting, Neuhaus (Computergraphik – Olympische Spiele 1992 Spanien), ZEFA-Stockmarket, Düsseldorf, D. Woods (Kunstspringer), Deutsche Bundesbahn, Frankfurt/Main (InterCity Express).

Schutzumschlagmotiv (Rückseite): *The Guinness Book of Records 1992* (Brigitte Gimenez, die Geschwindigkeitsrekordlerin im Surfen).

IMPRESSUM

Herausgeber der englischen Ausgabe:
Donald McFarlan
Redaktionelle Beratung:
Norris D. McWhirter

Chefredakteur der deutschen Ausgabe:
Hans-Heinrich Kümmel
Assistenz: Karin Fehse

Redaktion: Dr. Martin Elste (Musik; Schallplatten und Tonbänder), Bernd W. Holzrichter (Übersetzungen), Jürgen Lewandowski (Straßenfahrzeuge), Marc Oliver (Sport), Wolfgang Richter, Hans Schütz (Übersetzungen), Harro Zimmer (Weltall und Erde; Naturwissenschaft und Technik).

Herstellung: Erika Huss und Olaf Prill

Schutzumschlag: Theodor Bayer-Eynck, Berlin

Gesamtherstellung: Mohndruck
Graphische Betriebe GmbH, Gütersloh

Printed in Germany
ISSN: 0179-3853
ISBN: 3 550 07750 5

Redaktionsanschrift:
Verlag Ullstein GmbH
Guinness-Redaktion
Lindenstraße 76
1000 Berlin 61
Tel.: 030–2591–3540

Redaktionsschluß: 1. April 1991. Für Meldungen »Welt des Sports«: 1. August 1991 und »In letzter Minute«: 1. September 1991.

REKORD ANMELDUNG

Der Rekord wurde aufgestellt von

Name: ______________________________

Beruf: ______________________________

Geburtsdatum: ______________________________

Adresse: ______________________________

____

Telefon: ______________________________

Zeugen

1. Zeuge

Name: ______________________________

Anschrift: ______________________________

Unterschrift: ______________________________

2. Zeuge

Name: ______________________________

Anschrift: ______________________________

Unterschrift: ______________________________

3. Zeuge

Name: ______________________________

Anschrift: ______________________________

Unterschrift: ______________________________

Der Rekordhalter ist bei Anerkennung und Aufnahme seines Rekordes in das GUINNESS BUCH DER REKORDE damit einverstanden, daß sein Rekord und die beigefügten Privatfotos wie auch Fotos, die aus Anlaß des Rekordes gemacht wurden, von der Verlag Ullstein GmbH zu werblichen Zwecken in allen Medien ohne Honoraranspruch verwendet werden dürfen.

GUINNESS BUCH DER REKORDE

Verlag Ullstein GmbH
Lindenstraße 76

1000 Berlin 61

Art des Rekordes:

Daten/Fakten/Maße usw.

aufgestellt in:

am

um Uhr

Anzahl der beigefügten Unterlagen/Fotos:

Der Rekord schlägt den auf Seite angegebenen

Der Rekord betrifft ein bisher nicht genanntes Gebiet, nämlich

Ort/Datum:

Unterschrift:

Natur am Rand des Abgrunds

Die Vielfalt der Tierwelt wird immer kleiner. Die natürlichen Habitate für die vom Untergang bedrohten Wildtiere werden zerstört. Nur noch durch Zooaufzucht können sie überleben. Die Rettung des Kalifornischen Kondors, des Arabischen Spießbocks oder des Weißkopfadlers sind Beispiele. Wisent und Milu grasen wieder – aber der Lebensraum für die Afrikanischen Elefanten, für die Nilkrokodile, die Riesen-Warane oder den Blauwal schrumpfen. Die Gewässer der Antarktis sind leergefischt, die Delphine, Tümmler und Kleinwale von der Ausrottung bedroht. Ebenso gefährdet wie die Tropenwälder sind inzwischen auch die Korallenriffe. Auch das Ökosystem unter Wasser ist bereits zerstört.

Rothschilds Pantoffel-Orchidee *(Paphiopedilum rothschildianum)*. Die aufsehenerregende Schönheit dieser Pflanze hat dazu beigetragen, daß sie auszusterben droht; denn Sammler und Händler lassen sich auch von Gesetzen nicht abhalten, sie in ihren Besitz zu bringen. Ein weiterer Gefahrenpunkt besteht darin, daß die bis zu 55 cm hohe Orchideenart nur unter äußerst begrenzten ökologischen Bedingungen gedeiht. Sie war nach ihrer Entdeckung im Jahr 1888 schon einmal totgesagt worden, ehe sie 1959 erneut entdeckt wurde. Eine Bekanntgabe der genauen Standorte käme einer Einladung zur Vernichtung gleich, weil ein einziger Händler oder Sammler eine ganze Kolonie eliminieren kann. 1982 wurden Samen gezogen, und nur mit Vermehrung und Auspflanzung an neuen und streng geheimen Orten kann Rothschilds Pantoffel-Orchidee für die freie Natur gerettet werden.

St.-Helena-Riesenohrwurm *(Labidura herculeana)*. Hier in Maximalgröße dargestellt, ist der St.-Helena-Ohrwurm, die größte von rund 1100 Arten der Ordnung *Dermaptera*. Beide Geschlechter sind flügellos; die charakteristische Schwanzpinzette ist, wie beim Skorpion, zu Angriffs- und Abwehrzwecken sehr beweglich. Der gegenwärtige Status des St.-Helena-Ohrwurms ist unbekannt. Zuletzt wurde er zwischen 1965 und 67 gesichtet. Möglicherweise droht dem nachtaktiven Insekt das Ende. Für seine Ausrottung sorgen Ratten und der Riesentausendfüßer, der den Ohrwurm selbst in tiefen Erdritzen und -spalten erreichen kann.

Spix's Papagei *(Cyanopsitta spixii)*. Auch als kleiner Blaupapagei bekannt. Dieser ungefähr 60 cm lange Vogel ist in der freien Natur bis auf ein einziges männliches Exemplar ausgestorben. Es wurde dazu gebracht, sich mit dem gleichfalls gefährdeten blauflügeligen Papagei *(Ara maracana)* zu paaren. Zwischen 1977 und 87 hatten zwei